2013

浙江财政年鉴

Finance Yearbook of Zhejiang

(总第13卷)

浙 江 省 财 政 厅 主 办

浙江财政年鉴编辑委员会编

中華書局

图书在版编目(CIP)数据

浙江财政年鉴. 2013 /《浙江财政年鉴》编辑委员会编.
—北京:中华书局 2013.12
ISBN 978-7-101-09867-9

I. 浙… II. 浙… III. 地方财政—浙江省—2013—年鉴
IV. F812.755-54

中国版本图书馆 CIP 数据核字(2013)第 277571 号

责任编辑:朱 慧
施惠萍
盛滢婷

浙江财政年鉴 2013

《浙江财政年鉴》编辑委员会编

*

中 华 书 局 出 版

(北京市丰台区太平桥西里 38 号 100073)

http://www.zhbc.com.cn

E-mail:zhbc@zhbc.com.cn

浙江新华数码印务有限公司印刷

889 * 1194 1/16 39 印张 50 插页 1000 千字

2013 年 12 月第 1 版 2013 年 12 月第 1 次印刷

印数:1—3000 册 定价:260 元

ISBN 978—7—101—09867—9

编辑说明

《浙江财政年鉴》是浙江省财政厅主办的省级财政专业年鉴，以文为主，辅以图表，图文并茂，全面系统反映浙江省财政工作各方面的基本情况，是资料性与史实性相结合的工具书，为从事财政工作的人士及专家、学者提供可靠信息资料。

《浙江财政年鉴》每年出版一卷，2013卷（总第13卷）以翔实的资料和图表，记载了2012年浙江省财政改革与发展情况，系统反映全省各级财政部门围绕科学发展主题和加快转变经济发展方式主线，深入实施“八八战略”和“两创”总战略，秉承“实、稳、优”财税核心价值理念，按照“促进发展、保障民生、科学理财、加强监管”的理财观，发挥财政职能作用，优化收支结构，加强民生保障，深化财政管理改革，提升管理服务，为促进全省经济社会持续平稳健康发展所做的努力。

本卷年鉴主体结构继续保持以往年鉴整体架构的稳定性和内容的连续性，全卷分八篇和附录共九部分，约计100万字，依次为：财经文献、全省财政工作、市县（市、区）财政工作、财经统计资料、财政法规选编、财政文选、财政工作大事记、财政机构人员以及附录。本卷年鉴的有关编辑情况说明如下：

一、根据相关要求，在“市县（市、区）财政工作”篇及其他相关篇目中，全省各市及所辖区、县、市（宁波除外）“地方财政收入”的表述在本卷中调整为“公共财政预算收入”；“财政支出”的表述在本卷中调整为“公共财政预算支出”。因体制和口径原因，宁波市及所辖区、县、市“财政总收入”的表述调整为“公共财政预算收入”，“财政支出”的表述调整为“公共财政预算支出”，特此说明。

二、在“财经统计资料”篇中，增加“2008~2012年浙江省政府非税收入情况表”和“2012年度浙江省国有资本经营收支决算总表”；在“2012年浙江省乡镇（街道）公共财政预算收入排序表”中增加街道公共财政预算收入数据及排序。本卷选录的各项财政数据均为2012年财政决算数。

三、本卷年鉴的彩图插页版式作了适当调整。

四、本卷年鉴继续附赠全文检索数据库电子版年鉴光盘（本书不再另设文字索引），并在光盘内收录视频内容，主要收录2012年浙江省财政工作的有关视频信息。

本卷年鉴在年鉴编辑委员会的领导下，由省财政厅各处室局、直属各单位和各市、县（市、区）财政局提供大量的数据资料、文稿和图片，经编审各环节修改补充后成书。其间还得到省国税局、省地税局的大力支持。在此谨向给予《浙江财政年鉴》编纂工作支持和帮助的各级财税部门及所有单位和相关人员表示感谢。为进一步提高《浙江财政年鉴》的编辑水平，欢迎读者对年鉴的不足之处给予批评指正。

《浙江财政年鉴》编委会

2013年12月

浙江省财政收支规模图

单位:亿元

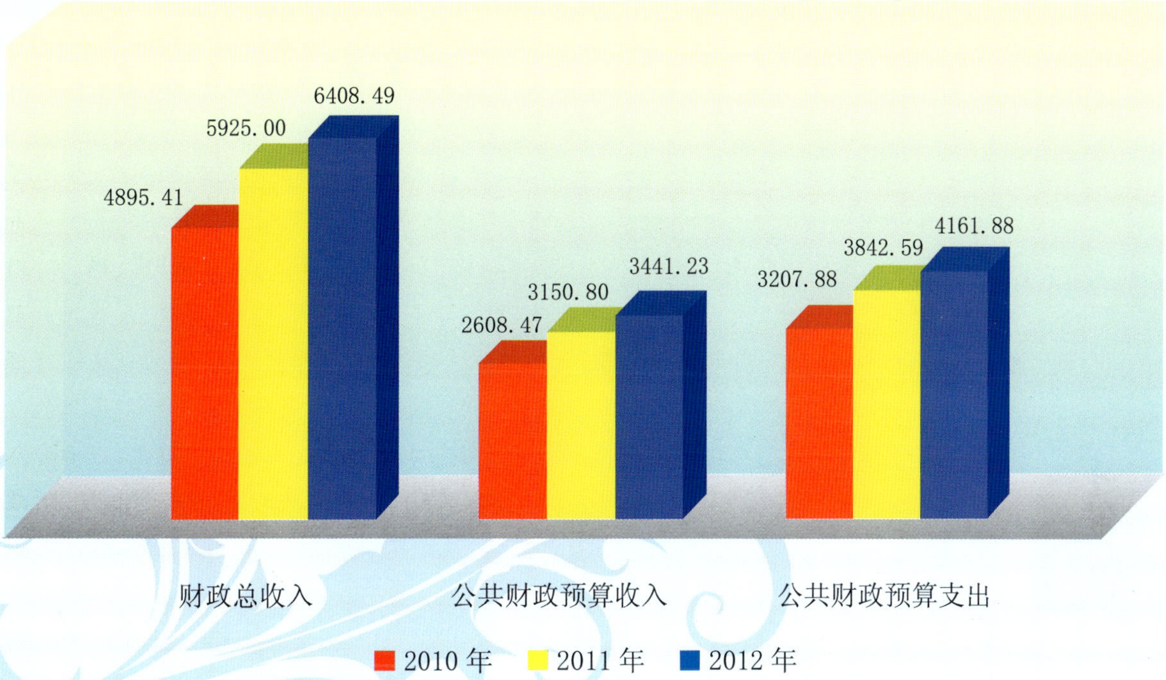

浙江省财政收支增长速度图

单位:%

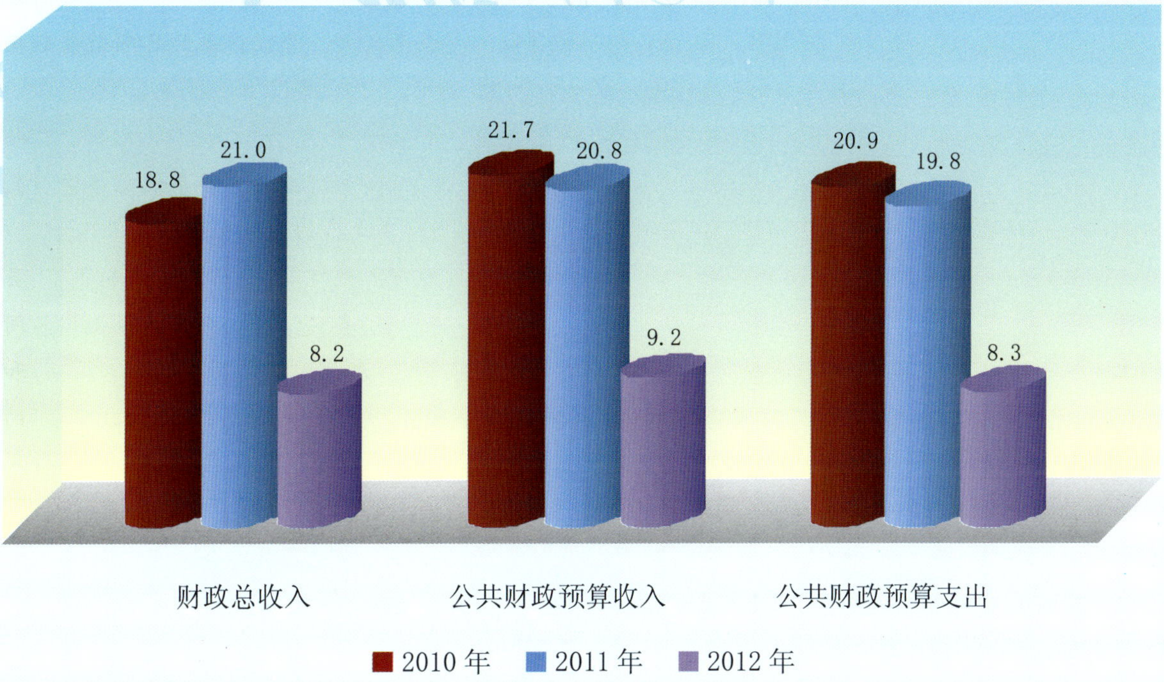

2012年浙江省公共财政预算收入组成图

单位:亿元

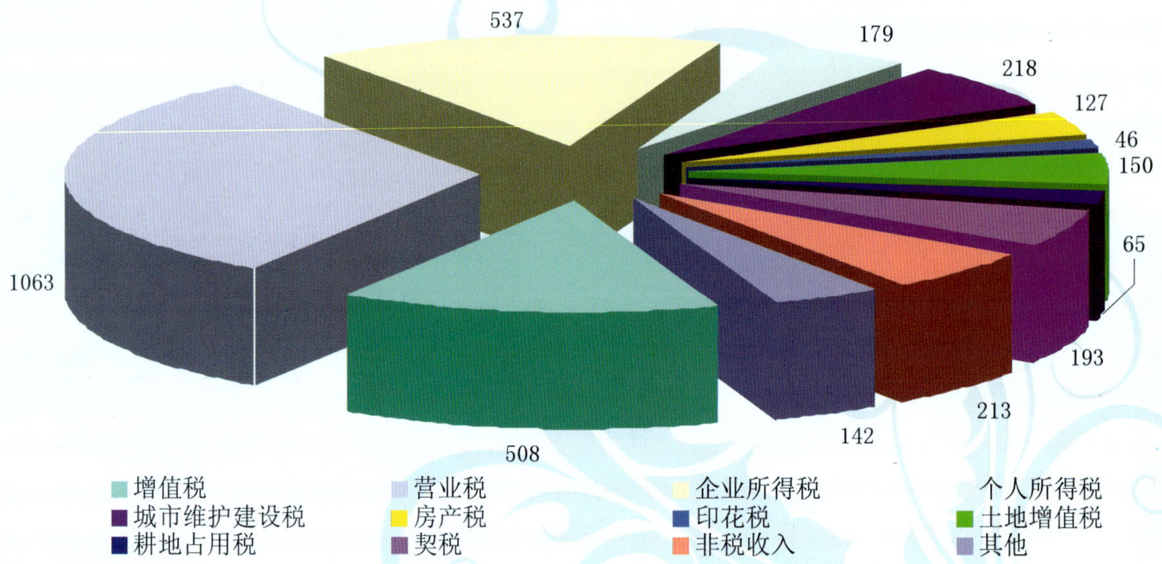

2012年浙江省公共财政预算支出组成图

单位:亿元

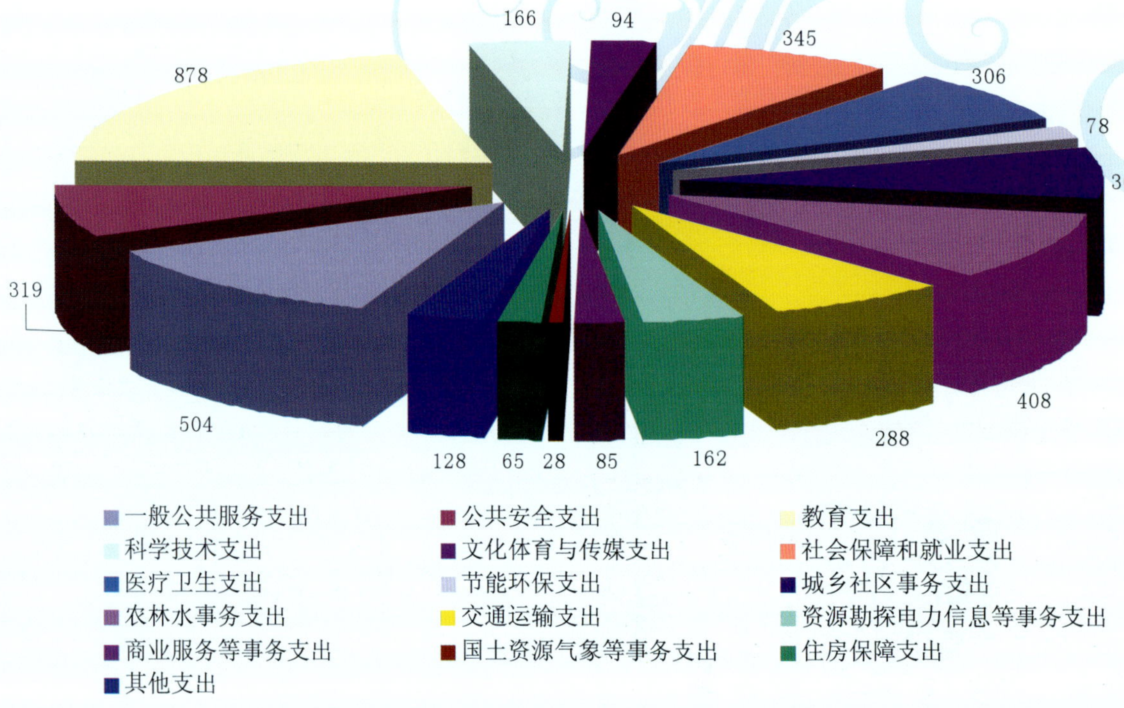

2012年9月19日，浙江省金融控股有限公司成立大会在杭州举行，省委副书记、省长夏宝龙出席并为浙江省金融控股有限公司揭牌。公司成立运营后将按照“地方财政＋金融资本”的模式，通过对子公司的战略管理，为浙江打造区域金融中心、建设金融强省服务。成立大会后还举行了浙江省海洋产业投资基金启动仪式，夏宝龙省长和朱从玖副省长共同为浙江省海洋产业投资基金按动启动球。

2013 年 1 月 15 日，省政府在杭州召开全省财政地税工作电视电话会议。会议深入学习贯彻党的十八大、省第十三次党代会、省委十三届二次全会、全省经济工作会议、全国财政工作会议和全国税务工作会议精神，回顾总结过去五年财政地税工作，明确今后一个时期财税改革发展的总体要求，安排部署 2013 年财政收支计划和财政地税工作。省委副书记、代省长李强出席会议并讲话，省委常委、常务副省长龚正主持会议，省财政厅厅长兼省地税局局长钱巨炎作工作报告。

2012年8月10~11日，财政部部长谢旭人一行赴浙江考察调研。谢部长一行深入浙江淳安实地考察农村污水处理、千岛湖湖中心水环境质量及有关污水处理系统，调查新安江流域生态补偿机制试点工作，并听取浙江财政工作情况汇报。调研期间，省委书记、省人大常委会主任赵洪祝与谢旭人部长进行座谈交流。

为提前谋划2013年工作思路，明确工作目标和重点，省财政厅组织由厅领导带队的8个调研组赴全省10个市及所属部分县(市、区)开展调研活动。调研组在各地先后召开多层次的座谈会，认真听取省人大代表和政协委员对财政工作的意见和建议，深入了解当前财政工作总体情况，并就如何贯彻落实省委省政府决策部署，推进实施“四大国家战略”、“四大”建设、浙商回归、总部经济、小城市培育等重点战略，加快经济转型升级，保障和改善民生等专题进行调研。各调研组还深入到企业、乡镇，从一线工作中发现问题，研究对策。

1 钱巨炎厅长在杭州调研
2 罗石林副厅长在金华调研
3 厅纪检组长秦忠在衢州调研
4 金慧群副厅长在舟山调研
5 魏跃华副厅长在湖州调研
6 薛小杭副厅长在嘉兴调研
7 王广兵副厅长在温州调研
8 厅总会计师赵立妙在台州调研

截至2012年底，浙江省争取到中央财政节能与新能源汽车示范推广补助资金6.59亿元，用以推进杭州市节能与新能源汽车示范推广、私人购买新能源汽车财政补贴试点城市建设。杭州市投入使用节能与新能源汽车2128辆。其中，混合动力车1095辆、新能源汽车1033辆；用于公共领域1805辆、私人领域323辆。完成充换电站以及配送站62座、充电桩建设任务620个，其中12座充换电站已投入使用。

1 纯电动车充电
2 全自动充电式立体停车库
3 电动汽车
4 纯电动公交车
5 纯电动车换电池
6 电动出租车发车仪式
7 新能源汽车产业展览会

2010～2012 年，浙江省财政加快小城市培育试点，每年安排小城市培育试点专项资金 10 亿元，对全省 27 个中心镇进行重点培育扶持，推动新型城市化发展。在政策带动下，2012 年，全省小城市培育试点镇继续保持强劲的发展态势。27 个试点镇实现生产总值 2135.50 亿元，财政总收入 286.40 亿元，固定资产投资 1135.70 亿元，分别增长 15.0%、14.9%、29.1%，城镇化率 62.8%，提高 2.9 个百分点。

1 全省小城市培育试点工作现场推进会
2 临海市杜桥镇新区建设
3 诸暨店口镇新城
4 义乌市佛堂镇桥西村农房改造
5 嘉善县姚庄镇城乡一体新社区
6 温岭市泽国镇小城市建设
7 玉环县楚门镇滨江小区

自2008年浙江省实施养老服务体系建设以来，各级政府投入资金81亿元，建成养老服务指导中心53个、养老服务中心1191个、居家养老服务照料中心（居家养老服务站、农村星光老年之家）2.1万个，基本覆盖所有城市社区和60%以上的农村，新增床位近10万张；13.5万老年人享受到由政府提供数额不等的养老服务补贴。2012年，省财政设立社会养老服务体系建设省级专项资金，每年安排3亿元，用于全省养老服务补贴、养老机构建设、居家养老服务设施建设和鼓励社会资本开办养老服务机构等。

1 医务工作志愿者为松阳县望松光荣院的老年人义诊
2 杭州市拱墅区米市巷街道大塘巷社区居家养老服务站
3 金华市金东区孝顺镇下范村居家养老服务照料中心老年人就餐
4 龙游县福利院
5 金华市金东区澧浦镇敬老院
6 温岭市民办养老机构——“三心美德”老年公寓
7 绍兴市社会福利中心的老年台球室

1 省委省政府隆重表彰美丽乡村创建先进县
2 舟山市定海区干览镇村庄外墙美化
3 遂昌县蔡源乡大柯村
4 海宁市马桥街道先锋社区
5 丽水市莲都区大港头镇利山村

2012 年，省委省政府出台《关于深化“千村示范万村整治”工程 全面推进美丽乡村建设的若干意见》。当年省财政安排专项资金 6.14 亿元，比上年增长 12.0%。全省 3500 个村自然环境得到综合整治，建成 100 个省重点培育中心村，对认定的 10 个美丽乡村建设先进县（不含宁波）给予每县 1000 万元的奖励。

2012 年，省财政厅会同监察、审计等部门，对 35 个省级部门和 4 个地市开展公务用车治理情况重点检查。

同年 2 月至 10 月，省财政厅会同纪委、审计等部门对全省 95 家集中采购机构 2010~2011 年工作情况进行考核。

1 听取嘉兴市公务用车专项治理工作汇报
2 考核组在台州开展考核
3 考核组询问了解采购工作情况
4 考核组在杭州开展考核

2012年9月19日至21日，全省财政地税系统运动会在绍兴市举行。省财政厅、省地税局领导钱巨炎、秦忠、劳晓峰、金慧群、王广兵、赵立妙、王平等出席开、闭幕式。本届运动会共有13个代表队的377名运动员参加，大会设乒乓球、网球、游泳、排舞等4个项目11个小项的比赛。经过三天激烈角逐，杭州市局、温州市局、宁波市局、金华市局、省财政厅分获团体总分前五名。

1 开幕式
2 网球赛场
3 排舞赛场
4 乒乓球赛场
5 游泳赛场
6 会旗交接仪式
7 运动员入场式

目 录

市县(市、区)财政工作

●杭州市财政工作概况

●嘉兴市财政工作概况

●金华市财政工作概况

●舟山市财政工作概况

●台州市财政工作概况

财经统计资料

财政法规选编

财政文选

●厅领导论财政

●处、县(市、区)领导议财政

财政工作大事记

财政机构人员

附　录

●专题经验介绍

●调研报告精选

TABLE OF CONTENTS

财经文献
zhejiang caizheng nianjian

省十二届人大一次会议重要文件

政府工作报告(摘要)

——2013年1月25日在浙江省第十二届人民代表大会第一次会议上

浙江省代省长　李　强

一、过去五年回顾及2012年主要工作

省十一届人民代表大会第一次会议以来的五年,是经受住各种困难和风险考验,在科学发展道路上奋力前行的五年。省政府在党中央、国务院和中共浙江省委的坚强领导下,高举中国特色社会主义伟大旗帜,坚持以邓小平理论、"三个代表"重要思想、科学发展观为指导,深入实施"八八战略"和"两创"总战略,大力推进"全面小康六大行动计划",认真执行省十一届人大历次会议作出的各项决议,全省经济社会发展取得显著成就。

综合实力明显提升。2012年全省生产总值34606亿元,五年年均增长9.6%;人均生产总值63266元,首次突破1万美元。财政总收入6408亿元,年均增长14.6%;地方财政收入3441亿元,年均增长15.8%。固定资产投资17096亿元,年均增长17.3%;社会消费品零售总额13546亿元,年均增长16.7%;出口总额2246亿美元,年均增长11.9%。浙江海洋经济发展示范区、舟山群岛新区、义乌国际贸易综合改革试点、温州金融综合改革试验区扎实推进。基础设施网络体系日趋完善,新增铁路459公里、高速公路967公里、万吨级泊位70个、电力装机1151万千瓦。

发展质量显著提高。推进大产业大平台大企业大项目建设。高效生态农业发展势头良好,二三产业转型升级步伐加快,研究与试验发展经费支出占生产总值比重提高0.51个百分点,高新技术产业增加值占规模以上工业增加值的比重提高3.6个百分点,服务业增加值占生产总值比重提高4.6个百分点,三次产业结构调整为4.8∶50.0∶45.2。新型城市化深入推进,新农村建设取得显著进展,城乡统筹发展水平位居全国前列,城市化率提高6个百分点,达到63.2%。山区和海岛发展加快,衢州、丽水和舟山主要发展指标增速高于全省平均水平。资源节约和环境保护全面推进,单位生产总值能耗下降超过20%。安全生产事故起数、死亡人数和直接经济损失连续九年实现"三下降"。

人民生活不断改善。全省财政每年支出增量的三分之二以上用于民生。城镇居民人均可支配收入34550元,年均实际增长7.7%;农村居民人均纯收入14552元,年均实际增长8.5%;低收入农户人均收入达到6260元;城乡居民收入差距缩小到2.37∶1。就业持续扩大,城乡养老和医疗保障制度实现全覆盖,社会救助水平稳步提高。住房保障体系建设不断加强,累计开工建设保障性住房89.6万套、竣工55万套,改造建设农村住房153.7万户。社会事业加快发展,十五年教育普及率达到97.9%,高等教育毛入学率达到49.5%,基本医疗、公共卫生、公共文化和便民服务体系基本实现城乡全覆盖。深入推进平安浙江和法治浙江建设,社会保持和谐稳定。

改革开放持续深化。推进转变经济发展方式综合配套改革试点,统筹城乡综合配套改革、农村改革试验区和集体林权制度改革、要素市场化配置改革、国有企业改革取得积极进展。大力优化民营经济发展环境,浙商创业创新、回归反哺家乡的氛围更加浓厚。医药卫生体制改革取得积极成效。政府自身建设不断加强,行政效能进一步提高。事业单位改革稳步推进。对外贸易跃上新台阶,利用外资质量提高,"走出去"步伐加快。圆满完成支援青川灾后恢复重建任务,援藏援疆援青等对口支援工作取得新成效。贯彻实施国家长三角区域发展规划,区域合作向纵深拓展。

人口和计划生育、妇女、儿童、老龄和残疾人工作不断加强,民族、宗教、外事、侨务、港澳和对台等工作取得新成绩。国防动员和后备力量建设深入推进,国防教育、双拥工作和人民防空工作进一步加强。

刚刚过去的2012年,面对严峻复杂的外部环境和困难挑

战，我们全面贯彻落实党中央、国务院和省委各项决策部署，牢牢把握稳中求进、转中求好的工作基调，千方百计促发展，坚定不移抓转型，尽心尽力惠民生。全省生产总值比上年增长8%；地方财政收入增长9.2%；城镇居民人均可支配收入实际增长9.2%，农村居民人均纯收入实际增长8.8%；研究与试验发展经费支出占生产总值比重2.0%；单位生产总值能耗下降6%左右，化学需氧量、二氧化硫、氨氮和氮氧化物减排有望完成年度目标；居民消费价格总水平涨幅2.2%；城镇新增就业98.7万人，城镇登记失业率3.0%；人口自然增长率4.6‰；为民办实事各项任务全面完成。一年来，着重抓了以下工作。

（一）扩大有效投资，增强经济发展后劲。大力推进重大项目建设，构建全程服务机制，强化要素保障，“三个千亿”工程提前完成，固定资产投资增长21.4%。认真落实支持浙商创业创新政策，民间投资增长22.5%，浙商回归引进项目到位资金1298亿元，增长43.0%。推动民企与央企加强战略合作，央企合作项目新增到位资金1247亿元，增长62.3%。建立量质并举的外资考核评价机制，实际利用外资131亿美元，新批准世界500强企业投资项目28个。

（二）加快转型升级，提升产业竞争力。加强农田水利设施建设，新建粮食生产功能区111万亩、各类现代农业园区54万亩，粮食和主要农产品生产供应保持稳定。制定实施促进工业发展的一揽子政策措施，开展20个工业强县试点建设，启动建设12个省级特色工业设计基地，支持高端装备制造等战略性新兴产业发展，淘汰落后水泥产能731万吨、印染5.3亿米、铅酸蓄电池179万千伏安时。完善服务业支持政策，推进服务业集聚区建设。加强对技术创新和科技成果产业化的政策支持，设立50亿元省级创新强省专项资金，加快青山湖科技城、未来科技城等创新平台建设，推动产业集聚区、开发区（园区）创建高新技术产业园区，大力培养引进高层次人才。联动推进产业转型与外贸发展，完善外贸扶持政策，支持企业千方百计保客户、拓市场，对新兴市场出口实现较快增长。实施能源消费总量和能耗强度双控制度，加强主要污染物排放总量控制，省控监测断面地表水水质达到三类以上的比例64.3%，同比提高1.4个百分点。

（三）推进城乡统筹和海陆联动发展，培育新增长极。制定实施新型城市化发展纲要，强化城乡基础设施和承载能力建设，推进城乡管理创新，启动实施治理城市交通拥堵工程，加大地下空间开发利用力度。加快美丽乡村建设，启动历史文化村落保护利用工作，完成3600个村庄整治建设，建成农村联网公路1386公里。

开展海洋经济发展重大战略问题研究，编制实施海洋新兴产业重点领域专项方案和重要海岛开发利用与保护方案，编制舟山群岛新区发展规划，推进海洋经济重大基础设施和产业项目建设，设立舟山港综合保税区和宁波梅山保税港区汽车整车进口口岸。制定实施加快山区经济发展的政策意见和发展规划，推进衢州山区科学发展试验区、丽水山区科学发展综合改革试验区和湖州省际承接产业转移示范区建设，启动建设山海协作产业园，深入实施重点欠发达县特别扶持计划，完成欠发达地区和海岛异地搬迁6.2万人。

（四）切实保障和改善民生，促进社会和谐进步。加大就业促进工作力度，深入推进社会保险扩面，提高企业退休人员和城乡居民社会养老保险待遇标准。出台临时救助办法，扩大社会救助覆盖面。推进社会养老服务体系建设，提升残疾人共享小康和困境儿童保障服务水平。深化普通高中课程改革和高校综合评价招生改革，推进学前教育三年行动计划和义务教育高水平均衡发展，完成中小学校舍安全工程三年建设改造任务。推进市县两级公立医院综合改革，加强城乡公共卫生服务体系建设。优生优育工作扎实推进。村级（社区）便民服务中心建设实现全覆盖。实施文化惠民系列工程，推进重大文化设施建设。广泛开展群众体育运动，我省运动员在奥运会和残奥会上取得优异成绩。开展食品安全大整治百日行动，强化安全生产责任落实，做好防灾救灾工作。认真做好信访工作。加强社会治安防控体系建设，严厉打击各类违法犯罪活动，确保社会稳定。

（五）积极改善发展环境，再创发展新优势。开展“服务企业、服务基层”活动和省级机关“百组”调研活动，深化行政审批制度改革，梳理下放406项省级行政审批和管理权限，完善省市县乡村五级政务服务体系，免征小微企业行政事业性收费32项。推动金融机构落实差异化信贷政策，促进金融创新发展。强化土地保障和节约集约利用，推进低效利用建设用地二次开发，盘活存量土地6.1万亩。建立部省合作、省市联动机制，推进义乌国际贸易综合改革试点。深化省属国有企业改革。全面落实国家结构性减税政策，开展交通运输业和部分现代服务业营业税改征增值税试点，建立和完善有利于区域统筹发展的财政体制机制。坚持依法行政，省政府提请省人大常委会审议地方性法规议案6件，制定和修改省政府规章14件。实施"阳光工程"，加强审计监督和行政监察，推进廉政风险防控机制建设，严肃查处违纪违法案件。坚决压缩"三公"经费，认真开展公务用车治理，严格控制一般性支出。

我们也清醒地看到，全省经济社会发展中还存在不少困难和问题，政府工作还存在许多不足。主要是：经济增长过多依赖低端产业、过多依赖低成本劳动力、过多依赖资源环境消耗等问题尚未根本改变，创新驱动发展的能力和动力不足。山区、海岛和欠发达地区发展基础仍然薄弱，中心城市的辐射带动能力不强，制约"三农"稳定发展的因素还不少。低收入群众持续快速增收难度加大，基本公共服务水平需要进一步提升，关系群众切身利益的教育、医疗、生态环境、食品药品安全等方面还存在不少问题。一些政府工作人员大局意识、责任意识不强，服务观念、法治意识淡薄，形式主义、官僚主义、奢侈浪费问题依然存在，消极腐败现象在一些领域多发频发。我们一定高度重视，进一步增强紧迫感和责任感，采取有力措施认真加以解决。

二、今后五年的奋斗目标和主要任务

今后五年，是浙江省加快经济转型升级的攻坚时期，是建设物质富裕精神富有现代化浙江的关键时期。

政府工作的总体要求是：坚持以邓小平理论、"三个代表"重要思想、科学发展观为指导，全面贯彻落实党的十八大精神和省第十三次党代会精神，深入实施"八八战略"，以科学发展为主题，以加快转变经济发展方式为主线，以富民强省、社会和谐为根本目的，全面推进经济建设、政治建设、文化建设、社会建设、生态文明建设，着力深化改革开放，着力强化创新驱动，着力优化经济结构，着力改善发展环境，着力保障改善民生，促进经济持续健康较快发展和社会全面进步，为建设物质富裕精神富有现代化浙江奠定坚实基础。

省委十三届二次全会作出了干好"一三五"（"一"，是全力以赴做好2013年的工作，在稳中求进中推动浙江经济社会又好又快发展；"三"，是在今后三年不折不扣完成省"十二五"规划确定的目标任务；"五"，是全面落实省第十三次党代会部署的今后五年的目标任务）、实现"四翻番"（到2020年，全省生产总值、人均生产总值、城镇居民人均可支配收入、农村居民人均纯收入分别比2010年翻一番，分别达到55500亿元、104000元、55000元、24000元以上）的决策部署，省政府要紧扣目标、抓好落实。力争经过五年努力，2017年全省生产总值达到5万亿元以上，人均生产总值达到9万元左右，城镇居民人均可支配收入达到5万元左右，农村居民人均纯收入达到2.2万元左右。

做好今后五年工作，要切实把握好以下原则：

坚持科学发展。发展是解决所有问题的关键，必须牢牢把握经济建设这一中心和发展实体经济这一基础，把推动发展的立足点转到提高质量和效益上来，努力实现速度和结构质量效益相统一、经济社会发展与人口资源环境相协调。

坚持改革创新。改革开放和科技创新是推动发展的根本动力，必须以更大的勇气和智慧深化重要领域改革，全面实施创新驱动发展战略，完善互利共赢、多元平衡、安全高效的开放型经济体系，加快形成新的经济发展方式。

坚持文化引领。文化是重要的软实力，必须把文化引领发展摆在更加重要的位置，大力发展文化事业和文化产业，加快提升人民群众思想道德素质和科学文化素质，切实保障人民群众基本文化权益，更好满足人民群众日益增长的精神文化需求。

坚持优化环境。发展环境是决定区域竞争力的重要因素，必须切实转变政府职能，营造高效规范的政务环境、诚信便捷的商务环境、公正和谐的社会环境、秀美宜居的生态环境，打造让一切劳动、知识、技术、管理和资本活力竞相迸发的创业创新环境。

坚持富民惠民。保障和改善民生是一切工作的出发点和落脚点，必须坚持以人为本和人民主体地位，千方百计增加城乡居民收入，大力发展社会事业，进一步提升基本公共服务水平，切实保障群众合法权益，使发展成果更多更公平惠及全省人民。

今后五年，要重点实施以下举措。

（一）深入推进改革开放，增强发展动力和活力。坚持社会主义市场经济改革方向，加快建立健全促进科学发展的体制机制，不断改善发展环境。加快破除制约民间投资的体制障碍，切实保证各种所有制经济依法平等使用生产要素、公平参与市场竞争、同等受到法律保护，推动民营经济大发展大提升。推进国有企业改革发展，完善国有资产监管体制。推进金融创新发展，健全多层次资本市场体系。全面深化转变经济发展方式、资源要素市场化、统筹城乡建设、社会发展和社会管理等重点领域改革。深化收入分配制度改革，努力实现居民收入增长和经济发展同步、劳动报酬增长和劳动生产率提高同步。推进嘉善县域科学发展示范点建设。实施更加积极主动的开放战略，加快形成以技术、品牌、质量、服务为核心的竞争新优势。坚持出口与进口并重、"引进来"与"走出去"并重，支持企业充分利用国际国内两个市场两种资源，吸纳更多全球高端生产要素，加快培育一批跨国公司。深化国内合作与交流，推进长三角区域一体化发展，积极参与海峡西岸经济区建设，做好对口支援工作。

（二）实施创新驱动发展战略，加快提升经济核心竞争力。围绕大幅提升科技进步对经济增长的贡献率，深化科技体制改革，深入实施知识产权战略、标准化战略和品牌战略，推进国家技术创新工程试点省建设，加快建设创新型省份。创建杭州国家自主创新示范区，支持各地各类科技创新园区建设，形成一批有效集聚高端创新要素的高新技术产业基地。完善科技创新评价标准、激励机制和成果转化机制，加强重大科技攻关，推广应用一批重大科技成果，培育创新型企业，建设创新型城市。大力推进海外高层次人才引进“千人计划”（2009年开始实施浙江省海外高层次人才引进计划即“千人计划”，力争用10年时间引进并资助1000名海外高层次人才），实施浙江青年科学家培养计划，加快引进和建设一批科技创新团队。通过五年努力，力争实现全省研究与试验发展经费支出额、研发人员数、发明专利授权量、规模以上工业新产品产值和高新技术产业产值等“五个倍增”。

（三）努力扩大有效投资，进一步夯实发展基础。组织实施“411”有效投资行动计划，围绕产业转型升级、基础设施完善、统筹城乡建设、公共服务提升等四大领域，重点推进1000个以上省级重大项目建设，带动实现全社会投资10万亿元以上。加强交通、能源、水利和信息等重大项目建设，完善基础设施网络体系。加强重大产业项目建设，培育新的经济增长点。加强社会发展重大项目建设，提升公共服务水平。加强城乡基础设施项目建设，促进城乡发展一体化。发挥政府投资的引导作用，调动民间投资主体的积极性，进一步提高利用外资质量，民间投资比重力争提高到65%以上。

（四）推进产业结构调整和优化升级，构建现代产业体系。大力推进农业现代化，加快建设粮食生产功能区和现代农业园区，强化农业经营主体培育和经营体制创新，健全以农业技术创新和成果推广为重点的服务体系，努力提高农业综合生产能力和市场竞争力。大力发展现代工业，坚持传统产业转型升级和战略性新兴产业发展两手抓，推动信息化与工业化深度融合，推进工业强县建设，努力提升工业竞争力。大力发展现代服务业，健全发展服务业和扩大消费的政策支持体系，努力提高服务业比重和发展水平。促进产业集聚区和开发区（园区）提升发展，着力引进大项目、培育大企业、发展大产业。通过五年努力，力争实现战略性新兴产业、现代服务业增加值“两个倍增”。

（五）加快海洋强省建设和山区经济发展，拓展持续发展空间。大力推进海洋经济发展示范区和舟山群岛新区建设，创新开发开放的体制机制和政策，推动资源整合和要素集聚，优化布局和加快发展现代海洋产业，加快形成沿海现代产业带和城市群，使我省成为我国海洋经济科学发展示范区和东部沿海地区重要的经济增长极。扎实推进山区发展，以改善山区发展条件、保护生态环境、提升公共服务水平为重点，实施人口内聚外迁、基础设施改善、产业集聚转型、公共服务提升、生态屏障建设、生态旅游发展、低丘缓坡开发、人才科技支撑、特色园区开发等工程，深入开展山海协作，大力支持欠发达地区提升发展能力，加大对少数民族集中区域的扶持，推动山区绿色发展、生态富民、科学跨越。

（六）深入推动新型城市化和新农村建设，构建现代城乡体系。深入实施新型城市化发展纲要，完善城乡规划、建设、管理和公共服务一体化的体制机制，着力提高城市化质量。积极推进都市区和城市群规划建设，支持区域中心城市增强集聚辐射能力，推动县城、中心镇建设发展和小城市培育，有序推进农业转移人口市民化。实施治理城市交通拥堵工程，采取综合举措，确保全省城市交通拥堵状况明显改善。实施“三改一拆”工程，深入开展“四边三化”行动，推进美丽乡村建设，加快改善城乡面貌。

（七）加快社会事业发展和社会保障体系建设，提升基本公共服务水平。坚持教育优先发展，深化教育改革，加强教师队伍建设，高标准普及十五年教育，完善高等教育体系、现代职业教育体系和终身教育体系。坚持保基本、强基层、建机制，制定实施具有浙江特色的健康发展战略，深化医药卫生体制改革，发展中医药事业，提升城乡医疗卫生服务水平。统筹做好人口和计划生育工作，提高出生人口素质。实施就业优先战略，促进创业带动就业，推动实现更高质量的就业。坚持全覆盖、保基本、多层次、可持续方针，完善养老、医疗等社会保障制度，推进住房保障体系建设，完善新型社会救助体系和社会福利体系。健全社会养老服务体系。完善扶贫开发机制和结对帮扶机制，促进低收入农户、城镇低收入家庭、城乡困难残疾人家庭和欠发达地区群众加快增收。

（八）推进文化大发展大繁荣，进一步增强文化软实力。深入开展社会主义核心价值体系学习教育，弘扬以创业创新为核心的浙江精神，践行“务实、守信、崇学、向善”为内涵的当代浙江人共同价值观。加强社会诚信体系建设和公民道德建设，深化群众性精神文明创建活动。大力发展文化事业，深入实施文化惠民工程，健全公共文化服务体系和运行机制，加快建设一批重大公共文化设施。推动重点文化产业提升和重大文化产业项目建设，促进文化产业加快成为支柱性产业。

（九）扎实推进生态建设和环境保护，努力建设生态浙江和美丽浙江。深入开展“811”（“8”指的是浙江省八大水系；

"11"既是指全省11个设区市,也指当年浙江省政府划定的区域性、结构性污染特别突出的11个省级环保重点监管区)生态文明建设推进行动。实施主体功能区规划和生态环境功能区规划,优化国土空间开发格局。加强节能降耗,控制能源消费总量,支持节能低碳产业和新能源、可再生能源发展,发展循环经济。实行最严格的耕地保护、水资源管理和环境保护等制度。加强环境污染整治,实施清洁水源、清洁空气、清洁土壤行动。实施生态修复工程,发展现代林业。深入开展绿色创建,倡导健康的生活方式、消费模式和行为习惯,形成共建共享生态文明的社会氛围。

(十)加强和创新社会管理,确保社会和谐稳定。深化平安浙江和法治浙江建设。深入开展民主法制教育,完善基层民主制度,加强法律服务和法律援助,推动形成良好的法治环境。加强社会管理法规、体制机制、能力、人才队伍和信息化建设,引导社会组织健康有序发展,健全网格化管理、组团式服务,增强城乡社区服务功能。加强外来流动人口服务和管理。注重源头治理,畅通和规范群众诉求表达、利益协调、权益保障渠道,完善矛盾纠纷排查调处制度。落实安全生产责任制,健全食品药品监管体系、社会治安防控体系和防灾减灾体系,加强应急管理,切实保障人民群众生命财产安全。

三、2013年主要工作

2013年是新一届省政府的开局之年,做好各项工作意义十分重大。

综合考虑经济社会发展趋势和工作导向,建议2013年全省经济社会发展的主要预期目标为:地区生产总值增长8%以上;城镇居民人均可支配收入、农村居民人均纯收入实际增长均为8%以上;地方财政收入增长8%;研究与试验发展经费支出占生产总值比重2.2%;城镇新增就业70万人,城镇登记失业率控制在4%以内;人口自然增长率控制在5‰左右;居民消费价格总水平涨幅控制在3.5%左右;单位生产总值能耗下降3.5%,化学需氧量、二氧化硫、氨氮排放量均减少2%,氮氧化物排放量减少4%。

实现上述目标,必须全面落实党中央、国务院和省委各项决策部署,抓好政府五年各项工作的启动实施,特别注重抓好以下工作:

(一)全力推动产业转型升级和经济持续健康较快发展

制定实施"411"有效投资行动计划。加强重大项目前期工作,加快审批事项目录化管理和联合办理,加大土地、资金、环境容量等要素保障,力争更多项目获批、落地和开工。制定实施支持浙商创业创新促进浙江发展三年规划,落实促进民间投资实施细则,推出第二批面向民间资本的大项目,建立民间投资重大项目"绿色通道",促进民间投资较快增长。面向国内外优势企业招商引资,着力招大、引强、选优,进一步扩大利用内外资规模。

千方百计拓展国际国内市场。制定实施开拓国内外市场的政策措施,推进出口市场多元化,支持自有品牌和自主知识产权产品出口,稳定和扩大国际市场份额。加快进口平台建设,引导企业增加先进技术设备、关键零部件和重要能源原材料等进口。加强国际贸易摩擦应对,推进大通关建设,提高贸易便利化水平。推动商品交易市场提升发展,完善浙货营销体系,促进省内省外市场融合互补、网上网下市场联动对接,构筑现代流通体系。落实扩大消费的政策措施,建立健全城乡消费服务体系,发展网络消费、信用消费、服务消费等新型方式,加快培育休闲旅游等一批拉动力强的消费增长点。

毫不放松抓好农业。完善粮食产销和"菜篮子"政策措施,确保市场供应。新建粮食生产功能区100万亩、各类现代农业园区76万亩,完善"两区"管理和保护机制,加快农田水利设施和高标准基本农田建设。壮大农业主导产业,积极推进农业科技创新,发展现代种业。加强农民职业技能培训,鼓励和支持大学毕业生从事现代农业,培育专业种养大户和现代农民。提升发展农民专业合作社和农业龙头企业,鼓励发展家庭农场和合作农场,有序推进土地承包经营权流转。健全基层农业公共服务体系,完善政策性农业保险,建设一批示范性农产品物流配送和展示展销中心,加强农超对接、农批对接,培育农产品区域品牌。

大力推进工业转型升级。采取更加有效的措施培育战略性新兴产业,建设纯电动汽车、船舶装备、智能印染装备、光伏屋顶发电装备等新兴产业基地,在高端装备制造、生物医药、信息产业、新能源、新材料等重点领域实现新突破。积极改造提升传统产业,制定实施"腾笼换鸟"促转型一揽子计划,引导支持企业加快技术改造,推动信息技术应用,坚决淘汰一批落后产能。推进绍兴工业转型升级综合配套改革试点。加强对企业的扶持和服务,鼓励企业开展并购和重组,支持龙头骨干企业做强做大,减免符合转型升级要求的困难小微企业相关税费,推动个体工商户和小微企业提升发展。建立工业强县考核评价机制。推进现代产业集群示范区建设,建设一批小企业创业示范基地,建成一批特色工业设计基地。加强产业集聚区产业准入管理和引导,创新管理体制机制,完善开发区(园区)考核评价办法,高标准推进开发区(园区)整合提升。

加快发展服务业。加强产业政策引导,支持发展现代商贸、金融服务、现代物流、信息服务、旅游休闲、社区服务业,加快发展服务外包、文化创意和电子商务等产业,大力发展总部经济。抓好现代服务业集聚示范区建设,推进服务业重点企业培育和重大项目建设,推动国家交通运输物流公共信息平台网络体系建设。全面落实营业税差额征税政策,做好营业税改征增值税试点范围扩大工作。

积极促进科技创新和成果转化。抓好各类重大科技创新平台和高新技术产业园区建设。加强产学研用协同创新,建设一批重点企业研究院、企业技术中心、产业技术创新战略联盟和公共科技创新平台。实施重大科技专项和重大关键技术“双十计划”(重点围绕战略性新兴产业和传统优势产业分别选择10个左右关键共性技术和重大技术攻关项目,把现有的政策资源集中到产业发展的焦点上,在新兴产业培育过程中选择发展重点率先突破,在传统产业转型升级过程中选择关键环节实现重点突破),推进产业技术创新综合试点。加强成果转化中试基地建设,加大重大创新产品的应用示范力度,建立健全科技与金融结合的有效机制,促进科技成果转化。支持企业产品创新、品牌创新和商业模式创新,加强知识产权保护。努力改善创业创新环境,大力引进国内外一流的科研机构和高层次人才,加强高技能人才队伍建设。

加大金融保障实体经济力度。加快中小企业金融服务中心和民间财富管理中心建设,积极发展地方金融业。引导和支持金融机构“保总量、保重点、保稳定”,加大对企业转型升级的支持力度。综合利用资本市场、信贷市场、保险市场,扩大企业融资渠道,降低融资成本。加强农村金融服务,抓好丽水农村金融改革试点。推进金融创新示范县和台州小微企业金融服务改革创新试验区建设,开展民间融资管理试点,发展风险投资、创业投资,培育股权投资机构。

(二)扎实落实“四大国家战略举措”

加快海洋经济发展示范区建设。落实海洋经济发展示范区发展规划和试点工作方案,完善沿海城镇体系建设规划和产业发展规划,大力推进重大基础设施和高端产业项目建设。整合沿海港口资源,构建一体化发展的体制机制,打造以宁波—舟山港为核心的国际强港,完善集疏运网络,建设“三位一体”港航物流服务体系。实施海洋新兴产业专项方案,引导社会资金投向海洋新兴产业,提升发展海洋渔业。探索建立沿海市县海湾开发保护合作机制,推动三门湾等区域统筹规划和建设,开展象山、洞头、玉环和大陈岛等省级海洋经济发展试点,推进海域资源市场化配置,开展港口岸线和海域使用权转让交易,对重要海岛及周边海域资源开发保护实施一岛一策。

高起点推进浙江舟山群岛新区建设。落实新区发展规划,组织实施新区建设三年行动计划。创新新区管理体制,加大政策支持和人才支撑力度,鼓励新区开发开放、先行先试。加强基础设施建设,加快实施一批重大项目。建设船舶与海洋工程装备示范基地,发展海洋新兴产业,推动舟山港综合保税区建设,抓好国家旅游综合改革试点。推进国家海洋科技国际创新园和浙江大学海洋学院建设。

深化义乌国际贸易综合改革。围绕国家级小商品国际贸易区建设,组织实施改革试点三年计划,推行“市场采购”新型贸易方式及其配套监管办法。继续推进义乌商贸服务业集聚区、保税物流中心等平台建设,推动实体市场和网上市场融合发展,加快“无水港”建设和航空口岸开放。

大力推动温州金融综合改革。围绕破解民间资金投资难和中小企业融资难,加强民间融资管理,推进民间金融阳光化、规范化,健全“温州指数”体系,引导民间借贷利率合理化。深化地方金融机构改革发展,加大债券等融资工具的运用与创新。加强社会信用体系建设,强化金融监管,防范区域性金融风险。

(三)全面推进“美丽浙江”建设

狠抓城乡规划、建设与管理,建设美丽城镇和美丽乡村。制定实施治理城市交通拥堵、“三改一拆”(开展旧住宅区、旧厂区、城中村改造和拆除违法建筑)工程和“四边三化”(在公路边、铁路边、河边、山边等区域开展洁化、绿化、美化行动。)行动工作方案。支持区域中心城市和城市群建设,加快中心镇改革发展,深化小城市培育试点工作。提升城市规划、建设

舟山新区标志——旭日东升

和管理水平，加快城市道路等基础设施建设，优先发展公共交通，加强城市地下空间开发利用，注重城市历史文化保护，积极创建森林城市，抓好“智慧城市”试点。继续做好“千村示范万村整治”工作，培育建设中心村，开展历史文化村落保护利用，大力发展乡村旅游。支持发展村级集体经济。

坚持保护和开发有机统一，推动山区科学发展。制定实施山区发展九大工程工作计划，支持山区特别是欠发达地区基础设施建设。开展多种形式的山海协作，建设一批山海协作产业园。引导社会资本投向高效生态农业、绿色低碳制造业和生态养生等新兴产业，建设生态特色产业基地，支持欠发达地区加快培育新的经济增长点。实施“低收入农户收入倍增计划”，提高异地搬迁补助标准。加大对欠发达地区的财政转移支付，继续实施“重点欠发达县特别扶持计划”，大力扶持革命老区、民族地区、重点库区发展。推进丽水扶贫改革试验区建设。

扎实做好资源节约利用和节能减排工作，切实保护好生态环境。加强能源消费总量和能耗强度双控管理，制定节能技术、产品推广导向目录，实施节能产品惠民工程。严格依法处置闲置土地，加快对批而未供、供而未用土地的消化利用，启动实施“812”土地整治工程（即2013年至2017年，全省将垦造耕地80万亩，建成高标准基本农田1043万亩，综合整治农村建设用地20万亩），推进沿海滩涂合理开发利用，积极争取扩大低丘缓坡开发利用试点。建立水资源利用总量、用水效率、水功能区限制纳污控制指标体系，推进节水示范工程。强化重点领域、重点行业环境污染防治，推进水环境污染重点区域环境综合整治，全面开展PM2.5监测，加强大气复合污染防治，加强土壤污染防治，重视保护海洋生态环境。完善环境准入、资源有偿使用和生态补偿等制度。开展低碳发展试点。推进“万里清水河道”建设，实施森林生态工程。

（四）大力促进民生改善和社会和谐

加强就业和社会保障。实施更加积极的就业政策，建立政策扶持、创业培训、创业服务三位一体的工作机制，重点解决好高校毕业生、退役士兵、就业困难人员和农村转移劳动力就业问题，开展公益性岗位进村活动。深入实施“五费合征”，完善社会保险扩面长效机制。加快基本医疗保险制度城乡统筹，建立健全城乡居民大病保险制度。制定实施失业保险省级统筹方案。完善城乡居民最低生活保障制度，健全价格补贴机制。落实房地产调控政策，推进保障性住房建设和管理。发展老龄服务事业和产业，健全残疾人社会保障和服务体系，完善孤残儿童及其他困境儿童基本生活保障制度，加强慈善公益服务。

推动社会事业发展。抓好国家和省各项教育改革试点。加强乡镇中心幼儿园建设，推进普通高中特色示范学校创建，完善中小学教师、幼儿园教师准入管理制度和专业发展培养培训制度，基本建立县域内义务教育学校教师轮岗交流制度，推进义务教育高水平均衡发展。大力发展职业教育，加强省级实训基地、产学研联合体等建设。加强学科专业建设，推动高等学校协同创新，不断提升人才培养和产学研合作水平。办好特殊教育，发展民办教育。推进外来务工人员随迁子女“异地高考”工作。深入实施医药卫生体制改革，开展省级公立医院综合改革试点，全面推进市县两级公立医院综合改革，鼓励发展民营医疗机构，扩大基本药物制度实施范围，完善药品招标制度，有序推进村卫生室实施基本药物制度。加强基层医疗卫生服务，推动省级医院与市县合作，推进优质医疗资源共享，鼓励医学类毕业生到基层服务，提高公共卫生和基本医疗服务水平。加强人口和计划生育工作，促进人口均衡发展。加强基层公共文化设施建设，加快推动浙江音乐学院、浙江图书馆新馆等项目建设，制定实施文化产业扶持政策，抓好经营性文化单位转企改制和文化事业单位改革，积极发展新闻出版、广播影视、文学艺术等事业，繁荣哲学社会科学。推动群众体育和竞技体育发展，办好省第二届体育大会。进一步做好统计、参事、气象、地震、档案、测绘等工作。

切实加强社会管理。深入开展平安创建系列活动，推动平安浙江建设。持续开展食品药品安全整治，实施放心粮油、放心肉、放心菜、放心奶工程和餐饮服务食品安全示范工程，提高食品药品安全监管水平。排查整治安全生产隐患，防范遏制重特大安全事故。加强水利建设，深入实施“强塘固房”工程，做好台风、洪涝等灾害防治工作。推进社会管理创新综合试点，深化户籍制度改革，加强城乡社区建设，完善流动人口服务管理机制。倡导企业关爱职工、职工热爱企业，积极构建和谐劳动关系。支持工会、共青团、妇联等群团组织开展工作。加强网络社会管理。积极做好信访工作，加强社会矛盾排查调处，预防和妥善处置各类群体性事件。强化突出治安问题专项整治，依法打击各类违法犯罪活动。做好民族、宗教、外事、侨务、港澳和对台等工作。加强国家安全工作。

大力支持驻浙人民解放军和武警部队建设，坚持军民融合式发展，做好国防动员、后备力量和人民防空建设、国防教育和拥军优属工作，做好军人退役和转业安置工作，促进军政军民团结。

继续围绕事关人民群众切身利益的问题，重点办好以下实事。一是围绕缓解城市交通拥堵，主要城市公交分担率平均比上年提高3个百分点以上，新增公共自行车数量比上年增量翻一番以上,新增专用停车位数量比上年增量翻一番,新增地下空间停车位数量比上年增量翻一番。二是围绕促进城乡困难群众增收,实现城镇“零就业家庭”发现一户帮扶一户,提高城镇和农村最低生活保障标准,重点生态公益林补助标准从每亩19元提高到21元,完成欠发达地区高山远山、重点库区、地质灾害隐患点、偏远海岛、连家渔船等群众异地搬迁6万人以上。三是围绕扩大社会保险覆盖面,新增养老保险参保人数80万以上,医疗保险、失业保险、工伤保险、生育保险新增参保人数均为60万以上。四是围绕改善城乡困难群众住房条件,开工建设保障性住房15万套、竣工9万套,其中开工建设公共租赁住房4万套,启动建设200个农房改造建设示范村,完成农村困难家庭危房改造2万户。五是围绕提升医疗服务水平,建立人才等优质医疗资源向基层流动的机制,培养培训各类基层卫生人员2万名,完成10万名红十字公益性应急救护培训任务;对纳入医疗救助范围的困难家庭,其成员患尿毒症、儿童白血病等八类重特大疾病,政策范围内门诊和住院自费医疗费用救助比例不低于50%,低保对象政策范围内住院自费医疗费用救助比例达到50%以上;对参保的城乡居民开展两年一次的健康体检。六是围绕提升居民养老服务水平,实施城市社区“居家系列服务惠民工程”,新增各类养老机构床位数1.8万张,为7500户残疾人家庭实施无障碍改造。七是围绕保障食品安全,实施“千万学生饮食放心工程”,改造提升300家农贸市场,创建300家流通环节食品安全电子监管示范单位。八是围绕促进教育协调发展,新建或改扩建100所乡镇中心幼儿园,全省85%以上的适龄儿童在等级幼儿园入园;免除符合条件的中等职业学校在校学生学费。九是围绕农村历史文化保护和建设,启动260个历史文化村落保护利用,新建(修建)农村文化礼堂1000个。十是围绕改善城乡环境,拆除城乡违法建筑3000万平方米,完成1840个村庄环境综合整治,改善50万农村居民饮水条件,新增农村沼气用户1万户。

四、全面加强政府自身建设

做好经济社会发展各项工作,必须加强政府自身建设,进一步增强机遇意识、忧患意识、责任意识,以更加奋发有为的精神状态和更加勤勉务实的工作作风,开拓创新,奋勇争先,努力开创科学发展新局面。

坚持执政为民,努力建设服务型政府。加强政风建设,牢固树立大局观念和全局意识,认真贯彻落实中央改进作风密切联系群众的各项规定,开展党的群众路线教育实践活动,践行“六戒六要”,整治庸懒散奢等不良风气,不断提升行政效能,努力为企业、基层和群众提供优质服务。加快转变政府职能,正确处理政府与市场的关系,推进政企分开、政资分开、政事分开、政社分开,强化公共服务和社会管理职能,加强对经济发展的引导支持和保障。深化行政审批制度改革,清理压缩行政许可和非行政许可审批事项,优化和规范审批流程,推行审批服务全程代理制和网上审批制,健全重大项目审批事项集中办理机制,力争成为审批事项和审批环节最少、速度最快的省份。推动政府管理重心下移,加强乡镇(街道)基层建设,关心爱护乡镇干部,推行干部住夜和联村联户等制度。推动政务服务向基层延伸,巩固完善村级(社区)便民服务中心。健全事权与财权相适应的财政管理体制,加快推进专项性一般转移支付改革。加强政府绩效管理,完善落实层级负责制,健全工作责任体系和激励考评机制,全面推行服务承诺、首问负责、限时办结等制度,加强效能监察,严格行政问责,严厉查处不作为、乱作为,确保政令畅通。

坚持依法行政,努力建设法治政府。牢固树立法治理念,提高依法行政能力。认真落实省人大及其常委会各项决议决定,自觉接受人大依法监督,积极支持人民政协履行政治协商、民主监督、参政议政职能,认真办理人大代表议案建议和政协提案。认真听取民主党派、人民团体和各界人士的意见建议,主动接受司法监督和社会公众监督,强化政府层级监督,加强监察、审计等专门监督。健全民主决策机制,完善行政决策程序,加强重要政策实施的跟踪评估,注重发挥专家作用和听取群众意见,不断提高决策科学化民主化水平。完善政府立法工作机制,做好规范性文件和政府经济合同的合法性审查工作。深化行政执法体制改革,规范行政执法裁量权,加强行政复议规范化建设,切实保障公民合法权益。推进行政权力运行公开,建立健全各类公开办事制度,加快电子政务建设,提高政府工作透明度。

坚持从严治政,努力建设廉洁政府。按照干部清正、政府清廉、政治清明的要求,加强纪律建设、作风建设,惩治和预防腐败。认真落实党风廉政建设责任制和廉政准则,着力推进反腐倡廉制度建设,建立健全廉政风险防控机制。强化对行政审批、招投标、土地出让、政府采购、国有资产产权交易等重点领域和关键环节的监管,严肃查处各类违法违纪案件,坚决防止和纠正损害群众利益的不正之风。牢固树立正确政绩观,力戒形式主义和虚报浮夸,坚决制止劳民伤财的形象工程和政绩工程。坚持勤俭节约、艰苦朴素的优良传统,坚决反对奢侈挥霍、铺张浪费,大力推进预算决算公开,严格控制一般性支出,积极推进公务消费、公务用车改革,降低公务用车购置及运行、公务接待、因公出国(境)、会议等经费支出,切实降低行政成本,把有限的资金更多地用在改善民生上。

关于2012年全省和省级预算执行情况及2013年全省和省级预算草案的报告(摘要)

——2013年1月25日在浙江省第十二届人民代表大会第一次会议上

浙江省财政厅

一、关于2012年全省和省级公共财政预算执行情况

(一)全省汇总公共财政预算执行情况

2012年全省地方财政收入汇总预算为3420.00亿元,执行数为3441.23亿元,完成预算的100.6%,比上年增长(以下简称"增长")9.2%。

全省地方财政收入主要项目完成情况为:税收收入3227.77亿元,完成预算的100.6%,增长9.3%;非税收入213.46亿元,完成预算的100.3%,增长7.4%。

2012年全省财政支出汇总预算为4063.00亿元,执行数为4161.88亿元,完成预算的102.4%,增长8.3%。

全省财政重点支出完成情况为:农林水事务408.21亿元,完成预算的102.6%,增长9.3%;教育877.86亿元,完成预算的108.5%,增长16.8%;科学技术165.98亿元,完成预算的105.2%,增长15.3%;文化体育与传媒94.17亿元,完成预算的107.2%,增长10.7%;医疗卫生305.91亿元,完成预算的102.2%,增长9.7%;社会保障和就业345.44亿元,完成预算的109.2%,增长18.4%。

按照现行分税制财政体制和国家有关政策规定计算,预计2012年全省公共财政预算收支平衡。

(二)省级公共财政预算执行情况

2012年省级地方财政收入预算为293.50亿元,执行数为255.16亿元,完成预算的86.9%,比上年下降(以下简称"下降")6.1%,加上新一轮财政体制调整,省级电力生产企业增值税、省级金融企业和电力生产企业所得税、金融业营业税收入下放因素,完成预算的100.1%,增长8.1%。

省级地方财政收入主要项目完成情况为:税收收入233.35亿元,完成预算的90.5%,下降1.9%;非税收入21.81亿元,完成预算的61.4%,下降35.6%,主要是落实国家"清费减负"政策,免征小型微型企业部分行政事业性收费,以及部分收入按规定纳入政府性基金预算管理。

2012年省级财政支出预算为422.00亿元,执行数为430.51亿元,完成预算的102.0%,增长7.7%。

省级财政重点支出完成情况为:农林水事务40.78亿元,完成预算的100.3%,下降5.2%,支出下降,主要是2012年起扶贫资金按中央规定改列市县支出,剔除扶贫资金后,可比增长8.8%;教育80.73亿元,完成预算的104.5%,增长13.4%;科学技术27.00亿元,完成预算的102.5%,增长11.8%;文化体育与传媒15.44亿元,完成预算的102.7%,增长10.4%;医疗卫生34.71亿元,完成预算的100.5%,增长8.0%;社会保障和就业16.53亿元,完成预算的101.1%,增长8.7%。

按照现行分税制财政体制和国家有关政策规定计算,预计2012年省级公共财政预算收支平衡。

二、2012年预算执行效果

(一)认真做好增收节支工作,财政运行态势总体稳健

确保收入平稳增长。密切关注国家财税体制改革动向,切实做好"营改增"试点工作,测算对地方收入的影响,及时做好企业税负变化的应对预案。根据形势变化指导各地各部门做好增收节支保平衡工作。在不折不扣落实减免税费政策的基础上,依法加强税收征管,规范政府非税收入管理,增强政府调控能力,确保收入平稳有序均衡入库,并继续保持较好的收入结构。全省地方财政收入占财政总收入的比重为53.7%,税收收入占地方财政收入的比重为93.8%。

严格支出管理。坚持有保有压、统筹兼顾,严格控制一般性支出,确保促进发展、改善民生等各项重点支出需要。全省财政用于民生方面的支出增长10.3%。严格项目支出,除中央和省委、省政府确定的重大支出以及农业、教育、科技、文化等重点支出外,其他项目支出预算原则上按照"零增长"控制。加强"三公"经费管理,严格按中央要求控制因公出国(境)经费、公务用车购置及运行费、公务接待费支出。严格预算执行,从严控制预算追加。对省级预算单位财政性资金实施动态监控,完善支出进度考核办法,抓好预算支出执行进度。

（二）财政职能作用有效发挥，经济转型升级步伐不断加快

推进重大战略实施。争取中央基建投资资金58亿元，省财政安排建设资金126亿元，自行发行地方政府债券87亿元，支持重点项目和“三个千亿工程”建设，发挥投资对经济发展的持续拉动作用。积极向中央争取优惠政策，支持实施四大国家战略举措、“四大建设”、浙商回归、中心镇建设等。筹措落实海洋经济发展、小城市培育试点专项资金各10亿元，并对在吸引浙商回归、加快“腾笼换鸟”、促进有效投资工作中考核优秀的市、县（市）实施奖励补助。支持温州金融综合改革，组建浙江省金融控股有限责任公司，增强地方金融支持经济发展的能力。

促进经济平稳增长。落实家电下乡和以旧换新财政补贴配套资金2.4亿元，进一步扩大内需。省财政安排外贸发展资金4.6亿元，促进外贸稳定增长。落实结构性减税和“清费减负”政策，实施中小微工业企业养老保险费临时性减缓征政策，减免涉企行政事业性收费和政府性基金，减轻企业负担超244亿元。做好小微企业贷款风险补偿，开展政府采购支持中小企业信用融资试点，规范省中小企业再担保有限公司运作，全省有27家担保机构纳入再担保体系，再担保余额近40亿元，有效缓解企业融资难。

加快经济结构战略性调整。加大财政科技投入，新设立50亿元创新强省专项资金（2012-2015年分年到位），2012年已安排10亿元，加大对科教、人才与产业化的支持力度；加快实施海外高层次人才引进工程，支持实施高技能人才三年行动计划，推进“人才强省”建设。筹措落实战略性新兴产业和工业转型升级专项资金10亿元，完善促进服务业发展的财政政策措施，落实服务业引导资金1亿元。加大财政支农惠农投入和政策实施力度，重点支持现代农业园区、粮食生产功能区和农田水利建设。增加生态环保投入，完善生态环保财力转移支付政策，推动排污权有偿使用和交易试点，加快实施新安江流域生态补偿试点、农村环境连片整治示范等国家示范试点项目建设，加大节能减排和淘汰落后产能扶持力度，大力推进“生态浙江”建设。

（三）财政保障民生工作更加扎实，城乡居民生活显著改善

推进社会事业发展。加强“三农”投入，全省各级财政用于“三农”资金增长16.6%。落实财政教育投入各项政策，2012年教育投入达到中央考核目标比例；大力支持学前教育，提高普惠性民办幼儿园奖补标准，推动乡镇中心幼儿园建设；启动实施农村义务教育学生营养改善计划，义务教育化债工作顺利通过国家验收；落实中职学生生均经费标准和生均拨款制度，推动职业教育发展。加强财政文化投入，完善基本公共文化服务体系，支持重大文化设施项目建设；支持推进国有经营性文化单位转企改制，发展壮大新兴文化产业；建立政府购买服务机制，鼓励社会力量投资兴办公益性文化事业。

完善社会保障体系。落实积极就业政策，全省安排促进就业资金35亿元。完善覆盖城乡的社会保险体系，城乡居民社会养老保险基础养老金最低标准提高至80元，企业退休人员养老金提高至2091元。健全社保资金多渠道筹措机制，确保社保资金保值增值。城乡居民基本医疗保险补助标准提高到人均250元以上，人均筹资标准达到360元以上。加快推进养老服务体系建设，建立养老服务政府补贴制度和无固定收入残疾人生活补贴制度，支持构建新型社会福利体系。支持保障性安居工程建设，扩大政策性农村住房保险覆盖面，加大对农村困难群众住房救助。

加强社会管理和区域统筹。建立健全政法业务装备配备标准，完善政法经费保障体制，支持公正执法、创新社会管理、化解社会矛盾，深化“平安浙江”建设。支持标准化建设、科技创新平台和实验室建设，完善质量技术支撑体系。支持千村示范和万村整治及美丽乡村建设，全面开展村级公益事业建设一事一议财政奖补工作，完善村级组织运转经费保障政策，切实加强基层政权组织建设，维护社会和谐稳定。筹措26.8亿元资金，对欠发达地区尤其是重点欠发达县和贫困集中区域分类实施扶持。筹集拨付对口支援新疆、西藏、青海建设资金，推进对口援建工作。

（四）科学化精细化管理深入推进，公共财政管理体系不断完善

创新财政体制。完善金融保险业和电力生产企业税收收入预算分配管理体制；出台区域统筹发展激励奖补政策，省奖补资金与各设区市对所辖县（市）年度财政补助资金挂钩；建立地方财政税收收入增长奖补机制。通过收入下沉，充分发挥财政体制的导向和激励作用，更好地调动省和市、县（市）的发展积极性。大力推进省级专项性一般转移支付管理改革，整合和规范专项转移支付资金，实施“因素法”分配，提高财政资金使用效益。

推进相关配套改革。出台《关于全面推进预算绩效管理的意见》，将省直属单位的预算绩效管理工作纳入省政府目标责任制考核；实现项目绩效目标设置全覆盖，开展60多家二级单位部门决算审计试点和项目绩效跟踪试点。深化国库集中支付和公务卡改革，实施乡镇国库集中支付制度改革试点；扩大公务卡结算范围，提高预算单位公务卡使用率。完善数字财政建设规划，加强对数据的共享及深度开发利用。加强政府采购项目管理，建立对民生项目和重大采购项目的联系机制；积极推进政府采购诚信体系建设，完善政府采购支持中小企业发展措施。

加强财政监督管理。稳步推进预算信息公开,69个省级部门预算提交人大审查。推进省级部门预算公开,公开范围进一步扩大,公开内容进一步细化。深化"三位一体"组织体系改革,加快构建财政"大监督"体系。大力推进乡镇财政建设,实现财政资金就地就近监管,选择16个县(市、区)开展乡镇公共财政服务平台建设试点。完善行政事业单位资产管理制度,探索资产配置与预算编制相结合的管理模式。加强地方金融企业国有资产和财务监管,规范省级金融企业负责人薪酬管理,完善省级金融企业激励约束机制。设立省文化企业国有资产管理办公室,加强对省级文化企业资产的监督管理。做好地方政府性债务风险预警分析和考核,实现政府性债务动态监控和融资平台公司债务全口径监管,切实防范财政风险。

在看到成绩的同时,我们也清醒地认识到,财政运行和预算执行中还存在一些需进一步研究解决的问题:一是各方面事业发展对财政投入的需求越来越高,增收及优化财政支出结构难度较大;二是部分单位支出进度偏慢,财政资金使用效益不高和浪费现象时有发生,需要进一步强化绩效目标管理;三是财税管理智能化水平尚需提高,科学管理和深度利用财税数据信息的能力有待进一步提升;四是基层财政组织建设和管理职能有待强化,涉农财政资金大规模增加,与乡镇财政监管力量薄弱的矛盾日益突出,需要加强力量进一步强化乡镇财政管理规范化建设和创新乡镇公共服务管理模式。今后,我们一定高度重视这些问题,通过深化改革、创新机制、严格管理等措施逐步加以解决。

三、关于2013年全省和省级公共财政预算草案

(一)面临的财政经济形势

当前,我省经济继续企稳向好,国家宏观经济政策适度预调微调,着力提高针对性和有效性,将强化我省经济增长的稳定性和可持续性,且随着四大国家战略举措全面实施,促进有效投资、发展实体经济、鼓励浙商创业创新和帮扶企业等政策效应的不断显现,都为财政收入增长奠定了基础。但当前国内外环境仍然错综复杂,我省经济企稳回升的基础尚不稳固,经济发展方式尚未根本性转变,要素制约依然突出,保持经济持续健康发展任务十分艰巨。综合分析影响我省经济社会发展和财政收支的各种因素,2013年财政收支形势仍然偏紧,收支矛盾依然比较突出。一是房地产业对财政增收贡献存在较多不确定性,实体经济的景气度虽有回升,但对财政收入的增幅贡献也只能保持在正常水平内;实施"营改增"试点改革和落实国家各项"清费减负"政策减收。二是财政增支压力不断加大。当前,促进经济稳定增长、调整优化经济结构、保障改善民生等仍需要保持较大的支出力度,党的十八大提出"两个翻一番"的具体目标,以及我省"两富"现代化浙江建设目标的实现,都需要持续加大财力支撑和保障。特别是在更高起点上满足民生需求的难度不断加大,提高社会保障统筹层次和保障水平,推进城镇化和加强保障性住房建设,发展教育、卫生、文化等社会事业等,都需要增加较多财政投入。再加上地方政府性债务进入还贷高峰期,一些市县财政资金调度的压力较大。

(二)2013年公共财政预算安排的指导思想

根据对2013年经济形势的分析和预测,按照中央和省委对经济工作的总体部署,我省2013年公共财政预算安排的指导思想是:全面贯彻落实党的十八大精神,以邓小平理论、"三个代表"重要思想和科学发展观为指导,深入实施"八八战略"和"创业富民、创新强省"总战略,按照"务实、高效、公正、廉洁"的要求,遵循"促进发展、保障民生、科学理财、加强监管"的理财原则,坚持稳中求进的工作总基调,继续实施积极的财政政策,夯实财政收入基础,确保收入增长的质量和效益;进一步优化财政支出结构,切实保障和改善民生,推动国民收入分配格局调整,树立勤俭节约、"过紧日子"的思想,从严控制一般性支出;坚持依法理财、统筹兼顾的方针,加强财政科学管理,提高财政资金使用效益,促进经济持续健康发展和社会和谐稳定,全面推进"两富"现代化浙江建设。

(三)2013年全省及省级公共财政预算安排

1. 全省汇总公共财政预算安排

(1)收入预算

根据当前财政经济形势,2013年全省地方财政收入预算拟安排3718.00亿元,增长8.0%,其中:税收收入3491.60亿元,增长8.2%;非税收入226.40亿元,增长6.1%。

税收收入主要项目安排情况如下:增值税地方部分545.00亿元,增长7.6%;改征增值税186.70亿元,增长7.6%;营业税962.30亿元,增长8.0%;企业所得税地方部分590.00亿元,增长9.9%;个人所得税地方部分196.00亿元,增长9.5%;城市维护建设税235.00亿元,增长7.8%。

(2)支出预算

按照现行分税制财政体制计算,2013年当年全省地方财政可用资金为4370.00亿元。拟安排2013年全省财政支出预算4370.00亿元,比上年调减地方政府债券因素后的执行数增长7.5%。2013年全省公共财政预算收支平衡。重点支出安排情况如下:农林水事务434.61亿元,增长8.5%;教育938.30亿元,增长8.5%;科学技术180.70亿元,增长9.0%;文化体育与传媒97.40亿元,增长8.0%;医疗卫生327.80亿元,增长8.0%;社会保障和就业373.10亿元,增长8.0%。按照《预算法》规定,设置预备费51.00亿元,为总预算支出的

1.2%。

2. 省级公共财政预算安排

(1)收入预算

根据当前财政经济形势,2013年省级地方财政收入预算拟安排275.60亿元,增长8.0%,其中:税收收入252.45亿元,增长8.2%;非税收入23.15亿元,增长6.2%。

税收收入主要项目安排情况如下:增值税地方部分26.25亿元,增长8.0%;营业税139.90亿元,增长8.4%;企业所得税地方部分65.30亿元,增长7.9%;个人所得税地方部分8.50亿元,增长7.8%。

(2)支出预算

按照现行分税制财政体制计算,2013年省级财政可用资金为462.60亿元。拟安排2013年省级财政支出预算462.60亿元,增长7.5%。2013年省级公共财政预算收支平衡。重点支出安排情况如下:农林水事务44.25亿元,增长8.5%;教育87.60亿元,增长8.5%;科学技术29.44亿元,增长9.0%;文化体育与传媒16.68亿元,增长8.0%;医疗卫生37.50亿元,增长8.0%;社会保障和就业17.85亿元,增长8.0%。按照《预算法》规定,设置预备费5.50亿元,为总预算支出的1.2%。

四、2013年全省财政工作的主要任务

(一)提升经济增长的质量和效益。贯彻落实好新一轮省对市县财政体制,引导地方加大有效投资力度,支持实施四大国家战略举措和"四大建设"、吸引浙商回归、小城市建设,着力推进产业转型、基础设施、城乡建设和公共服务等重大项目。牢牢把握扩大内需这一战略基点,通过财政政策改善消费预期、优化消费环境。支持金融体制改革和金融保险业发展,推动国有金融企业创新发展;发挥省中小企业再担保公司增信、分险和放大作用;深化和完善政府采购支持中小企业相关工作,落实好鼓励引导民间投资的优惠政策,支持实体经济发展。优化转型升级资金使用结构,创新促进企业"腾笼换鸟"激励奖补机制,支持工业转型升级,推进战略性新兴产业发展,扶持省级服务业集聚区建设和服务业重大项目实施。完善生态环保财力转移支付制度,支持城乡环境综合整治,加大节能减排和淘汰落后产能扶持力度,推进"811"生态文明建设和"美丽浙江"建设。加大科技投入,支持实施创新驱动发展战略,推动科研成果产业化,加快提升科技进步对经济增长的贡献率。健全人才投入保障机制,支持高层次、高技能人才队伍建设。继续实施重点欠发达县特别扶持政策,新增山区经济发展专项资金,切实提高发展的协调性和均衡性。

(二)促进财税平稳健康运行。密切关注宏观经济形势和重大税制改革,妥善做好应对工作。落实"营改增"试点期间过渡性扶持政策,确保试点工作平稳有序推进。遵循经济税收发展的客观规律,坚持依法治税,切实加强收入征管,努力挖潜堵漏,确保收入平稳增长。落实结构性减税和"清费减负"政策,加大对企业特别是小微企业的支持服务力度,涵养和培育税源。加大对农业、教育、科技、文化、卫生、社会保障等法定支出和民生支出的保障力度。坚持勤俭办一切事业,继续从严控制行政经费和一般性支出,严格项目支出管理,除中央和省委、省政府确定的增支项目外,一律不得新开支出口子,减少"三公"经费和会议费支出。严格经费管理,防止超预算支出,从严控制预算追加,确保财政收支平衡。

(三)切实改善和保障民生。完善政策,加大各项惠农补贴力度,促进农民有效增收。加大财政教育投入,推进义务教育高水平均衡发展,提升职业教育质量,全面推进高校重点学科建设。推进文化体制改革和文化产业发展,加快基层文化设施建设,健全覆盖城乡的公共文化服务体系。深化医药卫生体制改革,适当提高城乡居民基本医疗保险政府补助标准;开展大病医疗保险;推进市县公立医院综合改革,完善公立医院补偿机制,化解基层医疗卫生机构债务。提高基本公共卫生服务经费人均补助标准。推进完善企业职工基本养老保险省级统筹制度,研究建立城乡居民社会养老保险基础养老金和职工基本养老保险待遇正常调整机制。筹措落实省级城镇保障性住房资金,支持保障性住房建设。加强道路交通事故社会救助基金管理,推动市县有序开展工作。

(四)深化财政管理改革。深化全口径综合预算改革,健全政府预算体系。强化采购预算管理,应编尽编政府采购预算;完善政府性债务收支计划管理,科学编制政府性债务收支计划。扩大国库集中支付资金范围,加快乡镇国库集中支付改革试点,做好省级政府投资项目实施国库集中支付工作。全面推行公务卡强制结算目录,加强公务卡支付系统建设和信息安全管理,规范公务支出行为和标准。加强乡镇财政管理机构建设和人员配备,促进乡镇财政规范化;全面推进乡镇公共财政服务平台建设,进一步提高乡镇政府公共服务水平。加快数字财政建设,强化系统的分析和辅助决策能力,提升财政智能化管理水平。积极推进财政预决算信息公开,扩大部门预算公开范围,细化公开内容,切实做好"三公"经费公开工作。深入推进预算绩效管理,所有项目必须申报绩效目标,扩大绩效跟踪和评价范围,切实增强财政资金的绩效约束。推进"大监督"体系建设,建立覆盖全部政府性资金、贯穿财政运行全过程的监督机制,逐步实现财政监督由检查型向管理型转变。创新财政性资金存款管理模式,确保财政资金保值增值。从严控制地方政府性债务,加强对地方政府性债务的监管和考核,有效防范和化解风险。

浙江省第十二届人民代表大会第一次会议计划预算审查委员会关于2012年全省和省级预算执行情况及2013年全省和省级预算草案的审查报告

（2013年1月29日浙江省第十二届人民代表大会第一次会议主席团第五次会议通过）

浙江省第十二届人民代表大会第一次会议审议了省财政厅受省人民政府委托提出的《关于2012年全省和省级预算执行情况及2013年全省和省级预算草案的报告》。计划预算审查委员会根据代表们的审议意见，对预算报告和预算草案进行了审查。现将审查结果报告如下：

一、2012年，面对严峻复杂的外部环境和困难挑战，我省各级政府和财政部门坚决贯彻中央和省委重大决策部署，认真执行省十一届人大五次会议决议，努力组织财政收入，继续优化支出结构，推进财政改革，加强财政监管，促进了我省经济企稳向好和社会和谐稳定。全年预算执行情况总体良好，预计全省和省级财政收支平衡。同时，预算执行中还存在一些困难和问题，如财政收支矛盾比较突出，预算编制的完整性、预算执行的均衡性仍需增强，财政资金使用绩效有待进一步提高等。对此，各级政府和财税部门要高度重视，采取切实有效措施加以解决。

二、计划预算审查委员会认为，省人民政府提出的2013年全省和省级预算草案，符合预算法等法律、法规的规定和我省的实际，体现了增收节支、统筹兼顾、注重绩效的原则，总体是可行的。建议批准省人民政府提出的2013年省级预算草案，同意《关于2012年全省和省级预算执行情况及2013年全省和省级预算草案的报告》。

三、2013年是全面贯彻落实党的十八大和省第十三次党代会精神的开局之年。做好今年的财政工作，必须认真贯彻干好“一三五”、实现“四翻番”的决策部署，遵循“促进发展、保障民生、科学理财、加强监管”的理财原则，为建设物质富裕精神富有的现代化浙江提供保障和支持。计划预算审查委员会建议：

（一）发挥财税职能，推进经济转型升级。继续实施积极的财政政策，着力推进“四大国家战略举措”、“四大建设”等重大决策部署的实施。支持战略性新兴产业发展，促进传统优势产业改造提升，推动实施创新驱动发展战略。落实强农惠农富农政策，促进农业现代化建设。支持金融综合改革，加快发展现代服务业。完善政策措施，推进新型城市化建设，加大节能减排和淘汰落后产能的扶持力度，提升经济增长的质量和效益。

（二）努力增收节支，缓解财政收支矛盾。依法组织收入，确保财政收入平稳增长。落实结构性减税和“清费减负”政策，积极涵养税源，稳妥做好营业税改征增值税试点工作。继续调整优化支出结构，加大对农业、教育、科技、文化、卫生和社会保障等重点领域投入，切实保障和改善民生。厉行节约，反对铺张浪费，牢固树立“过紧日子”的思想。严格支出管理，减少“三公”经费支出，切实降低行政成本。

（三）深化财政改革，健全公共财政体系。深化政府全口径预算改革，进一步推进国有资本经营预算、社会保障基金预算、政府性债务收支计划编制管理工作，增强财政资金统筹力度，促进政府财力资源有效配置。继续整合财政转移支付资金，加快专项性一般转移支付制度改革。进一步健全生态补偿机制，推进基本公共服务均等化。深化部门预算、国库集中支付、政府采购等管理制度改革，进一步完善财政运行机制。

（四）强化财政监管，提高依法理财水平。健全预算绩效管理机制，重点做好民生工程和重大项目的绩效评价和绩效审计工作。加强基层财政建设，强化乡镇财政监管职能，促进基层财政管理的制度化和规范化。加快推进数字财政建设，提高财政管理科学化、精细化水平。深化预决算信息公开，扩大公开范围，细化公开内容，积极推进“三公”经费公开工作。加强作风建设，进一步提升财税服务质量。

省委省政府重要财经文件

浙江省人民政府关于促进经济平稳较快发展做好增收节支保平衡工作的意见

（2012 年 5 月 31 日　浙政发〔2012〕43 号）

各市、县（市、区）人民政府，省政府直属各单位：

今年以来，全省上下按照“稳中求进、转中求好”的工作总基调，扎实推进各项工作，我省经济运行总体正常。但受国内外环境的影响，经济运行中的不稳定、不确定因素仍较多，财政持续增收的基础尚不稳固，财政刚性收入减少，刚性支出加大，财政收支平衡压力增大，财政潜在风险不容忽视。为确保实现 2012 年全年的各项目标任务，现就促进经济平稳较快发展，做好增收节支保平衡工作提出如下意见：

一、促进经济平稳较快发展，夯实财税稳定增长基础

各地、各部门要按照省委、省政府的决策部署，坚定不移地推进结构调整和转型升级，不断提高经济增长的质量和效益，保增长、促增收，努力实现财税稳定增长。着力扩大有效投资，重点抓好重大项目推进力度，狠抓项目开工和项目在建续建，加快形成一批投资增量，切实增强发展后劲。加大浙商回归工作力度，进一步完善促进总部经济发展的政策措施，引商回浙、引资回浙、引税回浙。建立“亩产税收”等综合贡献评价机制，对亩产地方税费高、消耗低、排放少的企业，在资金、用地、用电等方面给予优先保障，加快淘汰落后产能。加大对企业开拓市场的支持力度，加强对浙江自主品牌产品进入大型市场、推广应用以及参加国际展会等的协调和支持力度，支持企业抢占国际国内市场。落实现有企业扶持政策，梳理、整合税收优惠政策，大力推进实体经济发展，进一步加大对实体经济的解困、扶持和服务力度，鼓励企业加大对传统产业技术改造和技术创新的投入力度，支持企业发展高端制造业、现代服务业和战略性新兴产业，涵养可持续税源，着力培育财税新的增长点。

二、依法加强和规范税费征管，提高精细化管理水平

各地、各部门要正确处理好依法征税与服务企业的关系。一方面，要积极探索创新“落实政策与优化服务”新举措，切实增强服务意识，以重点税源企业、行业龙头企业以及经营困难企业为重点，扎实开展联系服务工作，指导企业用足用好各类税费减免政策，切实减轻企业负担，努力营造良好税企关系；另一方面，要切实维护税法严肃性和税收刚性，不能突破税法“红线”随意减免税费，不能因完成税收任务而“寅吃卯粮”收过头税。税务部门要认真贯彻依法治税的要求，严格执行税收政策，加强税收征管。加强对高收入行业、非生产性税源（股权交易、资本交易等）、高污染和高能耗行业的税收征管；强化对重点地区、重点行业、重点税源的有效监控，防止重要税源外流。加强对小规模纳税人的跟踪管理，对超过标准的应依法认定为一般纳税人。加强缓缴税款管理，落实阻止欠税人出境制度，提高欠税清缴的有效性；完善税负率异常预警机制；加大对重大涉税违法案件的查处力度，严厉打击各种偷逃骗税行为，努力挖潜堵漏增收。加快推进税务信息化建设，大力推进“信息管税”，提升征管效能和质量。公安、工商、质监、国土资源、房管、外管、商务、金融等部门要向税务部门提供“第三方信息”，协助税务部门通过信息比对等手段提升税收征管水平，堵塞跑冒滴漏。要切实加强政府非税收入收缴管理，优化财政收入结构，增强政府调控能力。

三、严格财政支出管理，确保财政收支平衡

各地、各部门要严格遵循“量入为出、量力而行、收支平衡”的原则，合理安排财政支出，严格预算执行，从严控制预算追加，确保财政收支平衡。除中央和省确定的增支项目外，各地、各部门一律不得新开支出口子。完成年度预算收入任务有困难的地区，要相应压缩预算支出，确保当年预算收支平衡。

各地、各部门要牢固树立厉行节约、勤俭办事的理念，建立厉行节约长效机制。严格落实《中共中央办公厅国务院办公厅关于进一步做好党政机关厉行节约工作的通知》（中办发〔2011〕13 号）精神，严格执行公务接待标准，严格控制行政开支特别是“三公”经费。切实加强对“三公”经费的监督管理，对已查实的过去年度的超标经费，予以全额扣回。严格项目支出管理，除中央和省已确定的重大支出以及教育、科学、农业等重点支出外，其他项目支出预算原则上“零”增长。加强行政事业单位国有资产管理，健全各项资产配置标准。严

格控制楼堂馆所建设，严格领导干部和工作人员办公室配置标准，禁止超标准使用和豪华装修；严格按标准配备车辆，禁止超标准配备；严格控制因公出国（境）团组数量；严格控制和规范会议、庆典、论坛、研讨会等活动。

四、深化财政管理改革，提高资金使用绩效

各地、各部门要继续深化预算管理改革，细化预算编制，严格审核各项支出预算。加快推进公共预算、基金预算、国有资本经营预算、社会保险基金预算以及政府性债务计划编制，加快建立全口径预算制度。加大专项资金清理整合力度，积极推进专项性一般转移支付改革，加大资金统筹力度。全面推进国库集中支付制度，健全预算执行动态监控体系。进一步推进公务卡制度改革，扩大公务卡结算范围，规范公务消费。深化政府采购制度改革，拓宽政府采购范围，扩大政府采购规模，切实节约开支。推进预算绩效管理，加强绩效管理结果应用，提高财政资金使用绩效。高度重视地方政府性债务管理，强化政府投融资平台监管，防范债务风险。积极稳妥推进财政预决算信息公开，扩大部门预算公开范围，细化财政总预算公开程度，推动项目管理办法和基层财政专项支出公开，主动接受社会监督。

五、切实加强组织领导，确保工作落到实处

各地、各部门要坚持年初确定的收入增长目标不动摇，科学研判财税运行趋势，加强收入预测分析，要既看到当前财税经济运行中的困难，也要增强信心，切实加强组织领导，积极采取有效措施，努力增强组织收入工作的前瞻性和主动性，确保财税收支平稳运行。财政、国税、地税等部门要加强协作，健全部门间信息传递和共享机制，进一步细化各项政策措施，务求工作取得实效；财政、纪检、监察、审计等部门要各司其职，依法查处违反财经纪律的各种行为，规范财经运行秩序。要广泛宣传财税法律法规，普及财税知识，加强依法纳税教育，增强纳税意识。各级财税干部要切实增强责任意识，振奋精神，克难攻坚，不断增强工作针对性和有效性，确保全年目标任务的圆满完成，促进全省经济社会平稳健康发展。

浙江省人民政府关于全面推进预算绩效管理的意见

（2012年6月6日　浙政发〔2012〕44号）

为进一步建立健全政府绩效管理制度，完善公共财政体系，推进财政科学化、精细化管理，不断提高财政资金使用绩效，现就全面推进我省预算绩效管理提出如下意见：

一、充分认识全面推进预算绩效管理的重要意义

预算绩效管理是政府绩效管理的重要组成部分。全面推进预算绩效管理，是建设责任、服务、透明政府的有效举措，也是财政科学化、精细化管理的重要内容，有利于实现“提升绩效”的科学理财总导向，在聚财用财中优结构、提效益；有利于增强预算支出主体责任，优化公共资源配置，提高公共服务质量。2005年以来，我省按照“先易后难、由点及面、稳步推进”的原则，积极探索财政支出绩效评价，逐步推进全过程预算绩效管理，取得了初步成效。但总体上看，当前我省预算绩效管理仍处于初级阶段，制度建设还相对滞后，各地、各部门发展也不够平衡，全面推进预算绩效管理已成为当前我省加强政府绩效管理和财政预算管理的一项十分紧迫的任务。各地、各有关部门要充分认识推进预算绩效管理的重大意义，切实采取有力措施，全面推进预算绩效管理各项工作落实。

二、指导思想、总体目标和基本原则

（一）指导思想。深入贯彻落实科学发展观，按照党中央、国务院和省委、省政府关于加强政府绩效和预算绩效管理以及财政“三位一体”组织体系改革的总体要求，坚持“促进发展、保障民生、科学理财、加强监管”的科学理财观，以科学化管理为前提，以精细化管理为手段，建立健全贯穿预算编制、执行、监督全过程的预算绩效管理制度，强化预算支出的责任和效率，更好地发挥公共财政职能作用，提高财政资金使用效益，提升政府公共服务水平。

（二）总体目标。按照加强政府绩效和预算绩效管理的要求，逐步建立以绩效目标为基础，以绩效跟踪为主线，以绩效评价为手段，以结果应用为保障，以改进预算管理、优化资源配置、节约行政成本、提高公共产品质量和公共服务水平为目标，覆盖所有财政性资金的预算绩效管理体系。

“十二五”期间，全省各级政府都要建立较为完善的预算绩效管理运行机制，实行比较规范的预算绩效管理，将预算绩效管理覆盖到所有预算单位。

（三）基本原则。

1. 统一领导，分级管理。预算绩效管理在各级政府的领导下，由财政部门牵头，各部门分工负责。财政部门负责制订工作制度和办法，组织本级各部门并指导下级财政部门开展预算绩效管理工作；各部门是预算绩效管理的责任主体，负责组织本部门并指导、检查所属单位开展预算绩效管理工作。

2. 规范程序，有序推进。建立科学规范、符合实际、便于操作的预算绩效管理工作流程，着力加强预算绩效目标管理，

完善绩效目标申报、审核、批复机制；优先选择重点民生支出和社会公益性较强的项目实施预算绩效管理，积累经验，完善制度，由点及面，逐步扩大实施范围，有序推进预算绩效管理工作。

3. 公正透明，强化责任。预算绩效管理要符合真实、客观、公平、公正的要求，充分利用社会中介机构、专家和社会公众等第三方力量，做到标准统一、数据准确、程序透明、方法科学、结果公正，评价过程和评价结果依法公开，接受监督。同时，要建立有效的绩效问责机制和激励约束机制，督促各部门切实承担起预算绩效管理的责任。

三、全面推进预算绩效管理的主要任务

推进预算绩效管理，要逐步建立"预算编制有目标、预算执行有监控、预算完成有评价、评价结果有应用"的预算绩效管理运行机制。

（一）绩效目标管理。

1. 编制绩效目标。绩效目标是预算绩效管理的基础，是整个预算绩效管理系统的前提，包括绩效内容、绩效指标和绩效标准。部门在编制下一年度预算时，要根据本级政府和财政部门的具体部署、国民经济和社会发展规划、部门职能及事业发展规划，结合财力可能和资金需求测算，科学、合理地编制预算绩效目标。编制的绩效目标应与部门工作职责、任务紧密相关，并做到方向明确、具体细化、合理可行。

2. 审核绩效目标。部门应加强本部门和所属单位绩效目标的审核。财政部门要依据财政支出方向和重点、部门职能及事业发展规划等对部门提出的绩效目标加强审核，包括绩效目标与部门职能的相关性、绩效指标设置的科学性、实现绩效目标所需资金的合理性等，把绩效目标作为测算预算资金的重要依据。不按规定要求编制绩效目标的，财政部门应要求相关部门进行必要的调整，达不到要求的不予进入下一步预算编审流程。

3. 批复绩效目标。财政预算经各级人民代表大会审查批准后，财政部门应在部门预算批复的同时逐步试行绩效目标批复。批复的绩效目标应当清晰、量化，以便在预算执行过程中进行跟踪和预算完成后实施绩效评价时对照比较。

（二）绩效运行跟踪。

预算执行过程中，要加强对绩效目标实现情况的监控，及时掌握项目绩效目标的完成情况、项目实施进程和支出执行进度。当绩效运行与预期绩效目标发生偏离时，及时采取措施予以纠正，预期无绩效、低绩效的项目要停止执行。确因政策变化、突发事件等因素影响绩效目标实现，需调整绩效目标的，要根据绩效目标管理的要求和审核流程，随同预算一并调整。

（三）绩效评价实施。

1. 开展绩效自评。部门要及时组织对本部门及所属单位财政资金的产出和结果进行绩效自评，重点评价产出和结果的经济性、效率性、有效性以及绩效目标的实现程度。同时，应对本部门和所属单位自评工作和自评报告进行审核，将绩效自评报告及时报同级财政部门。

2. 实施自评抽查。财政部门要加强对绩效自评工作的指导和检查，采取组建专家组、委托社会中介机构等方式，有针对性选择一定比例的绩效自评项目实施抽查，重点抽查预算部门绩效自评工作情况和自评结果的真实性、合理性。

3. 组织重点评价。要选取社会影响较广、与民生保障和经济社会发展密切相关的重大项目，组织实施重点评价。在此基础上，稳步推进基本支出绩效评价、整体支出绩效评价，积极探索财政扶持政策绩效评价和财政综合绩效评价。

（四）评价结果应用。

1. 反馈整改制度。建立健全绩效评价结果反馈整改制度，及时将绩效评价结果反馈到预算单位。预算单位要根据绩效评价结果，进一步完善管理制度，改进管理措施，提高管理水平，规范支出行为，降低支出成本，增强支出责任。

2. 预算结合制度。将评价结果与预算编制有机结合，把绩效跟踪和评价结果作为安排以后年度预算的重要依据，优化资源配置，提高财政资金使用效益。

3. 绩效报告制度。部门要定期向同级财政部门提交预算绩效管理工作总结，说明预算绩效管理工作情况、支出绩效状况、存在问题、纠正措施和下一步工作重点。财政部门要向同级政府报告预算绩效管理综合情况和重点项目绩效评价结果，为政府决策提供参考。

4. 绩效公开制度。按照政府信息公开的有关规定，逐步提高预算绩效管理工作的透明度，将绩效评价结果尤其是社会关注度高、影响力大的民生项目和重点项目支出绩效情况在一定范围内公开，接受社会监督。

5. 绩效问责制度。按照"谁用款、谁负责"的原则，逐步建立绩效问责机制，对在预算管理中，由于预算绩效管理未达到相关要求，致使财政资金配置和执行绩效未能达到预期目标或规定要求的有关部门及其责任人员实行绩效问责。对在预算绩效管理工作中发现的财政违法行为，依照《财政违法行为处罚处分条例》等国家有关法律法规追究责任。

四、全面推进预算绩效管理的保障措施

（一）加强组织保障。建立政府负责、财政部门牵头、部门具体执行、各方共同参与的预算绩效管理组织体系。各级政府要高度重视预算绩效管理工作，将预算绩效管理工作纳入当地政府对部门的年度工作目标责任制考核，加强领导，精心组织，全面推进预算绩效管理工作。各级财政部门要认真履行职责，把预算绩效管理作为深化公共财政预算改革的重

中之重，建立工作考核机制，加强协调、指导和监督。各部门要充分认识和发挥预算绩效管理的主体作用，建立健全组织机构，加强人员配置，理顺工作机制，制订具体措施，形成工作合力，切实做好预算绩效管理工作。

（二）完善制度体系。建立健全预算绩效管理工作制度，规范绩效目标、绩效跟踪、绩效评价、结果应用等各项管理流程，确保预算绩效管理与预算编制、执行、监督的有效衔接。建立科学、规范的绩效指标和标准体系，推进预算绩效管理信息系统和网络信息平台建设，完善绩效指标库、中介机构库和专家库，为预算绩效管理提供制度和技术支撑。

（三）建立长效机制。进一步深化部门预算、国库集中收付等财政管理制度改革，细化预算编制，严格预算约束，加强预算监督，增强预算执行的科学性和时效性，提高资产管理和预算管理的结合度，有序推进预算信息公开，为全面推进预算绩效管理工作提供良好平台。强化对预算绩效管理的考核督查，推动预算绩效管理工作持续健康发展。

（四）加强宣传培训。要充分利用各种新闻媒体、政府网络平台等，积极宣传预算绩效管理的目的、意义，强化预算绩效意识，培育绩效管理文化，为预算绩效管理创造良好的思想基础和舆论环境；要加强预算绩效管理专业知识培训，提高预算绩效管理工作人员的业务素质，提升预算绩效管理的工作水平。

浙江省人民政府关于完善财政体制的通知

（2012 年 10 月 17 日　浙政发〔2012〕85 号）

为进一步落实财政工作“促进发展、保障民生、科学理财、加强监管”的总体要求，着眼于建立完善适合我省经济社会发展的财政体制，充分调动省和市、县（市）当家理财积极性，引导加大有效投资力度，促进金融业发展壮大，支持浙商回归和总部经济发展，充分发挥财政体制对经济转型升级和民生改善的杠杆作用，增强经济运行和社会发展的稳定性、协调性、均衡性和普惠性，省政府决定完善我省现行财政体制。现将有关事项通知如下：

一、完善财政体制的基本原则

完善财政体制遵循的基本原则：一是更加注重激励发展。建立健全地方财力增长与地方经济发展和贡献相挂钩机制，充分调动市、县（市）发展积极性，更加突出财政体制对地方经济发展的导向和激励作用。二是更加注重协调发展。发挥中心城市的辐射功能和统筹能力，促进区域均衡发展。三是更加注重资金绩效。优化财政资金配置，推进转移支付制度改革，强化财政资金监管，提高财政资金使用效益。

二、完善财政体制的内容

（一）收入调整。完善全省金融业和电力生产企业税收收入预算分配管理体制。

全省金融业营业税调整为省与市、县（市）共享收入，省与市、县（市）统一按“六四”比例分享，60%部分为省级地方财政收入，40%为市、县（市）级地方财政收入，分别入库。

原省级金融业营业税下放市、县（市）40%，原市、县（市）级金融业营业税上划省 60%；原省级金融业企业所得税全部下放市、县（市），地方分享的 40%部分为市、县（市）级地方财政收入。

原属省级的电力生产企业增值税、企业所得税下放市、县（市），地方分享的增值税 25%部分、企业所得税 40%部分为市、县（市）级地方财政收入。

上述收入下放、上划以 2011 年入库数（或核定数）为基数，相应调整市、县（市）上交省财政的数额或省财政对市、县（市）的补助数额。

（二）财政收支基数确定及范围划分。收支基数以 2011 年市、县（市）财政收入、财力决算数为基础，经调整上下划后确定。

1. 收入范围。

中央级收入：关税、海关代征消费税和增值税，消费税、增值税 75%部分、企业所得税 60%部分、个人所得税 60%部分，国家邮政、各银行总行、各保险总公司等集中缴纳的税收，中石化、中石油企业所得税，海洋石油资源税，证券交易税 97%部分等。

省级收入：全省电力供应业企业缴纳的增值税 25%部分、企业所得税 40%部分，全省银行及保险、证券、典当、担保、租赁、信托等非银行金融企业缴纳的营业税 60%部分；中国移动浙江公司、沪杭高速浙江段等跨地区经营、集中缴纳所得税等地方分成部分，省级各项非税收入。

市、县（市）级收入：按属地除规定为中央和省级以外的收入，包括增值税 25%部分、企业所得税 40%部分、个人所得税 40%部分，全省银行及保险、证券、典当、担保、租赁、信托等非银行金融企业缴纳的营业税 40%部分，其他营业税、城市维护建设税、房产税、城镇土地使用税、土地增值税、耕地占用税、契税等，市、县（市）各项非税收入。

2. 支出范围。

省级支出：省级一般公共服务、公共安全、教育、科学技术、文化体育与传媒、社会保障和就业、医疗卫生、环境保护、城乡社区事务、农林水事务、交通运输、工业商业金融等事务支出,以及省级其他支出。

市、县(市)级支出:市、县(市)级一般公共服务、公共安全、教育、科学技术、文化体育与传媒、社会保障和就业、医疗卫生、环境保护、城乡社区事务、农林水事务、交通运输、工业商业金融等事务支出,以及市、县(市)级其他支出。

(三)税收返还收入。上划中央"增值税、消费税"税收返还收入,以2011年为基期年核定。2012年及以后年度,税收返还数额在2011年基数上逐年递增,递增率按市、县(市)当年上划中央"增值税、消费税"收入增长率的1∶0.3系数确定,即市、县(市)当年上划中央"增值税、消费税"收入每增长1%,省对市、县(市)的税收返还增长0.3%。若2012年及以后年度上划中央"增值税、消费税"收入达不到2011年考核基数,则相应扣减税收返还数额;低于上年决算数,则按低于额的1∶0.3系数扣减税收返还数额。

上划中央"企业所得税、个人所得税"税收返还收入,以2011年决算为基数核定。若2012年及以后年度上划中央"企业所得税、个人所得税"收入达不到2011年考核基数,相应扣减税收返还基数。

成品油价格和税费改革税收返还,按照省与市、县(市)原公路养路费等"六费"收入分成体制所核定的各市、县(市)替代原摩托车与拖拉机养路费、公路运输管理费收入返还基数执行。

(四)收入分成。

1. 增量分成。2012年及以后年度,市、县(市)地方财政收入超过2011年收入基数的增量部分,省与市、县(市)实行"二八"分成,即省得20%,市、县(市)得80%。

2012年及以后年度,市、县(市)上划中央"增值税、消费税"应返还收入比2011年返还基数的增加额,省与市、县(市)实行"二八"分成,即省得20%,市、县(市)得80%。

继续对少数民族县,少数欠发达地区和海岛地区作适当照顾。

2. 总额分享。省与杭州市收入总额分享办法按原规定执行。

(五)建立区域统筹发展激励奖补政策。为进一步激发设区市扶持所辖各县(市)发展的积极性,增强设区市统筹区域发展能力和辐射功能,引导设区市加大对所辖各县(市)基础设施建设、产业发展以及民生改善等方面投入,进一步整合区域资源推动区域统筹发展,提高区域竞争力,实施区域统筹发展激励奖补政策。

奖励办法是:省区域统筹发展激励奖补资金与各设区市对所辖县(市)年度财政补助资金挂钩。奖补系数比例分为两类三档,其中:丽水市、衢州市2个一类设区市奖补系数为1∶2,即丽水市、衢州市对所辖县(市)财政补助资金1,则省财政相应奖励补助2;金华市、舟山市2个一类设区市奖补系数为1∶1,即金华市、舟山市对所辖县(市)财政补助资金1,则省财政相应奖励补助1;杭州市等6个二类设区市奖补系数为1∶0.3,即杭州市等6市对所辖县(市)财政补助资金1,则省财政相应奖励补助0.3。计算省补助资金时,设区市对所辖县(市)财政补助资金应扣除设区市地方财政税收收入增长奖补机制中新增挂钩比例的发展资金。

各设区市安排的资金与按规定的奖励系数计算的省奖补资金一起,共同用于支持所辖县(市)各项事业的统筹发展。各设区市扶持县(市)发展的财政补助资金的文件,应抄报省财政厅;省奖补资金,由省财政根据各设区市财政补助文件,随后下达给相关县(市)。若设区市未按规定比例落实下达资金,年终省将相应扣减对设区市的转移支付,并转补给有关县(市)。

省对设区市实施区域统筹发展激励奖补政策后,各设区市不得将支出责任转嫁给所辖县(市),也不得从所辖县(市)统筹资金。

(六)建立促进发展奖补机制。

1. 地方财政税收收入增长奖补机制。

将全省各市、县(市)分为两大类,一类是欠发达地区(含部分海岛地区,少数困难市、县(市),下同),实施三档激励补助政策、两档激励奖励政策;另一类是发达地区和较发达地区,实施两档激励奖励政策。

(1)欠发达地区激励补助政策。淳安县等32个市、县(市),在确保实现当年财政收支平衡、确保完成政府职责任务(重点是教育、卫生、社保等有关改善民生、促进社会和谐方面的职责任务,下同)的前提下,实行省激励补助与其地方财政税收收入增长挂钩,奖励与其地方财政税收收入增收额挂钩的办法。

补助办法是:市、县(市)地方财政税收收入每增长1%,省补助按一定系数相应增长。32个市、县(市)补助系数分三档:第一档为文成县等6个县,补助挂钩系数为0.4;第二档为淳安县等20个市、县(市),补助挂钩系数为0.3;第三档为三门县等6个市、县(市),补助挂钩系数为0.2。

奖励办法是:省对32个市、县(市)按地方财政税收收入当年增收额(环比)的一定比例给予奖励。奖励分为发展资金和考核奖励两部分。奖励分两档:第一档为衢州市等4个设区市,按全市地方财政税收收入增收额挂钩计算,挂钩比例为增收额的10%,其中9%部分为发展资金,1%部分用于考核奖励;第二档为淳安县等28个县(市),按本县(市)地方财政税收收入增收额挂钩计算,挂钩比例为增收额的10%,其中

8%部分为发展资金，2%部分用于考核奖励。

（2）发达地区和较发达地区激励奖励政策。杭州市等31个市、县（市），在确保实现当年财政收支平衡、确保完成政府职责任务的前提下，实行省奖励与其地方财政税收收入增收额挂钩的办法。

奖励办法：省对31个市、县（市）按地方财政税收收入当年增收额（环比）的一定比例给予奖励。奖励分为发展资金和考核奖励两部分。奖励分两档：第一档为杭州市等6个设区市，按全市地方财政税收收入增收额挂钩计算，挂钩比例为增收额的7.5%，其中7%部分为发展资金，0.5%部分用于考核奖励；第二档为富阳市等25个县（市），按本县（市）地方财政税收收入增收额挂钩计算，挂钩比例为增收额的5%，其中4%部分为发展资金，1%部分用于考核奖励。

设区市新增挂钩比例的发展资金，用于所辖县（市）区域统筹发展。

考核奖励资金用于省委、省政府确定的各项考核奖励。

2. 营业税增收省分成返还奖励政策。为进一步推动经济发展方式转变，促进产业优化升级，大力发展服务产业，更好地建立健全地方财政收入长效增长机制，优化地方财政收入结构，继续实行营业税增收省分成返还奖励政策，即对市、县（市）营业税当年增收省分成部分予以返还奖励。

3. “浙商回归”、“腾笼换鸟”等经济发展考核奖励政策。为进一步引导市、县（市）加大对经济发展的支持力度，推动浙商创业创新，促进总部经济加快发展，加快“腾笼换鸟”的步伐，加大有效投资投入力度，加快我省产业转型升级和经济发展方式转变，对在吸引“浙商回归”、加快“腾笼换鸟”、促进有效投资工作中考核优秀的市、县（市），根据相关规定，给予一定的奖励。

（七）改革和完善转移支付制度。为使省对市、县（市）转移支付，特别是专项转移支付更加科学、公平、规范、透明和有效，增强政府宏观调控能力，实施省级专项性一般转移支付改革。围绕省委、省政府特定政策目标，省级各部门原则上要将本部门现有专项转移支付资金整合成一个专项性一般转移支付项目，资金使用的方向、范围、政策目标总体不变。转移支付资金原则上按“因素法”分配使用，即选取部门年度任务、工作目标、工作绩效等专用因素，以及受益市、县（市）人口、转移支付类别等通用因素，设置分配因素的量化指标、权重系数和计算公式，并据此分配资金。转移支付类别，以各市、县（市）经济发展、财力状况等因素为依据分为两类六档。

省级各部门要强化专项性一般转移支付支持项目的全过程监督和管理，提前通告专项性一般转移支付支持的条件、范围和方向，审核把好支持项目进入项目库的关口，管理和监督市、县（市）实施好项目；市、县（市）要严格按照省规定的有关要求，事先做好申请项目的立项、论证工作，事中做好支持项目的实施工作，事后组织验收、总结，并做好绩效评价工作。通过实施专项性一般转移支付改革，使分散的资金有效集聚，形成合力，提高政府统筹能力，实现集中财力办大事；使专项资金分配更加科学，管理更加规范，操作更加透明，有利于进一步加快财政资金拨付进度，提高财政资金使用绩效。

（八）加强乡镇财政管理。加强乡镇财政机构建设，增配相关人员力量，省确定的小城市培育试点镇设立财政局；经济较为发达、辐射带动能力强、使用财政资金规模较大、自身城镇化建设水平较高的省级中心镇，也可以设置财政局，一般按每个设区市1—3个掌握，具体由各市机构编制部门根据实际情况研究确定；其他乡镇设立财政所（办）。经济不发达、财政资金收支规模较小的乡镇，也可实行“乡财县管”。各地要根据省对市、县（市）财政体制，合理确定对乡镇的财政体制。要积极探索和创新乡镇财政管理方式，把乡镇财政管理与促进乡镇政府公共服务工作有机结合，以加强资金监管为中心，将财政支付相关联的涉乡民生服务工作流程进行统筹安排，推进乡镇公共财政服务平台建设，构建“一站式、一条龙、一卡通”式公共财政服务模式，促进公共财政服务下乡村，提高乡镇公共服务水平。

三、进一步明确各级政府的财政支出责任

各地要切实履行财政资金监管责任，着力提高财政资金使用效益，确保用好纳税人的每一分钱，让每一分钱都花出效益。要深化“三位一体”财政管理改革，加快推进财政“大监督”体系建设，建立以绩效监督为核心，以预算监督为主要内容，覆盖所有财政性资金，贯穿于财政运行全过程，预算编制、执行和监督相互协调、相互制衡的新型财政监督机制。加强预算绩效管理，深化绩效评价结果应用，将绩效评价结果作为以后年度预算项目立项和财政资金分配的重要依据；强化部门单位支出绩效主体责任，将绩效管理工作纳入当地政府对部门的年度目标责任制考核。强化基层财政尤其是乡镇财政资金监管，建立就地就近资金监管机制，将所有财政资金纳入监管范围，严格项目资金监管，特别要强化对直接或间接补助到农民的财政资金的监管，提高基层政府公共服务能力和水平；县级财政要加强对乡镇的监督检查，确保各项民生政策落到实处。强化财政监管信息化支撑，依托数字财政建设，创新财政资金监管模式，提升财政管理科学化精细化水平。

各级政府、各有关部门要统一思想认识，加强领导，周密部署，进一步细化各项政策措施，在实践中注重调查研究，及时总结完善。

这次体制调整不涉及宁波市及其所辖县（市）。

本通知自2012年1月1日起试行。

全省财政地税工作会议精神

精心做好生财、聚财、用财三篇文章

——在全省财政地税工作会议上的讲话(摘要)

浙江省代省长　李　强

这些年,在国际金融危机严重影响、经济下行压力持续加大的背景下,广大财税干部围绕中心,服务大局,按照"促进发展、保障民生、科学理财、加强监管"的要求,迎难而上,积极进取,想方设法管好家、理好财,很好地发挥了财税支撑保障引导作用,为经济社会平稳较快发展作出了重要贡献。

一是财政盘子进一步做大做实。2012年,全省财政总收入6408亿元,增长8.2%。地方财政收入3441亿元,增长9.2%,五年翻了一倍多。全省财政支出4162亿元,增长8.3%,五年增长1.3倍,为促进发展、改善民生提供了有力的保障。

二是收支结构持续优化。收入方面,全省地方财政收入占总收入的比重为53.7%,五年提高了近3个百分点;税收占地方财政收入比重达93.8%,在连年高位的基础上再提高了0.7个百分点。支出方面,全省新增财力用于民生支出的比重一直稳定在2/3以上,较好地体现了公共财政服务为民的理念。

三是服务能力有效提升。围绕深入实施"四大国家战略举措"、"四大建设"、浙商回归、有效投资、小城市培育等重大战略部署,财税部门认真落实积极的财政政策、结构性减税政策,千方百计出政策、筹资金、送服务、帮企业,很好地发挥了财税的杠杆作用,有力地促进了经济回升向好和加快调整转型。

四是财税管理改革不断深入。近年来,财税部门积极探索有利于科学发展的体制机制,通过实施预算编制、执行、监督"三位一体"改革,推行专项性一般转移支付,完善省对市县财政体制等举措,逐步构建具有浙江特色的公共财政运行体系和现代税收征管体系,有效提升了科学化精细化管理水平。

会前,省政府开了市长座谈会,各地对今年的经济形势特别是财政形势非常关注,深感要完成地方财政收入增长8%、实现收支平衡的目标难度不小。一方面,财政增收难度依然突出。由于传统产业调整转型难,市场拓展特别是出口难,对财政增收的贡献度可能减弱,而短期内新兴产业对财政增收难以形成较强支撑力。房地产业存在较多不确定性,税收贡献和土地出让收入预期难以乐观。落实国家结构性减税、清费减负政策和"营改增"试点扩围,都将带来减收因素。另一方面,财政增支压力不断加大。从长远看,浙江省"四个翻一番"、"两富"现代化建设,需要持续加大财力支撑和保障。从当前看,促进经济稳定增长、调整优化结构,抓有效投资和发展环境,都需要保持较大的支出力度。在更高起点上发展民生,提高社会保障统筹层次和保障水平,推进城镇化、加强保障房建设和发展社会事业,都需要增加较多的财政投入。再加上地方政府性债务进入还贷高峰期,市县财政收支平衡压力日益增大。我们必须保持头脑清醒、未雨绸缪,进一步增强责任感、紧迫感,做好"生财、聚财、用财"三篇文章,确保财税持续平稳健康运行。

一、要生好财,充分发挥财税职能作用,促进转型升级提高发展质量,进一步培育壮大财源税源

经济是"源",财政是"水"。当前和今后一个时期,我们着眼于全局和长远,重点研究解决好我省发展的动力、空间、竞争力,包括税源等重大问题。生财的基础在于发展经济。我们必须把稳增长、调结构与培财源结合起来,采取更加积极有效的财税政策,进一步激活民间投资和消费潜力,拉动经济平稳增长;进一步引导企业加快结构调整和发展方式转变,努力实现可持续高质量发展,培植健康多元、生生不息的财力之源。生财,关键要生好"三个财"。

(一)要生好存量提升之财,着力推动传统产业改造提升，着力培厚老财源。传统产业、中小企业、块状经济既是浙江经济的主要优势和存量，也是就业、居民增收、财政收入的主要来源，而且相当长一个时期还得靠这个老财源。现在传统产业比较优势弱化，中小企业生产经营困难，块状经济改造提升任务很重。如果不改造不提升，老财源必将面临日渐枯竭的危险；改造提升好了，传统产业的税收贡献也会不断稳固、增厚。我们要按照“小而精”的要求，落实好各项帮扶中小微企业的财税政策，帮助企业减轻负担，稳定生产经营，加快向做精做专内涵提升转变。要按照“特而优”的要求，加快运用先进适用技术改造提升传统产业，加大对自主创新、拓展市场的支持力度，特别是政府采购要更多地向浙江名品倾斜，支持省内知名企业和知名品牌抢占国内市场，进一步提升传统产业的核心竞争力。要按照“大而强”的要求，大力支持产业集聚区建设，加大各类开发区园区整合提升力度，特别要强化科技创新、信息网络、市场平台等公共服务，加快产学研结合的区域创新体系建设，促进块状经济向现代产业集群转变。

（二）要生好增量优化之财，着力推动战略性新兴产业和现代服务业加快发展，积极拓展新财源。加快发展战略性新兴产业和现代服务业，是浙江产业结构调整优化的方向。当前，这两大产业比重仍不高、税收贡献不大。要坚持产业发展重点与税源培育重点相统一，花大力气抓一批大产业大企业，这既是带动产业提升的优质增量，又是支撑财力增长的大税源。要发挥财税政策和财政资金的杠杆作用，引导民营资本积极投资重大产业项目，大力引进高端优质项目，进一步增强经济和财税发展后劲。特别是产业集聚区和各类开发区（园区），每年都要下功夫引进一批50亿元以上的大项目。包括抓浙商回归和有效投资，我们要的不是统计数字，而是切切实实的好项目，实实在在地培植税源，增加财税收入。希望各地结合实际，有所侧重，下功夫引进培育一批特色优势产业，培育一批新的财税增长点。培育新财源，还要释放新型城市化的红利，通过新型工业化、新型城市化的融合，促进先进制造业和现代服务业的互动发展。这方面，像金融业发展空间就很大，我省民间资金充裕，中小企业众多，市场需求旺盛，虽然银行业比较发达，但非银行金融业相对滞后，基金、信托、证券、保险业发展势头很好，完全可以大有作为。

（三）要生好生态文明之财，着力推动绿色集约发展，努力增加净财源。良好的生态环境是浙江最大的财富，我们必须保护好发展好生态财富。如果今天以过高的资源环境代价，获得财力增长，那么明天将得不偿失，真正创造的财富不多甚至为负。培育财源，要强化净增量的概念。要进一步完善生态补偿机制和财政转移支付政策，鼓励各地特别是生态敏感区加强生态保护建设，按照生态功能区划因地制宜发展生态农业、生态工业、生态旅游等服务业，进一步推进美丽乡村建设，让青山绿水变成金山银山，真正认识到生态保护就是创造财富。要坚持“亩产论英雄”，落实好鼓励资源节约集约利用的财税政策，加大对节能降耗、污染减排和环境保护的投入，大力支持循环经济、环保产业、清洁生产，推动资源节约型环境友好型社会建设，进一步降低发展代价，努力增加社会净财富，着力扩大财政净财源。

二、要聚好财，科学组织财税收入，统筹整合政府性资源资金，切实增强政府可用财力

生财为了聚财。聚财要有法，要广聚财源，既要合理把握收入规模和速度，又要注重收入结构和质量；既要积极主动组织好预算收入，又要通盘筹措政府性资源收入，实现财政收入稳定可持续增长，不断做实做大做优政府可用财力的“蛋糕”。聚财，方法上要坚持“四个聚”。

（一）坚持科学依法组织收入聚财。一要依法治税，应收尽收。要将依法行政作为财税工作的生命线，严格按照法律法规加强收入征管，坚决避免“跑冒滴漏”，坚决避免以支持经济发展为借口随意突破税法红线，坚决避免为招商引资搞恶性竞争，坚决避免收“过头税”，切实维护税法的严肃性和权威性。二要同心汇聚，加强服务。要唱响唱亮“同心汇聚”服务品牌，整合服务资源，深入开展提速增效活动，多站在纳税人角度考虑问题，多为纳税人排忧解难，以优质服务提高税法遵从度和纳税人满意度，降低税收流失率和征纳成本。三要稳健持续，优化结构。合理的结构、良好的质量是财税收入稳健持续增长的基础。我们要关注总量和增速，更要关注结构和质量，特别是要提高地方财政收入的比重。

（二）坚持严格收入预算管理聚财。按照收入一个“笼子”的要求，强化预算盘子的完整性和统筹力，增强财政调控能力。财政部门既要算好公共预算这本账，也要算好政府性基金、社保基金、国有经营收益、政府性债务等全部政府性资金的大账，建立健全统筹政府所有可用财力的体制机制。要加强对收入预算执行的监督，有效防范转移、隐匿、挪用政府性收入等行为，真正把该统的统起来。同时，要增强政府理财意识，在依法依规和确保资金安全的前提下，不断创新政府资金保值增值方式，盘活存量资源资金，增加政府可用财力。

（三）坚持激励地方多作贡献聚财。省里财政盘子做大了，对地方的支出力度会更大，地方也能更好地发展。地方发展了，财力增加了，对省里的贡献就大，省里又能进一步加大支持力度。这就是大河有水小河满，小河有水大河满，互相依存、互相促进的关系。因此，在大格局保持稳定的前提下，本轮省对市县财政体制作了微调，进一步下沉财力，激励地方发展为全省多作贡献，激励中心城市发挥辐射带动能力，促进区

域统筹发展。一是打通市与县之间的财力"通道",市对县投多少,省里相应给予奖励补助,努力把欠发达地区这个增长点加快培育起来。二是将原定的省奖补与地方财政收入挂钩,改为与地方财政收入中的税收收入挂钩,激励地方提高经济发展的含金量。三是金融保险业和电力企业税收收入下沉,仅此两项省财政将给地方留利66亿元。四是省里还将拿出资金,对吸引浙商回归、加快"腾笼换鸟"、促进有效投资等工作做得好的地方,给予奖励。出台这些政策,省里完全是站在全省角度算大账,各地也要从小算盘中跳出来,多为全省发展大局作贡献。

(四)坚持管好用好政府债务聚财。在安全可控的前提下,适度举债,有利于弥补财政资金不足,推动经济建设。但政府负债是把"双刃剑",超越承受能力,会集聚财政金融风险,甚至影响经济安全。这方面我省较早地建立了监管制度,全省政府性负债总体安全可控,风险状况、管理水平在全国都是比较好的,仍有一定的举债余地,要积极争取地方政府债券额度,支持重点建设。

三、要用好财,大力推进公共财政建设,提高科学化精细化管理水平,进一步提高财政资金使用绩效

生财、聚财最终目的是用财。财用得好不好,不仅体现财税管理水平,更影响政府运转和经济社会发展。用财要树立政府性资产、资金、资本、资源统筹使用的理念,通过"集中财力办大事"和"巧用四两拨千斤"的方法,找准财税杠杆"撬动"支点,积极发挥财税政策导向功能和财政资金乘数效应,全力办好民生实事,全力支持转型升级,为生财、聚财提供有效支撑,形成"三财"螺旋式上升的良性循环发展格局。用好财,必须注重"四个性"。

(一)要坚持公共性。"人民对美好生活的向往,就是我们的奋斗目标"。公共财政必须取之于民,用之于民。在民生问题上,首先,要坚持"尽力而为、量力而行"的原则。一方面要围绕解决人民群众最关心、最直接、最现实的利益问题,强化政府的公共服务职能,尽力打足民生预算,继续扎扎实实办好十方面的民生实事,努力让全省人民共享改革发展成果。另一方面,民生支出刚性很强,上去容易下来难。要深刻认识到我们仍处于社会主义初级阶段这个实情,认识到浙江发展中既有优于兄弟省市的地方,也有自己的特殊困难和问题。我们要按照中央"守住底线"的要求,坚持民生保障水平与经济发展水平相适应,充分考虑需要与可能,促进民生事业稳步提高可持续发展。特别要把普惠民生与重点帮扶结合起来,加大对特殊困难群体和"三农"的财力支持。第二,要明晰公共财政运行边界。厘清政府与市场的关系,公共财政主要提供公共产品和公共服务,防止越俎代庖、大包大揽,无限扩大政府支出范围,做到不该开的口子坚决不开。第三,要把握民生建设与经济发展结合点。像社会保障、城镇化、保障房等,既是老百姓的切身利益,又是扩大投资消费、促进经济增长的动力;既是民生工程,又是经济工程,要民生账和经济账一起算一起抓。

(二)要体现公平性。公平是公共财政的价值取向和追求目标,目的是让公共财政普惠全省人民。当然,公平是动态的、渐进的,没有绝对的公平,只有相对的公平。公共财政要避免绝对公平的"平均主义",以尽可能相对公平为目标,着力推进公共服务均等化,防止盲目攀比标准,脱离发展实际。在工作中,首先,要处理好公平与效率的关系。公共财政要兼顾公平与效率,既要让权利、机会、规则平等,防止片面追求效率而失去基本的公平;又要营造公平竞争的环境,防止片面追求公平而丧失应有的效率。特别是财税扶持企业要把握尺度,强化"亩产税收"理念,思考扶持什么样的企业,怎么扶持,既要激发市场主体活力,体现"最大"的扶持;又不破坏市场公平竞争环境,体现"最小"的干预。第二,要完善制度落实公平。我们制定政策、安排预算、分配资金、甄选项目等,都要将公平公正的理念落实到具体的制度和程序上。今年要加大对专项资金的整合力度,按因素法推进专项性一般转移支付改革,一方面用科学合理的规则,把人为因素降到最低;另一方面,有利于市县统筹财力合理安排。第三,要以公开促公平。现在,社会对公共财政预算、"三公"经费支出等都非常关注,我们要积极创造条件,推进公开,接受监督,促进公平。同时要合理把握公开的范围和节奏,防止出现负面效应。

(三)要突出绩效性。公共财政必须讲投入产出,要提高资金使用效益,将一块钱花出两块钱甚至是十块钱的效果。首先,要强化绩效观念。绩效观念要贯穿到政府工作的全过程,落实到财税工作各个方面。财税部门要从"管分钱"向"管花钱的效果"转变,强化正向激励和负向约束,强化"钱不好要、更不好花"的绩效目标责任。各地各部门要摒弃"财政资金不用白不用"的错误认识,真正对花钱负责,像对待自家钱一样用好每一分财政资金。第二,要强化绩效管理。核心是建立使用绩效与资金安排相挂钩的机制。要进一步完善现有绩效管理模式,全面实施绩效评价制度,努力做到要钱须报绩效目标,用钱进行绩效评价,分钱衡量绩效成果。第三,要强化节支增绩效。节支就是增效。在紧平衡的财政格局下,各级党委政府要带头过"紧日子",严格落实中央和省委改进作风的规定,大力倡导勤俭节约之风,坚决反对铺张浪费,严控一般性支出,进一步压缩"三公"经费支出,进一步降低行政成本,腾出资金保重点、保民生、保发展。

(四)要强化规范性。上周省政府部署了深化行政审批

制度改革工作,规范是改革重点之一,通过规范权限、改造流程、制定标准,来便利群众、提升效能、约束权力。财税部门管家理财,更要强调规范。首先,要大力推进财税信息化建设。信息化可以倒逼业务标准化、流程合理化、操作规范化、管理系统化,财税部门正在实施:“数字财政”和“税友龙版”工程,把财税管理创新成果用信息化手段固定化、程序化,从制度上、手段上延伸到财税运行的细节末梢,有利于进一步提高科学化精细化管理水平。要继续深入推进,尽快取得实效。第二,要加强乡镇财政建设。乡镇是最基层一级政府,也是落实公共服务的最后“一公里”。要认真贯彻中央和省加强乡镇财政建设的精神,抓好乡镇财政规范化建设,抓好乡镇公共服务平台建设,就地就近提供服务,就地就近加强监管。但也要看到,一些地方甚至个别乡镇存在负债过高的问题。对此,必须高度重视。要建立科学的还债机制,进一步增强还债能力,辅之于必要的依法监管,做好风险评估和防范,切实采取有效措施加以化解。第三,完善大监督体系。总的一句话,财税运行到哪里,监督就要跟踪到哪里。我们要自觉接受人大的法律监督、政协的民主监督,加强审计监督、财政内部监督和社会监督,进一步健全覆盖所有政府性资金和财政运行全过程的监督机制。各地各部门特别是领导干部要管好用好财权,强化预算刚性,严肃财经纪律,严格执行预算标准定额制度、国库集中支付制度和政府采购制度,防范财政财务风险,促进党风廉政建设。

(2013 年 1 月 15 日)

在全省财政地税工作会议上的讲话(摘要)

浙江省财政厅厅长兼省地方税务局局长　钱巨炎

一、2012 年财政地税工作情况

2012 年,在省委、省政府的正确领导下,全省各级财政地税部门遵循“促进发展、保障民生、科学理财、加强监管”的理财原则,积极发挥财税职能作用,大力推进经济社会持续平稳健康发展。全省地方财政收入 3441 亿元,增长 9.2%,较 2007 年增加 1792 亿元,五年翻了一番。其中,税收收入 3228 亿元,占地方财政收入比重达 93.8%;地方财政收入占财政总收入比重达 53.7%,较 2007 年提高近 3 个百分点。全省地税部门组织的各项收入 4640 亿元,增长 12.6%。全省财政支出 4162 亿元,增长 8.3%,新增财力用于民生支出的比重继续保持在 2/3 以上。主要工作体现在四个方面。

一是坚持科学发展,增强财税调控经济的能力。落实积极的财政政策,筹措省级财政性资金 213 亿元(包括自行发行地方政府债券 87 亿元),支持实施四大国家战略、“四大建设”和“三个千亿工程”等重大决策部署,发挥投资对经济发展的持续拉动作用。支持浙商创业创新和特色工业设计基地建设。开展家电汽摩下乡和以旧换新财政补贴工作,加强城乡市场流通体系建设,着力促消费、扩内需。认真落实结构性减税和清费减负政策,减免企业税费 244 亿元。组建省金融控股有限公司和省中小企业再担保有限公司,扶持地方金融机构和村镇银行、小额贷款公司发展,开展政府采购支持中小企业信用融资试点,化解企业融资难题。大力推进城镇化建设,继续安排 10 亿元专项资金,支持重点中心镇开展小城市培育试点。开展排污权有偿使用和交易试点,健全排污收费机制,拓宽生态建设市场化筹资渠道,建立具有浙江特色的生态环保补偿机制,大力推动生态浙江建设。扎实推进“营改增”试点,研究财税扶持政策,顺利完成新旧税制转换。深入推进依法治税,健全税收预测、收入动态分析机制,牢牢把握组织收入主动权;创新税收管理,提高征管质效,规范和加强营业税差额征税管理,开展房产税、城镇土地使用税信息比对,全面推广存量房税收管理系统,税收收入质量进一步提高,经济税收增长协调性进一步增强。

二是坚持保障民生,加强公共服务与区域统筹。加大财政教育投入,全省教育支出 878 亿元,占财政支出的比例超 21%,完成了考核目标。中小学生均公用经费最低标准达 750 元和 550 元。健全基本公共文化服务体系,落实经营性文化事业单位转企改制等财税政策,推动文化强省建设。投入 312 亿元支持深化医药卫生体制改革,初步形成具有浙江特色的基本医疗卫生制度。实现社会保险征收制度全覆盖,2012 年全省地税系统征收社保费收入 1412 亿元。加大省级财政社会保障转移支付力度,企业退休人员养老金月人均达 2091 元,位居全国前列,城乡居民社会养老保险基础养老金最低月标准达 80 元,所有市县新农合、城镇居民医保人均财政补助标准达 250 元以上,基本实现全省城乡居民养老、医疗保险制度全覆盖。落实新个人所得税法,发挥税收调节居民收入差距的作用。大力推进区域统筹发展,筹措 26.80 亿元,对欠发达地区尤其是重点欠发达县和贫困集中区域给予扶持；出台区域统筹发展激励奖补政策，发挥中心城市的辐射功能和带动能力。全省公共财政用于“三农”资金达1387亿元，通过财税政策和资金扶持，进一步缩小城乡发展差距。

三是坚持科学理财，完善财税运行体系。在2008年分类分档激励奖补政策的基础上，出台新一轮省对市县财政体制，建立区域统筹和促进发展的奖补机制，通过收入进一步下沉，凸显财政体制对地方发展经济的引导和激励作用。完善财政转移支付制度，加大一般性转移支付比重，推进专项性一般转移支付改革，实施“因素法”分配资金，加大县级财力奖补力度，增强欠发达地区基本公共服务供给能力。2012年，全省经济欠发达县（市）与经济较发达县（市）的人均财政支出比率为1∶1.1，区域发展保持较好的均衡水平。推进“三个子”公共财政管理改革，加强预算绩效管理，初步构建事前目标管理、事中绩效跟踪、事后绩效评价的预算绩效管理机制。制定数字财政建设总体规划，加强对数据的共享及深度开发利用；全面推广应用地税“大集中”系统《税友龙版》，实现涉税信息省级实时集中处理和管理应用。健全“五位一体”税源互动管理机制，深入推进税源间接控管，深化“抓大、评中、定小”。加强大企业税收专业化管理与服务，扩大重点税源监控范围；强化行业税收管理，提高中小税源企业的纳税遵从度。

四是坚持加强监管，提升财税管理服务水平。完善政府性债务风险预警和考核体系，清理化解乡镇政府性债务，实现政府性债务动态监控和政府融资平台公司债务全口径监管。全面推进国库集中支付和公务卡改革。加强一般性支出管理，切实降低行政成本，严格按中央要求控制“三公”经费。积极稳妥推进预算公开，69家省级部门预算提交人大审查。加快乡镇财政建设，开展乡镇公共财政服务平台建设试点，推进财政资金就地就近监管。加强干部队伍和作风建设，提升财税服务水平，加强全国首家集财政、地税、国税业务于一体、省市县合一的财税12366语音服务系统建设。浙江地税系统在2012年全国纳税人满意度调查中，列全国地税系统第一名。

全省财政地税工作会议现场

在看到成绩的同时，我们也清醒地认识到，财政地税工作与各级党委政府的要求相比，与广大人民群众的期盼相比，仍存在一些较为突出的问题，主要是：各方面事业发展对财政投入的需求越来越高，增收及调整优化财政支出结构难度和阻力较大；部分单位支出进度偏慢，财政资金使用效益不高和浪费现象时有发生；部分市县资金调度紧张，防范和化解财税风险的任务将更加艰巨。我们将继续采取有效措施，切实加以解决。

二、2013年财政地税工作安排

2013年，我们将围绕省委省政府中心工作，认真落实李省长讲话精神，进一步深化改革、加强管理、提升服务，切实做好财政地税各项工作。

（一）摆好预算盘子

预算安排要综合考虑经济社会发展和财税经济形势，要与地区生产总值等各项国民经济和社会指标相衔接，要确保规模合理、结构优化。

一要合理安排预算盘子。2013年全省地方财政收入预算拟安排3718亿元，增长8.0%；全省财政支出预算拟安排4370亿元，（比上年调减地方政府债券因素后的执行数）增长7.5%。各级财政地税部门在建议安排预算盘子时，要把可能遇到的困难和问题估计得更充分一些，把应对困难和解决问题的方案想得更周全一些，合理确定财税收支规模。

既要尊重经济发展和财税运行的客观规律，又要发挥主观能动性，有所作为。要及时把实际情况向党委政府汇报清楚、分析透彻。

二要继续抓好增收节支。收支盘子定下后，要围绕既定的各项目标任务抓好落实，特别是要继续做好增收节支工作，切实维护预算与税法的刚性和严肃性。增收方面，要追求实实在在、没有水分的增长，追求结构优化、可持续的增长，追求在培育涵养税源基础上、与经济发展良性互动的增长。要正确处理好依法征税与服务企业的关系，依靠先进信息技术和现代征管手段依法依规加强征管。节支方面，应把握好支出的方向和结构，重点保障法定支出、民生支出以及重点项目支出；认真贯彻落实中央和省委关于改进工作作风、密切联系群众的各项规定和要求，坚持勤俭办一切事业，严格控制一般性支出，并以此为契机，因势利导做好宣传和引导工作，推进会议费、差旅费管理和公务接待制度改革，进一步压缩“三公”经费支出。

三要深化财税管理改革。近年来，在党委政府的领导下，我省各级财政地税部门不断创新，实施一系列符合浙江实际的改革举措，形成一系列经过实践检验的经验和做法，要在巩固的基础上不断深化。一是大力推进专项性一般转移支付改革。扩大改革范围，细化改革内容，科学设置因素和权重，兼顾公平和效率，切实提高资金使用效益。二是加快数字财政建设、加强地税“大集中”系统运维管理。实现数据的充分共享、科学管理与深度利用，强化系统分析和辅助决策能力，以信息化、智能化推动财税管理的科学化、精细化。三是加强预算绩效管理。构建科学规范的绩效标准体系，将绩效管理覆盖资金分配管理全过程；建立绩效问责机制，实现绩效评价结果与预算编制、预算执行的有机结合。四是强化债务管理。进一步完善地方政府债务规模管理和风险预警机制，逐步形成规范的地方政府举债融资机制，切实防范财政金融风险。五是推进预决算信息公开。建立健全各司其职的协调体系，引导政府各部门增强责任意识，切实承担起本单位预决算公开的主体责任。把握好公开的内容、程度和节奏，正面引导社会舆论，稳妥推进信息公开。

（二）完善体制机制

财税体制机制要适应经济社会发展的要求，其目的是有利于增强可用财力、有利于推动科学发展、有利于增进人民福祉。

一要密切关注体制走向。一方面，密切关注重大税制改革，包括扩大营业税改征增值税试点地区和行业范围，逐步扩大房产税试点等，研究其对我省可用财力的影响和应对举措，重点研究“营改增”后地方税种培育和体制分成问题，提出对策建议。另一方面，利用中央实施积极财政政策，适度扩大地方政府性债务规模的契机，积极争取增加我省债务份额，加大对保障改善民生和经济结构调整的支持力度。

二要推进区域统筹协调发展。要通过体制调整促进和统筹地方经济社会发展，支持实体经济，更好地实现经济发展与财税增收的双赢。要积极研究完善市对县（市、区）、县对乡镇的财政体制。设区市要加大对辖区欠发达县市的转移支付力度，增强集聚和辐射能力，推进区域统筹发展；县（市）要立足地方发展实际，把握财力与事权相匹配原则，理顺与乡镇政府间的收支权责关系，完善县对乡镇的财政体制。

三要激发改革发展活力。要创新机制、统筹兼顾，发挥好财税在推动经济平稳运行、促进社会和谐稳定方面的支撑保障引导作用。稳增长方面，要在尊重市场基础性作用的前提下，通过财税政策和资金的引导作用，实现财政资金与金融资金、民间资本的市场化联接，充分发挥财政资金“四两拨千斤”的乘数效应。2013 年要着重研究如何发挥财税职能，进一步引导促进城镇化健康发展。促转型方面，要更多地依靠市场机制和经济手段，引导市场主体主动转型升级。以资源消耗少、环境影响小、税收贡献大作为评价企业的标准。扩大城镇土地使用税政策试点，借助财税杠杆推动要素集约节约利用和经济转型升级。保民生方面，在持续加大投入保障实施民生项目特别是十方面实事的同时，厘清政府、市场、社会在民生事业和社会管理等领域的职责分工，明晰公共财政运行边界，做到既不缺位、也不越位。按照“守住底线、突出重点、完善制度、引导舆论”的要求做好民生工作，防止将本应由市场或社会为主提供的产品也转由政府负责，导致政府支出范围无限扩大。要统筹考虑财政的可持续承受能力和人民群众的现实需求，力求公共财政最大限度普惠全省人民。

（三）加强财税自身建设

财政地税部门要为党委政府当好参谋，管好家、理好财，必须加强自身建设。要深化“三位一体”组织体系改革，理顺职责分工；大力推进乡镇财政建设和基层地税机构改革。认真贯彻中央和省委加强作风建设的有关规定，增强服务意识，提高服务水平，深化“同心汇聚”服务品牌，深入推进办税服务厅、网站、12366 语音服务热线“一体化”建设，提升“纳税满意度、税收遵从度”，构建和谐有序的征纳关系。要研究财税部门廉政风险防控长效机制，强化行政监督，实行量化考核，推进行政问责，加强财税文化建设，突出“集聚正能量、防范负效应”，打造一支干净干事、务实创新的财税队伍。

（2013 年 1 月 15 日）

全省财政工作

全省财税工作概况

全省财政

【概况】 2012年,浙江省实现生产总值34606亿元,比上年增长(以下简称"增长")8.0%。其中:第一产业增加值1670亿元,第二产业增加值17312亿元,第三产业增加值15624亿元,分别增长2.0%、7.3%和9.3%,三次产业增加值结构从上年的4.9∶51.2∶43.9调整为4.8∶50.0∶45.2。人均生产总值为63266元,增长7.7%。全社会固定资产投资17096亿元,增长21.4%;社会消费品零售总额13546亿元,增长13.5%,扣除价格因素,实际增长11.4%;当年进出口总额3122.40亿美元,增长0.9%。其中,进口876.70亿美元,下降5.8%;出口2245.70亿美元,增长3.8%。全省城镇居民人均可支配收入34550元,年均实际增长7.7%;农村居民人均纯收入14552元,年均实际增长8.5%;城乡居民收入差距缩小到2.37∶1。

2012年,全省财政总收入6408.49亿元,增长8.2%;公共财政预算收入3441.23亿元,增长9.2%,其中税收收入3227.77亿元,增长9.3%。全省公共财政预算支出4161.88亿元,增长8.3%。省级公共财政预算收入255.16亿元,比上年下降6.1%,剔除省对市县体制调整因素,同比增长8.1%;省级公共财政预算支出430.51亿元,增长7.7%。财政总收入占全省生产总值的比重18.5%。当年全省及省级财政收支平衡。

【优化财政收支结构】 提升财政收入质量。加强收入管理和预测分析,实时跟踪收入走势,剖析变动原因。重点加强宏观经济监测和重点行业税源潜力分析,科学研判当年收入规模,着力优化地方财政收入结构,做大做优收入"蛋糕"。当年全省公共财政收入完成预算的100.6%,占财政总收入的比重为53.7%,比上年提高0.5个百分点;税收收入完成预算的100.6%,占公共财政预算收入的比重为93.8%,比上年提高0.1个百分点,财政收入质量持续提升。同时,积极争取中央财政政策和资金,支持全省经济社会发展,政府可用财力进一步壮大。

加强政府非税收入管理。完善政府非税收入配套制度体系。贯彻落实《浙江省政府非税收入管理条例》,明确重要行政事业性收费项目范围,公布政府非税收入和政府性基金项目目录。推进征管信息化建设,加强新版非税系统和土地出让收支信息系统推广应用,提高征管效率。关注民生公益事业,加强土地出让收入、住房资金和彩票公益金的监督管理。创新机制方法,实施政府非税收入分类均衡缴库,优化财力结构。拓宽国有资源(资产)性收入征收渠道,探索建立收入稳定增长机制。全省收缴政府非税收入3004.41亿元。

优化财政支出结构。坚持统筹兼顾、有保有压,贯彻落实厉行节约、控制行政成本的各项规定,严格控制一般性支出,确保用于改善民生等重点支出需要。全省财政用于教育、医疗卫生、就业和社会保障等民生支出增长10.3%,新增财力中用于民生的比重在三分之二以上。加强"三公"经费管理,严格按中央要求控制因公出国(境)经费、公务用车购置及运行费和公务接待费支出。完善支出进度考核办法,重视预算支出执行进度,加强预算执行均衡性。

【推动经济发展质量提升】 保障重大战略实施。争取中央基建投资资金58亿元,省财政安排建设资金126亿元,自行发行地方政府债券87亿元(不含宁波),用于支持实施四大国家战略(海洋经济发展示范区、舟山群岛新区、义乌国际贸易综合改革试点和温州金融综合改革试验区)、"四大建设"(大平台、大产业、大项目、大企业建设)和"三个千亿工程"(千亿基础网络工程、千亿惠民安康工程、千亿产业提升工程)等重大战略决策部署,发挥投资对经济发展的持续拉动作用。推进城镇化建设,安排专项资金10亿元支持重点中心镇开展小城市培育试点,推进新型城市化发展。挖掘海洋经济开发潜力,安排专项资金10亿元,重点支持海岛基础设施建设、海洋科技研发和海洋生态环境保护等海洋经济发展项目。出台"浙商回归"、"腾笼换鸟"和扩大工业有效投资的财政政策,对考核优秀的市县给予一定奖励,2012年度兑现考核奖励资金3.35亿元。做好"营改增"试点相关工作,会同省国税、地税等部门制定"营改增"试点期间预算管理办法以及过渡性扶持政策,明确对因新老税制转换而增加税负的企业给予补助。做好对口援建工作,筹集援助新疆、西藏及青海海西州建设资金11.40亿元、2.28亿元和1.40亿元,支持对口援建地区经济发展。

支持经济平稳增长。落实积极的财政政策,加强财税调控经济的能力。贯彻扩大内需、促进消费各项政策,实施家电汽摩下乡和以旧换新财政补贴工作,兑付省级配套资金2.40亿元,推进城乡市场流通体系建设。安排外贸发展资金4.60亿元,支持和鼓励企业开拓国际市场,促进外贸稳定增长。落实结构性减税和"清费减负"政策，实施中小微工业企业养老保险费临时性减缓征政策，减免涉企行政事业性收费和政府性基金，减轻企业负担244亿元。加大对中小微企业的扶持力度，落实省中小企业扶持资金5000万元，重点用于企业创业创新服务体系建设、教育培训服务及中小企业公共服务平台建设等，增强中小微企业发展活力。组建浙江省金融控股有限责任公司，扶持村镇银行和农村资金互助社等新型地方金融机构发展，为经济发展搭建融资平台，增强地方金融机构支持实体经济发展能力。加大对经济欠发达地区扶持力度，筹措26.80亿元资金，对欠发达地区尤其是重点欠发达县和贫困集中区域给予扶持。

助力经济结构战略性调整。新设立50亿元创新强省专项资金(2012~2015年分年到位)，2012年到位10亿元，加大对科教、人才与产业化的支持力度。落实战略性新兴产业和工业转型升级专项资金各5亿元，重点支持战略性新兴产业示范基地建设、省级特色工业设计示范基地试点、智慧城市建设试点、工业大县向工业强县转型升级示范试点等重点领域。完善促进服务业发展的财政政策，筹措落实商贸流通服务业相关专项资金2亿元，重点支持全省文明示范农贸市场创建、现代品牌营销体系综合试点、行业电子商务平台提升发展试点等服务业重大项目建设，提高服务业发展协调性和产业竞争力。支持"旅游强省"建设，安排旅游发展专项资金8000万元，重点支持旅游基础设施建设、重大旅游活动、旅游品牌宣传等，提升全省旅游行业品质，促进旅游业转型升级。加大对软件和信息服务业的支持力度，落实信息服务业专项资金5000万元，重点支持"两化"(信息化与工业化)融合，促进传统产业改造提升，推动工业化、城市化建设。

推进科技创新型省份建设。全省财政科技支出165.98亿元，增长15.3%。支持省科创基地等创新平台、载体、研究基地建设，促进科技要素的合理流动和资源的优化配置，当年落户青山湖科技城载体37家。安排重大关键技术攻关、成果转化和农业新品种选育资金4.50亿元，重点支持关系产业技术转型升级的关键、共性技术研发，支持水稻、蔬菜等12个领域开展新品种选育协作攻关和国内外科技成果在生产实践中的应用与推广。支持企业提升技术创新能力。发挥省创投引导基金的杠杆作用，增强投资导向性，带动各类资本支持创投产业发展，基金规模扩大至36亿元；支持科技型中小企业贷款履约保证保险和专利权质押融资，拓宽科技型企业的融资渠道。支持"人才强省"建设，落实"人才强省战略"专项资金8000万元，加大对欠发达地区人才开发、省特级专家、海外引才工作的支持力度。支持"质量强省"建设，投入专项资金2.20亿元用于质量标准化、科技创新平台建设和食品安全监管。

推进生态文明建设。加大节能减排和淘汰落后产能扶持力度，筹措落实节能专项资金1.31亿元，支持重点用能企业开展节能技术改造。推进节能减排财政综合示范试点工作，完善相关政策措施，加快项目实施进度，当年累计兑现奖励资金4.75亿元。做好高效节能家电和工业产品财政补贴推广工作，扩大高效节能产品市场份额，提高用能产品的能效水平，确保节能产品惠民工程顺利实施。增加生态环保投入，完善生态环保财力转移支付政策，安排生态环保财力转移支付资金15亿元，推进"生态浙江"建设。当年省财政预算安排各类生态环保资金63.23亿元，比上年增长21.1%。推动排污权有偿使用和交易试点，加快实施新安江流域生态补偿试点、农村环境连片整治示范等国家示范试点项目建设。加强矿山自然生态环境治理备用金征收管理，统筹安排矿山治理资金，支持废弃矿山生态修复和省级绿色矿山创建工作，当年省财政预算安排矿山生态环境治理资金3088万元。

【保障民生和社会事业投入】 加大财政支农投入。当年安排专项资金45.37亿元重点支持"强塘"工程、"水资源保障百亿工程"、小型农田水利重点县、"农村饮水安全工程"等重点项目建设。加大农业"两区"(现代农业园区和粮食生产功能区)建设投入，当年省以上财政整合投入农业"两区"建设

美丽新农村

资金23.95亿元。做好全省农业综合开发,当年实施农业综合开发土地治理项目93个,开发治理面积74.29万亩。加大财政惠农补贴力度,安排各类扶持粮食生产补贴资金4.64亿元。支持农业农村生态保护建设,加大农村河道综合整治和保洁力度,改善水环境。支持农业新型经营主体培育和科技服务体系建设,加大农业标准化生产、农技推广和农民技能素质培训。

加大财政教育投入。当年全省教育支出877.86亿元,教育投入达到中央考核目标比例。支持学前教育发展,推动乡镇中心幼儿园建设。推进义务教育均衡发展,小学、初中生均公用经费标准分别提高到550元、750元。有效完善困难生资助政策体系,在原爱心营养餐的基础上,提高标准扩大资助面,启动实施农村义务教育学生营养改善计划。改革中小学学生资助省补助资金下达办法和中等职业教育免学费政策。推动职业教育发展,落实中职学生生均经费标准,支持国家级示范性中、高等职业院校建设。稳妥推进高等教育发展,研究修订省属普通本科高校教学质量与财政拨款挂钩办法,推动高等学校提高教学水平。

支持公共文化事业发展。当年全省文化体育与传媒支出94.17亿元,增长10.7%。完善基本公共文化服务体系,重点保障"重大文化设施建设计划"实施,增加公共文化资源配送,加强文化服务队伍建设。加强优秀传统文化传承和利用,实施"文化遗产传承计划",推进国家文化遗产保护科技区域创新联盟(浙江省)建设。推动文化产业发展,深化文化体制改革,稳步推进非时政类报刊出版单位等国有经营性文化单位转企改制,建立健全现代企业制度。完善文化产业发展专项资金扶持政策,重点扶持骨干龙头文化企业、地方特色优势文化产业,挖掘开发传统文化资源,培育新兴文化产业,加快推进文化企业转型升级。设立省文化企业国有资产管理办公室,加强国有资产监管。

完善就业和社会保障体系建设。全省就业和社会保障支出345.40亿元,增长18.4%。支持开展稳定就业、预防失业和促进就业工作,安排落实促进就业资金35.70亿元。完善覆盖城乡的社会保险体系,全省企业退休人员养老金人均提高至2091元,位居全国前列;提高城乡居民社会养老保险省级转移支付标准,确保全省基础养老金最低月标准不低于80元。所有统筹地区城镇居民基本医疗保险和新农合人均筹资标准达到360元以上,其中,各级财政补助标准达到250元以上。加快推进社会养老服务体系建设,安排省级专项资金3亿元用于养老服务机构建设和服务补贴。全省各级政府筹集财政性资金167.26亿元,支持全省城镇保障性安居工程建设,按户均7500元标准下达农村危房补助资金4.17亿元,支持5.5万户农村困难群众危旧房改造,至2012年底基本完成低保收入标准(2007年)150%以下农村困难群众的危旧房改造任务。

促进医疗卫生事业发展。全省医疗卫生支出305.90亿元,增长9.7%。完善基本医疗保障制度体系建设,推动全省建立职工基本医疗保险市级统筹,以及城乡居民基本医保制度与管理并轨。加大重特大疾病医疗救助力度,初步建立以基本医保、大病保险和医疗救助协同互补,解决因病致贫为重点的大病保障机制。加强医疗卫生服务体系建设,整合省财政卫生转移支付资金,重点支持精神卫生专业机构建设、欠发达地区县级综合医院和妇幼保健机构建设;实施以省级医院先进医疗设备建设为重点的省级医院能力建设工程。加大医疗卫技人员培训力度,继续实施全科医生、乡村医生注册培训、住院医师规范化培训、免费定向培养农村社区医生等基层卫生技术人员培养培训项目,提升基层医疗卫生服务能力。安排省级补助2.18亿元用于加快各地完成基层医疗卫生机构债务清理化解工作。推进实施以药品零差率为核心的县级公立医院综合改革,明确财政投入责任。统筹安排中央和省财政补助资金9000万元,对公立医院综合改革地区实施"以奖代补"。落实省级补助与省级医院控制次均费用挂钩的激励奖补政策,安排奖补资金5919万元,为所节约医药费的11.3%。

加强社会管理。加大政法经费投入,提高政法系统技术装备水平和执法办案条件。深化"平安浙江"建设,筹措落实专项资金1800万元,推动全省各地"网格化管理、组团式服务"、乡镇社会服务管理中心规范化建设、特殊人群服务管理、重大决策社会稳定风险评估等工作的开展。保障流动人口服务经费,支持流动人口管理工作创新。支持千村示范和万村整治及美丽乡村建设,全面开展村级公益事业建设一事一议财政奖补工作,完善村级组织运转经费保障政策,切实加强基层政权组织建设,维护社会和谐稳定。

【完善公共财政管理体系】 *完善财政体制机制*。出台新一轮省对市县财政体制。完善金融业和电力生产企业税收收入预算分配管理体制;出台区域统筹发展激励奖补政策,省奖励补助资金与各设区市对所辖县(市)年度财政补助资金挂钩;建立地方财政税收收入增长奖补机制。通过收入下沉,发挥财政体制的导向和激励作用,调动省和市、县(市)的发展积极性。推进专项性一般转移支付管理改革,整合和规范专项转移支付资金,提高财政资金使用效益。推进乡镇财政机构建设,完善乡镇财政体制。

推进科学化精细化管理。深化国库集中支付和公务卡

改革。实施乡镇国库集中支付制度改革试点；建立公务卡强制结算目录制度，提高预算单位公务卡使用率。落实清理整顿财政专户整改工作，全省县级以上财政部门撤销财政专户757个，其中省级撤销财政专户22个。推进财政法制建设，强化财政执法监督，加大财政普法力度。加强政府采购项目管理，建立对民生项目和重大采购项目的联系机制；推进政府采购诚信体系建设，开展政府采购支持中小企业信用融资试点。推进乡镇财政建设，实现财政资金就地就近监管，在16个县（市、区）开展乡镇公共财政服务平台建设试点。完善数字财政建设规划，加强对数据的共享及深度开发利用。

加强财政监督管理。推进预算信息公开，69个省级部门预算提交人大审查，范围进一步扩大，内容进一步细化。完善省级财政资金拨付流程，加强省级财政国库集中支付动态监控，确保财政资金安全。深化“三位一体”组织机构改革，整合组建新的财政监督局，实行财政监督职能、机构及人员一体化运作，初步构建体现全过程、全覆盖、全方位特色的财政“大监督”体系。加强预算绩效目标管理，探索绩效监控的路径和方法，省级及部分市县实现绩效自评的“全覆盖”；强化日常监管机制，推进“小金库”治理的制度化、规范化和常态化；严把财政项目资金审核关，当年审核各类财政项目316个，审核金额78.51亿元，净核减资金7.61亿元，平均核减率9.7%。完善行政事业单位资产管理制度，探索资产配置与预算编制相结合的管理模式。做好《企业会计准则》贯彻情况调查及全省会计师事务所的设立审批和监管。加强地方金融企业国有资产和财务监管，规范省级金融企业负责人薪酬管理，完善省级金融企业激励约束机制。做好地方政府性债务风险预警分析和考核，实现政府性债务动态监控和融资平台公司债务全口径监管，切实防范财政风险。

【加强干部队伍建设】 加强党风廉政建设。以惩防体系建设为框架，开展廉政风险防控示范点建设。履行“一岗双责”，强化责任分解、监督检查等环节，完善反腐倡廉的领导体制和工作机制。以岗位情景案例教育、专题讲座等为载体，丰富廉政教育形式，推进廉政文化建设。

深化作风建设。贯彻落实中央和省委改进作风的各项规定，提出全省财政地税系统干部职工“八个不准”的具体要求。开展“进村入企”大走访系列活动，组织调研组深入基层、企业、群众开展调查研究，帮助解决或协调实际问题。加强机关效能建设，把治理庸、懒、散问题作为加强机关效能建设的突破口，对检查发现的问题及时予以提醒和告诫。

提升干部综合素质。开展“我们的价值观”大讨论活动和征文评比，深化干部职工对“实、稳、优”财税核心价值观的理解。筹划、组织十八大精神的传达、学习、贯彻活动，提升干部职工政治理论修养；举办局长培训、军转干部培训等各类培训班，并对培训工作量化考核。加强年轻干部培养交流，选派干部到艰苦地区（青海）、市县政府、省重点工程、基层财税部门、专业对口部门、街道、农村等挂职锻炼。推动财税系统人才库建设，建立财政监督人才库，形成动态管理、常态联动和热点跟踪三大机制。截至当年底，建立专业人才库6个，选拔人才库成员330名，各大类专业人才库建库工作已经全部完成。

推进财税文化建设。发挥工、青、妇群团组织力量，开展形式多样、内容丰富的文体活动，推进机关精神文明建设。开展“聚焦财税文化”专题宣传活动，《浙江日报》对嘉兴市局、松阳县局和余杭区局等10家单位进行了专题报道，展示浙江省财税文化建设的先进做法和典型经验。举办全省财政地税系统运动会，增强干部队伍凝聚力。

（省财政厅供稿　盛滢婷执笔）

全省国税

【概况】 2012年全省国税收入实现4729.79亿元，增长6.4%；不含宁波，全省国税收入完成3074.04亿元，同比增长8.0%。2012年全省国税部门组织收入3478.22亿元，同比增长6.3%；不含宁波，全省国税部门组织收入2560.91亿元，同比增长7.5%。

【收入特点】 国税收入实现平稳增长，收入总量再创新高。2012年，随着全省经济增速放缓，组织收入工作面临严峻挑战。全省国税系统坚持“依法征税，应收尽收，坚决不收过头税，坚决防止和制止越权减免税，坚决落实各项税收优惠政策”的组织收入原则，全年全省国税部门组织收入实现6.3%的平稳增长，总量再创新高。从全国31个省市区来看，2012年省国税部门组织收入总量居全国第5位。

年度增幅有所回落，月度增幅企稳回升。2012年，全省国税收入增幅较上年回落12.9个百分点。随着经济的止滑企稳、小幅回升，全省月度累计国税收入增幅逐步企稳向好，从年初下降4.2%，逐步回升到上半年增长5.0%，直至全年增长6.3%；累计不含免抵调库国税收入增幅在11月、12月实现正增长。

免抵调库*拉动国税收入作用显著。2012年，全省统筹安排免抵调库，充分发挥免抵调库稳定税收增长的积极作用。全省办理免抵调库392.35亿元，同比增长71.0%，拉动全省国税收入增长4.98个百分点，对全省国税收入增长的贡献率为78.7%。

各主要税种均实现增长。2012年，全省国内增值税入库2063.60亿元，同比增长8.7%；国内消费税入库398.74亿元，同比增长4.3%；企业所得税入库817.53亿元，同比增长2.7%；车辆购置税入库198.17亿元，同比增长2.0%。

【精心组织做好“营改增”试点】 根据财政部、国家税务总局和省委、省政府统一部署，浙江省于2012年12月1日开展“营改增”（营业税改征增值税）试点工作。做好前期测算评估。组织开展对2009年至2011年一般纳税人接受交通运输业和有形动产租赁服务业及部分现代服务业“营改增”试点的测算评估，定量分析“营改增”试点对浙江省的影响。精心开展各项准备。加强组织领导，成立“营改增”试点工作领导小组。制定实施方案，确定106项重点工作，细化分工，落实责任。做好业务技术准备，有序交接征管信息，明确业务处理方式，做好发票管理工作，强化硬件支撑、软件升级和网络保障。广泛开展内外业务培训，做好政策宣传解读和纳税咨询辅导，增设73个代开货物运输业增值税专用发票延伸服务点。加强舆论宣传引导，及时舆情监控，营造了有利于“营改增”试点顺利推进的良好社会氛围。启动试点工作。在全省统一实施“零点行动”，实现“7个第一张发票”开具，标志着浙江省“营改增”试点工作顺利启动和新旧税制的平稳转换。截至2012年12月底，全省确认纳入“营改增”试点范围的纳税人12.1万户，其中一般纳税人1.35万户。

【落实政策支持企业转型升级】 落实支持重大战略举措的税收政策。制定支持和促进文化产业发展的若干意见、支持浙商创业创新的实施意见，联合省地税局制定推进加快实施浙江“走出去”战略的若干税收意见，围绕实施“四大国家战略举措”开展税收政策调研，争取先行先试。开展“个转企”（个体工商户转升企业）和小微企业税收政策调研，支持企业做大做强。落实各项结构性减税政策。落实增值税起征点调整、增值税转型改革及福利企业、资源综合利用优惠政策，以及小微企业、高新技术企业、软件企业和研发费用加计扣除等企业所得税优惠政策，2012年全省国税系统累计办理各类减免税约188.30亿元。落实增值税税控系统专用设备和技术服务费抵减增值税税额政策，抵减1.66亿元。落实小微企业免收发票工本费政策，全省免收8710万元。落实支持外贸稳定增长的出口退税政策。落实出口退税新政策，出台支持省外贸稳定增长的30条措施，开展“外贸企业服务月”活动。推广出口退税分类管理，优化申报审核审批手续，切实加快出口退税进度，全省办理出口退（免）税1760.15亿元，同比增长10.3%。

【依法治税，规范执法】 规范税收执法行为。全面推进税收执法风险防控机制建设，完善基层单位税收执法风险管理信息系统，开发应用“法规子系统”。研究部署依法行政考核试点工作。加强税收规范性文件合法性审查、备查备案和清理工作，在重大税务案件审理中试行说理性文书，开展“六五”普法工作。加强税收执法监督。落实税收执法责任制，严格过错责任追究。应用税收执法管理信息系统疑点库，开展疑点数据核查。采取税收执法督察、执法监察、内部财务审计和领导干部经济责任审计“四合一”方式开展督察内审工作。依法查处涉税违法案件。与公安、海关联合开展打击骗取出口退（免）税违法犯罪专项行动，查处了一批具有重大影响的骗税案件。开展行业税收专项检查和区域税收专项整治，加大重大涉税违法案件查处力度，严厉打击发票违法犯罪活动。2012年，全省国税稽查部门累计查补收入23.36亿元，查处涉税违法案件3566件，与公安部门联合查处制售和代开发票违法案件3802件，缴获各类假发票365.79万份，查处骗取出口退（免）税10.68亿元。

【加强税收征管】 研究部署深化税源专业化管理。制定下发《关于深化税源专业化管理工作的意见》《关于加强重点税源风险管理工作的实施意见》，明确提出构建以明晰征纳双方权利和义务为前提，以风险管理为导向，以专业化管理为基础，以重点税源管理为着力点，以信息化为支撑的现代化税收征管体系。全面推进网络发票综合应用。推行新版网络发票管理信息系统，应用发票信息加强税源监控和所得税税基管理。选择部分行业开展列支成本的发票真伪查验。积极试点无线网络开票。加快税收征管信息化建设。开展信息化资源整合工作，完成“金税”三期工程广域网项目。开发完成重点税源管理信息系统，顺利实现出口退税审核系统省级集中，推广防伪税控加解密服务器，与工商部门实现股权转让信息共享。开展全省网络与信息安全检查测评工作。加强各税种管理。加强一般纳税人资格认定管理，在部分行业实行农产品增值税进项税额核定扣除试点。加强对卷烟生产、经营企业和成品油生产企业、酒类企业的消费税管理。在全省推广车购税电子档案管理系统。做好企业所得税汇算清缴及后续审核工作，加强清算企业、企业重组、资产损失税前扣除申报及备案类减免税管理。开征废弃电器电子产品处理基金。加强跨境税源管理，完善关联申报审核、同期资料管理、受控外国企业监控等反避税工作机制。加强非居民企业股权转让税收管理，完成涉外税务审计任务，多举措支持浙商“走出去”发展，做好税收协定执行和情报交换工作。建立以全面风险管理为主体的大企业税收专业化管理体系，完善大企业税收管理信息平台，提高大企业个性化服务水平。加强个体市场税收管理，依法科学核定定额，规范委托代征。加强出口货物退(免)税预警监控，严密防范出口骗税行为。

【服务纳税人】 研究部署纳税服务绩效评价体系建设。制定《关于构建纳税服务绩效评价体系的实施意见》，明确建立以满意度和遵从度为目标，征纳双方和社会各界三方主体评价，涵盖全员全过程的纳税服务绩效评价体系，研发纳税服务绩效评价管理信息系统。完善纳税服务平台。开展办税服务厅标准化规范化建设，建立健全办税服务厅激励机制，办税服务厅达标率超过80%。做好12366服务热线的运行维护工作，加强网上办税服务厅建设和管理。加强对注册税务师行业的管理和指导，发挥社会化纳税服务平台的积极作用。开展政策咨询辅导。首次发布《2012浙江国税纳税服务年度报告》，组织召开“走进俄罗斯”税法宣讲会，开展税收法律知识“六进”活动。2012年浙江省国税系统取得全国国税系统纳税人满意度调查排名第二的成绩。

【干部队伍建设】 加强领导班子建设。下发省局党组《关于加强市、县国家税务局领导班子建设的实施意见》，开展巡视检查。按照税源专业化管理需要，调整优化省局有关部门职能配置。加强干部教育培训。制定下发《浙江省国税系统专业人才库建设管理办法》，抓好领导干部、专业骨干和基层一线人员“三支队伍”分类培训工作。加强党建和国税文化建设。深入推进学习型党组织建设，组织保持党的纯洁性学习教育活动，开展创先争优群众评议活动，做好基层组织建设年各项任务的落实。开展“我们的价值观”大讨论，做好文明创建工作，围绕“争创党员标杆、彰显国税形象”主题，大力宣传国税系统先进典型。加强政风行风建设，开展“服务企业、服务基层”活动。加强党风廉政建设。学习贯彻《税收违法违纪行为处分规定》，组织开展“振奋精神、狠抓落实，强化服务、助推发展”主题教育。落实党风廉政建设责任制，推进惩防体系建设。加强监督检查，重点开展国税机关和国税干部利用涉税中介机构谋取不正当利益的专项治理工作。

(省国税局供稿　盛丽萍执笔)

注：

＊免抵调库：指因实行“免、抵、退”税办法而减少的增值税收入，按照规定程序审批后，由国库部门同时办理调增增值税收入和出口退税，从而避免和减少该办法对地方利益和税收收入影响的政策简称。

全省地税

【概况】 2012年，全省地税系统发挥“聚财、生财”职能作用，全年组织各项收入4640.18亿元，同比增长12.6%，增收520.79亿元；其中：税收收入2923.78亿元，同比增长8.7%，增收234.98亿元；社保基金收入1412.44亿元，增长23.4%，增收268.06亿元。

【收入分析】 行业税收平稳增长。2012年，全省第二产业(不含契税和耕地占用税，下同)和第三产业税收分别入库925.53亿元和1738.07亿元，同比分别增长9.2%和11.9%，二三产业税收增长差距明显缩小。从主要行业看，金融业、租赁商务服务业、建筑业税收增长较快，同比分别增长33.9%、28.8%、20.1%，该三行业税收对全部税收的增长贡献率分别为38.9%、14.7%、19.6%，合计73.1%；制造业、批发零售业税收受企业效益下滑影响，增幅不高，同比分别增长4.9%、4.5%；房地产业税收“先抑后扬”，上半年下降22.8%，下半年增长49.0%，全年下降2.1%，占税收收入比重20.0%。

税种增长差异明显。2012年，全省营业税、企业所得税、个人所得税和地方10税分别入库1063.49亿元、462.71亿元、447.15亿元和950.43亿元，同比分别增长16.1%、13.2%、-3.5%和5.5%。营业税增长较快主要受金融业、建筑业营业税的拉动，同比分别增长37.2%、22.2%。企业所得税增收主要得益于企业所得税汇算清缴税款增长较快，同比增长19.0%；企业所得税预缴税款同比增长3.0%。个人所得税减收主要受新个人所得税法实施影响，其中工资薪金所得、个体工商户生产经营所得个人所得税同比分别下降9.1%、15.6%。地方10税增长分化明显，车船税、房产税、耕地占用税、土地使用税增长较快，同比分别增长49.0%、28.0%、26.0%、23.3%；土地增值税、契税同比分别增长1.1%和下降17.7%。

地区税收增长较为均衡。2012年，除温州市税收收入增幅较低外，其余地区税收收入增幅在5%~12%之间，各市税收收入增幅分别为：湖州市11.9%、衢州市11.8%、金华市11.6%、嘉兴市10.0%、宁波市9.6%、绍兴市9.3%、舟山市8.1%、丽水市7.8%、台州市6.7%、杭州市5.1%、温州市1.1%。

非税收入增长较快。2012年，全省非税收入入库1716.40

亿元，同比增长 20.0%，快于税收增幅 11.2 个百分点。其原因主要受社保基金增长拉动，五项保险基金收入均实现 20% 以上的增长。教育费附加、地方教育附加、文化事业建设费增幅与税收基本相当，同比分别增长 8.3%、7.9%、9.8%；水利建设专项资金因外贸企业出口销售收入减征政策影响增幅较低，同比增长 2.2%。

【服务经济转型升级】 落实省委省政府战略部署。落实好税费优惠政策，推动浙江省“四大国家战略举措”和“四大建设”加快实施，整合落实产业集聚区税收优惠政策，推进省级特色工业设计基地建设，加强对浙商回归引进重大项目的政策指导与协调服务，当年全省地税系统确定重点联系企业 2053 户，办实事 2161 件；出台扶持个体工商户和小微企业做大做强的实施意见。

发挥税收杠杆作用。通过省政府发文，在安吉县、绍兴县开展调整城镇土地使用税政策，促进土地集约节约利用试点，为转型升级腾挪出新的发展空间。2012 年安吉县通过试点盘活存量土地 1200 亩。推动企业分离发展服务业，截至当年底，全省累计分离出 3310 户服务业企业，新增营业收入 3154 亿元，地方税费 110 亿元。推广个人房屋出租税收征管软件，规范个人房屋出租税收征收管理，为加强社会管理提供工作抓手。

帮扶企业减负纾困。支持培育高端制造业和战略性新兴产业，加快传统产业改造提升，帮扶困难企业渡过难关。2012 年减免各项税费累计 225.60 亿元，同比增长 27.3%；其中 11 月、12 月临时性下浮社会保险费缴纳比例，合计减征社会保险费 33.20 亿元。减征外贸企业水利建设专项资金 7.20 亿元。营业税起征点由 5000 元提至 2 万元上限，全省 92%的个体工商户受益。做好营业税改征增值税试点工作，完成新旧税制转换，促进第三产业加快发展。

【加强税收法治】 推进依法行政。将依法行政作为税收工作的生命线，严格依法征税，开展税收执法监督检查，杜绝任何收过头税等虚增收入现象，确保税收收入增长没有水分。制订减免税集体审核审批工作规程，开展规范性文件审查和清理，确保税收执法依据合法、程序规范。进一步规范行政处罚行为。推进执法责任制计算机考核。应用工作流管理，对各个工作环节进行限时设定和全程监控，有效提升工作效能、规范系统管理、防范执法风险。开展依法行政工作考核，省局连续 6 年被评为依法行政先进单位，为省属部门唯一。做好税务行政复议和应诉工作，全系统行政复议、行政诉讼案件保持低位。

发挥稽查职能。组织开展以多年未查工业商贸企业、资本交易项目为主的全省行业税收专项检查，开展打击发票违法犯罪活动及重点税源企业检查工作，集中力量查处重大税收违法案件，进一步整顿和规范地方税收秩序。2012 年，全省地税稽查部门对 13855 户纳税人组织实施了检查，查补各项收入合计 23.80 亿元，其中税款 19.80 亿元，累计入库 23.30 亿元。

【夯实税收征管基础】 全面应用“大集中”信息系统。坚持以信息化推动管理现代化，2012 年 10 月，浙江地税“大集中”系统——《税友龙版》全面推广应用到位，实现了涉税信息省级实时集中处理和管理应用，我省地税信息化、科学化管理水平继续走在全国税务系统前列。同时推进部门信息共享，实现与国税、工商、质监、公安等部门的共享协作，建立江浙沪甬税务信息交换联动机制。查账征收纳税人和定额 1 万元以上的纳税人全面推广应用网络发票。

税源管理专业化。健全“五位一体”税源互动管理机制，深入推进税源间接控管，深化“抓大、评中、定小”税源专业化

“进村入企”大走访活动

管理。加强重点税源企业税收管理与服务，健全风险评价、监控和应对体系，提升风险防控能力，稳步扩大重点税源监控范围。建立行业纳税评估模型，加强风险管理，强化行业税收管理，提高中小税源企业的纳税遵从度，建立15个行业纳税评估模型并获总局表彰。利用“参数定税法”核定个体工商户定额，借助社会化管理手段，提高税法执行透明度。

税费管理科学化。扎实推进“营改增”试点，完成新旧税制转换。全面推广应用营业税差额征税管理软件，规范和加强营业税差额管理。强化企业所得税管理，着力加强特殊事项审核和行业税负预警管理。落实新个人所得税法，减轻绝大部分工薪阶层和个体劳动者税收负担。加强对高收入者个人所得税征管，加大对股权转让、利息股息红利等非劳动所得税收征管力度。开展房产税、城镇土地使用税、契税、耕地占用税税源信息比对，夯实税源基础。全面推广存量房评估系统，加强存量房交易税收征管。实现社会保险征收制度全覆盖，基本养老保险单位缴费比例下调并统一至2012年的14%。

【优化纳税服务】 完善纳税服务平台建设。全面推进12366语音服务，全年累计接电213万个，服务满意度98.6%，居全国前列。推进办税服务厅规范化建设，在全省初步建成办税服务厅综合管理系统，省局实时有效监控全省322个分局办税服务厅工作情况。通过办税服务厅、地税网站和报刊杂志及电视专栏等服务平台，以及开展纳税服务志愿者、纳税人之家、“四个日”（税收优惠政策辅导日、新办企业办税辅导日、值班分局长接待日、重点税源企业座谈日）等纳税服务活动，为纳税人提供“立体式”的纳税服务平台和渠道。

提高纳税人满意度。2012年，在国家税务总局委托第三方开展的全国纳税人满意度调查中，浙江地税系统名列全国地税系统第一。推进以“提速增效”为核心的办事制度改革，对193项涉税事项全面落实“提速增效”，办理效率在原有审批时限基础上再提速42%以上。

深入基层“大走访”。扎实开展“作风建设年”、“双服务”和“进村入企”大走访等活动，切实转变工作作风。2012年全省联动开展“进村入企”大走访，各级地税部门领导亲自进村入企，全省地税系统组建工作组759个，走访和调研企业35864户，协调解决问题2859项，建立服务企业长效机制358项。

（省地税局供稿　金胤秋执笔）

附表：

2012年浙江省地税组织收入情况统计

单位：万元

项　目	累计入库	去年同期	同比增长%	项　目	累计入库	去年同期	同比增长%
税务部门组织的收入	46401801	41193865	12.64	13. 契税	1927221	2341707	-17.70
一、税收收入	29237792	26887986	8.74	二、非税收入	17164009	14305879	19.98
1. 营业税	10634912	9157096	16.14	1. 教育费附加	1078554	995946	8.29
2. 企业所得税	4627127	4086981	13.22	2. 文化事业建设费	60256	54879	9.80
3. 个人所得税	4471465	4633545	-3.50	3. 社保基金收入	14124412	11443780	23.42
4. 资源税	84066	84957	-1.05	其中：(1)养老保险基金	8662075	7159369	20.99
5. 土地使用税	1053992	854993	23.27	(2)医疗保险基金	3718613	2954735	25.85
6. 城建税	2276991	2096862	8.59	(3)失业保险基金	765193	597710	28.02
7. 印花税	462356	453651	1.92	(4)工伤保险基金	354263	266276	33.04
8. 土地增值税	1497294	1480490	1.14	(5)生育保险基金	208112	155156	34.13
9. 房产税	1269330	991954	27.96	4. 水利建设专项资金	922000	902494	2.16
10. 车船税	284876	191340	48.88	5. 地方教育附加	722026	669249	7.89
11. 烟叶税	905	656	37.96	6. 残疾人就业保障金	209718	176344	18.93
12. 耕地占用税	647261	513754	25.99	附：税收收入（不含契税和耕地占用税）	26663310	24032525	10.95

财政分项工作概况

财政总预算及地方预算

【概况】 2012年,浙江省财政预算工作以“促进发展、保障民生、科学理财、加强监管”科学理财观为统领,全面落实中央和省委省政府重要决策部署,科学谋划收支平衡,深入推进预算改革,调整完善体制机制。全年全省地方财政收入汇总预算为3420.00亿元,执行数为3441.23亿元,完成预算的100.6%,比上年增长9.2%;全省财政支出汇总预算为4063.00亿元,执行数为4161.88亿元,完成预算的102.4%,增长8.3%。2012年省级地方财政收入预算为293.50亿元,执行数为255.16亿元,完成预算的86.9%,比上年下降6.1%,若考虑新一轮省对市县财政体制调整因素,完成同口径预算的100.1%,增长8.1%;省级财政支出预算为422.00亿元,执行数为430.51亿元,完成预算的102.0%,增长7.7%。按照现行分税制财政体制和国家有关政策规定计算,全年全省、省级公共财政预算收支平衡。

【预算编制】 编制全省和省级预算草案。编制完成《浙江省2011年全省和省级预算执行情况及2012年全省和省级预算(草案)》《浙江省2011年全省和省级基金预算执行情况及2012年全省和省级基金预算(草案)》。根据省十一届人大五次会议批准的省级预算草案,编制《2012年省级一般预算收入退库计划(草案)》。编制、审核省级部门预算。根据2012年部门预算布置要求,编制完成报送人代会的《浙江省2012年省级部门预算(草案)》。继续扩大上会审查部门预算的范围,有69个省级部门的部门预算提交省十一届人大五次会议审查,比上年增加21个。其中省文化厅、省商务厅部门预算作为人代会重点审查对象,接受人代会专题审查,并获通过。研究提出省级政府预算及重点项目资金安排建议。起草完成《2012年省级政府预算及重点项目资金安排的汇报》,呈省长、省政府常务会议、省委财经领导小组审批。

【财政收支管理】 加强财政收入管理。密切关注宏观经济发展与国家税制改革动向,实时跟踪收入走势,深入分析各项财政收支规律和特点。加强收入监测与预计,科学预判全年收入规模,制定组织收入应急预案。合理安排退库项目与进度,规范非税收入管理,促进收入平稳均衡增长。收入结构继续保持较优,全省地方财政收入占财政总收入的比重为53.7%,税收收入占地方财政收入的比重为93.8%。优化财政支出结构。坚持统筹兼顾、有保有压,不断优化支出结构。坚决贯彻落实厉行节约、控制行政成本的各项规定,从严控制一般性支出。重点保民生,全省财政用于民生方面的支出增长10.3%。

【完善财政体制】 结合当前经济社会发展面临的新形势、新情况,加强调研和数据测算,完成省对市县财政体制完善方案,并提请省政府下发《浙江省人民政府关于完善财政体制的通知》。重点调整完善金融业及电力生产企业税收收入预算分配管理体制,建立区域统筹发展激励奖补机制和促进发展奖补机制,引导设区市推进区域统筹协调发展和各市县更加注重有效发展,并着力推进专项性一般转移支付改革,提高财政资金使用绩效。为进一步支持和推动舟山群岛新区建设,按照省政府要求,做好省对岱山县、嵊泗县财政体制相关职能委托给舟山市管理的方案,提请省政府下发《浙江省人民政府关于舟山市财政体制问题的通知》。为确保上述新体制平稳实施,做好市县收入等基数核定工作,完成体制调整涉及的2012年省与市县有关收入调库;会同省国税、地税、人民银行下发《关于完善体制后税收征管及预算管理等事项的通知》,对财政体制调整后电力企业、金融业税收征管及预算管理等有关事项进行明确;对舟山市财政体制调整后涉及的年终结算、资金分配下达、资金调度等问题进行明确。

【预算管理改革】 推进预算信息公开。推进财政总预算公开。在省财政厅门户网站公布经省人大审议通过的《关于2011年全省和省级预算执行情况及2012年全省和省级预算草案的报告》及省本级总预算表。指导部门做好预算公开工作。66家上会省级部门在各自门户网站上公开了其部门的部门预算,较上年增加18家。公开的内容包括部门基本情况简介、部门年度收支预算总体安排、部门预算支出的主要内容等,公开内容较上年更加细化。严控“三公”经费预算,规范预算科目列支,严格执行管理,建立“三公”经费统计分析制度。2012年提交省人大的部门预算中,首次将69个上会部门的“三公”经费单列汇报,接受人大审查。强化支出预算执行管理。完善支出进度通报机制,制定《浙江省财政厅关于进一步做好2012年财政预算执行工作的通知》,要求每月支出进度落后市县及时分析原因、提出改进措施。建立健全限时下达预算的相关制度,加快省级预算的核定进度和省级专项转移支付下达进度。制定完善目标考核机制，加强对业务处室预算执行进度的目标考核，在厅内网实时公布各支出处及归口部门的预算执行进度，及时掌握预算执行动态，做好督促检查工作。推进专项性一般转移支付改革。加强宣传引导，通过多种渠道场合向部门宣传动员，指导各省级部门制定方案。研究制定专项性一般转移支付的目标、范围、分配方法等指导原则，将推动专项性一般转移支付改革的工作内容列入新一轮省对市县财政体制调整的整体框架，于财政体制调整文件下发后正式实施。规范专项性一般转移支付资金预算管理，增设专项性一般转移支付收支科目。2012年13个部门完成此项改革。

【营业税改征增值税改革】 浙江省于当年12月1日试点"营改增"，为确保营业税改征增值税改革平稳实施，做好试点改革对地方财力影响的测算和分析，加强"营改增"政策宣传解读，并会同省国税、地税等部门制定"营改增"试点期间预算管理办法以及过渡性扶持政策，分别下发《关于实施营业税改征增值税试点期间预算管理等问题的通知》《关于实施营业税改征增值税试点期间过渡性扶持政策的通知》，明确对省"营改增"试点的预算管理，及对因新老税制转换而增加税负的企业给予补助等政策，确保改革有序开展。

【地方政府性债务管理】 向中央争取地方政府债券额度。2012年，向中央争取到地方政府债券87亿元(不含宁波)，比上年增加20亿元，并成功发行5年期和7年期地方政府债券。债券资金重点用于加大市县对保障改善民生和经济结构调整的支持力度，优先用于保障性安居工程及铁路、普通公路建设等。做好2012年度政府性债务统计分析和考评工作。依托政府性债务管理信息系统，做好政府性债务统计、分析，实现债务统计工作制度化、常态化。同时，做好2011年度市县政府性债务管理考评工作。按时向财政部报送2012年地方政府性债务月度、季度、年度报表及分析材料，2012年地方政府性债务统计工作荣获全国地方政府性债务统计工作先进单位一等奖。

【省对市县年终结算】 根据省政府《关于完善省对市县财政体制的通知》精神和2011年省对市县年终结算方案，做好2011年度省对市县结算工作。兑现分类分档激励奖补政策、市县营业税增收上交返还奖励政策、省级金融保险业营业税增收奖励政策、新办电力生产企业所在地增值税返还奖励政策等。加大对市县的转移支付力度，安排分配均衡性转移支付、生态环保财力转移支付、财力性专项补助等。2011年度省对市县转移支付比上年增长16.8%，其中对欠发达地区转移支付比上年增长22.7%，促进欠发达地区基本公共服务水平提高。

【调查与研究】 完成2012年厅重点调研课题《财政促进我省区域协调发展的体制与政策研究》，获2012年度全省财政系统调研报告一等奖。在对浙江省建国以来财政体制变化相关材料收集整理基础上，编撰出版《公共服务均等化的基础——浙江省财政体制演变与创新》一书，系统描述浙江财政体制演变历程。撰写《健全完善预算定额和支出标准体系，提高部门预算管理水平》，提交华东地区预算会计研究会研讨交流，并刊登在《预算管理与会计》杂志。

（省财政厅总预算局供稿　郭丽丽执笔）

财政税政

【推进营业税改征增值税试点】 关注上海市营业税改征增值税试点改革进程，提高应对改革的主动性、及时性。加强调查研究，联合省国、地税等相关部门，做好跟踪测算评估分析工作，建议省政府向财政部、国家税务总局申请适时开展试点。根据7月国务院批准的试点方案，结合浙江省试点行业现状，联合省国、地税等相关部门，起草《浙江省营业税改征增值税试点工作方案》，编制试点倒排期重点工作计划，具体承办试点工作电视电话会议。协调处理试点准备工作中碰到的困难和问题，及时向财政部汇报进展情况，提出意见建议。12月1日完成新旧税制转换，试点第一个月总体运行正常。

【企业所得税税源调查】 开展2011年度企业所得税税源调查。调查单位范围为2011年度全省范围内在登记管理部门正式注册登记的实行查账征收的法人企业或法人单位，具体包括：所有法人企业、有纳税义务的事业单位、社会团体、民办非企业单位(法人)和基金会等。调查采用分层抽样方法。财政部下达浙江省调查任务数3500户，浙江省收集有效样本企业数4227户，超财政部任务数20.8%。在4227户样本中，第一、第二、第三产业样本户数分别占总户数的0.3%、77.6%、22.1%。调查涉及所有经济类型的企业，内资企业占93.0%，港澳台商投资企业占2.8%，外商投资企业占4.0%，其他类型的单位占0.2%。在所有样本企业中，按《中华人民共和国企业所得税法》规定认定的高新技术企业1461家，占34.6%；非高新技术企业2766家，占65.4%。调查的样本企业资产总计20514.50亿元，实现收入15401.42亿元，利润总额1248.86亿元，应纳税所得额984.84亿元，按适用税率计算应纳所得税额203.57亿元，剔除税额减免及抵免因素后，实际应纳所得税192.20亿元。浙江省财政厅被财政部评为2011年企业所得税税源调查工作优秀单位。

【重点产品国际竞争力调查】 全省调查重点企业261户，其中，内资企业166户，占63.6%；港澳台资企业29户，占11.1%，外商投资企业66户，占25.3%。调查重点产品65个，根据本省实际增补产品224个。同时，就关税政策对本省产业、经济发展影响，对促进企业自主创新、推动经济发展方式转变作用等方面开展调查研究，提出调整意见和建议。

【涉税资格认定】 牵头新认定具有公益性捐赠税前扣除资格的社会团体（经县级以上地方各级民政部门依法登记）28家和群众团体（县级以上地方各级机构编制部门直接管理其机构编制）10家。牵头新认定具有免税资格的省级非营利组织54家。省高新技术企业认定管理工作领导小组（由省科技厅、省财政厅、省国税局、省地税局组成）分两批认定565家高新技术企业，其中：第一批认定236家；第二批认定329家；对之前认定的高新技术企业进行复审，通过复审的735家企业继续获得高新技术企业资格至2014年底止。

注：文中"浙江省""全省"的统计数据皆不含宁波市的数据。 （税政处供稿　项　真执笔）

预算执行

【推进全省国库集中支付改革和公务卡改革】 全省15859家预算单位全面实施国库集中支付和公务卡改革，覆盖率100%，达到财政部"2012年底前在各级政府及所属预算单位全面推行国库集中支付和公务卡改革"的工作目标，也完成了省政府二类工作目标考核任务。扩大省级国库集中支付资金范围。出台《浙江省财政厅关于省级预算单位政府投资项目财政性资金实施国库集中支付的通知》，将省级预算单位政府投资项目所使用的财政性资金纳入国库集中支付管理。强化省级国库集中支付审核。省级审核直接支付业务10.71万笔，涉及资金327.74亿元，审核集中核算单位授权支付业务16.17万笔，涉及资金21.47亿元，审核集中核算单位其他资金业务8.68万笔，涉及资金68.51亿元；纠正单位差错4202笔，资金12.48亿元，纠正率100%。加强省级财政国库集中支付动态监控。在完善相关动态监控制度建设的同时，监控非集中核算单位的授权业务25万笔，涉及金额29.41亿元；确认不规范支付业务1300多笔，涉及资金1.96亿元，纠正资金1.33亿元，纠正比例67.8%。试点乡镇财政国库集中支付。出台《关于推行乡镇财政国库集中支付制度改革的指导意见》，并选择嘉善等5个县启动实施乡镇财政国库集中支付改革试点。对有条件的228个乡镇推行公务卡改革，办理3889张公务卡，促进乡镇财政国库集中支付制度改革。深化省级公务卡改革。出台《关于进一步深化省级预算单位公务卡改革有关事项的通知》，将改革覆盖到所有涉及财政资金的省级预算单位。出台《关于实施浙江省省级预算单位公务卡强制结算目录的通知》，规定办公费、印刷费、咨询费等16项公务支出实行公务卡结算。至2012年底，省级698家预算单位已全部办理公务卡，办卡张数比上年增长38.7%，公务卡公务消费金额比上年增长81.6%，公务卡公务消费支出与现金支出之比为1∶4.02，与上年同期1∶9.76相比，现金支出规模大幅下降。

【扩大政府综合财务报告试编范围】 在总结上一年度省本级政府综合财务报告试编经验的基础上，将嘉兴市本级、海盐县本级纳入试编范围，完成省本级、嘉兴市本级和海盐县本级2011年度政府综合财务报告试编工作。

【加强决算编审和分析利用】 完成2011年度财政总决算及部门决算编审工作，财政总决算获财政部考核评比二等奖。汇编2011年度财政统计资料；编制《2011年度部门决算数据资料汇编》，提交《浙江省财政代列资金支出情况分析报告》；顺应数字财政建设的需要，率先在省本级实施网络版决算编报系统，推进财政管理科学化、精细化。

【加强预算执行分析】 加强对预算执行情况的分析和预测，特殊月份进行每旬的预算执行分析，及时掌握预算执行动态；2011年度再次获得全国预算执行分析一等奖。

【做好地方政府债券发行工作】 及早制定发债方案，组建承销团，选择合适发债时机。2012年度，浙江省自行发行地方政府债券87亿元，比上年增加20亿元，其中：5年期债券43.5亿元，利率3.30%，7年期债券43.5亿元，利率3.47%。建立地方政府债券档案，促进各市县高度重视债券还本付息工作。及时向市县收缴并按时归还财政部2009年度发行的地方政府债券本金67亿元，各期地方政府债券利息56658万元。

【规范省级预算单位银行账户管理】 对省级698家预算单位的3127个银行账户进行年检，基本摸清省级预算单位账户的开立情况，发现165家预算单位的468个银行账户存在不同程度的违规情况。截至当年底，已撤销银行账户167个，另有33个账户已补办审批手续。

【落实清理整顿财政专户整改工作】 牵头实施清理整顿财政专户整改工作，并组织开展“回头看”检查，督促各市县切实按要求进行整改。通过整改，全省撤并财政专户757个，其中省级撤销财政专户22个，加强财政专户归口管理，健全财政专户管理制度。

【完善总预算会计基础管理】 完善内控机制，省级财政按不相容岗位相分离原则设置岗位；严格遵守资金拨付“三道环节”，对相关处局提交的申拨单及相关拨付依据进行审核；完善申拨系统，将省级财政专户专项资金的拨付纳入信息系统；设计并启用预算拨款凭证防伪标志。出台《浙江省财政总预算会计管理基础工作规定实施办法》《浙江省财政专户管理暂行办法》，要求各级财政部门必须健全财政资金内控机制，合理设置总预算会计基础工作岗位，明确岗位分工与职责，严格按照岗位需要配备人员，建立干部定期轮岗制度和岗位责任追究机制；明确规定财政专户开立、撤销和变更的审批流程以及开户银行选择、资金拨付流程等事项。

【强化对省级代理银行的监管】 强化省级代理银行责任考核，完善监管制度，以规范退库处理等业务流程为抓手，促进代理银行提高服务质量。

福彩公益助学活动

【做好人才库选拔培训】 组织人才库人员开展以专题研讨、思维训练、知识讲座等方式为主的研讨活动，为预算执行管理工作培养后备人才。

【加强办事大厅服务】 优化窗口服务流程，落实各项承诺规定，根据“群众满意站所”要求，为预算单位提供优质服务。

（省财政厅预算执行局供稿　何赛赛执笔）

财政综合

【概况】 2012年，浙江财政综合工作以政府非税收入管理为主线，促进经济转型升级，落实结构性减负政策，推进信息化建设，完善收缴管理体系和配套制度，加强土地出让收入、住房和彩票资金监管，拓宽国有资源（资产）性收入征收渠道，发挥政策支撑和资金保障作用。2012年，全省收缴政府非税收入3004.41亿元。

【发挥政策调控作用　服务经济发展】 支持“海洋经济发展示范区”等“四大国家战略举措”建设，出台舟山市福利彩票公益金分配倾斜政策，支持舟山新区向国家申报体彩“飞鱼”特别玩法项目；支持义乌市扩权，下放彩票公益金分配体制；加强海洋经济发展示范区海域使用金缓缴、减缴、免缴审批管理。出台浙江省地方水利建设基金的征收和减免政策，减免外贸出口企业有关政府性基金7亿元。取消交通部门的船名牌工本费、卫生部门的医疗仪器质量检测费等6项涉企行政事业性收费，重申取消交通运输部门的运营车辆二级维护检测收费、运营车辆综合性能技术等级评定（检测）收费，减轻企业负担。实施并细化针对小微企业的32项行政事业性收费三年免征政策，当年减轻小微企业负担计11.00亿元。自2013年起取消进网许可标志工本费等10项行政事业性收费，免征因公护照费等9项行政事业性收费，当年减轻企业和社会负担5.10亿元。制定加快返退散装水泥专项资金和新型墙体材料专项基金等预缴资金政策，缓解企业资金占用压力。做实土地出让收益，明确由土地受让人承担的城市市政基础设施配套费，一律在土地成交价款之外单独收取并分别缴库。全面梳理政府非税收入项目类别，实施政府非税收入分类均衡缴库，对具有专门用途的资金由原公共财政预算调整为基金预算，做实公共财政预算收入盘子，优化地方财力结构。向财政部申请到体育彩票“11 选 5”高频游戏在浙江省上市销售。

【健全制度体系】 提出政府非税收入工作“收入法治化、监管一体化、资金预算化、运行数字化”管理目标。继续推进《浙江省政府非税收入管理条例》贯彻执行，明确重要行政事业性收费项目范围，进一步提高行政事业性收费项目设立审批门槛；公布《2012 年浙江省政府非税收入项目目录》《2011 年浙江省政府性基金项目目录》和《2011 年浙江省行政事业性收费项目和收费标准目录》；指导各地修订完善政府非税收入收缴管理办法，规范执收单位的执收行为。开展浙江省政府非税收入收缴管理办法调研。

【完善征管信息化建设】 梳理政府非税收入征管信息系统业务需求，升级完善系统。通过开展业务培训、应用情况通报和联动目标考核等方式，强化系统推广应用工作。2012 年末，全省（不含宁波）89 个市、县（区）均已部署运用新版非税系统，其中 86 个市、县（市、区）已与执收单位、代理银行实行联网运行。完善国有土地出让收支管理信息系统管理功能，加强系统实施应用。2012 年末，全省（不含宁波）72 个有土地出让业务的市、县（市、区）财政、国土部门和人民银行均已使用系统，三部门之间的网络构架已经建成。

【改进政府非税收入收缴管理】 改进政府非税收入核算方式，对省本级实行同步按预算科目和收入项目核算。规范“交管规费”收缴管理，实现省级资金直接上缴省级财政结算账户。探索财政主导的政府非税收入分成结算办法，开展 2011 年采矿权拍卖所得收入清算工作，清算资金 26.85 亿元，其中省级分成资金 5.34 亿元。对分成资金实行分级解缴和分级结算，对中央分成收入的资金实行定期上缴，对省级直接执收的森林植被恢复费、水资源费、占用水域补偿费等资金实行按季返还市、县，对彩票公益金实行按月返还市、县。严格省级执收单位收入退付工作。完善报表制度。

【严格管理土地出让金】 督促各地落实土地出让收支预决算制度和计提保障性安居工程资金、农田水利建设资金和教育资金等专项资金政策。完善农田水利建设资金统筹政策，规定从 2012 年开始，各地（不含宁波）从土地出让收益中计提的农田水利建设资金按 20%上缴中央财政，上缴省级财政资金比例由原 20%调整到 16%，同时，取消了原规定的上缴省最低按 20%收益率执行的标准。建立和完善省级分成收入结算机制，开展对 2011 年度省级分成用于农业土地开发的土地出让金和农田水利建设资金清算，督促各地及时补缴欠缴的省级资金。2012 年，全省实现土地出让收入总额 2104 亿元。

【加强住房资金监管】 完善保障性住房资金筹措政策，规定从 2012 年第二季度开始，土地出让收益率在 20%以上的，要按收益的 10%以上计提保障性住房资金；土地出让收益率在 20%以内的，要按收入总额的 2%以上计提，计提的资金统筹用于廉租住房、公共租赁住房、城市棚户区改造等保障性安居工程。2012 年，全省从土地出让收益中筹措保障性安居工程资金 49.91 亿元；从住房公积金增值收益中筹措廉租住房保障资金 4.03 亿元。加强全省住房公积金监管，明确住房公积金增值收益中提取的城市廉租住房补充资金和住房资金净收益中提取的住房发展基金，应按规定全额上缴同级国库，纳入政府性基金预算管理。开展杭州、金华、衢州三市住房公积金财政监督检查，并对 2011 年住房公积金管理专项检查结果进行全省通报，督促相关市县落实整改措施。开展无房老职工改发住房公积金补贴研究。继续做好省直单位职工一次性住房补贴审批发放工作。2012 年，省直单位审批发放职工一性次住房补贴 9700 人次，审批资金 3.12 亿元，其中，财政专项补助资金 1.24 亿元。

【强化彩票市场监管】 贯彻落实《彩票管理条例实施细则》和《彩票公益金管理办法》等法规。改革业务费管理模式，将彩票销售机构业务费纳入省级财政专户管理。强化彩票公益金资金管理，调整分配办法，体彩公益金分配向市县倾斜。强化中央专项彩票公益金项目管理，出台浙江省资助青少年校外活动保障和能力提升项目专项彩票公益金使用管理等办法。支持体育彩票“11 选 5”、福利彩票“快乐 12”高频游戏在浙江省上市销售，促进彩票事业稳步发展。2012 年，全省销售彩票 175.73 亿元，筹集彩票公益金 51.30 亿元，其中地方留存 26.07 亿元。

【拓宽国有资源（资产）性收入征收渠道】 制定浙江省超计划用水累进加价水费征收管理暂行办法，并明确其政府非税收入属性，加强征收管理。开展风景名胜资源有偿使用费政策调研。推动排污权交易试点，组织开展排污权有偿使用收入征收管理工作。2012 年，全省 11 个设区市及 60 多个县、市（区）已开展排污权有偿使用和交易试点。加强行政事业单位房屋出租收入、对外投资收益、海域使用金等国有资源（资产）有偿使用收入的征收管理。2012 年，全省征收海域使用金 9.15 亿元。

【加强财政票据管理】 强化“以票控费，以票管收”机制。加强对票据承印企业的管理，组织各市开展定点印刷企业招投标工作，加强票据印制计划审核管理。2012年，组织印制财政票据7.8亿份。做好票据的发售工作。2012年，对省本级1559家单位发售（发放）财政票据6094万份，对各市县发放票据2549万份。收取省本级票据工本费1612万元。严格票据核销和政府非税收入监缴。2012年，核销省本级1070家单位财政票据4082.18万份，结报资金349.92亿元，其中，收缴财政资金163.17亿元。做好票据销毁工作。全年销毁票据存根等1598.26万份。开展全省“公益事业捐赠票据”使用管理专项稽查，对32家慈善总会（基金会）、红十字会、教育基金会、学校等用票单位进行重点检查，促进票据使用单位规范用票。全面梳理现有财政票据种类（36种），拟定票据整合归并初步方案。

【加强归口部门预算管理】 加强物价专项经费管理，做好省物价局部门预算归口管理工作。加强彩票财务监管，做好省级体育、福利彩票管理中心部门预算归口管理工作。深化住房制度改革，做好省直单位住房公积金管理中心（住房基金管理中心）部门预算归口管理工作。

（省财政厅综合处供稿　张　静执笔）

会计管理

【推进会计法规制度建设】 推动浙江省企业内部控制体系建设。根据财政部、证监会、审计署、银监会、保监会等五部委的要求，会同浙江证监局联合下发《关于做好上市公司内部控制规范建设与实施工作的通知》，要求省内主板上市公司于2012年全面实施内部控制规范，鼓励中小板和创业板上市公司提前实施内控规范。召开浙江省企业内部控制建设专题座谈会，总结全省贯彻实施企业内部控制的经验，推进全省大中型企业内部控制建设。截至当年底，全省16家非上市大中型企业开展内控规范体系建设试点，进度较快的企业已基本建成内控规范体系，并取得一定成效。贯彻《小企业会计准则》。会同浙江省中小企业局、浙江省国家税务局、浙江省地方税务局、浙江省工商局、浙江银监局等部门联合下发《关于贯彻实施〈小企业会计准则〉的通知》，部署《小企业会计准则》实施工作。在组织编写小企业会计准则辅导教材的基础上，举办全省小企业会计准则师资培训班，对各地师资及各级财政部门有关人员、省级单位有关财务人员130余人进行了培训。截至2012年12月底，全省培训相关人员526434人次，培训小企业388133家。做好企业会计准则贯彻情况调查。根据《财政部关于做好执行企业会计准则的企业2011年年报监管工作的通知》，及时布置和收集有关全省企业执行会计准则的情况，并选取30户国有企业为样本，通过分析其财务报告，了解国有企业执行会计准则的情况，并形成书面材料报送财政部。组织各项制度征求意见工作。做好《事业单位会计准则（征求意见稿）》《事业单位会计制度（征求意见稿）》《企业产品成本核算制度（征求意见稿）》《企业会计准则——财务报表列报》《企业会计准则——公允价值计量》等会计制度修订的有关意见征集工作，并按时上报财政部。会同金融处研究制定《浙江省道路交通事故社会救助基金会计核算暂行办法》。

【依法监管会计中介机构】 按照“浙江省会计师事务所评估委员会”工作要求，组织召开4次评估会议，对6家会计师事务所、4家分所的设立申请进行评估。经评估有2家会计师事务所、4家分所符合设立条件。按《行政许可法》的要求，坚持“公开、公正、公平”和“高效、透明”的原则，依法做好会计师事务所的设立审批工作。全年审批会计师事务所2家，分所4家，资产评估公司1家。截至2012年12月底，全省会计师事务所374家，其中，有限责任所182家，合伙所161家，特殊普通合伙1家，分所30家；资产评估公司151家，其中，有限责任公司102家，合伙公司45家，分公司4家。推动会计师事务所及其分所特殊普通合伙转制。完成天健会计师事务所（特殊普通合伙）舟山分所、立信会计师事务所（特殊普通合伙）宁波分所、大华会计师事务所（特殊普通合伙）浙江万邦分所的转制设立工作。会同省财政厅监督局、省注协，对全省所有会计师事务所是否持续符合设立条件进行专项检查，并纠正14家非“特殊普通合伙”会计师事务所的组织形式，为下一步长效管理奠定基础。根据财政部统一布置，完成全省会计师事务所2011年度报备工作，并在此基础上形成“浙江省2011年度注册会计师行业管理综合报告”，全面、深入分析全省注册会计师行业的现状、存在的问题以及发展趋势。加强对会计师事务所的日常监督管理。以日常变更备案为抓手，严格按照有关法律法规，接收112家会计师事务所、17家资产评估机构的变更备案。对通过备案发现的20余家不符合设立条件的会计师事务所，采取“提醒”“约谈”等方式进行纠正，并对其中1家会计师事务所发出“限期整改通知书”，撤回3家会计师事务所、1家资产评估机构的设立许可。参与财政会计行业管理系统二期建设工作。为确保试运行工作，组织专人对13家参加系统试运行工作的会计师事务所进行操作培训，并实行全程跟踪，保证试运行工作圆满完成。

【组织各类会计资格考试】 组织做好会计考试考务工作。全省各级财政、人事等部门高度重视考试考务工作，各级会计考试管理机构通过层层落实考务责任制，明确考试各环节的职责，严肃考务纪律，特别是在试卷保管、运送和防范利用高科技手段作弊方面下功夫，切实加强监考、巡考，确保各项考试考务工作顺利完成。2012 年度会计从业资格考试两科报名人数为 27.82 万人和 23.4 万人，实际参加考试人数分别为 21.38 万人和 17.02 万人，报名人数和参考人数均创历史最高水平；2012 年度初级会计专业技术资格考试报名 168778 人次，实际参加考试 86706 人次；2012 年度中级会计专业技术资格考试报名 98395 人次，实际参加考试 27935 人次；2012 年度高级会计专业技术资格考试报名 1841 人，实际参加考试 1174 人。截至 2012 年 12 月底，全省持有会计从业资格证书 1072131 人，实际从事会计工作 824845 人，占持证人员 76.9%；全省具有会计专业技术资格 272585 人，占持证人员 25.4%，其中，具有教授级高级会计师资格 40 人，占持证人员 0.04‰，具有高级会计师资格 7930 人，占持证人员 0.7%，具有中级会计师资格 70002 人，占持证人员 6.5%，具有初级会计师资格 194613 人，占持证人员 18.2%；具有大专以上学历 521116 人，占持证人员 52.3%，其中，大专学历 360936 人，占持证人员 33.7%，本科学历 164045 人，占持证人员 15.3%，硕士 3653 人，占持证人员 0.03%，博士 37 人，占持证人员 0.04‰。做好会计从业资格无纸化考试试点工作。从 2012 年 7 月起，按"高起点、严要求"原则，在杭州市区开展会计从业资格无纸化考试试点。按照财政部"统一大纲，统一试题，统一标准"的要求，印发相应的管理办法。试点采用网上报名、网上缴费、网上选择考场、网上打印准考证，网上订书、现场读取二代身份证信息、现场拍照、网上公布成绩，实现与考生的"零距离"管理。在考试过程中，实行全过程电子摄像（录音）监考，在全国率先实现"无人监考"理念。截至 12 月底，累计报名人数 3.9 万人次。2012 年四季度制定下发《浙江省财政厅关于会计从业资格无纸化考试考点建设工作的指导意见》，为 2013 年在全省全面实行会计从业资格无纸化考试奠定基础。

【组织会计专业技术资格评审】 做好 2011 年度高级会计师资格评审工作。组织评委、专家学习文件，准确把握政策，以做好新旧评价条件的平稳过渡。同时，引入评审监督机制，邀请省财政厅监察、人事部门参与，对评审工作进行全程监督。全省 665 人申报高级会计师资格评审，651 人提交评审。经省高级会计师资格评审委员会评审表决，487 人通过评审，其中有 1 人因提供虚假材料被取消资格，实际 486 人取得高级会计师资格。在做好 2011 年度高级会计师资格评审工作的同时，发文对 2012 年度高级会计师资格的评审工作进行布置。做好教授级高级会计师资格评审工作。评审工作坚持向实务界申报对象倾斜和宁缺勿滥的原则，严格评价条件，成熟一个，评审一个。为确保评审工作更加公平、公正，对 2012 年度的评审工作做了以下改进：会计处的相关同志不担任评委，不接触面试试题；以评审对象从事工作的性质进行适当分组调整；改革论文评价鉴定方法为专家现场评价鉴定；实行评审小组组长不定期轮换制度。同时整个评审工作做到"三严"，即严格评审纪律，严格评审程序，严格组织监督。2012 年全省有 20 人申报教授级高级会计师资格评审，20 人提交评审。经省教授级高级会计师资格评审委员会评审表决，12 人通过评审。

【培养高端会计人才】 推进浙江省会计领军人才的培养工作。根据财政部《关于开展 2012 年全国会计领军（后备）人才（企业类）培训的通知》《关于开展 2012 年全国会计领军（后备）人才（行政事业类）培训的通知》，部署浙江省选拔、推荐工作，组织考生参加全国会计领军人才笔试、面试。同时，继续推进全省第三期会计领军人才班的培训工作，年度内举办两次集中培训，完成 2012 年度集中培训计划。

【注重会计理论研究】 组织做好课题研究。完成财政部 2012 年度会计重点研究课题项目——《会计法》实施相关问题研究。鼓励和推动会计理论研究，促进会计学术繁荣与发展。对 2011 年的获奖论文进行整理后形成《2011 年会计实践与探索——浙江省优秀论文集》，并由中国财经出版社出版。开展会计论文征集活动，对收到应征论文 363 篇聘请会计专家进行评审，并对获奖论文进行奖励。

（省财政厅会计处供稿　程少春执笔）

行政政法财政财务管理

【概况】 2012 年，行政政法财政财务管理工作遵循"促进发展、保障民生、科学理财、加强监管"的理财原则，调整优化支出结构，加大经费保障力度，加强财政财务管理，提升服务水平，有效地保证浙江省各级党政机关的正常运转，维护了社会和谐稳定。全年省级行政政法经费支出 93.47 亿元，增长 6.1%，其中：一般公共服务支出 23.66 亿元，增长 10.1%；公共安全支出 51.86 亿元，增长 8.1%。

【加大政法转移支付】 调整优化政法经费支出结构，加大财政转移支付力度，重点向欠发达地区、向基层倾斜，切实保障各级政法机关履行职能，2012 年，省财政下达政法奖励性补助资金 29.47 亿元。

【推进专项性一般转移支付改革】 进一步扩大“因素法”分配转移支付资金范围，在原公安、检察院、法院、司法、边防、工商、质监、统计等部门转移支付资金实行“因素法”分配的基础上，对消防装备和业务经费、审计、税务系统业务费采取“因素法”进行分配，行政政法口实行“因素法”分配的转移支付资金项目 10 个，资金总额 37.07 亿元，占转移支付资金总量的 90%以上。通过清理、整合和规范，做到一个部门一个转移支付项目。完善转移支付资金因素分配方法，制定全省政法经费保障绩效考核办法，对市县政法部门的经费保障情况和政法经费管理情况，按照量化标准并采用百分制方式进行考核，将考核结果作为政法转移支付资金分配的重要因素。

【完善政法装备配备标准体系建设】 在 2011 年制定县级公、检、法基本业务装备配备实施标准的基础上，出台县级司法行政机关基本业务装备配备实施标准，明确装备配备内容、配备项目、配备对象、配备数量及设备更新年限。加强对各地政法部门基本业务装备配备规划和年度实施计划编制的指导，组织召开装备配备规划协调会，布置汇审要点，指导各地在充分整合现有资源、统筹装备需求与财力可能的基础上，科学合理编制规划和计划，夯实政法机关履职尽责的物质基础。

【清理化解政法机关基础设施建设债务】 贯彻落实中央《关于清理化解地方政法机关基础设施建设债务意见》精神，结合本省实际，制定全省政法机关基础设施建设债务清理化解方案，部署开展债务清理化解工作。会同省级政法部门对各地上报的债务数据进行梳理审定，下达化债资金 1.20 亿元。

【开展财政政法转移支付资金使用情况检查】 按照三年内完成对全省（不含宁波）所有市县政法转移支付资金使用情况检查的目标，继续对剩余 1/3 的市县进行检查。检查采取全面自查与重点抽查相结合的方式，对 2011 年度各级财政安排的各项政法经费使用管理情况、政法经费使用管理制度建设情况、前两年检查发现问题整改完成情况等进行重点检查。从检查结果看，各地政法经费保障有力、补助资金及时拨付到位、资金使用绩效充分显现。

【推进监狱体制改革】 按照“全额保障、监企分开、收支分开、规范运行”的要求，对维持监狱正常执法所需的经费，包括监狱行政经费、罪犯改造经费、罪犯生活费、狱政设施经费等按保障标准和范围纳入财政预算予以全额保障。支持监狱布局调整、扩容，安排专项经费 3 亿元，推进省临海监狱、省之江监狱、省第二女子监狱等“十二五”规划重点项目建设。

【加大社会管理创新投入】 筹措落实省级“平安浙江”建设和社会管理创新专项资金 1800 万元，较上年增加 800 万元，推进全省特别是欠发达地区基层综治建设、社会管理创新试点、执法办案条件改善。加大对特殊人群的救助，安排司法救助资金 500 万元、疑难复杂信访问题专项资金 600 万元、法律援助资金 800 万元、人民调解工作经费 700 万元，支持健全和完善多元化矛盾纠纷解决机制，维护社会和谐稳定。推进归正人员安置帮教和社区矫正工作，安排社区矫正经费 3000 万元，促进归正人员更好融入社会，全省社区矫正人员重新犯罪率大大低于全国平均水平。

【支持“质量强省”建设】 切实发挥质量建设在转变经济发展方式、实现富民强省中的基础性作用，省本级投入“质量强省”建设专项资金 2.2 亿元，其中：标准化战略和质量管理专项资金 3300 万元、重点检验检测项目技术装备经费 2500 万

老有所乐，享受和维护“平安浙江”建设成果

元、产品监督抽查经费4000万元。全省质监系统检验检测体系进一步完善，全年新增国家级质检中心3家，省级质检中心8家。

【支持“旅游强省”建设】 加快浙江省旅游综合改革试点，省财政投入旅游发展专项资金8000万元，重点支持旅游基础设施建设、重大旅游活动、旅游品牌宣传等，着力提升全省旅游行业品质，促进“旅游强省”建设。

【支持引进海外高层次人才】 筹措落实海外高层次人才奖励资金1.60亿元，对引进的171名“千人计划”“海鸥计划”到岗人才分别给予100万元、50万元奖励。安排海外高层次人才智力对接活动经费270万元，支持省级有关部门赴欧美日等发达国家举办高层次人才智力对接活动，大力宣传全省人才政策，扩大引才效果，提升引才质量。

【加强农村人才队伍建设】 支持“大学生村官”工作，“大学生村官”补贴标准比照当地乡镇（街道）新录用公务员试用期满后工资收入水平确定，省财政对欠发达地区“大学生村官”薪酬给予40%的补助，年人均补助从2011年的1.1万元提高到1.2万元。省财政下达“大学生村官”补助经费8400万元。安排农村党员干部现代远程教育经费2550万元，推进党员教育上电视、上手机、上互联网、进广场，着力构建全媒体党员教育工作体系。2012年底全省已建成远程教育站点4.2万个、远程教育广场2300多个。

【加强专项资金整合】 整合各民主党派参政议政工作的会议费、培训费、课题调研费等专项资金，设立民主党派参政议政工作经费。整合省妇联本级组织宣传工作和妇女儿童规划实施专项经费、省妇儿工委办公室经费、妇女发展规划监测评估统计经费以及市县专项儿少托幼经费，设立妇女儿童发展专项资金。

【开展绩效评价】 委托中介机构对省委组织部海外高层次人才引进“千人计划”、省质监局省级产品质量监督抽查专项经费和省民宗委参加全国第九届少数民族传统运动会经费等三个项目开展重点绩效评价。

【做好厉行节约工作】 贯彻落实中央和省关于做好党政机关厉行节约工作的精神，联合纪检监察机关和审计、外事等部门发文重申省级党政机关会议费、培训费、差旅费、出国费等四项综合性开支标准，要求各地、各部门严格执行各项开支标准。

【完善制度提升管理水平】 制定下发《关于加强政法经费使用管理工作的意见》《关于加强人防经费财政财务管理的通知》《浙江省地方消防经费管理办法实施细则》《关于进一步加强劳动教养系统财务管理的意见》，规范全省政法、人防、消防、监狱劳教机关经费管理，着力提升财务管理水平。

【做好杭州铁路运输法院、检察院管理体制下划后接收工作】 按照《关于铁路法院检察院管理体制改革若干问题的意见》，完成杭州铁路运输法院、检察院下放移交工作，科学制定杭州铁路运输法院、检察院的人员及公用经费定额标准，并按照相关标准给予一次性补偿1.54亿元。

【加强学习交流培训】 开展行政政法财务研究小组活动，组织省级相关部门围绕财政管理改革和财务管理工作中的热点、难点问题，开展专题学习、调研、交流活动。召开财务管理工作座谈会，就政法部门财务管理办法、政法经费保障绩效考评办法等内容与市县同志进行交流讨论。举办财政财务改革培训班，创新培训形式，由厅领导、处长、副处长讲解财政体制、行政政法财政财务管理改革与发展、财政人才投入、司法财政财务体制等内容。修订完善《省级预算单位财务业务流程手册》，发挥财政业务指南、财政宣传作用。

（省财政厅行政政法处供稿　陈　达执笔）

教科文财政财务管理

【概况】 2012年，浙江省财政教科文和国有文化资产管理工作按照“促进发展、保障民生、科学理财、加强监管”的要求，致力于支持教育发展、推动科技创新、增强文化实力、促进体育创强、推进事业单位改革等工作，在各项社会事业重点发展领域发挥财政支撑保障引导作用。

【完成教育投入占比考核目标】 根据2011年市县教育投入考核结果，制定奖惩措施，加大考核力度，督促市县重视教育投入，同时每月通报2012年教育支出执行进度，并借助会议、培训等形式，推动实现目标比例。2012年完成全省（财政部考核口径不含宁波）财政性教育支出739.91亿元，占公共财政支出21.5%，其中省本级财政性教育支出81.93亿元，占公共财政支出24.5%，超额完成国家和省目标。

【优先支持基础教育事业】 支持推进学前教育发展，提高省普惠性民办幼儿园奖补标准，解决进城务工人员随迁子女入园，并兑现乡镇中心幼儿园奖励资金5.07亿元；推进义务教育均衡发展，小学、初中公用经费标准分别提高到550元、750元；研究制定解决中小学学生上下学交通安全问题的指导意见，完成义务教育化债工作国家级考核验收；在原爱心营养餐的基础上，提高标准扩大资助面，启动实施农村义务教育学生营养改善计划；改革中小学学生资助省补助资金下达办法。

【重点支持职教和高等教育发展】 落实中职学生生均经费标准和生均拨款制度，改革中等职业教育免学费政策，推进国家级中等职业教育改革创新示范学校建设，实施高职高专院校优势专业建设计划，支持国家示范性高等职业院校建设计划骨干高职院校建设。出台政策，提高院校基本运行经费保障水平，从2013年部门预算开始适当调增生均预算定额、调整专业折算系数和离退休定额；重新制定高等教育重点学科建设经费、省人文社科重点研究基地建设经费管理办法，加强学科经费绩效管理；研究制定高校捐赠配比资金办法，完善多渠道筹资机制；实施研究生奖学金制度；研究省级高校专项资金分配方案，加大资金整合力度。

【优化支出结构推动科技发展】 2012年全省（含宁波）财政科技支出165.98亿元，比上年增长15.2%，其中省本级财政科技支出27.00亿元，比上年增长11.8%。重点支持省科创基地等创新平台、载体、研究基地建设，现已落户青山湖科技城载体37家；安排重大、关键技术攻关、成果转化和农业新品种选育4.50亿元，重点支持关系产业技术转型升级的关键、共性技术研发和农业新品种选育协作攻关及国内外科技成果在生产实践中的应用、推广；支持开展创新型企业试点示范工作，加强知识产权保护，安排科技型中小企业技术创新基金，提升中小企业技术创新能力。支持重点科技创新团队建设和“钱江人才计划”等创新人才培养。

【创新并加强财政科技资金管理】 修订出台《浙江省省级科技研发和成果转化项目经费管理暂行办法》，加强项目经费使用管理，激发高校、科研院所等事业单位科研人员自主创新的积极性；会同省科技厅、监察厅出台《关于严肃财经纪律规范科技经费使用和加强监管的若干意见》，完善科技经费监管体系；综合运用无偿资助、贷款贴息、风险补偿、引导基金、绩效奖励等多种方式，发挥省创投引导基金的杠杆作用，提高财政支持的针对性和资金使用绩效；支持科技型中小企业贷款履约保证保险和专利权质押融资，拓宽科技型中小企业的融资渠道。

【支持完善基本公共文化服务体系】 2012年全省（含宁波）文化体育与传媒支出94.17亿元，比上年增长10.7%，其中省本级支出15.44亿元，比上年增长10.4%。重点支持基层公共文化服务、舞台艺术、文化遗产保护、广电惠民服务等公益性文化活动开展，完善公共文化设施网络，增加公共文化资源配送；加强优秀传统文化传承和利用，推进文化遗产保护科技区域创新联盟建设，加快构建科学有效的文化遗产保护体系；支持文化创作研究，推进浙江省文化创新团队和“五个一批”人才工程建设，加快培养引进文化领军人物和高素质文化人才。

【推动文化产业发展】 推动文化体制改革，稳步推进非时政类报刊出版单位等国有经营性文化单位转企改制，建立健全现代企业制度。支持华数传媒、浙报传媒等国有文化企业重大投融资行为，促进国有文化企业做大做强。完善文化产业发展专项资金扶持方向，重点扶持骨干龙头文化企业、地方特色优势文化产业，挖掘开发传统文化资源，培育新兴文化产业，加快推进文化企业转型升级。提出省文化发展投资基金组建方案，为文化发展投资基金的实际运作做好相关准备工作。

【加强国有文化资产监管】 设立省文化企业国有资产管理办公室，履行国有文化资产的监督管理职责，健全省级文化企业资产监督管理机制。实施经营者绩效考核，完成对浙报、广电、出版等三大文化产业集团法定代表人的年薪考核。

【创新支持体育和计生事业发展】 按照专项性一般转移支付要求，研究制定地方体育和计生专项性一般转移支付资金管理办法，实行“因素法”分配，完善体育和计生事业利益导向政策体系；加强体育基础设施建设和省级体育彩票公益金使用管理。做好伦敦奥运会、第十二届全运会备战经费等保障工作；支持农村部分计划生育家庭奖励扶助制度和计划生育特别扶助制度扩大范围、提高标准。支持推动社科理论研究和科普宣传工作。

【推进事业单位绩效工资改革】 推进省级其他事业单位绩效工资改革，督促指导各地市制定出台相应政策，调整规范全省事业单位职工津贴补贴项目和发放水平，对省级困难事业单位实施补贴，研究完善省级事业单位绩效工资实施的后续政策，保障平稳运行。加强事业单位财务制度体系建设，以贯彻实施新修订的《事业单位财务规则》为抓手，完善全省事业单位财务管理办法。

（省财政厅教科文处供稿　徐佳梦执笔）

行政事业单位资产管理

【概况】 2012年，行政事业资产管理工作围绕财政中心工作，严格日常审批管理，加强重点环节监管，完善资产管理制度体系，深化资产管理与预算管理相结合机制，优化资产管理信息系统，提升资产管理水平。

【完善制度体系】 制定《浙江省行政事业单位国有资产管理工作先进评比暂行办法》，推动市县行政事业单位国有资产管理工作的开展。落实省领导有关加强高校国有资产管理要求，联同省教育厅、省审计厅研究制订《浙江省高等学校国有资产管理办法》，报省政府审定。出台《省级事业单位出资企业国有资产管理办法》，明确事业单位出资企业国有资产管理机构及职责、事业单位出资企业管理者的选择与考核、重大事项管理、国有资产收益管理、法律责任等事项，填补制度空白，健全对事业单位出资企业国有资产保值增值考核和责任追究制度，使行政事业单位所属企业的国有资产管理工作有章可循。

【推进资产管理与预算管理相结合】 按照资产配置标准和资产编制，结合单位存量资产状况，审核资产配置预算。完成402家省级预算单位资产配置预算审核，核减各类资产数量32164台（件）。贯彻落实全国廉政工作会议精神，加强对单位预算执行中超标超编资产特别是高档办公设备配置的审核把关，与相关业务处室沟通协调，督促单位严格按照批准的资产配置预算组织实施。

【强化资产对外有偿使用监管】 规范单位资产出租和对外投资行为，建立单位出租资产市场化运作机制，借助产权交易平台实行公开招租，严把单位对外投资资金的来源和投资方向，督促单位严格落实保值增值责任，按规定程序申报审批，防止资产流失。全年审批对外投资事项15批，涉及资产价值1.81亿元；审批、备案房产出租事项122批，合同价款6428万元。

【健全国有资产处置机制】 加强资产处置审核把关，借助资产评估、产权交易等社会中介机构的力量，提高资产监管质量。参与党政机关公务用车清理规范和执法执勤用车编制核定。加强与交警、国土、房管、工商等相关职能部门的协调配合，建立联动机制，齐抓共管，增强资产管理的约束力。加强对处置中心的业务指导和工作协调，优化内部工作流程，提高工作效率。完成省纪委移交的重大资产股权处置工作。全年审核办理行政事业单位资产报废、报损事项381批，接收、核销账面资产2.30亿元；办理调拨、捐赠事项30批，核销账面资产3542万元；审核股权转让、企业改制、资产划转等事项20批，涉及资产价值4.21亿元。继续开展“春泥护花”（内容同上年）行动，通过整理修复计算机2376台，为16个经济欠发达县（市）的65所中小学建立了计算机教室，发挥国有资产使用效益。

【加大资产收益监管力度】 督促各单位严格执行行政事业单位国有资产收入收缴管理办法，取得的资产出租收入、处置收入、对外投资收益等按规定上缴省财政，实行“收支两条线”管理。2012年，省级收缴国有资产收益（出租收入、处置收入、对外投资收益）2.62亿元。

【完善资产管理信息系统建设】 按照政府会计制度改革、事业单位财务会计制度改革、国家新的固定资产分类标准以及

省财政积极推进“春泥护花”行动

“数字财政”建设的要求，升级完善省级资产管理信息系统，推动资产管理工作流程再造。实现行政事业单位固定资产标准类别及代码新旧转换、提供资产折旧功能，完善对外投资、在建工程、无形资产等资产形态的登记和管理功能，优化统计查询功能，提升运行效率。按财政部要求，利用资产管理信息系统汇总全省资产数据并上报。

【加强事业单位国有资产管理】 贯彻落实国务院办公厅《关于分类推进事业单位改革中加强国有资产管理的意见》等有关规定，维护国有资产的安全完整，促进国有资产的合理配置和有效使用。参与省级非时政类报刊杂志出版单位转企改制相关政策的制定和高校校办企业规范化管理工作，按职责分工做好改制中的清产核资、财务审计、资产评估以及国有资产的处置、国有股权管理等审核审批工作。

【资产管理队伍建设】 举办全省财政系统资产管理工作会议和省级行政事业单位资产管理人员业务培训，传达国务院和财政部相关行政事业单位资产管理文件精神；配合省财政厅人事处做好全省财政系统资产管理人才库建设，组织开展资产管理业务研讨；配合高校、水利、农业、监狱、质监等部门，做好其系统内资产财务人员的业务培训指导；以互联网为载体，建立全省财政系统资产管理人员和省级行政事业单位资产管理人员QQ群，进行资产管理政策、制度解读和业务交流。开展调查研究，完成《行政事业单位房产管理问题及对策》调研。 （省财政厅资产处供稿　潘朝晖执笔）

农业财政管理

【概况】 2012年，浙江省农业财政管理工作围绕中央和省委、省政府确定的强农惠农富农政策，加大财政支农投入，优化支农支出结构，规范支农资金监管。全省财政农林水事务支出408.21亿元，比上年增长9.3%，其中省级财政农林水事务支出40.78亿元，比上年减少5.2%（2012年扶贫资金按中央规定改列市县支出，剔除扶贫资金后，同比增长8.8%。）。

【争取中央财政支持】 浙江省中央财政小型农田水利重点县资金、林业三项补贴资金及财政扶贫资金等专项资金因年度考核优秀或A级，中央财政大幅度增加了补助和奖励，由此争取中央财政支农专项资金29.09亿元（不含农业综合开发资金），比上年增长45.9%。

【落实惠农补贴政策】 安排扶持粮食生产各类补贴资金4.64亿元，提高订单水稻良种奖励标准，支持水稻生态补贴政策试点和水稻集中育秧补贴，对粮油种植大户给予补贴，实施农机具购置补贴和粮油作物机械化作业环节及统防统治补贴。安排森林生态效益补偿资金4.37亿元，落实完善森林生态效益补偿机制，开展省级以上森林类自然保护区的核心区及缓冲区集体林租赁试点工作，支持森林抚育、造林和林木良种等补贴试点工作。

【支持现代农业发展】 省级现代农业生产发展资金、现代种业发展资金、农机化促进工程资金、木本粮油和主导产业资金、现代渔业发展资金、水产种子种苗资金、农业科技专项资金、农业标准化示范推广资金、农业产业化贴息资金、农民专业合作社资金等继续按存量70%统筹用于现代农业园区和粮食生产功能区建设，新增资金全部用于现代农业园区和粮食生产功能区建设。中央和省财政安排现代农业园区和粮食生产功能区建设资金23.95亿元，同比增长41.0%；其中省财政安排和整合专项资金13.65亿元，同比增长60.4%。安排1.54亿元专项资金，支持农业标准化生产和农业公共服务体系建设。

【支持农业基础设施建设】 安排45.37亿元专项资金，支持小型农田水利重点县、“强塘”工程、水资源保障百亿工程、农村饮水安全工程、治太骨干工程等重点项目建设。安排1.20亿元专项资金，支持千万亩标准农田质量提升工程建设。安排2.48亿元专项资金，支持标准渔港建设和维护、海洋生态环保、近岸海域环境实时监测系统及海洋防灾减灾体系建设；争取中央分成海域使用金项目资金2.59亿元，支持海域、海岛及海岸带生态修复、海监船建造。安排2886万元专项资金，支持国有农林场危旧房改造。争取中央财政资金5.90亿元，省财政安排6.34亿元，支持农业综合开发中低产田改造、高标准农田和现代农业产业体系建设。

【支持农业新型经营主体培育】 安排8000万元专项资金，支持农业龙头企业和农民专业合作组织发展。安排9820万元专项资金，支持现代种业发展。安排9000万元专项资金，实施农村创业创新实用人才培训，支持千万农民素质培训工程建设。

【支持农业农村生态保护和建设】 安排5.14亿元专项资金，支持待整治村环境综合整治和中心村培育建设；以一般转移支付方式安排资金1.00亿元，对龙游等13个美丽乡村创建先进县(市、区)给予奖励。安排2.50亿元专项资金,支持农村河道综合整治和保洁。安排8130万元专项资金,支持畜禽养殖排泄物资源化利用和生态循环农业示范工程建设。

【支持欠发达地区发展】 落实省委、省政府支持重点欠发达县特别扶持政策,继续安排16.80亿元专项资金,对泰顺等12个重点欠发达县(市、区)分类实施特别扶持政策。落实省委、省政府"低收入群众增收行动计划"的各项政策,安排5.15亿元专项资金,支持农民异地搬迁和发展来料加工业以及低收入农户集中村建立资金互助组织,支持扶贫小额信贷。

【整合财政支农资金】 制订《2012年全省财政支农资金整合工作方案》和《浙江省农业农村发展重点领域、重点项目扶持导向目录》,完善财政支农专项资金的分类;会同省级农口部门完成2011年度县级财政支农资金整合考评工作,对磐安等20个县(市、区)给予奖励。

【加强支农资金管理】 完善和创新管理制度,制修订《浙江省财政专项扶贫资金管理办法》等16个管理制度,会同省级农口各部门研究制定《关于建立财政支农资金和项目管理责任制的意见》,建立财政支农资金和项目监管责任追究和奖惩机制。会同省级农口部门完成支农专项资金专项性一般转移支付方案的编制,扩大支农专项资金实行专项性一般转移支付的规模。继续推行小型农田水利重点县公开竞选制度,产生第四批中央财政小型农田水利重点县16个。委托中介机构开展2011年度现代农业生产发展资金水稻、鱼类和木本油料产业提升项目以及财政支持村级集体经济发展项目绩效评价,将评价结果在全省范围内予以通报;下发《关于现代农业生产发展资金审计情况的通报》,组织开展全省现代农业生产发展资金项目自查自纠;组织开展2011年度水稻产业提升和粮食生产功能区项目专项检查;委托中介机构对2011年度财政专项扶贫资金、26个市县2009~2011年度特大防汛补助资金进行专项检查;会同省级有关部门开展新农村建设考核和耕地目标责任制考核检查。

【做好各项基础工作】 根据《浙江省农业财政工作年度考核暂行办法》,开展市县财政支农工作年度考核,对定海区等15个优秀市县和诸暨市等20个良好市县进行通报表彰。根据浙江省数字财政建设总体规划,牵头完成《项目支出预算管理应用创新规划》,制定病险水库除险加固项目支出预算管理示范应用方案;扩大财政支农项目库试点范围,纳入项目库管理的省级支农专项资金数量增加到10项。完成《扶持新型农业经营主体财政政策研究》重点课题,获全省财政系统调研报告二等奖。做好2011年度省级农口部门行政事业单位、资产、企业会计决算报表汇审工作,完成省级农口部门2012年度预算审核、批复工作。做好2011年度农业综合开发资金决算和财政资金拨款进度表编报工作,在全国评比中获三等奖。完成2011年度中央财政小型农田水利重点县建设绩效评价工作,并获优秀等次。完成人大建议和政协提案5件主办件、114件会办件的办理工作。做好省财政厅结对景宁县三枝树等5个村的帮扶工作。省财政厅被省委、省政府评为2012年度"低收入农户奔小康工程"结对帮扶工作先进单位和社会主义新农村建设优秀单位,省财政厅被省政府授予浙江省公益林建设先进单位。 (省财政厅农业处供稿 支炳义执笔)

基层财政管理

【概况】 2012年,全省基层财政工作按照全省财政工作总体部署,推进乡镇财政建设,做好乡镇公共财政服务平台建设试点,开展乡镇财政就地就近资金监管工作,扩大一事一议财政奖补工作,支持村级组织建设,启动农村综合改革示范试点,不断提高乡镇财政科学化精细化管理水平。

【推进乡镇财政建设】 通报各地贯彻落实省政府《关于进一步加强乡镇财政建设的意见》情况,督促各地尽快制定具体措施。截至2012年12月31日,全省(不含宁波)有37个市、县(市、区)财政局设立乡镇财政管理处、科,754个乡镇单独建立乡镇财政所(局、办),占全省乡镇数的69.0%。总结印发吴兴、富阳、海宁等地的乡镇财政管理工作经验。利用全省乡镇财政干部重点培训班等各类场合相互交流,相互借鉴,共同提高。下发《转发财政部 中央机构编制委员会办公室 国家公务员局关于加强乡镇财政队伍建设意见的通知》。结合浙江省实际,提出三点贯彻意见:要求各地抓好乡镇财政机构组建工作;把乡镇财政工作与乡镇公共服务工作相结合;推进乡镇财政管理规范化建设。根据省政府领导要求,发函要求各市、县(市、区)加快完成乡镇财政机构设置和人员配备工作,并要加强队伍建设和业务建设,提高管理水平,发挥乡镇财政职能作用,组织乡镇财政机构开展就地就近财政性资金监管工作。制定下发《关于印发浙江省乡镇财政干部培训规划的通知》,明确全省乡镇财政干部培训工作的基本原则、对象、目标、职责分工、内容和工作要求。举办全省乡镇财政干部重点培训班,对各市、县(市、区)财政局乡镇财政管理科负责人和部分乡镇财政所所长计134人进行培训。

【开展乡镇财政就地就近资金监管工作】 制定《关于对各类涉农和民生政策补助资金试行“明白册”管理的通知》，要求各地在不改变资金分配权的前提下，对各级财政安排用于农民个人或家庭的各类补助资金进行归集，探索试行《明白册》管理办法，把有关农民的民生财政政策清清楚楚告诉村民群众。转发财政部《关于印发乡镇财政资金监管工作办法和流程的通知》和《关于进一步加强基层财政资金管理工作的通知》，要求各地建立信息通达、公开公示和抽查巡查等三项机制，开展乡镇公共财政服务平台建设，做好资金申报相关信息核查工作，抓好乡镇财政资金监管工作。开展乡镇财政资金监管工作检查。根据财政部通知要求，做好相关资料准备工作，接受财政部“乡镇财政资金监管工作”检查组对浙江省的检查。省财政厅组织开展县、乡两级财政部门的乡镇财政资金监管工作检查。检查结束后，召开全省乡镇财政资金监管工作检查情况汇报会，交流经验，总结提高。

【试点乡镇公共财政服务平台建设】 年初组织人员赴外省考察学习乡镇民生服务中心建设工作，提出关于省乡镇公共财政服务平台建设试点工作的设想、安排和建议。5月召开全省加强乡镇财政管理与促进乡镇公共服务平台建设试点工作座谈会，确定开化、淳安等16个县（市、区）为试点单位。制定下发《关于加强乡镇财政管理与促进乡镇公共服务平台建设试点工作的指导意见》，明确试点工作指导思想、主要内容及工作要求，并成立试点工作领导小组，省财政厅厅长钱巨炎为领导小组组长，副厅长罗石林、王广兵为副组长，各相关处室负责人为成员，加强对试点工作的指导协调。为提升试点工作现代化管理水平，省财政厅成立乡镇公共服务平台管理软件开发小组，正式启动《数字财政——乡镇公共财政服务平台信息管理系统》开发工作。至当年6月底，1.0版（主要针对开化县）已完成，7月在开化县城关镇正式投入使用。在此基础上，于8月初启动2.0版（适用16个试点县）的开发工作，10月底基本完成，11~12月，在淳安县、开化县、嘉善县安装上线并试运行。为全面了解乡镇公共服务平台建设进展情况，6~7月，组织人员先后赴松阳、嵊州、东阳、开化、嘉善、定海、海盐、富阳调研试点工作，督促各试点县加快制订方案和组织实施。8~9月，对16个试点单位的实施情况进行检查，并下发《关于乡镇公共财政服务平台建设试点工作检查情况的通报》和《关于进一步加强乡镇财政管理 做好乡镇公共财政服务平台建设试点工作的意见》，要求各试点县规范乡镇财政机构设置，统一乡镇公共财政服务平台的名称、职责、场所及工作流程，加快进程，确保试点工作按时保质完成。11月召开16个试点县阶段性工作总结汇报会。会后形成《关于乡镇公共财政服务平台建设试点工作情况的汇报和建议》，得到厅领导充分肯定。

【扩大村级公益事业一事一议财政奖补工作】 加大财政投入。2012年争取到中央财政一事一议奖补资金4.86亿元，比上年增加2.01亿元，省级财政安排4.00亿元，比上年增加2.20亿元。2012年，省级扶持村级公益事业项目3712个，覆盖3600多个行政村。在全省开展一事一议财政奖补工作检查，在县级自查基础上，组织市财政、农业部门，通过听取汇报、召开座谈会、查阅资料、实地察看等方式，对各县（市、区）一事一议财政奖补工作的组织发动、资金和项目管理、项目成效等情况进行轮换检查，并通报检查结果。下发《浙江省村级公益事业建设一事一议财政奖补资金管理办法》以及《浙江省村级公益事业建设一事一议财政奖补项目管理办法》，分别对奖补资金的安排、使用和管理，以及奖补项目的规划、申报、实施、验收、管护、监督检查等重要环节作出明确规定。开展一事一议财政奖补工作“规范管理年”活动。对规范筹资筹劳、规划编制、资金管理、项目管理、绩效考评、监督检查、基础管理、宣传工作等方面提出具体要求，争取用一年左右的时间，达到村民民主议事程序更加规范严谨、一事一议筹资筹劳更加合规合理、申报审批程序更加规范严格、规划编制更加科学实效、制度建设更加全面有效、奖补资金分配使用更加安全高效、项目监管更加严格到位、村级公益事业建设更加均衡有序的目标要求。全省一事一议财政奖补项目信息监管系统正常运行。

【支持村级组织建设】 对经济欠发达的41个市县给予转移支付，全省下达村级组织运转经费1.10亿元，提高村党支部书记、村委会主任基本报酬省级财政补助标准，下达欠发达地区转移支付资金2.86亿元，比上年增加1.21亿元。建立村务监督委员会主任基本报酬财政补助制度，下达省级财政转移支付资金1亿元。设立发展村级集体经济财政专项扶持资金。省财政从2012年起，每年专项安排8000万元资金，用于支持经济欠发达地区集体经济薄弱村发展村级物业经济*。建立村级便民服务中心运转财政补助制度，下达村级便民服务中心一次性设施补助和经常性运转经费6555万元，支持欠发达市县的村级便民服务中心建设工作。

【启动农村综合改革示范试点】 当年，国务院农村综合改革工作小组将浙江省列入全国首批农村综合改革示范试点省份，并争取到中央财政试点补助资金1.90亿元。农村综合改革示范试点改革任务有三项内容：探索建立新型农业社会化服务体系；深化农村产权制度改革、促进土地节约集约利用；探索发展村集体经济有效实现方式。按照改革试点要求，选择全省不同类型的19个市县区启动农村综合改革示范试点工作。 （省财政厅基层财政管理处供稿　苗林炯执笔）

注：

*村级物业经济：通过发展农业设施、建设租赁场所、兴办物业服务业等物业模式，壮大村级集体经济。

企业财政财务管理

【概况】 2012年，浙江省企业财政财务管理工作以“稳增长、抓转型、控物价、惠民生、促和谐”为中心，调整完善专项资金政策措施，创新财政资金支持方式，筹措专项补助资金29.26亿元，争取中央补助资金40.51亿元，发挥财政对经济社会发展的支撑、保障和引导作用。

【推动服务业发展】 贯彻落实省政府《关于进一步加快发展服务业的若干政策意见》，筹措商贸流通服务业相关专项资金2.00亿元。改善商贸流通业企业发展环境，开展“改善发展环境”调研工作，会同有关部门研究细化财政支持服务业发展的相关政策措施，2012年财政专项资金重点支持省文明示范农贸市场创建、现代品牌营销体系综合试点、行业电子商务平台提升发展试点、服务业重大项目建设等。推进工业转型升级与生产性服务业联动发展、居民消费结构优化提升与消费性服务业互动发展，加快产业机构优化升级，提高发展协调性和产业竞争力。

【支持工业转型升级】 筹措工业转型升级专项资金和战略性新兴产业专项资金合计10.00亿元。会同有关部门研究制定《浙江省战略性新兴产业财政专项资金管理暂行办法》，重点支持战略性新兴产业示范基地建设、省级特色工业设计示范基地试点、智慧城市建设试点、工业大县向工业强县转型升级示范试点、开展战略性新兴产业发展考核评价和省战略性新兴产业领导小组确定的其他重点领域等六个方面。与有关部门研究制定相关配套办法，出台《浙江省智慧城市建设示范试点项目管理办法》《浙江省省级特色工业设计示范基地建设实施办法》和《浙江省“腾笼换鸟”考核奖励办法（试行）》。筹措信息服务业专项资金5000万元，支持工业化、信息化融合，促进传统产业改造提升，推动工业化、城镇化建设。

【鼓励节能降耗】 筹措节能财政专项资金1.31亿元。督促节能服务公司加快项目实施，支持和鼓励重点用能企业以合同能源管理方式开展节能技术改造，做好奖励资金审核兑付工作。推进杭州市节能减排财政综合示范试点城市工作，督促指导杭州市细化试点城市工作实施方案，完善相关政策措施，加快项目实施进度，2012年累计获中央综合奖励补助资金4.75亿元。继续做好杭州市节能与新能源汽车示范推广、私人购买新能源汽车补贴试点等工作。在继续做好节能灯、节能汽车和高效电机等原有产品财政补贴推广工作的基础上，开展高效节能平板电视、洗衣机、热水器、空调、冰箱、台式计算机等6大类家电消费品和高效节能风机、水泵、压缩机、变压器等4大类工业产品的财政补贴推广等各项工作，确保节能产品惠民工程顺利实施。

【完善支持外贸发展政策】 研究完善2012年促进外经贸发展各项财政政策，针对国际市场需求低迷、全省出口乏力等情况，贯彻落实省委、省政府拓市场促外贸精神，合计筹措4.60亿元促进外经贸发展政策资金。支持企业开拓国际市场，鼓励投保出口信用保险；鼓励收购境外知名品牌、技术和营销网络，开发利用境外资源，建设境外经济贸易合作区，推进境外贸易展示中心建设。研究修订《浙江省进出口公平贸易专项资金使用管理办法》和《浙江省出口品牌发展资金使用管理办法》。筹措3500万元开发区建设发展专项资金，支持开发区通过整合提升拓展空间，实现产业升级和集聚。

【促进中小企业发展】 筹措省中小企业扶持资金5000万元，重点用于中小微企业科技创新、创业创新服务体系建设、融资服务体系建设、教育培训服务及中小企业公共服务平台建设。会同省中小企业局出台《浙江省国家中小企业发展专项资金管理操作办法》，规定专项资金的80%定向用于支持小微企业和改善中小企业服务环境类项目。指导推进全省中小企业公共服务平台网络建设，从省中小企业扶持资金中安排2000万元专项用于平台建设，实现了省平台、第一批5市“窗口”单位及6个产业集群“窗口”单位的启动并投入使用。

【保障粮食安全】 筹措省级粮食风险基金3.21亿元，其他粮食资金2.78亿元。分配拨付2012年中央财政产粮(油)大县奖励资金7410万元，制定产粮(油)大县奖励资金绩效评价办法。通过“一卡通”向全省656万农户兑付补贴资金12.03亿元。将省级储备早稻订单奖励标准提高5元/百斤，并提高每亩奖励限额，确保15万吨省级早稻储备订单收购任务顺利完成。会同省粮食局研究完善粮食骨干企业采购东北地区新产粳稻(米)费用补贴管理办法，适当提高超基数部分费用补贴标准，出台调运东北粮食生产基地2012年自产粳稻费用补贴政策，保障粮食市场稳定。研究出台省内重点粮食现代物流项目建设扶持政策，从粮食风险基金历年结余中筹措资金补助散粮中转库、粮食中转设施和粮食批发市场等项目建设，推进粮食现代物流网络体系建设。

【加强储备管理】 会同省粮食局等部门下达2012年省级储备粮油轮换计划，预拨省级粮油储备利费补贴2.20亿元。实行新一轮市县中心粮库建设以奖代补政策，将奖补上限由2004年储备规模调整为2008年储备规模，推进粮食仓储设施建设。筹措储备商品补贴资金6100万元，会同相关单位下达猪肉、食糖、化肥、棉花、农药、医药等储备计划并预拨储备商品补贴资金。根据财政部、国家税务总局《关于部分国家储备商品有关税收政策的通知》要求，组织全省粮油、猪肉、食糖、化肥、棉花、农药、医药等储备商品调查，重新确定全省政府储备商品企业及其直属库名单，确保储备企业享受国家税收优惠政策。安排宁波常洪省级棉花储备库维修改造资金300万元。

【加强供销社财务监管】 筹措供销社扶持资金3000万元，支持供销社企业发展，发挥供销社在新农村建设中的重要作用。对近三年来供销社省财政扶持资金使用情况进行全面监督检查，梳理检查中发现的问题，为下一步企业整改做好准备。

【做好国有资本经营预算】 安排2012年省本级(企业口)国有资本经营预算收入和国有资本经营预算支出各8.67亿元。组织预算单位与国有企业申报国有资本收益，核定并收缴2012年省本级(企业口)国有资本经营预算收入11.56亿元，其中利润收入10.67亿元(比2011年增长69.0%)。国有资本经营预算支出执行10.85亿元。

【强化高职院校项目管理】 根据《浙江省省级部门项目支出预算管理办法》的规定，对省属集团公司所属高职学院2012年度追加实训基地建设项目和2013年部门预算拟安排实训基地项目组织开展实训基地建设申报工作，并由省财政项目评审中心立项评审，2012年下达实训基地建设专项资金3480万元。加强创新创业教育支持力度，结合各院校创新创业实施计划，下达2012年创新创业专项资金2800万元。

【参与农网体制改革】 根据省政府深化农电体制改革相关要求，由省电力公司会同省财政厅下发《关于开展省、县(市、区)属供电企业清产核资工作的通知》，开展清产核资相关工作。经报省政府同意，浙江省农网资产整体上划国家电网公司，由省财政厅代表省政府与国网公司浙江省分公司签订相关协议，并下发省属电力企业部分资产处置的通知。

【筹措国有企业职教幼教退休教师待遇补助资金】 2012年向财政部申报两批共计1194名职教幼教退休教师2011～2013年待遇差补助4770万元。筹措2011～2013年省属国有企业职教幼教退休教师生活补贴资金2900万元，确保春节前发放到位。

【加强企业财务信息分析】 指导市、县财政部门和省级单位做好2011年度企业财务会计决算的组织和编制工作，完成全省4823户国有企业、571户集体企业、13439户外资企业年报的审核、汇总、分析和上报工作。推进企业财务快报扩户工作，指导省属大型企业做好财务快报编报工作，全省企业财务快报编报户数4500户，每月向财政部报送相关数据和分析，受到财政部通报表彰。

【开展调查研究和“双服务”工作】 牵头组织省直第八服务组的“服务企业、服务基层”工作。根据财政部要求，召集在浙全国人大代表，召开财政部全国人大代表浙江调研座谈会，听取代表扶持小微企业发展的意见，帮扶企业解决实际困难和问题。 (省财政厅企业处供稿 沈燕萍执笔)

金融财务管理

【加强金融国有资产管理】 履行地方金融企业国有资产监管职责，加强金融国有资产监管，落实财政部有关金融企业国有资产评估、转让等政策，开展金融国有产权登记、年检、国有资本保值增值考核、资产评估等工作，指导各地加强金融国有资产监管。组建省级金融控股有限公司，构建全省产权和金融资产交易平台。支持财通证券公司、浙商银行通过增资扩股壮大资本实力，加快发展。推动永安期货股份制改革和上市工作。

【加强金融财务管理】 完成2011年度银行类、信用社类、担保类、证券类、保险类及新型农村金融机构财务决算以及2012年度财务快报编制审核工作，并获财政部通报表彰。委托会计师事务所对部分村镇银行、融资性担保公司等金融、准金融企业进行会计信息质量检查，督促企业健全财务核算。根据财政部有关金融企业实行年金制度的相关规定，加强对金融企业试行企业年金制度的管理，做好省级有关金融企业年金制度的审核工作。开展金融企业绩效评价工作，将绩效评价结果反馈给金融企业，督促金融企业提高运营效益。

【加强薪酬管理】 依据《浙江省省级金融企业负责人薪酬管理办法》，核定浙商银行、财通证券公司和省农信联社3家省级金融企业主要负责人2011年度薪酬。建立健全地方金融企业激励与约束机制，加强收入分配调控，加强财通证券有限责任公司和浙江省永安期货经纪有限公司工资总额预算监督管理。

【开展政策性农村住房保险财政保费补助工作】 审核各地农户参保情况。2012年全省政策性农村住房保险参保农户参保率为98.4%，全省各级财政补助农村住房保险保费资金7193万元，其中省财政补助3783万元，市县财政补助3410万元。

【开展政策性农业保险财政保费补贴工作】 加强风险准备金的财务管理，规范农业保险巨灾风险准备金的筹集、使用和管理，督促共保体按照种植业险种保费的25%提取巨灾风险准备金。加强财政保费补助资金的审核工作，做好2011年度保费补贴资金结算和2012年预算工作。加快省级以上财政补贴拨付进度，2012年各级财政核拨保费补贴资金2.98亿元。通过以奖代补形式支持地方开展特色险种。

【开展农业贷款风险补偿】 发挥财政资金导向作用，鼓励金融机构加大支农信贷力度，对全省农村合作金融机构涉农贷款比上年度净增额按照0.5%的比例进行风险补偿，缓解“三农”融资困难。全省各级财政安排2011年度农业贷款风险补偿资金2950万元，其中省级财政2500万元，撬动全省农村合作金融机构新增农业贷款59.00亿元。

方便农村居民的农村金融服务站

【加大对小企业融资支持力度】 推进小企业贷款风险补偿工作，对金融机构新增小企业贷款给予0.5%的风险补偿，对金融机构新增服务业小企业贷款给予0.8%的风险补偿。各级财政及时拨付2011年度小企业贷款风险补偿资金6786万元，其中省级财政3917万元。

【支持融资性担保体系建设】 对中小信用担保机构实施小企业贷款担保风险补偿，省财政核拨2011年度中小信用担保机构风险补偿资金3443万元，争取中央财政担保机构项目补助费用6540万元，鼓励信用担保机构做大做强并支持小企业的信贷服务。支持再担保体系建设，安排再担保风险补偿。

【加大对新型金融机构扶持力度】 根据小额贷款公司年度考评结果和各地补偿情况,2012年通过转移支付方式给予县级财政1307万元补助,鼓励各地加大对小额贷款公司的扶持力度。指导小额贷款公司执行《金融企业财务规则》等金融财务管理制度。争取中央财政新型农村金融机构定向费用补贴资金3.55亿元,支持村镇银行、农村资金互助社、贷款公司等新型农村金融机构的发展。

【采用新融资模式支持企业节能减排】 为应对气候变化,支持企业清洁生产,减少温室气体排放,在中国清洁发展机制基金管理中心的大力支持下,浙江省申报的嵊州迪贝电器股份有限公司项目和台州邦丰塑料有限公司项目获得清洁发展委托贷款人民币9500万元,贷款期限为3年,利率为合同签订当日中国人民银行指导利率基础上下浮15%。这是浙江省企业首次获得该项贷款的支持,也是开展清洁生产的有益尝试。

【支持金融集聚区和金融创新示范县建设】 建立考核机制,对全省一批金融业发展重点建设项目和金融创新项目补助财政资金675万元,进一步营造促进地方金融企业发展的良好环境。

【加强中央专项借款管理】 加强专项借款的对账和管理,继续加大清收资产的处置、追偿和变现力度,筹措资金,强化预算管理,按时还款,防范和化解金融风险与财政风险。与承贷银行对账,归还到期的清理信托基金中央专项借款5550万元,归还到期的清理城信社中央专项借款2500万元。

【有效利用政府外债支持"美丽浙江"建设】 2012年7月经国务院批准,浙江省申报的"世行贷款农村生活污水处理系统建设项目"列入世界银行贷款2013~2015财年备选项目规划,贷款额度2亿美元,是浙江省近十年来获得额度最高的政府外债项目,涉及富阳、安吉、天台、龙泉4个市(县)的4000多个项目点。截至当年底,浙江省世界银行贷款钱塘江流域小城镇环境综合治理项目已签订采购合同27个,占53个采购合同的51.0%;已签约合同金额5.63亿元人民币,占项目合同总概算9.76亿元人民币的57.7%;累计完成世行贷款报账2021万美元,占世行贷款总额1亿美元的20.2%。截至当年底,浙江省世界银行贷款林业综合发展项目完成造林面积13928.50公顷,为总计划造林数24461.2公顷的56.9%;累计完成世行贷款报账716万美元,占世行贷款总额2100万美元的34.1%。

【规范政府外债管理基础性工作】 根据政府外债管理工作科学化、精细化的要求,做好政府外债的基础性工作,加强对上及对下的数据核对,按时编制国际金融组织贷款季度报表和外国政府贷款年度债务报表,提高报表质量,夯实政府外债管理基础。全年累计完成还本付息付费6860万美元,累计完成提款报账金额2781万美元。2012年初,浙江省报送的政府外债报表得到财政部的通报表扬。

【规范外债项目全过程管理】 根据财政部的要求,开展政府外债项目的监督检查和绩效评价工作,委托会计师事务所对德国政府贷款嘉兴污水处理二期项目和泰隆商业银行中小企业贷款项目进行监督检查,并对日元再贷款上虞市生活垃圾焚烧发电项目和三门县佃石水库工程项目进行了绩效评价。

【加强非贸易非经营性外汇管理】 根据党中央、国务院和省委、省政府关于严格控制党政机关"三公"经费支出的要求,及时召集省级有关部门研究进一步加强单位因公临时出国(境)用汇管理措施。2012年度财政部核定浙江省购汇人民币限额指标1.50亿元,全省累计执行购汇人民币限额1.21亿元,在保证省委、省政府重大外事活动正常开展的同时,有效地压缩一般性出国用汇,节省财政资金。

【筹集道路交通事故社会救助基金】 按照交强险缴纳营业税数额给予的补助列入财政预算,安排2012年预算资金2.53亿元。与浙江保监局联合督促经营交强险业务的保险公司按交强险业务收入的2%缴纳救助基金,2012年全年提取救助基金1.21亿元。 (省财政厅金融处供稿 罗亭林执笔)

社会保障财政财务管理

【社会保障资金实现可持续增长】 加大财政社会保障投入。全年全省财政就业和社会保障支出、医疗卫生支出651.35亿元,比上年增长14.1%,占全省财政支出的15.6%。省财政加大转移支付力度,全年省财政下达就业和社会保障、医疗卫生补助资金123.14亿元,比上年增长19.9%。争取中央财政资金支持,全年中央财政对浙江省就业和社会保障、医疗卫生的转移支付资金计58.98亿元(不含宁波市),比上年增长21.0%。

社会保险收支规模稳定增长。2012年全省五项社会保险基金总收入1721.00亿元,支出1092.00亿元,滚存结余

2801.00亿元，比上年增长29.1%，其中职工基本养老保险基金支付能力为33个月。

挖掘社保资金保值增值潜力。加强省级社保财政专户资金管理，适时调整存款结构和规模，2012年末定期存款292.96亿元，比上年同期增长22.0%，其中三年和五年期存款占比为89.2%。加强与银行协商谈判，扩大协议存款规模，全面上浮定期存款利率，提高基金收益率。按权责发生制原则计算，2012年社保资金平均年化收益率为4.1%，比上年净增收益2.06亿元。

【提高社会保障待遇水平和扩大覆盖面】 做好各类社会保障对象待遇调整工作。采取普遍调整和特殊调整相结合的办法提高企业退休人员基本养老金标准，2012年全省月人均养老金发放水平为2091元，位居全国前列。提高城乡居民社会养老保险省级转移支付补助标准，当年补助26.33亿元，确保城乡居民社会养老保险基础养老金最低标准增加到月人均80元。提高基本医疗保障水平，所有统筹地区城镇居民基本医疗保险和新农合人均筹资标准为360元以上，各级财政补助标准为250元以上，全省实际人均筹资标准和财政补助标准分别为482元和342元；职工医保、城镇居民医保和新农合政策范围内住院费用报销比例分别为83.0%、70.0%和75.0%，各项指标达到或超过国家要求。提高城乡医疗救助筹资水平，全省实际人均医疗救助筹资水平为12元，超过人均10元目标；全省政策范围内住院自付费用救助比例达50%以上，救助封顶线不低于4万元。落实低保标准自然增长机制，全省城乡低保标准分别达到月人均467元和330元，及时发放困难群众基本生活价格补贴。同时做好部分烈士子女生活补助费、国家机关工作人员及离退休人员死亡一次性抚恤金、企业退休军转干部生活补贴标准、优抚对象补助等其他社会保障待遇标准调整工作。

提高基本社会保险覆盖面。2012年全省企业养老保险、城乡居民社会养老保险、被征地农民基本生活保障参加人数3835万人。全省城镇职工医保、城居医保和新农合参加人数5150万人，三项医保参保率97%以上，全民医保制度得到进一步巩固。

稳妥处理部分特殊人群社保待遇问题。重点关注省政府2011年第221、222和223号文件贯彻落实情况，研究落实杭兰铁路、停办煤矿等省属企业以及精减退职"双无"人员待遇的财政补助政策。推进省部属企业退休人员社会化管理，厘清省与移交地政府责任，足额拨付移交人员养老保险省级补助资金1584万元。推动浙江省机关工作人员参加工伤保险工作。

【落实积极就业政策和帮扶企业措施】 根据经济增速放缓就业压力增大的情况，适时加大财政投入促进就业，全省安排落实促进就业资金35.00亿元。扩大失业保险基金使用范围试点工作，发挥失业保险基金预防失业、促进就业作用。参与制定《关于做好当前就业工作促进企业转型升级的意见》，加大创业补贴和小额担保贷款贴息等政策支持力度；实施为期3年的员工制家政服务企业社会保险补贴办法；推进省属高校毕业生就业见习示范基地建设；实施中小微工业企业临时性下浮基本养老保险费缴费比例办法，2012年全省直接减负33.17亿元。社保处被评为全国就业先进工作单位。

【推进医药卫生体制改革】 推动公立医院综合改革。指导各地全面实施以药品零差率为核心的县级公立医院综合改革，主动参与先期介入改革方案的测算论证，引导和推动试点地区财政建立公立医院补偿机制，界定和落实财政投入责任，并会同有关部门开展第一批试点县的评估考核工作。研究起草公立医院补偿机制改革指导意见，明确公立医院"日常运行靠医保、建设发展靠政府"的改革思路。统筹安排中央和省财政补助资金，对公立医院综合改革地区实施"以奖代补"。支持做大做强做优医保，着力推动医保支付方式改革，参与研究制定《浙江省基本医疗保险付费方式改革实施意见》，建立总额控制下的多种付费方式体系，发挥医保补偿和控费作用。落实省财政补助资金与省级医院控制次均医疗费用挂钩的激励奖补政策，发挥四两拨千斤的作用。经考核，2011年度省级医院门诊均次费用基本保持零增长，住院均次费用增幅则由2010年的6.4%降为2011年的-5.0%，省财政安排激励奖补资金5919万元，相当于所节约医药费用的11.3%，财政投入绩效明显。

完善基本医疗保障制度体系建设。推动全省建立基本医保市级统筹，提升统筹层次。推动城乡居民基本医保制度与管理并轨，67个统筹地区统一管理部门，53个统筹地区实现制度统一。制定出台浙江省城乡居民大病保险制度，推动绍兴市、湖州市先行试点。加大重特大疾病医疗救助力度，初步建立以基本医保、大病保险和医疗救助协同互补，解决因病致贫为重点的大病保障机制。

加强医疗卫生服务体系建设。继续支持省级医院能力建设，提出2012~2014年先进医疗设备建设实施方案，省财政安排专项补助1.06亿元。加大省财政卫生转移支付资金整合力度，调整资金存量结构，实施为期3~5年的精神卫生专业机构建设、欠发达地区县级综合医院和妇幼保健机构建设省财政支持项目，建设期间省财政分别安排3.00亿元、

2.50亿元和1.00亿元专项资金。安排省转移支付资金5074万元支持实施全科医生培养培训、全科骨干师资培训、免费定向培养农村社区医生、基层公卫人员培训、在职岗位培训、乡村医生注册培训和住院医师规范化培训等基层卫技人员培养培训项目，提升基层医疗卫生服务能力。指导各地加快基层医疗卫生机构债务清理化解工作，下达省财政补助资金2.18亿元，督促各地按期完成基层医疗卫生机构债务化解任务。

【拓展新型社会福利体系建设】 加快推进社会养老服务体系建设，省财政设立社会养老服务体系建设专项资金，统筹安排财政预算、福彩公益金，一次规划，分步实施，2012年省财政安排资金1.46亿元，福彩公益金1.54亿元用于养老服务机构建设和服务补贴。安排残疾人共享小康工程省级财政补助1.83亿元，新增4860万元用于支持无固定收入残疾人生活补贴、残疾儿童学前教育助学项目、重度残废人托(安)养工程扩面项目和万户残疾人"无障碍设施进家庭"项目。

【强化社会保障财政财务管理】 推进社会保障财政管理制度化规范化。牵头制定《关于进一步加强职业培训补贴资金管理等问题的通知》《省级社会养老服务体系建设专项资金使用管理办法》《孤儿基本生活费省级补助资金使用管理办法》《浙江省自然灾害生活救助资金管理暂行办法》《浙江省大中型水库后期扶持政策实施工作省级专项补助经费使用管理实施细则》《浙江省博士后工作专项经费使用管理办法》和《浙江省应征入伍服义务兵役技工院校学生学费补偿暂行办法》等资金管理办法，规范其使用与管理。完善养老保险省级调剂金补助方案，出台非定向补助政策，落实地方政府责任。

加强部门预算管理。按"因素法"重新核定归口部门"三公"经费，提高"三公"经费分配的公平性和合理性，做好部门"三公"经费信息公开准备工作。建立社保口预算执行按月通报制度，采取排名、召开分析会、去部门约谈等方式，切实加快预算执行进度。严格执行当年执行进度与下年度预算挂钩的规定，对部门预算执行率低于85%的，预算控制数严格按上年的95%安排；对专项转移支付下达率低于90%的或者未按规定期限下达完毕的，相应核减该部门专项资金预算。分步实施社保专项性一般转移支付改革。及时研究制定社保口改革实施方案，加大项目整合归并力度，2012年社保口专项比2011年减少26项。

推进重点预算资金绩效评价工作。做好重点财政专项资金投入"回头看"工作，完成对历时五年的城乡社区卫生服务机构建设项目省级财政补助资金(2007~2011年)，社区服务中心建设项目福彩金补助资金(2009~2011年)绩效评价工作。针对绩效评价结果提出改进办法。

规范财政社保专户管理。贯彻落实财政部有关社会保障基金财政专户管理要求，制定浙江省加强和规范社会保障基金财政专户管理规定，明确职责划分、目标要求，规范资金分账核算、按政策计息办法。截止2012年底，省级社保基金财政专户由12个清理归并到5个，完成财政部的规定任务。各市、县按照市级社保专户精简到5个、县级精简到3个的工作目标逐步推进。

【稳固财政社保管理工作基础】 加强调查研究。开展对全省和省级基本养老、医疗保险基金和就业资金收支监测，控制基金收支风险。开展公益性岗位情况调查，指导湖州市推进全国就业专项资金绩效评价试点工作。以省人大常委会开展的全省促进中医药事业发展情况报告的审议、食品安全"一法两规"执行情况和省社会救助体系建设情况审议为契机，对全省财政部门上述工作进行专题调查，提出改进措施。加强调查研究，《浙江省残疾人事业财政投入保障机制研究》获全省财政系统调研报告评比三等奖。

加强社保基金预算编制管理。推进社会保障资金预算编制信息系统建设，全面实施网络化基金预算编制、审核。编实编细预算，增强社保预算约束力。省社保基金预决算报表编制工作获全国三等奖。

(省财政厅社保处供稿　黄　青执笔)

经济建设财政财务管理

【扩大有效投资】 争取中央基建投资资金66.28亿元，落实省级财政性资金126.00亿元，支持实施政府主导性重大建设项目计划和"三个千亿工程"*重大项目建设行动计划。争取中央车辆购置税资金20.32亿元，安排省级资本金补助1.40亿元，专项用于高速公路、港航等交通基础设施重点项目建设。筹措落实省级财政资金16.17亿，支持铁路"七线两枢纽"*建设和乐清湾港口支线、金台、衢宁项目前期工作。根据《长江三角洲地区区域规划》和2011年长三角地区主要领导座谈会精神，首期出资1000万元支持设立长三角合作与发展共同促进基金。

【支持海洋经济发展】 安排海洋经济发展专项资金10亿

元,重点支持海岛基础设施建设、海洋科技研发、公共服务平台建设和海洋生态环境保护等方面的建设。研究省海洋产业基金的运作机制,制定《浙江省海洋产业投资基金管理办法》。支持海洋经济发展示范区地质环境调查评价和海岸带综合地质调查监测。

【支持小城市培育试点】 安排小城市培育专项资金10亿元,按照分类分档的方法分配下达资金,研究制定小城市培育试点考核办法,通过奖补结合和以奖促建的方式,推进小城市培育试点工作。对首批27个小城市培育试点镇2011年度工作情况实施考核,确定玉环县楚门镇等9个镇为优秀单位,苍南县龙港镇等18个镇为达标单位,省级财政对考核优秀单位和达标单位分别奖励400万元和350万元。

【支持对口援建】 统筹安排浙江省援建资金,对市县援建资金进行余缺调剂。省级财政筹措新疆援建资金11.40亿元、西藏援建资金2.28亿元、青海援建资金1.40亿元。安排专项资金3000万元,解决和田影剧院二期遗留问题。按照节俭和必需的原则,安排落实各省级对口援建指挥部工作经费。研究起草《浙江省对口支援青海省海西蒙古族藏族自治州资金管理办法》,做好对口支援四川省藏区的前期调研工作。

【建立地质找矿新机制】 规范矿业权交易服务收费,强化地勘基金项目的监督管理,发挥地勘基金引导作用,创新矿产勘查投资体制,建立符合市场经济要求的矿产资源勘查开发和资金投入的良性循环机制。制定《浙江省找矿成果奖励办法》,明确对在浙江省行政区域内取得找矿成果的单位和个人给予奖励。筹措落实浙江省地质资料中心建设资金,推进地质资料信息化、数字化、网络化建设。

【支持保障性住房建设】 争取中央保障性住房建设专项资金14.88亿元,安排省级财政保障性住房专项补助2.60亿元,支持全省公共租赁住房欠发达地区廉租住房建设。按照"土地出让收益的10%"或"土地出让收入总额的2%"二者孰高原则,计提土地出让金,统筹用于廉租住房、公共租赁住房、城市棚户区改造等保障性安居工程。安排省级专项资金1.68亿元,支持农村困难家庭危房改造。首次争取将浙江省农村危旧房改造项目列入中央补助范围,按户均7500元的标准下达中央补助资金4.13亿元。支持农房改造示范村建设试点工作,提升农村住房空间品质。召开全省专题会议,督促各地加强保障性安居工程资金保障力度,建立预算执行定期报送和定期通报制度。

【推进生态文明建设】 实施《"811"生态文明建设推进行动*方案》,省级财政安排生态环保资金62.23亿元,比上年增长21.1%。安排生态环保财力转移支付资金15.00亿元,比上年增加3.00亿元。修改完善省级以上自然保护区编制内人员经费和日常公用经费补助政策,将正常经费补助标准由人均6万元提高到人均8.4万元。安排镇级污水处理设施建设"以奖代补"资金1.20亿元,城镇污水配套管网及污泥专项资金1.00亿元,争取中央补助资金3.35亿元,支持太湖流域水污染防治和全省城镇污水配套管网和污水污泥处理设施建设。

【实施国家示范试点项目】 *新安江流域生态补偿试点*。按照"严格考核,水质向好,有奖有罚"的原则,完善《新安江流域生态补偿协议》。根据水质考核结果,筹措拨付安徽省考核奖励资金1.00亿元。

中央农村环境连片整治示范工作。制定农村环境连片整治2012年度实施方案,下达中央补助资金2.50亿元,督促各地落实地方配套资金,加强资金使用管理的规范性指导,会同环保部门组织开展项目验收,建立中央农村环境连片整治2013~2015年项目库。

排污权有偿使用和交易试点。会同省环保厅修改完善《浙江省储备排污权收储和出让管理暂行办法》等配套政策,支持刷卡排污试点工作,保障政策研究、交易平台及机构能力建设等资金需求。

浙江萤石资源综合利用示范基地建设。加大政策、资金和资源配置的支持力度,会同省国土资源厅组织专门机构详细调查基地内萤石资源状况,对三家项目实施单位的建设资金投入情况进行财务审计。

湖泊生态环境保护试点。争取将千岛湖列为中央湖泊生态环境保护试点,指导审核实施方案,下达中央试点补助资金4000万元,支持千岛湖生态保护。

建筑节能示范项目。做好国家节约型校园建筑节能监管体系建设示范项目、可再生能源建筑应用示范和太阳能光电建筑应用示范项目的申报工作,争取中央补助资金5624万元,支持浙江省新建建筑绿色提升、既有建筑节能改造和建设科技创新等项目。

【推进城乡交通统筹发展】 开展收费公路专项清理工作,筹措落实省级配套补助资金,研究制定收费公路清理省级补助政策。会同省交通运输厅对2009年以后新增政府还贷二级收费公路债务余额及里程情况进行认定。经与财政部驻浙监察办沟通,核定省新定政府还贷二级收费公路债务余额

15.68亿元,里程99.52公里。优化成品油价格和税费改革收入支出结构,安排省级农村交通基础设施建设资金13.41亿元,争取中央车辆购置税资金3.35亿元,用于农村公路建设和水上康庄工程,推动城乡交通一体化进程。

【落实油价补贴政策】 争取中央2011年度油价补贴资金70.42亿元,预拨2012年度油价补贴资金49.49亿元,向部分公益性行业和困难群众分配下达油价补贴资金。

【加强专项资金管理】 加大专项资金整合力度,逐步采用"公式法""因素法"分配,编制归口部门省级专项性一般转移支付实施方案。梳理和整合各项地矿专项资金,完善项目申报时间、项目审核要素等内容,制定《浙江省地质矿产项目和资金管理暂行办法》。整合国省道日常养护资金,测算确定日常养护定额,实行按里程进行补助的国省道日常养护资金管理办法。加强各项非税收入的征收使用管理,报请省政府出台《浙江省城镇污水处理费征收使用管理暂行办法》,会同省国土资源厅下发《关于进一步做好矿山自然生态环境治理备用金收取和使用管理工作的通知》,明确矿山自然生态环境治理备用金的收取标准、收取方法、处置和监督管理等内容。审核批复2012年交通债务计划,继续对交通债务资金实行规模控制。指导和督促归口部门开展绩效自评,对嘉兴发电厂二期2×600MW机组脱硝工程项目和浙江省高速公路、国省道、重点水运项目前期工作经费项目开展重点绩效评价。

(省财政厅经建处供稿　魏宏伟执笔)

注:

＊三个千亿工程:指千亿基础网络工程、千亿惠民安康工程和千亿产业提升工程。

＊七线两枢纽:"七线"是指宁杭(南京—杭州)客运专线、沪杭(上海—杭州)客运专线、杭甬(杭州—宁波)客运专线、杭长(杭州—长沙)客运专线、金温(金华—温州)铁路扩能改造、衢景九(衢州—景德镇—九江)铁路、杭黄(杭州—黄山)铁路。"两枢纽"是指杭州铁路东站枢纽和宁波铁路枢纽。

＊"811"生态文明建设推进行动:"8"是指生态经济、污染减排、环境质量、污染防治、生态保护与修复、环境安全保障能力建设、生态文化建设、生态文明制度建设8个方面的工作目标;"11"一方面是指节能减排、循环经济、绿色城镇、美丽乡村、清洁水源、清洁空气、清洁土壤、森林浙江、蓝色屏障、防灾减灾、绿色创建11项专项行动,另一方面是指健全综合考核评价体系、完善环境准入制度、加强环保法规标准建设、完善环境经济政策、严格环境执法监管、完善监测监控预警体系、强化环境科技支撑、完善生态环保投融资机制、积极培育生态文化、加强国际国内生态环保合作交流、积极开展试点示范11项保障措施。

财政监督

【概况】 2012年,浙江省财政监督工作以建立健全与预算编制、执行相互协调、相互制衡的监督机制为核心,以绩效监督为主线,整合财政监督职责,推进绩效目标管理,开展监督检查、评价、审核。

【建设财政大监督体系】 财政监督局、绩效管理处、省财政项目预算审核中心实行一体化运作,组建成立新财政监督局。转变职能,梳理整合职责,落实岗位责任,突显牵头组织财政监督职能;建章立制,制订内部工作规程,完善内部管理制度,规范业务流程;加强业务和素质培训,促进业务和人员融合。

【金融保险业税收核查】 对8812户金融保险业企业及分支机构开展金融保险业税收核查,采取政策培训、调查摸底、市县自查、重点核实、分析计算等措施。核查发现1847户企业缴纳的营业税混入市县库,涉及金额10.65亿元;566户企业缴纳的所得税混入市县库,涉及金额2.43亿元。核查分市县、行业、机构类型等分析金融保险业税收混库规律,从体制、征管、行业发展等剖析原因,提出意见和建议。

【部门决算报表质量检查】 选取高校、医院等50多家二级预算单位试点部门决算报表质量检查,对决算报表进行真实性、完整性、合规性审查,重点关注往来款项、对外投资、在建工程等项目。检查采取"统一计划、统一部署、统一培训、统一进点、统一程序、统一底稿、统一审理"方式,边查边改,以查促改,查出违规问题金额21.23亿元。

【会计信息质量检查】 对655家企事业单位开展会计信息质量检查,投入1017人次,检查发现违规问题涉及户数341户,涉及金额34.67亿元。加大能源、粮食、保障房等重点行业、重点企业的检查力度,关注事业单位财务规则和医院会计制度落实情况。

【注册会计师执业质量检查】 对342家会计师事务所开展

日常监督，重点关注会计师事务所保持设立条件情况、内部治理和质量控制情况、注册会计师任职资格和执业情况等。根据日常监管情况选取86家开展重点检查，发现50家事务所执业质量存在问题，对其中1家事务所进行行政处罚、9家事务所做出行业惩戒。

【审计联络保障】 建立联席会议制度，完善协调机制，确定“信息共享、结果采信”原则，避免重复检查，落实审计意见和建议。完成各项审计联络保障工作，包括省审计厅同级审计、行政事业性收费专项审计，审计署上海办对社会保障资金、保障房建设、中小学校舍布局调整情况和节能减排专项资金等项目的审计。做好财政部专员办对财政支农政策培训补助资金、中等职业学校国家助学金政策落实情况检查的联络保障工作。

【“小金库”治理】 完成“小金库”治理扫尾工作，督促治理过程中发现问题的整改落实；总结验收三年治理工作，表彰120名表现突出的工作人员；强化日常监管机制，巩固治理成果，健全长效机制，推进“小金库”治理的制度化、规范化和常态化。

【加强基础建设】 加强制度建设。报请省政府出台《关于全面推进预算绩效管理的意见》，明确预算绩效管理工作目标、工作内容、要求等，指导省级部门和市县推进预算绩效管理工作。开展业务培训。举办全省财政干部预算绩效管理业务培训班，就预算绩效管理业务流程、绩效评价典型案例分析、绩效评价操作与经验等开展培训。在杭州举办两期全省中介机构预算绩效管理业务培训班。加强中介机构评价报告质量考核。考核2011年全省134家中介机构出具的571个评价报告质量，分析整理考核中反映的问题。

【加强绩效管理考核】 将预算绩效管理工作列入省政府对部门工作目标责任制一类目标考核内容。与省人大财经委、省政府绩效管理联席会议成员单位人员一起组成7个考核调研组，分赴省政府直属单位就预算绩效管理工作开展考核调研，将考核结果予以通报。

【推动绩效目标管理】 细化专项公用类绩效目标设置。按照“绩效可比、具体细化、合理可行”原则，设置不同类别专项公用类项目绩效目标填列框架，明确相应类别项目绩效指标，嵌入部门预算编制软件，实现相关数据信息整合运用。

【审核绩效目标】 明确项目绩效目标申报和审核要点，指导项目绩效目标的编制和审核工作。对省级所有4374个省本级项目和383个转移支付项目实施绩效目标审核，对“一上”预算的2795个项目提出“补充调整项目绩效目标”建议，对“二上”预算的69个项目提出“不进入下一步预算编审流程”建议。

【探索绩效监控】 选择省文化厅文化共享资源及平台建设经费项目、省商务厅重大商贸活动专项开展绩效跟踪监控试点。就项目绩效的关键点确定4大类21项绩效跟踪要点，重点对预算执行过程中绩效目标的实现情况以及为实现目标采取的管理措施、工作程序、方式方法等进行检查分析，及时掌握项目实施进程和资金支出进度，发现和纠正项目绩效偏差，调整明确绩效目标，并相应调整项目预算，调整率为27.7%。

【组织实施项目绩效评价】 对全省5598个项目开展绩效评价，涉及财政资金657.48亿元。实施重点项目绩效评价。重点评价27个项目，涉及财政资金28.38亿元。其中对2009年浙江省地方政府债券项目采取“先各地自评、后全省综合评价”上下联动方式，由中介机构和省人大财经委、省政府研究室、浙江工业大学等部门与高校的专家组成专家组，采取座谈、现场勘察、查阅资料等方式实施全面评价。

组织开展省级部门绩效自评工作。组织开展111个省级部门、220个项目绩效自评工作。同时委托中介机构对其中19个项目（重点是基本建设类项目）进行抽查。将自评及抽查情况在省级部门发文通报，要求整改落实。

【政府投资项目资金监审】 全年完成各类财政项目316个，审核金额78.51亿元，净核减资金7.61亿元，平均核减率9.7%。其中：部门项目支出预算审核65.83亿元，核减不合理资金6.29亿元；省级政府投资项目国库集中支付进度款审核4.23亿元，核减资金1241万元；政府工程采购项目审核105个，审核金额2.27亿元，核减资金4060万元；中央财政支持地方高校发展专项资金项目审核202个，审定总投资3.36亿元；嵊泗、洞头、舟山等渔港工程专项资金审查，审减资金5910万元。

【项目费用指标体系建设和测算】 补充完善行政事业单位办公用房项目费用指标，完成行政事业单位办公用房项目装修费用指标测算，开展教育用房项目费用指标、保障用房项目费用指标、市政道路项目费用指标和市政桥梁项目费用指标论证工作。 （省财政厅财政监督局供稿 王翱锋执笔）

农业综合开发

【概况】 2012年,浙江省农业综合开发工作以项目建设为重点,加快项目进度,完善政策制度,加强成果宣传,强化监督检查,狠抓廉政建设,取得显著成效。全省农业综合开发(不含部门项目)投入资金15.71亿元,比上年增长3.8%。其中中央财政资金5.27亿元,省级财政资金5.86亿元,市县财政配套资金2.89亿元,自筹资金(含银行贷款)1.69亿元。全省实施农业综合开发土地治理项目93个,开发治理面积74万亩,其中:中低产田改造项目41个、高标准农田示范工程项目18个,山区小流域农业生态工程项目34个;实施省级集中安排科技推广项目6个。全省实施产业化经营财政补助项目94个,产业化经营中央财政贷款贴息项目97个,产业化经营省财政贷款贴息项目206个。

【土地治理项目】 服务农业"两区"(粮食生产功能区和现代农业园区)。以高标准农田建设为重点,建成旱涝保收基本农田。坚持田水路林山综合治理,突出抓好以农田水利为主要内容的农业基础设施建设,改善农业生产条件,增强抵御自然灾害的能力,将中低产田改造成为高标准农田,支持粮食生产功能区建设;将基础设施较好、土地得到大规模流转的项目区,建成现代农业园区。同时,在项目区范围内推广应用先进适用农业科技,提高项目科技含量。2012年,全省土地治理项目与粮食生产功能区相结合面积29万亩,与现代农业园区相结合面积12万亩。

建设水毁工程修复项目。针对2012年强台风"海葵"给农业综合开发项目工程造成的损毁情况,筹集农业综合开发自然灾害损毁工程修复资金2018万元,其中:中央财政资金1000万元,省财政资金1000万元,市县财政资金18万元。对富阳市、桐庐县等28个受灾严重的开发县农业综合开发损毁工程进行了修复建设。

【产业化经营项目】 扶持农业龙头企业。充分利用政策性金融优势,与农业发展银行、农业银行等金融机构开展业务对接,采取财政贴息与银行贷款合作的方式,为省农业龙头企业提供贴息贷款,发挥财政贴息资金的杠杆作用。加大农产品加工和储藏保鲜等流通设施建设项目贴息资金安排力度,优先扶持农业龙头企业固定资产贷款贴息项目。

扶持农民专业合作社。通过增加投入,支持已在工商部门注册、经营状况良好、运行和管理比较规范的农民专业合作社,扶持其发展规模化、标准化种养基地和农产品产地初加工、简易储藏保鲜设施建设,促进其加强管理,规范运行,提高社会化服务水平,发挥其组织农民进入市场、发展现代农业的作用。

落实投资参股项目国有股权退出工作。做好农业综合开发投资参股项目国有股权退出的资产评估、清产核资工作,及时办理丰岛控股集团有限公司、浙江华发茶叶有限公司2011年度股权投资收益的收缴手续,落实项目国有股权退出有关事项。

【基础工作】 强化财务管理。修订《浙江省农业综合开发项目资金报账管理实施办法》,规定报账范围、制约机制、报账方式和报账程序。农业综合开发项目资金实行报账管理制度,报账范围包括中央、省以及市、县(市、区)财政资金和纳入工程资金专户管理的自筹资金,并在开发县财政局和农发办分别设立农业综合开发财政资金专户、农业综合开发工程资金专户进行管理。在报账管理中,开发县财政部门、农发办和项目单位的项目管理岗位、资金管理岗位相互分离;根据机构设置以及履行职能情况,实行不同的报账审核和资金拨付的程序和时限。报账采取直接报账的方式,并编制项目资金报账申请单和工程施工报账流程图。

推进信息化建设。做好国家农业综合开发信息管理系

农业综合开发科技推广项目草莓基地

统政府采购、合同签订、安装实施和验收,及时在全省国家开发县启用信息管理系统。组织国家开发县相关人员分两批进行信息管理系统培训,做好系统运行工作。按照国家农业综合开发办公室的要求,利用信息管理系统完成全省2011年国家农业综合开发项目统计、2012年增量资金土地治理项目实施计划、2012年自然灾害损害工程修复项目实施计划、2013年存量资金土地治理项目实施计划的审核、汇总、上报等工作。通过网络传输项目计划、统计数据,实现在网络上进行审核和查询工作。浙江省农业综合开发办公室获2012年度全国农业综合开发统计工作先进单位称号。

建立工作考评制度。制定《浙江省农业综合开发工作考评办法(试行)》,省对开发县在农业综合开发资金管理、项目管理和综合管理、廉政建设方面开展工作考评,包括资金财务、前期工作、项目评审、执行制度与计划、工程建设进度与质量、项目统计、监督检查、档案管理、宣传信息、材料报送、廉政建设等11项量化指标。考评结果作为下一年度安排项目的重要依据之一。

【项目管理】 强化项目进度管理。在确保项目建设质量的基础上,开展全省农业综合开发项目建设进度推进年活动。抓住项目实施黄金时期,建立项目建设进度月报制度、项目约谈制度,完善工作质量考核制度,及时掌握开发县项目建设进度情况,查找原因,分析难点,以"攻难点、清尾欠、建机制、强自验"为主要措施,省、市、县农发办联动,截至当年8月底,历年尾欠工程完工,2011年度项目县级自验结束。

加强项目设计招标管理。通过政府采购公开招标程序,选择21家具有水利水电行业工程设计资质的设计单位,作为全省2014至2016年农业综合开发土地治理项目工程设计服务单位,妥善解决开发县农业综合开发办公室自行招标选择项目设计单位难、设计时间紧等问题。工程设计的中介机构服务费在建安工程费的2.1%~2.8%范围内支付,最高收费标准比2011~2013年度降低1.2个百分点。

【监督检查】 进行专项检查。按照国家农发办要求,布置2009至2011年农业综合开发土地治理项目工程招投标工作专项检查。主要内容为各地土地治理项目招标投标工作制度和操作规程情况;工程施工和材料、设备采购以及工程设计与工程监理的招标情况;农业综合开发土地治理项目招投标工作接受同级政府采购管理部门的管理监督情况;招标文件的编制、招标信息的发布、投标人资格预审、评标组织、中标合同签订情况。检查采取县级农发办自查、委托市级农发办全面核查和省农发办抽查相结合的方式,抽查县的比例为全省开发县总数的20%。对检查中发现的问题及时进行整改。

开展省级验收。在县级自验的基础上,9月至12月,省农发办组成5个验收组对全省国家立项2011年度(包括以前年度未验收项目)农业综合开发土地治理和产业化经营财政补助项目开展省级验收。省级验收采取省农发办分管主任"分片包干、责任追溯"的办法,每个项目的验收任务落实到具体人员,在规定时间内完成,为国家农业综合开发办公室项目综合检查工作做好充分准备。11月底至12月上旬,国家农业综合开发办公室对浙江省2011年度农业综合开发项目建设情况开展综合检查,检查组对浙江省的工作给予充分肯定。

推进绩效评价。制定《浙江省农业综合开发项目绩效评价实施办法(试行)》,明确项目绩效评价指标和工作程序。根据新的实施办法,开展2011年度农业综合开发项目绩效评价,按照开发县财政局、农业综合开发办公室自评和省农业综合开发办公室委托中介机构评价相结合的方式进行。开发县农业综合开发办公室自评结束后,省农业综合开发办公室委托中介机构对云和县、永康市和嘉善县2011年立项的6个土地治理项目和3个产业化经营项目实施绩效评价省级抽查。通过对项目建设现场抽查及相关资料汇总、整理与分析,中介机构按项目出具绩效评价报告,其中4个土地治理项目和1个产业化经营项目指标得分95分以上,评为优秀,其余评为良好。

【宣传培训】 印发宣传工作意见。印发《关于加强农业综合开发宣传工作的意见》,确定农业综合开发宣传工作的总体要求、主要任务、宣传内容、宣传形式和工作措施,明确省对开发县实行农业综合开发宣传工作的量化考核要求。

建立《中国农业综合开发》杂志浙江省通联站。省和各市农业综合开发办公室等部门的10位同志成为通联站通讯员,同年浙江省农业综合开发办公室被评为《中国农业综合开发》杂志先进通联单位。

制作电视宣传片。4月至8月份,会同省农业厅宣传站开展农业综合开发成果展示电视宣传片《大地的嬗变》。深入嘉兴市、桐乡市、绍兴市、绍兴县、舟山市、武义县、缙云县等开发县项目区实地,拍摄各地5年来工作经验、管理特色、建设成效、项目亮点以及社会反响,电视宣传片分送有关单位,并获国家农业综合开发综合检查组肯定。

注重日常宣传。结合财税文化建设,做好农业综合开发政策的事前宣传和申报结果的及时宣传,强化农业综合开发项目成果展示。在省财政厅门户网站发布2013年度浙江省农业综合开发项目申报指南等政策，公示2012年度农业综合开发产业化经营项目安排情况。编发浙江农业综合开发简报8期、工作动态2期，并向《中国农业综合开发》杂志、财政信息等报送材料。

举办业务培训班。根据浙江省农业农村形势和财政工作要求，对全省各市、县（市、区）农业综合开发办公室主任、项目管理人员、财务管理人员等280余人进行业务培训。

（浙江省农业综合开发办公室供稿　方优良执笔）

政府采购（控购）监督管理

【概况】 2012年，浙江省继续推进政府采购制度改革，创新和完善政府采购管理，开展全省公务用车专项治理、深化GPA*谈判应对研究。全年全省政府采购规模835亿元，比上年增长7.4%，分别占当年公共财政预算支出和全省GDP的20.4%和2.4%。

【完善制度建设】 制定《浙江省政府采购供应商质疑处理办法》，规范质疑处理程序，保护质疑双方及其他当事人的合法利益。研究拟定《浙江省政府采购评审现场监督管理暂行办法》和《浙江省政府采购合同履约监管办法》，规范政府采购现场管理以及采购单位履约管理和验收职责。借鉴广东、深圳和海南等地先进经验，对《浙江省实施〈政府采购法〉办法》（初稿）进行修订完善，重点对县级集中采购、工程政府采购、电子化政府采购、分散采购管理、非招标采购方式管理以及法律责任等当前制度缺失的领域进行补充和细化。

【加强业务监管】 加大对政府采购进口产品审批的管理力度。建立和实施全省统一专家论证制度，将列入统一论证的产品由医疗设备扩大至教学科研和环保仪器三大类，通过专家论证的产品类别以清单的形式向全省发布。

建立对民生项目和重大采购项目的联系机制。对全省中小学义务教育教科书、“书香校园工程”*、“农远工程”*和温州医科大学附属第一医院新院区医疗设备等一批重大民生项目建立专人联系制度，采购前、中、后全程参与指导、服务和监督，并对温一医院新院区医疗设备等杭外单位的采购项目，首次实行异地抽取专家和异地开评标。

加强协议供货产品动态监控和供应商日常监管。完善协议供货产品全省联动采购及运行机制，简化招标采购入围程序，减并标项，使入围产品适度集中，倡导市场主流机型和普通成熟机型。探索大卖场采购机制，研究提出大卖场模式下的采购方案。对计算机、打印机等8类通用办公设备引入“中关村电子产品价格指数”，采用中关村市场在售机型投标，通过多种方式，推动协议供货价格回归市场。联合省政府采购中心开展协议供货产品的质量、服务、价格问题专项调查，向省本级30多个部门和20多所省属高校发出调查问卷，同时要求供应商进行自查。处理价格虚高供应商7家，累计下架产品43款，下调价格产品39款，平均下调率为14.5%，同时对表现良好、诚信经营的5家供应商进行通报表彰和诚信加分。

会同省卫生厅做好第二十五届医展会工作。医展会期间有300多家国内外供应商参展，达成政府采购合同意向书3117份，最终成交金额超过5亿元人民币，比上届医展会增长16.0%。

加强政府采购代理机构管理。全年认定政府采购代理机构资格54家，对上年全省政府代理机构考核结果组织“回头看”，对不合格单位的整改情况组织复查验收，整改合格8家。对违规操作的2家代理机构发出《政府采购监督意见书》，进行通报批评和处理。举办政府采购代理机构业务培训班，累计培训从业人员1200人次。

查处投诉、举报等各类案件。全省和省本级当年处理政府采购供应商投诉案件分别为56起和14起。省本级处理各类人民来信和举报等案件60余件；向采购单位、采购代理机构，发出政府采购监督意见书5份；对提供虚假资料谋取中标的3家供应商作出行政处罚并禁止其参加政府采购活动。

【推进信息化建设】 重新设计和改造政府采购内网系统业务流程，形成环环相扣的权力运行监控流程，实现与预算管理系统、国库集中支付系统、政府采购外网系统数据的实时交换，形成采购预算编制、预算执行、信息公告、文件备案、国库集中支付为链条的封闭运行系统。当年组织省级部门1000多人进行政府采购信息系统内网培训。新管理系统已在省本级800多家单位全面实施，并在湖州、舟山等地试点。

【发挥政策导向作用】 政府采购支持中小企业信用融资。6月，制定《浙江省政府采购支持中小企业信用融资试点办法》，以政府采购合同为基础，促成试点银行向省内中小企业供应商提供优惠利率的政府采购信用融资。8月，由省财政厅与首批6家试点金融机构签订《合作框架协议》，正式进入实质性操作阶段。截至12月底，已有近百家中小企业与试点银行达成合作意向，其中27家中小企业获得各试点银行授信额度计1.88亿元。

农家乐进入省级会议、培训定点范围。4月，首次将11家杭州市区的农家乐(茶楼)纳入省级会议、培训定点范围，鼓励省级采购单位将小型会议、培训安排在符合条件的“农家乐”举办，同时加强对会期、开支范围和支付方式的审核管理。

制定政府采购支持中小企业发展的其他相关措施。规定通用性强、标准或规格较为统一、预算金额不超过300万元的政府采购项目，一般应专门面向中小企业采购；对预算金额在50万元以下的省级政府采购项目，“定向”向中小企业采购；推行供应商网上报名和资格预审，免收或减半收取采购文件工本费。

建设政府采购诚信体系。推进以供应商库、商品服务库、评审专家库为主要内容和载体的政府采购诚信体系建设。截至当年底，供应商库正式供应商8440家、临时供应商17136家；商品库累计入库商品64180种；评审专家库正式专家1899名，临时专家6710名。研究起草规范政府采购供应商资格设定及加强中标(成交)供应商资格审查等有关规定，同时推动供应商网上报名资格预审和中标成交供应商资格后审制度落地。推进政府采购供应商诚信档案建设，完成对22家供应商的诚信扣分及5家供应商诚信加分工作。

【考核集中采购机构】 制定《浙江省2010~2011年度集中采购机构考核方案》，会同纪委、审计等部门对全省95家集中采购机构2010~2011年工作进行考核，其中省财政厅直接组织对14家省市级以上集中采购机构考核工作。结合政府采购当事人评价，同级监察、审计、财政部门的评价意见，以及网上公开征集的社会评价建议，评选出综合考核优胜单位34家、单项先进单位24家，并对各市县先进经验和创新措施及存在问题进行通报。

【公车治理】 制定《浙江省党政机关违规公务用车处理办法》，借助信息化手段，做好全省违规车辆的认定、处置审核审批以及信息统计等工作。拟定并报省委办公厅、省政府办公厅出台《浙江省党政机关公务用车配备使用管理办法》。制定《关于重新核定党政机关公务用车编制数的通知》，明确全省党政机关公务用车配备标准，对各级党政机关公务用车编制进行重新核定，核减后的全省公务用车编制比原编制下降11.0%，比实有车辆数下降4.5%。会同监察、审计等部门，对35个省级部门和4个地市开展公务用车治理情况重点检查，检查覆盖面超过30%。开发建设公务用车控购管理系统，建成与政府采购信息管理等系统相衔接的全省各级行政事业单位公务用车控购网上申办、动态监控的管控体系。

【GPA*研究工作】 按照财政部部署，组织协调省有关部门及东部地区各省市开展出价研究及制定配套改革措施。完成浙江省加入GPA第四次修改出价建议报告及牵头制定东部地区出价策略，经省政府批准后上报财政部。

【调研宣传】 重点开展政府采购立法、政府采购支持中小企业信用融资及高校政府采购管理的调研，并将调研成果转化为指导实际工作的相关制度办法或工作措施。加强政府采购宣传，当年在《中国政府采购报》《政府采购信息报》等国家级刊物上发表理论与实务报告、新闻报道10余篇。

(省财政厅政府采购监管处　冯　华执笔)

注：

*GPA：“政府采购协议”的英文缩写，是世界贸易组织(WTO)框架下的一个诸边协议，由WTO成员国自愿加入。

*书香校园工程：加强农村中小学图书馆(室)图书配备，完善学校图书馆应用管理平台建设。

*农远工程：农村中小学现代远程教育工程。

财政政策法规

【推动地方财政立法】 组织开展《浙江省实施〈政府采购法〉办法》立法调研工作，配合省法制办开展相关工作，将该办法申报为2013年省政府规章二类立法项目。

【开展立法后评估】 通过发放调查问卷、座谈会、走访企业的形式，掌握基层财政部门和企业在《财政违法行为处罚处分条例》颁布后的实施情况，征求立法工作方面的意见、建议。

【管理行政规范性文件】 开展财政行政规范性文件审核、会签和报送备案工作，纠正行政规范性文件起草中存在的法律问题，提出针对性修改意见，并按规定报送省法制办备案。开展省政府及省政府办公厅印发的涉及财政职能的行政规范性文件清理工作，将清理结果予以公布。

【开展普法主题活动】 组织开展浙江“法治宣传月”和“12.4”全国法制宣传日宣传活动，在全省财政系统中发放《财政普法法规知识小读本》13000册、《浙江省财政支农惠农政策读本》5000册；组织参加领导干部年度学法用法“网上作业”活动，提交学法用法体会文章。

全省财政地税系统反腐倡廉建设工作会议现场

【开展财政“六五”普法知识竞赛】 通过动员部署、发布通知、组织宣传、加强激励等措施，组织财政干部、财会人员及社会公众参加财政“六五”普法知识竞赛。截至2012年9月30日，全省256544人通过网络参加竞赛。

【开展法制培训】 组织全省财政法制骨干培训班，全省市县财政部门法制骨干及财政厅机关普法联络员集中学习《财政部门监督办法》《政府采购法》等财政法律法规。

【规范行政执法】 对财政厅机关及其所属参公单位开展依法行政考核，并将考核结果纳入厅机关目标责任制考核。在财政系统中组织开展财政行政许可案卷和行政处罚案卷评查工作。依法办理行政复议和行政复议答复案件6起；会签行政处罚、处理、信访文件100多件。

【提供法律服务】 在政府采购、会计管理、信息公开、行政复议和诉讼等方面提供法律专业服务100多人（次）。通过实地观摩、座谈和个案交流，指导基层财政部门开展法制工作和办理疑难案件。 （省财政厅法规处供稿 王新江执笔）

财政纪检监察

【廉政风险防控示范点建设】 制定《浙江省财政厅廉政风险防控工作示范点建设实施方案》，经财政厅厅长办公会议研究，确定社会关注度高、财政专业性强、过往资金量大、服务对象众多的省财政厅采购监管处、省农业综合开发办公室、农审中心、预算项目审核中心等4家部门（单位）为省财政厅内部廉政风险防控示范点，进行重点规范建设。召开示范点建设动员部署会，4家示范单位分管厅领导参会并在会上作表态发言。开展实地调研指导，共同分析示范单位廉政风险易发多发的关键环节和表现形式，并要求示范单位先行先试，大胆创新。挖掘示范点建设的亮点工作，将岗位情景教育、岗位风险控制、加强预警分析、推进“数字财政”、完善有效管用制度等方面的工作经验在系统内进行推广，以点带面，统筹推进财政部门廉政风险防控管理。

【创新廉政教育方式】 落实《关于加强领导干部反腐倡廉教育的意见》，在依托内网平台开展日常教育的基础上，围绕“预防职务犯罪”主题，创新教育方式，在全省财政系统开展岗位廉政教育情景案例征集活动。通过模拟或回放工作中可能出现或已经发生的腐败情景，把岗位廉政行为规范转化为案例和情景，生动形象，便于接受。活动得到各市、县（市、区）财政局的广泛参与，征集到情景案例96个，择优17个案例编印《浙江省财政系统岗位廉政教育优秀情景案例选编》，作为全省财政干部反腐倡廉教育读本。

【加强日常监督检查】 开展对中央和省委省政府重大决策部署在财政部门贯彻落实情况的监督检查，先后参与全省扩大内需促进经济增长、地方政府债券发行招投标等工作的监督检查，协助落实好财政部门牵头的各项监督检查任务。加强对领导班子及其成员的日常监督，向全省各地财政地税部门以及省财政厅、省地税局机关及其所属事业单位书面征求对财政厅党组及其成员在党性修养、作风建设、廉洁自律等方面的意见建议，并在党组民主生活会上进行反馈和落实。加强对选人用人环节的监督，通过参与选人用人过程、调查处理信访举报等方式，加强对领导班子成员分工、中层干部任免、重要岗位调整等进行监督，2012 年对拟提拔任用的 23 名领导干部进行廉政鉴定。

【信访核查】 做好信访举报投诉的受理、登记、核查、转办、督办、反馈和归档等工作。2012 年 12 月，会同厅人事部门下发《关于规范省财政厅工作人员在外兼职行为的暂行办法》，对违反规定的 4 名干部提出相关处理建议。

【作风效能】 增强服务意识，健全领导干部蹲点调研、联系基层、结对共建等制度，财政厅领导班子成员围绕省委省政府决策部署和财政改革发展重要任务，带队开展“进村入企”大走访活动，广泛听取基层意见建议。集中走访期间，走访农户 87 家，收集到走访对象反映的问题和困难 97 项，协调或帮助解决 26 项。同时，把加快行政审批效率作为提升机关效能建设的重点，制定《浙江省财政厅行政审批电子监察系统应用管理细则》，对纳入省行政审批电子监察系统的 9 项行政许可事项和 1 项非行政许可事项的行政审批过程实施同步监督，提高网上审批效率。

【加强系统指导交流】 召开全省财政地税系统党风廉政建设工作会议，先后赴丽水、绍兴等地就 2013~2017 年惩防体系建设工作思路等主题开展调研。

（省财政厅监察室供稿　杨一斐执笔）

人事·党建

【概况】 2012 年，浙江省财政厅人事处（离退休干部处）、机关党委在推进干部队伍建设、完善财政组织框架、提高培训实际效果、做好离退休干部管理和加强机关党建等方面取得成效，干部教育培训工作和人事教育统计均被财政部评为全国财政系统优秀单位。

【“三位一体”组织机构改革】 启动省财政厅财政“大监督”体系建设，以财政监督局、绩效管理处和省财政项目预算审核中心为基础，组建新的财政监督局，实行财政监督职能、机构及人员的一体化运作，初步构建体现全过程、全覆盖、全方位特色的财政“大监督”体系。截至当年底，全省 82 个市、县（市、区）财政局按照省政府公共财政管理改革的要求设置预算局、预算执行局、财政监督局，占比 92.1%。

【干部队伍建设】 根据财政厅党组的决定，8 月份启动处级干部选拔调整工作，历时 3 个月，提拔 9 名正处级领导干部、6 名副处级领导干部、3 名调研员、5 名副调研员。正处级干部平均年龄从领 48.8 岁下降到 47.4 岁，进一步优化了处级干部年龄结构。加大年轻干部培养力度，全年选派 4 名处级干部、7 名一般干部到艰苦地区（青海）、市县政府、省重点工程、基层财税部门、省委组织部实践锻炼基地、农村等地挂职锻炼。对 9 位同志进行了岗位交流，其中处级干部 6 名，一般干部 3 名。全年招录 10 名同志到财政厅所属单位工作，其中公开招录公务员 4 名，系统选调公务员 2 名，公开招聘工作人员 3 名，安置军转干部 1 名。

【机构和编制管理】 经省编委批复同意，财政厅机关增设省级文化企业国有资产监督管理办公室，增加行政编制 6 名、处级领导职数 2 名；省道路交通事故社会救助基金管理中心获批成立，增加公益一类事业编制 6 名、处级领导职数 2 名；省注册会计师服务中心增加 1 名处级领导职数；财政厅所属事业单位清理规范方案获批，相关事业单位的名称、编制数、机构规格作了部分调整，其中，财税信息中心更名为数字财政管理中心，增加 5 名编制；农审中心增加 5 名编制，省财务开发公司增加 10 名编制；莫干山财政干部休养所明确为副处级公益二类事业单位，核定副处级领导职数 1 名。

【干部教育培训】 通过推荐和考核，更新 5 名预算编制人才库成员。建立财政监督人才库，按照人才库管理办法规定的“推荐——考试——考核”选拔步骤，确定 60 名入库人选。截至当年底，共建立专业人才库 6 个，选拔人才库成员 330 名，规划中的各大类专业人才库已全部建立。举办人才库研讨班和讲课技能培训班，发挥人才库“打造职业权威、引领队伍提升专业素养、解决实际问题”的作用。举办局长培训班，创新培训方式，采取邀请厅局领导讲课、开设“局长论坛”和厅局机关处长介绍财政地税业务等方式。举办财政干部职业道德培训示范班，推动系统内开展职业道德培训。示范班受到媒体的广泛关注，中国共产党新闻网、中国组织人事报和财政部干教中心网站进行了报道。继续开展岗位培训观摩交流和教育培训同工种评比，更新教育培训师资库，将财经院校、部分高校和 3 个国家会计学院的联系方式印发给市县区财政局，做好系统指导与服务。

【机关党建】 开展“我们的价值观”大讨论活动和征文评比表彰，并向财政部机关党委上报本厅提炼的“财政精神”表述语。做好 2010~2012 年省直机关创先争优总结和先进集体、优秀个人的推荐工作，组织网上投票推荐全国创先争优优秀共产党员。筹划、组织十八大精神的传达、学习、贯彻活动；做好厅内党员民主评议活动和基层党组织分类定级工作；贯彻《中国共产党党和国家机关基层组织工作条例》，承担财政厅党组理论学习中心组学习和民主生活会的组织工作；组织窗口岗位党员座谈会，强化服务意识，提升服务能力；关心特困党员生活，向省直机关工委申请特困党员补助。

【财税文化建设】 6月4～14日，《浙江日报》“聚焦财税文化”专栏连续报道嘉兴市财政局、松阳县财政局和余杭区财政局等10家单位财税文化建设成果。9月，全省财政地税系统运动会在绍兴市举办，来自系统13个代表队的377名运动员参加乒乓球、网球、游泳、排舞等4个项目11个小项的角逐。

【离退休干部服务】 落实政治待遇，坚持每月一次学习、通报情况及省军级文件传阅制度，及时为老干部订阅报纸和相关学习资料。落实生活待遇，按照上级各阶段出台的有关政策及时调整老干部的高龄护理补贴、医疗等相关待遇，帮助老干部解决生活上遇到的具体困难和问题。坚持走访慰问制度，全年走访慰问老干部110多人次。定人分工建立沟通热线，及时了解离退休干部近况、需求。根据老干部自身特点，组织老干部开展丰富多彩的文体活动。协助加强离退休党支部建设，发挥离退休党支部的桥梁和纽带作用，财政厅离退休党支部被省委老干部局评为“五好支部”。

（省财政厅人事处[离退休干部处]、机关党委供稿　姜伟荣执笔）

办公室工作

【信息调研】 做好各类综合文字材料的起草工作，全年撰写重要材料50余篇。拓宽信息载体，在省委、省政府、财政部的信息成绩排名保持较好水平并稳中有升，其中《浙江省积极做好“营改增”试点准备工作》等多篇信息获省以上领导批示。组织全省财政系统开展调研，形成调查报告86篇。

【政务督查】 做好省政府部门目标考核工作。完善财政厅机关目标考核办法，将所属有关事业单位纳入目标考核。完成专项督查、反馈10余次，利用督查通报等载体抓好日常督查工作，督办省领导批示件572件、办公交办件701件。做好人大代表建议、政协提案办理工作，全年承办建议、提案498件，均在规定时限内办理完毕。同时按时办结省委组织部交办的95件省第十三次党代会代表提案。

【公文管理】 执行新的《党政机关公文处理工作条例》，调整公文格式，全年收文3000余个，发文4700余个。加快财税综合办公平台建设步伐，完成市县版全面推广准备工作。举办机关档案工作培训班，制订《厅属事业单位档案工作考核暂行办法》，并对14个所属单位开展档案工作专项考核。加强保密教育，举办保密专题讲座，并开展保密自查。

【宣传信访】 开展财政新闻宣传，在中央和省内多家主要媒体上刊发60多篇新闻宣传稿件。围绕“阳光工程”活动和浙商回归、总部经济发展等重点工作，加强专题策划，组织和配合主流媒体宣传报道。针对“过头税”等涉财网络舆情，及时召开媒体通气会，正确引导社会舆论。通过门户网站等载体主动公开财政信息171条，依申请公开财政信息15件。制定财政厅机关《12366管理暂行办法》，确保12366工作规范化和常态化。制定《厅领导定期接访和组织干部下访实施办法》，规范信访工作办理程序，接待上访群众36批次54人次，办理群众来信、“厅长信箱”、“省长信箱”转办件等信访件246件，办理信访复查1件。

【加强财务资产管理】 编实、编细、编准预算，按要求平稳公开财政厅机关部门预算，做好“三公”经费公开相关准备工作。修订机关财务管理考核指标，强化会计核算和财务分析，加强所属事业单位财务管理，提高财政资金使用效益。以绩效工资改革为契机，规范所属事业单位经费使用管理，做好经营责任制考核工作，提高财务管理水平。落实固定资产采购制度，做好日常办公用品的领用和管理工作。完善计算机等电子设备的报废流程，分类做好存储介质的处理。优化办公大楼装修设计，合理利用原有装修，控制工程投资，加强和规范建设工程管理，主楼西侧票据业务用房及地下车库项目主体结构通过结构验收，进入二次装修施工阶段；机关大楼整体维修节能改造工程外墙、室内装修和空调等设备安装工程完工。

【后勤服务】 抓好节假日、重要活动期间的安全保卫工作，做好机关会议日常服务工作，提供会议服务1700多次。抓好车辆管理和调度，确保公务需要和行车安全。改进接待工作，打造人文接待、特色接待、节俭接待，切实做好各项后勤保障工作。

（办公室供稿　汤建新执笔）

企事业单位概况

浙江省财务开发公司

【概况】 2012年,公司围绕组建省金融控股公司、打造省级金融投资管理平台的中心任务,把握发展机遇,加快战略转型,全年实现利润5.45亿元。

【组建省金融控股公司】 省金融控股公司作为省政府的金融投资管理平台,主要开展金融类股权投资、政府性股权投资基金管理与资产管理等业务,注册资本120亿元,下属省中小企业再担保公司、省创投引导基金、省海洋产业投资基金、浙江金控投资公司、省金融市场投资公司、财通证券、浙商银行、义乌农村商业银行、定海农村商业银行、万向信托等10家全资、控股和参股单位。公司成立大会于2012年9月19日举行,时任省委副书记、省长夏宝龙到会揭牌。公司按照国有企业管理的相关法律法规和组织程序,建立公司党委、董事会、监事会,明确5个内设部门,制订各项议事规则,初步构建公司法人治理结构。

【打造省再担保体系和股权交易市场体系】 扩大省再担保体系规模。公司贯彻“增信、分险、规范、引领”的政策目标,在严格风险管控的基础上稳步扩大业务规模。省再担保体系规模扩大至27家,直接再担保项目1532笔,累计再担保额45亿元,体系内担保机构累计担保额177亿元。构建股权交易市场体系。根据省政府要求,与相关单位共同组建省金融市场投资公司,作为股权交易市场投资管理主平台,设立浙江股权交易中心,参与浙江产权交易所改组,初步构建“1+X”股权交易市场体系。时任省委书记赵洪祝与省委副书记、省长夏宝龙出席浙江股权交易中心揭牌仪式并为市场启动鸣锣。

【做好政府性基金管理工作】 增强省引导基金投资导向性。以提升初创期项目投资比例和发展特色基金为重点,进一步增强省引导基金投资导向性,带动各类社会资本支持创投产业发展。截至2012年底已阶段参股10只基金,总规模36亿元,各参股基金投资项目66个,联合社会资本投资总金额近50亿元。省引导基金连续第二年获得全国“十佳政府引导基金管理团队”称号,其运作成效被省政府作为工作重点成果上报国务院。省海洋产业投资基金正式运营。按照海洋经济发展示范区、舟山群岛新区发展规划,设立10亿元规模的省海洋产业投资基金,成立省海洋产业投资公司作为基金经营运作主体,同时组建浙江金控投资管理公司作为基金受托管理机构,基金的首个投资项目金塘岛南部港口项目已启动。东方星空文化产业基金获得良好收益。做好参股的东方星空文化产业基金管理工作,基金投资的华数传媒在深交所挂牌上市。

【加强各类国有股权管理】 重点做好各类金融股权管理。推动浙商银行定向增发方案在股东大会审议通过,进一步稳固了公司的国有大股东地位,为该行实现上市创造条件。如期完成义乌、定海两家农村合作银行转为农村商业银行的改制工作。配合做好财通证券下属子公司永安期货上市相关准备工作。做好其他项目股权管理。履行参控股单位的国有股东职责,择机退出温州房地产股权,从而全面完成“退出竞争性领域”的工作任务。成功挂牌转让丰岛控股、华发茶业两个农业综合开发项目股权。注册成立浙江金溪服务管理公司,整合优质资源,提升内外部服务管理的整体能力。

(省财务开发公司供稿 尤敏强执笔)

财税政策研究

【服务财政中心工作】 组织召开“财政改革与发展座谈会”。围绕财政厅党组确定的会议主题开展调研,组织会议交流材料43份。座谈会上钱巨炎厅长作了题为《夯实基础 深化改革 全力开创财税事业新局面》的主旨发言。会议以强化“三个抓手”(体制、盘子、班子)、立足“三基”建设(基层、基础、基本)和本着“三公”要求(公开、公平、公正)为主题,全方位诠释和解读在严峻复杂的经济形势下强化收支管理、深化管理改革的新理念、新思路和新举措。此次会议与宣传解读新一轮财政体制相结合,助力新体制的贯彻落实;会议形式有所创新,与会人员从原来的部分市县扩大到全省所有市县。会议的召开有助于提升浙江省财税管理的科学化水平,助推全省经济财政“稳中求进、转中求好”。

参与或开展重点工作调研。参与省政府“改善发展环境”和“走村入企”活动;参与省环保厅牵头的省直第三服务小组赴温州的双服务活动;参与厅领导年度工作思路调研,配合牵头处室完成调研报告的撰写。开展难点问题调研,剖析解读财税工作中的难点问题,供领导决策参考。研究乡镇政府性债务问题，赴建德蹲点调研，撰写《关于建德市乡镇政府性债务情况的调研报告》。针对财政支出进度问题，走访相关业务处室和预算单位，撰写《关于预算执行进度管理的调研分析》。参与数字财政建设规划编制工作，参与起草《浙江省数字财政建设总体规划》，完成《数据仓库建设：宏观经济资料年鉴部分》的编制工作。配合社保处完成陈加元副省长牵头的"我省大社保体系建设"的财政子课题，撰写《浙江省大社保体系建设财政政策研究》。配合总预算局承担省委组织的社会形势分析报告，撰写《2012年上半年浙江省民生财政投入分析报告》。开展科研业务合作，联合省地税局科研处撰写《浙江与江苏经济财税比较分析》；联合绩效管理处，撰写《浙江省绩效管理改革的实践与探索》。

分析财经形势。重点对比分析浙江省与江苏省的财政运行态势，分别完成《浙江省与江苏省地方税收收入差距比较分析》《我省与江苏地方小税种比较分析》《我省与江苏固定资产投资对地方税收收入影响比较分析》《浙江省与江苏省地方金融发展比较研究》等系列研究报告。完成《政策性支出对我省财政支出盘子的影响分析》和《对财政收入与GDP增长不同步的宏观思考》，供领导决策参考。完成《"营改增"改革对浙江地方财政收入的影响分析》，为改革的顺利推行提供参考。

做好课题研究。《促进居民收入分配结构调整的财税政策研究》被立项为省科技厅重点软科学研究项目。课题《现行分税制财政体制对发达地区财政影响分析》在全省财政系统行政课题评审中获一等奖。完成《促进浙江地方金融发展的财税对策研究》课题，研究如何更有效地发挥财政在推进地方金融业发展中的作用。

做好厅陈列室布展工作。当年6月省财政厅发文成立由钱巨炎厅长任主任的厅陈列室布展筹备委员会，筹委会办公室设在政研室。筹委会成立后，着手起草陈列室布展大纲、确定设计方案，收集各类资料，做好筹委会办公室各项日常工作。先后走访老同志约计80余人次，并作录音；征集图片200多帧，其中大量为新中国建立初期财政厅的老照片；征集到部分反映财政历史的实物和大量历史资料，为布展工作打下扎实基础。

【编辑各类刊物】 发挥《浙江财税与会计》杂志宣传"喉舌"作用。围绕财税中心工作，宣传各项财税政策、重大财税改革和财政厅党组中心工作及其重要理念，重点宣传报道全省财政地税工作会议、全省财政地税局长座谈会、浙江省财政改革与发展座谈会等30余次会议和活动内容。重点关注浙江省财税改革热点和社会经济热点，组织宣传近20个专题内容。通过"本刊报道""政策释疑""政策法规"等栏目，加强最新财税政策宣传。做好杂志赠阅发行工作。根据需要，有计划、有步骤、有针对性地适当扩大赠阅范围。

办好《浙江财政研究》。围绕财政改革与发展中"三基五财""营改增"改革等主题开展稿件的征集和筛选，全年出刊6期。

编好《浙江财税参阅》。围绕财经热点问题，搭建理论平台，为领导和相关业务部门提供决策参考，全年编辑20期。

【做好年鉴和史志编纂工作】 完成《浙江财政年鉴》2012卷编纂任务。年鉴2012卷记载2011年全省财政改革和发展情况，全卷分八篇和附录计九部分，110万字。根据年鉴数字化要求，继续制作集文字、图片、表格、视频为一体的全文本检索数据库电子光盘随书赠送。

为《浙江年鉴》和《中国财政年鉴》供稿。撰写《浙江年鉴》和《中国财政年鉴》2012卷"浙江省财政工作"内容。《中国财政年鉴》2011卷的"浙江财政工作"一文被中国财政杂志社评为三等奖，《浙江财政年鉴》2011卷在中国出版协会举办的第六届全国年鉴编校质量评比活动中获一等奖。

开展《浙江通志·财政卷》编纂工作。拟订《财政卷》编纂工作方案，成立由钱巨炎厅长为主任的编纂委员会，编委会下设编辑部，金慧群副厅长为《财政卷》主编。由编辑部起草，经各业务处室反复修改的《浙江通志·财政卷》编纂篇目，通过省方志办专家、省有关院校财政学教授的专业论证。《财政卷》编辑部获《浙江通志》创优工程2012年度编纂工作先进单位。

全省财政改革与发展座谈会

核校《浙江省政府志》。对《政府志》中涉及财政工作的内容进行核校，查找原始资料，核对数据，对数据疑问之处重新演算，并提出相关建议。（省财政厅政研室供稿　盛滢婷执笔）

数字财政建设

【概况】 2012年，浙江省财政信息化建设工作以数字财政建设为重点，编制完成《浙江数字财政建设总体规划》，开展重点项目试点工作。按照《浙江省金财工程建设三年规划（2010~2012年）》要求，继续完善和推广金财工程一体化软件，加强信息安全和数据中心建设，确保全省三级网络的安全和畅通。

【成立数字财政建设管理机构】 为推进数字财政建设，经省编委批准，省财税信息中心更名为省数字财政管理中心，各市县区相应成立数字财政建设管理机构。成立浙江省数字财政建设领导小组，领导小组下设办公室，负责数字财政建设工作。

【编制完成数字财政建设总体规划】 《浙江数字财政建设总体规划》的编写工作历经市县调研、预算单位调研、市县财政部门座谈、编写小组集中讨论编写等几个阶段，于当年8月初形成讨论稿，提交省数字财政建设领导小组审定，12月形成终稿下发各地财政部门贯彻落实。《浙江数字财政建设总体规划》是浙江省数字财政建设的顶层设计，主要包括数字财政内涵及意义、总体目标和原则、建设任务等七项内容，同时就具体任务架构、业务规范、技术应用、推进计划、保障措施等作了详尽阐述。

【推进数字财政建设“五个一”示范工程】 按照数字财政建设总体规划，加快业务梳理和软件开发进度，按期推进数字财政一个乡镇、一个部门、一个项目、一个移动平台、一项动态监控示范工程（简称“五个一”示范工程），实现乡镇公共财政服务平台高效运转、部门应用服务平台互动良好、项目预算全过程动态管理、支出动态监控直观展现。

*乡镇公共财政服务平台系统。*以开化县为试点，通过对公安、社保、卫生、民政、农业、计生、残联等部门的信息整合，实现财政资金补助信息的实时采集和公共财政服务平台数据大集中；通过梳理财政补助资金发放流程和项目资金的管理制度，实现乡镇对财政资金的就地监管；通过部门联席会议制度的协调和系统改造，实现财政资金的“一卡通”发放。截至2012年底，开化县36万人口的基础信息全部进入系统，发放16万张“一卡通”，通过系统发放财政资金8462万元，涉及业务部门7个，惠及城乡居民10万余人。

*预算单位应用平台系统。*以省卫生厅为试点，形成以预算单位门户和卫生类预算数据分析利用为核心的预算单位服务体系，提供政策法规、邮件收发、拨款进度、指标收回、财政业务办理等“一户式”服务，从卫生厅收集医疗机构数据和卫生项目数据，为财政部门提供详细直观的决策分析依据。

*财政移动工作平台建设。*以厅本级为试点，于2012年7月启动平台建设，10月交付第一个版本，包括资料查询类、行政管理类、业务审批类、地理信息类、数据采集类应用，现已完成历年财政统计资料、当年财政统计资料、财政知识库、电子邮件、公文处理、电子公告、个人资料等功能开发。实现随时随地的移动办公，提高财政管理能力和工作效率。

*项目支出全过程管理系统。*以病险水库加固专项为试点，对项目从立项申报、编制审核、预算执行、监督和绩效管理等方面进行全过程管理。已完成地理坐标、主坝长度高度、最大泄洪量、总库容等水库项目的业务信息数据库录入，通过地理信息系统对项目信息进行全面分析和展示。

*财政预算执行动态监控系统。*以财政资金支付监控为试点，充分体现事前预警、事中监控、事后处理的监控功能，对关联账户支付、直接大额现金支付、非原渠道退款、零支付调整等业务进行实时预警监控，对授权支付现金违规支付、经济科目违规使用等业务采取定点监控。预制10类38条预警规则，监控结果可进行分岗位、分类型处理。

【开展一体化软件开发推广】 继续完善一体化软件的功能升级，在全省推广一体化的指标管理、用款计划、资金申拨、支付管理、非税收入、综合办公平台等软件。截至当年底，集中支付和非税收入系统覆盖全省各市县区财政局，在实现全省财政部门“纵向到底”的推广目标基础上，向各级预算单位的“横向到边”推进。区县版部门预算软件在全省完成18个市县财政局的推广应用。政府采购内网软件已完成在省财政厅、富阳市、绍兴市、临安市、瑞安市、湖州市、嵊州市等地的推广应用工作。

【保障网络安全】 根据财政部金财工程安全建设规划，在全省财政业务内网实施部署入侵检测、漏洞扫描和客户端安全监控管理系统，对全省财政系统防病毒软件、数据备份软件、数据库等实施版本升级。用虚拟化技术、数据库RAC技术、多节点应用负载均衡技术等重新构建省本级数字财政应用支撑体系。在省本级初步设计并建成财政移动办公工作平台安全接入系统。完成省本级信息系统安全等级保护风险测评、备案工作。

【启动金财一期工程验收工作】 按照财政部的要求，启动金财一期工程浙江省建设项目验收工作。制定《金财一期工程浙江省建设项目验收工作大纲》《金财一期工程浙江省建设项目归档工作方案》等指导性文件，下发《关于金财一期工程市县区建设项目验收的通知》。完成项目清理、初始资料整理等工作，组织会计师事务所和监理机构对省金财工程项目进行审计、绩效考核及监理，完成初步验收的准备工作。

【开展综合管理及培训工作】 编制并下发《浙江省财政厅业务专网终端安全管理办法》《浙江省财政系统入侵检测系统日常管理规范及操作流程》《浙江省财政系统漏洞扫描系统日常管理规范及操作流程》《数字财政软件版本管理办法》等指导性文件。举办各类培训班12期，4058人次参训。

（省财政厅数字中心供稿　王洪俊执笔）

会计人员服务工作

【概况】 2012年，省会计人员服务中心坚持以会计服务为工作主线，按照《行政许可法》的要求，依法做好会计从业资格行政许可事项的审批工作，做好各类会计考试的组织工作及高级会计人员继续教育的培训工作、教授级高级会计师及高级会计师评审材料的受理及初审工作，树立窗口单位良好形象。

【会计从业资格管理】 按照《行政许可法》《会计从业资格管理办法》具体要求，结合窗口实际工作情况，制订并落实有关规章制度，依法做好省级及中央在杭单位人员会计从业资格行政许可事项的审批工作，以及会计从业资格注册、变更、调转等日常性工作，全年累计准予行政许可813人，开展普通会计人员网络继续教育培训，累计培训4959人。根据省财政厅《关于2012年度会计从业资格考试工作有关事项的通知》要求，4月8日省级会计从业资格考试如期进行，实际参考人员346人（单科33人，全科313人）。

【会计专业技术资格考试】 根据省财政厅《关于2012年度会计专业技术资格考试工作有关事项的通知》要求，10月27日至28日省级会计专业技术资格考试如期进行，实际参考人员3430人（初级990人，中级2440人）。

【高级会计师考评结合】 根据省财政厅《关于2012年度高级会计师资格考试工作有关事项的通知》要求，组织2012年度全省高级会计师资格考试工作，全省1827名报考人员参加考试，合格646人。按照省财政厅《关于开展2012年度教授级高级会计师资格评审工作的通知》要求，受理全省计20人的教授级高级会计师申报材料。按照省财政厅《关于开展2012年度高级会计师资格评审工作的通知》要求，受理并初审省级单位和驻浙机构172人的高级会计师申报材料。

【高级会计人员继续教育培训】 全年举办高级会计师培训班14期，其中在杭举办4期，在北京、上海、厦门三个国家会计学院组织7期，与中国财经报、舟山市、杭州市联合举办3期，参加培训人员计4584人，比上年增加604人，增长15.0%。讲授课程涉及企业投融资决策与风险管理、营业税改增值税热点问题探讨、重组对合并报表的影响及案例分析、小企业新会计准则、当期宏观经济分析等诸多领域。

（省财政厅会服中心供稿　沈幼华执笔）

财政干部教育

【财政支农政策培训】 2012年全省完成财政支农政策培训28325人次，完成率142%。总结表彰首轮财政支农政策培训工作及其先进单位，财政支农政策培训工作由三年一轮转为每年开展的常态化培训，培训对象在原行政村报账员、村账乡（镇）代理中心财务人员的基础上扩展到行政村干部、大学生村官、村经济合作社和农民专业合作社、农业龙头企业负责人和财务人员。修订《浙江省财政支农惠农政策解答》，全年累计免费发放34870册，用于全省财政支农政策培训及教学研究指导。做好财政部总校开展的全国财政支农政策培训课件征集参评工作，浙江省选送的《浙江省财政支农惠农政策解答教学课件》获一等奖，《农民专业合作社会计制度》培训课件获优秀奖。组织开展"浙江省财政支农政策知识竞赛"活动，全省参赛人数24万余人。

【干部教育培训】 全年完成财政厅机关培训办班31个45期，培训财政干部5137人次，修订完善与人事处联合印发的《厅机关处室局培训工作量化考核表》，落实办班制度，改变考勤方式，向每个办班处室及时反馈培训班情况，整理培训班录音，发挥培训资源效用。指导各级函授站开展以会计人员继续教育为重点的各类会计培训，至当年底，财税系统干部在职培训17311人次，会计人员继续教育培训197335人次，会计电算化培训14899人次，会计职称辅导4081人次，会计从业资格辅导10751人次。为各地提供《企业研发费用的会计税务处理》教学课件，全省近6万人在会计人员继续教育中受益。

宣传财税政策

【学历教育】 全年累计录取大专新生1022人、中专新生647人；当年，在校大专生3062人、在校中专生1034人；全年大专毕业1683人、中专毕业1399人。做好招生宣传，创新办学模式，将省中华函校的学历教育与财政支农政策培训结合起来，稳定学历教育规模；组织有关教师修订评审并出版《会计核算实务》、《企业内部控制》教材。

【财政教育培训网站管理应用】 维护培训网站，全年更新财经法规、学历教育、干部培训、理论探索等19个栏目相关内容，为财税干部、财会人员和财政支农政策培训对象构建学习交流平台，其中登载文章161篇，登载综合信息、财经信息91则、理论文章82篇，有关财政支农政策培训、干部教育培训、学历教育等工作信息344则，学历教育教学计划、教材征订、教学指导、复习提要、综合练习等14则。截至当年底，网站点击量5098145人次。完成由财政厅数字中心接管浙江省财政教育培训网的设备更新维护与技术保障的托管工作。

（省财政厅干教中心供稿　潘敏华执笔）

道路交通事故社会救助基金管理

【概况】 2012年2月，浙江省机构编制委员会批准组建浙江省道路交通事故社会救助基金管理中心（以下简称“省中心”），为省财政厅所属从事公益服务的公益一类事业单位，机构规格相当于县处级。2012年，省中心人员陆续到位，救助基金管理各项工作有序开展。截至当年底，全省14个市、县（市）成立救助基金管理机构，20个市、县（市）设立救助基金特设专户。

【制度建设】 规范救助基金会计核算，出台《浙江省道路交通事故社会救助基金会计核算暂行办法》，对救助基金会计科目、使用说明和财务报表编制等内容作了具体规定。草拟《浙江省道路交通事故社会救助基金管理操作规程（试行）》，拓展细化救助基金的具体实施流程，指导全省救助基金的申请、审核、垫付及追偿等工作。

【完善内部管理】 加强内部制度建设，制定《浙江省道路交通事故社会救助基金管理中心章程（试行）》，对省中心的业务范围、组织机构及职责、财务与资产管理、终止与剩余财产处理等方面予以细化规定。与上海、重庆、湖南、江西等兄弟省市交流调研，学习兄弟省市在救助基金管理工作中的先进做法和成功经验。

【推动市县设立机构】 推动市、县（市）救助基金管理机构的设立，全方位指导各地区救助基金管理工作的开展。召开全省救助基金管理培训工作会议，明确省、市、县（市）均应设立具有独立法人资格的救助基金管理机构，履行救助基金管理职责，并对救助基金相关文件进行制度解读。

【基金运行情况】 全省救助基金运行平稳良好。2010年至2012年，省中心从交强险保险费提取资金中筹集救助基金3.20亿元，救助基金孳息999万元。2012年12月，省财政将交强险营业税用于统筹的补助资金计2.10亿元预拨给各市、县（市），要求尽快设立救助基金管理机构，开设救助基金特设专户，明确工作职责和流程，发挥资金使用效益。

（省道交中心供稿　徐晨晨执笔）

协会学会活动

注册会计师　资产评估行业管理

【概况】 2012年，浙江省注册会计师协会（以下简称省注协）以注册会计师、资产评估行业为浙江经济社会发展提供专业服务为宗旨，开展对外协调，反映行业诉求，推进注册会计师行业“信息化建设年”活动，按照“对外为会员提供优质、高效服务，对内为员工创造良好发展条件”的工作理念，做好日常服务与管理工作，注册会计师行业规模逐步壮大，执业质量和职业道德水平稳步提升。至当年底，全省会计师事务所计374家，注册会计师4896名，资产评估机构计151家，注册资产评估师1607名。

【推进行业信息化建设】 2012年是全行业“信息化建设年”，省注协为此成立行业信息化建设领导小组。组织召开事务所信息化座谈会，了解掌握当前会计师事务所信息化建设，特别是中小所审计软件和管理软件的使用情况，摸清事务所信息化建设方面的需求与困惑。结合省内五十强排名工作，组织调研，了解浙江省中小会计师事务所信息化建设现状，为中小所推荐与开发审计软件积累经验。

【组织开展会计师事务所综合评价】 制定《浙江省会计师事务所综合评价暂行办法》，参照中注协全国百强所排名做法，对全省会计师事务所开展综合评价。制定核查工作手册，抽调25名检查人员，对事务所填报的信息进行核查，完成综合评价信息的审核和编制工作，并在协会网站和刊物上公布了综合评价得分前50家事务所信息。通过综合评价及其排序，引导事务所和从业人员找准定位、找出差距、找到方向，推动行业实现跨越式发展。

【推动事业单位审计试点】 协助浙江省财政厅开展省级事业单位年度财务会计报表和部门决算报表审计试点工作。根据事业单位审计工作的具体内容和要求，召集部分行业专家，在借鉴兄弟省市经验的基础上，制订浙江省事业单位审计工作底稿初稿。同时根据2012年审计业务开展情况和新颁布的《医院财务报表制度》，修改完善事业单位审计工作底稿，统一规范审计报告和专项报告的格式和内容，以此规范和提高浙江省事业单位审计质量。

【依法做好行业日常管理】 做好注册会计师、注册资产评估师年检工作。当年全省有4564名注册会计师通过年检，21名注册会计师申请撤销注册，2名注册会计师死亡，107名注册会计师暂缓年检。1518名注册资产评估师通过年检，1名注册资产评估师死亡；6名注册资产评估师未通过年检，37名注册资产评估师暂缓通过年检。

依法办理注册会计师、注册资产评估师的注册、转所工作。批准注册会计师注册278名，办理注册资产评估师的注册初审及转报66名。为372名注册会计师、64名注册资产评估师办理了注册关系转移手续。依法及时注销注册会计师52名，上报中评协撤销注册资产评估师17名。

【强化行业日常监管】 组织开展执业质量检查，坚持事务所质量控制体系检查与业务项目检查并重，以质量控制体系检查结果指导业务项目检查，以业务项目检查结果支持质量控制体系检查的结论。全年抽调69名检查人员对82家会计师事务所和29家评估机构进行检查，对4家存在严重执业质量

省注协与台湾台中市会计师公会参访团开展业务交流活动

问题的会计师事务所和涉及的8名注册会计师，给予行业内通报批评的惩戒；对2家存在执业质量问题的会计师事务所给予训戒的惩戒；对6名注册会计师，给予训戒的惩戒。同时对典型事实和案例进行梳理、总结，通过举办专题培训班的形式促进行业执业水平的共同提升。

【组织执业资格考试和培训】 组织2012年度注册会计师考试工作。首次实施注册会计师考试电算化，专业阶段考试期间，省市两级考办均设立值班室，负责处理考试期间的突发事件和异常情况，省考办派出6个巡考组到每个考区检查考试实施情况。全省31740人报考注册会计师专业阶段考试，合计80615科次，923人报考注册会计师综合阶段考试，89人报考注册会计师英语测试，34人报考行业领军人才选拔测试。2012年度全省885人报考注册资产评估师执业资格考试，合计2942科次。

举办注册会计师继续教育面授培训班5类计23期、中注协远程教育培训班1期、会计师事务所内部培训班7期、行业领军（后备）人才赴澳大利亚培训班1期，组织参加中注协组织的注册会计师继续教育培训班约720人次，培训会计师事务所业务助理人员501人次，注册会计师后续教育培训5077人次，组织注册资产评估师继续教育培训1543人次。

【推进行业党建、团建工作】 对204个事务所党组织开展调查摸底和分类定级工作，其中187个所的党组织被评为“优秀”和“较好”党组织。经过整改提升后，3个“较差”党组织及时转化升级。激发行业各级党组织和党员的创先争优动力，党建工作科学化水平得到提升。

开展行业团建工作。2012年8月成立省注册会计师行业团委。开展一系列有益于行业青年和行业发展的工作。组织球队参加省财政地税系统“三人制”篮球赛和青年联谊活动，关心、关爱行业青年成长，为青年人提供交流平台，促进行业和谐发展。

以“同心·知联会计师服务队”为推手，扩大行业影响力。参加省委统战部在桐庐启动的“践行‘同心’思想，助推‘两富’浙江同心·知联服务团‘双服务’”活动周，全省10家会计师事务所组成3支“同心·知联会计服务队”参加活动，赴服务点开展服务活动，为桐庐的重点企业提供上市准备事项指导及企业搬迁过程中相关税收政策的指导。

【行业宣传与服务】 提升会刊质量，发挥《浙江注册会计师》会刊宣传与交流平台作用。挑选由执业人员组成的通讯员队伍，发挥行业内通讯员的组稿和撰稿作用，丰富稿源，提升会刊的质量和影响力；开辟新栏目，增强会刊的信息量及可读性。

开展业务研讨，推进破产管理人业务相关工作。组织召开破产管理人业务研讨会，就如何做好企业破产管理人评审工作进行研讨，发挥注册会计师在破产管理人业务领域的作用。

参与协调解决执业机构内部矛盾，通过内部治理小组成员协调、到事务所走访等沟通方式，维护执业机构和员工的合法权益。以接受法律咨询、代拟答辩要点、代理出庭应诉等方式多次为会员提供法律服务。

（省注协供稿　王　蔚执笔）

浙江省财政学会

【开展课题研究】 牵头承担“促进我国文化产业发展的财税政策研究”协作课题研究。该课题由浙江省财税政策研究室、省财政学会牵头，长春市、沈阳市财政科研所和西安市、焦作市、潍坊市财政局、财政部科研所外国财政研究室共同参与。完成《浙江省促进文化产业发展的财税政策研究》的课题分报告，并牵头完成《促进我国文化产业发展的财税政策研究》课题总报告。

落实各分会的课题研究。预算与会计研究会完成重点课题两个。在梳理浙江省财政体制变迁的基础上，完成《公共服务均等化的基础——浙江省财政体制演变与创新》。参与全国预算管理与会计研究会组织的乡镇财政管理课题研究，并完成《浙江省乡镇财政管理问题研究》课题。农村财政研究会完成《浙江省财政支农生产性资金结构分析》《促进村级集体经济发展及财政政策研究》《完善机制　规范管理　积极推进省级涉农资金整合和统筹》等课题，并分别获中国农村财政研究会优秀论文一、二、三等奖。

【举办各类学术研讨活动】 举办“预算绩效管理研究”协作课题研讨会。按照浙江省社科联“当代浙学论坛——2012学术月”活动的统一部署，在龙泉举办“预算绩效管理研究”协作课题研讨会。来自浙江大学及有关市、县（市、区）财政部门的30多位代表参加会议。

举办“地方金融发展与财政政策”学术沙龙。在浙江工业大学举办“浙江省社会科学界首届学术年会”分论坛——

"地方金融发展与财政政策"学术沙龙。来自浙江大学、浙江财经学院、浙江工业大学、杭州电子科技大学、浙江工商大学、浙江师范大学等高校和省财政厅、省地税局有关处室局的40余位代表参加。

承办华东地区第25次预算管理与会计工作座谈会。来自浙江省、上海市、江苏省、安徽省、福建省、山东省、江西省、宁波市、厦门市、青岛市、南京市预算管理与会计研究会及省财政厅预算处(局)、国库处(局)的代表参加会议。

【举办全省学会秘书长和科研骨干培训班】 来自全省各市、县(市、区)财税(会)学会的秘书长和科研骨干120余人参加了会议。会议邀请财政部科研所文宗瑜研究员和省委政策研究室郭占恒研究员分别作了"财经形势与财政政策"和"实施四大国家战略　促进浙江经济长期平稳较快发展"的学术报告。

【组织全省各县市学会开展课题研究】 加强对全省各县市学会课题研究的指导,组织各地针对热点难点问题,开展课题研究。全年全省各市县财税(会)学会完成课题111个,研究范围涉及经济转型升级、财政体制完善、财源建设、城乡统筹发展、乡镇财政建设、绩效预算、政府债务、医疗卫生改革、财政支持新农村建设、"三位一体"改革等。学会对这些课题成果进行评选,评出特别奖1篇,一等奖5篇,二等奖31篇,三等奖71篇。

组织省内部分市、县(市、区)及有关高校参与"促进文化产业发展的财政政策研究"协作课题研究,围绕浙江省文化产业的发展现状、存在的问题以及进一步推进文化产业发展的财政政策开展研究。收到相关研究成果13个。

【多渠道促进研究成果转化】 学会将获奖课题汇编成《财政改革热点问题探讨——浙江省财政课题研究成果汇编(2011)》一书,由浙江人民出版社出版发行。同时,将2011年完成的协作课题汇编成《促进居民收入分配结构调整的财税政策研究》一书,由经济科学出版社出版发行。

推荐调研成果参加评选。向中国财政学会和部科研所推荐《推进经济转型升级的财税对策研究》《发展低碳经济的财税对策研究》参与全国财政协作研究课题评奖,分获二、三等奖;推荐《浙江省促进经济转型升级的财税对策研究》《浙江财政预算编制、执行、监督"三位一体"管理模式研究》《完善政府公共预算管理改革研究——浙江省"三个子"改革的实践与思考》参与第五次全国优秀财政理论研究成果评奖,分获一、二、三等奖。推荐《完善市区财政管理体制研究》参与浙江省党政系统2011年度优秀调研成果评选获三等奖;推荐《深化省管县财政体制改革面临的难点及对策建议》参与2011年度浙江发展研究评选获二等奖。通过全国性刊物对课题研究成果及全省财政系统干部的优秀文章进行宣传,促进科研成果转化,扩大浙江财政改革与发展在全国的影响力。

【提高刊物编辑水平】 《浙江财政研究》围绕财政改革与发展中的热点和难点问题,就"三基五财"、"营改增"改革、政府债务、海洋经济、乡镇财政建设、预算绩效管理、经济转型升级等各主题开展稿件的征集和筛选,在稿件筛选过程中更加突出理论性与实践性有机结合。全年《浙江财政研究》出刊6期。

(省财政学会供稿　虞　斌执笔)

浙江省会计学会

【会计理论研究】 发挥高校优势,推进会计课题研究。主动搭建平台,促进企业和高校联手合作,开展重点课题研究,推动实务界和理论界的交流与合作。2012年立项并完成《财务指数编制研究报告》重点课题。

组织开展"会计论文"和"浙江会计文化"征文活动。收到参选论文363篇,其中"会计论文"征文283篇,"浙江会计文化"征文80篇。内容涉及会计文化、企业会计、行政事业财务与会计、审计等8个方面。经过初评、复评和终评三轮筛选,评选出一等奖7篇、二等奖16篇、三等奖25篇和鼓励奖24篇。

推荐优秀论文参加中国会计学会和南方片区评选活动。按照中国会计学会的要求,组织全省的论文推荐工作,经推荐由省财政厅会计处课题组撰写的《会计准则国际趋同背景下注册会计师行业的发展》、杭州电子科技大学郝玉贵教授撰写的《现代风险导向审计作业成本定价模型》、浙江工商大学张宜霞教授撰写的《财务报告内部控制审计收费的影响因素》等6篇论文参加了评选活动。参加中国会计学会南方片区第二十七次学术交流,在《2011年度浙江省优秀会计论文(课题)集》中选择5篇优秀论文(课题)参加交流。其中,杭州市财政会计学会的《推进企业内控体系落地研究》一文,在大会上进行学术演讲。

【会计学术活动】 举办"2012中国民营企业内部控制论

坛”。由浙江省社科联、中国会计学会主办，浙江省会计学会、浙江工商大学、中国民营企业内部控制研究中心承办的浙江省社会科学界首届学术年会分论坛之一“2012 中国民营企业内部控制论坛”于 11 月 24 日在浙江工商大学举行。来自政府部门、全省高校、大中型民营企业、中介机构的专家学者及其他代表 300 余人参加论坛。与会代表分别从政府部门、学术界和实务界的角度，阐述我国民营企业内部控制的热点、难点和前瞻性问题，并对传化集团内部控制体系的构建与实施、开元旅业集团内部控制建设、天健会计师事务所业务质量控制、浙江雅莹服装有限责任公司内部控制体系设计四个典型案例进行了交流和探讨。

组织“小企业内部控制暨财务与会计人才校企联合培养研讨会”。11 月 30 日，由浙江省会计学会、温州市会计学会和温州大学商学院联合主办的“小企业内部控制暨财务与会计人才校企联合培养研讨会”在温州大学召开。150 家中小企业财务负责人参加会议。温州大学等高校和与会代表围绕小企业内部控制、小企业融资、小企业如何实现可持续发展、内控人才培养、企业转型升级等问题进行深入探讨。随后举行教学基地授牌仪式。此次研讨会为校企合作提供了交流平台，加深与会者对小企业内部控制的了解，为小企业的可持续发展提供了新的思路。

组织召开“当前经济形势下企业如何提振发展信心”研讨会。邀请全省 20 家大中型企业负责人及财务总监、中介机构人士、高校专家学者及相关政府部门人士围绕会议主题，探讨企业面临的主要困难及背后的深层原因，并结合企业实际，就“规避风险　捕捉机遇”“企业转型升级”“财务精细化管理”“完善内部控制”等热点问题进行研讨，总结一系列优秀的财务管理经验，提出“企业发展需稳健　财务管理重细节”“经济越困难财务管理越重要”“创新理财思路　应对新经济环境”等观点和应对当前经济形势的建议、措施，对企业转型升级和财务战略创新等具有借鉴和启发意义。

组织召开“弘扬优秀会计文化推动经济社会发展研讨会”。会议邀请来自全省理论界、实务界以及会计管理部门、会计行业学会等方面的专家、学者参与座谈。与会代表围绕新时期会计文化的内涵、会计文化建设的必要性、当前会计文化建设中存在的问题及进一步完善的措施、中外企业会计文化的对比、注册会计师行业会计文化建设等内容进行深入、广泛地交流。

【会计人员继续教育】　制定培训计划。根据浙江省财政厅关于 2012 年会计人员继续教育的相关文件精神，编制《2012 年度会计人员继续教育读本》教材。与省级主管部门协调，结合实际安排《小企业会计准则》、营业税改增值税、职业道德等课程。全年累计完成省级会计人员继续教育培训 30 期 3823 人，比上年增长 10%。协助省注协举办“中小企业会计与审计业务”培训班两期，高级会计师考前辅导班一期共计 344 人；组织会计电算化考试共计 3650 人。

【提升会刊质量】　宣传会计法律法规，发挥《浙江财税与会计》杂志宣传喉舌作用。关注新政策改革的动向，围绕《会计法》《中华人民共和国注册会计师法(修正案)》《总会计师条例》《企业会计准则》等会计法规和制度，通过“政策法规”“政策释疑”“本刊报道”“业务广场”“学习与交流”等栏目，进行深入解读和宣传。针对《小企业会计准则》出台，编辑部通过组织专题探讨、刊登学习体会文章等形式，进行全方位的宣传，激发小企业会计人员的学习热情，为《小企业会计准则》2013 年 1 月 1 日在企业实施起到宣传推动作用。

关注企业转型升级，助推经济企稳回升。策划“转型升级——浙企在行动”专题，寻找省内成功转型的企业进行采访报道，挖掘其先进经验，在“理财天地”栏目中陆续刊登。先后报道巨化集团、东方集团等十家企业的先进经验。

策划民企专题，规范民企发展。组织“加强财务规范管理，谋划民营经济春天”专题，邀请来自省内 16 家大中型民营企业的财务总监从财务视角帮助民营企业规范管理，防范风险，谋划浙江省民营经济未来发展蓝图。同时结合热点问题组织“企业会计文化”等专题研讨。

积极主动，勇于创新。加强工作主动性，从过去的等稿件改为现在的提前策划稿件，从过去的编稿件发展为现在的写、编共重。创新杂志形式，栏目不断丰富。新增加“财经资讯”“观点”等栏目。编辑部主动将报道形式调整为本刊报道或记者采访，增加文章的可读性。

【完善内部管理】　健全学会工作考核激励机制。秘书处按照《省会计学会、协会工作目标考核量化评分法》对每个工作人员完成工作业绩等四个方面进行互相测评量化打分，激发学会工作人员的工作热情，推动学会发展。

（省会计学会供稿　薛文耀执笔）

市县（市、区）财政工作

zhejiang caizheng nianjian

杭州市财政工作概况

杭州市

【概况】 2012年,杭州市实现地区生产总值7803.98亿元,按可比价计算,比上年增长9.0%。其中:第一产业增加值255.93亿元,增长2.5%;第二产业增加值3626.88亿元,增长8.5%;第三产业增加值3921.17亿元,增长10.1%。三次产业结构比为3.3∶46.5∶50.2。全市按常住人口计算,人均GDP为88985元,增长8.4%。全社会固定资产投资3722.75亿元,增长20.1%;社会消费品零售总额2944.63亿元,增长15.5%;外贸进出口总额616.83亿美元,下降3.6%。市区城镇居民人均可支配收入37511元,增长10.1%;农村居民人均纯收入17017元,增长11.6%。全市完成财政总收入1627.89亿元,增长9.3%,其中,全市公共财政预算收入859.99亿元,增长9.5%,占财政总收入比重为52.8%,公共财政预算收入中的税收收入830.25亿元,占比为96.5%。全市公共财政预算支出786.28亿元,增长5.2%。完成市区财政总收入1424.49亿元,增长9.5%,其中,市区公共财政预算收入747.60亿元,增长9.6%。市区公共财政预算支出622.29亿元,增长4.2%。完成市本级财政总收入284.68亿元,增长21.3%,其中,市本级公共财政预算收入91.81亿元,增长15.8%。市本级公共财政预算支出185.64亿元(含地方债券支出9.80亿元),增长0.9%。全市各级财政收支平衡,预算执行情况良好。

【依法组织收入】 提升收入组织能力。建立组织收入计划执行考核机制,健全与国税、房管、国土等部门的联系协作机制,深化涉税信息共享。完善"信息管税"体系,以《税友龙版》为平台,增强税源集中管理能力,加强数据分析应用,提高税源管理质量。突出税源源头管控。强化股权转让个人所得税管理,入库该项个人所得税7.16亿元。完成全市200多个街道(乡镇)、3725个小区、52834幢存量房住宅类数据的采集,夯实存量房交易征管基础。加强村级留用地项目税收征管,建立留用地电子税收台账,实现留用地税源精细管控。健全非税征管机制。制定非税收入计划管理办法,建立约束激励机制,促进非税收入应收尽收。组织市本级政府性基金收入373.80亿元,下降19.1%。其中,土地出让收入350.80亿元,下降17.9%。组织其他非税收入29.74亿元,增长10.6%。加强社会保险资金征管。运用数据比对、审核评析等方法规范征收,组织市本级社会保险基金收入299.00亿元,增长41.0%。

【促进产业转型升级】 落实财税优惠政策。兑现各项结构性减税政策,市区(不含萧山、余杭)减免税费196.09亿元。落实清费减负政策,全市免征小型、微型企业32项行政事业性收费计1.23亿元。推进现代产业体系建设。投入24.61亿元(财政投入指市本级口径,下同),支持重大科技创新,促进"十大产业"*和新兴产业的培育发展、传统优势产业的转型升级。扶持文创产业发展。投入3.82亿元,扶持动漫游戏业、设计服务业等文创产业重点行业龙头企业做强做大,推动文化创意产业园区发展,做好中国杭州文化创意产业博览会等重点展会的资金保障。破解企业融资难题。支持设立产业发展投资基金,批复设立子基金14家,完成10家,基金规模107亿元。设立1亿元中小企业直接债务融资发展基金,支撑总规模20亿元的"区域集优"中小企业集合票据*。加强创投基金管理,基金规模超10亿元,累计完成投资项目142个,撬动社会资本超7倍。完善人才培养体系。投入1.96亿元,实施高层次、高技能人才培训工程,资助大学生、留学人员在杭创业,推进国家和省"千人计划"的实施。支持浙商创业创新。提升财税服务水平,设立"浙商联络员"、"特邀浙商监察员"的"双员制度"和"百家浙商财税政策面对面"政策推送机制,65个工作组走访1312家企业,开展政策辅导238场,帮助浙商企业解决实际问题338个。

【保障社会民生事业】 全年市本级民生类支出132.11亿元,增长8.7%,占同级财政支出的71.2%。扶持粮食生产发展。投入1.50亿元,加强"菜篮子"、"米袋子"供应能力,扶持粮食生产功能区建设和猪肉、禽蛋、水产、奶牛等基地以及高山蔬菜生产、应急型叶菜功能区建设,扶持农产品质量安全追溯体系建设。加大教育保障力度。投入31.09亿元,落实财政教育投入各项政策,促进教育优质均衡发展,财政教育投入达到省核定的目标任务。加大文化体育投入。投入6.40亿元,健全财政文化投入稳定增长机制,支持城乡公共体育健身设施的提升。健全促进再就业政策。除失业保险金外,公共财政投入1.65亿元,完善就业长效机制,补贴公益性岗位,支持困难群体的就业工作,以及杰出创业人才培育和大学生创业实训。推进大社保体系建设。除社保基金外,财政投入45.98亿元,落实新增退休人员的统筹外待遇及财政一次性补助职工养老保险基金相关资金的保障工作。投入16.59亿元,完善医疗保障政策,规范政府投入基层医疗卫生机制,加大新型农村合作医疗的投入,提高医疗保障待遇。投入2.51亿元,提升养老服务水平,资助社区为老、为残、为幼服务业发展,支持市第三社会福利院建设,支持居家养老。推进保障性住房建设。投入8.43亿元,加强保障性住房资金的筹集与管理,保障廉租房和公共租赁房工程资金,完善多层次住房供应体系。完善城市基础设施建设。投入47.77亿元,重点保障地铁1号线建成试运营,加快推进城市快速路、配套主次干路、公共停车场(库),以及市属养老福利机构、新医院、图书馆等项目建设。保障社会和谐稳定。投入16.23亿元,推进科技强警、法律援助等建设,增强公共安全和社会治安保障能力。

【助推生态城市建设】 加大环境保护投入。投入9.99亿元,推进国家节能减排财政政策综合示范城市建设,补助企业脱硫脱硝、柴油车等高污染车辆提前淘汰,支持生态保护和环境质量综合监测,支持西湖生态恢复与水环境改善、景区整治提升完善、历史文物保护。推动城市更新发展。投入27.13亿元,推进市政设施改善,背街小巷、截污纳管、亮灯工程的实施,加强数字城管、城市道路保洁、市属道路桥梁隧道养护等城市长效管理项目投入,推进政府购买公共交通服务补贴补偿、出租车油价补贴、公交停车场(站)建设。

【统筹城乡区域发展】 推进小城镇建设。投入10亿元,重点用于中心镇、中心村、美丽乡村精品村、"风情小镇"建设等,出台鼓励扶持大企业大集团参与中心镇建设有关政策,促进城乡统筹发展。改善农村生态环境。投入4.27亿元,加快三堡排涝、闲林水库、农民饮水安全工程、"三江两岸"* 生态整治,支持农村灌排河道整治、高效节水及"五小水利"工程*,加大对中低产田基础设施的投入。提升农业科技水平。投入1.55亿元,支持新产品、新技术在农业中的应用和推广,促进农业转型升级,提升发展现代农业,扶持农村流通体系和农产品品牌建设、农业企业发展、农业会展和休闲农业、农村信息化建设。帮扶落后地区发展。投入1.36亿元,帮助农村贫困家庭危房改造,促进低收入农户增收,补助下乡移民,支持"联乡结村"活动和农村社区建设。完善财政支农扶持政策。制定"土地承包经营权流转和规模经营""农村电子商务""农资安全保障"等近十项财政扶持办法。加强乡镇财政建设。结合乡镇机构改革,推进各区、县(市)完善乡镇财政管理职责,根据乡镇实际,设置财政局(分局)、财政所(办)。推进乡镇公共财政服务平台建设。富阳市和淳安县被列为全省乡镇公共财政服务平台建设试点单位,整合乡镇行政事业服务资源。补助一事一议筹资筹劳项目。投入200万元,补助村内道路建设,村庄环境整治,村级事务中心、老年活动中心、文体活动中心建设等村级公益事业。

【提高科学理财水平】 完善财政体制机制。推进财税改革,顺利启动营业税改征增值税试点。健全财政可用财力稳定增长机制,完善经济开发区体制,构建更科学的财政体制机制。整合设立总预算局、预算执行局,强化预算编制、执行、监督与绩效评价相结合的机制。强化地方政府性债务管理,防范财政风险。加强预算管理。完成市、区(县)两级国库集中支付和公务卡制度改革。完善预算管理制度,建立部门预算联合审查制度、预算调整审批联席会议制度、支出季度分析制度、部门决算批复制度、支出进度通报制度。强化政府投资预算管理机制。制定《杭州市政府投资预算管理实施意见》。严控支出厉行节约。清理规范全市考核评比表彰奖励。从严控制因公出国(境)经费、公务接待费、公车购置及运行维护费,制定"三公"经费内部控制暂行办法。完善政府采购监管体系。全面推行网上询价和开标、评标系统,"网上商城"项目获财政部"政府采购十年创新奖"。打造阳光财政。推进预算公开,教育、科技等重点支出从类细化到款,实现108个部门及所有基层预算单位的部门预算全部报送市人代会审议,预算公开部门60家。

【加强队伍能力建设】 加强基层党建,深化"创先争优"活动,开展基层党组织分类定级,提升基层党组织凝聚力。开展干部选拔交流,选拔10名正处级、12名副处级领导干部和5名处级非领导职务干部,对23名处级领导干部进行交流,干部队伍结构进一步优化。强化内部管理,建立重点工作推进机制、督查曝光机制、制度规范约束机制、典型引领长效机制。深化作风建设,梳理各岗位风险点,防范渎职侵权行为发生。推进廉政防控机制建设,构建财政"三公"领域防止利益冲突制度,建立和完善内控制度47个。杭州市财政局被市委、市政府评为"市直单位综合考评满意单位"。

(杭州市财政局供稿　徐岳军执笔)

注:

*十大产业:指文化创意、旅游休闲、金融服务、电子商务、信息软件、先进装备制造、物联网、生物医药、节能环保、新能源等十个产业。

*"区域集优"中小企业集合票据:是指依托地方政府经济管理部门、金融宏观调控部门,联合承销机构、信用增进机构和其他中介机构,建立风险分散分担机制,共同推动中小

企业依托银行间债券市场开展直接融资的中小企业集合票据。

＊三江两岸："三江"，包括新安江、富春江、钱塘江，以及浦阳江、兰江、大源溪、分水江等主要支流。"两岸"，指的是三江沿线可视范围，上游起于建德市新安江大坝，下游止于杭州经济开发区和大江东新城。重点是建德梅城至杭州主城区，沿线涉及建德市、桐庐县、富阳市、西湖区（杭州之江国家旅游度假区）、上城区、江干区、杭州经济开发区、杭州高新开发区（滨江）、萧山区等行政区域。

＊"五小水利"工程：指山丘区小水窖、小水池、小塘坝、小泵站、小水渠等五项水利工程建设。

上城区

【概况】 2012 年，杭州市上城区实现生产总值 667.87 亿元，比上年增长 7.0%。其中：第二产业增加值 300.79 亿元，增长 7.7%；第三产业增加值 367.08 亿元，增长 6.4%。第一、二、三产业结构比为 0∶45.0∶55.0。按户籍人口计算，人均生产总值 203278 元。全年财政总收入 85.87 亿元，下降 4.6%；公共财政预算收入 54.10 亿元，增长 1.0%；全年公共财政预算支出 21.27 亿元，下降 10.1%。全年财政收支平衡，预算执行情况良好。

【组织财政收入】 合力组织收入。加强财政、国税、地税、市直属税务分局四方协作，定期召开财政收入分析联席会议，测算营业税改征增值税试点对全区的影响，及时编制财政收支分析月刊，跟踪区属重点企业的收入增减情况，准确把握收入形势。发挥协税护税机制作用，街道部门间及时传递有外迁意向企业的信息，合力做好企业的驻留工作。全年完成税收收入 84.74 亿元，下降 4.2%。完善收入考核。调整财政收入目标任务考核办法，定期通报街道财政收入、新增税收任务完成情况，调动各街道、部门服务企业、发展经济的积极性、创造性。小营街道财政总收入突破 20 亿元，湖滨、清波两个街道财政总收入突破 10 亿元，全区 6 个街道财政总收入占全区财政总收入 60% 以上。组织非税收入。加强和规范非税收入征管，建立非税收入管理考核评价机制，组织征收部门依法、及时、足额征收，启用新版"非税收入征管信息系统"，规范各类非税收入征缴和使用。全年完成非税收入 2.88 亿元，下降 11.0%，其中：政府性基金收入 1.75 亿元，增长 3.6%。优化收入结构。公共财政预算收入占财政总收入的比重为 63.0%，提升 3.5 个百分点；公共财政预算收入中的税收收入 52.97 亿元，占比为 97.9%，增长 0.8 个百分点。

【支持经济发展】 完善落实扶持政策。制定促进企业转型升级若干政策意见，落实《关于促进上城区文化创意产业发展的扶持意见》等政策，表彰奖励 2011 年贡献突出企业和上市企业共 117 家，发放财政奖励资金 2045 万元。申报和落实省、市企业扶持资金，全年拨付财政资助项目 132 个，企业 742 户次，资助金额 1.97 亿元，其中：中央、省、市资助资金 1.01 亿元，有效支持企业开展技术改造、新产品开发及新市场拓展，全年金融、文创、现代商贸服务业合计完成公共财政预算收入 19.64 亿元，增长 6.8%，在整个产业体系中占比增长 4.7 个百分点，房地产业占比下降 6.3 个百分点，产业结构进一步优化。全年科学技术投入 8325 万元，重点用于科技孵化器建设、扶持中小型科技企业及可持续实验区建设。推进产业集聚发展。落实《上城区推进现代产业集聚区发展指导意见》，发挥 6 个街道和工业基地的平台优势，合力推进现代产业集聚区和特色"风情街区"建设。截至当年底，全区已有各种类型的现代产业集聚区 10 余个，其中山南国际创意设计（金融）产业园被评为省级现代服务业集聚区。

上城区财政大力支持群众性体育文化活动，提高居民生活品质

【保障民生投入】 围绕"学有优教、劳有多得、病有良医、老有善养、住有宜居"目标,调整支出结构,加大民生事业投入,全年民生支出14.30亿元,占区级公共财政预算支出17.70亿元的80.8%,占比提高1.3个百分点。确保教育及文化、卫生事业投入。全年财政性教育投入4.88亿元,确保在职及退休教师绩效工资落实到位、建兰中学及开元中学等建设工程顺利实施、名校集团化战略推进,促进义务教育、学前教育、特殊教育全面均衡发展。全年文化事业投入1290万元,重点用于各类群众文化艺术活动开展、非物质文化遗产保护及文化市场的监管。全年卫生事业投入6034万元,确保公共卫生、基层卫生事业单位绩效工资落实到位,保障基本药物零差价制度实施,完善社区卫生服务中心经费保障机制,促进疾病控制、妇幼保健等公共卫生事业发展。加大社会保障力度。贯彻实施居家系列惠民工程,全年居家养老工程投入1360万元、居家就业工程投入2000万元、居家安养工程投入428万元。完善落实社会救济制度,全年居民最低生活保障、零贫困工程等各类优扶救济支出2708万元。推进企业退休人员社会化管理,全年企业退休人员节日慰问、困难补助等支出5402万元。推进残疾人事业发展,全年残疾人康复、教育、就业、文体、扶贫帮困补助及残疾人设施建设等支出3700万元。保障区域环境品质提升。多渠道加大建设资金筹措力度,做好"保老城、建新城"、"城市有机更新"、"历史街区保护"三篇文章的资金保障,确保推进五柳巷历史文化街区综保工程、南宋御街·二十三坊综保工程、望江地区保障性住房建设以及延安路整治等关系百姓切身利益的实事工程。

【推进财政改革】 健全组织机构。按照预算编制、执行、监督"三位一体"组织机构改革要求,确立预算局、预算执行局、财政监督局组织框架。提升预算编制水平。完善项目库的建设与管理,将项目支出分为行政运行专项和民生保障专项,并根据项目类型纳入项目库分类管理。开展参与式预算监督试点工作,选定区民政局和区残联两个部门2013年预算中的全部专项资金,通过"参与恳谈——提出意见——部门反馈——调整预算——付诸实施——期中恳谈——适当调整"的编制和执行流程,确保财政资金用在"刀刃"上。深化国库集中支付改革。将教育、卫生、城管、建设四大系统的75家二级预算单位纳入国库集中支付管理,至此纳入国库集中支付系统的预算单位增加到117家。完成第一批公务用车改革。制定区级机关公共交通经费使用管理规定等四项配套政策,收缴135辆涉改车辆,分别作出继续留用、调剂、报废、公开拍卖等分类处理,其中纳入公开拍卖的64辆涉改车辆无一流拍,成交金额250万元,较评估总价165万元溢价51.5%。

【健全财政监督】 规范银行账户管理。完成区级预算单位银行账户年检,136家预算单位参加年审,撤销预算单位银行账户3个。开展财政专户清理整顿,撤并区财政银行账户3个,制定《上城区财政专户管理暂行办法》,规范财政专户管理。完善财政支出绩效评价。重新修订2009年的地方标准《财政支出绩效评价规范》,在指导预算单位完成17个项目绩效自评的基础上,对"联乡结村"、居家就业、社区服务中心建设3个重点项目进行财政绩效评价。提升政府采购管理水平。加强政府采购资金支付和合同环节监督,全部执行财政直接支付,全年区政府采购总预算资金为3.45亿元,实际采购金额2.38亿元,节约资金1.07亿元,节约率为31.1%。控制行政经费支出。强化厉行节约理念,修订会议经费、差旅费、培训费开支标准,严肃财经纪律,规范党政机关"三公"及会议经费管理。推广使用公务卡,全年新办公务卡224张,公务卡刷卡结报1388万元,在杭州各城区使用量排名第一。强化国有资产管理。制定行政事业单位房产出租管理办法,规范行政事业单位房产招租方式、租期及租赁价格,初步实现对房产出租动态管理。加强对区投资控股集团的监管,区投控集团经营收益比上年增长140.0%,完成项目新增投资额2.63亿元。加强政府性投资建设项目资金管理。制定完善《上城区政府性投资建设项目资金财政集中收付管理办法》,加强工程概预算审查、合同变更审查以及政府性债务审批,规范建设单位基本建设投资行为和基建财务管理。

【加强干部队伍建设】 强化领导班子建设。坚持民主集中制,落实主要领导"五不直接分管"*、"三重一大"*集体决策等制度规定。开展"走村入企进社区、排忧解难送服务"大走访活动,提高主动服务基层的能力。修订完善内部管理制度。完成对内部管理制度的全面修订和补充完善,激发干部践行"谦虚、务实、协作、高效"岗位价值观的主动性、积极性。强化组织人事工作。完成现任科级领导干部述职评议和部分科级领导职位竞争上岗工作。加强党风廉政建设。开展局领导班子民主生活会、中层干部"公述民评",完成局岗位廉政风险排查,聘请新一届行风效能监督员,主动接受社会各界监督。推进"学习型机关"建设。实施多层次、项目化的干部教育培训,组织新提拔中层干部赴厦门国家会计学院培训,开展老同志"传、帮、带"活动。区财政局被浙江省财政厅评为2011年度国库集中支付和公务卡改革先进单位,会计结算中心获市“巾帼文明岗”称号。

（杭州市上城区财政局供稿　孙克敏执笔）

注：

＊五不直接分管：党政群机关及财政拨款事业单位等的主要负责人不直接分管财务、干部人事、工程建设、行政审批、物资采购工作。

＊三重一大：重大问题决策、重要干部任免、重大项目投资决策、大额资金使用。

下城区

【概况】 2012 年，杭州市下城区实现地区生产总值 598.80 亿元，按可比价计算，比上年增长 8.7%。其中：第二产业增加值 55.65 元，下降 2.1%；第三产业增加值 543.15 亿元，增长 9.4%。三次产业结构比例调整为 0 : 9.3 : 90.7。按常住人口计算，人均生产总值 113109 元，增长 9.3%。全年实现财政总收入 128.28 亿元，增长 4.0%；公共财政预算收入 77.18 亿元，增长 8.6%，占财政总收入的 60.2%，其中税收收入 75.46 亿元，占公共财政预算收入的 97.8%。公共财政预算支出 23.33 亿元，增长 6.2%。当年财政收支平衡，略有结余。

【组织财政收入】 实施新一轮区街税收考核体系，明确财权事权分配，建立南北联动招商机制，提升街道发展财源能力，北部三个街道公共财政预算收入增长 21.0%，高于南部五个街道增幅 9.9 个百分点。依托财税联席会议平台，妥善解决因大企业外迁、金融企业税收级次调整、“营改增”等造成的税收空缺，加强对重点项目、企业的效益跟踪和风险防控，提高对大额股权转让、房地产清算、金融体制改革、跨地区关联交易等行为的税收关注度。将楼宇社区作为税源精细化管理的主抓手，“五进楼宇”＊服务实现全覆盖，114 幢目标楼宇实现税收 67.01 亿元，增长 15.5%，每单位平方税收贡献 3540 元，税收超千万元楼宇 67 幢，超亿元楼宇 17 幢。加快推进非税收入管理信息系统的应用，强化非税收入的收缴监管和分析工作，完善土地出让金的收支管理，全年征缴非税收入 1.71 亿元，增长 2.7%。

【服务经济发展】 明确产业政策。坚定服务业强区发展目标，构建“3+3”产业体系＊，参与制订进一步促进经济发展的若干意见、杭州市跨境贸易电子商务产业园、创新中国产业园、人力资源服务产业园（简称“三园”）相关扶持政策。实施“人才强区”总战略，参与制订完善人才引进和服务的实施办法、武林英才培养引进计划＊。加大资金投入。统筹经济发展资金 3.50 亿元，发挥“1+X”经济扶持政策＊导向作用，加快武林商贸服务业集聚区、庆春路金融街、体育场路文化产业集聚带及北部“三园”建设，构筑服务业“首善之区”。助力项目建设。集中经营性房产管理，清查国有企业账户，集聚财力推进嘉里中心、创新创业新天地、中大·圣马广场等 37 个重大项目开工建设。

【服务企业转型】 关注重点企业发展。开展“进楼入企、服务基层”大走访活动，实施网格化专员管理，120 家大企业纳入重点服务监测网络，联动各方共同破解大企业发展转型面临的困难瓶颈。搭建银企服务平台。统筹“联保通”、“盛世武林”、科技风险池等政府性基金，发挥小额贷款公司作用，为 1503 家中小微企业提供贷款 26.42 亿元。做好减负清费工作。完成外贸企业出口退税 10.81 亿元，兑现“以旧换新”、“家电下乡”补贴资金 2330 万元，兑现宣传文化企业增值税退税 3682 万元。

【保障民生支出】 解民忧。加大教育、社会保障、医疗卫生等方面投入，安排教育支出 4.69 亿元，保障外来务工人员子女就学、义务教育阶段杂费减免、学前发展等方面投入，推进教育均等化覆盖；安排社会保障和就业支出 3.04 亿元，加大就业工程、残疾人生活保障、企退人员慰问、养老服务和城市居民最低生活保障等方面投入，改善困难群体生活条件；安排医疗卫生支出 1.22 亿元，加强社区卫生服务、五免服务、疾病防治、食品安全等方面投入，提升群众基本医疗卫生水平。保民安。加大公共安全投入，安排公共安全支出 1.81 亿元，加强流动人口管理、交通整治、消防安全、路面动态监控系统建设等社会公共安全领域投入，为维护社会治安稳定、打造平安下城提供财力保障。促民和。加大文化体育事业、城市综合管理等方面的投入，安排文化体育和传媒支出 6083 万元，支持创建省级文化先进区，鼓励文化创意产业发展，保障文体中心建设、馆藏图书购置、非物质遗产保护和全民健身等资金需求，提升文化体育事业发展水平；安排城市综合管理支出 4.32 亿元，推进道路保洁、城市绿化、危旧房改善、支小路整治和垃圾直运等城市管理工作，美化城区居住环境。

【强化财政管理】 规范预算管理。完善政府预算编制管理体系，将相对固定的上级转移支付资金纳入年初政府可用财力编制范围，细化预算支出科目至“款”级。强化预留资金管理，规范往来资金结算，推进事业单位绩效工资改革，清理规范津补贴和奖金。出台《下城区行政事业单位银行账户管理暂行办法》，实行行政事业单位银行账户统一管理。深化配套改革。健全“三位一体”财政管理体系，构建预算局、预算执行局、财政监督局组织构架。继续推进国库集中支付制度改革，覆盖除学校和医院外的所有行政事业单位，集中支付率89.8%。同步推行公务卡制度改革，73家行政事业单位公务支出启用公务卡，支付金额963万元。加强财政监督。推进节约型机关建设，行政成本支出下降1.1个百分点。出台《下城区政府融资操作规程》，有效监控债务风险。实施截污纳管、绿化养护、科研及新产品创新资助等重点项目的绩效评价及路面动态监控系统、教育综合改革实验区等7类项目绩效自评。

【加强队伍建设】 丰富文化教育。围绕学习型组织建设，坚持“每月一课”、“读史明志”，组织观看廉政教育影片，跨区联合培训、业务知识竞赛、财税青年辩论赛等活动，加强干部能力建设。拓展党建内涵。结对天水街道和天运会计师事务所，共创财政基层党建实践基地。提升工作效能。深化基层组织建设年活动，开展“公述民评”、月度业绩公示、服务窗口“亮化”、重点税源企业月谈年访和“省级青年文明号”创建等工作，自觉接受人大政协和社会各界代表的监督评议。当年获“区行风先进单位”和“区满意单位”称号。

(杭州市下城区财政局供稿　马英喆执笔)

注：

＊五进楼宇：指以楼宇社区为平台，在楼宇内开展经济服务、民生保障、城市管理、综合治理和党群建设五项综合服务工作。

＊“3+3”产业体系：指巩固发展商贸、金融、文创三大优势产业，加快发展信息软件、电子商务、物联网三大战略性新兴产业。

＊武林英才培养引进计划：指用3年左右时间，以金融服务、文化创意、信息软件、电子商务、物联网等5大产业为重点，引进和培养带项目、带技术的海内外高层次创业创新团队10个；力争引进和培养海内外高层次创业创新人才30名。

＊“1+X”经济扶持政策：“1”指《下城区进一步促进经济发展的若干意见》，“X”是指促进高新技术产业、文化创意产业、旅游会展业、商贸服务业、中介服务业、房地产建筑业、社区服务业、楼宇经济、总部经济和促进企业上市等经济扶持政策。

江干区

【概况】 2012年，杭州市江干区实现生产总值387.80亿元，按可比价计算，比上年增长10.6%。其中：第一产业增加值0.70亿元，下降22.7%；第二产业增加值125.90亿元，增长4.4%；第三产业增加值261.20亿元，增长13.7%；三次产业结构比为0.2∶32.4∶67.4。按常住人口计算，人均生产总值55913元，增长10.0%。全区完成财政总收入86.00亿元、公共财政预算收入52.91亿元，分别增长1.1%、2.4%，公共财政预算收入占财政总收入的61.5%。公共财政预算收入中的税收收入51.41亿元，占比97.2%。全年公共财政预算支出28.98亿元，增长15.9%。全区财政收支平衡。

【组织财政收入】 细化收入分析。分析排查重点税源、新增税源、潜在税源，分解下达收入任务；强化收入目标考核管理，建立健全重点企业动态管理制度，确保收入及时入库。涵养企业税源。做大财政收入盘子，全年招商引税企业848家，新增税收1.33亿元。强化协税护税。深化征管部门和各街镇的条块合作，建立健全协税护税工作机制，开展“协税护税四十天大走访”活动，促进区内48家未属地企业的税收落地。强化与上级财政部门沟通对接，争取省市财政部门支持，将2家未属地总部税收落地。提高综合服务管理水平，全年留住重点税源企业18家，挽留税收5370万元。引进省股权交易中心、市产权交易中心两大功能性交易平台项目和省交投财务集团、娃哈哈商场等项目。强化非税收入管理。推进非税收入管理信息系统的应用，落实非税收入项目清理工作，增强非税收入征管的规范化；按照“收支两条线”的管理要求，监管各单位银行账户，严防“小金库”产生。全区组织非税收入4.00亿元，下降7.6%。

【支持经济发展】 完善政策机制。立足浙商回归，将打造总部经济和引进浙商总部相结合，制定支持浙商创业创新打造浙商总部中心的若干政策意见，构建总部经济新平台；着力打造区域性金融服务中心，推进“金融新蓝海”＊发展战略等一系列政策，助推金融服务业发展。强化资金引导。发挥财政资金引导作用，推动全区产业转型升级，全年兑现企业扶持资金2.71亿元，其中转移支付国家和省市资助资金8806万元，落实区级政策及配套资助资金1.83亿元，扶持新兴产业、现代商贸业等优势主导产业发展。楼宇经济快速发展，全区56幢楼宇产生税收20.50亿元，增长24.8%，4幢楼宇税收超亿元;十大重点产业*迅速成长,金融衍生业实现税收2.98亿元,增长3.7倍,新经济增长点逐步形成。拓宽财政扶持渠道,引导企业用足用好各级财政扶持政策,组织企业申报国家、省市财政扶持项目72个,申请资金2.40亿元。服务企业发展。开展进户入企活动,加大服务企业力度,帮助企业解决发展中遇到的难题。搭建企业服务平台,建立浙商服务中心,向入驻浙商提供宣传展示、项目洽谈、审批代办等全方位一站式服务。启动"钱江时代四期"基金,发挥财政资金杠杆作用,带动社会资金1.40亿元,为企业提供融资服务。

【保障民生事业】 全区新增财力三分之二以上用于改善民生事业。支持教育事业发展。全年预算内教育投入5.25亿元,增长28.3%,支持教育布局调整,提高教师工资待遇,提升学前教育整体水平,促进优质教育资源均衡发展。支持卫生事业发展。全年安排卫生事业费1.04亿元,增长14.3%,深化基本药物制度改革,推进基层医疗卫生服务机构建设,提高公共卫生服务水平,为创建全国及省级慢性病防控示范区提供财力支撑。支持文化事业发展。设立专项资金2000万元,支持公共文化体育服务设施体系建设,筹集旅游专项资金,培育休闲旅游文化项目和示范基地,推动人文城区和文化强区建设。支持社会保障事业发展。全区社会保障事业支出2.15亿元,保障困难救助、养老助老、促进就业、助残扶残等60余项惠民利民政策的实施。

【加强财政管理】 健全财政管理机构。按照省财政厅"三位一体"组织机构改革的要求,成立预算局、预算执行局、财政监督局及相关科室,完善财政管理组织体系。深化部门预算改革。细化部门预算编制,完善支出定额体系,建立健全预算与资产管理、预算与绩效管理、预算与执行管理相结合的机制,试点实行凯旋街道部门预算上区人代会审议,推进预算信息公开。加强支出规范管理。强化财政内控制度建设,完善财政资金支出审批范围和流程,从源头上保障资金运行安全;推进国库集中支付制度改革,92家二级单位全部纳入国库集中支付体系,实施公务卡制度,增强支出的规范性和透明度;深化政府采购管理,扩大政府采购范围和规模,加强政府采购监督机制,提高采购资金效益,全年政府采购资金节约率12.0%。提升财政资金绩效。开展社区专项资金检查,实施财政支出绩效评价,涉及16个100万元以上项目,提升项目资金使用效益,确保财政资金规范运作。

【深化镇街体制调整】 制定以"属地管理、划分税种、分类分档、超收分成、转移支付、激励共赢"为主要内容的新一轮镇街和科技经济园财政管理体制,激发镇街发展区域经济、优化产业结构、培植新兴财源的积极性。

【强化政府性投资项目监管】 科学编制2012年区级建设项目收支计划和贷款控制计划,加强政府性投资项目的监管。制定《江干区国有建设单位政府投资工程项目内控管理六项制度(试行)》和《区级建设单位工作性考核暂行办法》,完善薪酬与责任相结合的激励和约束机制,完成城建目标任务。合理调度资金,搭建政银合作平台,创新融资方式,确保建设资金平衡。

【加强干部队伍建设】 优化队伍结构。提拔业务骨干到科级干部岗位,全区跨部门招录一名局团工委副书记,优化干部队伍结构。培育学习型组织。按照分类、分层、分岗的原则,实施2012年度干部教育培训,全年安排17个学习项目,采取跨城区联合培训方式,联合其他城区学习财政专项业务。加强勤政廉洁建设。聘请外部相关部门人员为局行风和效能监督员,制定机关工作人员作风和效能问责办法,加强机关效能建设。

(杭州市江干区财政局供稿　许彦阁执笔)

注:

*"金融新蓝海"战略:以建设长三角区域金融服务中心核心区为目标,以金融要素市场交易区、中小金融机构总部集聚区、资产(财富)管理投资机构核心区为方向,以钱江新城金融城为主要集聚平台,以金融特色楼宇打造为载体,发展多元化金融机构、多层次资本市场、多样化金融产品,构建"一心三区"金融发展格局。

*十大重点产业:指文化创意、旅游休闲、金融服务、电子商务、信息软件、先进装备制造、物联网、生物医药、节能环保、新能源等十大产业。

拱墅区

【概况】 2012年,杭州市拱墅区实现地区生产总值386.47亿元,按可比价比上年增长10.5%。其中:第一产业增加值0.06亿元,下降70.7%;第二产业增加值153.80亿元,增长8.6%;第三产业增加值232.61亿元,增长12.0%。三次产业结构比为0.1∶40.6∶59.3,按常住人口计算,全区人均生产总值69441元,增长9.9%。全区财政总收入92.63亿元,增长8.4%,其中公共财政预算收入51.61亿元,增长17.2%。全区公共财政预算收入占财政总收入的55.7%,公共财政预算收入中的税收收入50.11亿元,占比97.1%。全区公共财政预算支出20.00亿元,增长17.0%。全区财政运行情况良好,收支平衡。

【组织财政收入】 强化财政收入调控。以财税联席会议制度为平台,以税源监控联动机制为抓手,加强对重点税源企业纳税评估,通过涉税信息交流、联合开展重点税源调研,确保税收收入应收尽收。全区纳税超千万元税源企业119家,同比增加25家。加强街道收入考核。发挥街道在招商引税和税源培育方面的资源优势,激励街道落实招商引税、财源培育工作积极性,街道实现公共财政预算收入30.45亿元,增长17.3%。强化政府非税收入管理。清理所有部门预算单位的非税项目,规范单位非税项目征收,将所有非税收入纳入基金管理,全年非税收入4.80亿元,增长5.0%,其中政府性基金收入2.51亿元,增长4.6%。

【支持经济发展】 突出财政政策导向功能。出台《关于加快推进产业转型升级的若干政策意见》,形成财政扶持楼宇(总部)经济、现代服务业、传统产业的政策体系,推动产业与城市、企业与市场融合发展。发挥财政资金杠杆作用。投入财政资金1.66亿元,用于企业科技创新、建筑业扶优扶强、品牌建设、重点产业发展等支出,促进现代服务业、文化创意产业、先进装备制造业、建筑业等产业发展,扶持企业做大做强。深化重点企业联系服务。将全区400余家重点税源企业纳入重点企业联系范围,全年走访上述企业830家次,强化企业政策指导和扶持,帮助企业解决具体问题。搭建多方融资平台。全区担保机构累计提供担保金额11.87亿元,区中小企业担保公司发挥政策性担保公司作用,通过降低受保企业担保保证金和担保费率,减轻企业融资压力,全年提供担保金额2.55亿元。建立企业在线服务平台。整合拱墅财会网资源,建立涵盖政策解读、在线答疑、信息发布等服务功能的企业在线服务平台,为企业答疑解惑,提升财政服务企业水平。

【保障民生支出】 区级新增财力用于民生的比重为91.0%。坚持教育优先发展。投入财政资金5.86亿元,保障学前教育和义务教育日常经费,培育运河名师,推进数字校园建设,落实中小学校舍提升改造,拱墅区成为全国首批教育信息化试点区。促进文体事业繁荣。投入财政资金1735万元,落实"两馆一站"*免费开放政策,保障龙舟赛、元宵灯会、大运河文化节、非物质民间文化艺术保护等文体活动经费。加快卫生事业发展。投入财政资金7459万元,完善公共卫生服务体系,加强社区公共卫生服务建设,落实城乡居民基本医疗保险补助,深化基本药物制度改革,提高基层医疗服务水平。强化就业扶持。投入财政资金1398万元,搭建就业信息网络平台,加强失业人员职业培训,保障退伍兵自谋职业经费,建设街道公共职业介绍所,增加社会公益性岗位补助投入,提高公共就业服务质量和效率。落实帮扶救助资金。投入财政资金8273万元,确保城乡居民最低生活保障经费,安排困难家庭物价补贴和征地农转非生活补贴,推进肢残人综合服务中心建设,构建残障人员服务平台。保障社会养老服务。投入财政资金8576万元,推进老人公寓小河院建设和社区居家养老服务站建设,将未参保人员全部纳入城镇职工基本养老保险范围,实现养老保险全覆盖。改善居民居住条件。投入财政资金2916万元,用于老旧小区物管改善、屋顶综合整治、庭院改善、背街小巷改造等工程,提升居住品质。优化城区环境。投入财政资金4.06亿元,用于绿化提升改造、河道整治、半山公园养护、道路保洁、截污纳管、垃圾分类清运等项目支出需求,提升城区生态品质。加强基础设施建设。投入财政资金1.83亿元,用于支(小)路建设、市政设施养护、停车场库建设等支出,优化城市配套工程,提升城市功能。

【规范财政管理】 完善预算管理。推进区级部门基础信息库建设,基本支出预算实行动态化管理,构建基础数据库、预算编制、指标管理三位一体的预算管理系统。加强预算指标管理,将预算指标细化到二级单位,实现预算管理纵向深化。实施"三位一体"组织机构改革,成立预算局、执行局、监督局及相关科室,健全预算管理体系。深化街道财务管理。完善街道财政综合业务管理平台,开展街道财政管理人员培训,推进街道财政预算精编细编。加强二级预算单位管理。开展教育、卫生、城管等5个系统二级预算单位预算执行与财务管理调查,促进二级预算单位规范财务管理。深化国有资产管理。全面实施行政事业单位固定资产实名制和条码管理,强化固定资产使用跟踪,实现资产的全面、动态、精准化管理。对报废资产集中处置,公开挂牌拍卖行政事业单位报废资产1300多件,实现资产处置有序有效管理。强化国有建设单位财务管理。分析审核国有建设单位财务收支计划及债务计划,进行统筹监管,科学防范债务风险。推进财政绩效监督。开展全区二级预算单位专项检查监督,推进二级预算单位财政资金规范运行。建立财政委托项目评审工作机制,评审监管50万元以下工程建设项目,消除项目评审监管盲区。规范中介机构参与绩效评价工作。实施区公共卫生服务中心建设工程、2011年度背街小巷改善工程等项目绩效评价,提高财政资金绩效。

【深化财政改革】 实行国库集中支付改革。科学制定改革方案，开展改革业务培训，国库集中支付改革覆盖全区145家单位。扩大直接支付范围，逐步涵盖政府采购、基建项目等内容，直接支付资金14.93亿元，提升集中支付质量。推进公务卡制度改革。制定改革方案，加大改革宣传力度，提高公务卡使用意识，在国库集中支付单位推进公务卡改革，规范公务卡操作和清算流程。全年办理公务卡1665张，减少公务现金支付。完成公务用车改革。制定车改配套政策，开展车辆情况调查，准确测算车改相关费用，规范车改资产处置，确保资产处置价值最大化，开展车辆清理，做好车辆评估、转让审批、拍卖处置等工作，拍卖涉改车辆130辆，评估价379万元，拍卖成交价501万元，溢价32.0%。

【加强队伍建设】 深化“创先争优”活动。开展“创先争优党员示范岗”创建活动，激励党员争做工作先锋、学习先锋、服务先锋、廉政先锋。局机关党委被区委评为“创先争优”先进基层党组织、五星级服务型先进基层党组织。推进学习型组织建设。健全党委理论中心组开放式学习模式，完善片组学习制度，开展片组学习会，并将学习心得发布在内网，供学习交流。推进研究性学习，开展课题调研，提升干部分析问题、解决问题的能力。开展城区财政干部联合培训、组织城区财政干部赴厦门国家会计学院参加脱产培训，促进财政干部业务能力提升。开展政策宣讲。组织“精通政府采购管理”财政政策宣讲，举行岗位练兵测试，提高业务水平。推进机关廉政文化建设。组织参观反腐倡廉图片展、组织“读史明智”征文等活动，强化干部廉洁从政意识。编辑文化刊物《拱财文苑》，展示拱墅财政文化建设成果。加强干部激励培养。细化人才库选拔标准，强化激励监督。开展中层干部竞争上岗，优化干部队伍结构，增强干部队伍活力。深化效能作风建设。聘请行风监督员，组织“公述民评”活动，开展“效能亮剑”专项督查，促进机关效能提升。

（杭州市拱墅区财政局供稿　贾顺波执笔）

注：

＊两馆一站：拱墅区图书馆、拱墅区文化馆、街道文化站。

西湖区

【概况】 2012年，杭州市西湖区实现地区生产总值635.85亿元，按可比价比上年增长9.4%。其中：第一产业增加值4.49亿元，增长1.2%；第二产业增加值102.83亿元，下降2.8%；第三产业增加值528.53亿元，增长12.1%。三次产业结构比为0.7∶16.2∶83.1。全年财政总收入122.41亿元，增长5.0%；公共财政预算收入75.72亿元，增长5.2%，占财政总收入的61.9%，其中税收收入73.15亿元，占公共财政预算收入的96.6%。公共财政预算支出39.81亿元，其中区级专款支出9.24亿元，省市专款支出6.13亿元，其他不含专款支出24.44亿元，其中区本级支出增长1.4%。全区财政收支平衡，预算执行情况良好。

【组织财政收入】 强化收入分析。密切关注经济走势及营业税改征增值税试点、房产税改革试点等重大税制改革动向，加强财政、国税、地税三方协作，提高收入预测的准确度。培育税源。实施“走楼访企”活动，开展定期走访，了解楼宇管理者和企业的需求，听取意见和建议，做好安商稳商工作。围绕大平台建设和大项目引进，上门提供政策服务，组织“协税护税百日攻坚战”专项行动，引进税源大户。区内40幢重点楼宇企业贡献税收38.47亿元，其中地方财政收入22.91亿元，平方税收＊2901元，实现税收亿元楼12幢，税收千万元楼40幢。组织非税收入。对全区所有部门预算单位的非税项目进行清理，规范非税项目征收，将所有非税收入（不含教育收费）全部纳入预算，实行收支两条线管理。全区征收各项政府非税收入6.37亿元，增长19.1%。

【支持经济发展】 完善扶持政策。全面梳理现有财政扶持政策，出台《西湖区打造股权投资集聚区2012年实施计划》等有关财政扶持政策。兑现补助资金。兑现各级各类财政扶持资金3.39亿元，其中区级财政扶持资金1.59亿元，扶持企业940家次。助推优质企业上市融资。做好拟上市企业前期各项服务工作，帮助优秀中小企业借助资本市场，解决资金困难。2012年股权投资企业创造财政收入3.53亿元，其中地方财政收入2.00亿元，天堂硅谷、浙商创投、华睿投资落户西湖区发展。改善融资环境。组织两次股权投资企业推进会，召开政银企合作座谈会，构建政府、金融机构、中小企业有效沟通与合作的桥梁。全年累计融资2.88亿元，放大引导基金4.37倍，解决98家企业融资难题。创新金融服务。发行小企业集合信托债权基金“平湖秋月”＊、“三潭印月”＊和大学生创业“星巢天使基金”＊等多个债权基金。合作设立西湖创业投资基金，出资认购钱江浙商现代服务业投资基金，分别用于扶持高科技企业和现代服务业企业。增加区担保中心担保基金总量，新增工程保函担保业务，提高融资担保服务能力。

【优化支出结构】 全区及区本级用于民生支出的比重分别

为74.1%和79.0%,支出重点向保障和改善民生倾斜,向城乡统筹发展倾斜。促进教育均衡发展。教育支出5.92亿元,推进优质教育城乡全覆盖,学军小学之江校区、新开幼儿园及幼儿园改造工程全面开工。设立名校集团化办学专项基金,提升名校集团办学水平。设立学前教育专项资金,补助新建幼儿园、改造园舍及场地租赁,提高教师工资待遇及培训经费等。支持科技兴区战略。科技三项经费支出3050万元,重点推进科普设施建设,落实专项经费对科普宣传员开展科普业务知识培训,全面加强科普队伍建设,提高科普服务能力。加快文体事业发展。文化体育与传媒支出2343万元,重点保障区文化馆、区图书馆和中国湿地博物馆三大文化场馆建设和运转,确保群众文化活动有序开展。支持文化事业"6个100工程"*,其中补助各村社文化室图书经费244万元,按人员经费8000元/人/年、工作经费2000元/人/年的标准补助村社宣传文化员。加大卫生事业投入。全区安排公共卫生资金1.20亿元,支持基本药物制度和基层医疗卫生事业单位绩效工资改革,足额保障基层医疗卫生机构人员经费、运行经费和设备基建费用,重点保障重大公共卫生项目。推行居家养老服务模式。全区落实专项资金2600万元,完善城乡一体化的居家养老服务体系。

【统筹城乡发展】 推进城乡协调发展。全年安排城乡统筹专项资金3亿元,同比上年增长5000万元。其中:6700万元专项用于支援阿克苏及与淳安的区县协作,7000万元用于深入推进美丽乡村和"一带三区三岛十三村"*整治建设,9400万元专项用于城乡居民基本养老保险和基本医疗保险补助、就业再就业等。安排村级运转财政补助资金2500万元,有效保障村两委建设,推进平安基层创建,加大村级公益事业一事一议财政奖补力度。支持民生工程投入。多方筹集资金,通过信托产品、企业委贷、私募基金委贷等方式融资20.20亿元,确保建设资金重点投向西溪谷建设、保障性安居房、公共停车场、城西污水处理厂等民生工程和省市重点建设项目。做好月度债务分析及各建设平台的资金测算工作。根据《西湖区区级财政偿债准备金管理办法》实施项目分类管理,深化重点项目资金应急保障机制。

【强化财政管理】 深化预算管理改革。提高预算编制的完整性、预算科目的规范性、预算执行的严肃性和预算监督的有效性,健全工作机制,夯实公开基础,统筹规划、周密部署,稳妥推进预算信息公开工作。在区政府门户网站公开总预算,出台《关于做好区级部门预算信息公开工作的指导意见》。推行国库集中支付和公务卡改革。全区43家区级预算单位全部实行国库集中支付和公务卡改革,全面启用零余额账户,通过国库银行直接清算的金额14.48亿元;发放公务卡908张,公务消费刷卡报销338万元。制定预算指标追减的相关处理流程,完善历年预算指标追减的处理方法,增加结余资金使用透明度,提高财政资金使用绩效。推进国有资产管理改革。加强全区国有房产的监督管理。全区77家单位领取《国有房产内部登记证》,登记国有房产31.89万平方米。完成浙江科技学院学院路地块移交,收回国有资产收益2.81亿元。整合全区投融资平台,实行国有资产公开招租和处置,通过市产权交易所,公开处置蒋村新区建设有限公司100%股权,成交价1.19亿元,增值98.4%。提高项目审核管理水平。开展基建项目全过程跟踪管理,通过公开招投标引进中介机构参与财政项目审核。全年审核各类概、预、结算1367项,送审金额44.49亿元,核减10.00亿元,核减率22.5%,完成竣工财务决算项目批复501个。强化政府投资项目一体化管理平台建设,完成基建管理信息系统的初步开发和试运行测试工作,提高基建管理的信息化水平。

【干部队伍建设】 加强党风廉政建设。抓好反腐倡廉工作任务的分解、落实、督促和检查。坚持重大事项报告制度和述职述廉制度,严格执行上级有关重大节日期间的党风廉政建设规定。做到组织领导到位、分工落实到位、部署计划到位、宣传教育到位、制度保障到位。加大反腐倡廉教育力度。建设廉政文化"一廊、一栏、一屏、一室、一墙"*五大阵地。引导财政干部牢固树立正确的世界观、人生观和价值观,增强干部职工廉洁奉公意识。开展廉政警言警句征集、收看警示教育专题片等活动,组织党员干部旁听法院案件审理。设立举报电话、意见箱,接受社会监督。打造阳光财政品牌。开展"转作风、提效能、优服务"等专项行动。优化办事流程,提升工作效能。局机关被评为"杭州市廉政文化进机关示范点"并获区满意单位评比第二名。

(杭州市西湖区财政局供稿 葛潮鸣执笔)

注:

*平方税收:指楼宇入驻企业当年产生税收与楼宇商务面积之比。

*平湖秋月:通过政府资金引导,集合政府财政、银行、担保以及风险投资等力量,开辟中小企业银行贷款之外的又一新型融资渠道。

*三潭印月:以信贷产品方式发行的西湖区企业成长引导基金银政投集合信贷产品,破解中小企业融资难。

*星巢天使基金:以政府资金为引导,吸引更多的社会资金有效参与帮助大学生自主创新创业。

＊一带三区三岛十三村：一带，即生态旅游休闲景观带；三区，即打造生态保护示范区、水源保护重点区和环境整治样板区；三岛，指提升长安沙、应沙、元宝沙等三个岛的防洪能力；十三村，指综合整治沿江十三个村庄。

＊6个100工程：即100个村社文化室、100名村社宣传文化员、100场群众文化活动、100场大讲堂活动、100支特色文体团队、100名文艺带头人。

＊一廊、一栏、一屏、一室、一墙：一廊，即廉政警言警句走廊；一栏，即局域网开辟廉政文化专栏；一屏，即廉政文化电子显示屏；一室，即廉政文化活动室；一墙，即机关干部财政文化活动照片墙。

高新技术产业开发区（滨江）

【概况】　2012年，杭州市高新技术产业开发区（滨江）实现生产总值488.75亿元，按可比价计算，比上年增长11.5%，其中：第一产业增加值1.85亿元，下降3.0%；第二产业增加值219.70亿元，增长13.0%；第三产业增加值267.20亿元，增长10.4%。三次产业结构比重为0.3∶45.0∶54.7。全区财政总收入115.20亿元，增长15.0%；公共财政预算收入64.07亿元，增长18.0%，占财政总收入的比重为55.6%，其中税收收入62.31亿元，占公共财政预算收入的97.3%；公共财政预算支出47.74亿元，增长26.1%。全区财政收支平衡，略有结余。

【组织财政收入】　注重预测分析。加强与国、地税部门联系协调，分解落实收入目标任务，掌握收入预测数据，分析政策性减收因素，提高科学调控收入能力。加强税源管理。建立重点税源企业联系制度，监控重点行业、重点税种、重点环节和重点区域税收，捕捉一次性税源，做到抓大不放小，千方百计挖掘骨干税源。开展税源清查，梳理区内税务关系与经营地不相符企业，落实整改，管控税源。强化非税征管。推进非税收入管理信息系统的应用，强化非税收入的收缴监管和分析工作，完善土地出让金的收支管理，组织非税收入39.77亿元，下降9.1%，其中，政府性基金收入37.83亿元，下降9.5%。

【支持经济发展】　完善产业政策体系。参与制定加快总部企业集聚发展、加快楼宇经济发展、实施海外高层次留学人才来杭州高新区（滨江）创新创业的“5050计划”＊等一系列专项扶持政策，促进经济持续稳定发展。加大财政扶持力度。支持指导企业申报各类项目，新列入市级以上科技、产业化等项目677个，其中79个项目列入国家“核高基”、“863计划”、国家创新基金等重大科技专项，及时落实各项配套资金。发挥担保公司作用，帮助中小科技型企业缓解融资难题，为35家科技型企业提供融资担保，融资1.62亿元。保障扶持资金兑现。拨付产业扶持资金15.85亿元，增长38.9%，占财政总支出的33.2%。

【优化支出结构】　全区民生事业支出30.85亿元，比上年增长25.7%，占区级公共财政预算支出38.21亿元的80.7%。支持教育事业发展。加大教育投入，安排学校建设资金8161万元，设立“五个百万”＊专项资金，支持教育创新，全年教育支出4.81亿元，增长26.5%。支持医疗卫生事业发展。加大公共卫生投入，开展10个计生服务室提升改造工程，医疗卫生支出1.06亿元，增长22.0%。支持文化体育事业发展。完善公共文化服务体系，构建全民健身服务网络，文化体育支出1.07亿元，增长34.8%。支持社会保障事业发展。扎实推进就业和社会保障工作，拨付就业专项扶持资金9800万元，向139家企业发放稳定就业补贴1025万元，为1.35万名征地农转非劳动年龄段以上人员补缴养老保险金1.60亿元，发放企业退休人员节日慰问金7667万元，救助困难家庭4249户，发放帮扶资金1275万元，全年社会保障及就业支出3.68亿元，增长22.4%。支持城市和社会管理。扶持集体经济发展，推进股份制改革，引导村级三产留用地有序开发，全年村级留用地开发补助4.39亿元，村集体经济股份制改革补助1453万元。加强基层组织建设，补助街道、社区（村）资金1.53亿元，增长25.4%。加大城市管理投入力度，改善居民生活环境，城市管理经费支出2.10亿元，增长23.5%。支持“平安滨江”和“法治滨江”建设。加大公共安全经费投入，公共安全支出1.13亿元，增长23.0%。

【保障城市建设资金需求】　投入基本建设资金42.07亿元，增长6.9%，用于彩虹快速路、奥体博览城、白马湖生态创意城、农转居安置房、人才公寓、文化中心等重点项目建设。召开政银企座谈会，合力做好重点项目融资申报工作，全年申报融资项目33个，获得银行融资17.80亿元。拓展融资渠道，发行“2012杭高新债”5.00亿元，有效缓解建设资金紧张局面。加强资金调度，实行建设资金支出计划管理，偿还到期贷款24.43亿元，压缩政府负债6.63亿元，保证建设资金平稳运行。

【加强财政管理】　加强预算执行管理。严格控制一般性支出和“三公”经费支出,出台《关于进一步加强公务接待公务考察公车使用经费管理的通知》。全面推行国库集中支付和公务卡制度改革,全区72家预算单位实现直接支付,累计发放公务卡1532张,结算资金917万元。加大街道财政监管力度。规范街道财政行为,调整完善街道财政体制,增强街道财政实力。加快推进竣工财务决算工作。梳理、分析已竣工未决算项目,采取“先易后难、分项分类”原则,逐步加以解决,全年批复项目38个,批复金额6.44亿元。加强政府投资项目概、预算质量管理。制定政府性投资项目概、预算(工程量清单)质量管理暂行办法,开展政府投资项目概预算审核工作,全年完成项目审核160个,涉及资金68.56亿元,核减资金2.88亿元,核减率4.2%。推进财政支出绩效评价工作。选择有代表性、事关民生、社会关注度高的项目作为绩效评价项目,建立健全覆盖财政资金运行全过程的监督机制,提高财政资金使用效益,全年完成绩效评价项目8个,涉及财政资金3.90亿元。开展农业专项资金监督检查工作。规范农业综合开发资金管理,确保各项资金专款专用,9家单位15个项目纳入检查,涉及金额741万元。加强政府采购管理。理顺管理体制,实行“管办”分离,把好政府采购前置管理关,全年审批采购项目780批次,金额6.05亿元,其中公开采购资金占82.0%以上,平均资金节约率25.0%。

【强化国资监管】 开展国资清查。清查行政事业单位、国有企业及建设单位102家,摸清家底,提出整改落实方案,促进国资规范运行。整合存量资源。制定《滨江区人才保障房运营管理办法》《滨江区农转居拆迁安置房小区商业用房运作办法》,创建海外高层次人才创新创业基地,实施市场化运作,提高国资经营效益。规范国企行为。开展国有企业领导人员境内外学习考察和车辆使用情况专项调查,制定国有企业领导人员职务消费管理办法(试行)和机构设置、人员配置管理办法(试行),规范国有企业职务消费及用人行为。

【加强队伍建设】 强化班子建设。推行民主集中制,建立局长办公会议和局务会工作例会制,落实主要领导“五不直接分管”(不直接分管财务、干部人事、工程建设、行政审批、物资采购工作)、“三重一大”(重大问题决策、重要干部任免、重大项目投资决策、大额资金使用)集体决策等制度规定,加强集体领导和集体决策的科学化、民主化。开展“进村入企、服务基层”大走访活动,提高主动服务基层能力。加强学习型机关建设。通过“请进来”与“走出去”的方式,开展专题调研、专业知识和应用技能的学习培训,提高干部队伍工作能力和水平。加强党风廉政建设。开展市级“廉政文化示范点”创建活动,促进干部职工在潜移默化中接受深刻的廉政教育,推进财政部门党风廉政责任制和反腐倡廉建设。深化作风效能建设。开展新一轮“效能亮剑”专项行动,梳理工作岗位职能,制定优化岗位工作流程,清晰岗位履职,细化工作标准,规范权力行使,提高财政工作效能。

(杭州市高新技术产业开发区[滨江]财政局供稿 裘 骏执笔)

注:

*“5050”计划:到2015年末,引进和培育国家“千人计划”专家50名,年销售收入超千万元的留学人员创业企业50家。

*五个百万:设立名师工程、重点学科品牌建设、特色文化品牌建设、名校品牌创建、教师引进等五个项目,各投入100万元专项资金。

萧山区

【概况】 2012年,杭州市萧山区实现地区生产总值1611.72亿元,按可比价计算,比上年增长10.1%。其中:第一产业增加值56.96亿元,增长2.6%;第二产业增加值989.22亿元,增长11.4%;第三产业增加值565.54亿元,增长8.5%;三次产业结构比为3.5∶61.4∶35.1。按户籍人口计算,人均生产总值129977元,增长10.5%。全区完成财政总收入230.68亿元,增长6.3%,其中公共财政预算收入122.68亿元,增长8.2%,剔除省金融业分享改革下划因素后,完成原口径公共财政预算收入120.28亿元,增长6.1%;公共财政预算支出108.35亿元,比上年下降1.3%。按现行财政体制计算,可用资金为125.28亿元,增长1.9%。财政可用资金与财政支出相抵,年末财政滚存结余14.49亿元,财政收支平衡。

【组织财政收入】 强化收入分析预测。密切关注经济走势及营业税改增值税试点、房产税改革试点等重大税制改革动向,加强财政、国税、地税三方协作,提高收入预测的准确性。完善重点税源管理。扩大监控范围,全区重点监控税源企业988户数,其中重点企业税收占地税税收58.8%,增长2.3%。优化收入结构。公共财政预算收入占财政总收入比重为53.2%。税收收入占公共财政预算收入比重为96.3%,其中税收收入118.11亿元,增长7.6%。组织非税收入。健全非税收入征管机制,组织非税收入4.57亿元,增长25.8%。政府性基金收入52.22亿元,下降68.5%。组织社保基金收入。完成社会保险基金收入34.07亿元,增长24.4%。

【支持经济发展】 完善扶持政策。完善支持先进制造业、现代服务业和高新技术产业发展等61个政策文件；突出扶持重点，加大科技经费和人才经费投入，安排科学技术支出4.10亿元，增长9.9%。兑现补助资金。做好区级重点工业技改、高新技术产业、成长型企业循环型经济和清洁生产、工业企业盘活存量资产、科技创新、商贸、旅游、农贸市场改造、高新技术研发投入等项目的审核兑现工作，拨付各类扶持资金11.98亿元。减轻企业负担。办理出口退税52.70亿元，落实增值税转型改革减轻企业税负16.00亿元，办理小微企业所得税优惠2164万元，减征中小微工业企业基本养老保险费1.48亿元。在“进村入企”、“双重双送”*、支持浙商创业创新等活动中，减免地方税收4.17亿元、行政事业性收费2.55亿元。帮助企业融资。继续运作好政府应急专项资金29.44亿元，帮助涉及26家金融机构的35家企业周转贷款；发放中小企业债权基金5800万元，缓解中小企业融资难。

【加大民生事业投入】 用于民生方面的支出83.80亿元，占全区公共财政预算支出的77.3%。确保“三农投入”。区本级用于粮食、畜禽、菜篮子等农业生产补助和农业产业化扶持1.10亿元；用于欠发达村扶持、浦阳江生态区和三江两岸建设1.33亿元；农田水利、河道排灌等1.21亿元，提升农业现代化水平。促进教育强区建设。区本级用于全区学校校舍维修和设备购置1.44亿元，学前教育和职业教育1.73亿元，推进青少年宫迁建、贺知章幼儿园新建、三职改扩建等一批教育项目建设。支持文体事业发展。区本级用于文化体育传媒支出1.25亿元，用于文化名区建设、乡镇综合文化站建设、文物保护、农村电影放映、文艺演出进基层、举办各类体育竞赛等。推进卫生事业发展。区本级用于卫生类支出4.10亿元，加强基本公共卫生服务项目的经费保障，推进社区卫生服务中心建设。完善社保体系建设。区本级用于社保类支出4.55亿元，加强城乡居民最低生活保障、残疾人基本生活保障、社保优抚、社区服务、农村60岁以上老人基础养老等，促进民生事业均等化。推进重点工程。拓宽融资渠道，改进投入机制，完成区本级建设项目支出79.00亿元，其中67个重大项目支出51.00亿元，保证九堡大桥南接线、风情大道改造及南伸等重点工程建设，推进城区畅通工程，改善城乡环境。加强安居保障。落实资金推进保障性住房建设、农村住房改建及丽华公寓等老小区改造，提升群众生活居住品质。

【强化财政管理】 加强财政资金监管。全面推行国库集中支付改革，制订完善专项资金管理办法，开展财政资金使用绩效评价，加强政府投资项目审价管理，跟踪审价100个重大项目，累计核减资金28.63亿元，核减率11.3%。加强前期征迁资金管理，明确区政府投资项目前期征迁涉及行政事业单位资产补偿方案。规范财政财务管理。制定《萧山区镇级财政财务管理暂行办法》《关于规范区级行政事业单位财政财务管理若干意见》，通过目标控制、执行监督等方式加强“三公”经费管理，公务接待费同比下降29.0%，国内公务考察费下降7.0%，出国经费下降5.0%，车辆购置及运行费下降10.0%。全面启动公务卡制度改革，制定公务卡强制结算目录，全区实行改革的单位430家，发卡量4152张，刷卡量3651万元。推进权力阳光运行。依托电子政务平台开展政务公开和服务试点工作，加快财政资金网上运行平台建设，开展财政权力事项清理169项，在网上公开2011年财政总预算和33家单位的部门预算。细化政府债务管理。调查分析全区融资平台公司债务管理情况，逐月统计全区政府性债务余额，及时掌控政府性债务变动情况。加大国有资产管理。推动国有资产整合，加强行政事业单位资产登记、资产报废报损管理，规范报废资产公开拍卖等，促进国有资产保值增值。

【深化干部队伍建设】 深化廉政建设。层层签订党风廉政建设责任书、履行廉洁自律承诺。梳理确定财税行政职权廉政风险点218项，形成《廉政风险等级目录》。在局内网刊登廉政教育视频11部，利用短信经常性提醒，坚持一月一报制度，及时掌握干部队伍中存在的倾向性、苗头性问题。开展机关效能建设。落实岗位责任制、服务承诺制、限时办结制、首问负责制等制度，对工作态度生硬、擅离职守、效率低下等行为实行效能问责，每季通报一次内部效能督查结果。强化行风建设。开展民主评议行风“回头看”活动，整改落实检查情况，落实税企联系单制度，收到企业反馈单130份，满意率100%。深化学习型组织建设。与国税联合办班，分两批组织中层干部赴深圳大学成人教育学院进行封闭式培训；开展全员培训，组织全体干部开展网上法律知识考试；及时通报、督促新干线学习，完成率100%。开展财税文化建设。丰富和完善财税文化载体，发挥工青妇等群团组织作用，丰富干部职工的业余生活。

（杭州市萧山区财政局供稿　陈　燕执笔）

注：

*双重双送：是指在全区企业中开展以“重环境、重保障、送政策、送服务”为主题的百日活动。

余杭区

【概况】 2012年,杭州市余杭区实现地区生产总值834.93亿元,按可比价计算,比上年增长10.1%。其中:第一产业增加值47.63亿元,增长2.8%;第二产业增加值420.51亿元,增长7.7%;第三产业增加值366.79亿元,增长14.1%。三次产业结构比为5.7∶50.4∶43.9。按户籍人口计算,人均生产总值94499元,增长8.3%。全区财政总收入167.04亿元,增长11.4%,其中公共财政预算收入104.65亿元,增长9.4%;全区公共财政预算支出93.78亿元,增长11.3%。全年财政收支平衡。

【组织财政收入】 强化收入分析。关注经济走势及营业税改增值税试点、房产税改革试点等重大税制改革动向,加强财政、国税、地税三方协作,提高收入预测准确度。加强重点税源控管。实施重点行业、企业、项目税源监控分析,全年706户区级以上重点税源监控企业入库税收65.85亿元,增长27.4%。堵塞征管漏洞。全年清理漏征漏管企业204户,补缴税款3528万元。全区11000户企业通过纳税评估自查和重点评估补缴税款2627万元。重点加大举报案件、股权转让个人所得税及税负率明显偏低行业、企业的稽查力度,全年查补税费1.54亿元。优化收入结构。公共财政预算收入占财政总收入比重为62.6%;公共财政预算收入中的税收收入101.13亿元,占比96.6%。组织非税收入。拓展非税系统在线运用范围,组织非税收入122.51亿元,下降48.6%,其中:政府性基金收入118.99亿元,下降49.4%。组织社保基金收入。完成社保基金收入29.20亿元,增长29.7%。

【支持实体经济发展】 完善财政扶持政策。牵头制定《关于加快打造产业余杭的若干政策意见》及21个实施细则,重点加大在工业投入、科技创新、外经贸发展、上市培育等方面的财政扶持力度。参与制定《关于加快推进工业园区提升改造的实施意见(试行)》,支持产业集群发展,促进土地集约高效利用。改善企业融资环境。制定财政性存款与各银行支持本区经济发展相挂钩考核办法,通过"政银保"协作机制,缓解中小微企业融资难、融资贵问题。全年安排1.00亿元贷款周转应急资金,累计帮助企业调度资金15.64亿元。兑现各类政策补助资金。全年兑现用于支持企业发展各类扶持资金11.87亿元,其中:产业发展资金7.97亿元,科技专项资金3.27亿元。服务企业发展。开展"进村入企"服务活动,实地走访202户企业。组织产业政策培训会10场,对全区670家重点骨干企业进行最新财税政策培训。开通余杭财税"会计之家"网站,组成会计专家服务团队,联系服务重点企业。发挥余杭"纳税人之家"服务平台作用,开展区"两会"贴身服务、正北物流主题服务活动,全年受理办结网上咨询189件、来电咨询963件。

【保障民生事业发展】 全年民生类支出69.82亿元,占全区公共财政预算支出的74.5%,增长11.4%。支持教育科技事业发展。教育支出20.67亿元,增长18.5%。科技支出4.20亿元,增长40.9%,推进创新型强区建设。支持医疗卫生事业发展。参与制订《余杭区公立医院综合改革政府投入政策实施意见》,推进医疗卫生体制改革。医疗卫生支出7.55亿元,增长4.1%。加大文体和传媒投入。文化体育与传媒支出1.84亿元,增长7.5%。完善社会保障体系。社会保障和就业支出9.74亿元,增长0.1%。安排5.00亿元资金落实省政府规定的征地农转非等人员养老保障政策。投入促进就业再就业经费3.10亿元,新增城镇就业人员16501人,转移农村劳动力就业3961人,帮助10543名城镇失业人员实现再就业。投入8000万元用于城乡低保、困难家庭及残疾人生活保障等各种救助。

【支持城乡统筹发展】 推进城市化建设。完善城市基础设施,投入27.85亿元继续推进道路交通建设和地铁一号线开通运行,推动城市基础设施向农村延伸。推进"五城一基地"*重点区域建设。加大三农投入。全年财政投入"三农"资金39.50亿元,重点支持农业"两区"*、农业产业化及"三村一镇"*建设。拨付支农专项资金7.05亿元。安排水利资金2.82亿元,重点支持防洪工程、河道整治、生态水利建设;投入绿化余杭专项资金5800万元,完成绿化面积361万平方米;投入3000万元用于扶持壮大村级集体经济。改善城乡环境。投入1.83亿元进行污水治理工程建设,投入9683万元推进节能减排工作,投入1.69亿元用于西部四镇生态保护。加快农业综合开发。完善全区农业综合开发资金和项目管理实施办法,全年申报国家农业综合开发项目9个,争取省以上财政资金1684万元。

【深化财政改革】 完善财政体制机制。制定新一轮镇街财政体制,做好"五城一基地"产业发展平台财政体制调整工作。制定全区土地出让金分配办法。加强预算绩效管理。制定部门预算项目绩效管理办法、部门预算项目支出绩效目标管理操作流程,初步建立预算执行与预算安排挂钩机制。

深化国库集中支付和公务卡改革。全区 235 家行政事业预算单位全面实施国库集中支付和公务卡制度改革，全年国库集中支付 62639 笔、涉及金额 37.29 亿元，办理公务卡 5736 张，公务卡公务消费 1340 万元。

【强化财政监管】 加强专项资金管理。开展财政专项资金绩效评价试点工作，建立运行专项资金信息管理平台，对科技专项资金进行试点运用。严控“三公”经费支出。制定下达 2012 年度“三公”经费控制数，从严控制和压缩政府一般性支出。加强财政资金管理。制定区级机关部门财政资金管理工作考核细则，将财政资金管理工作考核纳入区级机关部门年度目标责任制考核内容，规范区级机关财政资金管理。加强政府采购监管。完善政府采购验收管理制度，全年采购预算 4.44 亿元，实际采购金额 3.57 亿元，节约资金 8781 万元，节约率 19.8%。强化政府投资项目监管。完善政府投资项目协审单位考核办法及全区政府投资项目投资调整管理办法。全年政府性投资项目概算、预算、决算审核核减资金 10.03 亿元。加强国资监管。完善国有企业监事会监督工作体系和国有企业职工薪酬管理体系。

【加强队伍建设】 深化学习型组织建设。完善学历教育、职称考试管理办法和“岗位能手”评选活动实施办法。对全体财税干部分层次、分批次开展为期一周的封闭式培训。组织全局年轻干部参加“三个能手”（理财能手、征管能手、稽查能手）评选活动。加强行风效能建设。邀请行风、效能监察员和民主监督员独立对下属基层站所进行暗访。开展“群众满意基层站所”“青年文明号”“巾帼文明岗”等创建工作。加强党风廉政建设。出台《余杭区财税系统干部廉政廉洁从政手册》，组织全体党员干部观看警示片，组织中层以上干部到浙江省法纪教育基地开展警示教育活动。丰富财税文化建设。开展“发扬财税精神、为民治税理财”专题党课教育；编印《余杭财税》杂志，免费发放 16000 余册；组织文体兴趣小组活动。区局在全区 2012 年度综合考评中名列第三，获得全区“优胜单位”称号。 （杭州市余杭区财政局供稿　王　伟执笔）

注：

* 五城一基地：杭州未来科技城、余杭经济技术开发区（高新企业城）、临平新城、杭州北部新城、乔司国际商贸城及仁和先进制造业基地。

* 农业“两区”：粮食生产功能区和现代农业园区。

* 三村一镇：美丽洲精品村、清洁绿化余杭重点提升村、中心村和风情小镇。

富阳市

【概况】 2012 年，富阳市实现地区生产总值 541.40 亿元，比上年增长 8.7%。其中：第一产业增加值 35.90 亿元，增长 2.6%；第二产业增加值 325.00 亿元，增长 9.3%；第三产业增加值 180.50 亿元，增长 8.6%。三次产业结构比由上年的 6.8∶60.5∶32.7 调整为 6.6∶60.1∶33.3。按户籍人口计算，人均生产总值 82666 元，增长 8.2%。全市财政总收入 78.47 亿元，增长 1.7%，其中公共财政预算收入 42.01 亿元，增长 2.6%；公共财政预算支出 47.96 亿元，增长 2.4%。全年财政收支平衡，略有结余。

【组织财政收入】 注重预测分析。强化经济税源调查分析，深化数据增值利用，切实增强组织收入的前瞻性和计划性。控管重点税源。确定重点税源 417 户，其中地市级监控 149 户，比上年增加 21 户。完善税收绩效考核办法，出具月度报告 8 份，季度报告 1 份，指出政策执行与工作落实及日常税源管理等方面存在的问题，并将税收异常纳税人清单反馈到各分局。优化收入结构。公共财政预算收入占财政总收入比重为 53.5%。公共财政预算收入中的税收收入 39.11 亿元，占比为 93.1%。全市地税部门组织各项收入 49.77 亿元，增长 2.28%，其中税收收入 31.08 亿元，下降 4.0%。规范非税收入。落实非税收入的减免和城市基础设施配套费的征管，理顺户外广告资源收入和水资源费的征管，组织非税收入 47.40 亿元，比上年减少 34.20 亿元。其中政府性基金收入 41.24 亿元，下降 56.6%。

【支持经济发展】 梳理原有文件、相关政策，最后整合成“工业兴市”23 条、“开放型经济”23 条和“城乡统筹”22 条的政策体系。兑现财政扶持政策，拨付各类涉企补助资金 5.00 亿元，其中市本级 3.10 亿元。重点扶持主导产业、现代服务业、再生资源经营、标准厂房建设、循环经济、小企业、担保业等发展。落实部分中小微工业企业临时性下浮基本养老保险费缴费比例两个月的优惠政策，减征 4695 万元，涉及企业 3453 户。自 2012 年 1 月 1 日起，三年内对小微企业免征 6 类行政事业性收费，每年减免 500 万元，扶持小微企业发展。制定《2011 年小型微利企业认定及享受所得税优惠政策操作办法》，政策性减免所得税额 101 万元，涉及企业 183 户。推进“营改增”试点工作，制定《营业税改征增值税试点工作实施方案》，切实减轻相关纳税人的税负，将 993 户试点企业纳入

"营改增"范围并移交国税管理。实施农业综合开发,投入资金3503万元,完成2011年度农业综合开发项目7个,湘溪畈中低产田改造等项目5个。加大金融保障力度,提供贷款风险担保6.90亿元,涉及企业171家。提供转贷应急资金3.80亿元,其中应急服务28次,涉及企业9家。设立科技中小企业贷款风险池1000万元。

【保障民生事业】 全年财政直接用于民生项目支出39.82亿元,增长2.5%。坚持教育优先发展。建设市职教中心,完成新登镇二中、高桥和受降初中"二并一"主体工程。教育支出14.41亿元,其中基本建设1.80亿元,学校运转及教育专项经费12.61亿元,同比增加1.76亿元。加强文化事业投入。实施文化强市建设"九大核心工程"*,市文化中心、黄公望纪念馆竣工并投入使用,获得"中国书法之乡"称号,文化事业支出1.04亿元。加大公共卫生设施建设。实施公立医院综合改革省级试点,基本建成市妇保院二期,完成市医疗卫生中心主体工程,开工建设社区卫生服务中心5个。医疗卫生支出3.47亿元,其中基本建设2213万元。实施社会保障制度。建立健全"城乡统筹、全民覆盖没有遗漏、不留空白"的城乡民民社会保障体系。当年社保基金收入25.74亿元,增长13.5%。其中财政投入6.54亿元,支出23.63亿元,当年结余2.11亿元,累计结余35.71亿元。落实就业再就业政策。安排促进就业专项资金5924万元、人才专项资金2150万元、残疾人就业保障2766万元,城镇登记失业率控制在2.8%以内。加快保障性住房建设。支出1.53亿元,主要用于经济适用房、租赁房和廉租房建设,农村贫困家庭危房改造和住房改造建设的补助。确保困难群体救济。支出5260万元,同比增加181万元,主要用于农村低保、城镇低保、困难群众物价补贴、临时救济、敬老院及困难人群慰问等。加大美丽乡村建设力度。投入"富春山居"美丽乡村建设资金4.80亿元,建成"富春山居"美丽乡村11个,完成市级重点整治村30个,建设饮用水工程村19个,解决3.14万人的饮水问题。落实财政惠民政策。发放农资综合直补1819万元,涉及农户13.33万户;家电、摩托车下乡及家电以旧换新87610台,补助资金2785万元。

【加强乡镇财政管理】 调整乡镇财政体制。实行"分类管理、保证运转、超收分成、一定五年"的管理模式。增强基层财政管理力量。大源、新登、场口、龙羊4个财政所分别升格为财政分局,并增配人员,强化基层财政管理。设立乡镇财政所。富阳市作为全省16个开展乡镇财政管理与乡镇公共服务平台建设的试点县(市)之一,全市25个乡镇街道设立乡镇财政所,将社保、低保、优扶等9方面的26项内容纳入乡镇社会服务管理中心。

【推进财政管理改革】 按照"三位一体"组织机构改革要求,设立预算局、预算执行局、财政监督局,并增设"纳税服务科"。稳妥推行预算公开。涉农项目预算按照统一格式,在规定时间向项目所在的230个行政村村务公开栏张贴公示,接受群众监督。推行公务卡制度改革,办卡2875张,推广率100%,报销金额150万元。规范政府采购管理。建成集"审批——交易——监管"于一体的政府采购电子化平台,完成政府采购3254批次,实际采购金额1.42亿元,节约采购资金1311万元。加强项目概预算审核。完成政府项目概预算审核74个,送审金额2.97亿元,净核减金额3449元,净核减率11.6%。加强委托项目的复审工作,提高中介机构审核质量。开展政府涉农专项资金检查。监督检查2011年预算执行情况,涉及50个行政村、18个涉农专项、209个具体项目的1.29亿元财政资金,指出存在问题,并进行回访,督促整改。

【完善投融资平台】 建成集融资、建设、开发、经营于一体,自求平衡、滚动发展并按照市场化运作的政府投融资体系。组建完善新登城镇建设投资集团、江南新城建设投资集团和富春山居集团有限公司三大区域性企业集团,做强做大工贸资产经营投资集团、城建投资集团和交通发展投资集团等三个行业性集团公司,与土地收储中心形成政府投融资平台体系。完善法人治理结构,强化经营业绩和薪酬考核工作,抓好"1+4"*财务分类核算,提高营运管理水平。

【加强干部队伍建设】 规范竞争性选拔机制。4名副职干部被聘为中层正职,10名一般干部被聘为中层副职,优化队伍结构。开展教育培训。开展"每周有小课、月月有大课"活动,将活动情况纳入单位年度考核。举办《小企业会计准则》培训班,86名基层税收业务骨干参加。定期通报公务员在线学习情况,鼓励干部参加会计从业资格考试。丰富财税文化建设。重新整合文体活动兴趣小组,丰富干部职工业余文化生活。组织参加杭州市财税系统各类文体活动。完善廉政风险防控。开展行政权力风险防控,清理行政监管、行政强制、行政征收等权力事项。开展岗位类别风险防控,查找出风险点,完善廉政风险管理。全年市局获全市窗口单位社会评价第一名、综合目标考核一等奖等富阳市级以上荣誉33项。

(富阳市财政局供稿　刘学文执笔)

注:

*九大核心工程:文化引领工程、地域文化特色工程、群

众文化提升工程、文化研究和精品创作工程、文化遗产保护和利用工程、文化设施建设工程、文创产业推进工程、文化人才工程、文化传播工程。

＊1+4："1"即1个核算体系，"4"即经费账、项目账、债务账、政府做地账（将土地收购后，通过拆迁及"六通一平"后所支出的成本账），均公开独立核算。

建德市

【概况】 2012年，建德市实现生产总值247.20亿元，比上年增长8.5%。其中：第一产业增加值25.96亿元，增长9.5%；第二产业增加值137.70亿元，增长8.3%；第三产业增加值83.54亿元，增长10.5%。三次产业结构比为10.5∶55.7∶33.8。按户籍人口计算，人均生产总值48540元。全社会固定资产投资额96.19亿元，增长20.8%；消费品零售总额67.33亿元，增长17.0%。全市财政总收入29.55亿元，增长13.5%，其中公共财政预算收入16.00亿元，增长13.4%；公共财政预算支出25.25亿元，增长9.3%。全年财政收支平衡。

【依法组织财政收入】 注重收入分析预测。关注经济形势和政策变化，研判经济税收发展趋势，编排年度收入计划，把握组织收入主动权。强化税收征收管理。加强高收入行业、股权转让和利息股息红利个人所得税管理，健全房产税、城镇土地使用税税源数据库，推进土地增值税清算常态化管理，完善资源税委托代征管理。加强法院审判执行涉税案件协作，规范申请法院强制执行税费操作，保障税收优先参与财产分配。优化财政收入结构。公共财政预算收入占财政总收入比重为54.1%；公共财政预算收入中的税收收入15.37亿元，占比为96.1%。强化非税收入征缴。实施非税收入征管信息系统建设，清理以前年度预算外资金结余，强化土地出让金收支分析管理，做好土地出让金清欠工作，确保非税收入应收尽收。全年组织非税收入13.85亿元，下降29.2%，其中，政府性基金收入13.12亿元，下降28.8%。完善社会保险费管理。完善社会保险费清算政策，规范清算操作要求，加强社保工资总额比对，夯实缴费基数，规范个体工商户社保费管理。全年组织社会保险基金收入11.48亿元，增长65.8%。

【支持经济发展】 加大企业帮扶力度。整合扩充财政转贷应急专项资金，全年办理应急专项387笔，涉及资金18.80亿元。实施财政存量资金差别化存放管理，安排贷款风险补偿资金和担保风险补偿资金，引导金融、担保机构加大对实体经济的信贷投放力度。落实结构性减税措施和"清费减负"政策，全年减免各项税费1.21亿元。促进产业转型升级。整合促进工业经济健康持续快速发展相关扶持政策，制定涵养服务业税源、加快现代物流业发展等财政扶持政策，支持再生资源经营企业发展，推进交通运输业及现代服务业"营改增"试点，出台加快现代农业发展实施意见。全年审核兑现财政专项扶持资金1.06亿元。提升服务水平优化发展环境。开展服务"大企业、大项目、大平台、大招商"活动，通过现场宣讲、商会座谈、专题培训、报刊解读等形式，宣传各项财税扶持政策，协调解决企业发展困难，指导企业防范涉税违法风险。发放政策宣传资料3000余册，指导企业向上申报项目410个，争取资金5152万元。

【保障民生事业发展】 全年用于民生保障和社会事业支出19.43亿元，增长9.1%，占公共财政预算支出的77.0%。支持教科文卫事业发展。教科文卫支出10.14亿元，增长10.5%。重点用于支持职业教育和学前教育发展，保障校车安全、校舍安全、爱心营养餐工程，关爱留守儿童；支持重大科技创新项目、企业技术研发、科技交流合作；支持文化强市、广播影视、新闻传媒等文化公益事业及"农家书屋"等公益性文化事业发展；支持医药卫生体制改革、乡镇医疗服务机构建设和"卫生城市"复评。健全社会保障体系。社会保障和就业投入2.06亿元，增长2.7%。合理安排和补充社会保险基金，争取省级调剂金支持，稳步提高基本养老金待遇、最低生活保障等社保标准，扩大低收入家庭教育资助范围、农村计生家庭奖扶资助范围。加快城乡区域统筹发展。农林水事务支出3.98亿元，增长13.0%。重点支持小型农业水利设施建设、农田改造、精品村培育、农村危旧房改造、农民专业合作社等，统筹资金重点支持高标准农田和农业"两区"＊建设。截至当年底实施村级公益事业建设一事一议财政奖补项目143个，受益村106个，受益农民20余万人。推进生态文明建设。节能环保投入1.12亿元，增长0.9%。支持生态城市建设、"三江两岸"＊生态景观建设和保护＊、"四边三化"＊整治，推进资源综合利用和可再生能源建设、污水管网建设，促进经济社会与环境协调可持续发展。

【深化财政管理改革】 构建预算编制、执行、监督"三位一体"财政组织体系，深化公共财政管理改革。完善预算定额标准体系和部门预算编制系统，推进项目库管理，成立部门预算编制委员会，增强预算执行力和严肃性。131家市级预算单位推进国库集中支付和公务卡制度改革,覆盖面100%。理顺乡镇财政管理体制,加快乡镇财政建设,健全机构设置和人员配备,所有乡镇(街道)设立乡镇财政管理机构,推进财政资金就地就近监管。强化政府性债务管理,编制政府性债务收支计划,建立债务风险监测评估体系,防范债务风险。

【强化财政监督管理】 重申会议经费、培训费、差旅费、出国(境)人员费用开支标准,一般公共服务支出增幅较上年下降10个百分点,占公共财政支出比重下降0.4个百分点。深化公务用车专项治理成效,巩固治理"小金库"长效机制建设,加强财政专户清理整顿。开展全市国有资产清产核资工作,制定行政事业单位固定资产处置管理办法。规范政府采购行为,建设政府采购信息管理系统平台,组织政府采购9631万元,节约资金896万元。加强工程建设项目概、预、结算审核,审查项目137个,净核减金额1647万元,净核减率5.2%。强化预算执行监管职能,审核集中支付业务67823笔,纠正各类不规范业务3002笔,退回金额1.41亿元。制定全面推进预算绩效管理的指导意见,稳步推进财政支出绩效评价,全年安排财政支出绩效评价项目50个,绩效评价资金4.95亿元,占公共财政支出的19.6%。

【加强干部队伍建设】 加强党风廉政建设。加强岗位廉政风险防范,构建"权力阳光"运行机制,排查廉政风险点220个,公开"权力清单"17类320项。推进科技监察平台建设,形成机器管事、制度管人、机控人防的控管机制。开展党风廉政建设宣传月活动,举办党风廉政教育专题讲座,增强干部谨慎用权思想意识。加强素质能力建设。开展干部学习讲坛活动,实行干部学习日制度,组织干部到江西财经大学培训。开展新一轮中层干部轮岗竞聘,中层轮岗率77.6%,优化干部梯队结构。加强制度文化建设。修订完善各项内部管理制度,市局获建德市级机关单位综合考评和班子综合考核"双优"。 (建德市财政局供稿 骆 炳执笔)

注:

*农业"两区":指现代农业园区和粮食生产功能区。

*"三江两岸"生态景观建设和保护:指在钱塘江、富春江、新安江两岸打造生态保护和经济社会发展的新长廊,使之成为建设生态文明、统筹城乡发展的新抓手,让沿线的居民共享生活品质。

*四边三化:指对公路边、铁路边、河边、山边等"四边区域"的洁化、绿化、美化行动。

临安市

【概况】 2012年,临安市实现地区生产总值382.20亿元,按可比价格计算,比上年增长10.0%。其中:第一产业增加值33.75亿元,增长3.0%;第二产业增加值220.10亿元,增长10.3%;第三产业增加值128.35亿元,增长11.5%。按户籍人口计算,人均生产总值为72595元,增长12.1%;全年完成财政总收入44.17亿元,增长12.6%,其中公共财政预算收入23.66亿元,增长12.1%;全市公共财政预算支出36.29亿元,增长8.1%。全年财政收支平衡,略有结余。

【组织财政收入】 收入结构保持稳定。公共财政预算收入占财政总收入比重为53.6%;公共财政预算收入中的税收收入22.91亿元,占比96.8%。强化收入预测分析。关注宏观经济和企业经营形势变化,研究经济走势、财税政策调整和企业经营状况对税费收入影响,建立收入应急预案,推广应用重点企业监控软件,全市重点税源监控企业668家。加强税收征收管理。制定资产转让信息联系管理办法,加强股权转让所得税管理,补缴税款1113万元。规范非税收入管理。制定国有土地使用权出让收支管理办法、基础设施配套费征收管理办法和采矿权有偿出让管理办法,规范非税收入收缴管理。全年组织非税收入22.23亿元,下降45.1%,其中政府性基金收入20.35亿元,下降45.0%。完善社会保险费征缴机制。实行重点费源实时监管,动态掌握费源变化信息,加大缴费登记、缴费征收、缴费评估、欠费清理工作力度,完善社会保险费"五费合征"征缴机制。全年组织社会保险基金收入9.39亿元,增长21.9%。

【支持经济发展】 完善政策体系。会同有关部门制订促进股权投资业发展、增强企业科技创新能力发展创新型经济、加快旅游业发展、促进房地产业发展的若干政策意见,出台加快杭州临安青山湖科技城科技型中小企业产业化基地建设发展、鼓励高层次人才入驻青山湖科技城创新创业等财政扶持政策。争取上级财政部门各类资金补助。争取到各类补助资金12.15亿元;争取7年期地方政府债券2.50亿元,向省财政厅争取调度资金10.18亿元,增加地方可用财力。实施税费减免。落实针对不同类型企业的各项税收优惠政策,审核办理减免税3.15亿元;落实部分中小微工业企业临时性下浮基本养老保险费缴费比例减征政策,减征社会保险费2665万元。

【优化支出结构】 全年民生支出26.37亿元，占公共财政预算支出比重由71.2%提高到72.7%。支持教育事业发展。创建省三级以上幼儿园9所，实现镇（街道）中心幼儿园全覆盖，启动临安中学迁建项目，完成特殊学校、青山初中等迁扩建项目。全年教育支出9.46亿元，增长9.6%。支持科技事业发展。开展省级知识产权示范市创建，实施青山湖科技城引才工程，整合完善人才队伍建设政策意见，推进人才安居工程和人才公共服务体系建设，新培育省级企业技术中心2家。全年科学技术支出1.71亿元，增长17.5%。支持文化事业发展。加快扶持文化创意产业发展，实施昌化“国石文化创意产业发展三年行动计划”，支持完善市镇村三级文化体系建设，实现镇（街道）综合文体站和“农家书屋”全覆盖，建成村级文化礼堂50个、省级体育强镇3个、体育小康村10个、杭州市级以上文明镇（街道）2个、文明村7个。全年文化体育与传媒支出6445万元，增长9.5%。加大社会保障投入。加大残疾人自主创业、福利企业发展、退伍军人安置、就业再就业培训等投入力度，提高“五保”集中供养、失业保险金、城乡居民最低生活保障标准，发放高龄补贴和孤儿补贴，加强城乡居民住房保障，支持社会化养老服务机构建设。全年社会保障和就业支出3.23亿元，增长10.9%。支持医疗卫生事业发展。推进医药卫生体制改革，实施基本药物制度，开展公立医院综合改革试点，开工建设临安骨伤医院，完成昌化人民医院主体工程，提升公共卫生服务能力。完善基本医疗保障办法，市内住院报销比例提高到70.0%，实现医保主要政策框架与杭州市区接轨。全年医疗卫生支出2.44亿元，增长11.2%。支持农林水建设。加快“千库保安”“山塘安保”水利设施建设，支持农村土地经营权流转，推进“绿色家园、富丽山村”建设，推行村级公益事业建设一事一议财政奖补，建成精品村、特色村20个，率先在杭州地区实现村庄整治全覆盖。全年农林水事务支出3.88亿元，增长12.6%。控制政府运行成本。压缩“三公”经费，降低政府运行成本。全年一般公共服务支出下降7.7%。

【推进公共财政管理改革】 细化部门预算、专项预算、国有资本经营和基金项目预算编制，启用新预算编制管理系统，推进预算信息公开，27个政府部门预算提交市人代会审议，推进市人大常委会跟踪监督工作。完善国库集中支付改革，全市220家市级预算单位（包括二级单位）全部实行国库集中支付，全年通过国库集中支付系统支出19.50亿元，其中财政直接支付17.21亿元，财政授权支付2.29亿元，分别增长54.1%、48.5%、114.7%。全面推行公务卡制度改革，全年办理220家市级预算单位（包括二级单位）公务卡3349张。开展预算项目支出绩效评价工程，选定预算安排在50万元以上的82个项目进行绩效评价，涉及财政资金9328万元。

【强化财政监督】 制定基本医疗保险医疗费用结算管理暂行办法、农田水利项目资金管理办法和村级公益事业建设一事一议财政奖补资金管理办法，清理撤销财政专户20个，加强党政机关公务用车编制核定及违规车辆处理，开展10个镇（街道）部门财政监督检查，通报存在的问题并责成整改。制定政府性投资项目预决算管理办法，决算审价147个竣工项目、预算审价98个标的项目，核减造价7803万元，核减率12.7%。建立政府采购项目预对接制度，推进政府采购信息化建设试点，政府采购节约资金1676万元，节约率13.2%。推行会计人员网上继续教育，组织各类培训、考试、考核，评出会计管理先进集体2个、先进个人10人。

【加强国资管理】 在全市100家行政事业单位（含二级单位）推行行政事业单位国有资产条码化管理，初步建立覆盖行政事业单位资产配置、使用、处置和缴拨全过程的监管体系。完善国有公司法人治理结构，开展粮食收储公司年度预算绩效考核，提高国有资产管理绩效，全年公开处置国有资产6宗，评估价3089万元，成交价3920万元。加强政府性融资平台公司债务预算管理，防范政府债务风险。

【提升队伍素质】 建设学习型机关，组织中层干部和业务骨干分别赴清华大学、上海财经大学进行封闭式培训，全年举办各类培训63期，参训1275人次。注重廉政文化培育，邀请专家作廉政教育报告，组织党员观看《特别对话》警示片，编排岗位廉政情景剧《诱饵》并获全市优胜奖。开展“深化廉政风险防控、优化政务服务环境”主题活动，梳理出177个岗位的职权和风险点并制定防控措施643条。开展基层组织建设年活动，实行基层党组织星级管理，实施党建工作“阳光考核”。市局获“杭州市文明单位”、“杭州市廉政文化进机关示范点”、“杭州市综治和维稳工作先进集体”等称号。

（临安市财政局供稿　崔　超执笔）

桐庐县

【概况】 2012年，桐庐县实现生产总值258.31亿元，按可比价格计算，比上年增长8.6%。其中：第一产业增加值19.85亿元，增长2.9%；第二产业增加值153.68亿元，增长7.8%；第三产业增加值84.78亿元，增长11.5%。三次产业结构比

7.7∶59.5∶32.8。按户籍人口计算,人均生产总值63862元,增长8.3%。全县财政总收入34.01亿元,增长12.2%,其中公共财政预算收入19.51亿元,增长13.4%;全县公共财政预算支出27.00亿元,增长18.5%。全年财政收支平衡。

【组织财政收入】 优化财政收入结构。全年公共财政预算收入占财政总收入比重为57.4%;公共财政预算收入中的税收收入18.00亿元,占比为92.3%。全县地税部门组织各类收入23.18亿元,增长10.5%。加强组织收入管理。强化收入分析和预测,监控重点税源企业290户。规范营业税差额征税管理,推进营业税改征增值税试点改革。开展房产税、城镇土地使用税清查,做好土地增值税清算。完善管查互动工作机制,全年查补入库税费1554万元。强化非税收入征管,试点运行新版非税收入征管信息系统。组织政府性基金收入8.05亿元,下降75.4%。组织其它非税收入1.51亿元,增长13.0%。组织社保基金收入6.88亿元,增长20.2%。

【促进经济转型发展】 加大扶持力度。全年拨付涉企财政扶持资金1.89亿元,其中向省市争取补助资金4639万元。补助扶持现代农业发展资金3500万元,安排林业发展专项资金2671万元,旅游发展专项资金1000万元,建立科技型中小企业贷款风险池基金和贷款风险补偿专项资金。完善扶持政策。修订加快转型升级发展现代农业、工业经济、现代服务业、开放型经济财政扶持政策,出台再生资源经营贸易企业、医疗器械企业扶持办法。完善旅游经济振兴扶持政策,修订金融业支持地方经济社会发展贡献奖考核办法,完善总部经济、楼宇经济财税扶持政策。落实高新技术企业和中小微企业税收优惠政策,全年减免税额8093万元,集中减征基本养老保险费2100万元。

【支持城乡统筹发展】 全年财政投入"三农"资金15.72亿元,安排城乡统筹专项资金1.39亿元,向上争取一事一议财政奖补资金2021万元,筹措农村公益金265万元。制定区县协作共赢项目资金使用管理办法,修订扶持村级集体经济发展政策,完善美丽乡村建设实施意见,推进美丽乡村建设全覆盖,着力打造特色村和精品村。编印《涉农政策明白册》,扩大政策性农业保险覆盖面。推进横村九岭溪等8个农业综合开发项目建设,加快推进农田水利、城乡供水一体化工程,安排千库保安等补助资金6000万元。落实惠民政策,全年兑现家电和摩托车下乡两项补贴2133万元,兑付家电以旧换新补贴180万元,通过支农惠农补贴一折通发放农资综合直补资金1269万元。安排住房保障支出2365万元,增长29.2%,新增城镇保障性住房137套,实施农村住房改造3220户,困难群众危旧房救助290户。

【保障民生事业发展】 全年用于民生保障和社会事业支出21.19亿元,占公共财政预算支出的78.5%,增长22.1%。促进教育事业发展。推进基础教育质量提升工程,全年安排教育支出6.24亿元,增长18.5%。出台学前教育资助实施细则,落实学前教育专项经费,保障校车采购及运行。保障科技进步。安排科学技术支出1.03亿元,增长17.6%,安排科技专项资金5285万元,推进科技事业均衡发展。支持文化事业发展。文化体育与传媒事业支出5848万元,增长25.5%。加大文化惠民力度,支持农家书屋实现行政村全覆盖,维修重点历史建筑30幢,保障剪纸大赛、"三月三"畲族文化节等文化交流活动开展。推进医疗卫生服务质量提升工程。医疗卫生支出2.25亿元,增长26.7%。支持县级公立医院综合改革,实施药品零差率,深化乡村卫生一体化管理。加强社会保障体系建设。社会保障和就业支出3.01亿元,增长53.8%。城乡居民社会养老保险基础养老金增加到每月100元,向60周岁以上老年人发放春节慰问金1769万元。实现居民养老保险参保率99.5%,县内住院报销比率70.0%。促进就业创业工程实施,支持城乡居民家庭经济状况核查平台建设。加大生态保护等建设投入。安排节能环保支出1.46亿元,增长27.0%。支持国家生态文明试点县创建,保障"三江(新安江、富春江、钱塘江)两岸"、"清洁桐庐"、农村环境连片整治工程。健全政法经费保障机制,落实公共安全经费1.74亿元,增长5.3%,支持"平安桐庐""法治桐庐"建设。

【推进财政管理改革】 深化预算管理。修订县级部门预算调整暂行办法,完善预算定额标准体系,试行国有企业资本经营预算编制。推进预算公开,全县各部门预算编制接受人大代表公开审议,司法局等5部门预算编制接受县人大常委会专题审查。加强财政支出预算执行管理,强化预算执行刚性和均衡性。推进国库集中支付和公务卡制度改革。全面完成国库集中支付改革任务,对59家行政单位和69家事业单位全部实行国库集中支付制度,全年集中支付总额22.44亿元,其中直接支付20.29亿元。推行事业单位公务卡结算制度,提高公务卡使用率,通过公务卡办理公务支出业务297笔,支出金额130万元。规范政府采购。完善政府采购协议供货制度,开展分散采购委托代理试点,提高政府采购比例和效率,全年政府采购节约资金1873万元,节约率15.0%。加强乡镇财政财务管理。调整乡镇(街道)财政管理体制,制定乡镇资金监管实施办法，强化乡镇财政预算执行情况动态管理。加强政府性债务管理。创新政府性债务管理机制，运行债务管理信息系统，完善债务定期报告制度，强化债务动态监管和全口径管理。

【强化财政监督管理】 加强政府性投资项目资金管理。抓好政府性投资项目评审，完成各类财政投资评审项目48个，审减投资1.15亿元。完善绩效评价体系。实施绩效目标管理，建立绩效管理项目库，组织10个部门开展绩效自评，涉及项目资金5885万元。强化财务监管。完善财政专项资金管理暂行办法，规范中央公共投资项目账户管理。开展财政专户清理整顿“回头看”，严格控制财政专户设置。加强预算结余资金专项清理，规范国库现金管理。加强国资监管。明确国企负责人职务消费具体规定，开展国有企业经营预算执行情况检查，完善行政事业单位资产处置评估备案机制。贯彻落实厉行节约等各项规定。出台会议费、差旅费和因公出国经费开支管理办法，建立“三公”经费支出预警机制，严格控制一般性支出，公用经费和经常性业务费在2012年定额预算数基础上压缩5%。强化财会从业人员继续教育。完成会计人员继续教育4561人次，组织财政支农政策培训2620人次，开展《小企业会计准则》培训和知识竞赛。

【加强干部队伍建设】 开展“解放思想、转变作风、助推发展”主题实践活动，密切与基层群众的联系沟通。深化岗位廉政教育，自创廉政情景剧获得杭州市一等奖。创新党员培训形式，组织在职党员赴井冈山开展党性、党风和党纪教育。推进学习型机关建设，组织业务骨干赴高校培训、全员业务培训竞赛，举办第五届职工健身运动会，组织干部参加各类文体比赛和扶困解难公益活动。推进依法行政。完善申请法院强制执行欠缴税费联动机制，创建浙江省依法行政示范单位，县局连续6年被县政府授予依法行政优秀单位。提高财税服务效能。深化民主评议行风“回头看”、“公述民评”等活动，县局被评为年度最佳服务企业部门，连续7年在县级部门综合考评中获得优秀。

（桐庐县财政局供稿 杨 琛执笔）

淳安县

【概况】 2012年，淳安县实现生产总值159.23亿元，按可比价格计算，比上年增长10.6%。其中：第一产业增加值27.15亿元，增长3.0%；第二产业增加值68.70亿元，增长11.8%；第三产业增加值63.38亿元，增长12.5%。三次产业结构比为17.1∶43.1∶39.8。按户籍人口计算，人均生产总值34915元，增长10.4%。全县财政总收入17.20亿元，增长12.7%，其中公共财政预算收入11.21亿元，增长17.8%；全县公共财政预算支出27.48亿元，增长14.4%。全年财政收支平衡。

【组织财政收入】 强化组织收入分析。关注经济走势、财税体制改革及营业税改增值税试点等重大税制改革动向，加强财政、国税、地税三方协作，提高收入预测准确度。加强重点税源管理。实施重点行业、企业、项目税源的监控分析，重点税源税收占税收收入比重54.8%。提高收入征管效率。应用《税友龙版》征管系统，开展房产税、土地使用税税源普查；加强综合税负预警，实施纳税评估151户；建立调研式税务检查机制，查补入库税费1580万元。加强社保费扩面征缴，组织社保基金收入4.87亿元，增长22.5%。优化财政收入结构。公共财政预算收入占财政总收入比重为65.2%；公共财政预算收入中的税收收入10.30亿元，占比91.9%。规范非税收入监管。开展新版非税收入征管软件应用试点，规范非税收入预算、收缴管理，组织非税收入15.26亿元，下降26.5%，其中政府性基金收入14.36亿元，下降28.2%。

【支持经济转型升级】 完善财政扶持政策。制定推进生态工业经济、培育小微工业企业发展、扶持创投和总部（会所）经济发展、引导浙商回归、推进服务业“个转企”等财政扶持政策，评定17家县级成长型工业企业，个体工商户转企业22户。加大财政奖补力度。全年兑付财政扶持企业补助资金2.18亿元，其中争取上级补助资金7208万元，引导企业技改创新，鼓励建设多层厂房，扶持休闲旅游业、观光农业、建筑业等行业发展，促进经济转型升级。改善经济发展环境。加大基础设施投入，支持景观飘带、秀水广场、淳杨公路、县医院迁建等重大项目建设，拨付政府投资项目资金35.43亿元。落实清费减税政策。取消部分行政事业性收费，落实国家结构性减税政策，全年减免各项税费5976万元，实施工业企业养老保险临时性下浮政策，减轻企业负担706万元。

【促进城乡统筹发展】 全年财政投入“三农”资金11.01亿元，增长24.1%。支持城乡统筹发展。安排城乡统筹建设资金10.76亿元，加快中心镇、中心村、特色村和美丽乡村精品带培育。完善财政扶持政策。制定扶持村级物业经济发展、促进农村土地规模流转等财政奖补政策，扶持村集体经济发展。加快农业综合开发。整合财政支农资金，提高资金使用绩效。加大农村土地治理、产业化经营项目和农田水利基础设施投入,全年安排项目资金4.37亿元。推进美丽乡村建设。实施全县景区化战略,扶持乡村休闲旅游产业发展。建立生态农业投入增长机制,开展农村环境连片整治,实施粮食功能区建设和生态公益林保护。落实家电下乡政策。全年兑付家电、摩托车下乡及家电以旧换新补贴资金1968万元,兑付率99.9%。

【保障民生事业支出】 全年民生保障和社会事业支出20.30亿元,占公共财政预算支出的73.9%。支持教育科技事业发展。加大学前教育经费投入,提高义务教育生均公用经费标准,保障教育装备和校舍安全工程实施。建成淳安县职业教育中心,改善职业教育办学条件。全年教育支出6.63亿元,占公共财政预算支出(剔除省教育补助资金)的21.9%,达到省定标准。落实人均2元科普经费,扶持科技发展计划项目,支持"浙江省科普示范县"创建,全年科技事业支出6405万元。支持文化体育事业发展。加强文化遗产保护,修缮19处农村历史建筑。加快农家书屋、乡镇文化站和社区文化设施建设,提高公共文化服务水平。扶持体育强镇、体育小康村创建,保障社区健身、体育赛事活动经费。全年文化体育与传媒支出4763万元,增长23.6%。促进医疗卫生事业发展。推进县级公立医院综合改革,建立基层医疗机构财政补偿和政府投入机制,基本药物实行"零差率"。保障基层医疗卫生服务体系建设,实施乡村卫生服务财政补助政策。完善基本医疗保障制度,完成省级卫生强县创建。全年医疗卫生投入2.87亿元,增长6.4%。加快社会保障体系建设。落实就业再就业扶持政策,推进职业技能和综合素质培训。完善社会救助体系建设,建立城乡低保、物价补贴和社会医疗救助制度。城乡居民基础养老金标准提高到100元,城乡居民医疗保险住院报销比例提高到70%。实施农村住房改造3000户,困难家庭危房救助953户。加大生态环保事业投入。建立生态环保专项资金,完善环保投入增长机制。保障采砂、垂钓、网箱养殖、船舶污水上岸、违章建筑等五大环境整治活动实施,加快城乡污水处理、生态系统监测等设施建设,支持国家级生态县创建。全年生态环保投入3.39亿元。

【推进财政管理改革】 完成"三位一体"组织机构改革,实现机构、人员、制度三到位。深化预算管理。科学制定预算定额,规范预算支出,加强部门预算编制,制定预算单位账户管理办法。推进国库集中支付和公务卡制度改革。县本级127家预算单位完成国库集中支付改革,启动乡镇国库集中支付改革试点,国库集中支付制度覆盖面100%。全年集中支付金额9.45亿元,其中直接支付9.08亿元,授权支付3700万元。推行事业单位公务卡结算制度,提高公务卡使用率,办理公务卡2218张。

【强化财政监督管理】 修订预算绩效管理实施办法,对超过50万元的专项支出项目开展绩效目标管理试点,实施绩效评价项目27个,涉及财政资金1.81亿元。制定财政监督实施办法、检查规程,实施行政事业单位监督检查7家。制定政府投资项目资金管理、变更管理办法,完善预算审核提速增效机制,强化政府投资项目监管。全年完成工程预算审核1520项,送审金额37.19亿元,审减资金1.75亿元,核减率4.6%。加强政府采购监管,全年采购合同总额1.40亿元,节约采购资金2050万元。加强国有资产监管,整合22个行政事业单位经营性资产7.86亿元,整体划转至国有企业,提高国有资产运营效益。开展公务用车专项治理,调整全县公务用车核定编制。制定会议费、培训费、差旅费、临时出国人员费用等四项经费开支标准,控制公用经费和一般性行政支出,全年一般公共服务支出占公共财政预算支出的14.3%。提升对会计人员的网络化管理水平,做好《小企业会计准则》培训,组织会计人员继续教育3500人次。

【规范乡镇财政管理】 全县乡镇财政总收入2.31亿元,增长4.0%,占全县财政总收入的13.4%;乡镇地方公共财政预算收入1.03亿元,增长4.0%,占全县公共财政预算收入的9.2%。开展乡镇财政规范化建设试点,规范乡镇财政组织机构建设,全县23个乡镇建立乡镇财政所;规范乡镇财政队伍建设,招录乡镇财政人员6名;制定乡镇财政资金监管办法和业务管理流程,完成县乡财政联网;建立乡镇公共财政服务平台信息库,整合涉农民生补助资金项目51项。调整完善乡镇财政管理体制,试行乡镇财政综合预算管理。

【加强干部队伍建设】 开展十八大精神、"以湖兴县、蝶变淳安"主题学习实践,及"效能亮剑"、问效评议、民主评议行风等活动。举办新一轮"在平凡中闪光"先进事迹报告会。开展市级健康单位、文明单位和"满意科室"创建活动,提升财政服务水平。邀请专家讲课、组织干部培训,提高综合素质;注重青年干部培养,公选提拔县管领导干部一名。加强工团妇基层组织建设,组建兴趣小组,丰富干部职工业余生活。开展党风廉政教育,完善岗位风险、执法风险排查防控机制,提高全体干部廉政意识。县财政局获淳安县级机关部门综合考评优胜满意奖。

(淳安县财政局供稿　何　润执笔)

宁波市财政工作概况

宁波市

【概况】 2012年,宁波市实现生产总值6524.70亿元,按可比价格计算,比上年增长7.8%。其中:第一产业增加值269.97亿元,增长1.6%;第二产业增加值3516.73亿元,增长6.0%;第三产业增加值2738.00亿元,增长10.9%。三次产业结构比调整为4.1:53.9:42.0。人均生产总值为85475元(按常住人口计算)。全社会固定资产投资2901.40亿元,增长21.6%。社会消费品零售总额2329.26亿元,增长15.4%。外贸进出口总额965.73亿美元,下降1.6%,其中出口614.45亿美元,增长1.0%;进口351.27亿美元,下降5.9%。港口货物吞吐量完成4.53亿吨,增长4.5%;集装箱吞吐量完成1567万箱,增长8.0%。市区城市居民人均可支配收入37902元,增长11.3%,扣除价格因素,实际增长9.4%;农村居民人均纯收入18475元,增长11.1%,扣除价格因素,实际增长10.0%。全市公共财政预算收入1536.51亿元,增长7.3%,其中地方财政收入725.50亿元,增长10.3%;全市公共财政预算支出828.44亿元,增长10.4%。全市地方财政收入占公共财政预算收入的比重为47.2%,地方财政收入中税收收入667.84亿元,占地方财政收入的比重为92.1%。市级公共财政预算收入340.91亿元,下降2.0%,其中地方财政收入75.32亿元,增长7.3%;市级公共财政预算支出178.60亿元,增长9.0%。全市及市级预算执行情况良好,财政收支平衡。

【组织财政收入】 2012年,全市各级地税部门组织税收收入595.70亿元(含契税和耕地占用税),增长9.6%。密切关注经济形势及宏观政策变化对收入的影响,多次召开收入形势分析会,做好收入定期分析和前瞻性预测工作,增强组织收入工作的主动性和有效性。全面开展重点税源监控工作,落实监控制度,摸清重点税源情况底数。落实好企业所得税各项政策,加强限售股转让、自然人股权转让等个人所得税征管,完善营业税差额征收申报办法,开展房产税土地使用税比对,做好车船税法及实施条例的贯彻落实工作。夯实征管基础,强化纳税评估,开展大企业风险管理工作,规范个体税收管理,加强对非正常户、失踪户的监控管理。推进社保费征收体制调整,在全市范围开展社保费户管清理工作,制定《加快推进宁波市按工资总额征收社保费工作总体方案》,完成体制调整前各项准备工作。加强对非税收入管理,扩大政府非税收入收缴信息系统应用范围,制定水利建设基金征收和减免管理办法,全市非税收入57.66亿元。

【促进经济平稳较快发展】 *加大政府公共投资力度。*向财政部争取地方政府债券17.00亿元,配合有关部门协调落实轨道交通等项目建设资金22.27亿元。*加快推进产业结构优化调整。*市级拨付高成长企业发展资金1.78亿元,实施“高成长企业培育计划”专项行动。市级落实各类科技专项资金5.04亿元,支持以企业为主体的创新体系建设。设立天使投资引导基金5.00亿元,其中市级2.00亿元,促进创新型初创企业快速成长。制订市海洋经济创新发展区域示范实施方案,争取中央财政专项资金1.00亿元,推进海洋经济发展。加快创建智慧城市和实施人才强市战略,市级安排人才开发专项资金3.05亿元,支持人才引进和培训工作。*扶持中小微企业健康发展。*加大对中小企业资金支持力度,市级落实中小微企业发展专项资金1.00亿元,制定推进中小微企业健康发展的财税扶持办法,明确扶持方向和方式。完善中小微企业融资性担保扶持政策,推进小额贷款保证保险业务试点工作。*支持开放型经济发展。*市级落实外经贸发展资金4.73亿元,研究出台服务外包、中小企业国际市场开拓、外贸优势企业激励等16项政策措施,重点加大对进口、境外参展、出口信用保险的扶持力度。*推进环境保护和生态市建设。*完善淘汰落后产能促进节能减排的财税政策,支持节能减排和环境保护。支持中心城区“禁燃区”建设,提前一年完成淘汰燃煤锅炉专项行动。制定生态环保财政扶持政策,全面推进生态市建设。*落实减税轻费优惠政策。*严格落实国家和省、市政府出台的各项税费优惠政策,减轻企业和个体劳动者负担。*落实稳物价促消费政策措施。*市级安排9700万元专项资金用于保障“菜篮子”市场供应,防范副食品市场风险,支持肉菜流通追溯体系建设,推进菜市场改造提升等稳市场保供应工程。完善困难群众基本生活价格补贴调整机制,提高低收入群体收入水平。

【加大财政支农力度】 市级筹集各类水利资金,推进市重要河道、农田水利、水资源开发利用等工程建设,提升防洪治涝、水资源保障能力。加强农业综合开发工作,支持粮食功能区、现代农业园区建设。及时向全市47万农户发放2012年种粮农民农资综合补贴1.18亿元。完善农村金融奖补政策，鼓励金融机构加大支农信贷力度。下达市级以上补助资金1.10亿元，在全市实施250余个村级公益事业一事一议财政奖补项目。安排2.21亿元专项资金推进美丽新家园建设和相对欠发达乡镇跨越式发展项目。

【推动社会事业稳步发展】 加大对民生的保障和支持力度，全市全年教育、社会保障和就业、医疗卫生支出分别为141.70亿元、79.01亿元、56.38亿元，分别增长20.5%、34.8%、19.5%。支持教育文化事业发展。全市财政教育支出占公共财政预算支出比重为16.5%，完成中央下达的16%的目标任务。落实中央和市两级学前教育专项资金1.78亿元，推进学前教育普惠式发展。实施义务教育公用经费最低标准“倍增行动计划”。提高高等学校生均经费，支持高校重点学科、重点专业建设。完善帮困助学扶持措施，新增投入3000万元全面实施爱心营养餐工程。制订实施支持文化改革发展的财税政策措施，扩大公共文化服务体系建设覆盖面，深入推进公共文化机构免费开放、农家书屋建设等重点文化惠民工程，支持打造公益性文化品牌。支持就业和社会保障。全市安排促进就业资金9.57亿元，重点加大对高校毕业生就业的扶持力度。稳步提高各类社会保险待遇水平。全面推进城乡低保一体化进程，实现“城乡一体、标准一致”目标，全年发放低保资金2.29亿元，惠及3.93万户低保家庭。构建新型社会养老服务体系，建立居家养老服务机构运营补贴制度。深化医药卫生体制改革。建立与经济发展水平相适应的基本医疗保险筹资机制，城镇居民医保和新农合财政补助分别为每人每年370元和405元。开展基本医保支付制度改革，建立控制医疗费不合理增长的长效机制。基本公共卫生服务人均项目经费提高到50元。截至当年底全部县（市）区级公立医院统一实施综合改革。加快推进保障性安居工程建设。多渠道筹集保障性住房建设资金，全市落实保障性住房补助资金19.12亿元，向国家开发银行融资7.05亿元。

【深化财政改革】 推进市营业税改征增值税试点工作，出台过渡性财政扶持政策。深化预算制度改革，细化预算支出功能科目和经济科目，实施预算编制项目库管理，将所有项目支出纳入项目库实行滚动管理。国库集中支付制度改革和公务卡制度改革已覆盖到县级以上各级预算单位，全市全年完成国库集中支付金额662.72亿元，其中财政直接支付金额575.91亿元，占比87.0%。市本级全面实施预算单位公务卡强制结算目录制度，全市累计发放公务卡6.4万余张。推进预算执行动态监控机制建设，提高财政资金使用绩效和透明度。深化政府采购制度改革，规范和强化政府采购预算编制，出台政府采购促进中小企业发展政策措施，做好宁波市加入政府采购协议（GPA）研究和出价工作，建立全市网上采购竞价平台，推广应用“金财”采购信息系统，全年政府采购金额174.61亿元，资金节约率8.4%。深入推进公务用车制度改革，开展党政机关公务用车问题专项治理工作，做好事业单位公务用车清理规范的前期准备工作。加快推进政法体制改革，做好政法经费保障绩效考核前期工作。不断完善政策措施，制定其他事业单位绩效工资实施办法，确保绩效工资改革稳步推进。

【强化财政监督管理】 试行项目预算绩效管理，对新设立的支出项目开展预算绩效管理试点，确定45个当年度重点绩效评价项目，对5个项目引入中介机构进行绩效评价。全面清理整顿财政资金专户，配合做好财政部对宁波市财政专户管理和国库集中收付制度改革督查工作。加强地方政府性债务管理，开展市级政府性投资公司债务调查，配合财政部做好对宁波市地方政府性债务专项检查。推进预算信息公开工作，市级部门预算信息公开的范围扩大到60个单位，并首次公开财政总决算。开展对财政转移支付专项资金、社保基金、“三农”资金等民生资金的监督检查，完成上年度行政事业性收费验审检查和公益事业捐赠票据专项检查工作。金财一期工程宁波市建设项目通过财政部验收。完善财政扶持企业专项资金信息平台运行机制。规范行政事业单位国有资产管理，初步建成全市行政事业单位资产数据库，市级行政事业单位部分大宗国有资产出租和处置统一纳入市公共资源交易平台实行挂牌交易。会计从业资格无纸化考试保持全国领先水平，并先行试点会计人员继续教育“考培分离”制。

【加强干部队伍建设】 全市财政系统以学习贯彻党的十八大精神、开展“三思三创”（思进、思变、思发展，创业、创新、创一流）主题教育实践活动为载体，深入开展“干部进村入企一线解难创优”活动。参与第八轮市级文明机关创建活动，市局被评为市“创先争优”双强示范单位，蝉联“宁波市第七轮市级文明机关标兵单位”；系统1家基层单位被评为全国青年文明号。开展多种形式的党建结对共建工作，探索“支部结对、党员互学、协作共进”的机关与基层党组织共创先进新路子。加强干部队伍管理，制定出台处、科级领导干部岗位交流工作暂行规定，组织实施新一轮机关处级领导干部任期制和下属单位领导班子及个人任职考核。创新干部教育培训方式，在局内网开通干部学习培训平台，举办三期科

(所)长培训班。落实党风廉政建设责任制,加强廉政惩防体系建设,加大依法依纪查处违法违规案件的力度。开展“财政精神”提炼、局机关微型党课比赛、“我们的价值观”大讨论、“读一本好书”征文等丰富多彩的文化活动,增强团队凝聚力。（宁波市财政局供稿　高　朋执笔）

注:

因体制与口径原因,宁波市及所辖县(市、区)“财政总收入”统一表述为“公共财政预算收入”,“公共财政预算收入”统一表述为“地方财政收入”,特此说明。

鄞州区

【概况】　2012 年,宁波市鄞州区实现生产总值 1038.10 亿元,增长 9.3%。其中:第一产业增加值 38.40 亿元,增长 2.3%;第二产业增加值 648.10 亿元,增长 10.2%;第三产业增加值 351.60 亿元,增长 8.4%。三次产业比重依次为 3.7%、62.4%和 33.9%。按户籍人口计算,人均生产总值 125575 元,增长 11.1%。全年固定资产投资 420.40 亿元,增长 24.2%。全年公共财政预算收入 237.37 亿元,增长 11.1%,其中地方财政收入 136.22 亿元,增长 9.1%,占公共财政预算收入的 57.4%;税收收入 122.73 亿元,占地方财政收入的 90.1%。全年公共财政预算支出 110.98 亿元,增长 15.5%。全年财政收支平衡。

【组织财政收入】　全区 23 个乡镇(街道)完成 109.67 亿元,增长 3.1%。21 个乡镇(街道)财政收入超 1 亿元,其中 10 个超 5 亿元。加强非税收入管理,做好非税收入新征缴系统的整合优化,全年收缴非税收入 9.93 亿元。

【支持经济发展】　完善财政激励奖补机制,整合财政扶持资金 7.46 亿元,引导企业做强主业经济和实体经济。加大财政科技投入,支出 2.85 亿元支持企业自主创新,全年二产税收 107.29 亿元,增长 14.0%。加大对现代服务业的扶持力度,全年三产税收 66.38 亿元,增长 9.1%,三产对财政收入的贡献率为 34.4%。保障企业资金需求,设立 2000 万元信贷风险代偿和科技金融专项资金,强化政银、银企融资对接;设立 8000 万元中小企业扶持资金,引导企业投资于实体经济。

【保障民生事业】　全年民生支出 60.30 亿元,占可用财力的 67.3%。落实财政教育投入政策,全年教育支出 21.20 亿元,占公共财政预算支出的 19.1%。加大学前教育财政扶持力度,推行中职学生学费免费制度,扶持民办教育和特殊教育,促进教育优质均衡发展。深化医药卫生体制改革,安排 2.70 亿元完善基层医疗机构补偿机制。加大就业扶持、困难救助、养老服务等保障力度,社会保障覆盖面和待遇水平稳步提高。全年社会保障支出 20.30 亿元,增长 29.3%,其中财政安排 11.10 亿元,增长 92.4%。建立以城乡低保为主,含养老、医疗、教育等多类别的新型社会福利体系,城乡低保标准提高至每人每月 525 元。实施困难群众基本生活价格补贴、惠民殡葬等政策,发放社会救助金 3.00 亿元。

【支持“三农”发展】　建立财政支农稳定增长机制,全年“三农”支出 21.40 亿元,增长 19.5%。加大财政转移支付力度,强化乡镇财政资金统筹职能,安排 6868 万元支持欠发达乡镇民生项目建设。推进农村交通基础设施建设和环境综合整治,支持镇村建设、农用电力线路改造、村级公益事业一事一议、河道疏浚等政策实施,缩小区域差距。

【深化预算改革】　探索推进预算绩效管理改革,精选 28 个公共服务性强、社会关注度高的热点项目纳入预算绩效目标管理。建立由人大、政协、审计、财政、中介组成的目标评审机构,严格审核,并将 28 个项目提交人代会审议。加快预算执行进度,建立健全限时下达预算、支出进度季度通报等制度,加强结转结余资金管理。深化财政国库管理制度改革,提高国库集中支付效率,全年国库集中支付金额 71.50 亿元。推广公务卡改革,加强使用管理,在所有行政事业单位推广使用公务卡,并在 6 个街道试点推行公务卡。重视基层财政建设,实施以“划分收支、核定基数、超收分成、转移支付、自求平衡”为主要内容的新一轮乡镇财政管理体制。巩固乡镇(街道)规范化建设成果,建立乡镇数字化网上考核系统。

【创新国资管理】　按照“管办分离”的原则,将各部门下属的经营性国资公司划转至区国资办,统一监督管理考核,形成“大国资、全覆盖”的监管模式。开展国有资产专项清查,区本级国有资产总量 396.30 亿元,负债 210.04 亿元,资产负债率 53.0%。规范存量资产和更新资产的处置,全年房屋出租成交 5 宗,租金收入 137 万元;处置国有资产 3 宗,收入 3802 万元。

【加强财政监督】　完善贯穿预算编制、执行、监督全过程的预算管理信息平台,推进专项资金及预算绩效管理平台建设，促进专项资金规范管理。有序推进预算信息公开工作，主动向社会公开2011年度区级预决算执行情况，指导43家部门做好2012年度部门预算公开，做好“三公”经费公开前期准备工作。加强对财政政策落实情况及重大财政专项资金使用情况的监督检查，对7个项目进行重点绩效评价。提升政府采购工作规范化水平，全年完成政府采购金额6.20亿元，增长14.8%，资金节约率12.2%。完成政府采购“四方联网平台”*建设，实现无纸化采购。强化会计从业资格无纸化考试管理，做好会计新证的发放和会计从业资格证书的换证、注册、变更和调转工作。推进继续教育考培分离，加强会计人员培训，提升职业素质。开展公务用车专项治理、地方财政专户清理整顿等工作。

【提升队伍素质】 开展服务重点企业和重大项目、党员干部“进村入企、解难创优”等专项活动，深化“城乡结对、共建文明”结对活动。深化廉政效率风险点管理，落实廉情预警机制，开展《廉政准则》贯彻执行情况专项检查。深化人事制度改革，完善岗位绩效考核办法，建立考核进退位奖惩机制；优化机关人员配置，开展竞争上岗和轮岗交流。丰富干部教育培训方式，全年开展各类培训11次。

（宁波市鄞州区财政局供稿　毛　玮执笔）

注：

*四方联网平台：即政府采购管理信息系统，衔接采购人、采购监管方、中介、验收单位，各方按既定权限在同一数据库协同作业，实现无纸化采购。

海曙区

【概况】 2012年，宁波市海曙区实现地区生产总值496.18亿元，按可比价计算，比上年增长7.1%。其中：第二产业81.72亿元，增长7.1%；第三产业414.46亿元，增长7.1%，对经济增长的贡献率分别为16.3%和83.7%。三次产业结构比调整为0.0∶16.5∶83.5。全市按户籍人口计算，人均生产总值16.57万元，增长7.7%。社会消费品零售总额372.85亿元，增长10.8%。自营进出口总额66.43亿美元，比上年下降8.8%（以下简称“下降”）。固定资产投资95.26亿元，增长26.2%。城镇居民人均可支配收入37902元，增长11.3%。全区公共财政预算收入70.90亿元，增长9.4%；地方财政收入48.63亿元，增长14.9%，占公共财政预算收入的68.6%，其中税收收入69.39亿元，占公共财政预算收入的97.9%。全区公共财政预算支出22.35亿元，下降15.1%（剔除上年5亿国债资金支出，同口径增长4.8%）。全年财政收支平衡。

【依法组织财政收入】 做好税收分析预测工作。健全财政收入目标责任体系及收入分析、监控良性互动机制。强化与街道及各部门协作，依托财源管理电子信息平台，动态监控宏观调控、税制改革等对组织收入的影响。全面开展“进社入企”，做好重点税源企业蹲点调研。增强财源增植力度。牵头修订完善《关于进一步促进区域经济转型升级的若干政策意见》，充分发挥财政政策导向作用，培育扩大新的收入增长点。提升财源控管水平。完善区与街道财力分配办法，修订《海曙区街道财源建设工作奖励补助办法》，重点考核街道走访服务企业工作成效，调动街道引企稳企的积极性。加大非税收入征管力度，全年收缴非税收入1.51亿元。

【服务经济发展】 加大产业支持力度。全年兑现产业扶持政策资金1.99亿元，新纳入扶持企业70家。推进现代服务业发展，当年现代服务业增加值占服务业比重的71.6%；推进文化商贸业转型升级，世贸中心、亚细亚广场等楼宇实现业态提升，鼓楼步行街有机更新项目基本完成，和义大道获评全国特色商业街；总部经济稳步发展，维科、狮丹努集团总部项目开工建设，12家企业入选市优势总部企业；智慧产业蓬勃发展，4家企业列入市重点软件企业和智慧城市应用试点单位，宁波市电子商务产业园区开园；都市工业发展迅速，全年科技经费投入1.01亿元，规模以上工业企业新产品产值增长157.4%，7个项目列入国家科技计划。强化发展要素支撑。完成组建中小微企业共同基金并投入运行，获批设立第三家小额贷款公司，筹建首家村镇银行，引进“千人计划”专家，落实落后产能淘汰、节能技术改造等任务。

【保障民生支出】 全年民生支出19.69亿元，占公共财政预算支出的88.1%，其中教育、医疗卫生、社会保障和就业等民生支出分别增长15.3%、22.4%和17.1%。支持教育优先发展。全年安排教育支出4.54亿元，推进义务教育，实现公办学校“零择校”，海曙区获评全国首批义务教育发展均衡区。推进医疗卫生体系改革。安排医疗卫生支出1.44亿元，创建国家慢性病综合防控示范区和省卫生应急工作示范区，推进区属公立医院综合改革，新增省级示范社区卫生服务中心、市级数字化社区卫生服务中心4家，全区32家社区卫生服务中心（站）全面实行药品零差价销售。扶持社会保障事业发展。安排社会保障和就业支出2.69亿元，户籍人口养老参保率97.6%；开辟创业带动就业平台，全年新增就业11415人；完善养老服务体系建设，8个街道居家养老服务中心全面建成，机构养老服务项目获中央财政资金扶持；加大住房保障力度，新增廉租住房家庭657户，销售经济适用房634套。推进城市管理创新。投入城乡社区事务及环境保护资金3.18亿元，推进开展城市管理综合执法、清洁空气、道路清爽行动等工作，完成标准化菜市场升级改造任务；实施临时停车分区、分级管理等疏堵保畅举措。推进智慧城区建设。8个街道智慧城管中心建成投入使用，免费无线上网工程(iNingbo)在宁波市率先试点，创建全省光网城区。

【强化融资统筹】 创新融资模式。探索发行企业债、信托理财产品等融资渠道。至年底，全区贷款余额累计100.71亿元，新增贷款41.70亿元。梳理盘活资产。调查排摸区内各层面土地、房产，盘活闲置土地房产。争取政策支持，将部分性质归属海曙区的行政划拨转为商业出让土地，解决贷款抵押物不足问题。防范债务风险。建立集体会商制度，落实有关政府性债务管理暂行办法，控制项目规模。

【深化财政管理改革】 完善预算管理体系。部门预算报人大审议范围扩大至35家。制定出台《宁波市海曙区行政事业单位办公用房装修和办公家具、通用设备配置标准(暂行)》，推进项目预算标准化体系建设。实施国库集中支付制度改革。对109家预算单位分批次、分步骤改用新系统模式，实现"全覆盖"。全面推行单位公务卡制度，出台《海曙区区级预算单位公务卡(单位卡)管理暂行办法》，开展全区第一批单位公务卡托收业务试点。加强财政信息化建设。推广实施财信系统应用支撑平台，升级优化财源管理系统，信息化建设与财政业务管理融合紧密。

【加强财政监管】 探索财政"大监督"模式。制定《财务总监财政收支监管实施意见》，探索财政"大监督"体系建设，将财政监管由"事后监管"转化为事前目标管理、事中绩效跟踪、事后绩效评价的绩效管理机制。实行第三方参与评价模式，完成节能减排淘汰落后产能专项经费项目评审。深化政府采购管理。作为全市试点单位开展政府采购网上竞价，采购流程提速40.0%，全年实现采购金额2.41亿元，资金节约率为12.5%。做好政府采购执行情况专项检查，稳妥处置内河保洁招投标等相关问题，探索建立科学的政府采购管理体制和运行机制。开展公务用车治理。按照《浙江省党政机关公务用车配备使用管理办法》确定的标准，对辖区内各部门车辆编制重新核定。加大国资监管力度。推广实施国有房屋公开招租竞价等相关制度，强化资产管理信息化系统建设，106家预算单位纳入资产网络化管理平台。加强会计事务管理。推进会计从业人员从业资格"无纸化"考试及继续教育"考培分离"模式，全年参加"无纸化"考试2万人次。开展会计行业评选表彰活动，增强行业归属感。

【塑造队伍形象】 依托主题学习、廉政会议、"道德讲堂"等活动平台，完善行风政风监督员制度，提升局本级和行业党组织干部廉洁奉献意识。推进政治业务学习日常化，完善内部各项管理制度，提升服务绩效。开展"谋发展、惠民生、强管理、提效能"、"我们的价值观"等主题教育活动，编印《财税观察》杂志及《海曙财政理论与实践》调研文集，丰富财税文化内涵。局机关获"全市财政系统纪检监察工作先进单位"称号。 （宁波市海曙区财政局供稿 王丽洁执笔）

江东区

【概况】 2012年，宁波市江东区实现地区生产总值399.50亿元，按可比价格计算，比上年增长8.0%。其中：第一产业增加值0.40亿元，增长1.3%；第二产业增加值147.10亿元，增长3.4%；第三产业增加值252.00亿元，增长11.0%。三次产业增加值结构比调整为0.1∶36.8∶63.1。按户籍人口计算，人均生产总值150754元。全社会固定资产投资121.10亿元，下降0.5%。社会消费品零售总额200.20亿元，增长14.6%。全区公共财政预算收入60.67亿元，增长10.1%。其中，地方财政收入42.16亿元，增长12.4%，占公共财政预算收入的69.5%；地方财政收入中的税收收入38.20亿元，占比90.6%。公共财政预算支出25.82亿元，增长12.7%。全年财政收支平衡，略有结余。

【组织财政收入】 强化收入征管，深挖增收潜力，培植优质财源，收入增幅高于全市平均水平。服务业税收拉动明显，实现服务业税收48.55亿元，占财政总收入的80.0%，其中金融业税收15.82亿元，增长37.8%。重点税源企业税收增势明显，全区纳税50强企业税收贡献25.49亿元，占财政总收入的42.0%。加大组织收入考核力度，增强街道部门抓收入、保增收积极性。加大非税收入征管力度，全年组织非税收入3.96亿元。

【支持经济发展】 发挥财政政策和资金扶持引导作用，全年累计兑现经济扶持资金3.60亿元，推动"六大经济"*、总部经济、楼宇经济等高端产业加快发展。贯彻个人所得税起征点提高政策,开展营业税改征增值税试点工作,落实中小微企业行政事业性收费减负政策,惠及中小微企业1.2万户(次)。落实外贸发展支持政策,拨付外贸扶持资金5500万元,全年出口退税46.60亿元,增长13.2%。加大创新强区建设力度,支持高新技术产业、企业科技成果转化和服务业创新试点。强化高端和创新人才政策扶持,落实人才开发专项资金,发放政府特殊津贴和服务业特殊津贴,支持宁波人力资源服务产业园建设。加快节能减排推进步伐,加大节能技术改造、清洁生产和可再生资源再利用财政支持力度。

【保障民生支出】 落实民生资金18.60亿元,全区新增财力的73.7%用于改善民生。保障政府实事工程建设,投入1.73亿元资金保障区图书馆一体化、菜市场改造等十大实事工程建设。贯彻教育优先发展战略,公共财政预算教育支出5.33亿元,增长7.9%,保障学前教育、校园安全、中小学“零择校”和宁丰地块配套学校项目建设。加大高质量就业支持力度,落实社会保障和就业资金2.39亿元,同口径增长12.1%。改善老年人和企业退休人员生活待遇,安排高龄老人生活津贴和企退人员补贴,落实专项资金做大“家院互融”养老服务品牌。加大医疗卫生投入,医疗卫生支出1.53亿元,增长9.8%。保障城建管理投入,城市建设与管理支出4.81亿元,增长24.8%,重点支持第二轮老小区整治、“道路清爽”等城建专项行动开展。争取土地出让收入返还25.30亿元,支持城中村、戎家地块、天伦广场等重点区块拆迁改造。加大文化惠民投入,文化体育与传媒支出2332万元,增长26.5%。支持社会管理方式创新,落实公共安全及国防资金2.48亿元,增长26.3%,保障“平安江东”、基层防控、食品药品、安全生产监管。强化突发事件处置保障,面对“海葵”台风和徐戎三村房屋倒塌等突发事件,落实应急资金保障人民群众生命和财产安全。

【财政管理改革】 深化国库集中支付和公务卡改革,全年新增教育系统国库集中支付单位7家,办理集中支付业务43251笔,涉及金额21.50亿元。公务卡改革历时四年实现全覆盖。对接市、区财政体制调整,健全区、街道财政管理体制,调动街道组织财政收入的积极性和主动性。规范政府采购管理,实际采购2.04亿元,资金节约率10.2%。组织开展财政专户专项清理,完善财政专户信息、指标管理,专户资金做到“专人负责、动态管理”。厉行节约严控“三公”经费,规范公用经费定额标准和工作型项目经费管理。推进事业单位绩效工资改革,制定事业单位绩效工资实施办法,有序推进改革单位工资核定、差额补发等工作。深化国有资产管理,拓宽政府性债务和融资渠道,强化政府性债务和融资安全管理。加强国有资产处置管理,有效处置169个批次、账面原值5844万元的国有资产。启用江东行政事业单位资产管理条形码、实时动态和实时对账新系统,109家单位的14.65亿元资产纳入资产管理新系统实施实时动态管理。

【推进财政信息化建设】 推进财政信息化、智慧财政等财政基础性建设,健全预算管理信息系统,推动部门预算系统和指标管理系统实现升级。完善非税收入管理系统和银行端数据交换模块,减少管理对账工作量。上线运行“财信系统”负载均衡项目,财政管理实现跨系统应用部署。加强网络安全建设,部署完善入侵检测系统,完成桌面终端安全管理平台。

【强化财政监督】 有序推进预算信息公开,主动公开2012年度区级预决算执行情况,指导30家部门做好预算信息公开工作。实施财政“大监督”管理模式,规范部门预算管理,部署部门预算执行情况检查,全年组织开展6家单位部门预算执行情况和会计信息质量检查。推进预算绩效管理,新出台《关于推进预算绩效管理的实施意见》并将绩效目标管理纳入2013年部门预算编制试点。完善资金绩效评价制度,提高财政资金使用绩效,重点对“医疗卫生事业财政支出”、“背街小巷改造工程”等公共服务性强、社会关注度高的重点项目开展绩效评价。

【规范会计管理】 加大会计行业业务培训,启动《小企业会计准则》宣传培训,全年举办支农政策等专题业务培训9000多人次。全面实施会计人员继续教育和考培分离并组织首场考试,全年累计组织2550人参加会计继续教育考试,合格率93.0%。加强会计行业审批管理,组织13家代理记账机构年度登记专项检查,开展10家会计事务所报备管理,全年新增代理记账机构2家,新核发会计从业资格证书1211个,全区拥有会计从业资格证书人员增加至14668人。提升会计人员能力素质,首次公开评选表彰“江东区十佳会计工作者”,选拔7名优秀财会人员为宁波市第二期会计领军(后备)人才。

【干部队伍建设】 组织开展各类主题活动,打造财政特色品牌。学习贯彻党的十八大精神,组织开展十八大精神专题学习。强化科学用人机制和德才兼备用人导向,完善“中层干部竞聘上岗、一般干部双向选择”干部选拔任用机制，完成新一轮中层干部竞聘上岗工作。加大廉政风险防控力度，梳理岗位风险点和风险流程。深化机关效能和作风建设，强化科室、干部绩效公示监管。开展专管员服务预算单位活动，组织与奉化田央村困难人员结对互助，提升财政干部服务基层意识和能力。　（宁波市江东区财政局供稿　刘建春执笔）

注：

＊六大经济：指金融服务、航运物流、文化创意、中介服务、科技信息和会展贸易。

江北区

【概况】 2012 年，宁波市江北区实现生产总值 240.39 亿元，比上年增长 5.2%。第一、二、三产业增加值分别为 6.03 亿元、87.80 亿元、146.56 亿元，分别增长 1.7%、2.6%和 7.1%。三次产业结构比为 2.5∶36.5∶61.0。按户籍人口计算，人均生产总值 99831 元，增长 4.7%。全年全社会固定资产投资完成 168.12 亿元，增长 16.4%。全年公共财政预算收入完成 60.36 亿元，增长 9.2%，其中地方财政收入 36.18 亿元，增长 3.8%，占公共财政预算收入的 59.9%；地方财政收入中税收收入 34.17 亿元，占比 94.4%。公共财政预算支出 28.69 亿元，增长 3.0%。全年财政收支平衡。

【组织财政收入】 细化收入增长目标管理措施，推动“基层财政倍增计划”＊实现，各街道（镇）全年完成财政总收入 44.8 亿元，增长 5.4%；培养财源，规范企业管理方式，全年纳税超 1 亿元企业 2 家，5000 万元～1 亿元企业 4 家，1000 万元～5000 万元企业 45 家。关注宏观经济政策变化，加强与税务部门和街道（镇）之间的沟通联系，提高组织收入工作的预见性和科学性。加强非税收入管理，规范罚没收入、房租收入等管理方式，全面应用非税收入征缴管理系统，全年组织非税收入 2.00 亿元。

【支持经济发展】 完善全区经济扶持政策体系，全区落实各类政策扶持资金 3.80 亿元，增强企业竞争力。支持经济发展方式转变，保障“智慧城市”、“创新江北”、“绿色江北”建设；重视科技投入，鼓励校企联合，发展海洋经济，改造提升传统产业，实施“服务业 6650 提速发展三年行动计划”＊。启动全区“营改增”试点改革工作，完善组织领导，全面调研分析，落实政策措施，调整区内政策，促进产业升级。保障全区重点区块、项目建设，统筹各类财政资金，推动政银合作，探索企业债运作模式，促进全区跨越发展。

【保障“三农”支出】 支持重点水利项目建设，强化资金筹集与监管，保障姚江干堤维修加固工程和姚江东排江北段河道整治工程项目建设。推进农业综合开发，完成验收 2011 年产业化经营财政补贴项目，健全激励约束机制，组成专家组，实行项目绩效评价；改善农田水利设施，申报慈城小流域土地治理项目，改造慈城三勤村周边土地、林地。开展村级公益事业建设一事一议财政奖补工作，落实资金 760 万元，做好评审工作，检查项目实施情况，督促整改落实。支持新农村建设，落实“美丽乡村”、“农房两改”等重点项目资金 2500 多万元。强化支农支出进度管理，落实支农惠农政策，及时发放生态公益林、粮油高产创建、农业政策保险补助、家电下乡、粮食直补等各项补助资金。

【支持社会事业】 全年投入教育、医疗卫生、社会保障和就业、文化体育与传媒、交通运输、农林水事务、科学技术、节能环保、城乡社区事务等民生领域资金 16.73 亿元，增长 19.8%，民生领域支出占公共财政预算支出的比重为 58.3%。坚持教育优先战略，全年预算内教育支出 5.07 亿元，增长 24.2%，创建省义务教育均衡发展区，改善办学条件，提高中小学公用经费标准，扩大学前教育服务范围，启动义务教育阶段农村中小学学生接送车工程，开展校舍排危改造及校舍维修工作。保障医药卫生体制改革，全年预算内医疗卫生支出 1.42 亿元，增长 9.4%，支持落实基层医疗机构实施基本药物制度改革，实施中医“治未病”健康工程，创建浙江省中医药特色社区卫生服务示范区。支持社会保障与就业，全年预算内社会保障和就业支出 1.75 亿元，增长 34.6%，落实促进就业再就业各项财政政策，社会保障范围不断扩面增量，有效解决部分养老保障领域遗留问题。支持文化事业建设，全年预算内文化体育与传媒支出 3643 万元，增长 22.3%；支持街道（镇）文化站建设，推进广播电视村村通工程，保障区文化中心建设使用。支持保障性住房建设，筹措住房保障专项资金，保障应家经济适用房和谢家公共租赁房建设。

【推进财政管理改革】 深化国库集中支付制度改革，实施财务软件等各项配套措施。开展预算绩效管理工作，创新绩效理念，完善绩效管理制度，研究试行绩效目标申报机制。强化基层财政建设，调研评价镇（街道）财政体制（管理办法）运行情况，为 2013 年调整作准备。强化财政基础工作，出台政府性基金及专项资金管理办法，细化政府资金管理。全面取消预算外资金预算，将房租等各项收入全部缴入国库管理。

加强预算管理信息化建设,财政基础数据库和项目库投入使用。

【加强财政监督】 推进财政支出绩效评价,发挥社会中介参与作用,完成2011年度基层卫生服务机构财政补助资金等绩效评价项目。推动财政信息公开,公开财政预决算及部门预算。加强国有企业监管,完善国企经常性费用支出管理制度,降低运营成本。加强预算单位资产管理,推进行政事业单位资产管理信息系统,实现资产管理动态化。完善政府采购工作机制,运行网上竞价信息系统。加强政府性债务管理,实现财政经济稳定运行。开展"三公"经费管理工作,控制行政成本。

【加强队伍建设】 组织学习党的十八大精神,统一干部思想行动。深化"三思三创"及"创先争优"活动,开展基层组织建设年活动,结合区委"干部进村入企一线解难创优"要求,走基层、听民声、强服务。推进党风廉政建设,落实党风廉政建设责任制,强化廉政教育,树立依法理财和廉政风险意识。当年局国库收付中心获"全国巾帼文明岗"称号。

(宁波市江北区财政局供稿　包　鑫执笔)

注:

*基层财政倍增计划:是指为确保实现"十二五"期间财政收入增收规划,力争实现全区财政收入倍增目标,区政府于2011年出台针对街道(镇)的一系列政策组合。

*服务业6650提速发展三年行动计划:江北区政府于2011年出台的加快服务业发展的措施,指在三年内重点发展六大产业,打造六个重点集聚基地,培育50家以上重点服务业企业。

镇海区

【概况】 2012年,宁波市镇海区实现生产总值305.55亿元,按可比价格计算,比上年增长8.4%。其中:第一产业增加值6.48亿元,第二产业增加值166.29亿元,第三产业增加值132.78亿元,分别增长1.8%,5.3%和13.7%。三次产业结构比由上年的2.3∶60.3∶37.4调整为2.1∶54.4∶43.5,第三产业比重增长16.3%。城镇居民人均可支配收入、农村居民人均纯收入分别为37902元和19801元,分别增长11.3%和14.5%。全年固定资产投资201.04亿元,增长24.4%。全年公共财政预算收入75.04亿元,增长12.0%,其中地方财政收入41.13亿元,增长13.5%,占公共财政预算收入的54.8%;公共财政预算支出40.95亿元,增长23.3%。全年财政收支平衡。

【组织财政收入】 加强与国地税等部门配合,做好税收收入目标任务分解。密切关注重大政策、税收结构、重点行业、重点税源等关键因素变化对税收收入的影响,做好测算分析工作,准确掌握全区经济态势。实施税收增长激励政策,调动各方面培植财源积极性。全年税收收入38.07亿元,增长11.6%,占地方财政收入的92.6%,其中增值税、营业税分别增长43.4%和49.6%。组织开展非税收入征管情况清查,对重点非税收入项目进行梳理分析,堵塞征管漏洞。全年组织非税收入3.66亿元,完成年初预算的136.4%。

【服务经济发展】 全年参与制定工业转型升级、现代服务业发展等配套实施细则27个,兑现各类财政扶持资金4.80亿元,增长3.4%,涉及项目374个,惠及企业(个人)5374家。推动产业转型升级,新安排专项资金1000万元用于支持中小微民营企业技术创新、产业聚集、创业基地等,并降低政策享受门槛。加快人才发展,投入2710万元专项资金实施人才培养整体规划,健全人才引进机制、后勤保障机制、人才服务机制、创业创新激励机制。培育新兴产业,支持职能部门依托中科院宁波材料所、宁波石化经济技术开发区和宁波大学科技园三块"国家级"招牌,开发优势产业,其中安排2000万元专项资金引导文化创意产业发展。缓解企业融资难,给予各转贷互助基金20万元~50万元经费补助,至年底,六个乡镇(街道)均已建立转贷互助基金。

【保障社会事业】 全年各项民生投入26.25亿元,增长39.0%。投入7.30亿元支持教育发展,增长30.4%。设立学前教育专项补助资金1000万元,完善学前教育"政府主导、社会参与"的财政支持机制;安排职高国家助学金和免费教育经费283万元;落实教育培训专项资金1100万元,帮困助学资金362万元。投入7551万元推动公共文化事业发展,增长13.7%。支持"雄镇大舞台"、"公益文化场所免费培训、免费开放"等文化品牌创建;推进城乡一体化公共图书馆服务体系建设。投入3.44亿元整治环境。推进生态区建设,保障清洁空气行动、推进化工行业整治、生态绿化建设等项目实施;支持区域环境监测监控系统扩容及安全提升工程。投入3.20亿元保障医疗卫生事业发展,增长108.4%。健全基层医疗卫生机构,推进公立医院改革;提高新型农村合作医疗和城镇居民基本医疗保险的补助标准,其中新农合人均筹资补助标准达到全市较高水平。投入3.53亿元加大社会保障力度,增长31.0%。完善统筹城乡社会保障制度体系,安排被征地人员养老保障、城乡居民养老保障、老年居民养老保障、精简职工补贴1.43亿元;增加高龄老人生活补贴;安排创业就业补助资金7100万元。

【推动“三农”建设】 健全财政支农资金稳定增长机制,促进农业生产、农民增收和农村社会事业发展。全年财政投入“三农”资金5.72亿元,增长55.9%。设立专项资金1亿元,推进农村新社区建设、环境整治及农村公共服务等建设。出台《加快发展现代高效生态农业的若干政策》,安排1298万元资金支持全区现代高效农业发展。发放财政补贴675万元,保障农机作业、农业保险、粮食收购、农机购置、农业技术推广等工作。落实村级公益事业建设一事一议财政奖补工作,全年上报项目24个,本级补贴642万元。

【深化财政改革】 加强预算绩效管理,实现部门预算绩效管理“全覆盖”。全年落实评价项目25个,评价金额约6.39亿元。扩大国库集中支付范围,将基本建设专项资金纳入集中支付范围,全年直接支付金额31.29亿元;公务卡直接支付12728笔,计4928万元。推进预算信息公开,将部门预算信息公开从8家单位扩大到20家,并全部在政府信息网站及时公布,科目细化到类一级。完善镇(街道)、园区财政管理体制,出台镇(街道)财政工作规范化建设指导意见和考核办法。

【强化财政监管】 严控行政经费支出,对全区102家行政事业单位和政府性投资公司接待费、会议费总额进行核定,并对公务接待费支出进行单项控制,使其支出比上年下降6.2%。加强国有资产管理,组建考核小组对全区19家区属重点国有公司进行考核;对全区231家行政事业单位实行资产清查登记,建立行政事业单位资产管理动态数据库,动态监管资产处置情况。加强债务管理,严格审批投融资计划,推进委派会计管理工作。推广国库集中支付动态监控系统,制定6大类12条动态监控规则,全程监控财政资金支付活动。完善专项资金使用管理,按前置管理模式,实施专项资金使用情况媒体公示制度。深化政府采购制度改革,规范采购预算编制和执行,扩大集中采购范围,全年完成采购金额2.35亿元,资金节约率16.3%。

【加强队伍建设】 学习贯彻十八大精神,开展“三思三创”、“创先争优”、“进村入企”等主题实践活动,在全区年度评估中名列19家经济服务与管理部门第一。加强内控监督力度,编制《财政工作指南》和《财政制度汇编》,明确工作职责和范围。提高服务效能,全年走访服务单位150多家次,组织财务软件、财政政策等培训40余场;加快资金审核进程,所有项目资金审核提速50%以上。深化教育培训,举办干部专业技能、廉政、心理健康等专题讲座,组织干部赴高校进行系统业务学习,全年完成培训29期。

(宁波市镇海区财政局供稿　张　慧执笔)

北仑区

【概况】 2012年,宁波市北仑区(包括宁波经济技术开发区、宁波梅山保税港区,下同)实现生产总值671.09亿元,比上年增长8.3%。其中:第一产业增加值9.21亿元,下降4.7%;第二产业增加值410.77亿元,增长7.2%,其中工业增加值380.61亿元,增长7.1%;第三产业增加值251.11亿元,增长10.9%。三次产业结构比为1.4∶61.2∶37.4。按户籍人口计算,人均生产总值189458元,增长3.1%。全区公共财政预算收入152.54亿元,增长15.2%,其中地方财政收入76.74亿元,增长15.4%,占公共财政预算收入的50.3%。地方财政收入中,税收收入71.54亿元,占比93.2%。公共财政预算支出68.87亿元,增长15.3%。全年预算执行情况良好,财政收支平衡。

【组织财政收入】 巩固主体财源,培育新兴财源,做好稳定存量税源和积极吸引新税源工作,新增企业6149家。以税源管理平台为依托,修订重点税源管理体系,跟踪分析产业发展趋势和“营改增”等税收政策变动带来的影响,开展对口税源企业后续管理和服务。高度重视税源信息的日常监测和分析,加大与工商、国税、地税、街道等部门联动,增强协税护税能力,大力组织财政收入。强化政府非税收入收缴管理,抓大不放小,按照应收尽收原则,有序做好政府非税收入纳入预算管理工作。全年非税收入5.21亿元。

【支持经济发展】 围绕提升经济发展质效,运用财税政策导向,推动产业转型升级。贯彻落实税费优惠政策,修订完善转型升级、推进企业平稳健康发展的一系列政策,开展“服务企业”帮扶行动,兑现科技、外经贸、循环经济、旅游业、文化、交通运输等各类产业扶持资金11.04亿元,支持区域现代服务业和先进制造业“双轮并驱”。加大政府公共投资力度,围绕区委、区政府“一区三城”*的总体建设框架,集中区域优势,破解融资瓶颈,为区重大项目、重点区块建设提供资金支持。全年投入42.07亿元完善城市基础设施,重点工程建设成效显著,梅山保税港区开发建设全面推进。向上申报各类专项资金,采取补助、贷款贴息等方式,增强自主创新能力。全面落实中央各项优惠政策,下发中央财政2011年石油价格改革财政补贴2016万元;发放2011年种粮农民农资综合直补资金158万元,涉及8179户。

【保障民生支出】 严控一般性支出,加大对民生事业的投入,年度新增财力全部用于民生,总投入43.81亿元。支持教育优先发展。创建全国义务教育发展基本均衡区,稳步推进高中段教师绩效工资改革,加大对滨海国际学校建设的支持力度,减免中等职业教育学杂费、增加困难学生补助等。全区教育支出11.34亿元,增长31.2%,占公共财政预算支出的16.5%。支持文化体育事业繁荣。引进女排、男篮等高端体育赛事,支持"海享大舞台"、文化艺术下乡等群众性文化活动,累计支出9019万元,增长0.9%。支持医疗卫生改革。安排新型农村合作医疗统筹资金8640万元,受惠人群15万余人;安排公共卫生经费3585万元,促进公共卫生网络建设、120急救建设、计划免疫母婴保健等工作开展;安排公立医院经费3110万元,重点投向医疗改革、卫生医疗基础建设。支持社会保障事业。全年安排基础养老金8728万元,累计支出8657万元,实现养老保险全覆盖;扩大困难救助,投入社会福利和救助资金1.30亿元,增长42.2%。构建普惠制再就业体系,投入再就业资金1689万元、被征地人员用工补助4534万元。支持城乡融合发展。以"美丽乡村"建设为载体,增加"三农"投入,全区农林水事务支出4.68亿元,增长21.8%。争取市级以上水利资金8600万元;五家农业龙头企业获中央贴息资金314万元;落实一事一议财政奖补资金600万元。支持生态文明建设。以创建国家生态区为抓手,全力支持区"3个30亿"*的生态改造提升工程,把生态提升工程作为公共财政支出的重点,安排4.00亿元支持绿网系统建设和内河水质治理;全年累计支出节能环保经费9252万元,增长16.4%,其中支出环境保护与管理事务1387万元、污染防治4053万元。

【创新财政管理】 深化部门预算改革。对2013年度预算编制试行部门预算、采购预算、绩效预算同步编制,加强预算编制的前瞻性和准确性。加大公务监控力度。公务消费更加透明化,国库集中支付的规模是上年的近3倍;公务卡交易金额9134万元,刷卡率68.9%。9家单位试点公务卡改革,10个会计核算分中心建设初具规模。加强乡镇财政管理。强化对乡镇财政工作业务指导和财政资金监管,通过信息沟通机制,将政策动向、资金动态和管理要求及时传导给乡镇财政管理机构,规范乡镇财政运作。开展绩效评价。加强财政资金监管,全年完成项目绩效报告9个。运用信息化技术加强对财政业务的管理监督,政府采购"电子反拍"*平台不断完善,反拍资金节约率为4.7%;行政事业单位固定资产管理软件日臻成熟,已在64家单位推广应用;拓展会计无纸化考试范围,开设会计从业资格、继续教育无纸化考试145场次,近万名考生参考。

【强化队伍建设】 学习十八大精神,自觉加强理论学习,坚持中心组学习制度。坚持把队伍建设摆在财政工作的突出位置,把干部培训学习与政治教育、财政业务、党风党建三方面有机结合。建立科学的干部梯队制度,实行"传帮带",营造勤于实干、勇于创新的工作氛围。开展廉政风险复查,构建财政专项惩防体系。 (宁波市北仑区财政局[宁波经济技术开发区财政局]供稿 陈赛莹执笔)

注:

*一区三城:是指北仑区中央生态区、中心城、东部滨海新城和西部城区。

*3个30亿:是2012年北仑区启动的生态提升改造工程,在空气质量、内河水质改善和绿网建设上各投入30亿元实现新突破。

*电子反拍:又名电子反拍采购,指采购人通过招投标中心网发布网上采购公告,接受供应商电子报价,在设定最高限价前提下,对符合采购需求的货物按价低者得的原则选定供应商,并进行确认及签订电子合同的采购形式。

大榭开发区

【概况】 2012年,宁波市大榭开发区实现地区生产总值170.02亿元,增长5.9%,按年末常住人口计算,人均生产总值316788元。其中:第二产业增加值119.32亿元,增长7.0%;第三产业增加值50.70亿元,增长0.1%。全区公共财政预算收入101.21亿元,增长0.4%,其中地方财政收入28.89亿元,下降3.8%,占公共财政预算收入的28.5%,地方财政收入中的税收收入16.91亿元,增长12.4%,占地方财政收入的58.5%。全区公共财政预算支出32.09亿元,增长0.3%。全年财政运行情况良好,财政收支平衡。

【组织财政收入】 主动构建收入攻坚机制。面对复杂严峻的经济形势和收入形势,提早谋划,年中根据年度收入目标任务和收入完成进度,制定收入攻坚专项实施方案;建立健全部门协作机制,联合国、地税组成工作小组,细化工作分工,深入企业了解经营动态,实时掌握收入进度;坚持每月召开收入情况通报会、每季度召开收入形势分析会,分析存在问题,梳理潜在增收因素,提出针对性措施建议。完善服务企业机制。定期走访各重点税源企业,解疑释惑,掌握第一手税源动态;送政策、送服务,切实履行财政职能,强化主动服务意识,多措并举组织收入;不定期上门为新落户重点企业做好财税政策咨询及回访工作;坚持对重点企业开展“一对一”个性服务;加大财税优惠政策宣传力度。健全收入监管与分析机制。健全部门联席会议制度,加强与相关经济管理部门的信息沟通,全面掌控税源企业综合信息;建立重点税源企业税收预测直报制度;增强税源预测准确性和税源分析科学性。加强非税收入征管。全年完成非税收入 4.11 亿元,其中政府基金收入 2.25 亿元,增长 1.3%。

【支持企业转型升级】 发挥财税政策导向效应,多方调研,配合相关职能部门研究制定《关于加快服务业发展的意见》及《关于推进工业经济稳增长调结构促转型的若干意见》,加快推动产业结构优化升级,鼓励企业科技创新,加大节能减排工作力度,发展循环经济,培育发展现代服务业。落实各类优惠政策,切实帮扶中小企业健康稳定发展。会同地税部门累计减免 174 户困难企业水利建设专项资金 1.45 亿元;减免 10 户次企业房产税、土地使用税 944 万元;备案 28 户次企业财产损失所得税税前扣除金额 1.08 亿元;做好 12 户企业的企业所得税税收优惠备案,涉及金额 1.18 亿元。全力配合企业争取上级各类财税扶持政策及专项补助资金,已落实到位上级专项补助资金 1112 万元。

【加大民生支出】 加大财政教育投入。2012 年,区财政教育性支出 1.85 亿元。继续推行教育费用减免,实行免费义务教育,并对全日制普通高中中专、职高及技校就读的大榭籍学生免收(报销)学费;加大教师培训力度,安排教师轮训专项资金,逐步提高教师整体素质。完善医疗卫生服务体系。全区医疗卫生支出 2700 万元。其中:医改专项支出 800 万元,大榭医院改扩建工程前期支出 500 万元,社区医疗卫生服务支出 210 万元,数字化医院建设支出 200 万元。健全就业和社会保障机制。区财政社会保障和就业支出 2.42 亿元。投入 1.81 亿元充实社保资金,提高社会保障水平。安排城市生活补贴 4800 万元,被征地人员生活费 7400 万元,被征地人员养老金补贴 4000 万元,城乡居民养老保险补贴 800 万元,城镇居民医疗保险补贴 1200 万元。加大就业投入,落实劳动力培训补贴、再就业补助等惠民政策,其中,公益性岗位开发支出 1300 万元。保障民生实事工程资金需求。在抓好文教广场、滨海公园二期等工程建设同时,开工建设图书馆、青少年宫、社区教育学院等项目;着力推进住房保障工作,建立健全多层次住房保障体系,当年区财政支出 5700 万元用于保障性安居工程建设,其中公租房支出 1760 万元。

【推进财政改革】 完善国库集中支付系统,上线国库集中支付电子支付系统,扩大公务卡使用范围,制定公务卡强制结算目录,实行国库集中支付执行情况和公务卡使用情况半年度通报制度,促使机关各单位规范行政支出行为;出台行政事业单位财务管理工作年度考核办法,促进各核算单位提高财务管理水平;加强行政事业单位固定资产监管,行政事业单位资产管理信息系统完成上线;采取国有企业财务人员委派制度加强国有企业管理,强化国有资本保值增值考核工作;加强政府投资项目资金审核,严控工程造价变更;提高财政资金使用效率,加大各项目资金结余分类清理力度,其中:调减项目指标 137 项、计 489 万元,上缴财政 52 项、计 708 万元。

【财政监督管理】 开展预算支出绩效考评,本年度安排并完成公共卫生服务经费和临时救济专项经费等多个民生项目预算支出绩效考评;完善财政资金管理制度,严格管理预算单位和财政专项资金账户开设、变更、撤销,保障财政资金安全;加强对各行政事业单位资金使用情况及会计信息质量监督检查,及时反馈检查情况,并督促相关单位及时整改;持续修订 ISO9001 质量管理体系,规范财政工作流程,从工作流程上保证行政管理权健康运行。

【财政信息化建设】 全面加快“数字财政”建设。充分利用信息化技术,完善财政管理应用系统,提升办公网络化水平。集中上线运用非税管理、行政资产管理、电子支票、CA 签名等一批财政管理系统,同步完善办公自动化、内外网站等应用系统,提升财政管理的科学化、精细化水平。组织开展网络和信息安全应急实战演练,全面加强计算机网络安全防护。

【干部队伍建设】 开展“三思三创”主题教育活动。围绕财政中心工作,开展主题教育实践活动,发现问题、解决问题,提升服务效能。开展干部队伍素质提升工程。通过“以考促学、以学促能、以德促廉”,以干部轮训、业务考试、专题培训、拓展训练等方式提高干部业务素质和精神修养。推进机关廉政文化建设。办好每季一课“廉政课堂”专题教育,加强

“双示”教育(先进典型示范和典型案例警示),力促干部筑牢拒腐防变思想防线;通过开设“道德讲堂”,营造浓厚道德建设氛围,弘扬社会主义传统文化,促进文明机关建设。

(宁波市大榭开发区财政局供稿　吴　丹执笔)

余姚市

【概况】 2012年,余姚市实现生产总值711.77亿元,比上年增长9.0%。其中第一、二、三产业增加值分别为43.51亿元、421.75亿元、246.51亿元,分别增长2.0%、10.0%、8.5%。三次产业结构比为6.1∶59.3∶34.6。人均生产总值为85287元。全市公共财政预算收入112.85亿元,增长12.0%,其中地方财政收入61.69亿元,增长12.1%,占公共财政预算收入的54.7%。全市公共财政预算支出67.82亿元,增长16.4%。全年财政运行情况良好,财政收支平衡。

【组织财政收入】 全年增值税、企业所得税、营业税、个人所得税四大主体税种收入增长13.9%。地方小税种入库19.49亿元,增长20.8%,占公共财政预算收入的比重为31.6%,比上年提升2.3个百分点。做好交通运输业和部分现代服务业营业税改征增值税工作。按照税源分类分级管理,推行税源专业化管理。全年地税部门合计征收各项税费82.37亿元,增长17.5%,其中税收收入52.53亿元,增长17.3%;全市完成非税收入29.84亿元,增长17.8%,其中:社会保险基金收入23.39亿元、水利建设资金2.15亿元、教育费附加收入3.21亿元。

【支持经济发展】 促进经济稳定增长和转型升级。安排各项减税轻费和财政扶持政策资金9.40亿元,增长12.0%,其中包括落实国产设备抵免、小型微利企业减免、高新技术减免等各项税费优惠政策。支持生态经济发展,全年节能环保支出1.29亿元,增长14.9%,节能改造项目增支1245万元,节能工程、重点工业污染治理工程、生活垃圾焚烧发电项目增支2200万元。加大科技创新投入,加快经济转型升级,全年科学技术支出2.88亿元,增长39.9%,其中企业科技创新、奖励及补助等专项经费增长8213万元。安排1500万专项资金,支持国家“千人计划”产业基础建设。安排150万元专项资金用于企业家培养和经营管理人员培训。向上争取资金,落实宁波特色产业、高成长企业技术改造、科技型企业等申报工作,拨付奖励补助资金1.45亿元。

【加大财政支农力度】 全年农林水事务支出8.12亿元,增长17.1%,其中:水利工程、防汛、农田水利增支5063万元;农村基础设施建设工程增支2592万元;村级公益事业一事一议增支1927万元;土地治理和产业化经营项目增支1096万元。安排200万元资金,鼓励和扶持高校及职业高中毕业生从事现代农业创业就业。支持“余姚森林”建设,提高农村绿化覆盖率。支持四明山区统筹发展,实施欠发达乡镇村庄整治,提升供水保障能力,扶持发展“415”生态高效农业*,支持建设生态屏障。

【支持社会事业发展】 加大民生投入,将新增财力三分之二以上用于民生支出,全年公共财政用于民生支出51.30亿元,增长18.5%,占全市公共财政预算支出的75.6%。加强教育投入,全面推进教育惠民工程,全年教育支出13.29亿元,增长21.3%,其中:中小学校舍建设工程增支4698万元;高中段教师绩效工资结算增支9301万元。保障医疗事业投入,推动医疗卫生体制改革,医疗卫生支出6.86亿元,增长19.8%,其中:基本药物制度改革增支9725万元;城镇居民医疗保险增支2795万元。社会保障和就业支出9.03亿元,增长35.1%,政策性专项资金和企业退休职工一次性生活补贴增支1.00亿元。加大公共租赁房、廉租房、经济适用房、限价房等保障性住房投入,推进城乡安居工程,全年保障性住房支出1.82亿元,增长155.7%。

【推进财政改革】 实施财政国库集中支付制度,建立预算执行信息动态监控系统,全年集中支付42.59亿元,占比95.0%,比上年提高3个百分点。在全市预算单位全面实行公务卡结算,刷卡报销金额1055万元,单位现金支付额下降26.0%。健全综合财政预算,除公共财政、政府性基金预算外,首次编制社保基金预算。制订2013年预算编制方案和预算编制标准。拟订乡镇财政规范化考核细则,推进乡镇财政规范化建设。制定实施新一轮乡镇(街道)财政体制,增加乡镇(街道)可用财力2.00亿元。加强乡镇财政规范化、信息化建设。

【强化财政监管】 推进预算绩效管理,对17个项目资金实施财政支出绩效评价,引入第三方参与机制,4个项目委托中介机构评价。开展预算执行情况、会计信息质量检查和社会救助政策落实、资金使用情况专项执法监督。做好社保资金保值增值,保值增值率3.8%。全面推行政府性投资基本建设项目资金国库集中支付,确保全市基建资金安全运行,全年集中支付7.28亿元。加强资金安全管理,严格执行各项财政资金管理制度，开展地方财政专户清理整顿。完善政府采购预算编制，扩大规模采购、实物配发范围，全年资金节约率7.0%。加强机关公车治理，开展重点检查和重新核编。

【加强投融资管理】 加强与重点金融机构的联系沟通，推进投融资公司多渠道筹资，保障全市重点项目建设资金需要。向上级争取地方政府债券1.00亿元，用于保障性住房建设。加强偿债准备金调度和管理，资金规模12.76亿元。市局被评为2012年度"六大百亿工程攻坚突破年"活动市级服务部门先进集体。

【加强国资管理】 健全国资管理制度，制定市级行政事业单位资产使用和处置管理、国企不良资产核销等管理办法。优化国资布局结构，做好国企整合提升工作。加强国企重大事项监管，收缴2011年度企业国有资本收益220万元。运行行政事业单位资产管理信息化系统，加强单位资产核销、罚没物品和出租房屋管理，开展资产清理，盘活存量资产。

【加强队伍建设】 开展"创先争优"、"三思三创"主题教育实践活动，走访纳税50强企业和重点骨干企业。举办各类培训，参与132人次。开展中层干部竞争上岗和一般干部轮岗交流，优化中层干部队伍结构，一般干部跨单位交流11人。深化岗位廉政风险防范，抓好廉洁自律教育。举办从政道德教育讲座，签订党风廉政责任状、保廉承诺书和效能建设八项制度履诺书。加强财税网络建设，市局网站获"2012年余姚市政府系统十五佳网站"称号。

（余姚市财政局供稿　陈立军执笔）

注：

*"415"生态高效农业：万亩观赏花木园、万亩优质茶园、万亩生态果蔬园、万亩两用竹笋园和15个上规模的休闲农业基地。

慈溪市

【概况】 2012年，慈溪市实现地区生产总值948.29亿元，按可比价格计算，比上年增长9.4%。其中第一、二、三产业增加值分别为46.54亿元、553.34亿元、348.41亿元，增幅分别为2.0%、8.5%、12.0%，三次产业结构比为4.9∶58.4∶36.7。按户籍人口计算，人均生产总值91033元。全市公共财政预算收入146.04亿元，增长12.9%，其中地方财政收入81.39亿元，增长13.8%；全市公共财政预算支出86.60亿元，增长7.4%。全市财政收支平衡（杭州湾新区因体制调整，以下支出分析相关数据不包括杭州湾新区）。

【组织财政收入】 加强税收预测分析。关注经济运行、宏观调控、税制改革等因素对组织财政收入的影响，强化经济税源调研分析，增强组织收入的前瞻性和计划性。建立健全具有慈溪特色的个体税收社会化管理与服务长效机制。设立镇级个体税收社会化管理协会，全年38326户纳税人纳入社会化管理，入库税费、滞纳金1.88亿元（其中地税收入9100万元）。稳步推进纳税评估工作。制定制笔业等8个行业（产品）纳税评估标准，探索扩展纳税评估结果应用，全年评估纳税人966户，入库税费、滞纳金4839万元。全年地税部门（不包括杭州湾新区、庵东镇）组织各项收入80.23亿元，增长7.8%。财政收入结构不断优化，全市地方财政收入占公共财政预算收入的55.7%，比上年提高0.8个百分点；地方财政收入中的税收收入76.78亿元，占比94.3%。全市实现非税收入4.61亿元，增长4.2%。

【服务经济发展】 加大产业扶持力度。全年安排第一、二、三产业扶持资金7.00亿元，增长33.8%，推进工业强市建设，加快企业上市步伐，支持企业技术改造，实施新兴产业分级培育工程和新一轮效益龙头企业培育工程，鼓励企业强化品牌建设拓宽外部市场，发展总部经济、电子商务等现代服务业。推进企业分离发展服务业。坚持"分离与整合并举""数量与质量并重"，创新工作模式，拓宽工作思路，累计新增企业分离发展服务业92户，累计新增营业税收入349万元。落实各项保稳减负政策。落实以"营改增"试点工作为重点的结构性减税政策，出台推进工业经济稳增长调结构促转型等多项财税优惠政策，临时性下浮基本养老缴费比例减轻中小微企业负担2422万元，扩大行政事业性收费减免范围，全年为企业减轻税费3.13亿元。营造良好发展环境。加强政策引导，安排支持金融业发展资金1500万元，引导金融业服务于实体经济发展；安排政府应急专项资金，为成长型企业提供转贷支持；安排3000万元人才专项资金开展"上林英才"*等领军人才培养工程。

【加大财政支农力度】 全年"三农"支出42.95亿元，增长18.4%，支持农村社会事业发展。加大财政对经济薄弱村扶持力度，落实1150万元发展壮大村级集体经济；农村公共服务和公共设施全面纳入财政保障，落实3.17亿元稳步推进公共财政向农村延伸。落实种粮农民农资综合直补、家电下乡等惠民政策资金1.07亿元。

【保障民生支出】 全年公共财政预算资金用于民生支出57.66亿元,增长17.9%,占公共财政预算支出的79.0%。稳步提高社会保障水平。全年社会保障支出9.92亿元,增长37.2%,调整提高城乡居民社保缴费补助标准和待遇享受水平,建立农村五保供养等弱势群体补助标准动态联动机制,建成残疾人托养中心,完善养(助)老体系。促进教育、文化、医疗卫生事业发展。全年教育支出18.01亿元,增长15.9%。持续加大学前教育财政扶持力度,落实阳光招生新政,力促义务教育优质均衡发展;加强外来务工人员子女就学保障,建立从学前教育到高等教育全覆盖的帮困助学体系,全面实施教师绩效工资制度。全年文化事业支出1.05亿元,增长18.4%。确立文化强市建设财政投入稳定增长机制,支持"文化强市、人文慈溪"建设,完善公共文化服务体系。全年医疗卫生支出6.96亿元,增长13.8%。全面实施市级公立医院综合改革,巩固完善基本药物制度改革,城镇职工基本医疗保险政策、工伤保险费浮动办法,提高公共卫生服务均等化程度。助力改善生态、交通环境。全市生态建设资金支出8.76亿元,增长10.6%,成为省级生态市、省级森林城市;加快推进城市道路交通建设,实施"二道改造"工程,投入2588万元推进横河等地城乡公交一体化改造试点。

【推进财政改革】 创新预算管理改革。修订部门预算编制规范,完善财政预算支出指标管理,明确指标管理范围,完善年度预算批复、支出指标下达、指标追加和调整、结余(结转)指标的使用和统筹等操作流程,将所有预算指标纳入"金财工程"财政信息化管理系统,实现对每条预算指标执行情况实时监控。扩大政府信息公开范围。部门预算草案全部提交人代会审议,2011年部门决算和市本级财政决算信息首次公开,通过政府门户网站及时公开市本级政府总预算、镇(街道)总预算及46个市级部门预算信息。深化国库集中支付改革。调整完善预算支付管理,提高国库集中支付安全性和效率性,建立用款计划支出业务审核新机制,改进国库集中支付用款计划与资金支付流程。

【深化财政管理】 强化国有资产管理。实施国有资产清产核资,上线国有资产管理系统,实现国有资产网络动态监控;加强行政事业单位房产出租及资产处置进场交易管理,制定管理实施细则,并联合纪检监察部门组织抽查。做好公车专项治理工作,开展事业单位公务用车清查,完成党政机关公务用车定编。创新财政监督检查机制。启动财政监督检查五年全覆盖行动计划,完成首期20家预算单位检查。推进财政支出绩效评价。财政绩效评价纳入市委、市政府对市级部门与镇(街道)的绩效目标考核,全年完成绩效评价项目43个,开展工程管理及畜牧场建设两项专项资金调查。加强政府性资金管理。全面开展财政专户清理整顿,防范财政专户资金管理风险;做好财政性资金保值增值工作,稳妥开展财政资金定期和跨行存款运作,全年累计办理社保定期存款24.46亿元,增加利息收入1.29亿元。推进政府性投资项目管理。制定政府性投资项目前期工作经费管理办法和政府性投资项目前期政策处理办法,组织开展历年前期经费清理,全年完成竣工财务决算批复项目52个。

【加强队伍建设】 深化党风廉政建设。完善惩防体系和廉政风险防控机制建设自查,推进"三思三创"主题教育活动,抓好干部思想政治教育,深化廉政文化进家庭活动。组织开展"我们的价值观"大讨论、演讲比赛、廉政教育讲座等活动。提升干部能力素质。组织开展以加强业务能力为主的各类专题培训,加快业务骨干培养,制定实施系统业务骨干能力素质提升培训方案,制定师徒结对试行办法,推进系统分业务类别的兼职培训师资库建设,首次组织开展系统无纸化业务考试。落实机构改革工作。结合实际制定机构改革实施方案补充意见,完善干部日常管理,修订《中层后备干部队伍管理若干意见》;研究制定编外用工人员绩效考核指导意见,在城区分局开展试点工作;推进财税文化建设。加强网络财税文化建设,发挥工团妇群团组织作用,开展各类文体活动,提升团队凝聚力。 (慈溪市财政局供稿 宋开拓执笔)

注:

* 上林英才:指新兴产业或高新技术产业领军人才。

奉化市

【概况】 2012年,奉化市实现生产总值274.39亿元,比上年增长5.5%。其中:第一、二、三产业增加值分别为27.57亿元、129.08亿元、117.74亿元,增幅分别为1.5%、4.4%、7.6%。三次产业结构比为10.0∶47.0∶43.0。人均生产总值56723元,增长5.5%。全市公共财政预算收入44.60亿元,增长11.1%,其中地方财政收入24.37亿元,增长11.0%;公共财政预算支出38.99亿元,增长18.3%。全市财政收支平衡。

【组织财政收入】 注重税源调研,开展税收收入定期分析和预测工作,按月通报收入执行和考核结果,确保收入均衡足额入库。完善重点税源监控机制,加大重点税种和规费管理力度，强化房地产项目和市属重点建筑项目等大额税收入库管理。做好“营改增”政策变动调研、预测和应对工作。全面加强应税财产登记工作，对日常征管薄弱环节开展专项治理，封堵管理漏洞，提升征管质量。加大税收优惠政策宣传及落实力度，做好政策服务，提高审批效率。全年地税部门组织税收收入18.40亿元，增长8.5%。地方可用财力不断增长，从上年21.27亿元增至23.62亿元，增长11.1%。当年地方财政收入占公共财政预算收入的比重为54.6%，与上年持平；地方财政收入中税收收入21.51亿元，占比88.3%。全面推广新非税收入征收系统，加强财政票据管理，以票控费，全年入库非税收入2.87亿元，增长24.6%。

【服务经济发展】 全力保障重点建设资金需求，通过预算安排、银行融资、发行公司债券、收费权质押、争取上级支持等渠道筹资42.76亿元；鼓励项目吸引民间资本投资经营，确保重点项目资金需求。落实结构性减税清费政策，为全市企业减轻税费3.09亿元。落实财政资金1.87亿元，通过贷款贴息、信用担保、风险补偿、以奖代补等方式，引导企业调整振兴重点行业、培育战略性新兴产业、发展现代服务业以及自主创新、节能减排。出资4000万元成立“政府股权引导基金”，吸引社会资本参股，缓解中小企业融资困难。用好政府企业转贷专项应急资金，办理中小企业申请转贷237户次，累计转贷资金12.59亿元；政府中小企业信用担保公司全年为75户企业提供融资担保3.38亿元。

【保障民生支出】 全市财政民生支出29.88亿元，增长23.4%，占同口径财政支出的76.6%。*加快农业农村发展*。落实各项惠农政策，涉及资金3762万元，增长16.0%；安排1.70亿元用于实施土地整治开发项目；落实农村公益事业建设一事一议财政奖补资金2849万元，建设项目91个；投入4800万元用于支持实施16个欠发达地区村庄整治项目；推进美丽乡村建设，落实中心村培育、全面小康示范村及特色村创建资金。*保障教育事业*。当年教育投入占公共财政支出比重为19.3%。新建、改建和修缮教育基础设施，提升中小学办学条件；全面实施义务教育、“二免一补”和“爱心营养餐”，其中投入1000万元在溪口镇和大堰镇实施“学生营养改善计划”；落实特殊教育专项经费，残疾儿童义务教育入学率100%；保障外来务工人员子女教育权利，外来务工人员子女在公办学校就读比例为77.0%。*推进医疗卫生事业改革*。当年新农合筹资水平为515元/人，财政补助为365元/人，净增150元/人，全市新农合和城镇居民医保参合参保率分别为97.0%和95.7%；加大基层医疗卫生服务体系建设财政投入，促进基本公共卫生服务均等化；支持公立医院改革，破除“以药补医”机制。*完善社保体系*。落实各类就业政策，13616人次参与各类技能培训人数；城乡居民养老保险、失地农民养老保障待遇、机关事业单位遗属补助和精减退职人员待遇标准均有提高；提高农村低保对象生活补助标准，由每人325元提高到465元。*推进公共文化建设*。新建农家书屋53家，全市所有行政村农家书屋覆盖率100%，9个镇(街道)建成标准化公共电子阅览室；继续推进“千场电影百场戏剧进农村”活动，农村电影放映3012场，戏剧进农村演出250场；实施广播电视进渔船工程，为268艘渔船安装广播电视接收器，超额完成年度安装任务；支持传承保护优秀传统文化，出版奉化市非物质文化遗产相关书籍，文物保护单位维修工程资金落实到位。*保障居民生活物资需求*。统筹稳定物价资金800万元，全力保障粮食生产、渔业生产、能繁母猪补贴、生猪储备等民生产品；推进市“菜蓝子”基地建设，落实25户菜篮子基地企业在扩建维修、设施技改、环保建设等方面资金补助，保障“菜篮子”商品稳定供应。

【推进财政改革】 规范预算编制，强化资金统筹力度。建立2013年绩效预算项目库，细化项目预算编制，探索项目滚动管理，推进预算编制、执行、监督、绩效评价“四位一体”改革。推进国库集中支付和公务卡改革，全年完成国库集中支付金额47亿元，实现全市预算单位、镇(街道)全覆盖。全面推广应用镇(街道)财政管理信息化平台，制定镇(街道)财政管理办法，促进镇(街道)规范化建设。

【强化财政监管】 深入推进专项资金和“三公”经费管理，开展地方财政专户清理、预算收支、专项资金、专案检查、财务收支及各项执法检查，当年财政监督检查涉及资金12.18亿元。深化政府采购制度改革，全年完成政府采购3.40亿元，节约资金4030万元。加强政府性项目投资控制与监管，全年完成304个政府投资项目的预决算和标底审查，审减政府资金6106万元。全面提速金财工程应用支撑平台建设，加强会计管理、行政事业资产管理。规范政府举债行为，探索建立政府债务风险评价预警体系，及时分析掌握债务动态，防范化解财政金融风险。完善国有投资公司运作机制，规范政府投资项目BT融资建设管理，规范国有公司与各类管理主体关系，完善财政委派会计制度，加强对政府投融资平台日常监管。

【加强队伍建设】 将工作能力、业务能力、岗位考核与干部使用有机结合起来，按照分层次分类别培训考核原则，组织财税各级业务考试，以考促学。把落实奉化市委组织开展的大走访活动与“创先争优”“三思三创”“善思善创、践诺践行”等一系列活动结合起来，在全局范围内开展“善思创、增活力、提效率”主题活动，促进党员干部转变思想作风，提高工作效能。落实党风廉政建设责任制，完善财税内部监督体系，健全廉政风险防控机制，构建财税资金运行全程监督管理框架。市局被评为2012年度全市机关效能建设优胜单位、民主评议优胜单位。 （奉化市财政局供稿 蒋 敏执笔）

宁海县

【概况】 2012年，宁海县实现地区生产总值352.46亿元，增长8.3%。其中：一、二、三产业增加值分别完成36.58亿元、194.71亿元和121.17亿元，增长2.0%、6.7%和13.2%，三次产业结构比为10.4∶55.2∶34.4。户籍人均生产总值57242元，增长8.5%。城镇居民人均可支配收入、农村居民人均纯收入分别为36496元和16547元，增长10.4%和12.1%。全县完成公共财政预算收入55.16亿元，增长10.1%，其中地方财政收入29.84亿元，占公共财政预算收入的54.1%，增长12.2%；地方财政收入中的税收收入26.38亿元，占比88.4%；完成公共财政预算支出41.71亿元，增长14.9%。全年财政收支平衡。

【依法组织收入】 地税部门组织各项收入39.88亿元，增长14.4%，其中，入库税收24.38亿元，增长8.8%。*深化税收分析*。关注国内外经济形势及税制改革变化动态，建立企业财务指标数据库，推出重大项目、房地产项目和企业所得税预测管理台账，加强主体税种及重点行业的税源分析，开展税收收入定期预测和分析工作。*抓好税费管理*。做好所得税汇算清缴及企业所得税涉税事项的审核和后续管理工作，完善资产报损申报管理制度，加强企业政策性搬迁政策的宣传和数据采集工作，做好“营改增”试点纳税人资料审核移交工作，推进企业社保费全责征收试运行。*强化行业征管*。调整特定行业企业征管方式，做好房地产项目土地增值税清算的跟踪管理，推进存量房交易计税价格软件上线，落实地价计入房产原值征收房产税政策，加强产权、自然人股权转让税收管理。完成“金财工程”非税收入收缴管理信息系统上线试点，加强非税收入收缴和统管，全年组织各项非税收入22.37亿元。

【支持经济发展】 *加大二三产业扶持力度*。全年县财政安排扶持资金1.95亿元，增长43.4%，兑现各类财政扶持资金2.60亿元，其中县本级0.95亿元，重点支持总部经济、企业成长培育工程、战略性新兴产业技术改革贴息、循环经济、现代物流发展。*落实结构性减税轻费政策*。做好增值税、营业税起征点以下纳税人暂不征收个人所得税、减免小型微利、高新技术企业所得税，减半征收契税、耕地占用税等，全年减轻税负9163万元，其中企业所得税减免3805万元、起征点调整减免个人所得税和营业税870万元。实施社保费“五缓四减三补贴”政策，全年累计减轻企业和个体劳动者负担1338万元。*加强政策宣传*。结合“进村入企”，开展系列财税宣传活动，编发《财政支持税费扶持政策摘编》，开展税收宣传“沿海行”、青年企业家税收沙龙等活动，组织行业协会和小企业维权培训，切实维护纳税人合法权益。

【保障改善民生】 全年新增财力90%以上用于改善民生，民生支出占公共财政预算支出的70%。*加大农业扶持力度*。全年县财政安排支农专项资金6.16亿元，增长43.8%，支持块状农业产业培育及现代农业园区（精品园）建设。争取农业综合开发和中央财政支持农业专业合作组织项目等扶持补助资金3.30亿元。*加大教育文化投入力度*。全年教育支出8.57亿元，占公共财政预算支出的20.6%。制定实施支持文化改革发展的财政政策措施，全年安排3000万元，支持“十里红妆”博物馆主体工程建设。*深化医药卫生体制改革*。全县医疗卫生投入3.97亿元，增长16.4%。建立与经济发展水平相适应的基本医疗保险筹资机制，城镇居民医保和新农合财政补助分别为每人每年300元和330元。稳步推进县级公立医院综合改革，筹集1000万元设立改革发展专项资金，引导公立医院提升业务水平。*完善社会保障体系*。支持养老服务体系建设，全年安排城乡居民社会养老保险1.00亿元、补助被征地农民养老保障6200万元，被征地人员养老保障重点参保对象实现“即征即保”。建立残疾人托（安）养费用补助标准动态调节机制，加快提升残疾人生活品质，惠及残疾人600余名。支持保障性住房建设，投入6000万元支持公租房建设。*加大政府公共投资力度*。县级筹集财政性资金5亿元，支持五大溪流整治、行政服务中心、第一医院、甬临线复线等重大项目建设。

【深化财政改革】 *推进预算管理改革*。细化预算编制，推行绩效预算，开展绩效评价，强化预算支出的约束性、规范性和实效性。推动乡镇财政“两基”建设，出台新一轮乡镇财政管理体制，加强中心镇扩权财力保障和一般镇中心工作、重点工程的财政奖补，取消对困难乡镇的年终补助。深化财政国库集中支付改革。将财政性专项资金全部纳入政府财政管理信息系统，实现改革“横向到边”的突破；出台会计对账、动态监控和银行账户等三套管理办法，试行预算执行动态监控机制，扩大个人公务卡支付面，提高财政资金使用绩效和透明度，确保财政资金安全。

【加强财政监管】 加强财政监督检查。开展行政事业单位财务专项检查，全面了解机构设置、人员配置、制度建设、政策执行等情况，形成《宁海县行政事业单位财务专项检查情况不容乐观》专题报告。加强财政支出管理。建立联络员制度完善政府专项资金公示，控制“三公”经费，治理公务用车，统筹部门财政拨款结余资金管理。深化政府采购改革。开展协议采购验收情况检查，建立网上采购竞价平台，扩大采购范围和规模，全年政府采购金额3.15亿元，节约资金3612万元。加强基建财务管理。制定财政投资评审中介机构考评管理办法，通过招标入围制、考评淘汰制等方式提高财政投资评审质量和水平，加强政府投资项目资金审核，全年核减资金5075万元，核减率为5.0%。推进会计管理工作。开展“考培分离”试点，开设“会计讲堂”，全面推进会计继续教育和财会高端人才培养。

【推进国资管理】 逐步完善行政事业单位资产管理动态信息系统，拟定实施方案，落实网点铺设工作。实施政府性投资公司经常性支出预算化管理，将除企业化管理外的事业单位和各园区下属国有企业全部纳入业务招待费核定管理范围，实现国企业务招待费核定管理全覆盖。出台国有企业审计工作意见，建立审计中介备选库和资产评估中介备选库，通过摇号方式选择中介机构，保证审计和资产评估工作的独立性和公正性。开展国有产权登记改革，落实新产权登记管理办法。加强融资平台建设，通过注册成立公司和筹备发行债券等方式，缓解国企融资难问题。

【加强队伍建设】 重视理论学习。深入开展十八大精神宣讲、“三思三创”、“创先争优”等主题教育实践活动，组织“千名干部下基层进村入企解难题”等专项行动。重视业务提升。坚持以考促学，开展企业所得税业务知识考试、小企业会计准则考试，不断提高干部业务水平。重视党风廉政建设。加强廉政风险防控，督促全体干部职工加强自身建设。组织各单位(科室)深入查摆薄弱环节和易发生的苗头性问题，采取有效措施，抓好整改。重视财政文化建设。开展“财政精神”提炼、“我们的价值观”大讨论等系列活动，激发干部思想活力。 （宁海县财政局供稿　章静霞执笔）

象山县

【概况】 2012年，象山县实现地区生产总值338.69亿元，比上年增长5.8%。其中：第一产业增加值55.18亿元，增长1.5%；第二产业增加值158.29亿元，增长6.6%；第三产业增加值125.22亿元，增长6.5%，产业结构调整为16.3：6.7：37.0。人均生产总值63000元。全县完成固定资产投资30.22亿元，增长18.9%；社会消费品零售总额148.22亿元，增长17.7%；完成自营进出口总额22.07亿美元，下降5.6%。城镇居民人均可支配收入36872元，农渔民人均纯收入16388元，分别增长11.0%和11.8%。全县实现公共财政预算收入46.68亿元，比上年增长10.3%，其中地方财政收入27.28亿元，增长9.9%，占公共财政预算收入的58.4%。全县公共财政预算支出45.80亿元，增长15.8%。全县财政收支平衡。

【组织财政收入】 强化收入形势分析研判，及时跟进政策性因素变化动向，增强工作的主动性和前瞻性。收入结构持续优化，全县地方财政收入中税收收入23.57亿元，增长11.2%，占地方财政收入的86.4%。加强重点税源企业管理，已有重点税源纳税户67家。推进纳税评估工作，评估企业223户。结合市局的惠普信息化运行维护管理系统，形成了市局、县局、纳税户、运维公司“四位一体”的运维架构，全年推广CA数字认证4517户次。推进“营改增”试点工作，向国税移送相关纳税资料。加强非税收入管理，推广非税收入管理系统，全年组织非税收入2.92亿元。

【推动县域经济科学发展】 贯彻落实国家、省、市出台涉企清费减负有关政策，免收小微企业税务发票(包括税务收据和自印发票)工本费82万元，惠及企业3150户次；取消资产损失税前扣除审批制度，实行企业自行申报扣除，累计受理192户次，企业受惠金额1.12亿元；选择潜力型企业实施一对一财税政策辅导，切实帮助企业解决发展难题。加大对中小微企业发展扶持力度，拨付企业应急周转金3000万元和中小微企业发展专项资金1000万元。增加中小企业担保中心注册资金600万元，累计注册资金1.50亿元，担保金额超过12.00亿元，以缓解中小企业融资难状况。完善财政资金直拨制度，加快支出进度，全年兑付企业扶持资金1.29亿元，惠及企业666户次。建立与各相关主管部门沟通协作机制，加大政策宣传力度，深入企业帮助健全财务管理和提升现场“6S”管理*。调研特色产业技术创新及转型升级项目，逐步建立扶持资金项目库，争取到上级各类补助资金1228万元。落实科技创新、调整产业结构、促进节能减排专项资金5050万元，用于引导企业自主创新、转型升级。

【推进社会事业协调发展】 全年民生支出35.70亿元，占公共财政预算支出的77.9%。加大财政支农惠农强农力度。全年涉农支出14.32亿元，比上年增长30.2%。发放油价补贴资金8.90亿元，降低渔业生产成本。落实水利资金2.81亿元，推进农田水利建设。向上争取到资金2202万元，用于扶持农业产业化经营财政补助等项目，强化农业综合开发项目管理。新增1000万元集体经济发展基金，用于欠发达村集体经济项目扶持开发、经营创收的奖励。保障教育事业优先发展。教育支出7.83亿元，占公共财政预算支出的17.1%。加强学前教育经费投入，落实2380万元资金重点支持乡镇幼儿园建设；安排3263万元，提高义务教育段学生公用经费定额标准；免收义务教育段学生课本费、学杂费2921万元，惠及4.9万名学生。拨付1437万元，用于6800名学生享受免费营养午餐，资助1924个家庭困难学生和4843名普高职高学生。落实2156万元职业教育统筹经费，保障6家中等职业学校全面实施中职教育免学费政策。争取到地方政府性债券1.00亿元，全部用于教育基建支出。促进社会保障和卫生事业健康发展。出台《象山县城镇居民医疗保险市级统筹实施意见》，推进基本医疗保障制度建设，实现城镇居民医保政策全市接轨。补助1.39亿元，用于城乡居民养老保险、被征地人员养老保障及复退军人参保。对2012年度新型农村合作医疗实施办法作适当调整，为县128万人次农民结报医药费4.01亿元，人均补助130元。落实9793万元资金，确保全县68家社区服务中心、卫生室等基层医疗机构实施基本药物制度改革，全面实现基本药品零差价销售。推进重点民生工程建设。争取资金18.10亿元，支持象山港大桥、区域联网供水、环象山港公路、南部商务区、城乡生活污水处理等一批重点民生工程建设，提高城市化水平。

【推进财政改革】 按照“人员经费按实际、公用经费按定额、项目经费按可能”的原则科学编制年度预算，将行政事业性收费全部纳入预算管理，科学合理编制政府性基金预算。推进部门预算公开，将24个单位的2011年预算执行情况和2012年部门预算安排情况公开细化并提交县人代会审议。推进国库集中支付改革，全县138家单位实施国库集中支付改革，并试运行国库集中支付动态监控系统。按边试点边铺开的方式全面推开个人公务卡改革工作。推进乡镇财政公共服务平台建设，缓解乡镇财政困难，调动乡镇当家理财的积极性，提高服务水平，切实保障涉农资金、家电下乡政策的落实。

【加强财政监管】 对7家行政事业单位和1个乡镇的财务收支情况实施检查，对乡镇文化站建设、农机耕作购置、公交运行经费补贴等三个专项实施绩效评价。加强项目工程结算审查和竣工财务决算审批工作，全年审查工程结算项目247个，核减投资7646万元，核减率为9.1%。扩大政府采购规模，节约财政资金5361万元，资金节约率为9.8%。发挥委派会计（财务总监）作用，纠正和制止违规违纪资金1.71亿元。探索创新国资监管方式，全面清理国有企业的资产、负债等基本情况，摸清国有企业底数。加强全县国有资产监管体系建设，形成进一步加强国有资产监督管理意见。加强和规范国有产权转让和房屋出租监管，确保国有资产保值增值，全年转让和招租成交价1016万元。强化资产管理信息系统应用，对国有企业基本信息实行动态监管。加强乡镇财政资金监管工作，对资金监管的组织领导、信息传达、公开公示、抽查巡查、工作督促和保障等环节进行检查并提出整改意见。

【增强队伍素质】 提升干部素质。开设网上学习专栏，对十八大精神进行专题学习。引导业务骨干与年轻干部结成师徒，签订师徒结对责任书，师徒携手共跨越。开展《小企业会计准则》培训、考试和竞赛，提高干部业务技能。推进廉政建设。签订党风廉政建设责任状。制定完善问责办法、中层干部家庭财产申报制度等相关规定，加强机关效能建设和廉政建设。局机关党委、税务支部、爵溪分局党支部获“2010~2012年创先争优先进基层党组织”荣誉，局机关党委获“县十佳学习型机关党组织”称号，局团委获“2012年度市级先进团组织”荣誉。 （象山县财政局供稿　黄　鹏执笔）

注：

*“6S”管理：整理、整顿、清扫、清洁、素养、安全等六大管理。

温州市财政工作概况

温州市

【概况】 2012年,温州市实现生产总值3650.06亿元,比上年增长6.7%,增幅较上年回落2.8个百分点。其中:第一产业增加值112.90亿元,增长1.2%;第二产业增加值1843.06亿元,增长6.0%;第三产业增加值1694.10亿元,增长8.0%。按户籍人口计算,人均地区生产总值45667元,增长5.8%。三次产业结构比由上年的3.2∶52.2∶44.6调整为3.1∶50.5∶46.4。城镇居民人均可支配收入34820元,农村居民人均纯收入14719元,分别增长9.7%和11.1%。全年社会固定资产投资2357.11亿元,增长34.6%。社会消费品零售总额1929.29亿元,增长9.1%。全年实现外贸进出口总额204.38亿美元,下降5.3%,其中进口总额27.42亿美元,下降19.6%,出口总额176.96亿美元,下降2.6%。全市财政总收入517.89亿元,增长6.6%,其中公共财政预算收入289.64亿元,增长6.9%,占财政总收入的比重为55.9%;市本级财政总收入107.76亿元,增长12.4%,其中公共财政预算收入71.02亿元,增长10.7%。全市公共财政预算支出387.79亿元,增长4.7%;市本级公共财政预算支出66.70亿元,增长0.5%。全年财政运行状况良好,全市及市本级财政收支平衡。

【组织财政收入】 财政收入结构保持稳定。全市公共财政预算收入中税收收入为267.68亿元,增长6.5%,占公共财政预算收入比重为92.4%,下降0.4个百分点。提高税收预测分析水平。召开七次全市收入专题会议,加强税收调查和分析预测。加强税源管理。推进税源培育及社会化征管,开展城建税及房产、土地登记信息比对清理,对文化体育娱乐业等行业进行专项纳税评估,全市移送稽查案源478户;开展金融、房地产等重点行业及资本交易项目税收专项检查,全年稽查查补入库2.11亿元,查处大要案27件。实施新车船税法,完善营业税起征点提高后个体户定额管理体系,做好企业所得税汇算清缴,加强高收入者个人所得税征管。规范非税收入征管。做好《浙江省政府非税收入征管信息系统》运行的前期准备工作,实现执收单位、代理银行、财政三方联网,对263家执收单位500个执收开票点上线培训,全年全市组织非税收入21.96亿元,增长13.1%。

【支持经济转型升级】 推进产业结构优化升级。市级财政整合各类专项资金及其他资金5.60亿元,支持设立市级产业平台政府引导基金;安排产业转型升级专项资金6500万元,支持产业发展公共服务平台;安排旅游发展专项资金3700万元,加大对旅游综合改革、宣传促销、创强创优等方面投入;安排资金2400万元,支持商贸流通业发展;安排服务业发展专项资金1000万元,支持服务业重大项目建设、服务业公共创新平台建设、现代物流园区公共平台建设等,开展支持服务业加快发展专项行动,核拨补助资金148万元,引导发展生产性服务业,全市累计分离发展服务性企业314家,新增地方税费收入1.90亿元;取消部分涉企行政事业性收费和免征小型、微型企业部分行政事业性收费,全年减少相应收费1009万元。推进需求结构协调发展。围绕全市城市建设发展部署,争取省下达地方政府债券12.00亿元;配合温州市金融综合改革试点工作,联合财政部科研所开展金融改革课题调研,提出财税政策建议;安排开放型经济发展专项资金1.70亿元,加大促进外贸增长的投入;落实全市家电以旧换新补贴资金清算工作,受理审核家电销售补贴数量54万台,实际兑付补贴资金1.59亿元,拉动家电消费21.50亿元。

【保障重点支出】 支持教育和社会保障事业发展。加大财政教育投入,市本级教育支出15.59亿元,比上年增长9.3%;拨付政府购买服务资金7000万元,支持民办教育和民办医疗机构改革试点;投入"新医改""新农保"资金5.60亿元,实现城乡居民基本医疗保险市级统筹;拨付市区廉租房保障资金2.24亿元;完善再就业政策,拨付市级促进再就业专项资金1000万元。支持发展农村事业。拨付统筹城乡专项资金4500万元,补助农投集团注册和投融资平台;整合资金8000万元,支持珊溪水源地保护工程建设;安排支农专项资金3000万元,支持粮食生产功能区建设;核拨粮农综合直补资金1.24亿元,补助农户67万户。支持建设"平安大市"。安排市级"菜篮子"工程财政专项资金1200万元,支持市级"菜篮子"建设;拨付补助资金190万元,推动市区农贸市场改造提升工作;拨付资金36.00亿元,重点保障瓯飞围垦、机场扩建、轨道交通等基础设施及民生工程建设。

【深化公共财政管理改革】 加强预算编制管理。45个市级部门预算报市人代会审查,其中6个被列为分项审查试点;完善国库集中支付改革,313家预算单位实行国库集中支付改革,全年支付金额83.44亿元;推进公务卡制度改革,307家预算单位办理公务卡,累计发卡15122张,全年累计公务刷卡消费2549万元。加强预算绩效管理,首次对市级部门预算50万元以上项目实行预期绩效目标申报;开展公务用车和公务接待改革,出台经费管理配套文件。完善财政体制机制。初步形成瓯江口新区与洞头县“区县一体化”财政体制方案;指导县乡财政体制调整;理顺投资体制,明确市财政与各区及市级国资平台等各投资主体间的投资关系和投资方式。加快机构和职能配置改革。完成预算编制、执行和监督“三位一体”组织机构改革,成立预算局、预算执行局和财政监督局;调整市局职能配置、内设机构,不再保留市国有资产管理局,其职能并入市财政局。

【强化财政监管】 加强财政资金监管。开展会计信息质量监督检查,存在违规现象单位31户,涉及金额6651万元,补缴税款142万元,上缴财政专户1721万元,调账4788万元;加强公务用车配备使用管理,开展公务用车重新定编工作,确定市本级党政机关车辆编制控制数并做好公务用车控制管理,暂停办理其他行政事业单位的车辆控购手续。开展对卫生系统、场馆单位非税收入专项检查,对违反规定的单位作出行政处理和处罚。加强行政事业单位资产管理。将部分行政事业资产转为经营性资产,合计土地32宗计3万平米,房产35处计13万方米。改善财政法治环境。加强《小企业会计准则》和《企业内部控制规范》宣传与培训工作。开展会计师事务所专项检查,纠正低价竞争、股东或合伙人资质不合规、提取风险基金或购买职业保险不合规等现象;开展会计师事务所、代理记账机构年度报备审核工作,并对机构的持续设立条件、业务基本资料进行审查和复核。组织开展会计类资格统一考试,其中报名参加全省会计从业资格考试40590人,报名参加全国会计专业技术资格考试15194人,做好会计电算化考试工作,全年全市通过评审取得高级会计师资格29人。

【加强队伍建设】 深化学习型组织建设。召开务虚会,学习党的十八大精神;开展分类分层次的全员培训,全年组织培训班33期,参训人员2300人次。加强财税文化建设。举办机关文化节;开展“我们的价值观”大讨论以及“与信仰对话,青春奉献在财税”主题论坛活动。加强干部作风建设。对全体干部职工进行绩效考核;组织行风建设交叉检查,并采用实地查看、检查资料、现场询问和模拟办事等方式,重点督查行风评议中存在问题的整改情况。加强党风廉政建设。开展领导干部世界观、权力观、事业观学习教育和机关工作人员宗旨观念、职业道德、廉政意识学习教育活动。

(温州市财政局供稿　李　侠执笔)

鹿城区

【概况】 2012年,温州市鹿城区实现生产总值674.86亿元,按可比价格计算,同比增长4.0%。其中:第一产业增加值1.80亿元,增长5.8%;第二产业增加值193.30亿元,增长3.8%;第三产业增加值479.76亿元,增长4.0%。按户籍人口计算,人均生产总值93319元,同比增长3.1%。三次产业结构比调整为0.3∶28.6∶71.1。全年实现外贸进出口总额41.07亿美元,下降2.1%,其中进口总额3.66亿美元,下降7.6%;出口总额37.41亿美元,下降0.8%。全区完成固定资产投资240.00亿元,增长4.9%。全年区级财政总收入38.47亿元,下降1.8%,其中区级公共财政预算收入20.76亿元,下降6.7%,占财政总收入的54.0%。全年区级公共财政预算支出26.95亿元,同比增长8.5%。全年财政运行情况良好,财政收支保持平衡。

【组织财政收入】 完善收入预测分析机制。拓宽信息采集渠道,把财政收支与经济运行主要参数的变化相结合,提高税收收入预测分析工作的时效性、准确性和全面性。全年公共财政预算收入中的税收收入19.61亿元,占比94.5%,比上年下降1.1%。优化税收征管环境。完善协税护税激励机制,加强市、区两级财政税收收入信息对接,调整区对街道、镇税收考核办法,提高街道、镇组织收入的积极性。强化非税收入征管。健全政府非税收入征收管理和监督机制,将预算外资金收入全部纳入基金预算管理,确保非税收入及时足额入库。全年实现非税收入1.15亿元,增长18.0%。

【促进经济发展】 加大企业帮扶力度。安排企业扶持专项资金2000万元,制定加快电子商务发展实施意见,支持电子商务、总部经济、楼宇经济、现代服务业等重点行业发展。向上争取资金4128万元,支持企业开拓国际市场,提升竞争力。助推产业创新升级。安排科技经费3850万元,制定科技企业孵化器管理及经费补助办法,促进企业科技项目研发及成果转化,促使创新要素向企业集聚。发展“强三优二”*战略,发挥财政资金对文化创意产业的支撑作用,鼓励文化创意产业发展。加大财政对旅游开发的投入力度,安排资金1975万元,支持旅游公共服务体系建设、旅游资源开发和对外旅游宣传活动的开展。创新重点工程建设投融资模式。拓宽投融资渠道,签约BT(建设——转让)项目投资金额230.00亿元,银行对接金额23.10亿元,全力保障重点工程项目实施。

【保障改善民生】 落实强农惠农政策。筹措农业资金5801万元,重点投向农业基础设施建设、农产品安全保障体系、农村环境治理和农村生态保护等项目,落实"三分三改"* 和城中村农房改造工作。支持教育发展。安排预算内外教育经费7.60亿元,超过省定财政教育支出比例。推进学前教育,提高生均公用经费定额标准,支持民办学校建设,促进全区教育均衡发展。深化医疗卫生事业改革。全年投入医疗卫生经费2.28亿元,保障医药卫生体制五项重点改革。安排2795万元用于完善城乡公共卫生服务机构建设,实现城乡标准化社区卫生服务中心全覆盖。健全社会保障体系。安排社保经费2.14亿元,用于完善城乡居民社会养老保险制度,提高城乡低保补助标准。落实财政物价补贴政策,实施残疾人帮扶计划。支持其他社会事业发展。建立健全文化投入稳定增长机制,安排1500万元支持文化大繁荣建设。落实资金促进政法工作、人才强区、"六城联创"*、食品药品安全示范区建设、城建体制改革、人口计生等事业发展。

【推进财政管理改革】 推进"三位一体"组织机构改革。初步建立预算编制、执行、监督"三位一体"组织机构框架。严格执行"二上二下"预算编制程序,充分体现财政资金分配的公平、公正、透明。推进国库集中支付改革。完成区级149家单位的国库集中支付上线和公务卡制度改革。推进重点项目绩效评价。全年安排绩效评价项目40个,涉及财政资金1.02亿元。要求财政预算安排50万元(含)以上专项资金的项目申报绩效预期目标,经过筛选确定项目80个,涉及金额2.35亿元。稳步推进公务用车专项治理。完成全区公务用车重点检查及编制核定工作,涉及240家行政事业单位的807辆公务用车,其中一般公务用车504辆,执勤执法用车303辆。

【加强财政监管】 规范国有资产管理。完成资产管理信息系统软件采购及全区行政事业单位资产管理基础信息采集。加强国企投资监管,防止国有资产流失。全年处置固定资产1896万元。加强政府采购管理。监管前移、服务前移,全年政府采购支出4.92亿元,其中采用公开招标方式采购项目4.87亿元,节约资金5214万元,节约率9.6%。加强工程结算审价管理。全年委托审价已结算项目166个,送审金额1.18亿元,审价金额1.10亿元,节约金额727万元,节约率6.2%。建立工程结算审价专家人才库,提高审价质量。加强会计事务管理。全年办理各类会计服务事项1796项,组织会计人员继续教育培训班38期,参加培训4560人。对11家代理记账机构进行年度审核,新批2家代理记账机构。

【提升队伍素质】 注重理论学习,制定学习理论中心组和党员干部学习计划,通过专题党课、专题会议、集中研讨、夜学自学等方式,提升干部职工的凝聚力和战斗力。开展"保持党的纯洁性"主题教育活动和"我们的价值观"大讨论活动,通过主题学习、撰写学习心得、价值观核心词评选等方式,提升职工思想标杆。制定《即办制落实情况动态考核办法》,按时进行督察,不断提升服务工作水平。加强党风廉政建设,在2011年全面查找廉政风险点的基础上,落实廉政风险排查"回头看",完善廉政风险防控机制,建立廉政风险防控建设信息库,编制廉政风险防控教育情景案例,规范重点岗位廉政管理,监督权力运行。

(温州市鹿城区财政局供稿　潘　旻执笔)

注:

*强三优二:"强三优二城市有机更新"的简称,指以城市有机更新的方式将主城区的工业逐步退出,引入现代服务业。

*三分三改:指政经分开、资地分开、户产分开和股改、地改(农用地流转)、户改(户籍制度改革)。

*六城联创:指温州市以全国文明城市创建为龙头,联动推进国家园林城市、国家森林城市、国家卫生城市、国家环保模范城市和国家历史文化名城创建的活动。

瓯海区

【概况】 2012年,温州市瓯海区实现生产总值316.12亿元,按可比价格计算,比上年增长9.0%。其中:第一产业增加值5.62亿元,增长0.6%;第二产业增加值195.73亿元,增长7.7%;第三产业增加值114.77亿元,增长11.8%。人均生产总值76049元。三次产业结构比由上年的1.9∶63.4∶34.7调整为1.8∶61.9∶36.3。城市居民人均可支配收入32790元,农村居民人均纯收入16426元,分别增长12.8%和15.3%。全年实现财政总收入36.85亿元,比上年增长3.1%,其中公共财政预算收入16.53亿元,占财政总收入的44.9%,增长2.0%;公共财政预算支出19.35亿元,同比增长5.3%。全年财政运行状况良好,财政收支平衡。

【组织财政收入】 注重税源分析。定期召开财税收入分析会议,加强对重点行业、重点企业、重点工程的分析。把握税源变化趋势,利用多种途径和方式向企业宣传财税政策。全年公共财政预算收入中的税收收入15.60亿元,占比94.4%。同时加大了对税收社会化征管工作的奖励分成。加强非税收入控管。上线非税征管信息系统,选取区纪委、财政局、质监局、人社局、畜牧局等5家单位试点运行。规范财政专户审批工作,加强非税收入日常控管。全年组织非税收入9354万元,增长14.6%。

【助力经济转型】 引导企业转型发展。参与制定扶持实体经济健康发展、促进产业转型升级的有关政策规定,发挥财政政策对经济的调控作用。整合扶持企业发展专项资金,拨付企业专项资金7048万元。审核上报高新企业10家,复核10家;上报其他国家级项目2项、省级项目10项、市级项目19项。多方探索创新融资渠道,筹措建设资金。推动区政府与辖区银行签订33.08亿元的金融授信协议,拓展信托贷款、融资租赁贷款、BT(建设——转让)模式贷款、撮合贷款等多种融资渠道。全年累计对外融资76.84亿元,分别投入区西部交通网及铁路配套项目、城市中心区建设、保障房建设、社会公益项目等重点工程建设。

【保障民生支出】 落实支农惠农政策。获批农村公益事业建设一事一议财政奖补项目31个,累计拨付资金2200万元,其中省市级补助1300万元,区本级奖补900万元,补贴家电下乡兑付资金605万元,兑付率100.0%。截至2012年5月10日已提早完成农资综合直补资金发放工作,累计发放直补资金287万元,惠及农户30105户。加大对基层公共文化服务的财政投入。支持农家书屋、镇街综合文化站建设等文化下乡工程。改善社会民生事业。调整退职人员的生活困难补助费标准和事业单位基本养老保险统筹基金缴费基数。安排最低生活保障费2363万元,新农合财政补助资金人均435元,高出全国标准195元。落实基本公共卫生服务经费1774万元,落实2839万元保障基本药物制度实施。将农村义务教育经费全额纳入年度预算,设立500万元专项资金推进民办教育改革试点。

【深化财政管理改革】 深化部门预算改革。根据综合预算和零基预算的原则,统筹运用预算内资金、基金、土地出让金、上年结余等资金。设计专项预算综合编制表格和专项预算变动说明表,为部门预算编制过程提供更"科学、规范、公开、透明、高效"的运行模式。推进组织机构改革。完成"三位一体"机构改革,成立预算局、预算执行局、财政监督局,建立预算编制、执行、监督彼此促进又相互约束的制衡机制。深化财政收付制度改革。截至当年9月底,全区79家区本级预算单位实现国库集中支付改革全覆盖,解决财政资金多环节拨付、多头管理、多户存放的弊端。全年国库集中支付资金9.87亿元,占公共财政预算支出的51.0%。实现公务卡制度改革全覆盖,全区发卡量2473张,有效管控公务消费行为。完善镇街财政体制。制定完善区对镇街财政体制的通知,引导镇街增强自身生财、理财、聚财能力。制定《区对功能区土地出让收入分配暂行办法》,调动功能区理财、建设的积极性,提高土地出让收入的"收、管、用"水平。

【强化财政监督】 加强建设资金监管。对工程建设资金,实行全程管理。审核完成预算项目45个,修正不合理金额6481万元。审核工程结算项目513个,送审造价2.28亿元,审定造价2.10亿元。健全财政绩效评价体系。对"农村独生子女家庭社会养老保险"等5个项目开展绩效评价。组织开展"基本药物进销差价"等35个民生项目单位自评,涉及财政资金1.26亿元。将评价结果应用于预算管理中。加强支农项目管理。逐步建立覆盖项目立项管理、过程管理、绩效管理等全过程的支农项目监督管理体系。对全区水利建设项目和支农专项建设项目按照工程立项、招投标、政府采购等相关制度执行。农村一事一议奖补项目的拨款方式采用按进度和项目验收后结算相结合的方式。

【完善国资监管】 完善国有资产管理信息系统。举办第二批行政事业单位资产管理信息化培训班,扩大行政事业资产信息化管理范围,启动国有企业资产信息化管理工作,完成资产电子卡片数据收集、核对、导入工作。维护行政事业单位国有资产安全完整。重点针对账外房产和账外对外投资,开展全区行政事业单位账外资产清查工作,规避可能造成的资产流失风险和隐患。完善国资管理制度建设。制定城市建设投资有限公司全资子公司财务管理制度(试行),以及2012年度瓯海区政府融资工作考核办法,起草国有企业负责人薪酬管理办法、国有企业工资总额预算管理办法和国有企业用人制度改革意见。盘活非经营性国有资产。整合33家部门单位249套存量房资产,累计金额11.49亿元,通过收回、改性、评估升值后,以资产注入的方式充实各投融资主体注册资本金,促进国有资产保值增值。

【推进队伍建设】 加强队伍作风建设。全面贯彻落实党风廉政建设责任制,试行廉政风险点一次性告知及个人廉政风险点随岗移交制度。构建瓯海区财政局廉政风险防控管理系统平台,实现廉政风险的系统化、动态化、全面化管理。加强机关文化建设。开展价值观大讨论活动,从干部职工心得体会文章中提炼出核心价值观为“理财为民,精诚致和”与“迈步人生路,奉献理财务”。加强财政法制建设。制定并修改《瓯海区财政局行政执法资格及法律依据》,规范财政执法依据。参加全国财政“六五”普法法规知识竞赛、全省金融法律知识竞赛,增强机关财政法制意识。

(温州市瓯海区财政局供稿　叶一瑞执笔)

龙湾区

【概况】 2012年,温州市龙湾区实现生产总值282.45亿元(不含温州经济技术开发区),比上年增长5.8%。其中:第一产业增加值3.13亿元,下降9.8%;第二产业增加值185.92亿元,增长5.0%,其中工业增加值164.28亿元,增长2.3%;第三产业增加值93.40亿元,增长8.0%。三次产业结构比调整为1.1∶65.8∶33.1。全社会固定资产投资额214.36亿元,增长56.0%。外贸进出口总额22.98亿美元,增长2.1%,其中:出口18.64亿美元,增长5.1%。全年区本级财政总收入30.32亿元,增长0.7%,其中公共财政预算收入14.56亿元,增长8.9%,占财政总收入比重为48.0%;公共财政预算收入中的税收收入13.67亿元,占比93.9%。公共财政预算支出16.61亿元,增长6.6%。全年财政收支平衡。

【组织财政收入】 做好收入分析预测。定期召开财税联席会议,分析宏观经济走向,准确掌握收入情况、运行动态及发展态势。建立小规模纳税人监控分析管理机制,提升征管质量。深化网络发票信息在涉税信息比对、纳税评估等方面的综合应用。强化重点税源监控。以《税友龙版》为支撑,逐步实现信息综合管理,提高税源监控的专业化与智能化管理水平,继续拓展社会化征管的广度和深度。将10个重点企业及12个建筑业重点单位纳入重点税源监控,全年组织税款2.32亿元,占税收收入的24.8%。注重挖掘税收潜力。重点关注建筑业、小额贷款公司、万达城市综合体等新的税收增长点。定期联系工商和国地税部门,核对相关信息,确保新增税收及时入库。规范非税收入管理。加强政府非税收入票据使用和日常控管,开展调研与票据稽核,实行以票管费,以费促收。全年组织政府非税收入2.80亿元。

【支持经济发展】 支持企业转型升级。制定科技创新贷款贴息资金管理办法等多项政策,支持企业技术改造和科技创新;向上级部门争取各类补助资金4095万元,支持企业转型发展。缓解中小企业融资困难。全年累计发放1.01亿元中小企业专项信用贷款和5250万元科技创新贷款,调度财政间隙资金6000万元,协作银行按1∶2配套,建立应急转贷专项资金,有效缓解企业资金周转压力。化解建设资金筹措难题。以中长期债务为主,筹集建设资金38.95亿元,满足政府性建设项目资金需求,增强区域发展优势。做好“家电下乡”补贴工作。全年兑付家电下乡补贴资金447万元、以旧换新补贴资金148万元。

【保障民生支出】 全年民生支出12.52亿元,占公共财政预算支出的75.4%。其中安排7.94亿元,用于保障社保、卫生、文化、教育、农林水事务等方面支出,占全部民生支出的63.4%。保障社保、医疗卫生支出。安排财政资金2.82亿元,其中区基层医疗机构改革财政补助基数为3068万元;提高新型农村合作医疗保障标准,由原来的400元/人·年提高到600元/人·年,其中财政补助由原来的280元提高到450元,人均补助增幅60.7%,新增支出3000多万,财政出资比例占总筹资额的75.0%,较上年度提高5.0个百分点。保障文化、教育支出。全年财政投入文化事业发展资金2820万元,保障文物保护、征集和基础设施建设的资金需求。安排教育支出3.99亿元,其中1420万元用于学前教育,400万元用于教育装备,575万元用于教师培训,4136万元用于校园环境建设,努力改革教育现状,推进教育强区创建工作。保障农林水事务支出。安排农林水事务支出8553万元,保障村级公益事业一事一议财政奖补资金、政策性农业保险、现代农业生产等相关支出。

【推进财政管理改革】 全面推进国库集中支付改革。完成区本级101家单位国库集中支付改革,全年支付31000笔,金额6.10亿元。推进公务卡制度改革,发卡量3000张,有效加强公务消费的监管。构建“三位一体”组织机构框架。明确机构职责、重塑业务流程、重构相应系统。全面推进公车改革。开展党政机关公务用车问题专项治理和小汽车重新定编工作,核定全区参加定编的行政事业单位数及公务用车编制数。拓展政府采购领域。发挥政府采购在服务民生、服务中小企业、提倡节能环保等方面的规模效应,完成采购规模1.07亿元,节约资金1763万元,节资率14.2%,比上年提高4.0个百分点,其中民生项目采购金额7125万元,占采购总额的66.6%。

【强化财政监管】 加强财政资金绩效管理。出台《龙湾区区级单位预算绩效管理工作考核办法(试行)》,将绩效管理工作纳入部门年度考核。全区全年上报预算绩效目标申报项目66个,涉及金额1.99亿元。规范国有企业财务基础管理。成立龙湾区国资办,掌握企业国有产权登记和变更信息,加强国有资产管理,做好国有企业"在岗工作人员情况统计"工作。加强监督检查。组建督查组,重点检查涉农资金管理使用情况,核查单位13个,查出问题资金152万元,并协助整改。清理整顿地方财政专户。拟定《龙湾区财政专户清理整顿草案》,撤销国债转贷等专户。提升会计管理水平。完善会计管理信息化工作,深化继续教育培训网络化建设。

【加强队伍建设】 创建五型机关。围绕"五型"机关*建设,出台相关活动实施方案,通过全局干部共同努力,获区属部门"五型"机关创建先进单位称号;完善教育培训机制,制定全局干部及全区财务主办教育培训计划,全年组织各类培训577人次;完善学习考核机制,把"力学力行"的各项举措落到实处,以实绩赢得肯定。推进"创先争优"活动。组织财政干部下企业调研,帮助企业破解难题,助推企业转型升级。会计核算中心窗口通过提升服务水平、拓宽服务领域、丰富服务内容,获全国级青年文明号和全国级巾帼文明示范岗荣誉。局机关获省级文明城区创建先进单位称号。提升党风廉政建设水平。落实党风廉政建设责任制,完善岗位廉政风险防范措施,深化作风效能及廉政文化建设,严肃问责追究,推进惩防体系建设。

(温州市龙湾区财政局供稿　冯小燕执笔)

注:

*"五型"机关:创建"责任型、服务型、效率型、学习型、廉洁型"机关。

瑞安市

【概况】 2012年,瑞安市实现生产总值559.32亿元,比上年增长6.7%;人均生产总值46088元。其中第一、二、三产业增加值分别为18.68亿元、276.48亿元、264.16亿元,增幅分别为0.4%、5.9%、8.1%。三次产业结构比由上年的3.4∶50.5∶46.1调整为3.4∶49.4∶47.2。社会消费品零售总额236.38亿元,增长10.3%。全社会固定资产投资354.78亿元,增长35.5%。城镇居民人均可支配收入38988元,农村居民人均纯收入15987元,分别增长11.1%和11.0%。全市财政总收入72.00亿元,增长3.9%;其中公共财政预算收入40.65亿元,增长5.1%,占财政总收入的56.5%。公共财政预算收入中税收收入37.89亿元,占比为93.2%。全年公共财政预算支出46.62亿元,增长8.0%。财政运行情况良好,全年收支平衡。

【组织财政收入】 加强税收收入分析研判。加强经济税源、政策效应、收入进度分析,建立局领导工作联系点和定期汇报工作制度,加强与国税部门沟通协调,提高收入预测准确率。完善税收收入征管机制。推广应用《税友龙版》系统,完善税收社会化征管机制,开展税源普查工作,实施"以电控税"和"亩产税收"分类管理,对土地、房产、股权等所有权转让交易实行"先税后证",入库税收7037万元。推进税种管理。全面开展房产税、城镇土地使用税税源登记情况自查,扩大企业所得税查账征收面,加强个人所得税扣缴管理,完成年所得12万元以上个人所得税自行申报任务。规范非税收入征缴。上线非税征管信息系统,全年组织政府非税收入60.27亿元。推行社保费缴费评估办法,征缴社保费收入24.17亿元。

【扶持实体经济发展】 帮助企业解决困难。开展"进村入企"大走访、"百日扶工"大行动、"振兴实体经济财税百日攻坚"等主题活动,组织干部走访企业600多家,协调解决企业困难。设立应急转贷专项资金2.00亿元,防范和化解企业资金链风险,全年为105家企业累计转贷资金29.17亿元。落实政策,取消、暂停和降低16项涉企行政事业性收费,兑现企业各项税费优惠4.19亿元,完成963户"营改增"试点企业的移交工作。促进产业转型升级。制定鼓励瑞商创业创新扶持实体经济发展的财税政策措施,推出18条"扶工兴贸财税扶持政策",设立质量强市、科技发展、人才引进、产业集聚发展、开放型经济发展等专项资金,引导企业转型提升和总部回归。落实财税扶持政策,全年实现个体工商户转为企业1002家。加大企业自主创新扶持力度,提高技改资金补助标准,为全市93家企业兑现补助资金3966万元。支持服务业发展,参与制定服务业重点企业和二十强企业扶持政策,累计分离发展服务业企业45家,全年增加地方税费1215万元。保障重点项目资金需求。在市财政安排重点项目建设资金基础上,加大政府性融资力度,拓宽融资渠道,落实银行授信签约额度29.30亿元,完成信托、企业债券、政策性银行融资22.00亿元,盘活国有存量资产1.76亿元,推进BT(建设——转让)融资试点工作,为甬台温高速复线瑞安段、飞云江五桥、城市防洪三期等重点项目建设提供资金保障。

【保障民生支出】 推动城乡发展一体化。推进农房集聚建设，为农投公司注资1.60亿元。扶持“创业银行”、农村资金互助会等发展，促进农民致富增收。完善财政支农资金稳定增长机制，落实一事一议财政奖补、农业综合开发、扶贫等专项资金1.24亿元，在基金中安排农业“两区”（粮食生产功能区、现代农业园区）建设、水利建设等资金1.46亿元，支持农村社会事业和现代农业发展。促进基本公共服务均等化。推进社会事业均衡发展，全年教育支出14.24亿元，增长14.4%，支持校网布局优化、学前教育发展和“平安校园”建设等。文化体育与传媒支出6376万元，增长17.1%，重点支持群众性文化发展及综合文化设施建设。医疗卫生支出2.26亿元，深化医药卫生体制改革，启动县级公立医院综合改革，推进基层医疗服务机构和“卫生城市”创建。完善社会保障制度体系，将新型城乡合作医疗人均筹资标准提高到550元，其中市财政补助标准提高到370元，城乡居民基本医疗保障参保率96.0%。投入“公租房”“廉租房”等建设资金8370万元，开工建设保障性住房14万平方米。拨付新社区建设经费2859万元，落实困难群众基本生活价格补贴615万元，支持村级就业保障平台和残疾人共享小康工程建设。推进城市环境生态化。生态环境项目及节能环保支出3.51亿元，支持平原绿化工程、塘河综合治理和污水管网建设等，促进经济社会与环境协调可持续发展。

【深化财政改革】 深化预算管理改革。制定加强财政预算管理工作的意见及10个配套文件，硬化预算约束，规范审批流程，提高运行效率。加大结余结转资金清理力度，清理入库部门单位各类资金4.05亿元，清理结转资金3.63亿元。推进国库集中支付和公务卡改革。做好国库集中支付和公务卡改革扩面工作，实行国库集中支付金财工程一体化运行，实施16项市级预算单位公务卡结算强制目录，完成改革扩面任务，实现市级预算单位的“全覆盖”。推进财政支出绩效评价改革。加强大额专项支出等预期绩效目标管理，采取财政设置指标、第三方实施评价的方式，提高绩效评价的科学性和公允性，全年重点评价和自评项目50个。制定全面推进预算绩效管理的实施意见及工作考核办法，试行以结果为导向的预算绩效机制。调整镇街财政管理体制。加大基层财力倾斜力度，实现镇街财政拨款5.88亿元，比上年增长73.5%，提高镇街开发建设积极性。

【强化财政监管】 健全财政资金安全管理制度，增设预算执行动态监控岗位，制定《国库中心财务印章管理规定》，做好财政往来款项监控与催收。开展财政专户清理整顿工作，撤销17个财政专户，逐步将各类财政专户归口财政预算执行部门统一管理。举办财政支农政策等8类业务培训，强化财政及会计监督检查，配合做好经济责任审计等工作，促进依法理财管财。规范政府采购管理，印发《单一来源政府采购管理暂行规定》，推广应用政府采购信息管理系统和内外网操作系统，全年组织政府采购30.51亿元，节约资金3.71亿元，资金节约率10.8%。加强财政投资项目概算、预算、结算审核管理，将财政投资评审中心更名为财政项目预算审核中心，全年对472个项目进行审核，核减金额2.74亿元。完善国有资产监管体系，拟定《国有资产管理“1+7”制度文本》，全方位加强对国有资产监管。

【加强队伍建设】 强化教育培训。在部分岗位推行考试准入、竞争上岗、技能比拼、“网络学堂”等学习形式，全年组织实施各类教育培训538人次。转变工作作风。下放审批事项93项，重新梳理财政业务工作流程29项，明确首办责任制和归口负责制，简化办事流程，提高行政效能。开展行风建设“回头看”，加强内部制度执行督查，巩固行风建设成果。加强廉政建设。落实党风廉政建设责任制职责分工，组织廉政教育专题报告会、廉政主题演讲比赛、廉政知识竞赛、廉政警示教育等系列活动。2012年度被评为瑞安市落实党风廉政建设责任制工作先进单位。创建文化品牌。开展“我们的价值观”等解放思想大讨论活动，依托“品质财税·幸福财税”文化节主题活动，举办系列文体活动项目，成功编发三期《瑞安财税》刊物。2012年，市局获全省财政系统预算绩效管理、会计管理、计算机应用先进单位称号，获瑞安市经济发展保障类考核第一名、行风评议第二名。

（瑞安市财政局供稿　阮吟捷执笔）

乐清市

【概况】 2012年，乐清市实现生产总值599.08亿元，同比增长5.5%。其中：第一产业增加值19.34亿元，增长1.0%；第二产业增加值348.97亿元，增长3.1%；第三产业增加值230.77亿元，增长10.0%。三次产业结构比由上年的3.2∶60.7∶36.1调整为3.2∶58.3∶38.5。人均生产总值47323元，增长4.2%。城镇居民人均可支配收入37920元，农村居民人均纯收入17454元，分别增长10.1%和11.0%。全市财政总收入86.75亿元，增长5.6%，其中公共财政预算收入43.63亿元，增长4.7%，占财政总收入的50.3%，全年公共财政预算支出46.48亿元，增长1.5%。全市财政收支平衡。

【组织财政收入】 全年实现地方税收收入36.53亿元,增长1.9%。做好税源监控。增加重点税源监控的广度和深度,动态监控全市780户县(市)级以上重点税源企业,及时掌握税源变化情况,重点税源企业实现入库22.29亿元,占地方税收收入61.0%。注重非税收入管理。推行政府非税收入信息化管理,"三方对账"模块基本实现,非税票据管理取得新突破;《税友龙版》规费模块实现与人社部门数据实时联网。全市各项非税收入21.95亿元,增长8.5%。

【支持经济发展】 加大企业帮扶力度。梳理、整合各项优惠政策,清理规范行政事业性收费,对认定的小微企业免征管理类、登记类、证照类等17项行政事业性收费。实施企业养老保险费费率临时性下浮,为企业减负7042万元。制定市本级财政性资金银行存款管理办法,加强财政性资金银行存款管理,对银行机构实施金融维稳考核,引导金融机构加大对实体经济的信贷投放。支持民间资本管理公司、小额贷款保证试点、中小企业出口信用保险政府联保等政策,帮助企业落实融资7500万元,落实政府转贷帮扶基金2.00亿元。出台财税扶持政策。提请或助推市政府出台支持乐商回归,促进实体经济发展实施意见等系列财税扶持政策,有力促进实体经济平稳健康发展。促进经济结构调整。安排2360万元加大"粮食功能区"和"农业产业园区"建设。统筹农业综合开发资金3384万元,实施土地治理项目42个,扶持农业产业化经营项目15个。拨付工业转型升级专项资金1.33亿元、科技发展经费8395万元。兑付家电下乡和以旧换新财政补贴资金2451万元,拉动城乡消费1.70亿元。安排服务业发展专项资金2000万元,7家工业企业成功分离发展服务业。保障政府投资建设。筹集28.54亿元财政建设资金,保证重点项目建设资金需求。向省政府争取地方政府债券1.50亿元,发行15.00亿元企业债券,用于市政重点工程建设。

【保障民生支出】 全年民生项目投入36.07亿元,增长3.3%,占公共财政预算支出的77.6%。加大教育投入。全年教育经费支出16.35亿元,占公共财政预算支出的35.2%。统筹校舍建设资金2.30亿元;落实义务教育绩效工资6.50亿元;安排教育公用经费6177万元,小学、初中生均公用经费提高到550元和750元;拨付义务教育食宿、学杂费减免、爱心营养餐、助学金等各项专项资金4315万元。支持医药卫生改革。全年医疗卫生支出4.50亿元,安排1.75亿元提高城乡医疗保险筹资标准(人均550元);安排1.02亿元,用于基本公共卫生服务经费、重点公共卫生经费、医疗机构绩效工作改革和基本药物零差价销售补助以及社区卫生事业综合支出等。健全社保体系。全年社会保障和就业支出3.73亿元。拨付1.25亿补助城乡居民养老保险基金;审核落实1.19亿元被征地农民养老保险资金;拨付困难企业失业保险基金、国有企业困难补助及其职工医疗生活补助等4190万元,发放城乡低保补助、优抚及物价补贴等1.59亿元;建立500万元大学生就业创业扶持资金。住房保障支出1516万元,同比增长172.7%。落实强农惠农政策。全年"三农"支出达29.07亿元,同比增长9.5%。统筹水利等农业基础设施建设支出5000万元;粮食生产、农机具、农资综合和粮食订单收购等各项补贴资金4728万元;62个村级公益事业项目一事一议筹资筹劳财政奖补3300万元;拨付扶贫资金2576万元,用于支持实施"五动富民计划"*、"低收入农户奔小康工程"、"扶贫开发整村推进"、"山海协作工程"等工作,加快欠发达地区发展。加快文体事业发展。文化体育与传媒支出5464万元。统筹安排8838万元推进文化公园、文化中心、体育中心等文体设施建设。支持文化信息资源共享、乡镇综合文化站和农村公共体育设施全覆盖工程等项目建设。加强社会公共安全保障。公共服务与安全以及城乡社区事务管理等各项支出11.09亿元,保障公检法司、计划生育、信访维稳、社会管理等各项事业发展。

【深化财政改革】 科学编制政府公共财政预算、政府性基金预算、社保基金预算以及政府性债务收支计划,建立预算执行动态监控系统与运行机制。深化国库集中支付改革,启动教育系统173家单位国库集中支付工作,国库集中支付单位实现公务卡全覆盖。全面加强部门预算绩效管理,出台部门预算绩效管理工作考核办法,全年申报预期绩效目标70个,绩效评价项目42个,财政重点评价项目5个,项目数量和涉及金额均同比大幅增长。稳妥推进预算信息公开,26个单位部门预算提交市人代会审议,6个部门预算向社会公开。深化财政体制改革,理顺市与功能区财力分配和事权划分,分别制定了乐清湾港区、经济开发区、中心区财政管理体制实施方案,完善柳市镇强镇财政管理体制。

【加强财政监督管理】 制定实施社保基金、住房公积金、扶贫专项资金、救灾专项资金等"四项资金"阳光监管实施方案。全年政府采购规模7.63亿元,实际成交金额6.63亿元,资金节约率为13.1%。加强财政投资项目资金审核,全年送审金额2.50亿元,核减3000万元,核减率12.0%。开展财政专户清理工作,保留财政专户54个。

【加强队伍建设】 开展深化行风建设、"进村入企"大走访、支持浙商创业创新等专项行动，组织“同心汇聚·服务发展”系列活动，提升服务水平。调整内设机构，设立预算局、预算执行局、财政监督局，并高配到位。通过竞争选拔中层干部，调动干部工作积极性。制定坚持厉行节约，规范“三公”经费管理若干规定，严格落实离岗审计、公用管理、接待审批和“三公”经费公示公报等廉政制度。制定深化廉政风险防控工作实施意见，从权力运行的重点领域和关键环节入手，加大廉政风险排查力度。（乐清市财政局供稿　邱聪伟执笔）

注：

＊五动富民计划：实施“产业驱动、项目带动、移民行动、社会事业推动、社会各界联动”计划，进一步增强欠发达地区加快发展的内外动力，推进欠发达地区经济社会的全面协调可持续发展。

永嘉县

【概况】 2012 年，永嘉县实现生产总值 260.83 亿元，按可比价格计算，比上年增长 8.7%。其中：第一产业增加值 9.63 亿元，增长 1.6%；第二产业增加值 159.51 亿元，增长 7.7%；第三产业增加值 91.69 亿元，增长 11.3%；三次产业结构比由上年的 3.9∶61.8∶34.3 调整为 3.7∶61.1∶35.2。按户籍人口计算，人均生产总值为 27125 元，增长 7.8%；城镇居民人均可支配收入 27731 元，扣除价格因素实际增长 6.6%；农村居民人均纯收入 11549 元，扣除价格因素实际增长 8.9%；全社会固定资产投资 204.04 亿元，比上年增长 48.9%；社会消费品零售总额 89.56 亿元，增长 11.7%；外贸出口总额 6.94 亿美元，增长 16.1%。全县财政总收入 35.55 亿元，增长 10.8%，其中公共财政预算收入 18.14 亿元，增长 11.5%。全县公共财政预算支出 34.74 亿元，增长 12.4%。全县预算执行情况良好，财政收支平衡。

永嘉县重点工程——楠溪江引水工程

【组织财政收入】 加强综合税收分析。及时关注、跟踪宏观经济形势和企业经营变化，开展经济税源、政策效应、管理风险和预测预警分析。科学制定组织收入预案，落实收入调控措施，加强税收征管，优化收入质量，全年公共财政预算收入中的税收收入 17.33 亿元，占比 94.0%。规范税源税种管理。规范税源监控体系，扩大重点税源监控面，重点税源监控户数增加 109 户，全年 1043 户重点税源监控户企业税收收入 11.36 亿元，增长 16.2%，占地税税收收入的 66.9%。组织开展城镇土地使用税和房产税税源专项清查工作，加强村民安置房税收征管工作，对全县在建及计划投入建设的近 500 万平方米的村民安置房，建立动态监控管理。深化企业所得税专业化管理，加强股权转让所得等高收入者个人所得税征收管理，落实非居民所得税等国际税收管理。强化政府非税收入收缴管理。全年组织非税收入 1.11 亿元，下降 0.6%。完善社保费征缴信息实时联网平台，建立重点费源监控管理体系，全年组织社保费收入 11.74 亿元，同比增长 25.9%。实施残保金征缴管理改革，全年全县申报入库残保金收入 821.51 万元，同比增长 30.3%。

【支持经济转型升级】 引导企业转型升级。发挥财税职能，运用政策、资金、服务等多种手段，为企业发展创造良好环境，全年拨付财政专项扶持资金 8226 万元，用于企业科技创新、技术改造、上市奖励。完善以亩均税费为核心的企业综合评价和分类管理机制，激励、倒逼和引导企业分离发展服务业，全年新增分离企业 5 户，全县分离企业税费收入 4.45 亿元。扶持地方金融企业发展。通过财政补助的方式，支持新型农村金融机构及小额贷款公司发展，引导、鼓励其为当地农民增收、农业增效、农村经济发展以及各中小企业发展提供金融服务和资金支持。全年拨付小额贷款公司补助资金 1172 万元，新型农村金融机构定向费用补贴资金 1550 万元。支持旅游业发展。发挥财政资金导向作用，扶持农家乐等农村经济实体发展；依托永嘉县丰富的自然、历史、人文等旅游资源，支持发展森林旅游、乡村旅游、红色旅游，举办2012年中国（温州）森林旅游节和楠溪江文化旅游节。

【保障重点支出】 全年全县公共财政预算支出中用于民生支出24.71亿元，占比71.1%。支持城乡统筹发展。重点支持农村社会事业发展，推动城市基础设施向农村延伸，促进城乡公共服务均等化。落实资金2576万元，推进村级公益事业建设一事一议财政奖补工作和支持经济薄弱村发展物业经济工作；落实资金1800万元，完善村主要干部、村监会主任、报账员报酬和村级组织运转保障机制，促进城乡统筹发展。落实教育优先发展政策。健全教育经费保障机制，加快推进全县教育现代化建设进程；落实资金237万元，对民办义务教育学校和学前教育生均教育事业费实行补助，促进民办教育和学前教育发展；实施扶困助学政策，落实助学资金2645万元；落实校园安全管理资金720万元，确保校园和学生安全。提升社会保障水平。居民医疗保险和养老保险实现城乡一体化，社保覆盖面更广，保障待遇更高。提高新农合筹资标准，新农合人均财政补助提高到400元，保障农民获得基本卫生服务，避免和缓解农民因病致贫和因病返贫现象；实施基本药物零差价政策，有效缓解看病贵问题；健全社会救助制度，保障和改善困难群体的基本生活。落实各项就业和再就业政策。落实就业再就业专项资金1265万元，支持公共就业服务体系特别是基层公共就业服务平台建设。加大公共文化投入。支持镇综合文化站建设、农村特色文化、电影公益性放映、农家书屋、舞台艺术送农民等文化活动，繁荣农村文化事业，丰富农村文化生活。保障重点工程投入。依据项目实际进度，累计拨付县内重点工程建设资金14.30亿元。

【深化财政改革】 健全乡镇财政体制。结合县行政区划调整，制定完善功能区、镇（街道）财政管理体制，完善县对功能区、镇、街道的财政奖励政策，全面实行分类管理的财政管理体制，强化功能区、镇和街道的财政资金统筹职能。健全预算执行体系。深化国库集中支付改革，扩大改革覆盖面和资金范围，提升财政资金管理的统一性、效率性和透明度。县本级233个预算单位全部纳入国库集中支付范围，公务卡制度改革同步跟进，全年累计发卡6493张。健全全口径预算制度。规范公共财政预算，健全政府性基金预算，细化社会保险基金预算，县本级部门和所属二级预算单位以及各功能区、镇、街道全部实行部门预算。强化预算监管，实行人大监督和社会监督等多种形式。建立健全预算编制、执行、监督三位一体、相互制衡的管理体制，健全工作流程和运行机制。

【规范财政管理】 完善绩效评价制度。全面开展对80万元以上的专项资金预期绩效目标申报工作，全年单位绩效自评项目46个，涉及资金7.50亿元，增长134.4%；预期绩效目标申报项目112个，资金9.10亿元，增长12.4%。建立资金管理长效机制。制定《永嘉县财政专项扶贫资金管理实施细则》等财政专项资金管理规范性文件，促进项目管理科学化、制度化、规范化，强化专项资金监管，提高资金使用绩效。开展涉农资金专项检查。配合省市级涉农资金专项检查工作的开展，在县级各农口部门开展自查自纠，县纪委监察局、检察院、财政局、审计局共同组织重点检查。梳理检查暴露出的突出问题和共性问题，有针对性地进行分析，落实整改。加强日常监管，严把涉农资金使用各个环节，提升涉农资金的使用效率。

【加强队伍建设】 打造“管理文化”。注重过程管理，建立财政重大事项专报制度，加强与上级以及相关部门的沟通协调；完善机关、基层考核办法，研究制定激励办法，注重优秀年轻干部培养选拔工作，调动全体干部职工工作的积极性、主动性、能动性。打造“先锋文化”。制订学习培训计划，采取集中培训与个人自学相结合、专题研讨与专家辅导相结合等形式，提高财政干部思想政治素质；开展岗位练兵活动，不断提升干部职工业务技能。在全县行风评议中，县财政局获一类单位第二名。打造“廉政文化”。在县局内网读书思廉专栏上发布近年来发生在财政系统的50个违法违纪案例加以警示并举行征文活动。采取有效措施落实利益冲突回避制度，探索建立廉政风险防控机制。

（永嘉县财政局供稿　张康登执笔）

洞头县

【概况】 2012年，洞头县实现生产总值44.09亿元，比上年增长9.9%。其中：第一产业增加值3.76亿元，下降2.3%；第二产业增加值18.68亿元，增长15.2%；第三产业增加值21.65亿元，增长8.0%。三次产业结构比从上年9.6∶40.1∶50.3调整为8.5∶42.4∶49.1。人均生产总值33936元，增长11.1%。全社会固定资产投资49.67亿元，增长52.5%。城镇居民人均可支配收入25737元，增长13.0%；农村居民人均纯收入11858元，增长13.0%。全县财政总收入7.75亿元，增长10.5%，其中公共财政预算收入3.39亿元，增长10.5%，占财政总收入的43.7%。全年公共财政预算支出13.18亿元，增长17.0%。全年财政运行状况良好，财政收支平衡。

【组织财政收入】 加强税源监管。关注经济运行、宏观调控以及税制改革等对地方财政和收入结构的影响，做好收入分析和预测；加强税源监控，每月对纳税企业20强进行综合排名，并在洞头政府门户网公开排名情况。当年纳税企业20强实现税收5.34亿元，占财政总收入的68.9%。加强税收征管。做好营业税起征点提高后个体定额的管理，加强企业股权变更登记税收征管，落实国家对房地产税收调控政策，规范耕地占用税和契税征管。做好个人所得税全员申报、年收入12万元以上个人所得税自行申报以及企业所得税汇算清缴工作。开展高收入行业个人所得税、新办工业企业土地使用税和房产税、金融业（银行）等专项检查，查补税款303万元。全年地税部门组织税收收入2.86亿元，增长11.5%，占公共财政预算收入的84.4%。加强规费征缴。以《税友龙版》上线为契机，开展社保费清理工作，出台《税友龙版上线运行社保费申报方式流程》，规范企业日常申报和管理。全年组织规费基金收入1.93亿元，增长21.5%。加强非税收入征管。将预算外资金全部纳入公共财政预算收入管理，完善国有资产（资源）有偿使用、行政事业性收费等非税收入征收，全年实现非税收入5386万元，增长11.5%。

【支持经济发展】 帮扶企业发展。梳理、整合扶持企业发展的税费政策，全年为企业减免各项税费9045万元；全年补助海运业、旅游业、工业企业政策资金3500万元。建立企业应急转贷专项资金1700万元，使用应急转贷资金20笔，累计发放应急转贷资金8790万元，帮助企业解决临时资金周转困难问题。助推地方经济转型发展。推进农业综合开发，促进渔农业转型升级，全年兑现农家乐、农产品加工等涉农政策资金448万元；向上争取渔港补助、农民饮用水工程补助等省市补助项目75个，资金1.10亿元。保障重点项目建设资金需求。出台《洞头县金融部门支持地方发展考核办法》，对金融部门支持重点建设信贷投入、产业信贷投入等实行奖励，鼓励金融机构加大对重点工程建设和地方经济发展的信贷支持；引导和鼓励部门（单位）向上级争取项目建设资金，全年向上级部门争取资金3.65亿元；盘活可利用的财政闲置资金，调借村级闲置资金。全年筹融资7.76亿元，保障渔港、工业区、水利、交通、城乡供水等重点项目资金需求。

【保障民生支出】 全县用于民生事业各项支出9.89亿元，占公共财政预算支出的75.0%，增长22.1%。支持农村事业发展。投资2350万元，完成20个整村推进、村庄整治以及市级新农村建设示范试点村建设，涉及122个建设项目；投入670万元，支持社会主义新渔村建设；争取省、市补助资金860万元，县级配套资金172万元，支持大门黄岙中低产田改造项目建设。加大教育投入。全年教育支出2.31亿元，增长41.3%。深化义务教育阶段教师绩效工资改革，实施中小学校舍安全改造，改善农村学校基础设施建设。完善社保体系。全年社保支出4584万元，下降9.0%，推进农房救助工程和城镇廉租房建设，提高农村低保标准和城乡大病救助标准；开展就业援助，新增城镇就业1535人。深化医疗卫生改革。全年医疗卫生支出7643万元，增长3.2%，落实新医药卫生体制各项配套政策，推进公共卫生体系建设，实施县人民医院门诊楼改扩建工程；完善城乡居民医疗保险制度，实现农村居民和城镇居民享受统一的医疗保险待遇，城乡居民医疗保险人均筹资标准从上年360元提高到500元（其中财政补助420元）。支持环境优化提升。落实文化、生态及环境整治专项资金5995万元，创成国家级生态县，获批省级海岛综合开发与保护试验区以及国家级海洋公园。

【推进财政改革】 深化国库集中支付和公务卡制度改革。完成166家预算单位的国库集中支付和公务卡改革，发放个人公务卡1647张，国库集中支付和公务卡改革到位率100.0%。完善政府预算编制。实施由部门综合预算、政府基金预算、社保基金预算和政府投资项目预算组成的“四位一体”政府公共预算编制模式。完善企业国有资产管理。出台《洞头县企业国有资产监督管理暂行办法》及一系列企业国有资产监督管理配套制度；筹措资金，保障国有融资公司的资本金需求。

【强化财政监管】 开展财政专户清理整顿工作。全年清理整顿财政专户14个，整合专项资金8300万元；把所有的财政专户和资金全部集中到财政预算执行机构管理，实行统一账户、统一核算、统一管理，加强财政资金安全管理，提高财政资金使用效益。完善财政资金绩效评价工作机制。全年对42个财政支出资金项目实施绩效评价，涉及财政资金2.22亿元，发现和纠正违规资金52万元。加大政府投资建设项目审价力度。全年对194个政府投资项目进行审价，送审金额1.02亿元，审定金额9563万元，节约资金582万元。加强政府采购监管。全年执行集中采购预算6026万元，采购金额5090万元，节约资金936万元，节约率15.5%。接受人大监督，加大财政信息公开工作力度。加强人大在线监督系统建设，实时接受人大在线监督。及时公布财政政策和财政资金分配信息，依法接受社会各界监督。

【加强队伍建设】 加强干部教育。组织开展"书香读书年"活动,在洞头财税网设立财税文化专栏,开展"推荐一本好书、阅读一本好书、撰写一篇心得"活动,倡导干部职工读书、学习的好风气。搭建活动平台。举办洞头财税系统第七届运动会,增强财税队伍凝聚力;开展中层干部竞争上岗,通过公开报名、竞职演讲、民主测评、组织考察等程序,选拨中层正职6名、中层副职5名,增强干部队伍竞争力。提升服务水平。开展"进村入企"大走访活动,帮助村居、企业解难题;推行办事公开、重大项目行政审批代办等服务举措;下放事权,简化办事流程,提高办事效率。强化廉政建设。开展廉政风险防控建设"回头看",排查廉政风险点,编制业务流程图,制定防控措施;强化廉政教育,提高干部职工廉政意识。当年县局机关获得县民主评议行风满意单位第一名、党风廉政建设优秀单位、绩效考核一等奖等荣誉。

(洞头县财政局供稿　朱红波执笔)

平阳县

【概况】 2012年,平阳县实现生产总值259.76亿元,按可比价格计算,比上年增长8.8%。其中:第一产业增加值13.41亿元,增长1.6%;第二产业增加值128.59亿元,增长8.8%;第三产业增加值117.76亿元,增长9.7%。按户籍人口计算,预计人均生产总值为29729元,比上年增长8.5%。三次产业结构比调整为5.2∶49.5∶45.3,第三产业增速高出第二产业1.1个百分点;对GDP的贡献率为48.4%,比上年提高5.2个百分点。全县财政总收入28.70亿元,比上年增长0.6%;公共财政预算收入17.12亿元,比上年增长2.2%,占财政总收入的59.7%,其中税收收入14.86亿元,比上年增长2.4%,占公共财政预算收入的86.8%。公共财政预算支出27.51亿元,下降4.7%。全年预算执行情况良好,财政收支平衡。

【组织财政收入】 加强税收收入定期分析预测。开展税收调研、分析和预测,加强对房地产、制造、建筑安装等重点行业的税源监控。完善征管机制。通过开展国地税征管数据比对、完善协税护税网络建设、加强委托代征和欠缴税费管理等手段,完善收入征管机制。完善股权转让所得税征管政策。做好企业所得税汇算清缴,加强年收入12万元以上人员个人所得税自行申报和全员管理,落实二手房转让征免、娱乐业税率调整等营业税政策,实施保险机构代收代缴车船税,开展土地增值税清算、房产税税源清查,加大对契税、耕地占用税挖潜堵漏力度,促进各税种增收及结构优化。强化政府非税收入收缴管理。坚持"税费并重,税费统征"原则,社保费与税收同征收、同管理、同检查、同考核,完善社保费征缴信息实时联网平台,建立重点费源监控管理体系,组织社保费收入12.07亿元,同比增长23.3%。完善残保金代征工作机制,全年全县申报入库残保金收入951万元,同比增长47.8%。当年全县实现非税收入2.26亿元,增长0.9%。

【支持经济转型升级】 引导企业转型升级,深入开展"企业百日帮扶"专项行动,运用政策、资金、服务等多种手段,为企业发展创造良好环境。争取省扶持企业专项资金1354万元,落实技改专项资金638万元,引导企业技术改造投入1.47亿元;拨付企业节能降耗财政专项资金150万元,引导企业节能技改投入4210万元,节约标煤9694吨;拨付转型升级财政专项资金769万元,推进科技创新、品牌创建、标准化建设。完善以亩均税费(亩产税收论英雄)为核心的企业综合评价和分类管理机制,激励、倒逼和引导企业分离发展服务业、退二

引导农业转型升级,推广科学养猪,帮助农民脱贫致富

优二、退二进三，力促经济结构调整和产业转型升级。落实“家电下乡”政策，拨付补助资金 965 万元，拉动消费 7400 万元，统筹扶贫资金 2173 万元，支持实施“低收入农户奔小康工程”、“扶贫开发整村推进”等工作。

【保障民生支出】 加大对农业基础的投入。农林水事务支出 3.57 亿元，其中统筹水利等农业基础设施建设支出 1.64 亿元。促进教育资源均衡发展。拨付校舍维修改造、校安工程专项、教育装备等经费 7000 万元，致力于完善学校基础设施；安排教育公用经费 4774 万元，将小学、初中生均日常公用经费定额分别提高到 540 元、740 元以上，推进城乡教育共同发展，促进城乡学校共同提高；保障进城务工人员子女入学权利。县财政教育支出 6.88 亿元，为全年县公共财政预算支出的 25.0%。支持社会保障体系建设。从土地出让金中拨付 6500 万补助城乡居民保险基金；完善农村高龄老人补贴制度，拨付资金 2600 万元，提高农村最低生活保障标准；安排退役安置、社会救济等专项资金 2612 万元，助推“爱心平阳”建设。深化医药卫生体制改革。医疗卫生支出 1.76 亿元（其中医药卫生体制改革经费在土地出让金中列支 3700 万元）。安排 1.70 亿元用于提高城乡医疗保险筹资标准（人均 500 元）；安排 6478 万元用于基本公共卫生服务经费、重大公共卫生经费和基本药物零差价销售补助以及社区卫生事业综合支出等。加快文化体育事业发展。文化体育与传媒支出 6018 万元，支持历史文化全民共享与传承。保障社会公共安全和稳定。公共安全领域支出 2.31 亿元，保障公检法司、信访维稳、社会管理、“平安平阳”等各项事业发展。改善生态环境。节能环保支出 4726 万元，支持农村污水处理、生态县创建、生活垃圾处理等工作。

【深化财政管理改革】 深化部门预算改革，严格执行“收支两条线”政策，加强预算内外资金统筹力度。逐步健全“全口径”政府预算体系框架。规范公共财政预算，健全政府性基金预算，细化社会保险基金预算，扩大部门预算实施范围，县本级部门和所属二级预算单位以及各功能区、镇、街道全部实行部门预算，预算覆盖率 100.0%。全县 97 家一级预算单位全部实行公务卡制度改革，办理个人公务卡 866 张。完善对镇、街道财政管理体制，对鳌江镇实行“划分收入，核定支出、收支包干、递增分成”的财政管理体制，理顺县和乡镇的财力分配关系，探索建立与中心镇经济社会发展相适应的稳定增长的财政保障机制。出台《平阳县购买公共服务实施意见》，探索政府花钱买“服务”的有效途径，降低公共服务成本，提高公共服务效率和质量。

【强化财政监督管理】 加强财政支出绩效评价。完成 50 个项目的部门（单位）绩效自评和 7 个项目的财政重点绩效评价，逐步探索预期绩效管理，79 个部门开展预期绩效目标申报，涉及财政资金 7.57 亿元；深入开展小金库专项治理工作，着力构建防治“小金库”长效机制。加强财政监督。重视政府投资项目财政审价工作，全年核减重点工程送审金额 14.03 亿元，核减率为 10.9%。加强政府采购监管，节约资金 1345 万元，节约率达 10.2%。开展涉农资金专项检查。在县级各农口部门开展自查自纠，县纪委等相关部门组织重点检查。梳理检查暴露出的突出问题，并落实整改。完善“三位一体”机构运行机制。建立健全预算编制、执行、监督三位一体、相互制衡的组织管理体制，健全工作流程和运行机制。

【加强干部队伍建设】 开展学习型党组织创建活动，组织干部职工分期参加各类财税系统业务技能培训。建立优化载体机制，完善图书阅览室、视频会议室、“平阳财税网”等学习软硬件设施，力求培养复合型财税人才。优化服务，整合审批职能，优化办事流程，提高工作效能；深化“和风惠民”行动，强化服务职能，开展“转作风、优环境”活动，稳步推进财税信息公开，自觉接受人大、政协、纪检、审计及社会各方面监督。落实党风廉政建设责任制，创新党风廉政教育形式，推进惩治和预防腐败体系建设。

（平阳县财政局供稿　蔡景积执笔）

苍南县

【概况】 2012 年，苍南县实现生产总值 325.53 亿元，按可比价格计算，比上年增长 9.3%。其中：第一产业增加值 25.35 亿元，增长 3.5%；第二产业增加值 154.02 亿元，增长 7.1%；第三产业增加值 146.16 亿元，增长 12.8%，其中第三产业占比由上年的 43.5% 提高到 44.9%。三次产业结构比为 7.8∶47.3∶44.9。全县财政总收入 31.48 亿元，同比增长 6.1%；公共财政预算收入 18.83 亿元，同比增长 8.0%，占财政总收入的 59.8%，比上年提高 1.1 个百分点。全年公共财政预算支出 38.07 亿元，同比增长 8.3%。

【组织财政收入】 加强税收调查和分析预测，把握组织收入主动权，提高税收征管质量。开展房产税、城镇土地使用税信息比对，全面推广存量房税收管理系统。加强与国税、工商部门信息比对，加强对个体户纳税人管理，开展企业学习培训和走访调研。做好税收收入的编制、分解和调整工作，注重收入动态分析。全年公共财政预算收入中税收收入16.13亿元,占比85.7%。加强土地出让收入管理及清欠催缴,建立健全政府非税收入征管体系,增加地方政府财力,全年征缴非税收入1.36亿元。

【助推经济发展】 加大财政扶持力度,支持工业、商贸、外贸等企业发展,全年拨付企业扶持资金6045万元。设立企业应急周转金4000万元,全年周转48次,累计转贷金额6.77亿元,帮助缓解企业资金周转困难。支持农业产业,提升发展渔业、油茶、水稻等传统优势农业产业,涉及资金3720万元。加快农业综合开发建设,落实15000亩土地治理项目资金1600万元。完善促消费、扩内需的各项财政政策,落实家电汽摩下乡和以旧换新财政补贴资金2850万元。制定加强税源培育优化税源结构的意见,培育地方后续税源。

【加大民生投入】 贯彻落实种粮农民农资综合直补政策,发放补贴金额2994万元。加大教育投入,全年财政投入教育资金10.89亿。提高城乡居民合作医疗筹资标准,人均筹资水平为500元,其中县财政补助400元。完善城乡基本公共卫生财政补助政策,人均基本公共卫生服务经费标准为25元。安排残疾人康复扶贫等专项经费,为残疾人事业发展提供资金保障。全年拨付财政性资金3.44亿元,支持体育中心、粮食储备中心库、千万农民饮用水工程、河道整治等重点工程建设。

【深化财政改革】 推进"三位一体"组织机构改革,建立起覆盖所有财政性资金、贯穿财政运行全过程的新型监督机制。推进国库集中支付改革,全面完成全县165家单位改革实施工作,推进公务卡制度改革,全年发放公务卡2900张。进一步完善土地出让金收入分成、乡镇财政管理体制,加大可用财力向乡镇倾斜,加大向乡镇财政转移支付力度。加强乡镇财政管理,筹划灵溪、龙港、钱库、赤溪、藻溪等五个镇公共财政服务平台建设试点工作。

【强化财政监管】 规范和加强县内外行政事业单位国有资产管理,制定行政事业单位国有资产管理暂行办法。细化专项资金管理,出台农贸市场改造提升财政专项资金等9个管理办法。全面清理预算单位银行账户,对5个县级财政专户予以撤销归并。规范党政机关公用经费开支行为,联合相关部门起草《关于重申费用开支标准　严肃财经纪律的通知》、《苍南县机关公务交通专项经费使用管理暂行办法》等制度。健全财政预算内部监督,对土地出让金分成、乡镇体制分成结算等实行事前审核把关,涉及财政资金1.90亿元。加强预算绩效目标管理和实施绩效评价全覆盖,组织312个项目的绩效自评工作,涉及财政资金20.70亿元。

【加强队伍建设】 加强干部队伍管理,选派优秀年轻干部下基层锻炼,推进中层干部竞争上岗及一般干部岗位交流。开展评选"我身边的好税官"活动,营造"学先进争一流"的良好氛围。建立"转作风优环境"长效机制。推进廉政风险点防控机制建设,新增对局领导班子成员廉政风险点排查。开展中层干部述职述廉活动。

(苍南县财政局供稿　陈　强执笔)

文成县

【概况】 2012年,文成县实现生产总值52.67亿元,增长8.3%。其中:第一产业增加值5.84亿元,增长2.7%;第二产业增加值18.69亿元,增长11.8%;第三产业增加值28.14亿元,增长7.2%。全县人均可支配收入22708元,增长9.1%;三次产业结构比为11.1∶35.5∶53.4。全县完成固定资产投资38.38亿元,增长72.7%;社会消费品零售总额23.99亿元,增长10.8%。全年实现财政总收入6.40亿元,与上年持平,其中公共财政预算收入4.93亿元,增长4.0%,占财政总收入的77.0%;公共财政预算支出21.39亿元,增长3.7%。全县预算执行情况良好,财政收支平衡。

【组织财政收入】 财政收入结构保持稳定。全年公共财政预算收入中的税收收入2.41亿元,占比48.9%。加强税源管理。将全县年纳税10万元以上的纳税人纳入重点税源管理范围,开展重点税源大调查,掌握税源动态情况。做好非税收入征缴工作。加强土地出让金管理及清欠催缴,完善国有土地出让收入分配比例,做好各项非税收入征收工作,全年实现非税收入2.52亿元。

【服务经济发展】 支持重点项目建设。统筹安排4.00亿元,推进新区开发、交通建设、水利、旅游等一批重点项目建设。支持产业发展。安排3000万元扶持百丈漈生态产业园和巨屿工业基地建设,完善园区基础设施;安排3700万元支持旅游宣传和旅游设施建设,扶持旅游事业发展。支持浙商回归。开展支持浙商创业创新促进文成发展专项行动,制定发展总部经济财税扶持政策,梳理出一批在外企业家和商会,组织人员送政策上门。全年争取6家企业总部落户。

文成县旅游业重点建设项目——百丈漈飞云湖景区

【保障民生支出】 全年用于民生方面支出15.75亿元，占公共财政预算支出的73.6%。支持教育、文化、卫生事业发展。安排教育事业支出4.29亿元，用于创建"省级教育现代化达标县"、改善中小学办学条件，实施贫困生助学和营养餐工程等，扶持职业教育、民办教育和学前教育发展；安排文化体育支出6882万元，支持"体育强县"创建，推进文化体制改革，支持文化事业和群众体育、竞技体育及体育产业发展；安排医疗卫生支出2.45亿元，保障基层医疗卫生机构经费。支持社会保障事业发展。全年落实社会保障和就业资金1.57亿元，支持城乡居民养老保险事业，保障特殊人群医疗补助、民政优抚及农村救济补助、基本丧葬费减免、住房改革和农村政策性住房保险等项目支出。落实强农惠农富农政策。安排农林水事务支出2.56亿元，重点支持水利等农业基础设施建设。完善村级组织运转经费保障机制，推动村级公益事业建设一事一议财政奖补工作。

【推进财税改革】 推进国库集中支付改革。深入预算单位开展调研和宣传，完善国库集中支付运行机制，将全县110家预算单位全部纳入国库集中支付，实现国库集中支付全覆盖。加快公务卡结算方式改革。98家预算单位纳入公务卡结算改革，完成年度预定指标。规范乡镇财政财务管理。完善县乡镇财政管理体制改革方案，实行"乡财乡管"财政财务管理方式，制定乡镇财政考核办法，对乡镇财政岗位进行综合考核。整合投融资平台。对6家县级投融资公司进行整合重组，成立县城市建设投资集团公司和县旅游开发投资有限公司。

【加强财税监督】 加强涉农资金监督力度。财政扶贫资金、特扶资金全部实行县级报账制，控制涉农资金支出的方向和用途。组织开展涉农资金专项检查，规范资金使用行为。完善绩效评价机制。将部门绩效自评和重点项目评价结合起来，完善财政资金绩效评价机制，全年完成45个项目绩效自评和5个重点项目绩效评价工作。加强会计核算监督管理。将政府性投资项目超过500万元以上的7个县重点工程纳入会计核算中心核算，规范津补贴管理，加强"三公"经费控制管理，严格专项支出和项目工程款支出，把好会计核算报账受理关、支出关和会计监督关，规范工程项目财务监管。

【深化队伍建设】 创建学习型机关。创办财税干部读书班，邀请大学教授授课，提高财税干部职工理论和业务素养。全年开办四期财税干部读书班。创建责任型机关。落实目标责任考核制，加强局班子建设，完善中层干部选拔机制。创建服务型机关。推行便民便企服务措施，开展基层文明单位、巾帼文明示范岗、群众满意单位等创建活动。创建效率型机关。实行局领导工作一周一安排制度，由办公室印发给相关科室和人员。按照即办制要求，梳理行政审批流程，促进提速增效。创建廉洁型机关。落实党风廉政建设责任制，与各科室、单位签订党风廉政建设责任书。开展党风廉政警示教育，增强财税干部职工廉政意识。

（文成县财政局供稿　王彬彬执笔）

泰顺县

【概况】 2012年，泰顺县实现生产总值51.99亿元，按可比价格计算，比上年增长9.0%。其中：第一产业增加值5.59亿元，增长2.6%；第二产业增加值19.43亿元，增长15.3%；第三产业增加值26.97亿元，增长6.3%。三次产业结构比为10.7∶37.4∶51.9。全年财政总收入6.43亿元，同比增长5.5%，其中公共财政预算收入4.92亿元，同比增长6.3%，占财政总收入76.5%。全县公共财政预算支出20.26亿元，其中地方公共财政支出9.58亿元，同比增长7.1%。全县预算执行情况良好，财政收支平衡。

【组织财政收入】 健全收入预测分析机制。综合分析经济、征管、政策等因素对税收的影响,科学预测税源变化趋势,不断提高组织收入的主动性和准确性。强化税源监管。强化重点税源监控管理,扩大税源监控面。推广应用《税友龙版》,加强日常税源管理和监督,以信息化促进税收风险管理和扁平化管理,提高税收征管水平。优化收入结构。坚持税费并重原则,完善"五费合征"管理,提升组织收入水平,全年预算收入任务超额完成。全县公共财政预算收入中的税收收入2.88亿元,占比58.5%,同比增长1.8%。

【支持经济发展】 扶持中小企业发展。落实支持小微企业和个体工商户发展的各项税费优惠政策,加大对实体经济的解困帮扶力度,当年发放帮扶企业补助资金1944万元。推进重点项目建设。整合资金5.61亿元,加快新城区基础设施建设,交通设施、县体育中心、城关应急备用水源、环卫工人廉租房、中心镇幼儿园、九年一贯制学校等政府投资项目建设进展顺利。筹集生态建设资金9235万元,全面推进国家级生态县创建。统筹安排3300万元,支持廊氡功能区和"四园一基地"*建设。

【保障民生支出】 投入教育经费4.69亿元,完善义务教育经费保障机制,推进义务教育均衡发展,义务教育中小学生均公用经费最低标准分别达到650元和450元。落实医疗卫生经费1.92亿元,提高城乡基本公共卫生服务均等化水平,基层医疗卫生机构软硬件建设全面加强,公立医院综合改革有序推进。落实文体经费5268万元,重点保障农村基层文化建设,推进文化惠民工程建设;加大体育经费投入,推进体育强县创建。投入社会保障和就业资金1.81亿元,城乡居民合作医疗保险人均筹资标准提高到400元,企业退休人员基本养老金和部分优抚对象待遇进一步提高,社会保障体系建设加快完善。统筹安排310万元,实施农村计划生育社会养老保险、婚前免费检查和孕前免费体检。筹集资金968万元,加快推进保障性安居工程建设;统筹资金2.06亿元,落实2010至2012年度事业单位基础性绩效工资。围绕"平安泰顺"创建,安排资金1.06亿元,落实政法法定支出和基本支出,完善政法经费保障机制;支持公安信息化建设,强化消防安全、禁毒、信访、维稳和食品安全监管等资金保障,切实加强司法救助,促进社会和谐稳定。

【深化财政改革】 深化预算管理制度改革。推行部门预算编制改革,扩大部门预算编制范围,细化部门预算编制内容。围绕中心镇培育,完善乡镇财政管理体制,加强乡镇(功能区)财政建设,理顺县与乡镇(功能区)财力分配关系,促进乡镇(功能区)经济社会发展。加强国库集中支付和公务卡制度改革。全面推进县级预算单位国库集中支付和公务卡改革,实现县级预算单位全覆盖。全县实施国库集中支付单位170家,全年国库集中支付资金6.02亿元;加快推进个人公务卡结算改革,全县170家预算单位办理个人公务卡4500多张。推进财政信息化建设。完成国库集中支付系统和新版非税收入征管系统3.0版本升级,促进"金财工程"建设,不断提升信息理财水平。

【加强财政监管】 加强政府建设项目结算审核。严格按照投资计划和进度拨付资金,确保审价工作的公平、公开、公正。全年累计审核项目460余个,拨付资金4.95亿元;结算审核项目105个,送审价1.48亿元,核减额1100万元,核减率为7.4%,有效节约财政资金,提高资金使用效益。推进项目单位财政支出绩效评价和重点项目绩效评价,完成50个项目财政支出绩效自评。涉及财政资金4.90亿元;完成6个项目重点绩效评价,涉及财政资金1.59亿元;完成5个村2010年度扶贫开发整村推进项目市级联动评价,涉及项目资金970万元。开展生态公益林补偿基金检查,监督农村小型公益项目实施,加强扶贫资金县级报账,严格审核资金申报,确保资金及时发挥效益。加强国有资产管理。加强国有资产处置、出租、评估以及企业国有产权登记的监督管理,推进国有企业改制重组,审核拨付改制资金430万元;深化国有企业经营业绩考核,促进企业提升经营业绩和节约成本费用,促进企业收入分配合理化;推进供电企业农电体制改革,完成供电企业国有产权无偿划转工作;加强资产信息统计,摸清全县国有资产底子,确保国有资产安全。

【加强队伍建设】 提高干部综合素质。制定干部教育培训计划,安排干部参加各类培训班,组织10期乡镇财政业务管理、综合直补业务、国库集中支付业务等业务培训。推进机关作风建设。完善相关制度,推进机关作风效能建设。成立作风建设督查组,采取多种形式,不定期进行检查,并及时通报检查情况,督促行风建设工作的落实。强化党风廉政建设。落实党风廉政建设责任制,完善反腐倡廉的领导体制和工作机制,组织重点岗位中层干部旁听法院庭审和观看警示教育片。加大对公务接待、公车使用、公务外出的管理,定期进行公开公示,接受监督。

(泰顺县财政局供稿　包巧谱执笔)

注:

*四园一基地:罗阳生态工业园、泰顺生态科技创业园、泰顺石产业园、司前竹木产业园、彭月产业基地。

嘉兴市财政工作概况

嘉兴市

【概况】 2012年,嘉兴市实现生产总值2884.94亿元,比上年增长8.7%,增幅回落1.9个百分点。其中:第一产业增加值150.05亿元,增长1.1%;第二产业增加值1620.82亿元,增长8.4%;第三产业增加值1114.07亿元,增长10.2%。三次产业结构由上年的5.3∶57.5∶37.2调整为5.2∶56.2∶38.6。按常住人口计算,人均生产总值63580元,增长8.2%。全市固定资产投资额1642.31亿元,增长10.4%。社会消费品零售总额1083.74亿元,增长14.3%。外贸进出口总额287.44亿美元,增长0.9%。全市城镇居民人均可支配收入35696元,增长13.2%;农村居民人均纯收入18636元,增长11.5%。全市财政总收入471.92亿元,增长13.4%,其中公共财政预算收入257.73亿元,增长13.8%;全市公共财政预算支出260.70亿元,增长8.3%。市本级财政总收入145.57亿元,增长9.8%,其中公共财政预算收入84.02亿元,增长8.6%;市本级公共财政预算支出87.27亿元,增长4.1%。全市公共财政预算收入占财政总收入比重为54.6%;公共财政预算收入中的税收收入249.83亿元,占比96.9%。全市及市本级财政收支平衡。

【组织财政收入】 加强重点税源调查。以2175户行业骨干企业为重点,加强税源摸底、税源监控和纳税情况的统计分析,增强组织收入的前瞻性和有效性。开展《税友龙版》纳税评估、税源风险管理等模块的深化应用工作,提升税源风险管理水平。加强非税收入征管。健全政府非税收入制度体系,修订市本级政府非税收入收缴管理、票据管理及市区国有土地使用权出让收支管理等配套制度。对市本级非税收入项目库实施动态管理,加大对"超计划定额用水加价费"、"排污权交易费"等国有资源类非税收入征管力度。全市组织非税收入229.95亿元,下降26.5%。

【助推经济转型升级】 保障项目建设资金需求。全年列入政府投资项目79个,财政安排资金13.26亿。统筹市级七项发展资金4.30亿元,其中新增"浙商回归"专项资金500万元、文化发展资金700万元、外贸资金1000万元。优化财税政策。制定推进工业经济平稳增长转型升级的实施意见,强化"亩产论英雄"导向,加强税收支持和财政奖励,加快实施"腾笼换鸟"。加强金融扶持。牵头组建嘉兴市中小企业再担保有限公司;设立市本级中小企业应急专项资金;引导银行业金融机构设立市本级中小企业互助成长基金;完善市本级银行业金融机构支持地方经济发展考核奖励办法;鼓励和引导信贷资金向中小企业倾斜,截至当年末,累计发放信用贷款19.98亿元,受益企业355家次;开展政府采购支持中小企业信用融资试点,8家银行列入试点。落实税费减免。依法依规落实各类税费减免政策,全市减免各项税费23.60亿元,增长31.0%;全市减免行政事业性收费5140万元,其中市本级减免行政事业性收费3040万元。针对全市43177户小微企业开展税负调查,完成《嘉兴市小微企业税费负担调查》的报告,得到国家税务总局通报表扬。实施"营改增"试点。制定相关工作计划,明确"营改增"试点29项主要工作内容、相关责任部门及完成时间等事项。12月1日,全市15559户货物运输业和部分现代服务业企业正式由原征收营业税改为征收增值税。

【保障民生事业】 加大民生事业保障力度,全年民生支出193.58亿元,增长8.5%,占公共财政预算支出的74.3%。加大财政支农投入。以"粮食生产功能区"、"现代农业园区"、"土地整治区"和"农业综合开发项目区"为平台,加大支农资金整合和统筹力度,促进农业增效、农民增收和农村繁荣稳定。全年"三农"投入102.91亿元。支持教育事业发展。开展农村小学生上下学交通安全保障试点,安排经费286万元;加大学前教育投入力度,将符合条件的新居民(外来人口)子女纳入幼儿生均补助范围,全年学前教育支出3225万元,增长50.4%。支持文化事业发展。支持举办"2012年中国·嘉兴端午民众文化节"。加快文化产业集聚区建设,推动国家话剧院长三角区域中心基地落户嘉兴。启动国家公共文化服务体系示范区创建,城乡一体化公共图书馆服务体系被评为省年度"十佳"民生工程。支持社会保障事业。推动社会保险扩面提标,户籍人口养老保险参保率96.8%,城乡居民养老保险基础养老金标准提高到每月100元;完善社会求助机制,全年发放物价补贴775万元,城乡低保月均补助标准分别提高到334元和235元。完善医疗卫生投入政策。制定相关完善政府卫生投入政策的意见,如基本药物制度实施后基层医疗卫生机构药品差价弥补的意见以及完善公立医院改革财政经济政策等配套性文件,支持深化医疗卫生体制改革。支持保障性住房改革和建设。全年筹措经济适用房建设资金4447万元,廉租住房保障资金6095万元。支持市区城乡公交统筹发展。全年安排财政补贴资金1.58亿。

【深化财政改革】 深化部门预算改革。细化预算编制,完善预算支出标准体系。2012年除涉密部门外,市级84个部门226个单位的部门预算全部提交市人大财经专家组审查。做好市本级增收节支管理工作,严控部门一般性支出尤其是"三公"经费支出。按照《嘉兴市市级行政事业单位财政拨款结余资金管理暂行办法》,清理回收2011年底前各部门结余资金1.02亿元。深化国库集中支付和公务卡制度改革。扩大国库集中支付规模、提高直接支付比重,国库集中支付金额73.94亿元,增长17.6%,其中财政直接支付58.17亿元,增长21.9%。启动恢复预算单位会计核算主体地位工作。公务卡改革取得初步成效,234家市级预算单位全部办理公务卡,公务卡公务消费共计1.13亿元。

【强化财政监管】 分别确定部门绩效重点自评项目58个、财政重点评价项目11个,聘请由人大、审计、项目专家和社区代表等多方人员组成的评审组对3个民生项目开展立项前重点评审工作。全年审核政府投资工程项目441个,送审金额9.15亿元,审定金额8.22亿元,净核减0.93亿元,核减率10.2%。推进政府采购"扩面增量",全市政府采购预算支出占公共财政预算支出的20%以上,全市完成政府采购预算57.50亿元,增长24.9%,合同金额51.17亿元,节约率11.0%。对市级行政事业单位闲置资产、报废资产、超标和超配(编)资产、更新置换资产及市级罚没物资等行政事业单位国有资产实行公物仓管理,提高国有资产使用效率。启动市级机关事业单位公务用车管理制度改革。

【加强乡镇财政建设】 制定规范化镇财政所考评办法(试行),安排200万元用于先进考评奖励。安排500万元用于市本级各镇财政"一窗式办理""一站式服务"等硬件设施建设。将镇财政预算资金全部纳入会计集中核算管理。将财政涉农补助资金全部纳入"一卡通"平台管理。开通市本级与区、镇财政专线,建立涉税信息共享和协同治税工作机制。试点完成财政支农惠农公共服务平台模块开发。加强镇政府性债务管理,镇政府性债务纳入各县(市、区)年度收支计划,并经县(市、区)政府常务会议批准后执行。对全市镇财政所长和总预算会计进行业务培训。

【支持浙商创业创新】 安排市本级浙商创业创新专项工作经费500万元,保障推进"浙商回归"工程。建立重点浙商联系制度,确定21户浙商企业作为重点联系单位,通过专人负责、定点联系、定期召开工作座谈会等多种形式,帮助解决浙商创业创新遇到的困难和问题。明确浙商投资实体经济、发展战略性新兴产业、发展现代服务业等财税扶持政策和举措。市财政局被市政府评为2012年度"支持浙商创业创新促进嘉兴发展"工作先进单位一等奖。

【加强干部队伍建设】 深化财税文化建设。实施财税文化品牌项目化管理,创建"精·彩团队""善德善行　勇当示范""博学厚德""以书为友　知行合一"等25个各具特色的财税文化品牌项目。强化干部培训。鼓励干部参加高学历教育,更新知识,提高技能。推行以师带徒制度,帮助青年干部尽快适应岗位需要。全市财税系统被国家税务总局和省财政厅、省地税局等纳入各类人才库68人。加强党风廉政建设。开展"廉政教育宣传月"活动,举办预防职务犯罪报告会。深化机关效能建设。开展财税服务镇、街道经济发展专题调研活动。开展民主评议"回头看"等活动,探索行风建设长效机制。2012年,市财政局连续第11年被市委、市政府评为"五型"(学习型、创新型、服务型、效能型和廉洁型)机关创建考核一等奖。　　　(嘉兴市财政局供稿　陆毓英执笔)

南湖区

【概况】 2012年,嘉兴市南湖区实现生产总值385.23亿元,比上年增长8.2%;人均生产总值80782元。其中:第一产业增加值14.81亿元,增长1.1%;第二产业增加值172.00亿元,增长7.3%;第三产业增加值198.42亿元,增长9.6%。三次产业结构比为3.8∶44.7∶51.5。全区财政总收入45.99亿元,增长11.9%,其中区级公共财政预算收入19.30亿元,增长10.8%;公共财政预算支出19.66亿元,增长6.0%。当年全区财政收支平衡。

【组织财政收入】 加强重点税源管理。以协税护税网络为载体,对全区房地产企业、重点企业等主体税源企业进行税收监控,把握组织收入主动权。强化税种管理。全面推广"营业税差额征税管理系统",开展营业税专项清理。对达到土地增值税结算条件的企业进行税款清算。提升信息管税水平。利用土地交易信息,加强土地出让环节税收征管,比对企业199户(次),入库各项税收7529万元。优化收入结构。当年公共财政预算收入占财政总收入的42.0%;公共财政预算收入中的税收收入17.92亿元,占比92.8%。加强非税收入征管。全区地方政府性基金收入3.57亿元,土地出让金收入2.58亿元。全年收缴非税收入3.51亿元,下降56.4%。

【促进经济发展】 支持经济转型升级。落实工业发展和战略性新兴产业资金5400万元,服务业发展资金2700万元,科技发展专项资金和科技成果转化经费2000万元,环保专项资金350万元,落实领军人才创业奖励资金和重点创新团队奖励资金2288万元,推动新型工业、现代商贸服务业、楼宇经济等新兴产业发展。制定开放型经济、大企业发展、节能降耗、产业结构优化、自主创新、增强管理软实力、发展战略性新兴产业等七大类项目补助操作细则和有关管理办法。开展"进村入企达户到点"大走访、"创先争优"等活动,以重点企业和中小企业为服务重点,宣传财政扶持政策,指导企业完成217个财政项目的省市申报工作,申请市级财政补助资金3925万元,申请省以上财政资金7201万元。推进农业转型升级。安排资金2200万元,鼓励发展绿色生态农业。安排资金955万元,支持设施农业(特色优势农产品基地)、蔬菜基地、牧业小区等项目的建设,扶持农业龙头企业和农民合作组织。

【保障和改善民生】 优化财政支出结构,保障和改善民生。支持科教文卫等社会事业发展。全年科教文卫事业支出7.56亿元,增长6.9%。其中教育支出5.73亿元,增长7.7%。完善学前教育经费保障机制,提高义务教育阶段学校公用经费标准,促进教育布局调整。全年文化支出1900万元,增长13.6%,推进基层文化阵地建设和群众文化体育活动。加大对基层医疗卫生机构的保障力度,全年卫生支出8953万元,其中用于支持基本药物制度改革1233万元,卫生退休人员生活补助1015万元。保障城乡统筹发展。全区用于社会保障和就业支出1.67亿元,增长9.6%,其中落实新一轮再就业扶持政策,安排"4050"人员社会保险补助1200万元,促进社会就业、困难群众救助和社区建设等民生改善事业;落实城乡区域统筹发展政策,加强社区建设,加大转移支付力度,保障相对薄弱村(社区)组织的正常运转。保障"三农"支出稳定增长。全年支农支出5.09亿元,增长12.3%。全年安排农业综合开发资金480万元,支持农业综合开发、"两区"(粮食生产功能区和现代农业园区)建设、标准农田质量提升工程、土地流转等项目的建设;安排4302万元用于农田水利设施投入;安排2.01亿元支持村级公益事业建设一事一议财政奖补项目、农村新社区、美丽乡村等建设;安排435万元支持种粮大户、机械化插秧、统防统治、农机购置等各项涉农补贴,保障农民增收,促进粮食生产发展。

【推进财政改革】 深化部门预算改革。推进预算信息公开工作,年初选择项目预算500万元以上共23家部门的项目预算提交人代会审查,两个部门作为2013年人代会部门决算公开审查,实现预算审查监督从程序性向实质性转变。开展新一轮街道体制改革。重新核定街道财政体制基数,理顺区和镇、街道事权和支出责任的关系。深化国库集中支付制度改革和公务卡改革。全区147家预算单位全面实行国库集中支付和公务卡结算制度,累计发放公务卡1051张。

【完善财政监督】 加强财政资金分配、使用、绩效评价全过程监管,提高资金使用效益。强化预算资金约束。控制并压缩公务接待费、因公出国(境)费、公务用车购置及运行维护费、会议费、培训费等一般性行政支出,"三公"经费在上年基础上压缩15%,会议费、培训费零增长;重点项目经费严格审核把关。深化行政事业单位资产监管。制定国有房产出租管理实施细则,实行房屋公开拍租和"收支两条线"的租赁收入模式;以资产审批、预算管理、政府采购有机结合,加强资产长效管理。治理公务用车,制定区公车治理实施方案,组织实施全区公务用车治理及车辆重新定编工作。加强资金绩效评价和监管力度。开展财政专项资金绩效评价和审计审价工作。组织上年度80万元以上项目实施绩效自评,选取9个项目进行财政重点绩效评价。加大第三方参与项目监管力度,对重点支农项目委托中介机构开展项目审计和审价,完成"新三桥"、粮食生产功能区等重点支农项目审计审价36个,确保项目资金安全。

【加强队伍建设】 签订党风廉政建设责任书,分解落实效能建设各项任务,推进各项制度、措施的落实。通过组织学习、网上自学、参观廉政基地、撰写学习心得、开展专题讨论等形式加强政治理论学习和廉洁从政的教育活动,帮助干部职工树立正确的世界观、人生观、价值观。开展"道德讲堂"活动,组织全体干部职工开展"我们的价值观"和"践行机关精神"大讨论、"学雷锋、树新风、创文明"等系列活动,创造财政机关干部职工勤奋学习的良好氛围。

(嘉兴市南湖区财政局供稿　杨琼菲执笔)

秀洲区

【概况】 2012年,嘉兴市秀洲区实现生产总值234.70亿元,按可比价格计算,比上年增长8.2%。其中:第一产业增加值16.49亿元,增长1.0%;第二产业增加值126.07亿元,增长

7.1%;第三产业增加值92.14亿元,增长10.8%。三次产业结构为7.0∶53.7∶39.3。人均生产总值89058元,增长5.9%。全区财政总收入33.41亿元,增长7.0%,其中区级公共财政预算收入11.70亿元,增长7.5%;全区公共财政预算支出14.04亿元,增长0.6%。全年财政收支平衡。

【加强收入管理】 关注经济、财税政策变化,加大重点税源监控力度,提高收入预测准确率,做到调控有度、收入有数。全年纳入重点税源监控范围的企业569户,税源监控企业缴纳税收8.93亿元,占全部地方税收收入的77.3%。当年公共财政预算收入占财政总收入比重为35.0%,提高0.16个百分点;公共财政预算收入中的税收收入11.04亿元,占比94.4%。强化政府非税收入管理,全年非税收入8.20亿元,下降55.3%。

【助推经济转型升级】 整合和优化各类财政扶持政策,安排一产、二产、三产、招商引资、建筑业发展、竞争力龙头企业、平台建设年、新能源产业、节能减排、科技等专项资金1.12亿元。落实企业税收优惠政策,减免税额9761万元。盘活财政间隙资金,累计调度财政资金8.64亿元,保障"项目推进年"活动的资金需求。

【支持"三农"发展】 全年预算安排"三农"建设资金1.71亿元,确保都市型农业和美丽乡村等建设需要。财政支持农业综合开发、村级公益事业一事一议、省级扶持村级集体经济发展项目等建设工作,完成农业综合开发项目3个,总投资5588万元,争取到上级补助资金4350万元;完成村级公益事业一事一议项目27个,总投资2829万元,争取到上级补助资金1322万元;完成省级扶持村级集体经济发展项目4个,总投资271万元,争取到上级补助资金131万元。落实各项强农惠农政策,兑付各类涉农补贴2271万元。

【保障民生支出】 全年民生支出11.63亿元,占公共财政预算支出的82.8%,同比提高0.8个百分点。支持教育事业。教育投入4.24亿元,占公共财政预算支出的30.2%。完成农村小学交通安全保障试点工作,确保校安基础设施投入和义务教育经费保障。支持医疗卫生事业。投入医疗卫生经费8864万元,同比增长10.0%,支持城乡社区卫生服务机构标准化和医疗卫生服务体系建设,提高城乡人均基本公共卫生服务经费,推进基本公共卫生服务均等化。支持社会保障事业。社会保障和就业投入8433万元,同比增长5.7%。加大困难群体、低收入群体帮扶力度,发放低保救助金923万元,物价补贴146万元,重度残疾人居家安养补助27万元,残疾人合作医疗保险补助134万元。实施困难群众医疗救助156万元,资助低保对象参加合作医疗个人出资部分64万元。

【加强财政监管】 全面实施国库集中支付和公务卡制度改革。全区155家预算单位全部纳入国库集中支付,国库集中支付规模扩大、直接支付比重提高,国库集中支付金额6.37亿元,同比增长111.0%,其中财政直接支付3.15亿元,增长130.0%。区级公务卡管理改革全面试行,覆盖面100%。提高财政资金使用绩效。压缩一般性支出,严格控制"三公"经费。区级一般公共服务支出低于财政支出增幅2.46个百分点。加强结转和结余资金管理,对部门、单位形成的财政结转和结余资金进行全面清理,收回2008年前上级补助结转资金2797万元和2011年前各部门历年结余资金2197万元,由区财政重新安排使用。加强政府采购管理,全年政府采购金额3.84亿元,节约资金3648万元,节约率9.5%。加强镇、街道财政建设。贯彻落实《关于进一步加强镇财政建设的意见》,开展创建规范化镇财政所工作,制定考评办法,镇(街道)财政机构、人员配置落实到位。

【创新国资监管】 整合国有资产。完成秀宏、秀源和秀禾三大区级国资营运公司筹建工作,并开始运作。指导各镇开展镇级房产、土地等资产调查摸底,开展镇级"三资"(资金、资产、资源)核查。加强国资监管。完善监管制度,制定国资营运公司负责人薪酬管理暂行办法等涉及国资营运公司监管的六个政策性文件和国资营运公司全面预算管理办法;健全国资监管队伍,构建区镇两级国资监管机构,理顺管理关系,落实配置人员;加强企业产权及财务监管,开展国有企业产权重新登记,向区级三家国资营运公司委派财务负责人。推进行政事业单位资产管理。加强信息化管理,完成行政事业单位资产数据核对、汇总工作;做好区级重大资产处置工作,规范房产出租程序,加强收益收缴监管。

【干部队伍建设】 开展"我们的价值观"和"践行机关精神"大讨论,"学雷锋、树新风、创文明"主题活动,强化干部的党性观念、公仆意识、敬业精神和廉洁品质,形成积极向上的良好氛围。加强局后备干部库建设,当年提拔科级领导干部1名、局中层干部3名。新招聘录用公务员3名,事业人员5名,开展新进人员"入门教育"和"以师带徒"培训,派出业务骨干参加省、市、区专业培训和职业拓展培训,提升干部素质能力。落实党风廉政建设责任制,开展"廉政教育宣传月"活动和"勤廉双优"创建活动,开展岗位风险"回头看",防止违法违纪行为的发生。局党支部被区委评为“2010~2012 年创先争优基层党组织”,区财政支付(核算)中心被评为“省级巾帼文明示范岗”。(嘉兴市秀洲区财政局供稿 姚 良执笔)

海宁市

【概况】 2012 年,海宁市实现地区生产总值 575.62 亿元,按可比价计算,比上年增长 9.1%。其中:第一产业增加值 24.43 亿元,增长 1.4%;第二产业增加值 339.58 亿元,增长 8.5%;第三产业增加值 211.61 亿元,增长 11.0%。三次产业结构比为 4.2∶59.0∶36.8。按户籍人口计算,人均生产总值 86609 元,增长 8.6%。全市财政总收入 81.52 亿元,增长 13.6%,其中公共财政预算收入 44.29 亿元,增长 14.1%;全市公共财政预算支出 43.32 亿元,增长 8.7%。全年公共财政预算收入占财政总收入的比重为 54.3%;公共财政预算收入中的税收收入 43.38 亿元,占比 97.9%。全年财政收支平衡。

【组织财政收入】 注重收入分析研判,加强税源监控管理,掌握增减因素,增强组织财政收入前瞻性分析研判能力。全年重点税源监控企业 1416 户,入库税收 31.26 亿元,占总入库税收的 82.4%。开展房产税、土地使用税第三方信息比对,全年增收 1.71 亿元。推进社保五费合征和扩面征缴,实现社保缴费户数和人数同步增长,年末社保缴费户数 12654 户、缴费人数 293600 人,同比分别增长 6.4%和 4.7%。深化政府非税收入管理,实现新版非税征管系统全覆盖。加强土地出让收支管理,参与市政府关于推行国土资源精细化管理的实施方案、加快低效土地二次开发,促进节约集约用地的实施意见、完善国有土地使用权出让收入分配政策等相关政策的制定。全年实现非税收入 41.93 亿元,下降 43.7%。

【推进经济转型发展】 制定有关财政扶持企业转型发展政策的实施细则和专项资金管理办法,规范政策执行口径和资金申报、审核、审批、拨付程序。梳理享受财政奖励资格企业,对没有完成节能减排任务以及“亩产效益”考核综合评价得分后 10 位的企业取消相关资格,核减扶持资金 3763 万元。加快财政扶持政策兑现进度,对 2011 年度生产性设备投入技改项目实施预奖,全年兑现财政奖励(补助)资金 3.91 亿元。开展财政政策宣讲,服务企业转型升级。对村级公益事业一事一议实施财政奖补,全年审批立项 73 个,计划总投资 6488 万元,其中向农户筹资(筹劳以资代劳)428 万元,村自筹 2390 万元,社会捐助 101 万元,财政奖补 3569 万元,受益人口 23 万人。全面落实扩内需政策,深化家电下乡、摩托车下乡等活动,兑付财政补贴 1944 万元。实施交通运输业和部分现代服务业营业税改征增值税试点,通过制定试点方案、倒排重点计划等措施,向国税部门移交企业 2613 户。

【优化财政支出结构】 加大民生领域投入,全年用于民生支出 32.33 亿元,占全市公共财政预算支出的 74.6%,同比提高 0.8 个百分点。新增财力用于民生支出 2.89 亿元,占新增财力的 83.8%。全年教育、科技、农业三项支出按法定支出口径计算,分别增长 13.5%、13.5%、13.6%,符合法定支出增长要求。加大教育支出力度,全年安排 500 万元用于学前教育经费保障,安排 200 万元用于对民工子弟学校扶持。推进医疗卫生体制改革,拨付公共卫生经费 1921 万元;完善合作医疗保障制度,全年筹集新型城乡合作医疗保险资金 1.89 亿元。整合财政支农资金,统筹用于支持粮食生产功能区、现代农业园区“两区”建设资金 4500 万元。加大人才专项资金投入,保障领军型创业创新人才和技术创新团队等重大人才项目的实施需求,安排经费 3500 万元。完善养老保障体系,保障困难群众生活稳定,全年发放最低生活保障补助资金 1942 万元。抓好就业援助实事工程,全年审核拨付促进就业专项资金 3648 万元。打造“文化海宁”、“精品海宁”,投入 440 万元用于支持中国·海宁潮国际博览会等经济文化综合体项目。严格控制一般性支出,修订全市市级机关、事业单位会议费、培训费、差旅费三项综合开支标准,加强“三公”经费和增收节支管理工作。

【深化财政改革】 深化“收入一个笼子、预算一个盘子、支出一个口子”公共财政管理体制改革,健全全口径预算制度。推进信息公开,制定推进基层财政专项支出预算公开的意见,明确 18 项与人民群众生产生活密切相关的专项资金安排和使用公开等工作。除涉密部门外,其余 65 个部门预算草案和全市的财政预算安排草案全部提交市人代会审议。深化国库集中支付改革,增强财政支出的透明度,提高资金使用效率。制定市级预算单位公务卡强制结算目录,加强公务卡的使用管理。全年 53 个部门、256 家单位推行个人公务卡,累计发卡 1696 张,公务支出刷卡消费 273 万元。公务卡改革覆盖率 100%。改革完善镇(街道、发展平台)财政管理体制。

【加强财政监管】 扩大财政支出绩效评价范围,全年完成财政重点检查项目 16 个,重点绩效评价项目 7 个,全过程预算绩效管理试点项目1个,内部审计项目2个。加强政府采购管理,强化应用协议供货和网上竞价机制,全年政府采购预算金额5.44亿元,实际采购金额4.87亿元,节约预算资金5719万元,节约率10.5%。深化“小金库”专项治理,制定防治“小金库”长效机制建设工作意见。强化政府性投资项目竣工财务决算审批,制定政府投资项目基本建设资金管理办法、政府投资项目前期工作专项经费管理办法等政策规定。加强政府投资项目概预算等项目审核,核减金额2.23亿元,核减率3.9%。加强镇财政管理,制定加强镇财政建设的意见、镇(街道)财政资金监管工作办法和流程。开展公务用车专项清理,对党政机关公务用车重新定编。建立满足会计人员培训时间、内容等全方位需求的继续教育培训体系,全年组织继续教育培训50期,参训学员10648人次。

【创新国资管理】 制定市属国资公司经营业绩考核实施细则,签订经营责任书。组织开展镇、街道公有资产管理考核和政府性债务风险管理考核。制定实施市属国资公司财务总监报告制度等办法,选派2名财务总监,进驻3家市属国资公司。加强投融资指导,推动国资公司整合纵深发展,向国家发改委申报发行15亿元7年期的第三期企业债券。市资产经营公司全年融入资金23.80亿元。将市级行政事业单位资产处置纳入资产管理系统,严格审批权限和程序,实现动态监管。全年处置资产总额4826万元,涉及92家单位。

【加强干部队伍建设】 逐级签订“一岗两责”责任书,增强干部党风廉政建设责任制主体意识。开展“抓党风促政风带民风,保持党的纯洁性”主题教育活动。重视学习培训,组织学习十八大精神专题活动。以全员干部驻村入户组团服务、机关部门联镇挂村互动共建、干部进企联项目品牌服务等活动平台,抓好访民情、解民忧、连民心“三民”工作机制的落实。突出人文关怀,推进财税文化建设。

(海宁市财政局供稿　许立锋执笔)

平湖市

【概况】 2012年,平湖市实现生产总值423.10亿元,按可比价格计算,比上年增长10.0%。其中:第一产业增加值18.10亿元,增长1.2%;第二产业增加值263.60亿元,增长10.5%;第三产业增加值141.40亿元,增长10.1%。三次产业结构比为4.3∶62.3∶33.4。按户籍人口计算,人均生产总值86646元,增长7.0%。全年财政总收入73.88亿元,增长15.3%,其中公共财政预算收入38.02亿元,增长17.2%;全市公共财政预算支出37.44亿元,增长13.7%。当年财政收支平衡。

【组织财政收入】 强化税收分析预测。加强财政、国税、地税等部门间横向信息交流和基础工作衔接,完善财税联席会议制度,加强经济形势分析,加强税源预测分析,关注财源变化,强化预算执行分析,及时落实征收措施。组织收入管理。推进所得税专业化管理,探索个人股息红利所得个人所得税项目化管理,全年个人股息红利所得入库个人所得税5783万元。优化财政收入结构。当年全市公共财政预算收入占财政总收入比重为51.5%,同比提高0.85个百分点;公共财政预算收入中的税收收入38.17亿元,占比100.4%。挖掘非税收入潜力。加强社保费征缴管理,全年征收社会保险费15.15亿元,增长14.9%;落实《浙江省政府非税收入管理条例》,全年征缴入库政府性基金15.55亿元;完善土地出让金收入管理,国有土地出让金收入12.41亿元。全年实现非税收入18.39亿元,下降59.7%。

【促进经济转型升级】 落实助推企业转型发展的财税政策。分别制定减轻企业负担、推进海洋经济发展和“三大倍增计划”(服务业倍增发展计划、新兴产业倍增发展计划、大企业倍增发展计划)等激励政策,鼓励企业转型升级,全年减免各类税费1.62亿元,实现出口退税25.98亿元。强化资金扶持。全年兑付各类财政专项补助资金2.93亿元,其中:工业发展资金6479万元,农业发展资金5740万元,服务业发展资金1595万元,外经贸发展资金1040万元,科技发展资金3000万元,人才专项资金900万元,用于鼓励工业平台建设、企业技术进步、中小企业发展、品牌创建、水利基础设施建设、高层次人才和创新团队的引进等。支持浙商创业创新。落实支持浙商创业创新财税优惠政策,全年为63户浙商回归企业提供财政补助1700万元,减免税费455万元。加大科技投入。全年科学技术投入1.36亿元,增长14.3%,用于科技平台建设、科技创新、科技交流与合作、科技成果和高新技术推广等项目。

【保障和改善民生】 优化财政支出结构,加大对农业、教育、文化、医疗卫生、就业和社会保障等公共领域投入,全年民生支出25.22亿元,增长10.4%,占当年公共财政预算支出的67.4%。支持“三农”投入。全年安排农林水事务支出2.79亿元,支持水利、农业综合开发、“两区”(粮食生产功能区和现代农业园区)建设、“金平湖·美丽乡村”建设、农村公益事业一事一议项目等。支持教育事业发展。全年财政预算教育支出8.64亿元,增长17.7%。投入2.91亿元全面实施中小学校舍安全工程。保障农村中小学接送车经费,人均经费提高至3元。支持文化事业发展。全年文化体育支出7907万元,用于非物质文化遗产保护、公共文化设施、文化下乡、农村基层文化设施建设等。支持医疗卫生事业发展。全年医疗卫生支出2.13亿元,增长7.0%,用于公立医院改革、社区卫生服务中心建设、农村合作医疗经费、人民医院基建支出等。支持就业和社会保障事业发展。社会保障和就业支出2.68亿元,用于最低生活保障、被征地农民基本生活保障、城乡居民社会养老保险。落实高校毕业生、退役军人、妇女、残疾人等创业就业财税扶持政策,安排就业专项资金3536万元,比上年实际支出增长48.9%。

【深化财政改革】 深化部门预算改革。全面推进预算编制、执行和监督"三位一体"机构改革,深化预算编制,强化预算管理,细化预算项目,部门预算覆盖率100%。推进预算公开,全市93家单位公开部门收入和支出。深化国库集中收付制度改革。完善国库管理制度,扩大国库集中支付范围,172家预算单位全部纳入国库集中支付范围。深化公务卡制度改革。全年各镇(街道)发放公务卡1404张,累计报销金额1029万元,实现市、镇两级公务卡改革全覆盖。深化镇(街道)财政管理改革。印发切实加强镇(街道)财政资金监管工作的实施意见,加强镇(街道)财政管理考核。

【强化财政监管】 清理整顿财政资金专户。规范财政专户管理,确保财政资金安全、规范、有效运行,堵塞财政专户资金管理的漏洞,全市清理整顿财政资金专户2户。实施公务用车改革。制定机关事业单位公务用车制度改革实施办法,已有64个市、镇街道机关和承担行政管理、具有公共管理职能的事业单位实施车改,收缴涉改车辆356辆。规范政府采购。试行政府采购批量集中采购,全年节约政府采购资金1.05亿元,节资率13.2%。推进财政支出绩效评价。18家单位进行预算绩效目标管理试点;对安排资金50万元以上(含50万元)的财政专项支出进行自评,涉及财政预算资金4.34亿元;重点抽查评价市政建设、农业机械化建设、教育等5个项目,涉及资金5233万元。规范行政审批职能。完善行政审批制度改革,梳理明确4项行政许可事项和13项非行政许可事项,规范许可事项审批流程,全年受理行政许可477件;开展行政审批电子监察系统考核工作。加强政府债务管理。制定政府债务收支计划和考核实施细则,控制政府性债务规模。做好镇(街道)政府性债务动态监管,实时掌握镇(街道)政府性债务风险点,加强工作指导。

【创新国资监管】 加强国资营运公司监管。制定国资营运公司财务总监财务联签工作制度,对水务集团派出财务总监,加强对公司财务经济活动的监督。深化对国资营运公司的审计监督,完成对六大市级国资营运公司及其子公司共67家公司年度财务审计工作。加强行政事业单位国有资产监管。加强对行政事业单位和市级国资营运公司闲置房屋对外出租监管和重大资产转让管理。全年审核办理10起产权投资,涉及投资金额5.67亿元。推进投融资工作。做好国有公司融资担保工作,全年办理担保12笔,涉及金额7.40亿元。配合完成平湖市城市发展投资集团有限公司二期9亿元债券发行工作和平湖经济开发区投资集团有限公司7亿元公司债券申报工作。

【加强干部队伍建设】 深化作风建设。开展新一轮"服务承诺"活动,组织开展作风建设深化年系列主题活动,提高办事效能和服务水平。推进干部教育培训。全年举办参加各类政治、业务教育培训班27期,2577人次参加培训。加强财税文化建设。以"道德讲堂"为活动载体,强化服务大局、服务基层、服务部门的意识,树立先进典型。组织系统干部职工运动会、廉政演讲比赛等活动。帮困扶贫献爱心。组织"千名干部帮千户"、"慈善爱心一日捐"和"助学思廉"等一系列慈善捐助活动。加强党风廉政建设。落实党风廉政建设责任制,开展《税友龙版》廉政效能风险防控模块上线和"廉政文化进家庭"工作。2012年市财政局被平湖市委市政府评为"推进惩防体系建设和落实党风廉政建设责任制优秀单位"。

(平湖市财政局供稿　毛晓巍执笔)

桐乡市

【概况】 2012年,桐乡市实现生产总值525.59亿元,按可比价格计算,比上年增长8.8%。其中:第一产业增加值31.83亿元,增长0.3%;第二产业增加值278.86亿元,增长8.3%;第三产业增加值214.90亿元,增长10.6%。三次产业结构比为6.05∶53.05∶40.90。按户籍人口计算,人均生产总值77302元,增长7.9%。全市财政总收入75.99亿元,增长12.6%,其中公共财政预算收入41.76亿元,增长15.1%;公共财政预算支出41.23亿元,增长8.5%。当年全市财政收支平衡。

【组织财政收入】 优化收入结构。当年公共财政预算收入占财政总收入的55.0%,比上年提高1.2个百分点;公共财政预算收入中的税收收入 40.72 亿元,占比 97.5%。加强收入管理。建立税收分析体系,健全部门横向信息交流制度,掌握税收入库进度和增长态势。扩大重点税源监控面,监控企业入库税收收入 30.66 亿元,占全部税收收入 85.3%;推行“以票控税”措施,实现网络开票户数 4659 户,占比 98.5%。强化政府非税收入管理。当年收缴各类非税收入 53.22 亿元。非税征管信息系统正式上线,8 个试点执收单位(23 个征收点)进入系统运行。全市政府性基金收入 49.80 亿元,增长 37.6%,其中国有土地使用权出让金收入 41.67 亿元,增长 44.9%。

【支持经济转型发展】 加强财税政策引导。出台转型升级财政引导专项资金使用管理办法,拨付企业转型升级财政引导专项资金 800 万元;引导和扶持企业创业创新,拨付财政奖励补贴资金 4.04 亿元。推进市场主体转型,全年引导“个转企”(个体工商户转企业)199 家。加强金融扶持,制定工业企业应急转贷资金使用管理办法,提供企业应急转贷资金 7400 万元;发放科技型中小企业专项资金担保贷款和财政专项信用贷款 1.75 亿元,缓解中小企业融资难。强化有效投入。推进平台建设,投入 10.80 亿元支持工业园区基础设施建设。

【保障和改善民生】 全年民生支出 32.73 亿元,增长 8.3%,占全市公共财政预算支出的 79.4%。推进社会事业发展。教育支出 12.62 亿元,增长 17.7%,春晖路小学、乌镇中学建成并投入使用。医疗卫生支出 2.96 亿元,全面实施公立医院综合改革,全市 8 家公立医院均实行药品零差率销售。文化体育与传媒支出 1.02 亿元,发展文化产业,丰富群众生活。节能环保支出 1.87 亿元,支持节能减排和能源节约利用,优化城乡生态环境。健全社会保障体系。社会保障和就业支出 2.43 亿元,增长 12.1%。加强就业保障,新增城镇就业岗位 8746 个,城镇登记失业率 3.2%。解决养老保障领域群体性问题,提高企业退休人员养老金待遇,增加支出 8000 万元。落实特殊群体养老参保政策,审批办理 2.24 万人,筹集资金 4.90 亿元。强化保障性住房建设,新开工建设保障性住房 1100 套,新增廉租住房 68 户。实施殡葬基本服务费用免除政策。支持城乡统筹发展。投入“三农”资金 22.92 亿元,增长 14.0%。发展现代农业,石门湾现代生态农业综合示范区成为嘉兴市首个省级现代农业综合园区。支持“美丽乡村”建设,实施 28 个中心村建设。支持推进“森林桐乡”建设,完成绿化造林 1.2 万亩。

【支持村级公益事业发展】 开展村级公益事业建设一事一议财政奖补工作“规范管理年”活动,获“2012 年度省级一事一议财政奖补工作先进单位”。制定资金管理、项目管理、考核工作三个办法,规范村级公益事业发展。当年申报批准项目 50 个,投资 4544 万元,项目受益 131517 人。完善公益事业建设多元化投入机制,全年获得社会捐赠 81 万元,农民自愿筹资筹劳 392 万元。

【推进财政改革】 深化部门预算改革。细化基本支出编制,完善预算定额体系标准,加强项目预算管理。落实厉行节约措施,强化人员经费管理,单独编制公务接待费,推进部门预决算信息公开。推进镇(街道)财政管理改革。实行新一轮镇(街道)财政管理体制,对村级组织实行专项补助。加强镇(街道)财政管理考核和资金监管,出台镇(街道)财政管理业务考核办法和加强镇(街道)财政资金监管工作的实施意见。深化国库集中支付改革。187 家单位纳入国库集中支付改革,通过国库集中支付 124992 笔,资金量 26.85 亿元。实施公务卡制度改革。制定市级预算单位公务卡管理暂行办法,开发公务卡模块软件,扩大试点范围,全年办理单位公务卡 190 张和个人公务卡 1223 张,消费金额 4813 万元,实现集中核算单位全覆盖和业务全面运行。

【完善财政监管】 规范财政专户管理。制定市级财政资金专户管理办法,精简财政专户至 33 个,建立健全内部监督管理长效机制。动态调整财政专户资金额度,合理运作间隙性资金,提高财政资金运行效益。推进财政支出绩效评价。采取自评和重点评价相结合方式,对部门自评工作开展考评,辅导和督促部门自评提质增效。实施 3 个重点评价项目和 1 个嘉兴市联动项目,涉及资金 1.56 亿元。重视评价结果应用,提高支出绩效。加强国有资产管理。组建桐乡市金凤凰服务业发展集团有限公司,做强专业市场。推进行政事业单位国有资产管理改革,实施行政事业单位经营性资产统一管理,盘活存量资产,提高资产效益。强化政府采购监管。全年政府采购节约资金 2179 万元,节资率 10.5%。加强会计监管。制定《桐乡市进一步加强会计监管工作试行办法》,形成警示、培训、选案的有效监管方式。规范代理记账机构,确认具有资质机构 14 家,代理记账企业 547 户。宣传会计法律法规,印发宣传品 6000 份。

【加强队伍建设】 加强财税文化建设。推进“菊乡先锋”创先争优活动,开展迎“七一”系列活动,增强队伍凝聚力。深化机关效能建设。制定机关工作人员有错与无为追究办法,形成一套机关效能制度体系。实行局领导带班检查制度，全年领导带班检查11次。创新年轻干部培养机制。组织青年干部赴湖州税校参加税源管理及小企业会计准则培训班，提升业务水平。2012年市财政局获"浙江省依法行政示范单位"称号，财政支付（核算）中心被评为"省级巾帼文明岗"。

（桐乡市财政局供稿　吴欣苗执笔）

嘉善县

【概况】 2012年，嘉善县实现生产总值345.77亿元，按可比价格计算，比上年增长8.5%。其中：第一产业增加值23.62亿元，第二产业增加值200.44亿元，第三产业增加值121.71亿元，分别增长1.1%、8.8%、9.6%。三次产业结构从上年的7.1：59.0：33.9调整为6.8：58.0：35.2。按户籍人口计算，人均生产总值89663元，增长8.3%。全县财政总收入52.01亿元，增长8.3%，其中公共财政预算收入27.12亿元，增长11.5%；全县公共财政预算支出27.99亿元，增长10.7%。全县公共财政预算收入占财政总收入比重为52.1%；公共财政预算收入中的税收收入26.10亿元，占比96.2%。全年财政收支平衡。

【组织财政收入】 加强股权转让、限售股转让和利息股息红利所得个人所得税的征收，入库税收1.28亿元。加强企业所得税分类管理，深化分规模、分行业和分事项管理。全面应用存量房评估税收管理系统，提高存量房交易税收征管效率和质量。加强费源管理，健全社保费长效征缴机制。开展税收专项检查、重点税源企业检查，全年查补入库税费款1699万元。加强非税收入征管，全年实现非税收入16.75亿元，下降21.1%。

【服务经济转型】 支持浙商创业创新。县财政筹措并拨付财政专项扶持资金1.08亿元，支持新兴产业、技术改造、节能减排等。出台支持浙商创业创新财税优惠政策，重点扶持浙商投资战略性新兴产业、发展总部经济、开拓国内外市场等。贯彻结构性减税政策，当年减免税费2.34亿元。支持中小企业发展。实施"营改增"改革，移交企业785家。县财政出资2000万元设立中小企业转贷基金，办理转贷业务84笔，总金额2.72亿元，缓解成长型中小企业资金周转困难。完善中小企业专项信用贷款机制，当年发放贷款13.17亿元，312家企业受惠。设立100万元小企业贷款风险补偿奖励资金，拉动4家地方银行业金融机构新增贷款余额1.34亿元。加大财政科技投入。全年安排科技三项经费5462万元，重点支持高新技术产业化、科创中心二期、公共创新平台等领域。设立创业创新高层次人才专项资金1000万元吸引人才。发挥融资平台作用。发行以县国投公司为主体的10亿元"12嘉善债"，全年拨付项目资金5.63亿元，为县保障性住房二期项目、县太浦河和长白荡饮用水水源地建设保护工程以及县城市天然气利用工程等项目提供资金支持。

【加大民生事业投入】 加大支农投入。实施国家农业综合开发高标准农田建设示范工程项目2个，建设高标准农田2.3万亩。制定全县加快发展精品农业，推进农业转型升级项目和资金管理暂行办法、全县水利建设项目和资金管理办法等。全年"三农"支出13.97亿元，增长17.8%。加快社会事业发展。支持义务教育阶段教师流动国家级改革试点，教育支出占比超额完成省核定的24.8%考核任务；落实支持文化发展政策，全年安排文体事业费、宣传文化发展基金、文化产业发展专项资金5020万元。支持县级公立医院和乡镇医疗卫生机构改革，落实城乡社区卫生服务站建设财政补助政策，全年投入医改资金1.88亿元。推进社会保障体系建设。支持创建省级创业型城市，加快统筹城乡就业服务体系建设，全年累计拨付促进就业再就业资金1920万元，同比增长113.6%；完善职工基本养老保险政策，养老保险待遇平均增长12.0%，当年拨付各类养老金12.08亿元；落实省养老保障政策，涉及人员41454人，享受养老待遇35524人；落实最低生活保障制度，拨付低保金1157万元，补助对象47781人次，抚恤安置支出1245万元；拨付城乡居民合作医疗保险补偿资金1.44亿元。推动环境整治工作。支持国家级生态县创建，安排公共财政预算生态专项资金2000万元。制定全县农村环境连片整治专项资金管理办法，规范专项资金管理，提高使用效益。

【支持省级小城市培育试点】 建立完善对姚庄镇一级财政体制，明确县财政对姚庄镇实行"划分收支、核定基数、超收分成、短收赔补"的财政管理体制。县财政设立小城市培育试点专项资金，下拨省补助资金4000万元和省奖励资金400万元，并按照3：1资金配套的要求，保障试点工作资金需求。

【深化财政改革】 推进部门预算改革。完善预算编制体系，提高预算编制质量，规范财政保障口径，编制全县2012年县级部门预算汇编，县本级一级预算单位部门预算全部提交人大常委会审议。深化国库集中支付改革。制定针对县级财政直接支付、财政授权支付和公务卡银行年度代理等业务综合考评办法。实现县本级国库集中支付改革全覆盖，167 家预算单位累计办理国库集中支付业务 61920 笔，支付金额 16.09 亿元，直接支付金额占比 76.3%。实施乡镇财政国库集中支付改革。作为全省 5 个乡镇财政国库集中支付制度改革试点单位之一，成立工作小组，制定工作方案，确保试点单位西塘镇集中支付试点成功运行。推进公务卡制度改革。全县 4 家代理银行公务卡系统全部上线，个人公务卡开设实现全覆盖，办理个人公务卡 581 张，132 个单位开设单位公务卡，覆盖面 78.1%。

【加强财政监管】 压缩行政支出。规范"三公"经费管理，单独编制"三公"经费预算，制定行政事业单位会议费、培训费、差旅费等三项综合性开支标准。加强政府采购管理，规范政府采购行为，节约资金 3937 万元，节约率 8.0%。强化预算绩效管理。所有 50 万元以上专项资金项目建立预期绩效目标，对 2011 年度 143 个专项支出项目实施绩效自评。深化"小金库"治理工作，开展行政事业单位对外投资情况调查，规范投资行为。规范乡镇财政管理。实施新一轮县镇(街道)财政管理体制，加强乡镇财政管理，实施乡镇公共财政服务平台建设，魏塘、姚庄、惠民、大云、罗星等 5 个镇(街道)相继建立公共财政服务中心。加强国资管理。组织实施公务用车管理制度改革，涉及车改单位 112 家。对县城市建设投资有限公司和县交通建设投资有限公司实施的 8 个政府性投资项目实施内部审计。行政事业单位资产有偿使用收入、经营性收入全额上缴。开展县级四大集团公司经营业绩考核，完成四大国有集团公司审计问题整改落实工作。

【加强队伍建设】 创新育人机制。深化财税文化建设，坚持文化育人与制度管人并举，提升财税干部综合素质。县财政地税局党总支被省委授予"浙江省创先争优先进基层党组织"称号。开展"教育培训周"，邀请省内外专家作培训辅导，拓宽干部视野，优化知识结构。创设"财税青年之苑"学习平台，促进青年干部成长成才。优化用人机制。实施新一轮全员聘任工作，开展中层职位竞争性选拔工作，为优秀年轻干部脱颖而出创造良好条件。完善管人机制。健全权力公开透明运行长效机制，落实全县"阳光工程"建设工作任务，突出预防职务犯罪主线，注重示范教育、警示教育、岗位廉政教育和执法风险教育。 (嘉善县财政局供稿 程高华执笔)

海盐县

【概况】 2012 年，海盐县实现生产总值 300.90 亿元，按可比价格计算，比上年增长 11.5%；人均生产总值 80183 元，增长 10.1%。第一、二、三产业增加值分别为 20.74 亿元、187.82 亿元、92.34 亿元，分别增长 2.0%、13.3%、9.7%。三次产业结构由上年的 7.4∶62.2∶30.4 调整为 6.9∶62.4∶30.7。社会消费品零售总额 82.24 亿元，增长 15.0%。城镇居民人均可支配收入 37682 元、农村居民人均纯收入 18726 元，分别增长 13.2%和 11.6%。全县财政总收入 42.71 亿元，增长 33.2%，其中公共财政预算收入 22.33 亿元，增长 29.9%；公共财政预算支出 23.46 亿元，增长 13.3%。全县财政收支平衡。

【组织财政收入】 加强收入预测分析。根据全年收入计划，安排季度收入计划，每月两次预测，把握组织收入的主动权；扩大税源监控范围，认定 443 户重点监控企业，新增 105 户，重点监控企业入库税收 11.97 亿元，占地税收入的 79.7%。优化财政收入结构。当年公共财政预算收入占财政总收入的 52.3%；公共财政预算收入中的税收收入 21.33 亿元，占比 95.5%，比上年提高 1 个百分点。增强镇(街道)收入水平。全县各镇(街道)税收总收入 21.90 亿元，与上年持平，其中 7 个镇(街道)税收收入超亿元。加强非税收入征管。完善社保费征缴管理制度和流程，全年征收社保费 11.47 亿元，增长 21.2%；强化政府非税收入收缴管理，全年征缴入库政府性基金 23.98 亿元，下降 21.8%；优化土地出让金管理，国有土地使用权出让金收入 18.51 亿元，下降 20.0%。

【支持经济发展】 推进企业加快转型发展。支持县域现代产业体系构建，全年兑付工业、外经贸发展等扶持资金 1.27 亿元、第三产业发展资金 811 万元；出台新一轮推进工业经济转型升级若干政策，全年统筹安排工业经济转型升级专项资金 1.50 亿元；支持中小工业企业发展，建立县级小企业贷款风险补偿机制，全年兑付财政补助资金 554 万元；建立浙商回归引进重大项目协调推进制度、重大项目领导联系制度，全年上报重大项目 17 个，入库税收 5165 万元；引导重点企业开展主辅分离，全年分离企业 3 户，累计分离企业 28 户。支持科技研发和转化、科技创新平台建设，整合人才专项资金和领军人才资金，用于科技支出 1.20 亿元，增长 16.0%。落实财税优惠政策。全年辅导企业向上争取财政扶持资金 32 项(类)计 5957 万元；取消 3 项、免征 2 项涉企行政事业性收费，减轻企业负担 237 万元；依法依规落实各项税费减免、抵免政策，全年减免、抵免各项税费 1.94 亿元；贯彻落实家电下乡财政补贴政策，全年兑付补贴资金 1045 万元。改善优化发展环境。启动新一轮城市开发建设三年行动计划，推进城市建设；开展“公共交通发展三年行动计划”，支持交通客运枢纽、公交首末站、港湾式公交候车亭等基础设施建设。

【保障改善社会民生】 优化财政支出结构，加大对农业、教育、文化、医疗卫生、就业和社会保障等公共领域投入，全年民生支出 18.40 亿元，增长 20.3%，占当年公共财政预算支出的 78.4%。落实财政支农政策。全年财政“三农”支出 13.31 亿元，增长 21.0%。支持农村产权制度改革，推行“强村联合体”模式，推进全域城镇化，海盐县被列入全国农村综合改革示范试点县；支持中央财政小型农田水利重点县高效节水灌溉试点项目，组织圩区工程建设，入围全国中小河流治理重点县综合整治试点县。支持教育事业发展。支持实施向阳小学迁建等教育基础设施建设，落实义务教育经费保障机制和绩效工资制度，推进城乡教育均衡发展，财政用于教育支出 7.21 亿元，增长 24.4%。支持文化事业发展。保障重点文化领域经费需求，支持公共文化服务体系建设和城乡文化一体化发展，财政用于文化体育与传媒支出 5.70 亿元，增长 16.9%。完善城乡社保体系。支持县级公立医院综合改革，提高重特大疾病医疗保障水平，筹集城乡居民合作医疗保险基金 1.22 亿元，参保人员 22 万人，参保率 99.4%；调增被征地农民基本生活保障金，调整退职村干部社会养老保险有关政策，城乡居民社会养老保险参保人数 8.5 万人，发放养老保险资金 1.17 亿元；支持社会救助、福利和优抚工作，加大保障性住房建设投入，新开工建设公租房、廉租房 400 套，城市老小区改造项目 660 套，救助农村困难群众住房 70 户。促进就业再就业。支持统筹城乡就业体系建设，搭建就业再就业服务平台，支持各镇（街道）人力资源市场建设，财政用于促进就业再就业资金 2246 万元。

【深化财政管理改革】 深化预算管理改革。推进预算编制、执行、监督“三位一体”组织机构改革，建立完善“三分离”的财政运行机制；扩大基本支出定额试点范围，细化项目支出预算编制，规范政府非税收入预算管理，试编政府投资预算，加强“全口径”政府预算体系建设，推进资产管理、预算管理和财务管理有机结合。深化国库集中支付制度改革。实现县级预算单位全覆盖，所有财政性资金纳入国库集中支付；推进公务卡制度改革，179 个县级预算单位全部纳入改革范围，办理公务卡 595 张。推进公车管理制度改革。制定公务用车管理制度改革工作实施意见（试行），7 月 1 日开始实施公务用车管理制度。完善镇（街道）财政预算管理。以列入全省乡镇公共财政服务平台试点县建设为契机，建机制、抓落实，逐步构建“一站式”乡镇公共服务新格局。

【强化财政监督管理】 加强政府投资项目管理。建立健全财政审核工作机制，打造估算、预算、结算、决算“四位一体”的财政审核体系，提高政府投资项目效益。全年参与政府投资项目评审 110 项，核减概算投资 1.40 亿元，核减率 4.8%。规范政府采购管理。制定实施《海盐县政府采购支持中小企业信用融资试点办法》；完善批量集中采购制度，继续扩面增量，全年政府采购节约资金 9395 万元，资金节约率 15.0%。加强“三公”经费预算管理。制定会议费、培训费、差旅费和临时出国人员费用等四个开支标准，严格控制一般性支出。开展党政机关公务用车专项治理。全县重新定编公务用车，涉及重新定编单位 68 家，定编车辆 464 辆。加强会计监管。加强对代理记账机构的管理，规范代理记账业务；对县图书馆等 4 家单位开展会计信息质量检查。

【加强国有资产管理】 强化国有企业运行监管。推进国有公司经营业绩考核，重点考核企业内控管理和信息化应用等；定期开展国有企业运行情况分析，为政府决策提供依据；加强对镇级国有企业的指导和检查，规范企业运行机制。强化政府平台债务管理。执行国家关于地方政府性债务管理的各项规定，规范政府平台融资行为，妥善处理债务偿还和在建项目的后续融资问题，防范和化解财政风险。强化国有资产监督管理。规范和明确国有企业法人治理、管理体制、资产保值增值和安全营运等，理顺国资监管关系；开展新一轮清产核资，摸清资产家底，对县级行政事业系统办公用房开展分类调查。

【干部队伍建设】 财税文化建设。设立“道德讲堂”，弘扬民族文化、倡导现代文明、宣传财税形象，开展“喜迎十八大，服务新跨越”主题实践活动，开展“服务能力建设年”专题讨论活动，组织“我们的价值观”大讨论等系列活动，推进财税文化建设。强化服务意识。通过“三个平台”* 助力小微企业发展以及国库集中支付“三优”* 管理，树立财税部门对外服务形象。加强廉政建设。执行领导干部廉洁从政各项规定，开展《廉政准则》执行情况督查，分类分层组织新一轮岗位廉政风险排查。 （海盐县财政局供稿　崔海文执笔）

注：

* **三个平台**：纳税人之家、纳税服务志愿者队、税费医疗服务队。

* **三优**：优化流程、优化管理、优质服务。

湖州市财政工作概况

湖州市

【概况】 2012年,湖州市实现生产总值1661.97亿元,增长9.7%。其中,第一产业增加值123.31亿元,增长2.5%;第二产业增加值888.20亿元,增长10.7%;第三产业增加值650.46亿元,增长9.6%。按户籍人口计算,人均生产总值为63625元,增长9.4%;按常住人口计算,人均生产总值为57270元,增长9.5%。三次产业结构比为7.4∶53.5∶39.1。全年实现社会消费品零售总额703.87亿元,增长15.4%。全市对外贸易进出口总额87.37亿美元,增长0.9%,其中出口总额73.96亿美元,增长0.6%;进口总额13.40亿美元,增长2.5%。全市城镇居民人均可支配收入32987元,增长12.3%;农村居民人均纯收入17188元,增长11.7%。全市财政总收入246.88亿元,增长12.7%,其中公共财政预算收入138.55亿元,增长13.5%,占财政总收入的56.1%;公共财政预算收入中的税收收入132.26亿元,占比95.5%;全市公共财政预算支出167.51亿元,增长10.4%。市本级财政总收入97.52亿元,增长6.9%,其中公共财政预算收入54.77亿元,增长6.7%;市本级公共财政预算支出69.63亿元,增长7.0%。全市和市本级财政收支平衡。

【助推经济发展】 会同市经信委等部门,制定工业强市建设"十八条"政策,安排落实工业强市建设发展资金1.80亿元,加快推动战略性新兴产业、重点特色产业发展,大力支持工业强市建设。支持浙(湖)商创业创新和省级特色工业设计基地建设。加大中小型微型企业帮扶力度,推动民营经济加快发展。落实国家、省各项结构性减税政策以及高新技术企业税收优惠、再生资源回收利用等各项财税扶持政策。发挥政府性融资平台作用,缓解企业资金短缺和融资难题。做好家电汽摩下乡和以旧换新财政补贴工作,着力促消费、扩内需。落实外经贸政策,鼓励引进外资项目,大力扶持外资、外贸、外经和服务外包企业做大做强,加快推进开放型经济服务体系建设。落实现代服务业相关财税政策,扶持服务业集聚区建设,推动服务业加速、扩量、提质发展。大力推进现代农业园区、粮食生产功能区建设,改善农业基础设施,提高农业综合生产能力,促进现代农业发展。

【组织财政收入】 健全税收预测、收入动态分析机制,关注经济发展走势和财税政策变化对财税收入的影响,把握组织收入主动权。做好重点税源监控分析工作,及时掌握指标异常变化信息,堵塞征管漏洞。深化纳税评估工作,充分发挥纳税评估在税收管理中的基础作用。加强部门沟通与协作,推进征管信息共建共享,提高税收征管质量和效率。扎实推进"营改增"改革试点,完成新旧税制转换。推进非税征管信息化建设,启用新版非税征管信息系统,市本级行政事业单位实现全覆盖。2012年全市完成政府非税收入105.00亿元,同比下降43.9%(主要受土地出让金收入减少影响)。

【保障民生支出】 加大财政教育投入,超额完成省下达的财政教育支出占公共财政支出18.5%比例要求。中小学生均公用经费最低标准为750元和550元。争取上级财政高校债务化解资金1575万元,化解和防范债务风险。加快公共文化服务体系建设,推动公益性文化设施全面免费开放,支持组建市文化发展集团。加大人才资金投入,支持"南太湖精英计划"实施,新设立湖州海邦人才基金,促进人才强市建设。深化医药卫生体制改革,推进县级公立医院改革试点。做好未参保集体企业退休人员等特殊群体参加养老保险工作。企业退休人员养老金月人均1949元,城乡居民社会养老保险基础养老金最低月标准每人每月90元。稳步提高医疗保障筹资水平,市本级新农合筹资标准480元;城镇居民医疗保险筹资标准530元;职工基本医疗保险门诊统筹基金最高报销额在职人员和退休人员分别为1500元、2000元。被征地农民基本生活保障金和补助金分别为470元、380元。加大农业基础设施投入,支持美丽乡村建设,改善农民生活质量和环境。安排财政资金3.14亿元,争取中央、省专项资金1.34亿元,推动保障性住房、城市棚户区改造和农房改造建设。争取政府债券资金3.50亿元,重点用于公益性民生项目及普通公路发展。贯彻落实中央扩大内需政策,争取中央补助资金5.95亿元,支持城乡统筹建设。完善环保投入机制,安排财政资金3.82亿元,推进生态文明建设。

【推进财政改革】 推进"三个子"公共财政管理改革,加强预算绩效管理,初步构建事前目标管理、事中绩效跟踪、事后绩效评价的预算绩效管理机制。建立健全预算安排与执行结合机制,从严控制预算追加。推进国库集中支付和公务卡改革。加强一般性支出管理，降低行政成本，控制“三公”经费。推进预算公开，31个市级部门预算提交人大审查。加强政府采购、政府性投资项目审核、资产配置管理等各领域财政监管工作，推进财政大监督体系建设。推进乡镇财政规范化建设，开展乡镇公共财政服务平台建设试点，强化基层财政监管。加强地方政府性债务管理，健全债务风险预警机制，切实防范和化解财政风险。

【强化队伍建设】 组织学习党的十八大文件，以十八大精神为指导，谋划今后一个时期财税工作。开展“创先争优”活动，引导全体党员干部增强党性，发挥党组织的战斗堡垒作用。深化干部人事制度改革，以领导班子建设为龙头，加强新提拔干部考核，提升财税干部的履职能力。深入推进干部队伍激励机制建设，规范干部选拔任用，拓宽选人视野和渠道，选拔具有基层工作经历、学历高的年轻干部充实到中层。结合财税中心工作，围绕“宣传、活动、情感”等方面，不断完善财税文化建设长效机制。深入推进“进村入企”大走访、全面深化“三个年”活动，了解民生民情，在实践中提高联系群众、服务基层能力。开展民主评议行风“回头看”活动，进一步强化服务意识、服务水平，持续提升纳税人满意度。落实党风廉政建设责任制，构建具有财税特色的惩防体系，推进“制度+科技+文化”的廉政效能风险防控机制，进一步规范权力运行。 （湖州市财政局供稿 陈洪全执笔）

吴兴区

【概况】 2012年，湖州市吴兴区完成地区生产总值347.70亿元，增长9.7%。第一产业增加值19.07亿元，增长1.8%；第二产业增加值169.99亿元，增长10.3%；第三产业增加值158.64亿元，增长10.0%。三次产业结构比为5.5∶48.9∶45.6。全社会固定资产投资203.89亿元，增长21.1%；社会消费品零售总额170.92亿元，增长16.1%。城镇居民人均可支配收入33560元，农村居民人均纯收入17739元，分别增长12.4%和11.6%。全区财政总收入28.92亿元，增长7.1%，其中公共财政预算收入15.84亿元，增长5.4%。全区公共财政预算支出13.08亿元，同比增长10.1%。全区财政收支平衡。

【组织财政收入】 做好收入预测和分析工作，不断增强组织收入的预见性，全力促进收入增长。主动与国税、地税部门联系，加强重点税源纳税评估，关注新兴税源。做好股权转让的信息比对工作，开展土地使用税征收面积与国土供地面积、无证实际使用面积核对工作，及时调整土地使用税和房产税计税依据。挖掘税源，组织乡镇财政做好外来建筑业、运输业税收代征工作，做到应收尽收。加大乡镇街道考核力度，分解收入任务，充分调动乡镇、街道协助征收的积极性。做好“营改增”试点对区企业税负和财政收支影响的测算分析工作，确保区试点工作有序推进。完善非税收入征收管理，清理各种收费项目，对全区行政事业性资产收益严格实行“收支两条线”管理，确保非税收入及时入库。全年收缴非税收入1.74亿元，比上年增长23.5%。通过统筹预算内外财力，保持收支综合平衡。在确保收入稳定增长的同时，着力优化收入结构，当年全区公共财政预算收入占财政总收入的比重为54.8%，公共财政预算收入中的税收收入15.27亿元，占比96.4%。

【支持经济发展】 向中央、省、市争取到专项转移支付资金4.53亿元。全力支持新农村建设和现代农业发展，统筹资金1.15亿元专项用于美丽乡村创建、农村环境连片整治、农房改造和农村公益事业一事一议项目补助；有序推进现代农业园区核心区、粮食功能区建设以及全国小型农田水利重点县建设；全面落实强农惠农政策，通过农民补贴网“一卡通”发放十二项财政补贴资金2823万元。助力经济转型升级，筹措与集中财力7430万元用于科技进步和企业技术创新，实行工业扶优扶强，支持节能减排，淘汰落后产能，发展战略性新兴产业；筹措人才专项资金2778万元，实施南太湖精英计划、省千人计划工程，加大招才引智力度；鼓励现代服务业发展，大力推进多媒体产业园省级特色工业设计基地建设。

【保障民生支出】 加大民生领域投入力度，全区新增财力的80%以上投向民生事业。优先保障教育投入，完善义务教育经费保障机制，稳步提高学校公用经费标准，保障教师绩效工资；筹措资金3211万元专项用于中小学校电脑设备和图书更新及标准化实验室建设，为创建义务教育发展均衡区提供财力保障；筹措资金1751万元，为中小学校学生免除学杂费、教科书和作业本费，支持学前教育发展，资助家庭困难学生和外来务工子女入学。加大社会保障投入，筹集资金9339万元，确保城乡居民社会养老保险足额发放。推进基层医疗卫生机构综合改革，筹集1.42亿元用于农村公共卫生体系建设、新型农村合作医疗、城镇居民医疗保险，全面落实基本药物零差价和绩效工资改革政策。加大生态环境保护力度，筹措资金5561万元支持太湖流域水污染防治、城镇污水垃圾处理设施建设。设立文化体育专项资金,深入推进“文体惠民”工程。完善“五统一”社会救助体系和养老服务体系建设,统筹资金7509万元用于城乡居民最低生活保障、医疗救助、司法救助、危房改造、居家养老服务等救助支出,保障弱势群体基本需要。加大对街道社区的投入力度,稳步提高社区管理业务经费和社区工作者待遇。

【推进财政改革】 加强“数字财政”建设,充分应用最新的信息技术,支撑财政改革向更新领域、更深层次推进。深入推进国库集中支付改革,区级113个行政事业单位全面上线运行,吴兴区被省财政厅确定为“省国库集中支付和公务卡改革示范县区”。所有区级国库集中支付单位全部完成公务卡制度改革,实现了改革的全覆盖。继续深化乡镇财政管理方式改革,高效率推进乡镇财政规范化建设,被省财政厅确定为全省16个加强乡镇财政管理与促进乡镇公共服务平台建设试点县区之一。建立预算编制、执行、监督“三位一体”的组织管理框架,逐步实现公共财政组织体系职能归一化、管理专业化、流程清晰化、权力制衡化的“四化”目标。

【强化财政监督】 完善财政监督机制,依法开展财政监督检查、绩效评价工作,加强财务监管力度,提高财政资金使用绩效。完善政府性债务动态管理系统,防范与化解债务风险。严格执行政府采购操作规程,提高政府采购效率。依托“金财工程”加强预算支出管理,建立部门预算执行按季分析与信息反馈机制,强化预算执行刚性。推进非税收入征收管理的信息化,全面实现“单位开票、银行代收、财政统管、信息共享”的非税收入征管模式。完善财政票据发放、核销、年检管理办法,促进“以票管收”和“源头控管”。加强对预算单位非税收入支出的管理,除往来款项以外,部门的非税收入必须全部纳入部门综合预算,资金的拨付必须通过国库部门“一个口子”支付,确保预算编制与执行的完整性。强化会计基础管理工作,开展会计基础规范化工作,完善会计信用体系建设。党政机关公务用车问题专项治理工作取得初步成效。

【加强队伍建设】 开展核心价值观大讨论活动,凝炼出“聚财、惠民、务实、创新”的核心价值理念。完善内部管理,加强财政干部队伍建设,转变工作作风,扎实开展“进村入企”大走访活动。在区委区政府年度综合目标考核中,连续第十年被评为一等奖,机关会计核算中心被评为湖州市“群众满意基层站所(服务窗口)”创建工作示范单位。全面落实党风廉政建设责任制,切实履行“一岗双责”,树立良好的财政队伍形象。 (湖州市吴兴区财政局供稿 王 思执笔)

南浔区

【概况】 2012年,湖州市南浔区实现地区生产总值283.40亿元,比上年增长8.1%。其中:第一产业增加值24.30亿元,比上年增长2.2%;第二产业增加值174.94亿元,比上年增长9.2%;第三产业增加值84.16亿元,比上年增长7.2%。三次产业结构比为8.6∶61.7∶29.7。全区财政总收入26.00亿元,增长8.3%,其中公共财政预算收入12.88亿元,增长7.1%,占财政总收入的49.5%;全区公共财政预算收入中税收收入完成12.28亿元,占比95.3%。全区公共财政预算支出为12.30亿元,增长10.7%。全区财政收支平衡。

【组织财政收入】 落实财政收入任务,逐月分解落实分部门分乡镇(开发区)税收任务,实行收入进度月通报制。加强收入分析预测,增强组织收入的主动性、前瞻性和针对性。年初针对全区收入形势出现逐月下滑的现象,定期召开收入分析会,通过调整收入结构、实行财税联动、镇(开发区)与税务部门联运机制,加大收入征管,增强抓收入的责任感和紧迫感,实现收入目标任务。强化非税收入管理。启用新版非税收入征管系统,不断规范征收程序,强化非税收入征管。完善非税收入集中征缴模式,组织开展财政票据年检年审工作,健全“以票管收、源头控收”管理机制,确保非税收入及时足额入库,扩大财政收入总量,全年收缴非税收入6026万元。

【助力经济转型升级】 配合区各相关部门做好支农项目申报和资金筹措,申请中央、省、市级其他农业补助项目86个,争取补助资金推动农业经济稳步发展。拨付土地综合治理等资金支持农业综合开发,提高农业综合生产能力。开展“进村入企”大走访,制定联系服务企业制度,优化企业发展环境。落实结构性减税政策等财税优惠政策,减轻企业负担。开展营业税改征增值税试点工作,促进经济结构调整。鼓励企业做强做优,发挥资金导向作用,引导规模企业技术改造,全年拨付培育“新象新牛”企业、纳税大户奖励等资金3142万元;向上争取循环经济发展、促进机电和高新技术产品出口、专利补助等项目资金1.13亿元;落实资金2121万元,推进“小化工整治”工作。支持项目平台建设,安排资金

5000万元用于南太湖集聚产业平台建设，促进工业功能区平台建设和科创园建设。支持服务业发展，加大特色旅游、现代服务业发展的支持力度，创新融资方式，成功发行首批私募债券5000万元，扶持古镇旅游业发展。

【保障民生支出】 全区新增财力85.0%以上用于民生。落实教育投入政策，助推教育均衡发展，2012年用于教育投入4.28亿元；拨付校车购置及运费补助资金3191万元，保障中小学集中接送工程资金需要。落实各类惠民政策，发放城乡居民养老保险，落实城乡低保及物价补贴资金，城市低保月人均补助470元，农村低保月人均补助310元。提高新型农村合作医疗人均筹资标准至480元。推进医疗体制改革，加大计生经费投入。保障涉农支出。用好、用足、用活各项惠农政策措施，安排资金支持“美丽乡村”和“中国魅力水乡”创建活动；申请省财政一事一议财政奖补项目41个，加快推进农村基础设施和水利项目建设。健全财政支农直接补贴信息网络，通过“一卡通”发放油价补贴、农资综合直补、良种和种粮大户补贴资金3352万元。“家电下乡”和“摩托车下乡”政策兑付率94.0%。

【深化财政改革】 推进部门预算改革，细化预算编制，完善预算定额标准，严格编制程序，重点解决好基本支出预算规范化、项目支出科学化，预算执行刚性化；扩大报送区人大财经委审查部门至22个单位，将区商务局等三个预算单位的部门预算提交人代会审查。向社会公开财政总预算和提交人代会审查的部门预算。推进国库集中支付改革，2012年实现区级预算单位国库集中支付全覆盖。全面实施区级预算单位公务卡制度改革，于2012年12月1日在区级各部门全面启用公务卡支付业务，提升财政支出管理水平。推进乡镇财政管理改革，制定《南浔区关于加强镇财政建设的意见》，设立财政所。调整区对镇（开发区）财政体制，进一步提高对镇（开发区）基本支出保障水平。

【加强资金监管】 规范日常经费与专项资金支出。加大对教育、卫生、文体、社会保障等专项经费使用情况的检查，按季进行预算执行分析，确保专项资金规范使用。加大财政投资项目概算评审力度，增强审核工作的科学性和时效性。2012年累计完成南浔古镇出入口改造等38个项目概算评审，项目资金核减率为7.9%。加强国有资产管理。完善区属国有企业监管机制，从工程建设、资金保障、国有资产保值增值、经营管理等方面入手，健全内部管理制度，规范国有投资行为。制定区级行政事业单位国有资产处置管理暂行办法，规范国有资产处置行为。

【加强队伍建设】 注重干部政治理论学习和各项培训活动，开展以“提素质、创业绩、树形象”主题教育，全年安排各类教育不少于六次。推进内控机制建设，完善内部管理制度，深化ISO管理体系，重点做好岗位责任权限划分，工作流程规范。落实党风廉政建设工作，查找岗位风险点并制定相应防范措施。签订党风廉政建设责任书，落实局本级财政工作内审，加大廉政建设督查力度。

（湖州市南浔区财政局供稿　马君君执笔）

注：

＊新象新牛：新象企业指当年区内制造业销售收入15亿元以上，比上年增幅20%以上或产量比上年增幅20%以上；当年实缴税金2000万元以上；当年工业性技改投入3000万元以上的企业。新牛企业指当年区内制造业销售收入5亿元以上，比上年增幅20%以上，或产量增幅20%以上；当年实缴税金1000万元以上；当年工业性技改投入1000万元以上的企业。

德清县

【概况】 2012年，德清县实现地区生产总值308.10亿元，比上年增长11.2%。其中：第一产业增加值21.50亿元，增长2.5%；第二产业增加值176.40亿元，增长12.2%；第三产业增加值110.20亿元，增长11.1%；三次产业结构比为7.0∶57.2∶35.8，人均生产总值71281元。全县实现限额以上固定资产投资173.80亿元，增长23.5%；社会消费品零售总额104.80亿元，增长16.0%；外贸进出口总额19.90亿美元，增长9.2%。全县城镇居民人均可支配收入33377元，增长12.3%；农村居民人均纯收入17669元，增长12.0%。全县财政总收入50.89亿元，增长15.1%，其中公共财政预算收入27.19亿元，增长16.2%，占财政总收入的53.4%；公共财政预算收入中的税收收入25.40亿元，占比93.4%。全县公共财政预算支出29.79亿元，增长14.3%。全县财政收支平衡，略有结余。

【促进经济转型发展】 以提高经济增长的质量和效益为重点，涵养财源、集聚财富，落实建设资金2.86亿元，推进四大平台和乡镇工业功能区建设；拨付政府性项目建设资金5.65亿元，推进城市重点基础设施建设；落实小城市培育和中心镇建设资金8950万元，加快推进城市化进程。兑现选商引资、外经外贸奖励及扶持企业发展政策资金2.50亿元,支持企业发展。拨付家电下乡补贴资金1260万元,带动内需市场。落实结构性减税和清费减负政策,减轻企业负担,2012年地税部门减免税费1.75亿元,其中减征社保费5108万元,惠及企业2400余户;提高营业税起征点,1200余户个体工商户受益。落实小微企业税收优惠政策和金融机构小企业贷款风险补偿,扶持个体工商户和小微企业。加大财政科技投入,科技支出增长23.5%;探索以"亩产税收"为导向的企业效益评价体系,支持产业升级和企业创新。落实支农惠农各项政策,加大农业综合开发力度,整合4641万元资金用于农业"两区"(粮食生产功能区和现代农业园区)建设,推进现代农业发展。安排三产和旅游发展专项资金2200万元,制定金融创新扶持政策,推动企业分离发展服务业。加大生态环保和节能减排投入,落实竹拉丝企业整治和"绿色矿山"补贴资金2494万元。

【实现收入稳定增长】 依法治税、规范管理,抓好组织收入工作,优化收入结构。加强经济税源调研,密切关注国家税制改革和省财政体制改革,完善与国税、地税以及乡镇、部门间收入联动机制,把握组织收入主动权。实施指标管理,加强日常税源监控;重点税源监控企业516户,监控面63.2%。落实"营改增"试点工作,将781户"营改增"纳税人信息移交国税部门,加强试点后货运发票代开和个体税收管理工作。实施存量房交易最低计税价格管理,增收税款158万元。实施资源税征管办法,全年补缴税款2400万元。健全政府非税收入征管体系,推进政府非税收入信息化建设,规范和加强国有土地使用权出让收入收缴管理,做好预算外资金缴库工作。加强社保费征缴管理,继续做好社保数据清理,完善水利建设基金、残保金征管工作,规费收入实现快速增长。全年收缴非税收入1.80亿元。

【提高公共服务能力】 保障民生支出,推进基本公共服务均等化,加快城乡区域统筹发展。加大财政教育投入,财政教育支出占公共财政支出比重19.6%,达到省定目标。财政投入"三农"资金14.51亿元,增长26.9%。整合支农资金1.17亿元,支持"和美家园"建设。拨付城乡"四个一体化"* 和农村环境连片整治资金7762万元,改善农村基础设施。推进村级公益事业一事一议财政奖补工作,投入资金2290万元。支持公共文化、体育服务体系建设,加快文化产业发展。推进医药卫生体制改革,落实基本药物制度财政补助资金3500万元,拨付基层医疗卫生体系建设资金700万元,出台公立医院改革财政补助方案,拨付新农合和城居医保补助7891万元,开展重特大疾病医疗救助试点工作。完善积极的就业政策,落实困难中小企业"三补贴"政策,拨付就业专项资金1657万元。落实各项社保补助政策,拨付城乡居民养老保险补助、企业退休职工社区补贴和省"社保"三项政策补助资金1.69亿元。支持保障性住房建设,安排保障房项目资金5000万元。加大社会救助力度,支付各类救助对象补助资金4627万元。加强政法经费保障,落实公检法部门公用经费和建设、装备经费,维护社会稳定。

【完善财政监督管理】 加强财政法制建设,做好规范性文件的审核、会签、报备和清理工作,制作一般程序处罚参考样卷并得到湖州市财政局推广,探索试行说理式行政执法工作,定期开展执法检查。实施会计信息质量检查和财政监督检查,开展纳税评估和税收专项检查,做好重大税务案件审理,严肃查处税收违法行为。通过10个重点项目的财政监督检查,查出和纠正违规资金834万元。按照"三个子"要求,将所有政府性资金纳入预算管理,完善部门综合预算,实现国库集中支付和公务卡改革全覆盖,扩大政府采购规模和范围。加强预算绩效管理,制定财政支出绩效评价实施办法。稳步推进预算信息公开工作,完成2013年部门预算上会审议试点。制定县行政事业单位和企业国有资产管理系列办法,实施国有企业重大事项报告制度,向国有企业派出监事。严格控制一般性支出,切实降低行政成本,压缩"三公"经费。开展公务用车重新定编工作,处理违规用车情况。制定《政府投资项目预算管理办法》,完成政府投资项目评审210个,核减资金1.74亿元。加强和规范乡镇财政建设,强化乡镇财政监管功能。

【加强干部队伍建设】 加强干部队伍理论学习,开展学习十八大文件,深化执行力建设活动,实施领导班子、领导干部绩效考核公示制和干部岗位责任制,提高行政效能。组织开展各类业务培训,提升干部理论素质和业务能力。开展中层干部竞聘上岗工作,动员年轻干部积极参与市县领导干部选拔和跨单位竞岗交流,激励干部事业心。组建兴趣小组,组织干部参加各类文体活动,陶冶性情。广泛开展"进村入企"大走访和国地税联合"双百服务"专项活动,加强税企联系,畅通利益诉求渠道,改进服务质量。贯彻党风廉政建设责任制,积极履行"一岗双责",强化责任分解、考核和追究,完善反腐倡廉的领导体制和工作机制。持续深化财税特色惩防体系建设,实现反腐倡廉风险防控。

(德清县财政局供稿 褚洁滢执笔)

注：

＊四个一体化：城乡供水一体化、生活垃圾处理一体化、城乡污水处理一体化、城乡公交一体化。

长兴县

【概况】 2012年，长兴县实现地区生产总值371.02亿元，按可比价格计算，同比增长11.3%。其中：第一产业增加值30.80亿元，同比增长3.2%；第二产业增加值200.63亿元，同比增长12.3%；第三产业增加值139.59亿元，同比增长11.5%，三次产业结构比为8.3∶54.1∶37.6。人均生产总值59266元，比上年增长11.0%。全县财政总收入62.17亿元，同比增长14.0%，其中：公共财政预算收入35.51亿元，占财政总收入的57.1%，同比增长15.5%；公共财政预算收入中税收收入33.47亿元，占比94.3%。公共财政预算支出38.86亿元，同比增长10.1%。全年财政收支平衡。

【组织财政收入】 全县地税部门组织各项收入48.21亿元，增长5.5%。其中税收收入29.77亿元，增长15.9%。推进信息化建设，《税友龙版》上线运行，为税收征管提供信息服务。加强股权转让管理，与工商部门协作，对股权转让进行源头控管，堵塞税款流失漏洞，2012年入库利息股息红利所得和财产转让所得税收1.21亿元，占个人所得税入库额的三分之一。加强纳税评估，探索评估管理新模式，注重行业涉税信息采集和指标提炼，并运用到评估管理工作中。加强小税种征管，与工商、住建、国土等部门协作，利用社会化协税护税力量，开展房产税、土地使用税税源清理，加强车船税代征管理，加强印花税、土地增值税评估结算。房产税、土地使用税、车船税、印花税分别增长85.0%、58.8%、33.9%和22.5%，土地增值税增长3.8%。加强非税收入征管，全年收缴非税收入2.04亿元。

【支持经济发展】 支持产业转型发展，对187家企业、单位兑现加快工业经济转型升级奖励资金1.07亿元，对225家企业兑现外经贸奖励资金1494万元，对164家企业兑现服务业发展专项资金1285万元，对22家企业和16户农家乐兑现旅游业发展专项资金232万元。落实税收优惠政策和减免税政策，减免企业所得税160户计4835万元，减免房产税224户计1903万元，减免土地使用税286户计2732万元，减免金融机构与小型、微型企业签订的借款合同免征印花税62万元，减免再就业、残疾人、城镇退役士兵等个体经营者个人所得税17户计13万元。加大财政补贴力度，开展家电下乡和以旧换新财政补贴工作，全年发放补贴金额5196万元。加大对中心镇支持力度，建立中心镇发展专项资金，安排4000万元用于推进中心镇工业平台、基础设施建设及融资贴息。

【加大民生投入】 2012年全县可用财力29.37亿元，新增财力5.07亿元，其中用于民生支出3.75亿元，占新增财力的74.0%，比上年提高4个百分点。健全社会保障体系，建立覆盖全县的基本养老和医疗保障制度，新农合筹资标准财政补助提高到330元/人，城镇居民医保筹资标准财政补助提高到300元/人。全年财政用于社会保障支出2.61亿元，同比增长45.9%。推进教育事业发展，完善义务教育经费保障机制，提高中小学生均公用经费标准，化解教育债务，全年财政用于教育支出8.83亿元，同比增长18.6%。支持医疗卫生体制改革，完善医改经费保障机制，实施国家基本药物制度，推进县级公立医院综合改革和乡镇卫生院回购，全年地方财政用于医疗卫生支出2.09亿元，同比增长28.9%。支持“三农”建设，筹集财政支农资金，支持农业产业化发展，鼓励发展特色农产品，支持农田水利、园区和林区道路建设等基础设施建设，支持重点示范中心村培育建设，落实支农惠农政策，全年财政用于农林水支出2.62亿元，同比增长15.1%。

【深化财政改革】 推进预算编制改革，制定部门预算编制方案，并经人大通过，实现由直接编制向依法编制转变。制定《行政事业单位办公用房建筑装修、办公设备配置标准》以及《机关事业单位会议费开支规定》，完善预算编制定额标准体系。推进国库集中支付改革，全县58个预算单位全部纳入国库支付系统，合理划分财政性资金的支付方式，缩小财政授权支付范围，加大财政性资金直接支付力度，提高资金使用效益。完善公务卡制度，扩大结算范围，加强刷卡结算，规范公务消费。完善乡镇财政体制。按照“大稳定、小调整”的总体思路，拟定新一轮乡镇（街道、园区）财政体制，发挥财政体制对乡镇发展经济的引导和激励作用。

【加强财政监管】 加强财政监督和绩效评价，对预算编制和执行进行全程监督，提高预算编制的质量。制定《财政预算绩效（目标）管理暂行办法》，分别对2012年部门预算执行情况和2013年的预算编制进行全面核评，核减新增项目61个，核减金额2000万元。创新绩效评价方式，采用财政（科室）组织评价、项目单位自评、社会中介机构评议三种评价形式，对20个项目开展绩效评价,涉及评价资金11.71亿元,并将评价结果反馈到预算的编制和执行中,提升预算编制执行质量。规范国有资产管理,制定企业国有产权转让管理办法,规范国有资产配置、管理、处置行为。推进公司现代企业制度建设,对全县国有公司实行三类管理,达到国有企业管理的全覆盖,促进企业国有资产保值增值。强化政府性负债管理,制定政府性债务管理(暂行)办法、政府性债务管理办法实施意见,对政府性债务项目的运行绩效、功能作用和偿债能力进行日常监督管理。提升非税收入管理效率,推进政府非税收入征管信息化建设,完成275家执收单位的新系统上线工作。加强乡镇财政监管,开展乡镇财政调研,探索完善乡镇财政规范化建设管理模式,加强乡镇财政日常运行的监督检查,做好部分乡镇行政区划调整中资产财务清理和交接处理工作。

【加强队伍建设】 加强学习与培训,深化理论中心组学习,2012年度获长兴县级优秀理论学习中心组称号;全年举行各类培训18次,2036人次参加。深化创先争优活动。坚持党员闪光言行考评制度,交流闪光言行,推进共同进步;开展五星级党员创评工作,全年共评选出五星级党员92名,局机关党总支被县委评为2010~2012年全县创先争优先进基层党组织。推进干部人事制度改革。开展"中层干部竞争上岗、一般干部双向选择、特定对象跨岗交流"工作,103人参加63个中层职位的竞争上岗,15名中层干部岗位交流,3名一般干部走上中层岗位,2名一般干部进行跨岗位交流。建设财税文化,开展歌唱比赛、演讲比赛等多项活动,成立各类兴趣小组。加强干部队伍廉政教育,完善党风廉政建设责任制。局主要领导与系统内各单位负责人签订党风廉政建设责任书,实行"一岗双责",构造日常工作和反腐倡廉工作齐头并进的新格局、新机制。 (长兴县财政局供稿 王哲平执笔)

安吉县

【概况】 2012年,安吉县实现生产总值245.24亿元,比上年增长9.5%。其中:第一产业增加值25.38亿元,增长2.3%;第二产业增加值119.38亿元,增长11.0%;第三产业增加值100.48亿元,增长9.4%。三次产业结构比为10.3∶48.7∶41.0。按户籍人口算,人均生产总值53380元,增长9.3%。全年财政总收入36.30亿元,增长17.5%,其中公共财政预算收入21.08亿元,增长22.0%,占财政总收入的58.1%;公共财政预算收入中的税收收入19.97亿元,占比94.7%。全年公共财政预算支出29.22亿元,增长15.7%。全年财政收支平衡,财政运行情况良好。

【组织财政收入】 增强组织收入工作的前瞻性和主动性。围绕全年收入目标,及时分解下达征管部门和各乡镇收入任务,逐级明确责任,实现整体联动。把握收入进度和质量两项关键指标,借助《税友龙版》信息化系统,建立信息相互沟通、数据相互交流、情况相互通报的工作机制,随时掌握税收入库动态,密切关注重点税源企业,加强相关经济指标对比分析。加强主体税种征管,营业税实行分行业精细化管理,落实个人所得税全员申报和年所得12万元以上纳税人自行申报制度,加强企业分红和股权转让税收征管,推进企业所得税专业化管理;坚持抓大不放小,开展契税、耕地占用税税源摸底调研,推进车船税法贯彻实施,提升小税种对收入增量的支撑作用,全年入库地方小税种6.79亿元,增长27.0%;坚持非税收入以票管费,强化非税收入征管,切实增强政府财力,全年实现非税收入1.10亿元。

【支持经济发展】 落实提高营业税起征点等结构性减税政策,减轻中小企业特别是小微企业的税收负担,落实清费减负政策,免征小微企业行政事业性收费32项,带动就业和创业;实施"亩产税收"试点,通过城镇土地使用税政策调整,促进工业用地利用效率的明显提高,引导企业走可持续发展的道路;实施交通运输业和部分现代服务业"营改增"试点,完成国地税信息交接。设立6000万元企业应急转贷资金,实现企业转贷的平稳过渡,受益企业39家,缓解企业资金困难,设立工业土地收储周转金,全年盘活收储土地914亩;加快农村土地综合整治资金投入,促进土地资源节约集约利用;支持推广合同能源管理方式,对高能耗、高污染行业进行清理整顿,鼓励发展节能服务产业,倡导绿色经济,推动工业扩容增质。安排乡镇工业发展奖励及平台建设资金4500万元,拨付招商引资奖励资金823万元,鼓励引进"大好高"项目,支持企业自主创新、转型升级,推动工业园区提速发展;鼓励面向行业性的服务平台建设,培育行业龙头企业,提高特色产业的竞争力;拨付公共服务平台建设、品牌培育及境外参展专项资金930万元,提升企业品牌效应和国际竞争力;拨付人才专项资金1970万元,鼓励人才引进与培养。设立服务业发展引导资金1800万元,重点支持服务业大平台、大项目、大企业、大产业建设;拨付旅游业企业奖励资金950万元,鼓励安吉特色旅游全面推进。向上争取扶持资金,全年争取各类涉企扶持资金1500万元,支持新兴产业、技改企业加速发展。

【保障民生支出】 城乡建设稳健推进。加大生态环境建设投入,全年环境保护支出2.41亿元,增长8.2%;安排2000万元建立乡镇生态环境保护转移支付机制,激励乡镇生态文明建设;拨付“中国美丽乡村”建设奖补资金1.14亿元,“风情小镇”建设资金1300万元,生态专项资金1624万元,构建县域大景区。推进城乡基础设施建设,拨付街景提升建设资金2088万元和绿化美化市容经费6520万元,提高城市品味,助力安吉县获“联合国人居奖”。支持老社区改造、城市公共自行车服务等项目建设,改善人居环境,倡导绿色出行。落实各项惠农政策,推动农村经济全面发展,拨付粮食、农资直补资金1515万元,生态公益林保护补偿资金1277万元,大中型水库移民补助资金1476万元;加大农村基础设施建设投入,支持农业综合开发,促进农业增产增收,筹集农田水利建设资金6000万元,财政补助资金2000万元建成农业园区15个,林业园区8个,不断推进现代化农业建设;积极向上申报农业科技推广项目,争取省以上补助资金300万元;支持农村劳动力培训工程,提高农民就业能力;继续推动农村流通体系建设,繁荣和发展农村消费品市场,拨付“家电下乡”和“汽车、摩托车下乡”补贴2034万元。提高社会保障水平。拨付资金8766万元,将城乡居民养老保险补助标准提高至每人每月90元;加强新型农村合作医疗和城镇居民医疗保险投入,拨付专项资金9947万元,实现城乡居民医疗保险全覆盖;发放最低生活保障金、社会救济和医疗救助等资金4572万元,增长35.7%,切实保障低收入人群基本生活;深入实施残疾人共享小康工程,残疾人就业工作处于全省领先水平。建立专项补助资金,支持区域性城市社会居家养老服务中心建设,稳步推进居家养老服务工作;拨付建设资金3577万元,全面完成苎麻墩保障性住房主体工程建设。支持工资制度改革,退休人员生活补贴大幅提高。支持教育优先发展战略,教育支出6.88亿元,增长22.8%,新增校车70辆。支持医疗卫生体制改革,医疗卫生支出2.17亿元,增长22.1%,基层公共卫生服务机构完成标准化建设;支持公立医院改革,参保人员政策范围内住院费用报销比例达73.2%。支持文体设施建设,文化体育与传媒支出6176万元,增长48.2%,县博物馆落成开馆,推进农家书屋等农村文化设施建设;支持完善城乡体育设施,共享文体建设成果。

【推进财政改革】 完善财政预算管理。制定新一轮乡镇财政管理体制,根据经济发展特点,分类划分乡镇发展方向,增加乡镇经费支出8000万元。推进“三位一体”公共财政管理改革,提高部门预算编制质量,完成100个部门预算编制,制定县政府集中采购目录,推广批量采购方式,完成政府采购预算1.71亿元,节约资金2570万元。深化国库集中支付改革。部门预算单位全面纳入国库集中支付改革,所有财政性资金全部纳入国库集中支付范围,直接支付比例70.6%;100家集中支付单位全面实行公务卡改革,提高公务消费透明度,降低行政成本。

【强化财政监督】 加强监管制度建设。强化预算约束机制,严格执行财经纪律;制定乡镇财政所设立方案,推进乡镇财政监管能力建设;落实“三公”经费有关政策,从严控制行政成本;按照资金管理办法,规范救灾专项资金、社保基金、扶贫资金和住房公积金四项资金操作流程,提高资金使用效益;建立预算执行情况按季反馈机制,强化预算执行结果应用。提高资金监管水平。完成财政专项资金绩效评价项目36个,清理县级财政专户62个,扩大财政绩效评价覆盖面,加强财政账户安全监管;提高政府投资项目概算编制的科学性和准确性,审核预算项目65个,节约财政资金1244万元;实行政府性债务信息化管理,将乡镇债务管理成效纳入乡镇综合考核范围。加大国资监管力度。加强国有资产配置、使用、处置、收益收缴管理,实现国有资产动态监管;开展行政事业单位土地、房产专项清查,为规范行政事业单位土地及房产管理、保值增值打下基础;坚持国有资产账实核对,严把国有资产处置关。

【干部队伍建设】 抓好干部队伍业务学习和职业道德教育,注重建设学习型机关,制定年度学习计划,学习新知识,研究新政策,掌握新本领,提升干部业务水平和实际操作技能,着力打造一支具备主动服务能力、效能服务能力、创新服务能力的财税干部队伍。健全和完善干部考核机制,实施全局干部职工全员综合考核制度,通过奖勤罚懒,奖优罚劣,切实抓好各项工作的落实,提高执行力。实施中层干部竞聘上岗、一般干部双向选择的聘任制度,健全轮岗交流机制,优化全局的人力资源配置,培养年轻干部,调动系统干部职工工作的积极性和主动性。建立和完善一系列廉政建设制约机制;组织多次行风检查,督促干部工作流程规范、行为规范、服务规范;通过开展多方位廉政教育和文化创建活动、举办廉政教育报告会、征集岗位廉政教育情景案例等形式,增强干部职工廉政风险防范意识和防控能力,把党风廉政建设和反腐工作落到实处。2012年县局机关在县级部门争创“效能机关”考核中获一等奖。 (安吉县财政局供稿 徐美虹执笔)

绍兴市财政工作概况

绍兴市

【概况】 2012年,绍兴市实现生产总值3620.10亿元,按可比价格计算,比上年增长9.7%。其中:第一产业增加值184.72亿元,第二产业增加值1949.07亿元,第三产业增加值1486.31亿元,分别增长2.9%、9.7%和10.8%。人均生产总值(按户籍人口)为82196元,增长9.5%。三次产业增加值结构由上年的5.2∶56.0∶38.8调整为5.1∶53.8∶41.1。全市固定资产投资1722.56亿元,增长20.8%。全市社会消费品零售总额1158.66亿元,增长15.1%。全市外贸进出口总额320.98亿美元,下降4.2%,其中:自营出口总额255.57亿美元,下降1.7%;进口总额65.41亿美元,下降12.9%。全市城镇居民人均可支配收入36911元,农村居民人均纯收入17706元,分别增长10.9%和11.6%。

2012年,绍兴市实现财政总收入469.31亿元,增长10.1%,其中:公共财政预算收入265.76亿元,增长10.9%;全市公共财政预算支出278.71亿元,增长10.0%。市级财政总收入103.76亿元,增长5.7%,其中:公共财政预算收入63.75亿元,增长7.7%;市级公共财政预算支出为68.74亿元,增长8.2%。全市地税部门组织各项收入377.95亿元,增长19.6%,其中:税收收入224.22亿元,增长9.3%。市级地税部门组织各项收入92.75亿元,增长11.5%,其中:税收收入57.96亿元,增长5.5%。当年全市及市级财政收支平衡,略有结余。

【依法组织财政收入】 加强税费收入征管。扩大重点税源监控面,全市纳入县级以上重点监控企业3325家,监控面74.0%;加大分行业、分税种税收征管力度,开展建筑安装业、印染业企业所得税预警管理,开发启用地理信息税源分析平台,推广应用车船税代扣代缴管理软件,全面开展存量房交易评税工作,实行备案类减免税、税前扣除项目的后续管理。加强非税收入征管。建立非税收入收缴情况报告制度,强化资金网上实时监控;拓展国有资源类政府非税收入征收新渠道,对市区超计划用水实行水费累进加价征收管理。深化政府非税收入征管信息化建设,将市级除银行代开票外的所有用票单位纳入新版政府非税征管信息管理系统,实现非税收入执收单位网上在线开票、代理银行网上在线收费、财政部门网上实时监管。全年全市实现非税收入13.14亿元,增长10.5%。

【优化财政收支结构】 收入结构持续优化。全市公共财政预算收入占财政总收入的比重为56.6%,比上年提高0.4个百分点;全市税收收入占公共财政预算收入的比重为95.1%,比上年提高0.1个百分点。市级公共财政预算收入占财政总收入的比重为61.4%,比上年提高1.1个百分点,高于全市比重4.8个百分点;市级税收收入占公共财政预算收入的比重为95.3%,比上年下降0.1个百分点,高于全市比重0.2个百分点。民生支出保障有力。全市及市级公共财政预算支出中用于民生支出分别为200.4亿元、43.3亿元,占同口径公共财政预算支出的71.9%、70.6%,均达到三分之二以上目标要求,财政农业、科技、教育支出增幅均达到法定增长要求。

【助推经济转型升级】 促进经济结构调整。落实省、市有关支持浙商创业创新促进浙江发展专项行动、特色工业设计示范基地建设等决策部署,参与制定加强越商工作的若干意见、推进特色工业设计示范基地建设加快块状经济转型升级若干意见、提升企业自动化程度促进集约发展的意见、发展网络经济的扶持办法、发展服务业财政扶持政策的配套细则(试行)等政策;组织开展支持浙商越商回归创业创新活动,实行重点企业和重点项目联系点制度,开展"一对一"个性化服务;加大战略性新兴产业财政扶持力度,全市拨付战略性新兴产业扶持资金15.00亿元;推进企业分离发展服务业工作,全市新增分离企业44户,累计分离企业689户,当年全部分离企业产生营业收入123.35亿元,实现地方税费4.84亿元;推进市区二环企业"提转搬"*工作,累计拨付15家企业搬迁转型补偿资金1.44亿元。促进企业脱困减负。实施结构性减税清费政策,全年全市地税部门落实企业研发费税前加计扣除政策资金9.02亿元、高新技术企业税收减免4.19亿元、企业安置残疾人就业工资加计扣除资金7.20亿元;落实中小企业养老保险费减征政策,全市合计减征企业24148户,减征金额3.90亿元。促进企业投资创业。落实中小企业信用贷款扶持政策,将市级中小企业信用贷款资金规模扩大到5.60亿元,全年累计发放中小企业专项信用贷款9.04亿元,惠及企业420家次;强化创业投资引导,将绍兴市银政投小企业集合贷款资金规模从设立之初5000万元扩大到2.00亿元,政府出资规模从1500万元增加到2500万元,通过提供融资服务缓解企业资金压力。

【落实政策有效拉动内需】 推动重点工程建设。发挥财政统筹职能，科学编制和调整政府投资项目资金计划；强化建设资金保障，全年落实融资平台公司和社会事业类政府投资项目资金210亿元；推动银企对接，通过发行中期票据、信托产品、企业债券、非公开定向债务等直接融资方式拓展融资渠道，支持融资平台公司做大做强。推动内需有效提升。家电以旧换新政策实施期间，全市销售各类家电产品104.94万台，拉动家电消费39.00亿元，消费者享受优惠补贴资金3.14亿元；全年拨付家电下乡政策补贴资金1.54亿元、摩托车下乡补贴资金633万元。推动成品油价格改革。自2008年以来累计发放成品油价格改革财政补贴资金1.06亿元，发放公交企业政策性亏损补贴资金3.22亿元。推动保障性安居工程建设。全市财政落实公共租赁房、城市棚户区改造等保障性安居工程补助资金1.77亿元。

【落实强农惠农政策】 整合完善农业农村政策。完善新农村建设资金管理办法、现代农业发展资金管理办法、一事一议财政奖补项目和资金管理暂行办法，明确财政专项资金使用及分配标准。加大资金投入。全市财政全口径预算用于"三农"投入121.10亿元，同比增长17.6%，重点用于新农村建设、现代农(林)业发展、农村生态环境及水利建设。推进农业项目开发建设。全市完成农业综合开发项目45个，总投资1.14亿元；完成省级村级公益事业建设一事一议财政奖补项目349个，省、市财政落实奖补资金8752万元。推动粮食安全体系建设。有效落实政府扶粮惠农政策，全年兑现市级储备粮油补贴资金1378万元，市区发放农资综合补贴资金659万元，继续实行订单粮食收购政策，将交售早籼谷、秋粮奖励标准每50公斤分别提高5元、3元。

【完善社会保障体系】 统筹社保资金。全年市级筹措各类社保资金(基金)69.15亿元，其中：预算内安排9.52亿元，比上年增长18.4%，占当年公共预算财政支出的13.8%。落实各项社保政策。完善城乡居民养老保险、被征地农民养老保险、农婚知青养老等制度办法，逐步提高城乡居民养老保障待遇标准，市区企业退休人员养老金人均月增资218.3元；建立统一的城乡居民医疗保险制度，制定城乡居民基本医疗保险办法、市区城乡居民基本医疗保险实施细则，从政策和操作层面整合城镇居民医保制度和新型农村合作医疗制度；建立覆盖城乡居民的殡葬保障制度，对市区所有居民提供免费的基本殡葬服务；实施积极的就业政策，财政安排再就业专项资金4500万元；落实残疾人基本生活保障政策，构建全方位、多层次的生活、就业、安置政府资助体系；完善社会养老服务体系，财政安排专项资金3400万元，建立以护理型为重点、助养型为辅助、居养型为补充的机构养老服务模式，全面实施养老服务需求评估和补贴制度。深化医疗卫生体制改革。逐步提高基本公共卫生服务财政补助标准，安排资金1578万元，免费为居民提供健康档案建档、健康教育、预防接种3大类12项公共卫生服务；推进基层医疗卫生机构软硬件标准化建设，落实高频X光机等基本医疗设备购置经费1400万元，安排900万元专项资金用于基层医疗机构全科医师和社区护士、公共卫生从业人员技术培训和住院医师规范化培训；实施以"药品零差率"为核心的市级公立医院综合改革试点，探索建立公立医院财政鼓励性补助机制；探索医疗保险费用支付方式改革，制定《绍兴市区定点医疗机构基本医疗保险费用结算管理实施细则》，从制度层面约束医疗行为，控制医疗费用不合理增长，减轻患者医疗费负担。保障食品药品安全。推动食品药品安全监管体系建设，实施食品领域违法行为举报奖励，落实食品药品等安全抽检经费645万元。

【促进公共事业发展】 坚持科技创新。加大科研、科普及人才工程的财政保障力度，逐步提高人均科普专项经费投入标准，落实科技平台建设、人才引进、科学普及、干部教育培训等专项经费8623万元。坚持教育优先。市级及各县(市)教育支出占公共财政预算支出的比例均达省核定比例；强化义务教育经费保障，推进职业教育和高等教育发展，兑现基础教育各项资助政策，安排免费教科书、作业本补助经费249万元，安排普通高中助学金、高校高职国家助学金、国家励志奖学金1670万元，安排困难学生生活性补贴、教育券、营养券352万元，安排学校安全建设资金500万元。坚持文体并重。市级整合5000万元财政性文化发展专项资金，支持文化下乡、农家书屋等文化惠民工程建设，落实公共文化场馆免费开放政策资金5530万元；推动群众性体育健身运动和竞技体育事业发展，保障全国游泳冠军赛暨奥运会选拔赛、中韩女排对抗赛等重大赛事经费所需；安排旅游发展专项资金3000万元，支持全国旅游标准化示范城市创建、旅游节会活动、旅游品牌宣传营销、旅游发展规划等项目。保障和谐稳定。推进社会矛盾"大调解"体系构建和"网格化管理"机制建设，市级安排司法救助、平安建设综合治理、法律援助、社区矫正等专项资金518万元；强化流动人口的服务与管理，安排流动人口服务管理资金1411万元。

【推进预算管理改革】 深化预算编制管理。全面推进"全口径"政府预算框架体系建设，首次按"4+1"* 内容编制2012年市级财政预算和2011年市级财政决算。强化预算执行管理。推进国库集中支付和公务卡改革扩面工作,至年底全市1544家、市级369家预算单位全部实施国库集中支付和公务卡改革;规范公务卡使用管理,制定《市级预算单位公务卡强制结算目录》,为减少公务支出中的现金提取和使用提供制度保障;加强财务集中结算管理,出台《集中结算分账户管理办法》,规范分账户的开设、变更及撤销等申报流程。严格一般性支出管理。规范党政机关费用开支行为,重申会议费、培训费、差旅费、出国费等四项综合性开支标准,首次将综合性开支标准执行情况纳入政府部门领导离任审计范围,首次对“三公”经费及会议费预算按照不高于上年预算规模进行安排,并在预算执行中对涉及到的科目金额进行控制,不得混用和随意调整。加强公务用车管理,开展公务用车专项治理活动,全市处置违规公务用车995辆;规范公务用车配备、审批、使用管理,制定党政机关和参公事业单位车辆重新定编工作方案,防止违规新增车辆和超标准购车。

【强化财政监督管理】 规范财政监督行为。推动财政监督制度化建设,出台《市级财政预算审核暂行办法》和《市级财政预算询问暂行办法》;规范财政监督检查程序,制定市本级财政监督实施办法(试行)、内部监督检查办法、财政检查操作规程。严格评审政府投资项目概预算及决算,将项目评审范围覆盖到各类公共事业项目,全年市级审结政府投资项目188个,审减各类不合理资金4.40亿元;加强对委托审核社会中介机构执业质量管理,实行中介机构交叉互审制度和末位淘汰制度。深化绩效管理改革。创新财政绩效管理办法,首次组织实施部门预算绩效管理考核;逐步扩大绩效评价覆盖范围,2012年安排部门自评项目183个,涉及财政资金11.37亿元,财政部门重点评价项目26个,涉及财政资金2806万元;推进项目预期绩效目标评审工作,先期对“物业管理费”、“房屋建筑物购建”和“大型修缮”三大类41个项目进行目标评审,节约财政性资金6910万元;在编制部门预算时对项目绩效目标同步批复,实现绩效目标管理与部门预算编制的有机结合。加强国有资产管理。加强行政事业单位房产“三集中”* 管理,对部分闲置资产注入政府融资平台,发挥资产使用效益;加强国有资本经营收益收缴工作,符合条件的51家单位编制市级国有资本经营预算,全年完成国有资本经营预算收入1091万元、支出1086万元,分别增长127.0%、125.9%。加强政府采购管理。全年全市政府采购预算49.37亿元,合同金额45.00亿元,节约资金4.37亿元,节资率8.8%;拓展政府购买服务采购范围,对市级城乡居民基本医疗保险和重大疾病再保险等项目组织实施政府采购;发挥政府采购政策功能,制定政府采购支持中小企业发展政策,降低中小企业参与政府采购的准入门槛。以政府购买文化服务的方式在浙江绍剧团和绍兴大剧院管理经营有限公司先行试点,实现财政经费补助标准与单位工作实绩相结合,探索政府购买服务改革。巩固会计管理基础。组织开展会计专业技术资格考试、会计从业资格考试、高级会计师资格考试和注册会计师执业资格考试网上报名工作,平稳开展注册会计师无纸化考试,在全市范围探索传统课堂面授与网络教学并举的会计人员网络继续教育模式。深化财政法制建设。加强依法行政目标管理,由市级局与各县(市)局、局内各单位签订《依法行政目标责任书》。加强财税普法基础建设,成立财税普法讲师团,建立市级局基层普法联系点制度,推动普法教育工作深入开展。加强规范性文件管理,修订《财税规范性文件制定管理办法》,对2011年前出台的385件财税规范性文件、管理性文件和业务函件进行全面清理,废止74件、修改29件。推进数字财政建设。全面启动“数字财政”工程建设,完成《绍兴市数字财政业务规划》。推广应用全省“金财工程”一体化系统,支撑集中支付、非税征管、政府采购、会计核算等核心业务开展。

【加强干部队伍建设】 坚持先进示范、典型引领。组织开展“我们的价值观”大讨论、提炼“发展、民生、绩效、务实”作为财税干部价值观核心词。坚持学习培训、知识引领。专题传达学习党的十八大、省第十三次党代会等重要会议精神,集中开展《小企业会计准则》、土地增值税清算等业务知识培训。坚持调查研究、理论引领。完善全员调研工作机制,将各类人才库和高学历人才充实到调研队伍中来,参与重点课题研究,推动相关工作开展。坚持市县联动、文化引领。市县联合举办全市财政地税文化建设研讨班,承办全省财政地税系统2012年运动会;依托工会、学会、协会,组织开展书画、摄影、登山等健康休闲活动。加强财税党建工作。对基层党组织进行分类定级,加强注册会计师行业党建工作,对全市行业基层党组织推进行业创先争优机制建设,组织开展行业基层党组织书记示范培训。加强党风廉政建设。严格执行党风廉政建设各项规定,建立排查分析、评估定级、定位监控、预警处置、督查考核等工作制度。加强行风效能建设。以“满意度再提高一点”活动为主题,完善行风效能查访整改机制,全市财税系统在全市“企业评部门、群众评行风”和“重点岗位评议”活动中位列73个参评部门第3名、执法类部门第1名,连续四年被评为优胜单位。

(绍兴市财政局供稿 裘立周执笔)

注:

*三集中:即对行政事业单位房产实行“集中审批、集中

公开招租、集中收缴”管理。

*提转搬：即对市区二环线内工业企业提出提升、转型、搬迁三种改造方式，以促进市区产业结构调整，完善城市功能，拓展发展空间。

*4+1：即按公共财政预算、政府性基金预算、国有资本经营预算、社会保险基金预算及政府性债务计划编制财政预决算。

越城区

【概况】 2012年，绍兴市越城区实现生产总值271.68亿元，按可比价计算，比上年增长9.4%。其中：第一产业增加值5.89亿元，下降4.5%；第二产业增加值70.05亿元，增长5.7%；第三产业195.74亿元，增长11.4%。三次产业结构比为2.2：25.8：72.0。全年财政总收入16.07亿元，增长7.5%；公共财政预算收入9.55亿元，增长14.1%，占财政总收入的59.4%，其中税收收入8.88亿元，比上年增长14.7%，占公共财政预算收入的93.0%。全年完成公共财政预算支出11.36亿元，增长6.1%。全年财政收支平衡。

【组织财政收入】 重视税源经济培育。引导镇、街重视企业的引进与扶植，培育税源、扩大财源，将发展税源经济列入镇、街道岗位目标责任制考核。建立新引进企业申报、税源分片管理等制度。加强个人出租房产税收征管。根据《个人出租房产税收征收管理实施意见》及其实施方案，做好出租房产税收检查征收工作，全区八镇街累计征收入库税费2303万元，增长12.2%。做好非税收入收缴工作。全区纳入预算管理的非税收入0.66亿元，同比增长14.8%。

【支持经济发展】 根据政府各项奖励扶持政策，拨付战略性新兴产业财政扶持资金1122万元，企业奖励资金629万元；承担市政府对越城区企业政策兑现资金1078万元；落实惠民政策，拨付家电下乡及以旧换新补贴资金2688万元。汇编财政扶持政策手册，落实环境保护、防重金属污染项目资金213万元。

【保障民生支出】 全区财政民生支出为9.19亿元，占公共财政预算支出的80.9%，增长14.0%。落实农业产业发展、粮食功能区建设、农村水利建设等支农资金2155万元；落实村庄整治、新农村建设巩固提升等资金9038万元。加大教育投入，拨付教育资金5.51亿元，增长5.4%。落实省政府办公厅《关于实施农村义务教育学生营养改善计划的意见》，加大对困难学生资助力度，拨付资金174万元，资助学生4634人。拨付医疗卫生支出6190万元，增长17.8%。以创建爱心城区为契机，加大对残疾人事业投入力度，全年安排残联预算资金711万，同比增长21.6%；拨付社会保障与就业资金7358万元，增长19.7%。

【深化财政改革】 加强体制结算调研。按照《越城区人民政府关于完善区对镇街财政体制的通知》要求，做好区与镇、街道、家居商贸城财政体制结算工作。对全区八个镇街和家居商贸城进行逐个走访调研，做好本轮财政体制运行分析工作。构建“三位一体”财政运行框架。按照“收入一个笼子、预算一个盘子、支出一个口子”的“三个子”财政管理模式，探索建立“预算编制、执行、监督”“三位一体”财政运行机制。启动国库集中支付改革试点。截至12月底，26家预算单位全面实行国库管理制度改革，区级所有预算单位的工资发放全部实行国库集中支付。做好财政专户归口国库集中管理工作，撤并财政专户5个，通过公开招投标，择优确定3家银行作为财政专户开户银行。

【加强财政监管】 加强政府债务与投资项目管理，严格控制新设无偿债来源的建设项目。开展财政资金绩效评价工作，全年确定10个绩效评价项目，涉及财政资金1.36亿元。对教育、城管、卫生等1.53亿元5大类专项切块资金进行重点审核。严格执行省委省政府厉行节约要求，压缩行政经费支出，控制“三公”经费。重视财政票据的规范管理、国有资产日常管理、土地出让金跟踪管理、会计信息质量检查、老小区整治改造等工作。加强车辆控购与政府采购。开展公务用车专项治理工作和全区政府采购工作，全区公务用车重新定编，强化对车辆的控购审批；全年政府采购预算金额7630万元，中标金额7163万元，节约资金467万元。

【加强财政干部队伍建设】 贯彻落实区委“进村入企”大走访活动，结合单位工作实际，从优化财政服务、提升干部素质、创新财政理念着手，引导干部职工树立“重品行、重表率、重修养”的“三重”意识，进一步树立群众观点，实现“工作零差错，服务高标准”的创建目标。

（绍兴市越城区财政局供稿　楼杨燕执笔）

绍兴县

【概况】 2012年，绍兴县实现地区生产总值1008.77亿元，按可比价计算,比上年增长10.2%,三次产业增加值分别为35.66亿元、587.17亿元、385.94亿元,分别增长3.2%、10.3%、10.7%,产业结构比由上年3.6:60.4:36.0调整为3.5:58.2:38.3。按户籍人口计算,人均生产总值138726元,增长10.0%,按年平均汇率折算为21725美元。规模以上工业产值3281.93亿元,社会消费品零售总额167.45亿元,自营出口97.39亿美元。全县财政总收入127.76亿元,增长9.2%,其中公共财政预算收入70.44亿元,增长10.5%。公共财政预算支出62.61亿元,同比增长6.8%。全县财政收支平衡。

【组织财政收入】 优化财政收入结构。全年公共财政预算收入占财政总收入的比重为55.1%,比上年提高0.6个百分点;公共财政预算收入中的税收收入66.81亿元,占比94.9%。全县地税部门组织各类收入99.40亿元,增长28.6%。其中税收收入56.18亿元,同比增长10.7%。强化税费征管。监控重点税源企业930户,开展房产税和土地使用税税源信息比对,两税合计增收1.30亿元;对转让土地、厂房等涉税行为实行土地增值税按实清算,增收1.70亿元,增长53.2%;开展"营改增"试点财力测算和3788户纳税人的数据移交工作;将灵活就业人员社保费全部纳入地税征收范围,征缴社保费35.81亿元,同口径增长28.4%;国地税联合对全县201户印染企业开展专项行动,查补税费2300多万元;对行业税负异常的企业进行重点评估,新增申报税款636万元。规范非税收入征管。对非税收入征收计划改按前三年平均数结合预计增长率进行核定,建立非税收入管理考核评价机制。当年组织各项政府非税收入63.26亿元,下降26.3%,其中土地出让金同比下降31.1%。

【服务经济发展】 全年落实企业转型升级政策资金7.92亿元,重点用于支持传统优势产业改造提升、战略性新兴产业加快培育和生产性服务业加快发展。开展"进村入企大走访"活动,建立"定点联系、定期走访、定向服务"制度,兑现各项税费减免4.24亿元,其中减免小微企业、高新技术企业税费3151万元;落实扩大内需各项政策,兑现家电下乡、汽车摩托车下乡和家电以旧换新财政补贴资金2488万元。当年新取消行政事业性收费3项,减轻社会负担5940万元;对187家困难中小企业补助社会保险补贴和岗位补贴1813万元;对符合条件企业减免社会保险费5.40亿元,临时性下浮养老保险企业部分缴费比例,为中小微工业企业减免养老保险费1.20亿元。开展支持浙商创业创新促进浙江发展专项行动,编印浙商回归政策汇编,推出"服务浙商直通车"活动,全年引进浙商回归项目32个,投资46.20亿元,入库税款4.70亿元。创办《绍兴县财税与会计》,向企业传递财政政策信息。

【统筹城乡发展】 全年用于支持政府基础性、公益性项目资金12.52亿元,争取中央基建投资项目9个,获取中央补助资金2861万元;全年用于"三农"支出29.84亿元,增长11.1%。全年县本级投入2.52亿元,推进现代农业发展、平原绿化、清水工程和城区活水工程;投入2.30亿元支持"美丽乡村"和城乡环境卫生整治工程建设;安排村级公益事业一事一议财政奖补县级配套资金1400万元;深化财政支农项目库建设,实施国家农业综合开发土地治理项目3个,完成夏泽畈山区低产田改造项目和百合新品种生产技术示范与推广项目;投入4000万元用于城镇污水处理和热电企业炉外脱硫改造。

【保障民生支出】 全县财政民生支出45.23亿元,增长10.7%,占公共财政预算支出的72.2%,其中新增财力安排民生支出2.63亿元,占当年新增财力的比重为78.3%。全县教育支出12.10亿元,占公共财政预算支出的19.3%(不含省补资金),超过省确定18.0%的考核要求。设立1500万元专项资金,支持文化产业跨越式发展,落实公共文化设施免费开放政策。投入1.90亿元,完成公立医院、基层社区卫生服务机构、村卫生室的公共卫生医疗体制改革工作。投入2.50亿元,支持实施新型农村合作医疗制度,其中当年新增投入7000万元将财政补助标准从人均350元提高到490元,增幅40%。拨付5300万元,用于失业人员、就业困难人员、退役士兵等就业扶持工作。完善困难群众基本生活补贴机制,投入2.70亿元,用于城乡老年人生活补贴和节日慰问;累计发放基本生活补贴4342万元;筹集3800万元,推进社会养老服务体系建设,社会养老服务水平不断提高。

【深化财政管理改革】 深化综合预算改革。正式启用预算基础动态管理系统,规范财政供养人员和基础信息管理,对预算单位基本支出及预算调整进行实时监控;开展全县行政事业单位2013~2014年会议、培训、车辆保险和出差接待的政府采购工作,明确行政事业单位会议费、培训费和差旅费支出标准,减少部门经费开支。推进预算信息公开。在县人代会上安排教体局、住建局、交通局、水电局、卫生局等五部门报告2013年预算。完善国库集中支付制度。将276个预算单位纳入国库集中支付范围,实现全县预算单位国库集中支付改革全覆盖,全年累计办理集中支付金额31.29亿元,比上年增加18.73亿元。出台绍兴县预算单位公务卡强制结算目录,累计发行个人公务卡5400多张。推进乡镇财政规范化建设。全县19个镇街全部挂牌成立财政所,人员编制配备到位。抓好资金监管,对2011年以来乡镇财政资金监管的信息通达、公开公示等环节进行检查;拟定东南部六镇协调发展建议方案,通过适当调整县对镇财政体制、完善财权事权划分、加大财政转移支付等,调动东南部乡镇的聚财理财积极性。

【加强财政监管】 完善财政支出绩效评价体系,选择16个部门的39个项目开展财政支出绩效目标评审,将绩效目标管理、绩效跟踪监控、绩效自评三者有机结合。完成12个项目财政绩效评价,涉及资金2.97亿元。实施财政监督检查调查项目12个,会计监督检查6户,范围涵盖全县重点工作和热点领域;加强行政事业单位国有资产处置工作,经集体审批同意报废资产3901万元。聘请中介机构参与财政扶持资金的兑现审核,对163个项目核减设备投资金额1808万元。委托中介机构对29个村级一事一议项目开展投资评审,压缩投资计划250万元;对14家商贸服务企业的财政补助和4家公交公司的"公交补贴"开展政策兑现前检查监督,核减资金457万元;推进政府性投资项目监管,审核项目203项,核减资金1.97亿元。开展公务用车专项治理,对58家单位的170辆违规车辆进行处置,对89家单位的公务用车进行重新定编。举办重点骨干企业主办会计培训班,累计培训超过300人次;推行会计人员网上继续教育模式,13244人完成网上学习;发布"黑名单"公告2期,曝光会计违法违规行为28起。加强政府投融资平台财政管理,出台财务总监管理办法,保证国有资金和建设资金安全。加强政府性债务管理,落实偿债资金来源和偿债责任;预测债务偿还规模与进度,构建债务预警体系。

【加强队伍建设】 推进"三位一体"组织机构改革;开展执法风险和廉政风险排查,对181份规范性文件进行清理和完善;落实党风廉政建设责任制,组织干部参观市检察院警示教育基地、上廉政教育课,深化廉政文化建设;加强学习型组织建设,以集中培训和外出学习相结合的方式,提升干部业务素质;开展青年干部"财税价值观"大讨论、演讲比赛等活动,丰富干部精神生活。 (绍兴县财政局供稿 曾晓琴执笔)

诸暨市

【概况】 2012年,诸暨市实现生产总值810.67亿元,按可比价格计算,比上年增长10.1%。其中:第一产业增加值46.69亿元,增长3.2%;第二产业增加值453.02亿元,增长9.6%;第三产业增加值310.96亿元,增长11.9%。三次产业结构比为5.8∶55.9∶38.3。人均生产总值75569元,增长9.9%。全市财政总收入92.60亿元,增长15.7%,其中:公共财政预算收入52.62亿元,增长15.0%,占财政总收入的比重为56.8%;公共财政预算收入中的税收收入50.01亿元,占比95.0%。全年公共财政预算支出55.69亿元,同比增长12.7%。全年财政收支平衡。

【组织财政收入】 完善税源管理机制。管理重点税源监控企业729户,监控面较上年提升9.4%。组织开展对文化、体育和娱乐业,水利、环境和公共设施管理业,居民服务和其他服务业,教育培训业等四个行业的专项纳税评估工作。健全年所得12万元个人所得税自行纳税申报机制,全市5868位纳税人补缴税额1488万元。开展2011年度企业所得税汇算清缴,汇算企业2127户,比上年增加479户,实际纳税5.91亿元。上线启用《税友龙版》探索应用《税源风险管理》,建立异常风险集合31个,在日常税源管理工作中运用24个风险特征库指标。加强非税收入征管。全面启用新版政府非税收入征管系统,实现"单位执收、银行代收、财政监管"的非税征管功能。加强财政票据管理,通过对票据印刷、使用、核销各环节加强管理,达到"以票管收"目的。全年实现非税收入2.60亿元。

【推进经济转型升级】 保障政府性投资项目资金需求。全年政府投资财政补助项目续建与新建151个,累计拨付工程资金78.24亿元。落实财政扶持企业政策。鼓励运用技术创新提升传统产业,重点支持企业转型升级,兑现本级财政各项贴息奖励资金2.90亿元。落实企业减负政策。按照政策规定及减免程序,全年累计减免2012年度营业税、企业所得税等税额2.36亿元。对32户高新技术企业减征2011年企业所得税4231万元。落实水利建设专项资金减免政策,全市减免水利建设专项资金1686万元,惠及企业76户。对2012年度外贸企业销售收入执行减半征收水利建设基金,全市减免1524万元。对2012年部分中小微工业企业临时性下浮基本养老保险费缴费比例,全市5093户中小微工业企业减征基本养老保险费5340万元。推进分离发展服务业。已分离发展服务业企业176家,其中2012年新分离4户,分离企业实现新增地方税费8388万元。落实扩大内需政策。全市兑付家电下乡补贴5262万元,汽车(摩托车)下乡补贴77万元,家电以旧换新补贴2049万元。

【保障民生重点支出】 市本级用于民生等社会事业支出42.18亿元，增长20.4%，占公共财政预算支出的75.7%。确保支农投入增长。筹集财政资金支持美丽乡村建设、生活垃圾处理、农民素质培训等实事工程，提高财政支农资金使用效益。以“两区”（粮食生产功能区和现代农业园区）建设为重点，推进村级公益事业建设一事一议财政奖补工作。全年累计支农支出5.15亿元，占民生支出的12.2%，同比增长14.0%。支持城乡教育均衡发展。累计教育支出15.31亿元，同比增长30.9%。新建浣纱初中及城东、城西两个幼儿园，完成绍兴农校迁建工程。支持社会保障和促进就业。加快社会保障体系建设，完善和实施积极的就业政策，建立健全逐步覆盖城乡居民的社会保障体系。全年累计安排社会保障和就业支出4.13亿元，占民生支出的9.8%，同比增长19.4%。推动医疗卫生体制改革。全面深化医药卫生体制改革，推进基本公共卫生服务均等化，推进公立医院改革，实施基本药物制度，提高新型农村合作医疗补助力度和报销标准。医疗卫生支出5.79亿元，占民生支出的13.7%，同比增长13.2%。支持文化事业发展。继续支持博物馆免费开放，推进农村电影、学校电影、周末剧场和农村体育设施补助等重点文化惠民工程，文化体育和传媒支出6779万元，占民生支出的1.6%，增长2.5%。加大科技项目投入。支持国家科技型中小企业技术创新基金项目和高新技术企业的发展，科技支出2.57亿元，占民生支出的6.1%，增长22.7%。

【深化财政改革】 深化预算编制改革。控制行政开支，对部门预算中的基本支出实行定额编制，从严编制市级部门预算，压缩“三公”经费支出。严把预算执行关，严控预算追加，制定《市本级预算追加管理办法》。推进国库集中支付和公务卡制度改革。建立财政国库动态监控机制，推进财政信息大平台建设，稳步推进财税库银横向联网工作。做好公务卡改革工作，全市所有预算单位实现公务卡全覆盖。推进绩效评价创新。在2012年部门预算编制时，选择10个项目进行绩效目标评审，评审结果与项目预算编制结合，在部门预算编制时予以体现。组织开展对土地出让金、水利建设基金、财政奖补政策的监督检查和绩效评价。推进政府采购改革。制定采购目录，明确采购重点，围绕“扩面增量”，加强分散采购管理，实行全省协议定点供货联动采购，政府采购规模12.18亿元，节约资金1.09亿元，节资率8.9%。

【强化财政监管】 强化乡镇财政建设工作。在全市所有乡镇（街道）设立财政所，明确岗位设置、工作职责。加强财政资金监管。实施财政性资金存放商业银行考核评价机制，规范财政性资金的存放管理。联合市纪委、市农办、市公管办开展全市镇村两级工程项目重点检查。推进政府性投资项目监管，完成政府投资项目审核282项，总送审金额48.39亿元，净核减额5.54亿元。强化国资监管。推进国有资产布局调整和国有企业改革，完善国资监管动态监测数据库，针对行政事业单位房地产、教育系统闲置房地产、改制企业剥离资产提出处理意见。强化财会监管与服务。探索会计人员网上培训继续教育新途经，通过诸暨市会计服务网，及时发布企业会计队伍政策和会计制度等信息，注重会计实务的工作交流探索，为会计人员提供零距离会计服务，做好农村财会人员财政支农政策及实务操作的培训工作。

【加强队伍建设】 加强制度管理。重新修订完善各项内部管理制度，做到按制度办事，用制度管人。实施基层干部岗位目标责任制考核，全面实施干部职工绩效考核。重视教育培训。汇总干部职工文化教育需求，分层分类分时间推出教育培训总体计划，按月组织中心组理论学习，坚持机关每周一晚上、基层每月两次的政治学习制度。加强廉政建设。开展预防职务犯罪专题讲座；将创建廉政文化进机关示范点活动和执行力建设年结合起来，建设廉政文化走廊，对干部进行多方位廉政教育；利用财税内网开展“领导干部读书思廉”专题教育活动。注重财税文化建设。以机关党支部各党小组为单位召开“我们的价值观”大讨论，组建工会兴趣小组，丰富干部职工业余生活。2012年市局获省级荣誉43项，市级荣誉14项，县级荣誉25项。

（诸暨市财政局供稿 陆 昶执笔）

上虞市

【概况】 2012年，上虞市完成地区生产总值571.05亿元，比上年增长10.0%；人均生产总值73403元，增长9.8%。其中：第一产业增加值39.27亿元，增长3.2%；第二产业增加值319.42亿元，增长10.8%；第三产业增加值212.36亿元，增长10.1%。三次产业结构比由上年的7.0∶57.5∶35.5调整为6.9∶55.9∶37.2，三次产业对GDP增长的贡献率分别为2.2%、62.2%和35.6%。全年财政总收入72.93亿元，完成预算的101.9%，增长12.0%。公共财政预算收入39.19亿元，完成预算的100.3%，增长10.3%，其中税收收入36.98亿元，占公共财政预算收入比重为94.4%；公共财政预算收入占财政总收入比重为53.7%。地税部门组织收入52.24亿元，增长13.4%。全年公共财政预算支出39.92亿元，增长

11.6%。当年全市财政收支平衡,实现净结余0.80亿元。

【组织财政收入】 稳步扩大重点税源监控面,纳入市级重点税源企业469户,其税收占全市企业税收的71.4%;深化经济发展集约评价体系,落实"以耗控税"税源管理措施;做细做实组织收入工作预案,清理征管基础数据,开发运输业代开发票预警监控系统,探索企业所得税按月预缴制度;开展"营改增"试点,做好财力影响分析,完成3292户纳税人数据移交;做好高收入者个人所得税自行申报工作,3158名高收入者履行申报义务,累计缴纳个人所得税1.53亿元。加强非税收入征管,加大土地出让收支管理力度,完善非税征缴机制,全年组织非税收入21.32亿元。

【服务经济发展】 落实财税扶持政策,全年累计兑现各类奖补资金4.90亿元,减轻企业负担22.10亿元。围绕新兴产业培育和传统产业提升主线,明确政策资金投向,加大对循环经济、科技创新服务平台、引才汇智等领域的支持力度;研究制订"回归经济"和"总部经济"政策,加快集聚区总部企业的引进和培育;巩固和深化企业分离发展服务业,加快推进经济转型升级。落实结构性减税和清费减负措施,全面落实高新技术企业、促进就业、技术研发费等税收减免政策,落实农村金融机构小额贷款收入营业税降率优惠,对外贸企业出口收入减半征收水利建设资金,对全市工业企业集中减征养老保险费2个月,落实困难企业失业保险金优惠措施。开展"进村入企""财税政策村村行""纳税人之家"等活动,落实即时限时办结和免填单业务,安排企业应急专项资金,推进"个转企"与规范企业升级。

【促进城乡发展】 全年政府投资项目财务支出36.43亿元,其中财政支出13.00亿元;多渠道筹措项目资金,调度财政性间歇资金7.66亿元,支持交投发行10.00亿元二期债券,到位信托资金12.35亿元,融资租赁0.50亿元,新增政策性银行贷款7.33亿元。实行政府性债务常态化、制度化管理,建立政府投融资平台和财政资金现金流量月度分析制度。完善乡镇街道财政管理体制,启动乡镇财政公共服务平台建设试点工作;加大中心镇培育力度,落实中心镇基本建设项目"以奖代补"政策,支持乡镇工业功能区基础设施建设,到位补助资金4158万元。安排资金1.40亿元重点支持乡村建设、农村美化、农民安居等项目建设,推进农村宅基地置换、中心村培育、标准江堤建设和清水河道整治,实施村级公益事业一事一议财政奖补政策,切实保障经济薄弱村机构运转,促进农村经济社会稳步发展。

【保障社会民生】 全年民生支出29.69亿元,占公共财政预算支出的74.4%,增长11.9%。加大教育文化投入力度,强化义务教育保障机制,提高生均公用经费标准,支持学前教育三年行动计划,实施职业高中新兴产业专业免费入学,推进中小学校舍安全工程,全年教育投入占公共财政预算支出的25.0%;设立"文化强市"专项资金,支持多种形式的文化"下乡"活动,加快推进农家书屋工程建设。加大医疗卫生投入力度,安排资金1.10亿元推进医药卫生体制改革,支持市级公立医院综合改革,整合新农合和城镇居民医保资源,全面实施村卫生室基本药物零差率制度。加大社保养老投入力度,扩大社会保障覆盖面,新增参保人数35600人,筹集社保资金16.85亿元;落实城乡居民社会养老保险和被征地农民转保一次性补贴2.57亿元,低保救助实现"应保尽保"。加大就业及住房投入力度,重点支持上虞籍高校毕业生回乡创业,拨付335万元用于大学生租房、大学生创业园建设,落实下岗再就业人员、残疾人、优抚对象等特殊对象就业援助政策,拨付"4050"人员社保补贴1260万元;支持农民集中居住区、经济适用房等保障性住房建设,解决城乡居民住房困难。

【深化财税改革】 推进公共财政管理改革,调整机构设置,初步搭建预算、执行、监督"三位一体"财政管理运行模式;深化部门预算改革,编制"三公"经费预算,农办、城改、文广、人社等部门预算上报人代会审议;推进国库集中支付改革,全市259家预算单位全部实行国库集中支付和公务卡改革,撤销财政专项资金账户13个。加大财政绩效监管力度,实施项目单位自评、中介机构参与、财政部门抽评相结合的多层次绩效评价机制;深化公务用车问题专项治理,加快政府采购信息化建设,完善政府采购日常管理;实施会计执业评审,对33名会计人员进行通报批评和记分处理;推进国有企业法人治理结构建设,加强市属国有企业经营业绩考核;开展行政事业单位对外投资创办经济实体专项清理,规范投资活动和收益收缴。抓好财税信息化建设,加强"金财工程"建设,启用新版非税收入征管信息系统。

【提升队伍素质】 选优配强中层干部队伍,开展中层副职岗位公开选拔、竞争上岗,加大一般干部岗位交流力度;深入开展"创先争优"活动,扎实推进"孝义、诚信、责任"和"保持本色、干好本职"主题教育活动,坚持每周一学习、中心组学习、全员读书活动、中层干部读书会等特色学习载体,组织全员业务培训和业务大考,评选十佳学习型干部,着力提升干部能力素质;开展廉政大讨论和风险大排查,举办预防职务犯罪专题讲座,对重点对象开展廉政谈话、诫勉警示等风险预警,扎实筑牢廉政防线;深化财税文化建设,增强团队凝聚力。

(上虞市财政局供稿　沈振宇执笔)

嵊州市

【概况】　2012年,嵊州市实现生产总值为360.04亿元,比上年增长9.5%,其中:第一产业增加值35.10亿元,第二产业增加值184.93亿元,第三产业增加值140.01亿元,分别增长3.2%、9.3%和11.4%。三次产业结构比为9.7∶51.4∶38.9。人均生产总值为49020元,增长9.5%。全市财政总收入33.73亿元,增长10.6%,其中公共财政预算收入19.75亿元,增长17.7%,占财政总收入的比重为58.6%,比上年提高3.5个百分点;公共财政预算收入中的税收收入18.68亿元,占比94.6%,比上年提高1.5个百分点。全市公共财政预算支出26.85亿元,增长15.8%。当年财政收支平衡。

【组织财政收入】　发挥《税友龙版》各模块功能,推行税收户籍分类管理,强化数据集中管理和利用,实现对税源的有效控管。通过国地税所得税联合预警机制、开发应用存量房评估软件、规范企业自然人股权转让行为、调整土地增值税预征率和房地产企业毛利率、推广应用政府非税收入征管信息系统等措施,确保税费应收尽收。按月获取国税局增值税、消费税等准确数据,加强对城建税、教育费附加等税费征管;加强与发改局、国土局、开发区等部门的沟通和联系,利用第三方信息,全面掌握全市重大项目涉税资料,确保税收按时入库。加强非税收入征管,全年完成非税收入7984万元。

【服务经济发展】　支持企业转型。及时兑现财政奖补政策,支持企业做大、做优、增效,市本级兑现各项政策扶持资金1.02亿元,其中兑现工业经济政策扶持资金8500万元,商贸服务业和电子商务等政策扶持资金1200万元。实施清费减税。调整用人单位基本养老保险费缴费比例和缴费基数,为企业减负700万元;加快国产设备抵免审核,抵免企业所得税220万元;认定高新技术企业15家,享受加计扣除税率优惠2200多万元;认定小型微利企业329户,减免所得税150万元。向上争取资金。全年向上争取项目资金52项共1.02亿元,争取到国家清洁项目三年期财政贷款4500万元,为企业发展注入新活力。优化涉企服务。组织浙商创业创新专项行动,走访回归企业40家,发放政策汇编600册。开展“进村入企”大走访活动,累计走访和调研企业789家,召开专题座谈会3场,帮助企业解决发展难题。

【保障民生支出】　全年民生和社会事业支出21.13亿元,占财政总支出的78.7%,比上年提高3.3个百分点。加大支农投入。安排农业“两区”(粮食生产功能区和现代农业园区)建设资金1000万元、新农村建设资金7000万元、水利建设资金1.50亿元、山区发展资金2000万元。支持教育优先发展。安排学前教育专项经费900多万元、义务教育免杂费和公用经费补助3200多万元、职业教育专项经费400万元、职高学生助学金和生活补助经费700万元,对民办学校按在职教师数给予人均5000元的人员经费补助;落实农村中小学放心班车工程经费350万元、义务教育免费教科书经费1800万元、贫困学生资助经费1120万元,受益学生近77500人次。支持文化事业加快发展。安排文化发展专项资金200万元、越剧艺校发展专项资金300万元、越剧繁荣工程专项资金200万元、非物质文化遗产保护专项资金100万元,完善公共文化设施,繁荣嵊州越剧,促进非遗保护。推进社会保障体系建设。企业退休人员养老金人均增资196元/月,解决精减退职人员、计划外长期临时工、职工供养直系亲属、民政代管人员及其他相关人员基本养老保障遗留问题,财政对城乡居民养老保险投入1.71亿元,低保投入3300万元,医疗救助投入700万元。支持医疗卫生事业健康发展。安排1.21亿元,推进新人民医院建设,新建和改扩建部分基层卫生院;安排1900多万元支持基本公共卫生服务;安排1.75亿元支持农村合作医疗保险,参保率98.5%。

【深化财政改革】　推进“三位一体”改革。搭建预算编制、执行、监督“三位一体”的组织框架。成立预算局、预算执行局、财政监督局。财政资金监管工作按预算编制、执行、监督“三分离”要求进行整合,建立“收入一个笼子、预算一个盘子、支出一个口子”的公共财政管理模式。加强“三公”经费管理。各单位在编制年度预算时,同时编制“三公”经费预算,当年的公务接待费用,按前三年平均数降低5%核定。公务用车严格按照市控办核定的编制数安排经费。加快公务卡改革步伐。新增个人公务卡改革单位133家,全市实现公务卡制度全覆盖。

【强化财政监管】　实行全口径预算编制。深化细化公共财政预算编制和基金预算编制,准确反映各项收入来源、支出结构与方向,正式编制社会保险基金预算,加强政府性债务计划管理。加强预期目标绩效管理。实施绩效目标批复工作,预期绩效目标与预算编制同步推进,对全市重点项目的完成进度、质量以及其他业务指标、财务指标实施分类考评,考评结果纳入市政府对部门的综合考核之中,与部门年终考核奖挂钩。推进财政预算信息公开。在公开财政总预算的基础上,向社会公开经人代会审议的市财政局、规划局、农业局、人口和计划生育局、商务局等五个部门的预算,接受公众监督。

【加强乡镇财政建设】 在5个中心镇设立财政局,其他4个街道和12个乡镇设立财政所,负责人享受乡镇中层正职待遇。发挥乡镇财政职能作用,制定新一轮乡镇(街道)财政体制,鼓励乡镇和街道做大做强,发展税源经济。兑现2011年乡镇、街道财政超收分成7500万元。按照由易到难、由点到面的原则选择长乐镇,开展乡镇财政公共服务平台建设试点。

【加强队伍建设】 深化财税文化建设。构建"以精神文化为核心,行为文化、廉政文化、制度文化兼顾"的财税文化体系建设,深入开展"创先争优"活动,打造形象品牌。鼓励干部参加各类职称考试,持续改进一年一度的业务考试办法,提高业务考试效果。举办《行政强制法》《小企业会计准则》和公务员礼仪专题讲座,提升干部服务水平。加强行风效能建设。围绕"服务发展、服务基层、服务群众"工作目标,把工作思路落实在具体行动上,把工作措施落实到实际工作中,用实实在在的成绩检验工作成效。推进党风廉政建设。全面落实党风廉政建设责任制,做到"一级带一级,一级管一级",层层抓落实。加强对掌控人、财、物等关键岗位干部的重点监督,形成决策权、执行权、监督权既相互制约又相互协调的权力结构和运行机制,确保权力授予有度、操作有序、运行有约、使用有责、监督有力。2012年市财政局在市级部门单位年度岗位目标责任制考评中获总分第一名。

(嵊州市财政局供稿 黄小明执笔)

新昌县

【概况】 2012年,新昌县实现生产总值278.46亿元,比上年增长10.0%,其中:第一产业增加值19.71亿元,增长3.2%;第二产业增加值146.86亿元,增长10.5%;第三产业增加值111.89亿元,增长10.5%。三次产业结构比为7.1∶52.7∶40.2。人均生产总值63421元,增长11.5%。全县财政总收入38.54亿元,增长13.5%,其中公共财政预算收入20.00亿元,增长17.7%,占财政总收入的比重51.9%;公共财政预算收入中税收收入19.11亿元,增长17.5%,占公共财政预算收入的比重为95.6%;全县公共财政预算支出21.20亿元,增长16.5%。当年财政收支平衡。

【组织财政收入】 密切关注"营改增"、房产税改革等重大税制改革进程,测算分析"营改增"对地方经济的影响,结合财政体制调整,加强金融业税收征收管理。开展重点行业、重点税源企业的动态跟踪分析,合理把握收入进度与节奏,增强组织收入的主动性。坚持"抓大、评中、定小"原则,针对县大企业税源集中的特点,加强重点税源企业风险识别和风险评估,健全风险评价、监控和应对体系,提升风险防控能力。强化中小企业税源监控和纳税评估,以行业性评估指标应用为重点,探索建立分行业的一般税源管理制度。根据"公平、公正、公开"原则,以"参数定税"为主要方式,抓好起征点调高形势下个体工商户管理,完善定期定额管理办法。全年地税部门组织税收收入17.27亿元,增长14.9%,其中地方税收11.02亿元,增长24.4%,地方税收占税收收入的比重提高到63.8%。落实《社会保险法》及配套政策,完善社会保险费征缴机制,提高社保费管理质量和效率,全年规费收入13.30亿元,增长25.1%,其中社保基金收入11.43亿元,增长27.5%。加强财政票据监管,规范土地出让金管理,完善国有资源性资产市场化运作机制。全年实现非税收入8905万元,增长22.8%。

【支持经济发展】 鼓励和支持战略性新兴产业发展,培育新的经济增长点。贯彻落实各项税费优惠政策,累计落实惠企减负金额3.48亿元,涉及纳税人8619户。落实各项奖励扶持政策,兑现财政资金1.64亿元。鼓励企业申报各类项目,全年审核上报各类项目174个,争取上级资金2.76亿元,增强经济发展后劲。推动现代物流等生产型服务业发展,落实财税配套政策,发展总部经济,支持浙商回归创业,促进三产发展。全县累计分离服务型企业78户,其中2012年分离6户,分离企业全年实现销售收入13.20亿元,入库地方税费6085万元,同比增长70.0%。落实促进消费各项财税政策,累计核查发放家电下乡和汽车摩托车下乡财政补贴4300万元。加强与金融机构协作,完善企业贷款担保服务,扩大企业融资渠道。加强与平安银行合作,县兴财担保公司全年提供融资担保业务107户次,担保金额3.57亿元,办理中小企业银行到期借款短期周转业务160户次,累计提供周转资金6.85亿元,推荐中小企业专项信用贷款53户次,金额1.23亿元,有效帮助中小企业突破融资瓶颈,发展实体经济。

【推进"三农"建设】 加大财政支农资金投入力度,全年公共财政预算安排支农支出3.91亿元,增长16.8%,支持农、林、水事业均衡发展。深化农村综合改革,落实良种补贴、种粮直补、农资直补等强农惠农政策,拨付农民综合直补资金1115万元。完善村级组织运转保障机制,加大村级公益事业一事一议项目实施力度,争取省级资金1300万元,支持111个村级公益事业建设项目。加大农业综合开发力度,支持现代农业产业园区建设,整合资金2132万元扶持现代农业产业化建设。

【保障民生支出】 严格控制行政经费等一般性支出,加大财政对民生事业的支持力度,优化财政支出结构。全年民生支出16.53亿元,占公共财政预算支出的77.9%,当年新增财力用于民生的比重为86.9%。公共财政预算支出中教育、社会保障和就业及医疗卫生分别增长43.2%、31.0%、12.5%。加大教育投入力度。落实学前教育三年行动计划要求,安排学前教育事业发展专项经费和生均公用经费,提高义务教育公用经费,当年中小学生均公用经费分别从700元、500元提高到750元、550元,落实对家庭经济困难学生的资助,当年营养餐保障标准从450元/人提高到750元/人,完善义务教育免费教科书制度,保障校舍维修改造建设,启动义务教育阶段学生交通安全保障工程,做好校园安全保障工作,促进义务教育均衡发展。提高社会保障水平。健全社会保障制度,构建覆盖城乡居民的社会保障体系,落实扩大就业政策,支持公共就业服务体系建设。健全社会救助体系,保障群众最低生活需求,支持保障性住房建设和廉租住房建设。支持医疗卫生改革。深化医药卫生体制改革,整合基层医疗卫生机构政府投入政策,完善公共卫生服务体系和医疗服务体系,促进基本公共卫生服务均等化。当年公共卫生服务人均经费标准从450元/人提高到750元/人。关注其他民生事业。加快公共文化服务体系建设,完善基层公共文化设施建设,逐步建立覆盖城乡的公共文化服务体系。加大环境保护和生态文明建设投入,推进城乡垃圾集中处理,完善公益林保护和补偿机制,优化城乡生态环境。支持社会管理服务创新,完善政法经费保障机制,推动公共安全应急体系建设。

【深化财政改革】 夯实财政预算管理基础。完善公共财政预算和政府性基金预算,建立社会保障预算,强化政府性债务计划管理,细化债务计划编制,健全政府预算体系。加强支出标准和项目库建设,完善预算定额和费用标准体系,创新建立预算编制咨询专家组制度,推进预算编制的科学化。加强乡镇财政规范建设。因地制宜分类推进乡镇财政建设,3个中心镇设立财政所,其他13个乡镇(街道)设立财政办公室。强化乡镇预算管理职能,完善乡镇收入预算制度,合理确定财政支出,促进乡镇履行农村社会管理和公共服务职能。深化国库集中支付和公务卡改革。将所有县级预算单位全部纳入国库集中支付范围;推进公务卡改革,建立公务支出动态监管体系,实现县级预算单位公务卡全覆盖,并实现单位公务卡托收。

【强化财政监督】 加强财政资金管理。完善监管方式和手段,实现财政资金管理的事前防范、事中控制、事后监督。按照政府重点建设项目计划和可用财力实际,健全财政资金科学调度机制,加强政府投资项目概算、预算审核管理,提高财政基本建设资金使用效益,全年审核工程变更19起,调整金额6396万元;立项23起,审核资金4.90亿元;初步设计45起,审核资金6.90亿元。提高资金使用绩效。推进预算绩效管理改革,创新绩效评价方法,扩大绩效评价工作范围,提高绩效评价项目资金占全部财政支出的比重。全年选定9个项目进行预期绩效目标评审,选择62个项目开展绩效自评,确定5个项目开展重点绩效评价。加强单位财务监督。规范行政事业单位财务管理,组织371家行政事业单位和国有企业开展财务工作自查,并对其中67家单位进行重点检查。编印《行政事业单位财务管理规定汇编》,对全县行政事业单位及下属单位会计人员进行业务培训。规范财政支出行为。严格控制一般性支出,加强资产管理、政府采购、公务接待、公车使用等制度建设,规范日常管理和财务支出。以集中支付、集中核算为平台,加强对财政支出的审核把关,提高财务分析水平,完善相应的管理制度和措施。以公务卡制度改革为契机,加强对单位现金支付的动态监控,规范行政运行经费管理,降低行政成本。

【加强队伍建设】 开展走访服务。制定"同心汇聚促发展"活动实施方案,部署开展"进村入企"走访活动,宣传政策,征询意见,解决问题。推进效能建设。围绕服务发展、服务民生、服务基层,部署开展"五查五看"* 主题活动,落实行风效能建设长效机制。加强绩效考核。运用绩效管理理念,制定工作绩效考核办法,根据工作职责、年初目标以及上级主管部门的工作部署,加强对各科室、分局的工作目标绩效考核,考核结果作为年终优秀公务员、优秀事业人员评选的重要依据。

(新昌县财政局供稿　胡炜峰执笔)

注:

*五查五看:一查工作纪律,二查工作能力,三查工作效率,四查服务态度,五查廉洁从政;五看是五方面存在的问题。

金华市财政工作概况

金华市

【概况】 2012年，金华市实现生产总值2700.12亿元，按可比价计算，比上年增长10.2%。其中：第一产业增加值134.44亿元，增长4.0%；第二产业增加值1344.66亿元，增长10.2%；第三产业增加值1221.02亿元，增长10.9%。全市人均生产总值57468元，增长9.8%。第一、二、三产业增加值占地区生产总值的比重由上年的5.1∶50.9∶44.0调整为5.0∶49.8∶45.2。全社会固定资产投资1133.18亿元，增长31.3%。社会消费品零售总额1260.41亿元，增长15.7%。外贸进出口总额227.39亿美元，增长38.4%。市区城镇居民人均可支配收入33164元，增长11.6%，全市农村居民人均纯收入13286元，增长11.9%。全市财政总收入376.47亿元，比上年增长14.7%，其中公共财政预算收入214.89亿元，增长15.7%；市区财政总收入86.11亿元，增长11.4%，其中公共财政预算收入52.59亿元，增长12.2%。全市公共财政预算支出271.95亿元，增长15.7%；市区公共财政预算支出67.72亿元，增长13.8%。全市各级财政收支平衡。

金华市财税系统学习贯彻十八大精神暨先进表彰大会

【组织财政收入】 优化财政收入结构。全市公共财政预算收入占财政总收入的比重为57.1%，比上年提高0.5个百分点；全市公共财政预算收入中的税收收入197.89亿元，占比92.1%，财政收入质量持续优化。加强地方税费征管。全市地税税收收入（含契税、耕地占用税）182.54亿元，增长11.6%。强化收入测算分析，市区建立企业、分局、市局三级税收预测体系。开展“营改增”改革试点工作，全市8383户纳税人移交国税部门。深化五费合征工作，全市社保基金收入91.17亿元，增长3.2%。加强信息管税建设。深化《税友龙版》功能应用，建立第三方信息共享机制，实施离境清税追回欠税款1460万元；加强股权转让管理，全市入库税款1.95亿元；市本级清理房产税、城镇土地使用税税源登记信息，补征税款7300万元。优化非税收入征管。贯彻《浙江省政府非税收入管理条例》，强化财政票据管理，拓展政府性资源管理范围，完善政府非税收入信息化建设。全市组织非税收入155.87亿元，下降55.5%。其中国有土地使用权出让收入100.21亿元。

【支持经济发展】 落实积极财政政策。全年落实各项财政扶持政策，为企业减负11.60亿元，比上年增加1.86亿元，市本级兑现涉企扶持资金3.90亿元，比上年增加1.06亿元。支持主导产业发展。清理整合市区现有产业扶持专项资金，设立5亿元规模转型升级专项资金，形成“三农稳市”“工业强市”“商贸富市”三大政策扶持体系。设立市区企业应急周转金2.00亿元，帮扶市区规模以上企业到期银行贷款转贷的应急调头。支持企业自主创新。全市财政科技投入10.42亿元，增长24.9%。市本级设立自主创新专项资金，每年按高于本级财政经常性收入1.5个百分点的比例保持稳定增长。对经审核确认年研发投入300万元以上的企业，财政给予4%的资助。支持浙（婺）商回归。服务企业，送政策、解难题，做好“浙（婺）商回归”202个项目的对接和政策帮扶。成立金义都市新区城市建设发展股份有限公司，引导民间投资参与新区建设。推进生态强市建设。市财政设立生态建设专项资金1.42亿元，促进产业结构调整和转型升级，扶持大气污染监测网络改造，加强油气污染控制。

【保障民生支出】 全市民生支出207.92亿元,增长19.2%。支持服务"三农"发展。全市农林水支出27.90亿元,增长17.1%。市本级安排"三农"资金2.53亿元,将农业类有关专项资金整合为扶持粮食生产发展资金和现代农业生产发展资金。投入1850万元用于加快农业设施建设,提高农业综合生产能力。投入1050万元,支持农业"两区"(现代农业园区和粮食生产功能区)建设。推进农家书屋工程建设,验收农家书屋1065个。加快教育文化事业发展。全市教育支出72.38亿元,增长22.3%。支持推行义务教育阶段中小学生"阳光招生",治理乱收费现象。安排资金2070万元保障学生免费使用教辅资源,市本级投入1.84亿元用于体育中心、文化艺术中心等文化体育设施建设。完善社会保障体系。全市社会保障和就业支出22.58亿元,增长18.7%。医疗卫生支出25.67亿元,增长23.6%,城乡居民基本医疗保障财政人均补助标准提高到320元。加快保障住房建设。投入2.64亿元,支持廉租房和公租房等保障性住房建设。通过公共资源交易平台公开采购高端人才用房200套,节约采购资金3250万元。

【推进财政精细化管理】 强化行政事业资产管理。全面核查市本级326家行政事业单位资产,制定资产配置管理办法和配置标准。创新行政事业单位公房出租管理,年租金平均增长29.2%。加强预算绩效管理。建立部门(单位)绩效目标管理机制,预算绩效管理列入政府对部门的考核。健全基本支出定额体系管理,编制单位资产配置预算。对50万元以上发展建设类项目试行预算绩效目标申报,涉及财政资金7.02亿元。对市本级133个民生和社会关注度高的项目开展绩效自评,涉及财政资金3.60亿元。优化财政资金审批流程。精简财政资金审批流程,资金支出实行预算指标化管理。完善乡镇财政管理体制。健全乡镇财政管理机制,赋予乡镇财政预算编制、收支管理、债务管理、财务管理和资金监管等职责。以信息管财为主要手段,强化乡镇财政资金监管。2012年全市培训乡镇财政人员26批840人次。

【深化队伍建设】 调整队伍结构。先后分四批推出30个职位进行公开选拔,其中以竞争上岗方式提拔23人,以"两轮推荐、差额选拔"方式提拔7人。在全市系统内公开选调公务员到市局工作。加强分层分类培训,组织全体干部轮训。深化作风效能建设。开展"思想大解放、作风大转变"主题实践活动,内容涵盖生财聚财、科学理财、深化改革和完善服务四个方面。市局获市级机关效能建设民主评议第三名。丰富财税文化建设。提炼"聚财惠民、依法公正、务实创新、廉洁高效"十六字财税核心价值观,开展"浙中崛起我有责"演讲比赛,评选出10名全市财税系统十佳学习型标兵。组织"六五"普法知识竞赛,获全国财政"六五"普法法规知识竞赛组织奖。推进廉政风险防控建设。推进党风廉政建设与机关效能建设。制作财税权力运行流程图。市财政局党组理论学习中心组被省委宣传部、省委组织部评为全省县(处)级以上党委(党组)理论学习中心组先进单位,市局在市机关部门考核中获政府序列第二名,获市机关党风廉政建设责任制考核先进单位称号。 (金华市财政局供稿　陈玲颖执笔)

婺城区

【概况】 2012年,金华市婺城区实现生产总值238.86亿元,比上年增长9.1%,其中:第一产业增加值16.35亿元,增长4.4%;第二产业增加值81.94亿元,增长8.9%;第三产业增加值140.57亿元,增长9.7%。三次产业增加值比重由上年的7.0∶35.0∶58.0调整为6.9∶34.3∶58.8。全区人均生产总值50018元,增长9.2%。城镇居民人均可支配收入32280元,增长12.9%,农村居民人均纯收入12253元,增长11.6%。全区财政总收入30.39亿元,其中区级公共财政预算收入7.68亿元,增长2.4%,占全区财政总收入的比重为25.3%;区级公共财政预算收入中的税收收入7.68亿元,占比100%;公共财政预算支出14.74亿元,增长3.7%。全年财政收支平衡。

【组织财政收入】 加强预测分析。成立税源联系协调组,定期召开财税形势分析会,提高财政收入分析预测水平。强化税源控管。加强区域内税源调查,扩大监控范围,核查"营改增"国地税部门交接企业情况,规范区域内税源的税收管理。完善收入考核机制。下达各乡镇(街道)收入任务,分解落实各项指标。完善考核激励机制,将年度收入任务指标纳入区政府年度岗位目标责任制考核内容。规范非税收入管理。全面清理非税收入项目,健全行政事业性收费和基金审批、公示、监督制度,制定资源性、资产性政府非税收入相关管理办法,加强行政事业单位非税收入绩效考核。全年实现非税收入10.59亿元。

【支持经济发展】 支持企业做大做强。落实"工业强区"战略,制定推进创业创新加快工业经济转型升级的若干意见,筹措资金280万元,表彰奖励工业综合实力10强、区级财政贡献10强和亩产税收10强等企业;开展"送政策、送服务、送温暖"活动,组织千名干部深入企业联系走访,帮助企业解决实际困难。扶持中小微企业克难攻坚。强化工业经济推进和奖励办法，兑付外贸出口财政补助资金434万元，工业企业闲置厂房租金补助169万元；开展银政企合作，着力破解企业发展融资难、创新难、赢利难等问题，扶持实体经济健康发展。支持企业自主创新。整合资金131万元抓技术改造，支持技术引进和技术攻关，完善产学研合作体系，提升企业技术创新能力；全年投入工业企业提升产品品牌财政补助资金63万元；浙中信息产业园进入良性发展轨道。推进重点工程建设。新城区50亿投资项目集中开工，总投资58亿元，涵盖工业项目13个、商业服务业项目9个、公建项目6个。

【保障民生支出】 全年区级民生领域支出6.81亿元，占区级公共财政预算支出的80.6%。加大支农惠农力度。支持农业“两区”（现代农业园区和粮食生产功能区）建设，投入支农资金4.07亿元，增长19.1%；发放农业生产资料与技术补贴1512万元、技术推广与培训支出1058万元，开展各类农技培训112次；落实村级公益事业一事一议财政奖补政策，申报立项项目91个；完善农资补贴程序，全年发放农资综合补贴资金1821万元；投入资金2600万元加快美丽乡村建设，较上年增长30.0%。助推教育文化事业发展。安排教育事业费支出3.91亿元，增长10.8%；安排文化体育与传媒支出638万元，支持数字电视、农家书屋工程、村邮站等文化事业建设；投入130万元建设生态婺城，优化人居生态环境。推进医疗卫生事业改革。安排医疗卫生事业支出5782万元，增长2.3%。新型农村合作医疗财政补助标准提高到320元；创建规范化的社区卫生服务中心15家，基层医疗机构全部实行国家基本药物制度。完善社会保障体系。社会保障和就业支出8616万元，重点提高优抚对象抚恤和生活困难人员最低生活补贴标准，城镇低保标准每人每月464元，农村低保标准每人每月279元；发放水库移民直补资金1280万元。

【推进财政管理改革】 加强预算管理改革。实行财政综合预算管理，细化预算编制内容，加大项目预算编制审核力度，加强“三公”经费管理，推进“三公”经费及财政预决算公开。深化国库集中支付改革。区级预算单位全面实行国库集中支付，全年进行直接支付清算184期，授权支付清算35期，清算资金4922万元。办理国库集中支付各种收支业务9952万元，计3379笔。122家预算单位开设零余额账户、单位公务卡账户和个人公务卡。国库试点9家单位实施新的集中支付指标软件。推进乡镇财政管理改革。出台《金华市婺城区人民政府关于实行第四轮乡镇财政体制的意见》，提高乡镇人员经费定额标准，完善超收分成办法。

【加强财政监督】 加强财政资金绩效管理。开展会计信息质量检查和专项资金的审计检查；完成科技创新、外贸出口补助和外贸发展专项补助资金的绩效自评；开展农业和村级集体经济发展项目的重点绩效评价；开展国债项目及地方资金建设项目的检查；明确财政投资评审职责范围，开展财政投资评审，完成项目评审68个，送审金额4.01亿元，审定金额3.42亿元，调减5931万元。加强行政事业单位资产管理。完善行政事业单位资产信息数据，汇编全区行政事业单位固定资产情况。加强闲置房屋出租管理，开展各行政事业单位的闲置房屋及土地的调查。严控资产处置程序，规范报废资产处置行为。加强政府采购监督管理。完善政府采购程序，严格控制采购项目标准，把好采购资金来源审核关。开展公务用车专项治理，核实全区党政机关公务用车数量。全年实际采购4572万元，节约资金532万元。加强国有资产监管。完善国有资产监管体系，制定行政事业单位国有资产配置管理暂行办法、行政事业单位国有资产配置标准；批复固定资产处置报告38个，办理房屋出租、办公设备等处置价值84万，审核25家待处置资产815万元。

【深化队伍建设】 加强党风廉政建设。开展“正风肃纪抓执行、攻坚破难促发展”作风建设系列活动，落实党风廉政建设和岗位目标责任制考核，着力提高干部抵御风险的辨识力。提升财政服务品质。健全和完善内部管理机制，提高窗口服务质量；深入乡镇、企业开展送政策下乡、企业扶持等方面的宣传和服务工作；组织财政业务培训，提高依法履职和科学理财水平；区会计核算中心获“全国巾帼文明岗”称号。强化学习培训。制定理论中心组学习计划，组织全体干部职工进行理论知识、职业道德培训，提高干部职工队伍的政治业务素质。丰富财政文化建设。组织“六五”普法知识竞赛，获全国县级优秀组织奖；发挥工、青、妇组织作用，组织各类文体比赛，开展“慈善一日捐”活动。区财政局获得年度党政机关岗位目标责任制综合考核先进单位称号。

（金华市婺城区财政局供稿　蓝楚楚执笔）

金东区

【概况】 2012年，金华市金东区实现生产总值123.35亿元，增长9.8%，其中：第一产业增加值13.54亿元，增长4.6%；第二产业增加值66.48亿元，增长10.9%；第三产业增加值43.33亿元，增长10.3%。全区人均生产总值36059元，增长9.0%。第一、二、三产业增加值占地区生产总值的比重由上年的 10.9∶55.3∶33.8 调整为 10.9∶53.9∶35.2。全区城镇居民人均可支配收入 32280 元,增长 12.9%,农村居民人均纯收入 12855 元,增长 11.9%。全区财政总收入 12.34 亿元,增长 15.5%,其中区级公共财政预算收入 4.98 亿元,增长 22.5%,占财政总收入的比重为 40.4%;区级公共财政预算收入中的税收收入 4.98 亿元,占比 100.0%。全区公共财政预算支出(含省市补助指标)11.25 亿元,增长 6.5%;其中区级公共财政预算支出 5.71 亿元,增长 9.6%。当年财政收支平衡。

【组织财政收入】 健全工作机制。分别向乡镇(街道)、国地税部门分解下达收入任务,完善考核激励办法,对乡镇(街道)收入进度实行月度通报,发挥各镇街的主体作用和相关部门职能作用。加强财税配合。加强同国地税部门的联系沟通,配合抓好房产税、土地使用税的专项清理,强化税收征管工作,做到应收尽收。强化税源挖潜。加强涉税部门协作配合和信息共享,联合乡镇(街道)开展工业企业纳税情况排摸,对用地 10 亩以上企业进行重点普查,加强落户本区重点项目纳税注册登记的跟踪服务,夯实税收增长基础。深化清闲促产。完善清闲促产政策,开展工业用地产出情况核查,完成近 500 家低效企业联合评估整治,新增税收 800 多万元。加强非税收入管理,全年实现非税收入 5.37 亿元,下降 27.5%,其中国有土地使用权出让净收益 4.84 亿元。

【支持经济发展】 健全"亩产税收"倒逼机制。组织开展低效企业和个体户税收、用地、投资等情况比对核实,利用税收杠杆推进节约集约用地专项行动,促进资源优化配置,推进企业自主转型升级。支持企业做优做强。出台鼓励企业做优做强推进工业赶超发展意见,支持企业技术进步,提升自主创新能力,兑付企业技改、外贸发展等财政扶持资金 1522 万元。支持第三产业发展。完善加快信息软件产业发展扶持政策,兑付信息产业发展资金 309 万元,信息软件园创建为国家电子商务示范基地。支持旅游业加快发展,兑付旅游业发展资金 400 万元,支持旅游景区基础设施改造提升工程,编制完成《金东区绿道建设规划》。拨付家电、摩托车下乡财政补贴资金 1014 万元,拉动城乡消费 8169 万元。支持工业发展平台拓展。筹措资金 1.60 亿组建东顺科技产业开发服务公司,制定项目建设资金管理办法,推进低丘缓坡综合开发试点工作,新增工业用地 1600 亩,保障经济发展对土地的合理需求。

【强化民生保障】 新增财力重点投向民生领域,全年民生领域支出 9.37 亿元,同比增长 12.8%,占公共财政预算支出的 83.3%,比上年提高 4.6 个百分点。促进教育事业发展。教育支出 3.18 亿元,增长 19.0%,支持义务教育基本均衡区创建,加快学前教育发展,投入资金 1410 万元完成 5 所乡镇公办幼儿园改造和提升。支持社会保障体系建设。安排资金 2600 万元推进医药卫生体制改革,基层医疗卫生机构全部实施国家基本药物制度,128 家社区卫生服务机构完成标准化建设。完善社会保障体系,投入 2085 万元支持城镇居民医疗保险和新农合机构、政策并轨,建立统一规范的城乡居民基本医疗保障制度。完善城乡居民养老保险制度,落实精减退职人员生活补助。全区医疗卫生、社保支出分别增长 11.8% 和 25.8%。推进城乡统筹发展。农林水事务支出增长 10.1%,支持美丽乡村、污水治理、水利工程建设。分四期对全区 567 名农村财会人员进行财政支农政策培训,实施农村公益事业一事一议财政奖补项目 72 个,投入项目资金 6147 万元,改善农村基础设施。投入 120 万元改造江东、七里畈、金鸥路 3 个农贸市场。加快推进农家书屋和村邮站建设,实现全区全覆盖。推进政府重点工程建设。投入 1.15 亿元资金保障金武公路、曹塘澧公路、二环路绿化提档改造等工程实施及交通项目遗留问题的解决,完善城市基础设施建设。

【深化财政管理改革】 深化预算编制改革。调整土地出让金核算方法,将市财政提留后返还的土地出让收入全额纳入区财政预算,完整反映政府收支活动。调整预算管理级次,金东开发区预算由其自行编制后合并入区本级预算,东孝、多湖两个街道自行编制预算后并入区本级预算报区人代会审议,乡镇政府预算由乡镇财政自行编制后报同级人代会审议,强化乡镇财政预算管理职能。启用部门预算编审软件系统,提高预算编制精细化、数字化水平。全面推进国库集中支付和公务卡制度改革。建立改革业务交流 QQ 群,在《今日金东》报纸开设改革专栏 10 期,加强宣传和培训,65 家预算单位上线运行,发放预算单位个人公务卡 637 张,改革覆盖率 100%。全年一般公共服务支出增长 3.1%,低于公共财政预算支出增长率 3 个百分点。推进预算绩效管理。试行绩效目标申报制度,54 个 50 万元以上发展建设类项目申报绩效目标,组织 30 个项目开展绩效自评,涉及财政资金 2.64 亿元,对全国土地调查、扶持村级集体经济发展等 5 个项目实施重点绩效评价。推进"三位一体"财政组织机构改革。局机关内设机构设置及预算局、预算执行局、财政监督局局长高配方案获批准。

【强化财政监督】 加强政府投资项目管理。审核政府投资项目预算224个，送审造价4.63亿元，增长53.3%，核减造价4226万元，核减率9.1%。深化公务用车治理，完成行政单位公务车定编工作，启动事业单位公车清理。加强行政事业单位银行账户管理，对248个银行账户开展核实清理，撤销银行账户4个。加强政府采购监管。完成政府采购金额2418万元，增长107.6%，资金节约率4.2%。加强国有资产监管。加强融资性国有公司和集镇建设公司财务监管，统一财务核算。开展全区国有资产管理现状调查，成立区国有资产管理办公室，健全国有资产管理机构。加强历年财政往来款清理。对财政各专户之间，以及财政与区国资公司、区重点办、区交通系统等单位之间的资金往来进行清理核对，提出账务调整意见及加强管理建议。

【推进乡镇财政建设】 开展乡镇财政建设专题调研，书记办公会议和区政府常务会议专题研究乡镇财政建设，出台《关于加强乡镇财政建设与管理的实施意见》。区编委批复同意全区12个乡镇(街道)恢复建立财政所。整合乡镇政府各类服务资源，选择曹宅镇为示范先行点，启动乡镇公共财政服务平台建设。

【深化干部队伍建设】 开展进村进企大走访活动。局领导带队走访重点企业38家、行政村7个、农户12户，慰问困难户4户，帮助解决实际问题。开展解放思想大讨论活动。征集各类“金点子”32条，其中3条入围全区20个优秀“金点子”。开展“治庸治懒强效能”活动。加大机关效能明察暗访力度，开展行政许可和非许可审批事项清理，仅保留会计从业资格1项行政审批事项，梳理完善现行各项内部管理制度，提高干部队伍执行力。推进财政文化建设。开展周一集中夜学，参加“金东大讲堂”，组织人员参加全国财政“六五”普法知识竞赛，组队参加区机关趣味运动会、全市财税系统运动会，加强人文关怀，增强队伍凝聚力。区财政局连续第6年获得全区党政机关岗位目标责任制综合考核先进单位称号。

(金华市金东区财政局供稿 洪 俊执笔)

兰溪市

【概况】 2012年，兰溪市实现生产总值229.77亿元，同比增长10.9%。其中：第一产业增加值22.23亿元，增长4.5%；第二产业增加值131.96亿元，增长11.6%，其中工业增加值120.21亿元，增长11.6%；第三产业增加值75.58亿元，增长11.6%。人均生产总值为34489元，增长10.7%。三次产业结构比由上年的9.9∶58.8∶31.3调整为9.7∶57.4∶32.9。全社会固定资产投资额106.28亿元，增长31.5%。社会消费品零售总额94.33亿元，增长16.6%。全年财政总收入31.21亿元，同比增长20.3%，其中公共财政预算收入16.15亿元，增长19.1%，占财政总收入的比重为51.7%，下降0.6个百分点；公共财政预算收入中的税收收入15.18亿元，占比94.0%，下降1.2个百分点。全年公共财政预算支出26.74亿元，增长12.1%。全年财政收支平衡。

【组织财政收入】 深化税收分析预测。重新认定国家、省、市三级重点税源监控企业566户，掌握企业生产经营状况，结合税收政策调整和重大增减收因素进行收入预测分析。提升信息管税能力。运用《税友龙版》系统的税收管理模块，提高征管效率，推广应用车船税、营业税差额征税软件，开展全市存量房交易评税。加强税种税源管理。组织营业税、中小微企业税收专项调查，完成娱乐业等4个行业专项纳税评估。加强个人所得税全员明细申报，以及年所得12万元以上个人所得税自行纳税申报工作。实施交通运输业、部分现代服务业“营改增”试点改革，完成165家企业税款清理，实现国地税征管衔接。强化非税收入管理。加强政府性资源收益管理，启用国有土地使用权出让收入管理信息系统，规范行政事业性收费。全年组织非税收入13.55亿元，下降20.1%，其中国有土地使用权出让收入8.38亿元。

【推动经济转型】 发展总部经济。调整完善财政配套政策，吸引浙商回归，新增总部经济企业29家，累计79家，兑现专项奖励资金1517万元，全年入库税费2.00亿元，总部税收实现一年翻番。促进产业升级。支持园区扩容和企业技术创新，全年安排各项工业扶持资金1.73亿元。其中兑现工业用地、清闲促产及乡镇园区建设等补助资金5435万元，技改、科技补助(奖励)资金3772万元，一厂一策资金4565万元。支持发展第三产业，兑现服务业发展专项资金769万元。扶持实体经济。减征小型微利企业所得税、外贸企业地方水利专项资金、中小微工业企业基本养老保险费等各类税费3670万元。缓解企业融资困难，利用工业企业转贷专项资金，帮助154家企业解决转贷资金9.80亿元。兑现金融业各项奖励1063万元，促使其向实体经济提供金融服务。落实强农政策。安排财政资金1.20亿元，重点扶持粮食生产功能区和现代农业园区建设，实施农防加固、第二水源、小型农田水利重点县等建设项目，构建新型农业社会化服务体系，深化环境卫生整治，推进美丽乡村建设。申报村级公益事业建设一事一议项目84个，村庄整治项目112个，村级集体经济扶持项目9个。全年发放家电、汽摩下乡补贴1617万元。

【保障民生事业】 全年民生支出14.05亿元,占本级公共财政预算支出的79.6%,同比提高1.6个百分点。发展教育文化事业。全年教育支出6.11亿元,增长15.4%。全市城区、农村义务段学校生均公用经费标准分别提高100元和200元,即城市初中小学分别为750元、550元,农村初中小学分别为850元、650元。发展文化事业,完善公共文体设施,实现“农家书屋”全覆盖。深化卫生体制改革。全年安排医疗卫生支出2.15亿元,增长28.4%,其中新型农村合作医疗补助7965万元,改制卫生院回购资金866万元。实施社区卫生服务机构标准化建设,构建医疗卫生三级服务体系。实施4家市属公立医院改革。健全社会保障体系。全年社会保障和就业支出2.20亿元,增长8.1%。城乡居民基础养老金由每人每月70元提高至80元,全年发放基础养老金8738万元。落实低保、保障房建设等专项资金9800万元。推进重点工程建设,安排建设资金8.54亿元,全市重点建设项目实施。

【深化财政管理改革】 推进组织机构改革。实施预算编制、执行、监督“三位一体”组织机构建设,完成预算局、预算执行局、财政监督局人员高配设置。深化国库管理改革。规范财政资金拨付规程,分期分批组织国库集中支付和公务卡制度改革业务培训、操作指导。全市148家单位完成国库集中支付和公务卡制度改革,实现市级预算单位全覆盖。加强国有资产管理。制订并实施国有资产清理核查和重组整合方案。组织国有房产、土地租赁权公开拍卖,成交租金825万元,年租金同比增长29.7%。

【加强财政监督】 加强政府投资项目监管。健全政府投资项目管理机制,加大委托评审项目的抽查与复核力度,实行工程审价关口前移,审核项目409个,净核减1.81亿元。完善政府采购监管。全年实际采购金额8995万元,节约率11.6%。推进政府融资管理。调整金融考核办法,调动金融机构支持政府性项目的积极性。参与部门单位融资成本测算,帮助对接银行及民间金融机构,当年新增银行贷款及租赁资金2.75亿元。强化会计行业管理。组织会计人员从业资格和专业技术考试,开展继续教育培训,举办全市第九届会计专业人才新春招聘会。

【推进队伍建设】 优化财税服务。简化收费、会计证变更等事项办理审批程序,促进服务提速增效。利用新闻媒体、网站、12366服务热线,强化政府信息公开,宣传财政政策。办理人大代表建议和政协提案,提高社会各界对财政工作的满意度。加强干部培训。整合各类教育培训资源,组织参加上海财经大学更新知识培训、网上法规竞赛、行政执法考试等活动,优化干部知识结构,提升业务水平。建设财税文化。开展“十佳”学习型标兵评选活动,举办全系统首届文化体育节。推进廉政建设。深化廉政风险防控机制建设,完善制度,落实“一岗双责”,加强重点岗位排查与防范。局机关在2012年度政府部门综合考核中获先进单位称号。

(兰溪市财政局供稿 包永平执笔)

东阳市

【概况】 2012年,东阳市完成生产总值373.02亿元,比上年增长10.6%。其中:第一产业增加值17.89亿元,增长2.6%;第二产业增加值186.71亿元,增长10.2%;第三产业增加值168.42亿元,增长11.9%。三次产业结构比由上年的4.9∶51.1∶44.0调整为4.8∶50.1∶45.1。全市完成固定资产投资(不含农户)156.40亿元,增长31.5%;实现社会消费品零售总额174.56亿元,增长15.5%;人均生产总值45177元,增长10.0%。全市财政总收入50.37亿元,增长22.9%,其中公共财政预算收入30.11亿元,增长25.7%。全市公共财政预算支出39.24亿元,增长35.7%。全年财政收支平衡。

【组织财政收入】 优化收入结构。全市公共财政预算收入占财政总收入比重为59.8%,同比提高1.4个百分点;公共财政预算收入中的税收收入27.73亿元,占比92.1%。强化收入测算分析,税收收入预测误差率2.5%。开展营业税调查、减免税调查、营业税改征增值税扩围调查测算和小微企业调查等四项调查工作。推进企业所得税专业化管理,汇算应缴所得税5.19亿元,增长20.4%。把土地增值税清算工作纳入常态化管理,入库土地增值税1.19亿元,增长23.6%。深化个人所得税全员全额管理工作,年度明细申报税款比重为70.6%。加强对企业投资者股权转让的征收管理,审核股权变动企业78户。加强信息管税建设,深化存量房交易计税价格批量评估技术运用,规范房屋交易纳税申报行为,对1514户进行评税价格调整,调增金额5.46亿元,调增税款6233万元。建立《税友龙版》外围软件维护机制。加强非税收入征管。全市实现非税收入23.72亿元,下降52.8%。

【支持经济发展】 扶持产业转型升级。落实各项扶持政策,拨付财政补助资金4.79亿元。落实小微企业税费优惠、个体工商户起征点提高、高新技术企业税费减免等政策，全年为企业减免税费1.34亿元。调整和规范行政事业性收费，暂停征收事业性收费项目7项，为企业减负400万元。鼓励金融机构调整信贷结构，下达金融机构支持地方工业经济发展奖励经费180万元。加大城市基础设施建设投入。筹措建设资金25.14亿元，主要用于城西客运站、怀万线、画南下线、第二自来水厂等重点基础设施建设。投入2000万元工业功能区建设资金和3000万元工业功能区建设周转资金，支持南马、巍山、歌山、画水、南市等乡镇（街道）工业功能区整合提升。加强对浙商回归引进重大项目的政策指导与协调服务。推进文化产业全域化。配合市委、市政府制定加快横店影视文化产业发展的若干意见，设立文化发展专项基金，全年投入3.06亿元用于扶持横店影视产业发展。推进小城市培育试点。设立小城市培育专项扶持资金和配套资金，全年筹措资金1.60亿元用于完善乡镇基础设施建设，将部分行政审批事项及权限下放，理顺管理机制，支持横店镇小城市建设培育试点工作。

【改善社会民生】 全市民生支出29.63亿元，增长30.5%，占公共财政预算支出比重为75.5%。支持教育文化事业发展。全年教育支出11.90亿元，增长34.5%。加大对学校布局调整、校舍安全工程、校舍维修改造等基建项目投入。小学初中生均公用经费提高100元。设立1000万元教师培训专项经费。落实经营性文化事业单位转企改制等财税政策。支持农家书屋、特级综合文化站、“广电惠民”、送书送戏下乡等文化重点项目开展。健全社会保障体系建设。安排促进就业资金1921万元。将城乡居民养老保险基础养老金从每人每月70元提高到90元。开展城乡居民养老保险和被征地农民养老保险转保工作。健全新型社会救助体系，提高社会救助项目标准。发放困难群众物价补贴111万元，涉及对象7538人。全市安排生态墓地建设补助资金304万元。推进医疗卫生体制改革。全年医疗卫生支出3.50亿元，增长47.3%。调整各项医保政策，提高报销比例。实行医保基金国库集中支付。制定基层医疗卫生机构财政财务管理办法，完善基层医疗卫生机构补偿机制。多方筹措资金，化解基层卫生院长期债务。实施强农惠农政策。安排重点惠农项目6.30亿元，用于实施农村综合配套改革试点、推进农业“两区”*建设、水利基础设施建设和“两美三治”*工作。深化村级公益事业建设一事一议筹资筹劳财政奖补工作，整合农村项目资源，建设项目总投资6491万元，实施项目74个，受益人口10万人。首次在横店镇南上湖实施12000亩标准农田示范工程建设。发放家电汽摩下乡和以旧换新财政补贴4400万元。

【深化财政管理改革】 完善综合预算编制体系，首次试编“全口径”政府预算，细化预算编制，完善定额标准体系，深化部门零基预算。完善国库集中支付制度，制定市级预算单位公务卡管理暂行办法，推进公务卡制度改革，232家单位完成办卡，完成率100%。加快预算执行进度，开展财政性资金存贷挂钩考核。细化国土出让金收支预算管理。对教育、卫生、交通、水务、农业、环保、规划等部门开展财政资金绩效评价，涉及项目30个、财政资金1.50亿元。加强乡镇财政管理，制定乡镇（街道）财政资金管理办法。举办4期乡镇（街道）财务人员业务知识培训。在巍山镇、南市街道开展加强乡镇财政管理与促进乡镇公共服务平台建设试点工作。完善乡镇财政体制，调整和完善街道税收增收奖励办法。

【加强财政监督】 强化政府投资资金管理，制定政府性投资项目竣工财务决算审查管理办法，规范基本建设的财务管理。推进政府采购信息化建设，完善协议供货管理，开展社会中介代理机构考核。加强政府性投资项目估算、概算、预算审核，全年审核项目152个，送审金额29.80亿元，核减金额2.18亿元。对全市公务用车进行重新定编，对公车治理情况进行专项检查。推进经营性国有资产统一监管，制定国有企业重组整合方案。推行企业经营者考核，落实经营责任制。开展国有资本收益收缴工作，收缴收益金354万元。强化公房出租管理，公房拍租收入1029万元，增长30.7%。推行企业经营者考核工作，落实经营责任，完善激励和约束机制。规范会计人员基础信息资料，开展会计从业资格考试和继续教育培训工作。

【强化队伍建设】 深化财税文化建设。推进学习型组织建设，举行十八大精神专题辅导会，组织干部听“十佳学习型标兵”先进事迹报告。承办金华市财税系统2012年度运动会。组织参加全国“六五”普法知识竞赛。加强党风廉政建设。推进廉政风险防控机制建设，下发《2012年财税系统党风廉政建设和作风建设工作要点的通知》，与各科室和基层单位签订“党风廉政建设责任书”。开展“读好三本书，常敲廉政钟”学习教育、“严明法纪、远离赌博”专项教育和“廉洁家庭、幸福港湾”廉洁家书主题征文等活动。全面加强作风建设。开展“解放思想大讨论、转变作风大赶超”主题实践活动。开展“效能飓风”行动，简化行政审批流程，实现即时办结事项90个，限时办结事项59个，免填单事项44个。优化办事服务，组织开展窗口工作人员业务培训。市局机关党支部获

"创先争优先进基层党组织"称号。

注:

＊两区:粮食生产功能区、现代农业园区。

＊两美三治:"两美"指美丽乡村建设、和美家园建设;"三治"指治水、治污、治乱。

(东阳市财政局供稿　王　克执笔)

义乌市

【概况】 2012年,义乌市实现生产总值802.94亿元,按可比价格计算,比上年增长10.2%。其中:第一产业增加值21.10亿元,增长3.9%;第二产业增加值334.15亿元,增长10.1%;第三产业增加值447.69亿元,增长10.5%,三次产业结构比由上年的2.7∶42.8∶54.5调整为2.6∶41.6∶55.8。按户籍人口计算,人均生产总值为107009元,增长9.6%。城镇居民可支配收入44509元,增长11.1%;农村居民人均纯收入19147元,增长11.8%。完成固定资产投资293.60亿元,增长30.9%。实现社会消费品零售总额398.70亿元,增长18.9%。实现进出口总额93.47亿美元,增长136.7%。全市财政总收入101.46亿元,增长12.5%,其中公共财政预算收入57.42亿元,增长13.8%。公共财政预算支出54.54亿元,增长9.9%。全年财政收支平衡。

【组织财政收入】 优化财政收入结构。全年公共财政预算收入占财政总收入的比重为56.6%,比上年提高0.7个百分点。公共财政预算收入中的税收收入53.81亿元,占比93.7%,比上年下降0.1个百分点。加强地方税费征管。全年地税部门组织收入81.40亿元,增长2.8%,其中税收收入51.10亿元,增长9.8%。开展全市5000多家工业企业房产税、城镇土地使用税两税核查,夯实税源基础信息。深化社保费认定管理,实现社保费与税款征收同步,养老保险和医疗保险缴费登记率、申报率分别提高至99.5%和90.0%。完善镇街协税护税考核机制,建立欠税费企业黑名单制度。与各镇街组织专项检查30次,查处漏征漏管户710余户。强化耕地占用税等税种清欠力度,全年累计清欠税费2.74亿元。全年查处欠税案件133起,查补税费4924万元。提升非税收入管理水平。完善国土收支管理信息系统,通过系统反映土地出让和资金收取相关信息。出台政府非税收入代收银行考核办法,改善非税代收环境。全年实现非税收入46.82亿元,其中国有土地使用权出让收入29.82亿元。

【支持经济发展】 全力推进国际贸易综合改革。试行与"市场采购"贸易方式相适应的税费监管办法,全年拨付市场采购贸易奖励经费1.19亿元,落实国际贸易综合改革专项经费3278万元。支持重点工程项目建设。投入财政性资金17.09亿元,重点支持"百亿资金助推国贸改革"＊、"四大建设"和"浙商"回归工程建设。支持引进和培育重大项目,筹措4.50亿元投入义乌金融商务区建设。推动总部经济发展,筹措1.50亿元投入总部经济区。促进企业转型升级。按照企业亩均税收实行分类管理,根据亩产税收设立纳税贡献奖,激励企业转型发展。落实各项财税扶持政策,全年拨付企业扶持资金5.28亿元,增长48.7%;减免税费1.57亿元,增长33.1%。支持城乡统筹发展。修订农村新能源应用项目管理办法,推进生态能源示范村建设。安排财政支农专项资金11.21亿元,比上年增长55.1%。安排1.59亿元重点支持水利建设,投入3.90亿元用于土地开发整理,促进土地资源可持续利用。落实2012年"小城市培育专项"项目资金2.60亿元,着力推进佛堂镇"小城市"建设。

【支持改善民生】 全市民生支出38.21亿元,增长12.3%。支持教育文化发展。全年教育支出12.80亿元,增长13.0%,占公共财政预算支出的23.5%。调整义乌工商职业技术学院财政经费保障办法,加大高等院校经费投入。出台高校来华留学生奖学金管理办法,鼓励更多外国优秀学生来义乌留学。完善学校公用经费定额管理办法,生均公用经费年最低定额标准由400元提高至970元。安排1.40亿元用于新博物馆等文化体育传媒工程建设。推进医疗卫生体制改革。全年医疗卫生支出4.73亿元,增长14.9%。试点公立医院综合改革,所有药品(中药饮片除外)实行零差率销售,并通过采取"一减二调一补"＊等综合措施,建立公立医院运行新机制。支持完善社会保障制度。全年社会保障和就业支出3.78亿元,增长6.6%。完善养老保险制度,提高医疗保险报销水平,全年增加医疗保险基金支出3600万元。推进保障性住房建设,落实保障性住房项目建设资金3.30亿元。

【深化财政管理改革】 理顺市财政、镇街及开发区的财政分配关系,有效调动镇街和开发区发展经济、培植财源、增收节支的积极性。加强部门预算项目编制和执行管理,将执收考核情况同项目经费安排挂钩,提升预算编制的科学化水平,提高项目执行率。推进预算绩效管理改革,引入专家评审机制、项目执行率与预算安排相挂钩、强化结果应用等举措,强化绩效目标的事前、事中和事后管理,构建"目标审核、执行监督、结果应用"的绩效目标全过程管理制度体系。全年有

56家单位69个项目纳入评审，核减预算7298万元，核减率31.6%。全面推进公务卡制度改革，发放公务卡5531张，实现公务卡改革全覆盖。出台预算单位银行账户管理暂行办法，将单位公务卡账户纳入预算单位账户管理，严格管理单位公务卡账户的开设审批。

【加强财政监督】 完善财政监督内部运行机制及配套政策，形成财政内部全员参与、全程监控、全面覆盖的日常监督和专项监督紧密融合的财政大监督机制。推进镇街参与式预算试点。选择稠城街道、佛堂镇开展试点，建立民主恳谈机制，稳步推进镇街公共预算改革透明化和民主化。逐步推进镇街财政预算信息公开，健全预算公开机制，重点公开与群众利益密切相关的财政专项支出，确保群众知情权和监督权。强化政府投资项目监管，建立政府投资预算管理考核评价机制，按月统计公布重点工程预算执行数据。做好概算、预算、变更审核工作，全年审核各类项目1352个，核减造价6.82亿元。深入推进公务用车专项治理，强化公务车登记情况检查，严格认定违规车辆，重新核编党政机关公务车。

【加强队伍建设】 深化作风效能建设。完善干部绩效考核办法，构建行风建设长效机制。加大督查力度，形成工作倒逼机制，全年共完成推进国际贸易综合改革、城西街道铜溪中低产田改造项目等攻坚任务20余项。推进国际贸易综合改革，市局机关被市委、市政府评为"2012年度义乌党政机关十大创新典型"。加强财税文化建设。以浙江大学师资为依托，组织开展全员培训。组织干部参加"六五"普法竞赛，获得浙江赛区县级优秀组织奖。加强机关党风廉政建设。开展基层组织建设年活动，规范权力运行内控制度和公共权力运行机制，排查岗位廉政风险点820个。市局直属机关党委被市直机关工委评为"五星级党组织"。

（义乌市财政局供稿　虞　昕执笔）

注：

＊百亿资金助推国贸改革：是浙中崛起千亿投资工程的重要组成部分，包括国际生产性消费资料市场一期、浙商回归总部、中国汽车零部件基地、国内物流一期、博尼锦纶、蓝鲸动力六大方面。

＊一减二调一补：即减少药品费用，调整医疗服务价格和医疗保险政策，适当增加财政对公立医院改革的投入。

永康市

【概况】 2012年，永康市实现生产总值392.40亿元，比上年增长10.4%。其中：第一产业增加值9.10亿元，增长4.1%；第二产业增加值246.00亿元，增长10.3%；第三产业增加值137.30亿元，增长11.0%。全市一、二、三次产业在生产总值中的占比为2.3∶62.7∶35.0。全市人均生产总值67825元，增长9.8%。全年财政总收入54.94亿元，增长16.6%，其中公共财政预算收入30.12亿元，增长19.2%；公共财政预算支出32.37亿元（包括省、市专项和上年结转使用数），增长19.4%，当年财政收支平衡。

【组织财政收入】 优化收入结构。公共财政预算收入占财政总收入的比重为54.8%，较上年提高1.2个百分点。公共财政预算收入中的税收收入26.40亿元，占比87.6%。社保费等其他收入12.98亿元，为上年的99.9%。夯实征管基础。加强房地产企业税收管理，全年入库房地产行业税收4.67亿元，增长60.1%。实施"营改增"试点，开展行业清理补税，入库租赁和商业服务业税收1.31亿元，增长30.9%，其中营业税收入6219万元，增长53.0%。加强行业管理。建立行业评价体系，加强对金属制品业、交通运输设备制造业、其他制造业的税收管理，上述3个行业的企业所得税分别增长41.6%、109.9%、47.9%。全年共对66户企业进行纳税评估，对61户纳税人立案稽查，涉及门业、培训业、证券业、评估业、金融保险业，入库税（费、基金）2470万元。规范非税收入管理。完善政府非税收入征管手段，规范征收行为，推进非税收入信息化建设，全年实现非税收入17.94亿元，下降26.4%，其中国有土地使用权出让收入11.47亿元。

【促进经济发展】 落实激励政策。落实各类扶持企业发展专项基金2.04亿元。帮助部门和企业向上争取金融、技改、科技和外贸等扶持资金1.63亿元。落实各类税费减免、退库2.71亿元。落实增值税、营业税起征点提高、临时性下浮工业企业基本养老保险费缴费比例等政策，为企业减负6700万元。助推经济转型升级。推进总部经济发展，48家企业签订发展总部经济备忘录，兑现总部经济奖励资金706万元。加大对"三农"扶持力度。扶持粮食生产，发放早稻生产、良种、示范方和高产攻关等补贴1687万元。投入783万元支持地方优势特色农业主导产业的发展，奖励当年晋级的龙头企业、农民专业合作社、创建农业品牌企业。推进农村劳动力转移就业和自主创业培训工程，落实农民素质培训资金206万元。

【保障民生支出】 全市民生支出25.91亿元，增长23.0%，占公共财政预算支出的80.0%。加大支农惠农投入力度。

全年农林水事务支出3.17亿元,增长14.4%,保障农业基础设施建设、村庄整治、农房改造、平原绿化等工程实施。推进村级公益事业建设一事一议财政奖补工作,7个项目通过省级立项,总投资3184万元。支持教育事业发展。加大学前教育投入、校园安全工程建设,全市教育支出10.16亿元,增长23.5%。提高医疗补助水平。加大医疗救助资金投入力度,城乡医疗救助资金提高到人均10元。加快基层医疗卫生服务体系建设,完成201家村级医疗机构设置,设置率95.7%。完善基本医疗保障制度建设,将普通门诊和住院报销比例提升10%,封顶线提高到12万元,取消特殊病种门诊起付线。健全社会保障体系建设。实行临时救助制度,加大救助资金筹措和支出力度,解决城乡居民突发性、临时性生活困难。关注弱势群体,推进残疾人共享小康工程,支持建立孤儿福利保障体系。健全低保标准自然增长机制和困难群众基本生活价格补贴机制。

【强化资金管理】 加强项目管理。首次编制政府投资项目预算,全年审核、拨付和调度资金10.08亿元。加强和规范政府投资项目管理,审核预算和结算项目461个,审查金额10.29亿元,核减资金7100万元。加强政府债务管理。新上线网络版地方政府债务管理平台,地方政府性债务余额比上年减少1.22亿元。优化社保资金存放方式,实现社保资金增值9110万元。加强部门预算绩效管理,组织各部门开展项目绩效自评,涉及项目资金13.79亿元。规范政府采购。扩大政府集中采购规模,全年政府采购金额2.31亿元,其中集中采购项目占92.8%。基本完成全市党政机关公务用车专项治理,重新核定车辆编制。强化财政监督职能。抽查部门单位的票据使用情况,纠正部门往来票据与非税票据混用的情况。清欠财政周转金,累计收回4000万元。

【推进财政改革】 完成"三位一体"组织机构改革,设立预算局、预算执行局、财政监督局。推进国库集中支付和公务卡结算两项改革,分三批将全市的预算单位纳入国库集中支付。有序推进政务公开。开展政务服务和政务公开试点工作,向社会公开本单位的339项行政职权。公开全市预决算草案,指导各部门开展部门预算公开。规范行政审批。推进行政审批提速增效,立足办税服务厅、行政服务中心窗口、QQ群等咨询服务平台,实行预约代办、免填单、预约上门和电话短信追踪服务,实现行政审批服务事项办结时间提速60%以上。

【完善国资监管】 完善资产管理。明确各国有企业、国有控股企业"三重一大"事项的决策基本程序、组织实施和监督检查。规范全市国有资产处置及招拍租工作中拍卖机构的选择。完善国有资产处置审批流程,全程监督拍卖业务。促进国有资产保值增值。做好资产日常处置审核管理,现场查看报废资产数量较多或单位价值较大的行政事业单位。全年组织11个批次的公开招拍租,成交年租金2671万元,增长65.0%。健全国有企业监管。做好供电、广电等国有资产的划转整合。制定国资营运企业2012年经营业绩考核目标,推进经营者绩效年薪考核。开展国有企业产权重新登记工作,全市共有经营性国有企业87家(包括子企业),投融资企业10家,行政事业单位280家,国有资产总额244.88亿元,负债总额125.12亿元,净资产119.76亿元。

【加强队伍建设】 以辅导讲座、专题研讨、座谈、撰写心得等多种形式,组织开展学习贯彻十八大精神活动。组织中层干部网上学法活动,开展"六五普法"知识竞赛,强化干部职工依法行政意识。实施执法监督反馈机制,主动接受纳税人和社会各界对执法行为及廉政情况的监督。制定《廉政建设巡查制度》,督促干部职工廉洁从政。开展民主评议行风"回头看"和基层党组织"五星争创"活动,提升干部队伍工作作风。以创建"青年文明号""巾帼文明示范岗""文明单位"等活动为载体,加强团队建设,开展岗位练兵。

(永康市财政局供稿　程复明执笔)

浦江县

【概况】 2012年,浦江县实现地区生产总值166.57亿元,按可比价计算,比上年增长10.3%。其中:第一产业增加值8.70亿元,增长4.3%;第二产业增加值99.53亿元,增长11.1%;第三产业增加值58.34亿元,增长9.8%。三次产业结构比由上年的5.4∶61.1∶33.5调整为5.2∶59.8∶35.0。按户籍人口计算,人均生产总值42526元,增长10.2%。完成固定资产投资65.75亿元,增长31.7%。实现社会消费品零售总额74.73亿元,增长15.1%。城镇居民人均可支配收入27840元,增长10.9%。农村居民人均纯收入11188元,增长11.3%。全县财政总收入20.38亿元,增长7.3%,其中公共财政预算收入11.54亿元,增长9.1%;公共财政预算支出16.80亿元,增长14.2%。全年财政收支平衡。

【组织财政收入】 优化财力结构。公共财政预算收入占财政总收入比重为56.6%，比上年提高0.9个百分点；公共财政预算收入中税收收入10.28亿元，占比89.1%。推进社会综合治税。依托《税友龙版》，强化税源分析、预测，开展部门间信息交换比对，夯实税源信息基础。以亩产税收为监控指标加强工业企业税源管理，对“亩均税收”偏低、高污染企业强化评估检查；加强土地增值的评估征税，与工商部门协作实行企业股权变更登记税收前置管理。利用全县12000家工业纳税户基础信息，建立分行业电耗产值监控指标体系。调整城镇土地使用税税额标准，促进土地资源集约节约利用。规范水晶行业税收社会化管理，入库税费5537万元。加强房产税、建筑业营业税的清查，入库税费7641万元。加强企业对外投资、股权转让、股息红利等征收管理，入库税费3662万元。做好“营业税改征增值税”试点工作，全县180家纳税户移交国税局。规范非税收入征收管理。完成新版非税收入征管信息系统上线试点。全年实现非税收入5.93亿元，下降57.8%。

【支持经济发展】 落实各类财政扶持政策。对小微企业取消部分行政事业性收费，减免各类税费9800余万元，减征部分中小微企业养老保险费1292万元；兑付工业科技发展扶持政策财政补助、小企业贷款风险补偿地方配套资金、企业上市进程补助等资金8353万元；安排“企业转贷应急资金”，周转25笔累计2.43亿元；拨付2011年度中央财政石油价格改革财政补贴843万元；开展“支持浙商创业创新、促进浙江发展”专项行动，吸引浙商回归创业。支持重点项目建设。全年建设资金支出12.30亿元，为垃圾填埋场工程等县级重点项目建设提供资金保证。

【保障民生支出】 支持“三农”发展。推进现代农业园区和粮食生产功能区建设，安排现代农业发展资金2000万元，落实47个村级公益事业一事一议财政奖补项目资金1554万元。将粮食直补、农村低保、计生奖扶等涉农补贴纳入“一卡通”发放，发放中央农资综合补贴资金1080万元，家电、摩托车下乡补贴1081万元。完成国家农业综合开发朱桥山区、马宅溪山区中低产田改造项目。支持教育事业发展。全县教育支出5.12亿元，占公共财政预算支出的30.5%。义务教育中小学校生均公用经费均提高100元，分别达到750元和550元。贯彻农村义务教育学生营养改善计划，营养餐标准由每生每年350元提高到750元。建立普通高中家庭经济困难学生国家助学金制度，制定学前教育资助管理暂行办法，实现从学前教育到高中阶段教育资助全覆盖。深化医疗卫生体制改革。新型农村合作医疗和城镇居民医保人均财政补助从240元提高到300元，住院费用报销比例提高到70%，财政补助9525万元。在乡镇卫生院全面实施国家基本药物制度的基础上，146家村卫生室（站）和37家巡回医疗点纳入国家基本药物制度实施范围。基本公共卫生服务专项经费标准提高到每人每年25元，促进基本医疗和公共卫生服务均等化。支持社会保障事业。城乡居民社会养老保险财政补助6800万元，基础养老金最低标准由每人每月70元调整为80元。困难群众医疗救助筹资标准从上年的人均9元提高到10元，对符合医疗救助条件的困难群众实行即时救助。按人均3元的标准建立困难群众临时救助资金。调整和提高城乡最低生活保障标准。完善职业技能培训和农村劳动力培训补助办法。

【深化财政管理改革】 稳步推进“三位一体”财政机构改革。在上年成立预算局、预算执行局和财政监督局，新设乡镇财政管理科的基础上，进一步完善机构设置，部分高配职位已配备到位。强化财政监督管理。制定预算绩效管理实施意见，逐步完善全过程预算绩效管理机制。控制国有投资项目成本，办结271个政府投资项目的预算审核，核减资金1.15亿元，平均核减率11.1%。推进乡镇财政管理改革。制定加强乡镇财政管理和推进乡镇公共服务平台建设实施方案，按照“先行试点，稳步推进”原则，当年完成郑家坞镇、虞宅乡两个试点乡镇的公共财政服务平台建设。全面推进国库集中支付和公务卡制度改革。全县行政单位及全额拨款事业单位国库集中支付改革扩面到位，公务卡改革全覆盖。做好清理整顿财政专户整改工作，归并撤销财政专户25个，保留41个。深化行政审批制度改革。梳理行政许可和非行政许可审批项目，严格执行规范性文件审查备案制度。加强全县公务用车管理，重新核定车辆编制。

【加强国资监管】 抓好经营绩效考核。按照《浦江县国有企业管理者年薪绩效考核暂行办法》《浦江县国有企业工资总额管理暂行办法》，审定考核28家国有企业经营绩效。对国有企业万家水晶加工园和建材市场两个政府投资项目进行绩效评价。加强行政事业单位国有资产管理。当年完成222家单位清产核资工作。

【推进干部队伍建设】 开展学习党的十八大精神，开展“增强责任心、提高执行力”等主题实践活动。组织中层以上领导干部“进村入企”，选派农村“两富”（物质富裕、精神富有）局级指导员联村结对。加强干部教育培训。制订年度干部教育培训计划，组织系统干部全员轮训；参加“六五”普法活动,开展全局中层干部网上学法;组织青年团员进行“我的价值观”大讨论,创建以“浦江财税先锋”为核心的青年团员微博群。丰富文化生活,组织各类文体活动,引导干部职工培养良好的生活习惯和健康的生活方式。加强党风廉政建设和效能作风建设。全年县局获得县级以上集体荣誉21项和县级以上个人荣誉19人次。

(浦江县财政局供稿　沈淑琦执笔)

武义县

【概况】　2012年,武义县实现生产总值163.34亿元,增长9.6%。其中:第一产业增加值14.40亿元,增长3.9%;第二产业增加值91.43亿元,增长10.2%;第三产业增加值57.51亿元,增长10.1%。三次产业结构比为8.8∶56.0∶35.2。完成固定资产投资81.06亿元,增长30.8%。实现社会消费品零售总额62.16亿元,增长15.4%。城镇居民人均可支配收入22278元,增长11.0%。农村居民人均纯收入9757元,增长11.8%。全县财政总收入23.68亿元,增长15.4%,其中公共财政预算收入12.43亿元,增长12.3%;全县公共财政预算支出20.46亿元,增长8.3%。全县当年财政收支平衡。

【组织财政收入】　收入结构保持稳定。全县公共财政预算收入占财政总收入的比重为52.5%,比上年下降1.4个百分点;公共财政预算收入中的税收收入11.66亿元,占比为93.8%,比上年提高4个百分点。做好税收分析预测。加强宏观经济形势、收支运行情况分析,以《税友龙版》上线为契机,推进行业建模和纳税评估体系建立,扩大税源监控范围,提高税源管理效率。有序推进“营改增”试点工作,及时跟踪税源变化。加强重点税源监管。开展企业所得税汇算清缴,全年征收入库1.66亿元,增长4.5%。加强车船税的税收征管,较上年增长25.4%;开展房产税、城镇土地使用税的税源登记信息普查,全面掌握税源底数,夯实税基,两税征收1.48亿元,增长35.8%。强化集贸市场税收征管,对建筑装饰材料市场、水果市场、商贸中心等专业市场实施统一管理。规范非税收入征管。强化财政票据管理,启用非税收入征管信息系统,推进非税收入管理信息化建设。全县组织非税收入5.36亿元,下降50.8%,其中国有土地使用权出让收入2.13亿元。

【支持经济发展】　落实强农惠农政策,支持现代农业发展。健全“三农”投入机制,全年财政支农资金支出2.30亿元,为推进农田水利建设和“两区”(现代农业园区和粮食生产功能区)建设、农民饮用水工程、美丽乡村建设提供资金保障。引导企业转型升级,及时兑现产业发展扶持政策。全年审核兑付产业发展扶持资金1.57亿元,其中企业发展上台阶奖、政企互动奖、突出企业家贡献奖等2360万元;支持传统产业改造提升,兑现技术创新科技进步奖、工业技改补助等3310万元;鼓励企业淘汰落后产能、提高能源产出水平,落实节能降耗奖励、再生资源企业补助1373万元;促进企业外贸出口稳定增长,提升外贸出口竞争力,兑现外贸出口企业奖励2179万元;安排商贸流通业发展资金142万元、兑现工业分离服务业奖励58万元。落实扩大内需各项政策,审核、拨付家电、汽摩下乡补贴1130万元。

【保障民生投入】　全年民生支出10.91亿元,占当年公共财政预算支出的53.3%。推进城乡统筹发展。安排新农村建设资金3500万元;申报农村公益事业建设一事一议项目118个,投入财政奖补资金1905万元。加快教育文化事业发展。全县教育支出5.39亿元,较上年增长15.4%。实施乡镇中心幼儿园、职业教育实训基地建设,加快学前教育与职业教育事业发展。落实学生资助政策,实施扶困助学、营养餐改善及义务教育提供免费教科书等项目。完成555个村“农家书屋”工程建设,组织送戏下乡42场,放映公益性电影2800场,送书下乡19800册。完善社会保障体系建设。加大社会保障投入,全年社会保障支出3.93亿元,增长20.4%,其中社会保障和就业支出2.12亿元,医疗卫生支出1.81亿元,分别增长23.1%、17.4%。制定完善社会养老服务体系建设的意见,足额安排城乡居民养老保险等相关配套资金,确保养老保险及时足额发放。加大基层医疗卫生机构补偿力度,新型农村合作医疗财政补助从每人每年240元提高到300元。

【推进财政管理改革】　加强预算精细化管理。稳步推进“三位一体”组织机构改革。完善预算定额体系,调整临时人员经费、公用经费和车辆经费定额标准。清理规范财政专户,财政专户个数由原来52个减少到32个。推进国库集中支付和公务卡制度改革。出台财政国库集中支付管理暂行办法等一系列配套制度,全面完成国库集中支付系统建设,全县180家预算单位全部实现联网,覆盖面100%;推进公务卡制度改革,累计发放公务卡1365张。完善乡镇财政管理体制。理顺县与乡镇(街道)财力分配关系,实行财力向基层倾斜,调动乡镇(街道)增收节支的积极性。在设立县乡镇财政管理中心的基础上,新设乡镇财政管理科,负责指导乡镇组织建设和乡镇财政资金监管,将全县18个乡镇的所有资金纳入统一管理,实施乡镇财政与县级财政“预算共编、统一核算、集中收付、采购统办、票据统管”。

【加强财政监督】 严把政府性投资项目审核关,做好投资项目资金的概算、预算、结算工作,完成项目审核327个,核减资金9420万元,综合核减率为6.3%。完善政府采购监管程序,控制采购项目标准,全年审批政府采购项目953项(次),节约资金1128万元。加强财政资金绩效管理,做好财政资金的稽核、拨付工作,规范资金拨付程序。完善“小金库”专项治理长效机制,将“小金库”治理纳入财政日常监督检查之中。以泉溪、桃溪两镇为试点,启动农村集体资金、资产、资源三资管理试点工作,落实网络民主监督,强化责任追究。做好会计信息质量检查和会计师事务所执业质量检查,对企事业单位的会计信息质量以及82家会计师事务所的执业质量情况进行检查,并对检查结果进行公示。

【强化国资监管】 执行国有资产公开招租。全年审批行政事业单位资产出租30家,房屋出租243间,租金收入2050万元;审批拍卖资产5宗,拍卖金额255万元;审核国有企业经营性房产公开招租取得租金收入2964万元,经营性资产实现租金收入5014万元。开展资产专项调查。对被撤并的原22个乡镇、6个区公所的资产状况、权证与处置现状进行专项调查摸底,涉及土地面积33778平方米,建筑面积23340平方米。加强政府投融资平台建设。向融资平台注入优质资产,全年为政府建设项目融资2.50亿元。

【加强干部队伍建设】 组织开展“解放思想大讨论”“进百村集中蹲点调研”“入千企解难题”等专项活动,局班子成员深入乡镇、部门,主动听取对财政工作的意见建议,各科室、分局结合工作职能优化服务流程,修订制度,完善“以制度管人”的工作机制。贯彻落实党风廉政建设责任制,明确廉政建设的目标、任务和要求,逐一落实到岗到人。组织干部观看纪录片、旁听法庭庭审,强化廉政警示作用。组织全体干部业务培训,举办全局中青干部党校培训班,开展党的十八大精神学习主题活动,加强党性教育。构建财税文化。借助工、团、妇组织力量,定期组织志愿者服务,参加各级文体比赛,在全市系统运动会中获团体总分第二名。当年县局在全县机关部门考核中被评为先进单位。

(武义县财政局供稿　王　婷执笔)

磐安县

【概况】 2012年,磐安县实现生产总值61.44亿元,增长9.7%。其中:第一产业增加值9.42亿元,增长4.7%;第二产业增加值31.38亿元,增长10.4%;第三产业增加值20.64亿元,增长10.9%。三次产业结构比由上年的15.0∶52.6∶32.4调整为15.3∶51.1∶33.6。全县完成固定资产投资34.70亿元,增长30.5%;实现社会消费品零售额21.35亿元,增长15.0%;人均生产总值29271元,增长10.2%。全县实现财政总收入8.31亿元,增长14.1%,其中公共财政预算收入4.53亿元,增长13.1%;公共财政预算支出14.1亿元,增长12.9%。全年财政收支平衡。

【组织财政收入】 收入结构保持稳定。全年公共财政预算收入增幅低于财政总收入增幅1个百分点,公共财政预算收入占财政总收入的比重为54.5%,比上年下降0.5个百分点;公共财政预算收入中的税收收入4.14亿元,占比为91.4%,比上年提高3个百分点。加强税收征管。健全“五位一体”*税源控管机制,重点税源监控企业696户,新增123户。上线运行《税友龙版》,提高税费征管信息化水平。新设磐安工业园区纳税延伸服务点。全年地税税收收入3.70亿元,增长13.8%。加强非税征管。重新修订《磐安县政府非税收入征收管理考核办法》,建立激励与约束相结合的考核机制。全县实现非税收入4.42亿元,同比下降27.1%,其中国土出让金收入2.91亿元。

【支持经济发展】 支持乡镇发展经济。落实“分类分档激励奖补”机制,调动乡镇理财积极性。全县19个乡镇完成公共财政预算收入1.73亿元,同比增长7.4%。金磐开发区、磐安工业园区、新城区合计完成税收收入2.83亿元,同比增长16.0%。扶持三次产业发展。拨付强农惠农资金3.01亿元,支持发展生态循环农业、设施农业和休闲观光农业。建立服务业发展引导基金1000万元,旅游业发展专项资金从500万元增加到800万元,增加旅游特色村财政补助,支持乡村旅游业发展。落实各项财税奖补政策。落实小微企业、高新技术企业、困难企业等税收优惠政策,临时性下浮部分中小微工业企业基本养老保险费缴费比例,减免企业各项税费6697万元。兑现财政奖补资金3849万元,兑付家电、汽车摩托车下乡财政补贴资金953万元。保障重点项目建设资金。拨付政府投资重点项目资金4.30亿元,其中工业平台基础设施建设补助资金1800万元,促进产业集聚发展。

【保障民生改善】 全县民生支出9.80亿元,同比增长11.8%。推进城乡统筹发展。保障秀美乡村建设,安排项目资金4500万元。组织申报农村公益事业建设一事一议项目62个,拨付财政补助资金3000万元。投入8563万元,推进县城基础设施建设。推进教育事业发展。安排教育支出3.27亿元,同比增长30.5%。全面落实和完善教育经费保障工作,小学、初中生均日常公用经费县配套分别提高到100元和150元,落实教育"三免一补助"*政策,实施维修改造项目41个,化解高中教育债务1350万元。推进医疗卫生体系建设。全县安排医疗卫生支出1.14亿元,同比增长10.6%。落实基本药物制度,加大非公立医院、乡镇卫生院、社区医疗服务中心和村卫生服务室补助力度,促进基本公共卫生服务均等化。提高城乡医疗保障水平,新农合人均筹资标准提高到400元。规范基层医疗卫生机构预算管理,出台《磐安县基层医疗卫生机构收支预算管理实施办法》。推进社会保障事业发展。县财政各项社会保障支出7886万元。城乡居民基础养老金从每人每月70元提高到80元,全年发放城乡居民养老金4135万元。规范退休人员社会化服务标准,出台《企业退休人员社会化服务实施细则》。发放企业退休人员养老金6743万元,人均每月增加220元。拨付财政资金5135万元,推进保障房建设。

【深化财政管理改革】 启动国有资本经营预算,推进"全口径"预算改革。撤销乡镇财政管理中心,完成"乡财乡管县监督"的乡镇财政组织体系建设。实施国库集中支付改革,实现预算单位全覆盖。加强"三公"经费管理,完善公务接待费总量控制管理机制。推进公务卡改革,出台预算单位公务卡强制结算目录。清理归并财政专户22个,启动财政专户归口国库科集中核算。建立财政资金追加项目库,实行财政资金追加动态管理。完成财政性资金审核权限调整工作,保障会计核算中心职能平稳过渡。提升财政资金审批时效,完善财政项目资金审批办法。

【强化财政监管】 加强项目资金监管。严格审核财政补助资金的发放,落实政策性奖补资金的抽查、审核工作。完善财政项目计划申报方式,实行多部门集中审核、审批。实行农民专业合作项目申报评分选优制,增加项目申报透明度。加强财政资金绩效管理。启动财政项目支出事前评价,审核23个项目绩效目标。制订财政项目绩效目标申报暂行办法,规范绩效目标申报程序,衔接预算编制流程。介入财政支出项目事中评价。突出财政项目支出事后评价,初步建立绩效评价结果与预算安排有机结合的运行机制。加强政府采购监管。审批政府采购项目963项(次),节约资金596万元。实施公务用车专项治理,核实党政机关公务用车数量。做好财政项目审核工作。完成审核项目487个,核减资金4800万元,综合核减率6.3%。

【国有资产管理】 加强国有资产监管。建立国有企业年度经营目标考核奖惩制度,深化国有企业监管。强化国有资产监管体系建设,完成行政事业单位国有资产管理软件推广应用工作。重新登记国家出资企业产权,分户建立国有企业产权档案。创新国资管理方式,公开招标开凿山洞遗弃的石渣,取得石渣款465万元。

【加强队伍建设】 加强学习培训。坚持每周一晚上集中学习,注重基层干部业务培训。开展多层次的学习调研活动,全年累计收集调研论文30余篇。组织解放思想大讨论活动,举办"三新"*主题教育演讲赛。参与全县解放思想"大家谈",参加"三实"*、"三强"*、"四带头"*等专项活动,做好"两富"(物质富裕、精神富有)局级指导员联村结对工作。加强党风廉政建设。深化岗位廉政风险防控机制建设,对照岗位权力事项,实施岗位职责"再梳理"和岗位廉政风险"再排查",落实预警机制。推行廉政风险案例教育,获县纪检监察工作创新奖。开展"创先争优"活动。开展创新争优月度之星、创新争优群英谱、金华市"十佳"学习型标兵等评选工作,一同志入选创优争优群英谱、一同志被评为市局"十佳"学习型标兵,国库集中收付中心被评为市"三八红旗集体"。

(磐安县财政局供稿　陈永清执笔)

注:

*五位一体:数据采集、税源监控、税收分析、纳税评估、税务稽查。

*三免一补助:免学费杂费、免教科书作业本费、免农村学生住宿费,补助困难学生,包括提供学生营养餐和发放教育券。

*三新:转变观念展新貌,绿色发展创新业,后发崛起谱新篇。

*三实:摸实情、办实事、求实效。

*三强:强责任、强服务、强效能。

*四带头:带头解放思想,带头转变作风,带头破难攻坚,带头增进团结。

衢州市财政工作概况

衢州市

【概况】 2012 年,衢州市实现生产总值 982.75 亿元,比上年增长 8.7%。其中:第一产业增加值 79.85 亿元,增长 3.1%;第二产业增加值 531.91 亿元,增长 8.7%;第三产业增加值 370.99 亿元,增长 10%。三次产业增加值结构调整为 8.1∶54.1∶37.8。全市人均生产总值 38891 元,增长 8.4%。全社会固定资产投资 570.76 亿元,增长 13.1%。社会消费品零售总额 396.36 亿元,增长 15.2%。进出口总额 30.18 亿美元,增长 12.3%,其中:出口 18.59 亿美元,增长 5.6%;进口 11.59 亿美元,增长 25.1%。市区城市居民人均可支配收入 26232 元,增长 12.9%;农村居民人均纯收入 10714 元,增长 11.2%。全市财政总收入 106.39 亿元,增长 12.0%;公共财政预算收入 63.42 亿元,增长 10.1%,占财政总收入的 59.6%,其中税收收入占公共财政预算收入的 90.1%;全市公共财政预算支出 138.89 亿元,增长 10.7%。市本级财政总收入 59.05 亿元,增长 11.2%;公共财政预算收入 33.93 亿元,增长 10.2%,占财政总收入的 57.5%,其中税收收入占公共财政预算收入的 90.2%;市本级公共财政预算支出 57.38 亿元,增长 14.2%。全市及市本级财政收支平衡。

【组织财政收入】 细化收入分析预测,建立收入形势"一月一分析"制度,全方位剖析增减收因素。2012 年,全市地税部门组织收入 94.49 亿元,增长 16.0%;国税部门组织收入 51.86 亿元,增长 8.0%;财政部门组织收入 7.80 亿元,增长 30.7%。深化重点税源管理,加强房地产业、制造业等支柱行业税收入库情况分析,开展土地使用税等税源数据比对,加强对不动产转让、重点工程建设、破产清算等即期税源征管。深化与国税、工商、消防等部门协作,实现数据信息共享。加强土地出让金等非税收入征管,实施非税收入收缴考核联动机制,完善非税收入收缴管理办法,建立非税收入分类管理和非税收入缴库制度,完善财政票据管理。全年实现非税收入 6.30 亿元。

【服务经济发展】 落实各项惠农政策,全市发放农资综合补贴 1.05 亿元,粮食政策资金 3974 万元。健全农业投入增长机制,全市农林水事务投入 18.63 亿元,增长 16.1%。全年实施农业开发项目 53 个,争取省以上财政资金 1.34 亿元。加强水利建设资金筹集,落实地方配套资金。支持构建现代物流,落实商贸流通业发展资金 1.32 亿元。加强重点项目资金筹措,保障衢江航道、杭长客专、保障性住房等重点项目建设。落实家电、摩托车下乡政策,全市累计兑现补贴资金 1.17 亿元,直接拉动城乡居民消费 10.72 亿元。落实一系列外经贸发展扶持政策,筹集外经贸发展专项资金 7286 万元。开展"进村入企大走访""百名干部走基层""入企业解难题"等活动,制定各类推进工业转型、浙商回归、总部经济、特色工业设计示范基地建设等财税扶持政策,全市累计兑现涉企扶持资金 8.93 亿元。落实结构性减税和清费减负政策,提高营业税、增值税起征点,开展"营改增"试点,清理规范行政事业性收费,落实社保费"五缓四减三补贴"政策等,全市企业由此减轻各类税费负担 8.83 亿元。

【保障民生支出】 增加教育投入,全市教育支出 31.11 亿元,增长 14.9%。建立财政教育投入分析评价机制,引导各县(市、区)增加教育投入,建立学前教育财政投入机制,提高中小学生均经费补助标准,落实家庭经济困难学生资助政策,实施中小学校舍安全工程,推动农村义务教育薄弱学校改造。健全社保体系,全市社会保障和就业支出 11.75 亿元,增长 16.1%。调整完善未参保集体企业退休人员等相关群体基本养老保险待遇政策。落实社会救助与物价上涨挂钩联动机制,全市累计向城乡低保等困难群众和高校家庭经济困难学生发放临时价格补贴 1014 万元。提高城乡居民基础养老金标准,全市 33.26 万人受益。建立统筹城乡居民的医疗保险制度,将城乡居民医保财政补助标准提高到人均 250 元。探索建立医疗卫生机构绩效工资分配机制,统筹推进县级公立医院综合改革。

【深化财政改革】 稳步推进社会保险基金预算编制工作,加强政府投资预算编制管理,建立经济分类和功能分类相结合的项目支出预算编制体系,将预算外收入全部纳入预算管理。推进国库集中支付改革,全市国库集中支付资金规模占财政支出的比重为 65.1%。制定公务卡强制结算目录,全市公务卡改革实现预算单位全覆盖。出台"三公"(因公出国境经费、公务用车购置及运行费、公务接待费)经费管控办法,实行"三公"经费支出额度与进度双控制。2012 年,全市一般公共服务支出增长 6.7%,低于财政支出平均增幅 4 个百分点。推进财政体制改革,研究出台市与柯城区、衢江区、市绿色产业集聚区财政体制,理顺市与区的事权划分和支出责任,形成更加科学合理的财政支出分担机制。落实区域统筹发展激励奖补政策，加大对所辖县(市)的转移支付补助力度，全年市财政对所辖县(市)转移支付补助资金1.32亿元。推进乡镇财政和公共服务平台建设，提升基层财政财务管理水平。

【加强财政监管】 加强财政资金调度管理，通过各种理财方式，实现财政资金保值增值，全年理财利息收入7254万元。加强财政投资项目评审工作，制定政府投资项目评审操作规程、委托评审管理及工程变更等管理办法，全市完成评审额69.84亿元，核减资金4.67亿元，核减率6.7%。加强预算绩效评价，强化扶贫资金等民生类专项资金绩效评价工作，探索建立贯穿预算编制、执行、监督全过程的预算绩效管理制度体系。加强财政资金监管，开展财政专户清理和行政事业单位资产清查工作。开展行政事业单位部门决算审核试点，规范行政事业单位财务会计行为。加大政府采购监管力度，研究出台政府采购降低成本提高效率意见，全年实现政府采购额25.98亿元，节约资金4.19亿元，资金节约率13.9%。推进党政机关公务用车清理、定编工作。推进会计从业资格无纸化考点建设。

【提升队伍素质】 结合新一轮政府机构改革，对17位科级中层干部进行岗位交流，选拔17名科级干部和33名科级后备干部。推进人大代表建议、政协委员提案办理工作，全年受理各类提案建议131件，满意率100%。推进干部职工执业能力培训，全年培训干部3316人次。落实助学奖励政策，鼓励干部职工参加各类执业考试、学历考试。优化升级公文处理系统，实现局机关自动化办公软件升级换代。加强财税文化建设，组织“做有爱心有责任心的财税人”学习教育活动，开展“做最美衢州人——我们的价值观”大讨论。修订完善内部工作绩效考核办法、干部分级考评办法，建立全局一体化量化考核体系。落实党风廉政建设责任制，强化廉政教育，切实履行“一岗双责”。完善廉政风险防控机制，开展廉政风险防控示范点建设，推进廉政风险排查和防控机制建设全覆盖。

(衢州市财政局供稿　王燕萍执笔)

柯城区

【概况】 2012年，衢州市柯城区实现生产总值109.71亿元，按可比价格计算，比上年增长11.5%。其中，第一产业增加值8.74亿元，增长2.2%；第二产业增加值32.88亿元，增长11.1%；第三产业增加值68.09亿元，增长12.9%。三次产业增加值占全区生产总值比重分别为7.9%、30.0%和62.1%。全区财政总收入6.73亿元，增长11.6%，其中公共财政预算收入4.39亿元，增长7.9%，占财政总收入的65.2%；全区公共财政预算支出11.52亿元，增长9.4%。全区财政收支平衡。

【组织财政收入】 *加强收入预测分析。*加强税收走势与经济发展情况分析，强化税源监控，严格收入管理，加强预算监督，健全财政与国税、地税部门的横向联系制度，提高组织收入的预见性和主动性。*优化财政收入结构。*全年公共财政预算收入中的税收收入3.98亿元，占比90.7%。*落实税收征管责任。*出台《关于培植税源加强税收征管实施办法》，将收入任务层层分解，逐级落实到乡镇(街道)、相关部门单位。*强化非税收入征管。*健全政府非税收入征管体系，实行严格的票据结报和年检制度，实现源头控管，全年组织政府非税收入3.82亿元。

【促进经济发展】 *加大对企业扶持力度。*发挥财政资金引导和撬动作用，落实市、区两级支持工业、农业发展的财税优惠政策，引导和培育新兴产业加快发展。优化企业融资环境，落实工业企业还贷周转金制度，帮助34家企业解决周转资金1.27亿元。*争取省市项目资金支持。*加强部门配合，力促项目申报，全区申报各类项目220个，其中一事一议项目53个，争取省级项目奖补资金1000万元。*支持重点工程建设。*强化资金整合，争取上级补助，筹措资金，保障旅游、商贸、交通等一批重点项目建设资金需求。

【优化支出结构】 *支持文教事业发展。*依法保障教育经费投入，确保法定增长，预算内教育支出3.77亿元，同比增长14.9%。支持“文化强区”建设，全年投入1682万元资金用于支持文化体育与传媒发展，同比增长133.3%，推动全区各类文化活动开展，各乡村、社区均建立文化活动室和“农家书屋”。*加大社会保障投入。*支持社会保障体系建设，保障失业人员、城乡低收入人群、农村困难群众、优抚对象等基本生活，城镇、农村低保发放标准分别提高到每人每月424元和272元，发放农村低保金1000余万元。推进城乡居民基本医疗保险和社会养老保险制度，参保率分别为98.4%和95.1%。推进医药卫生体制改革，启动公立医院综合改革，建成农村社区卫生服务站(点)27个。*加大“三农”支持力度。*全力推进美丽乡村、农业“两区”(粮食生产功能区和现代农业园区)建设。会同相关部门将各级财政扶持的项目整合到“两区”建设中，整合省级一事一议财政奖补项目与美丽乡村建设、农民饮用水工程、村庄整治等专项资金，推进新农村建设。

【深化财政改革】 落实“三位一体”财政组织机构改革，预算编制、执行、监督负责人配备到位，理顺职能，健全工作流程和运行机制。推进预算编制改革，规范部门综合预算编制程序，细化预算内容，完善收支测算方法，统筹考虑、综合平衡。深化国库集中支付和公务卡制度改革，全区所有行政事业单位全部实行国库集中支付制度。加强乡镇（街道）财政收支管理，实行乡镇（街道）支出预算与区级部门同口径编制，提高部门综合预算编制的完整性。

【加强财政监管】 规范项目评审工作，成立区项目评审中心，利用社会中介力量开展项目预算审核，评审中心负责项目复审并出具最终评审报告，全年完成审定项目112个，核减资金1100万元，核减率6.0%。加强政府采购监管，全年通过政府采购节减财政资金242万元，节减率9.2%。强化财政支出绩效评价，对8个项目开展财政支出绩效评价工作，涉及本级财政资金1185万元。巩固“小金库”专项治理成果，建立长效机制。加强国有资产监督管理，制定《区属国有公司财务管理制度》和《区属国有企业重大财务事项报告制度》，规范国资企业管理，确保国有资产保值增值。

【干部队伍建设】 组织学习培训。通过自学和集中学习相结合，理论学习和业务培训相结合，“走出去”和“请进来”相结合等方式，营造“比学赶超”的良好氛围。落实考核监督。充实和规范全员岗位责任制、考勤管理、政务公开、车辆管理、财政信息编报等制度，细化量化科室（局）重点工作目标，以过程控制促进工作目标实现。开展各项活动。深化“创先争优”活动，发挥基层党组织战斗堡垒作用和党员先锋模范作用，提高财政干部队伍的战斗力和凝聚力。开展“治庸、治懒、治散，比责任、比作风、比业绩”活动，推进各项工作快捷高效运行。 （衢州市柯城区财政局供稿　姜晓临执笔）

衢江区

【概况】 2012年，衢州市衢江区实现生产总值112.05亿元，按可比价格计算，比上年增长10.9%。其中：第一产业增加值18.72亿元，增长3.7%；第二产业增加值53.82亿元，增长12.8%；第三产业增加值39.51元，增长11.9%。三次产业结构比为16.7：48.0：35.3，第三产业占比较上年提高1个百分点。固定资产投资69.03亿元，增长19.5%；社会消费品零售总额32.79亿元，增长15.5%；人均生产总值28133元，增长10.8%。财政总收入8.45亿元，增长16.7%，其中公共财政预算收入5.29亿元，增长11.6%，占财政总收入的62.6%；公共财政预算收入中的税收收入4.92亿元，增长11.2%，占比93.0%。全区公共财政预算支出15.12亿元，增长16.1%。全年财政收支平衡。

【组织财政收入】 加强经济发展和财政收入形势的分析预测，实施营业税改增值税试点，强化对重点地区、重点行业、重点税源的调研监控，制定组织收入预案，增强组织收入的主动性。完善收入激励考核机制，落实收入目标责任制，国、地税部门签订年度税收收入目标考核责任书，完善乡镇（街道、办事处）组织财政收入和健全管理工作考核办法，实行分类分档考核，健全区乡两级联动的协税护税网络体系。实施“抓大不放小”工程，加大相关税收清理力度。推进非税收入收缴管理改革，全面推广非税收入管理信息系统，依法加强收入征管。全年实现非税收入0.37亿元。

【服务经济发展】 落实稳增长、调结构的一揽子政策措施，统筹安排专项资金5.60亿元，完善主导产业和龙头骨干企业培育政策，加快发展大产业大企业。兑付家电、摩托车下乡补贴2532万元，拉动城乡消费1.98亿元。安排农业专项资金9130万元，支持农业“两区”（粮食生产功能区和现代农业园区）建设，莲花现代农业综合区通过省级验收，全旺现代农业综合区发展迅速，千里岗现代农业综合区启动建设。落实设施农业扶持政策，发放各类补贴2380万元，新建钢架大棚77万平方米，建成“万元田”3.6万亩。安排工业转型升级专项资金6700万元，采用财政补助、贷款贴息等方式，支持实体经济发展。实施“商贸兴区”战略，安排服务业引导专项资金1000万元，引导社会资金、民间资本、境外资金投入。安排文化旅游发展专项资金800万元，支持文化旅游产业发展壮大。实施企业减负“阳光工程”，取消、降低、暂缓各类涉企收费158项，减轻企业负担8000多万元。改善企业融资环境，帮助企业获得银行授信14.59亿元，小微企业新增贷款16.40亿元、增长31.0%。

【保障民生支出】 加大公共服务领域财政投入，全年新增财力的87%用于民生，民生支出10.61亿元，增长13.4%。投入“三农”资金7.13亿元，增长22.3%。发放种粮大户和油菜种植大户补贴、农机购置补贴、能繁母猪及生猪良种补贴等政策补贴款5880万元。落实森林生态补偿制度，兑现重点公益林补偿资金1269万元。安排4132万元资金推进美丽乡村为主要内容的各类行动，创建市级美丽乡村示范乡镇2个、精品村6个、“一村一品”专业村16个。安排2090万元资金支持中央小型农田水利重点县建设,新解决3.23万人饮水安全问题。落实低收入农户奔小康工程各项扶持政策,实施特扶项目168个,补助资金2.75亿元。争取村级公益事业建设一事一议省级财政奖补项目105个,补助资金1899万元。实施5个农业综合开发项目,补助资金1811万元。全年财政教育经费支出3.84亿元,实现公共财政教育支出占比21.8%的目标。支持开展第三届“创业文化周”和送文化、种文化活动,完善基本公共文化服务体系。支持实施积极的就业政策,出台“人才新政32条”,投入科技人才经费3965万元,国家“千人计划”和海外高层次人才引进实现零突破。支持医药卫生体制改革,全区30.41万居民参加城乡居民基本医疗保险,参保率96.0%,财政人均补助标准提高至250元。推进基层医疗卫生机构综合改革,区内住院报销比例达70%。推进城乡居民养老保险制度全覆盖,全年向6.3万名符合条件的城乡居民及时足额发放基础养老金5727万元。完善社会救助和社会福利制度,发放城乡最低生活保障资金3294万元。

【深化财政改革】 推进“三位一体”财政组织机构改革,健全财政运行机制。编制衢江区2012年政府公共财政预算、政府性基金预算、社会保险基金预算和政府性贷款计划,健全全口径政府预算体系。严把预算执行关,从严控制预算追加。推进国库集中支付和公务卡制度改革,提前完成“全覆盖”目标。完成党政机关公务用车重新定编和事业单位公务用车清查,加强和规范公务用车配备使用管理。实行公务接待费和公务用车运行费限额管理,严格控制“三公”经费。建立区国有资产监督管理办公室,依法履行国有资产出资人职责。推进乡镇财政规范化建设,开展乡镇财政机构和人员情况调研,制定并实施定人定岗和人员充实计划,强化乡镇财政资金监管职能。

【强化财政监督】 推进“数字财政”建设,加快部门基础信息数据库建设。推进项目绩效目标管理,完成财政资金绩效自评项目5个、重点绩效评价项目2个,开展绩效目标管理试点,涉评财政资金1653万元。加强政府投资项目评审工作,审核政府投资项目1215个,净核减资金1.22亿元,净核减率5.5%。加大政府采购监督管理力度,严格执行政府集中采购目录及标准,全年政府采购730宗,采购金额1.26亿元,资金节约率10.3%。加强地方政府性债务管理,全年还贷1.92亿元、转贷7500万元、付息约6000万元。强化会计集中核算管理,以事业单位绩效工资改革为契机,实现集中核算全覆盖。加强行政事业单位国有资产和财务监管,规范资产配置、使用、处置等行为。加强会计队伍建设,提高会计信息质量监管水平。

【干部队伍建设】 深化财政文化建设,推进“创先争优”活动,成功创建学习型组织建设示范单位。实行提案议案“办前、办中、办后”三见面制度,办结37件,实现满意率、办结率“双百”目标。坚持“民情沟通日”制度,帮助企业解决实际困难。创新干部教育培养机制和方式,通过资格审查、民主差额推荐、党组集体决策等程序,公开选拔16名业务能力强、群众满意度高的年轻干部。严格执行党风廉政建设责任制,强化内部控制和权力制衡,推进财政惩治和预防腐败体系建设。全县获区级以上集体荣誉23项、个人荣誉10人次,连续第7年被区政府评为“满意单位”。

(衢州市衢江区财政局供稿　高晓丽执笔)

江山市

【概况】 2012年,江山市实现生产总值215.67亿元,增长8.6%,人均生产总值35869元,增长7.0%。其中第一、二、三产业增加值分别为19.88亿元、122.23亿元、73.56亿元,分别增长3.3%、8.2%、10.6%。三次产业结构比为9.2∶56.7∶34.1。全市财政总收入18.41亿元,增长14.8%,其中公共财政预算收入11.14亿元,增长11.2%,占财政总收入的60.5%;公共财政预算收入中的税收收入(含契耕两税)10.19亿元,增长19.7%,占比91.5%。全市公共财政预算支出24.30亿元,增长6.6%。全年财政收支平衡。

【增强政府财力】 加强税源监控。对全市236户重点税源企业实行重点监控。开展营业税改征增值税试点对财政税收影响测算评估,12月1日正式实施“营改增”试点。应用存量房交易计税价格评估系统,对存量房交易实施最低计税价格控制。开展年所得12万元以上个人所得税自行纳税申报工作,强化股权转让个人所得税征管。开展房地产交易土地增值税清算。加强房产税、土地使用税税源管理。加强非税收入征管。将执收单位全部纳入征管信息系统,推行在线开票管理;实现政府非税收入全过程电子化。启用土地出让金征收管理系统,与国土、银行联网。做好社会保险费企业年度结算申报工作,对零申报、少申报企业进行重点辅导。规范年度工伤保险费率调整,开展社会保险费欠费数据清理。全年实现非税收入6.22亿元。

【服务经济发展】 筹措资金促发展。重点支持以高速铁路、城市建设、公路为重点的基础设施和民生工程建设。协助筹措落实市政、水利、经济开发区及乡镇功能区基础设施建设资金3亿元。拨付8400万元支持贺村小城市培育试点和峡口中心镇建设。多渠道筹措政府投资项目建设资金，全年策划融资项目13个，协议融资20.35亿元。完成低丘缓坡开发三年融资项目10.50亿元，一期项目5亿元已落实到位。统筹调度财政间歇性资金6.20亿元，用于园区工业平台、城市基础设施、交通道路项目建设。政策引导助转型。参与制定加快工业强市建设、支持小型微型企业健康发展等一系列扶持政策，实现对企业的差异化扶持发展。研究制定工业投资项目决策咨询制度，制定加快推进木业加工产业工业设计发展的实施意见及专项资金管理办法。完善涉企补助奖励数据库，促进政策兑现工作提速增效，全年兑现各类涉企补助2.22亿元。实施残疾人就业保障金、工会经费减征，全年减免各项税费1.10亿元、抵免所得额1.80亿元。完善重点纳税工业企业财政融资管理办法，扩大融资范围，加大企业转贷服务力度，累计调度财政资金6.17亿元，帮助企业转贷9.80亿元。为纳税人提供优质服务。推进办税服务厅综合管理系统建设，落实导税服务、限时服务等制度。做好《小企业会计准则》及财政支农政策培训等会计人员继续教育。

【优化支出结构】 加大“三农”支持力度。会同相关部门将各级财政扶持项目整合到农业“两区”（粮食生产功能区和现代农业园区），统筹一事一议和幸福乡村创建、农民饮用水工程、村庄整治等项目建设资金，推进新农村和农业“两区”建设。启动土地流转储备金制度，促进土地流转，推进现代农业发展。全年拨付各类农业资金4.22亿元。支持文教事业发展。全年拨付财政教育资金6.02亿元，占公共财政预算支出的24.8%。完成教育投入考核目标，保障教育资金需求。支持学校布局调整项目建设，推进城乡教育均衡发展。拨付资金2272万元，支持文化强市建设，完善城乡公共文化服务体系。加大社会保障投入。参与制定社会养老服务体系建设和民办养老服务机构的优惠政策，调整城镇职工退休人员基本待遇和城乡居民基础养老金待遇及城乡最低生活补助标准。全面启动市公立医院改革，做好医疗改革资金保障。支持村卫生室标准化建设，推进乡村卫生服务一体化。做好弱势群体的救助帮扶工作，累计发放各类救助补助5534万元。统筹财政性资金2032万元，用于廉租房及安置房建设。加强生态环境建设。支持“811”环境保护新三年行动，安排企业节能减排专项资金740万元，筹措补助污水处理厂运营费用、还本付息费用800万元和垃圾收集处理费用1077万元。支持小化工治理、黑烟囱整治、化工园区整治等项目实施，安排集镇污水处理建设“以奖代补”资金。制定生猪养殖场关停迁转政策，配合做好生猪养殖整治和规范工作。

【深化财政改革】 完善非税收入纳入预算管理措施，加强对部门各项收入的管理。完善政府性基金的预算编制，增强预算编制的完整性。实现国库集中支付和公务卡制度改革全覆盖。出台制定加强乡镇财政建设的意见，开展乡镇财政规范化建设，完善财政转移支付制度，健全乡镇财政增收节支保平衡促发展激励机制。会同纪检监察部门制定“三公”经费管理办法，编制全市“三公”经费支出计划，加强经费审核，规范部门资金和财务支出管理。

【强化财政监管】 推进专项资金整合，完善专项资金绩效评价办法，落实项目公开公示、专家审查制度，提高专项资金使用绩效。在确保相关基金支付的前提下，将部分社保资金转为协议定期存款，确保社保资金保值增值。扩大评审范围，做好政府投资项目估算、概算、预算、决算评审。强化政府采购监管，全年政府采购额7158万元，节减资金1127万元，节资率13.6%。完善财政监督检查约谈、回访机制，开展财政惠农等专项资金监督检查和会计信息质量检查。开展政府性债务风险情况预测分析。

【规范国资管理】 制定国有资产管理体制改革实施意见，确立国投公司管理基本框架，实行“统一融资筹划、统一资源配置、统一资金调度、统一会计核算”的项目融资管理方式。规范国投公司会计核算，加强国投公司财务运行、资金平衡和债务风险的监管。做好国有资产出租公开挂牌，累计成交额1840万元，增值645万元，增幅54.0%。

【加强队伍建设】 “三位一体”组织机构改革实现职能到位、人员到位。按照新的机构“三定”方案，调整部分中层干部岗位。重新设置事业单位岗位，完成事业单位干部聘任工作。组织开展干部教育培训，全年举办培训班12期。开展课题调研，全年征集调研文章101篇。实施民主评议行风“回头看”活动，健全对纳税人投诉和举报的处理机制，提高纳税人满意度。落实党风廉政建设责任制，层层签订党风廉政建设责任书，落实“一岗双责”工作机制。完善财税系统廉政风险防控机制建设，开展内部权力搜索和全员廉政风险点排查，创建衢州市廉政风险防控示范点。加强内部监管，修订内部监督检查办法，做好内部监督检查。全年获得市级以上先进集体43项，先进个人42项。市局在全市机关部门工作目标综合考评中获一等奖，立集体三等功，连续第7年获“最佳满意部门（单位）”称号。 （江山市财政局供稿　王成诗执笔）

龙游县

【概况】 2012年，龙游县生产总值159.84亿元，增长11%。按常住人口计算，人均生产总值39578元，增长10.9%，其中第一、二、三产业增加值分别为13.04亿元、93.84亿元、52.96亿元，分别增长3.3%、12.4%、10.3%。三次产业结构比为8.2：58.7：33.1。全社会固定资产投资105.76亿元，增长14.2%；全年进出口总额2.91亿美元，增长11.4%；社会消费品零售总额82.87亿元，增长15.0%；城镇居民人均可支配收入25242元，农村居民人均纯收入11306元，分别增长13.3%和11.4%。全县财政总收入12.55亿元，增长12.8%。公共财政预算收入8.05亿元，增长13.5%，其中税收收入7.28亿元，占公共财政预算收入的90.4%。全县公共财政预算支出20.46亿元，增长12.2%。全县财政收支平衡。

【组织财政收入】 完善税收征管制度，建立管理员、分局、县局“三级税收分析预测”制度，对全县325户重点税源企业实行重点监控，健全重点企业税源管理、重大税源变动报告、税源专题调研等制度。建立社会综合治税部门联络员队伍，召开国、地税联席会议，深化社会综合治税。启用存量房交易评税系统，对存量房交易实施最低计税价格管理，调增计税价格1.20亿元，增幅36.0%。依托非税收入信息系统和国有土地收支管理信息系统平台，发挥财政票据的源头管控作用，收缴土地出让金等非税收入6.07亿元。

【服务经济发展】 发挥6000万元工业转型升级专项资金作用，支持工业平台建设，支持主导产业培育、龙头企业发展、科技创新、品牌提升和节能减排等。落实结构性减税政策，落实高新技术企业发展、企业创业创新等财税政策，开展“营改增”试点，清理规范行政事业性收费，全年为企业减负让利1.50亿元，兑现财政奖励贴补资金1.21亿元。将工业企业融资还贷周转金从5000万元提高到1.00亿元，降低扶持门槛，优化审批流程，全年累计为51家企业提供还贷周转273批次，周转总金额18.70亿元，增长71.0%。帮助企业申报项目，争取到财政部“国家金太阳示范项目”专项扶持资金1.10亿元。配合水利部门争取到“全国中小河流综合治理试点项目”补助资金1亿多元。落实惠民政策补贴，规范家电以旧换新政策，开展补贴清理工作，拨付家电（汽摩）下乡、以旧换新财政补贴4838万元。开展农资综合直补工作，发放直补资金2312万元，惠及农户9.15万户。

【保障民生支出】 加大对农业、教育、文化、医疗卫生、就业和社会保障等公共服务领域投入，全年民生类相关支出15.59亿元，增长20.8%，高出公共财政预算支出8.6个百分点，占公共财政预算支出的76.2%。加大对新农村建设投入，安排“美丽乡村”创建资金2000万元、农民饮用水工程资金4611万元等。支持保障性安居工程建设，安排6600万元用于建设西湖沿家苑二期、莲湖家苑等安居工程。投入教育经费5.11亿元，增长18.8%，用于提高部分乡村偏远学校公用经费标准，保障非义务教育学校教师实行绩效工资改革，以及扶困助学扩面、学生爱心营养餐、教师素质提升等专项支出。加大公共文化投入，拨付资金1539万元，用于广播电视公共服务均等化建设、数字电视平移及网络改造、民居苑古建筑群、石窟保护等。全年医疗卫生事业支出1.80亿元，用于提高医保补助标准，推行公立医院医药卫生体制改革，加强乡镇医疗卫生服务机构和村卫生室运行建设。安排社会保障和就业支出1.91亿元，增长29.4%，充实社保基金、完善城乡居民最低生活保障制度以及再就业招工平台建设、村级劳动保障平台建设等。

【深化财政改革】 推行国库集中支付和公务卡改革，全县198家单位完成国库集中支付和公务卡改革任务，发放公务卡1579张，制定《龙游县县级预算单位公务卡强制结算（试行）目录》。出台新一轮乡镇（街道）、开发区财政体制，加大对乡镇（街道）转移支付力度，落实基本财力保障，调动乡镇（街道）、开发区自我发展、滚动发展的积极性。推进第三批事业单位绩效工资改革，对困难部门实施财政补偿。全面完成党政机关公务用车专项治理和定编工作，规范党政机关公务用车的配备和使用。

【强化财政监管】 强化项目资金绩效管理，制定《龙游县预算绩效管理办法》，开展全县机关部门绩效管理培训，全年对20家单位实施绩效评价，涉及财政资金5.20亿元。创新涉农项目管理制度，建立财政资金项目实施建设承诺制，规范支农资金管理。扩大政府投资项目评审范围，规范政府投资项目管理，完成项目审核766个，净核减资金7867万元，核减率4.4%。抓好部门会计核算和乡财县管乡用制度的落实。制定《龙游县国资营运公司绩效考核办法（试行）》，加强国有资本营运管理。

【加强队伍建设】 完善局机关工作制度，制定《龙游县财税局工作规则》《龙游县财税系统中层干部管理办法》等制度，推进工作制度化和规范化。加强与“两代表一委员”的沟通，做好建议提案办理，受理党代表、人大代表、政协委员建议提案27件，满意率100%。深化廉政教育和廉政文化建设，组织中层干部到十里坪监狱参加警示教育，开展廉政短信提醒服务，全面落实党风廉政建设责任制。全年获得上级表彰先进集体和个人分别为64次和37人次，县财政局在全县满意单位评选中连续两年被评为“满意单位”。

（龙游县财政局供稿　余敏芬执笔）

常山县

【概况】　2012年，常山县实现生产总值98.76亿元，按可比价格计算，比上年增长8.7%。其中：第一产业增加值7.58亿元，增长3.6%；第二产业增加值54.57亿元，增长10.2%；第三产业增加值36.61亿元，增长7.5%。三次产业结构比为7.7∶55.2∶37.1。按户籍人口计算，全县人均生产总值29489元，增长8.0%。全县财政总收入8.99亿元，增长5.7%；其中公共财政预算收入5.72亿元，增长7.6%，占财政总收入的63.6%；公共财政预算收入中的税收收入5.03亿元，增长9.6%，占比88.0%。全县公共财政预算支出17.36亿元，增长7.2%。全年财政收支平衡。

【组织财政收入】　加强税源监控。监控县级以上重点税源企业490家，建立40家重点骨干工业企业季度财务分析制度，完善预测直报、信息反馈、月（季）度比对的收入分析常态化机制。监控企业入库税收3.64亿元，占全部税收收入的88.1%。做好“营改增”测算评估、数据审核工作，移交国税交通运输业和部分现代服务业企业1167户。完善收入征管措施。全面推广应用网络发票，831户纳税人在线使用。开展房产税和城镇土地使用税税源普查、存量房评税数据采集和土地增值税清算。规范非税收入管理。推广新非税征管信息系统，全面应用国有土地收支信息系统。全年实现非税收入3.48亿元，增长4.0%。

【支持经济发展】　落实财税扶持政策。及时拨付扶持企业发展资金6967万元，减免税费2441万元。提供企业应急专项资金4.95亿元，减轻企业融资成本410万元。兑付家电以旧换新、汽车摩托车下乡补贴资金1107万元。推进产业结构优化。推动外向型经济、浙商回归、总部经济等政策制定。扶助轴承、钙等优势产业发展，支持胡柚、油茶产业转型升级。安排服务业发展引导资金900万元，促进旅游业、金融业、物流业等现代服务业发展。支持重点项目建设。开展“项目建设突破年”“工业企业服务月”等活动。向市以上财政部门争取各类补助资金13.40亿元，增长20.3%；县属国有公司新增融资4.50亿元。推进“独流入海”常山段工程*、杭新景高速公路、48省道延伸线等一批重点项目开工建设。

【保障社会民生】　全年民生支出12.53亿元，增长9.5%，占全县公共财政预算支出的72.2%。支持“三农”建设。农林水事务支出2.84亿元，增长10.4%。设立新农村建设专项资金3000万元，推进9个重点提升村、20个精品村、34个创建村建设。加大重点水利、土地整理、病险水库除险加固、农村清洁工程项目扶持力度，落实农村社会公益事业一事一议省级奖补资金和县财政配套资金各1500万元。完善社会保障体系。社会保障和就业支出1.35亿元，增长14.4%。全年发放城乡最低生活保障金2359万元，农村和城市低保标准分别提至每人每月255元和424元。提高城乡居民基础养老金发放标准至每人每月80元，城乡居民社会养老保险参保率95.1%。加强保障性住房建设，推进530套城区安置房建设、6900户农村住房改造。发展各类民生事业。教育支出3.79亿元，增长13.0%，完成省对市县教育投入考核目标。支持省教育现代化县创建，推进县第一小学和4所乡镇中心幼儿园建设。医疗卫生支出1.71亿元，增长9.8%，县人民医院正式投入使用，建成社区卫生服务站6个。启动县级公立医院综合改革，86.7%的村卫生室纳入基本药物制度实施范围。新农合筹资标准提高至人均380元，参合比例98.0%。文化体育与传媒支出4304万元，推进文化惠民工程，支持县影剧院改造提升，推动城乡文化活动开展和场所建设，实现行政村“农家书屋”全覆盖。加大生态环保和“平安常山”建设投入。节能环保支出4852万元，增长35.5%，支持农村农居环境卫生整治“四边三化”*行动，巩固化工园区污染整治成果。公共安全支出1.09亿元，增长16.1%，支持社会治安综合治理和社会应急联动试点工作。

【推进财政改革】　深化部门预算改革。规范编制模式，完善项目经费细化预算，推进“全口径”预算编制。加快预算信息公开，县文广新局、县林业局2个部门预算上会接受县人大代表公开审议。强化预算执行刚性。完善预算追加管理办法，严格控制经费追加。落实限时办结制度，加快预算执行进度。以国库集中支付为切入点，全面实施公务卡改革。制定公务卡强制结算目录，对零星办公、汽车用油等10个项目实施公务卡结算。完善政府采购管理。实行政府采购专家(预)评审制度、履约验收制度,全年政府采购(货物及服务类)计划7611万元,实际采购金额6540万元,资金节约率14.1%。控制"三公"经费支出。实行经费指标化管理,加强统计分析和执行监管。开展党政机关公务用车专项治理,规范公务接待审批报销制度,实行公务接待费年度控制制度。推进乡镇财政规范化建设。常山县被列入省级乡镇财政公共服务平台建设试点县,探索"乡财乡管"模式,增设乡镇财政管理科,完成乡镇财政所组建工作,选择球川镇、白石镇进行乡镇公共服务平台试点。完善乡镇财政信息网络,实现乡镇财政资金就地就近监管。

【强化财政监管】 健全绩效评价制度。完善财政资金预算绩效管理的评价体系和运行机制,推进预算绩效管理。开展2012年度县级以上财政支出项目资金绩效自评。完善国有资产和国有公司管理。开展行政事业单位清产核资,推进资产管理信息平台建设,调剂闲置国有资产,实现对国有资产配置、使用、处置等各个环节的动态管理。实行国有资本经营预算编制,健全县属国有公司运营费用、经营业绩、财务管理制度。加强政府性投资项目评审。规范事前审核和事后监督,全年审核政府投资项目165个,净核减资金3403万元,净核减率12.1%。加大财政资源整合。清理整顿财政专户,规范财政资金账户管理,确保相关财政资金保值增值。加大支农资金整合,加强省特别扶持项目和资金管理。

【提升队伍素质】 深化干部作风建设。开展"创先争优""执行效能提升年"等活动,完善内部会议、效能建设等内控制度,依靠领导督促、纪检监察、社会监督,加大问责力度。加快办税服务厅综合管理系统建设,推进简政放权和审批流程再造。结合"进村入企"大走访活动,加大财税政策普法宣传,提高纳税人满意度。强化党风廉政建设。开展学习《党章》、典型教育、读书思廉等活动,拓展廉政文化内涵。签订党风廉政建设责任书,制定《构建惩治和预防腐败体系工作计划》,健全廉政风险防控机制。2012年,县局被县纪委确认为常山县廉政风险防控机制标准化建设A级单位。加强学习型机关建设。坚持"周一夜学""领导讲课"制度,建立"干部论坛",完善中心组理论学习制度。举办"营改增"、小企业会计准则、法制教育、文明礼仪等各类培训14期,培训人数800余人次。完善用人机制。健全轮岗制度,开展中层干部竞争上岗,7名干部经过竞争上岗走上中层领导岗位,6名中层副职转为正职。推进班子建设。开展党内民主生活会和民主评议,重大事项集体决策。组织财税文化活动。举办财税文化节,开展价值观、十八大精神大讨论,提炼常山财税核心价值观。发挥党团工妇组织作用,成立登山、摄影等兴趣小组,开设"财税文化建设"交流平台,开展丰富多样的趣味文体活动。全年获得各项集体先进44个,个人先进26个,在全县部门综合考核中获一等奖。

(常山县财政局供稿　冯　琳执笔)

注:

*"独流入海"常山段工程:"独流入海"钱塘江治理工程之一,位于常山港干流,项目建设防洪堤16段,总长47.47公里,投资8.29亿元。整个工程将分二期实施,计划在"十二五"期间,建成17.17公里防洪堤,完成投资4.60亿元。

*四边三化:指在公路边、铁路边、河边、山边等区域开展洁化、绿化、美化行动。

开化县

【概况】 2012年,开化县实现地区生产总值88.68亿元,比上年增长10.2%。其中第一、二、三产业实现增加值11.52亿元、43.08亿元和34.08亿元,分别比上年增长1.7%、10.7%、12.4%。三次产业结构比为13.0:48.6:38.4,人均生产总值为25012元,增长9.7%。全县财政总收入7.39亿元,增长16.7%,其中公共财政预算收入4.57亿元,增长4.4%,占财政总收入的比重为61.8%;公共财政预算收入中的税收收入4.01亿元,占比87.7%。公共财政预算支出19.40亿元,增长8.3%。全年财政收支平衡。

【组织财政收入】 完善"一税(行业)一专题"税收分析制度,对光伏产业、房地产业、建筑业等重点行业加强税收分析预测,实施针对性强的征管举措,把握财政收入主动权。深入开展企业"大走访"活动,摸清税源变化情况,夯实税收征管基础。深化不动产建筑业税收项目管理软件的应用,与住建局发出关于规范商品房合同备案注销、变更,加强房屋交易税收管理问题的通知,加强房地产和建筑业税收管理。加强企业税费汇算清缴和欠税、欠费清缴,强化不动产转让土地增值税和股权转让个人所得税等一次性税收征管。加强与发改、经贸、国土、住建、工商、国税等部门的协作,利用第三方信息,实施税收源头控管。连续6年开展社保费清算工作,确保社保费等收入稳定增长。应用浙江省政府非税收入信息系统和浙江省国有土地收支管理信息系统,推出电子缴款、网上缴费、警务通等新型收缴方式,完善政府非税收入考核办法,调动执收单位组织收入积极性。全年实现非税收入5668万元。

【支持经济发展】 落实工业、外贸、科技发展等各项奖励扶持资金5431万元,增长58.8%,惠及企业156家,用于支持主导产业的培育、技术改造、科技创新、品牌提升、做大做强等方面。设立服务业发展引导资金,支持生态旅游、商贸流通、地方金融等行业加快发展。建立企业应急专项资金,并将资金规模提高至1亿元,为70家企业周转186笔,累计出借企业应急专项资金8.36亿元,缓解企业融资困难。落实高新技术企业减免等税收优惠政策,减免税收3946万元。落实新个人所得税法和营业税起征点提高等政策,减轻税负2900万元。落实部分保险费集中减征、水利金减免等减征政策,减轻费负845万元。免征小微企业行政事业性收费17项,全年减少涉企收费300万元。加大基础设施投入,全年完成"四大工程"*项目建设投资34.79亿元,其中财政投入5.37亿元,重点支持建设工业平台、农村发展和城市建设等。多渠道筹集建设资金,保障重点项目建设资金需求。

【保障民生支出】 加大对民生领域和社会事业的投入力度,全年民生支出13.60亿元,增长13.6%,占财政支出的70.1%,新增财力用于民生支出的比重为73.5%。助推新农村建设。整合财政支农资金4.98亿元,推进农业"两区"(粮食生产功能区和现代农业园区)建设,支持茶叶、食用菌、清水鱼、高山蔬菜等生态特色产业发展。落实村级公益事业建设一事一议财政奖补工作,加大农业综合开发力度,做好种粮农户农资综合补贴发放工作,支撑农业增效、农民增收。促进社会事业发展。支持各类教育发展,改善教育基础设施,推动教育创强;落实教育惠农政策,资助学生1.8万人次,实现贫困学生"零失学";全年教育支出3.86亿元,增长10.2%。加大专项经费保障力度,支持送戏、送电影、送书下乡,实现农家书屋全覆盖,支持根博园国家5A级景区创建、传统文化村落调查和非遗保护。支持卫生事业发展,将城乡居民基本医疗保障政策范围内住院费用报销比例提高至70%,启动县级公立医院综合改革。支持各项社会保障。落实积极的就业政策及"光伏"产业用工的财政补助和税收优惠政策。落实企业退休职工养老金调整标准和各类群体的待遇保障,企业退休人员基本养老金待遇人均月增加222元;城乡居民社会养老保险基础养老金最低标准提高至每人每月80元。支持城乡群众改善居住条件,实施农村困难群众住房救助2400户,开工建设保障性住房356套。

【深化财政改革】 落实"三位一体"财政组织机构改革,预算编制、执行、监督及评审中心负责人配备到位。开展农村公共财政服务平台建设试点工作,搭建"一所两中心"(财政所和公共财政服务中心、会计代理中心)组成的乡镇公共财政服务机构,建立乡镇财政工作、学习、管理、监督、考核、廉政建设等25项管理制度,开发利用公共财政信息服务系统,推进县乡村三级联网,以社保卡为媒介,将补助资金发放卡(折)、社保卡、医疗卡、就诊卡等整合成一张多用途智能卡,推动乡镇财政与数字财政的融合,实现财政下乡、便民利民、就近监管的目标。首次试编国有资本经营预算,形成涵盖公共财政、政府性基金、社会保障、国有资本经营预算和政府融资计划的预算体系。制定《开化县行政事业单位通用办公设备家具购置费预算标准和办公用房购建改造装修费用标准(试行)》,强化资产管理与预算管理的结合。实现国库集中支付和公务卡改革的全覆盖,建立公务卡刷卡目录。

【强化监督管理】 落实政府信息公开工作,推动公开理财办税。建立对财政性资金拨付、使用的动态监控机制,确保财政资金安全。以特扶资金审计为契机,加强中央财政预算投资项目、特扶项目、政府重点项目的资金监督管理,提高财政资金使用绩效。完善财政性资金存贷挂钩考核办法,引导金融机构加大对地方经济社会发展的支持力度。全面清理行政事业单位结余资金,将闲置资金调回县财政统筹使用,提高财政结余资金运转效率。制定《关于加强预算支出绩效管理工作的意见》,健全预算绩效管理制度,推动部门自评和财政部门重点评价的开展。扩大政府采购实施范围,将服务类纲目纳入政府采购,加强政府采购监管,全年采购金额3840万元,节约资金536万元,节资率12.3%。

【加强队伍建设】 以行风评议等各类主题活动为平台,走访企业356户,个体工商户658户,农户235户,帮助解决实际问题。加强与"两代表一委员"的沟通,做好17件建议提案的办理,面商率、函复率、满意率均为100%。组织实施新一轮中层干部竞聘上岗,优化干部队伍结构。贯彻落实党风廉政建设责任制,加强廉政风险防控体系建设。当年县财政局在综合争先考核中获一等奖,蝉联政府部门序列最满意单位。全局获得县级以上集体荣誉70项、个人荣誉59人次。

(开化县财政局供稿 叶黎明执笔)

注:

*四大工程:指产业提升、基础设施、生态建设、公共服务等四大类工程项目。

舟山市财政工作概况

舟山市

【概况】 2012年,舟山市实现生产总值851.95亿元,增长10.2%,按常住人口计算,人均生产总值74831元,增长9.3%。第一、二、三产业增加值分别为83.05亿元、385.42亿元、383.48亿元,分别增长5.5%、12.3%、9.1%。三次产业结构比为9.8∶45.2∶45.0。海洋经济总产出1959.00亿元,增长13.1%,海洋经济增加值585.00亿元,增长12.0%。全社会固定资产投资600.81亿元,增长26.2%。社会消费品零售总额290.54亿元,增长16.0%。外贸进出口总额153.56亿美元,增长15.8%。城镇居民人均可支配收入34224元,渔农村居民人均纯收入18601元,扣除价格因素,分别增长10.3%和11.0%,城乡居民收入比为1.84∶1。舟山港域完成港口货物吞吐量29099万吨,增长11.7%。全年接待国内外游客2771万人次,增长12.6%。全市实现财政总收入133.45亿元,增长4.9%,其中:公共财政预算收入85.56亿元,增长11.9%;全市公共财政预算支出155.22亿元,增长4.8%。市本级财政总收入58.04亿元,增长6.6%,其中:市本级公共财政预算收入38.27亿元,增长12.9%;市本级公共财政预算支出53.50亿元,增长18.5%。全市公共财政预算收入占财政总收入比重为64.1%,比上年增加4个百分点;全市公共财政预算收入中的税收收入78.42亿元,占比91.7%,比上年减少2.2个百分点。全市和市本级财政收支平衡。

【组织财政收入】 加强收入预测分析。注重收入分析质量,提高预测准确率。强化税源税种管理。推进税源分类管理,实行重点税源精细化管理、普通税源规范化管理、零星税源社会化管理。完善税种管理,挖掘潜在税源,清理应缴未缴耕地占用税1.27亿元。应对重大税制改革。关注增值税扩围、房产税改革试点等重大税制改革进程。牵头成立全市营业税改征增值税试点工作领导小组,拟定工作实施方案和时间进度表,向国税部门移交试点企业5950户。组织非税收入。加强财政专户管理,规范财政票据应用,推进政府非税收入信息化建设,健全非税收入征管机制和流程。2012年全市组织非税收入7.14亿元,增长52.7%。做好2011年度社会保险费年终结算工作,全市五项社会保险费收入21.32亿元,增长21.3%。

【支持新区建设】 争取政策资金。对照新区建设"三年行动计划",争取到七年期低利率地方政府债券。配合市属有关部门做好舟山港综合保税港区报批、群岛新区规划编制等工作。保障重点项目建设。2012年,全市筹措财政性建设资金93.00亿元,重点支持快速通道、浙江大学海洋学院、大陆引水二期工程等项目建设,优先保障重大基础设施和民生工程建设。建设投融资平台。参与海洋综合开发投资公司和交投集团等投融资平台建设,增加资本金投入。对政府投融资平台公司2009~2011年的基本情况及债务管理情况进行摸底调查。强化债务计划管理,坚持适度举债,将债务控制在警戒线以内。

【培植海洋经济】 加大产业扶持力度。支持培育发展新兴产业,提升传统优势产业。全市投入促进海洋经济发展专项资金8.30亿元,其中:投入工业转型升级专项资金3.10亿元,现代港口物流业专项资金3.00亿元,旅游发展专项资金9900万元,现代服务业发展专项资金3500万元;成立财税扶持经济政策研究课题组,研究市区统一的重点行业、重点区域发展扶持政策。帮扶企业解困。建立局领导联系重点企业制度,开展"支持浙商创业创新,全力助推群岛新区建设"专项行动,全市财税系统走访重点企业978户,解决实际问题426个。拟定《舟山市工业企业应急周转资金管理办法》,2012年为92家企业解决转贷资金32.92亿元;扩大中小企业专项信用贷款资金总规模至6亿元,全年累计发放专项信

舟山财政保障新区基础设施建设

用贷款5.73亿元,惠及企业148家。运用降低税率、抵免、减免等方式,重点落实高新技术企业、农产品初加工、小型微利企业、困难企业税收减免,全年全市减免税费6.11亿元。

【优化支出结构】 加大"三农"投入。全市财政农林水事务支出30.40亿元,重点支持农业"两区"(粮食生产功能区和现代农业园区)、美丽海岛及森林舟山建设,促进现代渔农业发展、渔农村生态环境改善和渔农民创业增收。支持村级集体经济发展,出资3000万元设立渔农村"政银保"专项担保资金*,缓解渔农村经济主体融资困难。加大社会事业投入。全市财政教育支出21.34亿元,增长31.1%,化解高校债务1.30亿元;文化体育与传媒支出3.14亿元,推进新一轮海洋文化名城建设;科学技术支出3.49亿元,重点用于加大对科技工作的经费保障力度,组建市科技创业投资基金;公共安全支出8.74亿元,增长12.9%,支持"平安舟山"建设;加大对生态环保投入力度,节能环保支出2.19亿元,增长14.6%;扩大社会保障覆盖面,社会保障和就业支出7.54亿元,增长21.7%;推进公立医院综合改革,建立城乡居民基本医疗保险制度,医疗卫生支出10.27亿元,增长11.8%;住房保障支出4.83亿元,增长31.9%,推进旧城改造和渔农村住房建设改造。控制行政成本。继续从严控制行政经费和一般性支出,市本级党政机关公用经费压缩5%。

【深化财政改革】 健全财政体制机制。统筹兼顾,做好2011年省对市县财政体制结算和市对新城管委会、科创园区、普陀山管委会及两区财政体制结算工作;拟定新城管委会、产业集聚区(开发区)财政体制;结合新区实际研究探索舟山群岛新区财政体制创新。推进预算公开。研究市本级"三公"经费管控办法,拟定预算公开的执行方案,建立协调机制。加强财政国库管理。实现市、县两级预算单位国库集中支付改革和公务卡改革全覆盖,全市国库集中支付改革资金量44.75亿元,占全年实施改革预算单位财政支出比重53.6%;全市公务支出刷卡消费量增长59.2%。推进部门预算科学化精细化管理。探索项目结余资金管理新机制,加大对结余资金收缴力度。落实主管部门对下属单位的预算管理和财务管理责任,完善部门预算编制程序,严格部门预算执行刚性。试编国有资本经营预算。制定《关于印发舟山市市本级国有资本经营预算管理试行办法的通知》,对首批5家市本级企业开展国有资本经营预算试编,完成国有资本收益收缴工作。加强财税信息化建设。制定《信息化建设三年规划》和《2012年信息化建设工作要点》,组建"财税信息化应用维护中心"。深化应用财政一体化软件。

【强化财政监管】 乡镇财政建设。指导和协调各县(区)做好乡镇财政机构和人员配置工作,开展乡镇财政业务培训,对2011年度乡镇财政建设工作进行考核,推动乡镇财政职能的完善和乡镇财政公共服务平台建设。政府投资项目监管。推进"项目专管员"制度,建立重点项目动态跟踪体系,加强工程结算审核和竣工财务决算审核,完成84个政府投资项目工程结算审核,审定投资2.99亿元,核减资金3896万元,核减率11.5%。行政事业单位国有资产管理。开展市本级行政事业单位国有房屋和土地资产清查,做好"非经营性资产转经营性资产"工作,盘活资产3.00亿元。政府采购监管。实行车辆定点维修政府集中采购,开展公务用车专项治理。全年政府采购预算金额16.62亿元,增长31.5%,节约资金1.95亿元,节约率11.7%。财政支出绩效管理。试点预期绩效目标管理工作,确定6个单位自评项目、6个重点专项评价项目和2个部门预算评价试点项目,完善绩效评价指标体系建设,逐步建立预期绩效目标申报制度。财政会计监管。组织开展内部监督检查和行业性会计监督检查。加强会计人才队伍建设,做好全市企业类会计领军(后备)人才选拔培训工作。在普陀区展茅街道沙井社区开展会计网格化服务试点。

【加强队伍建设】 完善干部培养机制。组建人才库,培养财政地税复合型人才,分类分层次组织培训,提高干部综合素质。优化中层干部队伍结构,在全市财税系统内开展副科级领导干部公开选拔工作。推进"以师带徒"活动,采取上下挂职、左右交流的形式,多渠道培养干部。培育财税文化。发挥工、青、妇等组织的作用,组建各类兴趣小组。开展"我们的价值观——做怎样的新区人"大讨论和"共议身边税事·同绘群岛新区"财税青年论坛。组队参加全省财政地税系统2012年运动会和首届舟山群岛新区运动会。加强勤政廉政建设。编印《勤政廉政》读本,拟定《廉政风险预警管理实施办法(试行)》,落实党风廉政建设责任制。开展民主评议行风"回头看"活动,对存在的问题和不足及时整改完善。开展"优化环境,改善服务"深化作风建设活动,出台《提速增效优化服务督导工作暂行办法》《作风效能建设责任追究暂行办法》。2012年,市财政局获"全国新型农村和城镇居民社会养老保险工作先进单位"称号,被省委评为"浙江省创先争优先进基层党组织",被市委、市政府授予"全市重点项目(重要事项)突出贡献奖"。

(舟山市财政局供稿 徐颖娜执笔)

注:

*"政银保"专项担保资金:舟山市于2012年推出渔农

村“政银保”合作贷款实施办法,以政府、银行、保险公司为合作贷款构成主体,各级财政设立合作贷款专项担保资金,按1∶10比例确定资金担保规模。

定海区

【概况】 2012年,舟山市定海区实现生产总值347.28亿元,按可比价计算,比上年增长11.1%。其中:第一产业增加值10.26亿元,增长0.7%;第二产业增加值161.04亿元,增长13.8%;第三产业增加值175.98亿元,增长9.4%。三次产业结构比为3.0∶46.3∶50.7。全区财政总收入25.61亿元,增长4.2%,其中公共财政预算收入11.51亿元,增长10.4%,占财政总收入的44.9%;公共财政预算收入中税收收入9.14亿元,占比79.4%。公共财政预算支出25.97亿元,增长8.5%。全年财政收支平衡。

【组织财政收入】 加强财政收支分析。密切关注经济发展走势、宏观经济政策和税收政策变化对财政收入的影响,科学判断收入增减趋势,利用财政收入分析系统,实时查询,全面、及时、准确掌握财政收入,加强对重点税源企业的调查和分析,掌握收入主动权。规范非税收入征管。对全区执收单位的业务流程、收费项目、征收点分布等情况进行大盘点,开展调研、制定方案,做好网络平台搭建,全面掌握政府非税收入收缴情况,推行政府非税收入征管信息系统,提高收缴效率,实现科学化、精细化管理。全年收缴非税收入3.33亿元。

【支持经济发展】 加快经济转型升级。投入2.09亿元做大做强临港支柱产业,培育发展海洋战略性新兴产业,改造提升传统优势产业,优化产业结构。推进工业强镇建设,培育企业做大做强。扶持中小企业发展。加大中小微企业扶持力度,鼓励企业集约发展、技术创新、品牌建设、管理创新,优化企业发展环境。发挥区担保公司缓解中小企业融资难作用,累计为73家企业担保4.22亿元,比上年增长1.1%,为52家融资困难企业转贷4.39亿元。创新融资方式。区国资公司与杭州银行合作设立“蓝海育苗基金”1亿元,使19家具备成长潜力的中小企业受益。多渠道筹措资金加快推进重点项目建设。完成区国有资产经营有限公司10亿元的“定海企业债”的发行工作,为推进全区基础设施重点建设项目提供资金保障。

【保障民生支出】 优化支出结构,保障各项民生重点支出。新增财力用于民生支出的比重保持在2/3以上。加快新农村建设步伐。投入本级财政资金1159万元在全区12个社区实施美丽海岛创建,投入1441万元进行村庄整治和中心村建设,投入1028万元在33个村实施村级公益事业一事一议财政奖补项目36个,投资4700万元对舟山跨海大桥舟山出口至定海城区段道路两侧进行绿化提升。加强社会保障力度。提高城乡低保、五保供养等多项社会救助标准,发放低保、城乡居民养老以及被征地农民养老保险资金1.99亿元。未成年人和成年人医疗保险人均财政补助分别为310元和360元,实现城乡基本医疗保险制度一体化。完善基层医疗卫生机构财政投入机制,落实财政补助经费4609万元。加大财政教育投入。坚持教育优先发展,全年教育支出4.30亿元,占财政支出的14.8%。中小学生均公用经费分别提高至880元和680元。推进文化繁荣。加大对农家书屋、送书送戏下乡、电影工程等项目的经费投入,丰富农渔村人民群众的文化生活。加强对工业等重点区块的环境整治,为建设社会经济发展与环境保护相结合的和谐社会提供有力保障。

【深化财政改革】 推进公共财政“三位一体”组织机构、部门预算、乡镇财政建设等各项改革。制定《2012~2016年乡镇(街道)财政管理体制》,理顺区与乡镇(街道)财力分配关系,实现财力逐步向乡镇(街道)倾斜,促进全区城乡统筹发展。加强乡镇(街道)财政机构建设,完善乡镇(街道)财政职能,设立乡镇(街道)财政办公室,配备相应人员,制定各类管理制度,创建乡镇公共财政服务中心。

【加强财政监管】 全面推行国库集中支付改革。实现国库集中支付改革省定100%的目标,规范全区预算单位收支行为。完善公务卡改革。制定《定海区预算单位公务卡改革实施方案》和《定海区预算单位公务卡管理办法》,全面推行公务卡消费制度。加强社区资产财务管理。推进农渔村社区财务信息化建设,实现农渔村社区财务信息资源共享,形成乡镇、区属相关部门对农渔村社区财务的监督合力。完善绩效评价指标体系和评价方式方法,加强绩效评价管理。

【加强队伍建设】 开展争做“七型”干部”活动。动员全局党员干部职工开展“争创新业绩,争做新贡献”活动,促进财政系统新一轮的思想大解放、作风大转变、环境大改善。开展“进村入企”大走访活动。深入社区、企业和农户走访调研,听取企业近年生产经营状况、制约企业发展的瓶颈问题,以及农村建设问题、农户收入情况,为群众解决实际问题。推进财税文化建设。开展“我们的价值观”主题演讲比赛,组织兴趣小组活动，丰富业余生活。防范廉政风险。结合权力运行和监督制约，对照岗位职权查找廉政风险点，制定防控措施。（舟山市定海区财政局供稿　虞秋怡执笔）

注：

＊“七型”干部：肩上有责任，做政治坚定型干部；干事有激情，做开拓创新型干部；做事高标准，做勇争一流型干部；遇事敢担当，做求真务实型干部；成事要奉献，做勤奋敬业型干部；发展靠合力，做团结共事型干部；廉洁不出事，做清正廉洁型干部。

普陀区

【概况】 2012 年，舟山市普陀区实现地区生产总值 273.98 亿元，按可比价计算增长 11.2%；按户籍人口计算，全区人均生产总值 85052 元，增长 11.2%。第一产业增加值 33.17 亿元，增长 6.2%；第二产业增加值 117.65 亿元，增长 10.5%；第三产业增加值 123.16 亿元，增长 13.1%。三次产业结构比为 12.1 ∶ 42.9 ∶ 45.0。全区财政总收入 32.06 亿元，增长 4.7%，其中公共财政预算收入 21.15 亿元，增长 9.5%，占财政总收入的 66.0%；公共财政预算收入中的税收收入 19.32 亿元，占比 91.3%。全区本级公共财政预算支出 23.8 亿元，增长 14.6%。全年财政收支平衡。

【保持收入增长势头】 加强征收部门之间的横向互动、信息共享，开展税源调查和经济形势联动分析，做好“营改增”试点行业及地方收入数据的分析、测算工作。针对重点税源企业建立“定期下户，动态跟踪”机制，密切关注大中型项目税源，实施“政府支持、部门合作、政策引导”为一体的分离发展服务业长效机制，全面推进临港石化企业分离发展服务业工作。以深化“收支两条线”、强化票据监管和制度建设为重点，推进非税系统信息化建设，完善非税征管系统功能模块；试点 POS 机刷卡缴费新模式；严格执收单位监管及医疗票据、捐赠票据、罚没物资的管理。全年完成非税收入 1.83 亿元，增长 48.4%。

【服务经济发展】 拓宽融资渠道缓解建设资金压力，海天大道项目争取到地方政府债券 1 亿元，人民医院项目和滨港路停车场项目实现融资 2.50 亿元；安排专项补助 5000 万元，支持六横小城市培育。制定加快工业经济转型升级的若干意见和进一步加快发展服务业若干政策的意见，助推产业健康可持续发展。兑现工业财政扶持资金 1688 万元，支持金融部门给予制造业贷款余额 55.25 亿元，工业企业自筹技术升级改造资金 11.80 亿元，实现多渠道投入资金促进工业转型升级；落实服务业产业结构“退二进三”政策，兑现服务业财政扶持资金 526 万元，引导服务业企业提档升级；兑现海运业补助资金 5146 万元，缓解企业暂时困难。全年投入人才专项资金 1135 万元，大力支持人才工程，吸引高学历紧缺专业人才落户普陀。全年旅游发展支出 2948 万元，重点保障白沙海钓、大青山升级改造等旅游基础设施建设，支持旅游促销、旅游人才培养。落实“家电下乡”和“以旧换新”补贴政策，累计兑付财政补贴资金 4493 万元，拉动城乡消费 2.17 亿元；加强城乡市场流通体系建设，制定农贸市场改造提升以奖代补管理办法，新建 10 家社区便民菜店，支持蔬菜基地建设，推进“菜篮子”工程。

【优化支出惠民生】 优先发展教育。全年教育支出 5.73 亿元，增长 22.3%。调整教育布局，新建沈家门幼儿园、普陀小学，继续实施校舍提升工程，完成包括民办学校在内的校安工程建设任务。提高教师培训经费标准，扶持民办幼教发展，保障学生校车安全，实施中等职业教育免学费政策，提高中小学生营养餐标准，全面落实从学前教育到高中的政府财政扶困助学政策。2012 年，全区幼儿园、小学、初中、普通高中生均经费分别为 560 元、680 元、860 元和 1020 元，高于全省平均水平。稳定“三农”投入。全区用于“三农”支出 10.21 亿元，增长 9.0%。以一事一议财政奖补为平台，支持美丽海岛、中心村项目建设，加快实施村庄整治、污水治理；加强农业综合开发，重点支持“强塘工程”和第四批国家小型农田水利重点县建设；建立渔农村卫生保洁和基础设施长效管理财政投入机制，对开展环境卫生保洁、绿化养护、路灯维护和生活污水处理设施管护且集体经济年可支配收入 10 万元以下的村（社）给予分类补助；出台“政银保”贷款惠农新政策，首期由区财政投入担保资金 1000 万元，并给予投保人一定的保费补贴。深化医疗改革。全年医疗卫生支出 2.07 亿元，增长 18.3%。提高基本医疗保险筹资标准、财政补助标准和医疗保险待遇，整合新型农村合作医疗保险制度和城镇居民基本医疗保险制度，实现基本医疗保险城乡统筹；投入 1712 万元支持公立医院改革，制定财政补助政策，建立政府投入与服务数量和质量相挂钩的激励约束机制；支持社区卫生服务机构标准化建设，改善基层医疗卫生机构业务用房和医疗装备配置，通过多渠道补偿机制推进基本公共卫生服务均等化。加大社会保障力度。全年社会保障和就业支出 1.53 亿元，增长 21.9%。完善社会养老服务体系，开展服务需求评估，保障全区老年活动中心、居家养老服务中心、渔农村托老所日常运行;构建多元化住房保障体系,加大对公共租赁房、廉租房、经济适用房的投入力度,交付使用二期保障房449套。支持重点工程建设。全年投入2164万元用于海水淡化、岛际引水等工程建设,缓解海岛淡水资源不足矛盾。

【深化改革强管理】 压缩、规范行政经费。从严控制机构编制、"三公"经费和外出考察学习经费;开展公务用车专项治理,规范公务用车配备;提高预算执行力,国库集中支付改革和公务卡改革实现预算单位全覆盖,全年清算集中支付资金9.42亿元,公务卡交易2547万,公务卡支出占公务支出70%以上。规范乡镇财政管理。以加强乡镇财政机构设置为重点,推进乡镇财政管理规范化建设;开展乡镇财政体制调研,加大区对乡镇的转移支付力度。启动国企整合工作。在调研的基础上提出加强国企整合重组、理顺政企关系、加强企业用工管理、国有股权退出土地开发类企业等建议,拟订国企整体整合方案。

【加大监管促规范】 强化国有资产监管。制定区属企业国有资产评估管理暂行办法,规范国有资产评估,维护国有资产安全完整;加快广播电视有线网络"一省一网"整合发展,推进扬帆船厂整体搬迁,配合做好水产市场股份制改造工作,有序实施闲置公有资产调配、置换、出租和搬迁整改。加大财政监督力度。选取重点行业、重点单位、重点项目开展财政监督检查,纠正违规资金260万元;开展政府投资项目预算调整审核工作,提出造价控制要求;扩大政府采购范围,全年实际采购金额1.61亿元,节约资金2519万元,节约率为13.5%。深化绩效评价工作。明确评价关键点,制定评价方案,完善评价指标,健全评价内容,有序实施旅游发展资金、文化发展资金、养老服务体系建设等7个项目的财政支出绩效评价,实际评价资金总量3.13亿元。

【服务基层改作风】 完成公共财政"三位一体"组织机构的设立,优化中层干部队伍,依托财政文化建设六大平台,提升干部素质。结合财政工作实际,开展"进村入企"大走访活动、"重执行、强服务、促廉政"专题教育活动、"我们的价值观"大讨论和群众满意科室创建活动,增强财政干部服务群众、服务企业、服务发展的意识。推进行政审批改革,根据省、市下放到县区审批审核权限,新增外资企业财政登记权限进驻区办证中心,审批项目实行窗口直接办结。加强舆情关注和信访维稳,畅通利益诉求渠道,调处化解矛盾,营造和谐顺畅的理财环境。

(舟山市普陀区财政局供稿　陈轶伦执笔)

岱山县

【概况】 2012年,岱山县实现生产总值164.70亿元,比上年增长8.0%。其中:第一产业增加值23.52亿元,增长5.0%;第二产业增加值93.79亿元,增长9.6%;第三产业增加值47.39亿元,增长6.0%。三次产业结构比为14.3∶56.9∶28.8。全县人均生产总值86664元,增长8.5%。全县财政总收入17.58亿元,增长7.5%,其中公共财政预算收入9.77亿元,增长15.4%,占财政总收入的55.6%;全县公共财政预算支出25.10万元,增长2.2%。当年财政收支平衡。

【组织财政收入】 加强组织收入主动性,逐项、逐级分解收入任务,确保收入任务完成。密切关注宏观经济和企业经营形势,掌握税源动态,分析判断收入走势,做到均衡入库。加强依法征税和财源管理,完善"信息管税"机制,提升征管精细化水平,逐步消除征管盲区,挖掘税收潜力;加强重点税源监控,加大税款清欠追缴力度,开展纳税评估和税收专项稽查,规范税收秩序。全年公共财政预算收入中的税收收入10.15亿元,增长7.6%,占比103.9%。完善非税收入管理机制,提升非税收入科学化管理水平,规范财政专户、财政票据和收支两条线管理,加强国有资产收益、土地出让金、海域使用金等非税收入管理,全年入库非税收入9.46亿元,增长11.8%。

【推动经济发展】 加大资金筹集力度,提高财力保障水平,多渠道筹集各类财政资金用于支持、引导企业加快结构调整和转型升级,促进全县经济平稳发展。落实工业转型升级、节能减排等扶持政策,加强对实体经济的解困、支持和服务,促进重点产业、行业平稳发展。全年落实财政扶企资金6866万元,其中:企业贴息补贴资金2132万元,工业企业转型升级资金2409万元,集装箱运输业技改资金1390万元,海运业技改资金934万元。加强中小企业专项信用贷款管理,新增19家企业进入专项信用贷款扶持范围,累计入围企业137家,发放信用贷款3.58亿元,缓解企业融资困难。

【保障民生支出】 全年民生支出18.27亿元,占公共财政预算支出的72.8%。围绕推进美丽海岛和新渔农村建设,开展中心镇、中心村培育。落实水利、现代农业发展、农业专项补助、村级公益事业一事一议等项目。推进渔农业经济结构调整,扶持现代渔农业和村级集体经济发展,提高海岛生态渔农业发展水平。落实2012年度农资综合直补工作,惠及农户

26931户，占全县农户总数的95.0%以上，补贴资金129万元。落实农资综合直补、家电下乡等惠农政策，加强和规范家电下乡补贴资金使用管理，兑付家电补贴资金1340万元，汽车摩托车补贴资金152万元。全年支农支出8.16亿元。推进城乡公共服务均等化建设，完善社会保障机制，加大社会保障支出力度，促进民生改善。制定社会保障风险准备金管理办法，增强资金保值能力。加大财政对促进就业支持力度，运用税费减免、职业培训补贴等财税政策，支持下岗失业人员和农民工职业技能培训以及中小企业和服务业吸纳就业。完善社会保障机制，提高城乡低保标准，月人均分别增加105元和120元，农村低保标准达到城镇低保标准的80%。落实解决未参保集体企业退休人员及其他人员养老保险等遗留问题。完善社会救助体系，加快发展社会福利事业，提高困难群体救助标准，支持廉租住房保障工作。按规定从土地出让净收益中提取资金用于廉租住房保障。全年社保支出1.63亿元，增长45.0%。启动县级公立医院改革，拟订财政补助方案。出台新一轮城乡统一的医保筹资标准和报销办法，推进教育事业发展，加大教育基础设施投入和中小学生均公用经费投入，支持科学技术创新和文化事业发展，全年科教文卫支出5.71亿元，增长24.5%。

【深化财政改革】 完善政府预算编制体系，试编国有资本经营预算，建立"全口径"政府预算编制和管理体系。完成国库集中支付改革，预算单位100%纳入集中管理，提高财政资金运行效率。深化公务卡结算方式改革，规范公务卡报销操作流程，提高财政资金支付透明度。开设公务卡单位94家，开通94家，改革完成率100%。实行新一轮乡镇财政管理体制，加强乡镇财政建设，调动乡镇政府发展经济、培植财源、增收节支积极性和主动性。推进乡镇财政信息化建设，将乡镇财政总会计账套全部纳入"金财工程"体系，实现"四统一"*。规范国有资产监督管理，制定行政事业单位国有资产处置管理暂行办法、国有企业重大事项监督管理暂行办法，规范国有资产处置行为和国企重大事项审批程序。完善国有融资平台建设，通过整理土地、资产，做实做大国有资本，推进国投公司企业债券发行，优化基建资金筹措方式。

【强化监督管理】 创新绩效评价管理机制，完善绩效指标和标准体系，规范绩效目标、绩效跟踪、绩效评价、结果应用等管理流程，重点对县人民医院住院大楼、全市村庄示范整治工程、绿色生态岱山建设、蔬菜钢质大棚等项目开展绩效评价，涉及项目资金2.82亿元。完善政府性债务情况分析机制，强化政府性债务计划管理，加强债务计划执行情况的监督，控制债务规模，2012年政府性债务负债率、债务率、偿债率分别为5.8%、37.0%、7.0%。加强财政投资项目结算审核，严把预算执行关，保证预算执行的有效性。2012年，审核工程项目36个，核减资金1956万元，核减率11.7%。加强对政府采购活动的监督管理，规范政府采购环节，完善政府采购预算和采购目录的编制，严格审批采购计划，全年节减政府采购资金1804万元，资金节约率14.0%。

【加强队伍建设】 加强"学习型"机关建设，注重干部业务培训，利用课题研究成果和案例充实更新培训内容，提高教育培训的时效性、针对性和适用性，安排业务骨干参加省、市、县举办的业务培训。开展中层干部竞聘上岗活动，实行以业务能力、综合素质和民主测评为标准的干部选拔聘用方式，坚持德才兼备、以德为先的用人标准，激发干部工作积极性。加强机关效能建设，制定《岱山县财政局　岱山县地方税务局影响作风效能建设行为责任追究办法(试行)》。开展单位内部效能检查，配备上网行为监控系统，规范干部上网行为。推进财税文化建设，开展省级"青年文明号""基层文明单位"争创活动，县会计核算中心获国家级"巾帼文明岗"称号。发挥工、青、妇等组织的作用，建立摄影、乒乓球等兴趣小组，丰富文化生活。组织参加第七届县运动会，获得团体第五名。

(岱山县财政局供稿　毛文君执笔)

注：

*四统一：县财政对全县7个乡镇实行统一核算平台、统一核算软件、统一会计项目、统一会计报表。

嵊泗县

【概况】 2012年，嵊泗县实现地区生产总值65.92亿元，增长11.0%。一、二、三产业增加值分别为16.09亿元、9.99亿元、39.84亿元，分别增长8.0%、34.2%、7.0%。三次产业结构比为24.4∶15.2∶60.4。按常住人口计算，人均生产总值83608元，增长16.9%。全年实现财政总收入5.89亿元，增长8.2%。其中公共财政预算收入4.86亿元，增长11.2%，占财政总收入的82.5%；公共财政预算收入中税收收入3.29亿元，占比67.7%。按现行财政体制计算，加中央"两税"返回2150万元、省市一般转移支付1.20亿元、中央和省市各项补助6.70亿元，再加上年结余2.51亿元，公共财政预算支出14.27亿元，减少12.8%。剔除石油价格补贴、海洋经济专项、地方政府债券、标准渔港建设专项等因素外，公共财政预算支出同口径增长8.4%。全年财政收支平衡，略有结余。

【组织财政收入】 加强税收征收管理。全县地税部门组织税收收入3.49亿元，剔除2011年洋山港土地出让契税一次性因素，同口径增长12.6%。面对重点行业增收乏力、政策性减收等困难，通过完善征管措施、强化税源监控、优化政策服务、拓宽增收渠道等方式，增加地方可用财力。在强化重点行业、重点税源监控管理的基础上，在地方小税种管理上寻求突破，加大对房地产业的土地增值税清算力度，地方七税入库9455万元，增长52.1%。落实税制改革。调研分析"营业税改征增值税"试点工作对本县的影响，深入试点行业了解企业经营状况、成本构成等情况，研究制定试点工作实施方案，主动推进试点工作，移交国税试点纳税人651户，涉及税款6670万元。组织非税收入。继续推进社会保险费"五费合征"的扩面征缴工作，完善社保费征缴机制，实现社保基金收入1.53亿元，增长38.1%。

【服务经济发展】 保障政府重点项目资金需求。多渠道筹措政府重点和实事项目建设资金3.90亿元，保障城乡供水一体化、沈家湾客运码头、中心渔港（新港区）扩建等项目实施，改善海岛基础设施，提升区域竞争力。支持经济转型发展。贯彻结构性减税方针，落实税收优惠政策，加大对企业的帮扶力度，全年减免各项税款1787万元。安排工业转型升级资金和工业可循环经济资金1642万元，提高企业市场竞争力。投入旅游发展资金1690万元，推动海岛旅游基础设施建设和旅游产业化发展。加大对渔农业经济结构调整的财政补助，投入财政支渔（农）资金1.57亿元，重点用于现代渔农业发展及增效，推进全县渔农业经济转型和产业结构调整。

【保障民生需求】 推进美丽海岛建设。加大生态环保的投入，确保村容村貌改造、再造绿岛、地质灾害治理等项目建设的资金需要，全年用于美丽海岛建设及人居环境改善8500万元。促进文教事业发展。加大文化惠民工程、渔农村公共文化服务体系建设和全民健身服务体系投入，促进公益性体育事业发展，文化体育支出2842万元，增长9.1%。合理安排教育专项，保证教育经费和生均公用经费逐步增长，全面落实助学金、奖学金、教育券、营养券等各项资助政策，加大学前教育、教师培训等投入力度，继续实施免费教科书补助政策，全年教育支出18471万元，增长43.3%。确保社会保障和就业投入。全年社会保障和就业支出6175万元，增长14.3%。完善城乡低保制度和社会救助体系，加大对困难群众的救助力度，最大限度保障城乡困难群众基本生活，城乡低保标准调整至每人每月465元；加大就业培训力度，支持渔农村劳动力转产转业。加强医疗卫生经费保障。全年医疗卫生支出8582万元，增长1.8%。稳步推进公立医院改革，完善城镇居民基本医疗保险制度和新型农村合作医疗制度。

【深化财政改革】 深化公共财政改革。深化部门预算改革，作为全省十个试点县，顺利实施新版预算编制系统，健全定员定额标准体系，完善编制程序，增强预算编制、执行的规范性。深化国库集中支付制度改革，抓好国库集中支付扩面工作。推行公务卡制度改革，建立公务接待二级审批、公务活动"即时消费，即时刷卡"结算制度，规范预算单位财务管理，提高公务支出透明度。探索"三公"经费改革，建立预算约束框架，结合部门预算将消费支出细化到具体项目。全面推进事业单位绩效工资改革，做好补助资金的测算、调整和追加工作。加强乡镇财政建设。设立乡镇财政管理机构，配备机构人员，履行乡镇政府的财政管理职能；完善新一轮乡镇财政体制，加大转移支付力度，调动乡镇发展经济、培植财源的积极性。深化会计人员管理体制改革。实施会计委派制，直接对县属国有独资、控股单位会计人员进行委派和管理，发挥会计工作的监督管理作用，加大对国有资产和财政资金的监控力度。

【强化财政监管】 倡导厉行节约压缩行政经费。按照"零增长"的要求从严控制行政经费和一般性支出，继续压缩行政事业单位公用经费10%，压缩行政经费310万元。加强财政专项资金管理。发挥财政监督、绩效评价的作用，通过优化和整合现有资金，提高资金使用效益，有效保障资金安全。加强对政府投资项目的财政资金监管。从项目立项、预算审核、资金支付和竣工等方面严格把关，实行全程跟踪管理，及时掌握资金动态。加强政府性债务管理。落实政府性债务管理办法，合理编制年度债务收支计划，以负债率、债务率、偿债率等为重点对政府性债务的规模、结构和安全性进行动态预警和评估，严格控制债务规模；清理核实政府融资平台公司债务，规范政府融资平台公司的举债行为。加强政府采购管理。确保政府采购资金安全、有效和透明，抓好公务用车专项治理工作。

【加强队伍建设】 加强干部教育培训。全面提高财税干部政治素养、业务水平和依法行政能力。加强财税文化建设。开展"我们的价值观"大讨论活动，强化财税核心价值理念；开展"进村入企"大走访活动，深入乡镇、企业抓好共建帮扶。深化财税特色惩防体系建设。全面推进廉政风险机制，实现风险防控全覆盖；开展民主评议行风"回头看"活动，转变机关作风。 （嵊泗县财政局供稿　施伟伦　陈　媛执笔）

台州市财政工作概况

台州市

【概况】 2012年,台州市实现生产总值2927.34亿元,比上年增长7.5%。其中:第一产业增加值201.12亿元,增长2.5%;第二产业增加值1435.04亿元,增长7.1%;第三产业增加值1291.18亿元,增长8.6%;三次产业结构比调整为6.9∶49.0∶44.1。全市人均生产总值为49711元,增长6.7%。社会消费品零售总额1304.30亿元,增长15.2%。全社会固定资产投资1242.56亿元,增长23.3%。进出口总额206.22亿美元,增长0.6%。城镇居民人均可支配收入33979元,增长11.4%;农村居民人均纯收入14567元,增长11.1%。全市财政总收入408.95亿元,增长10.4%,其中公共财政预算收入220.42亿元,增长10.1%,占财政总收入的53.9%;公共财政预算收入中税收收入190.61亿元,增长6.7%,占比86.5%。市本级公共财政预算收入119.89亿元,增长9.2%,其中税收收入81.69亿元,增长3.8%。全市公共财政预算支出287.93亿元,增长8.4%;市本级公共财政预算支出106.66亿元,增长5.5%。全市及市本级财政收支平衡。

【组织财政收入】 每月组织召开市局和全市系统经济形势分析会,科学研判收入形势,及时制定应对预案,落实有效措施。注重处理好依法纳税与涵养税源的关系,重点扶持高科技、低能耗、成长型企业和小微企业发展;处理好收入增幅下降与支出刚性增长的关系,重点保证民生事业和基础设施建设等重点项目支出。加强省、市级重点税源监控,省级以上监控企业604户。全面推广"以电核税"和网络发票,加强税种管理,做好企业所得税汇算清缴工作,全市年收入12万元个税自行申报26900人。加强存量房税收管理,全市59096幢存量房全部导入系统管理。加强非税收入管理,全市组织非税收入98.27亿元,增长21.9%,其中市本级38.20亿元,增长23.0%。

【促进经济转型升级】 落实各项优惠政策。财税政策优惠扶持力度。落实结构性减税和"清费减负"政策,减征困难中小微企业社会保险费3.25亿元,155家高新技术企业享受所得税优惠5.46亿元,增长52.5%,2.6万家企业享受地方税收优惠3.00亿元,增长250.0%,各类企业享受水利建设基金优惠8700万元。落实家电下乡和以旧换新财政补贴资金2.54亿元。筹措建设资金,重点支持带动产业升级的工业性项目、重大基础设施项目、城市综合体项目和大型现代服务业项目。争取中央政府公共投资基建资金7.10亿元,国开行贷款16.58亿元以及地方政府债券7.00亿元。支持产业集聚区加快发展,安排支持海洋经济发展资金3.04亿元。利用财政资金存贷分布,引导金融业增强对企业的支持力度。做好沃尔沃落户台州的前期工作,与省财政厅沟通协调制定相关税收优惠政策,争取资金补助。加大对重点项目和新兴经济的支持力度。发挥财税职能作用,制定相关财政贴补政策,促使医化、固废拆解类企业治理污水排放,保障水环境清洁安全。安排生态环保资金14.84亿元,其中医化基地整治资金2.52亿元,工业转型升级资金3.17亿元,水环境整治专项资金4.37亿元。支持发展生产性服务业和高端服务业,安排支持服务业发展资金0.98亿元。支持"浙商回归工程",加大对企业创新的支持力度,安排支持科技创新资金2.20亿元。争取中央政府公共投资基建资金7.11亿元,推进重点建设项目。

【保障重点支出】 全市财政新增财力三分之二以上用于民生支出。增强惠农力度。支持农业基础设施建设,扶持农业龙头企业,加强基层农业公共服务中心建设。全市投入支农资金18.64亿元,增长19.7%。地方土地出让金收益提取农

台州财政支持农业转型升级,发展农家乐休闲旅游提高农民收入水平

田水利基金3.10亿元，争取上级补助资金12.91亿元。推进村级公益事业一事一议项目，争取省级项目285个，补助资金7533万元，增长49.0%；全市各级投入财政奖补资金2.32亿元，增长58.6%。支持社会事业发展。增加教育投入占比，全市财政教育支出占公共财政预算支出的25.7%，高于全省平均水平4个百分点。建设文化强市，支持博物馆、台州丛书等重大文化项目建设，全市财政文化支出2.70亿元，增长46.2%，增加各类文化活动的资金保障力度。完善国家基本药物制度，做好各类医疗改革资金补助工作，全市财政医疗卫生支出12.43亿元，增长85.9%。支持社会管理和公共安全事业，促进社会稳定和谐。加大对廉租房、公租房建设的支持力度，财政筹集保障性住房建设资金6.30亿元。推进为民办实事工程项目，落实油价补贴20.34亿元。根据省里有关规定筹集拨付支援新疆、西藏建设资金，推进对口支援工作。健全社会保障体系。健全社保资金多渠道筹措机制，完善社保资金保值增值措施。落实社会保险关系跨地区转移接续办法，加强被征地农民基本生活保障与城乡居民社会养老保险等制度的衔接。全市养老保险参保人数142.97万人，增长11.3%；城乡居民基本医疗保险参保人数107.09万人，增长15.6%。加大对困难群众、特殊群体的基本生活补助和就业援助，建立企业工资支付保证金和欠薪应急周转金制度。实施低收入农户奔小康工程和城镇低收入家庭增收工程，城乡居民低保标准和优抚对象抚恤补助标准逐步提高。

【深化财政改革】 推进机构改革工作。更设预算局、预算执行局和财政监督局，并对三个局的局长进行高配，实现公共财政“三位一体”的管理框架。加强部门预算编制精细化、科学化管理。主动接受人大、审计监督，做好预算公开、“三公”经费公开的准备工作。市级所有192个部门预算全部经人大审批，61个部门预算在市人代会上公开。建立健全国有资本经营预算制度，确保国有资产保值增值。实现国库集中支付全覆盖，公务卡结算范围逐步扩大。建立“滚动项目库”，提高“金财工程一体化”信息系统的运行能力。加强乡镇财政建设。成立乡镇财政资金监管工作领导小组；制定乡镇财政资金监管工作意见、工作办法和流程；建立考核机制，并将抽查巡查工作纳入年度工作目标考核。全市县级财政合计抽查巡查147次，抽查巡查补助性资金93个、项目类资金109个。

【加强财政监督】 扩大绩效评价范围，对文化专项资金、旅游资金、饮水安全工程资金等11个项目开展预算绩效目标管理试点。加强财政投资项目评审，全市完成评审项目4394个，投资额221.40亿元，核减11.10亿元。推进政府采购监管。全市政府采购预算47.00亿元，实际采购金额41.25亿元，节约资金5.75亿元，节约率12.2%。市本级政府采购预算4.92亿元，实际采购金额4.01亿元，节约资金0.91亿元，节约率为18.5%。加强财政资金管理力度，制定《市级行政事业单位历年结余资金财政集中统一管理办法》。加强乡镇财政预算管理。加强部门公用经费特别是“三公”经费管理。提请市政府印发严格控制经费支出的相关规定，出台节约型机关建设考核办法。从严控制一般性行政支出，将财政增量资金用于民生项目。全市一般公共服务支出42.01亿元，增长5.1%，低于全省平均水平1.8个百分点。

【加强干部队伍建设】 开展主题教育活动。在全局范围内开展“我们的价值观”大讨论、“进村入企”大走访、“双服务”（服务基层、服务企业）等活动，深入农村、企业，摸实情、办实事、求实效，着力解决群众反映的突出问题，推动机关作风转变，提升党员干部服务群众能力。调整干部队伍结构，按照民主集中制原则和德才兼备原则，提拔10名正科干部和20名副科干部，使一批年轻有为的优秀骨干人才充实到各个重要岗位。开展财税文化建设。推进学习、服务、管理、发展、廉政、形象等“六大品牌”建设，激发广大干部职工的工作积极性和创造性。充分发挥党、团、工、妇作用，共建多彩活动平台，持续深入地开展系列干部职工喜闻乐见、活泼有益的文体活动，增强团队凝聚力。加强廉政风险防控机制建设，制订《台州市财政地税局科级及以上干部廉政风险干预实施办法（试行）》，对局班子成员和中层干部每2个月进行一次廉政教育。开展对领导干部投资入股、经商办企业、参与集资、离职或退休后从业等专项清理工作。当年市局被评为全市市级机关党建工作先进单位，在市级机关综合目标考核中获得优秀。 （台州市财政局供稿　卢云芬执笔）

椒江区

【概况】 2012年，台州市椒江区实现生产总值371.61亿元，同比增长5.2%。其中：第一产业增加值15.14亿元，第二产业增加值150.63亿元，第三产业增加值205.83亿元。三次产业结构由上年的4.0∶43.0∶53.0调整为4.1∶40.5∶55.4。人均生产总值为71973元，比上年增长4.3%。全区财政总收入51.35亿元，增长11.4%，其中公共财政预算收入30.14亿元，增长9.5%，占财政总收入的比重为58.7%；公共财政预算收入中的税收收入28.01亿元，占比为92.9%。全区公共财政预算支出25.17亿元,增长6.2%。全区预算执行情况良好,财政收支平衡。

【组织财政收入】 加强与国税、地税等部门协作,确保财政收入稳定增长。围绕全年收入目标,每月召开收入协调会,分析形势,通报情况,科学制定执收计划,有效提高组织收入的预见性和主动性。通过纳税评估、以电控税、以票控税、专项清缴等手段,强化重点行业的税收征管,实现各类税收应收尽收。关注"营业税改征增值税"试点进展及对行业税收的影响,谋划应对措施。完善社会保险费"五费合征"机制,加大非税收入征缴力度,实现财政收入平稳增长。全年组织非税收入2.13亿元。

【推动经济企稳回升】 充分发挥财政在引导经济转型发展中的职能作用。稳定农业基础。全年安排农林水事务支出1.01亿元,增长8.2%,重点加大对农业水利基础设施、农业科技创新以及农业"两区"(粮食生产功能区和现代农业园区)建设的投入。支持工业经济转型升级。当年区级用于产业转型升级的各类资金规模扩大至1亿元,修订促进小微企业发展、文化产业发展、旅游业发展、民营孵化器建设等政策,加强对经济转型发展的财税扶持;设立医化产业转型升级专项资金,重点支持外沙、岩头医化企业搬迁及生产线转型。全年累计拨付技术改造、产业引导、外贸发展、节能降耗等工业补助资金7488万元。促进现代服务业发展。完善促进服务业发展的财税政策措施,整合形成1000万元规模的服务业引导资金、2000万元规模的旅游业发展资金;推动海洋运输、现代物流、商贸旅游、金融保险、科技咨询等现代服务业发展。保障重点工程。拓展融资渠道,全力保障政府性重点工程建设资金有效供给。以区国资公司为平台,发行8年期10亿元城市建设投资企业债券;探索中期票据等其他融资方式,破解重点建设资金供需矛盾。全年累计拨付建设与还本付息资金23.51亿元,保障区重点工程建设资金需求。

【保障民生事业】 加大强农惠农投入。按5万元标准补助经济薄弱村运转经费,按3万元标准补助社区开展基层党建。实施村级公益事业建设一事一议财政奖补政策,落实家电下乡、摩托车下乡等惠民补贴政策。增加教育投入。深化农村义务教育经费保障机制改革,重点加大对学前教育的财政投入,实现城乡教育经费一体化管理,促进城乡教育均衡发展。当年全区财政性教育支出6.52亿元,占公共财政预算支出的25.9%。增加社会保障投入。实施城乡居民养老保险、医疗保险政策,新型农村合作医疗保险年人均筹资标准提高到450元,新实施重大疾病二次补偿政策,提高农民医疗保障水平。增加卫生事业投入。全年财政补助1390万元,推进公立医院综合改革。建立健全基层医疗卫生机构经费保障机制,投入6445万元支持基层卫生事业发展。增加弱势群体帮扶投入。多方筹集资金,加快推进保障房、廉租房建设,努力缓解低收入人群住房困难。全年安排资金1600多万元,落实城乡居民最低生活保障、困难群众临时物价补贴、免除基本丧葬费、春节贴价食品供应等政策,保障困难群众基本生活需要。增加生态保护投入。支持主城区环境整治,对停产和退出污染项目企业进行补助;支持河道水系整治保洁和"美丽乡村"建设。

【深化财政改革】 推进国库集中支付改革,在全区144家单位全面推行国库集中支付改革的基础上,将35所区属学校纳入国库集中支付改革范围,所有教师工资由财政统一发放。扩大公务卡结算范围,实现公务卡结算覆盖所有预算单位。召开专题工作会议,印发预算管理、基建财务管理、"三公"经费管理等一系列规章制度,严肃财经纪律,规范全区各镇(街道)、各预算单位的财政支出行为。

【加强财政监督】 开展绩效评价工作,将20万元以上的专项支出全部纳入自评范围,涵盖101家单位211个预算项目,涉及资金2.31亿元。制定预算绩效管理实施办法,把预算绩效目标管理纳入预算编制、执行、监督全过程。加强政府性工程预结算审核监管,完成新一轮政府投资项目预结算评审

台州修订促进旅游发展财税政策,整合旅游业发展资金。图为大陈岛美景

服务中介招投标工作,中介机构扩至6家,服务范围覆盖所有政府性工程项目。全年完成工程预算、结算审核709份,审核资金12.73亿元,核减资金7012万元。做好党政机关公务用车治理工作,公车购置实现网络化管理。开展行政执法权清理和财政信息公开,规范权力运行,财政执法零诉讼。

【加强队伍建设】 以宣传学习贯彻党的十八大精神为切入点,加强机关党组织建设,增强干部队伍凝聚力。以开展"进村入企"大走访为重点,促进队伍转作风提效能。会计核算中心、会计管理科在全区45个关键岗位考评中分别取得第一、第二名。开展党风廉政教育,实行涉险情形短信提醒和纪检谈话干预。完善内部管理体制机制,加强内控管理。建立健全特约监督员工作制度,加强外部监督。以工会、团委、妇委会为平台,组织开展各类财政文化活动。在各类考核评比中,区局被评为市依法行政示范单位、区创建"人民满意机关"示范单位、区级机关工作目标考核优秀单位、全区党建工作先进单位。

(台州市椒江区财政局供稿　王永斌　章佳琦执笔)

黄岩区

【概况】 2012年,台州市黄岩区实现生产总值283.23亿元,比上年增长7.9%。其中:第一产业增加值14.66亿元,增长2.5%;第二产业增加值149.25亿元,增长8.6%;第三产业增加值119.32亿元,增长7.8%。三次产业结构由上年5.2∶54.0∶40.8调整为5.1∶53.9∶41.0。全区财政总收入41.69亿元,同比增长7.9%,其中公共财政预算收入21.52亿元,增长9.0%,占财政总收入的51.6%;公共财政预算收入中税收收入19.98亿元,占比92.9%。公共财政预算支出23.69亿元,增长10.7%。当年财政收支平衡,预算执行情况良好。

【组织财政收入】 深化分析和预测工作。及时掌握、分析财政收支状况及发展走向,采取针对性措施确保重点支出、严控一般性支出。强化收入征管。加强税收精细化、科学化管理,做好组织收入工作。加强房、土"两税"清查工作,全年查补税款3287万元。开展股权转让个人所得税核查,收缴个税2723万元。建立耕地占用税税源档案,实现源头控管,全年累计入库耕地占用税8000多万元。完善非税收入管理。深化"收支两条线"改革,完善非税收入的"收缴分离"管理,强化"以票管费",全面实施非税收支改革,启用新版非税收入征收信息系统。加强收费项目和财政票据管理,加强土地出让金征收管理及新软件的使用。全年实现非税收入16.85亿元。

【支持经济发展】 落实扶持企业发展的优惠政策,帮助企业解决实际困难。开展支持浙商创业创新活动,扶持企业发展。兑现全区加快经济发展扶持资金8500万元,争取上级财政资金3637万元,重点扶持外贸、技术改造、科技创新、节能降耗节约用地、成长型中小企业培育、品牌建设等。出台《关于扶持企业上市若干意见》,为企业上市开辟绿色通道,鼓励企业做大做强。加速推动模塑工业设计基地发展。争取省级补助1800万元,市级配套50万元,区级配套1000万元,设立大学生"零成本工业设计室"帮扶大学生创业。依法减免各项税费,减轻企业负担。及时办理各项退库2980万元;临时性下浮中小微工业企业基本养老保险费缴费比例。发展总部经济。出台相关激励政策吸引企业集团总部落户黄岩。

【促进社会民生改善】 当年区财政用于公共安全、教育、科技、医疗卫生等各项民生支出累计19.36亿元,占公共财政预算支出的80.8%。加大支农投入。全面落实强农惠农政策,全年支农投入10.63亿元,同比增长10.8%。争取上级财政支农补助资金9000多万元。投入1144万元用于沙埠镇、澄江街道农村饮水安全工程;投入3509万元用于黄坦水库除险加固工程建设;投入200万元用于水毁工程修复工作,完成水毁修复项目15个。投入3252万元用于粮食生产功能区建设;投入600万元用于现代农业园区建设。加大公共教育投入力度。全年投入教育经费6.72亿元,同比增长12.4%,占公共财政预算支出的28.1%。完善社会保障体系。完善城乡居民养老保险制度,城乡居民基础养老金从60元提高至80元,全区参保人数22.48万。完善新型农村合作医疗制度,41.63万人参保,合计报销资金1.90亿元。修订新的《困难群众临时救助实施办法》,将外来务工人员纳入救助范围。加大保障房建设力度。加快马鞍山公租房、廉租房、二期经济适用房建设,全年累计投入资金2.30亿元。

【推进财政改革】 实施"三位一体"组织机构改革。整合内设机构,设立预算局、预算执行局和财政监督局,实现机构、人员和工作的三到位。全面完成国库集中支付改革和公务卡制度改革。召开全区动员会,组织专题业务培训、模拟试运行。全区219家预算单位进入国库集中支付平台,实现100%全覆盖。公务卡推广至219家单位,实现全扩面。加快推进乡镇财政建设。全区19个乡镇设立财政所(分局);设乡镇财政管理科,负责指导乡镇街道财政预决算、一事一议财政奖补等工作;成立区乡镇财政资金监管领导小组。扎实推进财政项目预结算编制审核工作。全年完成审核项目488项,涉及金额12.63亿元。结算审核金额2.12亿元,核减造价1664万元,审减率7.9%。加强政府采购管理。完成政府采购预算1.48亿元,实际支付1.30亿元,节约资金1796万元,节约率12.2%。规范行政事业单位经营性国有资产管理。加强行政事业单位资产管理信息系统建设,全区各行政事业单位已全面上线运行资产管理信息系统,实现行政事业单位资产管理信息化建设全覆盖,对行政事业单位经营性资产实行"阳光招租"。加强重点工程指挥部财务管理。由区政府牵头协调,制定政府投资项目建设单位财务管理暂行规定,实现政府性工程项目资金直接支付。全区各重点工程指挥部已基本实现财务软件集中核算。

【加强队伍建设】 深入开展党风廉政建设。打造廉政文化展示厅、荣誉室、开展廉政文化建设笔会和廉政征文等活动营造廉政文化氛围。扎实推进主题教育活动。开展全员业务素质提升培训,内容涉及十八大文件专题学习、财税改革动态、廉政建设、国际形势等。加强形势政策和党性观念教育、"职业道德"教育;开展"我们的价值观"大讨论活动,提炼黄岩财税价值观。当年区局获省级文明单位、全省财政综合工作先进集体、全区综合目标责任制考核第一名等荣誉。

(台州市黄岩区财政局供稿　黄　浩　王涵希执笔)

路桥区

【概况】 2012年,台州市路桥区实现地区生产总值385.75亿元,比上年增长8.2%。其中:第一产业增加值10.49亿元,降低1.3%;第二产业增加值178.40亿元,增长8.5%;第三产业增加值196.86亿元,增长8.4%。三次产业结构调整为2.7∶46.3∶51.0。全区财政总收入54.28亿元,比上年增长1.5%。其中公共财政预算收入29.18亿元,增长1.3%,占财政总收入的比重为53.8%;公共财政预算收入中的税收收入26.14亿元,占比为89.6%。全区公共财政预算支出23.46亿元,同比增长10.8%。全年预算执行情况良好,财政收支平衡。

【加强收支管理】 密切关注经济发展走势、宏观经济政策、税收政策变化和财政体制调整对地方财政收入的影响,加强各镇(街道)、各执收部门的信息沟通,坚持"抓大不放小",深化"抓大、评中、定小"税源专业化管理,深化与工商、银行、公安、供水、电力、行业协会等部门协作,重点在企业股权转让、房地产业和交通运输业的税收管理,确保应收尽收。建立由区府办牵头,财政、税务、工商、国土、建设、审计等相关部门组成的综合治税协调小组,定期召开协调会议,深入分析税收增减变化内在原因,及时研究应对措施,提高组织收入的主动性和预见性。加强对非税收入的监管力度;推广新版政府非税征管信息系统,全年实现政府非税收入3.04亿元,同比增长80.1%。加强支出管理。本着确保重点支出、民生支出,大力压缩一般性支出的原则,兼顾考虑年内已支出和必须支出的项目,动用历年节余,对年初预算安排的未支付项目逐笔梳理,严格控制支出口子,科学合理做好预算调整方案。

【支持经济发展】 落实积极财政政策,在促进投资、消费增长和稳定外贸出口方面采取一系列措施。全年兑付工业、商贸业、金融业、服务业、交通运输业等区本级财政扶持资金7508万元,及时拨付省、市下达的扶持区经济发展各项专项资金5912万元。全年争取中央预算内投资项目12个、资金7232万元,争取到上级均衡性转移支付资金1亿元,缓解资金制约。落实结构性减税和消费减负政策,清理行政事业性收费,免征小微企业行政事业性收费5项,切实减轻企业和社会负担。

【保障重点支出】 全年公共财政预算支出中用于教育6.61亿元、医疗卫生1.48亿元、社会保障和就业1.86亿元、节能环保6149万元、农林水事务2.24亿元、文化体育与传媒4802万元,民生领域支出16.90亿元,占公共财政预算支出的72.0%。其中,全年新增财力6301万元,用于改善民生领域的支出5743万元,占比91.1%。统筹城乡一体化发展,落实农村公益事业建设一事一议项目地方配套资金,配合相关部门向上争取各类涉农惠农资金,及时下拨良种补贴、农业机械补贴、农村环境整治、农村道路以及农业"两区"(现代农业园区和粮食生产功能区)建设的各项资金,全年财政"三农"投入9.46亿元,同比上年净增1.37亿元。

【深化管理改革】 对全区所有预算单位全面实施国库集中支付制度,集中支付覆盖率100%,其中授权支付和直接支付相结合的单位46家、直接支付单位101家。印发《关于进一步做好公务卡(个人卡)推行前期工作的通知》,选择20家预算单位进行公务卡改革试点。制订《区级部门财政拨款结余资金管理办法》,加大资金统筹力度,优化财政资源配置,提高财政资金使用效益。建立预算单位月度用款计划制度,加强财政支出的计划性、科学性和合理性。推进基层财政所建设,将各镇(街道)原在党政综合办公室挂牌的财政所单独设置,明确镇(街道)财政管理职能,提升基层财政所就近就地监管水平。扩大部门预算人代会审查范围,选取群众关注度高、涉及民生领域广的教育、卫生和文化3个系统51个区级预算单位的部门预算上人代会接受代表审查,推进财政信息公开。

【强化财政监督】 贯彻执行厉行节约有关规定,树立"节支就是增收"和"过紧日子"的理念,制定严格控制经费支出规定,重申经费开支标准,严肃财经纪律,严控"三公"经费支出。出台《政府性债务管理暂行办法》,完善债务风险监测指标体系,对政府性债务的规模、结构和安全性进行测算和评估,建立定期报告政府性债务管理情况,防范和化解政府性债务风险。印发《关于开展全区预算单位银行账户清理整顿工作的通知》,对区级各预算单位、各镇(街道)及其下属单位,在各金融机构开设的所有银行账户进行清理和归并。制订《区级财政国库集中支付银行代理业务综合考评暂行办法》,建立健全银行代理业务综合考评制度。加强公车管理,对全区277家行政事业单位的车辆信息进行清查登记,并全部录入中央公车治理软件系统。进一步规范政府采购管理程序,从政府采购项目审批、组织实施、项目备案、档案管理等四方面进行全面规范,全年采购预算1.54亿元,实际采购1.26亿元,节约财政资金2840万元。出台《行政事业单位资产管理员管理办法》,规范资产配置、使用和处置管理。借助资产管理信息系统,加强国有企业对外投资、对外担保的审批和备案管理。加强政府性投资项目竣工财务决算工作,全年评审政府性工程项目42个,送审额1.75亿元,审定额1.57亿元,净核减1794万元,进一步控制政府投资管理成本。开展专项资金绩效评价,全年完成全省地方政府债券使用、全市村级公益项目一事一议财政支出联评项目2个,督促51个部门预算单位的55个项目开展绩效自评工作,涉及项目资金2.04亿元,其中财政专项资金1.97亿元。对15个代表性项目进行抽查考评,涉及项目资金1.20亿元,其中财政资金1.14亿元,抽查面30.0%。

【提升财政新形象】 开展基层组织建设年活动,制订干部年度教育培训、局机关理论学习等计划,年内组织局机关干部参加各类培训218人次,进一步提高干部队伍综合素质与执政能力。全面落实党风廉政建设责任制,局领导"述职述廉"、中层干部"公述民评",增强勤政廉政意识。深入开展"创先争优"工作,把开展创建活动同财税文化、机关效能、队伍形象建设有机结合,发挥工、青、妇等团体作用,鼓励干部职工参加各类文体活动,树立财政部门人和、心齐、劲足、气正的良好形象。 (台州市路桥区财政局供稿 郑宣彬执笔)

临海市

【概况】 2012年,临海市实现生产总值395.65亿元,按可比价格计算,增长8.0%。其中:第一产业增加值35.96亿元,增长2.8%;第二产业增加值202.30亿元,增长7.4%;第三产业增加值157.39亿元,增长9.9%。三次产业结构由上年的9.2∶52.8∶38.0调整为9.1∶51.1∶39.8。全年完成财政总收入52.69亿元,增长10.3%;公共财政预算收入28.61亿元,增长10.6%,占财政总收入的54.3%,其中税收收入27.86亿元,增长11.1%,占公共财政预算收入的97.4%。公共财政预算支出41.70亿元,增长6.0%。2012年财政收支平衡。

【组织财政收入】 开展税源预警分析,制定和分解收入目标任务,科学把握组织收入的节奏、力度与方式。落实"抓大、评中、定小"的税源管理思路,强化《税友龙版》后台信息数据增值利用,及时查找征管工作中的薄弱环节。深化眼镜、彩灯、机械等行业的"以电核税、以税控电"工作,餐饮、娱乐等个体定额调增40.0%以上。开展房产税、土地使用税税源信息和入库数比对,以被确定为省存量房交易计税价格评估工作试点单位为契机,促进存量房交易评税系统建设,二手房交易计税价格平均调增25.0%以上。推进税收社会化征管平台建设,健全与国税、公安、工商等部门的信息共享机制。完善"五费合征"工作机制,夯实缴费基数,优化征缴流程,确保社保费及时足额入库。坚持税费并重,加快政府非税收入信息系统推广应用,规范土地出让金等非税收入的综合预算和分级分类管理,不断提高非税收入征管水平,做大地方财政收入总量。全年组织非税收入13.76亿元,增长20.1%。

【服务经济建设】 全面落实财税优惠政策。贯彻落实国家结构性减税和有关清费减负政策,及时办理企业出口退税、高新技术企业所得税、小型微利企业所得税、土地使用税及水利建设专项资金等税费减免,全年办理出口退税11.90亿元,减征营业税和个人所得税1.36亿元,减免23家高新技术企业所得税8333万元,减轻企业社保费负担5040万元,落实水利建设基金减免538万元,助力中小企业解忧脱困,进一步夯实财政增收基础。发挥财政导向作用。支持先进制造业、现代服务业和现代农业发展,全年兑现工业"1217"*、农业30条等财政奖励(补助)资金3.00亿元,服务业发展资金2830万元,引导工业企业分离发展服务业9家,促进经济发展转型升级;兑付家电下乡财政补贴1849万元,拉动消费1.50亿元,有效推动经济扩容提质。加强重点项目建设资金保障。充分发挥市政府投融资平台作用,向上争取项目补助资金,做好城市建设等重点工程资金保障,全年筹措调度11.91亿元资金支持市重点工程建设,推进社会各项事业全面发展。

【保障民生支出】 2012年民生支出34.60亿元,占财政支出的83.0%。健全社会保障体系。城乡居民养老保险制度基本实现全覆盖,城乡居民基本养老保险标准提高到80元,全年发放城乡居民养老金1.65亿元;农村医保和城镇医保"合二为一",财政补助标准人均提高50元,报销比例提高5.0%,最高可报销75.0%,全年安排农村医保基金2.43亿元;落实城镇困难群众最低生活保障资金4150万元,城镇低保标准和补助水平得到稳步提高;完善失业就业财政扶持机制,全年落实专项资金1625万元,全市就业和创业环境进一步改善。发展公共事业。加大财政教育投入,安排义务教育免学费、提高公用经费标准和职教奖学助学等资金1.08亿元,全面落实中小学校舍功能提升及"校安工程"建设资金4062万元,全年安排教育支出12.36亿元,增长23.1%;加大公共文化服务体系投入,安排文化支出4671万元,增长13.0%;深化医药卫生体制改革,拨付城乡基本公共卫生服务经费和基本药物零差价补助资金5250万元,全力保障医药卫生事业发展。统筹城乡发展。落实惠农政策,筹措西部发展项目建设资金3500万元和"美丽乡村"建设资金5000万元,安排农业"两区"(现代农业园区和粮食生产功能区)和"小型农田水利"建设专项资金7874万元,保障农村供水、农民康居、老年安养等"民生十大工程"建设的资金需要,发放油价补贴2.84亿元,推进城乡一体化发展。

【深化财政改革】 健全"三位一体"运行机制。深化部门预算管理改革,推进部门参与式预算改革试点,探索开展基层卫生部门预算试编工作,稳步做好部门预算和"三公"经费公开基础工作;严格按照部门预算编制"二上二下"要求,做好各部门预算草案审核和下达工作;深化国库集中支付改革,稳步推进市级预算单位公务卡制度改革;加强财政支出绩效评价,健全以绩效评价为龙头的预算监督体系,强化绩效评价结果应用,切实提高财政资金使用效益。深化街道财政体制改革。调整街道土地出让净收益分配体制,并将街道国有土地出让净收益、基础设施配套费等收入纳入财政预算,给予街道土地征用、拆迁经费补助和部分财政转移支付资金补助,理顺市与街道的财权、事权关系。探索城建项目资金国库集中支付改革。创新政府投资项目资金国库集中支付改革,清理沉淀资金1.17亿元,统筹拼盘资金2.34亿元,盘活建设资金3.51亿元,节约财务费用6000余万元。

【强化财政监管】 加快资产管理信息平台建设,规范行政事业单位资产出租及处置收入。建立健全财政支农资金管理制度体系,推广应用支农资金管理软件,提高支农资金使用效益。做好事业单位津补贴清理核查工作,将事业单位实施绩效工资与规范津补贴结合进行。扩大政府采购规模,开展电梯定点采购。加强对地方性债务的监督管理,规范举债行为,落实偿债责任,防范和化解债务风险;推进镇街财政规范化建设,完善机构配置、健全内部控制、加快信息化步伐。始终把依法行政作为财税工作的主线,开展"六五"普法活动,细化行政处罚自由裁量权,规范行政强制行为,稳步推进财税信息公开,加大执法检查和执法责任制考核力度。

【加强队伍建设】 倡导学习之风。建立8个重点岗位人才库;实施"能力提升工程",按照"中层干部强管理、基层干部重业务、业务骨干求精深"的要求,组织开展"新政策、新业务、新知识"三新考学活动,全面提升干部综合素质。深化作风建设。开展"进村入企大走访"活动,组织126名干部走访重点企业,访民情、送服务、送政策,收集各类问题、建议,分类梳理反馈。加大作风效能督查力度。加强风险防控。以推进廉政风险防控工作为抓手,落实党风廉政建设责任制,科学规范流程,切实落实防控措施,打造风清气正的财税形象。城区分局党支部先进事迹入选市委"创先争优群英谱"并在全市作经验推广。开展财税文化建设。秉承"实、稳、优"财税核心价值观,通过开展形式多元、扎实有效的文化创建活动,形成广泛的认同感、归属感,营造和谐的工作氛围。

(临海市财政局供稿　徐荣慧　钱海波执笔)

注:

*工业"1217":临海推进先进制造业基地建设,到2011年,全市有1家以上企业销售收入达到50亿元以上,20家以上企业销售收入达到10亿元以上,100家以上企业销售收入达到1亿元以上,700家以上企业销售收入达到500万元以上。

温岭市

【概况】 2012年,温岭市实现地区生产总值705.95亿元,比上年增长7.0%;人均生产总值58699元,增长6.5%。其中:第一产业增加值53.26亿元,增长2.7%;第二产业增加值351.94亿元,增长5.7%;第三产业增加值300.75亿元,增长9.5%。三次产业结构比由上年的7.4∶53.3∶39.3调整到7.5∶49.9∶42.6。全市财政总收入72.20亿元,增长8.5%。其中:公共财政预算收入38.87亿元,增长7.5%,占财政总收入比重为53.8%;公共财政预算收入中税收收入36.16亿元,占比为93.0%。全市公共财政预算支出48.69亿元,增长7.8%。全年财政收支平衡。

【组织财政收入】 强化税收分析。对"营改增"试点对地方财政收入的影响进行测算分析,移交试点行业纳税户1239户。强化税源管理。将1152户企业列为重点税源监控企业,其中省级以上重点税源监控企业86家;出台《关于进一步加强税源管理壮大地方财力的意见》,完善税源管理工作协调机制和税源管理督查考核机制;组织开展"进村入企"大走访活动,走访企业2450户、个体工商户3550户;开展引进企业、引进税源动态调查,对有回归可能的58家企业进行逐户走访;配合实施工业规模企业培育三年行动,走访企业713家。自主开发"以电控税"信息系统,实现企业用电情况与纳税情况自动比对,配合全市"以电控税"平台建设,对4473家工业企业补缴税款;建立涉及全市630个小区、9286幢房屋的基准价格评估体系。强化非税收入管理。修订《温岭市国有土地使用权出让收支管理办法》,出台《关于加强行政事业单位房产出租管理的若干意见》和非税收入管理考核制度。加强规费管理,开展费源调查,强化缴费人户籍管理,建立重点费源监控制度。全年组织非税收入2.71亿元。

【优化支出结构】 优先保障民生事业支出。当年财政教育投入占公共财政预算支出的24.2%。推进农村交通基础设施建设、农村环境综合整治和美丽乡村建设,落实一事一议财政奖补政策。实施公共卫生、村邮站和信报箱、便民服务中心、广播电视进渔船、农家书屋、殡葬等公共基本服务项目,调高城乡居民社会养老保险、农医保、城镇职工医保、高龄补贴、社会救助等财政贴补标准。推进公共卫生单位、基层卫生院以及市级公立医院医改,实现市级公立医院基本药物零差价。草拟社保基金增值保值和银行信贷挂钩方案。鼓励下岗失业人员和高校毕业生自主创业。保障重点项目支出。帮助东部垃圾中心BOT(建设—经营—转让)项目运作;向银行融资2.00亿元,申发二期企业低利率债券14.00亿元、政府性债券1.20亿元;通过盘活部分闲置国有资产等措施,基本满足全市300多个政府性投资项目建设资金需求。严格控制行政经费支出。按压缩5%的基数核定一般预算,"三公"经费不超过上年基数。将35个主管单位、164家二级单位以及16家镇(街道)的预算及其"三公"经费在市人大官网上集中公开。修订会议费、学习培训费、差旅费、出国费用等四项经费管理办法。

【培植财源促进发展】 参与加快工业经济转型升级、利用外资、加快服务业发展等政策制定,落实技改、科技等扶持资金1.40亿元,支持第二产业的优化和第三产业的壮大。参与经济开发区、东部新区招商项目评估办法和招商办法的制订。加大对中心镇的培育力度,加大对欠发达地区的倾斜力度,加大对泽国小城市试点的扶持力度,支持区域经济协调发展。开展支持温岭商人创业创新专项行动,对19家重点企业建立一对一联系制度。支持特色工业设计产业及相关企业发展,梳理财税优惠政策,不断优化服务。推进工业企业分离发展服务业,分离发展企业3家。收集筛选上报项目50余个,向上争取补助资金,帮助台州邦丰塑料有限公司争取到生产可降解塑料技改低息贷款5000万元;帮助跃岭、万邦两家企业开展上市财务辅导工作。

【推进财政改革】 推进财政"三位一体"改革,深化综合预算改革,完善公共财政预算编制管理,加强预算公开,对交通局等5个部门预算进行民主恳谈,对计生局等17个部门预算进行专题审议,镇级参与式预算全面推开;协助建立教育财务核算中心,完成教育系统全部学校国库集中支付改革,实现国库集中支付改革全覆盖,全市226家预算单位全部实行国库集中支付改革;配合相关部门做好事业单位绩效工资改革政策的调研和制定,完成非义务教育阶段绩效工资核查,审批发放率90.0%。

【加强财政监管】 加强镇(街道)财政财务管理,将总会计账、单位账全部纳入"温岭市乡财市管"财务平台。清理财政账户4个,起草国库暂收暂付清理工作方案并开展清理工作。对近三年市本级土地出让情况开展调研,界定土地出让金成本结算范围。完成行政事业单位公车核编审批。加强政府投资项目造价监管,全年累计审核项目1292个,涉及金额61.72亿元,累计净核减2.22亿元。制定工业转型升级、服务业发展、公共交通发展财政专项资金管理办法，规范专项资金管理使用。加强财政资金使用监督检查，对4个镇财政所、7项专项资金、6家单位会计信息质量进行专项检查。选择全市中小学校舍维修改造工程(校安工程)等13个项目开展财政绩效评价。开展国有资产集中处置，处置温岭宾馆、松门水产公司地块，处置资产收入1.18亿元。

【树立财政良好形象】 提高工作执行力。实行周工作计划制度，完善工作例会制度，坚持财税重大事项专报制度，实施会议精神反馈共享制度。提高干部防范力。按业务流程全面开展廉政风险点查找，查找出廉政风险点57个；开展过错责任追究，对执法检查、内部审核发现的不合格事项进行追溯和跟踪；组织开展作风纪律专项整治。提高队伍生命力。对23名中层干部和35名一般干部进行轮岗交流；开展分级、分类培训，提高干部素质。提高团队凝聚力。采取多种形式学习领会十八大报告，组织开展民主评议、公开承诺、树典型学先进等活动；组建"书香财税·读书会"；做好工会工作，组织开展各类兴趣小组活动，编印《蓝海拾贝》文化期刊；开展助残结对、城乡支部牵手共建、慈善一日捐以及爱心助学等活动，全年累计捐款57200元。

(温岭市财政局供稿　蒋丽娜　冯　威执笔)

玉环县

【概况】 2012年，玉环县实现生产总值374.89亿元，按可比价格计算，比上年增长6.5%，人均生产总值88421元，增长5.7%。其中：第一产业增加值25.31亿元，增长0.8%；第二产业增加值225.38亿元，增长5.1%；第三产业增加值124.20亿元，增长10.3%。全县实现财政总收入55.21亿元，增长18.3%，公共财政预算收入25.11亿元，增长15.8%，占财政总收入的45.5%，其中税收收入18.48亿元，占公共财政预算收入的73.6%。公共财政预算支出29.66亿元，增长13.4%。当年财政收支平衡。

【组织财政收入】 坚持按季逐月抓收入，重视税收预测和收入动态分析。强化三产税源管理，三产税收入库9.70亿元，增长15.2%。推动企业分离发展服务业，24户分离企业实现营业收入3.77亿元，入库税费1473万元。完成2376户企业和2008户个私企业年度税费汇算清缴，合计补缴税费1.01亿元。完成2011年度年所得12万元以上个人所得税自行申报，受理3529人(其中外籍人员30人)，入库应补税额237万元。推进存量房评税工作，制定存量房交易计税价格争议处理办法。推动"营改增"试点工作，测算地方财力影响程度，向国税部门移交621家纳税人资料。加强政府非税收入征管，全年入库非税收入22.39亿元。

【支持经济转型升级】 落实工业转型升级专项资金、外贸发展资金、科技三项费用等各类财政扶持资金9060万元，争取上级各类扶持资金4690万元。化解企业融资困难，为87家中小企业提供总额为1.13亿元的信用担保。落实清费减负政策，取消8个涉企行政事业性和经营服务性收费项目，调整变更和核定6个行政事业性收费标准。兑现"满意银行"存款奖励2.20亿元，鼓励金融系统加大对中小企业的贷款支持。落实小微企业、个体工商户、高新技术企业等税费优惠政策，减免税费3.89亿元，惠及企业1762家(包括个人)，农户6176户。支持玉环籍企业创业创新，走访调研外地玉环籍企业30家，通过"一季一题"活动、送政策送服务等方式，对23家重点联系企业实行"一对一"个性化服务。4家企业在玉环直接实现税收增量597万元；8家企业通过总部经济实现销售总量回归，创造地税税收增量1142万元。

【保障社会民生和谐】 全县民生支出21.56亿元，增长16.4%，占财政支出的72.7%。安排"三农"投入4.31亿元，支持高标准农田、农业"两区"(现代农业园区和粮食生产功能区)和美丽乡村等农林水事业建设。推进村级公益事业建设一事一议财政奖补工作，累计实施项目122个，总投资2.20亿元，省县财政奖补6796万元。支持教育优先发展，全年教育支出6.98亿元，占公共财政预算支出的23.5%。安排7410万元资金，推动基本公共文化服务体系建设和文化产业发展。安排城乡低保、农村五保、城乡居民基本医疗保险、城乡居民养老保险等各类社会保障和就业支出2.29亿元。投入医疗卫生支出2.06亿元，支持推进医药卫生体制改革，将乡镇卫生院人员经费纳入财政预算管理。安排1500万元资金支持"清洁家园、和谐乡村(社区)"活动。发放中央油价补贴资金2.12亿元，全县1033艘各类船只、964辆客运、公交车辆等受益。投入保障性住房建设资金1.61亿元。

【推进财政改革】 推进财政"三位一体"组织机构改革，完成机构"三定"方案设置。乡镇财政管理机构已获编委批准。全面推开国库集中支付改革和公务卡制度，有146家单位纳入国库集中支付和公务卡实施范围，发行公务卡2792张。

【加强财政监管】 深化国有资产管理体制改革，通过国资整合实施意见和方案。支持政府投资项目建设，县财政直接拨付建设资金9.41亿元，调度间隙资金13.60亿元，争取中央、省各类补助资金1.49亿元。加强政府采购监管，建成玉环招投标QQ群，开展供应商采购协议满意度调查，将办公耗材纳入采购范围。全年节约采购资金3735万元，资金节约率11.9%。开展公务用车专项治理，全县95个单位公务用车定编通过省公车办审核。建立会计继续教育讲师团和会计人员交流QQ群，开展农村财会人员支农政策教育培训，完成重点建设项目委派会计年度考核，加强会计师事务所党建工作。压缩"三公"经费支出，实现行政办公经费下降5%。

【加强干部队伍建设】 深化"优环境促发展，优服务树形象"活动，着重推出"崇敬"主题教育，在系统内倡导"崇尚道义、崇尚奉献，敬畏法律、敬畏民意"理念。深化财税文化"六大平台"*建设，坚持财税文化月活动制，组织开展干部职工业务学习培训、读书征文赛等多项活动。落实党风廉政建设责任制，开设党风廉政专题讲座，组织局领导班子成员和中层干部赴萧山南郊监狱接受现场警示教育；强化廉政风险预警防控，制定廉政风险防控措施，加强财税惩防体系建设。县局获2012年度县级机关事业单位工作目标责任制考核优秀单位、县"人民满意机关"评议优胜单位等称号。

（玉环县财政局供稿　赵静思执笔）

注：

*财税文化"六大平台"：学习平台、活动平台、情感平台、激励平台、制度平台、宣传平台。

天台县

【概况】 2012年，天台县实现生产总值150.21亿元，比上年增长9.2%。其中：第一产业增加值11.91亿元，增长2.1%；第二产业增加值65.95亿元，增长9.9%；第三产业增加值72.35亿元，增长9.8%，三次产业结构比由上年的7.7：45.2：47.1调整为7.9：43.9：48.2。全县财政总收入19.14亿元，增长12.1%，公共财政预算收入10.84亿元，增长12.2%，占财政总收入的比重为56.6%，其中税收收入9.65亿元，占公共财政预算收入的比重为89.0%。全县财政支出22.15亿元，增长7.1%。全年财政收支平衡。

【组织财政收入】 深化经济税源监控分析，管理重点税源监控企业260户。深化税收信息化建设，上线运行《税友龙版》，并着力深化应用工作，推进税收规范化管理。组织实施"营改增"试点工作，交通运输业和六个现代服务业784户企业实现"营改增"运行转换。加强外资企业税收管理，与国税、外汇管理局建立信息交换反馈机制，开展企业付汇业务税务管理工作。加强企业所得税汇算清缴工作，全县汇算清缴共637户，入库企业所得税4562万元；推进个人所得税全员全额申报和年所得12万元以上纳税人自行申报；加强自然人股权转让所得个人所得税管理，审核股权转让成交金额2.90亿元。联合社保部门提请县政府出台《天台县社会保险扩面征缴工作实施方案》，推进社会保险费"五费合征"工作机制，全年社保五费收入5.07亿元，同比增长29.2%。推动县政府出台《天台县政府非税收入管理办法》，规范政府非税收入管理，全年收缴政府非税收入3.09亿元（不包括土地出让金），完成年初计划的112.0%。

【支持经济发展】 加大政府公共投资力度。争取到中央资金9796万元，用于支持中小河流域治理、城镇污水管网建设；推动县政府出台《天台县政府性投融资管理办法》，加强政府性投融资管理，全年筹集各类资金3.54亿元，保障全县重点工程建设。制定完善产业扶持政策，支持物流、商贸、信息服务等现代服务业集聚发展，增强工业实体经济创新发展的动力和能力。兑现各类扶持资金9000万元。创新财银企联动模式助力企业融资，设立融资调剂基金专项风险补偿基金，鼓励银行帮扶困难企业资金调剂。设立小企业风险补偿资金，鼓励金融机构加大对小企业信贷支持力度。减轻企业负担，依法减免各项税收1.36亿元，降低养老保险费率，为中小微工业企业以及个转企单位集中减征养老保险1300万元，惠及企业1055户。优化纳税服务工作，开通免费纳税服务专线4008512366，完善纳税咨询互动机制，推行"三时服务"（准时服务、限时服务、延时服务）。

【保障民生支出】 当年全县公共财政预算用于民生支出17.97亿元，占全县财政支出的81.1%，比上年提高0.37个百分点。全年教育支出6.93亿元，增长20.9%，占全县财政支出的31.3%；医疗卫生支出2.09亿元，增长12.2%，占全县财政支出的9.4%；社会保障和就业支出1.92亿元，增长11.8%，占全县财政支出的8.7%；文化体育与传媒支出4146万元，增长20.3%。安排住房保障专项资金3000万元，用于保障性安居工程建设。加大公检法司资金投入，重点保障政权建设和政法机关办案经费，支持"平安天台"建设。加大社会公共应急体系建设，设立信访、司法救助基金、社区矫正专项资金和人民调解资金，为社会和谐稳定提供财力保障。

【加大新农村建设投入】 全年预算内安排支农支出8272万元,同比增长11.7%。建立财政奖补制度,推进"美丽乡村"建设。安排1300万元,用于"清洁家园"建设;投入3360万元,推进和谐生态村建设;设立2000万元专项资金,重点补助精品村、重点村和特色村建设;投入财政资金2100多万元,实施90个村农房改造,改造维修农房1550户。投资7617万元,实施中低产田改造项目6个。

【推进财政改革】 加强预算编制和管理。全面实施零基预算,完善预算定额体系和费用标准体系,推进预算执行进度,规范预算管理。细化政府性基金预算,完善社会保险基金预算编制和政府性债务计划的编制,健全"全口径"政府预算。推进财政国库集中支付和公务卡制度改革,将所有财政性资金纳入改革范围,规范和完善全县197家预算单位的国库集中支付工作。所有县级预算单位全面推行公务卡改革,实现公务消费全程监控。加强乡镇财政建设,制定加强乡镇财政管理与促进乡镇公共服务平台建设工作的指导意见,调整新一轮乡镇(街道)财政管理体制,中心镇超收分成县得部分全额返还,使财力进一步向基层倾斜。在平桥镇、白鹤镇、龙溪乡建立乡镇公共服务平台,在白鹤镇开展参与式试点工作。推进乡镇财政机构建设,全县各乡镇街道设立财政所,中心镇设立财政分局,充分发挥乡镇财政就地就近监管作用。

【强化财政监管】 深化财政绩效评价工作,推动县政府出台《关于全面推进预算绩效管理的实施意见》,全年绩效评价项目涉及财政资金7.61亿元;对水利、科技等7个部门开展部门综合评价,涉及财政资金1.68亿元,各部门"花钱有责任、支出讲效益"的资金管理氛围逐步形成。在全县开展"三公"经费支出情况和财政性专项资金使用情况专项检查,构建财政大监督工作格局。规范政府采购工作,完善工作规程。全年政府采购预算2.50亿元,实际采购金额2.18亿元,节约资金3194万元,节约率12.8%。加强政府性投资项目财政财务监管,推行在审项目"上墙"公示制度,提高审核工作的透明度。全年审核政府性投资预结算项目154个,送审总额6.52亿元,审核总额6.27亿元,核减额2409万元,核减率3.7%;审核项目前期35个,审核金额5.13亿元。深化国有资产管理,规范国有资产有偿使用和处置行为,国有资产处置收入全部缴入县财政专户。推广应用国有资产管理信息系统,对行政事业单位国有资产实行动态管理。

【加强队伍建设】 开展"进村入企"大走访行动,提升财税服务经济转型升级能力、服务民生推进新农村建设能力、服务重点项目破解发展难点能力。深化财税文化建设,出台有关财税文化建设的意见,开展各类文化活动,提升"以文化人、以文凝心、以文聚力"的效果,提高干部队伍的战斗力和凝聚力。推进廉政防控机制建设,从思想道德、岗位职责、机构制度三个层面对廉政风险点进行排查。

(天台县财政局供稿　蔡　斌执笔)

仙居县

【概况】 2012年,仙居县实现生产总值127.97亿元,比上年增长10.0%。其中:第一产业增加值13.13亿元,增长1.9%;第二产业增加值56.33亿元,增长10.8%;第三产业增加值58.51亿元,增长11.1%。全县人均生产总值25566元,比上年增长9.2%。全县实现财政总收入14.68亿元,增长12.7%,公共财政预算收入7.90亿元,增长15.3%,占财政总收入的比重为53.8%,其中税收收入7.43亿元,占公共财政预算收入的比重为94.0%;全县公共财政预算支出18.41亿元,增长20.0%。全年财政收支平衡。

【支持经济发展】 支持经济开发区、台湾农民创业园、神仙居旅游度假区三大平台建设,全年投入资金2.15亿元,提升平台发展质量。支持工业经济发展,兑现各类奖励资金1442万元,重点用于工业企业技术创新和技术改造。加大财政科技投入,全年科技支出1771万元,不断增强科技创新能力和服务能力。落实结构性减税和清费减负政策,全年减免各类税费6600万元,切实减轻企业负担。落实支农惠农各项政策,全年拨付各类支农资金2.60亿元,投入农业综合开发资金1580万元,推进现代农业发展。增加对农民的补贴,稳定和完善农资综合直补政策,全年贴补资金1578万元;开展家电汽摩下乡和以旧换新财政补贴工作,全年发放贴补资金5260万元,有效扩大消费需求。加强对浙商回归引进重大项目的政策指导与服务,出台《发展总部经济财税政策若干意见》,支持总部经济发展。拨付旅游发展资金1069万元,推进旅游综合改革试点工作。下达人才专项资金1853万元,支持实施"人才强县"战略和高层次人才引进计划。

【组织各项收入】 完成《税友龙版》软件上线应用工作,深入推进税源间接控管,深化"抓大、评中、定小"税源专业化管理。加强重点税源企业税收管理与服务,稳步扩大重点税源监控范围。开展营业税差额征税管理,深化不动产、建筑业营业税项目管理,加强货物运输营业税征收,扎实做好"营改增”试点工作，完成新旧税制转换。推进企业所得税专业化管理；实施新个人所得税法，加强对高收入者个人所得税征管，加大对股权转让、利息股息红利等非劳动所得征管力度。加强房产税和城镇土地使用税管理，开展税源信息比对，及时调整申报缴纳期限。全面推广应用存量房评估税收管理系统，加强存量房交易税收征管。不断完善以“五费合征”为核心的社保费长效征缴机制，实现社会保险征收制度全覆盖，全年社保费收入4.0亿元，增长37.2%。加强非税收入管理，全年组织非税收入8.00亿元，其中政府性基金收入7.12亿元。健全政府非税收入征管体系，加强国有土地使用权出让收入收缴管理，全年土地出让收入5.91亿元。

【推进社会事业发展】　加大财政教育投入，全年教育支出5.51亿元，占公共财政预算支出的比例超过26%，完成省厅下达的考核任务。完善义务教育经费保障机制，中、小学生均公用经费标准分别提高至750元和550元。推进基层公共文化服务体系建设，全年文化体育与传媒支出2475万元，重点用于农家书屋、“两馆一站”、文化“三下乡”等项目建设。促进医疗卫生事业发展，城镇居民医保与农医保实现并轨，做到同比例筹资和报销，农村医保筹资标准从人均300元提高到370元，其中财政贴补资金从人均200元提高到250元。支持医药卫生体制改革，财政贴补资金3283万元用于基层医疗卫生机构实施药品零差价以及村卫生室建设。完善社会保障体系建设，支付60周岁以上老年人基本养老保险金6779万元，企业退休人员养老金1750万元。推进保障性安居工程建设，扩大政策性农村住房保险覆盖面，加大对农村困难群众住房救助。加大对残疾人的财政保障力度，投入资金876万元用于残疾人共享小康工程和康复工程建设等。拨付国家级生态县和省级“森林城市”创建资金2900万元，投入环保项目建设资金1.97亿元，下达“美丽乡村”建设资金1065万元，村级公益事业一事一议财政奖补资金2004万元，不断改善生态环境和农村生产生活条件。

【深化财政改革】　健全“三位一体”组织机构，实行职能、机构和人员一体化运作。深化“全口径”政府预算体系建设，完善政府公共预算，细化政府性基金预算，健全国有资本经营预算和社保基金预算，探索编制政府性债务计划。加强预算执行，全面实施国库集中支付和公务卡改革。推进乡镇财政“分片核算集中管理”模式改革，制订《仙居县乡镇（街道）政府集资款处置意见》，完成横溪镇乡镇公共财政服务平台建设试点工作。

【强化财政监督】　加强财税法制建设，开展规范性文件审查和清理。加大财政专户清理、行政事业单位银行账户清理和“小金库”专项治理力度，做好全县行政事业单位公务用车专项治理工作。加强会计监督，依法做好会计行政许可。加大财政项目预算审核力度，全年完成项目预算审查140个，审定工程造价4.12亿元，净核减工程造价2706万元，净核减率6.2%。强化政府采购政策功能，扩大政府采购规模和范围。完善国有资产管理，理顺国资管理职能，确保国资安全高效运行。加强行政事业单位国有资产管理，规范资产配置、使用、处置等行为。推进投融资工作，规范现有融资平台，控制政府债务规模。

【加强干部队伍建设】　开展“十八大精神宣教”、“民主评议行风建设回头看”、“进村入企大走访”等主题教育活动，切实转变机关工作作风。鼓励干部参加学历教育和职称考试，举办各类业务专题讲座，提升干部业务素质和技能。落实党风廉政建设责任制，践行干部监督联动工作机制，加强廉政风险干预，构建具有财税特色的惩防体系。开展岗位廉政教育情景案例征集活动，规范权力运行，打造“不想腐败、不能腐败、不敢腐败”的反腐倡廉大环境。深化财税文化建设，开展多种形式的文化活动，不断完善财税文化建设长效机制。局机关被县委、县政府授予“人民满意机关示范单位”、“县级单位工作目标责任制考核优秀单位”以及“党建工作责任制考核优秀单位”等称号。　（仙居县财政局供稿　赵利伟执笔）

三门县

【概况】　2012年，三门县实现生产总值130.65亿元，比上年增长5.5%；人均生产总值30118元，比上年增长4.8%。其中：第一产业增加值21.00亿元，比上年增长4.5%；第二产业增加值55.04亿元，比上年增长3.7%；第三产业增加值54.61亿元，比上年增长7.8%。三次产业结构比由上年的15.7∶44.4∶39.9调整为16.1∶42.1∶41.8。全县财政总收入17.95亿元，比上年增长9.8%。公共财政预算收入10.68亿元，比上年增长11.2%，占财政总收入的59.5%，其中税收收入9.77亿元，占公共财政预算收入的91.5%。公共财政预算支出20.64亿元，增长10.5%。全年财政收支平衡。

【组织财政收入】　加强税源调研，提升税收分析预测能力；以《税友龙版》上线为契机，加强精细化管理，通过管理升级提高财税征管效益。强化重点税源监控，加强与核电公司的联系与沟通，确保核电区块税收的稳定增长，核电区块入库

1.82亿元，比上年同期增长30.9%。落实“营改增”试点工作，审核确认341户“营改增”纳税人，并移交国税部门。加强房产税和土地使用税管理，开展“两税”比对工作，着重掌握房产信息和土地信息。完善“五费合征”机制，规范社会保险基金征缴；完成与社保部门的业务对接，实现资源共享，将社保业务导入《税友龙版》进行管理；加强社保费基础数据调查，做好上年社保费结算，补缴社会保险费近1000万元；提高残疾人就业保障金征收标准，促进该基金稳定增长。加强水利建设专项资金征收管理，完善地方水利建设基金征集政策。强化非税收入征管，全年非税收入入库9126万元。加强国有土地使用权出让收入管理，保证土地出让收入及时、足额缴入国库，全年土地出让收入4.23亿元。

【促进经济转型升级】 完善财政保障机制，支持三门湾蓝色产业集聚区与海洋经济产业创新示范区建设。开展支持三门籍商人创业创新、促进三门发展专项行动，培育发展“总部经济”。实施清费减负政策，对部分中小微企业的基本养老保险费缴费比例实施临时性下浮，减征1281万元，着力帮助企业减负。完成企业债券跟踪评级工作，争取74省道南延项目贷款3.00亿元，向上争取地方政府债券5000万元，新增国债资金1.10亿元，为县重点工程建设提供资金保障；充分发挥担保公司作用，注册资本从8000万元增资到1.10亿元，为151家（次）企业提供担保，担保金额3.60亿元；及时为企业办理近1.00亿元委托贷款。向上争取各类项目专项资金3183万元，促进企业转型发展。做好摩托车、家电下乡和以旧换新财政补贴工作，全年兑付补贴资金1760万元，有效拉动城乡居民消费。

【保障重点支出】 *落实强农惠民政策*。确保“三农”投入持续增长，当年农口项目支出1.42亿元，同比增长29.1%。支持现代农业园区和粮食生产功能区建设，加快农业转型升级；推进村级公益事业建设一事一议财政奖补工作，上报审批一事一议项目24个，及时落实安排项目资金，支持农业农村发展；支持“清水绿廊”工程和农房改造项目，打造宜居美丽乡村。*支持社会事业发展*。全面落实教育支出法定增长要求，加大教育投入，促进各类教育均衡发展，教育累计支出4.95亿元，同比增长12.1%；加快基层文化设施建设，健全覆盖城乡的公共文化服务体系，推进文化产业发展；加大医疗卫生投入，巩固和完善基本医疗保障制度，配合做好公立医院改革工作，医疗卫生支出1.93亿元，同比增长22.1%。加大就业和社会保障投入，扩大社会保险覆盖面，调高企业退休职工和城乡居民社会养老保险标准，落实大学生创业政策，就业和社会保障投入2.40亿元，同比增长43.3%。落实保障性安居工程项目贷款4.50亿元，推进县住房保障工作。

【深化财政改革】 完善“三位一体”财政运行机制。全面启动“金财工程”国库集中支付一体化系统，全县141家预算单位完成国库集中支付改革；对已纳入国库集中支付的所有预算单位实施公务卡制度改革，出台《关于实施三门县预算单位公务卡强制结算目录的通知》，规范公务支出管理。按照《三门县关于完善乡镇财政管理体制的通知》要求，改革现有乡镇财政管理体制，明确县乡两级政府之间的财政分配关系。组织开展14个乡镇财政所人员的新会计核算软件知识培训，启用新会计核算软件。

【强化财政监管】 出台《三门县预算绩效管理实施办法》，落实开展2012年绩效目标管理项目的试点评审工作，其中选择10个项目实行绩效目标评审试点。完成市局布置的一事一议项目绩效评价工作，确保财政专项资金落到实处。对教育部门所属5个单位进行会计监督检查，提高教育系统会计信息质量。开展“三公”经费清理核查工作，出台《“三公”经费管理办法》与《公务接待管理实施细则》，压缩“三公”经费预算，严格控制一般性支出。加强对地方财政专户的清理整顿工作，撤销财政专户2个。以集中支付、集中核算为平台，加强对财政支出的审核把关，提高财政资金使用效率。深化县级国资监管体制改革，修订完善《三门县行政事业单位国有资产管理暂行办法》和《三门县行政事业单位房产出租出借管理办法》；出台《政府投资项目预算审核操作流程》，及时跟踪国有投资性公司（指挥部）财务核算软件实际运行效果，对其资金使用及财务核算实施动态网络监管。按要求做好车辆定编工作，严控全年购车规模。加强债务运行动态管理，优化债务结构，降低债务使用成本。

【深化干部队伍建设】 *加强活力财税建设*。结合财税工作实际，开展“十八大”主题教育和“创先争优基层组织建设年”活动，创建基层党建示范点。加大干部岗位培训力度，打造“学习型机关”；实行岗位交流，规范干部选拔机制，民主选拔5名中层副职干部。组队参加各类文体活动，营造和谐财税氛围。*加强效能财税建设*。以“组织开展行风评议回头看活动”为契机，加强规范化建设，完善16项便民服务措施，提升纳税人满意度。在全县社会信任度测评中被授予“十佳社会信任机关”。*加强党风廉政建设*。加强廉政文化建设，丰富廉政文化教育内容，开展形式多样的廉政教育活动，增强干部廉洁自律意识。切实加强廉政风险排查，深入开展规范权力运行工作，强化内部控制和权力制衡，增强廉政风险防范意识。（三门县财政局供稿 杨志华 杨梦琳执笔）

丽水市财政工作概况

丽水市

【概况】 2012年,丽水市实现生产总值885.17亿元,比上年增长10.5%。其中:第一产业增加值79.35亿元,第二产业增加值446.09亿元,第三产业增加值359.73亿元,分别增长3.6%、12.6%和9.6%。三次产业结构比从上年的9.1∶50.3∶40.6调整为9.0∶50.4∶40.6。人均生产总值41822元,增长10.6%。全社会固定资产投资471.98亿元,增长31.7%。社会消费品零售总额371.09亿元,增长17.5%。外贸进出口总额22.29亿美元,其中出口19.76亿美元、进口2.53亿美元,分别增长4.9%、8.9%、-18.6%。全市城镇居民人均可支配收入26309元,农村居民人均纯收入8855元,扣除价格因素,分别增长9.8%和10.6%。全市财政总收入112.66亿元,增长12.6%;公共财政预算收入64.61亿元,增长12.6%,占财政总收入的57.3%,其中税收收入56.72亿元,占公共财政预算收入的87.8%。市本级(包括开发区、莲都区,下同)财政总收入39.79亿元,增长9.3%;公共财政预算收入24.90亿元,增长12%,占市本级财政总收入的62.6%,其中税收收入22.66亿元,占公共财政预算收入的91.0%。全市公共财政预算支出167.94亿元,增长8.9%,市本级公共财政预算支出39.69亿元,增长6.4%。全市及市本级财政收支平衡,消化历年赤字100万元。

【组织财政收入】 每季度针对各县(市、区)财政总收入、公共财政预算收入两项指标进行点评分析,促进县(市、区)组织收入进程。全市地税部门组织各项收入86.87亿元,增长3.5%,其中税收收入51.76亿元,增长7.8%;市本级地税部门组织各项收入32.45亿元,增长6.5%,其中税收收入20.62亿元,增长5.6%。加强非税收入征管,全年全市政府非税收入75.02亿元,市本级23.06亿元,其中,全市土地出让金收入38.37亿元,市本级14.66亿元。强化社保费征管,全面统一市、县社保费征缴模式、业务流程和岗责体系;推进社保费联网工作,其中市本级、云和、青田、龙泉实现与社保部门联网实时交换数据。全市组织社会保险费收入29.51亿元,剔除一次性补缴因素,增长26.0%,其中市本级组织社会保险费收入9.94亿元,剔除一次性补缴因素,增长28.1%。

【服务经济发展】 落实财政扶持政策,帮助企业转型升级。开展支持浙商创业创新促进丽水发展专项行动和丽水特色工业设计基地建设。全市财政兑付企业扶持资金10.21亿元,增长48.1%,其中市本级兑付企业扶持资金3.58亿元,增长34.1%。市本级安排服务业发展引导资金1000万元,安排旅游和促销发展资金3500万元。市本级扩大转贷应急基金规模,从2000万元增加到5000万元,为66家企业转贷114笔,累计转贷6.30亿元,缓解企业资金困难。推进企业分离发展服务业,全市新老分离企业96户,2012年产生营业收入11.24亿元,入库税费1.06亿元,其中市本级新老分离企业34户,2012年产生营业收入5.79亿元,入库税费6618万元。落实税费减免政策,减轻企业负担。出台市本级困难中小企业社保费"五缓三补贴"*政策,落实部分中小微工业企业基本养老保险费临时性下浮政策。全市减免地方税费6.04亿元,增长50.2%;市本级减免地方税费2.66亿元,增长37.8%。落实家电、摩托车下乡等扩内需政策。全市发放家电、摩托车下乡,家电以旧换新补贴资金分别为6699万元、704万元、791万元,其中市本级发放家电、摩托

丽水财政整合资金推进"美丽乡村"建设。图为丽水堰头村古街

车下乡,家电以旧换新补贴资金分别为1608万元、199万元、377万元。

【保障民生支出】 全市民生支出121.77亿元,增长12.5%,占公共财政预算支出的72.5%,其中市本级民生支出28.95亿元,增长12.8%,占公共财政预算支出的72.9%。

加大新农村建设。全市财政新农村建设支出85.81亿元,增长15.8%,其中市本级12.36亿元,增长15.8%。制定《关于深入推进财政支农资金整合和统筹 进一步加强财政支农资金科学化精细化管理的意见》,市本级统筹安排800万元资金专项用于农业"两区"(现代农业园区和粮食生产功能区)建设,增长60.0%;市本级整合资金1.14亿元用于推进"美丽乡村"建设。开展村级便民服务中心建设,全市共投入资金4000余万元,其中市本级争取省财政资金1782万元、市财政资金500万元。支持农民异地转移。市本级安排农民异地转移资金3000万元,实际支出1001万元。落实农民种粮直补政策,全市发放农资综合直补资金7747万元,其中市本级784万元。推进集体林权制度改革,全市财政兑付2012年度金融机构林权抵押贷款奖励资金1200余万元,其中市本级302万元。支持农村公益事业建设,全年全市一事一议财政奖补支出3.29亿元,其中市本级3797万元。

促进社会事业发展。全市财政教育投入36.73亿元,占公共财政预算支出的21.9%,其中市本级8.70亿元,占比为21.9%。支持文化产业发展,市财政从2012年起每年安排1000万元设立文化产业发展专项资金。推进医疗卫生事业发展。全市预算内医疗卫生投入14.93亿元,增长5.9%,全市新农合人均筹资标准378元,其中各级财政人均补助272元,政策范围内住院费用报销比例达70%。城乡医疗救助筹资标准提高到人均10元。

加大社会保障和就业投入。全市预算内社会保障和就业支出12.98亿元,增长15.8%。完善城乡居民养老保险制度,基础养老金发放标准从70元提高到80元,全市发放基础养老金2.97亿元。落实高龄老人一次性奖励和生活补助政策,对90周岁至99周岁老年人,一次性奖励1000元,每人每月补贴100元;100周岁及以上老年人,每人一次性奖励5000元,每人每月补贴500元。制订关爱市区残疾人生活补助政策,对符合条件的对象给予每人每月100元补助,市本级每年增加残疾人就业保障金300万元。落实各项扶持就业创业政策,全年全市共支出促进就业资金6361万元,其中:扶持公共就业服务588万元,职业(创业)培训、职业介绍、技能鉴定补贴674万元,社会保险、岗位补贴4580万元,小额担保贷款贴息、见习补贴以及特定政策补助支出519万元,全市有48654人次享受各种就业创业补贴。

【支持重点项目建设】 筹措基本建设资金,推进重点项目建设。加强财政综合协调,灵活调度资金,市本级财政累计调度财政资金21.60亿元用于基本建设和还本付息;争取地方政府债券,全市获得浙江省地方政府债券资金4.10亿元,其中市本级1.00亿元。保障全市"十件大事"*和市区"十件实事"*项目的资金投入,全年市财政安排市区"十件实事"项目支出12.68亿元,其中:住房保障项目6.57亿元,城市道路建设1.67亿元,丽水盆地易涝区好溪堰整治一期工程1.38亿元,大洋河治理一期工程1.63亿元,菜市场建设4000万元,中小学校舍安全改造工程3500万元,环境整治项目6800万元等。

【厉行节约控制"三公"经费】 会同相关部门联合制定《关于贯彻落实厉行节约工作有关事项的通知》,就加强"三公"经费管理和规范津补贴作出具体部署。下达"三公"经费控制指标,每月对公务接待费、公务用车运行经费实行统计,分单位建立台账。对已达到控制额度的单位,不再给予报销。制定《关于实施市级预算单位公务卡强制结算目录的通知》,规范公务支出结算方式和报销口径,全年采用公务卡结算报销业务6777笔,金额2427万元。将"三公"经费零增长工作列入市委市政府年度综合考核内容。全市一般公共服务支出22.69亿元,占公共财政预算支出比重下降0.5个百分点;其中市本级一般公共服务支出5.78亿元,占公共财政预算支出比重下降0.8个百分点。

【财政管理改革】 市本级试编国有资本经营预算,初步构起全口径的政府预算体系。全面实施国库集中支付和公务卡制度改革,全市预算单位改革覆盖率100%。推进政府采购改革,全年全市政府采购金额41.85亿元,节约资金6.02亿元,资金节约率为14.4%;其中市本级采购金额11.37亿元,节约资金6813万元,资金节约率为6.0%。加强乡镇财政建设,全市9县(市、区)中6个县(市、区)已单独设立乡镇财政管理科,3个县乡镇财政管理机构与预算部门合署办公;132个乡镇已单设乡镇财政机构,占全部乡镇数的75%。

【财政监督管理】 以市委办、市府办名义下发《关于进一步加强财政资金管理的通知》,就专项资金整合、结余资金统筹使用、财政资金监督机制完善等三方面内容作出具体部署。当年市本级清理回收以前年度专项结余资金1481万元。完善专项资金管理制度,先后制定农业综合开发资金、文化产业发展专项资金等6个专项资金管理办法。加强财政支出绩效管理，全年市直完成绩效评价项目87个，评价金额2.18亿元，其中：重点评价项目6个，评价金额6209万元。加强会计监督管理，组织会计人员后续教育、会计从业资格考试等，强化对会计人员的教育培训。加强财政预算项目评审。全年市直完成各类项目审核252个，审核额14.57亿元，净核减8466万元。加强财税法制建设，全面开展规范性文件清理，完成行政许可和行政处罚案卷自查。

【干部队伍建设】 开展中层正职民主推荐和副职竞争上岗工作。加强教育培训，组织开展干部心理健康、廉政等专题培训，开设网络学校，开展读书年活动，全年组织培训33期，培训3214人次。推进财税系统作风建设，广泛开展"进村入企助推发展"大走访活动，实地走访企业548户次，帮助企业解决实际问题，落实融资金额3967万元，建立服务企业长效机制。开展基层组织建设年活动，加强廉政建设。丰富廉政文化内容，开展反腐倡廉示范教育、警示教育、案例教育。搭建活动平台，组织开展各类兴趣小组活动，举办全市财政地税系统第五届运动会，增强干部职工的归属感和团队的凝聚力。当年市财政局被评为"省级文明单位"、"浙江省城乡居民社会养老保险工作先进单位"、全省县(处)级以上党委(党组)理论学习中心组先进单位、市委市政府综合考核优秀单位。

(丽水市财政局供稿　阮美莲执笔)

注：

＊五缓三补贴：帮扶困难中小企业的一种举措，其中"五缓"是指允许困难中小企业缓缴应由企业缴纳的基本养老保险、基本医疗保险、失业保险、工伤保险、生育保险五项社会保险费，缓缴期限最长不超过6个月；"三补贴"是指对困难中小企业实行社会保险补贴、岗位补贴和岗位培训补贴。

＊十件大事和十件实事：2012年丽水市政府在市三届人大一次会议上作出的事关全市发展、体现民意、改善民生的承诺，包括教育、医疗卫生、社会保障、交通等领域的重要工作。

莲都区

【概况】 2012年，丽水市莲都区实现生产总值227.32亿元，比上年增长9.2%。其中：第一、二、三产业增加值分别为15.25亿元、98.71亿元、113.36亿元，分别增长3.6%、9.5%、9.7%。全区人均生产总值49710元，增长8.4%。区级财政总收入14.02亿元，增长8.5%，公共财政预算收入8.33亿元，增长15.2%，占财政总收入的59.4%，其中税收收入7.59亿元，占公共财政预算收入的91.1%。全年公共财政预算支出15.63亿元，增长9.7%，其中地方财政安排支出13.47亿元，增长11.9%。全年财政收支平衡。

【组织财政收入】 2012年，针对收入增长放缓的态势，采取有力措施，积极培育税源，加强和国地税部门的协作，落实收入目标，定期召开收入分析会，把握重点税源变化和税收收入进度，分析税收增长点和可挖潜力，全年清理各类欠税5600余万元。规范行政事业性收费行为，强化收缴分离，实行网络系统核销财政票据，确保非税收入及时足额收缴入库，当年征收政府非税收入0.74亿元。

【促进区域经济发展】 培养财源，将工业园区建设、旅游、金融等行业作为财政扶持重点，拨付财政扶持企业资金1.87亿元，受益企业114家，有力促进企业做强做大和转型升级；继续实施家电下乡和以旧换新工作，发放家电下乡补贴1451万元、摩托车下乡补贴178万元；用足用好政策，全年争取省市各类扶持资金1.40亿元。

【加大"三农"投入】 实施强农惠农政策。修建水利基础设施，落实村级公益事业一事一议财政奖补，开展农业综合开发及美丽乡村建设等工作，促进农业、农村事业发展。一事一议项目投入资金4065万元，涉及村庄道路硬化、新修机耕路、村事务中心及村老年活动中心等，促进农村公益事业发展。做好农业综合开发工作，完成2011年芦村山区小流域农业生态工程项目和石桥山区小流域农业生态工程项目，总投资2223万元，治理面积1.8万亩；做好种粮农民农资综合补贴资金发放工作，发放资金693万元，涉及农户6万余户。

【保障民生支出】 全年新增财力的三分之二以上用于民生。注重发展教育事业，公共财政预算用于教育支出4.06亿元，增长44.8%，占公共财政预算支出的26.0%。公办学前教育公用经费按生均194元标准列入公共财政预算，爱心营养餐资助标准从每生每学年350元提高至750元，增强扶困助学力度，全年支出704万元，增长79.5%。不断提升民政救助和医疗卫生保障能力，增强人民群众的幸福感。完善城乡居民社会养老保险制度，提高基础养老金，实施高龄老人补贴政策。加大对生活困难群体低保救助力度，发放最低生活保障金1725万元。拨付临时救助资金33万元、医疗救助762万元，惠及群众3200人次。建立健全孤儿保障制度，制定孤儿基本生活费和困境儿童基本生活补助金发放的实施方案。全面实施残疾人共享小康工程。完成新型农村合作医疗和城镇居民合作医疗并轨，建立统一的城乡居民基本医疗保险制度，全年累计参保311462人，参保率为99.5%。加大就业保障力度，拨付促进再就业资金500万元，增长20.2%。推进文化惠民、全民健身工程实施和文化产业发展，做好乡镇中心文化站、"天天乐"文化广场、农村(社区)公益电影播放等涉及基层群众文体活动的经费保障工作。

【深化财政改革】 构建完成预算编制、预算执行、财政监督"三位一体"的财政组织管理体系。有力推进乡镇(街道)财政建设，完成4个镇、5个乡财政所的设立，5个街道设立财务办公室，落实乡镇(街道)财政人员编制。制定莲都区乡镇(街道)新一轮(2013~2015年)财政管理办法和财政资金监管工作实施意见，充分调动乡镇(街道)聚财、理财的主动性和积极性。完成140家预算单位国库集中支付改革，实施公务卡结算制度改革。开展党政机关公用车定编工作，建立公务用车定点保险、定点维修、定点加油制度。加强国有资产监管，制定行政事业单位国有资产管理暂行办法，全面加强行政事业单位出租店面管理、新建办公场所固定资产登记和历史遗留问题解决等工作。

【加强财政监督】 加强预算管理，出台《莲都区行政事业单位会议费开支管理办法》。财政专项资金绩效评价工作扩面推进，完成部门自评项目35个，涉及财政资金6373万元，落实财政部门组织的重点评价项目21个，涉及财政资金8196万元。注重绩效评价信息反馈工作，落实"评价结果有反馈、反馈结果有应用"。强化财政项目评审工作，全年完成政府投资项目评审248个，送审造价8.29亿元，审定造价7.73亿元，核减财政预算资金5586万元，净核减率6.7%。建立乡镇(街道)、部门政府采购信息公告自行发布系统，建立政府采购联席会议制度。全年计划采购资金6526万元，实际采购金额5667万元。厉行节约，"三公"经费支出实现零增长。

【干部队伍建设】 依托网络学校，加强干部经常性学习。签订《党风廉政建设责任状》，明确领导干部党风廉政建设责任，每月编印《警钟》刊物，组织参观爱国主义教育基地，夯实干部拒腐防变的思想基础。贯彻落实中央"八项规定"精神和省委"六个严禁"要求，转变工作作风。当年区财政局获区政府年度目标责任制考核评比"优胜单位"称号。

(丽水市莲都区财政局供稿　吴　潇执笔)

龙泉市

【概况】 2012年，龙泉市实现生产总值85.65亿元，比上年增长10.7%。其中：第一产业增加值11.49亿元，增长3.7%；第二产业增加值40.59亿元，增长15.2%；第三产业增加值33.57亿元，增长8.0%。三次产业结构比从上年的13.8∶46.3∶39.9调整为13.4∶47.4∶39.2。人均生产总值36680元，增长11.1%。全市实现财政总收入7.59亿元，增长12.9%；公共财政预算收入4.64亿元，增长13.6%，占财政总收入的比重为61.1%，其中税收收入4.31亿元，增长13.9%，占公共财政预算收入92.9%。全市公共财政预算支出15.13亿元，增长7.5%，其中本级支出9.34亿元，增长8.6%，实现年度财政收支平衡。

【组织财政收入】 地税部门组织各项收入6.89亿元，增长3.1%，其中，地方税收收入4.04亿元，增长8.8%，占公共财政预算收入的比重为87.1%。做好税源测算，与发改、统计、城建、经贸和土地等部门配合，根据全市全年政府投资、房地产投资和土地出让等数据进行税收收入的"倒算"，测算全年收入情况，取得良好效果。加强重点税源管理，提高监控数据质量，全年重点税源监管户达241户。加强对营业税和所得税等主体税种征管，全年入库营业税1.86亿元。抓好房产税、城镇土地使用税等地方各税征管，全年地方各税入库9000万元。加强社保费征缴工作。深化社保费五费合征工作，加强与社保部门的协作配合，切实抓好社保费申报等各项工作。加强非税收入征管，全年收缴非税收入3325万元，增长8.7%。

【支持经济发展】 发挥财税"四两拨千斤"职能作用，出台扶持企业发展的财政政策，为中小企业转贷6.41亿元，解决融资困难。开展服务企业"大走访"活动，走访企业600户。实施"千人会计素质提升"工程，邀请浙江财经学院等院校专家教授，对千名会计人员进行免费培训，全年培训5班次，1000人次受益。用足用好财税优惠政策，全年为企业减免各项税费3388万元。做好村级公益事业一事一议财政奖补工作，全年实施项目61个，投入资金5486万元，被列为全省典型县(市)。编印《龙泉市村级公益事业一事一议财政奖补政策宣传画册》800本，在人大和政协"两会"上宣传。支持现代农业园区建设。重点扶持金观音茶叶、油茶和食用菌等优势农产品产业发展。创新方式做好农业综合开发工作，全年完成土地治理项目5个,产业化经营项目4个,直接受益农户4591户,受益农民年收入增加1744万元。支持第三产业发展,筹措安排2000万元旅游业发展专项资金和1000万元服务业发展专项资金,重点支持以旅游业为龙头的服务业发展、披云山景区开发及宝剑青瓷文化产业发展。

【保障民生支出】 确保新增财力三分之二以上用于民生支出。支持教科文卫等事业发展。支持教育事业发展,教育支出占公共财政预算支出比重为19.2%,通过财政部驻浙专员办对本市义务教育债务化解复查工作。支持科技文化事业发展,筹措资金,推进青瓷创意基地和文化宝剑园建设。支持卫生事业发展,安排资金,支持人民医院迁建和卫生监督大楼等项目建设。支持社保事业发展。确保企业和城乡居民社会养老保险基金的发放,年满60岁城乡居民基础养老金从每月60元提高到每月70元。完善新型农村合作医疗,人均筹资标准由原每年300元提高到360元,新农合政策范围内住院费用报销比例达70%,最高支付限额6万元。做好城乡居民最低生活保障工作。落实城乡居民最低生活保障资金,全市8817名困难居民的基本生活得到保障。建立城乡低保标准自然增长机制,形成覆盖城乡低保对象的托底保障网。支持医疗救助工作,出台《关于龙泉市城乡困难人员医疗救助的补充规定》,将救助比例提高到50%。支持社会管理创新,筹措安排1000万元资金支持社会管理创新有关工程建设,推进"平安龙泉"建设。保障政府性投资项目的资金需求,编制预算,科学调度资金,全年筹集政府性投资项目资金12.20亿元,支持中山路、人民医院、浙大求是中学等项目建设。

【深化财政改革】 设立预算局、预算执行局和财政监督局,构建"三位一体"公共财政组织框架。科学化精细化编制部门单位及基层预算,在上年基础上,将社会保障、政府性基金预算等全部纳入预算管理,实行"全口径"预算。全面实行国库集中支付和公务卡制度改革,126家预算单位完成集中支付,发放公务卡2271张。推进乡镇财政建设。实行财政局与乡镇财政所结对帮扶制度,建好财政所,全年全市建立财政所12个。完善乡镇财政体制,出台新一轮《龙泉市关于完善乡镇财政体制的若干意见》。做好金财工程应用支撑平台建设,加强数字财政管理。

【加强财政监管】 创新体制机制,建立"大国资大监管"体制机制。成立了国资清查核实工作领导小组,出台《龙泉市国有资产清查核实工作实施方案》,对全市国有资产进行全面清查;成立国有资产监督管理办公室,加强人员力量,出台《龙泉市国有资产管理办法》,构建"大国资"制度框架。全年政府性投资项目竣工财务决算项目304个,决算金额15.65亿元;补办行政事业单位土地证和房产证21个;核批125个行政事业单位报废资产5100万元;对抵债给政府的5000余万资产进行过户登记;行政事业单位房产集中出租收入1130万元。加强专项资金管理,出台《龙泉市支农项目和资金管理办法》等专项资金管理制度。财政项目预算审核中心完成送审标底、工程变更、项目建议书、可行性研究和初步方案评审231个,核减资金2478万元。加强政府采购工作。全年政府采购预算1.23亿元,节约资金2000万元,资金节约率16.1%。深化绩效评价工作,出台《龙泉市财政预算绩效管理办法》,提高资金使用效益。贯彻落实厉行节约各项规定,严控"三公"经费,出台《龙泉市关于厉行节约的通知》,对各单位部门下达2012年"三公"经费指标,严格控制和压缩一般性支出。

【深化干部队伍建设】 开展有针对性的提升培训。根据干部不同年龄和知识水平分期分批进行"量体裁衣"式培训,提高财税干部业务技能。实行"竞争上岗,双向选择"用人机制。遵循公开、公平、公正原则,全局50名干部参加竞聘。对中层干部进行岗位轮换,一般干部进行"双向选择"。加强党风廉政建设。开展岗位廉政风险评估和责任追究,实行事前谈话制度,推进财税廉政风险防控机制建设。倡导亲情助廉推进廉政文化建设,利用晚学时间开展党风廉政建设教育学习,层层签订党风廉政建设责任书。加强财税文化建设。探索财税文化建设有效载体,举办35岁以下青年干部人生观、价值观座谈会和调研写作培训;树立团队意识,举办局第四届干部职工运动会。当年市局获市委、市政府2012年度综合工作目标考核二等奖。 (龙泉市财政局供稿　张伟龙执笔)

缙云县

【概况】 2012年,缙云县实现生产总值153.81亿元,比上年增长11.4%,其中:第一、二、三产业增加值分别为8.71亿元、91.02亿元、54.08亿元,分别增长3.6%、12.4%、11.0%。人均生产总值42855元,增长11.4%。三次产业结构比从上年的5.8∶59.2∶35.0调整为5.6∶59.2∶35.2。全社会固定资产投资74.10亿元,增长76.1%。全县财政总收入14.55亿元,增长9.2%;公共财政预算收入7.44亿元,增长12.4%,占财政总收入的51.1%,其中税收收入6.72亿元,增长15.3%,占公共财政预算收入的90.3%。全县公共财政预算支出17.70亿元,增长2.8%。全年财政收支平衡。

【组织财政收入】 做好税收收入分析预测工作。重视经济税源调查，了解税源变化情况，掌握税源结构，及时反映税收政策实施效果，充分挖掘征管潜力。完善重点企业、重点行业税收定期分析制度，建立年度收入进度定期通报与考核机制，增强组织收入的前瞻性。挖掘非税收入增收潜力。依托资产管理信息系统，及时、全面地掌握行政事业单位固定资产信息；依托非税收入管理系统，加强全县行政事业单位收入管理，确保完成公共财政预算收入任务。盘点闲置房产，重点对撤并乡镇闲置房产、撤并学校闲置房产进行清理。完善国有土地使用权出让管理机制，建立国有土地使用权出让收入支出档案，掌握收入支出动态，督促受让单位及时解缴入库。2012 年，全年组织政府非税收入 10.05 亿元。

【服务经济发展】 贯彻落实国家结构性减税和清费减负政策。落实提高营业税起征点、差额征税和小型微利企业所得税优惠政策，依法做好困难企业减免税、缓缴税款审批，加大帮扶企业力度。当年直接减免企业所得税 980 万元，抵免企业所得税 272 万元；减免水利建设专项资金、土地使用税等 642 万元。加大资金扶持力度。兑现 2011 年工业奖励资金 5001 万元，争取省以上财政扶持企业资金 5128 万元。帮助企业解决资金周转难题。当年缙云县国资公司为 42 家（次）企业累计置换金额 5.80 亿元；缙云县中小企业担保公司为 270 家次企业提供贷款担保 9.85 亿元，累计在保余额 5.08 亿元。

【支持重点项目建设】 拓宽融资渠道。用足、用好、用活省级各部门对欠发达地区、生态屏障地区的生态扶持政策和财政转移支付政策，争取国家、省财政的配套资金支持。建立对金融机构考核激励机制，改善企业融资环境。优化贷款资金结构，寻找和探索新的融资方式，通过项目捆绑、银行贷款、信托合作等融资形式，拓宽融资思路，为政府项目建设做好基础保障。当年政府性项目融资到位资金 8.58 亿元。支持壶镇小城市培育试点建设工作。根据小城市培育建设规划，下达专项资金，支持中心镇改革和发展。

【支持“三农”发展】 加大惠农直补力度。全年累计拨付粮油种植大户、水稻良种等粮食生产环节补贴及森林生态效益补贴等惠农补贴资金 1.88 亿元。支持现代农业发展。全年省级现代农业综合区、农业主导产业示范区、农业精品园、粮食生产功能区等园区建设投入资金 2.18 亿元。支持农业基础设施和生态建设。加大水利建设投入，全年投入资金 1.50 亿元；筹集、整合资金实施中心村培育、村庄整治、农村危旧房改造，全年投入资金 2652 万元；推进下山脱贫、异地转移、整村搬迁等工作，全年投入资金 4537 万元。做好一事一议财政奖补工作，全年 38 个项目总投资 3154 万元，获省级财政奖补 1000 万元。创新模式解决农民融资难问题。组织农村资金互助社模式，提高资金使用效益，推进农业产业组织创新。当年全县 12 个低收入农户集中村资金互助组织投入运行，入社农户 1010 户，筹集股金 139 万元，拥有互助资金总额 283 万元，为 273 户贷出发展生产资金 285 万元。推进农业综合开发项目。实施 2012 年度农业综合开发项目，东渡山区和舒洪山区小流域农业生态工程两个土地治理项目总投资分别为 1100 万元和 1200 万元。

【保障民生发展】 当年全县新增财力 95.0%以上用于民生。加大教育投入。全年安排教育支出 5.14 亿元，比上年增长 19.5%。加快中等职业教育发展，完善多渠道中等职业学校生均经费投入机制，调动中等职业学校多渠道筹资的积极性。加大卫生事业的投入。县级公立医院改革全面启动，做好村卫生室财政补偿资金测算工作，落实村卫生室实行基本药物制度后的经费保障工作，222 个规划设置村实现“一村一室”目标。完善社会保障体系建设。社会保障和社会救助水平不断提高，城乡居民基础养老金提高到每月 80 元，城乡居民最低生活保障标准分别提高到每月 467 元和 299 元。逐步提高新农合筹资水平，当年人均筹资标准为 380 元（含农民健康体检补助）。新农合和城镇居民医保财政补助标准均为每人每年 260 元。做好“家电、汽车摩托车下乡”和“家电以旧换新”财政补贴工作。兑现“家电下乡”补贴资金 1142 万元；兑现“汽车摩托车下乡”补贴资金 120 万元；兑现家电以旧换新补贴资金 111 万元。

【厉行节约 控制“三公”经费】 优化财政支出结构。根据财力现状以及公共财政要求，整合财政资源，向民生支出倾斜。加大财政专项补助项目归并整合力度，严格控制新增项目，规范项目资金申报和立项管理，从严从紧安排项目支出预算，当年项目支出实现“零”增长。厉行节约，加强“三公”经费管理。通过对上年部门决算人均公务接待费和车均公务运行维护费的测算、分析，引导和加强支付环节管理，确定各部门 2012 年“三公”经费控制指标。当年全县“三公”经费实现“零”增长。

【加强财政监管】 加大结余资金清理力度。对各单位上年基本支出结余、专项资金结余、预算内外暂存结余等资金进行清理，收回各类结余资金 1.10 亿元，纳入当年预算拼盘资金 5000 余万元，有效减少财政资金的沉淀，提高财政资金使用效益。规范地方政府性债务管理。强化债务分析，定期对债务余额及结构变化、使用方向、风险程度、管理情况、存在问题以及其他说明事项进行分析汇总。当年全县未发生债务逾期行为，各项债务指标控制在合理范围内。深入推进公务用车专项治理。根据单位人员编制、领导职数、管辖范围和工作需要等因素，开展公务用车专项治理，并对全县党政机关公务用车重新定编。

【深化财政改革】 全面推进国库集中支付改革。全县所有预算单位全部实行国库集中支付改革。公务卡制度改革继续推进，在已实行国库集中支付改革的单位全面推行公务卡，加强公务支出的监督管理，增强政府公务信息透明度。推进乡镇财政建设。提出完善全县乡镇财政体制的具体措施。

【加强干部队伍建设】 组织理论与业务知识培训，举办宏观经济形势分析、地方财政的科学化与精细化管理、情绪与压力管理等相关课程培训，提高干部职工业务水平和心理素质。借力行风评议"回头看"，加大整改力度，建立长效机制，巩固和深化民主评议行风活动成果。结合"大走访"活动，分区块派驻"企业助理"，依托"企业助理"制度，着力帮扶企业、解决难题；通过召开座谈会现场征询意见和建议，公开监督投诉电话等方式，确保行风建设的常态化、长效性。持续开展廉政宣传教育活动。通过不定期发送"廉政短信"，组织观看警示教育片，提醒广大干部职工增强廉洁自律意识。组织"保持党的纯洁性"征文活动，增强党员干部风险意识、危机意识。深化财税文化建设。深入开展"创先争优"活动，组织开展学雷锋志愿者活动、"我们的价值观"演讲等一系列主题活动，增强财税干部向心力、亲和力、凝聚力。

（缙云县财政局供稿　田晶晶执笔）

青田县

【概况】 2012年，青田县实现生产总值153.61亿元，比上年增长12.1%。其中：第一产业增加值6.75亿元，增长3.8%；第二产业增加值92.55亿元，增长13.2%；第三产业增加值54.31亿元，增长11.1%。第一、二、三产业结构比为4.4∶60.2∶35.4。全县人均生产总值（按户籍人口）29661元，增长10.6%。全县实现财政总收入18.80亿元，增长19.4%；公共财政预算收入10.54亿元，增长13.1%，占财政总收入的56.1%，其中税收收入8.58亿元，占公共财政预算收入的81.4%。全县公共财政预算支出24.42亿元，增长15.9%。全年财政收支平衡。

【组织财政收入】 加强税源监控管理。2012年全县重点税源企业204家，同比增加63家。对筹备上市的意尔康股份有限公司实行税企"一对一"联系辅导，帮助企业规范财务和税务管理。该公司全年入库税收2.44亿元，同比增收8592万元。关注金丽温铁路扩能改造工程青田段项目有关税费征收问题，全年组织入库税费2856万元。完善税收征管机制。建立多部门工作联席机制，形成信息共享、工作互通的税收管理体系。将纳税评估引入企业注销审查、股权转让审核等环节，解决企业注销时房产土地情况不清、股权转让环节权属不清等问题，堵住征管漏洞。促进社保费依法规范征收。强化社保费缴费登记管理，加大催报催缴力度，抓好企业未申报、零申报问题整改工作，提高社保费缴费登记率、申报率和申报准确率。加强非税收入征管。制定非税收入管理实施办法，将非税收入全部纳入预算管理，实行收支脱钩，促进政府非税收入管理规范化、科学化。全年入库非税收入1.96亿元，增长5.6%。

【支持经济发展】 加快工业经济发展。推出38项财政推进"工业强县"建设的扶持政策，涵盖企业技术创新、做大做强、产业转型、信贷支持等方面，全年落实扶持资金1.15亿元，比上年增长4900万元。企业应急转贷基金规模从上年的2000万元提高到3160万元，帮助企业缓解资金周转困难。促进特色产业发展。加大石雕产业扶持力度，石雕产业保护发展专项资金从上年的500万元提高到1000万元，专项用于青田石雕文化产业保护发展的扶持和奖励，鼓励民间资本参与石雕文化产业项目开发。安排农业产业化专项资金1000万元，促进油茶、杨梅、田鱼等农业特色产业发展，全县油茶种植总面积24.6万亩，观光型稻田养鱼基地2000亩。支持旅游产业发展。全年旅游项目投入1.80亿元，推进石门洞创建国家5A级景区、石雕文化旅游区二期、千峡湖生态旅游度假区综合开发前期工程等建设。

【统筹城乡发展】 县财政全年投入城乡基本建设资金17.92亿元。建成江北污水处理厂和中部供水工程，开工建设中东部生活垃圾无害化处理、县城引水延伸改建等工程，城市综合功能逐步完善。加大村庄整治力度，新增整治村44个，创建省级生态乡镇2个、市级生态村91个，建成乡镇污水集中处理设施11处，建成安全饮用水项目100处，完成旧村改造45个，改造农村危旧房4508户，整体搬迁小规模自然村69个。推进村级公益事业建设一事一议财政奖补工作，全年实施省级奖补项目63个，投入资金7769万元，其中省级财政奖补资金1500万元。

财税沙龙活动现场

【保障和改善民生】 全年民生支出10.4亿元，新增财力的70.2%用于民生。全年教育支出5.22亿元，增长15.0%，占公共财政预算支出的21.4%，达到省核定目标。完善家庭经济困难学生资助体系，营养餐标准提高到生均1000元。全年文化与传媒支出4910万元，增长26.7%。重视基层文体设施建设，安排群众文化活动专项经费246万元，安排小康体育村和农家书屋建设配套资金575万元。加大卫生事业投入，新型农村合作医疗筹资标准提高到415元，财政补助投入8870万元，增长20.9%。健全基层医疗机构财政补偿机制，全年投入财政补助4650万元，全县135个村卫生室和50个定期巡回诊疗点全部实行药品零差率销售。加大社会保障力度，城乡居民基础养老金标准提高到每人每月80元，农村居民最低生活保障标准提高到每人每月272元。投入资金371万元，促进就业和再就业，稳定就业形势。

【深化财政改革】 推进国库集中支付和公务卡结算制度改革，全县125家预算单位全部实行国库集中支付和公务卡制度。县局被省财政厅评为全省国库集中支付改革工作先进单位。控制行政经费支出，出台《青田县"三公"经费使用管理办法》，抓好公车整治、定编和管理，规范公务用车，加强乡镇、部门的公务接待管理工作，从严控制公务接待费用。推进乡镇财政管理改革，在温溪镇成立副科级乡镇财政局，实行"划分收入、核定支出、收支包干、递增分成"的财政体制，其他乡镇（街道）相继设立财政所。依托各乡镇便民服务中心，开展乡镇公共服务平台建设，提升基层公共服务水平。县局被省财政厅评为全省乡镇财政建设工作先进单位。

【加强财政管理】 加强财政支出绩效评价工作。对上年度财政支出50万元以上的143个项目进行绩效自评，涉及财政资金12.40亿元；对财政支出50万元以下项目开展绩效自评试点，绩效管理涵盖所有县直部门。县局被省财政厅评为全省财政支出绩效管理工作先进单位。加强国有资产管理。加强对国有营运机构监管，对其融资、申请拨付资金等行为严格把关，确保程序规范、资金安全。加强政府投资项目管理。完善概算评审、项目变更评审等制度，加大对超合同价、超概算变更、调整项目等事项的管理力度；经审核，确有增加工程量的，逐级审批后予以安排资金。加强政府采购工作。拓展政府采购项目，扩大政府采购规模。当年采购金额1.13亿元，节约资金1597万元，节约率12.3%。

【深化干部队伍建设】 丰富财税文化内涵。创建"财税沙龙"，组织干部收集国内外政治经济、财政税收、社会生活等各个领域的信息和知识，定期进行交流分享，开拓视野、提升素质。引导干部养成健康向上的生活方式。强化作风建设。用制度规范干部作风，每月不定期开展作风和纪律检查。开展"进村入企大服务"活动，走访偏远山村和小微企业，了解基层发展情况，帮助解决发展难题。全年530人次走访农户166家、企业和个体户106家，召开座谈会31次，帮助解决难题42个。青田县局在全县"围绕企业比服务"效能评议中获得第一。局机关和财政项目预算审核中心分别入选全县"机关效能建设十佳单位"、"科股站队所效能建设十佳单位"。抓好党风廉政建设。签订党风廉政建设责任状，增强干部廉洁自律意识。开展党风廉政风险筛查预警机制"回头看"，规范财政地税职权133项，完善和新建制度9项，确保财税权力在阳光下运行。调整壮大党风、行风建设特邀监督员队伍，加强社会和舆论监督。在全县党风廉政建设考核中，县财政局获第一名。当年县局获县直部门年度工作考核先进单位等多项荣誉。（青田县财政局供稿　张　毅执笔）

云和县

【概况】 2012年，云和县实现生产总值43.92亿元，比上年增长12.0%。人均生产总值39335元，增长12.0%。第一、

二、三产业增加值分别为3.97亿元、23.71亿元、16.24亿元，分别增长1.2%、16.7%、8.0%。三次产业增加值结构为9.0：54.0：37.0。全县财政总收入5.22亿元，增长20.7%；公共财政预算收入2.87亿元，增长17.3%，占财政总收入的比重为55.0%，其中税收收入2.56亿元，占公共财政预算收入的比重为89.3%。全县公共财政预算支出10.41亿元，增长8.6%。全年财政收支平衡。

【依法组织收入】 关注、跟踪宏观经济形势和企业经营变化情况，定期召开收入形势分析会，开展经济税源、政策效应、管理风险和预测预警分析，把握组织收入主动权。深化“五位一体”* 税源管理互动机制，推进《税友龙版》系统上线，社保费龙版系统上线，实现与社保部门信息共享，并将缴费单位参保个人明细信息导入《税友龙版》系统。完善以“抓大、评中、定小”为抓手的税源专业化管理办法，实施税源分类分级管理。深化国地税联席协作机制，完善征管查互动模式。坚持税费并重意识，严格执行政府非税收入收支两条线管理，推进政府非税收入法制化和信息化建设。细化土地出让收入管理，提高政府可用财力。

【培植财源】 统筹落实财税政策。发挥财税政策、财政资金的引导和杠杆作用，采取以奖代补、财政贴息、整合资金等多种手段促进经济结构调整，实现产业转型升级。落实政策性减税和清费减负政策帮扶企业解困发展。创新招商引资理念。改“以地招商”为“节地招商”，以投资环境的不断提升和优化吸引资金，打造新的经济增长点。全年兑现2011年度下半年及2012年上半年再生资源回收企业补助(奖励)资金3694万元，小额担保公司为全县各类企业提供担保42笔，担保金额1.60亿元，有效缓解企业融资难矛盾。开展“进村入企”大走访活动，以“百名税干进百企”为载体，累计走访企业三百户，帮助企业解决实际问题。

【保障民生支出】 加大民生事业投入。把改善民生作为财政保障的重点来抓。2012年，全县新增财力的71.6%用于民生支出。集中财力加大对社会保障、教育、科技等重点支出的资金保障，支出分别增长12.5%、39.0%、9.9%，统筹推进各项社会事业发展。完善社会保障体系，落实财税优惠政策，促进就业和再就业。建立以“五费合征”为核心的社保费长效征缴机制，实现社会保险征收制度全覆盖。建立健全养老服务体系，基本实现城乡居民养老、医疗保险制度全覆盖。深化医药卫生体制改革，健全基本医疗卫生制度，促进卫生事业发展。推进保障性安居工程建设，扩大政策性农村住房保险覆盖面，加大对农村困难群众住房救助。支持强农惠农富农。推进支农资金整合和村级公益事业一事一议财政奖补工作。落实家电下乡补贴政策，全年兑付补贴资金380万元。推进农贸市场改造提升，根据县政府关于农贸市场三年改造提升计划，完成对云和菜市场的全面改造。

【深化财税改革】 根据《浙江省人民政府关于完善财政体制的通知》文件精神，组织干部对新财政体制进行解析，尤其对收入调整、区域统筹发展激励奖补政策、改革和完善转移支付制度、加强乡镇财政管理等调整内容进行重点研读。开展“营改增”试点工作。加强部门配合，完成“营改增”纳税人信息移交。做好数据测算、情况分析、宣传报道及纳税辅导等工作，确保试点工作保质保量完成。深入推进财政管理改革。推进国库集中支付和公务卡改革。至当年底，所有预算单位全面实行国库集中支付，115家预算单位完成公务卡改革。加强乡镇财政资金监管，搭建乡镇公共财政服务平台，做好乡镇级财政集中支付有关准备工作。以乡镇财政管理中心为依托，巩固乡镇财政管理成果，办理结算业务8472笔，累计支付金额2.20亿元。

【强化财政监管】 严格控制行政经费支出，确保“三公”经费得到有效控制。做好基本建设项目审核、政府采购、绩效评价等工作，节约政府资金、提升政府资金使用效益。全年实际政府采购总额4.77亿元，节约资金1.11亿元，节约率为18.8%。审核政府投资审核项目251个，送审造价19.70亿元，审定造价18.60亿元(其中核增造价0.08亿元)，净核减造价1.13亿元，净核减率5.8%。加强行政事业单位国有资产管理，规范资产配置、使用、处置等行为。深化预算绩效管理改革，逐步建立“预算编制有目标、预算执行有监控、项目完成有评价、评价结果有反馈、反馈结果要运用”的预算绩效管理模式，使预算绩效理念贯穿于预算管理的全过程。开展财政专户清理整顿和专项资金整合清理，对财政专项资金使用实行跟踪问效。实行政府性债务动态信息化管理，为政府合理控制投融资项目提供决策依据。

【加强干部队伍建设】 结合财税业务和干部队伍建设实际，制定学习计划。通过邀请专家上课、观看视频等方式，提高干部职工综合素质和业务水平。加强行风建设。同步推进民主评议行风“回头看”、“进村入企”大走访和“解放思想大讨论”三大活动。开展“服务企业、服务基层、服务农村”活动，全面提升财税工作成效和社会形象。深化财税文化建设，实施“勤学、善思、健康、服务、激励”五大工程，丰富财税文化活动内容，打造文明健康的生活方式。落实党风廉政建设责任制，将反腐倡廉重点工作分解落实到每个责任科室。开展多种形式的廉政教育和典型案例剖析活动，围绕规范财税行政权力运行，建立健全廉政风险防控机制。

（云和县财政局供稿　王丽华执笔）

注：

* 五位一体：数据采集、税源监控、税收分析、纳税评估、税务稽查税源管理互动机制。

遂昌县

【概况】 2012年，遂昌县实现生产总值76.71亿元，比上年增长12.2%。其中：第一产业增加值9.34亿元，增长3.8%；第二产业增加值35.23亿元，增长14.1%；第三产业增加值32.14亿元，增长12.4%。三次产业结构由上年的12.1∶46.5∶41.4调整为12.2∶45.9∶41.9。全县人均生产总值40661元，增长12.9%。全县财政总收入8.38亿元，增长11.5%；公共财政预算收入4.67亿元，增长11.9%，占财政总收入的比重为55.7%，其中税收收入4.17亿元，占公共财政预算收入的89.3%；公共财政预算支出15.26亿元，增长9.0%。当年财政收支平衡。

【组织财政收入】 提升精细化管理水平。密切关注房产税、“营改增”等税制改革动向，提前做好各项收入应对预案；全面推广应用地税“大集中”系统《税友龙版》，实现涉税数据集中处理和管理应用；扩大重点税源企业监控范围，其所缴纳税收占全县税收收入的66.0%。强化部门协作。房产税、城镇土地使用税等23项税费委托工商、住建等部门代征，深化金融业、房地产、采掘业等行业税收征管。与国土、住建等部门密切配合，加强国有土地使用权出让收入收缴管理，加快土地出让和项目建设进度，全年取得土地出让收入2.37元。发挥以查促管作用。开展严厉打击使用虚假发票专项整治活动，全年排查发票超过5万份，检查单位超过100家；全年查办各类涉税案件68件，查补入库513万元，同比增长75.9%。加强非税收入征管。推广非税收入核算信息化工作，实现征管单位、银行、财政相互衔接。全年入库4970万元，同比增长7.5%。

【支持经济发展】 向上争取资金。全年争取到省补专项7.40亿元，增长18.2%。全面启动低丘缓坡项目建设。争取低丘缓坡开发项目银行贷款授信12亿元，到位资金5.50亿元，低丘缓坡开发项目取得阶段性成果。贯彻落实财税优惠政策。参与研究促进民间投资、加快建筑业发展等政策，全年减免各项税费7300万元，减征社保费560万，办理出口退税3370万元，兑现各类企业扶持资金5132万元。推进农村金融改革试点。支持小额贷款公司及村镇银行等地方金融机构发展；发挥工业转贷周转金作用，全年为中小企业提供56笔临时周转金借款，涉及资金1.22亿元。

【保障社会民生】 新增可用财力三分之二以上用于民生支出。落实强农惠农政策。发挥“一卡通”优势，拨付各项支农惠农补贴资金3.61亿元；整合支农资金5830万，实施一事一议项目71个，极大改善94个行政村的基础设施面貌。加大教育投入力度。全年教育支出3.10亿元，较上年增长31.6%；巩固义务教育经费保障机制，中小学生均公用经费标准分别提高到770和550元，全面推行农村义务教育学生营养餐；安排1000万元教育质量提升专项资金，建立健全教育质量提升激励机制。加快文化等社会事业发展。加大对基层公共文化服务财政投入，支持“文化下乡”、“农家书屋”、“文化低保”等群众性文化活动；出台加强高层次人才队伍建设、引进海内外创业创新领军人才的扶持政策，推进高层次人才引进和“人才强县”工程。完善社会保障体系。将社保费的征缴率、登记率、申报率和零申报率列入常态化管理，建立“五费合征”为核心的社保费征缴长效机制；加大社会保障投入，城乡居民医疗保险筹资标准提高到460元，城乡居民社会养老保险基础养老金标准提高到每人每月80元，城乡居民最低生活保障标准分别提高到420元和228元。

【深化财政改革】 推进财税改革。全面推开国库集中支付改革，89家预算单位全部实行国库集中支付；加快公务卡改革步伐，累计发卡1380张，实现预算单位公务卡全覆盖。强化财税监管。开展财政专户清理整顿，出台代理银行综合考评办法，科学制订存取计划，签订协议优惠计息，全年增加利息收益超过500万元；创新项目审价模式，预算项目实行“背靠背”委托审核，全年节省建设资金超过2000万元。实施组织机构改革。按照省财政厅要求推进预算编制、执行、监督“三位一体”组织机构改革，建立覆盖所有财政性资金、贯穿财政运行全过程的新型监督机制；加强乡镇财政管理，基本完成全县20个乡镇的乡财管理机构设置。整合盘活国有资产。盘活国有闲置资产，向市场推出第一批38宗房产；规范国有投融资平台公司运行。

【干部队伍建设】 提升干部队伍素质。建立集中学习与干部自学相结合的学习机制;开展全局竞争上岗和岗位交流活动,公开选拔55名中层干部;实施"以师带徒"青年财税干部培养计划,开展青年干部跨岗位兼职锻炼活动。加强财税文化建设。开展解放思想大讨论、"发现遂昌"金点子征集等活动,获得全县"金点子"征集综合优胜奖;举办大合唱、羽毛球比赛等文体活动,增强团队凝聚力。深化作风建设。开展"解放思想大讨论""进村入企大走访""深化作风建设年"等活动,走访行政村20个,农户467户,企业136家,收到意见建议26条,落实整改措施15条,帮扶企业和基层解决困难16件。优化财税服务机制。推出弹性办税窗口、前台预备岗、上门服务等特色服务,建立纳税服务QQ群、财税微博、远程协税和12366热线等零距离沟通平台。2012年县局获丽水市财政局、市人事局授予的公务员集体嘉奖。

(遂昌县财政局供稿　叶晓晖执笔)

松阳县

【概况】 2012年,松阳县实现生产总值65.72亿元,比上年增长11.4%。第一、二、三产业增加值分别为11.45亿元、29.82亿元、24.45亿元,比上年增长3.6%、15.8%、10.2%。人均生产总值35527元,比上年增长11.5%。全县财政总收入5.30亿元,比上年增长8.7%,其中公共财政预算收入3.30亿元,比上年增长13.1%,占财政总收入的比重为62.3%。公共财政预算收入中的税收收入2.51亿元,占比76.1%。全县公共财政预算支出14.83亿元,比上年增长14.1%。全年财政收支平衡。

【组织财政收入】 加大税收宣传力度。强化诚信纳税意识,优化纳税环境;加强经济税源分析,夯实征管基础,扩大重点税源和一次性税源监控范围,强化日常税源管理;做好年收入12万元以上个人所得税自行纳税申报工作,推行个人所得税全员管理。开展12366知识库补充采集工作;开展营业税改征增值税测算;推进"五费合征"工作,全年征收社会保险费2.03亿元,同比下降4.9%;其中养老保险费入库1.32亿元,同比下降14.2%。重视非税收入征管。加强对土地出让金和土地收益的使用管理,及时做好土地出让金的结算和缴库工作,将出让收入及时上缴国库。全年进入财政专户的非税收入(含单位往来款)20.34亿元,比上年同期增长123.3%,其中政府非税收入8.19亿元,同比增长34.0%。

【优化支出结构】 兑现财税优惠政策。完善以企业为主体、市场为导向、产学研相结合的技术创新体系,支持经济发展。做好招商引资的优惠政策兑现工作,加大工业发展支持力度,尤其是工业企业技改贴息返还力度,2012年受理企业财政贴息补助申请114户次,兑付贴息资金2408万元;审批财产损失3户99万元,技术开发加计扣除2户593万元;审批减免税43户次,减免金额153万元。保障民生类支出。当年全县民生类支出11.20亿元,比上年同期增加1.77亿元,增长18.8%,高于支出平均增幅4.7个百分点;民生类支出占公共财政预算支出的比重为75.5%,比上年增加3个百分点。其中教育支出3.20亿元,增长21.5%;科学技术支出2398万元,增长9.6%;文化体育与传媒支出4663万元,增长15%;社会保障和就业支出1.27亿元,增长41.2%;医疗卫生支出1.41亿元,增长45.2%。一般公共服务支出2.10亿元,比上年增长10.2%。

【加大支农资金投入】 当年累计支农专项资金支出4.16亿元,同比增长48.6%。其中以农业产业发展、新农村建设为重点,安排县级农业产业、农业重点项目和新农村资金1.06亿元;安排小型农田水利建设重点县、农民饮用水工程和防汛抗旱基础设施建设等水利资金8231万元;安排以香榧、油茶、笋竹林为重点的林业产业专项支出3551万元;落实土地开垦和开荒造地资金3958万元;安排低收入农户下山搬迁项

浓郁的畲乡民风为新农村建设增添靓丽色彩

目为主的扶贫资金1215万元；安排农业综合开发项目资金2655万元，重点用于山区小流域治理项目和农业产业化项目。落实特扶项目资金1.91亿元，其中扶贫开发类项目支出3035万元，产业发展类项目支出8497万元，公共服务类项目支出7543万元。

【财政管理改革】 启动乡镇集中支付试点工作。作为全省5个乡镇国库集中支付试点县之一，先后设立工作组，制订工作计划，确定建设银行为代理银行，由乡镇核算中心承担支付中心的功能，乡镇硬件改造工作按时完成，竹源乡试点支付功能通过集中支付系统顺利实现。开展乡镇公共财政服务平台建设试点工作。制订乡镇公共财政服务平台建设实施方案，确定水南街道、古市镇、望松街道、大东坝镇、新兴乡和板桥乡为6个试点乡镇，按时完成场地和设施建设，完成人员培训以及相关制度建设。加强部门预算编制和决算工作管理。按照收支平衡、零基预算和综合预算相结合原则，依托信息化建设平台，运用“金财工程”中的部门预算编制软件，严格按照“两上两下”程序，细化部门预算编制，强化预算管理，做到一个部门一本预算。

【加强财政监督】 规范政府采购监管。当年全县实施采购241批次，采购预算金额4.23亿元，实际合同支付金额3.74亿元，节约资金4894万元，节约率11.6%。强化政府集中采购监管力度、单位分散采购监管广度和协议采购监管深度，做好供应商投诉处理工作，开展党政机关公务用车专项治理工作。加强国有资产管理。盘活闲置资产，实现国有资产优化配置；规范国有资产处置行为，实现国有资产保值增值；对一些单位报废资产实地核实后进行批复核销；规范国有处置收益监管，实行“收支两条线”管理；加强国有企业财务管理和国资营运机构管理；做好县属国有企业资产管理和财务管理；做好国资口国有企业年报决算汇审工作。

【干部队伍建设】 扎实推进党风廉政建设。组织全体党员特别是党员领导干部学习党建理论，并结合财政地税工作实际选择相应业务书籍作为理论学习补充。完善党风廉政建设考核体系，将党风廉政建设责任制考核与全局年度工作目标责任制考核相结合，加大责任制督查力度。扎实开展效能建设。制定相关制度，督促广大干部履行，提高广大干部责任意识、服务意识和风险意识。强化财税文化建设和创先争优工作。专题文章《松阳财税：桃花源里的缕缕文化馨香》一文被《浙江日报》刊登。（松阳县财政局供稿　阙余斌执笔）

庆元县

【概况】 2012年，庆元县实现生产总值43.30亿元，按可比价计算，比上年增长10.7%。其中：第一、二、三产业增加值分别为6.59亿元、19.98亿元、16.73亿元，分别增长3.8%、15.2%、10.5%。三次产业结构比为15.2∶46.1∶38.7。全县人均生产总值3万元，增长14.4%。全县财政总收入3.54亿元，增长12.3%，公共财政预算收入2.15亿元，增长14.4%，占财政总收入的比重为60.7%，其中税收收入1.80亿元，占公共财政预算收入的比重为83.5%。公共财政预算支出13.04亿元，增长17.6%。全年财政收支平衡。

【依法组织收入】 完善税源管理互动机制，深入推进税源普查、个体工商大户建账建证和纳税评估工作。出台《自建厂房税收管理办法》，加强与城建部门协管，联合商务部门建立外资企业变更并购涉税信息传递机制，加强非劳动所得税收征管。贯彻落实新车船税法，加强社会保险费征管，稳步推进“营改增”试点工作，涉及试点纳税人947户。加强土地出让金等非税收入征管，强化国有资产的收储和盘活，加强金融信贷政策研究应用，规范融资平台管理，为政府项目融资提供有力支持，全年非税收入0.36亿元。

【助推企业转型发展】 推进重点项目建设。通过争取省财政建设资金调度款、统筹特别扶持资金、优化融资结构等措施，有效保障龙庆高速及连接线、屏都综合新区、香菇市场迁建及“四网”建设等重点项目推进。开展“走进项目，保障发展”财政与部门项目资金使用情况对接交流活动，掌握项目资金使用情况。支持工业转型升级。贯彻落实县委、县政府关于加快工业转型升级政策，兑现企业财政补助资金3700万元。落实提高营业税起征点，小型微利企业和高新技术企业税费优惠政策，依法及时做好困难企业减免税、缓缴税款审批上报，全年减免企业税费1279万元。安排旅游业专项资金300万元，助推第三产业发展。落实家电、摩托车下乡财政补贴政策，全年拨付补助资金637万元。促进“三农”稳步发展。加强现代农业园区、美丽乡村、农田水利等农业农村基础设施建设，落实农民种粮直补、农机具购置补贴等涉农项目的资金保障。当年本县列为国家级农业综合开发项目重点县，全年完成农业综合开发固定资产投资1050万元。加大生态县建设投入力度，推进乡镇垃圾中转站、镇级污水处理、垃圾填埋场等建设。全年实施村级公益事业建设一事一议财政奖补项目55个,推进城乡基本公共服务均等化。

【保障民生支出】 支持教育事业发展。巩固和完善教师绩效工资改革,保障教师待遇。提高中小学公用经费标准至人均660元和460元,投入人才专项资金355万元,确保全县人才工作发展的资金需要。推进医药卫生体制改革。加大医疗卫生投入力度,城乡居民医疗保险人均筹资标准提高到360元,其中财政补助260元/人。将基本公共卫生服务经费人均标准25元列入年初预算,提高公共卫生服务能力和水平。配合公立医院改革,制定庆元县公立医院综合改革财政保障机制,确保公立医院改革按时推进。健全社会保障体系。规范社保资金管理,及时审核拨付城乡最低生活保障、定期定量社会救助、孤儿生活补助等专项补助资金,保障低收入群体的基本生活。加大促进就业资金投入,加强再就业培训力度,做好城镇零就业家庭和农村低保家庭就业援助工作。强化住房资金管理,分三批兑付75周岁以上退休人员住房补贴资金868万元。保障公益性文体事业发展。落实体育事业专项资金,为香菇博物馆、廊桥博物馆免费开放及数字电视整体转换工作提供经费保障。设立文物和非物质文化遗产保护、文化产业发展专项资金,支持食用菌、竹木文化产业重点基地建设以及吴氏方言、二都戏等民俗文化传承保护。

【推进财政改革】 以预算编制、执行、监督"三位一体"组织机构设立运行为契机,推进预算编制管理规范化、精细化和科学化。独立或配合相关部门研究并提交县政府出台干部挂职费用开支标准、编外用工管理办法、外出参观考察等方面的支出管理制度,确保预算执行过程中有据可循。整合部门沉淀资金,增强财政调控资金能力。扩大国库集中支付改革范围并向纵深推进,覆盖全县148家预算单位,全面完成从会计集中核算到国库集中支付制度的转轨。推行公务卡改革,累计发卡1500张。打造"数字财税",全面推进《税友龙版》、非税征管系统、国库集中支付系统上线运行,完善财税数据分析体系。着眼大财政管理,制定《庆元县财政资金管理工作考核实施细则》,以项目资金执行率、结余资金消化率、公用支出结余率为重点,对县级机关部门、乡镇(街道)财政资金管理进行考核,并与全县年度责任目标考核相挂钩,提升财政资金使用绩效。

【加强财政监管】 贯彻落实厉行节约各项规定,加强公务消费管理,下达公务招待费支出额度指标。加快推进财政监督和绩效管理工作,全年开展绩效评价项目13个,完成专项资金监督检查16项。开展财政专户清理整顿整改,撤并压缩财政专户11个,堵塞专户资金安全管理漏洞。全年完成163个财政项目预算审核,核减造价3448万元,核减率7.4%。加强政府采购监管,创新"在线交易"模式,将部分协议供货和小额采购项目纳入网上竞价采购范围。

【干部队伍建设】 建立健全学习例会制度,制订干部教育培训计划,与上海财经大学联合开办"干部能力提升学习班",组织干部职工进行全员轮训。开展"科长讲坛"活动,构建学以致用的干部教育培训新格局。加强党风廉政建设。深化廉政风险防范机制建设,开展廉政风险点大排查和廉政风险防控示范点建设,强化对行政权力运行的规范和监督。实行党风廉政建设和惩防体系建设项目化管理,层层签订党风廉政建设责任书,做到责任分解、落实到人。实施特邀监察员制度,开展明察暗访,健全内外监督机制。开展"创先争优"活动。探索"模块式"岗位目标责任制考核机制,开展财税窗口单位"服务明星"评选,切实转变干部工作作风。县财政局获"2012年度县级机关部门目标管理责任制考核优秀单位"称号。 (庆元县财政局供稿 吴凌冰执笔)

景宁畲族自治县

【概况】 2012年,景宁畲族自治县实现地区生产总值35.34亿元,比上年增长9.2%。其中:第一产业增加值5.81亿元,增长3.8%;第二产业增加值13.04亿元,增长9.1%;第三产业增加值16.49亿元,增长11.1%。全社会固定资产投资26.09亿元,增长23.3%;社会消费品零售总额17.10亿元,增长15.9%;城镇居民人均可支配收入22862元,增长12.5%;农村居民人均纯收入8384元,增长13.1%;全县财政总收入9.50亿元,增长18.1%;公共财政预算收入4.09亿元,增长11.4%,占财政总收入的比重为43.1%,其中税收收入3.35亿元,增长13.5%,占公共财政预算收入的比重为82.1%。全年公共财政预算支出17.40亿元,当年财政收支平衡。

【组织财政收入】 坚持征管并举、税费并重,确保财政总收入和公共财政预算收入持续增长,财政收入结构不断优化。在加强收入形势调查研究的基础上,密切与工商、经贸等部门的沟通和联系,广泛收集经济发展动态和财源信息的变化情况,提高收入预测分析水平。加强与国税、地税联动,不断完善税源间接控管机制,优化纳税服务,规范纳税评估,堵塞税收漏洞，地税部门组织各项税收收入6.09亿元，同比增长7.9%。强化政府非税收入征管，全面落实“收支两条线”的管理规定，严格执行财政专户管理、收入解缴、支出拨付审批等制度；逐步完善国有资产资源市场化运作机制，推行国有资产资源的拍卖、拍租、转让、出让等，增加国资收益，全年实现政府非税收入5.54亿元（其中土地出让金1.70亿元），同比增长19.0%。完善社保费征缴机制，推进社保费“五费合征”征缴改革。当年组织社会保险费收入1.88亿元，剔除一次性入库不可比因素，实际增长23.2%。

【培育财源】 发挥民族政策优势，招商引资促进地方经济发展。当年全县财政投入资金2.73亿元，扶持茶、毛竹、食用菌、高山冷水茭白及花卉、中药材及油茶等地方特色农产品发展。落实财税优惠政策，发展以旅游业为龙头的第三产业，加大用于景区保护和建设的财政投入力度，重点推进环敕木山畲族风情省级旅游度假区项目建设，加快发展农家乐和休闲观光农业，鼓励开发特色旅游项目和产品，统筹推进多种类型的旅游产业集群发展。协助有关部门向上争取政策、资金和项目支持。支持企业转型发展，安排科研专项资金5000万元，推动产业转型升级；筹措财政应急周转金，帮助小微企业缓解融资困难。落实扩大内需政策，审核拨付家电下乡及汽车摩托车下乡补贴资金1424万元，兑付率100%。

【建设民生财政】 调整和优化支出结构，建设民生财政，涉及民生的财政支出10.60亿元，比上年增长8.2%，其中教育支出3.23亿元，同比增长46.1%，公共文化支出5183万元，同比增长5.5%；医疗卫生支出1.08亿元，同比下降9.3%。加大支农资金整合力度。以农业“两区”（现代农业园区和粮食生产功能区）建设为平台，推进传统农业向现代农业转型升级。配合省财政厅做好鹤溪镇三枝树、敕木山、包凤村等5个低收入农户集中村致富奔小康工程，落实帮扶资金175万元实施6个帮扶项目。深入联系点村镇帮助低收入农户制订产业规划，筹集资金修整村道，发展高山吊瓜、食用菌等脱贫致富项目。当年全县财政投入各项支农资金2.73亿元，占公共财政预算支出的15.7%，其中县财政投入支农资金1.52亿元，同比增长60.7%。支持城乡社保和就业工作。全年预算安排社保和就业支出1.79亿元，增长17.5%。全年社会保险基金支出1.77亿元，增长39.4%；就业支出388万元，增长65.7%；城乡低保支出2348万元，增长18.8%。支持重点工程建设。全年安排基本建设资金4.55亿元，支持“四个新区”*等重点项目建设，推动县域经济发展。落实配套资金推进云景高速公路建设，加快县域公路网和康庄工程建设。统筹财力保障“美丽乡村·魅力畲寨”、中心镇、中心村、历史文化村落保护、农民异地搬迁安置点等新农村重点工程建设，推进城乡统筹发展。

【深化财政改革】 严格执行厉行节约各项规定，压缩“三公”经费支出，通过削减预算安排、绩效考评、审核检查等落实厉行节约六项措施，将一般性支出控制在合理增长范围。深化“三位一体”财政机构改革，完善预算编制、执行和监督分离机制。深化部门预算管理改革，全县148家（含下属二级单位83家）预算单位全部实行国库集中支付改革。调整优化财政支出结构，增强预算执行刚性，确保财政收支平衡。强化财政绩效考评机制，使财政资金安全高效运行。

【加强财政监管】 围绕民生支出重点，实施项目绩效管理，探索单位整体支出绩效评价，重视绩效考评成果的应用，强化单位支出绩效主体责任，将理财重点由资金分配转向跟踪问效。完善政府采购监管机制，贯彻《政府采购法》，加强监管力度，规范政府采购行为。全年完成政府采购302个项目（次），财政采购预算4369万元，实际支付采购金额3651万元，节约资金718万元，节约率16.4%。加快财政预算支出管理信息化建设，完善乡财县管机制，严格管理乡镇债务，加强会计核算和会计监督。规范行政事业单位资产监管，盘活存量资产，提高国有资产的使用效率。从严审核报废资产，对报废资产的处置严格按规定程序执行，防止国有资产流失。

【加强队伍建设】 开展作风建设活动，以建设学习型组织为抓手，组织开展解放思想大讨论；重视行风建设，开展“进村入企助推发展”活动，主动向人大代表、特约监督员和广大基层群众征求意见和建议。深化党风廉政建设，通过与各科室签订《党风廉政建设责任书》和《行政执法责任书》，全面落实首问责任制、岗位责任制、限时办结制、服务承诺制；完善“设岗定分”绩效考核机制，量化干部工作任务，加大“治懒治庸”工作力度。打造和谐财税文化，提高服务企业、服务基层、服务群众的办事效率。组织全体干部职工与低收入农户结成扶贫对子，为结对村低收入农户提供帮助。县财政（地税）局被评为全县综合目标考核先进集体，县核算中心获全省群众满意基层站所（办事窗口）创建工作先进单位荣誉。

（景宁畲族自治县财政局供稿　蓝春翔执笔）

注：

* 四个新区：新园区、新城区、新景区和新山区。

市县（市、区）图片集锦

zhejiang caizheng nianjian

杭州市财政全力支持杭州地铁工程建设，市本级历年累计投入地铁建设专项资金90.98亿元。2012年11月24日，杭州地铁1号线正式开通运行，杭州从此迈入“地铁时代”。

1 地铁1号线开通启动仪式
2 杭州地铁建设者
3 疾驰而过的空中飞龙
4 地铁消防指挥中心
5 地铁1号线武林广场站
6 干净整洁的地铁车厢

杭州市上城区财政围绕“学有优教、劳有多得、病有良医、老有善养、住有宜居、游有美景”目标，统筹财力，保障和改善民生，提升城区环境品质，提高居民生活质量。

7 建兰中学无边界课堂
8 整治后的白马庙巷
9 居家医疗启动仪式
10 御街二十三坊综合保护工程实施后的十五奎巷

杭州市下城区实施“武林商圈消费环境综合提升工程”，加大财政投入，提升武林路时尚女装街、丝绸城等特色街建设品质，深度挖掘消费潜力。

1 西湖文化广场
2 暮色下的延安路
3 丝绸博览会一瞥
4 武林衣秀晚会

杭州高新技术产业开发区（滨江）围绕“创新驱动、转型发展”要求，全年财政投入产业扶持资金15.85亿元，增长38.9%，用于大力培育战略性新兴产业，打造浙江省战略性新兴产业的集聚区、核心区。

5 低碳科技馆
6 海康威视科技园
7 天堂软件园
8 阿里巴巴总部

杭州市江干区财政投入 1.04 亿元支持医疗卫生事业发展，重点推进基层医疗卫生服务机构建设，提高公共卫生服务水平。

1 四季青街道社区卫生服务中心
2 具有中医特色的八堡社区卫生服务站
3 闸弄口街道社区卫生服务中心儿童预防接种门诊
4 笕桥镇社区卫生服务中心

杭州市拱墅区针对城区老龄化趋势，投入资金 8576 万元，用于居家养老和机构养老专项经费、助老助残服务站建设经费、高龄老人生活津贴及养老保险补贴等养老服务支出，助力实现老有所养、老有善养。

5 拱墅区老人公寓小河院
6 华丰社区居家养老服务照料中心
7 养老服务照料中心内整洁的房间
8 社区居家养老服务中心阅览室

杭州市余杭区财政紧紧围绕“发展实体经济、打造产业余杭”战略目标，牵头制订“产业余杭 50 条”政策及实施细则。2012 年兑现用于支持企业发展的各类扶持资金 11.87 亿元。

1 海创园人才公寓
2 财税政策培训班
3 杭州未来科技城一期
4 恒生科技园
5 阿里巴巴园区外景
6 贝达药业外景

淳安县财政投入“联乡结村”和低收入农户产业发展专项资金 2640 万元，鼓励发展“农家乐”休闲旅游及来料加工业，带动低收入农户人均收入从 2500 元增加到 5020 元，实现收入倍增。

7 设施农业
8 来料加工
9 结对帮扶
10 蔬果种植产业
11 蚕桑产业

杭州市西湖区加大财政投入，全年举办大型群众性体育健身活动200余场，有效推动全民健身活动的开展。

1 区九运会开幕式现场
2 社区健身点
3 “拥抱西山”登山活动
4 西溪龙舟赛
5 社区篮球赛
6 骑游钱塘

临安市整合城乡文化资源，巩固“文明乡风进万家”活动成果，加大财政对文化事业的投入，构建公共文化服务网络，推进公共文化设施建设。

7 祠堂文化节
8 民间艺术踩街活动
9 “清明恭祭钱王”典礼
10 新建成的临安市图书馆

桐庐县实施基础教育质量提升工程，2012 年县财政教育支出 6.24 亿元，增长 18.5%，有效促进基础教育事业均衡发展。

1 校车投入使用
2 小学生气象课堂
3 青少年校园足球联赛
4 百米长卷绘桐庐
5 广播操比赛

杭州市萧山区财政投入保障性住房建设资金 2.06 亿元，廉租房补助资金 635 万元，公共租赁住房建设资金 2.00 亿元，经济适用房差价补助 4000 万元，用以提升区内民众居住品质。

6 农民安居房
7 整治一新的农村住房
8 浦阳镇桃北新村
9 新农村住宅区

建德市财政加大生态建设投入力度，保护饮用水源水质，改善沿江生态景观，促进“三江两岸”经济、社会与环境协调可持续发展。

1 新安江沿江景观带
2 白沙奇雾
3 江枫渔火
4 双塔凌云
5 紫金锁澜
6 龙舟漂游

宁波市财政致力于培育新的经济增长点，促进新兴产业发展和产业转型升级。上海大众汽车、吉利汽车等重大项目落户宁波。

1 上海大众（宁波）项目奠基仪式
2 吉利汽车第30万辆下线
3 整车物流园区
4 汽车生产线

宁波市海曙区立足历史文化名城核心区定位，出台一系列优惠政策，推动文化产业集聚基地建设、老字号企业和特色商贸企业发展。

5 鼓楼民俗壁画
6 南塘老街民俗工艺品
7 鼓楼3D灯光秀
8 月湖盛园
9 鼓楼步行街
10 南塘夜景

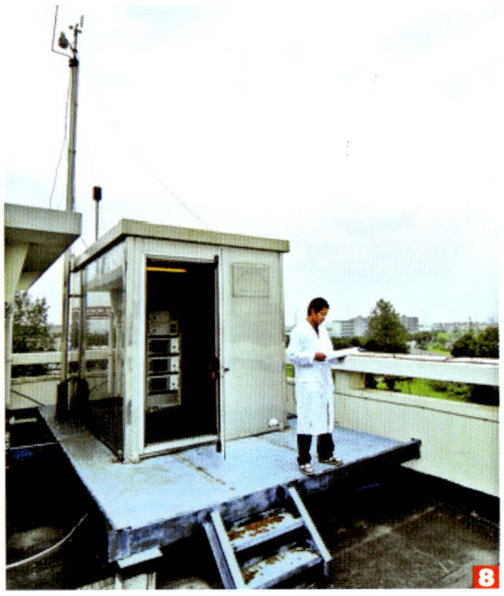

宁波市镇海区财政加大资金统筹力度，全年投入生态环境整治资金 30 亿元，用于推进重点行业污染整治、污水处理项目以及生态绿化，改善区域生态环境。

1 宁波北区污水处理厂
2 加强生态文明宣传教育
3 环境监控中心
4 清洁空气行动带来宜居环境
5 郁郁葱葱的海天林带
6 港区防尘网
7 整治后干净整洁的河道
8 新增监测监控点

慈溪市自 2010 年来累计投入财政专项资金 1.30 亿元，新增平原绿化造林面积 21680 亩，全市森林覆盖率 20.8%，顺利通过省“森林城市”考核验收。

1 绿满六灶江
2 市领导带头植树，营造绿色慈溪
3 绿色文化广场
4 沿海防护林

宁海县财政注重现代农业投入，重点支持块状农业产业培育及现代农业园区(精品园)发展。

5 蛏子丰收
6 海涂养殖
7 农副产品加工
8 机耕插秧

近年来，温州市财政拨付资金4612万元，支持完成农村小型公益项目203个，涉及农村生产生活多方面、多领域，取得较好的社会、经济和生态效益。

1 村内道路建设
2 农村机耕路
3 小型溪流整治项目
4 自然村小型桥梁项目
5 锁匙潭至隔溪桥长廊

2012年，温州市鹿城区财政安排专项经费2.70亿元，同比增长37.6%，用以完善公共文化服务体系，扶持文化产业发展。

6 鹿城文化创意产业园
7 鹿城文化中心
8 社区图书银行
9 江心屿金秋文化节
10 "庆重阳夕阳放歌"活动
11 送戏下乡

温州市龙湾区财政全年累计筹集建设资金38.95亿元，有力支持重点项目建设。

1 河泥荡公园
2 万达广场
3 城市中心区绿轴
4 黄石山雕塑公园

瑞安市财政通过完善投融资平台功能，推进融资试点，全力保障城市建设资金需要。

5 瑞安广场
6 瑞安动车站大楼
7 农房集聚建设
8 飞云江三桥

近年来，泰顺县加大生态环保投入力度，2012 年筹集财政资金 9235 万元，全面推进国家级生态县创建。

1 承天氡泉
2 河道治理
3 生态旅游
4 国家级自然保护区：乌岩岭
5 污水处理厂
6 生态茶园

洞头县落实生态及环境整治专项资金 5995 万元，加大对海洋生态保护力度，2012 年获批省级海岛综合开发与保护试验区以及国家级海洋公园。

7 风力发电
8 望海楼晚景
9 观音驯狮
10 鹿西鸟岛
11 新城全景

嘉兴市财政积极筹措资金支持水环境综合整治，以市县镇三级"河长制"落实责任。当年列入市级政府投资的治水项目 14 个，安排财政资金 16.23 亿元，增长 63.8%。全年清淤、疏浚河道 1255 公里，新增污水收集管网 321 公里。

1 “河长制”工作汇报会
2 河道护岸工程
3 泥浆泵疏浚河道
4 “河长制”公示牌揭牌
5 河道护岸
6 杭嘉湖南排平湖塘延伸拓浚工程

2012 年桐乡市财政投入资金 3.21 亿元，支持“美丽乡村”建设。当年新增省级“美丽乡村”先进镇 2 个，洲泉镇通过国家级卫生镇复查。

7 洲泉镇东田村活动中心
8 生态河畔
9 村庄一角碧荷连天
10 美丽农居

2012 年，嘉兴市秀洲区财政整合支农资金 1.71 亿元，确保全区现代都市型农业及美丽秀洲建设资金需要。

1 江南网船会
2 菌菇种植
3 现代设施农业
4 梨园采摘
5 现代农业园
6 渔业养殖

嘉兴市南湖区财政投入"两区"（粮食生产功能区和现代农业园区）建设资金 1.55 亿元，比上年增长 11.5%，以推进农业转型升级。

7 花卉种植园
8 现代农业园精品园区
9 有机果蔬种植园
10 粮食生产功能区
11 有机瓜果种植基地

2012 年，平湖市财政多渠道筹措和落实医疗卫生发展资金 2.13 亿元，用于支持城乡基础医疗设施、基本建设和扶持重点学科发展、公共卫生任务补助等方面。

1 当湖桥社区卫生服务站
2 乍浦镇公共卫生服务中心
3 农民享受免费健康体检
4 农民享受合作医疗实时报销
5 平湖市第一人民医院

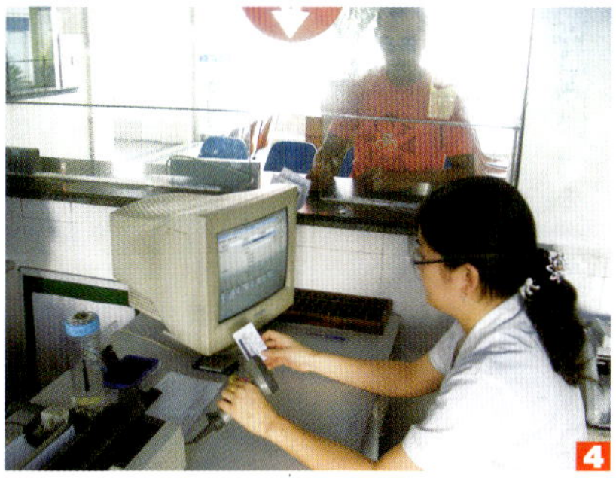

2012 年，海宁市财政投入 440 万元积极引导民间投资，举办首届中国·海宁潮国际博览会。博览会突出经济潮、文化潮、科技潮、时尚潮等主题，在国内外产生一定影响。

6 特色工业设计示范基地
7 2012 中国海宁潮国际博览会开幕式
8 海宁皮革城五期开业
9 八月钱江潮
10 中国皮革时尚周

湖州市整合农业发展基金3582万元，推进现代农业园区、粮食生产功能区建设。同时，扎实做好农业综合开发，推进农业基础设施建设和农业产业化发展。

1 黄樱椒种植基地
2 茶叶生产基地
3 高效生态设施葡萄示范基地
4 国家级重点农业龙头企业——浙江中味酿造有限公司
5 农业机械化耕作
6 新建泵站
7 新品种桑园

长兴县财政支持发展现代农业，2012年落实专项资金5500万元，鼓励发展花卉苗木、大棚茄子、葡萄、白茶、大棚芦笋、河蟹、生态鳖、红梅、紫笋茶等高效特色农产品，增加农民收入。

8 渔业养殖
9 白茶采摘
10 樱桃喜获丰收
11 长兴葡萄节

2012 年安吉县财政拨付美丽乡村建设奖补资金 1.14 亿元，重点用于村庄环境整治、生活污水处理和公共设施建设，提升村庄环境面貌。当年安吉县获“联合国人居奖”。

1 尚书休闲村落
2 农村健身设施
3 社区综合服务中心
4 康山中心村
5 天子湖镇迁迢村

湖州市吴兴区统筹 1.15 亿元专项资金用于“美丽乡村”创建、农村环境连片整治、农房改造和农村公益事业建设一事一议项目补助等，改善农村生态环境。

6 八里店镇农民体育公园
7 整治清淤后的农村生态护岸
8 生态农庄
9 织里镇农村新貌

近年来，绍兴市财政以推进政府购买服务改革为抓手，实施“核定总量、定额包干、绩效考核、自主分配”的行政事业单位经费供给模式。浙江绍剧团成为改革的试点单位。通过政府购买服务，实现“单位显活力、群众得实惠、政府出绩效”的改革预期目标。

1 传统绍剧焕发新魅力
2 绍剧推陈出新
3 “高雅艺术进校园”演出活动
4 “绍剧下基层”文化惠民演出

2012年，嵊州市财政安排越剧艺校发展专项资金300万元、越剧繁荣工程专项资金200万元，用于越剧人才的引进与培养、精品剧目的编创与排演以及越剧演唱普及活动。

5 嵊州市越剧团60周年团庆晚会
6 越剧艺校学子《五女拜寿》献礼50周年校庆
7 《马寅初》演出剧照
8 嵊州越剧团文化走亲到台湾
9 嵊州世纪广场折子戏专场

新昌县财政投入公共文化事业发展专项资金 1000 万元，用于改善公共文化基础设施、保护非物质文化遗产、推进文化体制改革和加强文化队伍建设。

1 送书下乡
2 农民文化节
3 国家级非物质文化遗产“新昌调腔”《清官第一》在全国巡演
4 民间艺术节
5 传承布袋木偶

诸暨市财政支持休闲旅游业发展，安排 400 万元专项资金用于扶持农家乐休闲旅游项目；对当年实际投资额达到 3000 万元的旅游建设项目，给予 1.5%的补助，激励旅游行业做大做强。

6 五泄风景区
7 白塔湖湿地公园
8 东白湖度假中心
9 香榧之乡钟家岭
10 斯宅千柱屋

金华市金东区财政加大文化事业投入力度，支持完善文化服务体系，传承和弘扬非遗项目，使文化走亲和文化活动形成常态。

1 金东区文化馆
2 曹宅镇北麓书院民间艺术广受欢迎
3 孝顺镇和风书社丰富群众文化生活
4 拉线狮子民俗表演
5 东下叶村农家书屋

1

2

3

4

5

6

7

8

9

兰溪市整合财政资金4000万元，推进历史文化村落保护，累计带动社会资金1.20亿元，修缮古民居、古厅堂600余处4万平方米。通过建立多元投入机制，把文物保护与美丽乡村建设、发展乡村游结合起来，打响兰溪文化品牌。

6 七星古村——长乐村
7 江南丽江——芝堰村
8 水乡古镇——女埠老街
9 八卦奇村——诸葛村

金华市婺城区财政强农惠农更“给力”。完善各类政策，促进农业转型升级、农村美丽和谐、农民富裕幸福。

1 婺城区第三育秧中心
2 送政策下乡
3 婺城区省级万亩粮食生产功能区创建点——洋埠镇野猫畈
4 省级生态循环农业示范区创建点之婺城采云间茶山基地沼液滴灌系统
5 省级生态循环农业示范区创建点之婺城区佳乐九峰奶牛基地

永康市财政加大“三农”投入，推进传统农业向现代农业转变，有效提升“美丽乡村”建设水平。

6 手工制作年糕
7 农业机械化
8 乳鸽养殖
9 火腿晾晒场
10 丰收的喜悦

义乌国际贸易综合改革试点获批后，改革的政策优势正转化为促进外贸持续快速增长的动力。2012 年，在国际市场普遍趋冷的大背景下，全市实现进出口总额 93.47 亿美元，增长 136.7%。全年财政拨付"市场采购"贸易奖励经费 1.19 亿元，落实国际贸易综合改革专项经费 3278 万元。

1 义乌经济开发区升级为国家级经济技术开发区授牌仪式
2 集装箱大货车在义乌物流中心门前排起长队
3 义乌经济开发区总部经济区开工仪式
4 市场经营户与外商洽谈

武义县加大财政投入，推进生态景区全域化发展。2012 年通过省级旅游经济强县复核。全年旅游总收入 31.91 亿元，增长 19.4%。

5 寿仙谷漂流
6 十里荷花
7 绿道骑行
8 牛头山国家森林公园
9 国家风景名胜大红岩

浦江县加快教育基础设施建设，完善义务教育经费保障机制，推进城乡教育均衡发展。2012 年安排 5.12 亿元支持教育优先发展，占当年公共财政支出的 30.5%。

1 浦江县职业技术学校
2 小学生电脑作品制作比赛现场
3 浦阳幼儿园
4 浦江四中图书馆
5 浦江县浦阳第一小学
6 浦江中学综合楼

2012 年，磐安县实施农村环境连片整治工作，全年投入财政资金 2625 万元，涉及 14 个村庄的相关水源地防护设施、集中式污水处理设施建设，有效改善当地农村生活条件。

7 礼府村垃圾收集房
8 饮用水源保护
9 尚湖镇尚湖村防洪堤
10 微动力污水厌氧处理设施

衢州市财政支持历史文化名城保护工程建设，一批古建筑得到整修，古城风貌得以显现。

1 信安阁
2 水亭门古城楼
3 北门街历史街区
4 南宗孔氏家庙
5 疏浚后的护城河

2012 年，衢州市衢江区设立旅游发展专项资金，重点用于旅游基础设施建设、规划制订、宣传促销、扶持奖励等，推动旅游业不断发展。

6 莲花镇九九红玫瑰观光园
7 原始森林，衢北绿珠
8 天脊龙门
9 九龙湖月亮岛

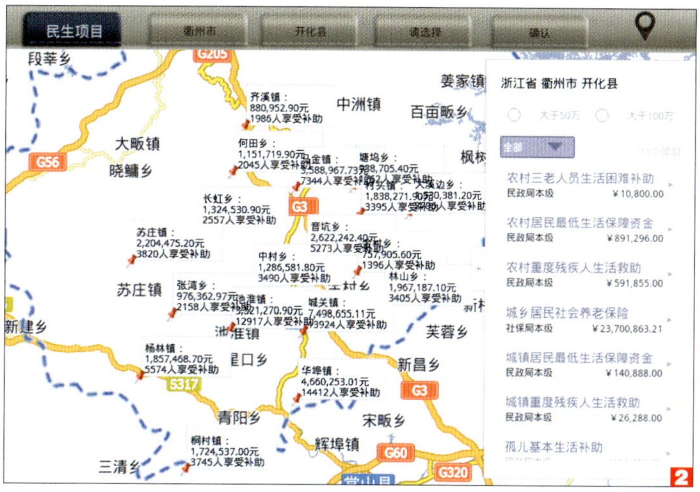

2012年，开化县城关镇、杨林镇全面完成乡镇公共财政服务平台建设试点任务，初步形成县、乡(镇)、村(社区)三级公共财政服务体系，打通公共财政服务的“最后一公里”。

1 电子查询
2 民生地图
3 城关镇公共财政服务中心办事窗口
4 触控屏主界面

龙游县积极争取中央、省、市各级财政资金和政策支持，筹集水利建设资金3.09亿元，主要用于农民饮用水工程、中小河流治理、病险水库加固等项目建设，提高防灾抗灾减灾能力以及农业生产效率。

5 沐尘水库
6 横山镇农民饮用水管道铺设现场
7 衢江干堤龙游湖底叶段生态堤防
8 小溪滩厂房泄洪闸和橡胶坝

江山市财政统筹农村公益事业建设一事一议、农民饮用水工程和村庄整治等项目建设资金4.22亿元，支持“幸福乡村”建设。

1 云雾飘渺，世外桃源
2 休闲生活，和谐幸福
3 村歌嘹亮，最美家乡
4 漫步村道，悠然自得
5 绿树环抱，生态家园

2012年，常山县投入文化体育与传媒资金4304万元，支持城乡开展文化活动和场所建设，实现行政村“农家书屋”全覆盖。

6 新建的常山县文化馆
7 同弓乡“柚花飘香”文化旅游节
8 天马镇徐村农家书屋
9 廉政教育活动——《清官樊莹》演出现场

舟山市定海区财政加大农业综合开发投入力度。申报农业龙头企业产业化贴息项目7个，获得省以上补助372万元。

1 岑港草莓连栋大棚
2 优质蔬菜大棚
3 新品种西瓜丰收在望
4 马岙大棚种苗培育
5 双桥葡萄基地
6 大棚优质育菇

2012年，嵊泗县财政投入资金8500万元，支持新渔（农）村建设与人居环境改善。

7 枸杞岛夕照
8 美丽新渔村
9 岛城新居
10 五龙田岙“壁画”村
11 生活在画中

舟山市普陀区本级财政 2012 年投入新渔(农)村建设资金 1927 万元,开展村庄整治、污水处理、中心村建设、生态绿化等工程,提升渔(农)村人居环境。

1 六横镇台门平地水库一角
2 登步乡文化广场
3 登步乡大永河岸生态景观带
4 绿色生态展茅街道
5 桃花河桥闸
6 朱家尖大青山国家公园

岱山县财政 2012 年安排资金 3000 万元,重点推进"生态公益林"、"沿海防护林"、"森林城镇"、"森林生态文化"、"林业产业"、"林业基础设施"六大建设工程。

7 东沙古镇
8 山坡春桃
9 蓬莱公园春色
10 新渔村一角
11 城区街道

台州市椒江区财政优化旅游创强创优奖补政策，设立2000万元旅游发展专项资金，推进景区(点)基础设施和旅游公共服务建设，2012年依托大陈岛、一江山岛等红色主题旅游概念，创收72.91亿元，比上年增长18.1%。

1 大陈岛养殖全景
2 甲午岩
3 一江山岛旅游
4 渔港风貌
5 海门老街

2012年，仙居县被列为全省6个旅游综合改革试点县之一。县财政安排预算资金2000万元，用于旅游综合改革试点工作。

6 油菜花节
7 大神仙居景区
8 永安溪漂流
9 公盂景区

近年来，丽水市财政立足区位生态优势，围绕“秀山丽水 养生福地”品牌建设要求，扎实推进“美丽乡村”建设。2012 年，市本级财政筹集、整合资金 1.14 亿元用于“美丽乡村”建设。

1 大港头村
2 堰头村
3 利山村民族特色村寨
4 下南山村

丽水市莲都区财政筹集资金 2061 万元支持推进古堰画乡、石牛温泉等一批旅游景区建设。

5 古堰画乡·通济堰
6 古堰画乡入口
7 古堰画乡·古樟群

龙泉市财政2012年实施村级公益事业一事一议项目61个，投入资金5486万元，大力宣传财政奖补政策。

1 宝溪乡溪头村小桥流水
2 张村村景
3 宝溪八棵树公园
4 青山村综合楼
5 官埔□村村貌

1

2

3

4

5

6

7

8

景宁畲族自治县统筹财政资金3309万元，推进新农村建设，着力打造美丽畲乡。

6 大均畲乡风景
7 根底岘世外桃源
8 大□村古宋遗风
9 深□古村石头寨

9

遂昌县大力推动教育事业发展，2012 年全县教育支出 3.10 亿元，比上年增长 31.6%。

1 崭新的教学楼和运动设施
2 培育学生全面发展
3 丰富可口的营养餐

松阳县财政助力“美丽乡村”建设，2012 年完成 3 个省级中心村和 12 个市级中心村建设任务。全县 15 个村入选省级历史文化村落名单，大东坝镇七村成为第一批省级保护利用重点村。

4 大竹溪村茶与花
5 和谐山村
6 白鹭成群
7 大石村明媚新貌
8 丰收与希望
9 茶园骑行活动
10 古村小道

财经统计资料
zhejiang caizheng nianjian

1978～2012年浙江省财政收支情况

年份	财政总收入（亿元）	公共财政预算收入（亿元）		公共财政预算支出（亿元）	增长速度（%）				全省GDP值（亿元）	总收入占GDP比重（%）	人均财政支出（元）
			其中税收收入（亿元）		总收入	公共财政预算收入		支出			
							其中税收收入占比%				
1978	27.45			17.43					124	21.8	46
1979	25.87			17.74	-5.8			1.8	158	16.4	47
1980	31.13			17.12	20.3			-2.3	180	17.3	45
1981	34.34			17.34	10.3			-1.3	205	16.8	44
1982	36.64			18.88	6.7			10.3	234	15.7	48
1983	41.79			21.94	14.1			16.2	257	16.3	55
1984	46.67			28.80	11.7			31.3	323	14.5	72
1985	58.25			37.40	24.8			29.9	429	13.6	93
1986	68.61			50.96	17.8			36.3	502	13.7	125
1987	76.36			51.24	11.3			0.5	607	12.7	124
1988	85.55			63.14	12.0			23.2	770	11.1	151
1989	98.21			74.77	14.8			18.4	849	11.6	178
1990	101.59			80.23	3.4			7.3	905	11.1	189
1991	108.94			88.43	7.2			10.2	1089	10.2	207
1992	118.36			95.31	8.6			7.8	1376	8.7	221
1993	166.64			125.04	40.8			31.2	1926	8.7	288
1994	209.39	94.63		153.03	25.7			22.4	2689	7.9	351
1995	248.50	116.82		180.29	18.7	23.4		17.8	3558	7.0	411
1996	291.75	139.63		213.71	17.4	19.5		18.5	4189	7.0	484
1997	340.52	157.33		240.16	16.7	12.7		12.4	4686	7.3	542
1998	401.80	198.10		286.81	18.0	25.9		19.4	5053	8.1	644
1999	477.04	245.47		344.04	18.8	23.9		20.0	5444	8.8	769
2000	658.42	342.77		431.30	37.4	39.6		25.4	6141	10.7	922
2001	856.00	500.69		597.30	30.5	46.1		38.5	6898	12.4	1263
2002	1166.58	566.85		749.90	36.3	13.2		25.5	8004	14.6	1570
2003	1468.89	706.56		896.77	25.9	24.6		19.6	9705	15.1	1846
2004	1805.16	901.05		1062.94	22.9	27.5		18.5	11649	15.5	2158
2005	2115.36	1066.60		1265.53	17.2	18.4		19.1	13418	15.7	2536
2006	2567.66	1298.20	1184.24	1471.86	21.4	21.7	91.2	16.3	15718	16.3	2902
2007	3239.89	1649.50	1535.35	1806.79	26.2	27.1	93.0	22.8	18754	17.3	3505
2008	3730.06	1933.39	1792.09	2208.58	15.1	17.2	92.7	22.2	21463	17.4	4237
2009	4122.04	2142.51	1983.67	2653.35	10.5	10.8	92.6	20.1	22990	17.9	5029
2010	4895.41	2608.47	2464.96	3207.88	18.8	21.7	94.5	20.9	27722	17.7	5890
2011	5925.00	3150.80	2952.01	3842.59	21.0	20.8	93.7	19.8	32000	18.5	7034
2012	6408.49	3441.23	3227.77	4161.88	8.2	9.2	93.8	8.3	34606	18.5	7599

2010~2012年浙江省公共财政收支决算

单位:万元

收入				支出			
预算科目	2010年	2011年	2012年	预算科目	2010年	2011年	2012年
一、税收收入	24649571	29520062	32277690	一、一般公共服务	4342936	4715495	5036088
增值税	3988233	4617513	5075666	二、外交	534	0	0
营业税	8166778	9157090	10634916	三、国防	64276	75374	76706
企业所得税	3741279	4975586	5369677	四、公共安全	2606680	2908679	3190272
企业所得税退税	0	0	0	五、教育	6065431	7514236	8778625
个人所得税	1510831	1855628	1789266	六、科学技术	1214005	1439014	1659792
资源税	63554	84968	84064	七、文化体育与传媒	771484	850908	941755
固定资产投资方向调节税	3	0	0	八、社会保障和就业	2063942	2918160	3454375
城市维护建设税	1430569	2000708	2180869	九、医疗卫生	2245289	2789806	3059117
房产税	719652	991948	1269351	十、节能环保	820725	781140	776980
印花税	403732	453650	462351	十一、城乡社区事务	2723020	3384288	3078153
城镇土地使用税	675433	854992	1053987	十二、农林水事务	2903745	3733214	4082038
土地增值税	1066951	1480487	1497291	十三、交通运输	2333680	2739874	2876419
车船税	161983	191339	284876	十四、资源勘探电力信息等事务	1256681	1378101	1616471
耕地占用税	440533	513751	647255	十五、商业服务业等事务	855818	969714	846303
契税	2279372	2341708	1927216	十六、金融监管等事务支出	42249	57751	98694
烟叶税	668	657	905	十七、地震灾后恢复重建支出	186809	27998	0
其他税收收入	0	37	0	十八、援助其他地区支出	0	0	108858
二、非税收入	1435084	1987891	2134577	十九、国土资源气象等事务	209599	304317	283172
专项收入	837489	1107372	1160987	二十、住房保障支出	295972	580494	652499
行政事业性收费收入	445931	408018	336037	二十一、粮油物资储备事务	117526	131096	122557
罚没收入	706026	827606	833210	二十二、预备费	0	0	0
国有资本经营收入	-729092	-640704	-527356	二十三、国债还本付息支出	26518	32037	40089
国有资源(资产)有偿使用收入	167681	272797	282722	二十四、其他支出	931911	1094220	839816
其他收入	7049	12802	48977				
收入合计	26084655	31507953	34412267	支出合计	32078830	38425916	41618779

注:因2012年支出预算科目调整,将粮油物资管理事务和储备事务支出合并为粮油物资储备事务,故表中将2011年两科目数字相加,2010年科目为粮油物资管理事务支出。

2008~2012年浙江省11市及市本级公共财政预算收入排序

单位:万元

地 区	2008年		2009年		2010年		2011年		2012年	
	公共财政预算收入	排序	公共财政预算收入	排序	公共财政预算收入	排序	公共财政预算收入	排序	公共财政预算收入	排序
杭州市	4553531	1	5207899	1	6713412	1	7851524	1	8599875	1
杭州市本级	498269	1	566154	1	776820	1	793024	1	918148	1
宁波市	3903874	2	4328003	2	5309278	2	6575530	2	7255003	2
宁波市本级	415911	4	423326	5	546990	3	702039	2	753240	2
温州市	1801456	3	1956445	3	2284927	3	2708670	3	2896419	3
温州市本级	464847	2	497605	2	552955	2	641475	3	710216	3
嘉兴市	1268694	5	1417039	5	1768297	5	2264023	5	2577319	5
嘉兴市本级	427090	3	475050	3	369573	6	490449	5	530176	5
湖州市	716116	8	800106	8	972656	8	1221200	8	1385508	8
湖州市本级	335595	6	361736	6	202415	7	242539	7	260455	7
绍兴市	1435954	4	1604310	4	1932305	4	2396916	4	2657555	4
绍兴市本级	389598	5	430134	4	483297	4	592237	4	637549	4
金华市	1197047	7	1292755	7	1559255	7	1857684	7	2148889	7
金华市本级	282218	7	314800	7	389850	5	468746	6	525886	6
衢州市	343893	11	378521	10	469780	10	575729	10	634154	11
衢州市本级	169213	9	192062	9	178153	8	219927	8	242527	8
舟山市	431534	9	487786	9	610396	9	764844	9	855627	9
舟山市本级	190958	8	210201	8	177900	10	169776	9	212167	9
台州市	1260498	6	1360227	6	1648845	6	2001150	6	2204230	6
台州市本级	85086	11	88037	11	105566	11	138779	11	180689	10
丽水市	361476	10	374198	11	449423	11	573620	11	646121	10
丽水市本级	124179	10	125530	10	110712	10	150042	10	165692	11

2008~2012年浙江省县(市、区)公共财政预算收入排序

单位:万元

地区		2008年		2009年		2010年		2011年		2012年	
		公共财政预算收入	排序	公共财政预算收入	排序	公共财政预算收入	排序	公共财政预算收入	排序	公共财政预算收入	排序
杭州市	富阳市	235770	18	275699	16	326503	19	409488	18	420063	21
	桐庐县	82241	59	95011	59	130775	58	171946	52	195063	53
	临安市	116599	46	140369	44	169673	45	211018	46	236616	45
	建德市	96900	54	105736	56	120060	61	141146	61	160046	61
	淳安县	49179	69	55893	69	71987	73	95161	73	112098	70
	上城区	369074	9	389886	9	502201	8	535526	10	541005	11
	下城区	527208	3	575339	4	638984	4	710901	5	771770	4
	江干区	265291	14	298945	13	429464	11	516891	11	529111	12
	拱墅区	272943	13	290758	15	352044	15	440264	14	516112	14
	西湖区	391430	6	464546	6	628907	5	719482	4	757183	5
	滨江区	315882	11	369136	11	460248	9	542954	9	640738	8
	萧山区	631802	1	695281	1	981659	1	1133788	1	1226789	1
	余杭区	482039	4	596701	3	760010	3	956393	3	1046537	3
	开发区	196963	27	262600	19	333634	17	432777	15	479221	16
	西湖风景名胜区	21928	83	25845	82	30443	90	40765	89	49375	83
	临平工业园区	13	90	0		0		0		0	
宁波市	慈溪市	434376	5	491037	5	571910	6	612968	7	650916	7
	余姚市	333331	10	390273	8	440379	10	550163	8	616855	9
	奉化市	129255	44	144213	42	179077	43	219607	44	243728	43
	象山县	148420	38	167067	37	200893	37	248303	37	272793	39
	宁海县	156576	36	179067	32	210058	35	265948	34	298439	33
	鄞州区	589236	2	661218	2	878242	2	972736	2	1097531	2
	镇海区	198969	26	216618	27	268709	27	362475	24	411273	23
	北仑区	160095	32	186373	29	223532	33	291909	31	321207	30
	江东区	220504	21	247057	22	311898	20	374974	21	421558	20
	江北区	227824	20	247458	21	295639	23	348621	27	361784	28

（续表一） 单位：万元

地区		2008 年		2009 年		2010 年		2011 年		2012 年	
		公共财政预算收入	排序	公共财政预算收入	排序	公共财政预算收入	排序	公共财政预算收入	排序	公共财政预算收入	排序
	海曙区	297124	12	325218	12	361807	14	423423	16	486306	15
	开发区	213401	23	240525	23	281526	26	372931	22	446227	18
	大榭开发区	138982	40	130657	46	192406	38	300446	30	288939	36
	宁波保税区	100756	51	106155	55	123562	59	150658	59	156578	63
	东钱湖区	40253	74	50050	71	70980	74	78220	76	64701	80
	高新开发区	98861	53	121691	49	151670	48	197874	47	199992	51
	杭州湾新区	0		0		0		102235	69	162936	59
温州市	平阳县	88044	57	99451	58	133741	56	167528	55	171174	57
	苍南县	117226	45	129345	47	149518	49	174301	50	193273	54
	瑞安市	239671	17	274038	17	326992	18	386789	20	406484	24
	永嘉县	107966	50	115877	50	137436	53	162741	57	184454	56
	乐清市	250666	16	272332	18	343622	16	416600	17	457238	17
	文成县	23231	81	26770	80	34822	85	47375	83	49267	84
	泰顺县	22800	82	26327	81	34278	86	46287	84	49193	85
	洞头县	21135	84	22707	84	27352	91	30706	93	33926	93
	鹿城区	158216	34	169557	36	187485	40	222477	42	207578	49
	瓯海区	113808	48	130754	45	141240	51	162033	58	165340	58
	龙湾区	114495	47	107873	53	114980	62	133705	63	145599	64
	开发区	79351	61	83809	61	100776	64	116653	65	122677	67
嘉兴市	海宁市	213920	22	239510	24	303272	22	388194	19	442890	19
	桐乡市	204037	24	225734	26	283049	25	362870	23	417644	22
	平湖市	186712	28	208229	28	255125	28	324423	28	380180	27
	嘉善县	140045	39	159700	39	188182	39	243200	39	273084	38
	海盐县	96890	55	108816	51	136780	54	171825	53	223273	46
	南湖区	0		0		141894	50	174163	51	193040	55
	秀洲区	0		0		90422	66	108899	67	117032	68

（续表二）

单位：万元

地区		2008年		2009年		2010年		2011年		2012年	
		公共财政预算收入	排序	公共财政预算收入	排序	公共财政预算收入	排序	公共财政预算收入	排序	公共财政预算收入	排序
湖州市	长兴县	163039	30	184703	30	223602	32	307492	29	355087	29
	德清县	134732	42	148235	41	186022	41	234045	41	271938	40
	安吉县	82750	58	105432	57	139268	52	166628	56	210821	48
	吴兴区	0		0		121237	60	150280	60	158431	62
	南浔区	0		0		100112	65	120216	64	128776	65
	湖州经济开发区	0		0		0		0		0	
绍兴市	绍兴县	385212	7	435832	7	517568	7	637690	6	704424	6
	上虞市	202334	25	227646	25	291582	24	355195	26	391888	25
	嵊州市	100045	52	108594	52	131523	57	184346	49	197498	52
	新昌县	93530	56	106438	54	135008	55	169928	54	200008	50
	诸暨市	265235	15	295666	14	373327	13	457520	13	526188	13
	越城区	0		0		0		0		0	
金华市	兰溪市	81249	60	90218	60	112166	63	135660	62	161533	60
	永康市	157981	35	177160	34	224036	31	252637	36	301229	31
	武义县	69288	62	73445	63	88712	68	110662	66	124298	66
	东阳市	135710	41	151531	40	193974	37	239530	40	301057	32
	磐安县	25286	79	27200	79	32800	88	40095	91	45345	90
	义乌市	377929	8	386255	10	427600	12	504600	12	574188	10
	浦江县	67386	64	72146	64	90117	67	105754	68	115353	69
	金东区	0		0		0		0		0	
	婺城区	0		0		0		0		0	
	开发区	0		0		0		0		0	
衢州市	龙游县	46992	71	50011	72	58121	76	70941	78	80506	77
	常山县	35539	75	38056	75	44921	80	53116	81	57160	81
	江山市	62121	65	65879	66	80392	71	100218	70	111408	71
	开化县	30028	78	32513	77	38473	82	43419	86	45735	89

（续表三）　　单位：万元

地区		2008年		2009年		2010年		2011年		2012年	
		公共财政预算收入	排序	公共财政预算收入	排序	公共财政预算收入	排序	公共财政预算收入	排序	公共财政预算收入	排序
	柯城区	0		0		34027	87	40713	90	43908	91
	衢江区	0		0		35693	84	47395	82	52910	82
舟山市	岱山县	42535	73	51058	70	67566	75	84685	75	97712	75
	嵊泗县	33530	76	36928	76	40033	81	43738	85	48629	86
	定海区	53602	68	62018	68	152729	47	245716	38	256123	41
	普陀区	110909	49	127581	48	172168	44	220929	43	240996	44
台州市	临海市	161023	31	173388	35	221272	34	261957	35	286066	37
	温岭市	233759	19	250238	20	305918	21	361688	25	388678	26
	玉环县	158308	33	165568	38	182530	42	216856	45	251128	42
	三门县	61111	66	66069	65	80734	70	96011	72	106818	73
	仙居县	48023	70	49377	73	56698	77	68553	79	79028	78
	天台县	60533	67	65442	67	78081	72	96610	71	110722	72
	椒江区	164540	29	180667	31	226478	29	275213	33	293429	34
	黄岩区	132707	43	142843	43	166018	46	197394	48	215851	47
	路桥区	155408	37	178598	33	225550	30	288078	32	291821	35
丽水市	缙云县	42700	72	44467	74	51350	79	66214	80	74401	79
	景宁县	16241	87	17022	87	22412	93	36677	92	40850	92
	龙泉市	24785	80	24870	83	32067	89	40855	88	46409	88
	青田县	68987	63	73922	62	81270	69	93244	74	105442	74
	庆元县	12525	88	12941	88	15533	95	18812	96	21511	96
	松阳县	20045	85	21933	85	25476	92	29225	94	33046	94
	遂昌县	30906	77	31879	78	36885	83	41768	87	46747	87
	云和县	18402	86	19003	86	20312	94	24471	95	28696	95
	莲都区	2706	89	2631	89	53406	78	72312	77	83327	76

2012年浙江省公共财政收支决算分级表

单位:万元

预算科目	决算数合计	省级	地级	其中:地级直属乡镇	县级	乡镇级
一、税收收入	32277690	2333459	4822409	54618	16270995	8850827
增值税	5075666	243049	540042	15029	2355020	1937555
营业税	10634916	1290760	1437411	13796	5443691	2463054
企业所得税	5369677	605055	834223	7350	2529853	1400546
企业所得税退税	0	0	0	0	0	0
个人所得税	1789266	78832	232239	1533	974212	503983
资源税	84064	0	1892	0	33179	48993
固定资产投资方向调节税	0	0	0	0	0	0
城市维护建设税	2180869	77939	481591	5653	993046	628293
房产税	1269351	17172	163125	4543	598547	490507
印花税	462351	14864	59866	1685	230271	157350
城镇土地使用税	1053987	1806	105692	3783	396232	550257
土地增值税	1497291	3982	158109	1246	885919	449281
车船税	284876	0	40075	0	221926	22875
耕地占用税	647255	0	104025	0	499266	43964
契税	1927216	0	664119	0	1108928	154169
烟叶税	905	0	0	0	905	0
其他税收收入	0	0	0	0	0	0
二、非税收入	2134577	218108	314336	0	1493285	108848
专项收入	1160987	141384	202297	0	721677	95629
行政事业性收费收入	336037	38451	83284	0	211305	2997
罚没收入	833210	37472	211107	0	584488	143
国有资本经营收入	-527356	-25314	-228089	0	-273953	0
国有资源(资产)有偿使用收入	282722	23596	40078	0	216724	2324
其他收入	48977	2519	5659	0	33044	7755
本年收入合计	34412267	2551567	5136745	54618	17764280	8959675
一、一般公共服务	5036088	263392	991027	4690	2781846	999823
二、外交	0	0	0	0	0	0
三、国防	76706	15009	14392	0	44469	2836
四、公共安全	3190272	415730	716340	305	1977993	80209
五、教育	8778625	807290	1105450	135	5933912	931973
六、科学技术	1659792	270038	322720	0	975639	91395
七、文化体育与传媒	941755	154412	252854	79	464620	69869
八、社会保障和就业	3454375	165274	786264	859	2123702	379135
九、医疗卫生	3059117	347102	504620	979	1978733	228662
十、节能环保	776980	27078	134032	0	555372	60498
十一、城乡社区事务	3078153	10116	686020	1873	1941989	440028
十二、农林水事务	4082038	407834	402510	2240	2582919	688775
十三、交通运输	2876419	1029461	688102	0	1127678	31178
十四、资源勘探电力信息等事务	1616471	107273	155343	16	1157704	196151
十五、商业服务业等事务	846303	25236	134464	0	650699	35904
十六、金融监管等事务支出	98694	4635	14975	0	79084	0
十七、地震灾后恢复重建支出	0	0	0	0	0	0
十八、援助其他地区支出	108858	31221	21433	0	56204	0
十九、国土资源气象等事务	283172	54580	66069	0	150405	12118
二十、住房保障支出	652499	87238	183686	282	334164	47411
二十一、粮油物资储备事务	122557	67794	19726	0	33747	1290
二十二、国债还本付息支出	40089	0	13197	0	26824	68
二十三、其他支出	839816	14420	400621	3282	397708	27067
本年支出合计	41618779	4305133	7613845	14740	25375411	4324390

2012年浙江省政府性基金收支决算分级表

单位：万元

项目	决算数合计	省级	地级	其中：地级直属乡镇	县级	乡镇级
地方教育附加收入	722026	86441	146540	0	472959	16086
新增建设用地土地有偿使用费收入	358234	286309	1903	0	70022	0
地方水利建设基金收入	914088	130010	184320	0	590489	9269
残疾人就业保障金收入	214604	17375	36881	0	158404	1944
政府住房基金收入	62290	30642	13587	0	18061	0
城市公用事业附加收入	79965	0	30271	0	49694	0
国有土地收益基金收入	671066	0	254439	0	415329	1298
农业土地开发资金收入	70025	10287	14540	0	44637	561
国有土地使用权出让收入	19730010	44681	7513778	0	11775601	395950
彩票公益金收入	250235	105333	89522	0	55370	10
城市基础设施配套费收入	163668	0	11141	0	149684	2843
车辆通行费	20320	9400	4799	0	6121	0
其他各项政府性基金收入	2575165	560815	574932	0	1408281	31137
本年收入合计	25831696	1281293	8876653	0	15214652	459098
地方教育附加安排的支出	572034	5136	88156	0	425973	52769
新增建设用地土地有偿使用费安排的支出	233401	356	14949	0	202542	15554
地方水利建设基金支出	897476	12420	167112	0	641775	76169
残疾人就业保障金支出	190588	4492	38368	0	133928	13800
政府住房基金支出	24589	883	3543	0	20163	0
城市公用事业附加安排的支出	71899	0	21099	0	49107	1693
国有土地收益基金支出	609156	0	143750	0	449947	15459
农业土地开发资金支出	88818	0	5737	67	71329	11752
国有土地使用权出让收入安排的支出	20751765	0	6210256	0	13014137	1527372
彩票公益金安排的支出	190829	11462	89279	7	78843	11245
城市基础设施配套费安排的支出	166749	0	4560	0	147847	14342
车辆通行费安排的支出	26634	6159	11441	0	9034	0
其他各项政府性基金支出	1844861	106910	477853	0	1143135	116963
本年支出合计	25668799	147818	7276103	74	16387760	1857118

2012年度浙江省国有资本经营收支决算总表

单位:万元

预算科目	金　额	预算科目	金　额
利润收入	146438	教育	
股利、股息收入	8882	科学技术	72
产权转让收入	6085	文化体育与传媒	338
清算收入	4000	节能环保	200
其他国有资本经营预算收入		城乡社区事务	16634
		农林水事务	
		交通运输	134615
		资源勘探电力信息等事务	66631
		商业服务业等事务	15206
		地震灾后恢复重建支出	
		其他支出	13044
本年收入合计	165405	本年支出合计	246740

2008～2012年浙江省政府非税收入情况表

单位:亿元

科目名称	2008年	2009年	2010年	2011年	2012年	合计
政府性基金收入	1711.69	2210.87	4440.64	4004.74	2583.17	14951.12
专项收入	100.19	88.19	103.36	110.74	116.10	518.58
行政事业性收费收入	348.52	338.46	340.20	206.83	193.93	1427.94
罚没收入	75.15	80.80	70.76	82.76	83.32	392.78
国有资本经营收入	7.64	12.31	-58.89	-48.34	-36.20	-123.48
国有资源(资产)有偿使用收入	48.13	47.65	62.88	46.74	41.54	246.94
其他收入	85.07	94.53	90.47	23.42	22.54	316.04
合　计	2376.40	2872.82	5049.43	4426.88	3004.41	17729.93
其中:纳入公共财政预算管理的非税收入	141.30	158.70	141.51	198.79	213.46	853.76

2012 年浙江省社会保险基金收支

单位：万元

科目	本年收入	上级补助收入	省补助计划单列市收入	下级上解收入	计划单列市上解省收入	本年支出	补助下级支出	省补助计划单列市支出	上解上级支出	计划单列市上解省支出	按规定核减基金结余	本年收支结余
一、企业职工基本养老保险基金	11443763	64000	0	83729	0	6970499	64000	83729	0	0	0	4473264
二、失业保险基金	875854	0	0	39948	0	411941	0	39948	0	0	0	463913
三、城镇职工基本医疗保险基金	4554659	238	0	13315	0	3130816	0	13315	0	0	0	1423842
四、工伤保险基金	373132	0	0	735	0	304139	0	735	0	0	0	68993
五、生育保险基金	219057	0	0	0	0	174608	0	0	0	0	0	44449
合　计	17466465	64238	0	137727	0	10992003	64000	137727	0	0	0	6474461

2012 年浙江省财政一般公共服务支出

单位：万元

科　目	决算数	科　目	决算数
人大事务	129054	质量技术监督与检验检疫事务	139360
政协事务	88870	民族事务	4954
政府办公厅（室）及相关机构事务	1756210	宗教事务	8857
发展与改革事务	160244	港澳台侨事务	21211
统计信息事务	71183	档案事务	35238
财政事务	295200	民主党派及工商联事务	34410
税收事务	482541	群众团体事务	101108
审计事务	64014	党委办公厅（室）及相关机构事务	186349
海关事务	10110	组织事务	93658
人力资源事务	114034	宣传事务	81677
纪检监察事务	82594	统战事务	35632
人口与计划生育事务	297693	对外联络事务	327
商贸事务	198233	其他共产党事务支出（款）	111861
知识产权事务	3657	其他一般公共服务支出（款）	139998
工商行政管理事务	287811		
一般公共服务支出合计		5036088	

2012年浙江省教育支出

单位:万元

科　目	决算数	科　目	决算数
教育管理事务	182881	留学教育	0
普通教育	6227410	特殊教育	30447
职业教育	799531	教师进修及干部继续教育	127416
成人教育	42798	教育费附加安排的支出	906921
广播电视教育	20793	其他教育支出(款)	440428
教育支出合计		8778625	

2012年浙江省科学技术支出

单位:万元

科　目	决算数	科　目	决算数
科学技术管理事务	52115	社会科学	11467
基础研究	16998	科学技术普及	49940
应用研究	62724	科技交流与合作	7745
技术研究与开发	932678	科技重大专项(款)	600
科技条件与服务	85815	其他科学技术支出(款)	439710
科学技术支出合计		1659792	

2012年浙江省社会保障和就业支出

单位:万元

科　目	决算数	科　目	决算数
人力资源和社会保障管理事务	278363	残疾人事业	59851
民政管理事务	202413	城市居民最低生活保障(款)	49069
财政对社会保险基金的补助	701526	其他城市生活救助	28072
补充全国社会保障基金	0	自然灾害生活救助	26905
行政事业单位离退休	776534	红十字事业	8695
企业改革补助	3519	农村最低生活保障	187945
就业补助	102768	其他农村生活救助	84927
抚恤	184144	补充道路交通事故社会救助基金	3090
退役安置	94087	其他社会保障和就业支出(款)	488150
社会福利	174317		
社会保障和就业支出合计		3454375	

2012年浙江省文化体育与传媒支出

单位:万元

科　目	决算数	科　目	决算数
文化	453353	广播影视	108041
文物	107650	新闻出版	20628
体育	137168	其他文化体育与传媒支出(款)	114915
文化体育与传媒支出合计		941755	

2012年浙江省医疗卫生支出

单位:万元

科　目	决算数	科　目	决算数
医疗卫生管理事务	104173	医疗保障	1335014
公立医院	496837	中医药	13446
基层医疗卫生机构	473418	食品和药品监督管理事务	78696
公共卫生	426650	其他医疗卫生支出(款)	130883
医疗卫生支出合计		3059117	

2012年浙江省节能环保支出

单位:万元

科　目	决算数	科　目	决算数
环境保护管理事务	77539	已垦草原退耕还草(款)	0
环境监测与监察	17579	能源节约利用(款)	120563
污染防治	180269	污染减排	81842
自然生态保护	141154	可再生能源(款)	64775
天然林保护	0	资源综合利用(款)	41345
退耕还林	0	能源管理事务	853
风沙荒漠治理	0	其他节能环保支出(款)	51061
退牧还草	0		
节能环保支出合计		776980	

2012年浙江省城乡社区事务支出

单位：万元

科 目	决算数	科 目	决算数
城乡社区管理事务	779013	城乡社区环境卫生(款)	417174
城乡社区规划与管理(款)	74862	建设市场管理与监督(款)	22534
城乡社区公共设施	1280710	其他城乡社区事务支出(款)	503860
城乡社区事务支出合计		3078153	

2012年浙江省农林水事务支出

单位：万元

科 目	决算数	科 目	决算数
农业	2138550	扶贫	138032
林业	309079	农业综合开发	174051
水利	768778	农村综合改革	390442
南水北调	0	其他农林水事务支出(款)	163106
农林水事务支出合计		4082038	

2012年浙江省交通运输支出

单位：万元

科 目	决算数	科 目	决算数
公路水路运输	1874482	邮政业支出	9182
铁路运输	135945	车辆购置税支出	274299
民用航空运输	54346	其他交通运输支出(款)	263447
石油价格改革对交通运输的补贴	264718		
交通运输支出合计		2876419	

2012 年浙江省资源勘探电力信息等事务支出

单位:万元

科　目	决算数	科　目	决算数
资源勘探开发和服务支出	62884	安全生产监管	69966
制造业	198055	国有资产监管	14487
建筑业	6339	支持中小企业发展和管理支出	521510
电力监管支出	238	其他资源勘探电力信息等事务支出(款)	683030
工业和信息产业监管支出	59962		
资源勘探电力信息等事务支出合计		1616471	

2012 年浙江省商业服务业等事务支出

单位:万元

科　目	决算数	科　目	决算数
商业流通事务	309420	涉外发展服务支出	145085
旅游业管理与服务支出	118932	其他商业服务业等事务支出(款)	272866
商业服务业等事务支出合计		846303	

2012 年浙江省金融监管等事务支出

单位:万元

科　目	决算数	科　目	决算数
金融部门行政支出	2681	金融调控支出	0
金融部门监管支出	1933	农村金融发展支出	35501
金融发展支出	32036	其他金融监管等事务支出(款)	26543
金融监管等事务支出合计		98694	

2012 年浙江省国土资源气象等事务支出

单位:万元

科　目	决算数	科　目	决算数
国土资源事务	156061	地震事务	2395
海洋管理事务	61250	气象事务	31265
测绘事务	21679	其他国土资源气象等事务支出	10522
国土资源气象等事务支出合计		283172	

2012 年浙江省住房保障支出

单位:万元

科　目	决算数	科　目	决算数
保障性安居工程支出	240027	城乡社区住宅	19202
住房改革支出	393270		
住房保障支出合计		652499	

2012 年浙江省粮油物资储备事务支出

单位:万元

科　目	决算数	科　目	决算数
粮油事务	108214	粮油储备	7783
物资事务	784	重要商品储备	5411
能源储备	365		
粮油物资储备事务支出合计		122557	

2012年浙江省市县级公共财政收支情况

单位：万元

项目＼地区	杭州市	市本级	富阳市	桐庐县	临安市	建德市	淳安县	上城区
一、收入合计	8599875	918148	420063	195063	236616	160046	112098	541005
（一）税收收入小计	8302478	891381	391055	180012	229179	153661	103038	529687
增值税	1094696	88145	86878	32853	48062	28563	9764	38426
营业税	2970123	186555	97793	49808	68624	39984	45228	275434
企业所得税	1448553	177545	50527	23597	29533	25010	14842	86328
个人所得税	498726	10629	18827	7379	11263	6808	3262	47506
资源税	12350	0	4574	1038	1068	3815	29	0
城市维护建设税	604523	114960	23119	8899	18988	9544	4710	27482
耕地占用税	102820	13239	11550	8003	3162	5303	909	0
契税	465946	283140	20478	11895	12871	7330	12216	0
烟叶税	0	0	0	0	0	0	0	0
其他各项税收收入	1104741	17168	77309	36540	35608	27304	12078	54511
（二）非税收入小计	297397	26767	29008	15051	7437	6385	9060	11318
专项收入	245863	46406	15633	5945	8388	5946	3549	9952
行政事业性收费收入	19137	5069	3001	1675	503	1204	1126	0
罚没收入	128549	49303	12457	7026	5641	3703	4292	1334
国有资本经营收入	-105032	-76400	-2475	0	-7577	-4700	0	0
国有资源（资产）有偿使用收入	8870	2389	392	405	482	232	93	32
其他收入	10	0	0	0	0	0	0	0
二、支出合计	7862797	1856420	479593	270033	362896	252535	274813	212687
一般公共服务	893776	232875	51998	30253	41095	30826	39335	21327
外交	0	0	0	0	0	0	0	0
国防	9485	2375	0	692	457	460	140	78
公共安全	533119	162323	28281	17381	19760	12444	14007	20765
教育	1469766	233487	144090	62367	94628	63876	66281	49023
科学技术	401878	128950	21772	10270	17135	12247	6405	10682
文化体育与传媒	207869	76733	10441	5848	6445	4329	4763	1402
社会保障和就业	871448	293999	48449	30106	32261	20636	23032	35783
医疗卫生	559225	165870	32471	22502	24418	20901	28746	10255
节能环保	161518	38827	14931	14641	22660	11221	6042	405
城乡社区事务	1042885	144386	21359	12485	14571	8870	8436	37246
农林水事务	448764	57631	63657	36334	38830	39787	37365	37
交通运输	253757	115088	12773	12209	24071	11980	18610	67
资源勘探电力信息等事务	443980	13619	11626	2126	11754	2221	5959	9645
商业服务业等事务	169909	17224	6144	7075	8824	3652	4265	5358
金融监管等事务支出	13742	4116	335	556	239	1163	37	1846
地震灾后恢复重建支出	0	0	0	0	0	0	0	0
援助其他地区支出	24460	6386	1482	518	751	566	0	860
国土资源气象等事务	35657	10897	2484	588	3227	2497	1194	479
住房保障支出	65066	18929	7090	2365	764	3373	7833	302
粮油物资储备事务	5161	1845	210	957	410	212	1453	0
国债还本付息支出	2635	0	0	752	578	0	22	0
其他支出	248697	130860	0	8	18	1274	888	7127

（续表一） 单位：万元

项目 \ 地区	下城区	江干区	拱墅区	西湖区	滨江区	萧山区	余杭区	开发区
一、收入合计	771770	529111	516112	757183	640738	1226789	1046537	479221
（一）税收收入小计	754681	514099	501354	731543	621311	1181109	1011338	461015
增值税	63418	54997	81893	66319	55069	220175	102002	117124
营业税	320682	232614	192969	340419	225259	347879	427513	89526
企业所得税	142263	88189	85998	128105	155891	171084	139375	124392
个人所得税	69005	22032	23890	50770	74986	63016	69784	16528
资源税	0	0	0	0	0	1273	553	0
城市维护建设税	42069	31907	36430	42907	49983	86020	60090	45042
耕地占用税	0	0	0	0	0	42286	18368	0
契税	0	0	0	0	0	48863	69153	0
烟叶税	0	0	0	0	0	0	0	0
其他各项税收收入	117244	84360	80174	103023	60123	200513	124500	68403
（二）非税收入小计	17089	15012	14758	25640	19427	45680	35199	18206
专项收入	15183	11477	12403	15596	18207	35433	24462	16419
行政事业性收费收入	0	1146	0	5122	0	0	0	260
罚没收入	1472	2175	2047	4256	1087	16212	16362	732
国有资本经营收入	0	0	0	0	0	-6880	-7000	0
国有资源（资产）有偿使用收入	434	214	308	666	133	906	1374	795
其他收入	0	0	0	0	0	9	1	0
二、支出合计	233318	334620	229113	398125	477364	1083520	937755	321808
一般公共服务	24649	34437	34733	47728	24319	110720	130293	29803
外交	0	0	0	0	0	0	0	0
国防	297	80	150	815	23	2337	1579	2
公共安全	19998	22075	20329	35225	11850	75710	51509	14187
教育	50432	58937	44721	80539	48636	235380	206653	27817
科学技术	13179	16719	10177	16556	33910	37125	41991	23860
文化体育与传媒	6177	4236	2186	6293	10714	20617	18357	2533
社会保障和就业	33225	30953	26329	52205	38497	101744	97368	5133
医疗卫生	12786	15214	11932	20446	10605	103810	75488	2599
节能环保	313	269	735	3067	16876	12495	17383	1653
城乡社区事务	44419	59339	58947	69517	164847	155297	114875	44238
农林水事务	33	6237	1249	11086	8877	79932	65129	1229
交通运输	88	107	0	1	1	42960	15795	0
资源勘探电力信息等事务	3547	2845	3669	25245	96312	66457	30774	156390
商业服务业等事务	18430	9437	5998	10881	5787	14146	48849	3627
金融监管等事务支出	1182	859	96	2961	221	56	75	0
地震灾后恢复重建支出	0	0	0	0	0	0	0	0
援助其他地区支出	1064	0	761	1624	1916	3769	3254	1381
国土资源气象等事务	345	209	610	2559	799	3384	4720	1554
住房保障支出	3154	0	0	118	2221	12089	6180	293
粮油物资储备事务	0	0	0	0	0	0	73	0
国债还本付息支出	0	0	0	0	0	0	1283	0
其他支出	0	72667	6491	11259	953	5492	6127	5509

（续表二）　　　　单位:万元

项目＼地区	西湖风景名胜区	临平工业园区	宁波市	市本级	慈溪市	余姚市	奉化市	象山县
一、收入合计	49375	0	7255003	753240	650916	616855	243728	272793
(一)税收收入小计	48015	0	6678406	646069	638073	579270	215063	243608
增值税	1008	0	1228143	142557	112297	121127	49891	44567
营业税	29836	0	1952195	89765	191289	162349	62414	82441
企业所得税	5874	0	1157362	239741	81789	66323	22283	29123
个人所得税	3041	0	361056	12720	36422	34548	10949	12991
资源税	0	0	5030	0	263	866	490	894
城市维护建设税	2373	0	527684	124696	37369	31501	16874	12884
耕地占用税	0	0	88773	0	16695	8997	7511	11772
契税	0	0	383633	0	49278	40642	13238	19705
烟叶税	0	0	0	0	0	0	0	0
其他各项税收收入	5883	0	974530	36590	112671	112917	31413	29231
(二)非税收入小计	1360	0	576597	107171	12843	37585	28665	29185
专项收入	864	0	261816	55845	20339	20880	9329	9087
行政事业性收费收入	31	0	113397	31152	2564	4439	2430	4705
罚没收入	450	0	133357	30980	15279	12178	7772	14375
国有资本经营收入	0	0	-104990	-33500	-26576	-4596	0	-2242
国有资源(资产)有偿使用收入	15	0	137182	18146	1237	4600	9134	3260
其他收入	0	0	35835	4548	0	84	0	0
二、支出合计	123028	15169	8284437	1785963	730221	678191	389930	458059
一般公共服务	2357	7028	1004625	180223	95042	92309	47040	47640
外交	0	0	0	0	0	0	0	0
国防	0	0	13328	3075	1477	1305	214	717
公共安全	7275	0	576880	150603	70569	47915	23878	25646
教育	2899	0	1417046	215136	180088	132919	77245	88677
科学技术	606	294	324076	50419	38320	28821	11208	12000
文化体育与传媒	26795	0	127706	39628	10512	13042	3689	5520
社会保障和就业	1728	0	790129	184608	99218	90298	35541	34536
医疗卫生	1182	0	563787	102507	69618	68636	31426	33339
节能环保	0	0	118316	11112	7269	12882	3907	5631
城乡社区事务	78350	5703	848051	297342	30919	27028	9434	14115
农林水事务	1314	37	721950	65402	70068	81226	98697	137901
交通运输	7	0	506672	228822	15037	22109	25520	15494
资源勘探电力信息等事务	161	1630	494216	22289	10657	18089	4399	9029
商业服务业等事务	128	84	271146	26933	8312	11843	5332	7903
金融监管等事务支出	0	0	27562	1298	3236	1587	977	1960
地震灾后恢复重建支出	0	0	0	0	0	0	0	0
援助其他地区支出	104	24	19854	5555	2385	2094	773	987
国土资源气象等事务	111	0	56959	15942	2534	5335	5216	5683
住房保障支出	0	355	170191	36467	14789	18236	3806	6841
粮油物资储备事务	1	0	10399	5658	0	565	12	2451
国债还本付息支出	0	0	12669	7287	0	925	1094	412
其他支出	10	14	208875	135657	171	1027	522	1577

（续表三）　　单位：万元

项目＼地区	宁海县	鄞州区	镇海区	北仑区	江东区	江北区	海曙区	开发区
一、收入合计	298439	1097531	411273	321207	421558	361784	486306	446227
（一）税收收入小计	263762	998270	380650	284629	381985	356406	471230	430731
增值税	57601	158683	79194	49027	19833	44055	27676	108967
营业税	72545	262950	132452	100884	189830	123331	229677	71382
企业所得税	35344	178497	51094	36735	58120	53438	55428	109462
个人所得税	17956	59755	18653	16477	24787	19342	35473	18785
资源税	136	914	42	1017	0	304	0	0
城市维护建设税	18585	64720	29349	20982	18967	20317	23620	38342
耕地占用税	11141	11716	1407	2504	9	4334	529	11000
契税	18673	85030	16113	15433	27390	19620	36067	11938
烟叶税	0	0	0	0	0	0	0	0
其他各项税收收入	31781	176005	52346	41570	43049	71665	62760	60855
（二）非税收入小计	34677	99261	30623	36578	39573	5378	15076	15496
专项收入	13673	30125	16538	12390	8120	8684	10104	15394
行政事业性收费收入	8293	18258	5085	9241	3307	4224	4690	0
罚没收入	11744	16344	6644	10386	1676	1135	2249	6
国有资本经营收入	-3289	-3500	-6000	-5000	-4017	-14720	-2200	0
国有资源（资产）有偿使用收入	3687	16557	8275	9369	30487	1159	233	96
其他收入	569	21477	81	192	0	4896	0	0
二、支出合计	417143	1109751	409511	320371	255028	286935	223511	368341
一般公共服务	59044	133007	50292	41277	36635	53309	40071	51984
外交	0	0	0	0	0	0	0	0
国防	510	1716	957	838	289	617	639	333
公共安全	33918	63187	31284	24644	24474	26294	23998	12566
教育	85698	220532	72981	72086	53266	50701	45411	41316
科学技术	11246	40703	17624	15149	15075	14087	10600	23500
文化体育与传媒	7301	20382	7551	6187	2332	3643	1364	2832
社会保障和就业	51515	108896	35322	24512	23905	17540	26917	11681
医疗卫生	39660	78266	31534	18299	15321	14216	14426	31590
节能环保	6518	38244	5993	9252	525	4226	1535	0
城乡社区事务	10265	102057	42992	26520	48074	30231	30242	56271
农林水事务	56040	100976	17184	18157	234	17932	1388	28685
交通运输	25423	68365	20423	12817	131	14759	259	10353
资源勘探电力信息等事务	8853	69864	52920	18520	3998	12929	8115	90416
商业服务业等事务	7895	27790	8791	11185	13527	6921	5971	1728
金融监管等事务支出	965	5452	635	1437	7601	778	1326	30
地震灾后恢复重建支出	0	0	0	0	0	0	0	0
援助其他地区支出	961	3263	0	0	695	186	661	0
国土资源气象等事务	2899	8055	1932	1613	435	313	358	0
住房保障支出	7045	18763	8807	15480	7565	7175	8118	2894
粮油物资储备事务	22	74	762	660	0	0	0	27
国债还本付息支出	632	156	0	0	54	0	2109	0
其他支出	733	3	1527	1738	892	11078	3	2135

（续表四）　　单位：万元

地区 项目	大榭开发区	宁波保税区	东钱湖区	高新开发区	杭州湾新区	温州市	市本级	平阳县
一、收入合计	288939	156578	64701	199992	162936	2896419	710216	171174
（一）税收收入小计	270251	146446	55150	187117	129696	2676836	687565	148599
增值税	115575	32532	7375	25800	31386	447973	34760	25868
营业税	30376	39488	16256	61524	33242	809306	259469	47589
企业所得税	60729	33278	3288	28916	13774	398982	89644	16608
个人所得税	8731	11349	2288	14801	5029	170532	49743	8841
资源税	8	0	96	0	0	2824	94	22
城市维护建设税	37323	9189	2925	11419	8622	188759	46575	7979
耕地占用税	0	0	729	43	386	38447	0	2467
契税	716	1095	5916	22303	476	229601	127279	15703
烟叶税	0	0	0	0	0	0	0	0
其他各项税收收入	16793	19515	16277	22311	36781	390412	80001	23522
（二）非税收入小计	18688	10132	9551	12875	33240	219583	22651	22575
专项收入	15947	3945	1298	4960	5158	99475	18519	10833
行政事业性收费收入	1825	3928	6360	2896	0	11752	0	2182
罚没收入	609	55	783	1141	1	102166	24950	7973
国有资本经营收入	0	0	0	650	0	-38020	-23000	-1600
国有资源（资产）有偿使用收入	239	246	483	1893	28081	36036	2182	2616
其他收入	68	1958	627	1335	0	8174	0	571
二、支出合计	320884	129033	69919	195836	135810	3877865	666905	275092
一般公共服务	18280	13608	10278	14602	19984	527321	104681	35339
外交	0	0	0	0	0	0	0	0
国防	10	0	128	473	30	7994	1643	747
公共安全	3665	185	3165	5542	5347	369899	81209	23104
教育	18985	15714	12020	20101	14170	1036367	155871	86577
科学技术	9000	6372	672	13846	5434	85041	27187	4779
文化体育与传媒	659	355	637	364	1708	86142	21643	6018
社会保障和就业	23533	2710	8632	4761	6004	277537	42563	21907
医疗卫生	3561	0	5100	2854	3434	299357	42645	17636
节能环保	5093	1130	517	2729	1753	61434	5860	4726
城乡社区事务	78968	30713	6550	3488	2842	273399	54452	3713
农林水事务	9009	0	7618	1928	9505	421797	33359	35762
交通运输	43998	1890	1222	50	0	189320	39821	17767
资源勘探电力信息等事务	46197	13350	3577	53456	47558	46100	5701	2097
商业服务业等事务	44293	39685	2799	25889	14349	44248	9619	2253
金融监管等事务支出	0	130	50	50	50	10828	2248	562
地震灾后恢复重建支出	0	0	0	0	0	0	0	0
援助其他地区支出	690	455	269	630	250	7782	2711	0
国土资源气象等事务	1786	171	2157	538	1992	33448	9357	3125
住房保障支出	8167	1360	889	2389	1400	47411	23751	2445
粮油物资储备事务	168	0	0	0	0	5649	1854	442
国债还本付息支出	0	0	0	0	0	948	0	0
其他支出	4822	1205	3639	42146	0	45843	730	6093

（续表五） 单位：万元

项目 \ 地区	苍南县	瑞安市	永嘉县	乐清市	文成县	泰顺县	洞头县	鹿城区
一、收入合计	193273	406484	184454	457238	49267	49193	33926	207578
（一）税收收入小计	179683	378896	173331	421537	24105	28754	28911	196077
增值税	24527	66553	36481	103230	2277	1845	3385	36742
营业税	60759	110552	43168	94334	8283	13890	13249	67064
企业所得税	26752	53043	33276	71748	3378	5146	2965	24700
个人所得税	9538	22789	10239	26651	1840	1178	1663	19146
资源税	101	1540	182	414	62	7	95	23
城市维护建设税	9317	28404	11041	33102	1400	1269	1143	13710
耕地占用税	2653	3842	2949	4499	642	355	119	614
契税	14135	22292	13539	27422	3962	2401	2868	0
烟叶税	0	0	0	0	0	0	0	0
其他各项税收收入	31901	69881	22456	60137	2261	2663	3424	34078
（二）非税收入小计	13590	27588	11123	35701	25162	20439	5015	11501
专项收入	6755	12443	7345	17607	944	933	1648	5941
行政事业性收费收入	1960	0	128	0	3531	3535	145	0
罚没收入	5808	19503	4810	20614	2375	1707	1510	5450
国有资本经营收入	-1613	-6000	-1350	-3500	0	-187	130	0
国有资源（资产）有偿使用收入	558	1642	190	980	11781	14451	632	110
其他收入	122	0	0	0	6531	0	950	0
二、支出合计	380704	466178	347358	464758	213884	202590	131756	269466
一般公共服务	44368	59902	52958	51962	26290	27601	18991	38884
外交	0	0	0	0	0	0	0	0
国防	502	1351	523	937	84	200	425	602
公共安全	27488	44210	25905	31610	11843	10571	8303	50952
教育	108868	142429	100906	163459	42937	46891	23046	63072
科学技术	5055	16136	6171	8395	1842	1860	2859	3861
文化体育与传媒	13836	6376	7984	5464	6882	5268	2346	4283
社会保障和就业	28905	39085	19593	37332	15670	18065	4927	18588
医疗卫生	32474	22612	29457	44995	24476	19208	7709	22674
节能环保	5886	3728	4506	2706	14493	7985	1975	3556
城乡社区事务	8105	21930	8825	27326	3171	2211	12093	40783
农林水事务	70495	56374	42888	39438	35627	40616	34654	9505
交通运输	22336	28397	32033	11457	12421	12372	2769	4867
资源勘探电力信息等事务	2303	5136	6332	8709	920	1551	2611	1181
商业服务业等事务	4362	6009	3061	5243	4074	2573	1151	618
金融监管等事务支出	1533	79	1577	4365	158	260	45	0
地震灾后恢复重建支出	0	0	0	0	0	0	0	0
援助其他地区支出	0	1482	0	1446	0	0	0	906
国土资源气象等事务	3098	5386	1994	1427	1183	1700	4775	61
住房保障支出	154	4160	845	1516	3061	800	1001	4495
粮油物资储备事务	233	354	159	435	854	391	502	0
国债还本付息支出	626	0	0	0	114	208	0	0
其他支出	77	1042	1641	16536	7784	2259	1574	578

（续表六）

单位：万元

项目 \ 地区	瓯海区	龙湾区	开发区	嘉兴市	市本级	海宁市	桐乡市	平湖市
一、收入合计	165340	145599	122677	2577319	530176	442890	417644	380180
(一)税收收入小计	155986	136721	116671	2498273	511607	433784	407229	381710
增值税	46910	38004	27391	454780	63774	81056	67958	81494
营业税	29972	27180	33797	678366	154387	109596	106432	90399
企业所得税	33063	23936	14723	370693	67276	65711	74607	60598
个人所得税	8475	5165	5264	121945	41209	19987	17221	15006
资源税	170	114	0	2153	0	1396	0	0
城市维护建设税	13360	12431	9028	167969	52772	27682	24336	26085
耕地占用税	4285	11080	4942	110962	7062	11724	26928	21824
契税	0	0	0	178440	64008	45274	32337	16620
烟叶税	0	0	0	114	0	0	114	0
其他各项税收收入	19751	18811	21526	412851	61119	71358	57296	69684
(二)非税收入小计	9354	8878	6006	79046	18569	9106	10415	-1530
专项收入	6849	5785	3873	87955	12841	13720	12322	13451
行政事业性收费收入	0	0	271	17705	8130	651	1400	613
罚没收入	3328	3023	1115	60960	16145	8827	12215	3910
国有资本经营收入	-900	0	0	-90815	-19500	-14355	-15900	-20000
国有资源(资产)有偿使用收入	77	70	747	3235	948	263	378	496
其他收入	0	0	0	6	5	0	0	0
二、支出合计	204204	166102	88868	2607030	535695	433163	412294	374403
一般公共服务	31103	28562	6680	336149	70420	62883	47557	51384
外交	0	0	0	0	0	0	0	0
国防	906	41	33	5062	433	913	681	860
公共安全	26235	20185	8284	197839	38264	30502	30031	30403
教育	52157	39889	10265	649278	73859	116548	126178	86390
科学技术	2623	3108	1165	104554	18182	20548	17817	13555
文化体育与传媒	2278	2820	944	56729	12664	11817	10188	7907
社会保障和就业	13553	15039	2310	209715	83105	20873	24273	26802
医疗卫生	19889	13135	2447	151172	26071	23084	29646	21341
节能环保	1857	3602	554	71256	8776	12975	18688	6163
城乡社区事务	21109	18874	50807	236255	64077	41451	28432	26301
农林水事务	13304	8553	1222	229975	36971	37691	38937	27929
交通运输	2792	2288	0	127996	49494	18494	20726	10224
资源勘探电力信息等事务	2663	3987	2909	113223	20508	15944	7752	45598
商业服务业等事务	2224	2848	213	52122	14187	9275	6256	6049
金融监管等事务支出	0	0	1	4813	1503	219	96	2847
地震灾后恢复重建支出	0	0	0	0	0	0	0	0
援助其他地区支出	686	551	0	3870	100	1274	0	1113
国土资源气象等事务	255	908	179	6510	1807	128	417	753
住房保障支出	4645	0	538	29096	10941	6516	3155	5437
粮油物资储备事务	425	0	0	3199	594	296	524	921
国债还本付息支出	0	0	0	3696	170	887	938	550
其他支出	5500	1712	317	14521	3569	845	2	1876

（续表七） 单位：万元

项目＼地区	嘉善县	海盐县	南湖区	秀洲区	湖州市	市本级	长兴县	德清县
一、收入合计	273084	223273	193040	117032	1385508	260455	355087	271938
（一）税收收入小计	261042	213261	179222	110418	1322576	258699	334701	254026
增值税	58076	46523	27960	27939	221317	24398	52225	53016
营业税	66797	59279	58312	33164	382532	104539	86930	55973
企业所得税	34972	28594	22819	16116	191953	33458	56817	34802
个人所得税	14552	11897	1299	774	68740	13448	16633	15671
资源税	0	757	0	0	27385	192	8610	11622
城市维护建设税	15423	21671	0	0	74827	18836	15564	14148
耕地占用税	13079	7756	17003	5586	45506	3622	16502	9370
契税	11410	8791	0	0	100068	19687	24619	10181
烟叶税	0	0	0	0	0	0	0	0
其他各项税收收入	46733	27993	51829	26839	210248	40519	56801	49243
（二）非税收入小计	12042	10012	13818	6614	62932	1756	20386	17912
专项收入	10987	11844	6816	5974	42034	9203	9863	8713
行政事业性收费收入	1752	2492	2667	0	2142	0	0	132
罚没收入	7722	7315	4266	560	45135	16058	10174	9263
国有资本经营收入	-8960	-12100	0	0	-27542	-23999	0	-380
国有资源（资产）有偿使用收入	540	461	69	80	1163	494	349	184
其他收入	1	0	0	0	0	0	0	0
二、支出合计	279908	234559	196642	140366	1675076	393217	388625	297910
一般公共服务	39591	27852	19177	17285	220436	50065	49191	50840
外交	0	0	0	0	0	0	0	0
国防	75	737	1276	87	1599	596	376	221
公共安全	22257	16498	20347	9537	134229	49572	28629	22535
教育	74467	72118	57343	42375	371108	52029	99805	63639
科学技术	10191	11958	7445	4858	51861	12427	11376	10277
文化体育与传媒	4347	5702	1900	2204	28820	7506	5952	6088
社会保障和就业	17026	12516	16687	8433	135739	29407	32849	26325
医疗卫生	17870	15343	8953	8864	119535	20627	24809	22960
节能环保	9113	8263	2763	4515	71776	12284	11964	12686
城乡社区事务	19385	13147	29767	13695	98708	15305	24487	16418
农林水事务	25996	27422	13286	21743	150337	28322	38462	26041
交通运输	14120	8669	3228	3041	102949	61272	15347	9636
资源勘探电力信息等事务	15011	5135	2161	1114	61821	17194	15914	16142
商业服务业等事务	6526	5182	3480	1167	39649	13681	10043	5048
金融监管等事务支出	26	122	0	0	8998	1631	5571	381
地震灾后恢复重建支出	0	0	0	0	0	0	0	0
援助其他地区支出	861	522	0	0	3798	1970	1010	818
国土资源气象等事务	1179	1499	96	631	4191	871	1697	1015
住房保障支出	308	1013	1638	88	30744	13334	3480	4115
粮油物资储备事务	80	770	4	10	4583	1390	2174	984
国债还本付息支出	645	0	296	210	2922	0	485	1726
其他支出	834	91	6795	509	31273	3734	5004	15

（续表八） 单位：万元

项目 \ 地区	安吉县	吴兴区	南浔区	湖州经济开发区	绍兴市	市本级	绍兴县	上虞市
一、收入合计	210821	158431	128776	0	2657555	637549	704424	391888
(一)税收收入小计	199717	152683	122750	0	2526191	607509	668125	369801
增值税	32952	28784	29942	0	421115	66346	124550	69398
营业税	63492	43738	27860	0	696492	211939	161878	92271
企业所得税	26513	21936	18427	0	370874	79647	104285	67007
个人所得税	8900	6809	7279	0	114473	30405	25790	17874
资源税	727	6234	0	0	3317	866	496	397
城市维护建设税	9980	8288	8011	0	150562	42095	32909	22417
耕地占用税	3957	5746	6309	0	88871	20182	18974	18072
契税	20804	14940	9837	0	178391	53446	47287	21762
烟叶税	0	0	0	0	761	0	0	0
其他各项税收收入	32392	16208	15085	0	501335	102583	151956	60603
(二)非税收入小计	11104	5748	6026	0	131364	30040	36299	22087
专项收入	6057	3902	4296	0	77584	17885	21029	11386
行政事业性收费收入	756	791	463	0	32616	16545	2691	5641
罚没收入	7350	1039	1251	0	62757	14411	15679	8798
国有资本经营收入	-3163	0	0	0	-53126	-22000	-6500	-5206
国有资源(资产)有偿使用收入	104	16	16	0	11529	3196	3400	1467
其他收入	0	0	0	0	4	3	0	1
二、支出合计	292238	130800	123035	49251	2787071	573807	626082	399217
一般公共服务	38745	14243	12085	5267	363183	78174	81434	60539
外交	0	0	0	0	0	0	0	0
国防	0	211	195	0	4082	386	855	587
公共安全	19710	6331	5002	2450	208122	62457	43818	27432
教育	68833	43248	39939	3615	672450	98523	120952	99902
科学技术	8887	3549	2705	2640	132308	28627	33300	18371
文化体育与传媒	6176	1040	1705	353	53337	17867	12564	5489
社会保障和就业	27052	9497	8168	2441	213445	36411	51383	33036
医疗卫生	21681	15278	13618	562	206771	41090	42385	23435
节能环保	24099	3439	5777	1527	68390	9363	13370	21229
城乡社区事务	8542	8572	7802	17582	166797	22302	63432	11133
农林水事务	29239	13392	12879	2002	281912	24865	71085	56901
交通运输	11902	1054	818	2920	84253	21913	13725	15856
资源勘探电力信息等事务	3722	5036	3650	163	88536	14199	35693	7376
商业服务业等事务	5303	1411	3041	1122	48994	11952	17908	7679
金融监管等事务支出	1415	0	0	0	6310	1570	36	1148
地震灾后恢复重建支出	0	0	0	0	0	0	0	0
援助其他地区支出	0	0	0	0	6315	2316	1238	0
国土资源气象等事务	608	0	0	0	6889	2861	656	886
住房保障支出	3577	1669	1535	3034	53236	17513	14241	877
粮油物资储备事务	35	0	0	0	5120	274	2447	484
国债还本付息支出	400	0	0	311	6050	1840	1558	844
其他支出	12312	2830	4116	3262	110571	79304	4002	6013

（续表九）

单位:万元

项目 \ 地区	嵊州市	新昌县	诸暨市	越城区	金华市	市本级	兰溪市	永康市
一、收入合计	197498	200008	526188	0	2148889	525886	161533	301229
（一）税收收入小计	189514	191103	500139	0	1978871	486795	151802	263960
增值税	33385	43350	84086	0	320349	53389	33238	56613
营业税	48850	47204	134350	0	611639	173530	34455	72402
企业所得税	18276	27864	73795	0	276071	56246	25629	38141
个人所得税	7987	9125	23292	0	134193	36614	8331	12965
资源税	203	48	1307	0	2307	552	951	62
城市维护建设税	12797	11132	29212	0	133420	31852	12330	21614
耕地占用税	5898	9752	15993	0	48817	12787	3109	3440
契税	12898	5920	37078	0	144320	48353	9817	13927
烟叶税	220	541	0	0	0	0	0	0
其他各项税收收入	49000	36167	101026	0	307755	73472	23942	44796
（二）非税收入小计	7984	8905	26049	0	170018	39091	9731	37269
专项收入	5854	6742	14688	0	65659	13836	7179	10158
行政事业性收费收入	1351	933	5455	0	36698	5932	756	11600
罚没收入	8069	7018	8782	0	78254	21814	6972	15008
国有资本经营收入	-8200	-6000	-5220	0	-14980	-3400	-5580	0
国有资源（资产）有偿使用收入	910	212	2344	0	4387	909	404	503
其他收入	0	0	0	0	0	0	0	0
二、支出合计	268498	248890	556945	113632	2719519	371800	267404	323717
一般公共服务	32542	32905	62911	14678	347929	43840	24409	40531
外交	0	0	0	0	0	0	0	0
国防	384	411	904	555	4988	1387	184	655
公共安全	18089	14714	34322	7290	220188	37741	12114	24729
教育	83988	65485	153114	50486	723812	66257	75870	101640
科学技术	12651	9565	25717	4077	104206	15705	7060	16804
文化体育与传媒	5584	4613	6779	441	74497	38814	3757	3853
社会保障和就业	21547	22443	41267	7358	225761	36024	32132	19636
医疗卫生	19412	16324	57935	6190	256726	19887	33758	39206
节能环保	3622	4388	16295	123	63729	6698	5200	14796
城乡社区事务	11592	11117	34933	12288	104888	21542	5270	6728
农林水事务	34846	39141	51451	3623	279030	30608	36949	31720
交通运输	7972	7399	17143	245	130125	16533	12351	10150
资源勘探电力信息等事务	3857	11082	15629	700	55883	8930	7438	4863
商业服务业等事务	3586	1696	6131	42	48898	8643	2205	2657
金融监管等事务支出	2252	1063	241	0	4786	1208	37	774
地震灾后恢复重建支出	0	0	0	0	0	0	0	0
援助其他地区支出	585	565	1611	0	3854	859	0	909
国土资源气象等事务	762	835	637	252	14689	916	636	1550
住房保障支出	4822	2436	8266	5081	26400	9160	819	2031
粮油物资储备事务	280	315	1320	0	5074	2171	660	485
国债还本付息支出	0	392	1416	0	2335	1449	0	0
其他支出	125	2001	18923	203	21721	3428	6555	0

（续表十）　　　　单位:万元

项目＼地区	武义县	东阳市	磐安县	义乌市	浦江县	金东区	婺城区	开发区
一、收入合计	124298	301057	45345	574188	115353	0	0	0
(一)税收收入小计	116637	277321	41384	538148	102824	0	0	0
增值税	27286	34293	8277	87157	20096	0	0	0
营业税	29304	106683	13873	154035	27357	0	0	0
企业所得税	15801	46583	5903	75330	12438	0	0	0
个人所得税	4742	20014	2550	42961	6016	0	0	0
资源税	508	134	3	32	65	0	0	0
城市维护建设税	7898	15333	2459	36289	5645	0	0	0
耕地占用税	2898	2113	1367	19303	3800	0	0	0
契税	7633	12552	1839	44221	5978	0	0	0
烟叶税	0	0	0	0	0	0	0	0
其他各项税收收入	20567	39616	5113	78820	21429	0	0	0
(二)非税收入小计	7661	23736	3961	36040	12529	0	0	0
专项收入	5027	8736	1509	15643	3571	0	0	0
行政事业性收费收入	1345	8031	1061	4830	3143	0	0	0
罚没收入	1129	8044	1233	17577	6477	0	0	0
国有资本经营收入	0	-2000	0	-3000	-1000	0	0	0
国有资源(资产)有偿使用收入	160	925	158	990	338	0	0	0
其他收入	0	0	0	0	0	0	0	0
二、支出合计	204610	392421	140826	545403	167966	112453	147445	45474
一般公共服务	25960	44082	16540	105532	18499	10267	13513	4756
外交	0	0	0	0	0	0	0	0
国防	356	629	64	934	320	383	76	0
公共安全	12946	27164	10049	56555	12524	8613	10353	7400
教育	53871	118974	32735	128005	51239	31833	48479	14909
科学技术	7500	17849	3744	24555	5386	2212	1682	1709
文化体育与传媒	5231	7055	2598	6676	2995	1787	1554	177
社会保障和就业	21244	28549	7886	37764	20207	6612	13813	1894
医疗卫生	18090	35030	11415	47328	16094	13485	19197	3236
节能环保	4222	17146	3268	8575	2462	1125	224	13
城乡社区事务	7193	14994	3437	38506	1715	1321	2971	1211
农林水事务	23004	29560	21191	30545	22159	26717	25069	1508
交通运输	8996	17074	12273	37283	4925	4014	6474	52
资源勘探电力信息等事务	5866	8284	3035	8638	4466	821	754	2788
商业服务业等事务	3423	18234	3040	6263	1864	1106	614	849
金融监管等事务支出	984	729	28	625	401	0	0	0
地震灾后恢复重建支出	0	0	0	0	0	0	0	0
援助其他地区支出	0	794	0	902	390	0	0	0
国土资源气象等事务	2830	2375	902	4808	623	49	0	0
住房保障支出	2710	2385	1714	1697	1625	1605	1620	1034
粮油物资储备事务	145	977	272	117	72	103	72	0
国债还本付息支出	0	527	359	0	0	0	0	0
其他支出	39	10	6276	95	0	400	980	3938

（续表十一） 单位：万元

项目 \ 地区	衢州市	市本级	龙游县	常山县	江山市	开化县	柯城区	衢江区
一、收入合计	634154	242527	80506	57160	111408	45735	43908	52910
（一）税收收入小计	571169	217098	72834	50299	101942	40067	39750	49179
增值税	78760	32408	9930	5788	14391	6070	4563	5610
营业税	175566	53726	24877	14746	36116	14452	19022	12627
企业所得税	90036	43699	6912	8595	13107	5267	4487	7969
个人所得税	28961	11853	3290	1655	5718	1376	3063	2006
资源税	5048	6	444	3071	591	36	3	897
城市维护建设税	35977	17621	3897	2213	7306	2259	126	2555
耕地占用税	29052	11177	6473	2407	1644	1508	0	5843
契税	32483	12811	3189	3339	7399	2989	138	2618
烟叶税	0	0	0	0	0	0	0	0
其他各项税收收入	95286	33797	13822	8485	15670	6110	8348	9054
（二）非税收入小计	62985	25429	7672	6861	9466	5668	4158	3731
专项收入	22103	10299	2734	1825	3896	2020	76	1253
行政事业性收费收入	13197	4813	2413	1141	1910	701	1534	685
罚没收入	25434	10548	2413	3840	3007	2876	2082	668
国有资本经营收入	-4073	-3990	0	0	-83	0	0	0
国有资源（资产）有偿使用收入	6322	3759	112	55	734	71	466	1125
其他收入	2	0	0	0	2	0	0	0
二、支出合计	1388942	313792	204601	173567	243000	194013	108805	151164
一般公共服务	207690	45476	25215	25903	35722	29100	15338	30936
外交	0	0	0	0	0	0	0	0
国防	2756	618	316	212	717	386	150	357
公共安全	91644	38061	11703	10930	11923	9901	5393	3733
教育	311083	47042	51143	37904	60243	38618	37701	38432
科学技术	36604	7527	4986	5193	8204	5396	2254	3044
文化体育与传媒	27507	6352	3973	4304	6342	2734	1682	2120
社会保障和就业	117467	23717	19132	13469	20854	16419	12283	11593
医疗卫生	111483	15263	18042	17062	21298	15633	10713	13472
节能环保	46091	19714	7227	4852	6538	6367	340	1053
城乡社区事务	51499	27021	3778	3210	6518	5626	2987	2359
农林水事务	186237	12572	35572	28409	33783	31800	15152	28949
交通运输	78920	30261	8436	9204	13291	9954	45	7729
资源勘探电力信息等事务	40532	22023	3276	3851	4327	4645	1038	1372
商业服务业等事务	31823	4995	4541	3001	9511	3035	2961	3779
金融监管等事务支出	3264	517	771	865	144	258	38	671
地震灾后恢复重建支出	0	0	0	0	0	0	0	0
援助其他地区支出	0	0	0	0	0	0	0	0
国土资源气象等事务	4867	820	1001	1212	570	949	157	158
住房保障支出	22071	8417	4273	2788	1823	3167	568	1035
粮油物资储备事务	4938	1983	683	634	675	647	0	316
国债还本付息支出	2919	1349	524	521	0	525	0	0
其他支出	9547	64	9	43	517	8853	5	56

（续表十二） 单位:万元

项目 \ 地区	舟山市	市本级	岱山县	嵊泗县	定海区	普陀区	台州市	市本级
一、收入合计	855627	212167	97712	48629	256123	240996	2204230	180689
(一)税收收入小计	784241	199176	101489	32883	228585	222108	2038004	165843
增值税	85552	8833	13026	1312	36631	25750	380110	9163
营业税	300078	76163	31928	16573	83584	91830	574263	77031
企业所得税	89316	13699	22593	3166	27481	22377	310909	21248
个人所得税	34966	5722	3617	1099	14634	9894	136008	11712
资源税	17213	180	3226	1444	9898	2465	3596	0
城市维护建设税	37299	7362	3414	1085	14231	11207	144439	12176
耕地占用税	22595	21128	1463	4	0	0	40576	0
契税	61579	33819	3068	1278	9865	13549	120240	9917
烟叶税	0	0	0	0	0	0	0	0
其他各项税收收入	135643	32270	19154	6922	32261	45036	327863	24596
(二)非税收入小计	71386	12991	-3777	15746	27538	18888	166226	14846
专项收入	18923	3530	2673	670	7096	4954	73174	7242
行政事业性收费收入	17886	9573	2106	1349	2675	2183	8568	770
罚没收入	33108	11012	3454	2522	7418	8702	102365	9132
国有资本经营收入	-38747	-19000	-16747	0	0	-3000	-23655	-3300
国有资源(资产)有偿使用收入	38510	6773	4737	11205	10018	5777	5634	1002
其他收入	1706	1103	0	0	331	272	140	0
二、支出合计	1552230	534981	251024	142702	259671	363852	2879269	340652
一般公共服务	197508	79576	28205	20867	29736	39124	420778	61593
外交	0	0	0	0	0	0	0	0
国防	3784	2340	493	291	110	550	4303	783
公共安全	87416	30859	12028	8176	18310	18043	231268	37806
教育	213389	63386	31228	18471	42955	57349	739748	53454
科学技术	34873	14272	4356	2826	6878	6541	78933	11940
文化体育与传媒	31443	13026	5854	2842	3893	5828	50194	11673
社会保障和就业	75423	22617	16305	6175	15072	15254	242616	16093
医疗卫生	102684	40606	15687	8582	17159	20650	191990	12411
节能环保	21931	9954	3866	1364	2030	4717	41922	6232
城乡社区事务	88013	17068	17832	5276	13664	34173	102521	13945
农林水事务	303979	64546	81599	31708	45343	80783	392910	30958
交通运输	110535	65513	9048	8495	15292	12187	174722	39119
资源勘探电力信息等事务	44780	7829	4977	1722	22558	7694	69374	13517
商业服务业等事务	30383	14153	4007	1838	1796	8589	56263	10538
金融监管等事务支出	2387	489	1084	49	113	652	8558	395
地震灾后恢复重建支出	0	0	0	0	0	0	0	0
援助其他地区支出	1419	1071	0	0	0	348	6285	465
国土资源气象等事务	38761	18542	8726	791	7446	3256	13571	1678
住房保障支出	48335	29947	4531	2510	4549	6798	39709	10849
粮油物资储备事务	3269	1864	724	290	0	391	4019	1870
国债还本付息支出	1534	243	454	385	91	361	1000	0
其他支出	110384	37080	20	20044	12676	40564	8585	5333

（续表十三） 单位:万元

项目 \ 地区	临海市	温岭市	玉环县	三门县	仙居县	天台县	椒江区	黄岩区
一、收入合计	286066	388678	251128	106818	79028	110722	293429	215851
（一）税收收入小计	271764	361628	233844	97692	74294	98855	272140	200500
增值税	48662	63885	74390	14390	13927	17542	41779	48644
营业税	74795	97464	46366	33972	22812	29810	83425	39371
企业所得税	43280	52370	40180	11432	10685	12906	40474	26404
个人所得税	18121	35715	10413	7068	6700	5886	16263	10841
资源税	725	588	387	650	150	179	0	157
城市维护建设税	19347	24019	18680	4614	4721	5930	18746	17095
耕地占用税	3081	3835	2913	2335	4391	1807	7598	10823
契税	13612	25119	10490	5247	4202	9658	14247	14433
烟叶税	0	0	0	0	0	0	0	0
其他各项税收收入	50141	58633	30025	17984	6706	15137	49608	32732
（二）非税收入小计	14302	27050	17284	9126	4734	11867	21289	15351
专项收入	8867	11998	11553	3010	2845	3843	6878	7614
行政事业性收费收入	69	1741	560	508	351	692	3653	0
罚没收入	6495	17971	6521	5767	2678	7601	10274	12981
国有资本经营收入	-1506	-6000	-1560	-500	-1510	-1161	-302	-5316
国有资源（资产）有偿使用收入	377	1340	210	201	370	892	786	72
其他收入	0	0	0	140	0	0	0	0
二、支出合计	417067	486941	296662	206448	184085	221533	251663	239579
一般公共服务	53319	53767	47725	30167	23787	37840	41462	37621
外交	0	0	0	0	0	0	0	0
国防	674	0	137	594	225	240	740	860
公共安全	29036	31175	24205	16417	13889	14692	23826	18770
教育	123552	121270	69371	49517	55131	69310	65190	66850
科学技术	10740	12823	10412	2688	1771	3013	8364	9598
文化体育与传媒	4630	4448	7371	3320	2475	4146	3836	3493
社会保障和就业	39417	44579	22941	23955	15504	19209	20018	22288
医疗卫生	33223	31868	20515	19307	15924	20882	12671	10349
节能环保	6512	5830	3270	4534	393	3182	582	5238
城乡社区事务	19285	13424	13964	1896	10414	6530	6411	9608
农林水事务	44418	129403	43086	22779	19631	17045	34065	29116
交通运输	16286	22643	16158	12929	10829	13044	18062	10790
资源勘探电力信息等事务	15927	4022	2993	6195	6249	4276	6804	5171
商业服务业等事务	6916	6224	7361	2785	3272	4706	4625	4616
金融监管等事务支出	1202	512	876	1810	95	192	67	193
地震灾后恢复重建支出	0	0	0	0	0	0	0	0
援助其他地区支出	923	1347	892	0	0	0	956	756
国土资源气象等事务	3024	603	814	2379	596	236	1348	1299
住房保障支出	6946	2356	4197	4427	3316	2463	1878	1990
粮油物资储备事务	747	287	76	614	207	171	47	0
国债还本付息支出	90	0	0	76	11	356	0	5
其他支出	200	360	298	59	366	0	711	968

（续表十四）　　　　单位：万元

项目 \ 地区	路桥区	丽水市	市本级	缙云县	景宁县	莲都区	龙泉市	青田县
一、收入合计	291821	646121	165692	74401	40850	83327	46409	105442
（一）税收收入小计	261444	567186	150667	67220	33534	75916	43084	85806
增值税	47728	99822	16269	17071	8332	12243	6870	18110
营业税	69217	193596	50307	17552	7823	31389	19014	29174
企业所得税	51930	59873	12020	7175	2310	9467	3538	14857
个人所得税	13289	40834	8184	3999	8911	3161	2258	3965
资源税	760	2841	2	222	118	562	399	733
城市维护建设税	19111	37471	12646	4722	2090	3443	3026	4708
耕地占用税	3793	30836	14828	3424	281	6495	311	1923
契税	13315	32515	11659	3425	1788	2882	1609	4497
烟叶税	0	30	0	0	0	0	0	0
其他各项税收收入	42301	69368	24752	9630	1881	6274	6059	7839
（二）非税收入小计	30377	78935	15025	7181	7316	7411	3325	19636
专项收入	9324	25017	6691	3066	1605	2049	1840	3676
行政事业性收费收入	224	24488	1300	2280	4059	3660	821	7945
罚没收入	22945	23653	6754	2323	692	1656	702	3475
国有资本经营收入	-2500	-1062	0	-550	0	0	-225	0
国有资源（资产）有偿使用收入	384	6258	280	62	419	46	187	4520
其他收入	0	581	0	0	541	0	0	20
二、支出合计	234639	1679410	240613	177253	174292	156314	151276	244214
一般公共服务	33497	253301	44104	22949	23694	19677	21944	42577
外交	0	0	0	0	0	0	0	0
国防	50	4316	756	166	477	480	373	670
公共安全	21452	123938	27445	11818	9852	12944	8391	16594
教育	66103	367288	46406	51446	32297	40643	33967	52175
科学技术	7584	35420	7484	3554	1673	3708	3536	5541
文化体育与传媒	4802	43099	6948	3262	5183	2925	4271	6499
社会保障和就业	18612	129821	17720	14920	8344	19579	12030	19206
医疗卫生	14840	149285	17643	16086	10753	22699	16106	21851
节能环保	6149	23539	5212	2028	1890	766	2694	2719
城乡社区事务	7044	55021	8580	9779	3093	3624	2458	9540
农林水事务	22409	257313	17276	22565	27305	20505	27465	33841
交通运输	14862	87709	20266	7559	7535	1186	9420	11702
资源勘探电力信息等事务	4220	50753	9534	1437	18173	1888	1710	7716
商业服务业等事务	5220	27632	2539	2153	7343	1854	3648	2247
金融监管等事务支出	3216	2811	0	673	11	87	561	938
地震灾后恢复重建支出	0	0	0	0	0	0	0	0
援助其他地区支出	946	0	0	0	0	0	0	0
国土资源气象等事务	1594	13050	2378	687	1032	51	849	1737
住房保障支出	1287	33002	4378	5055	5586	2974	1170	4929
粮油物资储备事务	0	3352	223	122	209	219	327	1086
国债还本付息支出	462	3381	859	653	0	0	356	939
其他支出	290	15379	862	341	9842	505	0	1707

（续表十五） 单位：万元

项目＼地区	庆元县	松阳县	遂昌县	云和县
一、收入合计	21511	33046	46747	28696
（一）税收收入小计	17956	25603	41777	25623
增值税	2999	3789	8156	5983
营业税	7030	9351	12977	8979
企业所得税	1936	3032	3232	2306
个人所得税	1085	2688	5148	1435
资源税	7	129	459	210
城市维护建设税	1082	1303	2493	1958
耕地占用税	990	498	2055	31
契税	986	1465	2753	1451
烟叶税	0	30	0	0
其他各项税收收入	1841	3318	4504	3270
（二）非税收入小计	3555	7443	4970	3073
专项收入	924	1234	2591	1341
行政事业性收费收入	1194	2330	424	475
罚没收入	1215	3764	1965	1107
国有资本经营收入	-155	0	-132	0
国有资源（资产）有偿使用收入	357	115	122	150
其他收入	20	0	0	0
二、支出合计	130442	148274	152610	104122
一般公共服务	18136	21006	20834	18380
外交	0	0	0	0
国防	300	431	342	321
公共安全	8752	9783	9424	8935
教育	29556	31952	30976	17870
科学技术	3691	2398	2230	1605
文化体育与传媒	2948	4663	3419	2981
社会保障和就业	8476	12687	10600	6259
医疗卫生	11431	14146	10443	8127
节能环保	655	3655	3138	782
城乡社区事务	5670	6168	2146	3963
农林水事务	25504	26510	35705	20637
交通运输	8737	6184	9257	5863
资源勘探电力信息等事务	1036	1235	5026	2998
商业服务业等事务	1592	2053	1890	2313
金融监管等事务支出	380	13	122	26
地震灾后恢复重建支出	0	0	0	0
援助其他地区支出	0	0	0	0
国土资源气象等事务	761	772	3940	843
住房保障支出	2000	4245	1619	1046
粮油物资储备事务	345	281	297	243
国债还本付息支出	215	0	3	356
其他支出	257	92	1199	574

2012年浙江省各市县财政总收入

单位:万元

地区名称	财政总收入	地区名称	财政总收入	地　区	财政总收入
杭州小计	16278879	桐乡市	759870	龙游县	125477
杭州市	14244888	平湖市	738866	常山县	89902
富阳市	784725	嘉善县	522486	江山市	184106
桐庐县	340051	海盐县	427060	开化县	73876
临安市	441715	**湖州小计**	2468788	**舟山小计**	1334507
建德市	295461	湖州市	975176	舟山市	1099811
淳安县	172039	长兴县	621718	岱山县	175825
宁波小计	15365101	德清县	508888	嵊泗县	58871
宁波市	11611800	安吉县	363006	**台州小计**	4089456
慈溪市	1160336	**绍兴小计**	4693118	台州市	1763763
余姚市	1128512	绍兴市	1037566	临海市	526902
奉化市	446040	绍兴县	1277625	温岭市	721978
象山县	466772	上虞市	729262	玉环县	552054
宁海县	551641	嵊州市	337279	三门县	179500
温州小计	5178928	新昌县	385391	仙居县	146808
温州市	2368884	诸暨市	925995	天台县	198451
平阳县	287009	**金华小计**	3764702	**丽水小计**	1126576
苍南县	321232	金华市	861132	丽水市	397864
瑞安市	719983	兰溪市	312098	云和县	52209
永嘉县	359241	永康市	549421	景宁县	95027
乐清市	916784	武义县	236764	龙泉市	75780
文成县	63951	东阳市	503727	青田县	187991
泰顺县	64329	磐安县	83083	遂昌县	83817
洞头县	77515	义乌市	1014635	松阳县	53011
嘉兴小计	4719213	浦江县	203842	缙云县	145480
嘉兴市	1455695	**衢州小计**	1063893	庆元县	35397
海宁市	815236	衢州市	590532		

2012年浙江省乡镇(街道)公共财政预算收入排序

单位:万元

排序	所属地区	县(市、区)	乡镇(街道)	公共财政预算收入	排序	所属地区	县(市、区)	乡镇(街道)	公共财政预算收入
1	宁波市	北仑区	新矸街道	199733.00	31	嘉兴市	嘉善县	惠民街道	51670.78
2	绍兴市	绍兴县	柯桥街道	171007.44	32	杭州市	富阳市	富春街道	50990.42
3	金华市	义乌市	稠城街道	143809.00	33	温州市	平阳县	鳌江镇	50209.76
4	杭州市	萧山区	宁围镇	123128.08	34	绍兴市	绍兴县	柯岩街道	49764.55
5	宁波市	鄞州区	石碶街道	120293.00	35	宁波市	镇海区	骆驼街道	49468.00
6	金华市	东阳市	横店镇	88497.00	36	台州市	三门县	海游镇	49042.90
7	绍兴市	绍兴县	马鞍镇	85122.96	37	宁波市	鄞州区	东钱湖	48505.00
8	宁波市	江北区	庄桥街道	84808.00	38	温州市	苍南县	灵溪镇	47983.00
9	杭州市	拱墅区	祥符街道	84191.18	39	宁波市	镇海区	蛟川街道	47414.00
10	绍兴市	绍兴县	华舍街道	82171.37	40	杭州市	拱墅区	上塘街道	47286.97
11	杭州市	西湖区	三墩镇	82016.15	41	宁波市	慈溪市	周巷镇	47078.00
12	宁波市	奉化市	锦屏街道	78384.00	42	杭州市	江干区	笕桥镇	46727.00
13	绍兴市	诸暨市	暨阳街道	74837.26	43	宁波市	余姚市	凤山街道	46429.40
14	湖州市	安吉县	递铺镇	73958.00	44	湖州市	德清县	武康镇	46056.98
15	绍兴市	绍兴县	齐贤镇	69074.05	45	嘉兴市	桐乡市	梧桐街道	44976.78
16	杭州市	余杭区	良渚街道	68661.95	46	绍兴市	绍兴县	钱清镇	44663.27
17	宁波市	北仑区	小港街道	65964.00	47	杭州市	江干区	九堡镇	44279.00
18	宁波市	慈溪市	古塘街道	65204.00	48	绍兴市	诸暨市	店口镇	44205.96
19	嘉兴市	平湖市	钟埭街道	65091.73	49	杭州市	余杭区	余杭街道	43627.96
20	宁波市	余姚市	阳明街道	61230.91	50	宁波市	鄞州区	首南街道	43377.00
21	温州市	乐清市	柳市镇	59335.16	51	温州市	乐清市	乐成街道	43093.40
22	温州市	苍南县	龙港镇	55534.90	52	宁波市	江北区	慈城镇	42783.00
23	宁波市	慈溪市	浒山街道	55402.00	53	嘉兴市	海宁市	长安镇	42361.01
24	宁波市	象山县	丹东街道	54725.00	54	嘉兴市	海宁市	海宁经济开发区	42319.41
25	宁波市	北仑区	戚家山街道	54439.00	55	宁波市	象山县	丹西街道	42204.00
26	宁波市	鄞州区	中河街道	53058.00	56	舟山市	普陀区	沈家门街道	41616.95
27	金华市	义乌市	北苑街道	52759.00	57	金华市	义乌市	稠江街道	41514.00
28	宁波市	北仑区	大矸街道	52710.00	58	宁波市	江北区	甬江街道	41310.00
29	宁波市	鄞州区	潘火街道	52351.00	59	宁波市	慈溪市	宗汉街道	41304.00
30	杭州市	江干区	丁桥镇	52152.00	60	杭州市	萧山区	衙前镇	41227.69

（续表一）　　单位：万元

排序	所属地区	县(市、区)	乡镇(街道)	公共财政预算收入	排序	所属地区	县(市、区)	乡镇(街道)	公共财政预算收入
61	宁波市	慈溪市	观海卫镇	41121.00	91	湖州市	吴兴区	八里店镇	30525.00
62	宁波市	鄞州区	古林镇	39876.00	92	台州市	温岭市	大溪镇	29843.70
63	宁波市	奉化市	岳林街道	38141.00	93	宁波市	慈溪市	白沙街道	29736.00
64	舟山市	普陀区	六横镇	37470.00	94	宁波市	鄞州区	五乡镇	29477.00
65	杭州市	江干区	彭埠镇	36924.00	95	宁波市	慈溪市	龙山镇	29303.00
66	台州市	临海市	杜桥镇	36800.25	96	嘉兴市	平湖市	独山港镇	29193.06
67	宁波市	余姚市	兰江街道	36632.21	97	湖州市	安吉县	天子湖镇	29081.00
68	湖州市	南浔区	南浔镇	36355.00	98	杭州市	余杭区	仓前街道	29059.57
69	杭州市	富阳市	春江街道	36222.14	99	杭州市	余杭区	塘栖镇	27945.03
70	宁波市	鄞州区	钟公庙街道	35126.00	100	温州市	乐清市	虹桥镇	27655.60
71	嘉兴市	海盐县	武原街道	35116.33	101	嘉兴市	嘉善县	魏塘街道	27600.69
72	宁波市	鄞州区	高桥镇	34307.00	102	嘉兴市	桐乡市	洲泉镇	27184.44
73	丽水市	青田县	鹤城街道	33254.84	103	宁波市	余姚市	朗霞街道	27070.40
74	宁波市	鄞州区	集士港	33051.00	104	宁波市	鄞州区	姜山镇	26925.00
75	杭州市	萧山区	瓜沥镇	32965.14	105	杭州市	萧山区	新街镇	26600.89
76	衢州市	江山市	虎山街道	32795.00	106	嘉兴市	平湖市	乍浦镇	26597.37
77	宁波市	余姚市	泗门镇	32626.05	107	宁波市	镇海区	庄市街道	26148.00
78	杭州市	余杭区	五常街道	32339.81	108	绍兴市	绍兴县	福全镇	25758.53
79	宁波市	江北区	洪塘街道	32002.00	109	宁波市	余姚市	梨洲街道	25642.26
80	台州市	玉环县	楚门镇	31952.00	110	金华市	义乌市	江东街道	25431.00
81	嘉兴市	海盐县	西塘桥街道	31841.98	111	宁波市	慈溪市	横河镇	25206.00
82	绍兴市	绍兴县	杨汛桥镇	31476.10	112	嘉兴市	桐乡市	崇福镇	25055.39
83	台州市	温岭市	泽国镇	31395.10	113	温州市	瑞安市	塘下镇	24927.78
84	绍兴市	诸暨市	陶朱街道	31342.59	114	杭州市	拱墅区	半山街道	24606.53
85	宁波市	宁海县	跃龙街道	31168.00	115	杭州市	余杭区	乔司街道	24309.16
86	杭州市	余杭区	闲林街道	31106.18	116	宁波市	象山县	石浦镇	23955.00
87	温州市	乐清市	北白象镇	30956.05	117	杭州市	萧山区	临浦镇	23085.90
88	绍兴市	诸暨市	大唐镇	30864.61	118	杭州市	富阳市	东洲街道	23077.42
89	杭州市	萧山区	闻堰镇	30585.83	119	绍兴市	上虞市	百官街道	23050.00
90	湖州市	吴兴区	织里镇	30582.00	120	宁波市	慈溪市	坎墩街道	22922.00

（续表二）

单位：万元

排序	所属地区	县（市、区）	乡镇（街道）	公共财政预算收入	排序	所属地区	县（市、区）	乡镇（街道）	公共财政预算收入
121	绍兴市	绍兴县	平水镇	22901.82	151	湖州市	德清县	新市镇	18285.05
122	宁波市	宁海县	西店镇	22467.00	152	嘉兴市	平湖市	当湖街道	18233.04
123	杭州市	建德市	新安江街道	22025.00	153	嘉兴市	嘉善县	姚庄镇	18197.38
124	温州市	瓯海区	新桥街道	21789.54	154	嘉兴市	嘉善县	罗星街道	18081.57
125	湖州市	长兴县	画溪街道	21757.20	155	杭州市	富阳市	灵桥镇	17445.72
126	绍兴市	绍兴县	安昌镇	21745.33	156	杭州市	余杭区	崇贤街道	17314.89
127	温州市	平阳县	昆阳镇	21735.40	157	湖州市	德清县	钟管镇	17299.41
128	宁波市	鄞州区	云龙镇	21604.00	158	绍兴市	诸暨市	枫桥镇	17278.17
129	绍兴市	上虞市	道墟镇	21554.00	159	绍兴市	诸暨市	草塔镇	17272.51
130	宁波市	象山县	西周镇	21093.48	160	舟山市	普陀区	朱家尖街道	17180.62
131	宁波市	奉化市	溪口镇	21093.00	161	杭州市	富阳市	高桥镇	17057.25
132	温州市	瓯海区	梧田街道	21066.45	162	嘉兴市	海宁市	许村镇	17015.08
133	绍兴市	嵊州市	三江街道	20639.63	163	温州市	瓯海区	景山街道	16956.17
134	台州市	路桥区	金清镇	20622.00	164	金华市	武义县	壶山街道	16854.46
135	丽水市	青田县	温溪镇	20522.64	165	嘉兴市	海宁市	海洲街道	16832.79
136	宁波市	鄞州区	下应街道	20488.00	166	绍兴市	诸暨市	浣东街道	16717.50
137	宁波市	余姚市	马渚镇	20458.21	167	宁波市	慈溪市	庵东镇	16651.00
138	金华市	兰溪市	灵洞乡	20365.00	168	绍兴市	越城区	马山镇	16558.54
139	金华市	义乌市	佛堂镇	20163.00	169	宁波市	奉化市	江口街道	16419.00
140	宁波市	余姚市	低塘街道	20029.79	170	金华市	永康市	东城街道	16393.00
141	金华市	武义县	白洋街道	19874.01	171	嘉兴市	桐乡市	濮院镇	16283.70
142	杭州市	拱墅区	康桥街道	19793.57	172	绍兴市	绍兴县	兰亭镇	16106.44
143	嘉兴市	海宁市	马桥街道	19657.10	173	杭州市	富阳市	鹿山街道	16035.35
144	湖州市	长兴县	煤山镇	19426.05	174	金华市	浦江县	浦阳街道	15883.00
145	杭州市	余杭区	瓶窑镇	19392.94	175	绍兴市	绍兴县	湖塘街道	15840.53
146	金华市	永康市	西城街道	19088.00	176	绍兴市	越城区	斗门镇	15725.09
147	宁波市	慈溪市	逍林镇	18796.00	177	杭州市	余杭区	仁和街道	15707.88
148	宁波市	鄞州区	东吴镇	18568.00	178	湖州市	德清县	乾元镇	15436.68
149	嘉兴市	嘉善县	西塘镇	18437.52	179	金华市	义乌市	廿三里街道	15187.00
150	杭州市	萧山区	义桥镇	18364.15	180	温州市	乐清市	城南街道	15041.60

（续表三） 单位：万元

排序	所属地区	县（市、区）	乡镇（街道）	公共财政预算收入	排序	所属地区	县（市、区）	乡镇（街道）	公共财政预算收入
181	宁波市	鄞州区	邱隘镇	14955.00	211	杭州市	富阳市	受降镇	12279.07
182	杭州市	萧山区	党山镇	14795.62	212	绍兴市	嵊州市	剡湖街道	12248.44
183	宁波市	余姚市	丈亭镇	14579.22	213	宁波市	镇海区	蟹浦镇	12221.00
184	温州市	泰顺县	罗阳镇	14330.46	214	湖州市	德清县	雷甸镇	12126.89
185	杭州市	萧山区	益农镇	14301.02	215	绍兴市	越城区	皋埠镇	12102.00
186	宁波市	宁海县	桃源街道	14265.00	216	绍兴市	越城区	灵芝镇	12056.79
187	金华市	武义县	熟溪街道	14257.78	217	台州市	温岭市	箬横镇	12041.90
188	宁波市	镇海区	九龙湖镇	14217.00	218	杭州市	西湖区	双浦镇	12019.78
189	宁波市	象山县	爵溪街道	14209.11	219	嘉兴市	桐乡市	乌镇镇	12007.52
190	宁波市	慈溪市	长河镇	14126.00	220	绍兴市	绍兴县	夏履镇	11981.71
191	嘉兴市	平湖市	新埭镇	14076.47	221	杭州市	余杭区	中泰街道	11966.42
192	杭州市	萧山区	党湾镇	13947.45	222	绍兴市	诸暨市	山下湖镇	11955.00
193	衢州市	江山市	双塔街道	13902.00	223	杭州市	桐庐县	桐君街道	11775.00
194	绍兴市	上虞市	沥海镇	13864.00	224	湖州市	长兴县	和平镇	11763.33
195	台州市	温岭市	松门镇	13824.00	225	宁波市	慈溪市	掌起镇	11756.00
196	温州市	平阳县	水头镇	13659.91	226	绍兴市	诸暨市	次坞镇	11619.36
197	杭州市	萧山区	所前镇	13478.04	227	宁波市	余姚市	陆埠镇	11612.30
198	丽水市	缙云县	壶镇镇	13377.69	228	湖州市	南浔区	双林镇	11510.00
199	杭州市	富阳市	新登镇	13303.24	229	宁波市	鄞州区	横溪镇	11447.00
200	嘉兴市	秀洲区	王江泾镇	13218.16	230	绍兴市	诸暨市	牌头镇	11435.20
201	嘉兴市	平湖市	新仓镇	13177.66	231	宁波市	余姚市	临山镇	11369.04
202	宁波市	奉化市	西坞街道	12944.00	232	嘉兴市	平湖市	曹桥街道	11318.03
203	金华市	义乌市	苏溪镇	12940.00	233	杭州市	桐庐县	富春江镇	11281.00
204	杭州市	萧山区	坎山镇	12844.35	234	嘉兴市	海宁市	袁花镇	11210.68
205	绍兴市	上虞市	松下镇	12823.00	235	温州市	乐清市	城东街道	11145.20
206	舟山市	普陀区	勾山街道	12731.67	236	金华市	兰溪市	兰江街道	11034.00
207	台州市	玉环县	清港镇	12687.73	237	嘉兴市	嘉善县	天凝镇	11031.20
208	宁波市	宁海县	梅林街道	12538.00	238	台州市	温岭市	新河镇	10961.30
209	宁波市	奉化市	莼湖镇	12419.00	239	宁波市	慈溪市	桥头镇	10779.00
210	宁波市	北仑区	霞浦街道	12294.00	240	温州市	平阳县	万全镇	10739.00

（续表四）

单位：万元

排序	所属地区	县（市、区）	乡镇（街道）	公共财政预算收入	排序	所属地区	县（市、区）	乡镇（街道）	公共财政预算收入
241	宁波市	余姚市	小曹娥镇	10707.19	271	绍兴市	诸暨市	应店街镇	8938.61
242	嘉兴市	海宁市	黄湾镇	10590.13	272	台州市	路桥区	新桥镇	8938.00
243	宁波市	余姚市	黄家埠镇	10501.16	273	金华市	永康市	古山镇	8890.00
244	金华市	永康市	城西新区	10483.00	274	温州市	平阳县	萧江镇	8821.00
245	绍兴市	上虞市	小越镇	10314.00	275	宁波市	北仑区	柴桥街道	8687.00
246	绍兴市	上虞市	章镇镇	10310.00	276	杭州市	桐庐县	城南街道	8675.00
247	绍兴市	越城区	东浦镇	10277.10	277	绍兴市	诸暨市	璜山镇	8643.36
248	宁波市	鄞州区	洞桥镇	10265.00	278	温州市	瑞安市	莘塍街道	8631.58
249	嘉兴市	嘉善县	干窑镇	10262.22	279	嘉兴市	海宁市	斜桥镇	8519.97
250	丽水市	缙云县	五云街道	9942.95	280	台州市	临海市	东塍镇	8495.70
251	宁波市	慈溪市	新浦镇	9924.00	281	湖州市	德清县	洛舍镇	8480.55
252	湖州市	南浔区	练市镇	9860.45	282	金华市	永康市	江南街道	8461.00
253	宁波市	鄞州区	横街镇	9802.00	283	宁波市	奉化市	萧王庙街道	8459.00
254	金华市	义乌市	大陈镇	9753.00	284	衢州市	江山市	贺村镇	8322.00
255	宁波市	宁海县	黄坛镇	9692.00	285	金华市	义乌市	义亭镇	8296.00
256	嘉兴市	海宁市	盐官镇	9520.94	286	舟山市	定海区	金塘镇	8290.12
257	金华市	武义县	桐琴镇	9509.14	287	宁波市	余姚市	河母渡镇	8227.10
258	嘉兴市	海盐县	百步镇	9471.50	288	绍兴市	绍兴县	漓渚镇	8221.52
259	台州市	路桥区	横街镇	9432.00	289	湖州市	德清县	新安镇	8158.12
260	湖州市	长兴县	雉城街道	9431.89	290	杭州市	萧山区	戴村镇	8099.71
261	宁波市	慈溪市	匡堰镇	9323.00	291	杭州市	富阳市	大源镇	8077.80
262	宁波市	慈溪市	崇寿镇	9298.00	292	温州市	瓯海区	郭溪镇	7959.93
263	宁波市	慈溪市	附海镇	9295.00	293	宁波市	余姚市	三七市镇	7941.71
264	金华市	永康市	芝英镇	9214.00	294	绍兴市	绍兴县	孙端镇	7933.38
265	金华市	兰溪市	云山街道	9209.00	295	宁波市	北仑区	春晓镇	7855.00
266	嘉兴市	秀洲区	王店镇	9183.43	296	金华市	东阳市	南马镇	7788.00
267	嘉兴市	嘉善县	大云镇	9160.24	297	台州市	路桥区	蓬街镇	7769.00
268	杭州市	萧山区	浦阳镇	9145.51	298	湖州市	长兴县	泗安镇	7764.31
269	湖州市	长兴县	夹浦镇	9091.38	299	舟山市	定海区	马岙镇	7764.25
270	湖州市	长兴县	李家巷镇	9073.54	300	湖州市	吴兴区	环渚乡	7749.00

（续表五） 单位：万元

排序	所属地区	县（市、区）	乡镇（街道）	公共财政预算收入	排序	所属地区	县（市、区）	乡镇（街道）	公共财政预算收入
301	宁波市	鄞州区	鄞江镇	7658.00	331	丽水市	缙云县	新碧街道	6523.94
302	宁波市	奉化市	尚田镇	7630.00	332	金华市	东阳市	巍山镇	6494.00
303	嘉兴市	海宁市	周王庙镇	7457.70	333	湖州市	吴兴区	东林镇	6494.00
304	湖州市	长兴县	槐坎乡	7416.41	334	嘉兴市	桐乡市	凤鸣街道	6477.29
305	嘉兴市	桐乡市	石门镇	7392.93	335	舟山市	岱山县	秀山乡	6460.96
306	宁波市	慈溪市	胜山镇	7381.00	336	杭州市	富阳市	环山乡	6414.33
307	宁波市	鄞州区	咸祥镇	7367.00	337	绍兴市	上虞市	丰惠镇	6384.00
308	绍兴市	上虞市	东关街道	7339.00	338	杭州市	建德市	洋溪街道	6379.00
309	金华市	义乌市	后宅街道	7315.00	339	台州市	临海市	涌泉镇	6321.30
310	台州市	黄岩区	院桥镇	7287.37	340	湖州市	长兴县	林城镇	6280.02
311	杭州市	富阳市	渌渚镇	7271.96	341	台州市	温岭市	温峤镇	6274.00
312	嘉兴市	海宁市	丁桥镇	7195.05	342	嘉兴市	秀城区	大桥镇	6258.81
313	舟山市	岱山县	衢山镇	7139.76	343	湖州市	南浔区	菱湖镇	6221.70
314	舟山市	定海区	干览镇	7123.80	344	台州市	温岭市	石塘镇	6128.00
315	宁波市	宁海县	深甽镇	7103.00	345	嘉兴市	秀洲区	新塍镇	6052.35
316	嘉兴市	秀城区	余新镇	7090.44	346	温州市	瓯海区	娄桥街道	6048.22
317	金华市	义乌市	上溪镇	7074.00	347	温州市	永嘉县	桥头镇	6030.27
318	台州市	温岭市	滨海镇	7040.30	348	绍兴市	嵊州市	甘霖镇	6028.90
319	绍兴市	越城区	东湖镇	6981.17	349	杭州市	余杭区	径山镇	6024.62
320	金华市	浦江县	黄宅镇	6971.00	350	金华市	义乌市	城西街道	5991.00
321	宁波市	余姚市	牟山镇	6961.53	351	台州市	玉环县	芦浦镇	5986.00
322	嘉兴市	桐乡市	屠甸镇	6932.91	352	舟山市	普陀区	展茅街道	5969.11
323	嘉兴市	秀洲区	新城街道	6889.27	353	杭州市	临安市	高虹镇	5961.80
324	宁波市	慈溪市	天元镇	6800.00	354	宁波市	鄞州区	塘溪镇	5949.00
325	湖州市	吴兴区	埭溪镇	6800.00	355	嘉兴市	秀洲区	油车港镇	5944.98
326	湖州市	南浔区	和孚镇	6750.40	356	绍兴市	越城区	鉴湖镇	5941.25
327	湖州市	长兴县	小浦镇	6664.57	357	台州市	玉环县	龙溪乡	5906.41
328	杭州市	桐庐县	横村镇	6585.00	358	杭州市	萧山区	河上镇	5884.09
329	宁波市	鄞州区	瞻岐镇	6576.00	359	杭州市	临安市	太湖源镇	5864.21
330	舟山市	岱山县	高亭镇	6564.72	360	杭州市	淳安县	千岛湖镇	5847.68

（续表六）

单位：万元

排序	所属地区	县（市、区）	乡镇（街道）	公共财政预算收入	排序	所属地区	县（市、区）	乡镇（街道）	公共财政预算收入
361	绍兴市	上虞市	梁湖镇	5844.00	391	嘉兴市	桐乡市	河山镇	4902.35
362	杭州市	余杭区	运河街道	5825.24	392	杭州市	富阳市	新桐乡	4897.85
363	金华市	武义县	泉溪镇	5802.46	393	舟山市	定海区	岑港镇	4887.68
364	嘉兴市	秀城区	东栅街道	5779.04	394	丽水市	青田县	船寮镇	4870.29
365	杭州市	临安市	板桥镇	5772.32	395	温州市	瓯海区	瞿溪镇	4856.78
366	湖州市	安吉县	孝丰镇	5742.00	396	舟山市	定海区	盐仓街道	4843.68
367	丽水市	青田县	北山镇	5692.83	397	嘉兴市	嘉善县	陶庄镇	4831.97
368	嘉兴市	桐乡市	高桥镇	5669.60	398	绍兴市	诸暨市	阮市镇	4831.29
369	湖州市	长兴县	白岘乡	5608.99	399	宁波市	余姚市	梁弄镇	4820.37
370	湖州市	吴兴区	杨家埠镇	5602.00	400	舟山市	定海区	环南街道	4808.28
371	舟山市	嵊泗县	菜园镇	5575.01	401	台州市	温岭市	城南镇	4765.00
372	宁波市	宁海县	强蛟镇	5541.00	402	嘉兴市	秀城区	新丰镇	4760.71
373	嘉兴市	海盐县	通元镇	5475.21	403	绍兴市	嵊州市	鹿山街道	4753.14
374	嘉兴市	秀洲区	洪合镇	5415.97	404	宁波市	宁海县	长街镇	4746.00
375	嘉兴市	海宁市	硖石街道	5402.56	405	湖州市	南浔区	旧馆镇	4725.95
376	丽水市	龙泉市	剑池街道	5356.00	406	金华市	磐安县	安文镇	4702.85
377	金华市	永康市	象珠镇	5277.00	407	杭州市	建德市	寿昌镇	4700.00
378	绍兴市	绍兴县	陶堰镇	5266.09	408	绍兴市	绍兴县	富盛镇	4696.79
379	绍兴市	上虞市	上浦镇	5263.00	409	嘉兴市	海盐县	秦山街道	4669.79
380	湖州市	长兴县	洪桥镇	5203.93	410	绍兴市	嵊州市	长乐镇	4605.00
381	嘉兴市	秀城区	凤桥镇	5184.14	411	嘉兴市	海盐县	元通街道	4604.69
382	舟山市	岱山县	东沙镇	5123.62	412	嘉兴市	平湖市	林埭镇	4603.66
383	绍兴市	嵊州市	黄泽镇	5088.17	413	台州市	临海市	上盘镇	4592.75
384	嘉兴市	桐乡市	龙翔街道	5031.75	414	湖州市	安吉县	梅溪镇	4573.00
385	嘉兴市	海盐县	沈荡镇	5021.59	415	湖州市	德清县	三合乡	4571.80
386	杭州市	富阳市	胥口镇	5016.53	416	金华市	永康市	花街镇	4571.00
387	台州市	临海市	汛桥镇	5003.75	417	衢州市	常山县	辉埠镇	4548.00
388	温州市	苍南县	钱库镇	5003.50	418	嘉兴市	秀城区	七星镇	4523.69
389	湖州市	吴兴区	道场乡	4983.00	419	温州市	瓯海区	南白象街道	4515.84
390	杭州市	萧山区	进化镇	4967.92	420	台州市	临海市	沿江镇	4467.10

（续表七）　　单位：万元

排序	所属地区	县(市、区)	乡镇(街道)	公共财政预算收入	排序	所属地区	县(市、区)	乡镇(街道)	公共财政预算收入
421	台州市	三门县	沿赤乡	4446.20	451	绍兴市	上虞市	汤浦镇	3536.00
422	湖州市	德清县	禹越镇	4428.84	452	温州市	瑞安市	飞云街道	3531.74
423	杭州市	建德市	梅城镇	4381.00	453	宁波市	奉化市	松岙镇	3506.00
424	温州市	苍南县	金乡镇	4362.65	454	台州市	天台县	平桥镇	3470.43
425	嘉兴市	海盐县	澉浦镇	4349.43	455	衢州市	开化县	华埠镇	3466.00
426	舟山市	定海区	白泉镇	4309.83	456	舟山市	定海区	小沙镇	3453.31
427	金华市	东阳市	歌山镇	4307.00	457	金华市	浦江县	浦南街道	3411.21
428	舟山市	定海区	双桥镇	4234.65	458	舟山市	岱山县	长涂镇	3400.97
429	金华市	永康市	龙山镇	4156.00	459	丽水市	莲都区	仙渡乡	3397.45
430	杭州市	建德市	乾潭镇	4103.00	460	绍兴市	嵊州市	崇仁镇	3346.22
431	金华市	义乌市	赤岸镇	4080.00	461	温州市	洞头县	北岙街道	3342.08
432	舟山市	定海区	城东街道	4068.71	462	舟山市	岱山县	岱西镇	3315.56
433	杭州市	桐庐县	分水镇	4046.00	463	杭州市	萧山区	楼塔镇	3303.25
434	绍兴市	嵊州市	三界镇	4011.60	464	宁波市	宁海县	桥头胡街道	3299.00
435	绍兴市	上虞市	驿亭镇	3983.00	465	温州市	平阳县	腾蛟镇	3285.47
436	湖州市	长兴县	虹星桥镇	3947.77	466	舟山市	定海区	册子乡	3273.42
437	舟山市	定海区	解放街道	3921.17	467	台州市	玉环县	沙门镇	3272.00
438	绍兴市	诸暨市	安华镇	3868.12	468	温州市	乐清市	大荆镇	3269.18
439	温州市	永嘉县	桥下镇	3849.10	469	宁波市	奉化市	裘村镇	3262.00
440	金华市	永康市	石柱镇	3836.00	470	宁波市	象山县	东陈乡	3261.38
441	杭州市	临安市	於潜镇	3759.28	471	宁波市	余姚市	大隐镇	3250.30
442	舟山市	普陀区	桃花镇	3741.20	472	绍兴市	嵊州市	浦口街道	3199.44
443	衢州市	常山县	新都办事处	3741.00	473	丽水市	松阳县	西屏街道	3182.96
444	嘉兴市	平湖市	广陈镇	3726.78	474	宁波市	北仑区	白峰镇	3147.00
445	绍兴市	绍兴县	王坛镇	3710.85	475	舟山市	普陀区	虾峙镇	3144.23
446	丽水市	龙泉市	龙渊街道	3637.00	476	金华市	磐安县	尖山镇	3112.07
447	衢州市	龙游县	湖镇镇	3623.00	477	杭州市	富阳市	场口镇	3111.88
448	杭州市	桐庐县	江南镇	3606.00	478	金华市	浦江县	仙华街道	3061.37
449	嘉兴市	桐乡市	大麻镇	3577.44	479	杭州市	临安市	天目山镇	3044.38
450	宁波市	象山县	大徐镇	3556.14	480	衢州市	开化县	城关镇	2950.00

（续表八）

单位：万元

排序	所属地区	县（市、区）	乡镇（街道）	公共财政预算收入	排序	所属地区	县（市、区）	乡镇（街道）	公共财政预算收入
481	杭州市	建德市	李家镇	2896.00	511	温州市	苍南县	宜山镇	2442.90
482	杭州市	建德市	下涯镇	2879.00	512	杭州市	建德市	更楼街道	2405.00
483	温州市	瑞安市	仙降街道	2876.48	513	温州市	瑞安市	汀田街道	2374.22
484	宁波市	鄞州区	章水镇	2873.00	514	金华市	东阳市	湖溪镇	2367.00
485	宁波市	北仑区	梅山乡	2868.00	515	温州市	乐清市	清江镇	2356.15
486	绍兴市	诸暨市	王家井镇	2841.49	516	宁波市	宁海县	越溪乡	2353.00
487	杭州市	建德市	大同镇	2827.00	517	宁波市	宁海县	力洋镇	2352.00
488	台州市	三门县	健跳镇	2814.80	518	温州市	乐清市	翁洋街道	2320.20
489	台州市	临海市	尤溪镇	2807.65	519	金华市	永康市	唐先镇	2314.00
490	宁波市	宁海县	茶院乡	2790.00	520	杭州市	余杭区	黄湖镇	2307.62
491	嘉兴市	海盐县	于城镇	2766.14	521	金华市	东阳市	画水镇	2281.00
492	绍兴市	上虞市	盖北镇	2753.00	522	绍兴市	诸暨市	江藻镇	2264.05
493	绍兴市	新昌县	儒岙镇	2747.59	523	绍兴市	诸暨市	直埠镇	2263.70
494	金华市	浦江县	白马镇	2678.00	524	宁波市	宁海县	前童镇	2262.00
495	温州市	瓯海区	仙岩镇	2659.05	525	台州市	天台县	坦头镇	2249.00
496	绍兴市	绍兴县	稽东镇	2627.77	526	金华市	浦江县	郑宅镇	2215.08
497	金华市	兰溪市	诸葛镇	2623.00	527	杭州市	临安市	潜川镇	2214.88
498	台州市	玉环县	干江镇	2614.54	528	金华市	武义县	履坦镇	2202.11
499	湖州市	安吉县	天荒坪镇	2591.00	529	绍兴市	诸暨市	街亭镇	2189.92
500	绍兴市	诸暨市	东白湖镇	2589.24	530	台州市	三门县	泗淋乡	2149.34
501	宁波市	宁海县	岔路镇	2554.00	531	宁波市	宁海县	大佳河镇	2102.00
502	宁波市	象山县	贤痒镇	2552.00	532	温州市	瓯海区	丽岙镇	2078.29
503	绍兴市	嵊州市	仙岩镇	2524.70	533	杭州市	临安市	昌化镇	2077.87
504	湖州市	长兴县	水口乡	2507.12	534	台州市	温岭市	石桥头镇	2066.00
505	金华市	浦江县	郑家坞镇	2487.47	535	衢州市	柯城区	航埠镇	2065.00
506	绍兴市	上虞市	谢塘镇	2487.00	536	宁波市	象山县	定塘镇	2053.00
507	衢州市	龙游县	龙洲街道	2487.00	537	宁波市	鄞州区	龙观乡	2049.00
508	舟山市	普陀区	蚂蚁岛乡	2480.37	538	宁波市	宁海县	一市镇	2039.00
509	台州市	天台县	白鹤镇	2455.78	539	金华市	兰溪市	游埠镇	2034.00
510	宁波市	宁海县	胡陈乡	2455.00	540	舟山市	岱山县	岱东镇	2027.70

（续表九） 单位：万元

排序	所属地区	县（市、区）	乡镇（街道）	公共财政预算收入	排序	所属地区	县（市、区）	乡镇（街道）	公共财政预算收入
541	湖州市	德清县	莫干山镇	2001.93	571	湖州市	长兴县	吕山乡	1736.22
542	台州市	三门县	珠岙镇	1986.30	572	金华市	兰溪市	女埠街道	1733.00
543	温州市	乐清市	芙蓉镇	1983.01	573	湖州市	德清县	筏头乡	1732.52
544	台州市	三门县	高枧乡	1968.91	574	宁波市	象山县	墙头镇	1715.87
545	温州市	乐清市	雁荡镇	1951.47	575	金华市	永康市	西溪镇	1714.00
546	杭州市	富阳市	永昌镇	1947.00	576	温州市	乐清市	淡溪镇	1702.11
547	湖州市	南浔区	善琏镇	1938.95	577	衢州市	常山县	天马镇	1687.00
548	温州市	瑞安市	陶山镇	1927.56	578	衢州市	衢江区	廿里镇	1675.00
549	宁波市	奉化市	大堰镇	1926.00	579	杭州市	富阳市	常安镇	1628.07
550	湖州市	吴兴区	妙西镇	1919.00	580	杭州市	临安市	龙岗镇	1625.81
551	杭州市	桐庐县	瑶琳镇	1913.00	581	台州市	临海市	白水洋镇	1623.55
552	金华市	武义县	茭道镇	1899.88	582	台州市	黄岩区	北洋镇	1618.52
553	金华市	兰溪市	上华街道	1896.00	583	宁波市	象山县	泗洲头镇	1617.12
554	舟山市	定海区	昌国街道	1887.80	584	丽水市	缙云县	东渡镇	1614.50
555	温州市	瓯海区	潘桥镇	1875.97	585	台州市	黄岩区	沙埠镇	1598.47
556	杭州市	建德市	大洋镇	1861.00	586	湖州市	安吉县	溪龙乡	1592.00
557	丽水市	庆元县	濛洲街道	1858.00	587	绍兴市	诸暨市	五泄镇	1581.03
558	杭州市	余杭区	百丈镇	1832.74	588	宁波市	余姚市	四明山镇	1577.39
559	杭州市	富阳市	万市镇	1820.63	589	嘉兴市	秀洲区	高照街道	1560.63
560	台州市	黄岩区	上郑乡	1811.92	590	金华市	东阳市	虎鹿镇	1558.00
561	嘉兴市	海宁市	海昌街道	1811.33	591	宁波市	象山县	晓塘乡	1555.00
562	杭州市	富阳市	里山镇	1810.56	592	杭州市	富阳市	洞桥镇	1554.45
563	台州市	黄岩区	宁溪镇	1807.95	593	台州市	天台县	三合镇	1551.00
564	衢州市	江山市	上余镇	1783.00	594	台州市	黄岩区	头陀镇	1548.79
565	金华市	兰溪市	永昌街道	1780.00	595	温州市	乐清市	石帆街道	1543.64
566	温州市	洞头县	大门街道	1771.77	596	温州市	泰顺县	彭溪镇	1523.85
567	台州市	临海市	桃渚镇	1764.15	597	绍兴市	新昌县	城南乡	1518.44
568	丽水市	龙泉市	石乡	1764.00	598	金华市	东阳市	千祥镇	1514.00
569	台州市	三门县	六敖镇	1754.81	599	金华市	永康市	方岩镇	1512.00
570	温州市	乐清市	天成街道	1754.39	600	衢州市	衢江区	上方镇	1509.00

（续表十） 单位：万元

排序	所属地区	县(市、区)	乡镇(街道)	公共财政预算收入	排序	所属地区	县(市、区)	乡镇(街道)	公共财政预算收入
601	金华市	武义县	王宅镇	1489.00	631	杭州市	临安市	河桥镇	1205.99
602	杭州市	富阳市	渔山乡	1488.35	632	丽水市	青田县	山口镇	1202.92
603	宁波市	象山县	新桥镇	1468.60	633	丽水市	庆元县	竹口镇	1183.00
604	宁波市	余姚市	鹿亭乡	1466.23	634	衢州市	江山市	清湖镇	1178.00
605	丽水市	青田县	东源镇	1457.33	635	台州市	临海市	括苍镇	1176.55
606	杭州市	桐庐县	凤川街道	1436.00	636	杭州市	富阳市	春建乡	1176.17
607	金华市	兰溪市	马涧镇	1430.00	637	金华市	兰溪市	梅江镇	1170.00
608	宁波市	象山县	茅洋乡	1416.26	638	温州市	泰顺县	雅阳镇	1164.01
609	宁波市	象山县	涂茨镇	1398.88	639	杭州市	建德市	航头镇	1156.00
610	杭州市	临安市	太阳镇	1394.12	640	台州市	仙居县	大战乡	1139.50
611	温州市	苍南县	矾山镇	1369.65	641	杭州市	建德市	钦堂乡	1124.00
612	台州市	天台县	洪畴镇	1364.00	642	温州市	苍南县	桥墩镇	1123.00
613	温州市	瑞安市	南滨街道	1351.76	643	丽水市	莲都区	岩泉街道	1119.16
614	舟山市	定海区	长白乡	1343.02	644	丽水市	云和县	凤凰街道	1116.11
615	丽水市	莲都区	碧湖镇	1334.51	645	温州市	泰顺县	仕阳镇	1103.03
616	温州市	泰顺县	三魁镇	1329.78	646	杭州市	建德市	莲花镇	1088.00
617	舟山市	嵊泗县	洋山镇	1328.43	647	丽水市	云和县	浮云街道	1084.18
618	杭州市	淳安县	汾口镇	1303.21	648	绍兴市	诸暨市	同山镇	1067.57
619	湖州市	安吉县	皈山乡	1283.00	649	金华市	兰溪市	横溪镇	1063.00
620	绍兴市	新昌县	澄潭镇	1276.17	650	丽水市	缙云县	舒洪镇	1061.93
621	温州市	乐清市	白石街道	1275.03	651	温州市	瓯海区	泽雅镇	1060.76
622	绍兴市	上虞市	永和镇	1266.00	652	绍兴市	新昌县	镜岭镇	1059.50
623	金华市	东阳市	东江镇	1260.00	653	杭州市	临安市	清凉峰镇	1055.19
624	宁波市	余姚市	大岚镇	1256.89	654	金华市	磐安县	新渥镇	1048.75
625	丽水市	青田县	高湖镇	1256.85	655	丽水市	莲都区	紫金街道	1048.64
626	绍兴市	新昌县	梅渚镇	1255.73	656	丽水市	缙云县	东方镇	1047.68
627	台州市	椒江区	大陈镇	1248.00	657	温州市	泰顺县	司前镇	1043.82
628	衢州市	龙游县	小南海镇	1241.00	658	丽水市	莲都区	联城镇	1041.17
629	台州市	临海市	永丰镇	1229.90	659	丽水市	莲都区	白云街道	1025.69
630	宁波市	宁海县	桑洲镇	1226.00	660	湖州市	南浔区	石淙镇	1011.00

（续表十一）　　单位：万元

排序	所属地区	县（市、区）	乡镇（街道）	公共财政预算收入	排序	所属地区	县（市、区）	乡镇（街道）	公共财政预算收入
661	杭州市	建德市	大慈岩镇	1010.00	691	温州市	泰顺县	筱村镇	786.09
662	舟山市	嵊泗县	嵊山镇	1009.40	692	丽水市	龙泉市	八都镇	771.00
663	湖州市	安吉县	上墅乡	1006.00	693	台州市	仙居县	白塔镇	770.30
664	杭州市	富阳市	龙门镇	995.68	694	衢州市	衢江区	大洲镇	770.00
665	绍兴市	新昌县	大市聚镇	993.82	695	台州市	温岭市	坞根镇	767.00
666	丽水市	缙云县	新建镇	985.01	696	湖州市	南浔区	千金镇	764.00
667	金华市	兰溪市	香溪镇	961.00	697	杭州市	建德市	三都镇	764.00
668	金华市	磐安县	深泽乡	949.73	698	杭州市	余杭区	鸬鸟镇	733.59
669	绍兴市	嵊州市	石璜镇	945.40	699	宁波市	象山县	鹤浦镇	732.72
670	衢州市	衢江区	樟潭街道	940.00	700	温州市	泰顺县	泗溪镇	729.75
671	衢州市	江山市	四都镇	937.00	701	台州市	黄岩区	茅畲乡	724.57
672	丽水市	龙泉市	西街街道	928.00	702	金华市	磐安县	玉山镇	720.05
673	金华市	永康市	前仓镇	919.00	703	台州市	黄岩区	上垟乡	719.19
674	杭州市	临安市	湍口镇	917.49	704	台州市	黄岩区	富山乡	718.51
675	绍兴市	新昌县	沙溪镇	910.64	705	湖州市	安吉县	杭垓镇	714.00
676	台州市	仙居县	下各镇	906.84	706	衢州市	江山市	石门镇	702.00
677	温州市	洞头县	东屏街道	900.59	707	衢州市	衢江区	湖南镇	697.00
678	台州市	三门县	浬浦镇	893.20	708	金华市	东阳市	马宅镇	697.00
679	温州市	瑞安市	马屿镇	884.61	709	金华市	磐安县	仁川镇	694.80
680	金华市	磐安县	尚湖镇	860.28	710	衢州市	常山县	青石镇	685.00
681	舟山市	定海区	北蝉乡	858.10	711	丽水市	青田县	黄垟乡	670.14
682	衢州市	江山市	峡口镇	851.00	712	衢州市	常山县	球川镇	666.00
683	温州市	平阳县	麻步镇	843.64	713	金华市	磐安县	方前镇	665.70
684	杭州市	富阳市	上官乡	835.57	714	金华市	东阳市	佐村镇	664.00
685	金华市	兰溪市	赤溪街道	829.00	715	绍兴市	诸暨市	赵家镇	660.41
686	金华市	磐安县	冷水镇	810.35	716	台州市	三门县	沙柳镇	649.38
687	绍兴市	诸暨市	浬浦镇	805.47	717	衢州市	龙游县	横山镇	641.00
688	杭州市	建德市	杨村桥镇	805.00	718	衢州市	衢江区	高家镇	637.00
689	杭州市	桐庐县	旧县街道	802.00	719	丽水市	莲都区	万象街道	636.95
690	台州市	三门县	亭旁镇	799.70	720	丽水市	莲都区	高溪乡	634.67

（续表十二） 单位：万元

排序	所属地区	县（市、区）	乡镇（街道）	公共财政预算收入	排序	所属地区	县（市、区）	乡镇（街道）	公共财政预算收入
721	丽水市	云和县	白龙街道	631.09	751	衢州市	衢江区	峡川镇	445.00
722	衢州市	柯城区	石室乡	625.00	752	衢州市	常山县	芳村镇	444.00
723	金华市	兰溪市	黄店镇	625.00	753	衢州市	衢江区	后溪镇	436.00
724	温州市	文成县	大学镇	623.46	754	金华市	磐安县	大盘镇	425.54
725	衢州市	龙游县	东华街道	622.00	755	金华市	兰溪市	水亭畲族乡	424.00
726	丽水市	遂昌县	云峰街道	599.51	756	绍兴市	上虞市	长塘镇	415.00
727	湖州市	安吉县	报福镇	599.00	757	温州市	平阳县	南雁镇	408.95
728	舟山市	嵊泗县	枸杞乡	595.58	758	杭州市	淳安县	文昌镇	408.93
729	衢州市	龙游县	溪口镇	594.00	759	绍兴市	诸暨市	陈宅镇	402.03
730	宁波市	象山县	黄避岙乡	583.00	760	温州市	文成县	百丈漈镇	398.44
731	台州市	临海市	小芝镇	563.45	761	绍兴市	新昌县	小将镇	391.69
732	衢州市	衢江区	杜泽镇	548.00	762	金华市	磐安县	窈川乡	386.85
733	温州市	洞头县	元觉街道	543.77	763	温州市	泰顺县	百丈镇	383.24
734	台州市	仙居县	横溪镇	535.22	764	丽水市	青田县	海口镇	379.52
735	杭州市	富阳市	湖源乡	528.31	765	杭州市	桐庐县	钟山乡	374.00
736	绍兴市	新昌县	双彩乡	511.27	766	衢州市	龙游县	詹家镇	366.00
737	台州市	临海市	河头镇	511.25	767	台州市	玉环县	鸡山乡	365.59
738	丽水市	遂昌县	妙高街道	505.24	768	杭州市	淳安县	威坪镇	362.73
739	温州市	瑞安市	湖岭镇	501.30	769	衢州市	开化县	池淮镇	357.00
740	绍兴市	嵊州市	金庭镇	498.21	770	温州市	平阳县	山门镇	349.40
741	丽水市	云和县	元和街道	491.97	771	金华市	磐安县	万苍乡	343.45
742	金华市	磐安县	双峰乡	485.69	772	温州市	文成县	珊溪镇	343.19
743	衢州市	衢江区	莲花镇	483.00	773	衢州市	江山市	新塘边镇	340.00
744	温州市	永嘉县	岩头镇	477.07	774	杭州市	临安市	岛石镇	339.95
745	舟山市	嵊泗县	黄龙乡	472.88	775	丽水市	龙泉市	安仁镇	337.00
746	金华市	兰溪市	柏社乡	471.00	776	杭州市	桐庐县	莪山畲族乡	337.00
747	金华市	磐安县	双溪乡	461.48	777	金华市	磐安县	盘峰乡	326.39
748	金华市	磐安县	维新乡	455.17	778	衢州市	柯城区	石梁镇	326.00
749	丽水市	庆元县	黄田镇	454.00	779	杭州市	富阳市	常绿镇	319.87
750	丽水市	庆元县	屏都街道	450.00	780	衢州市	常山县	宋畈乡	319.00

（续表十三） 单位：万元

排序	所属地区	县(市、区)	乡镇(街道)	公共财政预算收入	排序	所属地区	县(市、区)	乡镇(街道)	公共财政预算收入
781	杭州市	桐庐县	百江镇	317.00	811	台州市	天台县	街头镇	259.25
782	丽水市	遂昌县	三仁乡	315.00	812	绍兴市	新昌县	回山镇	257.83
783	台州市	玉环县	海山乡	314.78	813	绍兴市	新昌县	巧英乡	256.58
784	舟山市	普陀区	登步乡	314.46	814	衢州市	柯城区	姜家山乡	254.00
785	金华市	武义县	柳城镇	310.51	815	丽水市	莲都区	雅溪镇	253.50
786	丽水市	景宁畲族自治县	鹤溪街道	310.00	816	绍兴市	嵊州市	谷来镇	252.52
787	温州市	永嘉县	沙头镇	309.56	817	金华市	磐安县	九和乡	252.19
788	衢州市	常山县	招贤镇	305.00	818	衢州市	衢江区	全旺镇	252.00
789	台州市	临海市	汇溪镇	303.60	819	衢州市	龙游县	塔石镇	252.00
790	丽水市	庆元县	隆宫乡	300.00	820	衢州市	江山市	大陈乡	251.00
791	丽水市	青田县	腊口镇	298.56	821	丽水市	景宁畲族自治县	东坑镇	250.00
792	杭州市	淳安县	安阳乡	298.50	822	丽水市	莲都区	黄村乡	248.86
793	金华市	浦江县	虞宅乡	298.00	823	台州市	仙居县	官路镇	247.40
794	丽水市	松阳县	古市镇	297.10	824	台州市	黄岩区	屿头乡	247.02
795	丽水市	龙泉市	上垟镇	297.00	825	丽水市	松阳县	望松街道	246.18
796	舟山市	普陀区	东极镇	295.06	826	宁波市	象山县	高塘岛乡	244.11
797	金华市	磐安县	高二乡	291.10	827	衢州市	龙游县	石佛乡	242.00
798	温州市	苍南县	马站镇	288.70	828	衢州市	常山县	白石镇	240.00
799	温州市	文成县	峃口镇	287.15	829	丽水市	莲都区	双黄乡	239.10
800	衢州市	衢江区	云溪乡	274.00	830	衢州市	衢江区	横路办事处	238.00
801	绍兴市	上虞市	丁宅乡	272.00	831	金华市	浦江县	前吴乡	235.46
802	杭州市	淳安县	大墅镇	271.41	832	湖州市	安吉县	章村镇	234.00
803	温州市	永嘉县	岩坦镇	269.59	833	温州市	文成县	巨屿镇	230.40
804	丽水市	莲都区	大港头镇	269.28	834	台州市	三门县	小雄镇	229.22
805	温州市	乐清市	盐盆街道	267.80	835	衢州市	衢江区	浮石街道	228.00
806	温州市	文成县	南田镇	265.90	836	嘉兴市	海宁市	盐官观潮景区	224.09
807	绍兴市	诸暨市	马剑镇	265.69	837	杭州市	淳安县	临岐镇	218.39
808	丽水市	龙泉市	小梅镇	265.00	838	金华市	东阳市	三单乡	218.00
809	衢州市	开化县	马金镇	261.00	839	杭州市	淳安县	枫树岭镇	210.39
810	金华市	磐安县	胡宅乡	259.40	840	丽水市	青田县	阜山乡	206.44

（续表十四） 单位:万元

排序	所属地区	县(市、区)	乡镇(街道)	公共财政预算收入	排序	所属地区	县(市、区)	乡镇(街道)	公共财政预算收入
841	丽水市	莲都区	老竹镇	204.79	871	丽水市	松阳县	赤寿乡	150.38
842	温州市	文成县	黄坦镇	202.67	872	衢州市	龙游县	模环乡	150.00
843	舟山市	嵊泗县	五龙乡	202.45	873	丽水市	景宁畲族自治县	红星街道	150.00
844	衢州市	开化县	桐村镇	197.00	874	衢州市	衢江区	太真乡	149.00
845	丽水市	青田县	祯旺乡	194.59	875	衢州市	江山市	碗窑乡	148.00
846	丽水市	松阳县	大东坝镇	192.96	876	湖州市	安吉县	鄣吴镇	146.00
847	湖州市	长兴县	太湖街道	191.23	877	丽水市	遂昌县	石练镇	144.82
848	丽水市	松阳县	裕溪乡	189.14	878	温州市	瑞安市	高楼镇	143.55
849	金华市	浦江县	岩头镇	189.00	879	台州市	三门县	蛇蟠乡	142.54
850	丽水市	遂昌县	湖山乡	188.08	880	台州市	仙居县	湫山乡	138.36
851	绍兴市	诸暨市	东和乡	187.67	881	绍兴市	嵊州市	贵门乡	137.34
852	衢州市	江山市	坛石镇	184.00	882	台州市	三门县	横渡镇	137.22
853	衢州市	常山县	同弓乡	182.00	883	丽水市	缙云县	大源镇	135.15
854	绍兴市	嵊州市	通源乡	180.15	884	衢州市	开化县	长虹乡	135.00
855	台州市	天台县	石梁镇	177.00	885	丽水市	龙泉市	查田镇	135.00
856	衢州市	衢江区	灰坪乡	176.00	886	丽水市	庆元县	安南乡	133.00
857	金华市	浦江县	花桥乡	173.94	887	衢州市	衢江区	双桥乡	132.00
858	温州市	文成县	玉壶镇	173.45	888	金华市	浦江县	檀溪镇	130.22
859	丽水市	龙泉市	屏南镇	172.00	889	金华市	浦江县	中余乡	130.12
860	湖州市	安吉县	山川乡	172.00	890	丽水市	松阳县	象溪镇	129.65
861	杭州市	桐庐县	新合乡	171.00	891	衢州市	开化县	村头镇	127.00
862	杭州市	淳安县	姜家镇	170.12	892	衢州市	柯城区	万田乡	123.00
863	温州市	苍南县	藻溪镇	166.85	893	金华市	永康市	舟山镇	123.00
864	衢州市	衢江区	黄坛口乡	165.00	894	温州市	永嘉县	巽宅镇	122.93
865	衢州市	江山市	长台镇	162.00	895	温州市	洞头县	霓屿乡	120.22
866	衢州市	常山县	何家乡	162.00	896	绍兴市	新昌县	新林乡	119.66
867	丽水市	青田县	巨浦乡	159.96	897	温州市	乐清市	仙溪镇	119.32
868	绍兴市	嵊州市	北漳镇	154.99	898	衢州市	江山市	凤林镇	117.00
869	台州市	三门县	花桥镇	154.36	899	丽水市	青田县	季宅乡	115.35
870	丽水市	莲都区	太平乡	152.95	900	温州市	永嘉县	枫林镇	115.09

（续表十五） 单位：万元

排序	所属地区	县(市、区)	乡镇(街道)	公共财政预算收入	排序	所属地区	县(市、区)	乡镇(街道)	公共财政预算收入
901	衢州市	江山市	廿八都镇	115.00	931	杭州市	淳安县	浪川乡	81.36
902	舟山市	嵊泗县	花鸟乡	114.99	932	丽水市	缙云县	前路乡	79.93
903	绍兴市	诸暨市	岭北镇	114.80	933	丽水市	松阳县	水南街道	79.45
904	丽水市	景宁畲族自治县	澄照乡	113.00	934	金华市	武义县	桃溪镇	79.43
905	衢州市	衢江区	周家乡	112.00	935	丽水市	青田县	吴坑乡	78.11
906	衢州市	开化县	音坑乡	111.00	936	衢州市	开化县	苏庄镇	77.00
907	丽水市	莲都区	峰源乡	110.61	937	丽水市	青田县	万阜乡	76.80
908	金华市	武义县	俞源乡	109.84	938	绍兴市	嵊州市	里南乡	76.26
909	绍兴市	新昌县	东茗乡	109.55	939	衢州市	衢江区	举村乡	76.00
910	绍兴市	上虞市	下管镇	107.00	940	绍兴市	嵊州市	竹溪乡	75.46
911	金华市	武义县	西联乡	106.89	941	丽水市	景宁畲族自治县	毛洋乡	74.00
912	台州市	仙居县	田市镇	106.78	942	丽水市	青田县	高市乡	73.44
913	杭州市	淳安县	梓桐镇	106.68	943	衢州市	衢江区	岭洋乡	73.00
914	温州市	永嘉县	鹤盛镇	106.44	944	衢州市	龙游县	沐尘乡	73.00
915	丽水市	遂昌县	大柘镇	105.52	945	衢州市	开化县	杨林镇	73.00
916	丽水市	松阳县	板桥乡	104.63	946	丽水市	龙泉市	兰巨乡	73.00
917	丽水市	龙泉市	住龙镇	104.00	947	台州市	仙居县	埠头镇	71.28
918	金华市	浦江县	杭坪镇	104.00	948	杭州市	桐庐县	合村乡	71.00
919	丽水市	缙云县	仙都街道	101.40	949	衢州市	柯城区	九华乡	69.00
920	衢州市	常山县	东案乡	99.00	950	衢州市	常山县	大桥头乡	67.00
921	丽水市	缙云县	七里乡	98.84	951	丽水市	景宁畲族自治县	英川镇	66.00
922	绍兴市	嵊州市	下王镇	97.49	952	丽水市	青田县	祯埠乡	65.70
923	杭州市	淳安县	石林镇	95.27	953	杭州市	淳安县	瑶山乡	61.44
924	绍兴市	嵊州市	雅璜乡	93.99	954	台州市	天台县	泳溪乡	58.00
925	衢州市	江山市	大桥镇	92.00	955	丽水市	龙泉市	岩樟乡	58.00
926	丽水市	景宁畲族自治县	沙湾镇	86.00	956	杭州市	淳安县	中洲镇	57.91
927	丽水市	庆元县	淤上乡	85.00	957	丽水市	景宁畲族自治县	梧桐乡	57.00
928	温州市	平阳县	顺溪镇	84.55	958	温州市	文成县	西坑镇	56.25
929	温州市	洞头县	鹿西乡	82.17	959	杭州市	淳安县	王阜乡	56.10
930	丽水市	遂昌县	柘岱口乡	81.50	960	衢州市	江山市	张村乡	56.00

（续表十六） 单位：万元

排序	所属地区	县（市、区）	乡镇（街道）	公共财政预算收入	排序	所属地区	县（市、区）	乡镇（街道）	公共财政预算收入
961	丽水市	云和县	石塘镇	54.07	991	衢州市	柯城区	七里乡	36.00
962	丽水市	景宁畲族自治县	九龙乡	53.00	992	丽水市	景宁畲族自治县	标溪乡	36.00
963	金华市	武义县	白姆乡	51.77	993	金华市	武义县	大田乡	35.10
964	衢州市	江山市	塘源口乡	51.00	994	衢州市	龙游县	庙下乡	35.00
965	丽水市	景宁畲族自治县	雁溪乡	51.00	995	衢州市	开化县	张湾乡	35.00
966	丽水市	莲都区	丽新乡	49.79	996	温州市	永嘉县	大若岩镇	34.10
967	绍兴市	上虞市	岭南乡	49.00	997	丽水市	遂昌县	王村口镇	33.67
968	丽水市	龙泉市	锦溪镇	48.00	998	丽水市	遂昌县	濂竹乡	33.30
969	绍兴市	嵊州市	王院乡	46.90	999	衢州市	龙游县	社阳乡	33.00
970	丽水市	青田县	万山乡	46.89	1000	衢州市	开化县	中村乡	33.00
971	杭州市	淳安县	屏门乡	46.85	1001	丽水市	景宁畲族自治县	景南乡	33.00
972	温州市	苍南县	赤溪镇	45.85	1002	台州市	仙居县	双庙乡	32.44
973	丽水市	松阳县	玉岩镇	45.73	1003	温州市	永嘉县	碧莲镇	30.65
974	杭州市	淳安县	左口乡	45.28	1004	台州市	仙居县	溪港乡	30.33
975	丽水市	遂昌县	安口乡	44.50	1005	绍兴市	上虞市	陈溪乡	30.00
976	杭州市	淳安县	富文乡	44.19	1006	衢州市	江山市	保安乡	30.00
977	杭州市	淳安县	金峰乡	43.34	1007	丽水市	景宁畲族自治县	秋炉乡	29.00
978	丽水市	龙泉市	龙南乡	43.00	1008	杭州市	淳安县	鸠坑乡	27.63
979	台州市	仙居县	步路乡	42.83	1009	衢州市	柯城区	华墅乡	27.00
980	丽水市	遂昌县	蔡源乡	42.48	1010	丽水市	遂昌县	金竹镇	26.92
981	台州市	仙居县	皤滩乡	42.31	1011	杭州市	淳安县	宋村乡	26.70
982	杭州市	淳安县	界首乡	42.02	1012	丽水市	遂昌县	新路湾镇	26.40
983	丽水市	缙云县	大洋镇	41.49	1013	衢州市	开化县	林山乡	26.00
984	杭州市	淳安县	里商乡	40.60	1014	衢州市	常山县	新昌乡	26.00
985	衢州市	龙游县	大街乡	40.00	1015	丽水市	龙泉市	城北乡	26.00
986	丽水市	景宁畲族自治县	大均乡	40.00	1016	丽水市	遂昌县	高坪乡	25.89
987	金华市	浦江县	大畈乡	37.67	1017	台州市	仙居县	朱溪镇	25.58
988	台州市	黄岩区	平田乡	37.51	1018	丽水市	松阳县	叶村乡	24.66
989	衢州市	开化县	齐溪镇	37.00	1019	丽水市	松阳县	枫坪乡	24.49
990	丽水市	遂昌县	应村乡	36.55	1020	衢州市	开化县	何田乡	24.00

（续表十七） 单位：万元

排序	所属地区	县（市、区）	乡镇（街道）	公共财政预算收入	排序	所属地区	县（市、区）	乡镇（街道）	公共财政预算收入
1021	丽水市	景宁畲族自治县	大际乡	24.00	1051	丽水市	云和县	赤石乡	13.28
1022	丽水市	遂昌县	蕉滩乡	23.75	1052	丽水市	缙云县	溶江乡	13.06
1023	丽水市	缙云县	胡源乡	23.01	1053	衢州市	开化县	大溪边乡	13.00
1024	衢州市	龙游县	罗家乡	23.00	1054	丽水市	龙泉市	宝溪乡	13.00
1025	丽水市	遂昌县	黄沙腰镇	22.85	1055	丽水市	景宁畲族自治县	梅歧乡	13.00
1026	丽水市	松阳县	新兴乡	22.75	1056	丽水市	景宁畲族自治县	郑坑乡	13.00
1027	丽水市	云和县	崇头镇	22.16	1057	丽水市	景宁畲族自治县	葛山乡	13.00
1028	台州市	仙居县	上张乡	21.75	1058	丽水市	缙云县	双溪口乡	12.61
1029	丽水市	青田县	章村乡	21.63	1059	丽水市	缙云县	方溪乡	12.52
1030	金华市	武义县	新宅镇	21.17	1060	丽水市	青田县	贵岙乡	12.27
1031	丽水市	缙云县	三溪乡	20.58	1061	丽水市	遂昌县	龙洋乡	12.11
1032	衢州市	常山县	新桥乡	20.00	1062	丽水市	景宁畲族自治县	渤海镇	12.00
1033	衢州市	柯城区	沟溪乡	19.00	1063	温州市	泰顺县	竹里乡	11.97
1034	衢州市	开化县	金村乡	19.00	1064	温州市	文成县	周山乡	11.42
1035	丽水市	龙泉市	竹垟畲族乡	18.00	1065	丽水市	青田县	石溪乡	10.43
1036	丽水市	遂昌县	西畈乡	17.49	1066	丽水市	青田县	岭根乡	10.31
1037	丽水市	松阳县	斋坦乡	17.29	1067	舟山市	普陀区	白沙乡	9.27
1038	丽水市	景宁畲族自治县	鸬鹚乡	17.00	1068	金华市	武义县	三港乡	9.04
1039	丽水市	松阳县	竹源乡	16.41	1069	丽水市	松阳县	樟溪乡	8.68
1040	台州市	仙居县	淡竹乡	16.02	1070	丽水市	松阳县	安民乡	7.38
1041	台州市	天台县	南屏乡	16.00	1071	金华市	武义县	大溪口乡	7.31
1042	衢州市	江山市	双溪口乡	16.00	1072	丽水市	青田县	小舟山乡	6.95
1043	丽水市	龙泉市	道太乡	16.00	1073	台州市	天台县	龙溪乡	6.75
1044	丽水市	景宁畲族自治县	家地乡	16.00	1074	丽水市	云和县	紧水滩镇	5.75
1045	丽水市	景宁畲族自治县	大地乡	16.00	1075	台州市	仙居县	安岭乡	5.51
1046	丽水市	青田县	仁宫乡	15.48	1076	丽水市	青田县	方山乡	5.33
1047	丽水市	青田县	舒桥乡	15.16	1077	丽水市	青田县	海溪乡	4.91
1048	丽水市	松阳县	三都乡	14.53	1078	台州市	天台县	雷峰乡	4.00
1049	丽水市	青田县	仁庄镇	13.77	1079	衢州市	开化县	塘坞乡	4.00
1050	丽水市	松阳县	四都乡	13.50	1080	丽水市	云和县	雾溪乡	3.70

（续表十八）　　　　单位：万元

排序	所属地区	县（市、区）	乡镇（街道）	公共财政预算收入	排序	所属地区	县（市、区）	乡镇（街道）	公共财政预算收入
1081	台州市	仙居县	广度乡	3.62	1112	金华市	婺城区	苏孟乡	-
1082	丽水市	松阳县	新处乡	3.53	1113	金华市	婺城区	新狮街道	-
1083	丽水市	遂昌县	北界镇	3.47	1114	金华市	金东区	曹宅镇	-
1084	丽水市	青田县	汤垟乡	3.08	1115	金华市	金东区	赤松镇	-
1085	丽水市	松阳县	谢村乡	2.38	1116	金华市	金东区	付村镇	-
1086	金华市	武义县	坦洪乡	2.04	1117	金华市	金东区	江东镇	-
1087	温州市	平阳县	青街乡	1.14	1118	金华市	金东区	澧浦镇	-
1088	温州市	苍南县	岱岭乡	0.80	1119	金华市	金东区	岭下镇	-
1089	丽水市	云和县	安溪乡	0.70	1120	金华市	金东区	塘雅镇	-
1090	温州市	苍南县	凤阳乡	0.40	1121	金华市	金东区	孝顺镇	-
1091	丽水市	缙云县	石笕乡	0.33	1122	金华市	金东区	源东乡	-
1092	丽水市	青田县	章旦乡	0.12	1123	金华市	金东区	东孝街道	-
1093	温州市	鹿城区	滕桥镇	-	1124	金华市	金东区	多湖街道	-
1094	湖州市	安吉县	昌硕街道	-	1125	衢州市	开化县	城关镇工业园区办事处	-
1095	金华市	婺城区	安地镇	-					
1096	金华市	婺城区	白龙桥镇	-	1126	台州市	天台县	三州乡	-
1097	金华市	婺城区	蒋堂镇	-	1127	丽水市	庆元县	松源街道	-
1098	金华市	婺城区	琅琊镇	-	1128	丽水市	庆元县	左溪镇	-
1099	金华市	婺城区	罗埠镇	-	1129	丽水市	庆元县	荷地镇	-
1100	金华市	婺城区	罗店镇	-	1130	丽水市	庆元县	贤良镇	-
1101	金华市	婺城区	汤溪镇	-	1131	丽水市	庆元县	百山祖乡	-
1102	金华市	婺城区	雅畈镇	-	1132	丽水市	庆元县	官塘乡	-
1103	金华市	婺城区	洋埠镇	-	1133	丽水市	庆元县	合湖乡	-
1104	金华市	婺城区	岭上乡	-	1134	丽水市	庆元县	江根乡	-
1105	金华市	婺城区	乾西乡	-	1135	丽水市	庆元县	举水乡	-
1106	金华市	婺城区	箬阳乡	-	1136	丽水市	庆元县	岭头乡	-
1107	金华市	婺城区	沙畈乡	-	1137	丽水市	庆元县	龙溪乡	-
1108	金华市	婺城区	塔石乡	-	1138	丽水市	庆元县	五大堡乡	-
1109	金华市	婺城区	莘畈乡	-	1139	丽水市	庆元县	张村乡	-
1110	金华市	婺城区	竹马乡	-	1140	丽水市	青田县	瓯南街道	-
1111	金华市	婺城区	长山乡	-	1141	丽水市	青田县	油竹街道	-

2012年浙江省乡镇财政基本情况

单位:万元、个、人

项　　目	决算数	项　　目	决算数
一、本年乡镇数	1133	公共财政支出	4339130
其中:实行“乡财县管”的乡镇数	389	上解上级支出	7369398
二、乡镇财政机构数	1017	援助其他地区支出	26
其中:财税所数	300	债券还本支出	0
三、已建立乡镇国库的乡镇数	11	增设预算周转金	0
四、税务所机构数	237	安排预算稳定调节基金	10000
国家税务所数	86	调出资金	0
地方税务所数	151	年终结余	442677
其中:一乡(镇)一所数	42	其中:净结余	323884
五、乡镇财政所总人数	4148	十二、乡镇政府性基金收支平衡情况	
1. 行政编制实有人数	1527	收入总计	2195449
2. 事业编制实有人数	2428	政府性基金收入	459098
3. 以工代干人数	86	上级补助收入	1282234
4. 集体财务人员人数	107	其中:地震灾后恢复重建补助收入	0
六、乡镇财政供养人数	193779	上年结余	440648
1. 公共预算财政拨款开支人数	74066	调入资金	13469
2. 公共预算财政补助开支人数	119713	支出总计	2195449
其中:教师	71093	政府性基金支出	1857192
七、赤字乡镇个数	11	上解上级支出	20002
八、乡镇年末总人口(万人)	3830	调出资金	764
城镇人口(万人)	1078	年终结余	317491
乡村人口(万人)	2752	十三、乡镇国有资本经营收支平衡情况	
九、乡镇公共财政收入分档		收入总计	0
100万元(不含)以下的乡镇数	149	国有资本经营收入	0
100万元(含)-500万元的乡镇数	191	地震灾后恢复重建补助收入	0
500万元(含)-1000万元的乡镇数	98	上年结余	0
1000万元(含)以上的乡镇数	695	支出总计	0
十、村民委员会个数	26244	国有资本经营支出	0
十一、乡镇公共财政收支平衡情况		调出资金	0
收入总计	12161231	年终结余	0
公共财政收入	9014293	十四、乡镇财政专户管理资金收支平衡情况	
上级补助收入	2660637	收入总计	-32190
其中:地震灾后恢复重建补助收入	0	财政专户管理资金收入	49519
接受其他地区援助收入	0	上级补助收入	32440
上年结余	484746	上年结余	-114149
债务收入	0	支出总计	-32190
债券转贷收入	0	财政专户管理资金支出	62744
调入预算稳定调节基金	0	上解上级支出	16742
调入资金	1555	调出资金	568
地震灾后恢复重建调入资金	0	年终结余	-112244
支出总计	12161231		

2012年全国各省、市、自治区 财政收支占全国财政收支 税收收入占公共财政预算收入 比重及排序

地　区	公共财政预算收入（亿元）	约占全国公共财政预算收入的比重（%）	排序	税收收入（亿元）	约占公共财政预算收入的比重（%）	排序	公共财政预算支出（亿元）	约占全国公共财政支出的比重（%）	排序
北京市	3315	5.4	6	3125	94.3	1	3685	3.4	13
天津市	1760	2.9	15	1106	62.8	29	2143	2.0	26
河北省	2084	3.4	9	1561	74.9	15	4079	3.8	10
山西省	1516	2.5	19	1045	68.9	25	2759	2.6	21
内蒙古	1553	2.5	18	1120	72.1	20	3426	3.2	15
辽宁省	3105	5.1	7	2317	74.6	16	4559	4.3	6
吉林省	1041	1.7	24	761	73.1	17	2471	2.3	25
黑龙江	1163	1.9	23	838	72.1	21	3172	3.0	17
上海市	3744	6.1	4	3427	91.5	3	4184	3.9	7
江苏省	5861	9.6	2	4783	81.6	5	7028	6.6	2
浙江省	**3441**	**5.6**	**5**	**3228**	**93.8**	**2**	**4162**	**3.9**	**8**
安徽省	1793	2.9	12	1305	72.8	18	3961	3.7	11
福建省	1776	2.9	14	1440	81.1	7	2608	2.4	24
江西省	1372	2.2	20	978	71.3	23	3019	2.8	19
山东省	4059	6.6	3	3050	75.1	14	5905	5.5	3
河南省	2040	3.3	10	1470	72.1	21	5006	4.7	5
湖北省	1823	3	11	1324	72.6	19	3760	3.5	12
湖南省	1782	2.9	13	1111	62.3	30	4119	3.8	9
广东省	6229	10.2	1	5074	81.5	6	7388	6.9	1
广西壮族自治区	1166	1.9	22	762	65.4	28	2985	2.8	20
海南省	409	0.7	28	351	85.8	4	912	0.9	29
重庆市	1703	2.8	16	970	57	31	3046	2.8	18
四川省	2421	4	8	1827	75.5	13	5451	5.1	4
贵州省	1014	1.7	25	682	67.3	26	2756	2.6	22
云南省	1338	2.2	21	1064	79.5	9	3573	3.3	14
西藏	87	0.1	31	70	80.5	8	905	0.8	30
陕西省	1601	2.6	17	1132	70.7	24	3324	3.1	16
甘肃省	520	0.9	27	348	66.9	27	2060	1.9	27
青海省	186	0.3	30	147	79.0	10	1159	1.1	28
宁夏回族自治区	264	0.4	29	207	78.4	11	864	0.8	31
新疆维吾尔自治区	909	1.5	26	699	76.9	12	2720	2.5	23
地方合计	61078			47319			107188		

注：因四舍五入因素，合计数与分项加总数或存有尾差。

浙江省国民经济和社会发展总量与速度

指　标	1978 年	1990 年	2000 年	2006 年	2007 年	2008 年	2009 年
人口							
年末总人口(万人)	3750.96	4234.91	4501.22	4629.40	4659.30	4687.85	4716.18
年末从业人员数(万人)	1794.96	2554.46	2726.09	3172.38	3405.01	3486.53	3591.98
全省生产总值(亿元)	123.72	904.69	6141.03	15718.47	18753.73	21462.69	22990.35
第一产业	47.09	225.04	630.98	925.10	986.02	1095.96	1163.08
第二产业	53.52	408.18	3273.93	8511.51	10154.25	11567.42	11908.49
第三产业	23.11	271.47	2236.12	6281.86	7613.46	8799.31	9918.78
人均生产总值(元)	331	2138	13415	31241	36676	41405	43842
交通运输							
旅客周转量(亿人公里)	66.68	257.29	606.73	929.15	1026.50	1118.6	1152.38
货物周转量(亿吨公里)	164.19	400.65	1199.74	4363.7	4962.38	5476.3	5659.78
固定资产投资总额(亿元)				6964.28	7704.90	8550.71	9906.46
财政收支							
财政总收入(亿元)	27.45	101.59	658.42	2567.70	3239.9	3730.06	4122.04
#地方财政收入(亿元)	27.45	101.59	342.77	1298.20	1649.5	1933.4	2142.51
财政支出(亿元)	17.43	80.23	431.3	1471.86	1806.79	2208.58	2653.35
贸易							
社会消费品零售总额(亿元)	46.86	353.75	2553.59	5357.97	6271.32	7533.30	8622.26
进出口总额(亿美元)	0.7	27.73	278.33	1391.47	1768.56	2111.09	1877.35
#出口总额(亿美元)	0.52	21.89	194.43	1008.94	1282.73	1542.67	1330.10
价格指数							
居民消费价格指数(上年=100)		102.1	101.1	101.1	104.2	105.0	98.5
城乡居民收入							
城镇居民人均可支配收入(元)	332	1932	9279	18265	20574	22727	24611
农村居民人均纯收入(元)	165	1099	4254	7335	8265	9258	10007
教育和文化							
高等学校在校学生数(万人)	2.4	6	22.2	74.7	80.9	86.8	91.0
普通中学在校学生数(万人)	214.7	169.6	249.6	262.3	266.6	269.8	262.3
小学在校学生数(万人)	501.4	372.4	353.8	339.4	335.5	332.3	325.1
报纸出版数量(万份)	24080	66865	173526	280261	291048	298677	314033
杂志出版数量(万份)	393	4716	8736	8009	8082	7407	7596
图书出版数量(万份)	12033	19596	27014	27026	25656	29564	31221

（续表）

2010 年	2011 年	2012 年	指数(2012 年为以下各年%)			1979~2012 年平均增长(%)	2008~2012 年平均增长(%)
			1978 年	2007 年	2011 年		
4747.95	4781.31	4799.34	127.9	103.0	100.4	0.7	0.6
3636.02	3674.11	3691.24	205.6	108.4	100.5	2.1	1.6
27722.31	32318.85	34665.33	5823.2	158.0	108.0	12.7	9.6
1360.56	1583.04	1667.88	368.4	116.9	102.0	3.9	3.2
14297.93	16555.58	17316.32	12152.5	153.9	107.3	15.2	9.0
12063.82	14180.23	15681.13	7357.9	169.1	109.4	13.5	11.1
51711	59249	63374	3979.3	147.7	107.7	11.4	8.1
1250.74	1296.25	1317.58	1976.0	128.4	101.6	9.2	5.1
7117.04	8634.82	9183.30	5593.1	185.1	106.4	12.6	13.1
11451.98	14077.25	17095.96		221.9	121.4		17.9
4895.41	5925.00	6408.49	23346.0	197.8	108.2	17.4	14.6
2608.47	3150.80	3441.23	12536.4	208.6	109.2	15.3	15.8
3207.88	3842.59	4161.88	23877.7	230.3	108.3	17.5	18.2
10245.40	12028.00	13588.34	28997.7	216.7	113.0	18.1	16.7
2535.33	3093.78	3124.03	446289.7	176.6	101.0	28.0	12.0
1804.65	2163.49	2245.19	431766.4	175.0	103.8	27.9	11.8
103.8	105.4	102.2					
27359	30971	34550	1423.2	145.1	109.2	8.1	7.7
11303	13071	14552	1616.8	150.5	108.8	8.5	8.5
93.3	95.9	98.7	4073.2	121.9	102.8	11.5	4.0
255.2	244.5	236.9	110.4	88.9	96.9	0.3	-2.3
333.3	344.1	346.7	69.1	103.4	100.8	-1.1	0.7
325048	359090	347100	1441.4	119.3	96.7	8.2	3.6
7201	8001	8312	2115.0	102.8	103.9	9.4	0.6
28179	32608	37250	309.6	145.2	114.2	3.4	7.7

注:1. 本表价值量指标按当年价格计算,发展速度按可比价格计算。

2. 城镇居民人均可支配收入,农村居民人均纯收入发展速度均已扣除价格变动因素。

2012年浙江省国民经济和社会发展统计公报

浙江省统计局、国家统计局浙江调查总队

2012年，浙江深入贯彻落实科学发展观，深入实施“八八战略”和“两创”总战略，面对严峻复杂的外部环境和困难挑战，坚持“稳中求进、转中求好”的工作基调，着力促发展，抓转型，惠民生，全省经济在加快转型升级中实现平稳增长，基本完成年初确定的预期目标，为建设“两富”现代化浙江奠定了坚实的基础。

一、综合

初步核算，全年生产总值34606亿元，比上年增长8.0%（见图1）。其中，第一产业增加值1670亿元，第二产业增加值17312亿元，第三产业增加值15624亿元，分别增长2.0%、7.3%和9.3%。人均**GDP**为63266元（按年平均汇率折算为10022美元），增长7.7%。三次产业增加值结构由上年的4.9∶51.2∶43.9调整为4.8∶50.0∶45.2。

图1　2007~2012年全省生产总值及其增长速度

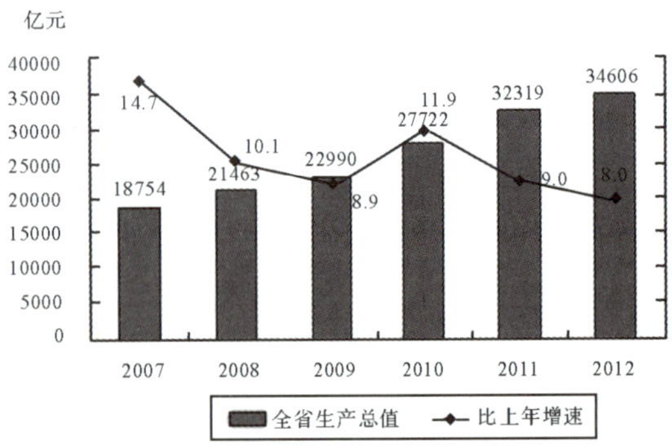

图2　2012年全省生产总值及第三产业增加值构成

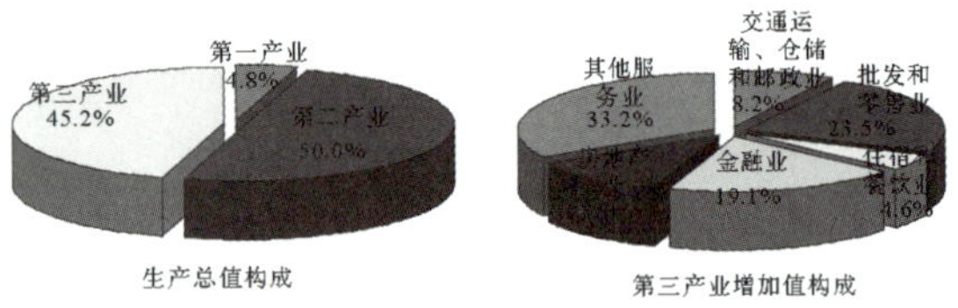

全年居民消费价格比上年上涨2.2%，其中食品类价格上涨5.3%（见图3、表1）；商品零售价格上涨1.9%；农业生产资料价格上涨4.2%；工业生产者出厂价格下降2.7%，工业生产者购进价格下降3.3%；固定资产投资价格下降0.8%。

图3　2007~2012年居民消费价格涨跌幅度

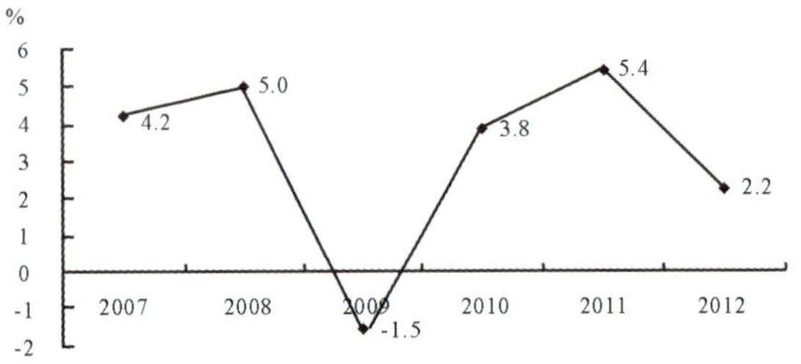

表1　2012年居民消费价格变动情况（上年=100）

指　标	全省	城市	农村
居民消费价格总指数	102.2	102.2	102.3
1. 食品	105.3	105.4	105.1
#粮食	103.7	103.7	103.6
2. 烟酒及用品	101.5	101.7	101.1
3. 衣着	101.3	101.4	101.3
4. 家庭设备用品及服务	102.5	102.4	102.8
5. 医疗保健及个人用品	101.3	101.3	101.1
6. 交通和通信	99.7	99.7	99.8
7. 娱乐教育文化用品及服务	99.4	99.0	100.8
8. 居住	101.6	101.8	101.2

全年财政总收入6408亿元，比上年增长8.2%，增速比上年回落12.8个百分点；地方公共财政预算收入3441亿元，增长9.2%，增速比上年回落11.6个百分点。

全年新增城镇就业人数98.7万人，其中42.2万名城镇失业人员实现再就业。年末城镇登记失业率为3.01%，比上年末下降0.11个百分点。

二、农业和农村建设

全年粮食播种面积1251.6千公顷，比上年下降0.2%；粮食总产量783.5万吨，增长0.2%（见表2）。油料播种面积189.4千公顷，比上年减少3.4%，其中，油菜籽165.6千公顷，减少3.5%；蔬菜623.3千公顷，减少0.2%；棉花20.9千公顷，减少3.8%；花卉苗木126.3千公顷，增长5.9%；药材31.2千公顷，减少1.2%；甘蔗11.0千公顷，减少2.9%；果用瓜 101.4 千公顷,减少 4.3%。

生猪年末存栏 1338.3 万头,年内出栏 1934.4 万头,分别比上年增长 4.4%和 0.2%。肉类总产量 180.8 万吨,比上年增长 2.8%。水产品总产量 541.9 万吨,比上年增长 5.1%,其中,海水产品产量 433.5 万吨,淡水产品产量 108.4 万吨,分别增长 5.5%和 3.4%。

表 2　2012 年主要农产品产量

指标	绝对数(万吨)	比上年增长(%)
粮食	783.48	0.2
春粮	62.50	-3.6
早稻	66.82	-2.2
秋粮	654.16	0.9
油料	38.30	-3.9
花生	5.34	-0.4
油菜籽	32.09	-4.5
棉花	2.99	-7.6
糖料	70.14	-1.4
茶叶	17.48	3.0
水果	703.50	-1.2
蔬菜	1819.81	0.2

全年新增粮食生产功能区 1330 个,面积 111 万亩;新建成 11 个省级现代农业综合区,41 个省级主导产业示范区,122 个省级特色农业精品园。新增育秧中心、烘干中心、维修中心等农机化服务中心 311 个;新增插秧机 1319 台,推广水稻机插面积 241.9 万亩;新增油菜收获机械 297 台,油菜机收 24.9 万亩;新增粮食烘干机械 1049 台(套),新增粮食烘干能力 50 余万吨;全年农业机械总动力 2587.9 万千瓦,比上年增长 1.8%。

全年完成环境整治村 3600 个,启动培育建设中心村 377 个,受益农户 120 万户。全省 93%行政村实现生活垃圾集中收集处理,78%以上农户家庭实现卫生改厕,60%以上村庄开展了生活污水治理,89%的村庄环境得到较好的整治。

三、工业和建筑业

全年规模以上工业增加值 10875 亿元,比上年增长 7.1%,轻、重工业增加值分别为 4705 和 6170 亿元,分别增长 8.0%和 6.6%(见表 3)。其中,国有及国有控股工业企业增加值 1854 亿元,增长 2.6%。规模以上工业销售产值 56903 亿元,增长 5.9%。规模以上工业企业完成出口交货值 11064 亿元,增长 1.3%;出口交货值占销售产值的比重为 19.4%,比上年下降 0.9 个百分点。

表 3　2012 年规模以上工业增加值

指标名称	绝对数(亿元)	比上年增长(%)
工业增加值总计	10875	7.1
在总计中:轻工业	4705	8.0
重工业	6170	6.6
在总计中:国有企业	889	3.2
有限责任公司	1776	8.7
股份有限公司	963	6.8
私营企业	4311	8.2
港澳台商投资企业	1362	5.9
外商投资企业	1505	6.0
在总计中:国有及国有控股企业	1854	2.6

规模以上工业新产品产值 13460 亿元,比上年增长 13.1%,高于工业总产值增幅 6.5 个百分点;新产品产值率 23.0%,比上年提高 1.3 个百分点。制造业中,高新技术产业增加值 2626 亿元,增长 9.9%,占规模以上工业的比重为 24.1%,比上年提高 0.3 个百分点。汽车产量为 33.0 万辆,增长 7.7%,其中轿车产量为 26.5 万辆,下降 2.3%(见表 4)。

表 4　2012 年主要工业产品产量

指　标	单位	绝对数	比上年增长(%)
纱	万吨	231.2	8.3
布	亿米	143.2	4.9
化纤	万吨	1677.3	11.8
卷烟	亿支	901.1	1.8
房间空调器	万台	509.5	0.3
发电量	亿千瓦小时	2717.3	-0.1
钢材	万吨	3361.3	5.8
水泥	万吨	11539.6	-4.3
化肥(折 100%)	万吨	27.8	5.1
汽车	万辆	33.0	7.7
#轿车	万辆	26.5	-2.3
集成电路	亿块	44.4	9.1
电子元件	亿只	846.4	0.5
微型电子计算机	万台	161.8	3.9

全年规模以上工业企业实现利润2900亿元,比上年下降6.1%。其中,国有及国有控股企业453亿元,下降2.9%;股份制企业313亿元,下降17.7%;外商及港澳台投资企业834亿元,下降12.4%;私营企业1060亿元,下降1.8%。工业企业产品销售率97.4%,比上年下降0.6个百分点。

全年建筑业增加值1976亿元,比上年增长5.5%。资质以上建筑企业利润总额481亿元,增长16.9%;税金总额531亿元,增长22.6%。

四、固定资产投资和房地产业

全年固定资产投资17096亿元,比上年增长21.4%(见图4)。非国有投资11755亿元,增长22.0%,占固定资产投资的68.8%,其中民间投资10579亿元,增长22.5%,占固定资产投资的61.9%。

图4　2007~2012年固定资产投资及其增长速度

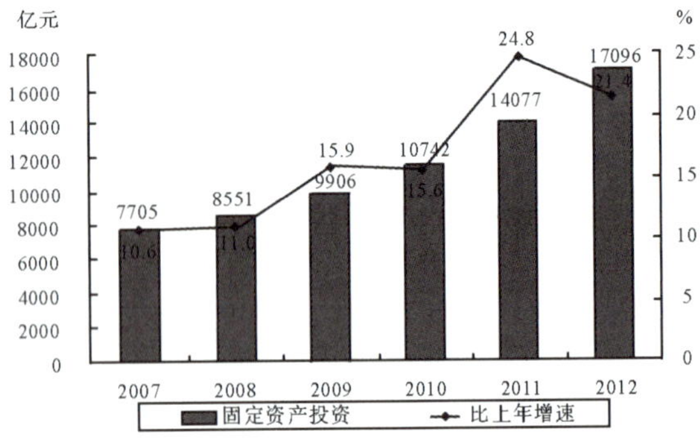

在固定资产投资中,第一产业投资142.3亿元,比上年增长47.1%;第二产业投资6088亿元,增长16.6%,其中工业投资6058亿元,增长16.9%;第三产业投资10866亿元,增长24.1%。全年投资项目39154个,比上年增长17.9%,其中新开工项目22976个,增长29.1%。

全年房地产开发投资5226亿元,比上年增长16.8%。商品房销售面积4005万平方米,增长13.4%;商品房销售额4263亿元,增长22.7%。

五、国内贸易

全年社会消费品零售总额13546亿元,比上年增长13.5%,扣除价格因素,实际增长11.4%(见图5)。其中,城镇消费品零售额11409亿元,增长13.8%;乡村消费品零售额2137亿元,增长12.2%。分行业看,批发零售贸易业零售额12101亿元,增长13.3%;住宿餐饮业零售额1445亿元,增长15.6%。

在限额以上批发零售贸易业销售额中,汽车类零售额比上年增长7.3%,石油及制品类增长17.6%,食品饮料烟酒类增长16.4%,服装、鞋帽、针纺织品类增长20.9%,中西药品类增长20.9%,日用品类增长10.4%,金银珠宝类增长24.8%,通讯器材类增长29.6%,家具类增长77.0%。

图5　2007~2012年社会消费品零售总额及增速

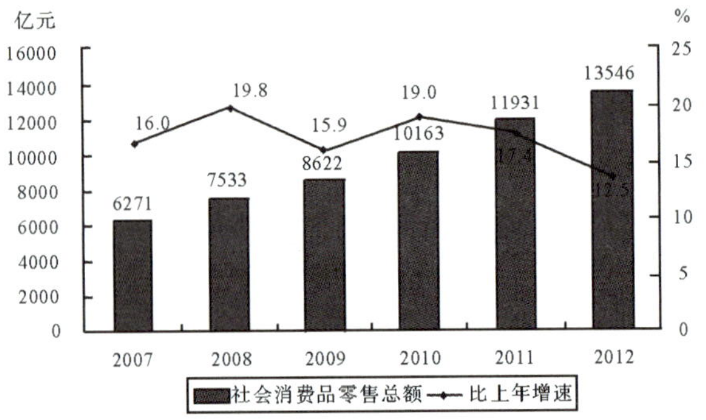

年末全省有商品交易市场4297家,全年有形市场成交额1.58万亿元,比上年增长9%。年成交额超亿元的市场745个,其中,年交易额十至百亿元市场199家,超百亿元的市场31个。

六、对外经济

全年进出口总额3122.4亿美元,比上年增长0.9%。其中,进口876.7亿美元,下降5.8%;出口2245.7亿美元,增长3.8%(见表5)。月均出口187.1亿美元,其中9月份出口211.5亿美元,创历史新高。民营企业出口1403.2亿美元,比上年增长8.5%,高于全省出口平均增速4.7个百分点,占全省出口总值的62.5%,比上年提高2.7个百分点;对全省出口增长的贡献率为133.3%。

表5　2012年进出口主要分类情况

指　标	绝对数(亿美元)	比上年增长(%)
进出口总额	3122.4	0.9
出口额	2245.7	3.8
#一般贸易	1797.2	1.8
加工贸易	347.0	-3.7
#机电产品	959.1	3.8
#高新技术产品	148.0	-3.5
进口额	876.7	-5.8
#一般贸易	624.4	-4.4
加工贸易	152.7	-11.2
#机电产品	159.2	-11.7

对欧洲市场出口增速持续下滑,对北美市场出口保持稳定增长,对新兴市场出口快速增长(见表6)。

表 6　2012 年对主要市场进出口情况

国家或地区	出口额（亿美元）	比上年增长（%）	进口额（亿美元）	比上年增长（%）
欧盟	505.8	-9.3	103.1	-7.8
东盟	169.7	15.1	113.4	6.5
美国	381.8	9.3	72.1	-7.3
日本	134.5	0.8	112.7	-4.9
俄罗斯	79.8	13.9	14.7	-19.8
韩国	55.7	2.1	84.0	-3.7
中国香港	66.3	11.6	2.9	-12.9
中国台湾	23.3	-1.6	108.8	-3.1

新批外商直接投资项目 1597 个，比上年减少 94 个；合同外资 210.7 亿美元，实际到位外资 130.7 亿美元，分别比上年增长 2.4%和 12.0%。第三产业利用外资继续保持良好势头，合同外资 107.1 亿美元，实际利用外资 64.6 亿美元，分别比上年增长 13.6%和 19.7%，分别占外资总额的 50.8%和 49.5%，比上年分别提高 5 和 3.2 个百分点。

对外承包工程完成营业额 37.1 亿美元，比上年增长 27.5%；新签合同额 35.2 亿美元，增长 22.1%。经审批和核准的境外投资企业和机构共计 634 家，比上年增加 66 家；投资总额 47.5 亿美元，增长 27.2%，其中中方投资 38.9 亿美元，增长 13.0%。全年实际对外直接投资 24 亿美元，比上年增长 13.8%。

七、交通运输、邮电和旅游

全年交通运输、仓储和邮政业增加值为 1277 亿元，比上年增长 6.7%。

全年铁路、公路和水运完成货物周转量 9183 亿吨公里，比上年增长 6.4%；旅客周转量 1318 亿人公里，增长 1.6%。港口完成货物吞吐量 13.2 亿吨，增长 7.8%，其中，沿海港口完成 9.3 亿吨，内河港口完成 3.9 亿吨，分别增长 7.0%和 9.8%（见表 7）。

表 7　2012 年铁、公、水路完成运输量

指　标	单位	绝对数	比上年增长（%）
货物周转量	亿吨公里	9183	6.4
铁路	亿吨公里	291	-6.7
公路	亿吨公里	1526	6.3
水运	亿吨公里	7366	7.0
旅客周转量	亿人公里	1318	1.6
铁路	亿人公里	390	2.2
公路	亿人公里	921	1.4
水运	亿人公里	6	-4.3
沿海港口货物吞吐量	亿吨	9.3	7.0

全年邮电业务总量 1024 亿元，比上年增长 14.0%。其中，邮政业务总量 215.2 亿元，电信业务总量 808.8 亿元。

年末本地电话交换机容量 2791 万门，比上年减少 195 万门；移动电话交换机容量 9685 万户，比上年增加 80 万户。本地电话用户 1882 万户，比上年减少 66 万户，普及率 34.2 线/百人；移动电话用户 6443 万户，比上年增加 687 万户，普及率 117.2 部/百人。年末全省互联网用户数 5887 万户，其中（固定）互联网宽带接入用户 1153 万户。

全年实现旅游总收入 4801.2 亿元，比上年增长 17.7%。其中，接待国内旅游者 3.91 亿人次，增长 14.1%，实现国内旅游收入 4475.8 亿元，增长 18.2%；接待入境旅游者 866 万人次，增长 11.9%，实现旅游外汇收入 51.5 亿美元，增长 13.4%（见表 8）。

表 8　2007～2012 年全省接待旅游人数

年份	入境旅游人数（万人次）	国内旅游人数（亿人次）
2007	511	1.91
2008	540	2.09
2009	571	2.44
2010	685	2.95
2011	774	3.43
2012	866	3.91

八、金融、证券和保险

年末全部金融机构本外币各项存款余额 66679 亿元，比上年末增长 9.5%，其中人民币存款余额增长 8.6%。全部金融机构本外币各项贷款余额 59509 亿元，比上年末增长 11.8%，其中人民币贷款余额增长 11.1%。年末个人本外币储蓄存款余额 26902 亿元，比上年末增长 12.4%（见表 9）。

表 9　2012 年全部金融机构本外币存贷款情况

指　标	年末数（亿元）	比上年增长（%）
各项存款余额	66679	9.5
其中：单位存款	35955	7.2
个人储蓄存款	26902	12.4
各项贷款余额	59509	11.8
其中：短期贷款	36796	14.0
中长期贷款	20766	5.1

全年新增境内上市公司 20 家，年末共有境内上市公司 246 家，累计融资 2786 亿元；其中，中小板上市公司 119 家，占全国中小板上市公司总数的 17%；创业板上市公司 36 家，

占全国创业板上市公司总数的10.1%。

全年保险业实现保费收入984.6亿元，比上年增长12.0%。其中，财产险保费收入444.5亿元，增长14.7%；人身险保费收入540.1亿元，增长9.9%。支付各类赔款及给付342.6亿元，比上年增长33.7%。其中，财产险赔付支出250.9亿元，人身险赔付支出91.7亿元。

九、教育和科学技术

全省共有3698所小学，招生60.7万人；在校生346.7万人，比上年增加2.7万人，增长0.8%，小学学龄儿童入学率为99.99%。共有1735所初中，招生51.1万人，比上年增加1.1万人，增长2.2%；在校生149.3万人，初中入学率为99.98%。小学生均校舍建筑面积7平方米；生均图书24.7册；每百名学生拥有计算机14台；小学体育运动场（馆）面积达标的学校比例为87.4%，比上年提高5.1个百分点；建立校园网校数比例为95.1%，提高11.8个百分点。初中生均校舍建筑面积15.6平方米；生均图书38.7册；每百名学生拥有计算机22.7台；初中体育运动场（馆）面积达标的学校比例为92.8%，提高3.7个百分点；建立校园网校数比例为95.7%，提高3.8个百分点。

义务教育中小学进城务工人员随迁子女在校生130.8万人，比上年增长8.2%，其中在公办学校就读人数为98.9万人，占75.6%。其中，在小学就读的进城务工人员随迁子女106.2万人，比上年增加7.3万人，增长7.4%；在初中就读的进城务工人员随迁子女24.6万人，比上年增加2.6万人，增长11.7%。

全省共有普通高校105所（含独立学院及筹建院校）。研究生、本科、专科招生比例为1∶8.2∶6.8；普通高考录取率为85.4%，与上年基本持平；高等教育毛入学率为49.5%，比上年提高2.5个百分点。全年研究生招生18748人，其中，博士生2262人，硕士生16486人，招生总数比上年增加1183人，增长6.7%；在学研究生54369人，其中，博士、硕士在校生分别为9485人、44884人，在学研究生总数比上年增加2523人，增长4.9%。普通本专科招生28.1万人，比上年增长3.5%，招生比为54.6∶45.4；在校生93.2万人，增长2.7%，毕业生24.75万人，增长3.8%。

各类中等职业教育（含技工学校）招生23.8万人，在校生96.7万人；普通高中招生27.8万人，在校生87.6万人，毕业生29.7万人。

年末有幼儿园专任教师10.7万人，比上年增加0.7万人；幼儿教师学历合格率为99%，比上年提高0.4个百分点。义务教育中小学专任教师29.8万人，比上年增长1.6%。中等职业教育（含技工学校）专任教师3.8万人，生师比25.4∶1；专任教师学历合格率为94%，比上年提高0.8个百分点。双师型教师占专任教师和专业课教师的比例分别为34.8%和68.8%，比上年分别提高2.8和3.6个百分点。普通高等学校专任教师中副高职称以上教师所占比例为43.6%，比上年提高0.7个百分点；具有硕士以上学位教师比例为71.7%，比上年提高3.2个百分点。

全年全社会科技活动经费支出1200亿元，比上年增长19.6%；相当于地区生产总值的3.47%。研究和发展（**R&D**）经费支出相当于地区生产总值的比例为2.04%，比上年提高0.14个百分点。财政科技拨款166亿元，比上年增长15.3%；财政科技拨款占财政支出的比重为3.99%。

全省有国家认定的企业技术中心60家。新认定高新技术企业540家，累计4500家。新培育省级创新型试点企业54家，示范企业45家，累计分别为363家和194家。全年专利申请量、授权量分别为24.9万件和18.8万件，分别比上年增长40.7%和44.4%。

十、文化、卫生和体育

年末共有艺术表演团体64个，群艺（文化）馆102个，公共图书馆97个，博物馆128个。省市级广播电台、电视台各12座，县级广播电视台66家。有线电视用户1384.6万户，比上年增长4.7%；广播、电视综合覆盖率分别为99.5%和99.6%。全年共审查电影40部，制作电视剧75部2803集。共有36部浙产电视剧在央视及全国各卫视播出。制作动画片46部2968集超过35000分钟，《锋速战警》等11部动画片列入国家广电总局今年推荐优秀动画片。全年广播影视经营收入220亿元，比上年增长10.0%，其中电影票房收入13.7亿元，增长40.5%。全年观影3440.6万人次，共完成30.5万场农村电影放映任务。

全省14家图书出版社，共出版图书10966种，总印数3.4亿册，比上年增长4.6%；公开发行报纸71种，年出版量34.8亿份，平均每千人每天拥有174份报纸；出版期刊222种，比上年增加2种，年出版量0.79亿册，增长0.6%。全省共有综合档案馆98个，已开放各类档案12311个全宗，共计255.5万卷，37.5万件。

年末共有卫生机构30522个（包括村卫生室）。各类医院床位数17.6万张，比上年增长7.9%；卫生技术人员30.6万人，增长1.9%，其中，执业（助理）医师11.9万人，注册护士11.4万人，分别增长0.4%和4.6%。医院年诊疗20394万人次，比上年增长12.3%。年末全省统一的预约诊疗网络平台有80家医院、38家社区卫生服务中心（站）接入，注册用户达100万以上，日均成功预约量6000多人次。

全年甲、乙类传染病发病率为219.32/10万，比上年下降

16.2%。孕产妇和5岁以下儿童死亡率分别为4.01/10万和6.52‰,比上年下降2.34/10万和0.85个千分点。"五苗"接种率保持在95%以上。

大力推进体育强省和"健康浙江"建设。2012年伦敦奥运会上,我省取得4金2银2铜和3个第五名、1个第六名、1个第八名,并破2项世界纪录和2项3次奥运会纪录的成绩。在衢州举办了全省首届女子体育节,开创了全国女子运动会的先河,成为"浙江体育最美的赛事"。举办了第五届职工运动会、第七届农民运动会、第六届老年人运动会和2012年全省幼儿体育大会。共创建省级青少年体育俱乐部35个,青少年户外体育活动营地9个。年末全省共有省级青少年体育俱乐部336所,国家级青少年体育俱乐部126所;省级青少年户外活动营地35个,国家级营地3所。全年共销售体育彩票73.3亿元,比上年增加12.7亿元,增长20.9%。

十一、人口、人民生活和社会保障

据2012年人口变动抽样调查,年末常住人口5477万人,比上年增长0.26%。其中,男性人口2818万人,女性人口2659万人,分别占总人口的51.5%和48.5%。全年出生人口55.4万人,出生率为10.12‰;死亡人口30.2万人,死亡率为5.52‰;全年自然增长人口25.2万人,自然增长率为4.60‰。

据对城乡住户抽样调查,全省城镇居民人均可支配收入34550元,农村居民人均纯收入14552元,扣除价格因素,分别比上年实际增长9.2%和8.8%(见图6、7)。城镇居民人均消费支出21545元,比上年实际增长3.1%;农村居民人均生活消费支出10208元,实际增长3.5%。城镇居民家庭恩格尔系数为35.1%,比上年上升0.5个百分点;农村居民家庭恩格尔系数为37.7%,比上年上升0.1个百分点。

全年城镇居民人均可支配收入中位数为30613元,比上年增加3330元,增长12.2%;农村居民人均纯收入中位数为12787元,比上年增加1234元,增长10.7%。

图6 2007~2012年城镇居民人均可支配收入及其实际增长速度

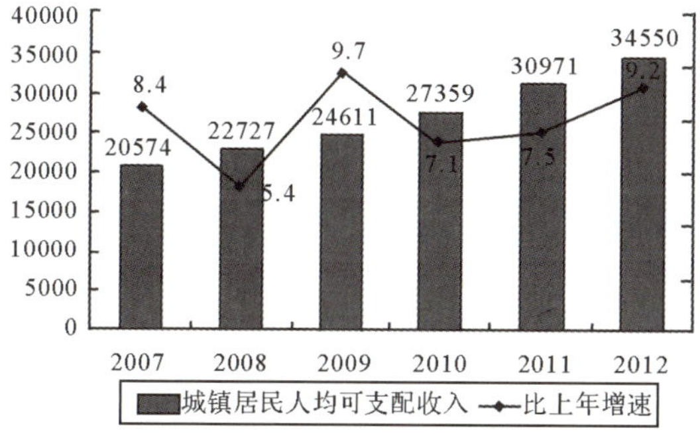

图7 2007~2012年农村居民人均纯收入及其实际增长速度

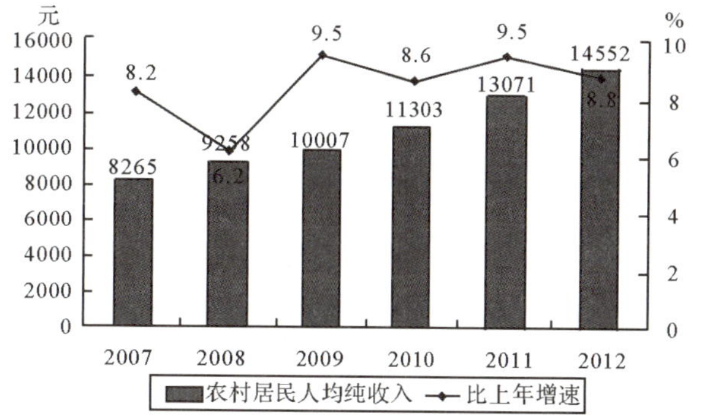

城镇居民人均住房建筑面积37.1平方米,农村居民人均居住面积61.5平方米。城乡居民家庭主要耐用消费品拥有量继续增加(见表10)。

表10 2012年城乡居民每百户主要耐用消费品拥有量

主要耐用消费品	单位	城镇居民	比上年增长(%)	农村居民	比上年增长(%)
洗衣机	台	95.5	0.6	72.5	5.6
电冰箱	台	100.9	0.7	95.3	2.5
空调器	台	203.8	1.4	99.9	5.9
摩托车	辆	21.9	-0.5	40.2	-2.7
家用汽车	辆	36.5	8.2	15.2	13.2
彩色电视机	台	186.6	1.0	171.7	1.9
固定电话	部	79.9	-0.6	76.3	-1.9
移动电话	部	210.1	1.1	211.5	3.4
家用电脑	台	106.4	2.7	47.8	10.4

全年参加企业基本养老保险人数2083.3万人,参加城镇职工基本医疗保险人数1671万人,参加失业保险人数1065.4万人,参加工伤保险人数1731.7万人,参加生育保险人数1084.8万人,分别比上年增加261.5万人、156.6万人、84.8万人、120.9万人和105万人。企业退休人员基本养老金月人均水平超过2000元,居全国省区前列。城乡居保基础养老金最低标准提高到80元,失业保险金平均水平为941元,因工死亡职工供养亲属抚恤金月人均提高105元。

年末新型农村合作医疗参合人数2872.9万人,参合率为97.7%;人均筹资标准为482.5元,比上年增加97.9元,其中,财政补助342.2元,比上年增加69.2元;所有统筹地区最高支付限额全部达到当地农村居民人均纯收入6倍以上。新农合统筹地区政策内住院报销比例为72.1%,比上年提高8.7个百分点;统筹区域内新农合定点医疗机构即时结报率达到100%。

年末在册低保对象67.5万人，其中，城镇7.8万人，农村59.7万人；低保资金支出17.6亿元，比上年增长13.8%；城乡低保平均标准分别为每人每月476.78元和350.03元，分别增长8%和14%；获得生活补助的城乡低收入家庭持证重度残疾人7.7万名，发放补助金额2.3亿元，分别增长12.4%和36.5%。

全年共支出医疗救助资金7.5亿元，比上年增加1亿元。投入资金19.7亿元，新增各类养老机构床位数3.2万张，建设社区居家养老服务照料中心1298个。

年内共发行各类福利彩票102.4亿元，比上年增加9.7亿元，共筹集公益金29.5亿元。

十二、资源、环境保护和社会安全

全省平均降水量为2060.5毫米（折合降水总量2134.7亿立方米），总水资源量1454.8亿立方米，人均水资源量2656.2立方米。总用水量223.2亿立方米，比上年增长1.4%。

全年共完成造林面积39695公顷，其中，重点防护林工程造林面积12561公顷，更新造林16587公顷，低产低效林改造16878公顷；建设绿色通道4960公里，清水河道岸绿工程7500公里；完成针叶林阔叶化改造16.2万亩，建成生物防火林带1098公里。2012年全省森林资源监测结果，森林覆盖率为60.97%（含灌木林）。

全省有气象雷达观测站点9个，卫星云图接收站点25个，区域自动气象观测站1615个。各设区市及国家环保模范城市开展PM2.5监测和数据实时发布，新增烟尘控制区300多平方公里，高污染燃料禁燃区30个。221个省控断面地表水Ⅰ~Ⅲ类水质比例达到64.3%，比上年提高1.4个百分点。地表水环境功能区水质达标率为68.3%，比上年提高2.7个百分点。221个省控断面高锰酸盐指数平均浓度为3.48毫克/升，比上年下降7.4%。跨行政区域河流交接断面满足功能要求比例为61.7%，与上年持平。全年新增水土流失治理面积720平方公里；近岸海域共发生赤潮17次，累计面积约1502平方公里，其中，有毒赤潮1次，面积约80平方公里，有害赤潮10次，面积约452平方公里。与上年相比，赤潮发生次数下降3次，累计面积保持稳定，但赤潮生物种类有所增加，有害赤潮发生次数和面积大幅上升。

全年城市污水排放量23.2亿立方米，比上年增长8.1%；城市污水处理量20.4亿立方米，增长11.7%，城市污水处理率87.9%，比上年提高2.8个百分点；城市用水普及率99.5%；生活垃圾无害化处理率97.4%，提高0.95个百分点。城市燃气普及率98.9%；人均公园绿地面积12.4平方米，比上年增长5.5%。农村沼气产气量1.9亿立方米，比上年增长7.1%；太阳能利用累计面积550万平方米，增长8.5%。

全年规模以上工业企业能源消费比上年下降1.0%，单位工业增加值能耗下降7.6%。其中，千吨以上和重点监测用能企业能源消费比上年分别下降2.5%和2.7%，单位工业增加值能耗分别下降8.8%和9.0%。

图8　2007~2012年规模以上工业单位增加值能耗下降幅度

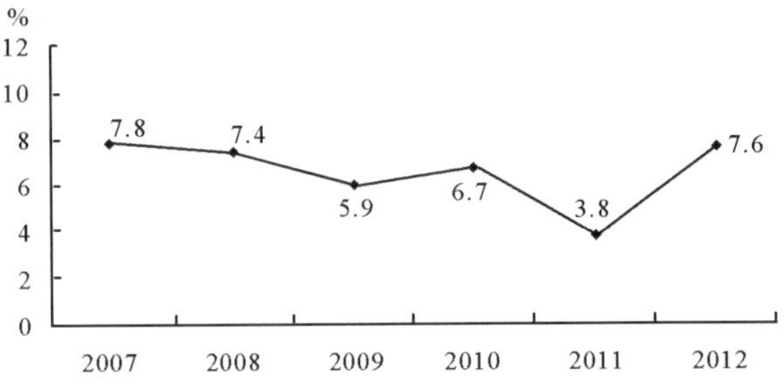

全年累计建成国家级生态县6个、国家环境保护模范城市7个、国家级生态示范区45个、全国环境优美乡镇374个，省级生态县49个、省级环保模范城市7个、省级生态乡镇979个。累计建成国家级绿色学校49所、国家级绿色社区27个，以及一批省级绿色学校、绿色家庭、绿色饭店、绿色医院、绿色企业等。

全年共发生各类安全事故23366起，死亡5710人，受伤19845人，直接经济损失37785万元，分别比上年下降4.3%、5.3%、7.3%和6.8%。其中，较大事故36起，死亡128人，分别减少29起、143人；重大事故1起，死亡13人，分别减少1起、9人。道路交通共发生事故19270起，死亡4962人，受伤19728人，直接经济损失8054万元，分别比上年下降4.5%、5.2%、7.3%和5.3%；火灾事故共发生3437起，死亡69人，受伤48人，直接经济损失6604万元，分别下降2.4%、持平、下降11.1%和16.6%。

注：

（1）本公报所列各项数据为年度初步统计数据。

（2）全省生产总值和各产业增加值绝对数按现行价格计算，增长速度按可比价格计算。

（3）第三产业增加值构成中，其他服务业包括信息传输和计算机服务，租赁和商务服务业，科学研究、技术服务和地质勘查业，水利、环境和公共设施管理业，居民服务和其他服务业，教育、卫生、社会保障和社会福利业，文化、体育和娱乐业，公共管理和社会组织等行业。

（4）居民家庭恩格尔系数：指居民家庭食品消费支出占生活消费总支出的比重。

（5）人均收入中位数：指将所有调查户按人均收入水平从低到高顺序排列，处于最中间位置的调查户的人均收入。

（6）国家环境保护模范城市分别为杭州市、宁波市、绍兴市、湖州市、义乌市、富阳市、临安市。

财政法规选编

zhejiang caizheng nianjian

浙江省政策性渔业互助保险补贴专项资金管理暂行办法

2012年3月12日　浙财农〔2012〕55号

第一章　总　则

第一条　为加强我省政策性渔业互助保险补贴专项资金管理,促进我省政策性渔业互助保险工作开展,提高财政补贴资金使用效益,根据《中华人民共和国保险法》、《关于推进政策性农业保险的若干意见》(浙政发〔2009〕26号)、《关于建立政策性农业保险巨灾风险准备金制度的通知》(浙政办发〔2011〕8号)和《浙江省财政农业专项资金管理办法》(浙财农字〔2011〕6号)的有关规定,制定本办法。

第二条　渔业互助保险专项资金(下简称专项资金)是指省财政为鼓励我省(不含宁波)渔业互保协会正式会员参加渔业互助保险而按本办法规定实行补贴的专项资金。

第三条　专项资金实行"预算管理、年内分批预拨、年终按实结算"。

第四条　省财政厅负责专项资金的预算审核、落实及其使用的监督检查。

省海洋与渔业局负责专项资金的预算编制、使用管理及结算工作。

第五条　专项资金经年终清算后若有余额,结转下一年度使用。

第二章　补贴对象、范围和标准

第六条　专项资金的补贴对象为浙江省渔业互保协会(以下简称省渔业互保协会)正式会员,且必须是本省(不含宁波)从事渔业生产经营或为渔业生产经营服务的单位或个人。

第七条　专项资金的补贴险种为雇主责任互助保险和渔船互助保险。

第八条　专项资金的补贴标准:

(一)雇主责任互助保险按意外身故互助保险责任和意外致残互助保险责任的应缴互保费金额的20%给予补贴。超出50万元的意外身故和30万元意外致残保额部分,其对应的互助保险的保费不享受财政补贴。

(二)渔船互助保险按全损责任的应缴互保费金额的20%给予补贴。

第三章　补贴方式和结算流程

第九条　补贴资格审核。在受理投保、续保或增保申请时,省渔业互保协会或其派出机构应要求其填写申请表,提供相关证明材料,并按本办法规定审核补贴资格。

第十条　补贴金额核定。补贴资格审核合格后,由省渔业互保协会或其派出机构按下列规定核定补贴金额:

(一)申请投保和续保的,按当年渔业互保协会规定费率及本办法规定的补贴标准计算会员应缴互保费并核定补贴金额;

(二)投保或续保后申请保额变更的,按申请变更时渔业互保协会规定费率、本办法规定的补贴标准及变更有效时长对应的短期系数比例给予计算会员应缴互保费并核定补贴金额;

(三)因故申请停保的,按已尽互保责任时长对应的短期系数比例核算应收互保费,并应向会员退还互保费并扣回相应的补贴金额,但已发生理赔案件的除外。

第十一条　补贴方式。补贴金额在应缴互保费中直接扣除,会员按扣除后的实际应缴互保费缴纳。

第十二条　专项资金结算。专项资金预算下达后,由省海洋与渔业局根据省渔业互保协会的保费收缴情况分批预拨(结算前预拨比例不高于90%),年终按实结算,并按下列流程办理:

(一)省渔业互保协会各办事处按年度汇总专项资金,于次年1月10日前将《浙江省政策性渔业互助保险专项资金补贴汇总表》(表1)、《浙江省政策性渔业互助保险专项资金雇主责任险补贴清单》(表2)、《浙江省政策性渔业互助保险专项资金渔船险补贴清单》(表3)报送当地海洋与渔业主管部门和财政部门审核;

(二)各市、县海洋与渔业主管部门和财政部门应在接到报送材料后15个工作日内提出书面审核意见,并报送省海洋与渔业局;

(三)省海洋与渔业局对各市、县海洋与渔业主管部门和财政部门联合报送的材料审核无误后,编制用款计划报省财政厅核拨。

第四章　管理与监督

第十三条　雇主责任互助保险和渔船互助保险的费率政策及相关责任条款发生变动,省渔业互保协会应报省海洋与渔业局和省财政厅备案。

第十四条　省渔业互保协会应建立健全协会治理结构

和内部控制制度，并依照国家有关规定建立财务管理制度，接受财政部门和主管部门的监督。

第十五条 省渔业互保协会资金运用必须稳健，遵循安全性原则，并保证资产的保值增值。

第十六条 省渔业互保协会应注重风险防范和化解，利用再保险等市场化机制，努力分散经营风险，确保渔业互助保险业务持续、健康发展。

第十七条 省渔业互保协会应依照国家有关规定提取各项责任准备金，同时根据经营情况提出巨灾风险安排计划，并报省海洋与渔业局和省财政厅备案。巨灾风险准备金按不低于补贴险种当年保费收入10%的比例计提，实行“逐年滚存、专户管理、专款专用”，逐步建立应对巨灾风险的长效机制。巨灾风险准备金专户由省海洋与渔业局、省渔业互保协会共同管理。巨灾风险准备金作为各项责任准备金的补充，在巨灾发生后，各项责任准备金不足以赔付时使用。

第十八条 省渔业互保协会发生重大赔付、大规模退保等对偿付能力产生重大不利影响的事项，应自该事项发生之日起5个工作日内向省海洋与渔业局、省财政厅报告。

第十九条 省海洋与渔业局会同省财政厅对省渔业互保协会的收支实行预算管理。省渔业互保协会的年度收支预算需报经省海洋与渔业局审核批准并报省财政厅备案。

年度结束后，省渔业互保协会应及时向省海洋与渔业局、省财政厅报送经中介机构审计的财务会计报告、渔业互保专项资金使用情况和绩效报告。

第二十条 专项资金必须专款专用，不得挤占、挪用。如有财政违法行为的，将按照《财政违法行为处罚处分条例》等有关法律法规进行查处。

第二十一条 本办法自发布之日起施行。

浙江省战略性新兴产业财政专项资金管理暂行办法

2012年5月23日 浙财企〔2012〕152号

第一条 总则

为贯彻落实省委、省政府《关于加快培育和发展战略性新兴产业实施意见》（浙委〔2011〕76号）精神，规范省财政专项资金使用管理，提高财政资金使用绩效，更好地发挥专项资金的政策引导作用，促进我省战略性新兴产业加快发展，特制订本办法。

第二条 资金来源：浙江省战略性新兴产业财政专项资金（以下简称“专项资金”），由省财政预算统筹安排并监督使用。

第三条 管理原则

（一）坚持公开、公正、公平的原则，创新专项资金支持方式，注重财政专项资金管理的科学性、规范性和有效性，引导促进我省战略性新兴产业的发展。

（二）坚持统筹使用、突出重点、协同集成的原则，集中财力推进全省战略性新兴产业重点领域示范试点和推广应用，带动战略性新兴产业实现重大突破。

（三）充分发挥省财政专项资金的引导作用，带动地方政府、民间资本乃至全社会加大对战略性新兴产业的整体投入，更好地发挥财政资金的使用效益。

（四）建立健全专项资金绩效评价制度，落实部门责任和决策程序，加强专项资金项目跟踪问效，定期对资金使用绩效进行评价，提高专项资金使用效益。

第四条 支持对象

浙江省内除宁波以外的各级地方政府和在浙江省范围内（不含宁波市）工商管理部门登记注册、具有独立法人资格、财务会计制度健全、依法纳税，从事战略性新兴产业的企业或单位。

第五条 支持范围

（一）支持战略性新兴产业示范基地建设。在省级以上高新园区、产业集聚区、经济开发区、工业园区规划建设一批战略性新兴产业基地，发挥其培育发展战略性新兴产业的主阵地作用。

（二）支持省级特色工业设计示范基地试点。以省政府确定的省级特色工业设计示范基地试点为依托，带动所在区域工业设计发展壮大，促进工业转型升级。

（三）支持智慧城市建设试点。按照省智慧城市试点方案的要求和标准，并根据各市产业发展和智慧城市建设的水平，推进智慧城市试点工作，发展完善智慧城市。

（四）支持工业大县（市、区）向工业强县（市、区）转型升级示范试点。大力推进工业转型升级，促进产业结构调整优化，发展高端制造业，建设高附加值、低能耗、低污染的工业强县（市、区）。

（五）开展战略性新兴产业发展评价考核。建立健全战略性新兴产业发展统计评价指标体系和考核制度，每年对各地、各部门支持发展战略性新兴产业情况进行考核，考核结果进行通报，并根据考核结果进行奖惩。

(六)省促进战略性新兴产业发展工作领导小组办公室(以下简称“省促新办”)研究确定的其他重点支持领域或对上述重点领域调整后确定的新的重点领域。

第六条 支持方式

(一)对确定为省试点、示范项目建设单位，由省财政安排资金进行定额补助，补助资金统筹用于试点、示范项目基础设施、公共服务平台建设和相关企业的发展。

(二)对经考核名列全省战略性新兴产业发展前列的地方政府，由省财政给予一定资金的奖励，奖励资金统筹用于支持战略性新兴产业发展。

第七条 资金拨付

(一)根据省促进战略性新兴产业发展工作领导小组确定的重点领域，省级有关部门会同省财政厅研究制定试点、示范实施办法和考核制度。

(二)按照试点、示范实施办法，由省级有关部门组织试点、示范项目的申报、评选工作。

(三)对于确定的试点、示范项目，由省财政厅会同省级有关部门将定额补助资金拨付到项目所在地财政部门。

(四)年度终了，由省级有关部门组织对各市战略性新兴产业发展情况的考核评价工作，并根据考核评价结果，由省财政将奖励资金拨付到当地财政部门。

第八条 管理费用

专项资金项目的评审、论证、绩效评价等管理性费用，按不超过专项资金总额5‰的比例按实列支。

第九条 监督管理

(一)省级有关部门要切实加强对试点、示范项目的管理，建立健全项目跟踪问效制度，确保试点、示范项目的顺利实施和取得实效。要健全项目绩效考核制度，对试点示范工作情况好的项目进行表彰奖励。

(二)试点、示范项目所在地财政部门要会同有关主管部门制定省级财政补助奖励资金的使用管理办法，管好用好省财政安排的补助奖励资金，提高专项资金的使用效益，并将使用管理办法上报省财政厅和有关主管部门备案。

(三)对于不能按规定要求完成试点、示范工作目标任务，或未落实相关配套资金的，省财政将暂停拨付或扣减补助资金，对于不按规定使用财政资金的，将依法进行查处，并在以后三年内取消省级试点、示范的资格。

第十条 绩效评价

(一)省财政厅应根据财政支出绩效评价的规定，建立健全专项资金使用绩效评价制度，每年度委托具有一定资质的中介机构对专项资金使用管理情况进行绩效评价，评价结果将作为下一年度省财政安排资金的重要依据。

(二)省促新办对年度资金的使用情况要及时总结，对资金使用规范、绩效评价良好的项目及时进行推广，对不能按要求完成目标任务、资金使用不规范的地方，要及时督促检查，确保财政资金安全有效。

第十一条 本办法自发布之日起30日后施行。

第十二条 本办法由省财政厅负责解释。

浙江省财政专项扶贫资金管理办法

2012年5月28日 浙财农〔2012〕104号

第一章 总 则

第一条 为加强和规范财政专项扶贫资金管理，提高资金使用效益，根据财政部、国家发展改革委、国务院扶贫办《关于印发〈财政专项扶贫资金管理办法〉的通知》(财农〔2011〕412号)，结合我省实际，制定本办法。

第二条 本办法所称财政专项扶贫资金，是指各级财政安排的，以改善农村扶贫对象基本生产生活条件、帮助农村扶贫对象发展生产、增强自我发展能力、提高收入水平为目的，支持我省欠发达地区和其他享受欠发达地区政策的区域进行扶贫开发的专项资金，包括中央补助我省的财政扶贫资金和省、市、县财政安排的、列政府收支分类科目“扶贫”支出功能科目的专项资金。

第三条 市县要充分发挥财政专项扶贫资金的引导作用，建立完善扶贫开发多元化投入机制，统筹和整合支持欠发达地区各类资金，提高资金使用绩效。

第四条 省财政专项扶贫资金补助范围为省委、省政府确定的欠发达地区和其他享受欠发达地区扶持政策的区域。

第五条 省财政专项扶贫资金要向少数民族地区、革命老区、重点欠发达县(市、区)倾斜，同等条件下，向绩效优秀的县以及有利于村级集体经济发展的项目倾斜。

第二章 预算、分配与使用

第六条 各级财政部门按规定对主管部门申报的财政

专项扶贫资金进行审核，视扶贫开发工作需要、财力情况，安排一定规模的财政专项扶贫资金，并建立与本地区经济社会发展水平相适应的财政扶贫资金投入增长机制。

第七条　省以上财政专项扶贫资金主要按因素法进行分配。资金分配的因素分为客观因素和政策性因素两类，其中客观因素主要包括扶贫对象规模及比例、农村居民人均纯收入、地方人均财力、贫困深度等，政策性因素主要包括财政专项扶贫资金使用绩效、上年度扶贫工作情况、年度国家和省扶贫开发政策及重点等。

第八条　省以上财政专项扶贫资金支持环节和用途如下：

（一）围绕培育和壮大农村特色优势产业，支持扶贫对象发展种植业、养殖业、农产品加工业、来料加工业、民族手工业和农家乐休闲旅游业，使用农业优良品种、采用先进实用农业生产技术等。

（二）围绕改善扶贫对象基本生产生活条件，支持农户异地搬迁，支持修建小型公益性生产设施、小型农村饮水安全配套设施、村组道路及其他小型公益设施。

（三）围绕帮助扶贫对象缓解生产性资金短缺困难，支持建立村级资金互助组织，对扶贫贷款实行贴息。

（四）围绕提高农村扶贫对象就业和生产能力，对其家庭劳动力接受职业教育、参加实用技术培训给予补助。

（五）扶贫项目管理费。

（六）省财政安排的财政专项扶贫资金，还可围绕培育和壮大农村特色优势产业以及帮助扶贫对象缓解生产性资金短缺困难，用于社区服务业发展、市场营销服务、实行扶贫小额信贷等。

（七）其他经批准的支持环节和用途。

第九条　省财政专项扶贫资金不得用于以下各项支出：

（一）行政事业单位基本支出；

（二）各种奖金、津补贴和福利补助；

（三）弥补企业亏损、企业担保金；

（四）修建楼、堂、馆、所及职工住宅，购置交通工具及通讯设备，大中型基本建设、城市基础设施建设和城市扶贫；

（五）弥补预算支出缺口和偿还债务；

（六）其他与本办法第八条规定不相符的支出。

第十条　根据省级财政专项扶贫资金规模，省财政按照2%的比例安排扶贫项目管理费，专门用于扶贫课题调研、扶贫规划编制、扶贫宣传、扶贫专项会议、扶贫信息系统建设与维护、报账管理和项目评估、检查、验收、档案、公告公示等项目管理方面的经费开支。

市、县（市、区）不得以任何理由、任何方式从省财政补助市县财政专项扶贫资金中提取项目管理费用。

第十一条　市、县（市、区）财政部门根据扶贫开发工作需要，按照分级负责和从紧、必需的原则，将扶贫项目管理费纳入部门预算。

第十二条　年度省级财政预算批复后，省扶贫办应按规定及时根据省财政专项扶贫资金分配因素，提出年度各项省财政专项扶贫资金分配方案。省财政厅审核后，会同省扶贫办联合下达资金。

纳入专项性一般转移的省财政专项扶贫资金，按专项性一般转移支付的有关规定执行。

第十三条　主管部门和财政部门联合立项的财政专项扶贫资金，项目实施计划由主管部门会同财政部门联合下达，补助资金由财政部门按规定拨付，资金拨付文件抄送同级主管部门和项目所在地有关主管部门。

第十四条　中央补助我省的财政专项扶贫资金，由省级相关主管部门会同省财政厅于1个月内联合下达。

第十五条　每年12月底前，省财政厅会同省扶贫办采取提前告知预算等方式，按一定比例将预算安排的下一年度省财政专项扶贫资金提前下达各地。

第十六条　各地应按规定将省财政切块下达的专项扶贫资金落实到具体项目，并在规定期限内联合行文报省级主管部门和省财政厅备案。其中属中央财政专项扶贫资金的，需于40个工作日内报送资金使用计划。

第十七条　财政专项扶贫资金使用计划需要明确资金具体用途、补助标准、项目建设内容、资金用款计划等内容，并作为资金使用绩效的参考依据。

第十八条　项目经批准立项后不得擅自变更，执行过程中确需调整的，须按原程序报批。

第三章　管理与监督

第十九条　各级财政部门会同相关主管部门负责财政专项扶贫资金管理，相关主管部门会同财政部门负责财政专项扶贫资金的项目管理。

第二十条　分配给预算单位的财政专项扶贫资金，应纳入部门预算，按部门项目支出预算管理有关规定执行。

第二十一条　分配给非预算单位的财政专项扶贫资金，原则上纳入国库集中支付，暂不具备条件的，仍按原方式管理，同时积极创造条件纳入国库集中支付。

第二十二条　财政专项扶贫资金应遵循政府采购、招投标制度等有关规定。

第二十三条　财政专项扶贫资金实行报账制，分账核算。负责报账的具体层级由各地根据实际自行决定。

第二十四条　财政专项扶贫资金实行项目管理制度，做到资金到项目、管理到项目、核算到项目,适时与财政项目预算管理地理信息系统对接,并纳入财政支农项目库管理。

第二十五条　各级财政部门和相关主管部门要做好对财政专项扶贫资金使用的监督和检查工作,配合审计、纪检、监察部门做好资金和项目的审计、检查等工作。

第二十六条　省财政厅、省扶贫办将不定期组织开展财政专项扶贫资金检查。检查结果作为下一年度财政专项扶贫资金分配的重要依据。

第二十七条　乡镇财政部门要充分发挥就地就近资金监管职能作用,加强对扶贫项目的监督、检查,发现违规问题及时制止并报告上级财政部门。

第二十八条　建立扶贫项目和资金公告公示制度,自觉接受社会监督。财政专项扶贫资金对扶贫对象给予补助,在项目所在地进行公告、公示。

第二十九条　有以下情形之一的,财政部门可会同主管部门视情况采取责令整改、通报批评、暂缓或停止拨付相关财政专项扶贫资金、扣减下一年度扶贫项目管理费、财政专项扶贫资金等措施:

(一)项目建设单位或部门在项目申报、实施中存在弄虚作假及挤占挪用、骗取专项资金等行为;

(二)拒不接受财政部门、主管部门或其他监督部门监督检查的;

(三)因自筹资金、建设用地不落实等而造成项目无法实施的;

(四)擅自调整项目实施主体、实施地点、实施内容等;项目未按规定期限完成(因不可抗力影响除外);

(五)未按规定要求报送资料的;

(六)其他不符合财政专项扶贫资金使用规定的行为。

第三十条　对违反本办法规定,虚报、冒领、截留、挤占、挪用财政专项扶贫资金的单位和个人,按照《财政违法行为处罚处分条例(国务院令427号)》等有关规定查处。

第四章　附　则

第三十一条　中央补助我省的财政专项扶贫资金中用于革命老区发展的,由省财政厅、省老区办根据资金特点,依据本办法另行规定;中央补助我省的发展资金以外的其他财政专项扶贫资金,按中央相关规定执行。

第三十二条　本办法执行过程中,凡其他涉及财政扶贫专项资金管理规定与本办法不一致的,按本办法规定执行。

第三十三条　各市、县(市、区)应根据本办法,结合当地实际制定具体的实施细则,并报省财政厅、省扶贫办备案。

第三十四条　本办法自发布之日30日后实施。

附:关于修订《浙江省财政专项扶贫资金管理办法》的说明(略)

浙江省政府采购支持中小企业信用融资试点办法

2012年6月9日　浙财采监〔2012〕13号

第一条　为贯彻落实中央和省委、省政府关于支持和促进中小企业发展的有关文件精神,进一步发挥政府采购政策功能,促进政府采购制度创新与诚信体系建设,根据财政部、工信部《政府采购促进中小企业发展暂行办法》等有关规定,结合本省实际,制定本办法。

第二条　凡已在浙江政府采购网上注册入库,并取得浙江省政府采购合同的浙江省内中小企业供应商(以下简称供应商),均可申请政府采购信用融资。

本办法所称"中小企业"包括中型、小型及微型企业,其划型标准按国家相关规定执行。

第三条　本办法所称的政府采购信用融资,是指银行业金融机构(以下简称银行)以政府采购诚信考核和信用审查为基础,凭借政府采购合同,按优于一般中小企业的贷款利率直接向申请贷款的供应商发放贷款的一种融资方式。

第四条　开展本省政府采购信用融资试点的银行,应当为浙江省境内注册或设立分支机构,且已开展中小企业贷款业务的国有商业银行、股份制商业银行或其他银行,并在试点前报同级财政部门同意。

第五条　政府采购信用融资应当坚持"财政引导,市场运行,银企自愿,互惠共赢"的原则。

第六条　供应商申请信用融资时,除法定代表人担保外,如融资金额未超过政府采购合同金额的,银行原则上不得要求供应商提供财产抵押或第三方担保,或附加其他任何形式的担保条件,切实做到以政府采购信用为基础,简化手续,提高效率,降低供应商融资成本。

第七条　政府采购扶持应当符合国家经济和社会发展政策目标,鼓励供应商依法、诚信经营,引导企业树立"诚信创造价值"的理念。

第八条 省财政厅会同省政府采购中心进一步完善浙江政府采购供应商库和诚信体系建设，加快政府采购供应商的注册审查和扩容增量，加强供应商诚信考核和诚信指数应用。

各级财政部门应当以政府采购诚信考核和信息化建设为基础，积极为中小企业信用融资搭建平台，提供银企对接的机会和相关的服务支持，但不得为相关贷款项目提供任何形式的担保。

第九条 各银行要根据银行监管部门推进信贷方式转变的有关精神，切实改变“抵押为本”的传统信贷理念，按照先行先试、风险可控原则，对符合“依法合规经营、信用资质良好、经营状况良好、主业突出、负债适度、企业主行为规范”等六条标准的中小企业，积极开展信用贷款试点，对参与政府采购的中小企业给予信贷方面的倾斜政策。各银行应根据基层支行的中小企业贷款绩效、风险控制能力等因素，合理下放中小企业信用贷款的授信审批权限，对以信用贷款方式支持中小企业参与政府采购的单位，在经济资本配置方面适当倾斜。并应优化信贷流程，对供应商成功提交的贷款申请，从申请时点起，相关银行一般应在5个工作日内完成审批，5个工作日内完成放款。同时，要加强贷款精细化管理，以政府采购合同订单为基础，合理确定贷款的期限，避免因支付环节在时间上脱节而造成企业不必要的转贷，切实减轻中小企业的负担。

第十条 对诚信好的供应商，相关银行应在授信额度、贷款审查、利率优惠等方面给予更大的支持，促进供应商依法诚信经营。

第十一条 对诚信指数高和社会信用好的供应商，银行可以将政府采购合同与供应商其他供货合同等结合，实行捆绑融资，发挥政府采购“四两拨千斤”的作用，促进中小企业发展。

对实行捆绑融资的项目，如融资金额超过政府采购合同金额的，其超过部分可引入政府采购信用担保，由专业担保机构为供应商提供保证，有效分散风险。专业担保机构由同级财政部门择优推荐和供应商自愿选择相结合的方式确定。

第十二条 政府采购信用融资工作可率先在省本级开展试点，有条件的市、县（市、区）也可先行先试，试点期为2年。试点结束后，省财政厅应当及时进行总结，并逐步推广到市、县（市、区）。

在试点过程中，省财政厅应不断完善政府采购支持中小企业信用融资的相关政策措施，为融资双方提供相关的便利和服务，并加强对试点采购项目的跟踪监督。省政府采购中心及各社会中介采购代理机构应加强对参与政府采购项目供应商的政策宣传和诚信考核管理，为全面试行政府采购信用融资创造条件。

第十三条 省级政府采购支持中小企业信用融资试点的具体操作程序如下：

（一）有意向开展省级政府采购信用融资试点的银行首先向省财政厅提交开展试点的书面申请，申请材料应当包括具体实施方案、相应产品，以及提供相关优质服务和优惠等承诺。

各相关银行为参与政府采购的中小企业开发的融资产品，应以信用贷款为主，贷款利率应当优于一般中小企业的贷款利率水平，并与供应商诚信指数挂钩，以鼓励供应商积极参与政府采购信用融资。

（二）省财政厅对相关银行提出的方案进行备案审查。对符合上述原则要求、经审查同意其试点的，应将该银行及产品信息（包括贷款发放条件、期限、利率优惠、贷款金额）等在浙江政府采购网“信用融资”专题频道予以展示。

（三）有融资需求的供应商可根据试点银行提供的方案，自行选择符合自身情况的金融产品，并根据方案中列明的联系方式和要求向相关银行提出信用资格预审。预审通过后列入相关银行的信用融资备选供应商库，建立有效的业务合作关系。

（四）供应商一旦获得经省财政厅备案的政府采购合同后，即可凭备案合同向相关银行提出信用融资（贷款）申请。

对拟用于信用融资的政府采购合同，供应商在签署合同时应当向采购单位或采购代理机构申明或提示该合同将用于申请信用融资，并在合同中注明融资银行名称及在该银行的唯一收款账号。采购单位或采购代理机构在进行政府采购合同备案时，应当将上述信息在政府采购信息管理系统的合同备案模块中予以特别标记。

（五）相关银行应按规定对申请信用融资的供应商及备案的政府采购合同信息进行审查，必要时可通过浙江政府采购网对该政府采购合同的书面信息与网上备案信息进行核对，以确保合同收款账号与融资银行收款账户的一致。审核无误后，银行应当凭合同和事先约定的优惠利率及时予以放款。

（六）省本级政府采购资金支付时，采购单位必须将采购资金支付到备案合同中指定的融资银行及收款账号，以保障贷款资金的安全回收。国库支付执行机构应加强支付的审核和监督。

市县操作程序由各地结合本地实际自行拟定，但应当体现“便捷高效、监管有效、风险可控”的原则。

第十四条 各银行可自主决定是否提供政府采购信用

融资以及融资额度，并与供应商签订融资协定；各供应商也可自行决定是否参加政府采购信用融资，并自愿选择合适的融资银行及在该银行开设银行账户。任何单位和个人均不得干预银企双方开展政府采购信用融资业务。

第十五条 供应商弄虚作假或以伪造政府采购合同等方式违规获取政府采购信用融资，或无故不及时还款的，或出现其他违反本办法规定情形的，除按融资合同约定承担违约责任外，同级财政部门应当将其行为按“不良行为”记入供应商诚信档案；情节严重的，应记入供应商“黑名单”；涉嫌犯罪的，移送司法机关处理。

第十六条 结合试点，省财政厅应积极探索和研究将政府采购支持中小企业信用融资政策与对中小企业贷款项目实行财政贴息补助等政策相衔接，发挥政策的叠加效应，进一步发挥财政促进经济发展的作用。

第十七条 各市、县（市、区）可结合本地区实际情况，依照本办法制订本地区的政府采购支持中小企业信用融资的实施细则或具体措施，并报省财政厅备案。

第十八条 本办法自发文之日起执行。

浙江省扶持欠发达地区外向型经济发展专项资金使用管理办法

2012 年 6 月 19 日 浙财企〔2012〕174 号

第一条 为了贯彻落实省委、省政府《关于推进欠发达地区加快发展的若干意见》（浙委〔2011〕29 号），加强扶持欠发达地区外向型经济发展专项资金（以下简称“专项资金”）的使用管理，提高财政资金的使用绩效，进一步加快欠发达地区外向型经济发展，特制定本办法。

第二条 专项资金的来源

根据省政府批准的年度外经贸促进政策，每年在省级财政预算安排的商务促进专项资金中统筹安排。

第三条 专项资金使用管理原则

专项资金的使用管理应符合国家、省外经贸发展政策和财政资金管理要求，遵循公开透明、定向使用、加强监管的原则，有利于推进欠发达地区外向型经济的发展。

第四条 专项资金的扶持对象

专项资金的使用对象根据省委、省政府有关文件确定，具体包括衢州、丽水、舟山及所属各县（市）和泰顺、文成、永嘉、苍南、平阳、磐安、武义、三门、仙居、天台、淳安、洞头等欠发达和海岛地区县。

第五条 专项资金的使用范围

专项资金由欠发达及海岛地区市、县政府统筹用于支持外经贸发展，重点用于扶持企业、中介组织及其他单位组织或参加境外展（博）览会、设立境外营销机构和开展贸易投资促进活动，积极开拓国际市场；调整外贸出口结构，提高产品质量、档次，提高国际市场竞争力；推进有利于外向型经济发展的外贸公共服务项目建设等。

第六条 专项资金的使用管理

（一）专项资金执行“总量控制，指标切块，自主安排”的管理方式。每年，省财政厅会同省商务厅根据各地上一年度一般贸易出口额等因素，将专项资金额度切块下达到各市、县（市）财政部门。各地根据使用指标和本办法的有关规定，结合当地实际，负责专项资金的项目规划、组织实施、项目审核、追踪问效、监督检查等工作。

（二）各市、县（市）商务（外经贸）和财政主管部门要加强协作，明确分工，落实责任，共同做好专项资金的管理和使用工作。

（三）市、县（市）商务（外经贸）部门会同财政部门负责项目规划和实施、组织项目申报和评审，并研究提出项目资助的初步意见。

（四）市、县（市）财政部门负责资金预算管理，对项目资助资金进行审定，办理资金拨付，会同商务（外经贸）主管部门对资金使用情况进行检查。

（五）市、县（市）财政和商务（外经贸）主管部门可根据资金管理工作需要，在资金中列支相关管理性支出，用于项目评审、绩效评估和监督检查等，列支比例最高不超过省下达资金总额的 1%。

第七条 专项资金的监督检查

（一）省财政厅、省商务厅将对专项资金建立监督检查制度，不定期地对项目执行和资金使用情况进行跟踪检查，必要时委托中介机构进行专项检查。

（二）市、县（市）财政、商务（外经贸）主管部门要加强资金使用和项目执行情况的监督检查。在拨付项目资助资金后的 1 个月内，将专项资金使用情况报省财政厅（企业处）、省商务厅（财务处）。所有资金使用单位必须建立完善的项目档案，以备核查。

（三）对于发现的骗取、挪用专项资金等违法行为，将按

《财政违法行为处罚处分条例》(国务院令第427号)等有关法律法规进行查处,追缴全部已拨付的资金。对于违法骗取资金的企业,同时取消其申请专项资金资助的资格。

第八条 附 则

本办法自发布之日起30日后开始实施。省财政厅、原省外经贸厅《关于印发浙江省扶持欠发达地区外向型经济发展专项资金使用管理暂行办法的通知》(浙财企字〔2006〕206号)同时停止执行。

2012年度浙江省促进服务业发展专项资金使用管理操作办法

2012年7月17日 浙财企〔2012〕218号

第一条 为规范中央财政促进服务业发展专项资金的使用管理,提高财政资金使用绩效,根据财政部《中央财政促进服务业发展专项资金管理办法》(财建〔2009〕227号)和财政部办公厅、商务部办公厅《关于2012年开展放心肉服务体系建设等项目有关问题的通知》(财办建〔2012〕100号)要求,特制定本操作办法。

第二条 资金来源。本办法所称中央财政促进服务业发展专项资金(以下简称专项资金)是指中央财政采取因素法拨付我省,专项用于支持二手车交易市场升级改造、报废汽车回收体系建设、"放心肉"服务体系建设、市场监管公共服务体系建设、城市再生资源回收利用体系建设的资金。

第三条 使用管理原则。专项资金坚持合理分配、注重民生、优化结构的原则。重点支持与居民日常生活密切相关的民生类服务业项目建设和改造,提高服务业企业自主创新能力和品牌影响力,促进服务业全面发展。

第四条 补助对象和标准

1. 二手车交易市场升级改造项目。采取以奖代补方式,支持二手车交易市场开展以提高信息化水平、推进市场服务功能升级、改善交易环境为重点的技术改造项目。对按商务部、财政部有关文件的要求,开展上述工作并经验收合格的项目,予以财政支持。对能够有效整合资源、发挥集聚效应和区域影响力,创新流通方式,引入二手车拍卖、品牌经销、质量认证和承诺等先进经营模式的项目,财政支持给予一定倾斜。

2. 报废汽车回收体系建设项目。采取以奖代补方式,支持报废汽车回收拆解企业进行以清洁环境、安全生产、节约资源、推进技术进步为重点的升级改造项目。对按照商务部、财政部相关文件要求开展上述工作并经验收合格的项目,予以财政支持。

3. 市场监管公共服务体系建设项目。采取以奖代补方式,支持有关市县按照《商务部、财政部关于完善流通领域市场监管公共服务体系的通知》(商秩发〔2009〕271号)要求,开展流通领域市场监管公共服务体系建设,资金主要用于系统软硬件设施、应急防护装备、检测仪器及其他重大设备的购置和宣传培训等方面,市级以上建设项目每个原则上按100万元的标准予以支持,县级建设项目每个支持50万元,资金支持总额度不得超过项目总投资的50%。

4. "放心肉"服务体系建设项目。采取以奖代补方式,重点支持屠宰监管技术支撑系统的建设,对按照商务部、财政部相关业务文件要求,开展上述工作并验收合格的,每个屠宰监管技术支撑系统项目按监管平台不超过300万元、每个企业监控终端不超过5万元的标准予以支持。

5. 城市再生资源回收利用体系建设项目。支持金华市试点建设再生资源回收利用体系,通过财政补助、贷款贴息等方式支持金华市以2-3家龙头企业为载体,建设社区回收点、分拣加工中心和集散市场,形成多渠道回收、集中高效分拣、安全环保运输的城市再生资源回收利用体系,并鼓励结合地方实际,探索城市再生资源回收利用的新型模式,项目支持标准原则上不超过总投资额的50%。

第五条 项目申报及实施程序。项目承办单位应按照商务部、财政部业务文件和省商务厅、省财政厅申报通知要求,制定相应的实施方案,并分类按以下程序组织申报及实施:

1. 二手车交易市场升级改造项目、报废汽车回收体系建设项目,符合商务部《关于2012年开展二手车交易市场升级改造示范工程试点工作的通知》和《关于2012年开展报废汽车回收体系建设示范工程试点工作的通知》规定的,由项目承办单位根据省商务厅、省财政厅申报通知要求向所在地商务和财政部门提出申请,由所在地市、县(市)商务、财政部门对项目申报材料进行初步审核后,联合行文上报省商务厅和省财政厅。

2. 市场监管公共服务体系建设项目,根据《商务部、财政部关于完善流通领域市场监管公共服务体系的通知》要求,由省商务厅、省财政厅制定实施方案并择优确定试点市县,试点市县的商务综合行政执法工作单位根据业务文件要求开展组织架构、队伍建设、场地装备、工作制度、宣传培训、信息报送、工作成效、监督检查等相关工作,试点期满后,由试点市、县(市)商务部门组织项目验收材料,并会同同级财政部门联合行文上报省商务厅和省财政厅进行综合评估。

3.“放心肉”服务体系建设项目,由省商务厅牵头制定屠宰技术监管系统的技术方案,提出资金预算,并编制省、市、县监管平台及规模以上生猪定点屠宰厂(场)监控终端建设补助方案,会商省财政厅审核确定。补助方案确定后,由省商务厅通过省招标中心对项目进行公开招标,确定项目实施单位,组织开展监管平台和监控终端建设。

4. 城市再生资源回收利用体系建设项目,由金华市商务局、财政局根据财政部办公厅、商务部办公厅《关于 2012 年开展再生资源回收利用体系建设有关问题的通知》要求,以城市为单位制定城市再生资源回收利用体系建设实施方案(含项目初步安排方案),联合行文报省商务厅、省财政厅。试点城市补助资金到位后,金华市应按照公开、公正、透明原则确定项目安排及实施单位,具体安排情况及补助方案必须向社会公示,无异议后报省商务厅、省财政厅备案方可组织实施。

第六条 项目申报资料要求

1. 二手车交易市场升级改造项目、报废汽车回收体系建设项目需提供资料:(1)所在地商务、财政部门出具的验收申请文件;(2)项目承办单位营业执照副本以及相关资质证明复印件;(3)项目实施完成情况报告,包括软硬件(场地、设备、服务、制度)设施升级改造情况,业务运行、新增利税、带动就业等项目实施效果等;(4)会计师事务所出具的项目实施及投入情况的专项审计报告;(5)项目审核或验收要求提供的其他资料。

2. 市场监管公共服务体系建设项目需提供的资料:(1)试点市县商务、财政部门出具的验收申请文件;(2)商务综合行政执法试点工作考核评估测评情况表;(3)项目实施总体情况报告,包括组织领导、队伍建设、场地装备、工作制度、宣传培训、信息报送、工作成效、监督检查等方面内容;(4)项目实施相关工作经费、设备购置等投入清单及凭证复印件;(5)项目审核或验收要求提供的其他材料。

3.“放心肉”服务体系建设项目需提供的材料:(1)省商务厅提出的监管平台及规模以上生猪定点屠宰厂(场)监控终端建设补助方案;(2)项目公开招投标结果及组织实施情况相关材料;(3)监管系统建设完成后的运行检查情况;(4)项目审核或验收要求提供的其他材料。

4. 城市再生资源回收利用体系建设项目需提供的材料:(1)金华市财政局、商务局联合行文上报确定的专项资金补助方案;(2)金华市再生资源回收利用体系建设自行验收情况报告;(3)会计师事务所出具的项目实施及投入情况的专项审计报告;(4)项目审核或验收要求提供的其他材料。

第七条 组织验收程序。省商务厅、省财政厅会同相关部门根据项目承办单位上报材料和市、县(市)商务和财政部门的初审意见,共同组织项目实施情况的审核或验收。对审核通过或验收合格的项目,按相应标准拨付专项资金。

1. 二手车交易市场升级改造项目、报废汽车回收体系建设项目,由项目所在地商务主管部门和财政部门进行初审,省商务厅会同省财政厅根据初审情况,对市县、(市)初审合格项目进行随机抽查复检。

2. 城市再生资源回收利用体系建设项目,由金华市商务局、财政局自行组织验收,对验收通过的项目提出资金补助方案,联同自验报告、各项目专项审计报告等验收材料报省商务厅、省财政厅备案。

3. 市场监管公共服务体系建设项目,试点期满后,由省商务厅会同省财政厅结合试点市县商务部门、财政部门提供的申请验收材料,进行现场综合评估打分,确定考核评估成绩。

4.“放心肉”服务体系建设项目,建设完成后由省商务厅指导施工单位对系统进行试运行,查找问题,进行修正,省商务厅会同省财政厅等部门对系统建设工作进行检查。

对于上述项目,必要时,省商务厅将会同省财政厅进行实地督察,或委托相关机构或组织专家对实施情况进行评审。

第八条 资金审核拨付

1. 对于审核或验收合格的项目和单位,由省商务厅提出专项资金初步安排意见,经商省财政厅审核确定后,由省财政厅会同省商务厅将补贴资金下拨到项目承办单位所在市、县(市)财政部门或省级有关单位。

2. 对于城市再生资源回收利用体系建设项目,由省财政厅会同省商务厅将中央财政补助资金预拨至金华市财政局。金华市商务局会同金华市财政局按照本办法第七条规定组织验收并上报备案资料后,再将补助资金拨付至项目承办单位。为加快推进试点工作,金华市财政局可会同市商务局制定资金使用管理细则,根据项目实施进度分阶段预拨补助资金。

3. 市、县(市)财政部门或省级有关单位应及时将省财政下达的资金拨付到项目承办单位。项目单位收到资金后应按现行财务会计制度规定进行账务处理。

第九条 监督检查

1. 省商务厅负责对项目建设情况实行动态监管,省财政厅负责对专项资金使用情况实行动态监管,并组织不定期抽查,对于未按要求开展工作、工作进度过慢或资金使用管理存在问题的项目承办单位，省财政厅将相应核减或追回补助资金。

2. 各有关市县财政和商务主管部门要建立健全专项资金监督检查和跟踪问效制度，加强对项目实施全过程的监督管理和资金使用情况的检查指导工作，对于发现的问题，要及时进行纠正，并将情况报省财政厅和省商务厅。

3. 专项资金必须专款专用，任何单位或者个人不得截留、挤占、挪用专项资金。对以虚报、冒领等手段骗取和滞留、截留、挤占、挪用专项资金的，一经查实，将收回已安排的专项资金，并按《财政违法行为处罚处分条例》(国务院令第427号)等有关法律法规进行查处。

第十条 本操作办法自印发之日起30日后施行，由省财政厅、省商务厅负责解释。

浙江省农业综合开发项目绩效评价实施办法(试行)

2012年7月18日 浙财农发〔2012〕2号

第一章 总 则

第一条 为加强农业综合开发项目资金管理，强化支出责任，建立科学、合理的绩效评价管理体系，提高财政资金使用效益，根据《国家农业综合开发项目资金绩效评价办法(试行)》(国农办〔2011〕178号)、《浙江省财政支出绩效评价实施办法》(浙财绩效字〔2009〕5号)和《浙江省农业综合开发资金和项目管理实施办法》(浙财农发〔2011〕6号)等有关规定，制订本实施办法。

第二条 本实施办法所称绩效评价，是指根据农业综合开发项目预先设定的绩效目标，运用定量、定性指标相结合的评价方法和统一的评价标准，对农业综合开发项目管理、资金管理及实施效果进行客观公正的综合评价。

第三条 浙江省农业综合开发办公室(以下简称省农发办)负责对本省实施的农业综合开发项目进行绩效评价，市、县(市、区)农发办(以下简称开发县农发办)按要求对本地实施的农业综合开发项目进行绩效自评。开发县农发办不设在财政部门的，应会同财政部门做好项目绩效自评。

第四条 绩效评价应当遵循科学规范、客观公正的原则。

第二章 评价依据和方法

第五条 评价依据：

(一)国家农业综合开发政策和规章制度；

(二)财政资金拨款文件、农业综合开发资金决算报告等财务会计资料；

(三)项目可行性研究报告(或项目申报书)、实施方案(或初步设计)、项目实施计划批复和统计报表等有关资料；

(四)审计报告、财政监督检查报告和省农发办组织的各类监督检查情况；

(五)开发县农发办的绩效自评报告等资料。

第六条 评价方法：

评价方法可采用目标比较法、专家评议法、问卷调查法等。

第三章 评价内容

第七条 评价内容：

农业综合开发项目绩效评价包括土地治理项目绩效评价和产业化经营项目绩效评价。

(一)土地治理项目

1. 业务指标

目标设定(或前期准备)。主要评价项目可行性研究报告和项目实施方案的编制质量，包括开发县农发办对可研报告、项目实施方案组织初步会审等工作质量。

组织管理水平。主要评价项目管理制度建设与执行、管理机构保障、质量管理水平和档案资料管理。项目管理制度执行包括土地治理项目工程招投标制、工程监理制、资金和项目公示制、工程审价制执行情况。

目标完成程度。主要评价项目建设内容及投资完成情况、项目完成的质量、项目完成的及时性、项目验收与建后管护情况。

2. 财务指标

资金落实。主要评价财政部门、农发办按规定及时足额落实财政配套资金情况和自筹资金情况。

实际支出。主要评价项目资金使用情况，包括资金使用率、实际支出与批复计划用途的相符性和支出的合规性。

财务管理状况。主要评价会计信息质量和制度建设与执行况。

3. 效果指标

主要评价经济、生态、社会效益是否达到预期目标。

经济效益。主要包括新增与改善灌溉面积、新增与改善除涝面积、新增粮食等主要农产品生产能力、新增农业总产值等情况。

生态效益。主要包括增加农田林网防护面积、治理水土流失和改善生态环境等方面的情况。

社会效益。主要包括项目区农民增收情况及农民对项目建设的满意程度。

(二)产业化经营项目

1. 业务指标

目标设定(或前期准备)。主要评价项目单位按规定编制项目可行性研究报告(项目申报书)和实施方案质量,包括开发县农发办对可研报告及实施方案组织初步审查等工作质量。

组织管理水平。主要评价项目组织管理和档案资料保存情况。

目标完成程度。主要评价项目建设内容及投资完成情况和项目完成的及时性。

2. 财务指标

资金落实。主要评价财政部门按规定及时足额落实财政配套资金情况和项目单位落实自筹资金情况。

实际支出。主要评价项目资金使用情况,包括资金使用率、实际支出与批复计划用途的相符性、支出的合规性。

财务管理状况。主要评价财务管理制度是否健全,执行是否有效等。

3. 效果指标

主要评价经济、社会效益是否达到预期目标。

经济效益主要包括项目单位通过实施项目年新增销售收入、利税等情况。

社会效益主要包括带动农民增收、促进劳动力就业等情况。

第四章 评价组织与实施

第八条 绩效评价工作实行"统一组织,分级实施"。省农发办组织、督促和指导开发县农发办开展绩效评价实施工作,按照国家农发办的要求每年做好抽查,并向国家农发办上报项目绩效评价报告等相关材料;开发县农发办对竣工项目及时做好绩效自评,根据要求向省农发办提交自评报告,自评报告主要内容包括:项目基本概况、项目管理、资金管理、项目绩效情况、问题与建议,以及按本办法要求填写的附表1、2。

第九条 受委托参与评价的中介机构,应按照《浙江省财政支出绩效评价实施办法》(浙财绩效字〔2009〕5号)所要求的文本格式撰写绩效评价报告,并对所做结论的真实性负责。绩效评价报告必须依据充分、内容完整、数据准确、客观公正。

第五章 评价结果与应用

第十条 项目绩效评价计分采用量化指标,满分为100分(具体评价指标和评价标准详见附件),根据得分的不同情况将评价结果划分为四个等级:总分在95分以上(含95分)为优秀;95—85分(含85分)为良好;85—60分(含60分)为合格;60分以下为不合格。

第十一条 省农发办将以适当方式将评价结果反馈给开发县农发办,并督促其对存在的问题进行整改。项目绩效评价结果将作为下一年度安排项目的重要依据。

第六章 附 则

第十二条 本实施办法自2012年度起执行。

附表:1. 浙江省农业综合开发土地治理项目绩效评价指标及评分标准(略)

2. 浙江省农业综合开发产业化经营项目绩效评价指标及评分标准(略)

3. 浙江省农业综合开发土地治理项目农户满意度调查表(略)

浙江省湿地保护补助资金管理办法

2012年8月16日 浙财农〔2012〕286号

第一条 为规范和加强湿地保护补助资金管理,切实提高资金使用效益,根据《中华人民共和国预算法》、《浙江省湿地保护条例》等法律法规和财政部、国家林业局《中央财政湿地保护补助资金管理暂行办法》(财农〔2011〕423号)等有关规定,制定本办法。

第二条 本办法所指的湿地保护补助资金(以下简称补助资金),是指省级以上财政预算安排的,主要用于省内的林业系统管理的国际重要湿地、省级以上湿地类型的自然保护区、省级以上湿地公园及省重点湿地保护小区开展湿地保护与恢复相关支出的专项资金。

第三条 补助资金安排和使用原则:

(一)多渠道筹集资金,省级以上财政适当补助;

(二)突出重点,集中投入;

(三)区分轻重缓急,分步实施。

第四条 补助对象:为承担本办法第二条设定的湿地保护管理任务的自然保护区、湿地公园及省重点湿地保护小区管理部门。

第五条 补助资金主要用于以下支出:

(一)退化湿地恢复支出。具体包括:植被恢复、栖息地恢复、湿地有害生物防治、生态补水、疏浚清淤等所需的设计费、施工费、材料费、评估费等。

（二）监测、监控设施维护和设备购置支出。具体包括：监测和保护站点相关设施维护、巡护道路维护、围栏修建、小型监测监控设备购置和运行维护等所需的专用材料费、购置费、人工费、燃料费等。

（三）管护支出。湿地所在地保护管理机构聘用临时管护人员所需的劳务费等。

除上述支出外，省级补助资金可适当用于湿地调查与规划、信息化管理等支出。

第六条　补助资金不得用于湿地保护管理机构人员经费支出、日常办公设备购置费用支出及办公用房、职工生活用房等楼堂馆所建设费用支出。

第七条　各市、县（市、区）财政部门会同林业主管部门，在截止时间前，联合行文向省财政厅报送补助资金申请（附《省级林业财政专项资金项目申报标准文本》）（可在浙江林业网文件栏下载），抄送省林业厅。资金申请包括上年资金使用管理情况、年度计划任务（湿地名称、湿地保护与恢复主要任务、重点支出内容、预期成效等）、申请省级以上财政补助资金数额等。申请中央补助资金截止时间为每年3月10日，申请省级补助资金截止时间为每年3月30日。

第八条　省林业厅根据各市、县（市、区）补助资金申请，结合湿地保护有关规划和当年工作重点，及时向省财政厅提出申请中央或分配省级补助资金建议方案。

第九条　对申请中央补助项目，省财政厅根据各地申请，结合省林业厅建议方案，审核确定项目后，与省林业厅联合向财政部提出中央补助资金申请，在财政部下达中央补助资金后，省财政厅与省林业厅联合下达中央补助项目实施计划任务和资金；对申请省级补助项目，省财政厅根据各地申请，结合省林业厅建议方案，审核确定省级补助资金分配方案后，与省林业厅联合下达省补助项目实施计划任务，按照国库管理制度有关规定，省财政厅拨付省级补助资金。

第十条　补助资金实行专账核算，分别按资金来源和用途设置明细科目。

第十一条　补助资金专款专用，其中涉及政府采购的支出应严格执行政府采购制度有关规定。各地财政部门和林业主管部门要加强资金的管理和监督检查。承担具体任务的湿地保护管理机构要建立资金管理制度，严格收支管理，确保财政资金安全和使用效益。

第十二条　对违反资金使用规定，滞留、截留、挪用补助资金或造成补助资金损失的，依照《财政违法行为处罚处分条例》（国务院令第427号）等有关法律法规查处。

第十三条　对违反规定管理、使用补助资金并受到县级以上审计机关、财政监察专员办检查处理或通报，以及媒体曝光并核实的市、县（市、区），情节严重的，省财政厅、省林业厅将停止安排下一年度的补助资金，同时对违法违规情况进行通报。

第十四条　各市、县（市、区）财政部门会同林业主管部门可根据本办法，结合当地实际，制定具体实施细则，报省财政厅和省林业厅备案。

第十五条　本办法由省财政厅会同省林业厅负责解释。

第十六条　本办法自发布之后30日起执行。

浙江省村级公益事业建设一事一议财政奖补资金管理办法

2012年8月24日　浙财基〔2012〕21号

第一章　总　则

第一条　建立村级公益事业建设一事一议财政奖补（以下简称一事一议财政奖补）制度，是财政部门积极推进城乡基本公共服务均等化的具体措施之一。为全面贯彻落实一事一议财政奖补政策，规范一事一议财政奖补资金管理，提高资金使用效益，根据财政部《关于印发〈村级公益事业建设一事一议财政奖补资金管理办法〉的通知》（财预〔2011〕561号）等文件精神，制定本办法。

第二条　本办法所指一事一议财政奖补资金是指各级财政安排用于村民通过一事一议筹资筹劳办法开展的村级公益事业建设项目的补助资金。

第三条　各级财政部门负责一事一议财政奖补预算安排和资金管理工作。

第四条　各级财政要根据当地村级公益事业建设规划，积极增加奖补资金投入，逐步形成政府奖补引导、村民自愿出资出劳、村级经济努力投入、社会力量捐资赞助相结合的村级公益事业建设多元化投入机制。

第二章　奖补原则

第五条　民办公助，财政奖补。一事一议财政奖补坚持以村级组织发动村民民主议事为前提，以村民自愿筹资筹劳为基础，严禁变相加重村民负担。政府通过民办公助的方式，对符合规定的村级公益事业建设项目给予适当的财政奖补。

第六条 严格管理,专款专用。一事一议财政奖补资金专项用于对村民通过一事一议筹资筹劳开展的村级公益事业建设项目的补助。任何单位或个人不得截留、挪用一事一议财政奖补资金。

第七条 直接受益,注重实效。坚持办实事、重实效,以社会效益最大化为目标,在众多的民生诉求中,一事一议财政奖补资金重点支持村民需求最迫切、反映最强烈、利益最直接,且投资省、见效快、群众参与度高的村内公益事业建设项目。

第三章 奖补范围和标准

第八条 一事一议财政奖补范围主要包括:

(一)村庄道路建设,包括行政村内各自然村、组之间,村民集中居住点之间的道路连接和硬化。

(二)村内小型农田水利设施和田间机耕路修建。

(三)村民饮用水工程,包括村内集中供水设施的建造、输水管道的铺设。

(四)村内公共环境卫生设施建设,包括生活污水集中处理、村内垃圾集中收集、公共厕所、村庄美化等设施建设。

(五)村级便民服务设施、老年活动场所、少年儿童园地、村民文化健身休闲活动场地等设施建设。

(六)广大村民认为需要兴办的其他村级公益事业项目。

跨村以及村以上范围的农村公益事业建设项目继续通过现有专项资金渠道解决,不得列入一事一议财政奖补范围;村民房前屋后的修路、建厕、打井、植树等投资投劳由村民自己负责;超过省政府规定的筹资筹劳限额标准及举债兴办的村内公益事业项目,不得列入一事一议财政奖补范围。

对村级组织办公场所建设、弥补村级组织运转经费、村干部报酬开支,不得列入一事一议财政奖补范围。

非公益性农村建设项目,不得列入一事一议财政奖补范围。

第九条 奖补标准。一事一议财政奖补项目总投资一般控制在100万元左右,财政奖补资金一般为项目总投资的三分之二左右,具体视村经济条件、村民出资出劳等情况确定。

省级财政一事一议计划项目的奖补资金原则上省与市、县(市、区)按1:1比例安排,省级奖补资金适当向欠发达地区倾斜。

市、县(市、区)财政可在省级奖补计划之外,根据地方实际自行选择项目开展财政奖补工作。

第四章 资金安排与奖补办法

第十条 奖补资金安排。一事一议财政奖补资金列入同级财政年度预算。省级财政安排专项资金予以适当奖补。

第十一条 奖补对象。村级组织是一事一议财政奖补项目的实施主体,以行政村为基本单位,按照一事一议筹资筹劳政策和程序开展项目具体实施工作。财政奖补对象原则上是村级组织。

第十二条 奖补方式。一事一议财政奖补资金主要以货币方式补助,也可以用实物方式补助。采取货币方式补助的,由市、县(市、区)财政部门将奖补资金按规定的程序拨至项目所在村。以实物方式补助的,由市、县(市、区)或乡(镇)按政府采购的规定,统一组织物资采购,并要求供应商送货到项目建设地。

第十三条 一事一议财政奖补项目的开展应坚持规划先行、先议后筹、先筹后补的原则,按照村民议事、村级申报、乡镇初审、市县级审核、省级择优立项的流程,自下而上逐级申请申报,自上而下审核审批下达。

第五章 资金拨付与核算

第十四条 奖补资金的拨付。为鼓励一事一议财政奖补项目早启动、早完成、早见效,市、县(市、区)财政可以采取预拨部分资金、按进度拨款和项目验收结算几种方式相结合的拨款办法。列入省级一事一议财政奖补计划的项目,省财政厅按批复的项目计划将奖补资金拨至市、县(市)财政。市、县(市、区)财政局统筹安排上级补助和本级安排的资金,按计划分次下达。根据项目筹资筹劳等落实情况,财政奖补资金一般最多预拨70%,预留资金视项目竣工验收结果予以结算。

第十五条 奖补资金预算列收列支核算。市、县(市、区)和乡镇财政收到上级财政预算内下拨的一事一议奖补资金时,收入列“1100224 农林水转移支付收入”科目,预算支出时列“2130701 对村级一事一议的补助”科目。

省级财政将根据预算安排和支出执行情况进行考核管理,并定期通报。

第六章 资金管理与整合使用

第十六条 一事一议财政奖补资金是政府对村级公益事业一事一议建设项目的补助,实行专款专用。项目的奖补资金使用权归村级组织,与村民筹资筹劳、村集体经济投入、社会捐助等统筹用于项目建设。财政奖补资金不得用于项目管理费用开支,不得用于本议事项目以外的其它项目,也不得返还给出资人。

第十七条 省财政对市、县(市、区)奖补资金规模主要采用“因素法”测定,主要依据各地农业农村情况、地方财政奖补资金预算安排、上年度奖补资金支出规模、组织发动工作、资金项目管理情况和项目实施进展等因素确定。

省级财政一事一议财政奖补资金安排采取计划管理和项目管理相结合的办法。地方财政在省下达的计划指标内组织申报省财政奖补项目计划。各地申报年度省财政奖补项目计划工作一般在当年7月底前完成。

第十八条　市、县(市、区)财政部门要充分发挥一事一议财政奖补机制的平台作用,按照"渠道不乱、权限不变、优势互补、各记其功"的原则,将一事一议财政奖补资金和其他财政专项资金整合使用,努力发挥财政奖补的"乘数效应"。

第十九条　财政奖补实行项目管理。省和市、县(市、区)财政要建立一事一议财政奖补项目库,年度奖补计划的确定优先从项目库中择优选取。

第二十条　推行一事一议财政奖补项目乡镇报账制。在村民筹资、村集体投入、社会捐赠资金到账,具备项目开工条件后,才能由村级提出申请,由市、县(市、区)或乡镇财政按工程进度拨付资金。

第二十一条　节约使用资金。在坚持质量标准和严格管理制度前提下,鼓励村级组织在一事一议财政奖补项目的具体实施中采取包清工、议标等方式节省项目投资和费用支出,提高资金使用效益,努力争取少花钱、多办事。

第二十二条　实行项目竣工验收制度。项目竣工后,市、县(市、区)财政部门牵头会同相关部门做好项目竣工验收、财务决算、审计审价等工作,并将验收情况作为办理资金结算的重要依据。一事一议财政奖补项目形成的村级集体资产,要及时督促村级财务入账核算管理。

第七章　监督与检查

第二十三条　实行公示制度。市、县(市、区)、乡镇财政要按照政府信息公开的要求,全面公开一事一议财政奖补的政策标准、管理办法和办事程序,认真指导督促村委会依据村务公开的有关规定做好项目公示工作。

一事一议财政奖补项目应当接受村民代表的全程监督。对村民筹资筹劳等项目自筹投入计划和实际到位情况、财政奖补资金使用明细等应分阶段张榜公示,公开接受村民群众监督。

第二十四条　建立激励约束机制。上级财政应对下级财政年度一事一议财政奖补工作开展情况进行工作考核,并将考核结果作为对下分配财政奖补资金的参考因素之一。

工作考核内容主要包括组织保障、资金安排、项目管理、制度建设、信息系统应用、政策执行等方面。

第二十五条　建立绩效评价制度。市、县(市、区)、乡镇财政部门每年应选择部分地区或项目,对一事一议财政奖补资金使用效益进行绩效评价。每年2月15日前,地方财政应将上一年度绩效评价结果和本年度绩效目标报告省财政厅。

第二十六条　建立监督检查制度。各级财政部门要加大资金使用的监管力度,加强对财政奖补工作的监督检查,严防虚报、套取、截留和挪用。对违反一事一议程序、加重村民负担、截留挪用资金的行为要及时责令纠正,追回资金并追究相关当事人的责任。财政奖补监督检查工作原则上每年进行一次。

第二十七条　建立档案管理制度。村民一事一议筹资筹劳的会议纪录、筹资筹劳方案、村民签字书、出资及捐款记录、奖补项目申请审核表、补助资金文件、竣工验收报告等相关原始材料要按项目建档立册,实行档案化管理。

第二十八条　充分发挥乡镇财政管理机构的财政职能作用。市、县(市、区)财政有关一事一议财政奖补项目的选项申报、资金拨付、项目管理、检查验收等工作可明确由乡镇财政管理机构负责承办,积极发挥乡镇财政管理机构对财政奖补资金使用就地就近监管的作用。

市、县(市、区)财政部门应认真做好与乡镇财政之间的信息沟通传递工作,把上级财政部门(包括本级财政)下发的有关政策、资金和项目管理制度、项目计划批复、奖补资金拨付信息等及时下发、抄送乡镇财政管理机构,确保其有效开展监管工作。

第二十九条　各级财政部门应当探索建立财政预算执行机构、商业银行与一事一议财政奖补信息监管系统联动机制,加强对一事一议财政奖补资金进行动态监管。

第八章　其　他

第三十条　市、县(市、区)财政部门应依据本办法,结合当地实际,制定具体管理办法,并报省财政厅备案。

第三十一条　本办法自发文之日起施行。2010年7月20日发布的《浙江省村级公益事业建设一事一议省级财政奖补项目和资金管理暂行办法》(浙财基〔2010〕10号)同时废止。

浙江省海洋产业投资基金管理办法

2012年9月17日　浙财建〔2012〕325号

第一章　总　则

第一条　为规范浙江省海洋产业投资基金(以下简称"省海投基金")的管理,提高省海投基金的使用效益,根据有关法律法规规章和省委、省政府《关于加快发展海洋经济的若干意见》(浙委〔2011〕31号),制定本办法。

第二条　省海投基金的宗旨是通过财政资金的引导和放大作用,优化我省海洋资源的综合利用,促进科技成果在海洋经济领域的产业化,推动我省海洋经济科学发展。

第三条　省海投基金不以盈利为目的,按照“政府引导、市场运作、科学决策、规范管理”的原则进行运作,围绕浙江海洋经济发展示范区和浙江舟山群岛新区两大“国家战略举措”,重点支持浙江省内海洋装备、清洁能源、海洋生物医药、海水利用、海洋勘探开发、滨海旅游、航运服务、涉海商贸服务、海洋信息与科技服务、现代海洋渔业等海洋经济新兴产业项目。

第二章　组织构架

第四条　省海投基金的组织形式为有限责任公司(以下简称基金公司),按照《公司法》的规定,建立法人治理结构,设董事会、监事,依法履行相应职责。

第五条　基金公司由浙江省金融控股有限责任公司(以下简称省金控公司)履行出资人职责,依法享有出资人权利,履行出资人义务。

第六条　基金公司的初期注册资本为10亿元。增加或者减少注册资本的,应当由省金控公司审核后,履行报批手续。

第七条　基金公司不设日常经营机构,委托基金管理公司对省海投基金进行日常经营管理。

第三章　经营管理

第八条　省海投基金的经营计划和投资方案由基金公司董事会决定。

第九条　省金控公司出资设立基金管理公司,基金管理公司作为受托管理机构负责组织实施省海投基金的投资方案。

第十条　基金管理公司设董事会、监事,依法履行相应职责,其成员由出资人委派。

第十一条　基金管理公司设投资决策委员会,投资决策委员会由省金控公司选派5名成员组成,并在选派或调整后10日内报省财政厅备案。

基金公司董事会在决定参与或退出投资项目以及对投资项目增加或者减少投资份额前,应当先由基金管理公司投资决策委员会对项目进行评议。投资决策有4名以上成员同意方可提交基金公司董事会审议,其中重大决策需全体成员一致同意方可提交基金公司董事会审议。

第十二条　基金管理公司设顾问委员会,为省海投基金的项目决策提供技术和智力支持。顾问委员会由海洋经济相关领域的专家组成。顾问委员会也可就特定项目设立临时项目小组,向投资决策委员会提供专业意见。

第十三条　省海投基金仅限于对浙江省海洋经济的相关产业进行投资,除本条第二款规定的情形外,不得从事股票、债券、期货、房地产等投资,不得用于赞助、捐赠等支出,也不得为他人提供担保。闲置资金只能存放银行或购买国债。

基金公司确因项目投资需要购买与投资项目相关的股份、债券,为他人提供与投资项目相关的担保的,应当由基金公司董事会决定后,报省金控公司批准,省金控公司在批准后10日内应当报省财政厅备案。其中,为股东或实际控制人提供担保的,应当经省金控公司同意后报省财政厅批准。

第十四条　基金管理公司分年向基金公司收取按以下标准计算的管理费:

(一)基金公司直接投资或基金管理公司直接参与管理的项目按已投项目金额的8‰提取;

(二)其他形式投资项目按已投项目金额的6‰提取;

(三)基金公司自有的留存现金按金额的3‰提取;

(四)基金公司债务筹资获得的留存现金按金额的1‰提取,并不超过一定限额。限额标准由省金控公司按年制定并报省财政厅备案。

第四章　项目投资

第十五条　省海投基金投资一般采用“直接投资”、“母基金”、“战略合作”等三种运作模式进行投资。

第十六条　直接投资模式主要适用于对发展海洋经济具有战略意义的资源型项目、省政府发展海洋经济的重点项目以及海洋经济新兴产业的早期孵化项目进行投资。

第十七条　母基金模式主要适用于对特定的海洋产业细分行业进行投资。基金管理公司选择与具有战略资源和管理经验的机构进行合作,针对特定行业组建子基金运作。子基金可委托合作机构单独管理,也可由基金管理公司与合作机构组建子基金管理公司进行管理。

组建的子基金应当在浙江省内注册。子基金章程应当规定投资项目须符合浙江省海洋经济发展战略,不符合相关规定的投资方案和计划,基金管理公司拥有否决权。

第十八条　战略合作模式主要适用于我省海洋经济新兴产业中资金需求量大、资源整合难度高、直接投资和母基金模式都难以实施的大项目,引进战略合作伙伴进行投资或联合投资。

第十九条　省海投基金因运作需要或项目条件成熟时,可通过公开转让、协议转让等方式退出所投项目或减持所投项目股份。

国家对国有股权转让另有规定的,从其规定。

第五章 费用和收益分配

第二十条 基金公司仅限列支《公司法》规定的作为公司存在所必须进行的法律行为所需的成本和费用，以及根据本办法支付基金管理公司的管理费。

第二十一条 基金管理公司参与基金运作所发生的各项成本、费用应当在基金管理公司列支，不得在基金公司列支。

第二十二条 基金公司包含利息在内的税后利润在提取法定公积金后不分配，全额留存公司，用于投资。

第六章 报告制度

第二十三条 基金管理公司每季度结束后15日内向基金公司和省金控公司报送省海投基金的运作和资金使用情况。

第二十四条 会计年度结束后的4个月内基金管理公司须向基金公司提交经注册会计师审计的基金公司年度会计报告。基金公司应当在收到报告后20日内将年度会计报告连同基金年度报告报送省财政厅。

第二十五条 省海投基金运作过程中如发生重大或特殊事件，基金管理公司应当及时向基金公司和省金控公司报告，根据其要求编制临时报告书。基金公司应当及时向省财政厅报告相关情况。

第七章 监督管理和法律责任

第二十六条 省财政厅对省海投基金的运作进行监督管理，对基金公司的业绩进行考核，对省海投基金的资金使用情况进行检查，必要时可对省海投基金运作情况进行专项审计。

第二十七条 基金公司和基金管理公司的管理人员滥用职权、玩忽职守或因故意、重大过失造成省海投基金不应有的损失的，依法追究法律责任。

第八章 附 则

第二十八条 因形势需要，决定省海投基金停止运作的，基金公司应当进行清算。清算后基金公司财产有剩余的，省金控公司应当将其分配所得的财产全额缴入省财政；清算后基金公司财产不足清偿债务的，应当依法向人民法院申请宣告破产。

第二十九条 本办法由浙江省财政厅发布并负责解释。

第三十条 本办法自发布之日起30日后施行。

浙江省农业综合开发项目资金报账管理实施办法

2012年8月28日 浙财农发〔2012〕3号

第一章 总 则

第一条 为加强农业综合开发项目资金管理，提高资金使用效益，确保项目建设质量，根据财政部《农业综合开发财政资金县级报账实施办法》（财发〔2011〕22号）和《浙江省农业综合开发资金和项目管理实施办法》（浙财农发〔2011〕6号）等有关规定，制定本实施办法。

第二条 本实施办法适用于国家和省级立项的农业综合开发土地治理项目和产业化经营项目。

第三条 农业综合开发项目资金报账管理是指农业综合开发资金使用单位（包括土地治理项目工程施工单位、物资设备供应商、监理单位、设计单位、工程预结算审价机构、科技推广单位、产业化经营项目建设单位等），根据经批准的项目实施计划、省农发办审定的项目实施方案（或初步设计）及合同等，按照项目建设进度，填写农业综合开发项目资金报账申请单（具体格式详见附件），凭真实、合法、有效、完整的原始凭证及相关资料（以下简称报账凭证），向农业综合开发办公室（以下简称农发办）申请拨付资金，经农发办和财政部门审核同意后予以拨付的管理制度。

第四条 市、县（市、区，以下简称开发县）财政部门设立农业综合开发财政资金专户，农发办设立农业综合开发工程资金专户。

农发办设在财政部门的，待农业综合开发财政资金筹集到位后，可一次或按项目实施、报账进度拨入农业综合开发工程资金专户；农发办不设在财政部门的，资金按项目报账进度逐笔拨入农业综合开发工程资金专户。

第五条 本实施办法所指纳入报账范围的农业综合开发项目资金，包括中央财政资金、省财政资金和市、县（市、区）财政资金以及纳入工程资金专户管理的自筹资金。

第二章 报账资金管理

第六条 开发县财政部门主要职责是：筹集农业综合开发财政资金；编制农业综合开发资金总预算和总决算；对农发办报账申请材料初审情况进行复核；负责农业综合开发财政资金专户管理和核算。

第七条 开发县农发办主要职责是：督促项目区村级集体和农民及项目单位落实自筹资金；审核检查项目建设内容的真实性、合规性以及工程建设质量；对报账申请材料进行初审并提出意见；按规定组织土地治理项目工程预（结）算审价；负责农业综合开发工程资金专户管理，对土地治理项目按子项目进行成本核算及产业化经营项目、土地治理科技推广项目等财政资金的核算。

第八条 产业化经营项目建设单位（指负责实施产业化经营财政补助项目的农民专业合作社或农业龙头企业等）和土地治理科技推广项目实施单位应建立农业综合开发项目资金辅助备查账。

第九条 农业综合开发资金使用范围严格按照《浙江省农业综合开发资金和项目管理实施办法》（浙财农发〔2011〕6号）等有关制度规定执行。对下列不符合要求的支出，不予报账：

（一）未列入农业综合开发年度项目实施计划的支出（按规定程序批准的调整、变更除外）；

（二）经农发办或工程监理单位审核发现未按照承包合同和省农发办审定的项目实施方案（或初步设计）施工的支出（按规定程序批准的调整、变更除外）；

（三）经农发办或工程监理单位审核发现工程建设质量存在问题，且未按要求整改到位的支出；

（四）虚报冒领、与事实不符的支出；

（五）违反农业综合开发资金管理制度及其他财经制度的支出。

第十条 报账资金拨付实行转账结算。

第三章 报账审核程序

第十一条 农业综合开发资金使用单位应向农发办提出报账申请。农发办收到报账申请后，审核发现报账申请材料不齐全或者不符合规定的，应在3个工作日内一次告知申请人需要补正的全部内容；逾期不告知的，收到报账申请材料之日即视为受理日。根据农发办机构设置以及履行职能情况，分别实行以下审核程序：

（一）农发办设在财政部门，具有资金和项目管理双重职能的，应在受理之日起15个工作日内审核完毕，并将资金拨付至报账申请单位。

（二）农发办设在财政部门，履行项目管理职能的，应在受理之日起7个工作日内审核完毕，并送交农业综合开发资金管理科（处）室审核。农业综合开发资金管理科（处）室应在收到报账申请材料之日起7个工作日内审核完毕并将报账申请材料退回农发办，农发办在2个工作日内将资金拨付至报账申请单位。

（三）农发办不设在财政部门的，应在受理之日起7个工作日内审核完毕，并送交财政部门审核。财政部门应在收到报账申请材料之日起7个工作日内审核完毕，并将报账申请材料退回农发办，同时将农业综合开发财政资金从财政资金专户拨入工程资金专户。农发办在收到财政资金之日起2个工作日内将资金拨付至报账申请单位。

第十二条 土地治理项目资金采取直接报账的方式，即报账资金从农业综合开发工程资金专户直接支付给项目施工单位、物资设备供应商等开具原始票据的单位。

第十三条 土地治理项目工程建设根据不同阶段，执行相应的报账规定（详见附件5）。

工程开工时，施工单位按照合同约定提出用款申请，经开发县农发办和财政部门审核同意后，可预付部分工程启动资金（不超过该工程施工合同金额的30%）。

工程建设中，施工单位按照合同约定的付款方式提出报账申请，经工程监理单位核实、项目区乡镇签署意见、农发办和财政部门审核同意后支付工程进度款。

工程完工后，施工单位应及时提出验收申请，农发办应在合同约定期限内组织有关部门（单位）完成验收。工程验收合格，农发办应对施工单位提交的工程结算资料进行初审，然后按规定送交有相应资质的机构审价。审价结论经农发办和财政部门审核同意后支付其余工程款（工程质量保证金除外）。

工程质量保证期满后，由施工单位提出复验申请，农发办组织有关部门（单位）对工程质量进行复验，质量合格的，退还预留的工程质量保证金。

第十四条 实行政府采购的物资设备，由供货单位依据政府采购合同、物资设备签收单等提出申请，经农发办和财政部门审核同意后支付资金。

第十五条 土地治理项目工程监理费、科技推广费分别由工程监理单位和科技推广单位提出申请，经项目区乡镇签署意见、农发办和财政部门审核同意后，凭合法有效的原始凭证及相关资料进行报账。

第十六条 土地治理项目勘测设计费、审价费分别由工程设计单位和工程预（结）算审价机构提出申请，经农发办和财政部门审核同意后，凭合法有效的原始凭证及相关资料进行报账。

第十七条 项目管理费和工程管护资金由开发县农发办按年度土地治理项目财政资金的规定比例提取，在农业综合开发工程资金专户内与工程资金分账核算。

开发县应严格按照规定的支出范围和标准使用项目管理费。对参与土地治理项目管理的单位，可酌情安排项目管理费。

工程管护资金的使用由工程管护主体提出申请，经工程所在乡镇签署意见、农发办和财政部门审核同意后，凭合法有效的原始凭证及相关资料进行报账。

第十八条 产业化经营项目中的财政补助资金，原则上应采取直接报账的方式。项目建设单位通过转账先行垫付资金实施的项目，财政补助资金可支付至项目建设单位。

项目建设单位在自筹资金落实到位、项目总投资完成过半的情况下方可提出报账申请，经农发办和财政部门审核同意后予以报账。报账进度不得超过完成投资额与项目总投资的比例。

开发县农发办和财政部门可事先与项目建设单位商定，待项目全部完工并经验收合格后予以一次性报账。

第十九条 贷款贴息资金，由项目建设单位提供合法有效的原始凭证及相关资料进行报账，经农发办和财政部门审核同意后，将资金支付至项目建设单位。

第四章 报账凭证管理

第二十条 开发县农发办和财政部门必须严格审查报账凭证的真实性、合法性、有效性和完整性，严禁白条入账。

第二十一条 土地治理项目报账，除提供报账申请单、发票等凭证外，还应当根据项目建设不同阶段以及支出内容提供有关资料。

申请工程启动资金时，应当提供中标通知书、施工合同、开工报告等；申请工程进度款或设备购置款时，应当提供经监理单位核实的阶段性工程结算单、工程变更联系单或物资设备购销合同及签收单等；申请工程结算时，应当提供经监理单位核实的工程结算单、工程变更联系单、工程结算审价报告、工程验收单及竣工图等。

监理费报账应当提供工程监理合同、监理日记、监理月报、监理报告等；勘测设计费报账应当提供工程勘测设计合同、工程设计方案等；中介机构审价费报账应当提供委托审价合同、审价报告等；工程质量保证金报账应当提供工程质量复验报告等；工程管护资金报账应当提供工程管护合同、管护情况报告或说明、工程维修结算或所购设备清单等。

科技推广费报账除提供科技推广方案、科技推广合同、项目工作总结、发票、银行转账凭证（或收款收据）外，还应当根据不同支出内容提供有关证明材料。生产资料费需提供含种子、种苗、肥料、农药、薄膜领用人姓名、身份证号码、联系电话、发放标准、数量、领用人签字、发放人签字等内容，并经有关村委会盖章的物资发放清册；耕地租用费需提供租用合同和含户主姓名、耕地面积、租用期限、租用单价、租金总额、户主签名等内容的清单；培训费需提供培训通知、学员签到册、培训资料、培训现场照片等；检测化验费需提供与检测化验单位签订的合同、检测化验报告等；小型仪器设备费需提供设备购置或租赁的合同等；技术咨询（服务）费需提供技术咨询（服务）合同及支出明细表等。

第二十二条 产业化经营财政补助项目报账应当提供：报账申请单、项目建设进度验收单、项目支出明细表、有关合同、入库单、验收报告、培训通知及签到单、发票、银行转账凭证（或收款收据）等报账凭证原件。农发办和财政部门审核无误后，农发办应在项目建设单位提供的发票原件上加盖“农业综合开发产业化经营财政补助项目”印章，同时在给予财政资金补助的工程、设备等支出的相关发票原件上加盖“农业综合开发财政已补助”印章，并注明补助金额、审核人及审核日期，由农发办将报账凭证原件退回项目建设单位。财政部门凭报账申请单入账，农发办凭报账申请单和报账凭证复印件入账。

省农发办印发年度产业化经营项目申报指南之日前，项目建设单位开展业务活动所发生的支出不得计入项目总投资。省农发办下达年度项目省以上财政资金投资控制指标之日前，项目建设单位开展业务活动所发生的支出，除编制项目可行性研究报告或项目申报书、实施方案或初步设计、组织环境评估等前期费用外，不得报账。

第二十三条 贷款贴息项目报账应当提供：报账申请单、银行贷款合同、贷款到位凭证、贷款银行出具的利息结算清单、利息支付凭证原件、还款凭证等。固定资产贷款贴息项目还须提供贷款银行批复文件，工程施工（或设备采购）合同或付款凭证；流动资金贷款贴息项目还须提供农产品收购合同或凭证。农发办和财政部门审核无误后，农发办应在项目建设单位提供的利息支付凭证原件上加盖“农业综合开发财政已贴息”印章，并注明贴息金额、审核人及审核日期，由农发办将报账凭证原件退回项目建设单位。财政部门凭报账申请单入账，农发办凭报账申请单和报账凭证复印件入账。

第二十四条 参与土地治理项目管理的单位申请项目管理费报账应当提供报账申请单、发票原件、相关费用明细表、会议及培训通知以及日常管理事项的相关文件资料说明等。农发办和财政部门审核无误后，农发办应在所提供的发票原件上加盖“农业综合开发财政已报账”印章，退回项目管理单位。

第五章 监督检查

第二十五条 开发县财政部门、农发办和项目单位应建立健全内部控制制度和监督制约机制，明确职责划分，共同做好报账管理工作，并积极配合审计部门和其他监督检查机构组织实施的审计、检查。

具有资金和项目管理双重职能的农发办，资金管理岗位和项目管理岗位应当分离。

第二十六条 对农业综合开发资金报账工作中出现的

违纪违规问题,除责令改正外,依照有关规定,区别不同情况予以处理。

第六章　附　则

第二十七条　农业综合开发部门项目(省本级项目除外)资金报账,须经相关主管部门签署意见后,比照本实施办法执行。

省本级农业综合开发部门项目,资金报账由项目建设单位提出申请,经相关主管部门签署意见后,到省财政厅报账。

第二十八条　省监狱管理局所属农场土地治理项目资金以及产业化经营项目财政资金,比照本实施办法在省监狱管理局农发办报账。

第二十九条　各开发县可结合当地实际制定实施细则,并报省财政厅备案。

第三十条　本实施办法自发文之日起30日后施行,浙江省财政厅2007年8月9日印发的《浙江省农业综合开发财政资金报账管理实施办法》(浙财农发字〔2007〕20号)同时废止。

附件:1. 浙江省农业综合开发土地治理项目资金报账申请单(略)

2. 浙江省农业综合开发土地治理科技推广项目财政资金报账申请单(略)

3. 浙江省农业综合开发产业化经营财政补助资金报账申请单(略)

4. 浙江省农业综合开发产业化经营财政贴息资金报账申请单(略)

5. 浙江省农业综合开发土地治理项目工程施工报账流程图(略)

浙江省财政厅关于进一步加强乡镇财政管理做好乡镇公共财政服务平台建设试点工作的意见

2012年10月18日　浙财基〔2012〕28号

各市、县(市、区)财政局(宁波不发):

根据近期对开展加强乡镇财政管理与促进乡镇公共财政服务平台建设工作试点情况的检查,现就进一步加强乡镇财政管理和做好乡镇公共财政服务平台建设试点工作提出如下意见:

一、坚持不懈做好以乡镇财政机构设置为重点的乡镇财政建设工作

建立乡镇财政机构和配足配强人员力量,是加强乡镇财政管理和做好乡镇公共服务工作的基础和前提。各试点县(市、区)要贯彻落实省政府《关于进一步加强乡镇财政建设的意见》(浙政发〔2011〕52号)和省财政厅、省编委办、省公务员局《关于转发〈财政部　中央机构编制委员会办公室　国家公务员局关于加强乡镇财政队伍建设的意见〉的通知》(浙财基〔2012〕22号)精神,加快推进乡镇财政机构建设工作。

(一)加强乡镇财政队伍建设。从总体上看,各试点县(市、区)建立和完善乡镇财政机构工作进展顺利,但仍有一些地方尚未单独设立乡镇财政机构,工作人员配备和到位比较缓慢。各地要采取措施加快推进,按照浙财基〔2012〕22号文件要求,积极争取政府和编制部门的支持,确保年底前完成此项工作。

(二)统一乡镇财政机构名称设置。为更好地开展工作,建议各地乡镇财政机构名称统一为“乡镇财政所”。其中,小城市培育试点镇和财政收支规模较大的镇可称“乡镇财政局”,以体现乡镇财政管理工作的专业化、职能化。

(三)改善乡镇财政机构的办公条件和服务设施。按照乡镇财政机构所承担的工作任务和开展工作的基本需要,在业务用房和办公设施的配套上,要有基本的配备标准,即财政所(局)的业务用房原则上要按照办公室、档案资料室、业务学习室、办事服务厅(即“三室一厅”)的要求进行配置,同时配备必要的电脑、传真机、复印机等管理和服务设施。

(四)明确乡镇财政机构职责。各地要按照浙政发〔2011〕52号文件的规定和当地的实际情况,确定乡镇财政机构的职责。目前乡镇财政所必须要承担的工作职责是:负责乡镇预(决)算编制、预算执行和预算管理,统一管理乡镇范围内的各项政府性收支;做好乡镇行政事业单位财务管理,加强乡镇国有资产的监管和乡镇政府性债务管理;负责本乡镇范围内的各项财政性资金的监管工作,做好乡镇财政资金监管的信息通达、公开公示和抽查巡查工作;牵头做好乡镇公共财政服务平台建设,做好乡镇公共财政服务工作;做好村级财务管理的指导工作,开展村账乡代理管理工作。要根据工作职责,合理设置工作岗位,做到岗位设置科学化。财政所(局)应设置所(局)长、总预算会计、预算管理、国有资产管理、行政事业财务管理、资金监管、公共财政服务、资金支付(出纳)、村级财务及村账乡代理、档案管理等岗位。在人员不足的情况下,可按照相互制衡、高效运作、安全运行的原则,暂时试行一人多岗。

（五）加强对乡镇财政机构的指导与管理。按照“省级加强指导、市级大力推动、县级抓好落实”的要求，省厅已经单独设立了主管乡镇财政工作的基层财政管理处，市、县（市、区）财政局也要设立乡镇财政处（科），加强对乡镇财政所的业务指导。

二、坚定不移抓好以提升服务为重点的乡镇公共财政服务平台试点工作

各试点县（市、区）要按照《关于加强乡镇财政管理与促进乡镇公共服务平台建设试点工作的指导意见》（浙财基〔2012〕12号）要求，根据年内试点工作的总体安排，围绕提升乡镇公共服务工作，抓紧做好推进落实工作。

（一）统一乡镇公共财政服务平台的名称。开展乡镇公共财政服务平台建设，是积极发挥乡镇公共财政管理职能、提高乡镇政府公共服务水平的有效实践，也是创新乡镇公共财政服务模式的积极探索，将极大地推进乡镇财政就地就近资金监管工作。要坚持以乡镇财政管理工作为主导，坚定不移地推进乡镇公共财政服务平台建设试点工作。建议各地乡镇公共财政服务平台名称统一为“乡镇公共财政服务中心”，并努力将乡镇公共财政服务平台的功能延伸至村级便民服务中心，实行乡村两级便民服务工作的联网，进一步促进公共财政服务工作下乡村。

（二）合理设置乡镇公共财政服务平台的场所。按照“简洁实用、量力而行”的原则，通过改扩建、新建等方式，妥善解决服务场所，满足开展公共财政服务工作的需要。根据实际情况，乡镇公共财政服务平台的场所可设在现有的乡镇便民服务中心内，并保持相对独立；也可以结合乡镇财政所办公场所建设单独新建。乡镇公共财政服务场所除了满足开展服务工作的需要外，还应安排休息、宣传、查询等设施，有条件的地方还可引入银行服务项目或设施。

（三）进一步明确乡镇公共财政服务平台的职责。各试点单位必须按照试点工作指导意见确定的原则，确定公共财政服务平台的服务事项和工作职责，并随着工作的深入，逐步增加进入平台的项目和内容。当前服务平台主要工作任务是：收集、审核和整理财政补助性资金和项目性资金使用对象的基本情况和基础数据，建立起一个较为完整的乡镇财政公共服务数据库，为加强财政管理提供支撑；做好各项涉农和民生政策财政补助性资金的发放管理、项目性资金支付和“明白册”到户工作；对发放资料和数据进行审核和比对，防止不当支付；协助做好财政资金监管工作；做好涉农和民生政策财政补助资金发放的登记和公开公示及查询工作；做好村账乡代理等相关事务。

（四）合理确定工作流程。各项涉农和民生政策补贴性资金发放和项目性资金支付纳入乡镇公共财政服务平台后，乡镇要对原有的业务程序进行重新梳理和合理整合，不能只是做简单的归集。在原有部门管理职责保持不变的基础上，县级财政部门在资金的管理和支付环节上要发挥牵头组织作用，合理确定乡镇公共财政服务平台的工作流程，改变工作方式，将关口前移，做好资金监管和服务工作。

（五）合理配备乡镇公共财政服务平台人员力量。各试点单位必须做好乡镇公共财政服务平台工作人员的选配工作，确保各项服务工作的顺利展开。平台的工作人员由乡镇财政、财务人员和整合进来的业务项目原有工作人员共同担任。

三、共同做好乡镇公共（财政）服务管理信息系统开发

根据数字财政建设总体规划，乡镇公共财政服务平台管理信息系统已由省厅统一组织开发，目前已设立开发和服务示范推广小组，各项工作正在稳步推进。各试点县（市、区）要配合省厅做好信息系统的开发建设工作，根据各地实际情况向开发小组提供业务需求和工作流程，并积极做好乡镇公共财政服务平台管理信息系统应用的各项准备工作。

四、加快推进国库集中支付改革，强化乡镇财政就地就近资金监督管理

建立乡镇财政机构，打造乡镇公共财政服务平台，疏通财政管理“最后一公里”后，要合理划分县乡财政资金支付范围，适合乡镇财政支付的资金应通过乡镇财政集中支付。各地应根据所辖乡镇财政管理的实际情况，逐步建立以国库单一账户体系为基础、财政国库集中支付为主要形式的乡镇财政资金管理制度和机制，因地制宜确定乡镇财政集中支付方式，规范收支行为。

强化乡镇财政就地就近资金监督管理工作。各级各部门用于乡镇范围的各类项目性财政资金和民生类补助性资金，要全部纳入乡镇财政就地就近监管范围。县级财政要按照财政部和省财政厅的部署，对下达到乡镇范围的各项资金管理要按照乡镇财政资金监管信息通达、公开公示、抽查巡查的要求进行规范和统一，切实指导和推进乡镇财政就地就近资金监管工作的开展。

五、县级财政部门发给乡镇的文件要直接主送给乡镇财政所（办、局）

要努力促进乡镇财政管理职能的转变，使乡镇财政管理工作尽快摆脱乡镇机关内勤、财务的角色。县级财政要主动改变发文方式，对下达给乡镇的一般性项目资金、业务管理办法等文件县级财政部门要将文件直接主送乡镇财政所（办、局），促进乡镇财政管理工作由事后参与转变为事前、事中、事后全过程参与财政资金使用监管，提高乡镇财政管理机构的地位和作用。

浙江省直接债务融资奖励暂行办法

2012 年 10 月 29 日　浙财金〔2012〕72 号

第一章　总　则

第一条　为积极发挥财政杠杆对金融业发展的撬动作用，鼓励和引导金融机构加大对我省（不含宁波，下同）非金融企业（以下简称“企业”）在银行间债券市场发行债务融资工具的支持力度，提高企业直接融资比重，促进我省金融强省和中小企业金融服务中心建设，助推我省经济社会发展，制订本办法。

第二条　本办法所称债务融资工具，是指金融机构按照《银行间债券市场非金融企业债务融资工具管理办法》，为企业主承销、约定在一定期限内还本付息的债务融资工具。

第二章　奖励范围与标准

第三条　本办法奖励的对象是具有债务融资工具主承销业务资格的在浙金融机构一级分支机构或我省法人金融机构。

第四条　金融机构为我省企业发行债务融资工具提供主承销服务，按以下标准进行奖励：

（一）金融机构为企业发行债务融资工具提供主承销服务，按年度累计发行额（以发行上市日为标准，下同）的一定比例进行奖励。其中，对主承销中小企业集合票据的奖励标准高于其他品种的主承销业务。

（二）两家金融机构为企业联合主承销债务融资工具的，按两家金融机构分别主承销金额按比例进行奖励。

第五条　奖励资金应主要用于金融机构相关业务的宣传拓展，也可提取一定比例用于相关从业人员奖励及培训。

第三章　职责分工

第六条　省财政厅负责奖励资金的预算、决算管理和奖励资金的申报组织工作，审定下达奖励资金，并对奖励资金的落实和使用情况进行监督、检查。

第七条　人行杭州中心支行负责金融机构债务融资工具主承销业务的监测评价，并会同省财政厅、省金融办做好奖励资金的审核工作。

第八条　省金融办主要负责向各市县和企业开展银行间市场政策宣传，提高利用银行间市场融资的认知度和积极性。

第四章　申请与审批

第九条　省内各金融机构以一级分支机构或法人机构为单位，对本机构在上年度主承销的债务融资工具进行认真统计核实并提出申请（申请材料一式 3 份，财政、人行、金融办各 1 份，并附电子材料）。

（一）在杭金融机构一级分支机构或法人金融机构，为企业发行债务融资工具提供主承销服务的，于每年 3 月底前向省财政厅、人行杭州中心支行、省金融办提出申请。

（二）非在杭金融机构一级分支机构或法人金融机构，为企业发行债务融资工具提供主承销服务的，于每年 2 月底前向所在地财政局、人民银行、金融办提出申请。当地财政局、人民银行、金融办审核后形成初审意见，并以联合发文形式于每年 3 月底前报省财政厅、人行杭州中心支行、省金融办，金融机构申报材料应一并报送。

第十条　金融机构申请奖励资金应提交的材料：

（一）浙江省金融机构直接债务融资奖励资金申请表（见附 1、2）；

（二）主承销债务融资工具明细表（见附 3、4）；

（三）发行企业在中国货币网上发布的债券发行公告。

第十一条　人行杭州中心支行根据金融机构奖励资金申报情况，会同省财政厅、省金融办对金融机构奖励资金申报材料进行审核。

第十二条　根据审核确认的结果，对在杭金融机构一级分支机构或法人金融机构，省财政厅将审定后的奖励资金直接拨付到相关金融机构；对非在杭金融机构一级分支机构或法人金融机构，省财政厅将审定后的奖励资金预算指标下达到当地财政局，由当地财政局拨付到相关金融机构。

第五章　管理与监督

第十三条　省内金融机构应按规定如实报送相关材料，并规范使用奖励资金。各初审部门要对报送的相关材料进行认真审核，并出具明确的审核意见。

第十四条　金融机构每年申请债务融资奖励资金时，应将上年度奖励资金的使用情况，以书面报告形式上报省财政厅、人行杭州中心支行、省金融办，报告内容应包括资金的使用情况、资金的使用效果、建议等。

第十五条　人行杭州中心支行将金融机构主承销债务融资情况作为中小企业信贷政策导向效果评估和银行业金融机构综合评价的重要内容。

第十六条 人行杭州中心支行会同省财政厅、省金融办定期对奖励资金使用情况及效果进行评价。

第十七条 金融机构虚报材料，骗取奖励资金的，一经查实，三年内取消奖励资格，并根据《财政违法行为处罚处分条例》等有关法律法规对有关单位和责任人员进行查处。地方有关部门未认真履行审核职责，导致金融机构虚报材料骗取奖励资金，或者挪用奖励资金的，按规定对有关单位和责任人员进行查处。

第六章 附 则

第十八条 本办法由省财政厅会同人行杭州中心支行、省金融办负责解释。

第十九条 本办法自印发之日起30日后施行。

附：1. 浙江省金融机构主承销债务融资工具奖励资金申请表（中小企业集合票据类）（略）

2. 浙江省金融机构主承销债务融资工具奖励资金申请表（非中小企业集合票据类）（略）

3. 浙江省金融机构主承销债务融资工具明细表（中小企业集合票据类）（略）

4. 浙江省金融机构主承销债务融资工具明细表（非中小企业集合票据类）（略）

浙江省海岛及边境地区转移支付资金管理办法

2012年11月19日 浙财预〔2012〕27号

第一章 总 则

第一条 为加强我省海岛、口岸建设及边境、海洋事务管理，促进海岛及沿海地区各项社会事业建设及发展，规范转移支付资金管理，提高资金使用效益，根据财政部《关于印发边境地区转移支付资金管理办法的通知》（财预〔2012〕43号）规定，制定本办法。

第二条 本办法所称海岛及边境地区为我省的海岛、半海岛市、县（市）及有居民海岛的沿海市、县（市），有边境一类口岸的市、县（市）。

第三条 本办法所称海岛及边境地区转移支付资金，是指主要用于我省海岛、口岸建设及边境、海洋事务管理，改善海岛及边境地区民生事业的一般性转移支付资金。

第四条 海岛及边境地区转移支付资金的管理和使用应当遵循用途明确、重点突出、公开透明、注重实效的原则。

第二章 资金分配和下达

第五条 海岛及边境地区转移支付资金由财政部每年下达我省的边境地区转移支付资金以及省财政配套的资金两部分组成。

第六条 省财政厅按照陆域面积、总人口数、海岛个数、海岸线长度和一类口岸个数、出入境船舶数、口岸过货量等因素，结合边境沿海地区管理和使用转移支付资金的绩效评价结果分配海岛及边境地区转移支付资金。

第七条 省财政厅于每年6月30日前将当年海岛及边境地区转移支付资金下达相关市、县（市）财政部门；11月30日前将下一年度海岛及边境地区转移支付预算提前通知相关市、县（市）财政部门。

第八条 相关市、县（市）财政部门应当将省财政厅提前通知的海岛及边境地区转移支付预算，全额列入年初预算。

第三章 资金管理和使用

第九条 海岛及边境地区转移支付资金的使用实行分级管理，各相关市、县（市）应根据本办法管理和使用海岛及边境地区转移支付资金，并进行绩效评价和监督检查。

第十条 海岛及边境地区转移支付资金主要用于以下方面：

（一）海洋事务管理。包括沿海岸线保护，海洋生态环境保护，自然保护区保护等。

（二）海岛基础设施建设。包括污水垃圾处理、海岛供水、供电、道路、桥梁、港口码头、航道、公路等基础设施建设。

（三）改善海岛地区民生。包括基层政权建设，基层文化、基层医疗卫生、农村义务教育等民生事业，以及其他改善海岛地区生产生活条件的民生事务。

（四）促进边境一类口岸能力建设。包括边境一类口岸运转，通关条件改善，基础设施建设等。

第四章 绩效评价和监督检查

第十一条 省财政厅对海岛及边境地区转移支付资金管理和使用的情况进行绩效评价。

第十二条 省财政厅根据工作需要，对海岛及边境地区转移支付资金管理和使用的情况进行监督检查。

省财政厅对海岛及边境地区转移支付资金管理和使用的监督检查工作每年至少进行一次；使用海岛及边境地区转移支付资金的市、县（市）每年要开展一次以上监督检查工作,并将监督检查结果及时报告省财政厅。

第十三条　对海岛及边境地区转移支付资金管理和使用中的违法违纪行为,依照《财政违法行为处罚处分条例》(国务院令第427号)等有关规定追究责任。

第五章　附　则

第十四条　本办法自发布之日起实施。

浙江省财政厅　浙江省国家税务局　浙江省地方税务局关于实施营业税改征增值税试点期间过渡性扶持政策的通知

2012年12月4日　浙财预〔2012〕29号

各市、县(市)财政局、国税局、地税局(宁波不发):

为平稳有序地推进我省营业税改征增值税改革试点,根据财政部、国家税务总局《营业税改征增值税试点方案》(财税〔2011〕110号)和《关于在北京等8省市开展交通运输业和部分现代服务业营业税改增值税试点的通知》(财税〔2012〕71号)精神,按照"改革试点行业总体税负不增加或略有下降,基本消除重复征税"的改革原则,自2012年12月1日起,实施过渡性扶持政策。现将有关事项通知如下:

一、实施过渡性扶持政策的重要意义

营业税改征增值税改革试点是促进税收制度完善的战略举措,是促进产业结构调整的必然选择,也是促进企业健康发展的有效手段。在营业税改征增值税改革试点过程中,部分试点企业由于成本结构、发展时期等原因,产生税负增加情况。制定实施过渡性扶持政策,是确保试点行业和企业税负基本不增加,帮助试点企业在新老税制转换过程中实现平稳过渡,顺利推进营业税改征增值税改革试点的重要保证,同时也能进一步调动试点企业参与改革试点的积极性,促进试点企业抓住机遇、用好政策,整合业务资源、转变经营方式、创新服务领域。

二、实施过渡性扶持政策的主要内容

(一)对因新老税制转换而税负有所增加企业的扶持

1. 对营业税改征增值税试点以后,按照新税制(即试点政策)规定缴纳的增值税比按照老税制(即原营业税政策)规定计算的营业税确实有所增加的试点企业,根据企业税收负担总体持平的原则,可向财政部门提出扶持申请,由市、县(市)财政根据企业税负增加情况给予补助。补助资金由省与市、县(市)按现行财政体制相关规定分担。

2. 税务部门在试点企业办理纳税申报、实际缴纳税款时,同步布置试点企业按月向主管税务机关报送《营业税改征增值税试点企业税负变化申报表》(表式附后)。财政、税务部门要按月监控和分析试点企业税负变化情况。

3. 财政、税务部门对企业提出的扶持申请、《营业税改征增值税试点企业税负变化申报表》等相关材料进行审核把关。税务部门重点审核试点企业按照新税制缴纳的增值税情况和按照老税制计算的营业税情况;财政部门重点审核试点企业税负增加情况,对确因新老税制转换导致税负增加的试点企业,财政部门根据对试点企业申请的审核结果和规定的补助政策,将财政扶持资金拨付至试点企业。具体操作时,原则上按月计算、按季预拨、按年清算。

4. 年度终了,市、县(市)财政部门将企业申报情况、实际补助企业的资金总额、分企业营业税改征增值税试点企业全年税负变化申报表、分企业财政补助资金拨付凭证,报省财政厅。经审核认定后,省财政厅根据现行我省财政体制规定计算省级财政补助资金,并通过年终结算补助给各市、县(市)。

各地要加强对财政扶持资金的申请受理、清算拨付等关键环节的审核把关,切实保障资金使用的有效性和规范性。对于虚报、冒领、骗取财政扶持资金的,依据《财政违法行为处罚处分条例》(国务院令第427号)等有关法律法规查处。

(二)其他扶持政策

1. 税收优惠政策过渡

国家给予试点行业的原营业税优惠政策可以延续,但对于通过改革能够解决重复征税问题的,予以取消。试点期间针对具体情况采取适当的过渡政策。

2. 跨地区税种协调

对跨省经营经批准汇总纳税的试点纳税人,其总机构应当汇总计算总机构及其分支机构的应交增值税,可抵减分支机构已缴纳的增值税和营业税税款。具体操作要求按照《财政部　国家税务总局关于中国东方航空公司执行总机构试点纳税人增值税计算缴纳暂行办法》(财税〔2011〕132号)执行。非试点纳税人在省内从事经营活动的,继续按照现行营业税有关规定申报缴纳营业税。

3. 增值税抵扣政策衔接

现有增值税纳税人向试点纳税人购买服务取得的增值

税专用发票,可按现行规定抵扣进项税额。

各地应及时向省级财政、税务部门报送试点进展情况和相关资料,抓紧制定本地扶持政策的具体实施办法,并于本通知下发后的半个月内向社会公开,确保试点工作顺利实施。

具体操作办法另行通知。

附件:营业税改征增值税试点企业税负变化申报表(略)

浙江省财政厅　浙江省水利厅关于切实加强水利资金使用监督管理的实施意见

2012 年 12 月 19 日　浙财农〔2012〕588 号

各市、县(市、区)财政局、水利(水电、水务)局(宁波不发):

水利改革发展是当前和今后一个时期财政支农投入的重点领域。确保水利资金安全有效使用,不仅关系到财政资金的使用效益,而且关系到水利改革发展的成败。加强水利资金使用监督管理,是坚持关口前移、防范在先、从源头上防止腐败的重要举措,既是一项重要而紧迫的工作,又是一项长期而艰巨的任务。为全面贯彻落实《中共中央　国务院关于加快水利改革发展的决定》(中发〔2011〕1 号)和《中共浙江省委　浙江省人民政府关于加快水利改革发展的实施意见》(浙委〔2011〕30 号)精神,推进水利资金的科学化精细化管理,切实加强水利资金使用监督管理,根据《财政部　水利部关于切实加强水利资金使用监督管理的意见》(财农〔2012〕22 号),结合我省实际,现提出如下实施意见:

一、准确定位,全面加强水利资金使用监督管理工作

(一)认真履行职责。各级财政、水利部门分别是水利资金和项目监督管理的责任主体,要充分认识加强水利资金使用监督管理的重要性和紧迫性,切实增强工作主动性和自觉性。要按照职能分工,正确行使部门职责,建立科学的管理机制,严格用制度和机制保障资金合理有效使用和项目安全运行,不断强化水利资金规范管理,努力提高资金使用效益。

(二)明确目标任务。要从加强制度建设、预算管理、监督检查、廉政风险防控等各个方面,切实采取有效措施,逐步形成较为完备的水利资金管理制度体系,将各级财政安排的水利资金全部纳入监督管理范围。建立多元化监督体系,实现水利资金运行管理全过程监督。通过强化监督管理,使水利资金管理基础工作明显加强,科学化精细化管理水平明显提升,水利资金使用效益明显提高,支出进度缓慢、挤占挪用资金等违规违纪行为大幅减少,水利资金分配、使用、管理的廉政风险得到有效防范和化解。

(三)突出监管重点。要全面加强各级各类水利资金使用监督管理,重点加强对资金规模大、涉及范围广、与民生密切相关的水利资金的监督管理。按照各项资金使用管理制度,突出抓好"强塘"工程、农田水利、水资源保障百亿工程、治太骨干工程、农村饮水安全工程、防汛抗旱救灾、水利工程维修养护、重点滩涂围垦、农村小水电改造、山洪灾害防治、水土流失治理、水资源管理与保护等水利资金监督管理。

二、规范管理,不断完善水利资金制度体系

(四)健全制度体系。按照"依法行政、依法理财"和预算资金管理的有关要求,全面加强水利资金管理制度建设,建立健全覆盖资金分配、拨付、使用和项目立项、设计、实施、验收、后续管理等环节在内的整个资金运行全过程的管理制度体系,确保每项水利资金都有相应的资金管理制度。加强中央、省级和地方水利资金管理制度的衔接,各地要根据中央和省级部门颁布实施的水利资金管理制度有关要求,结合当地实际制定具体的实施细则,因地制宜,探索和创新资金管理方式,并将实践证明行之有效的做法制度化、规范化。

(五)推进绩效评价。加强水利部门预算支出绩效评价,扩大水利项目支出绩效评价范围,建立健全水利项目支出绩效评价指标体系,突出抓好对重大水利专项资金的绩效评价。强化评价结果的运用,逐步将评价结果与预算编制、资金安排和改进预算管理相结合,将评价结果作为预算安排的重要依据,着力改变重资金申报和分配、轻资金管理和绩效的现象。对绩效评价不合格的水利项目,要视情况采取扣减或收回项目资金等措施。

三、科学细致,着力提高水利资金预算管理工作

(六)加强预算编制。紧紧围绕水利改革发展的重点任务和中心工作,建立与部门机构正常运转和日常工作任务合理需要相适应的基本支出保障体系。全面加强水利资金管理基础工作,建立完善基础信息数据库,推进项目支出标准体系建设和项目库建设,做好项目前期工作和项目支出预算细化工作。编细、编实、编准年初预算,提高预算年初到位率,保障各项重点支出需求,并将预算编制与预算执行、结转结余、往年项目绩效情况相挂钩。

(七)加快预算执行。健全完善水利资金预算执行管理机制,采取目标管理、定期通报、重点分析等方式,在保证资金安全、规范、高效使用的基础上,加快水利资金预算执行进

度，不断提高预算执行的均衡性和有效性。各地要按要求提前做好水利项目规划、立项、设计、方案编制等前期准备工作，细化施工方案，强化施工组织与协调，加强工程进度管理和计划管理，及时消除人为不力因素，保障施工条件，加快工作节奏，提高资金使用效率。

（八）推进项目支出预算全过程管理。围绕数字财政总体规划，从水利项目预算编制、项目预算执行及项目执行绩效等项目预算管理涉及的各个环节入手，建立信息化支撑系统。规范项目支出内涵，明确项目类型及内容，建立预算绩效目标标准体系，规范项目支出预算管理流程，对接水利部门项目库与财政部门数据库，逐步完善水利项目地理信息系统数据，建立水利项目支出预算全过程管理，达到项目和资金管理一体化、业务信息可视化、监督管理实时化。

四、多措并举，切实加强水利项目资金监督管理

（九）推动资金整合。科学编制各类水利规划，根据财力可能，合理确定投资规模。认真落实涉农资金整合工作有关要求，进一步优化水利支出结构，集中财力支持水利改革发展的重点领域和薄弱环节。从预算编制环节对水利资金进行全面清理，依据规划对性质相同、用途相近、使用分散的水利专项资金进行归并，或按照资金用途重新分类。对归并或重新分类的支农项目，要完善管理制度，进一步明确扶持范围、支持对象、支持重点和环节、补助标准等；从预算执行环节建立健全沟通协商机制，通过建立决策协商制度和征求意见等多种方式，促进水利资金统筹使用和政策衔接配合。财政部门要主动与有关农口部门进行沟通协调，建立部门间沟通协调和信息共享机制，形成与部门齐抓共管的资金管理氛围。要把整合统筹农田水利建设资金作为当前水利资金整合的重点，围绕“两区”建设、小型农田水利重点县建设、农业综合开发等重点项目平台，明确部门分工，加强协调配合，统筹安排和集中使用资金。

（十）严格项目申报。各地要严格按照水利建设管理有关办法，进一步加大前期工作投入力度，加强可研、初步设计编制深度，确保项目前期工作质量，并建立跟踪检查和责任追究机制。各级财政、水利部门要严格按照有关水利项目资金申报要求，在规定的时间内组织项目申报，规范申报、审批程序，把好申报材料质量关。水利部门对申报项目的真实性、准确性、可行性负责，并会同财政部门对申报项目的合规性负责，杜绝无序申报、重复申报和随意申报行为。各地要积极创新工作方法，采取竞争立项、差额推荐、自下而上申报等方式遴选水利项目，保证遴选的公正、公开和公平。对明确有地方投入要求的水利项目，各地在项目资金申报时须经同级财政部门同意，并由水利、财政部门联合上报。各地要结合财力，科学合理确定当地水利改革发展的近期和长远目标、建设任务、投资规模，有计划、有步骤，分阶段、分层级推进重点项目。严格履行申报项目时提出的地方投入承诺，确保资金落实到位，对承诺投入不到位的，需限期落实承诺资金，拒不落实的，省里将采取扣减以后年度资金规模等方式进行追责。

中央、省级安排的项目以及专项资金管理办法另有规定的，按其相关规定执行。

（十一）履行建设程序。水利基本建设项目要按照建设制度规定的要求和程序办事，严格落实项目法人负责制、招标投标制、建设监理制和合同管理制。要进一步强化水利项目建设监理工作，依据现行规程规范，严格实施监理程序。资金使用属于政府采购范围的，要按照政府采购法相关规定执行，强化采购监督。水利建设项目建设方案一经审批，不得擅自变更，确需变更的，应认真履行重大设计变更报批制度。严禁擅自缩减实施内容或将概算外工程纳入实施范围，严禁中标单位违规分包、转包。项目捆绑招标时，应分项目报价。

（十二）加强资金管理。建立健全检查、抽查、验收、总结、考评等管理制度，对水利项目资金使用全过程进行有效监管。各级财政、水利部门要采取日常监督检查与专项监督检查相结合的方式，对水利项目建设、资金使用管理、施工进度和支付进度等情况加强检查监督。严格规范水利建设项目资金使用拨付程序，明确责任主体，加快拨付进度。大力推进国库集中支付制度，切实做到专款专用，严禁截留、滞留、转移、挪用资金。进一步加强财务管理和会计核算，严格按照批准设计确定的建设内容和规定的用途使用资金，做到按项目单独核算。工程款支付要严格执行《建设工程价款结算暂行办法》（财建〔2004〕369 号），在工程费用审核签证单按规定程序审批后及时支付，并取得正规发票，严格合同管理。积极推行预算审查制和决算评审制。有条件的地方要因地制宜探索加强项目管理新举措，积极实行项目集中管理，或引入专业机构参与项目管理与绩效评价。发挥乡镇财政就地就近实施监管的优势，对各级财政安排的水利资金以及其他部门、渠道下达的水利资金实行全面监管，加强现场巡查、督查工作。要切实加强基层财会人员的培训，提高财会人员业务素质，财政部门要认真做好指导工作。

（十三）强化建后管护。项目实施完毕后，要及时组织验收、竣工财务决算审核审批，抓好项目实施后的跟踪问效和绩效考评工作。检查、抽查、验收不合格的项目必须限期整改。坚持“建管并重”原则，建立健全公益性水利设施运行管护长效机制，明确管护主体，落实管护责任，筹措管护经费，

积极创新基层水利服务组织形式，探索有效的资金补助或奖补等机制，支持基层水利服务组织或村集体进行日常管护，大力推广农民群众自我管护、合作用水等组织形式，确保水利设施长久发挥效益。加强已建水利工程项目资产和档案管理，提高管理的信息化水平。

（十四）形成多元监督。推进水利工程建设项目信息公开和诚信体系建设，大力推行水利项目公示制度。通过电视、广播、报刊、网络、村务公开栏等多种形式，将水利项目遴选程序、遴选结果、建设内容、资金来源、招投标情况、资金使用、监督电话等情况进行全面公示。发挥财政监督的职能作用，主动接受人大、审计等各方面的监督，开展多种形式的监督检查，确保水利资金管理使用的安全、合规和有效。积极引导、发挥村民代表在农村水利基础设施建设中的主动监督和义务监督作用，提高村民参与项目建设监督意识。

（十五）严处违规违纪。在各级各类检查中发现的，或被媒体曝光并核实的水利资金使用不规范、项目建设管理混乱等问题，必须严肃处理和限期整改到位。涉及省以上资金的，省将在全省范围进行通报，并对下列存在的问题在项目和资金安排上进一步进行处罚：一是对多头重复申报或用已建项目申报等骗取省以上财政补助资金的、违反规定扩大使用范围的、截留挪用省以上财政补助资金的，收回省以上财政补助资金，并取消省以上水利项目资金申报资格1年。二是涉嫌虚增投资套取省以上财政补助资金的，经查实后，按原补助比例收回省以上财政补助资金，下一年度除省政府确定的责任书项目外，原则上不再安排其他省级计划。三是对未经上报批准，擅自调整项目建设内容，或重大设计变更未审批的，前期工作准备不充分导致设计大幅调整或无法实施的，项目完工后未按《水利工程建设项目验收管理规定》（水利部令第30号）时限进行竣工验收的，责令限期整改，整改到位前不再安排省以上水利项目计划。四是财务管理和会计核算不规范，建设进度严重滞缓，项目法人负责制、招标投标制、建设监理制和合同管理制实施不到位的，原则上待上述内容规范后再安排省以上水利项目计划。

水利资金使用管理中违反财政资金拨付、预算管理规定及违法行为的，同时依照《财政违法行为处罚处分条例》（国务院令第427号）及有关法律、法规进行处理。

浙江省地方水利建设基金征收和减免管理办法

2012年12月28日 浙财综〔2012〕130号

第一条 为进一步加强和规范我省地方水利建设基金征收和减免管理，根据财政部《关于浙江省征收水利建设基金有关问题的批复》（财综函〔2012〕4号）和省政府办公厅《浙江省地方水利建设基金筹集和使用管理实施细则》（浙政办发〔2011〕83号）规定，结合征管工作实际，制定本办法。

第二条 地方水利建设基金属于政府性基金，由各级地税部门负责组织执收，资金全额上缴财政，纳入政府性基金预算管理。

第三条 地方水利建设基金的征收对象为在我省范围内从事生产经营活动，取得销售收入或营业收入的企事业单位和个体经营者。

个体经营者包括依法办理工商登记的个体工商户和虽没有办理工商登记或按照有关规定免于登记但实际从事生产经营活动的个人。

对未达到营业税或增值税起征点的企事业单位和个体经营者，不征收地方水利建设基金。

第四条 向企事业单位和个体经营者征收的地方水利建设基金，计征收入和征收标准如下：

（一）凡有销售收入或营业收入的企事业单位及个体经营者，按销售收入或营业收入的1‰计征地方水利建设基金；

（二）银行（含信用社）的利息收入按0.6‰，其他销售收入或营业收入按1‰计征地方水利建设基金；

（三）保险公司的保费收入按0.6‰，其他销售收入或营业收入按1‰计征地方水利建设基金；

（四）信托投资公司、证券公司、期货公司、金融租赁公司、财务公司等各类非银行金融机构，按业务收入的1‰计征地方水利建设基金；

（五）实行营业税差额征税的营业收入，其计征收入参照营业税计税营业额确定；

（六）外出经营企业在劳务发生地已缴纳地方水利建设基金的，按照不重复征收原则，其计征收入可在当年总机构所在地缴纳地方水利建设基金的计征收入中予以扣除。

第五条 为适应税收征管模式，强化地方水利建设基金征管，各地可采取按月（季）征收的方式，即按企事业单位和个体经营者上月（季）销售收入或营业收入计征地方水利建设基金。

按月(季)申报期限参照主税种的申报期限执行。因不可抗力等情形,在规定期限内办理申报地方水利建设基金确有困难的,经主管地税机关核准后可以延期办理。

第六条 地方水利建设基金按属地原则确定缴纳地点。

省内跨区域连锁经营、统一核算企业的地方水利建设基金由各营业部或连锁门店向经营地主管地税部门申报缴纳。

省地方税务局直属税务一分局负责做好规定征管范围内地方水利建设基金的征收管理工作。

第七条 地方水利建设基金实行就地缴库,缴费凭证与纳税凭证一致。

第八条 境外经营者在我省范围内从事生产经营活动并取得销售收入或营业收入,在我省未设立经营机构的,以其省内代理人为扣缴义务人;在省内没有代理人的,以购买方或接受劳务方为扣缴义务人。

第九条 对符合国家产业政策且有下列条件之一的企事业单位和个体经营者,可酌情减免地方水利建设基金:

(一)遭受风、火、水、震等严重自然灾害造成重大损失,扣除赔偿后损失金额达100万元以上或注册资金的10%以上的;

(二)当年经营出现亏损,亏损达到注册资金的20%以上的(无注册资金的分支机构不适用);

(三)为水利治理工程、旧城改造而搬迁,影响正常生产经营而造成当年营业收入和利润均比上年减少的;

(四)承担粮油、食糖、盐、猪肉、饲料、药品、农资等政府指令性储备或销售任务的企业,其政府指令性销售任务取得的收入;

(五)符合省政府产业政策支持的先进制造业企业,或属于县(市)级以上政府认定的骨干企业,有技术开发项目,并且当年发生符合企业所得税加计扣除规定的技术开发费100万以上的;

(六)按规定纳税确有困难的工业创意产业及基地、特色工业设计基地;

(七)省级及以上高新技术企业,自第一次认定之日起1-3年内;

(八)经市(地)级以上政府部门认定或按规定备案的资源综合利用企业,其资源综合利用部分的销售收入或营业收入;

(九)购置并实际使用环境保护、节能节水和安全生产专用设备企业,符合企业所得税抵免政策,并且当年专用设备投资金额100万以上的;

(十)污水、垃圾、污泥收集和处理企业;

(十一)创意文化产业基地、困难文化企业;

(十二)景点类旅游企业的门票收入;

(十三)省重点物流企业,省重点流通企业,农产品流通企业;

(十四)年销售额1亿元以上的大宗商品贸易企业;

(十五)在我省设立总部的大型第三产业企业和商贸连锁企业,"千镇连锁超市"龙头企业,新办3年内的连锁经营超市;

(十六)跨省企业集团的本省总部(含销售、研发等功能性机构)、新引进3年内的省外企业集团总部;

(十七)省内新设立或新引进3年内的金融机构总部;

(十八)在我省设立的股权投资管理公司以及从省外、境外新引入成立3年内的大型股权投资管理公司;

(十九)现代服务业集聚示范区鼓励发展的服务业企业,分离发展服务业分离后新设立3年内的服务企业;

(二十)省级扶贫龙头企业和经县级(含)以上各级政府确认的农业龙头企业从事种植业、养殖业和农林产品初加工业(具体范围按财政部、国家税务总局相关文件执行)取得的收入;

(二十一)省级农业科技企业从事技术转让、技术培训、技术咨询、技术服务、技术开发业务所取得的收入;

(二十二)当年经营发生亏损的省级以上老字号企业;

(二十三)安置下岗失业人员、残疾人和自谋职业城镇退役士兵,且与上述人员签订1年以上期限劳动合同并依法缴纳社会保险费的;

(二十四)农村家庭工业,下岗失业人员、毕业两年内的大学生、残疾人和自谋职业城镇退役士兵从事个体经营的;

(二十五)社会福利院、敬老院、养老院、老年公寓等养老机构;

(二十六)为农村提供垃圾处理、污水处理、保洁服务取得的劳务收入;

(二十七)农民专业合作社的经营收入;

(二十八)2012年1月1日起新创立的符合产业政策的小微企业;

(二十九)经省级有关部门认定的省级餐饮产业化基地、省级餐饮龙头企业,纳税有困难的;

(三十)省政府及省财政厅、省地税局规定的其他条件。

第十条 各级地税、财政部门应当遵循公正透明、廉洁高效的原则,按照规定权限执行地方水利建设基金减免政策,加强内控管理,严格审核,坚持集体审批制度,做到公正、公平。

第十一条 地方水利建设基金减免政策的实施要体现鼓励做大做强和支持创业创新原则,根据申请人的经营状况、自主创新及扩大生产等投入情况，合理确定地方水利建设基金的减免幅度和额度，减免金额不得超过减免条件中相关损失、亏损、投入、支出等金额。

第十二条 减免额度和幅度的特殊规定：

（一）省内新设立或新引进的金融机构总部，从省外、境外新引入成立的大型股权投资管理公司，地方水利建设基金给予3年免征。

（二）2012年1月1日起新创立的符合产业政策的小微企业，自创立之日起3年内免征地方水利建设基金，第4-5年减半征收地方水利建设基金。

（三）安置下岗失业人员、残疾人和自谋职业城镇退役士兵，可按实际招用人数每人减免1000元当年应缴的地方水利建设基金；减免额度当年扣减不足的，不得结转下年使用。其中，安置下岗失业人员和自谋职业城镇退役士兵的单位，自安置当年起3年内可按实际安置人数和规定额度减免；安置残疾人的单位，每年可按在职残疾职工人数和规定额度减免。

（四）农村家庭工业，下岗失业人员、毕业2年内的大学生、残疾人和自谋职业城镇退役士兵从事个体经营的，按每户每年2000元为限额减免应缴的地方水利建设基金。其中，下岗失业人员、毕业2年内的大学生、自谋职业城镇退役士兵从事个体经营的，优惠期为3年。

第十三条 有下列情形之一的企事业单位和个体经营者，当年不得减免地方水利建设基金。

（一）因涉税违法或未按规定缴纳社会保险费被地税部门查处的；

（二）因排放超标造成环境污染被当地环保部门下令停业整顿或关停的；

（三）因违法占用或破坏水利设施被水利部门查处的。

第十四条 本办法规定的减免条件中，涉及对特定收入类别减免地方水利建设基金的，申请减免的企事业单位和个体经营者应按收入类别进行单独核算。未实行单独核算且无法确切提供特定收入类别收入金额的，不予减免。

第十五条 地方水利建设基金减免政策不得累加使用，同一企事业单位或个体经营者在申请减免地方水利建设基金时，只可选择适用本办法规定的一项最优惠减免政策。

第十六条 地方水利建设基金减免申请由主管地税机关统一受理，实行分类管理、分级审批制度。

报批类减免。年度地方水利建设基金减免额在30万元（含）以下的由市县地方税务局、财政局负责审批；超过30万元的由市县地方税务局、财政局报省地税局、省财政厅审批。

备案类减免。由主管地税机关登记备案确认后执行。

第十七条 受理期限和备案期限。报批类减免在次年6月底前完成受理；备案类优惠在每年3月底前完成备案登记，当年新办的企事业单位和个体经营者即报即备。

第十八条 下列企事业单位和个体经营者，地方水利建设基金减免实行备案制：

（一）安置下岗（失业）、残疾、退役人员；

（二）农村家庭工业，下岗（失业）、毕业2年内的大学生、残疾、退役人员等从事个体经营；

（三）社会福利院、敬老院、养老院、老年公寓等养老机构；

（四）为农村提供垃圾处理、污水处理、保洁服务；

（五）农民专业合作社；

（六）2012年1月1日起新创立的符合产业政策的微型企业。

第十九条 企事业单位和个体经营者申请优惠时，应按《地方水利建设基金减免项目汇总表》（附后）要求提供资料。主管地税部门在受理时从《浙江地税信息系统》提取和打印申请人的财务报表（年度资产负债表和利润表），并入报批档案。除下列原因外，不得要求申请人额外报送资料。

（一）审核中发现从《浙江地税信息系统》中采集的财务指标与申请材料不一致；

（二）审核中发现申请人报送的资料不足以证明符合所申请的减免条件。

各级财政、地税部门对申请人提交的资料负有保密义务。

第二十条 在受理下岗失业人员、毕业2年内的大学生、自谋职业城镇退役士兵减免备案时，主管地税部门应当查验相关证件，并在《就业失业登记证》或《城镇退役士兵自谋职业证》上加盖戳记，注明享受地方水利建设基金减免所属时间。

下岗失业人员《就业失业登记证》未注明“企业吸纳税收政策”或“自主创业税收政策”的，不属于优惠范围。

第二十一条 符合减免条件的企业，确因资金紧张，无法按期缴纳地方水利建设基金的，经主管地税部门批准，可以延期缴纳，但最长不得超过1年。

第二十二条 地方水利建设基金缴纳义务人未按照规定的期限、金额缴纳地方水利建设基金的，由地税部门责令限期缴纳，并按照法律、法规的规定加收滞纳金。

第二十三条 在我省范围内从事生产经营活动，取得销售收入或营业收入的社会团体、民办非企业等其他单位以及境外和省外的企事业单位和个体经营者，适用本办法规定。

第二十四条 本办法自2013年1月1日起施行。《浙江省税务局关于征集水利建设专项资金若干问题的补充规定》

(〔94〕浙税三2号)、《浙江省地方税务局关于水利建设专项资金若干问题的通知》(浙地税函〔2004〕130号)、《浙江省地方税务局 浙江省财政厅关于加强水利建设专项资金征收和减免审批管理若干问题的通知》(浙地税发〔2005〕112号)、《浙江省地方税务局关于进一步加强水利建设专项资金减免管理有关问题的通知》(浙地税发〔2007〕63号)、《浙江省地方税务局关于明确水利建设专项资金若干政策问题的通知》(浙地税函〔2009〕280号)自本办法施行之日起废止。《浙江省地方税务局关于支持社会主义新农村建设有关税收政策的通知》(浙地税函〔2006〕358号)、《浙江省地方税务局关于贯彻省委推进创业富民创新强省决定的实施意见》(浙地税发〔2008〕1号)中关于地方水利建设基金减免规定与本办法不一致的,按本办法规定执行。

附:地方水利建设基金减免项目汇总表(略)

浙江省道路交通事故社会救助基金会计核算暂行办法

2012年12月31日 浙财会〔2012〕49号

第一章 总 则

第一条 为规范浙江省道路交通事故社会救助基金(以下简称"救助基金")会计核算,根据《中华人民共和国会计法》、《浙江省道路交通事故社会救助基金管理试行办法》(浙政办发〔2010〕97号)、《道路交通事故社会救助基金财务管理暂行规定》(财金〔2009〕175号)以及有关法律法规的规定,制定本办法。

第二条 本办法适用于浙江省各级救助基金管理机构(以下简称"管理机构")管理的救助基金。

本办法所称救助基金,是指依法筹集、用于垫付本省行政区域内发生的机动车道路交通事故中受害人人身伤亡的丧葬费用、部分或者全部抢救费用的社会专项基金。

第三条 救助基金应当作为独立的会计主体进行确认、计量和披露。救助基金独立于管理机构的固有资产和其他资产,实行专款专用。

第四条 救助基金的会计核算应当划分会计期间,分期结算账目和编制财务会计报告。会计期间的起讫日期采用公历日期。

第五条 救助基金会计核算以收付实现制为基础,会计记账采用借贷记账法。

救助基金的会计要素包括资产、负债、净资产、收入和支出。

第六条 救助基金的会计核算应当遵循以下基本原则:

(一)救助基金的会计核算应当以实际发生的业务为依据,如实反映救助基金的财务状况和收支情况等信息,保证会计资料真实、完整。

(二)救助基金的会计核算应当采用规定的会计政策,确保会计信息口径一致、相互可比。

(三)救助基金的会计核算应当及时进行,不得提前或者延后。

第七条 救助基金的会计凭证填制、会计账簿登记、会计档案管理以及内部会计监督与控制等相关会计基础工作,应当遵循《会计基础工作规范》、《会计档案管理办法》等有关规定。

第二章 会计科目及使用说明

第八条 救助基金管理机构应当按照本办法的规定设置和使用会计科目、编制会计凭证、登记会计账簿,对救助基金进行会计核算。在不违反本办法的前提下,管理机构可以根据核算和管理工作需要,对明细科目的设置作必要的补充。

本办法统一规定会计科目的编号,以便于编制会计凭证、登记账簿、查阅账目,实行会计信息化管理,不得随意打乱重编。

管理机构在编制会计凭证、登记会计账簿时,应当填列会计科目名称,或者同时填列科目的名称和编号,不得只填列科目编号,不填列科目名称。

第九条 会计科目名称和编号:

(一)资产类

1001 现金

1002 银行存款

1003 救助基金垫付款

(二)负债类

2001 暂存款

(三)净资产类

3001 救助基金结余

(四)收入类

4001 救助基金收入

4002 上级补助收入

(五)支出类

5001 救助基金支出

5002 补助下级支出

第十条 会计科目使用说明：

1001 现金

一、本科目核算救助基金的库存现金。

二、管理机构应当严格按照国家及浙江省有关现金管理的规定使用现金。

三、现金的主要账务处理如下：

（一）收到现金，按照实际收到的金额，借记本科目，贷记“救助基金收入”、“救助基金垫付款”等科目。

将现金存入银行，按照实际存入的金额，借记“银行存款”，贷记本科目。

（二）从银行提取现金，按照实际提取的金额，借记本科目，贷记“银行存款”。

支出现金，按照实际支出的金额，借记“救助基金垫付款”等科目，贷记本科目。

四、本科目应当设置“现金日记账”，根据收付款凭证，按照业务发生顺序逐笔登记；每日终了，应当计算当日的现金收入合计数、现金支出合计数和结余数，并将结余数与实际库存数进行核对，做到账款相符。

五、本科目借方余额，反映救助基金的库存现金。

1002 银行存款

一、本科目核算救助基金按规定存入开户银行的款项。

二、管理机构应当严格按照救助基金有关财务管理规定办理银行存款的收支业务。

三、银行存款的主要财务处理如下：

（一）收到现金形式的基金收入，按照实际收到的金额，借记“现金”，贷记“救助基金收入”；将现金形式的上述收入存入银行，按照实际存入的金额，借记本科目，贷记“现金”。

收到直接存入银行或银行转账形式的基金收入，按照实际收到的金额，借记本科目，贷记“救助基金收入”。

（二）省级管理机构向市、县（市）管理机构拨付救助基金，按照实际拨付的金额，借记“补助下级支出”，贷记本科目。

各市、县（市）管理机构收到上级管理机构拨付的救助基金，按照实际收到的金额，借记本科目，贷记“上级补助收入”。

（三）各市、县（市）管理机构向有关医疗机构和死者亲属垫付救助基金，按照实际垫付金额，借记“救助基金垫付款”，贷记本科目。

按照基金管理的有关规定，收到依法向机动车道路交通事故责任人追偿的资金，按照实际收到的金额，借记本科目，贷记“救助基金垫付款”。

四、本科目应当按照开户银行设置“银行存款日记账”，根据收付款凭证，按照业务发生的顺序逐笔登记；每日终了，应当结出余额。“银行存款日记账”应当定期与“银行存款对账单”进行核对，至少每月核对一次。月度终了，银行存款账面余额与银行存款对账单余额之间如有差额，必须逐笔查明原因进行处理，并按月编制“银行存款余额调节表”，调节后应二者相符。

五、本科目期末借方余额，反映救助基金的银行存款余额。

1003 救助基金垫付款

一、本科目核算管理机构垫付给有关医疗机构、殡葬机构和死者亲属的款项。

二、本科目应当按照医疗机构和殡葬机构设置一级明细科目，按照受害人设置二级明细科目进行明细核算。

三、救助基金垫付款的主要账务处理如下：

（一）管理机构向医疗机构和死者亲属垫付救助基金时，按照实际垫付金额，借记本科目，贷记“银行存款”等科目。

（二）管理机构收到依法向机动车道路交通事故责任人追偿的资金时，按照实际收到的金额，借记“银行存款”等科目，贷记本科目。

（三）管理机构应定期核查垫付的救助基金。对有充分证据证明确实无法收回，并符合有关核销办法规定的垫付基金，应及时进行核销，并借记“救助基金支出”，贷记本科目。

四、本科目借方余额，反映尚未收回和核销的救助基金垫付款。

2001 暂存款

一、本科目核算救助基金业务活动中形成的暂时无法支付的损害赔偿款。

二、本科目应按照损害赔偿对象设置明细科目进行核算。

三、暂存款的主要账务处理如下：

（一）收到损害赔偿款，按照收到的金额，借记“银行存款”，贷记本科目。

（二）支付损害赔偿款，按照支付的金额，借记本科目，贷记“银行存款”。

四、本科目贷方余额，反映尚未偿付的暂存损害赔偿款。

3001 救助基金结余

一、本科目核算管理机构救助基金全部收入扣除全部支出后的滚存结余。

二、救助基金结余的主要账务处理如下：

（一）期末，将“救助基金收入”、“上级补助收入”等科目贷方余额转入本科目，借记“救助基金收入”、“上级补助收入”,贷记本科目。

（二）期末,将“救助基金支出”、“补助下级支出”借方余额转入本科目,借记本科目,贷记“救助基金支出”、“补助下级支出”。

三、本科目期末贷方余额,反映历年积存的救助基金结余。

4001　救助基金收入

一、本科目核算管理机构收到的除上级补助收入以外的各项收入。

二、本科目应按照收入来源设置“交强险保险费提取资金”、“交强险营业税财政补助”、“罚款”、“救助基金孳息”、“车牌号竞价款”、“地方政府预算专项资金”、“社会捐款”、“其他资金”等明细科目分别反映不同来源收入情况。

三、救助基金收入的主要账务处理如下:

（一）管理机构收到救助基金收入,按照实际收到的金额,借记“现金”、“银行存款”科目,贷记本科目。

（二）期末,将本科目贷方余额转入救助基金结余。按照本科目贷方余额,借记本科目,贷记“救助基金结余”科目。

四、期末结转后,本科目应无余额。

4002　上级补助收入

一、本科目核算管理机构收到上级救助基金管理机构拨付或省财政下拨的专项补助资金。

二、本科目按资金来源设置“省道交中心补助”、“省级财政专项补助”等明细科目进行核算。

三、上级补助收入的主要账务处理如下:

（一）管理机构收到上级管理机构拨付或省财政下达的专项补助资金,借记“银行存款”等,贷记本科目。

（二）期末,将本科目贷方余额转入救助基金结余。按照本科目贷方余额,借记本科目,贷记“救助基金结余”。

四、期末结转后,本科目应无余额。

5001　救助基金支出

一、本科目核算按规定发生的救助基金支出。

二、本科目按照“核销垫付款”、“其他支出”设置明细科目进行核算。

“核销垫付款”明细科目,核算无法追偿的救助基金垫付款,按规定予以核销的金额。

“其他支出”明细科目,核算除“核销垫付款”之外报经主管部门批准的支出。

三、救助基金支出的主要账务处理如下:

（一）按照有关规定,管理机构核销无法追偿的救助基金垫付款时,按照实际核销金额,借记本科目,贷记“救助基金垫付款”。

（二）除“核销垫付款”外,报经主管部门批准的其他支出,按照实际支出金额,借记本科目,贷记“现金”等科目。

（三）期末,将本科目借方余额转入救助基金结余。按照本科目借方余额,借记“救助基金结余”,贷记本科目。

四、期末结转后,本科目应无余额。

5002　补助下级支出

一、本科目核算上级管理机构拨付给下级管理机构的补助支出。

二、本科目按资金下拨渠道设置“省道交中心补助”、“省级财政专项补助”等一级明细科目,并按照补助对象(如,市、市(县))设置二级明细科目进行核算。

三、补助下级支出的主要账务处理如下:

（一）省道路交通事故社会救助基金管理中心通过特设专户向下级管理机构拨付补助资金时,按照实际支付的金额,借记本科目,贷记“银行存款”。

（二）省级财政部门向下级财政部门下达省级财政道交救助基金专项补助时,省道路交通事故社会救助基金管理中心借记本科目,贷记“救助基金收入”

（三）期末,将本科目借方余额转入救助基金结余。按照本科目借方余额,借记“救助基金结余”,贷记本科目。

四、期末结转后,本科目应无余额。

第三章　财务报表

第十一条　各管理机构应当按照本办法的规定,编制救助基金财务报表。

救助基金财务报表主要包括资产负债及收支表、救助基金收支明细及垫付情况表及附注。

救助基金财务报表应当至少分为月度财务报表和年度财务报表,财务报表应当根据登记完整、核对无误的账簿记录和其他有关资料编制,做到数字真实、计算准确、手续完备、内容完整、编报及时。

第十二条　财务报表格式(略)

第十三条　资产负债及收支表编制说明

（一）本表反映救助基金一定日期的全部资产、负债和净资产情况以及一定期间救助基金的收支情况。

（二）本表“年初数”栏内各项数字,应根据上年末资产负债及收支表“期末数”栏内所列数字填列。如果本年度资产负债及收支表规定的各个项目的名称和内容同上年度不相一致,应对上年年末资产负债及收支表各项目的名称和数字按照本年度的规定进行调整,填入本表“年初数”栏内。

（三）本表“期末数”栏内各项数字,根据总账有关账户的期末余额直接填列。

第十四条　救助基金收支明细及垫付情况表编制说明:

（一）本表反映某一会计期间（月度、年度）救助基金所有收入和支出的明细情况、救助基金结余及垫付情况。

（二）本表的"本月累计数"栏反映各项目的本月累计发生额，其内容和填列方法如下：

"收入合计"项目，反映本月基金收入总额，本项目应当根据本表"交强险保险费提取资金"、"交强险营业税财政补助"、"上级补助收入"、"罚款"、"救助基金孳息"、"车牌号竞价款"、"地方政府预算专项资金"、"社会捐款"、"其他资金"等项目金额加总计算填列。

1."交强险保险费提取资金"项目，反映本月收到的按照机动车交通事故责任强制保险保险费的一定比例提取的资金。本项目应当根据"救助基金收入—交强险保险费提取资金"科目本月贷方累计发生额填列。

2."交强险营业税财政补助"项目，反映本月收到的按照保险公司交强险缴纳营业税数额安排的财政补助资金。本项目应当根据"救助基金收入—交强险营业税财政补助"科目本月贷方累计发生额填列。

3."上级补助收入"项目，反映本月收到的上级管理机构拨付的救助基金和省财政下拨的专项补助资金。本项目应当根据"上级补助收入"下设的明细科目的本月贷方累计发生额填列。

4."罚款"项目，反映本月收到的未按规定投保交强险的机动车所有人、管理人的罚款。本项目应当根据"救助基金收入—罚款"科目本月贷方累计发生额填列。

5."救助基金孳息"项目，反映本月收到的救助基金银行存款的利息收入。本项目应当根据"救助基金收入—救助基金孳息"科目本月贷方累计发生额填列。

6."车牌号竞价款"项目，反映本月收到的小型客车号牌号码公开竞价所得价款。本项目应当根据"救助基金收入—车牌号竞价款"科目本月贷方累计发生额填列。

7."地方政府预算专项资金"项目，反映本月收到的本级地方政府预算安排的专项资金。本项目应当根据"救助基金收入—地方政府预算专项资金"科目本月贷方累计发生额填列。

8."社会捐款"项目，反映本月收到的社会捐款。本项目应当根据"救助基金收入—社会捐款"科目本月贷方累计发生额填列。

9."其他资金"项目，反映本月收到的不属于上述来源的其他资金。本项目应当根据"救助基金收入—其他资金"科目本月贷方累计发生额填列。

"支出合计"项目，反映本月基金支出总额，本项目应当根据本表"救助基金支出"、"补助下级支出"等项目金额加总计算填列。

1."救助基金支出"项目，反映本月救助基金支出累计数。本项目应当根据"救助基金支出"科目本月借方累计发生额填列。

2."补助下级支出"项目，反映上级管理机构或省级财政下达的本月拨付给下级管理机构的补助支出。本项目应当根据"补助下级支出"下设的明细科目的本月借方累计发生额填列。

"救助基金结余"项目，反映本月基金收入总额扣除支出总额后的结余。本项目应当根据本表"收入合计"项目金额减去"支出合计"项目金额后的余额填列。

"救助基金垫付款"项目，反映本月救助基金已追偿、已核销及新增垫付支出等情况，本项目不填列金额。

1."已追偿垫付款"项目，反映本月收到的依法向道路交通事故责任人追偿的资金。本项目应当根据"救助基金垫付款"科目本月贷方累计发生额减去"救助基金支出—核销垫付款"科目本月借方累计发生额计算填列。

2."已核销垫付款"项目，反映本月按规定核销的确实无法追偿的垫付款。本项目应当根据"救助基金支出-核销垫付款"科目本月借方累计发生额填列。

3."待追偿的垫付款"项目，反映本月新增的抢救费用和丧葬费用的垫付款。本项目应当根据"救助基金垫付款"科目本月借方累计发生额填列。

（三）本表的"本年累计数"栏反映各项目自年初至本会计期末（年末）止的累计实际发生数。

（四）编制年度收支及垫付情况表时，将"本月累计数"栏改为"上年累计数"栏。"上年累计数"栏各项目应当根据上年度本表的"本年累计数"栏各相应项目数字填列。

（五）《救助基金收支明细及垫付情况表》（会救基 02 表）中的"救助基金结余"栏"本年累计数"，应与《资产负债及收支表》（会救基 01 表）中的"救助基金结余"栏的"期末数"减"年初数"的差额相等。

第十五条 附注是对财务报表中列示项目的文字说明或明细资料，以及对未能在报表中列示项目的说明等。附注相关信息应当与报表中所列示的项目相互参照，以有助于使用者联系相关联的信息，并由此从整体上更好地理解财务报表。

第四章 附 则

第十六条 管理机构的费用支出，由同级财政部门在年度预算中予以安排，不得在救助基金中列支。其会计核算应根据各地管理机构的性质，按相应国家规定的会计制度核算。

第十七条 本办法自 2013 年 1 月 1 日起施行。

2012 年财政规章及相关规范性文件目录(选编)

序号	文件名称	发文单位	文号	发布日期
1	公布施行《彩票管理条例实施细则》	财政部、民政部、国家体育总局	令第 67 号	2012.01.20
2	关于印发《财政总预算会计管理基础工作规定》的通知	财政部	财库〔2012〕1 号	2012.02.10
3	关于印发《彩票公益金管理办法》的通知	财政部	财综〔2012〕15 号	2012.03.12
4	关于印发《基本建设贷款中央财政贴息资金管理办法》的通知	财政部	财建〔2012〕95 号	2012.03.20
5	公布施行《财政部门监督办法》	财政部	令第 69 号	2012.03.20
6	关于切实加强水利资金使用监督管理的意见	财政部、水利部	财农〔2012〕22 号	2012.04.20
7	关于进一步做好将预算外资金纳入预算管理工作的通知	财政部办公厅	财办预〔2012〕12 号	2012.04.23
8	关于印发《中小企业发展专项资金管理办法》的通知	财政部、工业和信息化部	财企〔2012〕96 号	2012.05.29
9	关于印发《中小企业信用担保资金管理办法》的通知	财政部、工业和信息化部	财企〔2012〕97 号	2012.05.29
10	关于进一步加强地方非税收入管理的通知	财政部	财预〔2012〕284 号	2012.06.08
11	关于城市公交企业购置公共汽电车辆免征车辆购置税的通知	财政部、国家税务总局	财税〔2012〕51 号	2012.06.25
12	关于外派海员等劳务免征营业税的通知	财政部、国家税务总局	财税〔2012〕54 号	2012.06.25
13	关于印发《电力需求侧管理城市综合试点工作中央财政奖励资金管理暂行办法》的通知	财政部、国家发改委	财建〔2012〕367 号	2012.07.05
14	关于印发《基层科普行动计划专项资金管理办法》的通知	财政部、中国科协	财教〔2012〕171 号	2012.07.17
15	关于加强乡镇财政队伍建设的意见	财政部、中央编委办、国家公务员局	财农改〔2012〕1 号	2012.07.23
16	关于进一步加强财政基层培训工作的指导意见	财政部	财办〔2012〕33 号	2012.07.25
17	关于印发《物联网发展专项资金管理暂行办法》的通知	财政部、工业和信息化部	财企〔2012〕225 号	2012.08.20
18	关于营业税改征增值税试点有关预算管理问题的通知	财政部、中国人民银行、国家税务总局	财预〔2012〕367 号	2012.08.27
19	关于加快推进公务卡制度改革的通知	财政部、中国人民银行	财库〔2012〕132 号	2012.09.07
20	关于印发《中央财政支持社会组织参与社会服务项目资金使用管理办法》的通知	财政部、民政部	财社〔2012〕138 号	2012.09.11

（续表一）

序号	文件名称	发文单位	文号	发布日期
21	关于免征部分鲜活肉蛋产品流通环节增值税政策的通知	财政部、国家税务总局	财税〔2012〕75号	2012.09.28
22	关于印发《城乡最低生活保障资金管理办法》的通知	财政部、民政部	财社〔2012〕171号	2012.10.08
23	关于印发《节能减排财政政策综合示范城市奖励资金管理暂行办法》的通知	财政部、国家发展改革委	财建〔2012〕777号	2012.10.11
24	关于印发《中小河流治理重点县综合整治项目和资金管理暂行办法》的通知	财政部、水利部	财建〔2012〕671号	2012.10.12
25	关于认真做好节能家电推广工作的通知	财政部、国家发改委、工业和信息化部	财建〔2012〕779号	2012.10.12
26	关于印发《中央补助地方科技基础条件专项资金管理办法》的通知	财政部	财教〔2012〕396号	2012.10.29
27	公布施行《财政票据管理办法》	财政部	令第70号	2012.10.31
28	关于出台页岩气开发利用补贴政策的通知	财政部、国家能源局	财建〔2012〕847号	2012.11.06
29	关于印发《彩票机构财务管理办法》的通知	财政部	财综〔2012〕89号	2012.11.13
30	关于印发《交通运输节能减排专项资金支持区域性、主题性项目实施细则（试行）》的通知	交通运输部办公厅、财政部办公厅	厅财字〔2012〕251号	2012.11.15
31	关于进一步加强社区矫正经费保障工作的意见	财政部、司法部	财行〔2012〕402号	2012.11.19
32	关于印发《农村综合改革示范试点中央财政奖励资金管理暂行办法》的通知	财政部	财预〔2012〕437号	2012.11.27
33	关于印发《地方国有农场办社会职能改革中央财政奖励资金管理办法》的通知	财政部	财预〔2012〕442号	2012.11.30
34	关于印发《国有金融企业年金管理办法》的通知	财政部	财金〔2012〕159号	2012.12.07
35	关于印发《行政事业单位内部控制规范（试行）》的通知	财政部	财会〔2012〕21号	2012.12.10
36	公布施行《行政单位财务规则》	财政部	令第71号	2012.12.10
37	关于进一步加强粮食风险基金决算管理的通知	财政部	财建〔2012〕1010号	2012.12.13
38	关于2012.地方预算执行情况和2013.预算执行管理工作要求等事项的通报	财政部	财预〔2012〕459号	2012.12.13
39	关于调整城镇居民基本医疗保险和新型农村合作医疗地方财政补助资金考核办法的通知	财政部、人力资源社会保障部、卫生部	财社〔2012〕223号	2012.12.14
40	关于贯彻落实《行政单位财务规则》的通知	财政部办公厅	财办行〔2012〕86号	2012.12.17
41	关于深入推进统筹城乡综合配套改革、积极开展农村改革试验的若干意见	中共浙江省委、浙江省人民政府	浙委〔2012〕20号	2012.02.02
42	关于加快金融改革发展的若干意见	中共浙江省委、浙江省人民政府	浙委〔2012〕83号	2012.06.18

（续表二）

序号	文件名称	发文单位	文号	发布日期
43	关于加快山区经济发展的若干意见	中共浙江省委、浙江省人民政府	浙委〔2012〕90 号	2012. 07. 04
44	关于加快推进农业现代化的若干意见	中共浙江省委、浙江省人民政府	浙委〔2012〕118 号	2012. 11. 22
45	关于印发浙江省新型城市化发展十二五规划的通知	浙江省人民政府	浙政发〔2012〕12 号	2012. 02. 23
46	关于建设创新型城市（县、区）的指导意见	浙江省人民政府	浙政发〔2012〕17 号	2012. 03. 22
47	关于进一步加快电子商务发展的若干意见	浙江省人民政府	浙政发〔2012〕24 号	2012. 03. 31
48	关于进一步推进工业有效投资的若干意见	浙江省人民政府	浙政发〔2012〕34 号	2012. 04. 26
49	关于务实推进智慧城市建设示范试点工作的指导意见	浙江省人民政府	浙政发〔2012〕41 号	2012. 05. 11
50	公布施行《浙江省人民政府关于下放行政审批事项推进舟山群岛新区建设发展的决定》	浙江省人民政府	令第 301 号	2012. 05. 23
51	关于促进经济平稳较快发展做好增收节支保平衡工作的意见	浙江省人民政府	浙政发〔2012〕43 号	2012. 05. 31
52	关于全面推进预算绩效管理的意见	浙江省人民政府	浙政发〔2012〕44 号	2012. 06. 06
53	关于进一步支持企业技术创新加快科技成果产业化的若干意见	浙江省人民政府	浙政发〔2012〕45 号	2012. 06. 07
54	关于加快“腾笼换鸟”促进经济转型升级的若干意见（试行）	浙江省人民政府	浙政发〔2012〕49 号	2012. 06. 11
55	关于印发浙江省山区经济发展规划（2012--2017 年）的通知	浙江省人民政府	浙政发〔2012〕59 号	2012. 07. 18
56	关于印发浙江省粮食生产功能区保护办法的通知	浙江省人民政府	浙政发〔2012〕80 号	2012. 10. 16
57	关于完善财政体制的通知	浙江省人民政府	浙政发〔2012〕85 号	2012. 10. 17
58	关于进一步提升全省开发区发展水平的指导意见	浙江省人民政府	浙政发〔2012〕83 号	2012. 10. 19
59	关于进一步加强全部政府性资金审计工作的意见	省政府办公厅	浙政办发〔2012〕88 号	2012. 02. 23
60	关于印发浙江省生态环保财力转移支付试行办法的通知	省政府办公厅	浙政办发〔2012〕6 号	2012. 02. 28
61	关于加快发展现代物业服务业的若干意见	省政府办公厅	浙政办发〔2012〕19 号	2012. 03. 21
62	关于印发 2012. 全省小城市培育试点和中小镇发展改革工作要点的通知	省政府办公厅	浙政办发〔2012〕33 号	2012. 04. 11
63	关于促进小型微型企业再创新优势的若干意见	省政府办公厅	浙政办发〔2012〕47 号	2012. 04. 24
64	关于推进省属国有企业深化改革加快发展的意见	省政府办公厅	浙政办发〔2012〕63 号	2012. 06. 12

（续表三）

序号	文件名称	发文单位	文号	发布日期
65	关于加快高新技术产业园区转型升级的指导意见	省政府办公厅	浙政办发〔2012〕66 号	2012. 06. 18
66	关于大力培育新型农业经营主体的意见	省政府办公厅	浙政办发〔2012〕73 号	2012. 07. 09
67	关于改善金融服务支持实体经济发展的若干意见	省政府办公厅	浙政办发〔2012〕95 号	2012. 08. 10
68	关于加快发展人力资源服务业的意见	省政府办公厅	浙政办发〔2012〕130 号	2012. 10. 18
69	关于进一步做好减轻农民负担工作的意见	省政府办公厅	浙政办发〔2012〕131 号	2012. 10. 29
70	关于印发浙江省省级国库集中支付动态监控管理暂行办法的通知	浙江省财政厅	浙财预执〔2012〕2 号	2012. 01. 12
71	关于印发《浙江省资助青少年校外活动保障和能力提升项目专项彩票公益金使用管理办法》的通知	浙江省财政厅	浙财综〔2012〕11 号	2012. 02. 08
72	关于印发浙江省农田水利建设资金使用管理暂行办法的通知	浙江省财政厅	浙财农〔2012〕14 号	2012. 02. 14
73	关于印发浙江省现代农业生产发展资金绩效评价实施细则的通知	浙江省财政厅	浙财农〔2012〕35 号	2012. 02. 21
74	浙江省政策性渔业互助保险补贴专项资金管理暂行办法	浙江省财政厅	浙财农〔2012〕55 号	2012. 03. 12
75	关于进一步支持工业经济平稳较快增长促进工业由大变强的意见	浙江省财政厅	浙财企〔2012〕115 号	2012. 04. 26
76	关于印发浙江省高耗能国内海洋捕捞渔船淘汰更新补偿办法（试行）的通知	浙江省财政厅	浙财农〔2012〕89 号	2012. 05. 02
77	关于印发浙江省国内海洋捕捞渔业转型升级示范工程项目与资金管理办法的通知	浙江省财政厅	浙财农〔2012〕105 号	2012. 05. 11
78	关于印发浙江省财政企业信息工作考评暂行办法的通知	浙江省财政厅	浙财企〔2012〕142 号	2012. 05. 17
79	关于印发浙江省战略性新兴产业财政专项资金管理暂行办法的通知	浙江省财政厅	浙财企〔2012〕152 号	2012. 05. 23
80	关于进一步深化省级预算单位公务卡改革有关事项的通知	浙江省财政厅	浙财预执〔2012〕13 号	2012. 05. 28
81	关于印发浙江省财政专项扶贫资金管理办法的通知	浙江省财政厅	浙财农〔2012〕104 号	2012. 05. 28
82	关于印发浙江省地质矿产项目和资金管理暂行办法的通知	浙江省财政厅	浙财建〔2012〕115 号	2012. 05. 29
83	关于加强乡镇财政管理与促进乡镇公共服务平台建设试点工作的指导意见	省财政厅	浙财基〔2012〕12 号	2012. 06. 01
84	关于成立省财政厅加强乡镇财政管理与促进乡镇公共服务平台建设试点工作领导小组的通知	浙江省财政厅	浙财人事〔2012〕25 号	2012. 06. 04
85	关于印发浙江省海洋防灾减灾项目与资金管理办法的通知	浙江省财政厅	浙财农〔2012〕159 号	2012. 06. 08
86	关于印发浙江省海洋防灾减灾项目与资金管理办法的通知	浙江省财政厅	浙财农〔2012〕175 号	2012. 06. 08

（续表四）

序号	文件名称	发文单位	文号	发布日期
87	关于印发浙江省政府采购支持中小企业信用融资试点办法的通知	浙江省财政厅	浙财采监〔2012〕13 号	2012. 06. 09
88	关于印发浙江省扶持欠发达地区外向型经济发展专项资金使用管理办法的通知	浙江省财政厅	浙财企〔2012〕174 号	2012. 06. 19
89	关于印发浙江省生猪调出大县奖励资金管理细则的通知	浙江省财政厅	浙财农〔2012〕188 号	2012. 06. 28
90	关于印发浙江省院士专家工作站建设专项资金管理办法的通知	浙江省财政厅	浙财教〔2012〕129 号	2012. 07. 03
91	关于修订浙江省中小商贸企业融资担保费用补助资金使用管理操作办法的通知	浙江省财政厅、浙江省商务厅	浙财企〔2012〕205 号	2012. 07. 12
92	关于印发浙江省中小商贸企业国内贸易信用保险补助资金使用管理操作办法的通知	浙江省财政厅、浙江省商务厅	浙财企〔2012〕206 号	2012. 07. 13
93	关于印发 2012. 度浙江省促进服务业发展专项资金使用管理操作办法的通知	浙江省财政厅、浙江省商务厅	浙财企〔2012〕218 号	2012. 07. 17
94	关于印发《浙江省农业综合开发项目绩效评价实施办法（试行）》的通知	浙江省财政厅	浙财农发〔2012〕2 号	2012. 07. 18
95	关于印发浙江省财政专户管理暂行办法的通知	浙江省财政厅	浙财预执〔2012〕18 号	2012. 07. 24
96	关于印发浙江省妇女儿童发展专项资金使用管理办法的通知	浙江省财政厅、浙江省妇女联合会	浙财行〔2012〕55 号	2012. 07. 24
97	关于印发浙江省城镇污水处理费征收使用管理暂行办法的通知	浙江省财政厅、浙江省物价局、浙江省住房和城乡建设厅	浙财建〔2012〕220 号	2012. 07. 25
98	关于进一步落实矿山自然生态环境治理备用金收取管理办法的通知	浙江省财政厅	浙财建〔2012〕229 号	2012. 08. 01
99	关于印发浙江省国家中小企业发展专项资金管理操作办法的通知	浙江省财政厅、浙江省中小企业局	浙财企〔2012〕257 号	2012. 08. 02
100	关于修改《浙江省小型农田水利设施建设补助专项资金管理实施细则》有关条文的通知	浙江省财政厅、浙江省水利厅	浙财农〔2012〕223 号	2012. 08. 07
101	关于修改《浙江省滩涂围垦专项资金管理办法》有关条文的通知	浙江省财政厅、浙江省水利厅	浙财农〔2012〕265 号	2012. 08. 13
102	关于印发《浙江省 2012. 政府非税收入项目目录》的通知	浙江省财政厅	浙财综〔2012〕77 号	2012. 08. 14
103	关于印发《浙江省湿地保护补助资金管理办法》的通知	浙江省财政厅、浙江省林业厅	浙财农〔2012〕286 号	2012. 08. 16
104	关于印发浙江省村级公益事业建设一事一议财政奖补项目管理办法的通知	浙江省财政厅	浙财基〔2012〕19 号	2012. 08. 24
105	关于印发《浙江省村级公益事业建设一事一议财政奖补资金管理办法》的通知	浙江省财政厅	浙财基〔2012〕21 号	2012. 08. 24
106	关于印发浙江省农业综合开发项目资金报账管理实施办法的通知	浙江省财政厅	浙财农发〔2012〕3 号	2012. 08. 28
107	关于印发浙江省红色旅游建设引导资金管理办法的通知	浙江省财政厅、浙江省发展和改革委员会	浙财建〔2012〕264 号	2012. 08. 29
108	关于调整我省地方体育彩票公益金分成比例的通知	浙江省财政厅	浙财综〔2012〕86 号	2012. 08. 31

（续表五）

序号	文件名称	发文单位	文号	发布日期
109	关于贯彻实施《小企业会计准则》的通知	浙江省财政厅、浙江省中小企业局、浙江省国家税务局、浙江省地方税务局、浙江省工商行政管理局、中国银监会浙江监管局、浙江省中小企业局、浙江省国家税务局、浙江省地方税务局、浙江省工商行政管理局、浙江银监局	浙财会〔2012〕29 号	2012.09.06
110	关于印发浙江省农业机械购置补贴专项资金使用管理办法的通知	浙江省财政厅、浙江省农业厅	浙财农〔2012〕335 号	2012.09.11
111	关于加强政法经费使用管理工作的意见	浙江省财政厅	浙财行〔2012〕94 号	2012.09.12
112	关于印发《浙江省政法经费保障绩效考核办法（试行）》的通知	浙江省财政厅	浙财行〔2012〕96 号	2012.09.14
113	关于印发《浙江省海洋产业投资基金管理办法》的通知	浙江省财政厅	浙财建〔2012〕325 号	2012.09.17
114	关于印发《省属高校捐赠收入财政配比资金管理暂行办法》的通知	浙江省财政厅、浙江省教育厅	浙财教〔2012〕196 号	2012.09.19
115	关于国库集中支付和公务卡改革情况的通报	浙江省财政厅	浙财预执〔2012〕32 号	2012.09.20
116	关于会计从业资格无纸化考试考点建设工作的指导意见	浙江省财政厅	浙财会〔2012〕39 号	2012.10.08
117	关于省级预算单位政府投资项目财政性资金实施国库集中支付的通知	浙江省财政厅	浙财预执〔2012〕36 号	2012.10.16
118	关于进一步加强乡镇财政管理、做好乡镇公共财政服务平台建设试点工作的意见	浙江省财政厅	浙财基〔2012〕28 号	2012.10.18
119	关于印发 2011 年浙江省行政事业性收费项目和收费标准目录的通知	浙江省财政厅	浙财综〔2012〕45 号	2012.10.24
120	关于印发浙江省直接债务融资奖励暂行办法的通知	浙江省财政厅、中国人民银行杭州中心支行、浙江省人民政府金融工作办公室	浙财金〔2012〕72 号	2012.10.29
121	关于印发浙江省地方体育事业发展转移支付资金管理暂行办法的通知	浙江省财政厅、浙江省体育局	浙财教〔2012〕272 号	2012.11.6
122	关于加快推进市县公务卡制度改革的通知	浙江省财政厅	浙财预执〔2012〕41 号	2012.11.16
123	关于印发浙江省海岛及边境地区转移支付资金管理办法的通知	浙江省财政厅	浙财预〔2012〕27 号	2012.11.19
124	关于国库集中支付和公务卡改革情况的通报	浙江省财政厅	浙财预执〔2012〕42 号	2012.11.26
125	关于全省各地乡镇财政建设情况的通报	浙江省财政厅	浙财基〔2012〕35 号	2012.11.28
126	关于实施营业税改征增值税试点期间预算管理等问题的通知	浙江省财政厅、浙江省国家税务局、浙江省地方税务局、中国人民银行杭州中心支行	浙财预〔2012〕26 号	2012.11.29

（续表六）

序号	文件名称	发文单位	文号	发布日期
127	关于印发浙江省自然灾害生活救助资金管理暂行办法的通知	浙江省财政厅、浙江省民政厅	浙财社〔2012〕305 号	2012. 12. 03
128	关于实施营业税改征增值税试点期间过渡性扶持政策的通知	浙江省财政厅、浙江省国家税务局、浙江省地方税务局	浙财预〔2012〕29 号	2012. 12. 04
129	关于印发浙江省普通国省道公路日常小修保养转移支付资金管理暂行办法的通知	浙江省财政厅、浙江省交通运输厅	浙财建〔2012〕434 号	2012. 12. 06
130	关于完善财政体制后税收征管及预算管理等问题的通知	浙江省财政厅、浙江省国家税务局、浙江省地方税务局、中国人民银行杭州中心支行	浙财预〔2012〕33 号	2012. 12. 10
131	关于印发浙江省出口品牌发展资金使用管理办法的通知	浙江省财政厅、浙江省商务厅	浙财企〔2012〕505 号	2012. 12. 13
132	关于印发《浙江省财政总预算会计管理基础工作规定实施办法》的通知	浙江省财政厅	浙财预执〔2012〕45 号	2012. 12. 17
133	关于印发浙江省省级事业单位出资企业国有资产管理暂行办法的通知	浙江省财政厅	浙财资产〔2012〕39 号	2012. 12. 18
134	关于印发《省分成新增建设用地土地有偿使用费分配使用管理办法》的通知	浙江省财政厅、浙江省国土资源厅	浙财农〔2012〕610 号	2012. 12. 19
135	关于切实加强水利资金使用监督管理的实施意见	浙江省财政厅、浙江省水利厅	浙财农〔2012〕588 号	2012. 12. 19
136	关于切实加强和改进新形势下机关作风建设的通知	浙江省财政厅	浙财办〔2012〕29 号	2012. 12. 24
137	关于进一步加强职业培训补贴资金使用管理等问题的通知	浙江省财政厅、浙江省人力资源和社会保障厅	浙财社〔2012〕326 号	2012. 12. 25
138	关于全省乡镇财政资金监管工作检查情况的通报	浙江省财政厅	浙财基〔2012〕37 号	2012. 12. 28
139	关于印发《浙江省地方水利建设基金征收和减免管理办法》的通知	浙江省财政厅、浙江省地方税务局	浙财综〔2012〕130 号	2012. 12. 28
140	关于公布取消和免征部分行政事业性收费的通知	浙江省财政厅、浙江省物价局	浙财综〔2012〕138 号	2012. 12. 31
141	关于印发《浙江省道路交通事故社会救助基金会计核算暂行办法》的通知	浙江省财政厅	浙财会〔2012〕49 号	2012. 12. 31
142	关于印发《中央分成新增建设用地土地有偿使用费资金使用管理办法》的通知	浙江省财政厅、浙江省国土资源厅	浙财建〔2012〕509 号	2012. 12. 31
143	关于增设专项性一般转移支付收支科目的通知	浙江省财政厅	浙财预〔2012〕40 号	2012. 12. 31
144	关于印发浙江省省级科技研发和成果转化项目经费管理暂行办法的通知	浙江省财政厅、浙江省科学技术厅、浙江省人力资源和社会保障厅	浙财教〔2012〕357 号	2013. 01. 06
145	关于印发浙江数字财政建设总体规划的通知	浙江省数字财政建设领导小组办公室	浙数财办〔2012〕14 号	2013. 01. 07

财政文选

zhejiang caizheng nianjian

厅领导论财政

创新机制　健全机构　带好队伍 推动全省财税事业长足发展(摘要)

浙江省财政厅厅长兼省地税局局长 钱巨炎

2012年是迎接党的十八大和省第十三次党代会召开,政府换届更替及省政府领导履新第一年,是很重要、很关键的一年。财政地税工作要在较高起点和基础上有新的突破,实现"稳中求进、转中求好"的目标。

一、创新机制,促进发展

(一)完善体制机制

一是推进均衡性转移支付。经过这些年的发展,发达地区与欠发达地区的格局虽然总体上未发生根本改变,但小的变化正不断显现。有些发达地区财政比较困难,人均财力不足,而有些欠发达地区人均财力水平反而要好一些。我们要正视这些问题,在对市县财力状况进行普查摸底的基础上有所作为。这些年,我们在推进均衡性转移支付方面已做了不少工作,如推进因素分配法,扩大生态性转移支付覆盖面等,取得了一些成绩。要继续完善转移支付制度,除关注传统意义上的欠发达地区外,要适当考虑人口规模、事业建设需求、人均可用财力等因素,适当向经济或财政收入总量较大,但人均可用财力相对较少,财政负担较重的地区倾斜。同时,继续推进专项性一般转移支付改革,采用因素分配法,优化财政资金审批分配程序,提高资金使用效益。

二是推进区域协调发展。要发挥省管县体制优势,提升体制层次,加大区域统筹力度。对此,省里已有所考虑,今年要有所举措。要通过制定相应的财政奖补机制,引导有条件、有能力的设区市加大对所属县(市、区)的投入力度,对做得好的市,省财政按其对县(市)、区投入的一定比例给予奖励补助,发挥设区市的辐射功能,推进区域协调发展。

三是改革金融保险企业税收征管体制。在不影响地方既得利益的前提下,对金融保险业税收分成体制作些调整。在整合营业税奖励政策的基础上,对金融保险企业税收实行"统一征管、按比例分享"的体制,并适当向市县倾斜。

(二)加快转型发展

一是助推三大国家战略实施。要积极发挥主观能动性,继续向中央争取财政资金和税收优惠政策,并力争有所突破,助推海洋经济发展示范区、舟山群岛新区和义乌国际贸易综合改革试点三大国家战略的加快实施。

二是建立以"亩产税收论英雄"的机制。要充分发挥转型发展中税收的杠杆作用,以"亩产"为导向,力争以更少投入、更小的资源消耗、最紧缺的要素发挥更大的效应。这将是税收工作继分离发展服务业后的又一大亮点。要在绍兴"亩产税收"、台州"以电控税"实践基础上,树立讲求单位要素税收产出的效益观,把"亩产"的概念延伸到用地、用人、用财、用电等资源要素的财政贡献上,对"发展什么、支持什么"重新审视和理性评价;要尽快研究运用城镇土地使用税等政策手段,建立以税收"杠杆"调结构、促转型的政策机制,促进"扶优汰劣"产业升级。

三是引导固定资产有效投入。研究建立财政激励奖补机制,对市县固定资产投资按投资规模、增长幅度、税收贡献、政府负债、生态环境质量等进行评价,对做得好的市县给予激励奖补,引导地方加大对固定资产的有效投入,推动经济发展。

四是推进创新强省。要集中有限财力用到科技创新能力相对薄弱的地方。未来四年,省财政将新增50亿元创新强省专项资金,今年先安排10亿元,用于加大对科教、人才、成果转化等方面的投入,支持科技创新的环境营造、人才培养、条件建设、技术研发、科研成果转化和应用等,推进我省经济转型升级,增强经济增长的内生动力。要抓紧研究起草资金分配管理办法,争取早日操作实施。

五是支持地方金融发展。积极推进温州金融改革试点,支持温州争取列为国家金融综合改革试验区,在推进利率市场化改革、民间金融创新、发展中小民营金融机构、建立地方金融监管机制等方面先行先试。建立以省级金融控股公司为主体的金融投资管理平台,发挥省再担保公司的作用,加大对中小企业的信贷扶持力度。

六是探索政府采购支持中小企业融资机制。抓紧研究把供应商信用转化为企业贷款的条件和资源,积极探索政府采购支持中小企业信用融资试点,鼓励诚信经营、信用记录良好的中小企业凭借政府采购合同、以信用方式申请银行贷款,拓展中小企业的筹融资渠道。

二、健全机构,创新管理

(一)机构方面

着重在系统和省级两个层面寻求突破、抓好落实。

系统层面:一是探索建立为民服务中心。结合乡镇财政建设,设立一站式为民服务中心,搭建公共服务平台,实现资源共享。二是研究财政地税局长任职资格问题。借鉴金融单位的做法,会同组织、人事部门探讨研究财政、地税局长任职条件问题,选拔业务精、能力强的同志到财政地税局长领导岗位上。会同组织部门研究解决任职时间较长的县(市、区)财政、地税局长职级问题。

省级层面:一是构建大监督体系。大监督格局已有方案,要抓紧整合财政内部监督资源,构建起大监督体系,将绩效理念贯穿财政监督的全过程。进一步理顺预算编制、执行、监督职能,健全工作流程和运行机制,发挥“三位一体”组织管理机构的作用。二是设立省级文化企业资产管理办公室。抓住时机,积极争取在省厅增设省级文化企业国有资产监督管理办公室,争取上半年能完成这项工作。同时对省级大型国有文化企业派驻财务总监、总师,履行财政部门对财政资金和国有文化资产的监督管理职责。三是建立省道路交通事故社会救助基金管理机构。尽快设立省道路交通事故社会救助基金管理中心,确保我省道路交通事故救助基金正常运作,发挥道路交通事故救助基金的作用。四是加强与组织部沟通,研究派驻高校财务总会计师事宜。五是努力争取地税领导职数。

(二)管理方面

一是加强地税“网格化”收入管理。以《税友龙版》全面推广应用为抓手,基于“海量”信息,以“网格化”管理促收入稳定增长。“网格化”管理要突出四个结合:宏观经济走势研判与微观企业经营状况分析相结合;分税种专业化管理与分行业精细化管理相结合;工作流管事与廉政风险防控管人相结合;征管提速增效与稽查以查促管相结合。

二是稳步推进预算信息公开。今年财政预决算信息公开工作将进一步深化,部门预算公开范围、公开程度将进一步推进,“三公”经费、基层财政专项支出也要求公开,财政部门要做好牵头、审核、协调等各方面的准备工作。同时,厅、局还要做好公开自身部门预决算的各项准备工作。总之,要积极准备,稳妥推进这项工作。

三是加快数字财政建设。今年《税友龙版》要在全省铺开,数字财政去年已经破题,今年要有实质性进展。要以财政项目预算管理地理信息系统建设为抓手,加快数字财政建设。建立并整合预算单位数据库和市县财政数据库,进一步增加系统的信息量,将基础数据与财政管理紧密结合起来,强化系统的分析和辅助决策能力,为财政政策的制定和财政资金的分配使用服务,提升财政管理水平。

四是加强行政事业单位资产管理。目前,行政事业单位资产清查工作已完成,家底已摸清,对行政事业单位资产的管理措施要加快跟上,要推出实质性举措,在制度、管理层面更多地发出财政部门的声音。要细化、落实行政事业单位资产配置、使用、处置管理办法,重点加强非经营性资产转为经营性资产的管理;抓紧研究制定相关政策,加强对行政事业单位下属企业国有资产的监管。

三、守土有责,带好队伍

一是加强廉政建设。党风廉政建设是财税部门的底线和生命线,其重要性和紧迫性不言而喻,要始终绷紧这根弦。要认真落实中纪委、省纪委全会有关精神,加强党的纯洁性建设,强化忠诚意识、公仆意识、敬畏意识、廉洁意识、纪律意识。要以深化财政地税系统廉政风险防控机制建设为重点,在去年排查风险点的基础上,不断完善相关制度,并依托信息技术,加强风险防范。处长们要以身作则,廉洁自律,并落实一岗双责,加强对本部门干部职工的教育、管理和监督。

二是深化作风建设。要把省委省政府部署开展的百组调研、进村入企大走访、党政机关比学赶创等系列活动要求与系统行风作风建设目标结合起来,厅局将组织调研组深入基层、企业、群众开展调查研究,切实帮助解决实际问题。要以行风评议和满意度测评为“尺度”,统筹各项主题活动,通过“组团式”服务,整合各种资源、凝聚各方合力、扩大宣传效应、增强公众认知,进一步树立财税部门良好形象。

三是注重言行举止。在社会对财税工作的关注度越来越高,网络舆情呈几何级传播和放大的今天,更要秉承“实稳优”核心价值理念,低调为人,务实处事。要把精力多集中在工作上,少花在无谓的小事上,推出工作、出台政策,事前都要认真、细致预判社会反响。处以上领导干部还要更加注意言行举止,注意戴表、抽烟、发短信之类的日常细节,谨言慎行,不说可能有损自身、有损财税部门形象的话,不做可能有损自身、有损财税部门形象的事,避免将自身和部门推到社会舆论的风口浪尖,引起不必要的麻烦和痛苦。此外,还要注意财税信息安全和财政资金安全。

四是更加敬业精业。要珍惜处长一把手的岗位,多干实事、好事。要经常扪心自问,自己来干什么,做了什么,留下什么?要树立"坐不住、等不得、慢不起"的紧迫感和责任感,用心工作、创新工作。要有高度的事业心和无畏精神,坚守原则底线。要坚持高标准、严要求,任何工作,不干则已,干就要干好,要干一件、成一件。交办的工作要认真落实,提交的材料、报告等要严格把关,不能满足于"基本上"、"差不多",不能把自己都不满意、不明白的东西拿给领导看、拿到会上研究。要加强对财税重大问题、前沿问题的研究,对上海市部分现代服务业营业税改征增值税试点对浙江省影响等问题要跟踪研究、拿出方案。要始终保持对财税事业的闯劲、拼劲和冲劲,扎实工作,开拓进取,推动财税事业的不断创新、发展和提升。

(2012 年 2 月 1 日在省财政厅、省地税局处长会议上的讲话。标题为编者加)

坚定信心　稳中求进　开拓创新
为建设"两富"现代化浙江作出应有贡献(摘要)

浙江省财政厅厅长兼省地税局局长 钱巨炎

省委、省政府领导十分重视财政地税工作。近日,在省财政厅报送的全国财政厅(局)长座谈会精神及我省财政地税工作情况的报告上,赵洪祝书记、夏宝龙省长分别就做好财政地税工作作出重要批示。赵洪祝书记批示:这次全国财政厅局长座谈会精神很重要。全省财政部门要认真贯彻李克强副总理重要批示精神,按照谢旭人部长和王军副部长的部署要求,把握当前经济财政形势,加强财政科学化精细化管理,狠抓增收节支,推进预决算公开,不断提高财政管理绩效,为稳增长、调结构、惠民生作出应有贡献。夏宝龙省长批示:上半年,全省地方财政收入实现时间过半任务过半的目标,财政地税系统干部职工付出了辛勤努力,作出了积极贡献。希望大家再接再厉,认真履职,贯彻落实好李克强副总理的重要批示精神,按照全国财政厅(局)长座谈会的要求和部署,着力推进财政科学化精细化管理,特别是在当前财政收支平衡压力较大的情况下,进一步抓好增收节支工作,努力提高财政管理绩效,确保完成全年目标任务。省领导的重要批示,充分肯定了今年以来的财政地税工作,指明了下一步工作的方向和要求,体现了省委、省政府对财政地税工作的高度重视,对财政地税系统干部职工的亲切关怀,以及对充分发挥财政地税职能作用寄予的殷切期望。

一、正确把握当前财税经济形势,稳中求进,确保圆满完成全年财税收支任务

今年以来,面对复杂多变的国内外经济形势,全省各级财政地税部门在省委、省政府的正确领导下,突出把握好"稳中求进、转中求好"的工作总基调,统筹推进各项工作,促进了全省经济和社会各项事业持续平稳发展。1~7 月,全省地方财政收入 2284.85 亿元,增长 4.5%,完成年初预算的 66.8%,其中税收收入占地方财政收入的比重为 92.9%,位全国各省市最高之列,收入结构保持较好;财政支出 2124.12 亿元,增长 11.3%,其中:一般公共服务支出 276.12 亿元,增长 8.6%,占总支出的比重为 13.0%,同比下降 0.3 个百分点;教育、科学技术、文化体育与传媒、社会保障与就业等民生支出占总支出的比重为 71.6%,同比提高 1.4 个百分点。1~7 月,全省(不含宁波)按规定口径计算的财政教育支出占比为 20.45%,比核定比例(21%)低 0.55 个百分点。

从 1~7 月情况看,全省财税收支运行总体平稳但收入增幅明显偏低,一些市、县地方财政收入增长乏力,特别是市本级收入普遍大幅下降,有 10 个县(市、区)为负增长,财税收入形势不容乐观。当前,国际金融危机的深层次影响还在不断显现,国内经济发展不平衡、不协调、不可持续的问题没有根本解决,影响经济平稳运行的不利因素仍然较多,今年总体将呈"L"型低水平运行走势,财税运行大环境未见根本性好转,财政收支平衡的压力依然很大。从收入看,受经济增速放缓、企业利润大幅下降、房地产持续调控、落实"营改增"等结构性减税政策因素影响,加上取消部分行政事业性收费,下阶段财政收入增长难度加大。从支出看,促进经济稳定增长、调整优化经济结构、保障改善民生等需要保持较大的支出力度,特别是今年要实现全省财政教育经费支出占公共财政预算支出比例 21%的目标,需要增加较多财政投入;今年又是政府换届年,方方面面对财政支出的需求很大;再加上地方政府性债务进入还贷高峰期,财政收支平衡的压力日益增大。此外,涉及财税方面的网络舆情热点频现,社会舆论对财税收入增幅明显回落、增收压力加大的关注度提高;政府预算公开和"三公"经费公开步伐加快,社会监督力度不断加大,对财政支出的规范透明高效要求越来越高。财政地税工作面临诸多挑战,工作任务更加繁重而艰巨。

但是,我们也要看到,我省经济社会发展总的形势是好的,随着国家把稳增长放在更加重要的位置,宏观调控政策预调微调力度加大、节奏加快,我省促进有效投资、发展实体经济、鼓励浙商创业创新和帮扶企业等政策措施的积极效应进一步显现,经济回升向好的动力将进一步积聚,全省经济有望呈现"前低中稳缓升"态势,完成全年地方财政收入目标的基础逐渐好转;各级党委、政府高度重视、支持财政地税工作,各地各部门认真落实增收节支各项措施,财税工作环境进一步好转;财政收入月度增幅自今年4月份以来持续回升,累计增幅自去年9月回落以来首度回升;加上去年同期收入基数较低,预计下半年财政收入增幅稳中有升。

(一)稳定收入增长

收入是支出的基础。各地要密切关注经济变化趋势和财税收支形势,从8月份开始分地区、分税种、分时间进行收入分析,适时完善相关政策措施,做实组织收入预案,提高组织收入工作的主动性,确保完成全年收入任务。

一方面,要把促发展摆在更加突出位置,加快转型升级,培育涵养好税源税基。各地要认真落实省政府关于促进经济增长做好增收节支保平衡工作的意见精神,把握好各种积极因素,促进经济增长。要认真落实国家出台的各项结构性减税政策,特别是要不折不扣地落实好支持小型微型企业和个体工商户发展的财税优惠政策,加大对实体经济的解困、支持和服务力度;加快公共财政预算下达和项目实施进度,尽早形成有效投资,引导带动社会投资;优化各级财政转型升级资金使用结构,探索以"亩产税收"为导向的企业效益评价体系,支持、引导企业加快结构调整和转型升级。省财政将建立鼓励市县发展奖补机制,实施地方财政收入增长激励奖补机制和营业税增收省分成返还奖励政策,加大对地方"腾笼换鸟"、吸引浙商回归、促进有效投资等经济发展的考核奖励,推进产业结构调整和经济转型升级,提升经济发展质量。

另一方面,要坚持依法依规组织收入,提升征管质效,进一步夯实收入增长基础。各地要按照财政部、国家税务总局有关规范税收征管严格依法理财的要求,依法依规组织收入。以《税友龙版》征管系统全面推广应用为契机,强化"信息管税"机制,进一步增强税收征管能力,及时足额组织税收收入。全面推广网络发票,进一步加强与国税、工商、国土、质监、公安等部门的横向互动、信息共享,进一步加强垄断性和高收入等行业税收管理,加强股权转让所得等高收入者个人所得税征收管理,加强二手房交易税收、资本交易等非生产性税收以及项目投资产生的即期税收管理,加大税款清缴力度,切实加强税收征管。同时,坚决制止该落实的优惠政策不落实,坚决杜绝让无利润企业预缴所得税、增值税留抵税款应抵不抵等情况的发生,坚决防止采取空转、财政垫付税款、违规调库、转引税款等非法手段虚增财政收入,坚决避免突击征税,切实保证税收收入质量。严格非税收入管理,坚持依法依规征收,坚决防止虚增非税收入和乱收费、乱摊派、乱罚款情况的发生。在关注收入总量的同时,各地要着力提高收入质量,增强地方可用财力,提升调控能力。

(二)强化支出管理

越是经济困难、财政收支矛盾突出的时候,越是强化支出管理的契机。各地要因势利导做好宣传和引导工作,特别是要做好政府主要领导和部门的工作,推进和强化财政支出管理,确保财政收支平衡。

一要加快预算执行进度。加快推进专项性一般转移支付改革,在确保资金安全的前提下,尽快下达预算确定的资金,特别是扶持企业发展、保障民生等方面的资金,加快预算执行进度,尽早发挥资金使用效益。增强部门预算执行主体的责任意识,进一步完善预算执行管理措施,确保在降低年底公共财政预算支出比重、压缩结余结转资金规模、下达转移支付指标、加强项目库管理及规范超收收入安排等方面取得明显成效,确保2012年12月当月公共财政预算支出占全年公共财政预算支出的比重比上年压缩1-2个百分点。加强预算执行分析,关注宏观调控政策或重大改革措施对地方财政运行的影响,及时掌握预算执行特别是重点支出执行等情况。

二要严格财政支出管理。严格落实中央关于厉行节约的八项要求,坚持勤俭办一切事业。严格项目支出管理,除中央和省委、省政府确定的增支项目外,各地、各部门一律不得新开支出口子。严格执行公务接待标准,严格控制行政开支特别是"三公"经费,要有针对性地出台具体措施控制公务接待和公务用车方面的经费。严格预算执行,从严控制预算追加,确保财政收支平衡。

(三)科学编制预算

编制2013年预算是下半年的一项重要工作。各地要根据经济财政形势变化和宏观调控要求,认真做好预算编制工作。从目前情况来看,预计明年的财税收支形势依然严峻。各地要实事求是地向当地党委、人大、政府汇报好我们的分析与判断,做好明年过紧日子和应对各种困难的思想准备;紧密结合财政地税工作实际和当地经济社会发展中的突出问题,主动加强政策研究和建议储备,为党委、政府献计献策。

一要适当留有余地。预算编制要坚持量入为出、量力而行，既要积极稳妥，又要适当留有余地。要分税种、分项目测算收入增减变动情况，按年度所有因素和事项的轻重缓急测算每一项支出需求。预算编制要保持与国民经济和社会发展规划相一致，与单位履行行政职能及事业发展计划相协调，与地方财力相适应，坚决防止为追求财政收入增幅而大幅增加安排非税收入指标。在编制好一般公共预算的同时，统筹做好政府性基金预算、国有资本经营预算和社会保险基金预算编制工作。

二要优化支出结构。支出预算编制要坚持以人为本，把保障和改善民生放在更加突出的位置。清理整合和规范财政专项资金管理，集中财力办大事，切实保障省委、省政府确定的重点工作需要。要兼顾需要和可能，把握好政策出台的节奏和力度，切实提高预算编制的科学性。要严格控制行政开支，进一步规范"三公"经费编报范围及口径，严格控制2013年"三公"经费预算规模。做好财政预决算信息公开和"三公"经费公开的各项准备工作，把握好预决算公开部门和内容的范围、详细程度及工作节奏，积极稳妥地推进预决算公开工作。

二、深入推进财税管理改革，开拓创新，力争在重点领域和关键环节有所突破

近年来，全省财政地税系统以"基层、基础、基本"建设为抓手，锐意进取，开拓创新，财税管理水平有了明显提高，尤其是在现有管理体制下加强地税系统管理成效显著。但我们也清醒地看到，财税管理基础工作比较薄弱、预算资金的使用效益亟待提高等问题依然存在。进一步加强财税管理、提高财税管理绩效是新形势下做好财税工作的迫切要求。根据财政部、国家税务总局的部署和我省财政地税工作实际，当前着重要推进以下工作：

（一）推进数字财税建设

信息改变社会，也改变着国家财政及政府预算。以财税信息化建设促进财税改革与管理创新，是财税管理现代化的必由之路，而财税数据的科学管理与深度利用，是当前财税信息化建设的重要任务。

1. 加快数字财政建设，提升财政管理水平

金财工程经过多年建设，已建成为数不少的财政业务管理系统，但大多局限于单项业务应用，数据分散，上下级财政部门之间、财政部门与预算单位之间共享度低、交互量少，数据流不能随着业务流实时流转，严重影响预算编制、执行和监督的科学化、精细化。数字财政通过建立集聚的公共财政动态数据仓库，并对数据实行共享以及深度开发利用，将为预算收支预测、资金分配、项目管理、绩效管理、政策制定、信息公开等提供有效支撑，提高财政管理的科学化精细化水平。

省厅从2011年起将数字财政建设提上重要议事日程，在汇聚众人智慧、汲取基层意见的基础上，几易其稿，目前已初步形成了我省数字财政建设总体规划。数字财政建设的总体目标，是在金财工程建设现有成果的基础上，将现代信息化技术有机融入财政管理中，计划在5年之内，建成业务标准统一、操作功能完善、网络安全可靠，覆盖所有财政性资金、辐射各级财政部门和预算单位的财政管理和服务平台，实现"数据集聚化、业务规范化、共享智能化、管理科学化、服务便民化"的数字财政管理和服务新模式。今年重点抓好"一个乡镇、一个部门、一个项目、一个移动平台、一项动态监控"等"五个一"重点示范工程，实现乡镇公共（财政）服务平台高效运转（包括反不当支付成效明显）、部门应用服务平台互动良好、项目预算全过程动态管理、支出动态监控科学展现。

数字财政建设既有多年财政改革成果作为基础，也有不少建设困难和问题，需要方方面面的协调、配合和支持。目前，省厅已成立省数字财政建设领导小组，负责数字财政建设总体规划的编制及指导、监督、控制、推广和管理协调工作；市县也要比照成立数字财政建设领导小组，建立会商、分工协作制度，加强领导，规范管理，形成上下联动的"一盘棋"，并以高效、稳定、安全为原则，以数据的科学管理与深度利用为关键，有序推进数字财政建设。

2. 深化《税友龙版》应用，提高管理效能

浙江地税大集中工程在全省各地的共同努力下，正在稳步推进。到今年9月份，全省地税系统将全面推广应用《浙江地税信息系统——税友龙版》，全面实现涉税信息的省级实时集中、处理和应用。《税友龙版》新增了税收风险管理、房产评税、税企互动服务、全省通办、执法责任制、廉政风险防控等诸多业务功能，共有12个功能模块、3000多项功能，涵盖了目前浙江地税所有税（费）征收管理业务，可以实现涉税事项网上申请、网上受理、网上审批、网上提醒和网上反馈，从网上申报向网上办税转变。《税友龙版》的全面推广应用，将进一步规范税收业务流程、提高地税管理质效；有效减轻办税服务厅工作压力、极大地方便纳税人办税；切实提升对省委、省政府工作部署的贯彻执行能力。

各地要进一步深化《税友龙版》应用，在有效解决征纳双方信息不对称问题的基础上，深入推进"信息管税"，强化数据集中管理和利用，加强涉税数据的分析利用，实现对税源的有效控管。要强化大集中以后的安全建设，认真组织好省市县三级的运行维护管理，继续加强各级信息化队伍建设，防止骨干流失与能力弱化，充分珍视与培养信息化工作人才。

（二）加强财税基层建设

“上面千根线、下面一根针”。各项财税政策特别是惠民政策的落实和工作实效最终都体现在基层一线。加强财税基层建设，提高县乡财税保障服务水平，是实现财税管理科学化、精细化的重要平台和有效途径，也是基层政权有效运转的基本保障。

1. 切实加强和改进乡镇财政建设

乡镇财政是我国财政体系的基础层级，直接服务于广大农村和农民群众，在加强基层政权组织建设、落实国家惠农政策、加强财政资金管理、促进农村经济社会发展等方面发挥着重要作用。中央和省都非常重视乡镇财政建设。去年省政府已下发《关于进一步加强乡镇财政建设的意见》，最近财政部、中央编委办、国家公务员局也联合下发了《关于加强乡镇财政队伍建设的意见》，对健全乡镇财政机构，切实发挥财政管理职能提出了明确要求。各地要认真贯彻落实中央和省有关加强乡镇财政建设的意见精神，扎实做好机构建设和人员配备方面的工作，力争在年内将乡镇财政管理机构和人员基本配置落实到位。同时，要积极创新乡镇公共财政服务模式，充分发挥乡镇公共财政服务职能，切实加强乡镇财政管理机构就地就近监管工作，提高乡镇政府公共服务能力和水平。

今年我省已在16个县（市、区）启动开展加强乡镇财政管理与促进乡镇公共服务平台建设试点工作，依托现有便民服务中心，结合乡镇财政规范化建设，以财政支付为核心纽带，最大程度地整合政府公共服务资源，并辅以财政补助政策“明白册”等管理措施，对与财政支付关联的乡镇民生服务事项实行“一个门进、一个平台办事、一卡通使用、一个本子明了”，努力形成高效、便民、快捷的“一站式”乡镇公共服务新格局。这是新形势下乡镇财政管理有效提升的积极探索，在完善试点的基础上，明年将力争在全省全面推行。

2. 深入推进地税基层建设

要全面贯彻落实《地税系统基层建设指导意见》，深入推进基层组织、干部队伍和业务能力建设，将各种资源和要素进一步向基层倾斜，不断提升基层一线的工作效能和服务水平，树立基层地税部门良好的“窗口”形象。一是增强系统管理力度。各地要认真贯彻落实省委组织部《关于规范省以下地税局局长任免工作的建议意见》要求，进一步规范市县地税局局长任免管理程序，准确把握任职资格条件。要注重把“管过、做过、学过”财税的人才吸纳到领导干部职位上来。二是平稳推进机构改革。根据《关于市县地方税务部门“三定”工作有关问题的意见》的规定与要求，省局已完成10个市地税局、29个县（市）地税局“三定”方案的批复工作。截至目前，全省11个市地税局，28个县（市）地税局“三定”方案已经当地政府批复同意，并已完成机构改革等工作。要进一步规范市县地税局直属单位和基层分局的机构设置；全面推进基层单位非领导职务配备和较大城区税务分局领导高配工作；严格执行新录用的地税所专项编制公务员应分配到基层分局或稽查局等基层单位锻炼3年以上，办理“对等交流”手续的必须在基层工作满3年，办理工作调动（系统内）手续的，必须在原单位工作满5年等规定，确保基层队伍稳定。三是开展提能提速增效。认真落实省委省政府“优环境促发展”的部署，根据“减少审批部门、审批事项、审批环节、审批时间，放权于基层、放权于企业、放权于市场、放权于社会”要求，深入推进“提速增效”服务，对办理涉税事项全面提速，并开展绩效考评。切实减轻纳税人的办税负担，为企业转型发展、加快发展营造良好的税收环境。四是重心下沉、优化服务。践行“经济发展、企业为基”的理念，为企业、农村和基层送服务、送政策，解难题、办实事，切实解决当前制约基层发展、企业转型的难点问题，进一步构建和谐的征纳关系。

（三）加强预算绩效监督管理

加强预算绩效监督管理是财政管理发展到一定阶段的必然要求。财政部在今年7月召开的全国财政厅（局）长座谈会，重点研究部署了进一步加强预算绩效管理工作。省政府也于今年下发了《关于全面推进预算绩效管理的意见》，对预算绩效管理工作作了明确规划；预算绩效管理工作纳入省直属单位目标责任制考核。各地要以此为契机，积极推进预算绩效监督管理，提高财政科学化精细化管理水平。

1. 加强预算绩效管理。一是完善制度，夯实基础。要建立健全预算绩效管理机构，建立科学、规范的绩效指标和标准体系，规范绩效目标、绩效跟踪、绩效评价、结果应用等管理流程，完善绩效指标库、中介机构库、专家库和绩效信息数据库，推进预算绩效管理信息系统建设，为预算绩效管理提供制度、技术和人才支撑。二是全面实施，重点突破。要将绩效管理涵盖财政资金分配管理的全过程和各环节，同时又要注重因地制宜、突出重点，找准突破口。在预算层级上，以部门基层预算单位和县级财政绩效管理为突破口；在管理环节上，以绩效目标管理拓展范围、规范内容、提高质量为突破口；在重点工作上，以资金规模较大、结余结转资金较多的民生项目绩效监督为突破口。三是结果运用，发挥实效。重点在评价结果应用方面想点子、找措施、出实招，要让部门真正感觉到“钱难要，但更难花”。要建立绩效报告、通报制度和绩效问责机制，特别要把绩效评价结果与预算编制、预算执行有机结合起来，将绩效评价结果作为以后年度预算安排的重要依据。四是加强宣传，扩大影响。要积极推进绩效信息公开，扩大绩效目标、评价报告和评价结果等信息在本部门内部公开范围，并逐步向社会公开；充分利用各种新闻媒体、政府网络平台等，积极宣传预算绩效管理理念，扩大绩效管理的社会影响。

2. 加快财政“大监督”体系建设

随着“三位一体”财政组织管理机构改革不断深化，预算编制和预算执行体系初步建立。预算监督体系和财政监督组织体系建设则相对滞后和薄弱，财政大监督格局尚未形成。目前，全省除杭州市本级及少部分县市外，大部分县市财政监督与绩效管理均为“两块牌子，一套人马”。财政监督机构、人员及职责等有待于进一步厘清和加强。

下一步，省厅将加快财政“大监督”体系建设，以财政监督局、绩效管理处和预算项目审核中心为基础，组建成立新的财政监督局，推进财政监督职能、机构及人员的一体化运作，充分发挥财政监督机构的职能作用。各地也要抓住当前体制改革的有利时机，积极向编委争取机构设置和人员编制，进一步增强财政监督机构力量；同时建立和完善高效顺畅的内部工作协调机制和信息共享制度，形成相互协调、紧密衔接的综合监管机制，实现以绩效监督为核心，以预算监督为主要内容，覆盖所有财政性资金，贯穿于财政运行全过程，预算编制、执行和监督相互协调、相互制衡的新型财政监督机制。

（四）完善现代化税收征管体系

国家税务总局最近召开的全国税务系统深化征管改革工作会议提出了构建现代化税收征管体系，即以邓小平理论和“三个代表”重要思想为指导，深入贯彻落实科学发展观，牢记为国聚财、为民收税的神圣使命，围绕服务科学发展、共建和谐税收的工作主题，构建以明晰征纳双方权利和义务为前提，以风险管理为导向，以专业化管理为基础，以重点税源管理为着力点，以信息化为支撑的现代化税收征管体系。建立现代化税收征管体系的目标是全面提高税收征管的质量和效率，即提高税法遵从度和纳税人满意度、降低税收流失率和征纳成本。

为此，结合浙江省地税征管工作实际，要进一步实施间接税源控管模式，不断健全数据采集——税源监控——税收分析——纳税评估——税务稽查“五位一体”税源管理机制，深化“抓大、评中、定小”税源专业化管理，建立完善具有浙江特色的现代化税收征管体系。纳税服务方面，通过建立集约化的纳税服务体系，专业化的纳税服务团队，标准化的纳税服务流程，信息化的纳税服务平台，切实维护纳税人的合法权益，为纳税人提供便捷、规范、高效的办税服务，构建和谐的税收征纳关系，促进纳税遵从度的提高。风险管理方面，要在完善税收征管程序的基础上，运用风险管理的理念和方法，通过先进的管理和信息技术应用手段，对不同税收风险纳税人制定差异化和递进式的风险管理策略，积极稳妥地推行分类分级管理，实现从“人找事”向“事找人”转变。信息支撑方面，要在大集中的基础上，重点抓好数据信息的分析应用，加强业务与技术的融合，推进信息管税，有效解决征纳双方信息不对称的问题。组织机构方面，按扁平化管理的要求设置组织机构，人力资源配置要尽可能向税源管理倾斜。同时，深入应用工作流管理平台，合理确定监督考核指标，通过工作流管理平台自动计算考核结果，并根据工作流平台考核结果进行自我完善，持续改进。

（五）认真抓好“营改增”试点改革相关工作

交通运输业和部分现代服务业营业税改征增值税（以下简称“营改增”）试点是国家实施结构性减税的重要内容。根据国务院部署，我省将于今年 12 月 1 日完成“营改增”新旧税制转换。

财政部谢旭人部长日前来浙调研时强调：“营改增”有利于促进服务业发展，推动经济转型升级，是国家结构性减税的重要内容。“营改增”工作量大、牵涉面广，财政、税务部门要加强与纳税人及其他部门的积极配合，在做好数据测算、情况分析的同时，提前做好对纳税人的宣传、培训工作，为试点企业纳税人充分抵扣做好准备，在法律允许范围内切实帮助企业减轻负担。赵洪祝书记和夏宝龙省长高度重视“营改增”试点工作，多次专题听取汇报并作出一系列重要指示，反复强调：开展“营改增”试点，是浙江贯彻落实科学发展观、转变经济发展方式的一件大事，是一项事关浙江长远发展的重大改革措施。

全省各级财政地税部门务必从讲政治、讲大局的高度，采取各项有效措施，确保试点改革平稳、有序、顺利推进。按照中央要求，省、市、县（市、区）各级政府均要成立“营改增”试点工作领导小组，由各级政府主要领导担任领导小组组长，分管财税的政府领导任副组长，财政、国税、地税、发改、经信、交通、商务等部门负责人为成员。领导小组办公室设在财政部门，由财政部门主要领导担任办公室主任，国税、地税部门主要领导担任副主任，统筹开展试点工作。省政府将于近期召开全省“营改增”试点工作动员会。省里已明确由省财政厅牵头，国税、地税等部门参与，研究制订“营改增”试点工作实施方案，明确目标任务、工作职责、时间节点、力量组织、宣传培训等。各市、县（市、区）局也要按照职责分工，认真抓好试点工作实施方案的制订工作。各级财政地税部门在密切配合的同时，要加强与其他相关部门的协作，尤其在试点纳税人认定、税收计划调整、配套政策制定等方面要加强沟通，努力形成工作合力；加强政策宣传、培训和服务工作，做好纳入试点范围内纳税人改征增值税的征管衔接；跟踪试点工作运行情况，做好试点改革前后相关行业的税负变化、各级财力变化等分析比较工作，及时发现并解决试点工作中出现的各种问题，确保改革顺利实施。

（六）积极推进区域统筹发展

我省实行的省管县财政体制，在加快县域经济发展、促进地区协调发展方面取得了明显成效。2011 年，我省经济欠发达县与经济较发达县的人均地方财政收入比率为 1∶2.36，而人均财政支出比率为 1∶1.09，欠发达县（市）与较发达县（市）的支出水平和基本公共服务保障水平保持在相对均衡的区间内，地区间差距不断缩小。但是，省管县财政体制也在一定程度上制约了设区市对所属区域的统筹和扶持力度，区域范围内发展不平衡的状况较为普遍。为激发设区市扶持所属县（市）发展的积极性，增强设区市统筹区域发展能力和辐射功能，进一步整合区域资源，推动区域统筹协调发展，省财政将建立区域统筹发展激励奖补机制，主要内容包括：

1. 建立区域统筹发展激励奖补政策。省区域统筹发展激励奖补资金与各设区市（除宁波市外）对所辖县（市）年度财政补助资金增加额挂钩。即设区市当年给所辖县（市）增加多少补助，省相应地按一定比例给予相关县（市）转移支付；奖补系数按发达市与欠发达市有所区别。各设区市安排的资金与按规定的奖励系数计算的省奖补资金一起，共同用于支持其所辖县（市）各项事业的统筹发展。

2. 增强设区市统筹区域发展的能力。在实施地方财政税收收入增收奖补机制时，适当提高与设区市全市地方财政税收收入增收额挂钩比例。设区市的发展资金，主要用于所辖县（市）区域统筹发展，以更好地发挥中心城市的辐射作用。省对设区市实施区域统筹发展激励奖补机制后，各设区市不得将支出责任转嫁给县（市），也不得从所辖县（市）统筹资金。

推进区域统筹发展，在区域范围内配置重大基础设施、资源要素以及公共产品，是贯彻落实科学发展观、建设“两富”现代化浙江的客观需要。设区市有统筹区域发展的责任，也有统筹发展的基础。各设区市要因地制宜，建立和完善统筹区域发展的政策体系和工作机制，统筹区域规划、产业布局、基础设施以及事业发展，加大对所属县（市）基础设施建设、产业发展以及民生等方面投入，逐步缩小区域差距，最终实现共同富裕。

三、加强干部队伍建设，练好内功，为建设“两富”现代化浙江作出应有贡献

省第十三次党代会提出了建设“物质富裕、精神富有”现代化浙江的目标和宏伟蓝图，大力弘扬社会主义核心价值体系，积极倡导“务实、守信、崇学、向善”当代浙江人核心价值观，丰富和发展了“创业富民、创新强省”中“富民”内涵，更加突出了人的全面发展，更加强调要增强发展自豪感、生活幸福感、心灵归属感和社会认同感。作为全体财政地税干部职工共同遵循的、以“实、稳、优”为核心价值理念的财税文化，完全符合省第十三次党代会提出的“两富”目标和要求。每个财税人都是“两富”的创造者、实践者和传播者，我们要把全面贯彻省第十三次党代会精神，与深化财税文化建设紧密结合起来，完善财税文化建设体制机制，进一步增强财税文化的凝聚、激励和导向作用，以财税文化建设、业务能力建设、工作作风建设和反腐倡廉建设为抓手，努力打造一支精神状态佳、专业能力强、工作作风实、干净干事的财税干部队伍，为建设“两富”现代化浙江作出积极贡献。

（一）加强财税文化建设

回顾浙江财税发展历程，我们的前辈留下了很多的真知灼见和优良传统，这是我们全省财税人弥足珍贵的精神财富。经过多年的积累和沉淀，在一脉相承又不断与时俱进的基础上，尤其是随着 2008 年以来浙江财税文化建设的深入推进，财税核心价值理念不断发展完善，提炼凝结成了我们今天的“实、稳、优”浙江财税核心价值观。

实，就是求实，要求实事求是，为人实、工作实、数字实，做到讲实话、办实事、求实效。稳，就是保稳，要求基层稳固、措施稳健、收支稳定，做到平稳、可持续。优，就是创优，要求优化队伍、优化服务、优化业绩，做到素质优、作风优、业绩优。“实、稳、优”涵盖了财税干部为人处事的方方面面、财税业务建设的各个环节和领域，是浙江财税事业发展历程的经验总结，是历届党组理财治税文化理念的智慧结晶，是全省财税系统干部职工共同的价值理念和精神追求，是财政地税事业不断发展的坚实基础和动力源泉。

精神具有强大的凝聚力、感召力、创造力、推动力。今年财政部在全系统开展“财政精神”提炼活动，我们要以此为契机，进一步深入推进全省财税文化建设，积极开创“以文化促工作、以文化兴财税”的新局面。一是不断创新。要在深入学习贯彻“两富”目标要求、当代浙江人核心价值观和“财政

精神”的基础上，结合浙江财政地税工作实际，不断丰富和完善“实、稳、优”财税核心价值的内涵和外延。二是注重教育。要立足财税业务建设和财税队伍建设，以学习、制度、情感、激励、宣传和活动“六个平台”建设为载体，通过开展形式多元、扎实有效的文化创建活动，将“实、稳、优”的财税核心价值观植根于干部职工的思想深处，进一步提升干部职工的认知和共识，形成广泛的认同感、归属感，在内化于心的基础上外化于行。三是务求实效。要把践行财税核心价值观与“三基五财”财税中心工作紧密结合起来，将“实、稳、优”的要求贯穿于财税工作的全过程和各环节，全面加强财税部门组织、思想、业务、作风和制度建设，推动财政地税事业持续平稳健康发展。

（二）加强业务能力建设

财税系统业务能力建设关系整个系统的长远发展，其中班子业务能力建设，特别是“一把手”业务能力建设尤为重要。近几年，财税干部流动较大，这次市县政府换届后，财税领导班子充实了很多新鲜血液。2011 年 8 月以来，全省财政地税系统共有 45 名新任局长，其中系统外调入 30 名。这些新任局长都很优秀，从政经验丰富，给财税事业带来了新的活力和战斗力，但财税工作的专业性，决定了财税局长的业务能力建设尤显重要和迫切。这次培训班安排的系列课程，有助于新局长们对财税工作有个初步的了解。但是，要团结带领班子和队伍成就一番事业，财税局长们还要在工作中不断实践厅党组提出的“勤学善思践行”要求，着重提升三个能力：

一是专业能力。财税工作的专业性很强。局长们既要有经济、财政、税收、金融、会计、管理等专业知识，也要洞悉经济和财税的运行规律，并能根据规律及时做出正确的职业判断和反应。担任财政地税部门一把手的局长们，要抓紧熟悉业务、研究工作、厘清思路。关键要做好三点，即：建好体制、摆好盘子、带好班子。建好体制，就是要分清事权和财权，处理好纵向和横向财政分配关系，建立有利于科学发展和地区统筹发展的财政体制。摆好盘子，就是要坚持量入为出、量力而行，处理好方方面面的关系，确保财政收支平衡。带好班子，就是要加强团结，风清气正，锤炼一支“想干事、能干事、干成事”的领导班子和干部队伍。

二是统筹能力。财政的收与支是一对永恒的矛盾。财政资金分配的过程，就是平衡各利益群体、协调各部门之间关系的过程。如何在动态中实现收支平衡，“摆平”各方关系，是一项技术性和操作性都很强的工作。在当前钱少事多、收支矛盾突出的情况下，更需要局长们提高统筹谋划的能力，尽可能协调好各方面关系，将地方首长的诉求、地方发展的诉求、部门利益的诉求、当地民众的诉求和财税发展的诉求融汇成本质一同的“大诉求”，最大限度化解资金供需矛盾。在平衡各方需求时，不能简单做减法；在测算财政投入时，不能简单做加法。要加强与相关部门的沟通与联系，善于思考，善于联想，善于取舍，善于借力，妥善处理好点与面、此与彼、今天与明天的关系，积极寻求解决办法，尽可能提高社会各界对财税工作的满意度，同时最大限度地发挥财税政策资金效应。

三是创新能力。随着公共财政改革的深化和发展，财政管理的内涵不断丰富、范围不断拓展、要求不断提高，新情况、新问题不断出现。这就需要财税局长多学习一些财税知识，多掌握一些财税思维方式，多钻研一些财税问题，避免经验主义、教条主义和技术主义，与时俱进，根据形势变化及时提出发展目标、工作思路和政策措施，解决工作中出现的新情况和新问题。如在风险可控、政策允许的范围内，积极大胆地创新理财思路，探索完善财政存量资金同政府性债务的有效对接，增强资金调度能力，盘活存量资金，拓宽融资渠道，切实防范财政风险。总之，要深入研究现有经济条件下，财税资金运行的客观规律，财税支持经济发展的可行举措，财税支持社会事业发展的有效途径，推动财税事业的创新发展。

（三）加强工作作风建设

作风体现的是一个人、一个部门，乃至一个系统的精神风貌。新一届省委省政府高度重视作风建设问题，夏宝龙省长多次在会议上强调精神状态和作风建设的重要性。当前财税系统干部职工的工作作风总体上是好的，也得到了广大纳税人和社会各界的认可。但也有少部分人存在无所事事、无所作为、慵散懒惰等得过且过的思想。面对当前的形势和任务，我们必须以更饱满的精神状态，更扎实的工作作风，加大干事力度，积极创业创新，干在实处，走在前列。

一是坚守职业精神。工作作风是人的职业精神在职业生活中的习惯性表现。职业精神是与人的职业活动紧密联系、具有自身职业特征的精神。对财税干部而言，职业精神体现在专业精业、敬业勤业和坚持原则等各方面。专业精业，就是要提高专业能力和职业敏感，精通业务，能说会写会算，以丰富的专业知识、过硬的业务本领、较高的专业素养和专业的态度处理各项工作，特别要保持对体制、政策的敏感，涉及财税收支的政策及事项，要认真分析其对地方财政收支的影响、地方利益的影响，作出专业精准的判断和选择。敬业勤业，就是要爱岗敬业，始终满怀事业的激情和专注，踏实工作,恪尽职守,无私奉献。坚持原则,就是要坚持政策底线和体制原则,出台任何一项政策、分配任何一笔资金,都要站在全局的高度科学决策,勇于负责、敢于担当,确保把每分钱都花在刀刃上;要不踩财税法律法规"红线",依法履职,不缺位,不越位,努力防范财税执法风险。

二是坚持求真务实。财税工作涉及方方面面的切身利益,每个数字、每项政策背后都是真金白银,来不得半点的弄虚作假和虚火泡沫。在研究问题时,要实事求是,说真话、报真账,不回避矛盾,不绕开问题,勇于正面提出问题,分析症结。在出台政策时,要深入调研,广泛听取各方意见,确保政策具有含金量和可操作性,真正能带来实效。在落实工作时,要雷厉风行、统筹兼顾,能立即落实的要立即落实,需要整体推进的要提前谋划。要大力提倡求真务实的文风,改变八股文风陋习,避免形式主义和无病呻吟,避免单纯地罗列数字或者就事论事。

三是不断优化服务。各级财政地税部门要服务好大局,无论是制定财政政策,还是安排财政预算,都要主动服务、服从于党委、政府的决策部署和经济社会发展大局;要服务好企业,以最大的努力、最大的诚意帮助企业爬坡过坎,与企业共渡难关,让企业能够感受到"雪中送炭"般的关怀和温暖;要服务好民生,多站在纳税人和百姓立场上想问题,平衡好财力可能和民生诉求的关系,提高纳税服务和公共财政保障水平;要服务好基层,尽可能归并审批事项,简化审批环节,缩短审批时间,给基层留下更多的创新空间和发展空间;要服务好部门,善于换位思考,既要坚持原则和底线,充分表达我们的意图,发出财税的声音,同时又要避免语气生硬,简单否定,特别是在说"不"时要尽量给出理由和建议,不断提升财税部门的形象。

(四)加强反腐倡廉建设

廉洁自律始终是干部的政治生命线、不可碰触的"高压线"。近年来我省财政地税系统党风廉政建设成效是明显的,与兄弟省市、兄弟系统相比,发案数长期处于低位,全省财税系统干部队伍不失为一支优秀的队伍。但是,全省财政地税系统违纪违法案件仍时有发生,特别是有的"一把手"落马;有的业务口子多任主要负责人"前腐后继"连续出事;有的业务领域普遍"大面积"出问题等等,这些情况必须引起高度重视,认真反思,切实改进。昨天上午财政部纪检组长刘建华给大家作了专题辅导,对抓好反腐倡廉建设工作提出了明确的要求;厅纪检组长秦忠同志对反腐倡廉建设工作作了具体部署,会上还有书面材料发给大家。请大家认真学习,抓好贯彻落实。在此,我再强调几点意见:

一是要认真落实党风廉政建设责任制。刚才,我与10个市的地税局长签订了地税系统党风廉政建设责任书。但签字只是个形式,关键在于责任落实。各级财税领导干部特别是"一把手",要严格按照党风廉政建设责任制的要求,切实履行"一岗双责",将党风廉政建设纳入财政地税工作全局,像抓收入、抓支出、抓收支平衡一样抓好反腐倡廉工作,做到重要工作亲自部署,重大问题亲自过问,重点环节亲自协调,重要案件亲自督办,对党风廉政建设逢会必讲,常抓不懈。

二是要健全完善机制制度。制度就是规矩,是权力运行的"标尺"和"界限"。要倡导"规则至上,程序正当"的理念,靠制度规范理财治税行为,靠制度管人管权管事。要深入开展廉政风险防控机制建设,规范权力运行,进一步形成结构合理、配置科学、程序严密、制约有效的权力运行机制,同时加大制度执行和监督力度,从根本上铲除腐败滋生的土壤和条件。

三是要加强党风廉政教育。制度百密有一疏、监督也会出现"盲点"。在政策不明确、别人看不见、组织管不到的时候,靠的是个人的思想觉悟、价值理念。这除了通过个人读书修炼、自省体悟获得之外,还得依靠持之以恒的党风廉政教育,进行正面引导,反面警示。要引导干部常修为政之德、常思贪欲之害、常怀律己之心,教育、引导财政地税干部职工牢固树立正确的权力观、利益观和地位观,牢固树立权力就是服务、权力就是奉献、权力就是责任、权力就是风险的理念,认真对待权力,淡泊看待名利,将"依法治税、为民理财"的观念深深植根于思想中,落实在行动上,通过自己的工作切实维护好、实现好、发展好人民的最根本利益,真正做到权为民所用、情为民所系、利为民所谋。

四是领导干部要带头垂范。"欲影正者端其表,欲下廉者先己身"。在廉政问题上领导干部必须叫响"向我看齐,从我做起,对我监督",身先士卒,率先垂范。带头遵守党的纪律,坚守思想道德防线、廉洁自律底线、党纪国法红线,审慎对待手中的"建议权、决策权",不该说的坚决不说,不该拿的坚决不拿,要求别人做到的自己首先做到,要求别人不做的自己首先不做。对亲属和身边人要严格教育、严格要求、严格管理,发现问题及时提醒。认真贯彻落实领导干部述职述廉、廉政谈话、重大事项报告等"十项监督制度",倡导民主决策、科学决策,推行议事活动中主要领导"末位表态制",主动欢迎监督,自觉接受监督,敢于实施监督,切实做到廉洁自律。

(2012年8月17日在全省财政地税局长会议暨财政地税系统反腐倡廉建设工作会议上的讲话。标题为编者加)

夯实基础 深化改革 全力开创财税事业新局面（摘要）

浙江省财政厅厅长 钱巨炎

财政是庶政之母、邦国之本。财税的改革与发展关系着经济发展、民生改善和社会和谐，是推动“两富”现代化浙江建设的重要支撑。各级政府要在新形势和新背景下审视、谋划财税工作，指导并推动财税部门充分发挥职能作用，促进浙江经济财政“稳中求进、转中求好”。

一、强化“三个抓手”，为政府履职提供保障

体制、盘子、班子是做好财税工作的三个主要抓手。体制是确保财税科学运行的制度保障，决定了政府间的财政分配关系；盘子是政府履职的财力保障，关系着党委政府有多大的财力办多少的事；班子是财税事业发展的人力保障，决定了为党委政府管家理财的能力和水平。从某种意义上说，强化了这三个抓手，就抓住了财税工作的灵魂和核心。

（一）建好一个“体制”，做好制度建设文章

财政体制是平衡各级政府之间利益关系的重要制度安排，是财政工作最为核心的业务。体制的调整，不仅仅体现利益的再分配，更体现政府要倡导什么，限制什么。

浙江省一直以来都实行“省管县”财政体制，回顾历次的调整和完善，每一次都背负了当时的特定使命，契合了改革发展的需要，2008 年以来实施的“分类分档激励奖补政策”，充分体现了财力下沉的指导思想，有效调动了市县发展经济、培植财源、增收节支的积极性，较好地促进了浙江经济结构调整和产业转型升级，为全省经济内生性增长和发展提供了重要的制度支撑。

“十二五”时期是推动科学发展、加快转变经济发展方式的关键期，也是全面推进“两富”现代化浙江建设的攻坚期。为适应新形势，解决新问题，更好地调动省和市、县（市）两个积极性，充分发挥财政体制对促进科学发展和民生改善的杠杆作用，增强经济运行和社会发展的稳定性、协调性、均衡性和普惠性，省政府决定对现行财政体制再作适当调整。

一是正确把握财政体制调整的核心内容。本轮体制调整的内容，可以用“注重激励”、“推进统筹”、“强化监管”三个关键词来概括。

注重激励，就是通过体制的调整，使财力进一步下沉，构建促进地方经济发展的导向和激励机制。一是改革金融保险业和电力企业税收收入预算分配管理体制。按原有体制收入划分，金融保险业税收为省级财政收入，这轮体制将金融保险业营业税调整为省与市、县（市）“六？四”比例分享，金融保险业企业所得税地方留成部分全部下放市、县（市），鼓励地方发展金融保险业；电力企业增值税、企业所得税地方留成部分全部下放市、县（市）。二是建立促进发展的奖补机制。继续实行营业税增收省分成部分返还奖励政策，鼓励地方加快发展第三产业特别是现代服务业，并对在吸引浙商回归、加快“腾笼换鸟”、促进有效投资工作中考核优秀的市、县（市），给予一定奖励；三是实施地方财政税收收入增长奖补机制。将省奖励或补助与市、县（市）地方财政收入中的税收收入增长、增收额挂钩，从而提高地方经济发展的含金量，进一步做大做实做优地方财政收入“蛋糕”，促进财税增长和经济发展的良性互动。

推进统筹，就是发挥设区市的辐射、带动功能，推动区域统筹协调发展。这次体制调整最大亮点就是，我们在反思省管县体制不足的基础上，打通了市与县之间的“通道”，建立了激励与约束兼容、效率和公平兼顾的区域统筹发展激励奖补机制，从而进一步激发设区市扶持所属县（市）发展的积极性，以达到推进区域统筹发展、普遍增进民众福祉的目的。一方面，适当提高省发展资金奖励与设区市全市地方财政税收收入增收额挂钩比例，资金主要用于所辖县（市）区域统筹发展；另一方面，省区域统筹发展激励奖补资金与各设区市对所辖县（市）年度财政补助资金增加额挂钩。

强化监管，就是更加注重资金绩效监管，优化财政资金配置。一是为有效兼顾上级政府发展意图与地方政府实际需求，将分散的财政资金有效集聚，提高政府统筹能力，实现集中财力办大事，实施了专项性一般转移支付制度改革。这项制度充分兼顾了专项性转移支付制度和一般性转移支付制度的优点，在省里经过多年的探索实践，成效较好，并得到财政部和省政府的肯定。二是为实现财政资金就地就近监管，强调进一步完善乡镇财政管理体制，推进乡镇公共财政服务平台建设，提高乡镇公共服务水平。加强乡镇财政机构建设，增配相关人员力量，省确定的小城市培育试点镇设立乡镇财政局；经济较为发达、辐射带动能力强、使用财政资金规模较大、自身城镇化建设水平较高的省级中心镇也可设置乡镇财政局，其他乡镇设立财政所（办）；经济不发达、财政资金收支规模较小的乡镇可实行“乡财县管”。

二是贯彻落实好新一轮财政体制。调整后的省对市县财政体制，充分调动主客体积极性，既不“鞭打快牛”，也不养“懒汉”，旨在通过发挥体制的导向激励机制作用，促进我省经济发展方式转变和区域统筹发展。

市县要抓紧做好贯彻落实工作。一方面，要借助省对市县财政体制调整的契机，积极研究完善市对县（市、区）、县对乡镇的财政体制。设区市要加大对辖区欠发达县市的转移支付力度，增强集聚和辐射能力，切实履行好综合平衡本地区发展的职责，推进区域统筹发展；县（市）要立足地方发展实际和发展需要，把握财力与事权匹配原则，理顺与乡镇政府间的收支权责关系，完善县对乡镇的财政体制。

另一方面，要深刻领会、理解省政府通过体制调整促进和统筹地方经济社会协调发展的良苦用心。要紧紧抓住实体经济这一关键环节，积极发挥有效投资的驱动作用，更好地实现经济与财政的双赢，实现科学发展与富民强省的统一。

在促进经济发展过程中，要注意把握几个问题：首先是明晰投资主体。要充分发挥市场的主体作用，政府要准确定位，划清公共财政运行边界，扮演好制度设计和环境改善的角色，积极发挥引导和扶持作用，不能越俎代庖，这也是防范财政风险的现实需要。其次是注重有效投资。要算成本收益账，以“亩产论英雄”，把“亩产”概念延伸到用人、用地、用财、用电等资源要素的经济财政贡献上，着力以税收“杠杆”调结构、促转型。再者是积极发挥扶持政策效应。打好政策组合拳，制定科学合理的财税政策，注意把握“给得起”、“可操作”、“有实效”三个原则，注重短期政策和长期政策的融合、直接扶持和间接扶持的结合、财税政策和其他政策的配合，实现眼前利益和长远利益、局部利益和整体利益的统一。

（二）把好一个“盘子”，做好收支管理文章

盘子主要涉及三方面，收支规模、收支结构和收支平衡。财政收支“盘子”的大小和质量直接决定了政府可用财力的多寡，强化收支管理，做大做实做优“盘子”是财税部门首要任务。

一是确保完成收入任务。今年的财税经济形势尤为复杂严峻，全省经济虽总体呈现“企稳趋升、稳中有进”的发展态势，财税收支呈现“前低、中稳、后缓升”态势，但经济运行波动依然较大，财政增收基础尚不稳固，财政收支平衡矛盾十分突出。1~9月，全省地方财政收入2759.40亿元，增长6.0%，完成年度预算的80.7%，其中税收收入占地方财政收入比重为92.9%。要完成全年收入增长8.5%的目标任务，四季度全省地方财政收入需完成660.6亿元，同比增长20.5%，可谓难度不小。在经济困难的时候，更要想到企业特别是中小微企业的发展，要不折不扣抓好各项优惠政策落实，促进经济平稳健康发展。

当前，一方面，各级财税部门要提高组织收入的主观能动性，正确处理调整转型升级和“放水养鱼”、依法征税和服务企业的关系，努力夯实财源基础。另一方面，要适时完善相关政策措施，做实相关预案。要认真抓好“营改增”试点改革相关工作，做好征管衔接、税负和财力变化等分析应对工作，确保改革顺利实施。要审慎研判当前的财政经济形势，既要充分估计存在的困难和完成今年收入任务的艰巨性，也要看到存在的有利条件。当然，在组织收入过程中，要遵循经济税收发展的客观规律，坚决防止采取空转、财政垫付税款、违规调库等非法手段虚增财政收入，切实保证收入质量。

二是优化收入结构。要增强“地方可用”理念，提高地方财政收入占比。以全省数据为例，2011年，地方财政收入占财政总收入比重为53.18%，比2007年提高2.28个百分点，按2011年底财政总收入5900亿元计算，仅通过比重调整就为浙江多留了166亿元。因此，各地应以产业结构及产业内部结构升级和调整为切入点，把好产业发展重点，进一步提升工业的整体素质，不断提高创税能力，大力培育金融、物流、文化、信息服务等第三产业，使其成为拉动地方财政收入增长的“主力军”。

要把握“含金量”原则，稳定税收收入占比。加大依法治税力度，依托“信息管税”提高征管质效，及时足额组织税收收入；科学管理非税收入，正确把握非税收入全部纳入预算管理的内涵，坚决防止为追求财政收入增幅而大幅增加安排非税收入指标。在今年体制调整中，也将原省奖励或补助与市县地方财政收入增长、增收额挂钩，改为与市县地方财政税收收入增长、增收额挂钩，也是为了体现优化收入结构的导向。

三是强化支出管理，确保收支平衡。抓财税收支平衡是永恒的主题。当前要充分认识财税经济形势的严峻性，做好过紧日子的思想准备。

要统筹安排好支出“盘子”，增强预算执行的刚性，确保收支平衡。一方面，对民生工程、民心工程、省重点工程，要“应保尽保”，切实做到“该花的钱一定要花、该多花的钱不少花”，切实保障好民生等重点支出，不能留硬缺口。这在一定程度上也可以扩大投资，刺激消费，拉动需求，促进经济良性发展。另一方面，要严格落实中央关于厉行节约的八项要求，坚持勤俭办一切事业。财税部门要因势利导做好宣传和引导工作，特别是要警惕市县换届后可能诱发新一轮的政府投资冲动，要为党委政府严把收支平衡关，努力做到“不该花的钱一定不花，该少花的钱不多花”，确保“该控则控”。

要讲求艺术做好平衡账。收支是对永恒的矛盾，客观上

要求财政分配突出“统筹兼顾”理念,化解有限资金与无限需求的矛盾,将钱用到“刀刃”上,最大限度地发挥财政资金的绩效。尤其是当前紧平衡的格局下,各方的压力都会集中到财税部门。因此,我们要跳出财政看财政,妥善处理点与面、此与彼、今天和明天、一次性和经常性的关系。我们平时经常强调,“与其痛其十指,不如断其一指”,这是理财的平衡艺术,是实现财政公平的艺术,也是提高社会各界对财税工作满意度的艺术。

(三)带好一个“班子”,做好队伍建设文章

一个强有力的班子是做好财税工作的关键。领导班子强不强,直接关系着财税部门能否为党委政府当好参谋,管好家、理好财。

财税业务政治性、专业性、技术性都很强。财税部门的领导班子,首先要对党忠诚,要主动服从服务于党委政府的决策部署和中心工作,此外,还必须具备很强的业务能力和综合素质。为此,省委组织部今年专门制订下发了《关于规范省以下地税局局长任免工作的建议意见》,希望各地认真贯彻落实,规范局长的任免管理程序,准确把握任职资格条件,把真正学过、干过、管过财税业务,业务能力强、综合素质高的干部充实到基层财税领导班子来。

作为财税局长首先要增强责任感和紧迫感,注重学习,不断提升自身能力,既要有清晰的思路,又要有创新的举措,能驾驭全局,充分发挥润滑剂作用,合理兼顾上与下、清晰划分主与次、科学协调条与块,平衡好各方关系。要强化班子的团结协调,增强班子的凝聚力、执行力和战斗力,作好表率、带好队伍。要提升“班子”整体素质,为党委政府当好参谋助手。

二、立足“三基”建设,为政府理财提供支撑

在上一次财政改革和发展座谈会上,我们提出,做好财税工作,关键要树立“生财有道、聚财有法、用财有度、理财有方、管财有效”的“五财”理念,这次会议交流时好几位县长也提到了“五财”理念,谈得都很好,都很有深度。但要真正做好财税工作,仅有“五财”理念还不够,还必须有着力点和立足点。为此,近年来,我们将“基础、基层、基本”作为履行“五财”的立足点,强调要“实基础、稳基层、优基本”,以此提升全省财税科学化精细化智能化管理水平。

(一)以“实基础”为目标,大力推进财税管理信息化建设

近年来,政府审计报告、新闻媒体暴露出一些财政资金管理过程中存在的问题。比如,有的人去世很久却依然在领取养老金;有的人找到了工作获取了高收入但仍旧在享受低保;有的水利工程重复申报维修,骗取财政资金,类似案例,不胜枚举。反思监管的漏洞,信息“孤岛”是主要原因之一。

因此,如何应用现代信息技术对财税数据信息进行科学管理和深度利用,加强财政资金监管,提高使用绩效,成为摆在政府特别是财税部门面前的一件大事。在今年9月份省委财经领导小组听取省财政厅关于完善财政体制汇报时,赵洪祝书记指示要大力推进财税智能化建设,要以先进的信息技术手段管税理财,加强资金监管,提高资金使用效率,并借此提高政府管理绩效,推进“智慧浙江”建设。

一方面,要加快推进数字财政建设。从2011年起,省财政厅在金财工程建设现有成果的基础上,以数字财政为抓手,逐步将现代信息化技术有机融入财政管理中。我们期望,通过5年的努力,建成覆盖所有财政性资金、辐射各级财政部门和预算单位的财政管理和服务平台。

数字财政建设是一个立体多维的系统工程,好处不必赘言,但在建设过程中却是困难重重,特别是在与其他政府部门协调过程中,肯定会出现很多问题。对此,各级财政部门要从战略高度充分认识数字财政建设的重要性和必然性,首先要立足自身,加强与其他部门之间的沟通、协调,取得理解和配合;同时,也要向当地政府领导汇报好,引起领导的高度重视,争取领导对数字财政建设的支持。要通过努力,与省厅形成上下“一盘棋”,合力将我省数字财政建设推上更高水平。

另一方面,要有效发挥地税数据大集中系统效用。目前,地税数据大集中工程建设取得圆满成功,《税友龙版》已在全省全面推广到位。省委常委、常务副省长龚正亲自视察该工程并给予充分肯定。对于全省地税部门而言,数据的集中不是目的,仅仅只是手段。我们要借此平台,密切关注税收经济新动向,跟踪分析政策效应。构建税收预警分析平台,强化信息数据处理应用能力,提升全省地税系统征收管理水平,牢牢掌握税收工作的主动权。

更具意义的是,通过数据大集中和《税友龙版》全面应用,可以更好地落实省委省政府“优环境促发展”的部署,进一步推进以“提速增效”为核心的涉税事项办事制度改革,营造公平的税收环境,建立合法合理、简便高效、权责明晰的涉税事项办事制度,实现效能监督全程化、权力运行阳光化、执法行为规范化。

(二)以“稳基层”为目标,不断推进财税基层组织建设

县乡等基层是我国行政的根基,从政府管理层面看,“郡县治则天下治”,从财税管理角度看,“基层稳则财税稳”。但在本世纪初,由于实施农村税费综合改革,取消了农业税,上划了义务教育保障职能,加之当时乡镇债务过多等等原因,各地弱化了财税基层组织建设,乡镇财税管理力量薄弱,职能弱化,“财政”降格为“财务”,监管漏洞频现。随着统筹城

乡发展的加快推进,公共财政向农村覆盖的步伐不断加快,乡镇财税管理和机构队伍建设亟待进一步调整和完善。因此,加强财税基层建设,不仅必要也很紧迫,关键是要抓住乡镇财政建设和夯实地税系统管理力量这两个“牛鼻子”。

加强乡镇财政建设。一方面,要以加强乡镇财政机构设置为重点,大力推进乡镇财政管理规范化建设。省委省政府非常重视乡镇财政组织机构和队伍建设,2011年,省政府专门下发文件要求各地推动此项工作。今年,夏宝龙省长提出了“此项工作务必抓紧推进,争取有一个明显的变化”的要求。此次体制调整文件中,也专门明确了乡镇财政机构设置要求。各地要抓住改革契机,扎实做好机构建设和人员配备工作。

另一方面,要以乡镇公共服务平台建设为抓手,创新乡镇公共服务管理模式。要通过统筹乡镇行政事业资源和各类与财政支付相关联的乡镇民生服务,形成“一站式、一条龙、一卡通”的乡镇公共财政服务新格局,推进各项惠民政策措施的落实及公共财政管理“最后一公里”问题的有效解决。

(三)以“优基本”为目标,持续完善干部队伍软硬件建设

“才以业聚、业以才兴”,干部是财税事业持续蓬勃发展的根本。要坚持软硬兼备,建立健全干部队伍管理长效机制。

从提供“硬保障”出发,健全财政组织体系,充分发挥体制机制优势。在各级党委政府的关心重视下,我省财政系统积极开展“三位一体”财政组织管理改革。省厅预算编制和预算执行体系初步建立,总预算局和执行局局长已高配到位;同时,以财政监督局、绩效管理处和预算项目审核中心为基础的新财政监督局也已组建完毕,初步构建了体现全过程、全覆盖、全方位特色的财政“大监督”体系。各地也组织实施了“三位一体”改革,成效显著。

搭建“三位一体”组织管理机构,我们的初衷不是为了高配几名干部,而是希望通过建立预算编制、执行、监督三者之间既彼此促进又相互约束的制衡机制,在推动财政科学化精细化管理的同时,运用机构和制度对权力进行监督,从而保护好广大财税干部,推进财税事业可持续发展。当然,在这个过程中,要赋予他们更多的职权,促使他们更好地履行义务。对此,希望市县领导给予更多的关注、理解和支持。

各地财政部门也要抓住契机,加强与相关职能部门之间的沟通协调,在搭建起组织框架的基础上,进一步理顺预算编制、执行、监督三者之间的关系,健全工作流程和运行机制,切实发挥“三位一体”组织机构优势。

从提升“软实力”出发,深化财税文化建设,激发干事创业热情。要结合以“务实、守信、崇学、向善”为内涵的当代浙江人共同价值观,进一步丰富和完善“实、稳、优”财税核心价值理念,秉承财税职业精神,坚守财税职业道德,努力形成“文化生产力”,激发广大财税干部工作的积极性和创造力。

同时,要积极开展“民主评议行风回头看”活动,建立地税系统行风评议工作长效机制,塑造财税部门的良好形象。不断完善财税惩防体系建设,全面推进“数字财政”和《税友龙版》廉政风险防控机制应用,把反腐倡廉融入财税业务和管理运行全过程,确保“不出事”、“少出事”,实现财政资金、税收收入和财税干部“三安全”。

三、坚持“三公”原则,为政府依法理财治税保驾护航

公开、公平、公正是公共财政的应有之义和内在要求。公开是基本保障,公正是基本价值取向,公平是最终目的,以公正、公开促进公平,以公平来体现公正、应对公开。在理财治税过程中做到公开、公平、公正,确保公共财政在科学有效、合法合规的轨道上运行,这不仅是党委政府对财税部门的要求,也是企事业单位和社会公众等服务对象对财税工作的客观诉求,更是强化执政基础、确保政权稳固的需要。

(一)以“公开”为保障,加强“阳光财政”建设

财税政策是否公平、制度和程序是否公正,需要服务对象特别是社会公众来检验、来评判。所以,关键还在于公开。

首先,要认识到公开的必然性。推进财政信息公开有助于公众全面了解政策取向,为政府接受公众监督创造条件,这既是公共财政的本质要求,也是建立公正透明、廉洁高效的责任政府的重要保障。当前,公众的民主、民权意识越来越强,政府特别是财税部门更需要切实转变观念,要充分认识到信息公开的重要性、必要性,要清醒地认识到公开是义务、是职责,与其被动不如积极主动稳妥公开。要正确面对公开带来的压力,化压力为动力,更好地履职。

对财政部门而言,公开在一定程度上有助于减轻我们的压力,更好地推动财政资金的监管。目前,财政审计发现的一些问题,大多数是部门的问题。从某种层面说,审计也好,公开也好,都是有效的监督,能唤起各级政府和职能部门依法管理使用财政金的意识,更好地纠正公共资源配置偏差,提高财政资金使用效益,提升财政管理水平。

其次,要认识到公开的渐进性。公开不可能一蹴而就,既不能刻意将财政信息神秘化,但也不能在条件不成熟的情况下把所有信息都拿到阳光下进行“裸晒”,否则会出现负面效应。因此,要合理把握预算信息公开的节奏、力度、广度和深度,在加强管理的基础上,渐次推进公开,逐步走向透明。

再者,要明确公开主体。财政公开的主体是政府,财政部门和其他使用财政资金的所有预算单位是公开的执行者、操作者。因此,政府各部门都应当增强责任意识,树立人本

位和服务本位的理念。要建立健全预算信息公开工作协调机制,各负其职、各担其责。

最后,要夯实公开的基础。信息公开不但要经得起公开,还要有公开价值和意义。要晒出实质性内容,不断细化和扩大公开的范畴,逐渐向"精细化"、"平民化"推进,让公众能从预算的"数里行间"解读出政府的施政方针、支持重点,了解到事关人民群众各个方面利益的细节和各项资金的来龙去脉,只有这样,才会有实质意义上的监督效应。

当然,我们也有必要根据经济社会发展的客观需要,进一步完善预算支出标准体系和政府收支分类体系,进一步细化财政信息,使财政收支账目更清晰更合理,比如"三公经费"的问题。我们要通过提高信息准确度、透明度,最大限度避免公众的误解,达到更好的公开效果。

(二)把握"公平"目标,科学配置公共资源

首先,公平是公共财政追求的目标。近年来,我省财税部门一直把公平作为重要的价值取向和政策目标,倡导"让公共财政的阳光普照全省大地",稳步推进基本公共服务均等化,力促城乡区域均衡协调发展。此轮财政体制的调整,也突出强调了区域内统筹发展,体现的正是公平精神。

其次,公平是渐进的、相对的。公平是一个动态的过程,渐进的过程。绝对的公平是不存在的,追求绝对公平容易助长"平均主义",导致效率的丧失。因此,要妥善处理好绝对公平和相对公平的关系。比如,民生保障标准问题,财政体现公平要求,就要正视各地发展基础和承受能力,肯定发展付出的努力,确保不同区域实现同步保障,而不是同水平保障,这就是相对公平。有些地方尤其是欠发达地区,脱离当地实际,和发达地区攀比民生保障标准,将带来巨大的财政风险。

第三,要处理好公平与效率的关系。效率与公平两者辩证统一,公共财政要兼顾效率和公平,在制定政策时,要防止片面追求公平而丧失效率。比如,中小学生住宿费全免政策,确实体现了对所有学生绝对的公平,但政策社会效应的最大化并未得到充分发挥,某种程度还存在负面效应,政策的绩效值得考量。

财税扶持企业也是如此。要科学界定财政支出的边界,合理、审慎地把握财税在市场经济中的介入尺度,要思考扶持什么样的企业,怎么扶持。好的财税政策,既能激发市场主体活力,提高财政支出效益,体现"最大"的扶持;又不破坏市场的公平竞争环境,体现"最小"的干预。

在统筹区域发展问题上,也要兼顾公平和效率。一方面要为社会不同区域、不同阶层、不同利益主体提供均等的基本公共服务,另一方面要着力向欠发达地区倾斜,多做"雪中送炭"之事,使欠发达地区和弱势群体能共享经济发展成果。同时,也要充分兼顾到发达地区发展的积极性。须知,没有发达地区的发展,区域均衡也就失去了财力的支撑,公平也将成为无源之水、无本之木。此次体制调整,下放金融保险业税收,杭州、温州等发达地区受益更多,正是兼顾公平和效率的体现。

(三)把握"公正"取向,以"公正"促"公平"

"政者,正也。为政之道,莫若至公",公正是施政好坏的评价标准,是财政理财不可或缺的价值目标或理念支柱。财政公正,要通过制度构建和程序公正来保障。

一方面,要确保制度公正。依法理财治税,是建立科学、合理、规范、透明的税收征管和财政支出行为的基本要求,体现的就是理财治税的公正性要求。一系列完备的财税法律制度以及科学规范、监督制衡、管理有序的内部管理制度,为依法理财治税提供了公正的制度保障,确保了财政收支活动的每个环节都在法律框架内进行。

当前,财税收支事关百姓切身利益,受到社会广泛关注,经常处于舆论的风口浪尖。对民众来说,财政收入保持较快速度增长时,容易产生一种错觉,认为整个经济蛋糕中,政府切得过多;财政收入增速下降时,又担心政府收过头税。应对社会各种质疑,最有力的说服理由就是我们一以贯之的依法理财治税。只要我们秉承公正理念,按照公正的制度操作,体现公平和效率,相信终究会取得民众的理解和支持。

另一方面,要确保程序公正。公正体现在制度层面外,就是程序公正。这些年,我们一直不断努力完善支出标准体系建设,着力推进专项性一般转移支付制度改革,力求通过分配程序上的公正,实现资金分配的公平。专项性一般转移支付按因素法,科学、合理的反映各地的财政努力程度、人均财政收入与支出的差额、以及维持最低公共服务水平所需要的基本财政保障,把对财政转移支付的人为干扰因素降到最低。

实施专项性一般转移支付改革后,市县在资金规定使用范围内统筹兼顾,用于当地经济和社会事业发展,确保中央重大决策部署和省委省政府特定政策目标的实现。在这里,我特别要强调,有些地方拿了省里的钱,办了自己的事,等省里要他办事时,钱没了,又反过来伸手向省里要钱,这种现象必须杜绝。市县如不按规定范围和方向使用的,省财政将扣回当年下达的资金,并在下一年度分配时作为扣减因素考虑。

(2012年10月18日在全省财政改革与发展座谈会上的讲话)

学习贯彻十八大精神　切实做好财税工作(摘要)

浙江省财政厅党组书记、厅长兼省地税局局长 钱巨炎

一、对十八大的体会

党的十八大是在我国进入全面建成小康社会决定性阶段召开的一次十分重要的大会，是一次继往开来、意义深远的大会。

一是将科学发展观写入了十八大报告、写入了党章，与马克思列宁主义、毛泽东思想、邓小平理论、“三个代表”重要思想一起被确立为党的指导思想，它也必将长期指导财政地税工作。科学发展观实际上指出了“我们应该怎么样发展”这个理念，发展应该是高质量、高效益的发展。十年来浙江经历了跨越式发展，习总书记在浙江工作期间提出了“八八战略”，赵洪祝书记提出了“创新强省、创业富民”以及“物质富裕、精神富有”，通过“两创”实现“两富”的战略，实际上就是一个实践科学发展观的过程。

二是将“坚定不移地高举中国特色社会主义伟大旗帜”、“走中国特色社会主义道路”明确地写入十八大报告和党章，这将长期指导我们今后的工作。习总书记在中央政治局第一次集体学习会议上谈了中国特色社会主义的五个方面，明确指出，我国仍处于并将长期处于社会主义初级阶段，要坚定不移地走中国特色社会主义道路，强调要根据这个基本国情来制定政策。财税部门要实事求是，根据浙江的特点和实际来制定相应的财税政策，包括民生政策，要做到尽力而为、量力而行，税收政策要继续秉承“藏富于民”的理念。

三是把生态文明建设纳入“五位一体”的总布局。浙江近年提出了“生态浙江”、“美丽乡村”建设，在生态文明建设方面我们已先有了实践，这次生态文明建设被写入报告，我们感到很荣幸，同时我省财税部门在全国率先出台了生态转移支付制度，这也给全国提供了生态转移支付的经验，下一步要继续加以不断完善。

二、认真组织学习十八大精神

学习贯彻十八大精神，是当前和今后一个时期全省各级财税部门的重要政治任务。各地、各部门党支部要积极发挥组织统筹作用，结合各地实际和业务职能，认真制定本支部、本单位具体的实施方案，有计划、有步骤地组织广大干部党员开展形式多样、内容丰富的学习宣传贯彻活动。在范围上要突出一个“全”字，要将十八大报告学习资料发放到每个干部党员手中，做到人手一册、人人参与。在形式上要突出一个“活”字，通过辅导讲座、专题研讨、座谈、自学、撰写心得等多种方式，切实提高学习效果。在内容上要突出一个“实”字，要结合各单位职能和所从事的工作，按照十八大精神研究谋划财政地税工作，以学习促业务，以学习强管理。在效果上要突出一个“透”字，要学深学透十八大精神，特别是对科学发展观、中国特色社会主义、生态文明建设等重要内容，要吃透其精神实质，领会其丰富内涵，并用以指导实际工作，真正做到内化于心、外化于行。

三、以十八大精神为指导，切实做好财税工作

(一)收入方面

一要关好门。今年是本届政府的最后一年。时至岁末，贯彻落实十八大精神的首要任务就是要关好门，完成年初人代会审议通过的各项目标任务。财税部门要充分发挥主观能动性，在坚持依法依规的前提下，采取一系列行之有效的征管举措，圆满完成地方财政收入增长目标。在总量上，根据当前形势分析，完成既定目标虽然存在很多困难，但也有不少积极因素，要振奋信心，科学把握好收入进度，充分调动市县的积极性，增强收入的主动性。在结构上，要在合理的区间范围内继续保持较高的税收收入占比，确保收入质量不降，不能为了完成收入任务而刻意增加非税收入指标。

二要开好局。明年是新一届政府的开局之年，尽管财税经济形势依然复杂严峻，但新一届中央领导班子及十八大报告传递出加快发展的信心，以及我省积极推进的一系列稳增长促发展的战略举措，都给经济和财税工作带来机遇。财税部门要科学研判财税经济形势，加强调查研究，适当参考兄弟省市的情况，提出一个既积极又稳妥的收入目标，供省政府决策参考。同时，要在确保完成今年任务的前提下，合理把握收入进度。

(二)支出方面

一要正确看待支出进度问题。在加快支出进度时，要兼顾资金的使用效益，不能单纯为了加快支出进度，安排一些低效或无效的支出。要深化预算综合改革，提高预算编制的科学性和合理性，从源头上解决支出进度缓慢的问题。要加强制度设计，对确实无法支出的资金，予以收回，并在下年预算编制时适当调减指标，以此倒逼预算单位加快支出进度。

二要保障重点支出需要。要处理好需要和可能的矛盾，重点保障教育、科技、农业等法定支出和医疗、保障性住房、

社会保障等民生支出。特别是教育支出，要确保完成年初人代会确定的教育支出占公共财政支出21%的目标。同时，也要高度关注保障性住房支出，将中央下达的和省里安排的资金使用好、管理好。

三要善于借助外力。在收支矛盾突出的情况下，要善于借助人大财经委、纪委、审计等外部力量，增强预算单位财经法纪意识，规范支出管理。

四要谋划好明年的支出盘子。在编制明年预算时，要安排足够资金切实保障省委省政府已经确定的项目；对已经到期的政策，要积极向省委省政府汇报，明确后续政策；同时要为省委省政府可能出台的政策或实施的项目留有余地。

（三）管理方面

一是体制落实。一方面，要强调财政体制的导向性。首先要算好账，做好口径、指标调整等相关工作，强化对市县的政策辅导。同时，要让市县真正明白，通过体制调整推进市县做大做好蛋糕，不仅仅是利益的再分配，更重要的是传递一种省委、省政府支持什么、发展什么、限制什么的导向理念。另一方面，要体现专项资金的导向性。如前两年小城镇建设、欠发达地区特别扶持等方面的专项资金花得掷地有声，带动效应很显著，像这样的专项资金是很值得的。要切实加强专项资金的整合和统筹，充分发挥其乘数作用，产生有效带动和几何级联动效应。

二是债务管理。新一轮投资扩张如开发区建设等，使财政风险不断积累，要对政府性债务管理引起高度重视。首先，数据统计要真实，有的地方反映乡镇、高校（尤其是独立学院）债务数据时还是比较保守，同时由于统计口径差异等因素影响，可能导致相关数据的准确性和全面性有所打折。虽然与江苏相比，当前我省地方政府性债务总量仍留有余地，但财政部门要保持高度警惕。值得注意的是，在当前内外需不振的情况下，扩大投资仍是政府主抓手，地方抓投资、抓项目的热情很高，这在促进地方经济发展的同时，也将对地方财力造成较大压力。我们要客观分析以上情况，高度关注地方政府性债务问题，切实加强财政风险控制和管理。

三是“三基”建设。要继续推进实基础、稳基层、优基本的各项工作。基础建设方面，今年数字财政建设有了良好开端，明年要加快推进这项工作，如开化的“民生地图”可以进一步完善，逐步把低保、水利、教育等与支出相关的模块数据也纳入其中，充分发挥数据集聚和共享作用。要把数字财政建设作为提升财政业务管理水平的重要平台。地税大集中成效已初步显现，下一步关键要解决应用问题。基层建设方面，这几年地税基层建设相对比较好，而财政基层建设则较薄弱，特别是近几年乡镇财政资金体量越来越大，要加大乡镇财政建设步伐，加强乡镇公共服务平台建设，不能仅停留在试点上。明年，要抓紧全面铺开这项工作。基本建设方面，要继续深化“三位一体”组织体系建设，这几年大部分市县已经建立并配备到位，省厅要对剩下的少部分县区加强督促，全面推进和完善财政组织机构建设。

四是善于理财。要管好财更要理好财，这才能真正体现财政部门的能力和水平。如针对国库存款效益低问题，一要实现利益最大化。日前，财政部已出台文件明确财政存款可以招投标，省里对此要拿出具体方案，打破原有利益格局，实现财政资金保值增值。二要实现制度规范化。要进一步完善制度，规范账户管理。当前，我们已着手撤销归并银行账户，下一步要加以规范。执行局要牵好头，监察室等部门要加强配合，积极研究探索，并结合反腐倡廉建设，把这项工作抓好、抓出实效。总之，要把政府的钱当作自己的钱来精打细算，真正理好财，不断提高资金使用效益。

（四）队伍建设方面

一要振奋精神，积极有为。既要有忧患意识，又要进一步提振信心，迎难而上，激发财税干部的工作热情和工作斗志。要正视当前面临的困难，理性地分析基层财力状况，加大与江苏等沿海发达省份财税工作的比较分析，提出切实可行的建议举措，为省委省政府当好参谋助手。

二要转变作风，主动作为。要继续保持财税部门务实低调的优良作风，进一步“转作风、改文风”，深入基层开展调查研究，切实解决基层难题。要支持发达地区加快发展，加大对欠发达地区的转移支付力度，实现区域统筹发展、均衡发展。要拓宽工作视野，结合浙江“七山二水一分田”的地理分布，改变传统居住理念，合理利用好空间资源，做好“山”的文章。要转变工作方式，提高工作的预见性和主动性，化被动为主动，强化沟通协调，加强政策辅导和纳税服务，赢得部门和纳税人的理解和支持。

三要清正廉洁，筑牢底线。腐败问题将严重影响党和政府的威信，党的十八大报告把反腐败提到了前所未有的高度，提出了要做到“干部清正、政府清廉、政治清明”。当前财税工作任务繁重，社会关注度高，财税干部执法风险进一步加大，要坚持依法依规办事，不能不作为，也不能乱作为；组织上要保护和关爱干部，营造良好的工作氛围；要加大财税源头治腐力度，强化对重点领域和关键环节的监督和制约，推动财税各项管理改革顺利推进。

（2012年11月20日在厅党组理论学习中心组学习会上的讲话。标题为编者加）

服务经济社会大局　加快改革创新步伐
全面做好 2013 年省级预算编制工作(摘要)

浙江省财政厅副厅长　罗石林

一、一年来省级预算管理和改革情况

一年来，在省委、省政府的坚强领导下，省财政厅和省级各部门共同努力，抓重点，攻难关，强管理，促改革，省级预算管理和改革的各项工作扎实推进，预算编制更加科学精细，执行管理更加严格规范，资金使用更加注重绩效，省级预算管理和改革又迈上了一个新台阶。主要体现在以下几个方面：

（一）确保民生重点，严控一般支出，省级财政支出结构不断优化

一方面，2012 年省财政预算安排的教育、科学技术、文化体育与传媒、社会保障和就业、医疗卫生、农林水事务等重点支出增幅均超过了省级公共财政支出的增幅。今年上半年，在全省财政收入增长放缓的情况下，我省财政仍牢牢坚持民生优先的原则，财政民生投入增幅明显高于财政收支增幅，财政支出结构进一步优化。上半年全省财政民生支出占财政支出的比重比上年同期提高了 1.4 个百分点。

另一方面，严格控制一般性支出。2012 年部门预算中，除中央和省委、省政府确定的重大支出以及民生支出外，其他项目支出预算继续实行“零增长”。从严控制各项行政经费支出，特别是进一步加强了“三公”经费预算管理，完善了管理制度，细化了预算编制，严控了追加事项。

（二）细化预算编制，狠抓预算执行，部门预算管理的规范性明显提高

省级部门预算编制和执行呈现出以下特点：一是紧扣部门职能，预算编制细化。各部门按要求紧密结合履职需要合理编报预算，尽可能将各项支出落实到具体执行单位，年初预算到位率进一步提高。二是完善管理机制，预算分配的科学性增强。在继续健全预算编制与预算执行、结转结余资金管理、资产管理、支出绩效相结合的机制与措施方面进行了大量有益探索。三是强化执行管理，预算执行进度加快。不少省级部门在加快预算执行方面采取了许多有力的措施，如强化一把手负责制，完善预算执行目标责任制和定期通报制度等。从 2011 年全年预算执行结果来看，各部门完成预算情况总体上好于往年，预算执行的时效性和均衡性有所提高。今年上半年，省本级支出完成预算的 41.6%，比 2011 年同期提高了 1.1 个百分点。

（三）夯实管理基础，积极探索创新，支出预算管理改革深入推进

在基本支出方面，健全定额标准体系。一是调整完善行政单位定额体系。根据上级或人力社保部门的政策，调增了离、退休人员定额，规范调整了部分特岗津贴标准。二是推动事业单位供给方式改革。根据单位分类、财政经费保障力度等因素，分类规范调控，进行限高、稳中、托低。推进事业单位绩效工资制度的落实。三是完善费用标准体系。对省级预算费用标准进行了梳理，新增出台了通用办公设备家具购置费预算标准，对省级行政单位通用办公设备家具的实物量标准和预算标准进行规范。

在项目支出方面，加强管理和制度创新并重，强化项目预算科学化、精细化管理。一是进一步强化预算管理机制，强化资产与预算、绩效与预算、执行与预算相结合的机制：在 2012 年预算中编制了资产配置预算，资产配置实行定编管理；扩展项目绩效目标的申报，加强评价结果应用；将执行情况作为编制预算的重要依据，对执行率低于要求的部门按政策相应核减了下年度预算安排数。二是改革完善转移支付分配方式，建立专项性一般转移支付制度。2011 年 12 月，下发了《关于实施省级专项性一般转移支付管理改革的通知》，明确了专项性一般转移支付改革的目标、内容、措施和工作要求。目前省级各部门都已制定了专项性一般转移支付改革的初步方案，我们将会同省级各部门予以完善、推进。

（四）主动接受监督，力推预算公开，预算透明度不断提高

主动接受人大、审计监督。在不断细化报送省人大审议的省级财政预算和部门预算的同时，高度重视并积极落实人大、审计意见，不断完善相关管理制度和政策措施，加强资金审核，堵塞管理漏洞，省级预算管理水平进一步提升。2012 年提交省人大审议预算的省级部门增加至 69 个。

主动接受社会监督。在去年省级部门首次向社会公开部门预算的基础上，今年省级部门预算公开工作取得了新进展，做到了时间相对集中、格式基本统一、范围更加广泛、内容更加详实。在报省人大审查预算的 69 个部门中，有 66 个

部门公开了2012年预算，比上年增加了18个。公开的内容包括了部门基本情况简介、部门年度收支预算总体安排、部门预算支出的主要内容等方面，公开内容较上年更加细化。部门预算公开后，社会反响总体良好。

（五）健全工作机制，拓宽评价范围，预算绩效管理工作迈出坚实步伐

主要表现在以下几个方面：一是省级部门绩效自评工作深入开展。2011年，共有75个部门的138个项目开展了绩效自评，项目资金占省级预算规模的36.4%，省财政厅对部分项目进行了抽查，有效促进了部门提升绩效理念、改进项目管理。二是绩效目标管理实现了全覆盖。在2012年度预算编制中，省级部门项目预算都编报了绩效目标，初步建立了绩效目标申报和审核制度。三是制度建设有了新拓展。今年5月份，省政府出台了《关于全面推进预算绩效管理的意见》，决定从2012年度起，将预算绩效管理纳入省政府对直属单位目标责任制考核内容，作为一类工作目标进行考核。预算绩效管理正式列入省级各部门的重要日常性工作。

二、当前省级预算管理中存在的突出问题

一是预算编制的科学化精细化程度还有待提高。一些部门预算编制不够规范、不够细化的问题依然存在，部分单位申报项目预算时，仍未真正做到"立项有依据、计算有标准"，部分项目支出预算年初未落实到具体项目和单位，到执行中才去细化。绩效评价结果在预算编制中的应用还有待加强。

二是预算执行的规范性和约束力还有待加强。主要表现在：一些部门预算调整、追加数量仍然较多，规模相对较大，个别部门预算追加不够规范，影响了预算的严肃性。有些部门预算执行进度缓慢，财政资金效益不能及时发挥，审计每年都提出了这一问题，大家要引起高度重视。预算执行考核和激励约束的长效机制有待完善。

三是预算透明度还有待提高。一些部门对预算和"三公"经费等公开的认识不到位，准备不充分。预算公开工作机制还需进一步完善，决算公开尚有一些需要加强协调的问题，预算、决算公开的衔接也需要加强研究等。

四是财政资金的使用成效还有待提高。一些部门在安排项目时，没有进行充分的比较论证，没有把钱花到最需要的地方。部分政策制定和项目实施缺乏全局和长远观念，没有充分考虑需求的度和财力的可持续性。个别单位花钱大手大脚的现象仍然存在。

除此之外，当前预算管理中还存在预算管理与绩效管理、资产管理、政府采购管理相结合的力度仍需加大、"三公"经费预算编报有待规范等具体问题。

上述问题存在的原因是多方面的：既有组织工作方面的原因，也有部门单位管理工作尚未完全到位、基础工作不够扎实的原因；既有行政决策机制与预算决策机制有机衔接不够等客观原因，也有一些部门重视不够、预算编制缺乏前瞻性考虑、执行预算管理制度不到位等主观原因。对此，我们要高度重视，认真分析，制定措施，尽力尽快加以解决。

三、2013年省级预算编制的指导思想和工作重点

2013年是实施"十二五"规划的承前启后的重要一年，编制好2013年预算，对于深入推进"十二五"规划实施，保持经济社会发展的良好势头，具有重要意义。2013年省级预算编制的指导思想是：高举中国特色社会主义伟大旗帜，坚持以邓小平理论和"三个代表"重要思想为指导，深入贯彻落实科学发展观，深入实施"八八战略"和"创业富民、创新强省"总战略，牢固树立"促进发展、保障民生、科学理财、加强监管"的理财观，按照"实、稳、优"的工作要求，深化公共财政管理改革，完善政府预算编制体系，进一步优化财政支出结构，集中力量办大事；厉行节约，从严从紧编制预算，控制和降低行政经费；积极稳妥有序推进预算公开；健全制度规范，完善预算管理机制，强化预算执行和监督，进一步提高预算管理的科学化、精细化水平，更好地推动我省物质富裕精神富有的社会主义现代化建设。

（一）继续优化结构，着力改善民生和控制行政成本

财政资金取之于民、用之于民。预算编制要始终坚持以人为本，集中财力办大事，把保障和改善民生放在更加突出的位置，"把好钢用在刀刃上"。在做好"加法"的同时，还要做好"减法"，切实按照"确保、压缩、科学"的要求，努力做到统筹兼顾、重点突出。

一要"确保"，即合理保障重点、民生支出需要。省级支出预算安排要更加有力地保障社会保障和就业、"三农"、教育、科学技术、医疗卫生、文化、公共安全等重点支出需要。部门预算安排要体现实事求是的精神，对省委省政府确定的重大政策支出，要给予重点保障；对部门履行职责和事业发展所必需的支出，要在认真审核的基础上，积极予以保障。

二要"压缩"，即继续从严安排一般性支出。除重点支出外，其他一般性项目支出要严格控制，继续实行零增长。严格控制"三公"经费预算规模，建立健全厉行节约的长效机制，省级部门2013年用财政拨款安排的"三公"经费支出不得超过压缩后的预算规模，并有所压缩。

三要"科学"，即进一步健全科学的预算支出决策机制。科学的预算支出决策机制是优化支出结构、合理编制预算的

重要保证。预算支出决策要紧密结合部门主要职能、发展规划和工作计划，与部门行政决策机制相互衔接。同时，要进一步完善预算支出决策程序，健全部门内部工作沟通协商制度，规范预算管理工作程序，充分听取各方面的意见，做到科学与民主的统一。

（二）加强预算编制管理，着力合理分配预算资金

预算编制是预算管理的首要和核心环节，是预算执行、预算监督等各项工作的基础。因此，要不断加强预算编制管理，切实按照"统筹、精准、改革"的要求，努力提高预算编制的合理性和准确性。

一要"统筹"，即深入推进"三个子"综合预算管理。部门预算编制要与部门自有资金、结转结余资金、国有资产收益等所有公共资源紧密结合，加大各项资金统筹使用力度。预算编制一定要完整、全面、准确，健全全口径的政府预算编制体系，在完善公共财政预算、政府性基金预算编制的基础上，做好国有资本经营预算编制，加强国有资本经营预算项目支出管理；强化政府性债务计划管理，加强债务计划的严肃性，债务计划要与债务执行统计监督紧密结合；深化社会保险基金预算编制，2013 年起，省级社会保险基金预算按财政部规定的养老、医疗、失业、工伤、生育五大保险基金收支余全口径编制。对年底结转资金要作充分预计，继续加大结转结余资金统筹使用力度。完善预算编制与执行相挂钩的机制，强化部门决算分析，建立健全预算与决算相互反映、相互促进的机制。

二要"精准"，即不断提高预算的精细化水平和准确度。为此，首先是要继续推进预算支出定额标准体系建设，打好精细编制预算的基础。近年来，省级支出增长较快，尤其是民生支出增加很多，特别需要抓紧制定和完善相关支出标准。一方面，要继续完善预算支出定额体系。结合实际情况调整完善行政单位人员支出和日常公用支出预算定额，根据发展需要适当调增院校生均拨款经费定额。另一方面，要加快推进支出标准建设。要继续大力开展部门内部标准建设，早日形成部门支出标准体系。在此基础上，切实做好支出标准的应用工作，将已制定的标准运用到预算编制和管理的全过程。同时，要努力细化预算，不断提高年初预算到位率。省级各部门的每一项支出都应分解落实到基层单位和具体用途，特别是有预算分配权的部门，要认真落实年初预算到位率的要求，按规定及时向财政厅报送有关资金分配方案，尽快落实到具体项目。

三要"改革"，重点是要着力推进专项性一般转移支付管理改革。各相关部门要根据《关于实施省级专项性一般转移支付管理改革的通知》要求，在 2012 年改革进展的基础上，着力予以推进。一是扩大改革范围，加大推进力度。2013 年，争取有三分之一以上的单位完成专项性一般转移支付改革。二是继续整合和规范专项转移支付资金。突出省委省政府特定政策目标，整合资金，形成合力。2013 年，省级各部门要将专项转移支付项目个数整合减少三分之一以上。三是完善编制方法的科学性。大力推进"因素分配法"的应用，增强"因素"的引导作用。科学制定专项性一般转移支付资金分配方案，包括因素的量化指标、权重系数和公式等。四是加快转移支付项目库建设。延续性专项转移支付要提前申报，尽早下达。五是加大转移支付资金提前告知力度。2012 年年底前延续性专项性一般转移支付资金预下达规模争取达到总量的 50%。六是强化绩效评价与监督检查。加强专项性一般转移支付项目的全过程监督和管理。每项资金由部门自行实施绩效自评，省财政会同省级主管部门适时进行抽查，重点项目必须组织一次以上检查、考核。

（三）狠抓预算执行管理，着力提高资金使用效益

预算管理是一项系统工程，环环相扣、相互制约。预算编制是党和国家方针政策的体现，而预算执行则直接关系到党和国家的方针政策能否落到实处。因此，必须强化预算执行管理，切实按照"加快、减少、管控"的要求，努力提高预算执行的及时性、规范性和安全性。

一要"加快"，即提高预算执行效率。各部门要提前谋划预算执行的各项工作，制定科学合理的预算执行计划，尽早开展项目规划、招投标、政府采购等前期准备工作。要完善预算支出责任制度，将责任落实到具体项目单位，建立健全有效的激励约束机制。加强预算执行分析，及时掌握预算执行动态，做好对基层单位的检查和督促工作。加快预算审核和资金下达进度，对需要在执行中细化的项目，要严格执行规定的时限要求，尽快细化并下达预算。

二要"减少"，即严格预算调整。各部门要花大力气在预算编制上，认真做好预算编制，不要寄希望于执行中的调整和追加。要控制和减少预算执行中的调整事项，避免出现"一年预算、预算一年"的现象。预算一经人大审议通过，即具有法律效力，要强化预算约束，除无法预见的临时性或特殊支出事项外，原则上不予调整。

三要"管控"，即完善预算执行监督管理机制。要严格按照财政国库管理制度有关规定和程序支付资金。加强预算执行全过程的管理控制，进一步完善项目执行情况监控机制，动态跟踪、实时分析项目执行进度，健全并落实好预算执行通报制度。切实抓好结转资金的执行工作，努力减少和消化结转资金，提高财政资金使用效益。

（四）强化预算监管，着力增强预算透明度

"阳光是最好的防腐剂"。推进预算公开、加强预算监督,对强化财政资金管理、提高财政资金使用效益,具有重要意义。要进一步加强预算监督工作,切实按照"主动、透明、内控"的要求,努力健全内外结合、以监促管的监督体系。

一是"主动",即自觉接受人大、审计监督。接受人大、审计监督是财政和各部门应尽的义务。财政厅和各省级部门不仅要增强主动接受监督的意识,还要增强主动落实人大要求、审计意见的意识。要研究完善向省人大报送部门预算的格式、内容,方便人大代表审议、监督。要认真研究并主动落实人大要求、审计意见,有关问题要主动加以整改,有关建议要尽快制定落实措施,以切实改进预算编制和管理工作。

二是"透明",即积极推进部门预、决算公开工作。自觉接受社会监督是时代发展的必然要求,也有利于改进财政财务工作。目前,2012 年省级部门预算公开工作已基本完成,总体看社会反响良好。下一步面临的是部门决算公开和"三公"经费公开的问题,各部门要继续予以高度重视,进一步做好相关工作。要强化部门的主体意识,夯实部门决算公开的工作基础,加强对决算数据包括"三公"经费的审核,做好决算与预算的衔接。部门决算公开方式和内容要统一规范,公开时间要相对集中,对其中的涉密信息要妥善处理。同时,要在事前做好政策及口径解释,要在事中争占舆情高地,及时回应社会关切。

三是"内控",即加强内部管理和监督。"打铁还需自身硬",各部门首先要练好"内功"。内部管理和监督的难点和重点都在基层。要加强基层队伍建设和培训力度,不断提高财务人员业务素质和工作能力。强化省级基层预算单位综合财政监管,对基层预算单位的预算、资产、财务及其他财政管理事项进行全面监管。在做足"内功"的基础上,还要以外部监督促进内部管理,重视监管成果应用,推动基层预算单位完善内部管理,提升基层预算单位自身管理水平。

(五)积极开拓创新,着力加强预算绩效管理

预算绩效管理是政府绩效管理的重要内容。加强预算绩效管理,有利于优化财政资源配置,提升部门的行政管理能力,树立良好的政府形象。各部门要认真贯彻落实省政府《关于全面推进预算绩效管理的意见》,按照文件要求,全面推进省级部门预算绩效管理工作,切实加强"规范、跟踪、应用",建立全过程的预算绩效管理机制,努力把预算绩效管理工作推上新台阶。

一是"规范",即逐步规范绩效目标管理。所有预算项目必须申报绩效目标,专项公用类项目要按照规定格式及指标填列相应的目标。进一步完善绩效目标审核流程,加大绩效目标审核力度,对绩效目标不符合要求的项目退回重报或予以取消。

二是"跟踪",即切实加强绩效跟踪评价。积极探索和完善绩效跟踪的方法和途径,对绩效目标的运行状况实施动态监控。加大绩效评价力度,实现绩效自评在省级部门的全覆盖。逐步实施部门整体支出绩效评价试点。

三是"应用",即努力加强绩效结果的应用。预算安排要与绩效目标更加紧密的结合,绩效评价报告将作为编制预算的重要依据,重大项目的评价结果专报省政府作为决策参考。完善绩效信息公开机制,逐步扩大向各界公开绩效信息的范围。着手建立绩效问责机制,研究绩效问责办法,"用钱要问效,无效必问责",强化预算绩效管理责任。

在推进以上五个方面重点工作的过程中,财政厅将与各部门一起树立起三个意识:

一是树立服务大局意识。胡锦涛总书记指出,"财税工作是党的事业和政府工作的重要组成部分,预算里面体现了党和政府的政策和宏观调控意图,数字里面包含了政治,包含了各级政府之间的关系,部门之间的关系,地区之间的关系"。希望各部门在预算编制中,增强大局观念和全局意识,自觉服务于全省经济社会发展大局,自觉站在全局、宏观和战略的高度进行决策,跳出部门利益看预算,更好地发挥财政预算促进经济社会发展的职能作用。

二是树立沟通协调意识。良好的沟通协调,是交流信息、增进理解,争取支持、推动工作的重要途径。部门预算本身就是反复沟通协商的结果。财政厅要积极主动地加强与省级部门之间的沟通协调,强化对预算单位的服务。目前财政厅正在搭建与预算单位的交互式综合应用平台,增强财政与预算单位沟通服务的功能,争取在编制 2013 年部门预算时启用。预算单位可以通过该门户了解掌握与本单位相关的财政政策和报送数据信息,实现与财政部门的及时有效沟通。希望省级各部门也加强与财政厅以及人大、审计部门的沟通协调,建立良好的工作关系,争取广泛理解和支持。在部门内部,努力做到让部门领导更加重视预算管理工作,让业务处室更加主动配合预算管理工作,形成相互理解、相互配合、相互支持的和谐工作机制。

三是树立改革创新意识。改革创新是预算管理工作前进发展的不竭动力。面对新形势、新任务、新挑战,我们要进一步增强深化部门预算改革的自觉性、主动性和坚定性,牢牢把握改革的方向和重点,注重研究解决制约部门预算改革的突出问题,多出思路、多想办法、多干实事,使部门预算管理水平不断迈上新台阶。

(2012 年 8 月 3 日在省级预算布置会上的讲话)

精心组织 明确目标 以点带面 深化廉政风险防控机制示范点建设(摘要)

浙江省财政厅纪检组长、监察专员 秦 忠

一、加强领导,精心组织,廉政风险防控机制建设取得明显成效

全面推进廉政风险防控机制建设,是扎实推进惩防体系建设的一项重要部署和创新之举,也是深化惩防体系建设的重要内容。省委、省政府对这项工作非常重视,2011 年年初专门下发了《关于全面推进廉政风险防控机制建设的意见》,分别召开了动员部署会和工作推进会,在全省三万多个党政机关、国有企业事业单位和群团组织全面推进廉政风险防控机制建设。省委书记赵洪祝多次作出重要批示,提出明确要求,先后两次出席全省加强廉政风险防控、深化惩防体系建设工作部署会和推进会并作重要讲话;省委副书记、省长夏宝龙在全省加强政府自身建设电视电话会议上,专门对政府系统廉政建设提出明确要求;省委常委、省纪委书记任泽民要求把惩防体系建设和廉政风险防控工作作为反腐倡廉建设的重点工作来抓,并亲自动员部署、多次深入基层,研究解决工作中遇到的具体问题。纵观近年来的工作,对一个专项工作在一年内被省委省政府高层如此多的关注和提及,实属少见。这也充分说明了省委、省政府对该项工作的高度重视。

省财政厅作为省政府经济综合管理部门,掌管着一定的权力和资源,社会关注度高,开展廉政风险防控机制建设既是贯彻落实省委省政府《意见》的现实需要,更是规范财政权力运行、推进公共财政管理改革、深化财政反腐倡廉建设的内在要求。2011 年以来,省财政厅根据省委省政府要求,在前两年财政部统一部署开展规范权力运行工作的基础上,扎实推进廉政风险防控机制建设。一是领导重视,成立机构。二是制订方案、动员部署。结合部门实际,制定了《省财政厅全面推进廉政风险防控机制建设的实施细则》,明确了工作目标、方法步骤和相关要求。三是科学界定,分类排查。领导小组办公室多次召开会议,加强指导,下发了《进一步做好廉政风险防控登记工作的指导意见》,通过“二上二下”的方式,在厅机关、内设机构和个人“三个层面”开展风险排查,共排查出廉政风险点 1508 项,其中厅机关 8 项、各处室局(单位)206 项,个人 1294 项,清理和完善制度 659 项,提出防控措施 1549 条。该项工作得到了各处室、单位的高度重视和大力支持,部门领导带头排查,集体商议,几易其稿,使查找的风险点清晰、到位,确保了工作的质量。四是加强调研、注重分析。加强对全省财政系统专项工作的指导,深入基层开展实地调研,召开全省财政系统廉政风险防控机制建设座谈会,加大对风险分布和防控管理的理论研究和实践探索。五是强化督查,持续改进。为确保工作实效,2011 年 11 月底有重点地选择了 9 个部门、单位对廉政风险防控机制的执行情况进行“回头看”。总体来讲,省财政厅的廉政风险防控工作起步早、工作细、措施实,特别是在规范权力运行工作规程、加强内部监督控制等方面花了很多心思,动了不少脑筋,得到了驻财政部纪检组监察局和浙江省纪委监察厅的充分肯定。

二、统一思想,明确目标,认真学习贯彻全省惩防办主任会议精神

5 月 25 日,全省惩防办主任会议在绍兴召开。会议回顾总结 2011 年以来惩防体系建设工作情况,座谈交流经验,提出了下一步深化廉政风险防控机制建设、推动惩防体系建设深入发展的工作重点。

加强廉政风险防控、规范权力运行既是一项重要而紧迫的机制建设,也是一项长期而艰巨的工作任务。中央纪委和国家预防腐败局明确要求,把廉政风险防控作为 2012 年重点工作来抓。最近,在省委构建惩防体系工作领导小组会议上,赵洪祝书记对深化廉政风险防控机制建设提出四点具体要求,他要求各地各部门要在廉政风险防控机制建设“全覆盖”的基础上做好巩固、深化和提高工作,进一步健全廉政风险防控长效机制,真正达到强化监督制约、规范权力运行的目的。2012 年,省委惩防办将重点围绕以下五个方面做好工作。一是抓规范。进一步规范风险防控的标准,组织一次“回头看”,建立一批示范点,切实做到风险找准、措施订实、预警及时、监督有效,实现“查、防、控”三者有机统一、系统推进。二是抓重点。在实施“全面防控”的同时,突出重点领域、重点对象和权力运行关键部位,着力防范工程建设、土地出让、产权交易、政府采购等方面的廉政风险。三是抓制度。把制度建设贯穿风险防控工作全过程,深入推进预防腐败制度的完善、建立和执行,重点抓好政务公开和防止利益冲突等制度的落实。四是抓预警。要在研究建立有效的风险预警和处置机制上下功夫,注重廉政风险预警信息动态管理,鼓励风险预警方式创新,推动预警信息系统建设。五是抓督

查。健全廉政风险监督检查、考核评估、责任追究和社会监督四项工作机制，形成工作合力，确保工作落实。

会上还下发了《关于建立廉政风险防控工作示范点的实施方案》，确定包括省财政厅在内的16家省直单位为重点联系单位。要求各示范点突出重点领域、重点岗位、关键环节和动态长效机制建设，选择1-2个下属单位作为本系统风险防控示范点，进一步优化权力结构，规范行政裁量权，实施预警处理，加强科技防控，推进权力公开透明运行，建立健全廉政风险防控和监督管理体系，并在10月底前形成各部门具有普遍指导意义的规范性规章制度和工作经验，进行示范推广，努力使行业防控特色化、岗位防控标准化、整体防控制度化。

三、以点带面，统筹推进，深化廉政风险防控机制示范点建设

全省惩防办主任会议召开后，及时向厅主要领导进行了汇报，并提出了在省厅开展廉政风险防控示范点建设的初步方案，经批准同意，确定了采购监管处、农发办、农审中心、审核中心等4家单位为厅廉政风险防控示范点，进行重点规范建设。在选择示范点时综合考虑以下几个因素：社会关注度和工作敏感度较高；专业性强；过往资金量较大；服务对象众多。通过示范点建设，及时总结推广新鲜经验和有效做法，加大宣传力度，加强引导示范，以点带面，推动工作深入开展。

为做好示范点工作，厅监察室按照省纪委的有关要求，结合部门实际，起草了《省财政厅关于建立廉政风险防控工作示范点建设实施方案》，明确了示范点工作的目标任务、实施对象和进度要求。下面，就方案的几个方面再强调一下：

（一）关于示范点建设工作对象。示范点建设工作对象与原风险防控机制建设对象保持一致，主要包括厅机关全体干部职工、厅机关各部门、厅属各单位、省财政厅机关。厅采监处、农发办、审核中心、农审中心等四个部门（单位）作为财政厅内部廉政风险防控工作示范点，进行重点规范建设，以点带面，形成示范效应。厅其他未被列入示范点的部门（单位）也要按照本方案的要求，认真组织实施、贯彻落实。

（二）关于主要任务。我们整合了省纪委实施方案的十大工作环节，提出了七大主要任务，包括进一步深化廉政风险教育；进一步加强对权力的监督制约；进一步完善并严格执行制度；进一步提升廉政风险防控科技含量；进一步加强预警分析；进一步强化监督检查；进一步深化廉政风险动态管理。

（三）关于工作进度。共分为四个阶段：

一是组织创建阶段（6月底前）。被列为示范点的部门（单位）要制定创建廉政风险防控工作示范点工作方案，报送厅纪检组。时间放宽到六月底，与回头看材料一起报送。

二是"回头看"阶段（6月底前）。认真梳理部门（单位）及人员在岗位职责、工作流程、风险点设置等方面有无变化情况，廉政风险防控工作中还存在哪些问题和不足，产生的原因如何，采取何种对策和措施，对深入开展廉政风险防控示范工作有何意见和建议等，查漏补缺，更新内容，形成书面材料，报送厅纪检组。

三是深化完善阶段（8月底前）。进一步完善相关机制制度，科学配置权力，规范权力运行，加强风险预警和防控，进一步形成较为完整的廉政风险防控机制。

四是总结推广阶段（10月底前）。形成具有普遍指导意义的规范性规章制度，由厅纪检组总结提炼深化廉政风险防控工作的经验，并开展示范推广工作。

四、做好厅廉政风险防控示范点建设的几点要求

（一）加强领导，落实责任。各部门（单位）要把廉政风险防控工作作为落实党风廉政建设责任制和深化惩防体系建设的一项重要任务，尤其是要把示范点建设作为提升财政惩防体系建设水平、强化财政监督管理、促进廉洁理财的重要措施，认真组织实施，加强沟通联系，推动任务落实。主要负责人要切实履行"一岗双责"，带头抓好自身及管辖范围内的廉政风险防控管理，做到亲自部署、亲自协调、亲自督办。纪检监察部门要充分发挥职能作用，加强协调指导，强化督促检查，确保取得实效。被列为示范点的部门（单位）及其人员，要以更高的标准、更严的要求、更有力的措施，扎实推进，狠抓落实，形成一级抓一级、层层抓落实、上下齐抓共管的工作格局。

（二）突出重点，加强规范。各示范部门（单位）要按照"行业防控特色化、岗位防控标准化、整体防控制度化"的要求，围绕重点领域、重点岗位和权力运行的关键环节，紧扣七大主要任务，突出机制制度的科学性、系统性和可操作性，提高制度的执行力，使权力运行过程中容易产生腐败的因素得到有效控制，使廉政风险防控机制有效、管用。要围绕财政中心工作抓防控，把廉政风险防控融入财政业务工作，科学配置权力，注重监督制约，健全制度和程序，提升工作透明度，着力破解监督难、监督不到位的问题。要突出示范带动抓防控，示范点就是整个厅廉政风险防控工作的缩影，一面旗帜，一张名片，示范部门（单位）要形成具有普遍指导意义的工作模式和工作标准，为其它部门、单位做好示范。此外，示范部门（单位）要落实专门人员，建立工作台账，做好有关记录，保存工作资料，认真做好各阶段材料的报送。

（三）强化考核，注重实效。为确保示范点建设取得实效，我们把贯彻落实廉政风险防控工作以及示范点建设的相

关要求纳入厅年度工作目标考核范围，细化量化考核标准，适当增加在整个分值体系中的权重，并根据财政部和省纪委相关要求，适时研究制定省财政厅廉政风险防控工作考核评价办法，择机采取自查、重点检查、社会评议、表彰奖励等方式，对风险防控工作进行督导和激励。以年度为单位，结合财政事业发展、行政职能变化和预防腐败工作新要求，及时调整和完善廉政风险点内容、风险等级和防控对策，被列为示范点的部门（单位）在每年 6 月、11 月底前，分别向厅纪检组报送风险防控工作总结，加强对廉政风险的动态管理。

（四）善于总结，积极创新。要认真总结和推广各部门特别是示范点建设中创造的新鲜经验和有益做法，科学把握深化廉政风险防控机制建设的工作规律，切实增强工作的针对性和实效性。要加大改革创新力度，《工作方案》只对示范点建设的工作目标和任务进行了明确，各部门可以结合工作实际，不拘一格地在工作方式方法上进行探索和创新，制订形成本部门、单位廉政风险防控工作指南，不断提高风险防控机制建设的科学化规范化水平。比如当前正在开展的数字财政建设，各部门如何依托科技手段提升风险防控水平；比如在农业综合开发领域，如何通过体制机制革新形成良好的内控环境等等。

（2012 年 6 月 21 日在廉政风险防控机制示范点建设动员会上的讲话。标题为编者加）

完善惩防体系　健全体制机制
提高财税反腐倡廉建设科学化水平（摘要）

浙江省财政厅纪检组长、监察专员　秦　忠

一、近两年系统反腐倡廉建设取得的新进展

（一）监督职能进一步发挥

各级财政地税部门认真执行《监督条例》和党内监督十项制度，领导干部自觉接受监督的意识普遍增强。厅党组认真贯彻落实民主集中制、党内监督十项制度和个人重大事项报告制度，两年共向各地财政地税部门书面征求厅党组及其成员在党性修养、作风养成、廉洁从政等方面的意见、建议 55 条，接受全省财政地税系统的监督。丽水等地严格执行主要负责人末位发言和“七个不直接分管”制度，加强对“一把手”的监督。围绕中心、服务大局，积极开展对中央扩大内需促进经济增长政策贯彻落实情况的监督检查，财政各业务部门开展财政政策执行情况和专项资金使用情况监督检查，地税各业务部门积极开展税收执法监督检查，财税监督职能得以有效发挥。严把选人用人关，严格执行选拔任用干部前征求纪检监察部门意见的制度，两年来纪检监察机构对省厅省局 15 人次晋升职务向组织人事部门提出廉政意见和任职建议。加强信访举报监督，通过调查核实，及时发现苗头性、倾向性问题，省厅省局两年共查办涉及厅局机关干部廉洁自律方面的信访举报 7 件。开展《廉政准则》贯彻执行情况的督查，结合财政工作职能，出台了《浙江省财政厅工作人员廉洁自律十项禁止性规定》，对工作人员行使财政资金分配管理、行政审批、监督检查等职权行为进行规范。出台《关于规范省财政厅工作人员在外兼职行为暂行办法》，对工作人员在外兼职行为进行清理和规范。

（二）抓本治源取得重要成果

各级财政地税部门认真贯彻落实《浙江省财政地税系统 2008~2012 年惩防体系建设实施细则》和工作措施，切实承担全社会源头治腐的多项牵头任务，强化责任分解，注重监督检查，实现了惩防体系建设与财税业务改革互促互进的良好局面。深化财政运行机制改革，预算编制、执行、监督“三位一体”财政组织架构基本建成，财政权力运行得到有效制衡。加强财政专项资金管理，推行专项性一般转移支付制度改革，实施“因素法”分配，提高财政专项资金分配的规范性。绍兴、衢州等地重视财政资金安全管理，通过健全制度、加强内控、开展行政监察等手段，确保财政资金全程受控。全面推进国库集中支付改革，扩大公务卡结算范围，建立公务支出监管体系，截至 2012 年 6 月底，全省所有市、县（市、区）全部实施国库集中支付和公务卡制度改革，两项改革的覆盖率分别达到 82.3% 和 53.7%，现金支出规模大幅下降。积极稳妥地推进预算信息公开，69 个上会省级部门的“三公”经费单列汇报，部门预算公开的范围和内容进一步扩大。加强对乡镇财政就地就近资金监管，在 16 个县市开展加强乡镇财政管理与促进乡镇公共服务平台建设试点，切实解决财政资金“最后一公里”问题。强化政府采购基础管理，注重“制度+科技”的管控模式，全省政府采购进一步扩大、采购效率全面加快。推动预算绩效管理，2012 年起省直属单位预算绩效管理工作将纳入省政府目标责任制考核范围。积极探索实施税源间接控管模式，做到税源管理“人对事、事对户”，有效隔断了地税干部同企业的利益联系。依托信息化手段规范税收工作流程，在税友龙版软件中采取工作流的方式设计业务流

程，工作任务以工作流方式在系统内部进行流转，使税收工作更加规范、透明、高效。

（三）机关作风效能明显改善

各级财政地税部门把优化行风政风作为提高群众满意度、提升机关形象的重要载体，积极投身全省“进村入企”、“双服务”、“百组调研”、“优环境促发展”等各类活动，深入基层和群众，听民情集民智，办实事解难题，切实发挥财政地税在服务基层中的导向和激励作用。两年来，省厅省局领导蹲点调研39次，走访基层村、企业141家，解决实际问题163个。深化机关效能建设，清理规范非行政许可审批事项，推进涉税事项办理制度改革，严格控制行政成本，压缩“三项经费”开支，组织外部人员进行明查暗访，提升管理的“软环境”。舟山市局出台提速增效优化服务督导办法和作风效能建设责任追究办法，为推进新区建设服务。坚持关注民生、维护民利，通过专项治理、完善制度、民主评议，建立健全纠建并举的工作机制。在10个具有执法职能的系统民主评议行风活动中，全省地税系统获得满意度第二、满意率第三，11个市局满意率在当地全部进入前三名的好成绩，丽水市局优化内外环境，把行风评议渗透到财税日常管理和工作细节中，坚持“五个一起抓”，市本级在系统71个参评单位中位列第一，在省纪委第三方调查中列11个地市群众满意度第一名。

（四）廉政风险防控持续推进

各级财政地税部门把推进廉政风险防控机制建设作为深化系统惩防体系建设的重要内容，在规范财税权力运行的基础上，深入细致地开展廉政风险排查，重梳权力事项和工作流程，完善岗责体系和内控机制，基本实现全省财政地税系统廉政风险防控“全覆盖”。省厅全员排查出的1508个风险点进行分类汇总，在“三重一大”、部门预算审核与追加、资金分配、资金存储、政府采购审批、监督检查等8大关键环节推行“五大控制”，实施重点防控。省局依托《税友龙版》信息系统，开发了廉政风险防控模块，对466项涉税业务中产生的484个廉政风险，分级分类进行预警。同时，通过强化事前、事中和事后的监督制约，有效防范和规避执法风险和廉政风险。嘉兴、绍兴等地将廉政风险防控管理与机关ISO9000质量管理相结合，制作了详尽的财政部门工作管理控制规程，为全省财政标准化管理积累了经验；杭州市局自行开发数字监察系统，加大对重点领域和关键环节的风险预警和控制，提高科技反腐的水平。

（五）反腐倡廉教育常抓不懈

各级财政地税部门积极宣传为民、务实、清廉的廉政文化理念，不断丰富教育内容，创新教育载体，切实增强廉政教育的针对性和有效性，使廉政教育常抓常新。省厅省局每年围绕一个主题、集中一段时间开展主题教育活动，以“遵准则、倡廉风、防风险”为主要内容，通过财政内网编发廉洁从政学习资料10期、编发廉政格言108条。先后组织干部学习《廉政准则》，参观法纪教育基地、观看警示教育片，开展典型案例剖析和案件警示教育，以“身边事”、“身边人”为素材，编印近年来系统内违法违纪案例警示教育学习书籍和资料，提高了教育的感染力和说服力，达到了以案促教的综合效果，两年来厅局机关工作人员主动上交各类礼金礼券礼卡20.55万元。各地财政地税部门也精心设计教育载体，湖州市局要求新任公务员必须通过廉政知识测试方能上岗；金华、温州等地注重廉政文化建设，编发的《警钟》、《廉政之声》刊物已成为当地财税干部获取廉政知识的主要阵地；建德市局在干部家属中实施“五过问五提醒”，充分发挥“廉内助”的助廉作用；景宁、莲都局利用网络学校延伸廉政教育的时间和空间等等。

（六）反腐倡廉工作机制不断完善

省财政厅党组始终把党风廉政建设作为事关财税事业发展全局的一项重要任务，与业务工作统筹安排，同部署、同检查、同考核。各单位“一把手”自觉履行“一岗双责”，亲自研究解决党风廉政建设重大问题，分管领导根据职责分工主动抓好分管范围内的反腐倡廉建设，各部门（单位）负责人积极主动抓好本部门党风廉政建设，纪检监察机构认真开展组织协调，形成了一级抓一级、层层抓落实、上下齐抓共管的工作局面。各地财政地税部门也通过签订责任状、健全督办制度、强化责任考核等方式将反腐倡廉建设的各项工作任务落到实处。

（七）纪检监察队伍素质全面提高

各级财政地税部门以创建学习型、创新型、服务型团队为目标，加快纪检监察机构自身建设，充分利用培训班、研讨会、专题调研等方式，加强学习指导，提升纪检监察干部综合素质。两年来，全省财政地税纪检监察机构涌现出了一批爱岗敬业、秉公执纪的先进典范，有2个基层纪检监察机构5名纪检监察干部受到了省级乃至国家级的表彰。

在肯定成绩的同时，我们也必须清醒地看到当前全省财政地税系统存在的一些问题，主要有：财政地税改革需不断推进，反腐倡廉治本抓源头任务依然艰巨；廉洁自律有关规定落实还需要深入，反腐倡廉制度执行力仍需强化；干部队伍中“慵懒散”问题依然存在；腐败现象在一些领域仍然易发多发，在一些地区有较为明显的上升趋势。2010~2011两年，全省财政地税系统受党纪政纪以上处分23人。这些问题值得在座各位深思，也需要我们认真研究，并采取积极有效的措施加以改进和解决。

二、今明两年系统反腐倡廉建设工作重点

随着改革开放和市场经济的深入发展，民众监督意识不断增强，互联网等新兴媒体迅速发展，反腐倡廉面临许多新情况、新问题和新挑战。今明两年是贯彻落实全省第十三次党代会精神的重要起步阶段，是全省预防和惩治腐败体系建设五年规划承上启下、深入推进的重要时期，做好财政地税系统反腐倡廉工作意义重大。今明两年全省财政地税系统反腐倡廉工作的指导思想是：以邓小平理论和“三个代表”重要思想为指导，全面贯彻落实科学发展观，坚持反腐倡廉方针，坚持“促进发展、保障民生、科学理财、加强监管”科学理财观和“实、稳、优”财税核心价值理念，以建设物质富裕、精神富有的现代化浙江为指引，以深入打造“廉洁财税”为目标，全面加强机关作风建设，不断完善具有财政地税特色的惩治和预防腐败体系，进一步健全财政地税反腐倡廉体制机制制度，把保持党的纯洁性贯穿财政地税反腐倡廉建设始终，着力破解反腐倡廉建设中的深层次问题，使财政地税系统党风廉政建设和反腐败工作更加符合实际，更加富有成效，为全省财政地税事业持续平稳健康发展提供有力保障。

（一）强化监督检查，推进工作落实

一是明确监督重点。要围绕中心工作实施监督，积极参与对中央和省委、省政府加大转变经济发展方式贯彻落实情况的监督检查，重点开展加强和改善宏观调控、加快经济结构调整、支持“四大国家战略”、中心镇改革发展和小城镇培育、税收优惠减免审批等重点项目财税政策措施落实情况的监督检查，以及对强农惠农资金、民生支出和转移支付资金分配使用情况的监督检查，确保各项财税政策和资金落到实处。加强对推进依法行政、完善税收政策、优化纳税服务、创新税收征管等工作执行情况的监督检查，确保中央重大决策部署在财税部门的贯彻落实。要围绕领导干部实施监督，严格执行述职述廉、廉政谈话、任前谈话、诫勉谈话、重大事项报告等制度，加强对贯彻落实民主集中制、党风廉政建设责任制等情况的监督。建立领导干部廉政档案，促进领导干部廉洁从政。坚决整治领导干部违规收受礼金问题，进一步清理规范财政厅工作人员在企业兼职取酬行为，对违规人员进行查处。要围绕重点部位实施监督，加强对“三重一大”、行政审批、行政处罚、行业监管等工作的监督力度，完善权力运行流程和监控机制，设立防止权力滥用的“哨卡”。二是健全监督制度。建立健全财税纪检监察机构监督管理实施办法，明确监督职责、权限和责任，明确监督程序，细化、量化工作标准，为正确履行监督职责提供客观、统一的依据。三是创新监督模式。围绕廉政风险防控机制建设，建立预防性和动态性监督办法，对容易诱发腐败的重大事项决策、重大活动开展等提前介入监督，对权力运行重点部位和关键环节实时动态监控，建立纠错改正机制，发现问题及时督促整改，增强监督实效性。

（二）完善惩防体系，坚持惩防并举

今年是2008-2012年惩防体系建设的收官之年，各级财政地税部门要认真盘点和梳理《实施细则》中六项实体内容的落实情况，加强对重点项目进度和完成情况的监督检查，确保各项牵头目标任务的圆满完成。要加强调查研究，注重顶层设计和总体规划，提出今后五年符合财政地税工作实际的惩防体系总体思路和目标任务，不断丰富惩防的内涵，提高惩防工作的实际成效。

1. 深化廉政风险防控机制建设。在去年开展廉政风险排查、等级评定、规范流程的基础上，紧紧抓住腐败易发多发的重点领域、关键环节和重要岗位，开展廉政风险防控示范点建设，加强动态管理、强化制度建设和预警分析，进一步提高廉政风险防控工作的规范化水平。今年省厅选择采购监管处、农发办、厅属农审中心、项目预算审核中心4家部门（单位）作为厅廉政风险防控示范点，明确了风险教育、预警分析、科技防控、监督检查、动态管理等七大主要工作任务，通过示范引领，推进财税部门廉政风险防控的长效机制建设。各地各部门要积极探索财政地税部门廉政风险防控长效管理的有益做法，及时总结，加快推进系统反腐倡廉预警机制建设。要发挥信息技术在廉政风险防控机制建设中的作用，对税友龙版廉政风险防控功能的开发、测试和应用要给予充分的支持与保障，保证其顺利上线。最后，各级财政地税部门要落实廉政风险防控机制建设主体责任，强化考核检查，确保任务落实。我们将结合党风廉政建设责任制检查和执法监察对各地廉政风险防控机制建设情况进行重点抽查。

2. 抓好源头治理工作。着力构建惩防体系源头治理工作与财政管理改革、税收征管体制改革互促互进的工作机制，善于借惩防体系建设之力推进财税业务改革，有效解决财政地税工作深层次的矛盾和问题。要在构建“三位一体”组织架构的基础上，理顺预算编制、执行、监督职能，健全工作流程和运行机制，切实发挥新体制的优势，实现权力的合理配置。积极稳妥推进财政预决算信息公开，扩大部门预算公开范围，细化财政总预算公开程度，全面推动项目管理办法和基层财政专项支出公开，两年内全面公开公众普遍关心的“三公经费”信息，主动接受社会监督。完善部门预算基础信息数据库和支出标准体系、预算定额体系、资产配置标准

体系,进一步规范预算编制行为。所有预算单位全面实施国库集中支付改革,公务卡制度改革全面加快。健全预算绩效管理制度,积极探索绩效跟踪与监控,切实加强绩效管理结果应用。加快执法责任制考核信息化进程,结合《税友龙版》的开发应用,实现对税收工作全过程跟踪管理和考核。通过在《税友龙版》中设置执法责任制考核方案要素,自动计算税收执法责任制考核结果。围绕税额核定、发票管理、纳税评估、税务稽查、行政处罚等税收执法环节和涉税审批事项,加强税收执法监察。加强对基层单位机构设置的监督检查,包括其职能、管辖范围、人员配置情况等。加强全省财政地税系统政务信息公开以及规范性文件制定和清理的监督检查,加大对执法信息、行政决策和管理事项等公开情况的监督力度。

3. 加强反腐倡廉宣传教育。坚持把党风廉政教育纳入党组(党委)党建和宣传教育工作的总体部署,建立健全党风廉政教育协调机制,统一规划,统一要求,推动党风廉政教育制度化、规范化。一是丰富教育的内容。认真落实中纪委、中央组织部、中央宣传部《关于加强领导干部反腐倡廉教育的意见》,围绕社会主义核心价值体系和"实、稳、优"财税核心价值理念,深入开展理想信念教育、党性党风党纪教育和廉洁从政教育,建立健全主要领导定期讲廉政党课、反腐倡廉民主生活会制度,继续开展学习贯彻《廉政准则》活动,不断夯实党员干部廉洁从政的思想基础。二是创新教育方式。整合资源,拓展阵地,注重传统方法和现代手段、思想灌输和启发式教育相结合,充分利用示范教育基地、网络学校、政务微博等载体,开展示范教育、警示教育、岗位廉政教育,增强教育培训的吸引力和感染力。三是推进廉政文化建设。强化道德教化功能,倡导廉洁、诚信、勤俭、守法等道德规范,进一步推动廉政文化进机关、进家庭,宣传、传播、展示廉政文化成果,积极打造廉政文化精品,不断扩大廉政文化覆盖面,逐步形成"尊廉崇廉"、对腐败"零容忍"的文化氛围。今年重点围绕"加强风险防范、远离职务犯罪"这上主题,在全系统开展优秀情景案例征集和系统案例巡回展出活动,从情景案例中规范自身言行,从典型案例中得到警示提醒,进一步增强风险教育的针对性和有效性。

4. 加大查办违法违纪案件工作力度。要旗帜鲜明地坚决惩治财政地税领域腐败行为,发现一起坚决查处一起,决不姑息。建立健全查办案件工作组织协调机制,改进信访举报工作,畅通举报渠道,着力完善违纪违法案件预警、发现、查处、通报的工作机制,深入剖析案件背后的深层次原因,发挥查办案件的治本功能。由监察部、人力社保部与国家税务总局联合公布的《税收违法违纪行为处分规定》已于今年8月1日起正式施行,这是一部专门规范税收违法违纪行为处分工作的规章,对于进一步严肃税收纪律,及时有效查处税收违法违纪行为十分重要。各级地税机关要把做好学习、宣传、执行《处分规定》工作,作为当前及今后一段时期的重要工作,统筹安排、抓好落实。

(三)依托科技手段,改进方式方法

一是把科技融入制度设计。建设数字财政是今后几年我省财政系统最重要的基础性工作之一。建设数字财政,就是要把网络信息技术运用到财税制度构建之中,借助分级授权、在线运行、不可逆操作和电子监控等技术手段,对原有的财政业务流程进行重新设计和改造,形成环环相扣的权力运行监控流程,使每笔预算从编制到执行全过程"痕迹化"跟踪和回溯,最大限度地减少人为因素干扰,有效防止腐败问题的发生。当前,各地各部门要结合业务特点,深入开展廉政风险防控信息系统研究和试点应用,将廉政风险排查中易发多发的关键环节和薄弱环节嵌入到各业务软件应用系统中去,在业务流程的高风险节点进行显著的风险提示,对违反规定和流程的行为进行识别、预警和控制。二是拓展纪检监察信息化应用面。要加快推进电子监察、网上投诉等系统的建设和规范,不断拓宽信息技术在廉政风险防控、信访举报、效能督办、责任制考核、廉政档案管理等纪检监察业务的应用范围。三是健全网络监控体系。深入推进预算执行动态监控体系建设,加快农发项目财务管理网络化试点等工作,着力打造具有财政工作特色的信息资源平台,促进资源共建共享。四是推进涉税业务廉政风险防控信息化建设。抓住《税友龙版》全面上线应用这一契机,在税收执法事项工作流管理的基础上,深化《税友龙版》廉政风险防控功能模块的推广应用,以达到前置预防、节点监控、实时预警、动态管理的设计效用。要让廉政风险防控与财政地税业务工作紧密结合,真正构筑起"不能为"的第一防线。

(四)优化政风行风,回应社会关切

各级财政地税部门要大力弘扬理论联系实际、密切联系群众、批评和自我批评、求真务实和艰苦奋斗的优良作风,以"振奋精神、狠抓落实、强化服务、助推发展"为主线,深入开展"双服务"、"千局万站优环境促发展"、"阳光工程"等专项行动,创新工作载体、强化作风养成,进一步完善作风建设长效机制。完善干部直接联系群众制度,通过蹲点调研、下访约访、结对帮扶、送政策下基层等方式,解决一批实实在在的问题。认真部署财政地税部门巩固行风评议成果,抓好行风评议"回头看"工作,各地各部门要继续针对去年民主评议收集到的问题、意见和建议,采取有效措施,按照已经列出的整改时间表,落实整改责任,确保整改任务落实到位。并且举一反三,继续开展自查自纠,以实实在在的整改成果取信于社会,赢得群众的信任。坚决纠正损害群众利益的不正之风,继续深化"小金库"、公务用车等专项治理,强化党政机关厉行节约工作,着眼建立长效机制。落实违反机关效能各项规定的责任追究制度,切实解决机关干部作风慵懒散的问题。大力加强执行力建设,促使党员干部立说立行、高效干事。

(五)锤炼党性修养,提高专业素质

各级财政地税纪检监察机构要全面加强思想、组织、作风、能力建设,在保持党的先进性和纯洁性方面以身作则,率先垂范。要增强忠诚意识,高举中国特色社会主义伟大旗帜,忠诚于党和人民事业,坚持党性原则,忠实履行职责,对腐败分子和消极腐败现象进行坚决斗争;要增强表率意识,带头讲党性、重品行、作表率,刚直不阿,一身正气,清正廉洁,树立可亲、可信、可敬的形象;要增强法治意识,带头遵守和维护党纪政纪国法,坚决维护党的集中统一,依纪依法履行职责,自觉接受组织和群众的监督;要增强创新意识,不断学习新知识、研究新问题、增长新本领,加强实践锻炼,不断提高工作能力和水平;要增强公仆意识,坚持立党为公、执政为民,坚持以人为本,真诚倾听群众呼声,真实反映群众愿望,真情关心群众疾苦,始终做到权为民所用、情为民所系、利为民所谋。各级财政地税部门要强化财政地税基层单位的纪检监察机构建设,配足配优纪检监察力量,重视和加强纪检监察干部的培养使用,解决纪检监察机构遇到的实际困难和问题,始终做好纪检监察部门的坚强后盾,推动反腐倡廉各项任务落实。

(2012 年 8 月 17 日在全省财政地税系统反腐倡廉建设工作会议上的报告。标题为编者加)

提高认识 把握重点
扎实有效推进财政科研工作(摘要)

浙江省财政厅副厅长 金慧群

一、提高认识,充分发挥财政科研工作的作用

财政科研是一项基础性财政工作,对于推进财政改革、发展与创新,实现财政事业可持续发展具有重要作用。财政科研是财政工作的重要组成部分,与财政业务相辅相成、互促共进,能提高财政决策的有效性、专业性和预见性。财政科研是培养财政干部的有效途径。注重强调财政科研,有利于形成"自我学习、终生学习"的倒逼机制,迫使广大财政干部不断加强理论和业务学习,与时俱进地改善自我、提升自我和优化自我,不断提升工作效能。财政科研是加强财政宣传的现实需要。以财政科研的方式宣传解读财政政策法规,理论性与实践性兼具,有利于提高政策法规的执行力和有效性,还可提高部门、企业和群众对财政工作的理解、认可和支持。财政科研必须服从和服务于财政中心工作和改革发展大局。财政科研的作用和地位集中体现在成果是否被认同,能否为领导决策发挥参谋作用。刚才科研成果颁奖是一种肯定的方式,但绝对不是唯一的方式。科研成果的价值体现需要评奖、授奖,更需要得到财政实践工作和各级领导的认可。

二、与时俱进,科学把握当前财政科研亟需关注的重点

财政科研既要积极有为、持续跟踪,又要因时而变,顺势而为。2012 年是"十二五"规划承上启下的关键之年,也是金融危机以来国内外经济形势最为复杂多变的一年。财政科研要审时度势,与时俱进,深刻领会中央和省委、省政府的新战略、新部署,围绕财政中心工作和大局,集中力量对当前财政经济运行中的热点问题进行深入研究。

(一)转方式、促发展,做大做优地方财政收入"蛋糕"

经济发展和地方财政收入增长相辅相成,经济是源泉和基础,经济发展规模、水平和结构决定财政收入规模和结构。今年以来,我省与全国其他兄弟省份一样,财政经济形势严峻,1~7 月全省 GDP 增速为 7.4%,地方财政收入增长 4.5%,发展虽然好于预期,但任务依然十分艰巨。夏宝龙省长对财政工作提出的"促进发展、保障民生、科学理财、加强监管""十六字"新理财观,把"促进发展"作为财政工作的根本和第一要务。财政如何适应形势变化,贯彻好新"十六字"理财观,按照"稳中求进、转中求好"工作基调,充分发挥"五财"职能作用,助推经济发展方式转变,促进经济又好又快发展,切实做大做优地方财政收入"蛋糕",迫切需要广大科研工作者加强理论分析、对策研究。从我省实际看,当前要紧紧围绕"四大国家战略"、"四大平台建设"、"五大统筹"、总部经济、产业集聚区、战略性新兴产业等工作重点,着重研究如何发挥财政政策和资金杠杆效应,扩大社会有效投资,发展实体经济,吸引"浙商回归",增强民营经济发展后劲,支持小微企

业发展等。

（二）坚持改善民生，研究探索可持续民生财政建设

保障和改善民生是公共财政的题中之义，是贯彻落实科学发展观、建设惠及全省人民小康社会和“物质富裕、精神富有”现代化浙江的必然要求。近年来，我省不断加大财政民生投入，确保新增财力的2/3以上用于民生，城乡居民生产生活条件得到显著改善，社会保障体系初步建立。但民生事业无止境，现有体制下公共财政保障边际很难界定，特别是随着财政经济的快速发展，城乡居民对民生产品和服务的需求和期望与日俱增，民生支出呈现“只上不下”的刚性增长态势，地方财政支出压力较大。现阶段，如何处理好有限财力供给与无限民生需求的矛盾，特别是如何立足地方发展实际，因地制宜，根据社会事业发展规律、公共服务特点和财力实际，建立公共财政有效保障民生的可持续方式，成为迫切需要研究的重大课题。

（三）推进乡镇公共财政服务平台建设，强化乡镇财政管理

乡镇财政是我国财政体系中最基层的一级财政，也是当前整个财政管理体系中最为薄弱的环节。随着乡镇经济的快速发展和公共财政加快向农村覆盖，乡镇财政职能范围不断扩展，迫切需要规范和强化管理。以乡镇公共财政服务平台建设为抓手，强化乡镇财政管理，是我省财政“三基五财”建设的重要内容和创新之举。要通过乡镇公共财政服务平台建设，把本质上属于财政的职能重新纳入财政管理，包括乡镇一级的财政预决算、各种渠道下达给乡镇及以下的转移支付资金、村级财务监管等。对此，省政府和省财政厅已出台相关文件，各市县应积极推进这项工作，应采取条块结合、部门联动、上下协作方式，把乡镇公共财政服务平台建设与乡镇财政规范化建设、“三基五财”建设和“数字财政”建设等相关内容有机结合起来开展研究，除了关注平台的组织机构、人员配备、技术支撑等建设内容，更要重视职能梳理、流程再造、效能提升等问题。

（四）“营改增”税制改革试点问题研究

交通运输业和部分现代服务业营业税改征增值税试点，是我国“十二五”期间税制改革的重点和结构性减税的重要内容，对于促进现代服务业发展、加快转变经济发展方式具有重要意义。根据国务院统一部署，浙江省将于今年12月1日完成“营改增”新旧税制转换。“营改增”表面上看是税务部门的工作，但实质上“税”与“财”紧密相关，改革得好还是不好，改革过程中发生的问题能否及时发现、及时采取相应对策，对地方财政以及经济社会发展都是至关重要的。税制改革短期内可能会减少税收收入，但能促进第三产业的平稳健康发展，从长远看能增加税收收入，所以希望大家能够及时关注这项改革，在事先设计过程中尽可能考虑周到、全面，在改革推进过程中会遇到什么困难和问题，应该采取什么样的对策，以期让改革的正效应得到充分发挥。

（五）预算绩效管理研究

预算绩效管理是今年年中全国财政工作会议的主题。浙江省这项工作1999年已起步，在全国走得比较早，但受多种因素制约，许多实质性问题仍有待突破。预算绩效管理需要先有绩效预算，然后才有过程的绩效管理，以及最后的绩效评价。在绩效管理上，省、市县和乡镇财政职责不同，一级财政不能包罗全部，必须明确自身职责，准确定位。同样，财政部门和相关的职能部门职责也是不一样的。财政对资金和项目的监督，主要是合法性审查，重在关注资金的使用方向、范围、环节和过程是否合法，而项目的真实性和完整性应该由项目申报单位和有关部门负责。希望大家加强预算绩效管理研究，通过研究达成共识，即预算绩效管理不仅仅是财政部门的事情，需要相关部门和责任主体共同负责；特别是要建立有效机制，明确财政部门应该做什么，各级财政之间如何分工，财政与各职能部门之间职责又该如何划分。

（六）积极稳妥推进信息公开的财政对策研究

当前，社会公众的民主法制、权力和监督意识不断增强，参与社会公共事务管理的愿望强烈，对财政信息尤其是财政预决算和“三公”经费公开的要求日益迫切。财政信息公开既是公共财政的本质要求、民主政治建设的必由之路，也是加快政府职能转变的重要途径、健全公共财政体系的有利契机。但这项工作系统性强、涉及面广、敏感度高、社会影响大，可谓“牵一发而动全身”。财政信息公开压力大，但必须去做，而且还必须做好，该怎么办，迫切需要加强研究。一方面要加强管理，不该支的坚决要压下来，另一方面要做好相关准备工作，逐步地由粗到细做好财政公开的基础工作。我们不能仅仅站在财政角度，而要从政治高度和全局角度来审视和把握财政信息公开问题。需要重点研究如何健全工作机制，夯实财政信息公开基础，以及信息公开的方式方法、时间节点和范围程度等问题。

（七）强化财税文化建设

财税文化建设是提升财政软实力，实现财政持续平稳健康发展的需要和保障。加强财税文化建设是本届厅党组提出的，但实际上，财税文化是长期的积淀，自从有财政地税工作就有财税文化，但是发展到现在，确实有必要作为一个专门的题目提出并加以研究。如果只有业务的制度建设，没有财税文化、财税核心价值观，那么财政队伍建设乃至业务建设都是不完整的，都难以取得预期成效。本届厅党组提出加

强财税文化建设，真正体现了“两手抓、两手硬”的道理，很有战略远见。通过积淀和升华，逐步形成了“实、稳、优”财税核心价值理念，其内涵还可以不断地挖掘，不断地丰富。从做事到做人，怎么样来体现“实、稳、优”财税核心价值理念，值得我们深入研究，这不仅是队伍建设的需要，更是加强财政管理的需要。

三、开拓创新，扎实有效推进财政科研工作

当前经济社会发展形势复杂，财政改革和发展任务重、难度大，迫切需要得到科学理论支持和政策研究支撑。财政科研必须进一步增强主动服务意识和责任意识，贯彻“围绕中心、服务大局”宗旨，围绕省委、省政府和厅党组的中心工作和工作重点，积极开拓创新，使全力提升能力、巧借力提高效力、花大力提升活力，通过卓有成效的财政科研工作，更好地助力财政改革和发展。

（一）紧贴中心，充分发挥财政科研服务大局的职能

为大局服务是财政科研生命力之所在，只有始终坚持为财政中心工作服务、为现实服务，强调研究的应用性和针对性，财政科研才具有实际意义、相应地位和发展空间，这是财政科研工作开展的前提和基础。因此，要切实增强“围绕中心，服务大局”意识，提升财政科研的针对性，以服务为己任，落脚于应用，为党委、政府和财政实践部门提供决策参考与智力支持。一是着力做好决策参考研究。紧紧围绕党委政府领导、财政部门领导关心的问题，加强应对措施研究，解领导之所急，为领导决策提供可资参考的理论支撑和政策建议，为财政大局工作发挥好“参谋”和“智囊”作用。二是做好前瞻性研究。财政科研要有超前意识，不能只会“炒冷饭”，只分析现状，更要对以后怎么办作深入思考。要密切关注财税改革新动态，强化重大财政改革的前瞻性研究，为深化财政改革、创新发展发挥好“先锋”作用。三是做好应用性研究。地方财政科研不是以基础研究为主，而是要突出应用。要善于挖掘业务工作中的热点、难点问题，做好“以小见大”课题，为财政实践工作“把脉诊断”，找准问题所在，并提供切实可行、操作性强的参谋意见。

（二）夯实基础，有效提升财政科研质量水平

要拿出有层次、有价值的科研成果，需要夯实调查研究的基础工作和不断创新研究方法，并积极推进科研成果的转化应用。一是做细、做深、做实调研工作。当前，经济环境和财政形势发生了很大的改变，很多问题存在于基层、反映在一线，大家一定要沉下去，掌握第一手资料，通过详实、准确的数据采集和分析，敏锐地发现问题、准确地把握问题、科学地解决问题。二是创新研究方法，拓宽研究深度和广度。要抓实质、抓重点，抓矛盾的主要方面，从逻辑上串联整合，以点串线、以线带面，透过现象看本质，找准问题的症结所在；要“跳出财政看财政”，寻找分析和观察问题的新角度、新视野，既要谋划大的思路，又能凝练具有指导性和应用性的对策建议。三是着力做好科研成果的转化应用。科研成果不在于词藻华丽，也不在于篇幅长短，关键在于能否成为领导的决策依据、能否为实践所用。要积极大胆地通过各种途径把研究成果向领导报送。研究需要“借脑”，即借社会方方面面的力量为财政研究所用，特别是从事教学工作的专家，往往对问题研究很深、很透。同样，成果展示需要“借力”，即借外力来解读和宣传财政工作，促进成果转化应用，提高社会各界对财政工作的理解、认可和支持，为财政改革和发展营造良好环境。

（三）深化管理，积极创新财政科研组织管理

一是强化合作，创新科研组织方式。要借助学会各种平台，利用学会联系面宽、人才集聚的优势，精心设计科研合作载体，通过“上下联动”、“横向呼应”、“内外合作”等多种形式的科研合作，整合各线、各面的科研力量，打好科研组合拳，开创生动活泼的“学会搭台，学术唱戏”的科研工作新格局。二是强化科研队伍建设。现在从事财政科研工作的，既有一批经验丰富的老同志，还有很多年轻的新同志，新老同志齐聚一堂，科研队伍充满生机和希望。科研老同志要做好“传帮带”工作，把多年积累的先进经验和好的研究方法毫无保留地传授给年轻同志，帮助年轻同志快速成长；年轻同志更要虚心学习、潜心钻研，充分发挥自身聪明才智，多思考、多研究问题，要静得下心、沉得住气，细致地观察和思考问题。

（四）理清思路，坚定正确的财政科研方向

“财政乃庶政之母”，财政研究者应识大体、顾大局、讲政治。虽然学术研究不必受条条框框束缚，需要大胆创新，开拓思路，但是一定要有正确的政治方向。客观上讲，当前我国社会经济运行中存在一些体制机制上的问题，与西方发达国家相比在某些方面有一定差距，但问题的本质绝对不能简单地归结为政治体制问题，否则研究就会走入误区。我们可以学习借鉴西方国家的先进经验，但绝对不能简单照搬，不能全盘吸收，必须立足国情，取其精华，弃其糟粕。要坚信党的领导，不能把党执政管理过程中存在的一些问题与党的领导简单划等号，同样，不能把财政管理、社会经济管理体制机制问题与根本制度划起等号。应着重研究体制机制的症结何在，客观真实地去找出问题，同时求真务实地思考解决办法。

（2012年8月21日在全省财政科研工作会议暨学会秘书长和科研骨干培训班上的讲话。标题为编者加）

高度重视 坚定信心
确保实现财政教育投入目标(摘要)

浙江省财政厅副厅长 金慧群

一、务必高度重视财政教育投入问题

落实财政教育投入目标任务,不仅仅是财政经济问题,更是个政治问题,2011年3月,温家宝总理在十一届全国人大四次会议所做的《政府工作报告》中,提出了明确的工作目标——2012年财政性教育经费支出占国内生产总值比重达到4%。向全国人民做了表态,也向全世界人民作了宣布。为确保4%的目标按期实现,财政部建立了财政教育投入状况分析评价体系和奖惩制度,核定了各省2011~2012年教育投入考核目标,对各省贯彻落实情况进行了专项督查,并将根据2011年各省财政教育投入实际执行情况兑现奖励承诺。省委省政府2010年制发《浙江省中长期教育改革和发展规划纲要(2012~2020年)》,明确要求"确保全省财政教育经费支出占一般预算支出比例,到2012年达到21%以上"。2011年11月,省政府办公厅转发省财政厅省教育厅《关于加强对2011~2012年财政教育投入状况分析评价工作实施意见》。经省政府同意,省财政厅核定了2011年各市县财政教育支出目标比例,并建立了财政教育投入信息月报制度和奖惩制度。

从浙江省的情况看,中央和省级的教育投入不到20%,市、县(市)两级安排的教育支出占全省的80%以上,任何一个县(市)不认真落实教育投入目标,都会影响全省目标的实现。同2012年年初预算进行比较后,我们发现有32个县(市)连年初预算都未按核定比例安排教育支出,年初预算留有缺口,势必会影响教育投入目标的实现。从6月起,省里逐月公布全省财政教育支出执行情况,通报部分执行情况不理想的县市,目的就是要大家增强紧迫感和责任感。从6~8月的情况看,部分市县的重视程度在提高,总体形势趋好。但仍有48个市县财政教育支出比例未达到核定的目标比例,不达标的市县还比较多,有12个县(市)与目标比例差5%以上。2012年已过了三个季度,时间非常紧,当务之急是要克服困难,切实采取有效措施,狠抓预算执行,确保完成财政教育投入目标。离阶段性目标还有差距的局长们,希望能把政策搞明白,把情况摸清楚,每一个时间节点的情况都要及时掌握。

二、务必坚定实现财政教育投入目标的信心

虽然实现财政教育投入目标任务难度很大,但我们要看到不少有利条件,坚定实现财政教育投入目标的信心。

首先,我们拥有广泛的思想认识基础,在认识上与党和政府、与群众利益保持高度一致,这是我们实现财政教育投入目标的基础。2012年省政府将财政教育投入结果纳入市县党政领导考核,并与省对市县一般转移支付资金分配挂钩。随着考核制度、奖励制度的建立,必将进一步提升市县党政领导对教育投入的重视程度,这也为我们开展工作争取了主动。

其次,实现财政教育投入目标有良好的工作基础。我们的财政教育投入分析是自2011年开始的,对于具体的工作要求,大家通过去年的工作已经有所认识,有些局长,对科目使用、经费渠道、支出进度等十分清楚,已经是专家了。大家都明白,我们考核的是教育支出占财政支出的比例,而不是教育支出绝对额。所以尽管经济发展滞缓,财政收支和教育预算的安排会受影响,但是我们可以采取有效措施,尽量把分子做大,控制分母。

三、切实采取有效措施确保财政教育投入目标实现

全面完成浙江省财政教育投入任务,需要各级财政部门的共同努力。希望市县财政部门严格执行投入政策,明确保障重点,及时追加预算,确保完成全省财政教育投入目标。

一要严格落实政府责任。加大教育投入是各级政府的重要职责,是改善民生的重要内容,也是考验我们政府理财能力的重要方面。各市县今年要完成投入目标,是硬指标、硬任务,必须不折不扣地完成。省政府已将各市县财政教育投入目标完成情况纳入政府年度目标考核体系。各级政府要按照中央、省确定的教育重点工作,优化支出结构,科学配置、合理使用教育经费,推动在教育关键领域、薄弱环节和社会关注的热点难点问题上取得突破,促进城乡、区域之间以及各级各类教育的协调发展;要全面推进教育经费科学化精细化管理,建立健全教育经费监管机制,加强教育经费使用绩效考核,不断提高教育经费管理水平和使用效益。市县财政部门作为落实教育投入任务的牵头部门,一定要做到任务清楚、政策清楚、投入清楚、支出清楚、进度清楚。同时,要充分发挥职能作用,既要当好党委和政府的参谋助手,落实省里的要求,又要当好"操盘手",研究提出实现目标任务的方案。

二要严格执行工作要求。市县要根据核定的目标任务，认认真真抓落实、不折不扣保完成。2012年预算执行仅剩3个多月时间，各地在年底前完成投入目标并形成支出，任务紧、时间急、压力大。越是在这种时候，越是要发挥主观能动性。年初预算未达到核定比例的，要调整预算，保证教育支出。收入形势不好的，要及时调整预算；要规范科目列报，查一下是否将"205教育"类和其他类别科目中用于教育和教育预算单位的支出，都客观如实列报在教育支出中；会同教育等部门加快支出进度，确保执行到位。

市县在教育经费安排上，要做到方向明确，重点突出，突出支持教育重大项目。市级要以高中教育、中等职业教育、高等教育为重点，集中财力化解高等院校债务和提高生均拨款水平，提高普通高中、中等职业教育生均经费保障水平。县级要本着先急后缓、循序渐进的原则，重点保障义务教育公用经费提标配套经费、学生交通安全工程建设经费、乡镇中心幼儿园建设经费。关于使用方向方面，今年省里在学前教育、中小学校舍维修改造、学生交通安全保障工程等方面将加大支持的力度，请各地注意省里的政策导向，发挥理财功能，用好用足有关政策。

各地还要加大督查力度，从进度、使用方向、绩效等方面确保政策要求落实到位。对于工作中可能出现的新情况和新问题，各级财政和教育部门，要及时了解、及时反馈，尽快加以解决；我们将加强沟通和协调，确保各地在有限的3个月工作时间内，达到省里的考核要求。

三要严格加强资金监管。各市县和有关部门，要切实加强教育经费管理，紧紧围绕"育人为本"这个核心任务和促进教育公平、提高教育质量这两项重大工作，把钱用在到刀刃上，全面推进财政教育经费科学化、精细化管理，建立健全监管机制，确保教育经费管理好、使用好。不仅要着眼于当前任务确保2012年教育投入目标实现，更要着眼长远，有序安排教育支出。

落实财政教育投入目标任务，是2012年省委省政府向全省人民作出的庄严承诺，完成这一教育投入目标，任务繁重，责任重大。希望各地能够同心同德，强化责任，把这项政策执行到位，落实到位，促进浙江省教育事业跨越式发展，为建设物质富裕精神富有的现代化浙江作出应有的贡献！

（2012年9月25日在财政教育投入分析评价工作会议上的讲话。标题为编者加）

发挥财政职能作用　稳妥推进公立医院综合改革（摘要）

浙江省财政厅副厅长　魏跃华

一、财政支持公立医院综合改革的主要情况

自浙江省公立医院综合改革在县级先行启动试点以来，全省各级财政部门按照省政府以"取消药品加成、提高服务收费、强化医保作用"为核心内容的改革要求，与卫生、人力社保、物价等部门积极配合，主动参与改革方案的测算论证和制定工作，出台并完善财政投入政策，切实加大财政投入，认真履行公立医院综合改革的财政职能。目前，大部分试点地区都结合当地实际制定出台了财政对公立医院的投入政策和办法，建立了财政对医保基金的兜底机制，并及时做好财政资金的安排落实工作，财政对公立医院的投入明显加大。部分试点地区还在财政投入方式等方面进行了积极探索和创新，如龙游县财政安排专款设立公立医院综合改革调节基金，绍兴县、乐清市对公立医院基本建设和大型设备按"一事一议"安排补助资金，桐乡市安排专项资金化解公立医院历史债务。据统计，2012年全省已实施试点地区共安排公立医院财政预算资金12.7亿元，是2011年的1.6倍。这是在前三年重点医改财政大幅度增加投入的基础上，在今年以来财政收支平衡矛盾十分突出的形势下所取得的成效，来之不易。

二、对财政部门继续做好公立医院综合改革工作的几点要求

按照省政府工作部署，年内全省所有县将启动县级公立医院综合改革，市级要在绍兴市先行启动的基础上逐步推开，省级也将加快研究，适时实施。对此，各级财政部门要进一步增强工作的责任感和紧迫感，从履行财政职能出发，加强与有关部门的协调配合，积极稳妥地推进改革工作。已实施公立医院综合改革的地区要及时总结、不断完善，巩固提高改革成效。尚未实施的地区要积极准备，学习借鉴试点地区的成功经验，做好财政政策的研究制定、财政投入的测算安排等工作，确保改革顺利实施。

（一）构建公立医院长效补偿机制需要把握的基本原则

建立对公立医院合理有效可持续的补偿机制，是公立医院综合改革的重点内容之一。随着基本医疗保障实现城乡居民全覆盖以及保障水平的逐步提高，医保作为第三方付费者越来越成为公立医院收入补偿的主要渠道和基本来源。根据这个情况，同时考虑激励约束等因素，我们认为，公立医

院补偿机制改革的基本原则应是:对公立医院的日常运行等经常性支出,要在建立科学合理的医疗服务收费标准体系的基础上,通过公立医院提供优质服务,主要由医保以及个人付费两个渠道实现合理补偿,财政原则上不直接安排补助。财政的经常性投入今后要逐步地更多地转向对需方即医保基金的投入。但与此同时,对公立医院的建设发展、公共卫生等项目性和政策性支出,仍然需由财政统筹安排、定项补助。

(二)完善落实财政投入政策的具体要求

按照公立医院补偿机制改革的原则要求,在实施公立医院综合改革时,各级财政部门必须同步建立和完善对公立医院建设发展、公共卫生等项目性和政策性支出的投入政策,保障对公立医院必需合理的投入。一是要配合有关部门完善卫生管理基础工作,制订区域卫生规划和医疗机构设置规划,合理确定区域内医院的数量、布局、功能、规模和标准,严格控制公立医院建设规模和大型设备配置,严格控制公立医院举债建设。二是要按照医改政策要求和项目轻重缓急,统筹安排公立医院基本建设及大型设备购置,重点学科发展、人才培养、符合国家规定的离退休人员费用、政策性亏损补贴、承担公共卫生任务和紧急救治、支边、支农等公共服务的政府投入,并结合当地实际细化投入内容和补助办法,明确操作规程,确保资金按规定落实到位。三是要切实减轻公立医院负担。对离退休人员经费,财政部门要按照绩效工资政策足额安排预算;对在职人员的社保缴费,作为经常性收支的特例,财政部门应根据当地实际给予适当安排,以解除医院发展的后顾之忧。

为鼓励各地积极推进公立医院综合改革,今明两年省财政将安排专项资金,对公立医院综合改革工作成效突出的地区实行"以奖代补"。同时,省财政还将研究建立省级转移支付与公立医院改革各项政策落实到位情况相挂钩的政策办法,也要研究探索改革后公立医院之间政策性盈亏合理调剂的具体措施。

(三)大力支持医疗保险制度建设

综观发达国家和地区的医改成功经验,医疗保险制度是否健全完善举足轻重。要做大做强做优医保。对此,财政部门要有长远谋划和安排,要把这项工作作为一个专题深化研究。总的说,一方面要根据财力可能不断加大医保投入,逐步扩大医保支付范围和标准,提高医保基金支出占医药总费用的比重。这样做既能有效降低群众医疗费用负担,又能为公立医院的合理补偿提供有力支撑。对改革中因提高医疗服务价格等因素造成医保基金收支缺口的,各级财政部门要切实承担兜底责任。另一方面,要把医保作为公立医院综合改革的重要推力和促进医院控费增效的有力手段。要主动参与、全力支持医保支付方式改革,健全医保管理部门与公立医院的协商谈判机制,探索完善医保付费包括药品支付价格的定价机制,引导公立医院主动加强管理、自觉控制医药费用水平和努力改进服务质量,不断提高医保基金使用效益,从而促进加快实现公立医院综合改革的终极目的——让群众得实惠、医院得发展、政府得民心。

(2012年10月26日在全省公立医院综合改革工作会议上的讲话。标题为编者加)

强化绩效意识 完善基础工作 在积极探索中稳步推进预算绩效管理工作(摘要)

浙江省财政厅副厅长 王广兵

一、全省预算绩效管理工作正有序推进,成效明显

一是目标管理稳步推进。绩效目标是预算绩效管理的基础,也是重点和难点。2011年,我们在省级部门扩大了绩效目标管理的试点范围,选择了14个部门的16个项目开展绩效目标细化论证,并针对2012年省级部门预算,全面开展绩效目标申报工作,选择省人大常委会上会审查的省文化厅4个项目和省商务厅2个项目开展重点审核。同时,各地积极尝试绩效目标管理工作,2011年,全省有48个市县开展了绩效目标管理试点,绍兴、温州、义乌等地积极探索绩效目标管理工作与部门预算资金安排相结合的模式,如义乌市2011年对34家单位的40个项目开展绩效目标评审,其中5个项目在绩效目标评审阶段被否决;杭州、海宁等10个市县已出台项目绩效目标管理办法或意见,绩效目标管理工作正逐步走向规范化和程序化。

二是绩效评价深入开展。2011年,全省共开展财政支出绩效评价项目3841个,比上年增加934个,增长32%。其中部门单位评价3244个,财政部门评价597个;共涉及财政资金398亿元。在绩效评价工作中,许多地方采取各种有效的手段,切实提高评价工作质量。如:嘉兴市在基本实现绩效自评在市级部门全覆盖的同时,建立了"事前布置培训、事中

执行通报、事后自评抽查”的绩效自评质量控制机制；丽水市采取了“中介初评、财政复评、专家终评”的绩效评价模式，有效促进了绩效评价质量的提高。经过大家的共同努力，我们全省联动评价的“农村困难群众住房救助项目”，得到了2位省领导的3次批示，绩效评价的成效得到了充分肯定。

三是结果应用得到加强。2011年，各地积极探索和实践评价结果应用的途径，反馈整改、结果通报、结果报告等各项措施得到完善，评价结果对预算安排的激励约束作用已在部分点上得到发挥。不少地方将项目绩效评价和绩效目标管理情况向当地人大、政府报告，作为政策制订和领导决策的重要参考。如金华、台州、湖州、舟山等地建立了绩效报告机制，将绩效管理工作情况、重点项目评价报告等报送人大、政府，引起了领导层面的高度重视，金华市主要领导还批示要求“专题研究一次预算绩效管理工作”；上虞、桐庐、苍南等地将绩效评价情况通过会议、文件等形式在一定范围内通报或公开；诸暨市还对2个部门和2个乡镇的4个支出项目尝试实施了绩效问责程序，取得了一定的成效，评价结果的应用得到了明显加强。

四是绩效宣传效果明显。2011年，我们开展了“绩效问责让花纳税人的钱有压力”主题宣传活动，组织浙江日报、浙江在线、浙江卫视、浙江之声、新华社浙江分社等主要媒体，集中宣传我省预算绩效管理的理念与开展情况，并对2005年以来的工作进行全面总结，印制宣传册，对预算绩效管理工作规划进行展望，并作为省人代会参阅材料发送省人大代表，获得省人大代表的较高评价。各地也积极开展各类绩效宣传活动，如天台、莲都等地，通过网络、报刊、电视、印发资料和便笺等形式，积极宣传预算绩效管理理念，营造了良好的工作氛围。

二、预算绩效管理仍处于初级阶段，任重道远

浙江省从2005年起开始探索预算绩效管理，七年来的实践，成绩是显著的，各级财政资金使用部门的绩效意识在不断提升，预算绩效管理工作的开展氛围越来越好，这和大家的共同努力是分不开的。但是，总体上看，围绕“三基五财”建设要求，预算绩效管理中一些基本、基础、基层性的问题和困难尚不能在短时间内得到解决，预算绩效工作仍然处于一个初级阶段。

（一）基本法律法规支撑缺乏。完善的法律制度是预算绩效管理得以有效实施的重要前提。已经实施绩效预算改革的西方发达国家都具有法律先行的鲜明特点，而我国预算绩效管理改革才刚刚起步，相关的法律制度尚未建立起来，现行《预算法》等法律法规中未设绩效管理条款，使预算绩效管理工作缺乏法律支撑。在我省，虽然省政府办公厅于2005年就下发了91号文，要求认真开展绩效评价工作，各地也相应也出台了一系列的绩效制度，但还没有引起各级政府和社会的充分重视，开展工作面临一定的阻力。同时，2005年以来我省各级财政部门建立的制度体系，更多的是关注绩效评价，构建全程式预算绩效管理制度体系，并逐步提升为地方法规，尚须较长的实践过程。

（二）基础工作质量有待提高。第一，绩效评价缺乏有效的技术手段和控制机制，直接制约绩效评价工作质量。针对类别多、分散广、政策目标多元化的财政支出项目，如何确保各项定量、定性指标科学合理和评价标准的客观公正以及评价方法的切实有效，并控制评价结论不产生偏差或错位等等，我们尚处于较低的研究和实践水平，需要不断探索完善。第二，结果应用难以落实。虽然我省有关制度和办法已明确评价结果应作为编制和安排部门预算的重要依据，但在目前实践中很难落实，除受现行行政管理体制、预算决策机制制约等因素外，主要还受到评价质量、项目效益发挥的滞后性等制约，事后性的绩效评价与预算管理实践中较难对接。在评价结果的实质性应用上，仍需随着预算管理改革的深入，在实践中探索更多的方法和途径。第三，预算绩效管理的部分工作刚刚起步。预算绩效管理主要包括绩效目标管理、绩效跟踪管理、绩效评价管理等内容。我省2005年开始探索绩效评价，但对于绩效目标管理和绩效跟踪管理等工作的试点，大部分地方只有一两年的时间，部分地方还尚未起步，尤其是设定绩效目标作为预算绩效管理中的一项基础性工作，实践结果与理论要求尚存在较大的差距，绩效跟踪也尚未探索出有效的方式方法。要形成“预算编制有目标、预算执行有跟踪、预算完成有评价，评价结果有应用”各环节相互衔接、相互促进的预算绩效管理机制，还有待我们的努力。

（三）基层队伍建设尚需加强。预算绩效管理是一项探索性的工作，要做好这项工作，绩效管理队伍的建设是关键。当前，大多数市县与财政监督局（科）合署办公，不少县与其他3~4个科室合署办公，但实际人员只有2-3人，人少事多，矛盾突出，不少人员身兼数职，精力分散，直接制约绩效管理工作的深入开展。这一矛盾在基层预算单位表现更加突出，财务人员少，专业素质参差不齐，工作压力大，反映也比较强烈。总之，在预算绩效管理专业人员的配置数量和素质上，还与预算绩效管理工作的要求严重不适应。

因此，对于预算绩效管理所处的阶段，我们要有清醒的认识，以便于稳步适宜地推进预算绩效管理工作。

三、预算绩效管理需在积极探索中稳步前进

预算绩效管理虽然存在一系列的困难和问题，但各方对推进这项工作的要求却已相当紧迫。今年初，夏宝龙省长在

全省财政地税工作会议上提出了“促进发展、保障民生、科学理财、加强监管”十六字理财观，指出要“坚持财力配置的绩效性。把提高配置绩效作为财税工作的目标导向，确立绩效目标，强化绩效评价，建立完善财力配置与使用绩效相挂钩的体制机制”。这是今后一个时期我省预算绩效管理工作的总方向。随着政府绩效管理和预算信息公开的推进，财政资金绩效必然会被社会各方越来越关注，这也必将推动预算绩效管理工作向纵深发展。

因此，对于推进预算绩效管理的紧迫性，我们要有充分的认识，认清形势，分清当务之急和长效机制，在积极探索中稳步前进，并牢固树立“五种意识”。一是长期意识。预算绩效管理中的一些问题，受到的制约因素很多，较难在短时间内解决，因此，对于预算绩效管理工作，我们要有打“持久战”的准备，立足现行预算管理情况，迈小步、不停步，以时间换空间，保持理性、冷静、客观，不急不躁地推进这项工作。二是使命意识。推进预算绩效管理，要有责任感和使命感，既然赋予了我们这项艰巨的使命，就要责无旁贷地把它做好，保持我省工作继续走在全国前列，为全国预算绩效管理创造更多更好的经验和做法。三是创新意识。预算绩效管理理念本身来源于西方发达国家，直接式的照搬照抄，肯定是行不通，国外的实践经验可能很好，但要结合我们的实际，在现有的体制机制下，在“拿来”中大胆创新，为我所用。四是联动意识。预算绩效，党委政府很关心，社会各界很关注，但这项工作涉及面很广，不仅涉及财政内部各部门，也涉及资金使用部门和单位工作的各个环节，推动这项工作，要充分借助人大、政府、政协、纪检、审计等各方面的力量，加强宣传，合理引导社会公众对预算绩效管理的参与意识，建立关注预算绩效的“统一战线”，共同推进这项工作。五是机遇意识。任何一项工作的推进，都要建立在对于形势的全面、准确判断的基础上，预算绩效管理工作也是如此。推进预算绩效管理，不同的阶段，会有不同的机遇，今年初夏省长提出的理财观中，对预算绩效的充分关注，就是一个很好的机遇，我们要乘势而上，积极推进这项工作。

结合2012年预算绩效管理工作，具体的工作要点已下发各地，为做好今年工作，下面谈几点意见：

（一）努力完善绩效制度体系。2011年，财政部印发的《关于推进预算绩效管理的指导意见》，明确了当前和今后一段时间预算绩效管理的基本方向。今年，我们也将争取以省政府名义出台《关于全面推进预算绩效管理的意见》，就加强此项工作的认识、工作内容、相关要求作进一步明确。各地应按照预算绩效管理的总体要求，结合实际，加强调查研究，总结实践经验，从今年起要在制度层面转向预算绩效管理，着手构建适合当地实际的预算绩效管理制度体系，重点关注预算绩效管理各环节流程的制度化和规范化，明确预算绩效管理的远期目标和近期目标，逐步把绩效理念融入预算管理的全过程，有的放矢地推进预算绩效管理工作。

（二）稳步推进绩效目标管理。预算绩效目标是绩效管理的前提和依据，设立绩效目标是预算绩效管理工作的基础和起点。推进预算绩效管理，要牵住预算绩效目标管理这一“牛鼻子”，建立以绩效目标为引导的预算绩效管理机制。今年，省级绩效目标管理工作将在面上“全覆盖”推进的同时，重点对专项公用类项目的绩效目标申报制定统一规范的格式，提出绩效目标的设置框架，并将组织对2013年新增项目绩效目标实施重点审核。各地要将原有的绩效评价手段应用于管理之中，抓住绩效目标管理这一主线，扩大试点范围，实施重点突破，带动预算绩效管理各环节工作的平衡发展。今年，已开展绩效目标管理的地方，要重点在目标的细化和量化上下功夫，加强审核，切实提高绩效目标编审质量，条件成熟时应出台项目绩效目标管理办法或意见，明确绩效目标管理内容、要求及工作流程，适时开展对绩效目标的跟踪管理试点；未开展的地方，应选择部分项目开展试点，并与部门预算编审程序有机结合，积极探索加强绩效目标管理的途径、方法，有步骤地推进绩效目标管理工作。

（三）深入开展绩效评价工作。绩效评价是预算绩效管理的重要手段，各地要根据实际，在“面”上下功，从“点”上突破。一方面，按照财政部“横向到边，纵向到底”的总体要求，各市要指导推动所属县（市、区）扎实开展，特别是部分进展缓慢的地方，应进一步扩大评价覆盖面，逐步实现绩效自评工作在财政资金使用部门和单位的全覆盖，从面上推进“使用财政资金必须讲究绩效”意识的深入。另一方面，各地要结合实际，不盲目追求工作开展的数量，切实把握绩效评价工作质量，组织各部门开展对自评项目的复评、互评，加强绩效自评工作的抽查，实现绩效评价工作量质齐升；同时，各地应切实做好重点项目的评价工作，各市至少选择1个全市上下联动项目实施项目（政策）评价，各县（市、区）至少选择1个重点项目组织实施或委托中介机构评价，有条件的市县要积极探索开展部门（单位）的整体评价，并加强绩效评价结果的有效应用，探索和完善评价结果通报、反馈整改和绩效问责机制，督促部门及时整理、归纳、分析绩效评价结果，以点带面推动预算绩效管理工作。

（四）建立完善绩效考核机制。预算绩效管理不仅仅是财政部门的职责，这项工作能不能出效益，关键在于部门主体作用的发挥，为此，按照省政府要求，从今年起，省政府直属单位的预算绩效管理工作将纳入省政府目标责任制考核内容。各地应主动向政府汇报，争取理解和支持，尽早建立和完善相应的考核机制，并逐步将预算绩效管理工作列入政府对部门的目标责任制考核范围，切实发挥各部门开展预算绩效管理的主体作用，提高部门使用财政资金的绩效责任意识。

（五）切实加强绩效队伍建设。要扎实推进预算绩效管理，必须建立一支“业务精通、有高度责任感和事业心”的绩效管理队伍。各地在构建公共财政“三位一体”组织运行机制时，要抽调业务骨干充实预算绩效管理人员力量，并理顺财政内部预算绩效管理的职责分工，充分发挥内部各方参与预算绩效管理的积极性和主动性。同时，各地要加强预算绩效管理的业务学习和研究、宣传和培训，让各部门、单位充分认识预算绩效管理的重要性和紧迫性，熟悉和掌握预算绩效管理各环节工作流程及具体要求，积极培育社会中介机构和专家等第三方力量，共同推进工作的开展。

（2012 年 4 月 27 日在绩效管理处（科）长会议上的讲话。标题为编者加）

总结经验　认清形势　科学管理
扎实做好财政支农工作（摘要）

浙江省财政厅副厅长　王广兵

一、近两年财政支农工作亮点纷呈、成效显著

（一）不折不扣落实强农惠农政策

全省各级财政部门积极筹措资金，不断加大财政支农投入力度，着力建立健全财政支农投入的稳定增长机制，积极促进各项强农惠农政策的有效落实。2010、2011 年全省财政农林水事务支出分别为 290.4 亿元和 373.32 亿元，同比增长 23%和 28.6%。积极完善涉农补贴政策，进一步加大对粮食生产、生猪奶业及森林生态效益补偿的支持力度；着力支持以“两区”建设为抓手的现代农业发展，加大资金整合和统筹力度，积极构建现代农业产业体系，2011 年省以上财政共整合 16.98 亿元专项资金支持“两区建设”，其中省财政投入 7.76 亿元；突出推进水利基础设施建设，切实把支持水利改革发展放到财政工作更加突出的位置，明显提高财政性资金对水利投入的总量和增幅，2011～2012 年省财政共安排水利建设专项资金 72.9 亿元；扎实推进农业农村生态环境整治，深入实施“千村示范万村整治”工程，积极支持中心村培育建设，落实美丽乡村创建先进县省财政奖励政策，支持畜禽养殖排泄物资源化利用和生态循环农业示范工程建设；切实加大欠发达地区扶持力度，认真落实省委、省政府出台的重点欠发达县特别扶持政策和“低收入群众增收行动计划”的各项政策，加大“低收入农户集中村”和低收入农户的扶持力度，拓宽增收渠道，促进欠发达地区农民有效增收；着力支持农业综合开发，支持农业综合开发中低产田改造、高标准农田和现代农业产业化体系建设，进一步改善农业生产基础设施状况，提升农业生产组织化程度。

地方各级财政部门也积极加大财政支农投入，探索创新投入机制，切实落实好各项强农惠农政策。如：杭州市通过完善财政扶持政策，落实税收优惠措施等方式鼓励全社会参与城乡统筹发展，在全国率先设立了农村公益金，进一步创新财政支农投入机制，拓宽财政支农投入渠道；文成县、洞头县、岱山县、嵊泗县、景宁县 2011 年财政“三农”支出增幅均超过 50%。

（二）坚定不移推进体制机制创新

各级财政部门高度重视财政支农体制机制创新，将体制机制创新作为推动财政支农工作的重要抓手，不断激发财政支农政策活力。一是财政支农资金整合不断深化。各地积极探索、开拓创新、统筹设计，从预算编制、资金分配、项目实施等环节着手，进行了有益的尝试和探索，取得了较好的成效，初步形成了省和市县联动的支农资金整合工作格局。如富阳市建立以“财力统揽、资金统筹、预算编制、项目统定、监管统一、绩效统评”为主要特点的大计划大财政体系，形成了财力整合、部门协调、阳光办事的县级财政支农资金整合模式。二是财政支农管理方式不断完善。积极创新支农资金分配机制，推行专项性一般转移支付方式，广泛应用因素法分配支农资金，进一步下放项目立项和审批权限；积极完善支农资金扶持方式，根据不同的支持对象和支持内容，综合采取补助、以奖代补、贴息等多种有效方式；不断改进支农资金支付方式，积极将支农资金纳入国库集中支付，加快支农资金支出进度；大力推行专项评审制度，积极实施小型农田水利重点县公开竞选立项，进一步提高支农项目立项的科学性和透明度。

（三）坚持不懈抓好支农资金监管

按照财政科学化精细化管理的要求，各级财政部门不断夯实基础管理工作，积极推行和应用财政支农项目库管理系

统，进一步规范支农资金和项目管理；加强财政支农政策研究和政策落实情况的分析、总结，进一步提高财政支农政策针对性和有效性。着力健全支农资金管理制度，逐步形成科学合理、层次清晰、分工明确、覆盖全面的财政支农资金管理制度体系。两年来，省级制修订了近40项管理制度，嘉兴市等市县也制定了《关于建立市区支农项目资金管理责任制的若干意见》等一系列具有创新性和可操作性的管理制度。进一步加强财政支农资金和项目的监督管理，突出对重点支农专项资金的绩效考评和专项检查，形成年度财政扶贫资金专项检查、现代农业生产发展资金和小农水重点县绩效考评工作常态化。

（四）持之以恒加强干部队伍建设

一是注重学习培训。通过举办培训班、座谈会等，深入学习领会中央和省委、省政府关于"三农"工作的方针政策，不断提高干部队伍的政策理论水平和业务能力。2011年，省厅建立了农业财政和财务管理的人才库，有效搭建了省和市县农财部门业务骨干学习、交流、沟通的平台。二是注重调查研究。围绕当前"三农"工作的热点和难点，组织开展财政支农政策调研，分析存在问题，提出解决措施，不断增强财政支农工作的前瞻性，拓宽政策研究视野。三是注重作风建设。紧密结合财政支农工作，深入学习实践科学发展观和创先争优活动，提升干部队伍思想政治素质。按照开展廉政风险防控机制建设的要求，认真梳理岗位职责，排查岗位风险，完善工作流程，努力形成廉政风险防控的长效机制。

近年来，浙江省不断加大统筹城乡发展力度，努力克服宏观经济波动和自然灾害等不利影响，农业发展、农村建设、农民增收呈现良好的势头。2011年，全省实现农林牧渔业增加值1581亿元，增长3.6%；农村居民人均纯收入达到13071元，连续27年位居全国各省区之首。这是省委省政府科学决策、正确领导的结果，是各级党委、政府锐意进取、狠抓落实的结果，是兄弟部门齐心协力、密切配合的结果，也是全省农财战线广大干部职工改革创新、扎实工作的结果。财政支农工作亮点纷呈、成效显著，财政支农工作中的深刻体会和重要经验，值得我们好好去总结，并在今后的工作中继续坚持下去。

一是领导高度重视。各级党委、政府切实把"三农"作为各项工作的重中之重，将"三农"工作提升到全局性和战略性的高度，制定并出台了一系列强农惠农富农政策。各级财政部门对财政支农工作足够重视，在人员配备、工作力度等方面不断加强，为扎实、有效开展财政支农工作奠定基础。

二是工作重点突出。围绕省委、省政府确定的"三农"工作重点，以农业"两区"、小农水重点县等重点项目为平台，大力支持现代农业发展，改善农业基础条件，提高农业科技和服务水平，推动农业经营方式转变，不断增强农业综合生产能力，为促进农业农村经济平稳较快发展奠定基础。

三是积极改革创新。积极改革、主动创新，是财政支农工作的必然选择。从破解"三农"发展的难点入手，推进财政支农专项转移支付管理改革，完善财政支农方式，整合和统筹支农资金和资源，着力健全财政支农机制体制，有效激发财政支农政策潜力。

四是不断规范管理。立足于依法行政、依法理财的高度，按照科学化精细化管理的要求，从建立科学的机制着眼，不断强化财政支农资金规范管理，用制度和机制保障财政支农资金运行安全和合理有效使用。

在看到成绩和总结经验的同时，我们也要清醒认识到在财政支农工作中仍然存在着一些困难和问题：财政支农领域的财权事权划分不够清晰，"缺位"与"越位"并存；支农资金整合使用的力度还不够，支农项目"小而多"、资金使用"广而散"的现象仍然存在；支农项目管理、资金管理和财务管理还不够规范。这些问题的存在在一定程度上影响了支农政策的效果和支农资金的效益，我们应当切实予以重视，并在今后的工作中认真研究加以解决。

二、当前财政支农工作面临的新形势和新要求

（一）"三化同步"重大部署对财政支农工作提出了新的要求

国家"十二五"规划纲要提出，要在工业化、城镇化深入发展中同步推进农业现代化，完善以工促农，以城带乡长效机制，加大强农惠农力度，提高农业现代化水平和农民生活水平。最近省委、省政府正在研究加强推进农业现代化的政策意见。这些战略任务的提出，对财政支农政策的系统性、协调性、有效性提出了更高的要求，这就要求我们进一步健全财政支农政策框架，在保持支农政策相对稳定和连续的同时，围绕转变农业发展方式这一主线，以农业"两区"建设和基层农业公共服务中心建设为载体，加强财政支农政策研究，为打造高效生态农业强省、特色精品农业大省，率先基本实现农业现代化提供财政保障。

（二）农业农村发展的新情况和新问题对财政支农工作提出了新的要求

当前，"三农"发展面临的形势比较复杂，经济复苏的不稳定性和宏观经济政策的变化，对农产品市场供求和价格的影响因素增多；农产品质量安全问题频出，确保农产品数量和质量"双安全"压力加大；农资价格和农业用工成本呈现"双涨"态势，农业生产进入高成本阶段；农业生产兼业化特征明显，专业化、机械化生产水平亟待提高；耕地资源短缺、

农业优质劳动力减少、环境污染突出，造成农业稳定发展的难度加大。这些新情况、新问题相互交织、相互影响，各种制约因素和矛盾累积叠加，迫切要求财政支农政策进一步增强前瞻性和预见性，加强超前研究，形成政策储备和调控预案，密切关注、积极应对，确保政策目标定位更准确、作用更直接有效。

（三）公共财政理念不断深化对财政支农工作科学化精细化提出了新的要求

近年来，特别是2010年强农惠农资金专项清查工作以来，全省各级财政部门按照科学化精细化管理的要求，不断加强支农资金和项目管理制度建设，改进和规范财政支农管理工作，保障了强农惠农政策落实到位。但个别地方仍然存在重分配轻管理、管理粗放、程序不规范、机制不健全等问题，直接影响财政支农政策的实际效果。随着公共财政政策理念的不断深化，支农政策覆盖范围将进一步拓宽，财政支农政策和预算透明度将进一步提高，社会公众的监督力度将进一步增强，这些都对财政支农管理的科学化精细化水平提出了新的要求。各级财政部门要进一步增强紧迫感，通过强化管理基础，创新管理理念和管理方式，规范管理程序，不断提高财政支农管理水平。

三、扎实做好今明两年的财政支农工作

今明两年是"十二五"规划实施承前启后的关键时期，也是体制机制进一步创新、农业发展方式进一步转变、城乡统筹发展进一步融合的关键时期。做好今明两年的财政支农工作，对于促进我省农业农村经济社会健康发展至关重要。

（一）突出重点，抓好财政支农政策落实

今明两年的财政支农政策落实要在遵循"十二五"财政支农工作指导意见的基础上，不断完善现有财政支农政策框架，保持政策的稳定性和连续性，既要确保各项强农惠农富农政策不打折扣，也要突出重点，提高政策的针对性和实效性。

一是大力支持以"两区"建设为重点的现代农业发展。中央和省设立现代农业生产发展资金以来，我省扶持了一批优势特色主导产业，为促进农民持续增收，加快农业现代化发展做出了积极贡献。省第十三次党代会报告中指出："要大力发展现代农业，深入推进粮食生产功能区和现代农业园区建设，加快农业科技进步，加强农田水利设施建设，推进农业生产规模化、标准化、生态化，提高农业生产综合能力，进一步做优农业"。各级财政部门要按照"资金整合、优化投向、重点扶持"的要求，坚持集中投入，整合相关专项资金，统筹用于支持"两区"建设，加快推进农业产业的转型升级。

二是切实加大农业基础设施投入。要充分发挥公共财政对水利改革发展的支撑保障作用，建立健全公共财政对水利投入的稳定增长机制，确保今后10年全社会水利年均投入水平比2010年高出一倍。严格贯彻落实从土地出让收益中提取10%用于农田水利建设和新增建设用地土地有偿使用费用于农田水利基本建设和保护方面的支出不低于20%政策，确保及时、足额、准确计提农田水利建设资金，并按规定专项用于农田水利建设。切实加强水资源费和水利建设基金征缴，合理调整水资源费征收标准和扩大征收范围，严格征收、使用和管理。加大农村土地整治、土地开发整理力度，科学合理利用滩涂、低丘缓坡和农村建设用地等资源。支持"千万亩标准农田质量提升工程"建设，推进农业综合开发高标准农田示范工程项目建设，加快中低产田改造。支持林区道路建设，提升林区作业生产能力。支持气象事业发展，增强气象服务农业农村和灾害监测及预报预警能力。

三是深入实施"千村示范万村整治"工程，积极支持美丽乡村建设。优化资金支出结构，省"千村示范万村整治"工程专项资金将重点用于支持美丽乡村建设，积极落实美丽乡村创建先进县奖补政策，调动美丽乡村建设积极性。按照《关于加强历史文化村落保护利用的若干意见》精神，积极支持历史文化村落保护利用，将其作为美丽乡村建设的重要内容给予扶持。同时，以美丽乡村建设为平台，不断加大相关支农专项资金的整合投入力度，推动美丽乡村建设行动计划顺利实施并取得实效。

四是加大山区经济扶持力度。推进山区经济发展，是我省实施海洋经济发展战略后又一大战略。发展山区经济，对于增加农民收入、拓展发展空间、推进区域协调发展意义重大。各级财政部门要进一步加强政策研究，从政策、要素、资源和资金等方面进行整合和统筹，积极支持山区特色农业发展和山区农民增收，进一步推进山海协作、陆海联动，让山区成为全省经济发展新的增长极，推动山区加快走上特色发展、生态富民、科学跨越的新路子。

五是支持农业发展方式转变。新型生产经营主体是建设现代农业的主导力量。省财政将按照合作化、企业化的思路，着力扶持新型生产经营主体。把合作社作为提高农业组织化水平的主渠道，重点扶持规范化农民专业合作社建设，着力提高其服务能力和组织化程度，促进现代农业发展。把龙头企业作为促进农业产业化的领军力量，要鼓励支持工商资本、民间资本等投资开发农业，通过贴息、以奖代补等手段促使龙头企业带动农民和专业合作社等协同发展。

六是大力支持农业科技和农业服务体系建设。农业科技进步是推动农业发展方式转变的关键措施。要进一步加大对现代种业发展的扶持，加强种子资源保护，提升种子生

产能力和科技创新能力;支持农业科技成果转化和示范推广,加速把农业科技成果转化为生产力;加强对农民的培训,培育新型农民。进一步加大农业标准化生产的推广力度,加强农产品质量检验检测体系和动植物防疫体系建设,提升农产品质量安全水平。健全完善农业服务体系,大力支持农业技术推广、基层农业公共服务中心等农业公益性服务体系建设,增强农业公共服务能力。

七是支持欠发达地区扶贫开发。扶贫开发事关浙江省社会和谐与长远发展,是现代化进程中的一项长期任务。各级财政部门要认真贯彻落实中央扶贫开发工作会议精神、《中国农村扶贫开发纲要(2011~2020年)》、省委省政府《关于推进欠发达地区加快发展的若干意见》,围绕新一轮扶贫标准提高后的目标任务和政策措施,切实落实好重点欠发达县特别扶持政策,扎实推进低收入农户奔小康工程,有效推动欠发达地区加快发展、低收入农户加快增收。

(二)深化改革,推进财政支农机制创新

改革创新是推动财政支农事业发展的动力源泉,正是在工作中不断与时俱进,在政策和管理上不断改革创新,财政支农工作才能够不断取得新成绩。因此,必须坚定不移地把改革创新贯穿到财政支农工作的各个方面和环节。

1. 创新支农资金稳定增长机制。一是拓宽财政支农资金渠道。按照《农业法》和中央、省委省政府的要求,进一步加大公共财政预算支农投入,确保增量和增幅逐年提高。积极推进调整政府性基金支出结构,增加基金用于"三农"的比例,加强基金管理,足额征收,足额提取。同时,要创新机制,吸引金融资本、工商资本和社会资金投入"三农",形成多元化的支农资金投入机制。二是健全事权财权相匹配的投入机制,合理界定政府对农业的支持范围以及各级政府财政支农支出的责任,逐步建立责任明确的分级投入和管理机制。

2. 创新支农资金深化整合机制。各级财政部门要以更加积极的态度,攻坚克难,开拓创新,创造性地推动资金整合工作。从预算编制环节对支农资金进行全面清理,对性质相同、用途相近、使用分散的支农专项资金进行归并;从预算执行环节建立健全沟通协商机制,通过建立联席会议、成立领导小组等多种方式,促进资金统筹安排和政策衔接配合。要以中央和省委省政府确定的重点支农项目或产业为平台,发挥各级财政支农资金的整体作用,推动支农资金的统筹安排和集中使用,发挥财政资金的最大效应。

3. 创新支农资金分配管理机制。进一步创新财政支农资金分配方式,积极推进省级财政支农专项资金实行专项性一般转移支付改革,提高因素法分配支农专项资金的比重。上半年,我们会同省级农口部门按照省级专项性一般转移支付管理改革的总体思路,积极稳妥地推进省级支农专项资金转移支付改革,初步拟定了今后三年的省级支农专项资金专项性一般转移支付方案。在对重点项目明确目标、实行项目管理的基础上,综合运用因素法分配、切块下达和项目管理相结合的方式,不断完善财政支农资金分配管理机制。

4. 创新支农资金和项目责任管理机制。进一步明确支农资金和项目监管职责,建立健全责任追究机制,是加强和完善财政支农资金和项目管理的迫切要求。为进一步创新支农资金和项目责任管理机制,今年我们将会同省级农口部门共同研究制定加强财政支农资金和项目责任管理的具体意见。通过确定财政支农资金和项目责任管理范围,明确各级财政和农口部门的管理职责,建立健全财政支农资金和项目监管责任追究和奖惩机制。

(三)强化监管,提高支农资金使用效益

科学化精细化管理是推动财政支农工作的重要抓手。当前,要把推进科学化精细化管理摆在更加突出的位置,切实抓好财政支农资金使用监管涉及的各项工作。

一是加强财政支农管理制度建设。按照资金分配规范、使用范围明晰、管理监督严格、职能效能统一的要求,建立健全覆盖资金分配、拨付、使用、监督和项目立项、设计、实施、验收、后续管理等环节在内的,整个资金运行全过程的管理制度体系,防止出现制度盲点。

二是围绕"数字财政"建设,加强支农项目库管理系统应用。支农项目库管理系统的开发和应用是财政支农管理工作落实"数字财政"建设的重要举措,也是新形势下加强和规范财政支农项目和资金全过程管理的具体措施。各级财政部门要按照支农项目库管理系统应用的有关要求,落实人员,加强培训,熟悉操作流程,切实将这项工作认真抓实、抓好。

三是加强财政支农资金监督检查。建立健全财政支农政策落实到位的监督检查机制,加大检查力度,保持强化监管态势,实施日常监管与专项检查相结合,在完善日常监督检查机制的同时,及时选取一些重大支农项目开展专项检查。加强与审计、纪检监察、财政监督的协调配合,同时注重发挥社会监督作用,形成监管合力。省里将继续委托中介机构对财政扶贫资金等重点财政支农资金进行专项检查。

四是提高支农资金使用绩效。加强预算管理,科学合理编制预算,突出支持重点,提高年初预算到位率;健全预算执行管理机制,落实责任,确保预算执行及时、均衡、安全、有效。大力推行绩效管理,进一步完善预算绩效目标,扩大绩效评价范围,强化评价结果运用,充分发挥财政支农资金使用效益。

(四)强化自身建设,提升财政支农工作水平

“才以业聚、业以才兴”。一支综合素质高、精神状态好、务实廉洁、创业干事的优秀农财干部队伍,是支撑和推进农财事业不断发展的基本保障和重要基石。要从思想政治、工作作风、能力建设、反腐倡廉等方面,全面加强农财干部队伍自身建设,推进学习型机关建设,不断提高农财干部政治素养、业务能力和职业道德水平等综合素质。要积极推进具有农财特色的创先争优活动,弘扬和传承财政支农优良传统,增强农财干部队伍的凝聚力和战斗力。切实增强责任意识、大局意识、创新意识和服务意识,弘扬开拓创新、求真务实、心系群众、服务基层的工作作风,打造一支政治坚定、业务熟练、作风优良的农财干部队伍。

(2012 年 7 月 13 日在全省农业财政工作暨财政支农政策和资金管理培训会议上的讲话。标题为编者加)

提高认识 加强培训
积极推进全省乡镇财政建设(摘要)

浙江省财政厅副厅长 王广兵

一、充分认识加强乡镇财政建设的重要性

乡镇财政是乡镇政府履行职能的重要基础,是促进农村经济建设和社会事业和谐协调发展的重要保障。浙江省乡镇财政自 1985 年建立以来,在巩固基层政权、规范和加强乡镇政府收支管理、促进乡村经济和社会事业发展等方面起到了积极的作用。但是,随着农村税费改革的深入推进,特别是在全面免征农业税费,实行乡镇机构改革后,浙江省乡镇财政工作被严重削弱,较多地方的乡镇财政机构和人员也随之撤减,乡镇财政弱化为乡镇财务。

近年来,随着统筹城乡发展战略的实施,公共财政加快向农村覆盖,各级政府用于农村的财政资金越来越多,乡镇财政面临着新的形势和任务,在职能定位和工作任务上发生了“三个转变”,即:由过去向农民群众“收钱”的“征管型”向现在给农民群众“发钱”的“服务型”转变;由过去负责农业税收征管的“单纯业务型”向现在落实支农惠农政策的“综合协调型”转变;由过去抓收入为主的“收入型”向现在管理财政收支的“理财型”转变。乡镇财政已成为乡镇经济发展的推动者、社会事业的支持者和公共服务的保障者。2010 年以来,中央财政根据科学化精细化管理要求,下达了加强基层财政管理、实行乡镇财政就地就近资金监管等一系列文件。2010 年在安徽召开的全国财政厅局长工作会议上专题研究了乡镇财政工作。今年,财政部、中央编制办、国家公务员局联合下达了《关于乡镇财政队伍建设的意见》。我省正在大力推进乡镇财政建设,继去年省政府下发《关于进一步加强乡镇财政建设的意见》后,2012 年 10 月 15 日省政府下发的《关于完善财政体制的通知》进一步明确了加强乡镇财政管理工作的要求。中央和省的一系列文件为我们改进和加强乡镇财政工作明确了方向,增添了信心。厅党组十分重视乡镇财政工作,把加强乡镇财政建设作为“三基五财”建设的主要内容,省财政厅已经出台了一系列有关改进和加强乡镇财政管理的文件和工作措施。在各级各部门的共同努力下,乡镇财政工作将迎来一个崭新的春天。当前,各地在推进乡镇财政建设中要特别注意做好以下几个方面的工作:

一是抓紧抓好乡镇财政机构设置工作。建立乡镇财政管理机构,加强人员力量配备,是做好乡镇财政管理工作的前提和基础。2012 年初,夏宝龙省长提出了“此项工作务必抓紧推进,争取有一个明显的变化”要求。这次刚下发的省政府 85 号文件对乡镇财政机构设置作了明确规定。加强机构队伍建设是乡镇财政建设的重中之重。截至 2012 年 10 月 15 日,嘉兴市、舟山市和嘉善、海宁、开化等 48 个市、县(市、区)政府下发了贯彻落实省政府 52 号文件的通知;嘉兴市、舟山市、衢州市和苍南县、东阳市、淳安县、常山县等 33 个市、县(市、区)财政局单独设置了乡镇财政管理处、科;嘉善县、乐清市、上虞市、义乌市、文成县等 36 个县(市、区)的全部乡镇都单独设立了乡镇财政所(局、办)。全省已有 668 个乡镇单独设立了乡镇财政所(局、办),占全省乡镇的 61%。乡镇财政机构还没有建立的地方,要抓紧做好落实到位工作。已经建立乡镇财政管理机构的地方,要抓紧人员力量配备。在此基础上,进一步加大县对乡镇财政工作的指导管理,大力推进乡镇财政管理规范化建设。

二是大力推进乡镇公共财政服务平台建设。2012 年初,省财政厅提出了把乡镇财政工作与乡镇政府公共服务工作相结合的思路,要求积极探索当前形势下乡镇财政管理服务

工作的有效实现方式，努力打造乡镇公共财政服务平台。这项工作已列入厅党组年度重点工作之一。为此，省财政厅下发了《关于加强乡镇财政管理与促进乡镇公共服务平台建设试点工作的指导意见》等一系列文件，提出了在完善乡镇财政机构、加强人员力量的基础上，积极发挥公共财政管理职能，统筹安排乡镇行政事业服务资源，重疏乡镇公共服务工作流程，努力构建乡镇公共财政服务平台，使财政支付关联的乡镇民生服务事项能够做到"一个门进、一个平台办事、一卡通使用、一本册子明了"，形成"一站式、一条龙、一卡通"式乡镇公共财政服务新格局。今年已经在开化、嘉善、淳安等16个县(市、区)进行试点，计划明年向其他市县区推行，力争后年全省基本完成乡镇公共财政服务平台建设任务。做好乡镇公共财政服务平台建设这项工作，已经写入了省政府85号文件之中。各地对此要予以高度重视，早作谋划打算，早作安排考虑。

三是切实加强乡镇财政管理信息化工作。县级财政要依托"金财工程"和"数字财政"建设，针对"乡财乡管"、"乡财县管"等管理方式，统一乡镇财政工作基本业务流程，加快开发乡镇财政管理软件，积极推进乡镇财政管理信息化工作。加强乡镇财政与县级财政、乡镇财政与乡镇有关部门之间的联网工作，做好县乡之间有关财政扶持政策、资金指标、管理要求等信息的全面、及时、有效沟通和传导，提高乡镇财政机构的服务效率和理财水平。

二、积极开展多形式的乡镇财政干部培训活动

加强乡镇财政干部培训，不断提高乡镇财政干部政策水平、业务能力和综合素质，建设一支较高素质的乡镇财政管理干部队伍，对于促进基层财政和乡村政府组织更好地落实科学发展观、构建和谐社会，具有十分重要的意义。当前我们处在一个理论、知识、技术日新月异的时代，随着各项改革的不断深化和市场经济的迅猛发展，公共财政管理改革任务越来越重。各级财政部门要十分重视乡镇财政干部的培训工作，采取多种形式的教育培训，把财政管理改革探索和财政管理实践密切结合，不断提高乡镇财政干部队伍整体素质，努力打造一支政策水平高、业务能力强、工作作风实的基层财政管理队伍。

同时，培训班也是学习交流的平台。与过去只是承担记账、报销事务相比，今天乡镇财政工作所面临的形势和任务，都是崭新的。随着公共财政管理理论和实践的不断丰富，乡镇财政工作的职责范围、管理体制、业务要求都会有一个新的转变。近年来，各地在推进乡镇财政建设，加强和改进乡镇财政管理工作中已经涌现出一些富有实践意义的好经验、好做法。希望大家充分发挥培训班这个平台的作用，加强交流，共同探讨，取长补短，相互促进，把乡镇财政管理工作做得更好。

（2012年10月30日在全省乡镇财政干部培训班上的讲话。标题为编者加）

认清形势　强化责任
深入推进全省农业综合开发廉政风险防控工作(摘要)

浙江省财政厅副厅长　王广兵

一、充分肯定近年来省农业综合开发廉政风险防控建设取得的成绩

农业综合开发是财政支持"三农"工作的重要组成部分，是党和政府推动农业发展方式转变的重要方式，是农业发展、农村繁荣、农民致富的重大措施，是加强农业基础建设、提高农业综合生产能力、促进农业现代化的重要途径。近年来，全省农业综合开发廉政建设工作总体是好的。根据农业综合开发实行全过程项目管理的特点，农发系统廉政风险防控建设积累了许多好的经验和做法，保持了农业综合开发干部的良好形象。今年，为全面抓好农业综合开发廉政建设工作，使省农发办廉政风险防控工作示范点建设取得实效，我们将廉政风险防控工作进一步延伸到农业综合开发全系统，加强省、市、县三级联动，齐抓共管，并建立健全农业综合开发全系统廉政风险防控的长效机制，成绩是显著的。

(一)高度重视，常抓不懈。长期以来，厅党组高度重视农业综合开发廉政建设工作，厅领导多次专门研究并作出指示，明确措施，要求抓好落实。今年，省农发办按照厅纪检组的统一部署，积极开展廉政风险防控工作示范点建设，进一步将廉政建设工作引向深入。全省各级财政局、农发办根据省厅、省办的要求，结合当地实际，把廉政建设作为农业综合开发工作的重点任务来抓，根据全过程项目管理的要求，紧紧扭住项目申报、工程施工招投标、工程调整变更、项目竣工验收、资金报账审核等关键环节不放松，廉政防控机制建设具体措施较扎实，也较有特色，为农业综合开发项目的顺利实施，保障资金、项目、干部安全发挥了积极作用。

（二）总结经验，不断探索。各地在探索农业综合开发廉政建设过程中，总结出很多好的做法和经验，值得全省各地借鉴。比如：杭州市建立健全施工合同和廉政合同双签机制，推动建设方、施工方、监理方共同遵守廉政规定；舟山市开展廉政风险防范专项活动，做到目标明确、任务明确、责任明确，形成廉政防控整体合力；金华市建立固定审批程序，明确职责分工，落实廉政任务，积极探索廉政建设新路子；丽水市从项目申报、项目建设、检查验收等环节查找廉政风险点，提出针对性较强的防控对策，提高了廉政风险防控能力。

（三）努力工作，形象良好。"打铁还需自身硬"，广大农发战线的干部廉洁自律，严格要求自己，维护了农发干部的良好形象。特别是全省农发系统的很多同志，默默奉献，不懈努力，认真负责，兢兢业业，赢得了广大农民群众的好评。比如，温州市的农发干部，"走山路，唱山歌；干农发，讲原则；为农民，办好事；严于己，守纪律"，涌现出一批广受人民群众赞誉的干部；"一件雨衣、一双雨鞋、一只水壶、一顶草帽"，顶风雨，冒寒暑，活跃在田间地头，成为永嘉县农发干部的写照；泰顺县农发办主任，是一名敬业奉献的女同志，常年深入田间地头，踏勘工程，走访群众，掌握了大量第一手资料，探索出了符合山区实际的农发路子。

二、进一步增强农业综合开发廉政风险防控建设的紧迫感

（一）认清形势，保持清正廉洁的政治本色。胡锦涛同志在党的十八大报告中提出："反腐倡廉必须常抓不懈，拒腐防变必须警钟长鸣。要坚持中国特色反腐倡廉道路，坚持标本兼治、综合治理、惩防并举、注重预防方针，全面推进惩治和预防腐败体系建设，做到干部清正、政府清廉、政治清明。"习近平同志在十八届中共中央政治局第一次集体学习时指出："党风廉政建设，是广大干部群众始终关注的重大政治问题。'物必先腐，而后虫生。'"中共中央纪委近日印发了《关于纪检监察机关认真学习贯彻党的十八大精神的通知》，通知指出："密切联系纪检监察工作实际，推动党风廉政建设和反腐败工作深入开展。要深刻认识反腐败斗争的极端重要性和紧迫性，既要看到成绩，坚定信心，又要看到反腐败斗争形势依然严峻，增强忧患意识、风险意识、责任意识。要以更大的决心和力度反对腐败，建立健全惩治和预防腐败体系，统筹做好教育、制度、监督、改革、纠风、惩治等工作。"

我们要深入学习贯彻落实十八大关于反腐倡廉的各项部署，警醒起来，不断探索农业综合开发廉政风险防控新机制，吸纳各方的意见和建议，在农业综合开发项目建设实践中不断完善廉政建设制度，从严要求，全面防控，永葆本色。

警钟长鸣，提高对农业综合开发廉政建设的认识。农业综合开发实行全过程的项目管理，具有实施项目和监督管理的双重职能，基层农发办实施项目时直接与建设单位、施工单位相联系，接触面比较广，面对的人员比较复杂，工作链条长，廉政风险节点较多，容易发生腐败案件。据统计，近年来我省财政系统发生的案件中，农发系统占三分之一。由此可见农发领域是财政系统案件高发领域。对此，大家应有清醒的认识。厅党组对农发系统廉政风险防控工作十分重视和关心，钱巨炎厅长去年3月份在听取农发办工作汇报后指出："农业综合开发直接实施项目，没有防弹玻璃，出了问题，直接影响财政形象，要高度重视问题多发地段，要弄清、排查每个案子，到底是什么原因，要分析是制度还是人、还是监督的问题，不能漠然置之"。去年11月在湖州市召开的全省农业综合开发工作会议上，秦忠纪检组长专门针对农业综合开发廉政建设问题作了报告。今年，我厅根据省纪委要求开展廉政风险防控示范点建设，将省农发办（农审中心）等4家单位列为省财政厅廉政风险防控示范点，进行重点规范建设，一方面充分体现厅党组对农发事业的关心和重视，另一方面也说明农发服务对象众多，农发工作社会关注度较高，希望通过示范点建设，及时总结推广新鲜经验和有效做法，加大宣传力度，加强引导示范，以点带面，推动工作深入开展。这次会议印发给大家讨论的《关于加强农业综合开发廉政风险防控工作的意见》，就是要通过具体的工作举措，将农发领域腐败案件频发的势头遏制住。要以强烈的责任心和使命感，将农业综合开发反腐倡廉建设工作抓紧抓实。

三、深入推进全省农业综合开发廉政风险防控工作

（一）加强教育，提升廉政风险防控自觉性。把廉政风险教育贯穿廉政风险防控机制建设的始终，通过教育，强化和提升农发干部廉政风险防控的自觉性。一是注重学习教育。认真开展党风廉政专题学习教育活动，加强法律法规的学习、加强理想信念的教育学习、加强《廉政准则》学习，对《廉政准则》的"八个方面52个不准"做到应知应会。通过学习教育，使广大农发干部树立正确的人生观、价值观，树立法律面前人人平等，制度面前没有特权、党纪政纪约束没有例外的廉洁意识和观念。二是加强警示教育。要认真总结农业综合开发廉政风险防控工作的先进典型和好的工作措施，以先进事迹感染人；同时，开展反面典型警示教育，深入剖析系统内"身边人"最直接、最熟悉的案例，警钟长鸣，使广大农发干部牢固树立正确的权力观、地位观、利益观，常修为政之德、常思贪欲之害，常怀律已之心，提高拒腐防变的能力。三是深化宣传教育。要按照"实、稳、优"三字诀、树立"六种意识"。要教育广大农发干部算清"七笔账"，即算清政治账、经

济账、名誉账、家庭账、亲情账、自由账、健康账，提醒教育广大农发干部，该选择什么、放弃什么，提高遵纪守法的自觉性，进一步提高农发干部的廉政风险防控意识。

（二）完善制度，筑牢廉政风险防火墙。制度执行非常重要，再好的制度，如果束之高阁，不认真遵守执行，就不能发挥应有的作用，我们的工作就容易出偏差。为全面系统地抓好农业综合开发廉政风险防控工作，按照农业综合开发实行全过程项目管理的特点，省农发办印发了《浙江省农业综合开发办公室关于开展全省农业综合开发系统廉政风险点梳理工作的通知》，要求各地从实际出发，围绕单位职责、个人岗位职责，认真分析和排查廉政风险点，提出有针对性的防控措施，并填写权力事项目录、农发办廉政风险防控登记表、农发办个人岗位廉政风险防控登记表共三类表格。通过梳理廉政风险点，切实增强廉政风险防控意识，提高防治腐败的警惕性。嘉兴市通过自我检查和排查，发现了农业综合开发工作中存在低价中标、工程设计缺陷、监督管理不到位、项目报账不规范形成的四个方面的廉政风险，并针对排查出来的风险点，采取了加强制度建设、强化监督管理、严格项目评审、规范项目调整、优化组织机构、深化廉政教育的防范措施。可以说，全省系统上下已经出现齐抓共管廉政风险防控的良好局面。农发工作涉及到资金与项目管理全过程，虽然项目工程不大，但许多环节与其他工程建设领域相似，有业主、建设单位、施工单位，还有工程质量、建设工期、资金报账拨付等。农发领域腐败问题，既有个人素质的问题、也有制度机制的问题、更有监督不到位的问题。为此，全省各级农发办必须将制度建设作为廉政风险防控工作的重中之重，针对风险排查中发现的有关制度、管理方面存在的漏洞和薄弱环节，提升制度的针对性、前瞻性和可操作性，努力做到权力运行到哪里，制度约束就跟进到哪里。具体来说，第一，完善农业综合开发管理制度。根据国家和省农业综合开发制度要求，及时修订或制定县级农业综合开发项目资金报账、项目选项、工程调整变更、工程验收、工作质量考评等制度，进一步提升农业综合开发管理水平。第二，建立健全内部管理制度。进一步完善各级农业综合开发办公室工作规则，规范项目评审、项目立项、财务管理和行政事务管理，健全各项内控制度，确保用制度规范从政行为，做到按制度办事，靠制度管人、管权、管钱。第三，推进反腐倡廉制度建设。围绕加强监督、预警防范、防止利益冲突等主题，建立健全农业综合开发反腐倡廉制度。第四，严格执行制度，推行制度执行情况检查机制，提升制度执行刚性。

（三）强化监督，加大廉政风险防控力。由于农发工作专业性较强，人员较少，从项目申报到项目验收常常只有科室里少数人员全程参与，在这种情况下，如果主管领导疏于把关或过于“放权”，下面具体工作人员的权力就有可能被放大。任何事物的变化都是一个从量变到质变的过程。近年来农发领域发生的这些案例，案情简单，手段“低级”，涉案金额不高，都是农发干部利用职权，为工程老板、包工头等谋取利益，从“吃人一点，拿人一点，收人一点”开始，一步一步、不知不觉地坠入违法的泥潭，就是这些工程老板、包工头平时给我们的这些缺少监督的农发干部准备的糖衣炮弹，让这些干部在渐变中终结其政治生命，为了一点蝇头小利最终落得个身败名裂、倾家荡产。事实充分说明，不受监督的权力必然会产生腐败。因此，必须进一步前移廉政风险防范“关口”，从五方面强化对人、权、事的监督。一是认真执行民主集中制。对项目申报、资金安排、建设内容调整、工程技术审核、工程量变更、资金拨付、工程验收等事项都要集体研究讨论，实现科学决策、民主决策。二是增加工作透明度。对内，就重要工作事项互相通气、互相监督，避免个别人“暗箱操作”。对外，按规定积极推行政务公开和信息公开，做到透明管理、阳光监督。三是加大干部轮岗力度。全省农发机构人员较少，由于缺乏相互牵制，会造成既是“裁判员”又是“运动员”的现象，容易造成管理漏洞。要创造条件实行人员轮岗，原则上在同一岗位上工作时间较长的就应该考虑轮岗。四是畅通举报投诉渠道。召开服务对象座谈会、向管理和服务对象发放“廉政监督卡”等，接受社会监督和投诉，保障群众的知情权和监督权。

（四）真抓实干，强化廉政风险防控执行力。首先，要转变工作作风。作风体现的是一个人、一个部门，乃至一个系统的精神风貌。面对当前的形势和任务，我们必须以更饱满的精神状态，更扎实的工作作风，主动作为。尤其是要保持谦虚务实的工作作风，做到亲民、利民、为民。全省农发干部必须树立三种境界，一是“守住底线不出事”，二是“恪尽职守干成事”，三是“努力作为干大事”。从事农发工作的同志必须做到“三有”：一要有热爱农发事业的满腔热情，二要有干好农发工作的业务能力，三要有埋头苦干的工作作风。其次，要严肃工作纪律。要根据廉政建设要求，结合农业综合开发实际，明确工作纪律，严格遵守不相容岗位相分离原则，对职权范围内的事项按照政策规定和工作流程认真办理；严格遵守项目集体决策制；严格遵守授权批准原则，正确行使农业综合开发项目选项、项目评审、项目安排、项目实施、检查验收、财务管理中的权力；做到“五个不”：不搞人情项目、不准吃拿卡要、不准损害农民利益、不准与工作对象发生利益关系、不准违反制度规定办事。去基层出差尽可能在当地财政局或乡镇食堂吃饭。第三，要改进工作措施。鉴于农发项目的管理方式特殊性，我们要从机制上改进管理方式。一是改进检查验收。对专项检查采取开发县自查、互查为主，必要时采取省农发办或委托设区市农发办抽查的办法；项目省级验收采取由全面验收向按一定比例抽取验收转变。检查验收尽可能利用中介机构的力量去完成。二是改进项目考察。项目考察按两类不同项目分别进行，土地治理（含科技项目）视各地农业综合开发管理水平，根据可研评审情况，省农发办适当抽取一定比例进行考察。产业化项目原则上由项目县自行考察，必要时省农发办抽取一定比例考察。按照分级管理原则，项目检查、考察、验收的质量作为各地农发办年度工作考核内容奖优罚劣，以强化各级农发办责任。

（2012年11月30日在全省农业综合开发廉政风险防控建设座谈会上的讲话）

保障民生　科学理财　加强监管
高起点高标准做好财政综合工作（摘要）

浙江省财政厅总会计师　赵立妙

一、关于2011年工作

2011年，全省财政综合工作以科学发展观为指导，立足“三基”建设，突出“五财”职能，深刻把握“实、稳、优”三字诀内涵，认真贯彻落实《浙江省政府非税收入管理条例》，全面推进政府非税收入管理的法制化、信息化建设，建立健全政府非税收入征管体系，着力加强国有资源、资产性收入征收，严格涉企、涉教等收费和政府性基金管理，继续支持住房制度改革，强化住房、土地、海域资金和彩票监管，切实做好政府非税收入资金收缴和动态预测分析等基础工作，制定出台了地方水利建设基金征收政策、土地出让收入计提政策等一系列事关经济发展和民生的重大财政政策，确保了在国家强有力的宏观政策调控下我省政府非税收入的基本稳定，在有效发挥组织收入职能的同时，更加彰显了政府非税收入的政策调控职能。

二、关于下一阶段工作

今年和今后一段时期，全省财政综合工作要始终坚持以“促进发展、保障民生、科学理财、加强监管”的理财观为指导，紧紧围绕各项财政中心工作，以政府非税收入管理为主线，着力完善政府非税收入配套制度体系，加快推进信息化建设，发挥政府非税收入政策调控功能，支持地方经济发展，加强土地出让收入、住房和彩票监管，拓宽国有资源（资产）性收入征收渠道，为浙江省经济社会改革发展提供有力的政策支撑和资金保障。

（一）促进发展，在调控上出成效。在目前新的形势下，切实有效地发挥好调控职能，加强政策引导，推动经济结构的战略转型升级是我们财政综合部门管理水平和工作艺术的重要体现。结合具体工作，一是要积极推动结构性减负，认真落实省委省政府有关“腾笼换鸟”、“浙商创业”、“总部基地”等重大政策的收费优惠政策，研究制定我省地方水利建设基金减免优惠政策，积极支持“浙江海洋经济发展示范区”、“义乌市国际贸易综合改革试点”、“舟山群岛新区”等三大国家战略建设。二是根据国家和省有关清费减负的要求，继续加强收费清理，取消一批涉企行政事业性收费，降低部分收费标准，暂停审批新的涉企行政事业性收费项目，严格执行涉企等重要行政事业性收费报批管理制度，要在严格落实针对小微企业的32项行政事业性收费三年免征政策的基础上，扩大针对小微企业的行政事业性收费项目免征范围，切实巩固企业清费减负成果。三是切实发挥政府非税收入在经济结构调整、节能减排等方面的政策导向作用，切实加强排污权有偿使用收入、超计划用水累进加价水费、超限额标准用能电价加价费等国有资源类政府非税收入的征收力度，合理引导企业转型升级，努力推动实现浙江经济发展方式的根本转变。

（二）保障民生，在惠民上有作为。财政综合工作与民生息息相关，各级财政综合部门要坚持财政收入“取之于民、用之于民”的宗旨，积极发挥资金筹措功能，在民生保障方面务求有所作为。一是规范国有土地出让收支管理。要切实贯彻落实中央和省里去年以来密集出台的土地出让收支管理方面的一系列重大政策举措，及时足额计提用于农业土地开发的土地出让金、廉租住房保障资金、农田水利建设资金、教育资金等事关民生的各类专项资金，全力落实政策，支持新农村建设、中心镇建设、保障性住房建设等当前和今后一段时期的重点民生工程，认真执行省政府关于对符合规划，不改变土地用途的前提下提高土地容积率的用地企业，不再增收土地价款的政策和有关工业用地最低出让底价政策。二是加强住房资金监管，积极支持保障房建设。认真贯彻保障性安居工程建设及保障性住房资金筹集的相关规定，坚决执行保障性安居工程建设有关收费优惠政策，认真研究创新财政支持方式，积极引导社会力量参与保障性安居工程建设和运营，力求在制度设计上建立起保障性住房长期稳定可靠的资金来源渠道。三是强化彩票监管，大力支持社会公益事业发展。要认真贯彻落实《彩票管理条例》、《彩票管理条例实施细则》、《彩票公益金管理办法》等彩票管理法规制度，进一步加强彩票市场监管，强化对彩票资金和彩票机构财务监管，确保彩票资金安全规范运行。要健全完善科学的彩票公益金管理分配机制，将彩票公益金纳入政府性基金预算，实行专款专用。要认真落实国家有关彩票公益金资助建设项目实行标识管理的要求，切实发挥彩票公益金的社会效益，提高彩票公益金使用效益，大力支持社会福利、体育、青少年校外教育等社会公益事业发展，自觉接受社会监督。

（三）科学理财，在聚财上下工夫。理财能力是财政管理的核心，在当前财政收支矛盾日益突出的情况下，财政综合部门作为以组织收入为重要职能的部门尤其要发挥好“聚财有法”的作用，念好“三字诀”。一是坚持“实”字当头。做到依法征收，应收尽收不乱收，必须根据《浙江省政府非税收入管理条例》的规定，着力完善政府非税收入各项配套制度，健全与《条例》相匹配的政府非税收入法规制度体系。重点是做好《浙江省2012年政府非税收入项目目录》的统一公布工作，在完善市县和省级政府非税收入收缴管理办法的基础上，积极研究制定全省统一的政府非税收入收缴管理办法，特别是要建立起“以票管费、以票控收”的政府非税收入征管机制。二是坚持“稳”字为先。切实加强政府非税收入分析预测工作，结合宏观和微观变化趋势，坚持定性与定量分析相结合，短期和长期分析并重，切实提高政策的针对性和预见性。同时，注意把握预测分析数据的稳妥性，坚持不冒尖，不盲目乐观，确保政府非税收入平稳、均衡入库，避免收入大起大落。重点是要进一步完善收缴情况统计分析报告制度，建立按项目分类统计制度，充分利用信息技术手段，及时、准确、全面掌握政府非税收入收缴情况。三是坚持“优”字为要，主要体现在优收入和优政策两方面。优收入方面，要在《条例》和政策允许的框架内，继续拓宽国有资源（资产）性收入征收渠道，不断优化政府非税收入结构，继续推进省级和试点地区排污权有偿使用收入征收，制定出台我省超计划用水累进加价水费征收管理办法，研究制定风景名胜资源有偿使用费等国有资源类政府非税收入的征管政策。优政策方面，要紧密结合当前国家和省委省政府的重大部署和中心任务，认真研究制定出台有关收费减免扶持政策，加强收费清理，对群众反响强烈、征收成本较高、不形成可用财力的收费项目坚决予以取消，同时，通过收费项目的整合、收费环节的科学设置，切实降低征收成本。

（四）加强监管，在手段上有创新。政府非税收入涉及面广、政策性强、情况复杂、规模较大，当前必须按照厅党组确定的数字财政建设的有关要求，大力推进征管信息化建设，创新手段，充实力量，健全机构，确保政府非税收入信息化建设顺利推进，政府非税收入征管职能有效发挥，监管水平稳步提升。一是创新收缴手段。要在深化需求分析，优化业务流程，加快实施和完善新版政府非税收入征管信息系统的基础上，充分利用现代信息网络技术和银行先进结算工具，研究推行政府非税收入电子缴款、电子票据等新型收缴手段，支持POS机刷卡、自助终端和批量扣款等多种现代化缴款手段，提供多元化的缴款方式，尽可能方便缴款人，提高缴款效率，降低政府非税收入征缴成本。二是强化收缴监管。切实发挥财政票据的源头管控作用，有效发挥政府非税收入征管信息系统对政府非税收入收缴的动态监控作用，对政府非税收入收缴代理银行、财政票据、执收单位、执收项目等实施全方位监管，确保政府非税收入及时足额上缴财政，杜绝资金安全隐患。三是加大应用力度。力争2012年底前市县财政部门实施应用新版政府非税收入征管信息系统达90%以上。继续推进浙江省国有土地出让收支管理信息系统实施应用工作，进一步深化系统新的业务需求，增加管理内容，完善报表格式。四是健全统计制度。进一步完善收缴情况报告制度，建立按政府非税收入项目分类统计制度，充分利用信息技术手段，及时、准确、全面掌握政府非税收入收缴情况，建立和完善省级分成收入年度决算制度。

三、几点要求

一是站得高。在财政部，综合司是出思路、搞研究、提方案的部门，是部里的智囊，具有很高的地位，我想，我们地方各级财政综合部门也应该向综合司看齐，要具有大局观念，全局意识，要站在整个地方经济发展和财政全局的高度思考问题，想得多一点，深一点，远一点，政策研究要有前瞻性、有高度、有深度，分析要透彻，要善于发现数字背后的规律，这样，才能真正体现我们综合部门的水平和能力。

二是看得远。新时期财政综合工作要有新突破、新进展，必须要坚持解放思想，高瞻远瞩。工作上要有新思路、新想法、新举措，要看得远，放眼于我们财政综合工作的未来。思考当前的工作，不要拘泥于单纯的数字和眼前利益，要紧密围绕党委、政府和财政中心工作，着眼于整个经济社会发展和财政大局，跳出综合看综合，只有这样我们的财政综合工作才能不断进步，也才能取得新的更大的成绩。

三是做得精。要做到精细、精确、精彩。所谓精细，就是要加强政策出台前的研判，财政综合工作很多政策事关民生，影响重大，作为政策的制定者，我们必须考虑周到全面、顾及各方反响，提前做好各项预案和政策应对举措。所谓精确，就是数字上要求准确无误，要坚持"实"字当头，政府非税收入切忌不能盲目攀比，过度追求数字上的漂亮，而要实事求是，做到依法征收，应收尽收不乱收。所谓精彩，就是要多出好政策，要加强政策研究，坚持一手抓收入、一手抓调控，在合理组织收入的同时，大力发挥政府非税收入的政策导向和调控作用，推动经济社会又好又快发展。

四是干得好。要切实增强紧迫感和责任感，树立"坐不住、等不得、慢不起"的危机意识，经常扪心自问，我们来干什么，做了什么，留下什么？财政综合工作重大而光荣，希望大家振奋精神，充满信心，工作上要有兴奋感，成就感，始终保持对财政综合事业的闯劲、拼劲和冲劲，扎实工作，开拓进取，快乐地迎接挑战。

（2012 年 3 月 23 日在全省财政综合业务座谈会上的讲话。标题为编者加）

深化财政国库管理制度改革 推进预算执行管理工作迈上新台阶（摘要）

浙江省财政厅总会计师 赵立妙

2012 年是实施"十二五"规划承前启后的重要一年，是财政改革发展持续推进的一年，也是贯彻落实财政部关于国库集中支付和公务卡制度改革要求的关键之年。在此背景下召开全省国库集中支付制度改革工作会议，有着重要的现实意义。

一、预算执行管理工作取得显著成效

（一）昂扬奋进，财政收支运行情况总体良好

2011 年是"十二五"开局之年。面对复杂多变的国际国内经济形势，各地围绕科学发展主题和加快转变经济发展方式主线，立足"三基五财"，积极发挥财税职能作用，着力稳增长、抓转型、控物价、惠民生、促和谐，努力优化收支结构，切实加强和保障民生，不断深化财税改革，财政收支运行总体良好。一是财政收入较快增长，收入结构保持较好。2011 年，全省地方财政收入完成 3150.80 亿元，增收 542.33 亿元。从 2011 年地方财政收入居全国前五位的省市看，浙江省税收收入占地方财政收入的比重为 93.7%，继续位列五省市之首，收入结构保持较好。二是民生重点保障有力，支出结构不断优化。2011 年，全省财政支出 3842.74 亿元，增长 19.8%。各级财政部门积极发挥财税支撑、保障、引导作用，科学合理安排支出，努力调整支出结构，严格"控一般"，突出"保民生"、"保重点"。2011 年全省一般公共服务支出增长 8.6%，低于支出平均增速 11.2 个百分点，占总支出比重为 12.3%，比上年降低 1.3 个百分点。全省教育、科学技术、文化体育与传媒、社会保障与就业、医疗卫生、节能环保、城乡社区事务、农林水事务、住房保障等支出 2690.27 亿元，占总支出的比重为 70.0%，比上年提高 2.3 个百分点；以上 10 项合计增支 519.24 亿元，占财政支出增量的 81.8%。同时，12 月份财政支出占全年比重为 16.6%，比上年降低 2.3 个百分点，支出均衡性进一步提高。

2012 年以来，浙江省各级财税部门积极组织收入，合理安排支出，一季度，全省地方财政收入 1013.76 亿元，增长 7.1%，完成年度预算的 29.6%，其中：税收收入 938.29 亿元，增长 4.9%；非税收入 75.47 亿元，增长 44.4%。全省财政支出完成 891.01 亿元，同比增长 19.6%，完成年度预算的 21.9%。

（二）凝心聚力，国库集中支付改革成果丰硕

国库集中支付制度是一项涉及整个财政管理的基础性改革，贯穿于财政预算执行的全过程。浙江省自 2005 年开展此项改革以来，经过各级财政部门的不懈努力，省、市两级已经建立了较为规范的国库集中支付制度，县级改革也在平稳向前推进。至 2011 年底，全省改革实现了"三个百分之百"：一是省级 100%的预算单位实施国库集中支付；二是 8 个设区市 100%的市级预算单位实施国库集中支付；三是全省 83 个县（市、区）100%启动实施国库集中支付改革。2011 年全省市县预算单位覆盖率达 69%，比上年增长 41 个百分点，全省国库集中支付资金达 1211 亿元，比上年增长 33.5%。实践证明，国库集中支付制度改革在推动浙江省公共财政从功能型向管理型转变，促进预算执行管理体系建设中发挥了积极作用。

1.省级改革持续规范。近年来，省本级在巩固成果、完善提高上狠下功夫，国库集中支付各项工作不断深化。一方面重点加强支出审核监督，规范预算执行管理，多举措扩大直接支付范围，2011 年省级集中支付支出累计金额达到 370.56

亿元，比上年增长 14.7%，直接支付实质性比重达到 68.7%，比上年提高 10.4 个百分点。另一方面改革持续完善，如注重对直接支付、授权支付业务进行归类分析，集中解决下拨款、支付进度不均衡、财政资金使用效率不高等问题；界定“三公”项目经济科目列支范围，进一步规范预算单位经济科目列报；严格审核四项经费，对未通过转移支付的中央部委下拨资金纳入预算管理，防止四项经费控制后出现规避转移等现象；根据“存量调增量”的原则，指导单位按照财政要求，合理使用以前年度结余资金等，进一步提高了省级部门预算执行效率。

2.市县级改革加速推进。2010 年以来，浙江省加快了县级国库集中支付制度改革推进步伐，采取了多种行之有效的措施。如：精心组织培训，为推进改革创造良好的基础条件；建立省市县业务指导机制和业务指导小组，帮助解决改革中遇到的困难和问题；确定改革示范县，发挥区域引导带动作用；建立督查和通报制度推动改革工作进程；量化改革目标任务、签订目标责任书和考核验收等落实目标责任，有效促进了全省改革工作的有序快速推进。

截至 2011 年底，全省所有市、县（市、区）已全部启动实施国库集中支付制度改革，圆满完成省政府考核目标任务。其中：杭州、湖州、嘉兴、绍兴、温州、金华、衢州、丽水等 8 个市本级，富阳、临安、建德、桐庐、温州开发区、海宁、桐乡、平湖、海盐、吴兴、嵊州、新昌、诸暨、义乌、东阳、常山、路桥、天台、青田等 19 个县（市、区）国库集中支付制度已覆盖到所有预算单位；绍兴、嘉兴、湖州市国库集中支付制度改革进展较快，全市预算单位覆盖率均达到 80%以上。2011 年，全省市县国库集中支付制度改革预算单位目标任务 9104 家，实际完成 10295 家，目标完成率 113%；平湖、常山、建德、松阳、江山、文成和青田等县（市、区）目标任务完成率超过 200%。

3.改革取得显著成效。回顾省国库集中支付制度改革所走过的 7 年历程，深刻体会到这项改革所带来的明显成效，概括地说集中体现在五个方面：

深化了公共财政体制改革。国库集中支付制度改革实现了财政资金支出“一个口子”，保证了“收入一个笼子、预算一个盘子、支出一个口子”的公共财政管理模式在支出环节的顺利实施。同时，预算执行管理机构一体化的实施，为建立“以部门预算为龙头的预算编制体系、以国库集中支付为龙头的预算执行体系和以绩效评价为龙头的预算监督体系”的“三位一体”的公共财政组织体系提供了有益的经验。

增强了财政资金调控能力。以国库单一账户体系为基础，资金缴拨以国库集中收付为主要方式的财政资金管理制度，使国库现金流由过去预算单位分散持有转变为财政部门统一持有和管理，解决了财政资金过度分散、闲置的问题，财政部门资金调度能力得以提高，较好地保证了重点支出和预算的正常执行，从整体上增强了政府财力和财政理财功能。

提升了财政资金管理效率。国库集中支付制度改革从根本上改变了财政资金的拨付方式，实现了财政收支“直达”，解决了财政资金由于层层拨付而产生流转环节过多、在途截留挪用等问题，从机制上优化了财政资金管理的流程。同时，部门预算的执行力得到增强，约束力得到了根本性的改善，增强了部门预算执行的刚性，提升了财政资金运行效率。

提高了预算执行透明度。借助信息网络系统，预算单位可以随时了解每一笔集中支付业务的运行状态；财政部门可以实时监督支付业务办理和财政资金运行过程，强化对财政资金使用的事前事中监控，及时发现并查处资金使用中违规或不规范操作等问题。

促进了理财观念的转变。通过预算指标、用款计划、资金支付各个环节的管理，预算单位财务管理的计划性、前瞻性和规范性显著增强，部门预算的真实性、准确性和可执行性显著提高，执行预算的主动性、积极性和严肃性也显著增强。无论是财政部门还是预算单位，重分配轻管理的现象逐步得到改善，科学理财、依法理财的观念得到了机制保障。

（三）乘势而上，公务卡制度改革作用凸显

1.大力推进公务卡制度改革。2007 年 7 月财政部、中国人民银行联合印发了《中央预算单位公务卡管理暂行办法》，标志着我国公务卡制度改革试点正式启动。2008 年 1 月中央纪委、财政部、中国人民银行联合召开了全国公务卡制度改革会议，全面动员和部署全国公务卡制度改革工作，我国公务卡制度改革进入全面推进阶段。浙江省自 2008 年启动实施公务卡制度改革，三年多来改革取得了积极进展。截至 2011 年底，省级 535 家预算单位实施了公务卡改革，累计发卡 3.9 万张，省级预算单位公务卡支出 1.02 亿元，比上年同期增长 99.5%。2011 年，90 个市、县（市、区）启动公务卡制度改革，舟山、丽水、金华、嘉兴和台州市本级，定海、普陀、岱山、嵊泗、桐乡、新昌、温州市开发区等县（市、区）实现了预算单位全覆盖；市县已有 5333 家预算单位纳入公务卡制度改革范围，完成 2011 年目标任务的 121%，累计发卡 11.5 万张，公务卡支出 4.1 亿元。

2.公务卡制度改革作用明显。随着公务卡制度改革的快速推进，这项制度在减少现金支付、预防廉政风险和保障财政资金安全等方面的作用日益显现，主要表现在：

增强了公务支出透明度。实行公务卡制度改革后，公务支出“雁过留声、消费留痕”，财政部门不仅可以实时掌握预算单位零余额账户向公务卡账户的报销还款信息，而且还可以全面了解每一笔刷卡支出的详细信息，有效解决了传统现金支付存在的信息不对称问题，大大提高了公务支出的透明度，加强了公务支出的财政监督。

有效堵塞了财务管理漏洞。长期以来，预算单位对于现金报销支出，一直缺乏有效的审核监管手段，虚假发票报账套取现金等违规行为时有发生。实行公务卡制度改革后，单位财务部门可以准确详细地查询到每笔支出的具体时间、地点、金额、收款人名称及账号等信息，进而能够全面审核其支出的真实性、合法性与合规性，从根本上解决现金支出审核难的“痼疾”，有效促进单位财务管理水平的提高。

丰富了预算单位支付结算工具。多年以来，预算单位日常公务支出基本以现金支付为主，一直缺乏有效的支付结算工具来替代。实行公务卡管理制度改革后，预算单位增加了公务卡这一新型支付结算工具，有效解决了现金支付存在的诸多问题，大大方便和规范单位工作人员用款。

（四）固本强基，预算执行管理基础工作不断夯实

1.“一体化”建设再上台阶。自2009年省厅预算执行局一体化改革以来，全省各级财政部门积极按照权责清晰、运转有序、快捷高效的要求，以优化流程、提高效率为原则，整合国库部门与会计核算（支付）中心职能，建立一体化管理的预算执行机构，统筹配置人力资源，提高预算执行效率和服务水平，取得了较好的效果。截至目前，全省（不含宁波）已有61个市、县（市、区）财政局完成了预算编制、执行、监督“三位一体”组织机构改革，占68.5%，经编办审批，47个市、县（市、区）预算执行局局长实行高配。

2.总会计管理不断完善。总预算会计岗位责任制和内部控制机制得到强化，规范资金收付业务流程，合理设置岗位，强化岗位分工与职责规定，严格按照岗位需要配备人员，建立岗位责任追究机制；规范票据领用、交换管理，加强印鉴使用管理；建立健全多层次对账制度；将所有财政资金收付全部纳入信息系统管理，强化总预算会计电子档案管理，实现资金收付各环节之间有效制衡，提高资金运行的安全性。

3.执行分析水平不断提升。预算执行分析是预算执行管理工作的重要窗口，是各级政府领导决策的重要信息参考，也是社会关注的焦点。近几年来，经过各级财政部门的共同努力，预算执行分析工作取得长足进步。依托财政预算执行信息系统平台，预算执行数据编报更加及时，内容更加细化，可靠性更强。通过积极开展财政收支日常预测，及时进行专题预测，预算执行分析工作服务决策的职能作用不断增强。

4.决算编审水平逐年提高。在认真编审财政总决算和部门决算报表的同时，不断加强编审工作的规范化、制度化建设，创新决算编审方法，改进编审程序，周密组织、精心汇审，确保了决算数据的准确性，使全省决算整体质量、编审水平和工作效率得到了进一步提高。同时，挖掘对决算数据的分析利用，搜集整理有关经济发展数据资料，印制《财政统计资料》，为财政分析决策提供了数据支持和参考依据。

（五）开拓进取，“两项试点”工作顺利开展

1.圆满完成地方政府债券发行。地方政府自行发债试点，是对地方财政管理体制和投融资管理体制的创新。经国务院批准，我省为自行发行2011年地方政府债券试点四省市之一。按财政部《2011年地方政府自行发债试点管理办法》要求，我省积极做好发行地方政府债券的各项工作，顺利完成了自行发行67亿地方政府债券试点工作，三年期债券利率3.01%、五年期债券利率3.24%，明显低于同期国债利率。自行发行政府债券的圆满成功，为我省经济发展提供了资金保障，维护了我省经济强省和诚信政府的良好形象。

2.政府会计改革迈出实质步伐。实施政府会计改革，建立政府综合财务报告制度是推进财政中长期可持续发展的基本会计信息基础和重要管理手段。2011年财政部在部分省市开展了权责发生制政府综合财务报告试编工作，浙江省作为试点省之一，认真组织部署了试点工作，制定试编实施方案，对总决算、部门决算、财政专户资金等相关报表进行汇总、抵销、调整、合并，较好地完成了2010年度省级政府综合财务报告试编工作。通过试编政府综合财务报告，初步了解了省本级政府财务状况及运营情况，为下一步推进政府会计改革积累了经验。

二、当前预算执行管理工作中存在的主要问题

（一）国库集中支付和公务卡改革有待进一步深化

由于一些地方对财政国库管理制度改革在认识上存在偏差，受主观上重视不够，采取的改革措施力度不大等因素影响，我省两项改革地区间进展很不平衡，总体推进速度偏慢。目前部分县（市、区）依然存在改革覆盖率不高、措施不到位、方式不规范、等待观望等问题，县级动态监控体系建设也尚未开展。从改革的实际情况看，截至2011年底，27个市县区的国库集中支付改革实现预算单位全覆盖，仅占全省地区总数的30%，全省市县区国库集中支付改革预算单位覆盖率69%，个别地区覆盖率较低；全省市县区公务卡改革预算单位覆盖率仅为36%。个别市县区未能如期完成2011年国库集中支付和公务卡改革目标任务，三个县区未启动公务卡改革，改革进展滞后。

（二）预算执行分析质量有待进一步提升

预算执行情况分析是党政主要领导和有关部门了解财政工作的重要载体。总体上，浙江省预算执行分析在深度和

广度上都在提高。但是，执行分析材料的质量离领导的要求还有一定差距，特别是专题调研分析有待加强。市县层面普遍存在“四多四少”，既：收入分析多、支出分析少；常规分析多、专题分析少；执行结果分析多、事前预测分析少；局部因素分析多、全面综合分析少。同时，预算执行分析队伍素质参差不齐，不少同志在岗时间过长，存在一定的思维固化，分析的时效性、前瞻性明显不够。

（三）财政专户清理有待进一步加强

一是专户数量过多。部分财政部门仍保留以当地政府出台的文件为开户依据或无文件依据的财政专户；仍然存在同类性质的资金开设多个财政专户的现象，社会保险基金账户归并力度不大。二是归口管理不彻底，政府非税收入财政结算账户管理亟待加强。三是制度建设有待加强和完善，开户银行选择与管理缺乏规范性，资金支付未纳入信息系统管理现象较普遍。四是乡镇因受限于机构设置不全、人员配备不足、软硬件设施薄弱等因素影响，在财政专户规范管理方面与财政部的要求存在较大差距。

（四）财政决算工作有待进一步提高

决算是一项重要的基础管理工作，虽然省财政决算工作取得了一些进步，但仍存在一些问题，如：部分地区财务会计基础工作薄弱，预算管理不规范，预算执行不严格，科目调剂随意；决算分析报告仍停留在摆数字、写总结的层次，决算数据分析利用工作做得不够等，不利于发现和解决财政财务管理中存在的问题，不利于部门决算工作的进一步拓展。从这次“三公经费”统计工作中反映出，部分地区决算数据的准确性不高，一些地方财政部门对单位部门决算审核不严，决算数据在上报省财政厅后随意调整。

三、全力推进预算执行管理工作迈上新台阶

（一）把握时机，切实加大国库集中支付和公务卡制度改革力度

财政部高度重视两项改革工作，近几年来，要求地方加快推进改革的措施不断推出，每年全国国库工作会议上都作出具体部署要求，先后多次发文部署改革推进工作，2007 年出台《关于深化地方国库集中收付制度改革的指导意见》，2011 年下发《关于进一步加强和规范财政资金管理的通知》、《关于进一步推进地方国库集中收付制度改革的指导意见》等文件，均明确提出了两项改革的具体工作要求。今年 3 月财政部又对 2011 年的改革情况进行了通报，从通报的情况来看，截至 2011 年底，全国 36 个省（自治区、直辖市和计划单列市）本级，354 个地市，2713 个县（区），3419 个乡（镇）实施了国库集中支付改革。所有中央预算部门、地方 35 个省（自治区、直辖市和计划单列市）本级、282 个地市、1049 个县（区）推行了公务卡制度改革。江苏、河北、河南等 9 个省份超过 90% 的县级以上预算单位实施了国库集中支付制度改革；湖北、江苏、海南、新疆 4 省（区）乡级改革覆盖面超过 60%；大连、厦门、云南、宁夏 4 个省份超过 80% 的预算单位实施了公务卡制度改革。从上述全国改革情况看，我省的两项改革虽然已经实现了省市县全覆盖，但是在预算单位覆盖率上已明显落后于先进省市。

温家宝总理在国务院第五次廉政工作会议上再次强调：“今年年底前县以上各级所有预算单位、有条件的乡级预算单位全部实行国库集中收付制度。”“扩大公务卡制度实施范围，今年年底前在各级政府及所属预算单位全面推行公务卡结算制度改革。”

国务院和财政部的意见、要求以及浙江省的改革实际鞭策着我们务必要加快改革进度，采取有效措施，抓实抓好两项改革工作，力争按时完成上级要求的改革目标任务：2012 年底前，所有市县、所有预算单位和所有财政性资金全部实施国库集中支付改革。为此，提出下一阶段五个方面的具体工作任务：

国库集中支付制度覆盖到所有预算单位。省、市、县所属预算单位，凡没有实施国库集中支付制度的，要于 2012 年底前全部执行到位，实现预算单位全覆盖。

开展乡镇国库集中支付改革试点。按照财政部关于“乡镇级所属预算单位要积极探索适合当地情况的支付模式，执行国库集中支付制度”的要求，省里将选择部分基础条件较好的乡镇进行国库集中支付制度改革试点。

扩大纳入国库集中支付改革的资金范围。力争 2012 年底前，省、市、县三级财政将公共财政预算资金、政府性基金预算资金全部纳入国库集中支付范围；研究将省、市两级国有资本经营预算资金、社会保障基金预算资金逐步纳入国库集中支付范围。

扩大公务卡制度改革实施范围。要积极创造条件大力推进公务卡改革扩面工作，省、市、县要在 2012 年底前实现预算单位全覆盖。要提高公务卡使用率，2012 年省、市两级要建立起公务卡强制结算目录制度，凡具备刷卡条件的公务支出，一律使用公务卡结算。

推进会计集中核算向国库集中支付制度转轨。仍实行会计集中核算的市、县（市、区），要恢复预算单位会计核算和财务管理权，资金支付按照规范化要求实行国库集中支付管理。暂不具备条件的县（市、区），可在合理界定核算中心与预算单位职责的基础上，将核算中心负责的单位会计核算业务调整为代理记账，并完善业务流程。

（二）勇于探索，着力加强预算执行动态监控体系建设

预算执行动态监控是以国库集中支付制度为基础，综合利用现代信息网络技术的新型财政监控模式，是国库集中支付有效实施的保障和手段。这种模式可以实时监控财政资金运行全过程，切实强化事中监管，对违规支付行为形成有效威慑。财政部要求各级财政部门2012年全面建立起预警高效、反馈迅速、纠偏及时、控制有力的覆盖各级财政的预算执行动态监控体系。省本级已于年初出台《浙江省省级国库集中支付动态监控管理暂行办法》，并初步建立了预算执行动态监控机制，但是仍然存在监控系统未到位、监控范围窄、手段单一、组织基础薄弱、部门参与度不高等问题，而市县级则基本未按财政部要求的模式开展动态监控工作。下阶段，各地要按照财政部《关于加快建立地方预算执行动态监控机制指导意见》的要求，以"完善操作、优化流程、提高效率、确保安全"为原则，在推进国库集中支付改革的同时，同步加快建立预算执行动态监控运作机制。

1.明确目标任务。2012年，各市级财政部门要加快行动，全面开展预算执行动态监控体系建设，有条件的县（市、区）也要积极探索动态监控机制建设。监控机制建设要围绕有利于提高预算执行透明度、有利于增强部门和单位预算执行责任主体意识、有利于深化财政国库管理改革等部署开展。要按照公共财政管理和现代国库管理制度改革要求，以国库单一账户体系为基础、以财政资金活动监控为重点、以动态监控系统为平台，全程监控财政资金支付活动，充分发挥动态监控的威慑、警示、纠偏、规范作用，确保财政资金安全、规范、有效使用。

2.操作规范有序。财政部门要通过监控系统全面跟踪财政资金支付的申请、审核、支付、清算及核算的操作流程，动态监控每一笔财政资金支付的详细交易记录，及时核实预警疑点，纠正查实问题，积极开展与预算管理及主管部门的联动协作，真正形成事前事中有效控制、事后跟踪问效的资金支付使用监控模式。同时，加强监控数据和信息的分析工作，完善国库集中支付动态数据库，通过建立包括指标体系、数据模型、评价体系等分析系统，对国库集中支付的财政支出信息和运行情况进行分类梳理，通过建立分析报告制度，对监控发现的问题和情况进行综合分析、反馈，查找原因、提出对策，促进预算执行更加规范合理。

（三）警钟长鸣，坚持抓好财政资金安全管理工作

国库集中支付和公务卡制度改革是确保财政资金安全有序运行的有效手段。但是在当前各项财政改革还没有完全到位、新旧管理制度特别是操作机制相互交错的转化时期，容易存在资金管理的风险隐患和缝隙。近几年发生的多起财政资金安全重大案件，给财政系统敲响了警钟，大家务必要提高资金安全意识，采取有针对性的措施，牢牢守住资金安全这道防线。

1.重机制，强化资金安全责任制。各级财政部门必须在思想上高度重视，始终把资金安全管理作为财政管理最重要的工作之一来抓，坚决纠正和克服长期以来形成的资金安全工作不出问题是小事、出了问题当大事抓的思维惯性。建立资金安全管理主要领导负总责、班子成员按工作分工各负其责的责任制度，并层层落实责任主体，强化管理职责；将财政部门内部资金安全检查工作制度化，定期组织开展自查工作，发现问题及时整改。上级财政部门要加强对下级财政部门资金安全管理的检查指导，推动下级财政部门不断加强财政资金安全管理。

2.重基础，强化总会计管理工作。各级财政部门要严格按照《财政总预算会计管理基础工作规定》，进一步加强和规范财政总预算会计基础管理：明确岗位职责分工，完善相关管理制度；严格财政专户资金收付、调度管理；强化会计核算监督，全面、准确反映预算执行；规范印章、票据、会计档案管理。要加强资金支付相关岗位人员管理，加强干部职业道德和风险防范教育，克服日常工作中麻痹、懈怠、安全意识淡漠等问题；建立健全岗位考评、奖惩、轮岗等制度，保障财政资金运行安全。2012年，省财政厅将扩大政府综合财务报告试编范围，把试编工作向市、县延伸，选择嘉兴市本级和海盐县作为编报试点地区。此外，2009年的地方政府债券已经到了还本期，各级财政部门要做好今年的地方政府债券还本付息工作，切实维护地方政府信誉。

3.重载体，强化财政专户管理。根据财政部要求，2011年全省开展了地方财政专户清理整顿工作。通过清理，全省各级财政部门共撤销财政专户997个，取得了一定效果。财政专户的设置及管理与财政资金安全密切相关，今年3月，《国务院办公厅转发财政部关于进一步加强财政专户管理意见的通知》就财政专户的设置、资金管理、开户银行选择、专户管理职责及管理基础工作要求等作出了明确规范，省财政厅也已就进一步加强专户管理下发了《关于做好清理整顿财政专户整改工作的意见》，希望各级财政部门认真落实相关工作要求，并结合清理整顿财政专户中发现的问题，有针对性地采取措施，进一步清理归并财政专户，加强归口管理，规范政府非税收入财政结算账户管理。要建立健全财政专户管理制度和相关资金管理制度，加强信息化建设，加强对乡镇财政专户管理工作的指导，形成有效的监督制约机制和财政专户规范管理的长效机制，确保清理整顿目标落到实处。

（四）脚踏实地，不断提高决算和预算执行分析工作水平

2011年以来，党中央国务院积极推行预算公开工作，人

大和审计部门对财政预算执行监督力度也越来越大，作为预算执行结果的决算及其信息公开工作受到了社会公众前所未有的关注。财政部门要增强做好决算工作的责任感，突出决算管理重点，建立健全决算工作机制；要研究建立部门决算核查机制，提高决算数据的真实性和准确性；要加强决算数据分析利用，客观反映财政预算执行结果，及时发现和揭示预算编制与执行中存在的问题，以适应财政管理和信息公开的需要。要采取有效措施提高预算单位会计基础工作水平，要切实提高对决算数据准确性的重视程度，各地决算数据一经上报省财政厅，无特殊理由不得随意变更调整。

同样，提供决策参考的预算执行分析工作也已越来越受到各级领导的重视，全省各级财政部门要加快推进预算执行数据中心建设，始终将预算执行分析作为一项重要工作常抓不懈。要坚持“三性”--及时性、准确性、深刻性。“及时性”就是要及时掌握预算执行情况，及时跟踪和关注经济和财政运行状况的变化，及时将分析材料送达领导，以便领导能够有效掌握相关信息；“准确性”就是要加强与税务、统计、发改等部门的联系和沟通，准确地反映预算执行情况，提供分析预测；“深刻性”就是结合各阶段宏观经济形势以及政府重大经济决策的贯彻落实情况，抓住热点、难点问题，开展调查研究，进行专题剖析，有针对性地提出政策性建议，拓宽预算执行分析的深度和广度。

中国有一句古话：“郡县治，天下安”，县一级处于承上启下的关键位置。全面推进国库集中支付和公务卡改革已经刻不容缓，各级财政部门要讲政治、讲大局，不要再强调主观理由和困难，现在推进两项改革已经不是你想不想干的问题，而是必须要干而且要干好的硬任务。一定要按照中央和省里的统一部署，抓住推进改革的主要矛盾和关键环节，采取更加强有力的措施，确保如期完成改革目标任务。

第一，狠抓思想认识，破除主观障碍。全面实现改革目标任务，需要宽广的视野，需要责任担当，需要改革精神。当前，改革进入攻坚克难的“深水区”，必须防止局部利益左右改革大局，必须防止消极懈怠延误改革时机。一要防止因满足现状而不想改革的思想倾向。应该说，现在我们讲改革攻坚难，很多时候并不是改革的外在条件不具备，也不是改革的时机条件不成熟，而是一些地方的改革意识不强，满足于现状，左顾右盼，眷恋传统资金拨付方式的“方便”。因此，必须进一步提高认识，真正认识到这是一项关乎财政可持续发展的重大制度创新，从大局、全局出发，坚决把改革推向深入。二要防止因强调客观条件而不愿改革的思想倾向。一些地方受经济条件、技术条件和服务条件的限制，推进改革可能存在一定难度。但这些难度并非不可逾越。国库改革当初遇到的困难比现在还要大，条件比现在还要差，但大部分地区都能一一克服，取得了今天的改革成就。实际上，面对困难，如果没有一种锲而不舍的精神，心浮气躁、畏缩不前，只会引发新的矛盾和问题。俗语说：“行之苟有恒，久久自芬芳”，解决改革中遇到的困难，关键在于主观上要努力，要有改革的魄力和勇气。三要防止因担心触及部门利益而不敢改革的思想倾向。改革强化了预算执行控制和监督，资金运行全部透明化，必然要触及一部分预算单位的利益。但我们要认识到这项改革就是要从根本上解决传统制度下存在的种种弊端，就是要根除不合法、不合理的小团体利益诉求。只要我们坚持不改变预算单位资金使用权、预算执行主体地位和会计核算主体地位的“三不变”原则，把政策说清，把道理讲明，把服务跟上，那些尚未改革的部门一定会主动加入改革阵营，成为改革的推动力量。

第二，狠抓责任落实，加强监督考核。距离完成改革目标仅数月时间，任务十分艰巨。各地必须迅速行动起来，采取切实有效措施，认真贯彻落实改革要求。一是加强组织领导，建立责任制度。财政部门主要负责人是推进改革的第一责任人，要亲自部署、经常过问，及时解决改革过程中遇到的各种问题，保证改革顺利推进。财政部门分管领导是推进改革的直接责任人，要全程参与、全心投入。预算执行管理部门是落实改革任务的主要力量，要多出主意、多想办法，积极主动开展工作。二是制定改革计划，落实进度考核。各地要以年底完成改革任务为目标，倒排时间表，研究制定改革计划，安排设定各项改革进度节点和具体要求。对每一项改革任务，都要逐条细化，层层落实。要建立工作考评机制，设立考核目标，落实责任处(科)室和人员。三是强化督查制度，督促抓好改革。省厅将进一步完善督查通报制度，在全省范围内通报各地改革进展情况，对改革进展缓慢的地区将在财政系统通报批评，必要时将向当地党委、政府通报。

第三，狠抓环境建设，合力推进改革。一是争取地方党委、政府的重视和支持。领导重视是做好工作的关键。各地一定要积极主动地创造有利时机，认真汇报有关工作，争取党委、政府领导对改革工作的大力重视和支持。首先要汇报清楚改革的必然趋势和目标要求。目前全省改革已经到了不可逆转的攻坚阶段，县级国库集中支付改革必须在年底前覆盖到所有预算单位，这是硬任务，不能再犹豫观望，拖全省的后腿；第二要汇报清楚改革的必要性，实施改革后对提高本地区财政资金使用效率，从源头预防和治理腐败等方面的积极作用；最后要汇报清楚本地区的改革进展情况，整体改革工作在全省处于什么样的位置，并找出差距及原因所在。二是争取预算单位配合。各级财政部门要积极加强与预算单位的沟通和联系，多倾听、多换位思考，尽最大可能减少改革阻力。近几年，财政改革的力度较大，预算单位有一个理解和消化的过程，在这种情况下，更需要我们深入预算单位，认真听取他们的意见、建议，及时帮助他们解决困难和问题，调动起他们改革的主动性、创造性，建立起良性的互动机制，使改革产生一种“共振”，共同推动改革。三是争取银行优质服务。代理银行优质服务是国库集中支付和公务卡制度顺畅运行的重要保证。各地在推进改革的过程中，要按照市场经济原则，择优选择代理银行，建立良好商业合作关系，让预算单位和社会公众切实感受到改革带来的高效、便捷服务。

（2012年4月27日在全省国库支付与公务卡改革工作会议上的讲话。标题为编者加）

扎实有为　开拓进取
努力开创财政决算工作新局面（摘要）

浙江省财政厅总会计师　赵立妙

一、财政决算工作取得的成绩

（一）日常管理工作进一步规范

财政决算的编审不只反映在“编”和“审”阶段，它渗透在财政预算、执行、核算等日常工作的每一个环节和每一个步骤。为确保全省决算编制质量，我们建立了规范化的基础工作流程和制度，进一步夯实财政决算基础。一是注重日常管理，保证数据真实、准确，通过认真做好预算总会计核算、财政旬、月报编制等工作，保证决算的各项基础数字数出有据，真实可靠；二是加强对账工作，坚持横向、纵向对账，密切关注财、税、库之间的工作配合，认真核实分预算科目、分税种、分级次的收支数字，核对总会计账、证、表之间数据，加强对上下级财政部门之间的预算指标和往来款的核对；三是加强年终清理和结算工作，认真核实年度预算及调整变动情况，全面清理本年应收应支款项，及时核实结清财政部门与各主管部门之间，主管部门与所属预算单位之间的拨借款项和各项往来账款。

（二）决算审核流程进一步完善

决算质量是决算工作的生命线，决算质量主要取决于会计基础工作和编制审核两个方面。我省在决算工作中，着重完善审核流程：一是积极研究推进建立标准化审核程序，将计算机审核和人工审核紧密结合，根据历年决算审核重点、以前年度发现较易出错或出错较多的地方以及当年决算存在的新情况等，编制《地方财政决算审核工作记录表》，形成了一系列决算工作审核标准，采用登记汇审记录表和编制审核工作底稿方式，有效统一口径，规范各市县的决算审核工作标准。二是进一步开通各种交流平台，充分利用“国库论坛”、“部门决算论坛”、“总决算论坛”及时传递解决编审问题，统一编审口径。各地也结合实际创新审核流程，杭州市开发决算数据核对任务，将总决算与部门决算、非税收入报表的数据通过系统核对至底级科目；舟山市在充分利用省厅下发的软件系统审核公式加强数据审核的基础上，针对决算软件系统表际审核公式的欠缺，增编更为缜密的决算审核公式，确保决算报表数据的准确性和一致性；嘉兴市采取集中审表、集中修改的方式，先县市间进行互审，发现问题，及时修改，再交换互审，以确保修改数据的准确性，待全市数据汇总后，再分工审核全市数据。

（三）决算分析利用进一步加大

近几年，全省各级财政部门不断加强决算数据分析利用，取得了良好的效果。今年我们结合财政决算工作实际，撰写了几篇有针对性的调研报告，一是撰写《进一步完善财政总决算报表体系的思考》的专题报告，提出进一步完善财政总决算报表体系的建议，力求财政总决算更加全面、科学，以适应和满足新时期财政管理的需要。二是撰写《浙江省财政代列资金支出情况分析报告》，在对各地财政代列资金的整理、分析的基础上，提出减少财政代列资金的相关建议。三是继续编制《2011年度财政统计资料》，及时将财政统计资料送有关部门以及厅领导和相关处室参阅。四是首次编制《2011年度部门决算数据资料汇编》，详细整理出部门决算收支情况、财务情况、年度对比情况、人均支出情况和财政代列资金支出情况，为各级各部门了解和利用部门决算数据提供便利。

各地财政部门也不断加强决算数据分析利用。嘉兴市先后向省厅及市政府提交了《加强财政专项资金结余管理研究》、《部门决算中反映的财政财务管理问题与改进建议》等调研论文，文中均以大量的历年决算数据为支撑，得到市政府的好评；湖州市结合地方财政管理的特点、热点及难点问题，对相关报表数据进行深层剖析，撰写了《关于加强财政总决算数据分析利用的研究》课题。

（四）决算反馈、批复和核查工作全面推开

2012年，我们在加强决算填报、编审等基础性工作的同时，重点加强了对决算反馈、批复和核查等工作的组织和指导，下发《关于开展部门决算报表批复及编审质量信息反馈工作的通知》，要求县（区）级以上财政部门全面开展部门决算批复和编审质量反馈工作，并将此纳入年度决算考核范围。地方各级财政部门积极落实了财政批复、信息反馈和核查工作，截至2012年11月20日，全省（不含宁波）所有设区市和47个县（市、区）已完成了2011年度部门决算批复工作，6个设区市和30个县（市、区）开展了账表一致性核查工作。杭州市为扎实开展本级批复工作，内部进行多次协调，制定批复工作实施方案，批复内容除财政性资金以外，还包括财政供养人员，以及预算编制、财务管理和会计核算中存在的问题和改进建议。湖州市详细整理了省厅和市级汇审发现的问题，将汇审问题发文反馈给各有关业务部门和县（区）财政局。温州、绍兴市对省厅反馈的编审问题，进行了核实、分析，归纳了问题产生的原因，提出了改进措施。

（五）决算公开步伐进一步推进

随着各方对政府预决算公开的呼声日益高涨，预决算公开成大势所趋，我省各地财政部门也积极研究并稳步推进决算公开工作。总决算方面，2011年，我省财政总决算和省级财政决算报告已在浙江省财政外网和省政府信息公开网公布，截至2012年9月底，全省（不含宁波）63个市、县已有45个将经人大常委会审议通过后的决算报告在政府信息公开网或财税网上公开。部门决算方面，除加强各级财政部门的部门决算编审工作外，正按照总预算局的公开工作进程，在全省范围内进行统一口径、统一表式的行政经费、“三公”经费支出统计，积极做好部门决算公开的前期准备工作。

二、财政决算工作中仍存在一些薄弱环节

财政决算是一项重要的基础管理工作，虽然我省财政决算工作取得了一些成效和进步，但我们也要清醒地认识到决算管理中还存在一些不容忽视的问题。

（一）决算相关报表衔接的一致性仍需加强

决算是一项政策性、技术性强、涉及面广的系统工程，需加强各环节的协调配合，做好相关报表的衔接工作。根据《关于将按预算外资金管理的收入纳入预算管理的通知》要求，将按预算外资金管理的收入（不含教育收费）全部纳入预算管理以后，在口径上，非税收入报表与总决算报表中非税收入各明细科目应核对一致，但部分地区因未完全执行24号文件，将除教育收费外应纳入预算管理的资金，仍放在财政专户管理，在2011年决算中，造成较多地区财政专户管理的资金总决算与非税收入报表存在较大偏差，且部分地区的教育收费明细也存在不一致。受乡镇未建立金库及预算管理体制等原因影响，总决算的乡镇数据与乡财政数据衔接不一致情况也仍然存在；年末实际财政拨款（补助）开支人员填报数与预算财政供养系统不能完全对应等等。

（二）决算编审的规范性仍需进一步提高

不少地方由于预算管理的科学化精细化程度不够，决算编审中反映出较多不规范情况。一是年初预算编制不够完整、预算执行不够严格，误用科目、科目间调剂随意，总决算的各明细支出与电月报数据存在较大偏差。二是为平衡预算，部分地区公共财政预算“其他调入”随意性过大。三是个别已开展国有资本经营预算的地区，尚未将“国有资本经营收入”纳入国库。四是部分地区结余出现负数、结余结转规模偏大，地方财政代列资金支出仍然较大。虽然已无新报负结余，且大幅削减了历史遗留负结余，但至2011年末，仍有部分单位公共财政预算、政府性基金预算、财政专户资金和其他资金遗留的负结余，无法彻底消除。五是部门决算中功能分类科目与经济分类科目编制、执行上未按收支分类科目规定规范使用，如：用“行政、事业单位离退休费”、“住房公积金”等科目安排工资福利支出；使用只有预算分配权部门才可使用的“其他支出”经济科目；基本支出列报属于项目经费的房屋建筑购建、大型修缮等支出；地方项目经费列报人员支出。

（三）决算编审的工作机制仍不够完善

到目前为止，不少地方还未梳理和制定出规范的部门决算工作机制，个别地方新旧人员衔接出现“真空期”，特别是各地本级部门决算工作中，财政部门内部分工、职责、流程不明，拖、推、应付等现象时有发生，审核职责没有真正落实到位，审核工作量无法有效地分解到各部门，审核问题常常堆积到上一环节，严重影响后一环节工作人员的审核工作时效。

（四）决算的反馈、批复和核查工作落实不够

2011年省厅发布了《关于开展部门决算报表批复及编审质量信息反馈工作的通知》，并在全省财政决算工作大会上专门作了动员，要求2012年起全面开展决算批复和核查工作。但截至2012年11月20日，仍有37个县（区）未开展决算批复；54个县（区）未开展决算核查工作；各级部门决算编审质量信息反馈工作也落实不够到位。

（五）决算数据的分析利用仍需进一步加强

长期以来“重预算、轻决算；重分配、轻管理”的现象仍然存在，作为预算管理上的一个重要环节，决算仍然只停留在报表的数据汇总及审核上，决算完成后基本处于封存状态，仅仅被统计、科技等少数几个部门统计分析，而财政本部门的挖掘利用和统计分析都处在初级阶段，决算中暴露出的预

算管理问题等得不到有效重视和及时解决,决算促进预算管理的作用未有效发挥,决算分析不够深入,分析的水平和层次亟待提高。以上问题,希望各地一定要引起足够重视,并采取有效措施加以解决。

三、新形势为决算工作的突破创造了契机,更提高了要求

一直以来,部门"重预算、轻决算"的思维严重,也成为部门决算工作开展难的顽疾。"物必先腐,而后虫生",信息公开是从根本上杜绝腐败,保持党的肌体健康的关键之举。随着民众对社会管理的参与意识、监督意识、责任意识和法律意识日益成熟,以及政府信息公开工作的逐步推进,预决算公开成大势所趋,且步伐将越来越快,范围将越来越广,内容将越来越细。各级政府高度重视预决算、行政经费和"三公"经费支出公开工作,财政信息公开的推进使决算工作的重要性凸显,也许过不了多久,决算就会不时处于舆论的漩涡之中;而随着监督机制的强化,以及人大、审计和社会公众监督的加强,对各地各部门改进财务管理工作有较大促进作用,为决算工作起到基础保障作用,今年我们已能明显感觉到预算单位和业务部门工作态度与以往有了较大改善,相信随着决算信息的公开,我们开展工作的环境将进一步得到改善,这将为决算工作实现突破提供契机。为做好2012年度财政决算工作,我再提几点要求。

(一)进一步增强做好决算工作的责任感、使命感

决算是一项重要的财政管理基础工作,当前的决算工作在面临难得机遇的同时,更面临着严峻挑战。按照十八大精神,深化财政管理制度改革、推进预决算信息公开等一系列重点工作与财政决算紧密相关,人大和审计部门以及社会公众对财政决算的监督也不断加强,这对财政决算工作提出了更高的要求。一是要求越来越高。信息公开要求数据准、时间快、内容细,倒逼决算报表科目越分越细,编审的要求进一步提高,工作量成倍加大,这对决算工作提出了严峻的挑战。二是难度越来越大。随着财政收支规模的扩大,财政财务管理精细化,政府会计制度变革等,决算工作的复杂程度越来越高,政策性越来越强。三是任务越来越重。我们近几年重点在狠抓决算数据的真实准确性,但新增的编报任务、配套工作越来越多,而且决算反馈、批复、核查、公开工作还处于起步阶段,决算工作任重道远。因此,面临新形势新任务,我们一定要增强责任感、使命感和紧迫感,抓住机遇,迎接挑战,努力开创决算工作新局面。

(二)进一步提高做好决算工作的业务水平

决算涉及财政财务管理各个环节,覆盖财政财务管理的方方面面,是财政财务管理工作的基石,其政策性和技术性都很强,对人员素质要求较高。"工欲善其事,必先利其器",为提高全省决算的数据质量,需要各位不断充实自己的头脑,完善自己的知识结构。勤学好问,善思乐行,为提高决算的编审水平打好基础。2012年财政总决算报表总体保持不变,根据预算管理改革进展和预算科目调整情况,局部作了调整完善:一是增设地区间援助收支科目,反映地方各级政府安排的对其他地区的各类援助、捐赠等资金支出;二是修改地方政府债券科目名称和说明并增设地方向国外借款科目,全面反映财政部代理发行和地方试点自行发行地方债收支,以及地方统借自还主权外债情况;三是调整相关收入科目,反映营业税改征增值税试点等情况;四是基本数字表中删除"其他人员"项目,不再反映编制外长聘人员,保持两套决算一致。为进一步加强财政财务管理、适应决算公开要求,2012年部门决算报表进行了部分修订:一是根据政府收支分类科目变动相应调整了决算报表中的支出功能分类、支出经济分类以及非税收入科目等指标。二是根据新近发布的《事业单位财务规则》、《医院会计制度》等,相应修改完善决算报表指标口径。三是删除了较少使用的"国库集中支付预算执行情况表"。四是规范人员信息统计,删除了"其他人员"和"临时工"两项指标。五是按照"三公经费"公开有关要求,在补充资料表中增设了因公出国(境)团组数、公务用车购置及保有量、公务接待等有关情况统计指标。

(三)进一步建立健全决算管理的工作机制

决算工作涉及面广、环节多、事项碎,是个复杂的系统工程,需要进一步健全相关机制。一是要建立协调保障机制。主管决算工作的各级领导要协调处理好各方面的关系,加大对决算工作的人、财、物保障力度,特别加强财政内部业务部门的协调配合。各级财政部门必须制定出决算汇审工作制度,明确汇审工作人员岗位配置、入门条件,汇审工作流程、内容与分工,以及各岗位职责,造就一个既有强力组织领导,又有清晰责任分工和良好协调沟通的工作机制,形成合力,共同做好部门决算编审工作。二是健全人才保障机制。决算工作业务性强,综合拓展力要求高,各级汇审组织者既要抓好决算审核工作,也要对各编审部门单位做好政策法规和业务的指导,因此,各地必须加强人员配置,落实好汇审责任人,提高责任意识,选派一些优秀干部充实到决算第一线,并保持决算编审人员的相对稳定,现在决算工作不似以前的短期性工作,已呈常年化、常态化工作状态,总决算和部门决算至少需要分别配备一名以决算工作为主,兼顾其他工作为辅的专职人员。三是完善工作责任机制。针对当前各地普遍存在的决算分工职责不清,沟通协调不畅问题,在财政内部要以制度形式进一步明确部门决算工作的分工与职责,并建立起相应的责任落实考核办法和责任追究制,省本级部门决

算编审工作已纳入处室年度责任制考核范围。

（四）进一步提升决算报表的数据质量

决算审核是决定数据质量的关键环节，各地一定要重视编审的培训和汇审工作，在2011年度决算汇审质量提升已有成效的基础上，再接再厉，继续攻克编审中存在的难点问题。一是要提前谋划，充分准备。布置会后，各地要立即向分管的局领导汇报会议精神和要求，争取得到局领导的支持，同时要制定好2012年度决算的工作方案，特别是要细化审核环节和审核内容，明确审核职责、审核要点和审核方式。二是加强培训，突出重点。2012年度决算报表任务非常重、审核要求越来越严，对新增任务和审核要求在培训会上要突出讲解。同时，要创新培训方式，提高培训效果，在有限的培训时间内，既要完成“规定动作”，也要结合当地情况开拓创新“自选动作”。此外，要加强运用软件操作培训，熟练掌握审核必备的操作技能，着重讲解本地区2011年度决算的编审中发现的问题及2012年度决算审核要求，并准备好培训的各种电子或纸质资料，供编审部门（单位）随时查阅学习，尽一切能力提高基层数据编审质量。

（五）进一步推进决算批复和反馈工作

一是要全面推进决算批复工作。根据《关于开展部门决算报表批复及编审质量信息反馈工作的通知》要求，以及财政部最近全国财政决算工作会要求：必须“今年年底前全面开展对部门决算的批复工作”。批复主体与批复内容上，财政部进一步明确：按照“谁批复预算，谁批复决算”的原则，由业务处（室）批复决算，国库部门做好相关配合支持工作；不仅要批复财政拨款收支余，对部门大口径收支余也要进行批复。因此，必须狠抓2012年度部门决算数据质量，做好预决算的衔接工作，决算批复内容口径要与预算相一致。二是要扎实推进决算反馈工作。各地要按照逐级负责制反馈方式，将今年各级汇审中发现的2011年度部门决算编审问题，反馈到各编报单位，并收集各级部门对反馈结果的意见及改进措施的回复。

（六）建立健全决算核查的长效机制

近几年的部门决算报表审核和核查过程中，都在不同程度地暴露出报表数据的不真实不准确问题，以及公开数据编报口径、上下年对比、预决算衔接等问题。因此，各地需逐步开展部门决算核查工作。目前，我省开展决算核查主要有两种方式，一种由预算执行（国库）部门牵头、其他业务部门配合；另一种由监督检查部门牵头，将决算核查纳入常规化检查项目中。各级财政部门要结合本地实际，研究制订部门决算核查工作方法，明确核查主体、核查对象、核查内容、核查程序、核查方法，以及核查结果的处理办法、处理依据、处理程序。确保部门决算数据的真实可靠、准确可信，维护其权威性和法律效力。

（七）积极稳步地推进决算信息公开

2012年4月18日国务院常务会议上提出了“省级政府要在两年内全面公开‘三公’经费，并推进公开部门决算”的工作要求。为积极稳妥地做好部门决算公开准备工作，提三点要求：一是高度重视，统筹安排，周密部署。各地要时刻关注上级和周边地区公开工作的进度要求，尽量明确和规范统计口径；已公开部门预算的地区要做好部门决算的公开准备工作，已公开部门决算信息的地区，要总结经验，供其他地区分享。各地要充分利用预算主管部门、归口管理业务处（科）熟悉部门情况的优势，部署好和指导好部门决算公开工作。二是沟通协调，明确职责，规范程序。各地要建立健全部门决算公开工作机制，加强与同级政府信息公开主管部门、人大、审计部门的沟通协调，明确各部门的公开主体职责，同时制定好公开的规范程序，完善公开保密审查制度。三是注重质量、衔接有序、解释清晰。2012年度除财政部统一布置的部门决算报表、行政经费、“三公”经费支出补充表外，继续要求报送我省有关公开的附加统计表，在编审过程中，一定要加强指导，注重数据真实准确性的审核，督促单位进行上下年编报数据的连贯性核查及与预算数的衔接对比，使部门（单位）对其公开的信息，能说得清，道得明，提高可信度。并要充分估计公开后可能产生的影响，及早做好应急预案，发挥好公开的正面效应。

（八）进一步加强决算数据的分析利用

决算汇审好后，不能束之高阁，要做好数据的分析利用工作。对决算数据的分析利用是决算工作的“点睛”之举，可以及时发现并反映预算编制、执行乃至财务会计方面存在的问题，可以有效地改进我们的管理和决策，是拔高我们工作档次的重要途径。大家一定要以务实的态度，求真的执着，勇于开拓，积极创新，将决算分析工作开展的有声有色。一方面做好决算报告。决算报告是综合反映编报单位财务收支状况和各项资金管理状况的总结性文件，一个地区（部门）的汇总决算报告，可以全面、系统地反映总体的财务状况和预算执行结果，为财政部门编制后续年度财政预算提供基本依据，并满足国家对财务会计制度政策完善、加强资金管理以及宏观经济决策等信息需要。另一方面，要加强专题研究。专题研究可以针对某一主题进行深入研究，可长可短，只要有理有据，有助于促进财政管理，就很有意义。

（2012年11月28日在全省财政决算工作会议上的讲话）

处、县(市、区)领导议财政

提高政府理财能力　做大地方财政收入“蛋糕”(摘要)

瑞安市市长　李无文

一、生财有道,保障发展建设资金需求

(一)在做强融资平台上下功夫

2011年,瑞安组建了“1+12”国有投融资平台,但融资平台运作还处于起步阶段,资产总量小,缺少现金流、抵押物,融资能力还比较弱。为此,积极借鉴先进地区的做法,通过“五大注入”,把投融资公司打造成为有主营业务、有稳定现金流、有盈利能力、有偿债能力的投资主体。一是资本金注入。计划每年安排一定比例的财政一般预算支出,作为资本金注入投融资公司。二是土地收入注入。主要是统筹土地资源,提高土地收益,将一定比例的土地出让收入作为资本金注入投融资公司。三是存量资产注入。主要是将非经营性资产、公共设施等有形资产,包括各镇、功能区范围内的行政事业单位现有房产等存量资产,由中介机构经过评估确认后,划拨给投融资公司并“改性”增值,做大融资平台的资产规模。目前,正在组织开展政府各类非经营性资产的调查摸底,下步将做好国有资产的清理整合和功能调整,争取尽快转换为可抵押的资产注入投融资公司,产生现金流。四是规费注入。主要考虑将基础设施配套费、路面停车费和固体废弃物清运处理费、水费、广告收费等行政事业性收费或经营性收费注入投融资公司。五是税收返还注入。主要是将对政府基础设施、公共设施投融资项目实行施工营业税等方面的优惠,或将税收地方分成部分先征后返,作为资本金注入投融资公司。

(二)在加强土地运营上下功夫

瑞安改变以往单一靠拍卖土地来筹集建设资金的做法,加强对土地的统筹规划管理,创新土地经营方式,努力变资源为资产,充分发挥土地的财富功能。重点在三方面求突破:一是土地一级开发捆绑基础设施。就是利用政府垄断一级土地市场的优势,将土地出让给国有投融资公司或共同投资主体,对土地进行先期开发建设,以设施优化、功能完善、环境改善提升土地价值,变生地为熟地后再进行出让,政府与投资商对土地增值收益按照缔结的协议进行分配。二是以地养地。瑞安的农房集聚改造将考虑采取这一模式,即通过农房集聚改造,将整理出来的新增净用地进行出让,获得土地出让金用于解决启动建设资金不足的问题。还有飞云江综合整治项目也计划采取这种模式,将沿线整理出来的新增土地,注入到水投公司,通过市场化运作,获取银行贷款,保障飞云江整治资金需求。三是“退二进三”。瑞安建成区

瑞安市推进融资试点改革,全力保障城市建设资金需求。图为瑞安外滩景观

范围内的工业小区(点)约59个,总用地9288亩。随着新型城市化的推进,很多工业小区(点)都不适宜发展工业,需要进行功能调整。瑞安制订出台中心城区功能转变和工业项目建设用地集约利用实施意见,梳理出100余处老工业点老厂房,计划采取"退二优二"、"退二进三"等方式进行分类分批改造,对其中闲置或不适合发展工业的老工业点老厂房,通过规划调整、功能临时变更,转为商住或三产用地,瑞立集团与国内知名企业签订合作协议,计划投资近5亿元,将4万平方米的闲置厂房改造成集文化、休闲、娱乐、购物、餐饮为一体的大型商业综合体,年内有望建成投入使用。

(三)在创新项目运作模式上下功夫

积极借鉴杭州、宁波等地的先进做法,重点在三方面求突破:一是功能地产开发。将一些产业项目、基础设施配套项目包装成物流地产、旅游地产、科技地产等功能性地产项目,切实解决项目推进难、建设慢的问题。前阶段,瑞安将高新技术园区的人才公寓、安心公寓包装成工业园区配套科技地产项目,近期有望争取到国开行10亿元的授信额度。二是共同投资主体模式。由政府组建的投融资公司与社会资本进行合作,在商定合作前提条件的基础上,共同推进项目开发建设。近期,瑞安梳理出了一批由国有投融资公司共同参与开发建设的地块和项目,建成后再进行出售或出租,变"卖地"为"卖房",如在滨海新区规划建设5.61平方公里的未来科技城,由国资公司与地产企业共同组建投资主体,协同推进产业园区建设。三是FBT(融资-建设-转让)、BOT、BT等模式。对一些重大基础设施项目采取FBT模式,由建设单位负责项目资金筹措和工程建设,项目建成后,再由政府实行回购,如瑞安江南水厂等项目计划把收费权作为抵押进行融资建设,实现"用明天的收益建今天的城建设施"。此外,对燃气、自来水、污水和垃圾处理等新建的基础设施项目采用BOT等方式面向社会投资者招标;对基础设施存量资产,除国家有规定的外,采取TOT等方式面向社会投资者招标;对公共客运线路经营权等采取租赁等方式。

(四)在拓宽融资渠道上下功夫

一是扩大银行融资。银行融资是最主要的融资手段,瑞安将着力做好"强监管、重对接、严考核"。"强监管",即加强银行信贷资源的监管,针对瑞安金融机构贷款投入本地实体经济较少的情况,对瑞安银行贷款流向进行调查摸底,对年产值500万元以上的企业贷款、税收、用电等方面的数据信息进行汇总分析,并在此基础上着手研究制订金融监管和民间信贷监管方案,强化政府对民间资金流向的调控和引导;"重对接",即加强政府投融资平台与银行的对接,争取更多银行特别是政策性银行贷款支持。"严考核",即建立银行对地方贡献的考核激励机制,研究制订金融机构支持地方经济发展业绩考评奖励办法,引导金融机构加大对实体经济的支持力度。二是发行债券融资。重点是尽快发行10亿元政府性企业债券,满足保障房建设、水利及交通等重大基础设施建设需要。同时,学习借鉴杭州等地的成功经验,研究制订具体政策,引导中小企业发行中小企业集合债券,着力解决科技型中小企业融资难题。三是利用各类基金融资。利用瑞安民资丰厚的优势,设立创业投资引导基金,采用阶段参股和跟进投资的方式,引导各类资金投向有潜力、高成长性的企业。在对接保险资金方面,2010年《保险资金投资不动产暂行办法》出台后,现在保险资金已经大规模进入保障房领域,下步将利用保险业发达的优势,对保障性住房项目,采用商业化运作模式,吸引保险资金参与建设。

二、聚财有方,壮大地方可用财力

(一)加强经济资源调控

当前政府对行政性、资源性、经营性资产的管理经营还不到位,土地资源闲置、低效利用,资产沉淀、闲置等现象较为突出。为此,突出做好政府性公共资源整合增值和潜力挖掘文章,制订出台行政事业单位国有资产管理办法,全面加强政府资源管理,将污水处理收费权、户外广告等收入纳入政府管理范围,将所有政府资源的拍卖、拍租、出让等收入实行财政统收;结合当前大开发大建设实际,引导国有公司适度参与石料、砂石开采配置,既调节市场供给,又能实现创收。

(二)建立税负公平机制

据初步调查,在1274家年用电量10万度以上的企业中,有395家用电产出低于行业标准的60%,企业虚报产值或偷税漏税问题现象较为严重,特别是有些企业在瑞安生产,消耗了瑞安的资源,税收却缴到了外地,这不仅造成税收流失,而且对合法经营、依法纳税的企业造成"劣币驱逐良币"效应。2012年以来,瑞安积极整合经信、统计、财税、工商、电力等单位的数据资源,搭建涉税信息共享平台,实施企业产值、用电、用地、银行贷款和税收征缴相挂钩的管理制度,重点抓好能耗产出严重不匹配的"假规下"、"两高两低"等企业的税收征管,形成以信息化为依托的现代税收征管体系,着力堵塞税收"跑冒滴漏",营造公平竞争的市场环境。

(三)狠抓经济税源建设

税源建设是做大财政盘子的根本出路,必须充分发挥税收政策的导向作用,瑞安坚持"放水养鱼",着力培育主要生财点和税源增长点,做大地方财力"蛋糕"。一是强化政策导向。相继制订出台振兴实体经济"1+6"文件,在企业兼并重组、发展总部经济、企业融资担保等方面推出高"含金量"的配套政策,把税收的增量部分用于支持优质企业发展。如在优质企业税收奖励方面，对评为温州市“百佳”或亩均实缴税费30万元以上且销售收入超亿元企业，对其上缴税收地方留成新增10%以上部分给予奖励；对年实缴地方税费首次达到5000万元~10亿元的工业企业给予奖励。在扶持发展总部经济方面，对引进的总部企业，自认定之日起5年内按其新增纳税地方留成部分的一定比例给予奖励。二是突出培育重点。积极顺应发展形势和市场规律，认真分析现有税收结构，结合瑞安发展实际，明确税源培植的主攻方向和重点领域。充分发挥瑞安消费需求旺盛、服务业发展基础好的优势，按照一个功能区块规划一个城市综合体的思路，规划建设滨海新区城市综合体、安阳金融集聚区、玉海文化游览区、飞云江绿道旅游综合体等十大城市综合体和五大五星级宾馆，加快推进产业融合发展和城市品位提升。三是着力招引税源。当前，很多在外瑞商以及央企、500强企业非常看好瑞安的投资潜力和消费需求，多次来瑞安考察指导，在瑞投资意向非常强烈，但由于可推出的大地块、大项目太少，实际达成合作的并不多。瑞安改变以往零散地块的供地方式，2012年将集中推出10个100亩以上的大地块，保障大项目大企业的用地需求。同时，切实转变招商引资方式，成立了招商选资工作领导小组，制订以商引商激励机制和配套政策，建立市领导联系外地商会制度，强化以商引商、上门招商，根据投资者的投资意向、投资规模，量身定做招商项目，吸引社会资本参与开发建设。

三、用财有效，提升资金使用效益

（一）保障重点支出

一是基础设施建设。2012年上马的项目数量多、任务重，资金筹措压力比较大。对此，更加注重投资的效益和方向，分清轻重缓急，优先保障海涂围垦、重大交通、飞云江综合整治等基础设施项目建设，着力增强发展后劲。二是城乡统筹综合配套改革。包括农房集聚建设、中心镇和农村新社区建设、“三分三改”、农业“两区”建设，都将落实相应的配套资金。三是民生事业。2012年将实施“破七难惠民生”行动，争取把更多的资金投向民生领域，着力解决停车行车难、住房难等民生热点问题，让群众享受更多改革发展成果。

（二）用活财政资金

把资金管理放在更加突出的位置，注重依靠制度和机制约束、规范资金的使用，确保资金使用的安全性和有效性。制订出台财政预算“1+X”政策，加强市级部门预算结余资金管理，结余资金由财政部门收回后统筹安排使用，财政部门牵头对历年财政预算结转指标进行了清理，有效解决了财政资金沉淀闲置问题。同时，转变项目资金拨付方式，通过分期安排预算、延期付款、贴息等方式让建设单位先把项目做起来，变“资金等项目”为“项目等资金”，通过“打时间差”来缓解当前财政支出压力。

（三）厉行勤俭节约

当前，瑞安急需办的事情很多，需要花钱的地方更多，要加强对财政支出结构的分析，积极研究降低行政成本的对策和途径，大力推行公务用车制度改革，压缩会议、接待、差旅和公车使用等经费支出，做到能压缩的尽量压缩，该削减的坚决削减，腾出更多资金促发展、惠民生。

坚持改革发展之路
扎实推进镇街区财政管理改革（摘要）

永康市市长 徐华水

近年来，永康市委、市政府认真贯彻落实省委、省政府关于加强镇街区财政建设的决策部署，开拓创新，狠抓落实，积极探索强化镇街区财政管理的新路子，进一步完善镇街区财政管理制度，使镇街区财政建设步入了新的工作轨道，为全市经济社会发展奠定了坚实的基础。

一、健全制度、强化管理，镇街区财政管理进一步规范

为规范镇街区财政资金收支管理，制定了《永康市镇街区财政资金拨付管理基本规程》《永康市镇街区财政管理中心内部会计控制制度》和《永康市镇街区基本建设财务核算管理办法》，对镇街区财政资金范围、资金帐户设置和会计集中核算、财政资金的审批拨付、财政资金的管理和监督以及相关事项进行统一规范。依托计算机管理平台，实现了专项资金指标控制。在此基础上，进一步规范资金拨付手续，下发了《永康市镇街区财政资金拨付手续一览表的通知》，有效确保各项资金拨付资料完整、手续完备，格式统一。进一步加强镇街区债务管理，严格控制新增债务。严格资金调度程序和额度控制，调度资金在20万以下的，由镇街区主要领导签字审批，20万以上的必须经镇街区领导班子集体研究决定，明确了债务责任。加强财产管理，充分调动镇街区对闲置资产管理的积极性，相继出台了《关于完善镇街区财政管理体制的补充通知》和《关于加强行政事业单位国有资金处置管理的意见》，对镇街区闲置资产处理收入分配使用上给

予倾斜的政策，有效调动了镇街区加强闲置资产管理处理的积极性，对弥补财政赤字、清偿债务和项目资金方面发挥了一定的作用。

二、积极创新、不断探索，镇街区财政管理模式与时俱进

2005年在全省率先实行"镇财市管"的财政管理模式，除经济开发区外，对11个镇，3个街道、1个工业新区，统一实行了"镇财市管"又保留镇街区单位财务人员的管理模式，由分别隶属于市财政局和镇街区的镇街区财政管理中心和镇街区财政人员共同履行镇街区财政管理职责，财政局和镇街区分工协作，共同配合，相互制约，实现了优势互补，既有利于财政局更好地履行镇街区财政收支监管职能，又有利于镇街区预（决）算编制、预算执行和预算管理；既能统筹镇街区各项政府性收支管理，加强政府性债务控制，强化政府性债权债务管理，又能加强国有资产管理，合理利用闲置资产，提高资产运行效益。2011年，省政府下发《关于进一步加强乡镇财政建设的意见》后，从本市实际出发，深入开展调研活动，在总结经验，肯定成效的同时，认真分析存在的问题和不足，深化镇街区机构改革，落实"一级政府、一级财政"的基本要求，重新建立镇街区财政所，增加镇街区财政人员配备，进一步完善镇街区财政管理职责，努力确保镇街区责权一致，事权财权相统一，使镇街区财政建设步入新的工作轨道。

三、加大投入，提高素质，镇街区财政管理基础进一步夯实

为进一步调动镇街区聚财理财的积极性，确保了镇街区收支平衡，进一步加大了财力向基层倾斜的力度。2011年，在原有镇街区财政业务经费预算的基础上，新增100多万元，用于镇街区财政硬件设施建设，为了更好的完成镇街区财政预（决）算工作，还为镇街区财政办配备了手提电脑，更新了打印设备，通过各种途径，努力为镇街区财政人员提供更加完善的办公设备和良好的办公环境。加强镇街区财政人员业务培训和业务指导，每年组织一次全市镇街区财政人员集中业务培训，有效促进镇街区财政人员业务素质的提高；根据业务开展情况，不定期地组织开展业务交流活动，有效促进市、镇财政人员之间的沟通，市财政每年用于镇街区财政人员的业务培训和交流研讨的资金不少于15万，有效地推动了镇街区财政管理水平的提升。

创新机制　整合资源
积极构建乡镇公共财政服务平台（摘要）

嘉善县县长　许　晴

近年来，嘉善县积极实施公共财政管理改革，深入推进乡镇财政规范化建设，乡镇财政管理水平不断提升。2012年，作为全省乡镇公共财政服务平台建设试点单位，嘉善县坚持先行先试、创出经验的理念，迅速行动，扎实推进，取得了阶段性成效。

一、统一思想，形成共识，把乡镇公共财政服务平台建设作为提升社会管理的重要突破口来抓

（一）乡镇公共财政服务平台建设是打造"县域科学发展示范点"的重要组成部分

2010年5月，国务院正式批复实施《长江三角洲地区区域规划》，规划明确要求"建立浙江嘉善县域科学发展示范点"，这为嘉善全面深化改革、加快转型发展创造了前所未有的机遇和条件。"县域科学发展示范点"建设是一项系统性改革，涉及县域经济社会发展的各个领域，创新体制机制是推进改革的重要保障。必须站在把嘉善建设成为县域科学发展体制机制创新先行区的高度，将乡镇公共财政服务平台建设工作纳入"县域科学发展示范点"建设的总体布局，以体制机制创新激发内在活力，为"县域科学发展示范点"建设提供有力保障。

（二）乡镇公共财政服务平台建设是加强和创新社会管理的重要举措

当前，乡镇一级政府服务仍然存在服务定位不高、服务资源分散、信息化水平滞后等诸多问题，建立一个科学化、信息化、高效化的乡镇公共财政服务平台迫在眉睫。而乡镇财政作为国家最基层的一级财政，一方面直接面对群众，另一方面具有加强财政资金监管的职能，完全有必要和有条件按照加强和创新社会管理的要求，大胆尝试，积极创新，通过建立乡镇公共财政服务平台，转变政府职能，创新管理模式，努力构建适应新形势要求、满足群众需求的新的运行机制，进一步提升为民服务的水平和能力。

（三）乡镇公共财政服务平台建设是实现财政科学化精细化管理的内在需要

近年来，中央和地方连续出台支持新农村建设和强农惠农的政策措施，各级财政民生支出逐年增加，乡镇财政收支规模不断扩大。但由于缺少一个统一的管理平台，各类涉农资金支付数据信息分散在各个职能部门，乡镇财政无法全面掌控和动态监管涉农资金的流量和轨迹，达不到财政科学化精细化管理的要求。因此，迫切需要通过创新机制，建设乡镇公共财政服务平台，进一步强化乡镇财政监管职能，不断提高公共服务能力。

嘉善县姚庄镇公共财政服务中心大厅

二、明确目标，精心组织，全力推进乡镇公共财政服务平台建设

在推进乡镇公共财政服务平台建设过程中，围绕创建“一个门进、一站式办理、一个平台操作、一卡通发放”的乡镇公共财政服务新模式这一目标，坚持统筹乡镇公共服务职能，整合乡镇政府资源，努力做到把乡镇公共财政服务平台建设与提升政府服务相结合，与推进“数字财政”建设相结合，与深化乡镇财政规范化建设相结合。

（一）认真调研，制订方案

财政部门作为牵头部门，前期成立了专门工作班子，抽调相关业务科室负责人建立了3个工作组，由班子成员带队，围绕乡镇财政规范化建设情况、便民服务中心现状、乡镇财政信息化建设情况等内容深入全县各镇（街道）开展实地调研。在调研基础上，起草了嘉善县开展乡镇公共财政服务平台建设实施方案，并专题召开了部门、乡镇多个层面的意见征求会，集思广益，完善方案。在此基础上，将实施方案提交县政府常务会议审议，并以县政府文件形式正式下发。实施方案明确了坚持资源整合、稳步推进、服务延伸三项原则，重点推进服务制度、服务网络、服务设施等建设，努力构建“高效、便捷、便民”的乡镇公共财政服务新平台。

（二）明确目标，落实任务

围绕省财政厅的工作部署，明确了改革方向和主要任务，做到“六个统一”：一是统一服务平台。以便民服务中心为依托，搭建由社保、农经、民政、医保、财政等涉及财政支付职能构成的统一平台，实行一个大厅对外，“一站式”办理，“一条龙”服务，补贴资金“一卡通”发放。二是统一服务职责。坚持强化涉农补助资金监管、保障民生政策落实这一根本定位，由社保、农经等主管部门根据改革方案要求，按照各自的工作内容、服务对象等制定统一的工作职责和办事程序。三是统一服务标准。坚持优化业务流程，规范操作程序，建立和完善强农惠农资金管理和发放机制。公开办理程序、办事时限、工作职责等，打造优质文明的服务平台。四是统一服务制度。建立健全各项内部管理制度，推行岗位责任制、首问负责制、限时办结制和责任追究制，建立AB岗工作、窗口人员绩效考核评比等制度，做到用制度管人管事。五是统一服务网络。推广应用省财政厅统一开发的乡镇公共财政服务办公软件系统，依托现有所涉部门的信息资源，将各类涉农基础数据信息汇总在一个平台内，实现基础统计数据的信息共享。逐步推进县、镇、村三级公共财政服务信息网络的互联，实现各类涉农民生政策和财政资金安排使用等信息的及时公开，方便群众查询了解。六是统一服务设施。坚持改革与乡镇财政规范化建设相结合，有计划、分年度逐步改善办公条件，统一设置办公区、休息等候区、银行金融网点服务区等，不断满足办公、便民服务、政务公开、强农惠农、政策宣传等需要。

（三）周密部署，精心实施

围绕改革的主要目标，稳步推进改革重点任务。一是全面动员。2012年5月24日，召开全县乡镇公共财政服务平台建设工作动员大会，传达全省试点工作座谈会精神，部署工作方案，进一步统一了思想认识，凝聚了工作合力，明确了改革目标和主要任务。同时，各镇（街道）相应建立了工作机构,召开动员会,部署改革工作,层层落实任务。二是先行试点。动员会后,各单位各司其职,迅速行动,选择3个条件较好的乡镇先行开展试点,在借鉴试点乡镇经验基础上,积极稳妥推进。同时,将乡镇公共财政服务平台建设延伸至村一级,选择条件比较成熟且在2011年度已被评定为嘉善县三星级村便民服务中心的村同步实施。三是落实责任。为确保改革合力推进,明确由财政部门作为牵头单位,其他各成员单位按照各自职责全力支持、积极配合,确保改革任务落到实处。县财政部门负责抓好乡镇公共财政服务平台建设工作的指导和协调工作。相关成员单位负责条线上的沟通衔接,确保同步推进,并制定统一的工作职责和办事程序。各镇(街道)负责各自乡镇公共财政服务平台建设组织、协调、实施工作。

三、总结经验,找准规律,为推进乡镇公共财政服务平台建设提供支撑

推进乡镇公共财政服务平台建设是一项系统工作,涉及到多个层面、多个条线主管部门管理服务理念的转变和工作职能的调整。只有构建"领导重视、部门协作、制度健全、分工明确、信息共享"的五位一体工作格局,才能确保乡镇公共财政服务平台建设真正落到实处,取得实效。

(一)加强组织领导

开展乡镇公共财政服务平台建设是一次变革,涉及到上级条线部门现有管理服务模式的调整,仅靠县级层面难以推动改革的实施。在省财政厅的高度重视和积极关注下,嘉善县作为全省试点单位之一,得以在全省率先启动改革,离不开省财政厅领导和相关处室的精心指导。同时,作为县级层面来看,将此项改革作为嘉善"县域科学发展示范点"建设的一项体制机制创新内容,建立由县政府主要领导任组长的领导小组,更有利于统一各部门思想认识、有利于组织协调,确保改革顺利有序推进。

(二)强化部门协作

当前,乡镇一级涉农补助资金种类达到20多项,涉及财政、社保、农经、民政、计生等多个部门,开展乡镇公共财政服务平台建设,以财政支付为核心纽带,推广应用统一的信息平台系统,需要各单位树立"大财政"、"一盘棋"的大局观念,深刻理解改革的重要意义,把改革作为当前的一项首要任务,按照各自职能和改革要求,积极支持财政部门推动改革,加快构建乡镇公共财政服务平台。只有得到各单位的理解、支持和配合,做到认识一致、目标一致、步调一致,才能充分调动各单位的工作积极性和主观能力性,促进改革顺利推进,努力创造改革经验。

(三)加强制度建设

在改革推进中,牢牢把握"创新机制、整合资源、完善程序、健全制度"的总体要求,按照省厅试点工作部署要求,结合乡镇财政建设实际,把制度建设摆在了改革的重要位置。一方面,研究制订出台了改革实施方案,充分贯彻省财政厅的决策部署,把开展好试点工作,为全省推广提供可学、可看、可示范的试点经验作为改革的一项重要任务,坚持高标准定位、高质量推进;另一方面,坚持以制度管人管事原则,在统一服务制度上下功夫,统一建立健全岗位责任制和各项内部管理制度,形成完备的制度体系。

(四)明确管理职责

以现有乡镇财政所人员为依托,整合便民服务窗口人员,按照乡镇公共财政服务平台岗位设置,合理确定人员配备。按照岗位职责和服务事项,实行乡镇人民政府和业务部门双重管理体制,人员的日常管理由乡镇人民政府负责,业务指导由县财政、民政、卫生、农经、社保等条线主管部门负责。乡镇原有便民服务中心主任可兼任乡镇公共财政服务中心主任,负责日常管理的协调;乡镇财政所所长负责公共财政资金支付工作的业务指导;各窗口操作人员按照各自岗位职责开展服务工作。

(五)实现信息共享

只有将各部门的信息依托现代信息技术手段实现联网和共享,整合在统一的管理系统内,才能为党委、政府提供决策依据,才能方便群众查询,实现财政资金全过程的监管。按照"数字财政"管理的要求,借助省厅统一开发的平台软件,利用各部门现有的应用软件,搭建统一的数据交换平台,逐步实现纵向与各级财政部门相联,横向与农经、民政、社保、卫生等部门相联,达到资源共享,为改革奠定了扎实的基础。

用好用活有限财力　推动城乡统筹发展(摘要)

龙游县县长　刘根宏

龙游县作为欠发达山区县,地方财力十分薄弱,2011年地方财政收入仅为7.09亿元,但多年来始终坚持以城乡一体化发展为导向,努力用好用活有限财力,探索一条适合本地实际的城乡统筹发展路子,取得了一定的成效。

一、主要做法

(一)加大规划投入,把握统筹发展方向

近年来,龙游县先后编制《龙游县城乡一体化发展规划》、《龙游县域发展总体规划》以及美丽乡村、交通、水利、文化旅游、教育等专项规划,指导和引领全县城乡统筹发展。在城镇发展规划方面,谋划好1个中心县城、2个中心镇(湖镇、溪口)、41个中心村建设,并以中心镇、中心村为核心,编制水、电、路、线“四网”规划和村庄建设规划,致力于形成“县城、中心镇、中心村”功能互补、梯次推进、以城带乡、城乡互动的良性发展格局。在产业布局规划方面,明确龙游中部为城市化、工业化的主阵地,是经济发展的核心区,南部为生态保护区,北部形成特色鲜明的高效农业且兼顾小微企业集聚的综合发展区。在教育发展规划方面,谋划高中向县城集中,初中向中心镇集中,小学向乡镇所在地集中。在交通规划方面,形成“两纵两横一环十连”的骨架及与之相衔接的乡村公路网络。规划编制既充分考虑城乡区域差异,又充分体现城乡一体,为统筹发展指明了方向。与此同时,县财政每年还坚持投入一定资金采取请进来、走出去的办法,培养规划人才,增强规划理念,不断提高干部群众的规划意识和执行能力。

(二)组建融资平台,增强统筹发展动力

在城乡统筹发展规划的引领下,项目建设大投入与政府财力有限的矛盾十分突出,统筹城乡发展“钱从哪里来”,已成为政府直接面对的难题。对此,着力改变过去单纯依靠财政资金投入推动发展的方式,创新运作机制,充分发挥财政资金“四两拨千斤”的作用,先后组建一批国资公司,搭建政府性融资平台,着力破解在城乡统筹发展过程中财力不足的问题。比如为增强工业反哺农业的原动力,财政注资8000万元,组建了中北公司,累计融资6.5亿元,专门运作工业园区平台建设,通过招商引资等途径,推动企业向园区集聚,吸纳县域2万多名农民就业。为推进高山远山农民下山集聚,加快城镇化步伐,由财政出资1000万元,在全省率先组建了奔康投资有限公司,向农发行融资1.2亿元,以公司化运作的方式在县城、中心镇统一建设农民小区,并以市场化的方式安置下山农民。目前,建成晨东小区等下山农民安置小区2个、中心村集聚点18个,安置下山农户2360户、7800人,提高城市化率近2个百分点。为推进土地开发利用,投入2000万元组建中发公司,融资2亿元,专门运作土地开发整理和宅基地复垦,目前已开发、整理、复垦土地14.42万亩,新增耕地面积1.28万亩,为工业化、城市化和新农村建设统筹了发展空间。为推动土地流转,促进农民转移就业,发展现代农业,由财政出资100万元,组建了富民公司,由公司在农业“两区”范围内向农民反租土地,然后统一对外招商。公司成立3年来,已反租土地3538亩,倒包3200亩,有力推动了农业转型发展,增加了农民收入。

(三)支持创业创新,激发统筹发展活力

人民群众是城乡统筹发展的主体,政府的职责是当好服务员和引导员。为此,龙游县深入贯彻省委省政府提出的“两创”总战略,通过体制创新、资金支持、税费减免等多种手段,激发城乡经济主体在统筹城乡发展中的活力。一是支持经济主体创业创新。设立5000万元工业转型升级专项资金,重点扶持主导产业和龙头骨干企业转型发展,积极落实税费减免、项目补助、财政贴补奖励等政策,加大对重点纳税大户的奖励力度。设立1亿元企业还贷周转金,每年为企业提供转贷150多笔,转贷资金10亿元以上,有效防止中小企业资金链断裂。二是支持创业创新服务体系建设。县财政每年投入1000万元,用于推进土地流转和农民补助,加速土地要素合理配置。积极筹措资金,帮助农民专业合作社组建资金互助社,建立农民专业合作社和资金互助社“两社合一”机制,有效解决互助社成员生产发展资金问题。每年筹措500万元用于实施扶贫开发小额贷款贴息和设施农业贴息。发挥工业园区、下山农民集聚点的带动作用,建成农民创业示范园7个,培育和扶持创业创新典型40多个,带动1400多户农民自主创业。三是支持农民创业创新素质培训。坚持把培训农民、提高农民、转移农民、致富农民作为财政支持创业创新的一个重点来抓,五年共筹措4000多万元资金,深入实施万名农民素质工程,免费开展农民就业培训和职业技能鉴定,打造出一批有影响力的“打井村”、“厨师村”、“保姆村”等劳务专业村。探索培训方式和内容,开展企业岗位订单式培训、农村实用农技培训等。如根据造纸等主导产业发展的需求,支持创办浙西造纸中专,通过订单培训等形式,近年已为造纸产业发展提供3000多名高素质的熟练工。

(四)优化支出结构,破解统筹发展难点

农村是城乡统筹发展的重点和难点。龙游县始终把推进新农村建设放在突出位置,坚持财力分配向农村倾斜,五年投入新农村建设资金达13.5亿元。一是大力推进农村基础设施建设。引导城市公共服务设施加快向农村延伸,形成以县城为核心,以中心镇、中心村为基本联接点,覆盖城乡的公共服务设施网络体系。实施“乡村康庄”工程,投入1.2亿元,全面实现村村通公路,行政村道路硬化率在全市率先达100%。投入2亿多元,与中央国债资金统筹安排使用,实施城市自来水向农村延伸项目,完成塔石、石佛片农民饮用水主体工程,横山片饮用水进村入户。加大对城乡垃圾处理设施支持力度,设立溪口、湖镇等中心镇垃圾中转站,实现城乡垃圾中转无缝对接。积极推广大街乡贺田村“垃圾源头分类可追溯、减量处理再利用”机制,农村环境得到明显改善。二是完善社会保障体系。将社会保障纳入财政工作体系，不断扩大社会保障覆盖面。出台《关于城区土地征用人员参加社会保障实施意见》、《龙游县被征地农民基本生活保障实施办法》等一系列政策，构建多层次的被征地农民保障体系，保障失地农民利益。三是支持社会事业发展。在全省率先推进全县3家公立医院综合改革，实现基本药物"零差率"销售制度城乡全覆盖。按照"20分钟医疗卫生服务圈"要求，推进乡镇卫生院（社区卫生服务中心）标准化、规范化建设。优化城乡教育布局，完成龙三中迁建等教育设施建设，完善义务教育教师绩效工资制度，推进城乡教育均衡化发展，使农村学生同样享受优质教育。

（五）加强资金整合，提升统筹发展绩效

当前，财政资金往往存在来源多口、管理多头、使用分散等问题，影响了财政资金效益的发挥。因此，着眼打破行业界限、部门分割，进行资金有效整合，"集中财力办大事"。一是依托平台抓整合。围绕工业园区、农业"两区"、美丽乡村创建、城乡基础设施建设等平台，建立起财政资金捆绑使用机制，做到"统筹发展的重点定在哪里，财政项目资金就跟到哪里"，充分发挥项目资金的叠加效应。五年来共整合资金8亿多元，投入到城乡统筹发展的重点领域、重点项目。二是创新机制抓整合。建立县级资金整合平台和项目整合领导小组，对各级财政分配的资金和部门预算项目建设资金及社会融资等进行有效整合。出台《龙游县涉农项目管理办法（试行）》、《龙游县财政支农资金管理办法》、《龙游县涉农项目管理办法实施细则》等政策，为支农资金整合提供制度保障。三是强化监管促整合。项目资金实行专户管理，并统一由县会计核算中心进行专账核算和国库集中拨付。对未按要求实施的整合项目，采取停止拨款、追回资金、取消项目申报资格等处罚措施。财政、纪委、审计、监察等部门通力协作，加强资金整合使用绩效评价和监督检查，从而提高城乡建设资金的使用绩效。

二、取得的初步成效

（一）城乡经济融合发展

构筑形成龙游工业园区和城南、湖镇工业区块"一区两块"工业发展空间布局，全面启动衢州绿色产业集聚区龙游大平台建设，工业经济提速增效，特种纸、装备制造、纺织服装等主导产业初具规模。现代农业"两区"建设全面启动，在建主导产业示范区6个、特色农业精品园13个，带动农户7.6万户。全县拥有省市县三级农业龙头企业77家，农产品加工率达46%以上，年产值近20亿元。连续举办旅游文化节等系列活动，接待国内外游客数、旅游总收入年均分别增长24.5%和27.1%，成功创建省级旅游经济强县。

（二）城乡交通网络不断完善

目前，全县已形成"两横两纵一环十连"的交通框架，杭金衢、杭新龙、龙丽三条高速公路在龙游交汇，并建成全省县级城市中第一条城市环线。利用浙赣铁路电气化改造契机实现铁路南移，客站、货站分离。完成21省道龙游段"白改黑"工程、46省道龙游城南段"白改黑"工程、东环线至龙北开发区道路等项目，启动衢江四级航道开发工程。全县完成乡村康庄工程420公里，实现通行政村公路等级率和硬化率"双百"的目标。建成5个农村准四级客运站、120多个港湾式停靠站等场站设施。

（三）城乡面貌焕然一新

目前，已形成城市环线内50平方公里的城市发展空间，城市建成区面积由原来的2.6平方公里扩大到11平方公里。龙洲公园、江滨公园、荣昌广场等一批城市景观以及综合高中、人民医院、自来水二厂等基础设施项目的建成使用，完善了城市功能，提升了城市品位，先后通过省级卫生县城、文明县城复评验收，跻身省级园林城市，入选浙江十大新魅力城市。完成全县256个村庄整治建设，申报创建精品村30个，建成省市级全面小康示范村16个、农家乐特色村4个、畲族文化特色村1个，形成浙西大竹海、十里荷花富硒产业等精品农业观光带，以"一线一环"为重点的美丽乡村形象初步显现。

（四）城乡差距逐步缩小

2011年，城镇居民人均可支配收入达到22270元，农村居民人均纯收入达到10149元，城乡收入比为2.19:1，优于全省平均水平。全县贫困人口逐年减少，年收入低于2500元的低收入人口减少比例在20%以上。城乡各项事业均衡发展，社保制度首次实现城乡全覆盖，城乡居民社会养老保险参保人数达18.5万人，城乡居民合作医疗保险参保率达到95.4%。农村五保和城镇"三无"人员集中供养率分别达93.6%、100%。免费义务教育全面推行，农村教育"五项工程"累计改造校舍33.1万平方米，资助贫困生5.5万人次，困难家庭子女免费入学率达到100%，成为全市首个全面建成省市级教育强乡（镇）的县。五年来，改造农村住房1.3万户，新建保障性住房5.3万平方米，农民饮用水新增受益人口16.5万人。

（五）城乡居民素质不断提高

五年来，已培训农民近8万人，转移农村劳动力4.3万人，新增城镇就业2.4万人，实现下岗失业人员再就业0.97万人，城镇登记失业率始终控制在4%以内。与此同时，在实施统筹城乡发展建设和谐新农村的过程中，带动了农民思想观念的转变，村与村之间比建设、比致富的增多了，农民参与赌博、搞封建迷信的减少了，在农村形成了干事创业、和谐奋进的良好局面。

财政工作大事记

zhejiang caizheng nianjian

浙江省

一月

1月1日　是日起，浙江省对小型和微型企业免征企业注册登记费、税务发票工本费等32项行政事业性收费项目，免征期3年。

1月5~6日　全省财政地税工作会议在杭州召开。省长夏宝龙到会并讲话。省人大常委会副主任冯明、省政府秘书长张鸿铭出席会议。省财政厅党组书记、厅长兼省地税局局长钱巨炎作工作报告。

1月9日　省财政厅印发《关于规范省财政厅工作人员在外兼职行为暂行办法》。

1月11日　根据浙政干〔2012〕16号文件，罗石林任省财政厅巡视员；根据浙组干任〔2011〕25号和浙政干〔2012〕12号文件，朱忠明不再担任省财政厅党组成员、副厅长，王广兵任省财政厅党组成员、副厅长。

1月12日　省十一届人大五次会议审查批准省人民政府提出的2012年省级预算，同意省财政厅受省人民政府委托所作的《关于2011年全省和省级预算执行情况及2012年全省和省级预算草案的报告》。

是日　省财政厅下发《关于提高2012年城乡居民基本医疗保障财政补助等标准的通知》，明确各级财政人均补助标准达到250元以上，同时省财政对全省两类六档地区转移支付标准分别提高到每人每年165元、149元、132元、99元、66元、36元。

1月13日　省委检查组对省财政厅2011年落实党风廉政建设责任制和推进惩防体系建设等情况进行检查。厅党组成员、纪检组长秦忠作专题汇报。

1月29日　省财政厅在门户网站公开经省人代会审议通过的《关于2011年全省和省级预算执行情况及2012年全省和省级预算草案的报告》和省本级总预算。

1月30~31日　省财政厅召开理论学习中心组学习会暨处长会议，传达学习省“两会”、省纪委十二届八次全会精神，进一步明确财税支持经济转型升级和社会各项事业发展的工作思路和对策措施。

二月

2月1日　浙江省取消船名牌工本费、医疗仪器质量检测费等6项涉企行政事业性收费项目。

2月10日　厅长钱巨炎赴嘉善开展“进村入企”大走访活动，同时调研乡镇财政建设工作。

2月14日　根据省编委浙编〔2012〕5号文件，省财政厅设立省道路交通事故社会救助基金管理中心。

2月16日　省财政厅召开领导班子和领导干部年度考核大会。厅长钱巨炎代表班子述职述廉。

2月20日　省政府办公厅出台《关于印发浙江省生态环保财力转移支付试行办法的通知》，全面实施省对市县的生态环保财力转移支付。

2月23日　省财政厅成立浙江省数字财政建设领导小组，厅长钱巨炎任组长。

2月27日　根据《浙江省人民政府关于2011年度省直单位工作目标责任制考核情况的通报》，省财政厅在2011年度省政府工作目标责任制考核中获优秀单位（排名第一），这是自2003年以来省财政厅连续第9年获此殊荣。

2月中旬　厅长钱巨炎赴开化县、淳安县，厅纪检组长秦忠赴衢州市，副厅长魏跃华赴临安市，副厅长王广兵赴嘉善县，开展“改善服务环境”百组调研活动。

2月　66家省级部门在各自门户网站公开本部门的部门预算，公开内容较上年更加细化。

三月

3月6日　《浙江财税与会计》杂志召开编委会会议，厅长钱巨炎出席会议并讲话。

是日　浙江省财政学会六届三次常务理事会在杭州召开，省财政厅厅长、省财政学会会长钱巨炎出席会议，并对学会工作提出要求。

3月13日　《浙江通志·财政卷》编纂委员会成立，厅长钱巨炎任编委会主任。是年11月，《财政卷》编纂篇目大纲通过专家论证。

3月19日　根据浙组干通〔2012〕93号文件，侯余兴同志为副厅级干部。

3月19~22日　财政部副部长李勇来浙江调研农业保险工作，对进一步做好农业保险工作提出要求。

3月22日　省政府第89次常务会议听取厅长钱巨炎关于《2012年省级政府预算及重点项目资金安排》的汇报。

四月

4月1日　省财政厅印发《关于试行将"农家乐"纳入省级会议培训定点范围的通知》，试点将第一批11家"农家乐"纳入省级会议、培训定点范围。

4月20日　根据省编委《关于省财政厅所属事业单位清理规范的函》（浙编办函〔2012〕71号），浙江省财税信息中心更名为浙江省数字财政管理中心。

4月26日　省财政厅印发《关于进一步支持工业经济平稳较快增长促进工业由大变强的意见》。

4月27日　省财政厅召开全省国库集中支付改革工作会议，总会计师赵立妙出席会议并讲话。

五月

5月1日　省财政厅、省物价局决定在慈溪、桐乡等17个水资源严重短缺的地区率先推行超计划用水累进加价制度。

5月3日　全省加强乡镇财政管理与促进乡镇公共服务平台建设试点工作会议在开化县召开，副厅长王广兵到会并讲话。

5月11日　省财政厅及时归还2009年浙江省政府债券（一期）本息资金40.71亿元。至此，结束由财政部代理发行的第一期浙江省政府债券还本付息工作。

5月18日　省政府第93次常务会议听取厅长钱巨炎关于《浙江省党政机关公务用车配备使用管理办法》有关情况的汇报。

5月23日　省财政厅公布《2011年浙江省政府性基金项目目录》。

5月25日　省政府印发《关于全面推进预算绩效管理的意见》，决定从2012年度起将省政府直属单位的预算绩效管理工作纳入省政府目标责任制一类目标考核内容。

5月28日　省财政厅印发《关于进一步深化省级预算单位公务卡改革有关事项的通知》，将改革覆盖到与省财政有经费预算关系的所有行政机关、事业单位（包括"省部共建"的高校）、社会团体和企业。

5月31日　省财政厅印发《关于加强乡镇财政管理与促进乡镇公共服务平台建设试点工作的指导意见》，决定从2012年起选择若干个县（市、区）开展加强乡镇财政管理与促进乡镇公共服务平台建设相结合的试点工作。

六月

6月1日　浙江省提高城乡居民社会养老保险基础养老金最低标准至80元，并从7月1日起提高城乡居民社会养老保险省财政补助标准，即全省两类六档地区基础养老金月人均补助标准分别为80元、72元、64元、48元、32元和27.5元。

是日　省财政厅陈列室布展筹备委员会成立，厅长钱巨炎任筹委会主任。

是日　省财政厅印发《关于加强和规范社会保障基金财政专户管理有关问题的通知》，就社保专户归口管理后的职责划分等方面作出规定。

6月11日　省政府下发《关于深化浙江省农村电网体制改革的指导意见》（浙政办发明电〔2012〕143号），全面启动省深化农村电网体制改革。是年8月31日，省财政厅与浙江省电力公司签署《关于21家省属县（市、区）供电企业国有产权整体无偿划转》协议书。是年11月22日，国务院国资委正式批复浙江省农网资产上划。

6月12日　省财政厅党组召开理论学习中心组学习会，传达省第十三次党代会精神，结合财政收入形势及财税工作任务，研究下一步贯彻落实省委、省政府各项决策部署的工作措施。

6月20日　省政府批复同意组建浙江省金融控股有限公司，

注册资本120亿元,并同意将浙江省财务开发公司的金融股权和政府性基金资产划转至省金融控股公司。

6月21日　根据省编委办《关于增设省财政厅内设机构和增加行政编制处级领导职数的批复》,省财政厅设立省级文化企业国有资产监督管理办公室。

是日　省财政厅召开廉政风险防控示范点建设动员部署会,纪检组长秦忠传达全省惩防办主任会议精神,对全厅深化廉政风险防控示范点建设进行动员部署。

6月26日　省财政厅印发《关于实施浙江省省级预算单位公务卡强制结算目录的通知》,规定办公费、印刷费、咨询费、差旅费等16项公务支出实行公务卡结算。

6月28日　省财政厅下发《浙江省财政厅廉政风险防控工作示范点建设实施方案》,确定厅采监处、农发办、审核中心、农审中心等4个部门(单位)作为财政厅内部廉政风险防控工作示范点。

6月　省财政厅与浙江银监局、省金融办制定《浙江省政府采购支持中小企业信用融资试点办法》。8月25日,与中信银行杭州分行等6家银行签署合作协议,正式启动该项目,并首先在省本级政府采购供应商中开展试点。

七月

7月5日　省政府出台价格调节基金政策,省级按照原有资金来源渠道不变、资金使用方向不变、资金审批管理权限不变的"三不变"原则整合设立价格调节基金,并要求各地按省政府规定于2012年底前建立本地区的价格调节基金。

7月6日　国务院农村综合改革工作小组将浙江省列入首批农村综合改革示范试点省份。

是日　省财政厅印发《浙江省政府采购供应商质疑处理办法》。

7月11~13日　全省农业财政工作会议在温州召开,副厅长王广兵出席会议并讲话。

7月20日　省财政厅印发《浙江省财政专户管理暂行办法》。

7月25日　国务院常务会议决定将浙江省列入"交通运输业和部分现代服务业营业税改征增值税"试点范围。7月31日,财政部、国家税务局发文要求浙江省应于2012年12月1日完成新旧税制转换。

7月30日　省财政厅发布《关于编制2013年省级预算的通知》。

八月

8月10~11日　财政部部长谢旭人一行来浙考察调研。谢部长一行深入浙江淳安农村考察农村污水处理、视察千岛湖湖中心水环境质量及有关污水处理系统,调研新安江流域生态补偿机制试点工作情况,并听取浙江财政工作情况汇报。期间,与省委书记、省人大常委会主任赵洪祝进行座谈交流,省长夏宝龙、副省长陈加元陪同考察调研。

8月13日　根据浙干任〔2012〕35号文件,杜祖国任浙江省金融控股有限公司党委委员、书记。根据浙干通〔2012〕71号文件,杜祖国任浙江省金融控股有限公司总经理。

8月13~17日　全省财政地税系统局长培训班在杭州举行,100位各市县区财政地税局长参加。期间,召开全省财政地税局长会议暨全省财政地税系统反腐倡廉建设工作会议,省财政厅党组书记、厅长兼省地税局局长钱巨炎同志讲话。

8月14日　省财政厅公布《2012年浙江省政府非税收入项目目录》。

8月17日　省政府第96次常务会议听取厅长钱巨炎关于浙江省开展营业税改征增值税试点工作情况的汇报,同时,决定成立以省委常委、常务副省长龚正同志为组长的"营业税改征增值税试点工作领导小组",办公室设在省财政厅。

8月23日　省财政厅、人民银行杭州中心支行印发《关于推行乡镇财政国库集中支付制度改革的指导意见》,并选择嘉善等5个县实施乡镇国库集中支付制度改革试点。标志着浙江省乡镇财政国库集中支付正式启动。

8月24日　根据《关于建立浙江省金融控股有限公司董事会及杜祖国同志任职的通知》(浙政干〔2012〕52号),杜祖国同志任浙江省金融控股有限公司董事、董事长。

8月27日　省财政厅、省地税局联合印发《关于扶持金融业发展有关财税政策的通知》。

8 月 31 日　省财政厅印发《关于调整我省地方体育彩票公益金分成比例的通知》，调整了体育彩票公益金省与市县分成比例，并向市县倾斜。

8 月～11 月　省财政厅开展处级干部选拔调整工作，厅机关及厅属单位提拔 9 名正处级干部、6 名副处级干部、3 名调研员、5 名副调研员，6 名处级干部进行了岗位交流。

九月

9 月 7 日　省财政厅及时归还2009年浙江省政府债券（二期）本息资金 27.60 亿元。至此结束由财政部代理发行的第二期浙江省政府债券还本付息工作。

9 月 14 日　省政府第97次常务会议听取厅长钱巨炎关于完善浙江省财政体制的汇报。

是日　省财政厅印发《关于加强政法经费使用管理工作的意见》。

是日　省政府办公厅公布《浙江省 2013 年度政府采购目录及标准》。

9 月 19 日　浙江省金融控股有限公司成立大会暨浙江省海洋产业投资基金启动仪式在杭州举行，省长夏宝龙出席并为浙江省金融控股有限公司揭牌，副省长朱从玖致辞。

是日　省十一届人大常委会第86次主任会议听取和审议省人民政府关于浙江省 2011 年财政总决算和省级财政决算的报告。

9 月 19～21 日　全省财政地税系统2012年运动会在绍兴市举行。

9 月 21 日　省财政厅组织招标发行2012年浙江省政府债券。此次自行发债共分两期，规模总计 87 亿元（不含宁波）。其中：5 年期债券 43.5 亿元，利率 3.30%，7 年期债券 43.5 亿元，利率 3.47%。

9 月 26 日　省财政厅印发《浙江省道路交通事故社会救助基金管理中心章程（试行）》。

9 月　国务院农村综合改革工作小组对浙江省清理化解农村义务教育债务工作进行考核验收。是年 12 月下达验收结论，同意浙江省通过清理化解农村义务教育债务工作考核验收，并予以表扬。

十月

10 月 15 日　省政府下发《浙江省人民政府关于完善财政体制的通知》，重点调整完善金融业及电力生产企业税收收入预算分配管理体制，建立区域统筹发展激励奖补机制和促进发展奖补机制，并就推进专项性一般转移支付改革、加强乡镇财政管理、提高财政资金使用绩效作出规定。新体制自 2012 年 1 月 1 日起试行。

10 月 16～17 日　厅长钱巨炎到丽水市青田、景宁两县，就 2012 年财政工作情况及 2013 年全省财政工作思路进行专题调研。

10 月 17 日　省政府下发《浙江省人民政府关于舟山市财政体制问题的通知》，明确自 2012 年起，将省对岱山县、嵊泗县财政体制相关职能委托给舟山市管理。

10 月 18 日　浙江省财政改革与发展座谈会在遂昌县召开，全省 32 个县（市、区）政府主要领导和各市、县（市、区）财政局局长参加会议。厅长钱巨炎出席会议并讲话。

10 月 18～21 日　省财政厅组织2012年度教授级高级会计师资格评审，12 人通过评审，取得教授级高级会计师资格。

10 月 22 日　省财政厅、人民银行杭州中心支行、省金融办联合印发《浙江省直接债务融资奖励暂行办法》，对于为企业发行债务融资工具提供主承销服务的金融机构，由省财政安排专项资金进行奖励。

10 月 24 日　省财政厅、省物价局公布《2011 年浙江省行政事业性收费项目和收费标准目录》。

10 月 27～28 日　省财政厅组织全国会计专业技术资格考试（浙江考区）。

10 月 30 日　全省道路交通事故社会救助基金管理工作会议在杭州召开，会议明确市、县（市）均应设立具有独立法人资格的救助基金管理机构，履行救助基金管理职责。

10 月下旬　根据省委统一部署，省直单位届末考察组对省财政厅领导班子和领导干部进行届末考察。

十一月

11 月 1 日　厅长钱巨炎赴杭州及所辖部分县(市、区),就2012年财税工作情况及2013年全省财税工作思路进行专题调研。是月,其他厅领导也先后赴相关市县开展调研。

11 月 8~14 日　厅党组书记、厅长钱巨炎作为十八大正式代表出席中国共产党第十八次全国代表大会。

11 月 12 日　省财政厅制定《浙江省海岛及边境地区转移支付资金管理办法》。

11 月 13 日　省财政厅、省水利厅、人民银行杭州中心支行共同调整浙江省农田水利建设资金分成政策,将地方从土地出让收益中计提的农田水利建设资金分成比例由省20%、地方80%调整为中央20%、省16%、地方64%,上缴省财政的资金不再执行土地出让收益率最低按20%计算的标准。

11 月 19 日　省财政厅、省地税局召开厅局干部大会,省财政厅厅长兼省地税局局长钱巨炎传达十八大精神,并提出学习宣传贯彻十八大精神的具体要求。

是日　省财政厅综合处与省财政票据管理中心实行一体化运作。

11 月 19~20 日　省财政厅党组召开理论学习中心组学习会,传达学习贯彻十八大精神,并结合年底调研和财政、地税工作及队伍建设实际,研究年底前和2013年工作思路。

11 月 22 日　全省企业财政财务管理工作会议在舟山市召开。

11 月 26 日　财政部副部长王军带队调研"营改增"试点工作,充分肯定浙江省营改增试点准备工作。

11 月 27 日　省财政厅、省国税局、省地税局、人民银行杭州中心支行等部门联合印发《关于实施营业税改征增值税试点期间预算管理等问题的通知》,明确试点期间有关预算管理问题。

是日　省财政厅、省民政厅联合印发《浙江省自然灾害生活救助资金管理暂行办法》。

11 月 27~29 日　2012年全省财政决算工作会议在杭州市余杭区召开,总会计师赵立妙参加会议并讲话。

11 月 29 日至 12 月 9 日　国家农发办综合检查组对浙江省2011年农业综合开发项目建设情况开展综合性检查,并实地抽查杭州市萧山区、富阳市、嘉兴市南湖区和秀洲区、平湖市农业综合开发项目建设情况。

11 月 30 日　省财政厅、省国税局、省地税局联合印发《关于实施营业税改征增值税试点期间过渡性扶持政策的通知》,明确从2012年12月1日起,实施过渡性扶持政策,重点是对浙江省"营改增"试点过程中因新老税制转换而增加税负的企业给予补助。

十二月

12 月 1 日　浙江省"营改增"试点工作成功启动,顺利完成新旧税制转换。

12 月 5~6 日　全省行政事业资产管理工作会议在丽水市召开,总结部署资产管理工作。

12 月 6 日　财政部部长助理刘红薇一行来浙调研,并与在浙全国人大代表座谈。

12 月 7 日　省财政厅、省国税局、省地税局、人民银行杭州中心支行等部门联合印发《关于完善体制后税收征管及预算管理等事项的通知》,明确财政体制调整后电力企业、金融业税收征管及预算管理等有关事项。

12 月 12 日　全省村级公益事业建设一事一议财政奖补工作会议在玉环县召开,副厅长王广兵到会并讲话。

是日　省财政厅出台《浙江省财政总预算会计管理基础工作规定实施办法》,为加强财政资金安全管理提供制度保障。

12 月 17 日　省财政厅出台《浙江省省级事业单位出资企业国有资产管理暂行办法》,健全对事业单位出资企业国有资产保值增值考核和责任追究制度。

12 月 24 日　省财政厅、省民政厅调整舟山市福利彩票资金分成比例,支持舟山群岛新区建设。

12 月 26 日　以省财政厅财政监督局、绩效管理处和省财政项目预算审核中心为基础的新财政监督局组建完毕，财政监督局实现一体化运行。

12月27日　省财政厅、省地税局联合印发《浙江省地方水利建设基金征收和减免管理办法》，自2013年1月1日起施行。

是日　省财政厅印发《浙江省数字财政建设总体规划》。

12月28日　省财政厅印发《关于增设专项性一般转移支付收支科目的通知》，推进省级专项性一般转移支付管理改革。

12月31日　省财政厅会同省物价局发出通知，规定自2013年1月1日起取消进网许可标志工本费等10项行政事业性收费，免征因公护照费等9项行政事业性收费，全面免征浙江省的财政票据工本费。

12月　《公共服务均等化的基础——浙江省财政体制演变与创新》一书由浙江人民出版社出版发行，弥补了一直以来缺乏系统描述浙江财政体制演变历程完整资料的空白。

12月　浙江省实现全省（不含宁波）财政性教育支出739.91亿元，占公共财政支出21.52%，超额完成中央21%的考核任务，为全国教育支出达到GDP的4%做出贡献。

（省财政厅供稿　王　琛执笔）

杭州市

1月6日　省财政厅厅长兼省地税局局长钱巨炎率省财政厅、省地税局领导班子到市财政局新年慰问。

1月9日　杭州市财税系统举行以“财情激扬·税月如歌”为主题的局系统春节联欢会。

1月17日　市财政（地税）局召开民主评议行风活动总结大会。

1月30日　市财政局创新预算编审模式，成立8个审查小组，由局领导牵头，各业务处室参加，首次试行部门预算联合审查制度，提高部门预算编制质量。

2月7日　召开全市财税系统干部大会。市财政（地税）局党委书记、局长金翔以《夯实基础 着眼基层 稳中求进抓实抓好财税各项工作》为题，部署2012年杭州市财政地税工作。

2月18日　市财政局在杭州市2011年度综合考评中名列第5，被评为优胜单位（满意单位）。

2月29日　财政部经济建设司曾晓安副司长、国家发改委环资司谢极副司长一行考察杭州市节能减排项目。市财政局代表杭州市汇报节能减排政策综合示范试点实施方案。

3月5日　市财政局开展“进村入企、服务基层”大走访活动。局党委书记、局长金翔带队深入走访基层农村，服务“三农”建设。

3月8日　市财政（地税）局党委书记、局长金翔带领市财政局相关负责人做客杭州电台《民情热线》直播室，倾听群众对财税工作的意见和建议。

3月16日　杭州市市委常委、市纪委书记罗悦明一行到市财政局调研党风廉政建设和反腐败工作，实地走访12366财税咨询服务和投诉中心。

3月19日　市财政局召开2011年度局综合考评总结暨2012年深化作风建设大会。

3月27日　市财政局与南京市财政局举行缔结友好局签约仪式。市财政局党委书记、局长金翔以及南京市财政局党组书记、局长林克勤共同出席。

4月17日　财政部条法司司长耿虹、副司长王克冰一行到市财政局调研依法行政依法理财及财政立法后评估工作。

4月18日　市财政局召开2012年一季度全市财政局长工作座谈会。

4月24日　市财政（地税）局启动“百家浙商企业财税政策面对面活动”，在杭近百家浙商企业参加启动仪式。

5月4日　市财政局团委召开2012年“五四”表彰暨“青春与财税同行 激情与使命同在”主题活动推进会。

5月11日　市财政（地税）局召开第二届“以税说事（法）”税收动漫脚本创意大赛表彰大会。

5月31日　市财政（地税）局召开“健全财政可用财力稳定增长机制重点项目进展情况”专题会议。

6月5日　国家税务总局纳税服务司司长张树学视察浙江财税12366服务中心。

6月15日　市财政(地税)局召开处级领导和非领导职位竞岗选拔动员会议。至7月底,选拔10名正处级、12名副处级领导干部和5名处级非领导职务干部,对23名处级领导干部进行交流。

6月28日　市财政(地税)局召开庆祝中国共产党成立九十一周年大会,局党委书记、局长金翔在会上讲话。

7月4日　根据市委干〔2012〕297号文件,王希同志兼任中共杭州市财政局委员会副书记;龚萍同志任中共杭州市财政局委员会委员、副书记。

7月18日　杭州市委副书记、市长邵占维到市财政局调研指导工作。

7月23~24日　市财政局召开全市财政国库管理制度改革工作会议。

7月27日　财政部采购办主任王瑛一行到杭州市公共资源交易中心调研,高度认可杭州市政府采购"网上商城"项目。

8月1日　杭州市正式上线运行《税友龙版》。浙江省财政厅党组副书记、省地税局常务副局长单美娟,省地税局副局长劳晓峰一行到场检查指导。

8月2日　市财政(地税)局召开2012年全局工作年中动员布置会。

8月6日　市财政(地税)局副处级领导干部综合能力提升班在上海复旦大学开班。局党委副书记龚萍出席开班仪式并作动员讲话。

8月9日　根据杭政干〔2012〕30号文件,朱党斐任杭州市财政局副局长。

8月10日　市财政(地税)局召开以"收入计划与征管措施"为主题的全市地税系统组织收入工作会议。

8月13日　根据杭政干〔2012〕33号文件,谢永任杭州市财政局副局长。

9月5日　浙江省审计厅对杭州市人民政府2011年度财政决算审计工作进点会在市财政局召开,正式开展2012年省审计厅对市财政的"上审下"工作。

9月10日　杭州市委常委、组织部长张仲灿一行来市局调研。

9月19日　市财政(地税)局召开全市"营改增"试点工作会议。

9月26日　市财政(地税)局被杭州市人民政府授予"2011年度全面推进依法行政示范单位"称号。

10月8日　杭州市委第二巡视组组长徐国联一行到市财政(地税)局,召开巡视回访检查动员会,跟踪了解、督促检查巡视时对财税各项工作提出的整改要求。

10月19日　市财政(地税)局召开巡视回访检查情况反馈会。巡视组组长徐国联通报回访检查情况,满意度测评为100%。

11月1日　省财政厅厅长兼省地税局局长钱巨炎到市财政局工作调研,听取来自企业界代表对财税工作的意见和建议,杭州市委副书记、市长邵占维出席座谈会。

11月19日　市财政(地税)局召开局党委扩大会议,传达学习党的十八大精神。

11月20日　市财政(地税)局召开全市财政局长工作座谈会。研究部署完成各项财政收入任务,谋划来年各项财政工作。

11月26日　杭州市注册会计师行业党委举行"优组织、强技能、创先争优、喜庆党的十八"党建与业务知识竞赛。

11月28日　市财政(地税)局再次被评为市级文明机关,在81个市级文明机关中名列前五。

12月11日　浙江省"营改增"试点工作汇报会在杭州召开。国家税务总局党组副书记、副局长解学智出席会议。

12月18日　市财政(地税)局举行学习党的十八大精神辅导报告会。省委党校副校长郑仓元教授为全局党员干部作辅导报告。

12 月 31 日　杭州市人大常委会副主任洪航勇、项勤一行到市财政局，听取全市财政预算收支情况并慰问全市财税系统干部。

是日　杭州市委副书记、市长邵占维，市委常委、常务副市长杨戌标，市委常委、副市长袁野等领导，到市财政（地税）局慰问干部职工。　（杭州市财政局供稿　徐岳军执笔）

宁波市

1 月 9 日　召开全市财税工作会议，传达贯彻全国财政、税务工作会议精神，总结回顾 2011 年全市财税工作，部署安排 2012 年财税工作任务。局长胡谟敦作《促进发展 保障民生 在稳中求进中发挥财税更大的职能作用》的工作报告。

2 月 9 日　市局召开全市财税系统党风廉政建设工作会议。局长胡谟敦出席并讲话，纪检组长陈仰家代表局党委作工作报告。

2 月 17 日　市局获得 2011 年度全国会计管理工作“会计标准管理奖”。

2 月 20 日　市文改办、市财政局制定文化产业发展专项资金使用管理办法，以充分发挥政府的引导、扶持和服务作用，进一步推动文化产业发展。

3 月 6 日　中共宁波市委、宁波市政府通报表彰宁波市创建全国文明城市“三连冠”工作的先进集体和先进个人，市局获创建全国文明城市先进单位称号、6 名同志获先进个人称号。

3 月 13 日　为加快智慧财税建设，提高财税信息化管理水平，市局在余姚召开宁波市智慧财税一期项目开发试点启动会，副局长范国伟主持会议。

3 月 22 日　市局召开党委理论学习中心组（扩大）会议，邀请市委党校副校长冯建波教授作《大力弘扬“三思三创”精神 为基本建成现代化国际港口城市而奋斗》的讲座，局党委书记、局长胡谟敦出席会议并讲话。

3 月 26 日　市财政局、市外贸局制定《关于印发我市开放型经济发展的若干措施的通知》，支持企业调结构、拓市场，提高企业外贸竞争力。

4 月 13 日　市局召开新一届党风廉政建设特邀监督员会议，聘请 17 位社会各界人士为市局新一届党风廉政建设特邀监督员。

4 月 20 日　财政部条法司司长耿虹一行来宁波开展财政部门依法行政依法理财及立法后评估专题调研。

5 月 21 日　市财政局召开干部会议。宁波市委常委、常务副市长寿永年出席会议并讲话。市委组织部副部长张良才宣读市委关于叶双猛同志任宁波市财政局党委书记、局长的决定。

5 月 25 日　根据宁波市人民政府文件通知，免去王跃鹏、章翠飞、杨军同志宁波市财政税务局副局长职务。

是日　市财政局、市经信委制定《推进中小微企业健康发展的扶持办法》，加大对中小微企业的扶持力度，推进中小微企业平稳健康发展。

5 月 30 日　宁波市财政学会被市社科联评为 2011 年度社科联学术活动先进集体。

6 月 6 日　由财政部国际司、国家发改委外资司和世界银行联合举办的世界银行贷款项目创新经验研讨会在宁波召开，国家发改委规划司、住建部村镇建设司、国家农业综合开发办、铁道部外资中心、世行邀请的专家及各省财政（局）厅、发改委等相关部门代表参加会议。

7 月 6 日　市局组织召开半年度税收收入形势分析会。各地在会上总结回顾了各单位上半年组织收入情况，并就当前及后期组织收入工作中存在的问题提出了对策和建议。

7 月 18 日　开通全市财税视频会议系统。

7 月 25～26 日　宁波市注册会计师行业党建工作现场经验交流会在慈溪市召开。会议回顾总结上半年行业党建工作情况，布置下半年工作任务。

7 月 31 日　局长叶双猛、副局长范国伟一行赴奉化市财税局调研。

8月12~13日 财政部部长谢旭人一行来宁波调研。期间，听取宁波市财政经济工作情况和防台抗灾工作汇报，并慰问受灾企业和群众。

8月23~24日 召开全市财税工作座谈会。会议简要回顾1~7月全市财税工作，分析财政经济形势，结合全国财政厅（局）长座谈会精神，安排下阶段财税工作任务。局长叶双猛作工作报告。

9月13~17日 由财政部监督检查局副局长张强带队的财政部工作组来宁波督导检查财政专户清理整顿情况和国库集中收付制度改革进展情况。

9月17日 根据宁波市人民政府甬政干〔2012〕25号文件通知，苏丹旦任宁波市财政局副局长。

9月18日 财政部地方政府性债务专项检查组正式进点宁波并召开进点见面会。局长叶双猛以及相关处室负责人、市本级政府性投资公司相关负责人和其他将接受检查的四个县（市）区财政局主管领导等参加会议。

9月22日 召开宁波市"十佳会计工作者"表彰大会，王冶等10名"十佳会计工作者"受到表彰。

9月24日 财政部在宁波召开全国金财一期工程建设项目验收工作座谈会。宁波作为全国地方金财一期建设项目验收的唯一试点单位，在会上交流经验。

是日 召开金财一期工程宁波市建设项目竣工验收会暨现场观摩会。验收委员会由财政部信息网络中心、市发改委、市财政局、市审计局、市档案局等单位代表及有关专家组成。财政部信息网络中心邀请各省（市、区）信息中心负责人现场观摩宁波市金财一期工程建设项目竣工验收会

9月25日 召开全市财政税收形势分析会，局长叶双猛、副局长贺也贞参加会议。

10月24日 市财政局、市环保局制定环境保护专项资金使用管理办法，加强和规范专项资金的使用管理，促进污染防治，改善环境质量。

11月2日 财政部行政政法司副司长陈志斌一行到市局调研行政单位资产管理工作开展情况，听取副局长苏丹旦的汇报。

11月8日 市委常委、市委组织部部长杨立平一行莅临市局调研工作。

11月13日 召开全市公务用车重点检查座谈会。会议由副局长苏丹旦主持，市政府办公厅副秘书长、市政府办公厅主任高庆丰代表市公车治理领导小组向专项检查组汇报市党政机关公务用车问题专项治理工作开展有关情况。

11月21日 根据中共宁波市委甬党干〔2012〕125号文件通知，贺也贞同志任中共宁波市财政局委员会副书记；张立权、高国平、张颖同志任中共宁波市财政局委员会委员。

是日 根据宁波市人民政府甬政干〔2012〕30号文件通知，张立权、高国平任宁波市财政局副局长（试用期一年）；张颖任宁波市财政局总经济师（试用期一年）。

11月23日 市局召开党委理论学习中心组（扩大）会议，学习党的十八大精神，研究部署下一步财税工作举措。市局党委书记、局长叶双猛就学习宣传贯彻十八大精神提出具体要求。

11月27~28日 智慧财税（一期）试点应用现场会召开，会议会议介绍智慧财税一期建设总体情况，交流试点单位工作经验，布置安排全市推广试点工作。

12月6日 市局举行党的十八大精神专题报告会，十八大代表、江东区划船社区党委书记俞复玲同志受邀为局干部职工作专题报告。

12月14日 宁波财税网（http://www.nbcs.gov.cn）蝉联"十五佳"网站称号。 （宁波市财政局供稿 高朋执笔）

温州市

1月18日 市局召开局党组民主生活会。市长陈金彪出席会议讲话。

2月21日 局长李步鸣受温州市政府委托，在温州市第十二届人民代表大会第一次会议上作《关于温州市2011年全市和市级预算执行情况与2012年全市和市级预算草案的报告》。该报告于2月24日通过大会审议。

2月29日　市局召开全市财政地税工作会议。市财政局局长李步鸣作工作报告。会议总结2011年财税工作，部署2012年工作任务。市委常委、常务副市长彭佳学出席会议并讲话。

3月14日　市政府办公室印发《温州市财政局主要职责内设机构和人员编制规定》，对市财政局主要职责、内设机构和人员编制进行调整。

4月16日　温州市人大常委会发文《关于决定詹永枢等任职的通知》，任命余中平为温州市财政局局长。

5月20日　市局联合财政部科研所开展《温州市金融综合改革财税支持政策研究》课题调研。

6月11日　市局召开市局公车改革动员会。局长余中平作动员讲话。会议落实温州市委市政府《关于温州市市级机关公务用车制度改革的实施意见》，部署市局公务用车制度改革工作。

6月14日　市局印发《温州市财政局 温州市地方税务局机关会议和公务接待管理办法》，明确公务接待管理办法，对本市财税系统人员在市域范围内从事公务活动确需用餐的，不超过每人每餐60元的标准。

7月3日　市局召开建议提案办理工作座谈会。会议听取人大代表、政协委员对财政部门建议提案办理的意见建议。局长余中平通报上半年全市财税收入情况及下一步工作思路。

7月11日　全省农业财政工作暨财政支农政策和资金管理培训会议在温州举办。财政部农业司、省财政厅、省农办等相关部门领导参加会议。

7月16日　市局会同市教育局印发《非营利性民办学校会计核算办法》（试行），本办法适用于按照国家民办教育综合改革试点要求登记为民办事业单位的各级学校和各类培训机构，包括幼儿园、小学、初中、普通高中、中等职业、高等教育学校以及培训机构等。

7月23日　市局印发《温州市级储备粮油财政补贴资金目标考核方案》，明确考核目标为温州市收储公司经营市级储备粮发生的费用，并以3260万元为目标考核基数，年终根据目标考核基数进行结算。

8月6日　印发《温州市财政地税局公务用车制度改革实施细则》，明确公务用车改革采取远程市场化、近程货币化的原则实行限额货币补贴。

8月7日　会同温州市民族宗教事务局印发《温州市少数民族发展资金和项目管理办法》，明确资金分配和使用范围，并对资金的管理和监督作了规定。

8月28日　市委常委、纪委书记陈晓明带队赴市财政局调研指导工作。局长余中平作工作汇报。

9月7日　市局印发《温州市财政地税系统工作目标责任制考核暂行办法》，明确考核对象分类、考核目标设置、考核赋分方法和考核结果运用。

9月17日　市局局长余中平走进“市长专线”直播室，接听并解答市民对财税等有关事项的咨询。

9月27日　市局召开振兴实体经济百日攻坚行动暨创建“五型机关”动员大会。局长余中平讲话。

10月9日　市局会同市水利局印发《温州市市级农田水利建设资金使用管理暂行办法》，规范资金分配、使用管理和监督检查。

10月24日　市局会同市文化广电新闻出版局印发《温州市实体书店建设扶持资金管理暂行办法》。规定自2012年起，每年安排300万元设立实体书店专项扶持资金，以资助、贴息、奖励等方式扶持实体书店发展。

11月1日　市局召开民主党派特约监督员恳谈会。聘请来自全市各行业的12位民主党派人士任市局特邀监督员，共商新形势下全市财税工作。党组成员、纪检组长卢小平代表市局作财税工作情况汇报。

11月6日　会同市科技局印发《温州市科技富民强镇示范专项行动计划资金管理办法》，明确科技补助开支范围、支持对象及方式。

12月3日　市局召开全市财政收入工作会议。会议研究部署2012年内和2013年组织收入工作安排。局长余中平要求各地以规范执法和防范税收审计风险为出发点完成全年收入任务，并对2013年财税工作提出要求。

12月5日　市局召开“学习十八大精神，谋划新思路”务虚会。各处室单位负责人分别汇报2012年工作目标完成情况和2013年工作目标和思路，各分管领导作点评。局长余中平作总结讲话。

12月18日　印发《温州市财政地税局中层后备干部竞争上岗和选拔任用实施方案》，确定通过民主推荐、综合测评、分组联评票决、面试、党组审议等环节进行中层干部选拔任用和后备干部竞争上岗。（温州市财政局供稿　李　侠执笔）

嘉兴市

1月16日　市财政局、市城乡规划建设管理委员会联合印发《嘉兴市可再生能源建筑应用专项资金管理办法》，助推嘉兴市可再生能源建筑应用示范城市建设。

1月17日　市长鲁俊对财政地税工作作出批示，肯定全市财税部门为“十二五”全市经济和社会事业发展开好局所作出的重要贡献，并要求全市财税工作者继续保持优良的行风作风，突出发展转型、发展惠民、发展保障，再立新功。

1月18日　召开市财政地税工作会议暨2011年度总结表彰会，传达全省财政地税工作会议精神，总结2011年财政地税工作情况，部署2012年财政地税工作，表彰2011年度财政地税工作先进集体和个人，局长马邦伟作《创新管理 稳中求进 推进全市经济社会事业科学发展》的工作报告。

2月10日　根据中共嘉兴市委和市政府文件通知，魏建明同志任嘉兴市财政局党委书记、副局长，马邦伟同志任嘉兴市财政局党委副书记。

2月14日　召开嘉兴市局领导班子述职会议，领导班子成员就2011年分管工作情况进行述职述廉，中层干部对领导班子成员进行民主评议。

2月15日　出台《关于强化财税政策引导支持浙商创业创新促进嘉兴发展的通知》，强化财税政策引导作用，支持浙商创业创新。

3月2日　召开全市财政地税系统党风廉政建设工作会议，局长马邦伟、纪检组长朱天文分别讲话。会上市局领导与各处室签定《党风廉政建设责任书》。

3月4日　嘉兴市委、市政府联合发文公布2010年度市级机关工作目标责任制暨五型机关创建考核结果，嘉兴市局获一等奖。

3月8日　市财政局、市城乡规划建设管理委员会联合印发《嘉兴市区生态绿道建设以奖代补实施办法》，推动市区生态绿道建设。

3月31日　市七届人大一次会议通过《关于嘉兴市2011年全市和市本级预算执行情况及2012年全市和市本级预算草案的报告》。

4月26日　印发《嘉兴市市级分散采购管理暂行办法》，规范政府分散采购行为。

5月8日　市局召开市“两会”建议提案交办会，布置2011年市“两会”建议提案办理工作，局长马邦伟、副局长吴贵敏到会并讲话。

5月21日　市财政局、市发展和改革委员会、市民政局、市人力资源和社会保障局、市卫生局联合印发《关于完善政府卫生投入政策的意见》，明确政府卫生投入基本原则、投入范围和方式等，深化市本级医药卫生体制改革。

5月28日　印发《2012年嘉兴市市级政府投资项目计划》，规范市级政府投资行为，提高政府投资效率。

5月29日　根据市政府文件通知，魏建明同志任嘉兴市财政局局长，姜东同志任嘉兴市财政局副局长。

6月21日　召开全体干部大会，局长魏建明讲话，对新形势下做好财税各项工作提出新要求。

7月5日　印发《嘉兴市财政局地税局科级领导干部任用管理暂行办法》，规范市财政局、地税局及各县（市）地税局科级领导干部任用管理工作。

7月10日　市政府印发《关于进一步做好市本级增收节支管理工作的通知》，要求各县（市、区）人民政府和市级机关各部门做好增收节支工作，确保财政收支平衡。

7月17日　印发《嘉兴市本级助推“两退两进”财税政策操作细则》，强化财税政策引导，支持企业实施“退低进高”和

“退二进三”。

7 月 26 日 印发《关于财税推进工业经济平稳增长转型升级的实施意见》，集成 80 条政策措施，助推嘉兴工业经济平稳增长、转型升级。

8 月 1 日 印发《嘉兴市 2011 年度文化发展专项资金绩效评价实施方案》，启动市文化发展专项资金绩效评价工作。

8 月 7~25 日 局长魏建明等市局领导率各相关处室（局）、所属单位负责人，走访南湖区、秀洲区各镇及市科技城、秀洲新区、秀洲工业园区，就如何发展市本级经济展开调研。

8 月 13~18 日 在上海财经大学举办全市财政地税系统中层干部培训班。

9 月 19 日 召开竞争性选拔科级领导干部动员会，全体财税干部参加会议。

10 月 10 日 印发《2013 年度市级重大民生项目预算绩效目标重点评审实施方案》，成立预算绩效目标管理工作领导小组和专家评审组，对 2013 年度部分市级重大民生项目展开绩效目标重点评审。

10 月 11 日 印发《嘉兴市市级行政事业单位国有资产使用暂行办法》，规范市级行政事业单位国有资产使用，提高国有资产使用效率。

是日 市财政局、中国人民银行嘉兴市中心支行、中国银监会嘉兴监管分局、市人民政府金融工作办公室联合印发《嘉兴市级政府采购支持中小企业信用融资试点办法》，实施政府采购信用融资试点，发挥政府采购政策功能，支持和促进中小企业发展。

10 月 29 日 财政部驻浙江财监办进驻市局开展地方性政府债务专项检查。

10 月 31 日~11 月 1 日 省财政厅副厅长薛小杭一行到嘉兴调研。

11 月 2 日 市政府印发《嘉兴市本级中小企业应急专项资金管理暂行办法》，设立市本级中小企业应急专项资金，帮助中小企业缓解贷款周转资金困难。

11 月 7 日 市政府印发《嘉兴市市级农业发展资金管理办法》，规范市级农业发展资金使用管理，发挥公共财政在农业经济发展中的职能作用，推动农村发展、农业增效和农民增收。

11 月 16 日 印发《关于完善公立医院改革财政经济政策的意见》，就完善市公立医院改革提出财政政策意见。

11 月 17 日 印发《嘉兴市市级财政预算项目支出绩效目标管理办法（试行）》，对预算单位年度申请资金规模 50 万元及以上项目支出实施绩效目标管理。

是日 印发《嘉兴市市属医院历年债务化解方案》，提出市属各医院化解历年债务的原则、具体方案及措施。

11 月 20 日 召开全市营业税改征增值税试点推进工作会议。市委常委、常务副市长梁群出席会议并讲话，局长魏建明、副局长马莉萍参加会议。

12 月 7 日 市财政局、市交通局联合印发《嘉兴市本级农村公路养护资金管理暂行办法》，建立农村公路养护专项资金筹集和使用机制，提高农村公路养护质量。

12 月 13 日 印发《嘉兴市地方消防经费保障标准》，规范地方消防经费使用管理工作。

12 月 27 日 根据中共嘉兴市委文件通知，方季良同志任中共嘉兴市纪律检查委员会驻嘉兴市财政局纪检组组长。

12 月 28 日 成立嘉兴市中小企业再担保有限公司，由市、区财政共同出资，注册资本 2 亿元。

12 月 31 日 印发《市级财政预算执行动态监控管理暂行办法》，启动运行财政预算执行动态监控系统，实时跟踪预算单位和代理银行财政资金支付信息，及时发现、核实和纠正预算单位不规范行为，确保财政资金安全高效运行。

（嘉兴市财政局供稿　陆毓英执笔）

湖州市

1 月 11 日 市政府第 81 次常务会议听取市财政局关于全省财政地税工作会议主要精神及本市贯彻意见的汇报。

2 月 28 日　省财政厅厅长钱巨炎带队到省级特色工业设计基地——湖州多媒体产业园、湖州八里店镇乡镇财政管理服务中心等走访调研。湖州市委副书记、市长马以等分别陪同。

2 月 29 日　召开“认真贯彻党代会精神,全面深化‘三个年’活动”动员大会,专题传达学习湖州市第七次党代会精神,认真研究部署全面深化“三个年”(转型升级加速年、城乡建设提升年、作风建设加强年)活动。

3 月 15 日　会同市科技局出台《湖州市专利专项资金管理办法》,进一步规范资金使用,推动企业自主创新。

3 月 26 日　市政府第 83 次常务会议听取关于 2011 年全市和市本级预算执行情况及 2012 年全市和市本级预算草案的汇报。

3 月 27 日　中央公车治理办副主任、中纪委党风室副主任宋大军带队到湖州检查督导公务用车专项治理工作。

3 月 29 日　财政部预算司体制处到湖州调研财政体制运行及市县财力保障情况。

3 月 30 日　市委第 3 次常委会听取市财政局关于 2011 年全市和市本级预算执行情况及 2012 年全市和市本级预算草案的汇报。

是日　召开全市财政地税工作会议。市委副书记、市长马以参加会议并讲话。市局党组书记、局长陈亚明作《稳中求进务实创新 推动财政地税事业持续平稳健康发展》的工作报告。

是日　省财政厅国库集中支付与公务卡改革验收组来湖州验收、指导国库集中支付与公务卡改革工作。

4 月 21 日　市七届人大一次会议听取了市财政局关于 2011 年全市和市本级预算执行情况及 2012 年全市和市本级预算草案的报告。

4 月 25 日　会同市科技局出台《湖州市“十城万盏”半导体照明应用工程专项资金管理暂行办法》,进一步规范资金管理。

6 月 1 日　湖州市代市长金长征到市财政局调研。

6 月 4 日　市委任命周建明同志为市财政局党组书记。

6 月 10 日　2012 年浙江国际珠心算大奖赛(湖州赛区)顺利结束,来自县、区 10 所幼儿园 254 名小选手参加比赛。

6 月 20 日　市人大常委会任命周建明为湖州市财政局局长。

7 月 27 日　会同市工商行政管理局、市贸易与粮食局出台《湖州市农贸市场改造提升专项资金管理办法》,规范资金管理,推进农贸市场改造提升。

8 月 16 日　市府办转发市财政局制定的《湖州市市级行政事业单位国有资产配置管理办法(试行)》,规范和加强市级行政事业单位国有资产配置管理。

8 月 17 日　市委任命王红明同志为市财政局党组成员、市纪委派驻市财政局纪检组组长。

8 月 31 日　市政府第 6 次常务会议听取市财政局关于设立湖州海邦人才基金的情况汇报。

9 月 21 日　市局局长周建明带队到湖州多媒体产业园调研省级特色工业设计基地建设情况。

10 月 19 日　市委组织部部长干武东带队到市财政局调研。

11 月 7 日　省财政厅副厅长魏跃华带队到湖州调研 2013 年财政工作思路。

11 月 15~16 日　全省农村综合改革示范试点工作培训班在湖州举办。

12 月 1 日　正式启动湖州市“营改增”试点改革。

12 月 7 日　印发《湖州市财政局关于实施市级预算单位公务卡约束性结算目录的通知》,进一步加强和规范公务支出管理,推进市级公务卡改革。

12 月 21 日　召开湖州市会计学会、湖州市珠算协会换届选举大会。

是日　会同市发展和改革委员会出台《湖州市参与西部大开发和山海协作工程专项补助(贴息)资金管理暂行办法》,进

一步规范资金管理。　（湖州市财政局供稿　陈洪全执笔）

绍兴市

1月1日　嵊州市开展乡镇公共服务平台建设试点，在五个中心集镇设立财政局，其他街道和乡镇设立财政所。

1月4日　根据绍兴市机构编制委员会的批复，市财政局内设总预算局、预算执行局、财政监督局。

1月12日　市财政局“数字财政”工程领导小组办公室召开首次工作会议，对“数字财政”工程建设工作作出具体部署。工程办主任、副局长何俊杰出席会议并讲话。

1月18日　市委书记张金如，市委副书记、市长钱建民等市领导在局长阮坚勇陪同下到绍兴市市级机关财务结算中心慰问。

1月19日　市委书记张金如在市财政局《2011年度工作总结》中批示：“市财税系统在过去一年中，大力培植财源，合理安排资金，严格财政监管，为加快发展、改善民生、促进和谐做了大量卓有成效的工作，作出了重要贡献。希望在新一年中，继续围绕中心、服务大局、加强监管、优化结构，切实做到聚财有道、理财有方、用财有效。”

1月20日　市财政局被评为2011年度市级机关（部门）年终考评一等奖。

1月21日　市财税局机关党委被评为市直机关“五好”基层党组织。

2月1日　市财政局、市发改委联合下发《关于转发浙江省财政厅 浙江省物价局〈关于城市市政基础设施配套费有关征收问题的通知〉的通知》，明确城市市政基础设施配套费征收标准和解缴相关工作要求。

是日　市财政局、市发改委联合下发《关于转发浙江省财政厅 浙江省物价局〈关于取消部分涉企收费项目的通知〉的通知》，规定自2012年2月1日起取消部分涉企行政事业性收费项目，并对已取消的交通运输部门的运营车辆二级维护检测收费、运营车辆综合性能技术等级评定（检测）收费等再次强调不得转为经营服务性收费项目。

2月7日　市本级公务用车问题专项治理领导小组办公室召开成员（扩大）会议，研究部署市本级公务用车违规车辆处理工作。市公车专项治理领导小组办公室主任、副局长房紧出席会议并讲话。

2月9日　市委副书记、市长钱建民在市局《2011年度工作总结》中批示：“去年财政地税工作抓收入、保民生、保重点，积极应对融资难等形势，调动头寸，努力发挥财政资金的杠杆作用，业绩显著，望继续努力，新年尤其在财政监管方面作出更大的贡献。”

2月14日　市财政局作为综合满意得分前6位优胜单位之一被市委、市政府通报表彰。

2月20日　市财税局党委印发《关于詹超同志任职的通知》，决定任命詹超为市财政局副调研员、中共绍兴市财政税务局委员会委员。

2月21日　市委常委、市委组织部部长吴晓东一行来市财政局调研。

是日　市财政局印发《关于完善财政性资金预算指标调整审批内容及流程有关事项的通知》，规范财政性资金预算指标调整审批内容及流程。

2月25日　《中国财经报》第4版刊发《浙江绍兴市：护财税秩序 促执法规范》的新闻稿，对市财政局实现行政执法与司法协作联系制度化进行专题报道。

2月28日　省财政厅副厅长王广兵一行赴诸暨市专题调研绩效考核工作。

2月29日　经中国共产党绍兴市第七次代表大会第三次全体会议选举，局党委书记、局长阮坚勇当选为中国共产党绍兴市第七届委员会委员，局党委副书记、纪检组长陈建光当选为中国共产党绍兴市第七届纪律检查委员会委员。

3月2日　召开全市财政地税工作会议。局党委书记、局长阮坚勇作《坚持科学理财 提高监控水平 促进绍兴经济社会持续平稳健康发展》的工作报告，并与各县（市、区）局局长签订2012年度党风廉政建设行风效能建设责任书和依法行政工作目标责任书。市委副书记、市长钱建民出席会议并讲话，市人大副主任何国梁、市政府秘书长徐挺富参加会议。

3月2~3日　财政部综合司副司长文秋良一行来绍兴调研行政事业性收费和政府性基金等情况。副局长蔡文良陪同调研。

3月5~6日　全省农发办主任座谈会暨农业综合开发宣传工作会议在绍兴市召开。省财政厅副厅长、省农发办主任王广兵出席会议并讲话。

3月7日　省财政厅副厅长王广兵赴绍兴调研农业综合开发土地治理项目和产业化财政补助项目。

3月17~18日　财政部综合司副司长陈怡芳一行赴绍兴调研民间资本参与保障性住房建设政策。

3月20~21日　国务院农村综合改革办公室副主任黄维建一行赴诸暨市开展一事一议财政奖补工作专题调研。

3月22日　根据诸暨市人大常委任职通知，王孔羽同志任诸暨市财政局局长；当月26日，根据中共诸暨市委职务任免通知，王孔羽同志任诸暨市财政地税局党组书记。

3月26~28日　全省"《会计法》实施相关问题研究"课题研讨会在绍兴市召开。

3月27~28日　全省财政支农政策培训暨函校工作总结表彰大会在绍兴市举行。

3月31日　财政部副部长李勇一行在省财政厅副厅长薛小杭的陪同下赴绍兴调研。

是日　财政部国际司副司长陈诗新一行赴绍兴调研。副局长楼君陪同调研。

4月6日　市财政局出台《绍兴市财政局市级财政预算审核暂行办法》和《绍兴市财政局市级财政预算询问暂行办法》，进一步加强财政预算编制、预算执行情况的审查监督。

4月16日　绍兴市委常委、纪委书记傅祖民一行赴诸暨市局店口分局调研效能行风建设情况。

4月18日　市财政支出绩效管理工作领导小组办公室出台《2012年度市级部门财政支出绩效管理工作考评细则》，明确2012年度绩效管理工作考核范围、内容、方式。

4月27日　市七届人大会一次会议审议通过市财政局受市人民政府委托提交的《关于全市及市级2011年财政预算执行情况和2012年全市及市级财政预算草案的报告》。

4月28日　召开全市财政地税局长座谈会，会议对进一步做好财政收支工作作出部署。党委书记、局长阮坚勇出席会议并讲话。局领导楼君、蔡文良、何俊杰、沈志新以及各县(市)局局长、相关单位负责人参加会议。

5月4日　省政府副秘书长、办公厅主任王晓峰一行赴绍兴县开展财税形势专题调研。

5月9日　《中国财经报》刊发《浙江绍兴市首签依法行政工作目标责任书》一文，对市财政局财税依法行政工作进行专题报道。

5月15日　中共绍兴市委决定，王水君同志任中共绍兴市财政税务局委员会委员、书记，免去阮坚勇同志的中共绍兴市财政税务局委员会书记、委员职务。

是日　全省事业单位财务规则培训班在绍兴开班。财政部教科文司文化处对《事业单位财务规则》进行解读。

5月16日　全省财政教育投入工作会议在绍兴市召开。省财政厅总会计师赵立妙出席会议并讲话。

是日　全省教科文处(科)长座谈会在绍兴市举行。全省各市、县(市、区)财政局相关人员参加会议。

5月23日　市财政税务学会被授予"全国大中城市先进学会"称号。

5月24日　根据绍兴市人大常委会任职通知，任命王水君同志为绍兴市财政局局长。

6月6~8日　省财政厅纪检组长秦忠一行先后到市财政局、嵊州市财政局、诸暨市财政局就党风廉政建设和惩防体系构建工作等进行调研，党委副书记、纪检组长陈建光陪同调研。

6月19日　全省省级产业集聚区财政政策贯彻落实布置会在绍兴市召开。

6月25~26日　全省上半年预算执行分析会议在绍兴市召

开。省财政厅预算执行局局长侯余兴出席会议并讲话。

是日　市财政局成立市本级财税普法讲师团,局领导房紧、赵雄飞任讲师团团长,确定绍兴县财政地税局平水分局、新昌县地方税务局第二税务分局为财税普法基层联系点。

6月29~30日　财政部综合司副司长汪义达一行赴绍兴市调研当前财政经济运行情况。局党委书记、局长王水君陪同调研。

7月3日　市财政局成立2012年浙商回归引进重大项目服务推进工作组,党委书记、局长王水君任组长,党委副书记、副局长潘旺明任副组长。同时出台《支持浙越商创业创新促进绍兴发展工作专项考核办法》,决定对各县(市)局支持浙越商创业创新促进绍兴发展工作进行专项考核。

7月13日　市委副书记、市长钱建民来市财政局专题调研财政地税工作。局党委书记、局长王水君作工作情况汇报。

7月25~26日　省财政厅副厅长、省农业综合开发办公室主任王广兵来绍兴市开展农业综合开发廉政风险防控调研。副局长何俊杰陪同调研。

7月26日　市财政局出台《廉政风险防控示范点建设实施方案》,决定在法规处、农业处、稽查局、市级机关财务结算中心等4个单位建立局内部廉政风险防控工作示范点。

是日　市财政局印发《关于开展促进就业资金绩效评价工作的通知》,决定对市本级及所辖县(市、区)开展促进就业资金绩效评价工作。

7月27~28日　财政部科研所所长贾康、副所长苏明一行来绍兴市调研绍兴黄酒文化产业振兴工作。局领导王水君、陈建光、赵雄飞陪同调研。

7月28~29日　财政部国库司采购一处领导到绍兴市调研。副局长房紧陪同调研。

7月30日　省人大常委会副主任冯明率省人大财经委一行在绍兴市召开2011年财政决算及2012年财政预算执行情况座谈会,市人大常委会主任谭志桂、副主任王继岗参加会议,局党委书记、局长王水君作相关情况汇报。

7月31日　市财政局印发《关于进一步加强经费管理的通知》,明确行政经费开支标准及审批报销及管理措施。

8月10日　市人大常委会主任谭志桂、副主任王继岗带领市人大常委会调研组来市局调研财政地税工作。局党委书记、局长王水君作情况汇报。

8月21日　省财政厅副厅长金慧群赴上虞市调研"农家书屋"工程建设情况。

8月29~30日　召开全市县(市、区)财政局长会议,对下一步财政地税工作作出部署。党委书记、局长王水君作《以加快建设现代化绍兴为目标 在攻坚克难中实现财税事业又好又快发展》的工作报告,局领导潘旺明、陈建光、何俊杰、赵雄飞对相关工作作分析和布置。

9月4~6日　全省财政宣传工作会议、《浙江财政年鉴》编审会议暨文秘综合知识培训班在诸暨市举行。

9月19~21日　全省财政地税系统2012年运动会在绍兴市举行。省财政厅、省地方税务局领导钱巨炎、秦忠、金慧群、王广兵、赵立妙、劳晓峰、王平,市领导张金如、陈月亮、阮坚勇,以及市局领导王水君、潘旺明、房紧、楼君、蔡文良、何俊杰、赵雄飞、倪兵、詹超等出席运动会开闭幕仪式。

9月22日　国务院农村综合改革办公室主任王卫星一行赴绍兴县调研农村综合改革示范试点情况。

9月24~25日　全省部分市县资产管理工作座谈会在上虞市召开。

9月28日　市财政局、市发改委、市住建局、市水利局联合印发《关于印发绍兴市区超计划用水累进加价水费征收管理实施办法的通知》,决定实施超计划用水累进加价水费征收管理工作。

10月10日　市委常委、常务副市长陈月亮来市局专题调研财政地税工作。市财政局党委书记、局长王水君作工作情况汇报。

10月12日　市政府印发《关于完善市对袍江经济技术开发区绍兴高新技术开发区东浦镇灵芝镇财政体制的通知》,决定完善市对袍江经济技术开发区(含马山镇、斗门镇)、绍兴高新技术开发区、东浦镇、灵芝镇财政体制。

10月16日　市政府成立绍兴市营业税改征增值税试点工作领导小组，市财政局党委书记、局长王水君任领导小组副组长，党委副书记、副局长潘旺明任领导小组成员。

10月24~26日　华东地区预算管理与会计工作座谈会第25次会议在绍兴市召开，来自华东六省一市及宁波市、厦门市、青岛市、南京市等地代表就当前财政改革中的热点问题进行交流。省财政厅总预算局局长邢自霞、执行局局长侯余兴出席会议，市局党委书记、局长王水君到会并致辞。

11月13日　市财政支出绩效管理工作领导小组办公室对组成人员进行调整，调整后由市委常委、市长钱建民任领导小组组长，市委常委、常务副市长陈月亮任副组长，市监察局局长杨晔、市委政研室主任王芬祥、市财政局局长王水君、市财政局总会计师赵雄飞和市审计局局长王建新任领导小组成员。领导小组办公室设在市财政局，赵雄飞兼任办公室主任。

11月15日　市委常委、市委副书记王文序一行来市局调研财政地税工作。市财政局党委书记、局长王水君作工作情况汇报。

11月20~21日　财政部社保司副司长宋其超一行来绍兴市调研公立医院综合改革工作。省财政厅副厅长魏跃华、市政府副市长丁晓燕、市财政局局长王水君等陪同调研。

11月21~23日　省财政厅副厅长罗石林率省厅总预算局、政法处、资产处、税政处、政研室等单位负责人赴绍兴市开展2013年度工作思路调研。

12月5日　全省部分市县财政信息工作会议在绍兴市举行。省财政厅副厅长金慧群出席会议并讲话，市财政局领导王水君、房紧及省财政厅办公室、部分市县局办公室负责人参加会议。

12月17日　市局出台《市级党政机关公务用车预算决算管理实施办法》，规范党政机关公务用车预算决算管理。

12月26日　全省2012年度社会保险基金决算编报布置会在绍兴市举行，会议对2012年度全省社会保险基金决算报表编制工作作出部署。

12月27日　全省财政社保工作座谈会在绍兴市举行。省财政厅社保处相关领导、市局副局长何俊杰及各市社保处负责人参加会议。

是日　新昌县在儒岙镇实施乡镇国库集中支付改革试点。

12月31日　市财政局、市国税局联合印发《关于实施营业税改征增值税试点期间过渡性扶持政策的通知》，决定自2012年12月1日起，对绍兴市市级营业税改征增值税试点过程中因新老税制转换实际税负有所增加的试点企业，实施过渡性财政扶持政策。　（绍兴市财政局供稿　袁立周执笔）

金华市

2月10日　召开全市财政地税工作会议。市委副书记、市长徐加爱参加会议并讲话。市局局长陈志身作《坚持科学理财 服务赶超发展 为加速浙中崛起而努力奋斗》的工作报告。

是日　国家税务总局副局长解学智来义乌调研国际贸易综合改革试点，省财政厅厅长钱巨炎陪同调研。

2月28日　省财政厅副厅长王广兵来义乌调研财政预算绩效管理工作。

3月13日　金华市六届人大二次会议审议通过《2011年全市和市本级财政预算执行情况及2012年全市和市本级财政预算草案的报告》。

4月19日　财政部条法司司长耿虹来义乌调研，并召开财政部门依法行政依法理财工作座谈会。

4月27日　全省国库支付和公务卡改革工作会议在东阳召开，省财政厅总会计师赵立妙出席会议并讲话。

5月7日　市财政局联合市供销合作社制定《金华市区供销合作社财政扶持资金使用管理暂行办法》，对市区供销合作社系统发展新农村现代流通服务网络工程建设实行财政补助。

5月20日　市政府召开第27次常务会议，市局局长陈志身汇报市社保资金保值增值的有关情况，会议明确社保资金中的被征地农民基本生活保值基金优先在地方银行存款；社保资金存款利息按年提取并续存。

5月25日　市财政局出台《金华市本级财政资金审批管理暂行办法》，进一步优化财政资金支出审批程序，增强资金使用规范性，确保实现财政资金的安全高效。

6月6日　市财政局出台《关于进一步规范行政事业单位公房出租管理有关事项的通知》，规范审批流程，提高公房出租效益。

6月7日　市财政局联合市委市政府农村和农业工作办公室制定《金华市本级农家乐休闲旅游提升发展专项资金管理办法》，该专项资金分为项目补助资金和宣传推介资金两大类。

是日　市财政局制定《金华市直农村实用人才培训项目资金补助办法（试行）》，培训项目分为A、B、C三类制定补助标准。

6月11日　市财政局印发《关于进一步规范预算支出行为的若干意见》，规范市本级部门（单位）预算执行中的支出行为，从严控制和压缩一般性行政支出，进一步降低行政成本。

6月14日　市委、市政府召开市本级行政事业单位资产清查动员大会，市委副书记、市长徐加爱到会并讲话。

6月15日　市政府召开第29次常务会议，市局局长陈志身就市本级事业单位住房公积金缴存工资基数调整和高端人才用房采购招标情况作专题汇报，会议明确下步将继续以招标采购方式解决高端人才用房的问题。

是日　印发《关于进一步明确市区土地出让收入计提相关规费的通知》，明确财政部门在土地出让收益中计提农田水利建设资金、教育资金、廉租住房保障金等政策，规范市区土地成本核算。

6月26日　市委书记陈一新赴金华市财政地税局调研。

7月9日　经市机构编制委员会同意，金华市道路事故社会救助基金管理中心更名为金华市道路交通事故社会救助基金管理中心。

7月11日　市财政局印发《金华市中介机构参与市级预算绩效管理工作暂行办法（试行）》，规范中介机构在预算绩效管理中的作用，提高绩效管理质量和专业化程度。

8月1日　市财政局联合市经信委出台《金华市区企业应急周转金管理暂行办法》，设立市区企业应急周转金2亿元，按照"短期、应急、无偿、安全"的原则运作，用于解决企业到期银行贷款转贷的应急调头。

8月14日　市财政局联合市"百村示范千村整治"工作协调小组办公室印发《金华市区美丽乡村建设资金管理办法》，规定市、区实行分级负责原则，并按照市、区1∶1的比例配套补助。

9月13日　市财政局联合市教育局、市人力资源和社会保障局出台《金华市本级中等职业学校生均经费标准》，市财政将逐步提高中职学校生均公用经费至普通高中的1.5倍或以上。

9月14日　市政府印发《关于推进预算绩效管理的实施意见》，逐步完善"预算编制有目标，预算执行有跟踪，预算完成有评价，评价结果有应用"的全过程预算绩效管理机制。

是日　市局印发《金华市级预算项目支出绩效目标审核流程》，将专项公用类和发展建设类项目支出纳入绩效目标审核范围。

9月15日　财政部科研所所长贾康一行来义乌调研财税支持商贸服务业发展工作。

9月17日　市财政局与市农业局、市林业局联合下发《金华市本级农业展会资金管理（暂行）办法》，对市本级的农业展会承办单位实行财政资金补助。

9月21日　市政府发布《金华市人民政府关于印发金华市本级行政事业单位国有资产配置管理暂行办法的通知》，明确资产配置标准并实行资产定编管理。

9月24日　市财政局联合市水利渔业局印发《金华市本级农田水利工程项目和资金管理暂行办法》，按照"项目申报、以收定支、总量控制、专款专用"的原则，规范农田水利建设资金使用。

9月26日　市局下发了《关于印发金华市本级行政事业单位国有资产配置标准的通知》，明确市本级行政事业单位办公用房装修标准、通用设备配置标准以及办公家具配置标准等。

10月23日　市政府发布《金华市区道路交通事故社会救助基金管理试行办法》，明确市区道路交通事故社会救助基金的设立、筹集、使用和监督管理。

11月13~11月15日　省财政厅副厅长罗石林一行赴兰溪、东阳调研，听取对财政工作的意见和建议。

11月21日　市财政局下发《关于调整完善市区教育费附加和地方教育附加分配体制的通知》，对市区教育费附加和地方教育附加在市区财政体制范围内实行"核定基数、收入共享、定额上解(补助)"的分配体制。

12月13日　市财政局出台《金华市地方消防经费保障标准》，对消防业务经费实行分类保障办法，基本支出按标准保障，项目支出实行专项保障。

12月23日　市政府召开第41次常务会议，市局局长陈志身作《〈关于进一步加强市区乡镇财政建设的意见〉制订情况》的汇报，会议同意进一步加强市区乡镇财政建设。

12月25日　市财政局联合市环保局出台《金华市排污权有偿使用资金管理暂行办法》，规定排污权有偿使用收入纳入政府性基金，实行"收支两条线"管理。

12月26日　市财政局联合市物价局、市环保局印发《关于金华市初始排污权有偿使用费征收标准的通知》，明确征收标准和征收对象。　（金华市财政局供稿　陈玲颖执笔）

衢州市

2月6日　市财政局召开全体干部职工大会。局党组书记、局长吴宝骏作《解放思想、转变作风、提升素质，努力推动财政地税国资事业实现新跨越》的工作报告。

2月14日　省财政厅厅长钱巨炎赴开化县调研乡镇财政建设工作。调研中钱巨炎提出，要把乡镇财政建设与农村公共服务平台建设相结合，把乡镇财政建设与"数字财政"相结合。

3月2日　市六届人大二次会议审议通过《关于2011年全市和市本级预算执行情况及2012年全市和市本级预算草案的报告》。

3月13~14日　市财政局局长吴宝骏带队赴开化县开展"改善发展环境"调研。

3月22~23日　全省财政综合业务座谈会在衢州市召开，省财政厅总会计师赵立妙出席会议并讲话。

3月27日　市财政局赴柯城区航埠镇万川村开展"进千村、访万户"活动。

3月30日　市政府召开2012年市级部门预算下达暨加强"三公"经费管理工作会议，市委常委、常务副市长江汛波出席会议并讲话。

4月1日　衢州市出台《关于实施市级预算单位公务卡强制结算目录的通知》，在全省率先推行公务卡强制结算目录。

4月20日　衢州市出台《市级行政事业单位"三公"经费管理办法》。

5月3日　浙江省加强乡镇财政管理与促进乡镇公共服务平台建设试点工作座谈会在开化县召开，省财政厅副厅长王广兵出席会议并讲话。

5月14~26日　市财政局开展能力素质提升全员培训。

5月16日　市政府任命方孝琳任市财政局总会计师。

5月25日　市委办、市府办出台《关于进一步加强公务用车公务接待因公出国(境)及会议管理的通知》。

6月16日　2012年浙江省国际珠心算大奖赛衢州赛区比赛在衢州市举行，来自全市5个幼儿园共171位小选手参赛。

6月28日　市委副书记、代市长沈仁康到市财政局调研。

7月1日　市级122家事业单位全部纳入国库集中支付改革范围。

8月27日　全省财政支农政策培训管理系统软件培训班在衢州举办。

9月14日　根据市委文件，建立中共衢州市财政局委员会，吴宝骏任党委书记，吴小聪、周卫云任党委副书记，王德华、叶浙青、翁文斌、叶旭泉、张庆任党委委员。撤销中共衢州市财政局党组，原任党组书记、副书记、成员同时免去。

10 月 19 日 市委任命林祥庚任衢州市财政局党委委员、中共衢州市纪律检查委员会派驻衢州市财政局纪检组组长。

10 月 22 日 衢州市出台市级部门预算绩效管理工作考核办法。

11 月 24 日 衢州市财政税务学会第六次会员代表大会召开。会议选举产生新一届理事会理事、常务理事，市财政局局长吴宝骏任会长，大会聘请市委常委、常务副市长江汛波为名誉会长。

12 月 10 日 衢州市财税综合办公平台（FTOA）正式上线运行。

12 月 18 日 市财政局被评为全国财政“六五”普法知识竞赛浙江赛区优秀单位。

12 月 31 日 市长沈仁康、副市长胡仲明赴市财政局慰问干部职工。

是日 市财政局被浙江省全面推进依法行政工作领导小组办公室授予“浙江省依法行政示范单位”称号。

是日 市政府下发《关于进一步完善衢江区财政体制的通知》，明确市对区实行“划定收支范围、核定收入基础、超收分成”的财政体制。

是日 市政府下发《关于进一步完善柯城区财政体制的通知》，明确市对区实行“划定收支、综合分成”的财政体制。

（衢州市财政局供稿　王燕萍执笔）

舟山市

1 月 16 日 舟山市人大常委会副主任刘国土一行到市财政局听取 2011 年全市和市本级财政预算执行情况及 2012 年财政预算草案的汇报。

2 月 2 日 市财政局召开全局工作会议，回顾总结上年全市财政地税工作，部署 2012 年财政地税各项工作任务。

2 月 9 日 市财政局印发《舟山市市本级国有资本经营预算管理试行办法》。

3 月 27～29 日 市委组织部和市财政局联合举办为期三天的乡镇财政培训班，全市乡镇长、街道主任和乡镇财政干部 100 余人参加培训。

4 月 1 日 市财政局、市应急管理办公室联合印发《舟山市溢油应急专项资金使用管理办法》。

4 月 20 日 财政部关税司司长王伟一行调研筹建中的舟山港综合保税区。舟山市委书记梁黎明、省财政厅总会计师赵立妙陪同调研。

5 月 20 日 由市委组织部、市财政局、市人力资源和社会保障局共同组织的舟山市企业类会计领军（后备）人才选拔培训项目启动。全市选拔 50 人成为舟山市企业类会计领军（后备）人才，开展为期 3 年的综合培养。

5 月 28 日 市财政局、市人力资源和社会保障局联合印发《舟山市促进就业资金管理办法》。

5 月 29 日 省医改领导小组副组长、省财政厅副厅长魏跃华一行到舟山就公立医院综合改革进行专题调研。

6 月 27 日 舟山市六届人大常委会第四次会议审议批准《关于舟山市 2011 年市本级财政决算的报告》。

6 月 29 日 市财政局机关党委被浙江省委创先争优活动领导小组授予“2010－2012 年全省创先争优先进基层党组织”荣誉称号。

9 月 10 日 召开全市营业税改征增值税试点工作会议。常务副市长马国华、副市长李善忠出席会议。

9 月 17 日 市财政局、市海洋与渔业局联合印发《舟山市标准渔港建设与维护专项资金管理办法》。

9 月 26 日 市财政局、市经信委联合印发《舟山市工业设计产业发展专项资金使用管理办法》。办法规定自 2012 年至 2014 年，由市财政每年安排 1000 万元设立专项资金，用于扶持工业设计产业发展。

10月8日 市财政局印发《舟山市中小企业融资性担保风险补偿资金使用管理暂行办法》。

10月12日 市商务局、市财政局联合印发《关于实施舟山市本级(含定海、普陀)小微企业出口"全风险覆盖"政府联保模式的通知》,帮助小微企业降低出口风险。

10月26日 市六届人大常委会第六次会议听取并批准市人民政府关于2012年全市和市本级地方政府债券预算调整方案的报告。

11月7~8日 省财政厅副厅长金慧群一行到市财政局调研财政工作。

11月9日 "舟山科技创业投资基金"挂牌成立,该基金规模暂定人民币1亿元,专项用于扶持引导高科技人才引入的科技创业项目的培植和培育。

11月12日 市财政局、市科技局联合印发《舟山市科技专项资金管理暂行办法》。

11月14日 省政府海洋产业基金首个落户舟山的项目浙江舟山金港投资有限公司揭牌成立。

12月10日 市政府出台《关于进一步加强会计工作的若干意见》。

是日 市财政局、市工商局联合印发《舟山市农贸市场改造提升专项资金使用管理办法》。

12月25日 市政府印发《关于建立价格调节基金的通知》,价格调节基金由政府通过财政性资金安排,以增强政府调控市场价格能力。

12月26日 市委组织部、市财政局、市渔农办联合印发《舟山市市级财政扶持经济薄弱村发展集体经济专项性一般转移支付资金管理办法》。

(舟山市财政局供稿 徐颖娜执笔)

台州市

2月9日 印发《关于报送2012年市级部门"三公"经费预算的通知》,推进"三公"经费公开工作。

3月13日 浙江省2011年度部门决算报表汇审会在台州市召开。省财政厅总会计师赵立妙出席会议并讲话。

3月14日 召开全市财政地税工作会议,市委副书记、市长吴蔚荣参加会议并讲话。市人大常委会副主任樊友来、市政协副主席陈惠良出席会议,市政府秘书长陈才杰主持会议。会议总结2011年财政地税工作,部署2012年工作任务,同时表彰了2011年度全市财政地税工作先进集体和先进个人。

4月20日 印发《台州市财政地税局科级及以上干部廉政风险干预实施意见(试行)》,建立和完善领导干部重大事项报告制度,科级以上干部重要事项干预制度,全面推行廉政谈话制度,重点预防职务犯罪发生。

4月23日 印发《台州市财政局地方税务局2012年法制宣传教育工作计划》,增强财政地税干部依法理财、依法治税工作能力。

5月22~23日 全省财政项目审核信息系统建设需求分析会议在台州市召开。

5月25日 省财政厅预算执行局局长侯余兴到台州市指导财政收入工作。

5月30日 印发《台州市预算绩效管理实施办法》,加强财政支出管理。

6月4日 印发台政办函〔2012〕36号《转发市财政局关于〈市级行政事业单位历年结余资金财政集中统一管理办法〉的通知》,加强市级行政事业单位历年结余资金管理,促进财政资金效益最大化。

7月19~20日 全市财政地税局长会议在天台县召开。会议交流总结上半年全市财政地税工作,分析财税经济形势,全面部署下半年财政地税工作。

7月20日 市财政局组织召开2012年度重点产品国际竞争力调查座谈会,市国税局、地税局、台州海关、商务局、金融办以及市内37家出口生产型重点企业参加会议。

9月18日 台州市财政局召开2013年市级部门预算布置会议,市级各部门(单位)分管财务工作负责人和预算编制人员参加会议。吕仁苗局长对2013年市级部门预算编制工作进行全面部署。

9月20日　全市财政地税系统经济形势分析会在温岭市召开。会议深入分析全市前阶段收入状况，研究财税经济运行中存在的突出问题，部署下一阶段工作。

9月25日　全省财政教育投入分析评价工作会议在台州市召开。会议通报2012年1~8月全省财政教育投入执行情况，对下一步财政教育投入工作进行部署。省财政厅副厅长金慧群出席会议，并对财政教育投入工作提出要求。

10月30日　省财政厅总会计师赵立妙到台州进行2013年工作思路调研。

12月12日　召开全市财政地税系统经济形势分析会。会议全面分析2012年财政、地税收入情况，对年度收入指标进行落实，并研究讨论2013年目标任务。

12月17日　市委市政府考核组到市财政地税局开展2012年度市级单位重点工作目标责任制考核。

12月27日　市财政局发文规定市级预算单位实施公务卡强制结算目录。　　（台州市财政局供稿　卢云芬执笔）

丽水市

1月1日　自是日起，全市实施工伤保险市级风险调剂制度和统一的工伤保险政策，行政事业单位按在职职工工资总额的0.2%缴纳工伤保险费。

2月1日　召开全体干部职工大会暨第二次中心组学习会。会议回顾总结2011年财政地税工作，部署2012年财政地税工作任务，局长何赤峰作工作报告；表彰2011年度优秀公务员、先进工作者及受上级表彰的先进集体和优秀个人。

3月22~23日　全国部分省市2012年一季度财政运行情况专题调研会在丽水市召开，财政部国库司司长翟钢，省财政厅总会计师赵立妙出席，调研组一行先后到浙江纳爱斯集团公司、遂昌元立集团公司调研。市委常委、常务副市长陈瑞商陪同。

3月26日　市财政局（地税局）获市委市政府授予的2011年度综合考核优秀单位称号。

3月26~28日　省财政厅纪检组长秦忠到丽水市本级、云和、景宁县调研党风廉政建设工作。市领导虞红鸣、陈瑞商、朱晨陪同或参加有关活动。

3月27~28日　省财政厅副厅长王广兵陪同省委常委、省纪委书记任泽民到丽水调研农村便民服务中心建设情况。

3月~12月　开展支持浙商创业创新促进丽水发展专项行动。

4月12日　市财政局获市委、市政府、丽水军分区授予的丽水市创建全国双拥模范城贡献奖。

是日　市委常委会议审议通过《2012年市本级政府性基本建设项目投资计划和市直财政性基本建设预算编制方案》。

4月13~14日　省财政厅副厅长王广兵到景宁调研结对帮扶工作。

4月16日　制定《丽水市本级农业综合开发资金和项目管理制度》《丽水市农业综合开发工作交流制度》。

4月18~21日　市三届人大一次会议审议通过《关于丽水市2011年全市和市级财政预算执行情况及2012年全市和市级预算草案的报告》。

4月28日　根据丽水市委丽干任〔2012〕24号文件，陈志雄任丽水市财政局、地税局党组书记，免去何赤峰同志的丽水市财政局、地税局党组书记职务。5月17日，市人大常委会丽人大常干〔2012〕6号文件任命陈志雄任丽水市财政局局长。

5月2日　召开全市财政地税局长座谈会，传达贯彻全省财政地税局长座谈会精神，研究分析财税收支形势，市政协副主席、局长何赤峰主持，各县（市、区）局局长参加会议。

5月9日　市局制定印发《关于深入推进财政支农资金整合和统筹进一步加强财政支农资金科学化精细化管理的意见》。

5月16日　市三届人大一次会议审议通过《2012年度丽水市本级政府性债务收支计划》。

5月18日　召开全局干部职工大会，宣布局主要负责人调整决定，市委常委、常务副市长陈瑞商宣布决定并讲话。

6月1日 自是日起，全市城乡居民社会养老保险基础养老金标准由每人每月70元调整为80元，全市全年增发基础养老金2300万元。

6月25日 举行领导干部离任交接手续，市政协副主席何赤峰、局长陈志雄办理交接手续，市纪委、市委组织部、市审计局派员监交。

是日 市委办、市府办联合印发《关于进一步做好厉行节约工作的通知》。

是日 市财政局、人力社保局、地税局联合发文，对市本级困难小企业实施社会保险"五缓三补贴"政策，执行期限至12月底。

6月26日 省财政厅厅长钱巨炎陪同省长夏宝龙到丽水调研。

7月9日 市纪委、市委组织部、监察局、人力社保局、财政局、审计局、外事办联合印发《关于贯彻落实厉行节约工作有关事项的通知》。

7月12日 市人大常委会副主任吕文明率调研组来局调研2011年度财政决算草案、2012年上半年财政预算执行情况。

7月24日 召开全市财税工作座谈会，市委常委、常务副市长陈瑞商出席会议并讲话，市政府副秘书长刘志伟、各县（市、区）政府分管领导，市局领导，各县（市、区）财政局长、地税副局长，市局各处室单位主要负责人参加会议。

8月6日 市财政局、监察局、审计局、人行联合制定市级预算单位公务卡强制结算目录，自2012年10月1日起实施，全年采用公务卡结算报销业务6777笔，金额2427万元。

8月28日 市委组织部任命袁健为市财政局局长助理（挂职：2012年9月~2013年8月）。

8月29日 市三届人大常委会第3次会议审查批准丽水市2011年度市级财政决算的报告。

8月30日 市局成立数字财政建设领导小组，局长陈志雄任组长。

8月~9月 开展规范性文件清理工作，清理规范性文件89件，其中保留82件，全文废止7件。

9月7日 召开市直深化公务卡改革动员大会，市直各部门单位分管负责人和财务人员参加。

9月12日 印发《关于进一步加强局官方微博管理和推广工作的通知》。

9月~10月 开展丽水市直事业单位公务用车清查工作。

10月9~10日 省财政厅副厅长王广兵参加省委省政府在丽水召开的全省"深化千万工程，建设美丽乡村"现场会。10日，王广兵赴青田调研。

10月16~17日 省财政厅厅长钱巨炎到青田、景宁县开展调研工作。

10月18日 省财政厅在遂昌召开全省财政改革与发展座谈会，省财政厅、省地税局领导钱巨炎、单美娟、劳晓峰、金慧群，市长王永康、常务副市长陈瑞商出席会议。

10月22日 市委办、市府办印发《关于进一步加强市直财政资金管理的通知》。

11月7~8日 省财政厅副厅长王广兵来丽水、龙泉督查扶持经济薄弱村发展经济工作，市委常委、组织部长胡侠，副市长任淑女陪同或参加有关活动。

11月12日 市委组织部、市财政局、市农业局联合召开全市扶持经济薄弱村发展集体经济工作座谈会。

是日 市教育局、财政局联合印发《丽水市教育专项资金使用管理办法》。

11月12~13日 由省财政厅总会计师赵立妙带队的省公车办检查组来丽水开展党政机关公务用车问题专项治理工作检查，于12日召开全市公车治理汇报会，各县（市、区）政府分管领导、财政分管领导参加会议。

12月 组织开展副科干部竞争上岗，经笔试、面试、考察等程序，15名干部提任副科级领导。

（丽水市财政局供稿　阮美莲执笔）

财政机构人员

zhejiang caizheng nianjian

浙江省财政厅厅领导

（2012 年 12 月 31 日）

党组书记、厅长	钱巨炎
党组副书记、副厅长、巡视员	罗石林*
党组成员、纪检组长、监察专员	秦　忠
党组成员、副厅长	金慧群
党组成员、副厅长	魏跃华
党组成员、副厅长	薛小杭
党组成员、副厅长	王广兵*
党组成员、总会计师	赵立妙
党组成员、省财务开发公司总经理、省金融控股有限责任公司党委书记、董事长、总经理	杜祖国*
副巡视员	宋培军
副巡视员	罗跃琴

浙江省财政厅机构设置及中层干部

（2012 年 12 月 31 日）

一、厅机关

办公室

主任：沈　磊

副主任（正处长级）兼省财税政策研究室主任：莫红民*

厅工会主任（正处长级）兼办公室副主任：张胜凯*

副主任：杨慧芳*

副主任兼浙江财政后勤服务中心主任：甘建辛*

调研员：祝新发*

调研员：梁顺敏*

副调研员：朱军华

人事处（离退休干部处）、直属机关党委

处长：章忠良

离退休干部处处长兼人事处副处长：姜明路*

机关党委专职副书记兼人事处副处长：金洪根*

副处长：费　萍

副处长：赵　虹

调研员：叶承番

调研员：童新元

调研员：金国荣*

副调研员：何小媛

副调研员：李亚东

副调研员：陈津津*

省纪委派驻省财政厅纪检组、省监察厅驻省财政厅监察专员办公室

副组长、主任：李文艳

副主任：叶乃杰

政策法规处

处长：周　瀛*

调研员（保留厅机关正处长级待遇）兼注册会计师行业党委专职副书记：周位标*

副处长：富德荣

调研员：朱炳仁

总预算局、地方预算处

局长：邢自霞（副厅级）

副局长兼省级部门预算编制中心主任：章启诚

副局长兼地方预算处处长：倪学军

地方预算处副处长：周爱明

地方预算处副处长：张远东

副调研员：杨格来

副调研员：翟晓真

税政处

处长：姚龙飞

副处长：邵　健

预算执行局、国库支付处

局长：侯余兴（副厅级）*

副局长兼国库支付处处长：赵利明

副局长兼省级机关会计核算中心主任：何新星

国库支付处副处长：陈丽君

国库支付处副处长：包尧兴

副调研员：吴月宝

副调研员：陈　珍

副调研员：蒋小聪

综合处

处长：沈江平

副处长：张亚平（兼）*

副处长：孙建苗

副处长：吴凤珍

副处长：邬达贵

副调研员：姚如华

副调研员：张　敏

副调研员：孙继霞

会计处

处长：陈　孝*

调研员（保留厅机关正处长级待遇）：蒋振成*

副处长：杨树圣

副处长：周克俭

调研员：李雪萍

副调研员：郑肖亮

副调研员：程少春

行政政法处

处长：楼梅芳

副处长：童黛铭

副处长：姜建成

副处长：马　勇

副处长：管海燕*

副调研员：王志红

教科文处、省级文化企业国有资产监督管理办公室

处长：金　涛

省级文化企业国有资产监督管理办公室主任兼教科文处副处长：董立国*

副处长：傅彩莲

省级文化企业国有资产监督管理办公室副主任：虞劲松*

调研员：戴祥波*

副调研员：袁艺侨*

行政事业资产管理处

处长：陈百平

副处长：牟晨晖

农业处

处长：蒋建建

副处长：杜金良

副处长：王　静

副处长：李建斌

副调研员：王小丽

基层财政管理处（省农村综合改革办公室）

处长：尹红平

副处长：张才德*

调研员：崔华英

副调研员：许建全

企业处

处长：俞建人

副处长：叶光胜

副处长：肖艳菱

副处长：吴新芳

调研员：吴中秋

副调研员：朱　玲

副调研员：冯　洁

副调研员：张　卉

金融处

处长：陈建中

副处长：洪小然

副处长：郑可青

副调研员：陈志仁

社会保障处

处长：王雯琳*

副处长:李　鸣*

副处长:赵雅玲

副处长:陈志远*

副调研员:幸春平

副调研员:王柳霞

副调研员:全龙江*

经济建设处

处长:王　俭

副处长、调研员:戚国裕

副处长:郭定方

副处长:楼慧芬

副处长:马建胜

副处长:何喜平(援疆工作)

调研员:余逸美

财政监督局、绩效管理处

局长:张杭平

副局长:郑耀(兼)*

副局长兼绩效管理处处长:江中亮*

副局长:王林尧

绩效管理处副处长:王向群

调研员:周炳森

副调研员:周学伟

省农业综合开发办公室

主任:王广兵(兼)

常务副主任(正处长级):徐来兴

副主任(正处长级):张和杰

副主任(正处长级):赵国瑛

副主任(副处长级):魏治明

副调研员:何维君

副调研员:方优良

政府采购监管处

处长:钱国兴

副处长:费国炎

副处长:俞小青

副调研员:徐剑锋

二、事业单位

省财务开发公司

总经理:杜祖国

副总经理:姚　战

副总经理:叶　忠

省金融控股有限责任公司副总经理、省中小企业再担保有限公司总经理:倪一冰*

省金融控股有限责任公司监事会主席:祝云水*

总经理办公室主任:黄志明

财务内审部经理:柴会荣

投资管理一部经理:汪一兵

投资管理二部经理:於亚雄

投资管理三部经理:徐晓坚

投资管理四部经理:张宝健

对外联络部经理:贺贤文

省海洋产业投资公司、浙江金控投资公司副总经理:邵建协*

省财务开发公司党总支书记:赵献平*

部门经理级干部:徐炳权

省级机关会计核算中心

主任:何新星(兼)

副主任:叶时宝

副主任:宋万生

副主任:何玮富

副主任:高　翔(援藏工作)

副调研员:和繁荣

副调研员:周小燕

副调研员:陈燕燕*

省财政项目预算审核中心

主任:郑　耀

副主任:沈　湧

副主任:沈应庚

总工程师:俞富桥

副调研员:吴春桃

副调研员:徐孝土*

省财政票据管理中心

主任:张亚平

副主任:斯志洪

副调研员:刘　宁

省级部门预算编制中心

主任:章启诚(兼)

副主任:陈志光

副主任:石琪琪

省财税政策研究室

主任:莫红民(兼)*

《浙江财税与会计》杂志主编:余丽生*

副主任:王非文

副主任、《浙江财税与会计》杂志副主编:刘东溟

副主任：冯　健

省数字财政管理中心

主任：李　军*

副主任：寿建钢*

副主任：金永勤*

副主任：陈健东*

总工程师：许智敏*

省会计人员服务中心

副主任（主持工作）：金光对*

副主任：沈幼华

省农业综合开发项目审核中心

主任：陆龙泉

副主任：许锡田

副主任：张光敏

省财政干部教育中心（省中华会计函授学校）

校长：钱巨炎（兼）

副校长：金慧群（兼）

副校长：章忠良（兼）*

副校长：陈　孝（兼）*

干教中心主任、专职副校长：汪国葆*

干教中心副主任、专职副校长：吴小明

干教中心副主任、专职副校长：童联新*

省道路交通事故社会救助基金管理中心

主任：陈建中（兼）*

省注册会计师服务中心、

省注册会计师协会（资产评估协会）

主任、秘书长：汤　淮

注册会计师行业党委专职副书记：周位标（兼）*

副主任、副秘书长：林金松

副主任、副秘书长：蒋文军

副主任、副秘书长：韩江南

浙江财政后勤服务中心

主任：甘建辛（兼）*

副处级：杨仁三

浙江金溪服务管理有限公司副总经理：章小朝*

省财政厅招待所

所长：陈文斌（原部队副团）

副所长：马　骥（原部队副团）

省莫干山财政干部休养所

所长、浙江金溪服务管理有限公司副总经理：程智灵*

省世界银行业务培训中心（杭州金溪山庄）

董事长：解亚东

总经理：华山月

副总经理：方卫国

副总经理、浙江金溪服务管理有限公司董事长、总经理：朱　蕾*

（注：有*标示者为当年职务有新变动）

浙江省各市、县（市、区）财政局领导

（2012年12月31日）

杭州市财政局

局长：金　翔

副书记：王　希*　龚　萍*

副局长：吴文兴

纪委书记：汤军贤

副局长：谢　永*　朱觉斐*

巡视员：陈国东

党委委员、局机关党委书记：余田法

上城区财政局

局长：季黄辉*

副局长兼国资办主任：卢　伟

纪检书记：俞浪进*

副局长：欧阳杰　蒋晓斌*

调研员：朱红卫

下城区财政局

局长：俞　朔*

副局长：宋震跃　朱　捷　陈琴箫　林广瑶*

江干区财政局

局长：项伟荣

副局长、纪检组长：周金虎

副局长：余　焱　宋进军*

拱墅区财政局

局长:孟三山

副书记、纪检组长:尤永忠*

副局长:童　立　许　斌*　赵雅玲*

西湖区财政局

局长:何加新*

副书记:祝春霞

副局长:仰红英　袁　骏　沈丽芬*

高新(滨江)区财政局

局长:屠国平*

副局长:杨金水　邵　臻

纪检组长:余凤珍*

萧山区财政局

局长:何兴良

纪检组长:俞大明

副局长:徐成梁*　金国升　孔富明　杨月万

余杭区财政局

局长:梅建胜*

副书记、副局长:施成华*

副书记:尤士英

副局长:叶立新　袁俊军　楼志燕*　姜根军*

富阳市财政局

局长:刘学军

副书记:潘国明

副局长:金卫泉　俞　杲　金志国

投融资办公室副主任:李向明

临安市财政局

局长:叶忠华*

副局长:周　佳

副局长、纪检组长:曾成华

副局长:胡　钧*

建德市财政局

局长:高建军

副书记:储高清*

副局长:徐福君*　何国良　程　霄　宁卫珍*

纪检组长:王江平

桐庐县财政局

局长:徐志勇*

副书记、纪检组长:倪金夫*

副书记、副局长:项丽珠*

副局长:毕文浩　申屠逸清

淳安县财政局

书记:詹　韧

副书记、局长:毛夏平*

副局长:唐诗谷*

副局长:叶建乐　王慧红

纪委书记:胡长文

宁波市财政局

局长:叶双猛*

副局长:贺也贞　张镇岳　王　晓　范国伟　苏丹丹*
张立权*　高国平*

纪检组长:陈仰家

总经济师:张　颖*

海曙区财政局

局长:舒建国*

副局长:蔡　锐　金群辉

总会计师:邱顺年*

江东区财政局

局长:章月标

副局长:涂更生　叶良春　童　霞

江北区财政局

局长:孙新土

副局长:邬文珍　李　斌

纪检组长:赵雪芬*

总经济师:宋伟官*

北仑区财政局

局长:朱晓雄

副局长:桂　桦　陈建平　孙军泽

镇海区财政局

局长:唐东海

副局长:蔡军国　孙　灵　孙泽洪*　邵坚宏*

纪检组长:胡志利

党组成员:王镇亮

大榭开发区财政局

局长:冯伟业

副局长:叶奇丹

局长助理:裘锡军*

鄞州区财政局

局长:钱　芳

副局长:金文耀　杨国定　岑卢艳

党组成员:江　泳*　郑少军*

总会计师:虞文萍*

象山县财政局

局长:陈柳松

副局长：姜乐平　赵承松　张　亮　郑　勇　陈忠祥
陈良宝
党组成员：郑世敏

宁海县财政局

局长：柳正维
副局长：王能选　邬茂俊　叶亦利　丁建华　胡林法
纪检组长：陈知统

余姚市财政局

局长：俞剑清
副局长：杨水昌　王文益　许真如　施钧旻　宋建忠
总经济师：周益忠

慈溪市财政局

局长：余银国*
副局长：范哲慰　马志灿　胡志远　沈鸣学　潘钊先
党委委员：史　军

奉化财政局

局长：刘海华
副局长：林　鑫　胡志春　李　清*
纪检组长：奚际朗
总经济师：江洪平*
党委委员：张成方

温州市财政局

党组书记、局长：余中平*
党组成员、副局长：朱定钧
党组成员、纪检组长：卢小平
党组成员、副局长：黄夏日　孙建伟　吴南友*
党组成员、总会计师：林江帆
党组成员、机关党委书记、调研员：陈胜利*

鹿城区财政局

局长：胡向阳
副局长：陈宇开　渠　奕
纪检组长：孙丽娟
党组成员、预算科科长：陈　辉
党组成员、经济建设科科长：何　军*

龙湾区财政局

党组书记、局长：王旭辉
党组副书记、国资办主任：董朝贤*
党组副书记(兼)：潘建华*
党组成员、副局长：章崇巧*
副局长：方　微*
党组成员、副局长：方崇敏*

党组成员、总会计师：翁　骥*
党组成员、纪检组长：陈启兴*
党组成员：施寒毅*

瓯海区财政局

局长、党组书记：吴　强
区国资办主任、党组副书记：项瞻文
副局长、党组成员：黄筱萍
副局长、党组成员：叶国蒙
纪检组长、党组成员：陈金凡
区国资办副主任、党组成员：徐　教
总会计师、党组成员：欧胜武*
区国资办副主任、党组成员：杨海慧*
党组成员、预算执行局局长：吴建峰

开发区财政局

局长：潘　强
副局长：夏立芳　黄伟杰
纪检组长：徐定杰

瑞安市财政局

局长：薛尧弟*
副书记：项光浓　余列平　林候发
副局长：陈胜泉　黄亚平　李建中*
纪委书记：张爱芬
总会计师：林孝昭*

乐清市财政局

党委书记、局长：詹必华
党组副书记、副局长：董法朗
党组成员、副局长：钱乐洋
党组成员、纪检组长：卢正文
党组成员、总会计师：郑清华
党组成员、办公室主任：杨宏辉

永嘉县财政局

党委书记、局长：陈芝双*
党委副书记、副局长：叶雀媚
副局长：谢纯定
副局长：徐忠诚
总会计师：叶玉庭
党组成员、纪委书记：谢选年

平阳县财政局

局长：温从岳
党组书记、副局长：林海涵*
党组副书记：叶友育
党组副书记、国资办副主任：薛文秀

副局长:黄　佩　林　文　王　炼*

纪检组组长:洪益平*

总会计师:余炳亮

党组成员:谢炳煌*

苍南县财政局

局长:徐象广

党组副书记:蔡勤旺

副局长:池长辉　沈志安　黄朝晖　许明稀*

纪检组长:陈碧芳

文成县财政局

局长:朱明阳*

副局长:林永熙　叶信钏　金宪树*

纪委书记:刘鸿翔*

副局长:王光远*

泰顺县财政局

局长:尤联辉*

党委副书记:毛方酬

副局长:王官玉

党组成员:徐　光

党委委员:毛旭升*

洞头县财政局

党组书记、局长:李　毅*

党组副书记、副局长:陈后平

党组成员、副局长、纪检组长:颜跃平

党组成员、副局长:南海滨*

党组成员、总会计师:汪秀琪*

党组成员、财政监督局局长:彭晓东*

嘉兴市财政局

局长:魏建明*

副局长:吴贵敏　夏林生　姜　东*

纪委书记:方季良*

南湖区财政局

局长:叶涵初

副局长:马立申　张　磊　顾云祥

秀洲区财政局

局长:王爱根

党组副书记:岑志雄*

副局长:张　军　成海明　陈　嵘　姚颖娟*　傅小普*

平湖市财政局

局长:唐华荣

副局长:梁晓军　全　骏　沈幼锋

海盐县财政局

局长:贺伟民

党组书记:马建良

副局长:陈初霞　陆国华　曹继旻*

嘉善县财政局

局长:沈建伟

党组副书记:张红兵

副局长:徐金连　徐忠明

纪检组长:张小峰

海宁市财政局

局长:许建明

纪检组长:闵厚文

副局长:曹立群*　蒋雪标　龙怡娟

桐乡市财政局

局长:姜　玮

副局长:吴海燕　房治方　沈富春

湖州市财政局

局长:周建明*

副局长:屠培红

副局长:姚　温

副局长:钱汇丰

纪检组长:王红明*

副局长:张向阳

副局长:黄长泉

副局长:徐　辉

总经济师:袁学平*

总会计师:孙倩如

吴兴区财政局

局长:沈国强*

副局长:滕玉文

副局长、纪检组长:沈林林*

总会计师:施江红*

南浔区财政局

局长:何琪虎*

副局长、纪检组长:陈有富*

副局长:孙　晖*

总会计师:施海凤

副局长:汪　骅

德清县财政局

局长:嵇金星*

副局长:徐黎娟

副局长:江洪波
纪检组长:沈　英

长兴县财政局

局长:倪建忠*
副局长:李丰红
副局长:顾群伟*
副局长:潘旭飞
总会计师:王佳平

安吉县财政局

局长:梁蕴伟
副局长、纪检组长:朱永桓
副局长:陈显永*
副局长:俞土良
总会计师:郑　立*

绍兴市财政局

局长:王水君*
副局长:潘旺明(正局级)　房　紧　楼　君　蔡文良　何俊杰
纪检组长:陈建光
总会计师:赵雄飞
总经济师:倪　兵
党委委员、副调研员:詹　超
党委委员:沈志新

越城区财政局

局长:唐国梁
副书记:唐关荣
副局长:俞谢家　张国昌*
党组成员:王　强*

绍兴县财政局

局长:喻光耀
副书记:吕铁辉*
副书记、副局长:赵忆怀
副局长:徐志方　徐利忠　宋朝忠
纪工委书记:徐姗萍*
党工委委员:来建祥

诸暨市财政局

局长:王孔羽*
党组副书记、纪检组长:赵一平
副局长:戚俏新*　杨胜新　赵章根　周国新　余龙凡
党组成员:孟伟苗

上虞市财政局

局长:茅国清
副书记、副局长:邵百尧*
副局长:卢坚钢　陈　烽　金慧君*
纪委书记:单樵兴*
党委委员:谢岳雷*　俞　军*　俞伟刚*

嵊州市财政局

局长:孙元东
党委委员、国资公司总经理:茹万红
副局长:孙作祥　叶　平
党委委员:张茂雄　吕霞光

新昌县财政局

局长:求国安
党委副书记、副局长:谢立民
党委副书记、纪委书记:吴德祥
副局长:周少卿　求伟清
党委委员:竺志刚　陈东辉　俞越红*

金华市财政局

局长:陈志身
副局长:杨晓明　李　俊
副局长、纪检组长:严国鑫
副局长:倪小波
总会计师:徐佩琴
党组成员:徐京红*

婺城区财政局

局长:傅得樟*
副局长:章文志　顾再进　施柯芬*
纪检组长:吴明刚*
党组成员:胡京宏　俞叶青*

金东区财政局

局长:吴一平*
副局长:陈春华　姜韶军　施杰明*
总会计师:王丽华*
党组成员:邵国盈*

兰溪市财政局

局长:陈玉祥(兼)
党组书记:陈根斗
党组副书记、国资办常务副主任:童洪基*
副局长、纪检组长:金　辉
副局长:周季容
副局长:邓培昌
总会计师:陈冬红*

国资办副主任:潘燕红

义乌市财政局

书记、局长:赵健明

副书记、副局长:周健明* 陈忠强 赵绍辉

副局长:毛新生 李晓玲 何愫洪 缪永明*
陈 达*(挂职) 杨成林

调研员:王新昌 朱理英 朱琴芳

总经济师:傅晓平*

东阳市财政局

党组书记:虞跃桂*

局长:沈银福*

副局长:杜希庭 吴正华 徐跃卫

党组成员:林 斌 单仲尧

国资办副主任:韦俊图

永康市财政局

党委书记、局长:施建民

副书记、副局长:吕正时

副书记、国资办主任:程 伟

党委委员、副局长:杜奕铭

党委委员、国资办副主任:应美珍

党委委员、纪检组长:谢毅清

副局长、总会计师:吕美红*

党委委员、国资办副主任:童希晨*

武义县财政局

局长:邹子伟*

副局长、国资办主任:徐子贵*

副局长:王柏宜 张李新

总会计师:徐国强 张建平*

纪检书记:王献良

国资办副主任:陈武阳 张建桥*

局党委委员:陈 莉*

浦江县财政局

党委书记、局长:楼向阳

党委副书记:寿凤英*

党委委员、副局长:李国平

党委委员、国资办主任:王卫平

党委委员、副局长:黄英俊*

党委委员、纪检组长:傅文正*

党委委员:郑康民*

总会计师:黄小莲*

磐安县财政局

局长:陈国慧*

党组副书记:吕贤德

副局长:葛精兵 羊荣华 施逢杰 周国钱

纪检组长:郭德富

党组成员:陈忠明(副局级)

总会计师:施国萍*

党组成员:朱华军*

衢州市财政局

党委书记、局长:吴宝骏

党委副书记:吴小聪

党委副书记、副局长:周卫云

总会计师:方孝琳*

党委委员、副局长:王德华 叶浙青 叶旭泉 翁文斌

党委委员:张 庆

党委委员、纪检组长:林祥庚*

柯城区财政局

党组书记、局长:楼林钱

党组副书记、副局长:姚正锋

党组成员:朱泉水

党组成员、纪检组长:郑 虹

衢江区财政局

局长:李 青

副局长:秦 勇 罗永美

党组成员:黄晓春 徐 雁

江山市财政局

局长:巫小雄

党委副书记:王智荣

副局长:郑宇星

副局长、国资办主任:张晓华

副局长:毛水芳

纪委书记:周金富

副局长:郑建青

党委委员:毛培泉

常山县财政局

局长:戴根林

副局长、国资办主任:谢 诚

纪委书记:张庆华

副局长:钱志友 朱圣杰 徐光明 陈齐礼

党委委员:蒋淑萍

龙游县财政局

局长:徐志明

副局长:洪士友 詹耀明

纪委书记:吴永平

总会计师:琚柏华

开化县财政局

局长:余建华

副局长:汪　涌　傅剑钢　廖继军

局党委委员:汪福海　邱俊峰　廖建忠　郑素珍　曹长洪

舟山市财政局

局长:姜建明

副局长:王志杰　竺群力　邬传统　韦晓红　莫红民(省财政厅下派挂职)

纪检组长:张群伟

总会计师:邵裕龙　金伟平*

定海区财政局

局长:陆赛波

担保公司董事长:庄志伟*

国资公司总经理:胡光远*

副局长:贺松跃　朱巧星　韩雪君*

总会计师:吴　鹰

党组成员:何　红

普陀区财政局

局长:俞　斐*

副局长:张友夫　史海祥　陈宇宙*

国资公司经理:陈　峰

党组成员:张雅雪

岱山县财政局

局长:方信伦

副局长:王　挺　蒋伟若　柴忠堂　卓　然*(省地税局下派挂职)

总会计师:翁燕敏

纪检组长:陈　宇*

嵊泗县财政局

局长:王兴军

副书记、纪委书记:张菊花

副局长:何世光　罗奇辉*　周明雷　何海国*

总会计师:唐明明*

台州市财政局

局长:吕仁苗

副书记:韩爱军

副局长:张卫平

副局长:余延龄*

党组成员、纪检组长:孙　鑫

总会计师:蒋天平*

党组成员:王以南*

椒江区财政局

局长:徐玲荣*

副书记、纪检组长:陈忠贤

副书记、副局长:谷建斌

副局长:蔡建中　章光辉　唐诗虎*

黄岩区财政局

局长:陈灵平

党组副书记、纪检组长:郭建明*

副局长:陶慧敏　柯卫凌*

总会计师:韩　华*

路桥区财政局

局长:陈明炜

党组副书记:叶代春*

党组副书记、纪检组长:蔡金虎*

副局长:池昌明

党组成员:黄直诚*　林　波*

临海市财政局

局长:冯荷琴

副书记、副局长:胡寿坚

副局长:王礼福　方　虹

纪检组长:卢国富

总会计师:蒋向阳

副局长:沈国材

温岭市财政局

局长:王晓宇*

副局长:柳　敏　王春连　林作明

总会计师:江陶舜

党组成员、纪委书记:王素荷*

玉环县财政局

局长:林仁斌

副局长:郭显银　张素燕

纪委书记:唐丹华

副局长:郑志强*　姜仁武

天台县财政局

局长:戴敏华*

副局长:方国耀　姜灵君

党组成员:丁伟生*

仙居县财政局

局长：姚文浩
副局长：潘海滨　徐林飞*
总会计师：吕汝韦
副局长：郑美金
纪检组长：潘天虎

三门县财政局

局长：叶坚强*
副书记、纪检组长：马加品
副局长：尤福跳
党组成员：朱立为*
总会计师：章日胜

丽水市财政局

局长：陈志雄*
党组副书记：王　刚
副局长：崔　军
纪检组长：李　嫔
副局长：刘小平
副局长：魏叶华
副局长：陈肇平
总会计师：叶芳儿

莲都区财政局

局长：赖志平
党组副书记：骆斌华*
纪检组长：尹和平
副局长：黄于林

开发区财政局

副局长：韦恩军*（主持工作）
副局长：陈卫媛
总经济师：吴坚平
副局长：吴应娟

青田县财政局

局长：周　雄
党组副书记：王伟伟*
纪检组长：周旭平
副局长：季耀武
副局长：陈升华*
总会计师：吴超美*

云和县财政局

局长：柯志宙*
总会计师（正科）：任乐群*
党组副书记、副局长：陈文平
副局长：王建平*
纪检组长：叶伟雄*

龙泉市财政局

局长：徐东华
副局长：连浩松
纪检组长：吴树儿
总经济师：商越敏
副局长：季志芬

庆元县财政局

局长：刘高深
党组书记：江旭奎
副局长：陈本新　吴叶林
总会计师：杨小芬
党组成员、预算局局长：叶　斌*

缙云县财政局

局长：陈贵长
党组副书记、副局长：叶伟民*
副局长：钭秀千*　章一力
国资办主任：陶柳杨*
副局长：王伟民　王青松*
总会计师：应文央
党组成员：施丽珍*

遂昌县财政局

局长：周瑞琛*
副局长：单崇海　金　飞
局党组成员、农发办主任：谢法文

松阳县财政局

局长：林开武
国资办主任、副局长：周永跃
党组副书记、副局长：徐建农
党组副书记：王善亮*
纪检组长：冯汉饶
总会计师：占　友*

景宁县财政局

局长：叶　峰*
党组副书记、纪检组长：卞春华*
副局长：蓝朝星　陈华星
国资公司总经理：汤伟平
总会计师：李建伟*
副局长：周　东*

（注：有*标示者为当年职务有新变动）

浙江省财政系统职工基本情况统计

单位：人

项目		总计	性别		民族		学位			学历				高中及以下学历		
			男	女	汉	其他	博士	硕士	学士	研究生	大学本科	大学专科	中专	人数	其中35岁以下	其中36至45岁
总计	合计	12755	7224	5531	12702	53	7	600	2096	515	8423	2832	360	625	52	145
	部级															
	厅(局)级	16	14	2	16		1	4		4	10	1		1		
	地市局(处)级	604	433	171	603	1	1	85	87	114	414	69	4	3		
	县局(科)级	4030	2387	1643	4015	15	2	324	513	237	2812	803	76	102		7
	一般干部	7128	3750	3378	7097	31	3	185	1481	158	4955	1628	173	214	21	37
	工勤人员	977	640	337	971	6		2	15	2	232	331	107	305	31	101
省(区、市)厅局	合计	1106	645	461	1100	6	5	248	249	201	739	98	18	50	2	15
	厅(局)级及以上	16	14	2	16		1	4		4	10	1		1		
	处(局)级	380	255	125	379	1	1	68	63	78	260	39	1	2		
	科级	425	214	211	422	3	2	143	120	91	314	18		2		
	一般干部	192	96	96	191	1	1	33	66	28	139	18	4	3	1	
	工勤人员	93	66	27	92	1					16	22	13	42	1	15
市(地、州)局	合计	2728	1480	1248	2719	9	2	207	613	181	1978	403	59	107	7	29
	局(处)级及以上	224	178	46	224			17	24	36	154	30	3	1		
	科级	1447	817	630	1441	6		132	243	100	1108	206	14	19		
	一般干部	824	339	485	821	3	2	58	339	45	650	101	15	13		1
	工勤人员	233	146	87	233				7		66	66	27	74	7	28
县(市、区)局	合计	6720	3903	2817	6690	30		137	1084	124	4735	1370	158	333	36	96
	局(科)级及以上	2158	1356	802	2152	6		49	150	46	1390	579	62	81		7
	股级	1598	1126	472	1597	1		45	236	32	1354	204	5	3		1
	一般干部	2383	1021	1362	2365	18		41	692	44	1867	368	34	70	15	30
	工勤人员	581	400	181	576	5		2	6	2	124	219	57	179	21	58
乡(镇)所	合计	2201	1196	1005	2193	8		8	150	9	971	961	125	135	7	5
	所(股)级及以上	830	548	282	827	3		2	15	2	350	385	32	61		1
	一般干部	1301	620	681	1296	5		6	133	7	595	552	83	64	5	4
	工勤人员	70	28	42	70				2		26	24	10	10	2	

（续表一） 单位：人

项目		总计	政治面貌				年龄							
			中共党员	共青团员	民主党派	其他	25岁及以下	26岁至30岁	31岁至35岁	36岁至40岁	41岁至45岁	46岁至50岁	51岁至54岁	55岁至59岁
总计	合计	12755	8297	739	177	3542	547	1285	1584	2111	2171	3238	1081	738
	部级													
	厅(局)级	16	16									6	2	8
	地市局(处)级	604	553		11	40		1	8	52	113	250	86	94
	县局(科)级	4030	2942	20	86	982	2	98	314	667	799	1279	492	379
	一般干部	7128	4425	656	77	1970	513	1107	1163	1196	1078	1492	402	177
	工勤人员	977	361	63	3	550	32	79	99	196	181	211	99	80
省(区、市)厅局	合计	1106	814	12	23	257	15	80	155	209	199	272	87	89
	厅(局)级及以上	16	16									6	2	8
	处(局)级	380	338		8	34		1	5	38	75	155	54	52
	科级	425	316	1	12	96		46	104	120	76	59	11	9
	一般干部	192	110	11	3	68	15	31	43	30	27	28	12	6
	工勤人员	93	34			59		2	3	21	21	24	8	14
市(地、州)局	合计	2728	1790	159	65	714	94	273	379	510	486	616	214	156
	局(处)级及以上	224	215		3	6			3	14	38	95	32	42
	科级	1447	1047	13	46	341		39	153	314	335	402	126	78
	一般干部	824	436	140	15	233	94	230	194	125	77	63	28	13
	工勤人员	233	92	6	1	134		4	29	57	36	56	28	23
县(市、区)局	合计	6720	4125	463	84	2048	304	674	799	1094	1197	1675	581	396
	局(科)级及以上	2158	1579	6	28	545	2	13	57	233	388	818	355	292
	股级	1598	1274	22	37	265	4	48	156	348	416	524	87	15
	一般干部	2383	1065	387	17	914	275	558	527	401	277	216	82	47
	工勤人员	581	207	48	2	324	23	55	59	112	116	117	57	42
乡(镇)所	合计	2201	1568	105	5	523	134	258	251	298	289	675	199	97
	所(股)级及以上	830	706	3	3	118	6	13	56	96	115	389	105	50
	一般干部	1301	834	93	2	372	119	227	187	196	166	272	88	46
	工勤人员	70	28	9		33	9	18	8	6	8	14	6	1

（续表二）

单位：人

项目		总计	参加工作时间						劳模（先进工作者）	
			1965 年前	1966 年至 1970 年	1971 年至 1980 年	1981 年至 1990 年	1991 年至 2000 年	2001 年以后	省(部)级	全国
总计	合计	12755		67	1773	4610	3658	2647	4	
	部级									
	厅(局)级	16		2	8	6				
	地市局(处)级	604		9	176	311	101	7	2	
	县局(科)级	4030		41	898	1757	1046	288	2	
	一般干部	7128		8	507	2258	2215	2140		
	工勤人员	977		7	184	278	296	212		
省（区、市）厅局	合计	1106		14	173	386	330	203	2	
	厅(局)级及以上	16		2	8	6				
	处(局)级	380		6	104	192	74	4	2	
	科级	425		1	23	102	175	124		
	一般干部	192			13	46	59	74		
	工勤人员	93		5	25	40	22	1		
市（地、州）局	合计	2728		13	407	866	868	574	1	
	局(处)级及以上	224		3	72	119	27	3		
	科级	1447		9	226	582	497	133	1	
	一般干部	824		1	51	91	255	426		
	工勤人员	233			58	74	89	12		
县（市、区）局	合计	6720		36	1036	2323	1896	1429	1	
	局(科)级及以上	2158		31	649	1073	374	31	1	
	股级	1598		1	137	746	597	117		
	一般干部	2383		2	155	361	751	1114		
	工勤人员	581		2	95	143	174	167		
乡（镇）所	合计	2201		4	157	1035	564	441		
	所(股)级及以上	830			77	556	162	35		
	一般干部	1301		4	74	458	391	374		
	工勤人员	70			6	21	11	32		

（续表三）　　单位：人

项目		专业技术人员					特贴专家
		总计	高级职务	其中：正高级职务	中级职务	初级职务	
总计	合计	7751	1128	8	3859	2764	
	部级						
	厅(局)级	14	9	2	5		
	地市局(处)级	447	216	4	176	55	
	县局(科)级	2795	507	1	1557	731	
	一般干部	4341	389	1	2049	1903	
	工勤人员	154	7		72	75	
省(区、市)厅局	合计	779	311	7	347	121	
	厅(局)级及以上	14	9	2	5		
	处(局)级	311	170	4	104	37	
	科级	310	102		169	39	
	一般干部	137	30	1	65	42	
	工勤人员	7			4	3	
市(地、州)局	合计	1676	294	1	949	433	
	局(处)级及以上	136	46		72	18	
	科级	1003	200	1	614	189	
	一般干部	481	43		236	202	
	工勤人员	56	5		27	24	
县(市、区)局	合计	4189	502		2240	1447	
	局(科)级及以上	1482	205		774	503	
	股级	1294	228		740	326	
	一般干部	1331	67		686	578	
	工勤人员	82	2		40	40	
乡(镇)所	合计	1107	21		323	763	
	所(股)级及以上	485	6		133	346	
	一般干部	613	15		189	409	
	工勤人员	9			1	8	

附录

专题经验介绍

本栏目所摘要刊登的文稿选自2012年全省财政工作会议交流材料。

发挥财政职能作用　统筹城乡一体化发展（摘要）

杭州市财政局

近年来，杭州市坚持以科学发展观为统领，以构筑网络化大都市为主抓手，以增加农民收入和改善农村民生为重点，扎实推进"以工促农、以城带乡"，着力推动城乡区域协调发展，取得了明显成效。

一、杭州市财政支持城乡统筹发展工作情况

杭州市于2010年出台以新型城市化为主导进一步加强城乡区域统筹发展的实施意见，明确提出要围绕实现"六个一体化"，加大城乡区域统筹力度，促进城乡区域发展空间集约利用、生产要素有序流动、公共资源均衡配置、公共服务均等覆盖。随后又下达关于深入开展农村土地综合整治工作、健全"以工促农、以城带乡"财税长效机制、建立区县（市）协作机制、推进城乡区域统筹发展等一系列文件，在城乡统筹工作方面做了许多有益的尝试。

（一）多渠道财力支撑，创新财税支农机制

1. 在原有财政支农投入增幅不变的前提下，首次建立城乡区域统筹发展专项资金。"十二五"期间，市本级财政每年新增10亿元资金，专项用于支持五县（市）中心镇、中心村、美丽乡村精品村建设。2012年市本级投入五县（市）的城乡统筹发展资金达27亿元，对五县（市）农业农村发展起到了积极的推动作用。

2. 在全国率先设立农村公益金，积极创新财税政策引导机制。通过完善财政扶持政策，落实税收优惠措施等方式鼓励全社会参与城乡统筹发展，得到了众多企业的积极响应。2010年至今市本级累计筹集农村公益金1.12亿元，资金主要用于当前社会重点关注、广大农民急需的农村社会公益项目建设。

3. 推进区县对口协作，优化各项资源配置。通过市财政每年10亿元的城乡区域统筹发展专项资金的带动，积极引导城区发挥协作力量。通过资金及土地、产业、人才等的互惠协作，城区与五县（市）结成五个协作组，每年至少投入2.5亿元，支持对口协作县（市）发展。2010年至2012年已落实协作资金近9亿元，有效推动了城区优势资源向五县（市）流动，推动城市公共服务向农村延伸。

（二）多方位政策支持，优化支农扶持机制

1.支持以中心镇、中心村和美丽乡村精品村建设为重点的农村基础设施建设。通过不断完善农村基础设施，优化生态环境，着力打造统筹城乡发展的示范窗口，启动了62个美丽乡村精品村、400个重点整治村、21个整乡镇美丽乡村建设，193个中心村的培育建设继续加大，中心村农民集聚区、水、电、路、绿化及垃圾处理、污水治理等基础设施条件不断改善。

2.支持以"米袋子"、"菜篮子"为重点的民生工程建设。解决基本民生保障问题，为保供应、稳物价打下坚实基础。2012年投入1.38亿元支持"米袋子"、"菜篮子"建设，扶持杭州市粮食生产功能区建设和猪肉、禽蛋、水产、奶牛等基地生产以及高山蔬菜生产、应急型叶菜功能区建设。投入2175万元用于蔬菜农药残留监管，积极推进蔬菜产地准出管理，进一步做好农产品质量安全监管资金保障工作。

3.支持以现代农业发展为重点的农业产业项目建设。加大农业科技投入力度，发挥政府在农业科技投入中的引导作用。支持新产品、新技术在农业中的应用和推广，促进农业转型升级，提升发展现代农业。2012年投入资金1.91亿元，扶持科技兴农和现代农业发展，其中6000万用于现代高效设施农业的项目扶持。

4.支持以低收入农户产业帮扶为重点的农村困难群众扶贫救助工作。2012年投入2380万元对全市7381位下山移民人员实施了现金直补，投入1650万元对全市近2799户农村困难家庭农房改造进行补助。加大对低收入农户的产业帮扶，在已有来料加工扶持政策的基础上，出台低收入农户集中村来料加工基地（厂房）项目扶持政策，重点推进低收入农村妇女从事来料加工，努力实现财政扶持从"输血"向"造血"的转变。

（三）多环节管理强化，完善政策运作机制

1.完善制度建设。从健全和完善制度建设入手，构建了

一整套科学合理、层次清晰、分工明确、覆盖全面的支农资金管理制度体系，以《杭州市财政支农专项资金管理暂行办法》为总则，以各项支农专项资金管理办法为细则，按照一个支农项目对应一个管理办法的要求，确保每个支农项目及资金管理有法可依、有章可循，在制度建设层面上实现了“无缝对接”，有效地防止了管理制度“缺位”。

2.加强监督检查。重视支农资金的规范使用管理，每年组织开展多种形式的专项检查和跟踪审计，力争通过几年的努力，对各项支农资金使用情况全面检查一遍。2008年以来，在每年要求开展自查的基础上，已委托审计中介机构对城乡区域统筹专项资金及设施农业、村庄整治、下山移民、粮食生产功能区建设、农民专业合作社、农村党建经费等20多项支农资金使用情况开展专项审计。对检查中发现的问题，召开专题会议进行分析，对配套资金不到位的地区同比例扣减补助资金，并督促及时整改，书面通报县(市)及相关职能部门加强监管。

3.创新支付方式。为加强重大项目资金的规范管理，对设施农业示范园建设、风情小镇建设等重大支农项目实行县级财政报账制，按照项目建设内容及进度，由项目实施单位提供真实、合法、有效、完整的原始凭证及相关资料，经业务主管部门审核，财政部门复核审定后拨付资金；对市财政下山移民实行资金直补，通过建立村民银行卡，把市级补助资金及时、直接打入村民个人银行账户。通过财政支付方式的改革，确保财政资金的专款专用。

4. 推进项目管理。为有效解决项目重复、多头申报等问题，出台《杭州市财政支农项目库管理暂行办法》，研究开发项目库管理软件，在四个市级农口部门试点，通过项目库建设，进一步提高支农项目精细化、科学化、规范化管理水平。同时对涉及企业的支农项目全部实行了网上申报，共开通支农扶持专项37个，已申报项目2658个，开通企业2175家，通过“财政专项资金网络管理系统”，实现规范统一的管理程序和项目管理要求。

5.重视基层管理。针对当前推进城乡统筹发展大量财政资金在村级基层运作的现状，为进一步规范村级财务管理，市财政牵头会同市农办、市监察局联合下达《关于进一步加强村级财务管理工作的若干意见》，对做好村级财务管理和项目实施工作提出指导意见。结合全省开展的农村支农政策培训活动，对全市部分村级组织的主要领导和财会人员进行财政支农政策培训授课，宣讲支农政策和村级财务管理要求。

6.强化绩效评价。绩效评价是促进财政科学化、精细化管理，提高资金使用效益的重要手段。近年来，围绕城乡统筹工作，每年都安排一定量的农村、农业项目开展绩效评价。在评价组织方式上，安排部分项目由市本级与县(市、区)上下联动。2010年的“村庄整治项目”、2011年的“农房救助项目”、2012年的“农民素质提升培训”项目等均采用这种方式，达到了很好的效果。在评价工作模式上，引入第三方力量力求评价结果客观公正；在评价报告质量上，出台了操作办法等一系列制度，确保评价工作水平；在评价方法手段上，采用案卷研究、现场走访、询问查证、问卷调查等，坚持深入基层第一线调查了解项目实施情况。2012年安排了“风情小镇”建设项目、“设施农业示范园及配套项目”、“农民素质提升培训项目”等进行了绩效评价。通过评价，充分肯定了市支农资金使用的成效，对评价中发现的在政策上、管理上等存在的问题，积极加以研究和完善，同时督促项目单位整改。

(四)多层次政策宣传，强化支农理论支撑体系

1.加强支农政策宣传。每年全面整理各项新出台的政策，汇编成册，下发至全市涉农部门、乡镇及有关农业企业、农民专业合作社等。并及时将新出台的有关政策在“杭州财税网”上刊登，扩大政策宣传力度，引导广大农村干部用好财政政策，为城乡统筹发展做出积极贡献。

2.推行财政扶持公开。为进一步扩大城乡统筹发展政策的影响，开辟畅通的群众反馈渠道，吸收民间的集体智慧，在“杭州财税网”主动公开市财政城乡统筹专项资金项目和资金运作情况，接受社会监督，促使项目资金管理的不断深化和改进。通过调动社会的监督力量，确保财政资金使用的规范和项目建设效益的提高。

3.强化理论研究。城乡统筹发展是一项长期工程，必然要经历“理论—深化—实践”的过程。财政部门作为重要的助推力量，必须加强相关政策研究，为政府决策提供依据和思路。近年来，相继完成了《财政支农绩效管理初探》、《城乡统筹发展财税政策研究》和《城乡区域统筹发展背景下投融资探索与实践》、《统筹城乡背景下完善农村公共产品供给机制探讨》等多个课题研究，提出了一系列促进城乡统筹发展的支农对策，有些对策已经落实到具体的政策中。

二、存在的问题及难点

1.财政投入的压力增大。尽管杭州市建立了一系列多元化的城乡统筹发展投入机制，但相对于巨大的资金需要，目前的投入还是远远不够的。虽然近几年杭州市的城乡统筹工作发展取得了较好成效。但东快西慢、东强西弱，城乡区域发展不平衡，仍是社会经济发展中的突出问题。随着城乡统筹工作的进一步推进，相关的资金需求也将进一步加大，在财政收入增长形势不乐观、财政支出压力与日剧增的大环

境下,进一步扩大财政支农规模难度倍增。

2.支农项目管理有待强化。支农项目管理是资金管理的源头。目前许多涉农项目分散在多个职能部门,尚未实现有效的协调运作,容易造成对某些项目的重复补助。同时一些项目申报单位为争取更多的财政资金,往往会出现多头申报,这一定程度上加大了职能部门审核的难度。一些职能部门只重视资金争取而忽视项目管理,项目申报前把关不严,选项不准,缺乏严格、科学的考察论证,项目申报随意性较大,从而影响了财政预算的刚性。

3.资金使用有待完善。近几年的支农资金检查情况表明,各地在支农专项资金的使用上还不同程度地存在一些问题,比如:项目实施进度缓慢,有的县(市)部分支农项目立项后,由于种种因素,项目建设进度缓慢,造成资金拨付滞后,挪用资金的现象在一定范围内仍存在,这一现象在村镇一级比较普遍。

4.县级配套资金不落实。近几年支农政策的大量出台,也使得县级配套资金不落实的问题比较突出。在2012年开展的市级部分支农资金检查中,县级财政配套资金到位率仍然不高。造成这一现象的原因,一方面是由于县级财力有限的客观因素,另一方面也是部分地区支农角色定位不够清晰。县级政府作为推进新农村建设的责任主体,应当主动承担起支农的重任。但部分地区主动性不够,当地“我要做”的积极性欠缺,因而在配套资金的落实上往往不能及时、足额到位。

全心服务“金改”大局　努力夯实财源基础(摘要)

温州市财政局

一、温州市金融综合改革试验区建设的背景和意义

2012年3月28日,国务院常务会议决定设立温州市金融综合改革试验区并确定了12项主要任务,标志着温州市金融综合改革各项工作全面启动。11月23日,温州金融综合改革实施方案正式获批并对外公布。温州被批准为全国唯一的金融综合改革试验区,不仅为转型发展带来历史性机遇,而且对全省乃至全国的金融改革发展均具有重要的探索借鉴意义。对于财税部门来说,金融综合改革试验区的建设,既有助于加快发展金融产业,做大金融业税收,努力把金融业培育为重要的主体税源;同时也可以通过民间金融阳光化、规范化发展,有效解决小微企业小盈利性和民间资本高逐利性间的矛盾,进而缓解“两多两难”问题,更好发挥金融对实体经济的支撑作用,有力夯实后续财源基础,促进财税可持续发展。

二、温州市财税部门的主要做法和成效

(一)总体做法

温州市财政地税部门高度重视温州获批建设金融综合改革试验区这一历史契机,把服务金融综合改革大局与地方财源建设有机结合起来,迅速行动、主动介入,做了大量工作。一是专题研究、认真部署。认真学习传达国务院12条意见及《温州市金融综合改革试验区实施方案》精神,多次专题研究和部署金融综合改革财税政策保障相关工作。特别是专题召开金融综合改革财税工作务虚会,统一思想、集思广益,进一步明确财税政策制订和实施的方式、方法及路径。二是健全机构,加强领导。成立以局长为组长、分管副局长为副组长,相关处室负责人为成员的专项工作领导小组和办公室,并从基层抽调一名业务骨干充实到办公室工作,加强对专项工作的组织领导和统一协调。为强化政策保障,还专门设立金融综合改革试验区财税支持政策课题调研领导小组。同时,组织推荐2人(包括中层干部1人)到市金融综合改革重点项目办公室工作,抽调2名中层干部到市实施推进工作组集中办公,并落实具体联络人员,负责日常工作及联系沟通。三是制订计划,明确重点。认真制订财税政策保障组工作计划和方案,明确重点工作措施、各处室单位责任分工及每项工作完成的时间节点等要求,确保各项工作积极有序推进。四是沟通协调,整体推进。加强与财政部和省财政厅的沟通联系,协助做好温州金融综合改革实施方案报批工作,并积极汇报财税工作思路,争取上级支持。同时,联合或配合财政部、国家税务总局开展课题调研,为争取国家层面财税政策出台作准备,目前两课题初稿已完成,正在作进一步论证。针对近期亟待落实的一些财税政策及管理体制问题,上报了《关于支持温州金融综合改革有关财税政策的几点建议》,并争取到省财政5000万元专项资金支持和全省金融业税收分成体制的调整。

(二)工作重点

1.以培育金融新兴业态为重点,支持金融业创新发展。温州市目前金融业占GDP比重仅为9%多,而发达国家很多金融集聚城市这一比例高达40%以上,因此将温州金融业提升打造为重要的战略性支柱产业意义重大、刻不容缓。

一是支持传统金融业加快发展。全面落实金融企业涉

农及中小企业贷款损失准备金税前扣除等税收优惠政策，连续数年安排金融业业绩及维稳考核资金，2012年安排400多万元用于金融人才培养引进。同时，进一步完善市对区财政体制中的产业转型政策导向机制，引导支持各区引进全国性金融保险机构总部（或跨国公司区域性总部），为金融业发展营造良好环境。目前全市共有银行机构25家、保险机构44家，上年仅银行业金融机构共实现利润总额258.24亿元。2012年1~11月，全市金融业共实现地税税收（不含契耕两税）入库25.96亿元，占整体税收收入的12.3%（比上年同期上升了4.2个百分点），同比增长55.1%，增收9.22亿元，成为各行业增收之首。由于温州市区金融业税收基数较大，新的省财政体制调整金融业税收分成比例后，对市区公共财政预算收入的拉动作用将更加明显。

二是支持农村金融机构加快发展。配合制订出台《关于推进农村金融体制改革的实施意见》，落实空白乡镇金融网点补助政策，安排农业贷款风险补偿及政策性农村住房保险补偿资金，对农村合作银行、村镇银行等农村金融机构金融服务收入实行营业税优惠税率（3%）等，支持温州银行增资扩权和农村金融机构股份制改造，促进金融组织体系创新。目前全市已有村镇银行6家。同时，2012年市级安排800万元支持农村资金互助会发展，并支持推进农村产权交易服务平台建设，助推农村金融体制改革。首家农村资金互助社（瑞安市马屿镇汇民农村资金互助社）营业一年来，实现利息收入277万元，运转情况良好。

三是支持发展小额贷款公司等新兴业态。认真落实省市政府有关小额贷款公司发展的财税政策，积极争取省级专项补助资金支持，并适量安排部分配套资金，作为鼓励小额贷款公司年度考评奖励。同时，根据省市政府支持小额贷款公司发展有关政策，对符合条件的市区6家小额贷款公司缴纳的所得税地方留成部分和营业税由财政予以全额补助，合计约6700万元，加上此前部分县市已下达的补助经费，全市累计补助8937万元。自2008年成立首家小额贷款公司以来，目前全市已获批组建成立小额贷款公司32家，2012年1~11月共入库地税税收4.12亿元，增收2.41亿元（占金融业总增收额的26.1%），同比增长1.4倍，已超越同期全市教育业（6210万元）、卫生社会保险和社会福利业（5930万元）、文化体育和娱乐业（17894万元）的税收收入总量，成为温州市稳定的税收增长点。

2.以解决企业融资难题为重点，支持实体经济发展壮大。金融改革的最终落脚点在发展实体经济，因此关键要"引金融之水、浇灌实体经济之田"。

一是鼓励和引导金融业加大对实业发展的支持力度。认真落实小企业贷款风险补偿、中小企业信用担保扶持政策及相关税收优惠政策，支持解决企业尤其是中小企业融资难题，降低企业融资成本。同时，落实财税扶持政策，配合制订出台《关于加大支持融资性担保行业发展的实施意见》，帮助缓解中小企业贷款难、担保难问题。

二是鼓励和引导企业上市融资。对上市和拟上市企业实行项目化管理服务，用活、用足财税相关优惠政策或"一企一策"解决企业实际问题，促进上市公司更好发展。同时，落实财税优惠政策，配合制订出台《关于加快建立现代企业制度推进区域资本市场建设的指导意见》，鼓励优质企业进行股份制改造，拓宽直接融资渠道，培育企业上市后备资源，推进中小企业转型升级。目前全市已有上市企业13家、拟上市企业65家，2012年1~11月地税入库税收合计13.61亿元，增收1.16亿元，同比增长9.3%。

三是发挥温州民资充裕优势，支持促进资本与实业有效对接。认真梳理和落实企业整合重组、股权投资、股权交易等税收优惠政策，出资5000万元支持成立温州人股权投资基金，并通过组建创业投资引导基金，扶持发展创投企业，引导社会资本进入初创期企业、高新技术企业及政府决定的其他对象。同时，在2011年市财政按30%比例出资组建温州市股权营运中心的基础上，支持培育以产权交易为基础的金融要素交易市场，鼓励促进股权与资金自由流动，优化资源配置。此外，积极向上反映民间资本管理公司、民间借贷登记服务中心（包括入驻该中心中介及借贷双方）等相关涉税政策建议，支持引导民资投向，促进民间借贷阳光化、规范化。

3.以加强发展环境和平台建设为重点，夯实地方后续财源基础。2012年以来，按照温州"大投入、大建设、大发展"战略部署，认真落实积极的财政政策，并在整合专项资金及其他资金的基础上，支持组建总规模为23亿元的政府平台建设引导基金（下设产业平台、保障房平台等专项子基金，市财政两年内需投入11.5亿元），鼓励加大固定资产有效投入，发挥投资对经济税源建设的有力拉动作用，以城市转型推进产业转型，以产业转型加快税源培育。

一是支持大都市平台建设。针对"政府投资项目多、财政建设资金少"和城市基础设施滞后、环境欠佳等问题，制订出台《温州市市级银行机构政府性投资项目融资考核存款激励暂行办法》，引导激励各银行等金融机构加大对政府性投资项目的信贷支持。同时，积极引导民资进入城市基础设施建设领域，如建立市域铁路S1线项目专项偿付准备金（规模为10亿元），支持开展资金定向募集，并通过支持发行企业债、中期票据等，鼓励国资企业扩大直接融资渠道。此外，将部分经营性资产划归市国投（金投）集团，进一步做大国资平台，更好发挥其综合性金融投资集团作用，加快改善城市发展环境。目前，滨江商务区、龙湾万达广场、瓯海南湖（万象城）等一批城市综合体新兴业态税源正在逐步形成。

二是支持产业平台建设。市财政2012年整合各类资金2.6亿元，支持组建产业平台引导基金，主要为工业园区、产业功能区（集聚区）、"农业两区"等产业平台及重大产业项目建设提供启动资金。此外，年初市财政还安排1000万元，以市财务开发公司为法人出资主体入股省科技金融服务公司，支持开展科技金融结合创新试点，推进科技创新平台建设。

三是支持保障房平台建设。市财政2012年整合各类资金2.65亿元，支持组建保障房引导基金，重点支持"村房两改"（城中村、旧村改造及农房集聚改造建设），并将其纳入保障房体系。同时，各区及功能区也将按财政体制划分落实配套资金。以鹿城区为例，共有47个村列入城中村改造计划，这既是一项重大民生工程，又是值得财税部门关注和研究的新兴业态税源。2012年1～11月，全市建筑业地税税收入库23.91亿元，同比增长14.1%，高于同期整体税收收入增速13.3个百分点，拉动整体税收收入增速1.4个百分点。

三、当前面临的困难和问题

（一）上级对温州市金融综合改革的税收政策尚不明确

当前国家已批准设立温州金融综合改革试验区，但相关税收政策：如目前小额贷款公司行业认定而享受不到金融行业财税优惠政策问题；民间资本管理公司营业税适用税率及所得税处理问题；民间借贷登记服务中心相关涉税政策问题；银行委托贷款业务、企业集资及村镇银行所支付的利息个人所得税征缴问题；股权投资基金个人所得税征收问题等等，都有待国家和省级层面予以明确。

（二）现有的金融业相关财政政策有待完善

现在每年安排的金融业业绩考评专项资金，主要奖励对象是银行等金融机构的领导人员，在现有金融机构领导人员较高的薪酬条件下，其激励引导作用有限，今后需要对资金投向作进一步的整合、调整。

（三）金融对实体经济的对接、支撑不够

一是全市局部民间借贷风波还没有完全消除，特别是企业"互保"、"联保"现象较为普遍，担保链涉及企业广、情况复杂；二是政府性融资和中小企业融资"两难"问题仍然突出，估计只有约20%的中小企业能拿到银行贷款；三是银行获利水平与企业获利水平不均衡，企业资金成本过高问题尚难解决；四是贷款总量大、产出率低，资金外流。上年市贷款余额与GDP之比为191:100，每百元GDP占用的贷款超过全省平均水平，是全国占用水平的1.55倍。另据统计，"十一五"期间温州在外地的实业投资达3000多亿元，在本土却只有1300亿元，且一些贷款并未投向实体经济。

"制度+科技+文化"三位一体构建财税廉政风险防控长效机制（摘要）

建德市财政局

近年来，建德市财政局围绕对执法权和行政管理权的制约和监督，把廉政风险防控与推动惩防体系建设、财税内控机制建设、落实党风廉政建设责任制工作同安排、同部署、同推进，以制度为准绳、以科技为依托、以文化为引领，初步构建起责任明确、分权制衡、监督防范的"制度+科技+文化"三位一体廉政风险防控体系，有力地推动了全局党风廉政建设的深入开展，促进了资金、干部"双安全"。

一、制度"固心"，构筑风险防控制约机制

注重"施治对症"，尤其注重制度建设，突出在"制权、管钱、做事、用人"四个关键环节设好"廉政关卡"，把脉节点、对症下药，形成"用制度规范行为，按制度办事，靠制度管人"的良性机制，推动风险防控机制优化。

1. 风险"看得清"。以容易引发、滋生腐败行为的高风险岗位为重点，围绕涉及执法权、自由裁量权和行政审批权等环节，针对可能出现执法随意性和可能发生廉政风险的节点、部位，对岗位职责权力、廉政风险点、风险类别进行了全面清理，查找廉政风险点和制度缺失。共发现风险点220余个，经汇总梳理，确定共性风险点28个。通过排查，确立了对权力行使实行起点、过程和结果监控以及分级监管等方式，加强岗位廉政风险防范。并结合群众来信来访等反映的风险因素和苗头性问题，及时向权力行使的当事人发布预警信号，努力把廉政风险消灭在萌芽状态。

2. 规范"不留白"。针对查找出的廉政风险点，对照现行规章制度，修改完善内控制度与业务流程，从"由谁做"、"做什么"、"怎么做"等环节着力规范权力行为，形成了教育防范、权力规范、源头防腐、监督制约、创优环境、追究惩处等制度。以适度赋权为前控，实行分权制约。根据权力运行的各个环节，从决策、执行、监督层面，分解权力，使之相互监督，

相互制约；以界定权限为主线，实行流程制约。针对财税权力事项的运行程序和职责要求，对高风险岗位重新设置和规范程序，使之更加合理、便于监督；以加强防控为重点，实行风险制约。初步构建起了以内控管理和业务规范为主的制度体系，实现了用制度管理人、监督人、约束人。

3. 制度“抓得实”。严格落实党风廉政建设责任制。明确党政一把手为党风廉政建设第一责任人，每年年初系统大会上，局党委与局属各个单位（科室）负责人签订“一岗双责”责任书，进一步形成由主要领导亲自抓、分管领导主动抓、其他领导配合抓的反腐倡廉领导体制和工作机制，实现责任、措施、考核“三个到位”。深入推行政务、党务公开制；规范一般干部、中层干部竞聘轮岗制；健全督查督办、检查考核、信息交流、公车管理、干部管理等制度，提高执法和行政管理工作的透明度。构建“权力阳光”运行机制，公开“权力清单”。其中：财政8类166项权力、地税9类154项权力，并编制职权目录、权力运行流程图。推出“月排日记周查季考”问效工作制、实施“日点周评”工作机制，全面提升干部工作绩效，该两项举措得到建德市委主要领导批示，并由市纪委、市作风办发专报向全市推广。

二、科技“治心”，构建风险防控监督机制

结合财税管理出现的新情况，新问题，构建科学兼容的财税科技监察平台。科技监察依托“数字财政”与“税友龙版”的信息化技术，通过技术手段制约公权力行使的程序和边界，将权力限制在规范的、可跟踪的监督平台上，推进执法过程、执法监督、绩效考核和责任追究的电子化，防止内部腐败的滋生。

1. 装上“电子警察”。在防控体系建设中，依托信息网络平台，以软件为基础，利用内部网络信息系统，做到了“财税业务、执法行为、行政管理”三个规范。一是开展内部监督。利用“国库集中支付”平台与公文处理平台开展实时监察。局领导或者内部监督相关科室在设定的权限范围内通过平台中数据进行查询，及时、全面、真实地反映各项业务办理情况，对有办理时限与办理情况异常的进行实时监督。二是防控执法风险。通过“税友龙版”廉政效能风险防控模块，实现税收业务工作风险防控。通过网上监控，使岗位之间、上下级之间、部门之间的分工、责任更加明确，实现了业务规范化避免了执法的随意性。三是开发“数据一体化”平台。在“一体化”平台建设中，将财税业务与科技监察有机结合，打破信息“孤岛”现象，建立起监察与财税数据相融合的共享平台，进一步提高财政数据透明度与监察的实时性，形成机器管事、制度管人、机控人防的控管机制，实现从“找风险”到“防风险”的转变，实现执法行为规范化，

2. 亮起“预警红灯”。“科技监察”的“电子眼”功能，为及时发现和纠正问题提供了有效的平台，通过及时改进工作中出现的问题、避免更大的问题发生，从而实现风险预警。在规范的预防处置措置中，侧重于三个“注重”。一是注重预警信息采集。把权力运行过程中容易发生问题的薄弱环节和苗头性、倾向性问题作为预警信息采集的重点内容，通过网上监管、执法检查、效能监察、行风评议、新闻媒体、举报投诉等多种途径，及时收集权力运行和行政管理中存在的行政不作为、乱作为、吃拿卡要、商业贿赂等预警信息。二是注重预警信息分析。通过对获取的预警信息进行分类梳理，结合表现形式、不利影响、出现频率等因素进行定性定量分析，为预警处置、强化监督、制度防范和管理决策提供依据。三是注重预警信息处置。在预警信息分析的基础上，依据执法责任制对执法过错的单位和个人做出批评教育、责令书面检查、通报批评、经济追究等形式处置，并监督整改。

3. 设好“三道关卡”。建立三支监督队伍，“三管齐下”狠抓廉政风险防控监督，提升监督绩效。一是建立内部监督队伍。从局属8个党支部的书记、副书记和支委中，推荐确定8位同志为局纪检（监察）员，开展廉政风险防控和干部作风效能督查，规范行政执法行为，不断改进工作作风，不断提高工作效能。二是建立社会监督队伍。进一步完善社会监督队伍建设，从社会各界面聘请了10名同志为效能与行风监督员，组织开展明查暗访，定期召开行风监督员会议，主动接受社会监督。充分发挥地税“12366”投诉功能，公布举报电话，设立举报信箱，畅通监督渠道，促进政务公开和公开办税、民主评税。三是建立家庭监督队伍。在干部家属中实施“五过问五提醒”。不仅单位筑“篱笆”，设“隔离带”，还把“防火墙”建到了家庭。通过此项活动的开展，干部职工“八小时外”的安全多了一道“监督网”。

三、文化“润心”，构建风险防控思想机制

在廉政文化建设中，将廉政文化和廉政教育融入到财税文化建设之中，不断建设以“廉政教育阵地、廉政警示现场、廉政文化平台和‘廉洁的干部——平安的家’”为主题的“三点一题”廉政文化，构筑起“领导者自律守廉、述廉，干部自觉尊廉、倡廉，家属自主助廉、护廉”的“三自六廉”廉政文化长效机制，全方位、各层面、立体式地构建风险防控思想机制。

1. 廉政教育“入脑”。推出以“一信、二员、三进、四学”为主要内容的全方位廉政文化警示教育，绷紧廉政勤政弦。“一信”是指廉政提醒信，每逢节前，向全体干部发送廉政提醒信，以信倡廉。“二员”是指将少数纪律松懈的人员或执行“禁令”不自觉的人员，列入重点对象管理，并运用戒勉谈话、书面告诫等措施，教育督促，以心驻廉。“三进”是指组织干

部职工走进监狱、走进法院、走进韶山，用直观教育提醒干部笃思明辨，以案促廉。“四学”是指建立四个“学习日”，利用干部集中学习、中心组学习、支部学习、课外学习等方式，开展廉政警示教育，以学强廉。

2. 廉政文化“入心”。一是开展廉政主题活动。组织开展廉政主题宣传月，自编自导自演红色小品、举办红色演讲比赛，健康保健知识讲座、驾驶安全知识讲座等；开展模范人物先进事迹学习讨论、走访困难户家庭，对照反思，增进廉洁意识；二是组建8个文体俱乐部，以一年一届“文体健身周”为促进，开展灵活多样的文化活动。三是倾心打造“三岗二星”平台，组织开展“党员先锋岗”、“巾帼建功岗”、“青年文明岗”争创活动；开展“税务服务之星”、“理财服务之星”评选，以多群体、多岗位、多方式来激励干部提升服务水平。

3. 廉政建设“入行”。在培育廉政机关环境上，要求廉政建设“六上”。一是廉政警示上桌面。将廉政警示制作成标签摆上桌面，时刻提醒干部廉洁奉公。二是廉政图片上长廊。在长廊过道精心布置95幅图文并茂的廉政挂图，营造浓厚的廉政氛围。三是廉政书画上展室。建立廉政活动室，展示系统内干部职工的才艺和廉政追求。四是廉政格言上屏幕。征集廉政格言警局，在局域网、办税大厅显示屏对每条轮流滚动播放，使干部职工在工作中随时感受到廉政文化的熏陶。五是廉政承诺上墙。开展廉政自律公开承诺活动，将党员干部廉政一句话承诺语配上本人照片制成展板进行上墙公式，接受群众的监督。六是廉政经费上预算。将廉政文化建设经费列入财政预算进行安排，做到投入有保障，并且逐年有增长。

切实加强财政投入力度　确保完成教育支出占比（摘要）

海宁市财政局

海宁市财政逐年加大教育投入力度，强化学前教育、义务教育和高中段教育保障机制，确保实现财政教育支出占公共财政支出目标比例任务。

一、基本情况

2012年海宁全市有各级各类中小学校79所，其中小学41所、初中22所、普通高中6所、中职类学校5所、特殊教育学校1所、新居民子女学校4所。全日制在校学生92705人，其中义务教育阶段在校生69682人（包括小学44207人、初中20791人，特殊教育110人及新居民子女学校小学3840人、初中734人）；普通高中在校生11035人，中职类学校在校生11988人（职高5558人、中专4140人、中技2290人）。另有海宁一中高中新疆班学生172人。2012年全市有幼儿园63所，在园幼儿20959人。

2012年全市公共预算安排教育经费112862万元，比上年增长13.8%，高于地方财政经常性收入增长比例12%。其中：基本支出75427万元（含人员经费67879万元），学校基本建设项目支出18430万元，校舍维修改造支出1800万元，其他教育专项经费17205万元。

二、主要做法

（一）领导高度重视

一直以来，市委市政府高度重视全市教育事业改革和发展，先后制订出台了《关于进一步推进义务教育均衡发展的实施意见》、《关于加快学前教育改革与发展的实施意见》、《关于进一步加快职业教育改革与发展的实施意见》及《关于推动教育卫生文化体育等社会事业转型发展的若干政策意见》等，以制度促发展，不断增加政府对教育的经费投入，确保教育经费达到“三个增长”、“两个提高”。市人大、市政协也十分关心全市教育发展，针对教育事业中的热点问题组织调研，并不断提出意见建议。

（二）多渠道筹措资金

除加大财政投入力度外，还鼓励社会资本以不同方式参与办学，激活教育市场，增加社会对教育的投入，扩大优质教育资源。对现有的民办学校，继续分类给予政策扶持，支持其办好学校、办精品学校。鼓励学校通过改扩建扩大办学规模，改善办学条件。引入名校名园，提升全市教育资源质量。

（三）规范科目列支

严格按照政府收支分类科目编制部门预算和决算，支出功能分类细化到项级科目。对九年一贯制学校、完中（初中+高中）等不同类型教育支出的学校，按大数原则，统一选用主要支出功能分类科目。对党校以及部门所属幼儿园的支出，按规定也列“教育”类。

（四）加大各乡镇街道投入

对各镇街道的教育投入进行考核，要求其做好辖区内学前教育、成人教育的经费保障。各镇街道在办好一所中心园的基础上，积极筹措资金，因地制宜，创办村级幼儿园。同时，要求各镇配合做好辖区内新建义务教育学校项目的征地拆迁工作。

三、具体措施

（一）完善学前教育经费保障机制

海宁市于2011年7月制定出台了学前教育三年行动计划，市财政局在原有的扶持政策基础上，加大了对学前教育的经费投入力度，完善了学前教育经费保障机制。

1.加大对乡镇公办幼儿园的奖补力度。凡镇（街道）对所属公办幼儿园按市属同级公办幼儿园标准核拨生均公用经费的，市财政按生均公用经费标准的四分之一补助给镇（街道）；同时，市财政还对镇（街道）公办幼儿园在编教师按年人均2万元的标准进行人员经费定额补助。

2.提高非编在职教师的待遇。从2011年起，海宁市连续三年提高非在编教师收入水平，2012年非在编教师人均年收入达在编教师收入的70%，其中市级公办幼儿园由市财政全额保障，镇（街道）公办幼儿园由各镇（街道）承担；要求各园为非在编教师缴纳社会保险，其中单位缴纳部分的二分之一由市财政给予补助。

3.加快农村幼儿园建设。鼓励各镇（街道）办好中心幼儿园，不断改善办园条件，对根据实际需要且符合教育布局规划而实施的新建、改扩建工程，在额度内分别按达标面积给予每平方米500元和400元的补助；对新建且符合教育布局规划的不少于4个班（含4个班）规模的中心村幼儿园，按达标面积每平方米补助300元；对列入三年行动计划且按时完工的项目，在上述补助标准基础上再上浮40%。

4.鼓励开设优质民办幼儿园。对列入教育部门和当地政府年度学前教育机构建设计划，并按照省二级及以上办园条件和水平新建的民办幼儿园（非住宅区公建配套），按基建总额的20%给予一次性奖励，奖励总额不超过200万元。城市建成区内奖励经费由市财政承担，城市建成区外奖励经费由市、镇（街道）两级财政各承担50%。

5.加大对普惠型民办幼儿园的扶持力度。对年审为合格以上、教师待遇落实、按公办幼儿园等级标准收费的民办幼儿园，按公办幼儿园生均公用经费标准进行补助（人数按规定班额计算）。城市建成区内的幼儿园由市财政承担，其它幼儿园由各镇（街道）财政承担。

（二）合理确定义务教育阶段学校公用经费保障水平

自2006年实施以县为主的义务教育经费保障机制以来，全市义务教育阶段公办学校的经费全额由市财政负担。按照公用经费保障范围，合理制定和及时调整市公办学校公用经费生均定额标准，市义务教育阶段公用经费保持在全省中上水平，确保与地方经济社会发展和教育需求相适应。自2011年起，市义务教育阶段学校公用经费采用分段计算、超额累退的计算方法，对在校学生较少的学校在经费保障上给予适当倾斜，对农村村小再给予额外的定额补助。2012年又对各校公用经费使用情况进行调研分析，完善了生均公用经费标准体系，拉大了各级差之间的距离，重点保障和提高学生数少于500人的学校的生均定额。

（三）进一步加大对新居民子女学校的补助力度

为积极改善新居民子女的就学环境，市财政每年安排新居民子女学校专项补助经费在多方面进行补助。所有在校学生，享受免费教科书和作业本；符合公办学校入学条件的学生，享受杂费减免；具有教师资格证的教师，如学校为其缴纳社会保险，市财政按学校缴纳部分的二分之一进行补助；对通过考核验收的学校，再给予公用经费补助。

（四）加大对扶困助学支持力度

1.积极做好中等职业学校教育券补助和国家助学金补助工作。根据上级部门的有关规定，海宁市从2007年起对品学兼优的学生实施奖学金制度，奖励人数为在校学生人数的10%；累计已有11256人次享受国家助学金，共计发放金额844万元；对家庭经济困难学生实施学费、代管费减免；对符合条件的家庭经济困难学生提供营养餐。

2.做好中小学家庭经济困难学生资助扩面工程和爱心营养餐工程。2012年全市共有243人次享受教育券资助，资助金额达33.146万元；有5592人次享受爱心营养餐（其中义务教育阶段5351人次，高中段241人次），共计资助金额204.88万元。

3.做好普通高中国家助学金补助工作。2012年共补助1415人次，补助金额达109.5万元。

4.做好低保家庭和持证困难家庭子女上大学资助工作。2012年对低保家庭和持证困难家庭子女上大学（要求通过省招生网录取）进行了资助，共计资助87人次40.5万元。

5.做好幼儿园困难家庭子女的补助，2012年对困难家庭幼儿定额补助，共计57人次，补助金额3万余元。

（五）不断加大教育装备投入力度

加大教育装备投入，逐年增加对各校图书、计算机等各类教学仪器设备的购置和更新，2012年市财政安排1500万元教育装备专项经费。截至2012年底，全市中小学拥有教学仪器设备总值达15949.87万元，其中，普通中学8519.63万元、小学7430.24万元。

四、工作体会

（一）足额安排，规范使用

根据预计的地方财政经常性收入增长比例以及教育的法定支出增长要求，在年初预算安排时足额考虑教育事业经费的总量，保障部门预算开支及学校基建项目的正常推进，并适当预留部分资金，用于安排年度新增人员等常规性追加的需要。在足额安排的同时，建立健全资金管理办法，规范财政资金使用。在逐步提高公用经费的前提下，对学校业务招待费采用定额加定率且不超上年实际数的办法，有效地控制了公务接待费的增长。按教职工工资总额3%的标准，足额安排教师培训费1100万元，同时会同教育局制定专项资金管理办法，确定开支范围及标准，确保经费专项用于教师培训，提高教师队伍水平。

（二）关注进度，适时调整

每月对支出执行情况进行分析，关注基本支出的均衡性及项目支出的进度，发现支出进度异常的学校或项目，及时与教育局沟通。考虑到学校的特殊性，对经常性专项的支出，适时给予提醒。定期与教育部门沟通，发现有因客观情况推迟或取消的项目，及时作出调整，确保财政教育支出进度。

（三）加强监管，提高绩效

对上年预算安排金额50万元以上的项目，要求单位全面实施绩效自评，并在自评的基础上，由财政业务科室组织抽查复评。评价报告结果直接运用于当年预算调整和下年预算安排。同时，还每年安排专项经费用于选取一定数量的学校进行内部审计。依托内审，及时发现问题并提出整改措施，不断规范学校的财务管理。

完善组织架构　优化工作流程
着力构建欠发达地区财政管理良性运转机制（摘要）

庆元县财政局

根据公共财政运行机制建设和推进"三位一体"组织体系改革的要求，庆元县财政局立足实际，积极推进预算编制、执行、监督"三位一体"组织体系改革。"三位一体"组织机构改革方案获批后，及时搭建组织框架，预算局、预算执行局、财政监督局三个局的局长高配到位。在此基础上，梳理工作职责，努力优化工作流程，初步形成预算编制、执行和监督相互循环、互为前提、一体运行的欠发达地区财政管理良性运转机制。

一、当前财政资金管理中存在的问题

（一）预算编制不完整。部门预算虽然已经开展多年，但编制的预算线条总体比较粗，预算资金用途不够明确，预算编制透明度还不够高；预算编制以人员经费、公用经费以及一些常规性支出为主，临时性预算追加较多，预算调整随意性较大；省专项资金、非税收入还未完全与预算内资金统筹安排，存在"两张皮"，没有形成真正的财政综合预算。虽然要求部门预算做到零基预算，但预算编制还是以基数加增长的方式，导致预算编制与实际情况、工作计划不符，影响预算的执行。

庆元县预算资金执行情况对接会现场

（二）预算执行不规范。在实施国库集中支付之前，由于预算编制粗放，界定项目资金使用范围困难，专项资金或被挤占或大量沉淀在单位。财政业务科室与核算中心相对独立，对财政资金的管理未形成有效的制约与促进机制。未使用金财工程软件，不能实行指标、存款控制，经常性经费、专项经费混用，加上自身财力不足，预算单位经常性经费占用专项经费，年末出现经常性结余赤字现象普遍。预算执行的相关制度不健全,财政资金支付审核缺乏依据。

(三)预算监督不到位。从外部监督来说,目前人大监督多局限于形式和程序上的监督,审计多停留在事后对预算执行合法性和合规性的监督,社会监督还处于探索阶段,对财政资金使用的公平性和合理性,缺乏科学有效的评价。从内部监督来说,财政监督机制不够完善,监督也限于表面化,对财政资金的效益缺乏有效分析,尚未发挥出财政监督的应有作用。

二、着力构建“三位一体”管理框架的主要做法

(一)成立组织机构,准确定位职能。根据省厅要求,2010年底前向县委提出了成立预算局、预算执行局、财政监督局及三个局长高配副科的请示,庆元县委、县政府领导高度重视,不折不扣执行省厅要求,全力支持该项改革,第一时间批复“三位一体”组织机构改革方案,并及时将“三个局”局长高配到位,为推进改革提供了组织和人才保障。2011年,结合新一轮的县级机构“三定”方案修订和“三位一体”改革要求,以充分发挥“三个局”的引领作用为重点,梳理各业务科室职能,分别确定“三个局”的工作职能,科学设计工作流程。目前,形成由预算局、预算编制中心、基层财政管理科组成的财政资源配置组织体系,由预算执行局、国库集中支付中心、经建科、农业科、综合科、社保科、行事科、国企科组成的预算目标执行组织体系,由财政监督局(挂会计科、绩效管理科牌子)、政府采购监管科、财政项目预算审核中心组成的财政资金全过程监督组织体系,负责预算、执行、监督等相关职能。

(二)深化预算改革,强化预算管理。以预算局成立为契机,在原先实行部门预算管理的基础上,进一步推进预算编制管理的规范化、精细化和科学化。在编制程序上,严格按照“二上二下”法定程序,以部门预算为基础,财政预算从部门编起,从基层单位编起。在工作方法上,做到“二个深入”,即深入了解全县年度工作重点、目标和任务,使部门预算编制紧紧围绕全县发展大局;深入了解各部门的基本信息,组织业务科室与预算单位进行充分对接,对人员、车辆、公用设备、经费开支、项目情况等基本情况进行全面核实,掌握完整、真实的单位基础信息和行政事业实际运行成本,做到有的放矢,增加预算的可操作性。在预算编制上,按照零基预算、定额管理、量入为出的基本原则,把握“两个重点”:一方面把握经费供给政策和保障标准,明确支出标准,细化立项范畴,实事求是地编制预算;另一方面把握统筹兼顾重点,按照“集中精力办大事”的原则,精选项目,规范项目预算,按照轻重缓急安排支出,最大程度发挥资金效益。在财力统筹上,推行综合预算管理,统筹安排一般预算资金与政府非税收入,整合专项资金,增强财政调控资金的能力。在预算调整上,改变过去严预算、宽追加的分配观念,在综合分析的基础上,合理制定开支标准,要求各预算单位在上报年度预算时尽可能地考虑周全,从根本上减少或杜绝预算执行中的追加。

(三)推进执行改革,规范预算执行。“三位一体”改革推行之时,恰逢县级国库集中支付改革推进,庆元县将预算执行改革与国库集中支付改革有机结合。首先是职能融入。把国库集中支付改革作为预算执行局的基本职能之一,具体实施国库集中支付改革,确保改革后的执行工作能够完全按照“三位一体”的要求进行。其次是全面推行国库集中支付。根据要求,从2011年开始,所有预算单位全部推行国库集中支付改革,将所有财政性资金都纳入国库单一账户体系,实行指标管理,建立分月用款计划制度,公共预算资金及政府性基金实行直接支付,单位其他资金也纳入集中支付范围实行其他支付,单位资金支付全部到国库支付中心见单审核。第三是完善相关制度。制度是预算执行的根本保障,针对以往预算执行中的问题,先后制订、完善、提请出台了财政资金拨付管理、财政专项资金管理、财政拨款结余资金管理、财政资金管理考核细则、会议费管理办法、干部挂职费用开支标准、编外用工管理办法、外出参观考察、职工疗休养等方面的10多项支出管理制度,确保预算执行过程中有据可循。

(四)突出绩效重点,深化预算监督。以财政支出绩效评价为重点的财政监督与部门预算、国库集中支付,共同构成“三位一体”的公共财政管理体系。按照构建财政大监督的理念,首先是整合了工作职能,将原先的财政监督、绩效管理、会计管理等职能划归财政监督局,确保更好履行牵头财政监督的职责。其次是全程参与预算管理。财政监督局作为局预算编制领导小组成员科室之一,从部门预算“一上”的审查就全程参与部门预算编制,初步实现由事后监督向全程监督转变、由突击检查向专项检查与日常检查并重转变、由“纠错与查处”型监督向“预防与服务”型监督转变,切实履行对财政资金运行全过程动态监督的职责。第三是突出绩效重点。为确保绩效管理取得实效,在评价重点上采取一般性绩效评价与重点项目绩效评价相结合,一般性项目绩效评价原则上由预算单位自行组织;重点绩效评价项目则在年初部门“一下”时从项目资金量大、实施内容涉及面广、社会反响大的项目中选择,并要求在上报“二上”时同步上报重点项目绩效目标方案,在“二下”时予以批复,在项目完成后由财政监督局组织实施重点评价;评价力量上除发挥业务科室作用外,还采取聘请专家组评价与委托中介机构评价相结合,整

合社会监督资源，形成评价合力。

（五）创新工作机制，确保改革到位。“三位一体”改革事关财政管理改革的大局。为确保改革的顺利推进，我局研究出台了《庆元县财政资金管理工作考核实施细则》，首次对部门的财政资金管理进行考核。考核内容以项目资金执行率、结余资金消化率、业务经费结余率为主，并设置预算追加、调整、“三公”经费零增长等考核指标；考核方式以日常考核与年末考核相结合；考核结果既与单位下年度的财政资金安排挂钩，又列入县委对部门年度目标管理责任制考核。通过考核，促使单位主要负责人对“三位一体”改革实质更加了解，更加重视本单位年度预算的编报、执行和决算工作，提升各单位加强财政预算管理的主动性和责任感，维护了部门预算的权威性，形成奖励先进、注重绩效的工作氛围。

三、初步成效

（一）提高了预算编制的精细化水平。通过“三位一体”改革，在资金整合上，建立了沉淀资金消化机制，激活部门沉淀资金，整合专项资金，盘活财政盘子。在业务融合上，预算编制融入绩效管理，考虑上年度财政资金使用绩效，通过国库集中支付改革规范预算执行，实现预算执行结果信息的再利用。在力量配合上，改变以往预算的编制模式，以“三个局”为龙头，各业务科室全程参与，层层把关、密切配合，合力促进预算管理的科学化精细化。

（二）强化了预算执行的刚性。预算编制的科学化精细化，带动预算执行质量不断提升。国库集中支付制度全面推行，实现预算拨款与实际支付同步；金财工程软件系统细化指标与用款计划，实现系统对支付的自动控制；支付中心严把预算资金支付审核关，有效减少预算执行的随意性。将部门财政资金管理列入考核，从机制上确保预算执行的严肃性。2012 年，县地方支出盘子未突破年初安排，预算追加事项减少，各项支出专款专用，以往各类人员、福利经费挤占专项资金的现象减少，有效强化了预算的“刚性”。

（三）增强了财政监督的权威性。树立“大监督”“大绩效”的理念，整合内部监督资源，使财政监督、绩效管理贯穿预算编制、执行的全过程，监督理念从检查型转向管理型，监督内容从注重查补收入转向收支并重，监督方式从事后检查转向事前审查审核、事中跟踪监控、事后检查处理有机结合的全过程监督，由安全性和合规性转向效益性监督。其结果作为以后年度安排预算的重要依据，既提升预算编制的科学性、预算执行的规范性，又为政府决策提供参考，财政监督的权威性得到增强。

（四）促进了部门观念的转变。在“三位一体”改革影响下，预算单位财务管理的计划性、前瞻性和规范性，部门预算的真实性、准确性和可执行性，预算执行的主动性、积极性和严肃性都得到提升。特别是把绩效提到管理的重要一环，既衡量经济效益，又评价社会效益，部门或项目的绩效好不好、执行优不优、合不合法纪，会直接影响到财政资金的投向。使部门树立“要钱须谨慎，花钱按预算，用钱必问效，全程受监督”的观念，否则下年度申请资金会受影响，引导部门把主要精力放在用好资金上，做到少花钱，多办事，办好事。

（五）有利于财力资源的整合。“三位一体”财政管理体系，指明全口径预算收支管理方向，拓宽和加强预算刚性约束的范围、力度。财政既管一般预算收入，又管政府基金收入、国有资本经营收入、政府资产管理收入以及政府性融资收入，尽可能完整反映政府集中财力情况。既抓好财政拨款支出，加大部门结余结转资金的统筹力度，又对国有资本经营预算、社保基金预算等支出提出要求，还加强府性债务管理，实现一个盘子统筹安排所有资金。在统筹安排时，实现预算硬约束、以绩效为导向、监督全过程的目标，有效把牢财政资金的“入口”和“出口”。一年来，庆元县统筹安排整合的专项资金、非税收入资金达到 0.52 亿元，占财政总资金额的 7.5%。

四、深化“三位一体”财政管理体系还需解决的问题

（一）对“三位一体”的认识有待于进一步统一。各部门虽对“三位一体”有了一定了解，但长期以来形成的“重分配、轻管理”的观念还没有根除。一些部门对自己是预算主体的认识不明晰，认为本部门的资金使用只要合规就行，具体的执行情况、资金使用的效益不是大问题。同时，财政内部科室对“三位一体”还存在一些模糊认识，以为“三位一体”重点就是解决几位干部的高配问题。

（二）部门职责和业务流程有待进一步明确。要完全落实“三位一体”，达到既相互制衡又整体协调的要求，从实践看，财政部门内部科室分工还存在一些交叉，职责分工、业务流程、工作机制需进一步梳理明确，避免交叉和盲点共存，从而实现更有力地协调配合。

（三）财政透明度提高亟待进一步重视。“三位一体”管理体系覆盖了“收、支、管、用”，在资金运行上必须构造一个一环扣一环的闭合系统。但纳入到社会大系统，又应当是一个对外开放的系统，要回应社会各界对公共财政的期待，要群策群力做好政府理财工作，这是循序渐进又必须前进的一步。为此，需处理好管理系统内循环和外循环的关系，有梯度地添加开放式、参与式的制度设计，让“三位一体”管理体系对深化财政公共改革、推进政府转型和进一步推进市场化改革发挥更大的作用。

调研报告精选

本栏目所摘要刊登的调研报告均为2012年度浙江省财政系统调研报告及课题成果评选一等奖作品。

财政促进浙江省区域协调发展的体制与政策研究(摘要)

省财政厅总预算局课题组

由于市场机制以及自然、历史、体制、政策等原因,浙江省区域间发展差距依然存在,人民群众生活水平仍不均衡,这些问题在一定程度上影响了全省经济社会的持续健康发展,迫切需要政府通过宏观调控手段逐步加以解决。而财政体制与政策作为政府调控的重要工具,在促进区域协调发展方面扮演着极其重要的角色。本文针对浙江省区域经济发展实际,立足财政职能,研究探讨在新形势下财政促进区域协调发展的体制与政策措施,以期更好地推动全省区域协调发展。

一、近年来浙江省财政促进区域协调发展的实践

(一)完善有利于区域协调发展的省对市县财政体制。多年来,浙江省调整完善省管县财政体制,不断增强省级调控能力,合理配置全省财政资源,加大对欠发达地区扶持力度,努力缩小欠发达地区与发达地区之间差距。一是建立合理的省与市县收入划分机制。为保证市县有稳定的财政收入来源,加快市县发展,近年来在体制调整过程中做到能放则放,尽量将收入往下沉,省级预算收入仅保留金融、电力等个别行业,目前省级财政收入只占全省财政收入的10%左右。同时,市县地方财政收入增量部分,省与市县实行“二·八”分成,对少数民族县、少数欠发达地区和海岛地区作适当照顾。地方财政增收大部分归市县,有效调动了市县发展经济、培植财源、组织收入的积极性,体现了一次分配的规范与效率。市县财政收入快速,做大了省级财力规模,有效提高了省级财政调控能力,使省级有更大的余地去支持欠发达地区发展。二是建立较为完善的一般转移支付体系。建立了更加符合市县经济发展和财力客观实际的“分类分档激励奖补机制”,在完成市县职责任务的基础上,市县地方收入增长越快,省补助越多,且给予欠发达地区更加优惠的奖补政策,较好地发挥了激励发展作用。同时,建立了以均衡地区间财力差异为目标,主要针对欠发达地区的均衡性财力转移支付及县级基本财力保障转移支付,以及以生态补偿为主要目标、主要面向江河源头欠发达市县的生态环保财力转移支付,并且从2011年到2013年,省财政每年筹措23亿元,对欠发达地区尤其是重点欠发达县和贫困集中区域给予特别扶持,加大了对欠发达地区转移支付力度,有效均衡了地区间财力差距。三是规范专项转移支付。为改变专项转移支付类别较多,标准不一,使省对市县专项转移支付更加科学、合理、规范,对部分专项资金进行归并整合,并以各市县经济发展、财力状况等因素为依据,将全省市县分为两类别六档,统一标准系数,使专项转移支付进一步向欠发达地区倾斜,促进欠发达地区各项经济社会事业快速发展。2011年,经济欠发达县(市)人均财政支出与经济较发达县(市)的比率为1:1.09,保持较好的均衡水平。

(二)扎实推进基本公共服务均等化。近年来全省各级财政部门把推进基本公共服务均等化作为改善和保障民生的重要抓手,积极调整财政支出结构,将更多的财力投入到与百姓切身利益相关的民生领域,多年来一直确保当年新增财力三分之二以上用于民生方面,较好地改善了民生,有效促进了基本公共服务的城乡统筹、区域均衡和全民共享。一是支持全省社会保障体系不断完善。2008~2011年全省社会保障和就业支出累计793亿元,其中省级投入32亿元,年均增长42.2%,较好地支持了社会保障扩面和就业稳定。二是支持基础教育向城乡均衡加快迈进。2008~2011年全省教育支出累计2332亿元,其中省级投入242亿元,年均增长10.9%,较好地推进了全省义务教育均衡化发展。三是支持医疗卫生事业加快发展。2008~2011年全省医疗卫生支出累计824亿元,其中省级投入109亿元,年均增长12.4%,全省医疗卫生事业发展成效明显。四是支持城乡公共设施一体化建设。2008~2011年全省城乡社区事务支出累计1029亿元,“千村示范万村整治”工程深入实施,农村供水、交通、通信等基础设施进一步完善。

(三)加速区域经济良性互动发展。按照省委、省政府关于经济转型升级部署,结合各地产业特点,有针对性地出台

财政支持政策，引导区域优势产业发展，促进各地产业结构调整优化，推动各区域之间经济互动发展，努力形成良性的区域协调发展机制。一是加快推进海洋经济发展。为推进海洋经济发展示范区和舟山群岛新区国家战略实施，2010~2012年，省财政每年安排10亿元海洋经济发展专项资金，并由省财政出资10亿元设立浙江海洋经济发展基金，重点支持海岛基础设施、海洋科技研发、海洋新兴产业等项目建设，促进了浙江省沿海地区海洋经济的较快发展。二是着力支持产业集聚区建设。为支持“四大建设”，加快推进产业集聚区建设，研究制定省级产业集聚区财政政策，对“十二五”时期符合规定条件的省级产业集聚区内形成的相关地方财政收入，按照有关规定给予市县一定奖励性补助，引导市县加快搭建产业集聚发展平台，提升区域经济发展水平。三是建立生态补偿机制。在全省建立生态环境保护补偿机制，实施生态环保财力转移支付政策，缓解不同地区之间由于环境资源禀赋、生态系统功能定位导致的发展不平衡问题。从2006年试点以来，浙江省逐年增加生态环保财力转移支付资金，较好地推进了环境保护与生态建设。四是搭建区域经济发展平台。大力支持机场、铁路、港口、公路等重大基础设施建设，努力拓展区域产业发展空间，为区域间经济发展交流搭建平台，同时建立健全财政支持“山海协作”机制，促进区域经济互动。

（四）全力推进城乡协调发展。城乡统筹发展是区域协调发展的重要体现，在很大程度上反映了区域协调发展的程度和水平。近年来，全省各级财政着力支持社会主义新农村建设，在农村社保、卫生、教育、文化等方面加大财政投入，并加大对农田水利等农村基础设施建设的扶持力度，改善农村生产生活条件，促进农民增收。“十一五”期间“三农”支出年均增长24.8%，2011年比上年增长26.0%，较好地促进了城市公共服务向农村覆盖，推动农村各项事业较快发展。全力支持中心镇发展和小城市培育，2010~2012年，省财政每年预算安排10亿元小城市培育试点专项资金，用于试点镇的基础设施、社会事业、产业功能区等项目的补助，充分利用中心镇和小城市在促进城乡协调发展过程中的独特优势，切实发挥中心镇和小城市集聚和辐射作用，加速推进城乡一体化进程。同时，建立健全乡镇财政管理体制，认真落实财政扶持措施，提高乡镇财政管理水平，增强乡镇各项社会事业发展财力保障。

二、当前浙江省区域协调发展面临的新情况

（一）区域间主要发展指标绝对差距仍然较大。2002年以来浙江省区域间经济发展相对差距逐步缩小，多项经济发展指标保持相对较好的均衡度，但由于各地受基础条件约束以及市场机制、政策等影响，区域之间人均GDP、城镇居民人均可支配收入、农村居民人均纯收入等部分经济发展指标绝对差距仍然在扩大。

（二）区域功能定位不够清晰，区域间经济融合程度不够紧密。由于全省范围内主体功能区开发还需进一步规划和引导，并缺乏完善的分类管理政策支持体系，以及地方往往过度追求经济总量的行为存在，省内部分区域主体功能定位不够清晰，导致其未能根据自身资源禀赋，充分发挥比较优势，加大功能区开发力度，增强区域经济发展竞争力。同时，引导产业在省内区域间有序转移和承接的体制机制和政策还不完善，产业梯度转移和承接的成效不够明显，区域间分工合作的力度有待加大，区域之间互相开放、互相依存、相互渗透、融为一体的格局尚未形成。

（三）区域中心城市集聚和辐射效应未能充分发挥。浙江省现行省管县财政体制下，县域经济得到了快速发展，但部分中心城市发展相对较慢，中心城市的集聚和辐射功能未能充分发挥，在全市资源调配和统筹发展方面的功能相对较弱。由于缺乏统筹规划，并受地方财政利益驱使，区域内的各个市县与中心城市在发展规划、产业布局上缺乏明确分工，造成区域内基础设施、优势产业项目、民生项目重复建设等现象屡见不鲜，导致相互争夺税源，加剧了区域内无序竞争，一定程度上影响了整个区域的统筹有序发展。

（四）财政在促进区域协调发展方面的导向作用有待进一步加强。近年来浙江省不断完善财政转移支付制度，注重资金分配向欠发达地区倾斜，逐步加大对欠发达地区支持力度，欠发达地区发展明显加快，但受各地发展阶段、水平、重点不同以及资金分配办法、转移支付结构等影响，财政资金在促进区域发展均衡性方面的作用有待进一步发挥。同时，由于缺乏专门用于支持区域统筹发展的财政资金，尚未形成引导设区市推进区域协调均衡发展的良性机制，在促进区域统筹发展的导向作用还不非常突出，难以形成全省区域协调发展的合力。

三、新形势下财政促进区域协调发展的对策措施

针对浙江省区域协调发展过程中一些市场本身难以解决的问题和困难，结合区域协调发展的目标，积极发挥财政职能作用和自身优势，逐步完善财政体制和政策，全力推进全省区域经济协调发展。

（一）更加注重财政导向和激励作用，逐步缩小区域间发展差距。区域间差距缩小是区域协调发展的重要体现。把区域间发展差距控制在一个合理的范围内，离不开财政体制与政策的导向功能，需要优化政府资源配置，进一步发挥财政对区域协调发展的引导和激励作用，形成有利于区域协调

发展的利益导向机制，提高区域间发展的均衡性。一要创新区域统筹发展财政引导机制。“省管县”财政体制下，由于设区市与县（市）之间财政利益的分割，难免会产生设区市对县（市）发展不愿意或不主动投入的现象。要发挥设区市在推进区域统筹发展的重要角色和作用，就需要克服上述的尴尬局面，创新建立一种使设区市主动加大投入、推进全市协调发展的财政引导机制，将设区市和县（市）的利益紧密联系在一起，对在推进区域协调发展做得好的设区市，省财政要按设区市对所辖县（市）投入的一定比例给予奖励补助，对连续多年投入增幅提高较快的，省财政要适当提高奖补比例，努力调动设区市的积极性。上述引导和奖补机制的建立，有利于缓解设区市财政投入压力，有利于增强设区市的调控权，设区市可以根据自身财力状况和各县（市）经济社会事业发展情况，有重点、有针对性的加大对发展较慢的县（市）重点领域、薄弱环节的投入，提高全市经济社会发展水平的均衡性和协调性。二要发挥财力性转移支付的激励和均衡功能。2008年以来实施的“分类分档激励奖补政策”在激励市县加快发展方面发挥了积极作用，并且由于省对市县补助挂钩系数是以经济发展状况、居民收入、地域面积、人口和财力状况等为依据分类确定的，该项政策对各地财力也起到了一定程度的均衡作用。下一步要逐步完善该项政策，根据市县经济发展和财力状况变化，适时适当调整纳入各类各档分别管理的市县名单和补助标准，建立适度的动态管理机制，避免产生新的差距，更加符合区域协调发展的客观需要。同时，也要进一步发挥均衡性转移支付的均衡作用，完善以地域面积、总人口、人均财力水平、财政供养人数、成本差异等为因素的均衡性转移支付办法，并根据财力状况，逐年增加均衡性转移支付的规模。三是加大对山区和欠发达地区发展的支持力度。山区和欠发达地区的经济社会发展水平相对落后于全省平均水平，加快山区和欠发达地区发展，成为推进全省区域统筹协调发展的重要突破口。当前浙江省已经全面启动实施新一轮山区经济发展规划，并且专门出台了政策意见，财政部门如何调整思路，建立健全支持山区经济发展的政策机制，实现与政府中心工作合拍，便是当前及下阶段工作的重点。一方面，要发挥“省管县”财政体制优势，强化财力资源配置功能，继续加大对山区和欠发达地区的一般性转移支付力度，专项转移支付分配要向山区和欠发达地区倾斜，保证省对山区和欠发达地区的转移支付总量增长要快于全省平均水平，在财力水平上拉近与全省之间的距离，使山区和欠发达地区有更多的财力用于加快各项社会事业发展；另一方面，更加关注和支持山区经济转型发展，要充分发挥财政资金的引导功能，选择补助、贴息、担保、以奖代补等多种形式和手段，建立和完善支持山区发展投入激励机制，有效吸引社会方方面面的资金投向山区，加快推进山区产业发展平台建设、山区特色生态农业和旅游业发展，同时要深入实施山海协作工程，健全发达地区与欠发达山区经济发展帮扶机制，探索促进海洋经济与山区经济互动发展的财政引导机制，共同促进山区转型发展，带动山区农民增收致富，缩小山区人民生活水平与全省之间的差距。

（二）不断完善财政保障机制，全力推进基本公共服务均衡化。通过近年来公共服务财政投入逐年增加，总体上浙江省基本公共服务制度体系已经初步形成，但全省经济社会发展已经步入一个新阶段，城乡居民生活质量和水平不断提高，对各类公共服务需求有了新期待新要求，同时农村、欠发达地区和针对社会弱势群体的基本公共服务水平亟待提升，基本公共服务投入仍然是当前财政保障的重点，实现相对均衡的基本公共服务体系依旧是各级财政工作的努力方向。一要建立与经济社会发展及财力水平相适应的基本公共服务财政投入机制。由于基本公共服务均等化需要一个逐步实现的过程，是一项中长期任务，各地需要根据经济社会发展水平和公共财政承受能力，制定实施合理的基本公共服务标准，优先保障基本生存、基本发展、基本环境和基本安全等服务的提供。在财力允许的前提下，调整优化财政支出结构，加大基本公共服务的财政性投入，逐步提高基本公共服务预算支出占财政支出比重。顺应城乡经济社会发展一体化趋势，支持完善城乡社保、医保一体化，促进医疗卫生、教育、文化等公共资源在城乡之间的均衡分布，促进公共服务资源在城乡之间优化配置，逐步建立财政支持城乡基本公共服务一体化的政策体系。二是增强县级财政保障基本公共服务能力。部分县（市）由于财力薄弱，收支平衡难度较大，加上近年来中央陆续出台的义务教育、社会保障、医药卫生等各项民生政策，步子快、标准高，加重了财政支出负担，加剧了财政收支矛盾，建立健全逐步提高县级基本公共服务能力保障机制显得尤为重要。下一步，要完善省管县财政体制，促使财力进一步下沉，加大对欠发达县（市）财政扶持力度，逐步提高县级财政在省以下财力分配中的比重，增加县级统筹财力，并健全县级基本财政保障资金分配办法，将基本公共服务保障情况纳入“因素法”分配的考虑因素，并明确县级基本财力保障资金要优先用于基本公共服务支出，加快促进县域内基本公共服务均等化目标实现。三是创新财政转移支付制度。专项性一般转移支付是近两年浙江省探索实施的转移支付方面的创新和重要改革，从改革实践情况来看，成效比较明显，较好地发挥了专项转移支付和一般性转移支付两者的优势，在统筹推进基本公共服务能力方面发挥了较好的作用。目前纳入专项性一般转移支付改革的范围比较有限，为扩大改革成效，需要进一步加大工作力度，全面推进专项性一般转移支付改革。对市县而言，专项性一般转移支付资金就意味着当地财政统筹能力的提升，市县政府可以根据轻重缓急，有针对性地加大对当地经济社会发展薄弱环节，尤其是基本公共服务领域的投入，可以优化政府财力资源配置，促进基本公共服务的均衡性持续提升。

（三）健全财政政策引导机制，着力促进形成区域间产业分类开发、优势互补、融合发展的新格局。由于自然、社会、经济条件的影响，区域经济发展具有空间分布规律和时间演化规律，在推进区域协调发展过程中，必须要从客观实际出发，在遵循上述两大原则的基础上，制定符合经济发展阶段的战略，不断完善财政政策扶持和引导体系，有序推进区域经济全面、协调、可持续发展。一要健全差别化区域政策体系。根据省内各区域区位条件、资源优势和产业特点，结合浙江省“四大国家战略”以及主体功能区战略实施，在明确不同区域功能定位的基础上，加快制定实施分类指导的财政政策，形成差别化区域经济财政政策支持体系，引导海洋经济、山区经济、城市经济以及生态产业、金融产业、贸易产业合理有序发展，增强区域发展竞争力。二要促进产业集聚发展。在着力提升发展环杭州湾、温台沿海、金衢丽高速公路沿线三大产业带的基础上，认真实施省级产业集聚区财政政策，按要求落实省级奖励性补助，加快推进省级产业集聚区建设，引导集聚区内大力发展战略性新兴产业、先进制造业和现代服务业，全力推动高新技术改造传统产业，统筹协调三次产业发展，构建现代产业体系，实现集聚集约集群发展，切实打造全省区域经济发展的新增长点和参与区域竞争的制高点，有效提升浙江经济在国际分工中的地位，推动经济发展方式转变。三要引导产业梯度转移。根据区位条件、产业分工和比较优势原则，研究制订使资金、人才、技术等生产要素逐步向欠发达地区转移的财政政策，通过要素的流动和要素的再次配置，实现产业由发达地区逐步向欠发达地区有序转移。建立健全“腾笼换鸟”财政激励机制，鼓励企业在省内梯度转移，提高资源配置效率，为产业转型升级腾出新的发展空间，并带动各区域经济有序发展。对加快“腾笼换鸟”工作成效明显的市县，省财政要给予一定奖励，提高地方政府积极性。四要引导区域经济融合发展。推进区域经济融合发展，必须高度重视共同市场的建设，既包括商品市场的建设，也包括要素市场的建设。建立健全支持区域共同市场建设的财政政策，借助区域共同市场，促进生产要素跨区自由流动，加强区域之间经济分工协作，提高区域市场的开放程度，促成资源的优化配置，提升市场经济运行的总体效率和效益，实现经济发展的空间共荣。

（四）大力推进城乡统筹发展，促进城乡一体化进程。城乡统筹发展是区域协调发展的重要内容。浙江省已进入工业化的中期发展阶段，城市化对经济社会发展的作用越来越大，城乡关系、工农关系越来越密切，统筹城乡经济社会发展显得更加紧迫，也更有条件。从财政来讲，要以新型城市化和新农村建设有机结合为重要抓手，不断完善各项财政政策，加速推进全省城乡一体化。一是着力提升中心城市发展水平。对于杭州、宁波、温州以及金华-义乌等长三角区域中心城市，要发挥创新强省专项资金、服务业发展专项资金和营业税增收返还奖励政策的突出作用，引导发展高端产业和现代服务业，加快形成现代化都市区。对于嘉兴、湖州、绍兴、衢州、舟山、台州、丽水等省域中心城市，要研究制定支持加快发展的财政激励奖补措施，并加大浙江省自行发债对中心城市基础设施建设扶持力度，鼓励中心城市做大做强，增强中心城市经济综合实力，优化提升城市综合服务功能，充分发挥中心城市的集聚和辐射效应。二是积极推进县域城镇化。目前，经过近年来快速发展，全省有相当一部分县（市）已具有一定经济规模，在此情况下各级财政要着眼于支持统筹城乡空间布局、基础设施、资源配置及综合配套改革，从提高县城集聚能力的角度出发，加快推进县城人口集聚、产业集中和功能集成。对当前正在实施的嘉善县域科学发展示范点建设，要给予一定财力支持，帮助解决当前县域发展的共性和典型问题，发挥好对全省县域发展的示范效应。同时，积极落实中心镇发展财政政策，完善进一步支持小城市培育财政扶持政策，充分发挥小城市和中心镇的辐射带动作用，引导周边乡镇组团式发展，促进中心镇的人口集聚、空间拓展、产业转型，提升小城市和中心镇生产、流通和生活的综合功能。三是深入推进新农村建设。目前浙江省涉农资金种类多、投入大、涉及面广，如何更好地推进“三农”发展和新农村建设，除了建立健全财政投入稳定增长机制外，关键还是要把关注点放在提高涉农资金的绩效上，没有绩效，再大的投入也难以达到预期效果。因此，要结合当前的专项性一般转移支付改革、乡镇财政建设和预算绩效管理，深入推进涉农资金整合和统筹，加大涉农资金监督管理力度，增强基层财政管理能力，提高涉农资金使用绩效，使涉农资金真正成为推进新农村建设的有力支撑。同时，还要发挥财政政策导向作用，引导资源要素向农村集聚，积极支持丽水农村金融改革试点，规范小额贷款公司以及村级资金互助组织发展，拓宽农业融资渠道，增强金融服务“三农”发展的能力和水平。

（五）加大生态环保投入，打造人与自然和谐发展局面。

当前生态环保问题越来越受社会各界关注，人民群众对生态质量、生态安全以及加强生态保护和建设的需求日益增长，而生态环境的公共产品性和外部性，决定了政府要积极介入，健全财政环保投入机制，引导社会各界参与环境保护，努力实现人与自然的和谐发展。一要完善生态环保财力转移支付办法。建立健全以生态环境保护及质量为主导，生态公益林面积、水系水质、大气质量为指标的生态考核和补偿体系，围绕主体功能区划，加大对禁止开发与限制开发区域的财政支持力度，鼓励这些地区加强生态环境保护，引导重点生态区域通过保护好青山绿水，取得非经济因素的财政效益。二要加大生态环保专项资金投入。以生态环境保护重点工程和重点领域为抓手，继续加大对生态环保的投入力度，扎实推进城乡环境综合整治，并积极争取中央各类生态环保专项资金，着力推进浙江省生态文明建设。三要加大财政绿色补贴力度。由于环境保护成本较高，企业出于利益最大化的考虑，缺乏参与环境保护的积极性。为了引导全社会特别是企业参与环保，需要政府加大财政绿色补贴力度，提高企业收益率和积极性。所谓财政绿色补贴，就是指政府以补助、贴息等财政支出形式来鼓励企业进行污染控制和生产环保产品。一方面可以提高优惠贷款，对企业在环保项目上的投资可以在贷款总量、贷款利率上提供优惠，让企业有动力去投资环保项目；另一方面对企业在环境保护上取得的重大成就，应设立专项基金进行奖励或补贴，提高企业自身研发的积极性。

课题组：

组长：钱巨炎

副组长：罗石林

成员：邢自霞、章启诚、倪学军、周爱明、陈志光、张远东、石琪琪、杨格来、翟晓真、刘虹、蒋旗江、范愿、康国梁、章觉初、步恩绵、郭丽丽、任芳、徐翠、姜传鸽（执笔）、顾健耀（执笔）

浙江省政策性农业保险发展问题的财政政策研究（摘要）

省财政厅金融处课题组

一、浙江省政策性农业保险探索发展情况

（一）浙江省农业保险发展情况

自2006年以来，在各级各部门的积极推动下，浙江省政策性农业保险品种不断丰富，目前省级已经实施了17个农业保险品种，包括水稻、油菜、小麦、大麦、露地西瓜等种植业险种，生猪、能繁母猪、奶牛、鸡、鸭、鹅、淡水鱼等养殖业险种，林木火灾、林木综合保险、商品林火灾、柑橘树等森林保险品种以及蔬菜大棚等农业设施保险。同时，还开展了渔业和金华奶牛、衢州生猪、三门青蟹、临安山核桃等互助保险试点。各地也探索开展了茶叶、桑蚕养殖等13个特色险种。政策性农业保险为农民提供的风险保障金额从2007年的20.8亿元扩大到2011年的205.8亿元，扩大了近10倍。2007～2011年，全省赔款总额达到5.28亿元，累计受益农户23.8万户次，户均得到赔款2218元。

各级财政对政策性农业保险的扶持力度逐年加大。财政对公益林火灾、水稻、小麦、大麦、油菜、能繁母猪的保费补贴比例达到90%以上，对奶牛、生猪、鸡、鸭、鹅、商品林火灾、商品林综合、柑橘树的保费补贴比例在65%以上。平均财政保费补贴比例由试点初期的37.3%提高到2011年的81.49%，补贴规模由2006年的446万元提高到2011年的1.86亿元，提高了近41倍。2006年至今，各级财政累计拨付保费补贴资金8.25亿元，是同期农民自交保费的2.75倍。

（二）不断加大改革探索力度

在充分调研、设计和论证的基础上，2006年省政府决定在11个县市开展政策性农业保险试点工作，财政对9个农业保险试点险种给予35%～50%的保费补贴。在此基础上，省政府逐步增加农业保险险种，进一步满足了广大农户的农业保险需求，如2007年开展了政策性能繁母猪保险，2008年增设了林木、油菜、奶牛保险险种，2011年又增设了小麦、大麦险种，并鼓励地方开展特色险种。

在保险品种不断增加的同时，浙江省进一步完善了农业保险政策。2008年省政府出台了《关于在全省开展政策性农业保险的通知》，标志着浙江省政策性农业保险由试点向全省推开；为进一步巩固和扩大政策性农业保险试点成果，2009年省政府出台了《关于推进政策性农业保险的若干意见》，在肯定三年成功试点的基础上，进一步促进省农业保险工作，财政补贴力度进一步加大。尤其是近年来，浙江省积极争取中央财政的保费支持，水稻、小麦、油菜、能繁母猪、生猪、奶牛、林木等7个品种纳入了中央财政农业保险保费补贴范围。

在不断探索实践中，全省政策性农业保险的形成了鲜明的特色：一是坚持政府引导的工作推动机制。省政府专门成立了由分管省长担任组长，发改、财政、农业、林业、渔业、民

政、气象、保监、人行等部门参加的农业保险工作协调小组，统筹协调推进全省政策性农业保险工作。二是坚持共保为主的经营形式。为保护商业保险公司开展农业保险的积极性，有效分散风险，浙江省创建了“农业保险共保体”作为农业保险的经营主体。“共保体”由多家商业保险公司按份额认购的方式共同组成，并实行“单独建账、独立核算、赢利共享、风险共担”，日常业务委托人保财险浙江省分公司经营。三是坚持保大户保大灾的条款设计。在保险对象上，主要面向大户，并鼓励散户以村、龙头企业和专业合作社为单位参保；在保险责任上，重点突出保大灾，选择发生频率较高、对农业生产影响较大的灾害如台风、洪水、重大疫情等作为主要责任，着重解决“多年致富、一灾致贫”问题。四是坚持因地制宜的品种选择机制。鼓励各地根据省级农业保险产品目录自行选择参保险种，并鼓励各地根据实际需要自行选择地方特色品种开展保险试点。五是坚持高效快捷的理赔方式。共保体建立了24小时报案、3个工作日内完成查勘定损、达成定损协议和10个工作日赔付等制度，确保高效快捷赔付到位。六是坚持财政大力支持并实施差异化财政补贴政策。财政支持的力度逐步加大，补贴险种逐步增加，补贴比例逐步提高。财政对不同险种采取不同的保费补贴比例，省与市县采取差别的保费配套比例。

（三）面临的发展瓶颈

从整体看，浙江省政策性农业保险发展取得了可喜的成绩，但同样也面临着很多的发展问题。

1.需求疲软和供给不足共存。一方面，农民参保农业保险需求疲软。省政策性农业保险试点初期，各地各部门投入了大量人力财力物力，将政策性农业保险工作提升到政治高度，并“大力推进”。但随着农业保险规模逐步扩大，政府部门无能力也不应该在参保环节过多介入。总体来说，近年来农民的保险意识在逐步增强，但仍有相当一部分农民存在侥幸心理，习惯了“靠天吃饭”的农业生产，缺乏通过保险手段来分散农业生产风险的意愿。从耕作散户看，仅仅将农业作为副业，并非家庭收入的主要来源，即使受灾也不至于因灾致贫；从种养大户看，基本参加了农业保险，但农业保险仅能做到保物化成本的一部分，即使参加了保险，离自己的预期相差较远。

另一方面，全省政策性农业保险又存在供给不足。省政策性农业保险采用的是一套系统，品种设置、费率厘定、保险经营等都是在省级统一框架下，且主要是保大灾、保大户为主。现阶段，政策性农业保险经营主体还无法做到差异化、精细化，更无法按每家农户的需求提供农业保险服务。同时，由于农业保险经营主体内部考核机制具有利润趋向，某地区一旦出现今年理赔较多，来年保险经营机构就不太愿意提供保险服务。因此，从需求的角度看，实质上就是供给不足。

2.可持续经营受到挑战。一方面，保险经营管理成本较高。由于农业保险经营分散的特点，农业保险经营主体从投保、保单管理、理赔定损、赔付等各个环节都消耗大量人力物力，在电子耳标、气象信息等技术应用方面也花费较大。从几年的数据看，农业保险经营主体农业保险的经营费用都超过20%，甚至达到30%以上，超过一般财产保险管理费用水平。另一方面，化解巨灾风险的压力大。浙江省陆地面积仅占全国的1%，且属东南沿海，自然灾害频发，容易导致集中灾害，如2007年浙江省遭遇的台风“罗莎”，致使当年政策性农业保险的赔款达到当年保费收入的近3倍，尽管最后政府部门承担了一部分，但对于保险公司无疑是一个重大打击。为应对巨灾风险，以往普遍向国际商业机构购买再保险，但国际再保险近1/3的收费标准，使保险经营机构难以承受。

3.财政补贴力度基本到达顶位。2011年，各级财政对政策性农业保险保费补贴已达到保费收入的81.68%，其中公益林火灾保险保费由财政全额承担，水稻、油菜、大麦、小麦保险保费补贴达到93%。由于农业保险业务中的道德风险和逆向选择问题，制度设计中必须让农户承担一定的费用。近年来，人大代表和政协委员也要求进一步扩大财政补贴力度，但事实上提升空间非常有限，而且财政补贴效应与补贴比例是否呈线性关系还有待商榷。另外，税收优惠力度还不够大，税收优惠手段发挥的功能还比较低，客观上需要进一步改进和优化。

二、财政支持农业保险的经验借鉴

（一）日本——中央奉献

日本的农业是以个体农户经营为主，规模小、经营分散，与浙江省农业经营现状十分相像。日本对农业保险实施了力度很大的财政支持，包括保费补贴、业务费补助、再保险等，其支持机制对于发展浙江省农业保险有一定的借鉴意义。

国家通过立法对国家战略农作物和牲畜实行强制保险，其他农作物和牲畜实行自愿保险，但是无论强制保险还是自愿保险都可以享受财政补贴。财政对投保人的保费补贴标准为小麦68%，水稻58%，春蚕茧57%，牛、马50%。有关资料显示，日本1947~1977年所积累的总补贴额占总保费收入的60%左右。

日本农业保险的财政支持主要来源于中央财政，保费补贴、业务费用补贴、再保险支持等均由中央政府财政支出，地方政府也提供民一定的补贴，但仅处于辅助地位。

为提供巨灾扶持，日本政府为经营组织提供了再保险，即遇到大灾时，政府承担50~70%的巨灾损失。同时，保险经营机构还可以享受税收优惠政策。经营农业保险的农业共济组合、农业共济组合联合被视为公益法人的范围,不对农业保险业务所得课税。对农业共济组合免征法人税、营业税、登录税。

(二)江苏——联办共保

江苏自2007年开始农业保险试点,现有品种达到21个。采用联办共保的模式,由政府和保险公司按照5:5比例分担风险责任,组成责任共同体。政府主要负责组织推动、收缴保费和沟通协调,保险公司主要负责核保、精算和理赔。

从江苏目前的保费补贴比例看,对种植业险种不低于70%,能繁母猪不低于80%,奶牛不低于60%。其中省级财政给予种植业25%的保费补贴,对能繁母猪、奶牛、生猪等险种,按苏南、苏中、苏北分别给予20%、30%和50%的保费补贴。为激励地方政府,省财政对于高效设施农业,按保费收入规模,给予5~20%的保费补助。

为应对巨灾风险,江苏实施了巨灾风险准备金提取工作,累计结余达到10亿元。由于政府部门的大力推动,2007~2011年,江苏省农业保险保费收入达到63亿元,各级财政补贴50亿元。也正是由于政府部门的大力推动或者说是强行推动,使一些农户认为政府与保险公司属于利益共同体,政府的保费补贴也被农户视为政府自己补贴自己,从而产生了拒保现象。

(三)上海——"统保"的代表

上海市于2004年9月成立了我国第一家农业专业保险公司—安信农业保险股份有限公司,目前开展的品种覆盖种植业、养殖业、渔业和农机等保险,其中对水稻、生猪、奶牛和家禽实行"统保"。

上海市区两级财政对水稻和能繁母猪给予80%的保费补贴,对其他品种给予40%的保费补贴。据统计,2011年保费补贴规模占保费收入的60%左右。

同时,上海市是全国首先试点农产品收益保险的,对青菜、菠菜等品种以当地前三年平均亩产量为标准确定保险金额,一旦蔬菜批发价格低于约定的保险价格时,保险公司即进行理赔。相对于物化成本保险,保收益能够给农户最直接的预期,农民普遍愿意接受。但由于刚刚试点,保险费率较高也阻碍了该项保险的发展。

上海市也建立了特大灾害农业保险补偿制度,当单次农业保险累计赔付超过5000万元或全年累计赔付金额超过保险公司赔付能力时,财政启动巨灾补偿机制。

三、进一步促进农业保险发展的财政政策建议

(一)确定适度的补贴方式和力度

一方面,合理确定财政补贴资金的统筹层次。目前,浙江省政策性农业保险补贴资金基本上是以省财政为主导,在全省统一的参保框架下,县级财政发挥的积极主动性不够。整体上讲,浙江省县域经济比较发达,财力比较雄厚,各县的风险差异水平很大,而且保险经营主体内部考核也是以县级为单位。县级政府更为了解当地农业生产及农民的状况,对当地的自然条件及灾害情况也把握得比较准确,有能力加强对农业保险运营的监管,采取保费补贴、业务经费补贴、以险养险及其他多种扶持形式的可能性更大。因此,随着农业保险的深入发展和制度的逐步健全,在一定条件下,应逐步将地方政府培养成为补贴资金统筹管理的主体。

另一方面,合理确定财政补贴力度。结合政府规划,保险标的越重要或保险的政策目标越高,财政补贴力度就越大;农民投保愿望越强烈又有支付能力的保险产品,财政补贴适当降低;保障水平在物化成本以内,补贴标准要高于保障水平高的项目。现阶段浙江省政策性农业保险以保障农户再生产能力为主,保障水平基本在物化成本的一半左右,随着农业保险深入推进和农民保险需求的多样性,保险经营机构要开拓创新,逐步发展到保产量或保收入。财政在保物化成本、保产量和保收入各个不同阶段,也应设计不同的补贴标准,尽可能的体现政策性又不使边际财政政策效应下滑。

(二)适当调整财政支农结构

在政府不断加大对农业投入的同时,也应适当调整财政支农支出结构,逐步改变对农产品价格直接补贴、财政救灾、机具购置补贴等传统硬手段,积极利用金融手段,将部分支出逐渐调整为涉农保险补贴。保险经营机构努力开发农机、农民财产、人身等多种保险品种,满足农户保险需求,增加农村金融服务水平,从而提高农民收入,达到支农惠农的目的。通过这种金融软手段支农惠农,既满足WTO协议要求,又不至于因政策手段过硬引起农产品市场大起大落。

(三)扩大农业保险税收优惠

当前我国仅对农业保险业务免征营业税和印花税,并且界定范围偏窄。为了保证农业保险经营机构能够实现保本微利和可持续经营,更好地提高农业保险经营主体自我积累的能力,应扩大对农业保险业务税收优惠力度。如对从事农业保险经营应免征营业税和所得税,进一步扩大营业税和印花税的免征范围,可以将农村住房保险、农业机械保险、农民财产险和人身险等其他涉农保险业务纳入保险税收优惠范围。由于目前巨灾风险准备金税前扣除不能累计,建议允许农业保险巨灾风险准备金累计提取,并在税前扣除,以增加经营主体的资金实力和抗风险能力。

(四)建立多层次巨灾风险分散机制

由于农业风险的不确定性和特殊性,农业生产时刻面临

着遭受洪水、海啸、台风等风险,农业保险经营主体的资金积累和财务稳定受到冲击,危及农业保险的可持续发展。而巨灾问题并不是保险公司自身力量能够解决的,由于农业保险的政策性和风险集中性特点,为了促进农业保险经营可持续,政府应整合资源,建立分层次的巨灾管理机制。要建立科学化的巨灾分层管理机制。一是保险经营主体要注重资金跨年积累,累积财务资金应对跨年大灾;二是省财政加强对种植业巨灾风险准备金的管理,按时足额提取巨灾风险准备金;三是国家层面要建立巨灾调节基金或成立农业再保险公司,中央财政安排相应补贴资金,也可以从各省种植业巨灾风险准备金中按一定比例提取,或发行农业保险债券募集。一旦出现巨灾,先是使用保险经营机构财务积累,进而是种植业巨灾风险准备金,超过一定比例后,通过国家巨灾调节基金或再保险机制使农业风险在更大范围内得以最大程度分散。

课题组组长:薛小杭

课题组成员:陈建中、郑可青、罗亭林(执笔)、刘涛 洪小然、陈志仁、应起翔、丛林

健全地方财政可用财力稳定增长机制的思考和建议(摘要)

杭州市财政局课题组

一、杭州市区财政管理体制的沿革与现状

(一)公共预算的财政管理体制

杭州市现行的财政管理体制是在1994年国家分税制改革的基础上建立起来的。1994年省政府核定了省对杭州市的分税制财政管理体制。这个体制,保留了企业的行政隶属关系,按分税制原则划分了中央收入、中央地方共享收入和地方收入。杭州市区地方财政收入以1993年为基数,比基数增长部分省分成20%。支出的划分基本上以事权的划分为基础。地方政府在既定的财政体制下收支自求平衡。

2002年,国家实行所得税分享改革,不再按企业的行政隶属关系划分企业所得税收入归属,并实行企业所得税和个人所得税中央与地方按比例分享,目前的分成比例是中央60%,地方40%。

2003年,省政府决定进一步调整完善省对杭州市财政体制,打破原按行政隶属关系划分省、市级收入的征收方法,将原由省直接征收的省级收入(不包括电力、金融、证券、保险及跨地区经营、集中缴纳企业的增值税、营业税、所得税和利息所得税),并入杭州市,全部由杭州市税务部门组织征收管理。省与杭州市根据2002年各自所占的收入份额按比例实行收入总额分享,省分享比例为16%。

2004年1月1日国家开始改革出口退税机制,出口退税从中央统一负担改为中央和地方共同负担省相应改革对杭州市的出口退税机制。目前的超基数分担比例是中央92.5%,地方7.5%。

2004年,市政府根据税收属地征管原则,将省下划杭州市的省级企业税收就地入区国库,以2002年为基数确定省级企业与区的分享比例,一区一率,实行收入总额分享。

2007年,为克服财政体制运行中的问题,进一步理顺市区财政分配关系,根据市委、市政府的要求,杭州市对主城区(上城区、下城区、江干区、拱墅区和西湖区)财政管理体制进行了调整。改革的主要内容:一是市级企业下划,收入在地统计。二是维护既得利益,理顺财政关系。三是规范税收征管,实行属地管理。四是完善转移支付,协调区域发展。市财政按照“市级企业下划、收入在地统计、财力递增上解”的财政体制调整方案,将市级企业(除保留烟草、石化和金融企业外)下划给上城、下城、江干、拱墅和西湖五区,实行税收属地管理,并以2006年为基数,下划基数的可用财力由区按8%递增上交。该体制从2007年正式实施。

目前市对区的分成方法大体上分为三种:

1.上城区、下城区、江干区、西湖区、拱墅区、高新区、西湖风景名胜区为一类,对它们实行核定收入基数、增收四六分成的体制,市分成40%(其中上解省20%);

2.经济技术开发区为一类,对它实行核定收入基数、增收五五分成的体制,市分成50%(其中上解省20%),市本级分成所得在一定期限内返还;

3.萧山区、余杭区为一类,对它们在撤市设区的过渡期继续实行省定的核定收入基数、增收二八分成的体制,省分成20%。

(二)土地出让金的财政管理体制

根据国务院和财政部的有关规定,土地出让金应全部上缴财政,专款专用,专项用于城市基础设施建设、土地开发以及廉租住房建设、社会保障、水利、教育等方面的支出。杭州市政府规定,杭州市区(不含萧山、余杭)范围内的土地出让金收入,全部交纳市财政,根据计提规定、体制分成、预算安排等用于规定使用的方面。

高新开发区(滨江)、经济开发区、之江国家旅游度假区的土地出让金除应提上缴中央、省以外由各区安排使用。各旧城改造等单列地块以及地铁、运河、钱江新城、各区"城中村"改造等的土地出让金由市财政按照相关规定按比例返还各区。

二、现行财政管理体制运行的成效与存在的问题

(一)成效

上一轮市区财政管理体制调整的核心是市属企业实行属地征收管理,并致力于解决收入划分和税收征管中的一系列问题。该体制运行5年来,较好地划分了市区收入,规范税收征管秩序,优化了投资发展环境,调动了市区二级特别是区级政府发展经济的积极性,促进了市区政府可用财力的较快增长,为市委、市政府打造东方品质之城、建设幸福和谐杭州提供了坚实的财力保障,促进了全市经济协调发展和社会全面进步。市区的地方财政收入从2006年261.5亿元增长到2011年的682.28亿元,年均增幅21.1%;公共财政预算可用财力从2006年的227亿元,增加到2011年的578亿元,年均增幅20.6%;其中,各城区(含开发区)可用财力年均增长20.4%,萧山余杭两区可用财力年均增长24.2%,市本级可用财力年均增长17.4%。

近年来,土地市场的活跃促进了市本级政府性基金收入的跳跃式增长,继而为杭州市城市的建设和发展提供了可观的财力支持。市本级政府性基金收入主要包括土地出让金、地方水利建设基金、地方教育费附加等。其中,土地出让收入约占政府性基金收入的95%左右。2007年至2011年市本级政府性基金收入从213.75亿元增长到461.91亿元,年均增长21.2%;其中土地出让收入从210.89亿元增长到427.37亿元,年均增长19.3%。土地出让收入2010年达到顶峰,2011年收入出现较大回落。土地出让收入在扣除开发成本支出及按规定比例应返还各区和各单列地块后,实际可用于市本级的土地出让收入每年大约占收入数的20%-25%。

(二)存在的主要问题

1.从市本级公共预算的财力结构上看,结构的不合理削弱市本级财力的发展潜力和可调控性。目前市本级财力构成分为两大部分,一是本级地方财政收入的留成部分,主要包括2007年市级企业下放各区实行属地征管后留在市本级的五户企业(中烟公司及其销售部、杭州银行、交通银行、杭州石化炼油厂)的税收收入和市本级保留的契耕两税,以及纳入公共预算的非税收入。二是体制结算部分。包括各区(不含萧山余杭)地方财政收入超基数20%增收上解部分、市级企业实行属地征管改革后各区按8%的核定增长率上缴市财政的部分以及其他体制结算的财力。

从这一轮的财政体制执行情况看,市本级财力结构存在风险较高、挖掘潜力较差、调控能力较弱的问题,具体为:一是市本级保留企业户数少,新办企业全部属地管理。2008~2011年,市本级保留企业实现地方财政收入总计103.35亿元,年均增长10.74%,比小市区(不含萧山、余杭,下同)增幅低7.6个百分点。而且一旦这四户企业的数量或发展出现问题,如当前炼油厂面临搬迁,将直接削弱市本级财力,而市本级也没有新的企业来源。二是市本级保留的契耕两税与房地产市场的关联程度较高,极易受政策性因素的冲击。

2.从税收属地征管实施情况上看,市区企业税收征管无序竞争问题依然存在。一是个别市属下放企业在税收征管权的归属上争议较大。2007年以来,市属下划企业中如杭千高速公路、市地铁集团等一些经营范围跨行业、跨区域并规模较大的企业,以及市建管站等特殊企业,其收入下划时按行政区域划归某个区,各区一直分歧较大。二是区与区之间争抢税源现象时有发生。2007年市财政下发《关于进一步完善市区税收属地征收的通知》文件,对税收属地征管的主管税务机关的确认,以及房地产总分机构、大型商贸连锁企业、省属下划企业投资新办企业等税收问题作了明确。但在实际操作中仍存在纳税人注册地址虚假、部分纳税人办理跨区变更难等区与区之间争抢税源的情况,影响了企业正常的生产经营活动。

3.从市对区县(市)转移支付看,存在承担事权越位、专项转移支付补助重复交叉、效益不高等问题。一是专项转移支付力度逐年加大。随着市级财政加大对城区基本公共服务均等化的保障力度,以及对企业扶持、统筹城乡、社会事业建设等方面的支出需要,近年来市级财力越来越多地向下转移。据初步统计,2007年至2011年市财政对区、县(市)的专项补助支出累计达到299项、涉及财政资金297.8亿元,补助金额年均增长25.4%。二是市与两区五县市的财权事权不匹配。我省实现省管县的财政管理体制,萧山、余杭撤市建区后市财政也未参与两区的收入分成。据初步统计,2007年至2011年市财政对两区及五县(市)的财力投入达69亿元,年均增长达52%,其中两区31.3亿元,5县(市)37.7亿元。涉及内容包括城乡统筹、河道综保、农村合作医疗、生态工程补偿、农村历史建筑保护等多项。三是市与区事权界限不清。随着杭州市城市建设管理步伐加快和城市管理重心下移,市、区两级政府由于行政、经济和社会管理体制改革不断深化而带来的事权不断扩大,市本级承担了部分本应由区级财政应承担的支出。如社区经费和实行属地管理的企退人员的统筹外待遇经费等。四是专项转移支付补助缺乏一个统一规范有效的管理监督机制。导致一些财政政策资金设置不够科学合理、分配不够规范透明,多头管理而缺乏部门之

间的协调,"小而散"情况普遍,难以集中财力办大事;补助档次划分杂乱,资金配套率低;以项目申报制为主的分配方式,影响预算执行进度和资金使用效益的发挥等等。

4.从企业搬迁政策的实施效果上看,政策的滞后难以有效调动迁入地和迁出地的双重积极性。在杭州市区范围内(不含萧山、余杭)企业的搬迁,按《关于进一步完善市区税收属地征收的通知》文件执行,即"按迁入地确定主管税务机关,年末由迁出地财政局提出申请,由市财政局核实后按照搬迁企业上年地方财政收入调整财政基数。"杭州市范围内工业企业的搬迁,按市委、市政府《关于进一步做好城区部分工业企业搬迁工作的若干意见》文件执行,即"以企业搬迁立项为时点,以前3年地方财政收入平均实绩为基数,从新企业投产之日起,增量部分归迁入地。原则上基数部分前5年留在迁出地,第6年开始将其中的40%让渡给迁入地。"

现行企业搬迁政策较好地兼顾了迁出地与迁入地的利益,一定程度上控制了区区之间招商引资互拉税源的无序竞争现象,有效降低"招商引资"成本,推动城区范围内"退二进三"、"优二兴三"战略决策的实施。但在实际操作中,由于迁出地长期保留"基数"或部分"基数"的政策保障了迁出地的既得利益,却给迁入地引进企业带来顾虑,降低了迁入地的积极性,从而影响到搬迁的力度和效率。

5.从轨道交通等市重大民生建设项目的资金保障机制上看,迫切需要进一步拓宽资金筹措渠道。土地出让收入是市重大建设项目的重要财源。目前市本级用于重大建设项目的资金主要是城区范围内土地出让收入扣除开发成本支出、按规定比例应返还各区和各单列地块以及按中央、省市规定计提的资金后用于城市建设的资金。在当前的土地出让形势下,市本级可用于城市建设的资金所剩不多。加之土地市场受宏观形势的影响较大、波动性较强,给杭州市的城市建设资金的来源带来较大的不确定性。

当前杭州市重大民生建设项目中面临最突出的问题是轨道交通建设与运营的筹资压力。地铁一期工程的建设资本金由市本级、萧山、余杭、钱江新城、经济技术开发区、滨江等六个主体按规定承担。若二期工程按一期资本金筹措(目前方案未定),一期、二期工程尚需建设资本金411.87亿元,其中本级出资153亿元、平均每年30亿元,与原有平衡地块所能筹集的资金相比差距很大。另外,2012年起1号线试运营以后杭州市还将面临执行票价与结算票价差额补贴、特殊人群优惠票价政府购买服务等支出因素。为此,迫切需要进一步增强市财政对土地出让收入的调度和统筹资金的能力,形成全市"一盘棋",同时进一步拓宽建设资金的来源渠道,确保地铁等市重大民生建设项目的顺利推进和正常运转。

6.从非税收入管理上看,实行收支两条线管理后部分单位的执收积极性有所弱化。收支两条线,指具有执收执罚职能的单位,根据国家法律、法规和规章收取的行政事业性收费(含政府性基金)和罚没收入,以及国有资源(资产)有偿使用收入、国有资本经营收益、彩票公益金等政府非税收入,实行收入与支出两条线管理。即收入按规定全额上缴国库或财政专户;同时,执收执罚单位需要使用资金时,由财政部门根据需要统筹安排核准后,从国库或财政专户拨付。实行收支两条线后,具有执收权限的行政单位和财政补助事业单位的收支完全脱钩,支出由财政部门按需进行核定,用财政性资金予以安排。通过这些年的实际情况看,部分单位的执收积极性明显下降,执收的动力减弱,执收严肃性不强,国有资源存有一定程度上的浪费。如一些单位未按规定征收行政事业性收费,一些原有房屋出租的单位将原来出租的房子收回自用、甚至闲置等。

7.从国有资本经营预算管理上看,预算编制范围较窄、收益缴纳比例偏低。国有资本经营预算是政府以所有者身份依法取得国有资本收益,并对所得收益进行分配而发生的各项收支预算。将国有资本经营收入和支出纳入预算管理,可以充分发挥预算的分配、调节和监督职能,维护国家作为国有资产所有者的权利,提高国有资本的运营效率,优化国有资产的配置,增强国有资本的控制力,实现国有资本的保值增值,并服务于政府的社会和经济管理的总体目标。目前杭州市从2011年起试行编制国有资本经营预算,但预算编制的范围仅限于市国资委所监管(所属)12户企业,国有资本收益按5%比例缴纳。从中央及上海、深圳、北京、武汉、广州等城市来看,均在考虑了地区产业结构调整和国有企业发展状况的基础上,对企业税后净利润确定不同的征收比例,收益收取比例最低为5%,最高达到30%。同处长三角经济发展区域的上海市和江苏省的国有资本收益收取比例分别为20%和15%,浙江省省级企业2011年也将国有资本收益的收缴比例提高到10%。相比而言,杭州市国有资本收益的编制范围较窄,收益缴纳比例偏低,目前每年国有资本经营预算收入1亿元左右,无法真正发挥国有资本经营预算的作用。

三、当前健全财政可用财力稳定增长机制的措施建议

(一)完善市区税收征管和分配机制

一是坚持税收属地征管原则,以企业注册地并结合实际生产经营地确定主管税务机关。二是房地产企业在总机构所在地城区以外的其他区开发新的房地产项目,统一按照总机构所在地城区10%、项目所在地城区90%的比例分配收入。三是总机构实行统一采购配送,统一核算、统一规范管理的大型商贸连锁企业,按其总机构所在地确定主管税务机

关,并按分支机构所占的销售收入比例进行收入分配。四是适当增加市本级企业来源。除了原市本级保留的中烟公司及其销售部、杭州银行、交通银行、杭州石化炼油厂等五户特殊企业外,建议以下企业和税收作为市本级的收入来源:原市本级保留五户企业所属的金融保险、烟草、石化等三个行业,及其新投资创办的企业;经营范围跨区域的企业;市本级投资的大型新办企业;省调整金融保险业税收分配体制后,分配给市的金融保险业税收。五是对已下划的但各区争议较大的企业,进一步理顺征管分配关系。六是完善招商引资奖励考核机制。明确只将从市外引进的企业列为招商引资考核范围,同时将招商引资考核奖励与该项目所新增地方税收的额度挂钩,建立招商引资项目跟踪评价制度,建全税收贡献率考核机制,促进扩大优质增量税源。

(二)完善土地出让收入分配体制

一是完善土地收益金分配政策。将土地收益金分成比例由原来市、区6:4调整为市、区4:6,提高各区征收积极性,各区增加的财力主要用于城市建设。二是拓宽"杭州轨道交通发展专项资金"资金来源渠道。原地铁专项资金来源仅为市本级用于城市建设的资金,为确保轨道交通的顺利建设和运营,建议借鉴上海、南京等城市做法,多方面筹集"杭州轨道交通发展专项资金",用于轨道交通建设及其运营。新增资金来源建议:从土地出让收入中按一定比例归集;从市人防工程易地建设费、城市市政基础设施配套费中集中一定比例。

(三)进一步明晰和理顺事权财权

按照"一级政府一级事权、事权与财权相匹配",以及"统一规划、统一实施、分级负担"的原则,进一步明晰市与区(不含萧山、余杭)两级政府的事权。逐步理顺市与区(不含萧山、余杭)在城市建设、城市管理、社区管理、企业离退休人员经费等方面的事权和支出责任。规范市区配套政策和比例要求,建立合理的市区分担机制。凡新出台涉及超事权范围动用市财政性资金、资源对区、县(市)进行补助的,须经市委市政府决策程序,由市委、市政府正式发文或市委常委会、市政府常务会议等会议纪要,作为市财政列入预算和拨付资金的依据。

对于两区五县(市)的事权,在萧山、余杭两区财政体制维持现状的情况下,按照省管县的财政体制,由两区五县(市)自行承担,市财政根据财力可能在民生和社会事业等方面予以适当补助。

(四)完善搬迁企业利益分配政策

企业实行属地管理后,企业搬迁主要涉及的是区与区、区与县(市)之间的财政利益。按照兼顾迁出和迁入两地利益的原则,将企业搬迁所涉及的财政基数政策进行完善,为企业谋求更大的发展空间和产业转型升级创造良好的发展环境和发展契机。为企业营造良好的发展空间。一是对工业企业和其他企业在市域范围内的搬迁制定不同的搬迁政策。二是取消迁出地长期保留"基数"或部分"基数"的做法。三是为鼓励企业迁入市属开发区,对于搬迁入钱江经济开发区、江东经济开发区的企业,给予搬迁上的优惠措施。四是对完成搬迁的企业扶持政策,由迁入地政府和财政部门负责制定、兑现。

(五)完善转移支付制度

一是加大一般转移支付力度。根据财力状况,减少专项转移支付,增加一般性转移支出,逐步提高各区基本公共服务能力。将市对区、县(市)按相关人数计算的、具有相对固定性的专项转移支付列作体制固定补助,纳入一般性转移支付。二是参照省的做法,探索推行一般性专项转移支付。改变以往要求申报项目和资金配套的办法,根据各区县(市)对经费保障的努力程度、业务工作量和管理绩效等情况,采取因素法分配,由区县(市)财政按指定用途和方向统筹使用。除一次性、突发性以及为省补助具体项目配套的市级专项转移支付资金外,市级各部门原则上逐步将本部门现有专项转移支付资金整合成一个专项性一般转移支付项目。三是建立统一规范有效的监督管理机制。在市级层面成立专项转移支付补助政策的统一协调机构,对补助政策和资金的设立、调整和退出进行统一的管理。明确政策的执行时限,建立有序准入和退出机制。规范分类分档,统一标准系数。提高财政引导型资金的比重,放大财政资金的使用效益。强化监督检查和绩效评价制度,提高财政资金使用绩效,加快形成统一、规范、透明的财政转移支付制度。

(六)完善国有资本经营预算管理

国企红利上缴比例偏低现象一直受到公众关注。建议从以下两方面完善国有资本经营预算管理:一是逐步扩大国有资本收益收缴范围。在编制2013年国有资本经营预算时,将收缴范围从国资委监管企业扩大至宣传部下属企业。二是合理确定收缴收益比例。为了保证国有资本经营预算收入收缴标准能够最大限度体现国有资本收益公平性,针对不同的企业性质,确定合理的收缴收益比例区间。具体设想:一般竞争性行业企业,按照税后净利润的15%征收;文化发展行业企业,按照税后净利润的10%征收;承担公益建设任务为主的企业,暂缓征收。考虑到近两年宏观经济形势不景气及原有征收比例较低等因素,建议采取逐步到位的办法逐步提高。三是完善国有资本收益使用管理办法。国有资本经营收益由市国资委和市财政局确定支出项目,主要用于支持杭州市国有企业再发展和社会保障支出。

（七）整合优化财政专项资金

按照“增量优方向、存量调结构、增量调存量”的原则，合理整合专项资金，优化支出结构，集中财力办大事，切实提高财政资金使用效益。目前，市财政局正会同有关部门按照“归属不变、资金拼盘、使用打通”的思路，统筹整合杭州市工业和科技相关产业扶持资金，同时促进政策的整合和创新。并将以此为突破口，逐步推进财政专项资金的分类整合优化。

（八）强化非税收入管理

2011年，浙江省政府出台了《非税收入管理条例》，进一步规范和加强非税收入的执收、预算、票据和监督检查等方面的管理。市政府也下发了贯彻实施的通知，市财政据此制定了《杭州市级政府非税收入执收计划管理办法》和《杭州市级政府非税收入管理考核评价暂行办法》。为此，市财政一方面要积极贯彻落实省政府非税条例，实施好并不断完善非税收入考核评价机制，督促单位依法、及时、足额执收政府非税收入；另一方面，加强对非税收入的分析和管理工作，为推进非税收入规范管理提供依据。

（九）完善市对区的收入增长奖补机制

为鼓励各区确保实现当年财政收支平衡、确保完成政府职责任务、确保完成市政府下达的各项工作任务，参照省的做法，完善市对区的收入增长奖补机制。一是改革计算方法。将原市奖励或补助与区地方财政收入增长、增收额挂钩，改为与区地方财政税收收入增长、增收额挂钩。继续鼓励地方努力提高“税收收入”含金量，优化地方财政收入结构，推动地方财政税收收入持续、平稳增长。二是提高挂钩比例。八城区以及开发区、名胜区与五县（市）已建立了5个对口联系、联动发展的区、县（市）协作组。为鼓励各区协作联动的积极性，建议对参与协作的区的发展资金挂钩比例作适当提高，新增挂钩比例的发展资金用于对口县（市）的区域统筹发展。

四、进一步促进地方财政可用财力稳定增长的思路

（一）优化收入结构，培育新兴财源

“欲其流远，必浚其源”，要实现地方财力的稳定增长，必须以优化经济结构、转变经济发展方式为重点，以效益和市场为取向，把握好地方财政支持经济发展的力度和节奏，充分利用财税政策和资金的扶持和导向作用，“取”“予”适度，重点支持与杭州市经济发展相适应的十大产业、现代服务业等新兴财源和特色产业的培育和建设，推动“1+3”现代产业体系的构建，改变依赖房地产和土地市场的收入结构，促进财源结构多元化，努力实现经济发展和地方财政收入扶持增长的良性互动。

（二）优化支持方式，健全管理机制

一是整合现有财政政策促进产业结构调整和社会事业发展。在科技专项和工信专项整合的基础上，进一步推动其他专项资金的整合。二是完善财政支持方式和手段。针对产业发展、社会发展、城建城管、城乡统筹等不同类型的项目采取不同的财政扶持策略。如在促进产业发展上要采用政府引导、市场运作的模式，更多采用贷款贴息、以奖代投、参股控股、基金运作等间接投资方式，实现以小引大、以小变大。三是优化资金分配管理办法。整合投入财力，把分散在各部门的资金有机融合起来统筹使用，把有限投入资金拧成合力。四是加大监督力度。加大财政分配政策和资金分配信息向社会公开力度，充分有效借力于监察、审计等监督力量，完善绩效评价体系，通过跟踪管理、全面评价，确保扶持资金的效益。

（三）依法加强征管，健全服务体系

坚持依法征收和优化服务两手抓、两手都要硬。加强税收征管的科学化精细化建设，推进收入征管由“征管型”向“服务型”转变，做好税源财源的分析、预测、监控工作。完善纳税评估制度，将税收征管把培植财源与加强征管有机结合起来。建立健全社会综合治税长效机制，互相配合形成合力，由单纯的税务部门管税向全社会协税转变，减少税收成本。捕捉收入征管中的盲点，变税源为税收、变财源成财力，不断优化税收收入和财政收入结构。

（四）改革分成办法，完善市区体制

在浙江省财政体制的大框架下，受历史沿革和区域特点的影响，目前杭州市本级和各区的收入分成关系较为复杂。另外，由于市辖多个区，虽然在企业搬迁、招商引资政策方面已制定了一定的约束机制，但在招商引资过程中难免出现相互争抢税源和税收混库现象。为此，从长远看改革和整合目前的收入分成方式是必然趋势。一种是采用分税制方式，理顺市区两级财政分配关系，实现市区“财源共生共享，共同发展”和“利益共享，风险共担”的财政运行机制，保持市区财政收入同步、稳定、快速增长。第二种是打破市区两级财政分灶吃饭的管理体系，在市区税务部门垂直管理的有利条件下，收入统一纳入市财政一个盘子，支出按照基本公共服务均等化的要求、并辅以各项激励约束机制进行财力分配，既要有效缓解区与区之间的不当竞争，又要给予地方充分的主动权和积极性，避免“大锅饭”现象。另外，还要从行政管理和财政体制上同步加快推进萧山、余杭纳入杭州市区的步伐。

课题组组长：金翔

副组长：吴文兴、谢永

课题组成员：王文超、徐慧、张凯云、龚岩、夏国强、寿学军、毛克熊、郭顺华、鲍延风、汪生祥、舒惠卿、张海艳（执笔）